Werner Hoppe / Martin Beckmann

Umweltrecht

Umweltrecht

Juristisches Kurzlehrbuch für Studium und Praxis

von

Dr. Werner Hoppe
Universitätsprofessor an der
Westfälischen Wilhelms-Universität
zu Münster

und

Dr. Martin Beckmann
Rechtsanwalt in Münster

C.H. BECK'SCHE VERLAGSBUCHHANDLUNG
MÜNCHEN 1989

Zitiervorschlag:
Hoppe/Beckmann, Umweltrecht, § 1 Rn 1

ISBN 3 406 30712 4

Druck der C. H. Beck'schen Buchdruckerei, Nördlingen

Vorwort

Nach dem Ende des Zweiten Weltkrieges, in den Jahren nach 1945 bis zum Ende der sechziger Jahre, galt in der Bundesrepublik Deutschland verständlicherweise die Hauptsorge dem Wiederaufbau, der wirtschaftlichen Entwicklung und der Verbesserung der allgemeinen Lebensverhältnisse. Die Sorge um die Gefährdung der natürlichen Lebensgrundlagen wurde zunächst nur vereinzelt empfunden. Altlasten, d. h. ehemalige Müllkippen, wilde Ablagerungen und Bodenverunreinigungen alter Industrie- und Gewerbestandorte, deren Sanierungsaufwand heute mit 50 Milliarden DM geschätzt wird, sind Zeugnis eines eher unbekümmerten Umgangs mit der Umwelt, der weit in die Zeit vor dem Zweiten Weltkrieg zurückreicht. Altlasten und zahlreiche andere Umweltbeeinträchtigungen sind eine Hypothek, die die Nachkriegsgeneration trotz oder gerade wegen ihrer Aufbauleistung nachfolgenden Generationen wird überlassen müssen. Wie hoch der Preis ist, der bereits gegenwärtig und zukünftig für die hohe Lebensqualität in der Bundesrepublik zu zahlen ist, wird in vollem Umfang erst allmählich deutlich. Nach Schätzungen des Umweltbundesamtes belaufen sich die jährlichen Umweltschäden in der Bundesrepublik gegenwärtig auf rd. 103,5 Milliarden DM. Nach ihren eigenen Angaben gab die bundesdeutsche Industrie in den Jahren von 1970 bis 1986 140 Milliarden DM für den Umweltschutz aus. Dabei lassen sich zahlreiche Umweltbeeinträchtigungen in Geld kaum ausdrücken. Unwiederbringlich verloren gehen z. B. Jahr für Jahr zahlreiche Tier- und Pflanzenarten sowie Kultur- und Baudenkmäler.

Auf die besorgniserregende ökologische Entwicklung hat der Gesetzgeber seit Anfang der 70er Jahre umfassend, teilweise stürmisch oder sogar hektisch reagiert bzw. reagieren müssen. Kaum ein Rechtsbereich des Umweltrechts, der nicht seit Anfang der 70er Jahre wiederholt durch den Gesetzgeber novelliert worden wäre. Angesichts der Gesetzes- und Verordnungsflut ist das Umweltrecht selbst für Experten kaum noch überschaubar. Das bereits 1979 konstatierte Defizit an Übersichtlichkeit, Eindeutigkeit und somit auch an Rechtssicherheit (vgl. Hoppe, Staatsaufgabe Umweltschutz, VVDStRL 38, 211 (244)) ist zehn Jahre später eher noch größer geworden. Immer noch hinkt der Gesetz- und Verordnungsgeber den regelmäßig wiederkehrenden Hiobsbotschaften über Umweltkatastrophen, seien es Reaktorunfälle oder Ozonlöcher, sei es Fisch-, Robben- oder Waldsterben, nach.

Die Dynamik des Umweltrechts, sein querschnittsartiger Charakter und die damit verbundene Weite dieses Rechtsbereiches erschweren das Verständnis der mit ihm verbundenen Rechtsfragen. Bei der Darstellung des Umweltrechts in diesem Lehrbuch wurde deshalb den rechtsübergreifenden Fragen, die für alle oder mehrere Bereiche des Umweltrechts Geltung beanspruchen, besondere Aufmerksamkeit gewidmet. Im Allgemeinen Teil dieses Buches sind dementsprechend ausführlicher Grundbegriffe und Systematik des Umweltrechts, verfassungsrechtliche Fragestellungen, Ziele, Grundsätze und Instrumente des Umweltrechts dargestellt. Da angesichts der knapper werdenden natürlichen Ressourcen und nicht zuletzt wegen der mit der technologischen Entwicklung verbundenen Besorgnisse das Gewicht des Umweltrechtsschutzes sich in der Zukunft eher noch verstärken wird, liegt ein weiterer Schwerpunkt des Lehrbuches in der Darstellung des Umweltrechtsschutzes und zwar sowohl des Verwaltungsrechtsschutzes als auch des Zivil- und Strafrechtsschutzes. Der Allgemeine Teil dieses Lehrbuches enthält schließlich einen Überblick über den grenzüberschreitenden Umweltschutz, die Umwelthaftung und die Verwaltungsorganisation des Umweltschutzes.

Der Besondere Teil des Buches folgt in der Darstellung vornehmlich einer an den Umweltmedien (Boden, Luft, Wasser) orientierten Systematik. Erläutert werden das Naturschutzrecht einschließlich des Forstrechts, des Tierschutzrechtes und des Pflanzenschutzrechts, das Gewässerschutzrecht mit dem Wasserhaushaltsrecht, dem Abwasserabgabenrecht und dem Wasch- und Reinigungsmittelrecht und das Immissionsschutzrecht. Hinzu kommt ein Überblick über das Gefahrstoffrecht, das Abfallrecht und das Atom- und Strahlenschutzrecht.

Angesichts der Themenweite und trotz des beachtlichen Umfangs des Manuskripts war eine erschöpfende Beantwortung einzelner Rechtsfragen nicht möglich. Die Autoren haben sich jedoch stets um einen ausführlichen Nachweis der einschlägigen Rechtsprechung und der weiterführenden Literatur bemüht. Um eine Vertiefung spezieller Fragestellungen zu ermöglichen, wurde trotz des erheblichen Aufwandes weder auf ein vollständiges Literaturverzeichnis am Ende des Buches noch auf den – Aktenzeichen und Entscheidungsdatum umfassenden – Rechtsprechungsnachweis in den Fußnoten verzichtet. Dem leichteren Verständnis dienen zahlreiche Beispiele und kleinere Fälle, die zumeist der höchst- und obergerichtlichen Rechtsprechung entnommen und mit einer knappen Fallösung versehen wurden.

Beim Abfassen des Manuskripts konnten Kenntnisse und Erfahrungen aus verschiedenen Tätigkeitsbereichen genutzt werden. Hoppe hat sich bereits in seiner langjährigen Tätigkeit als Rechtsanwalt mit zahlreichen Fragen des Umwelt- und Planungsrechts befaßt. Manchen Hinweis verdankt das Werk den Studentinnen und Studenten der von Hoppe an der Universität Münster durchgeführten Vorlesungen und Seminare zum Umweltrecht und der von Beckmann an der Fachhochschule für öffentliche Verwaltung Nordrhein-Westfalen gehaltenen Vorlesung zum Umweltrecht. Im Jahre 1987 wurde Hoppe von der Bundesregierung zum Mitglied des Rates von Sachverständigen für Umweltfragen berufen. Nicht zuletzt konnten Erfahrungen aus der gemeinsamen Arbeit im Zentralinstitut für Raumplanung an der Universität Münster, die die Autoren über mehrere Jahre verbunden hat, genutzt werden.

Für die Unterstützung bei ihrer Arbeit möchten die Autoren sich herzlich bedanken bei Frau Rechtsreferendarin Susan Wickrath, bei den Herren Rechtsreferendaren Klaus-Günther Hahn und Winfried Haneklaus, bei den studentischen Mitarbeitern Frau Andrea Krause, Frau Sina Börner und den Herren Ulrich Predeick und Hans-Jürgen Richard, daneben aber vor allem bei Frau Petra Hobbold, die das gesamte Manuskript sehr zuverlässig und mit großer Geduld geschrieben und betreut hat. Das Manuskript ist im Herbst 1988 abgeschlossen worden. Spätere Änderungen der Gesetzeslage und nach diesem Zeitpunkt erschienenes Schrifttum wurden, soweit dies noch möglich war, berücksichtigt.

Münster, im April 1989

Werner Hoppe   Martin Beckmann

Inhaltsverzeichnis

Zweiter Teil: Besonderes Umweltrecht

Erster Abschnitt: Naturschutz- und Landschaftspflegerecht

Zweiter Abschnitt: Das Gewässerschutzrecht

Dritter Abschnitt: Das Immissionsschutzrecht

Abkürzungsverzeichnis

a. A.	anderer Ansicht
a.a.O.	am angegebenen Ort
AbfBetrV	Verordnung über Betriebsbeauftragte für Abfall v. 26. 10. 1977 (BGBl. I, S. 1913)
AbfG	1. Gesetz über die Vermeidung und Entsorgung von Abfällen (Abfallgesetz) v. 7. 6. 1972 (BGBl. I, S. 873) i. d. F. v. 27. 8. 1986 (BGBl. I, S. 1410, ber. S. 1501) 2. Bay: Gesetz über die geordnete Beseitigung von Abfällen (Bayerisches Abfallgesetz) v. 25. 6. 1973 (GVBl., S. 324)
AbgrG NW	Gesetz zur Ordnung von Abgrabungen (Abgrabungsgesetz) i. d. F. v. 23. 11. 1979 (GVBl., S. 922)
ABl.	Amtsblatt
Abs.	Absatz
Abschn.	Abschnitt
AbwAG	Gesetz über Abgaben für das Einleiten von Abwasser in Gewässer (Abwasserabgabengesetz) v. 13.9. 1976 (BGBl. I, S. 2721)
a.E.	am Ende
AG	Ausführungsgesetz, Amtsgericht
AG-AbfG	Ausführungsgesetz zum Abfallbeseitigungsgesetz Brem: v. 28.1. 1975 (BremGBl., S. 55) Hmb: v. 6.2. 1974 (GVBl., S. 72) Nds: v. 9.4. 1973 (GVBl., S. 109) SH: v. 26.11. 1973 (GVBl., S. 407)
AgrarR	Agrarrecht (Zeitschrift)
AltölG	Gesetz über Maßnahmen zur Sicherung der Altölbeseitigung (Altölgesetz) i. d. F. v. 11.12. 1979 (BGBl. I, S. 2113)
AMG	Gesetz über den Verkehr mit Arzneimitteln (Arzneimittelgesetz) v. 24.8. 1976 (BGBl. I, S. 2445)
amtl.	amtlich(e, er)
Anh.	Anhang
Anm.	Anmerkung
AO	Abgabenordnung v. 16.3. 1976 (BGBl. I, S. 613)
AöR	Archiv des öffentlichen Rechts (Zeitschrift)
ARL	Akademie für Raumforschung und Landesplanung
Art.	Artikel
AtG	Gesetz über die friedliche Verwendung der Kernenergie und den Schutz gegen ihre Gefahren (Atomgesetz) v. 15.7. 1985 (BGBl. I, S. 1565)
AtVfV	Verordnung über das Verfahren bei der Genehmigung von Anlagen nach § 7 des Atomgesetzes (Atomrechtliche Verfahrensverordnung) i. d. F. v. 31.3. 1982 (BGBl. I, S. 411)
BAnz.	Bundesanzeiger
BauGB	Baugesetzbuch i. d. F. v. 8.12. 1986 (BGBl. I, S. 2253)
BauO NW	Bauordnung für das Land Nordrhein-Westfalen (Landesbauordnung) v. 26.6. 1984 (GVBl., S. 419)
BauR	Baurecht, Zeitschrift für das gesamte öffentliche und zivile Baurecht
Bay., bay	Bayern, bayerisch(e, er, es)
BayImSchG	Bayerisches Immissionsschutzgesetz v. 8.10. 1974 (GVBl., S. 499)
BayLPlG	Bayerisches Landesplanungsgesetz i. d. F. v. 4.1. 1982 (GVBl., S. 2)
BayNatSchG	Gesetz über den Schutz der Natur, die Pflege der Landschaft

	und der Erholung in der freien Natur (Bayerisches Naturschutzgesetz) i. d. F. v. 10.10. 1982 (GVBl., S. 874)
BayObLG	Bayerisches Oberstes Landesgericht
BayVBl.	Bayerische Verwaltungsblätter (Zeitschrift)
BayVerf	Verfassung für das Land Bayern v. 2.12. 1946 (GVBl., S. 333)
BayVerfGH	Bayerischer Verfassungsgerichtshof
BayVGH	Bayerischer Verwaltungsgerichtshof
BB	Der Betriebs-Berater (Zeitschrift)
BBahnG	Bundesbahngesetz v. 13.12. 1951 (BGBl. I, S. 955)
BBergG	Bundesberggesetz v. 13.8. 1980 (BGBl. I, S. 1310)
Bd.	Band, Bände
ber.	berichtigt
Berl., berl.	Berlin, berliner
Beschl.	Beschluß
BGB	Bürgerliches Gesetzbuch v. 18.8.1896 (RGBl., S. 195)
BGBl.	Bundesgesetzblatt
BGH	Bundesgerichtshof
BGHZ	Entscheidungen des Bundesgerichtshofes in Zivilsachen
BImSchG	Gesetz zum Schutz vor schädlichen Umwelteinwirkungen durch Luftverunreinigungen, Geräusche, Erschütterungen und ähnliche Vorgänge (Bundes-Immissionsschutzgesetz) v. 15.3. 1974 (BGBl. I, S. 721)
BImSchV	Verordnung(en) zur Durchführung des Bundes-Immissionsschutzgesetzes
BinSchStro	Binnenschiffahrtsstraßenordnung v. 3.3. 1971 (Anlage zu BGBl. I, S. 178 ber. S. 384)
BJagdG	Bundesjagdgesetz i. d. F. v. 29.9. 1976 (BGBl. I, S. 2849)
BMI	Bundesminister des Innern
BMU	Bundesminister für Umwelt, Naturschutz und Reaktorsicherheit
BNatSchG	Gesetz über Naturschutz und Landschaftspflege (Bundesnaturschutzgesetz) v. 20.12. 1976 (BGBl. I, S. 374; 1977 I, S. 650) i. d. F. 12.3. 1987 (BGBl. I, S. 889)
BR-Drs.	Drucksachen des Bundesrates
Brem., brem.	Bremen, bremisch(e, er, es)
BROP	Bundesraumordnungsprogramm
BRS	Baurechtssammlung, Rechtsprechung des Bundesverwaltungsgerichts und anderer Gerichte zum Bau- und Bodenrecht, begründet von Fr. Thiel, weitergeführt von K. Gelzer
BSeuchG	Gesetz zur Verhütung und Bekämpfung übertragbarer Krankheiten beim Menschen (Bundesseuchengesetz) i. d. F. v. 18.12. 1979 (BGBl. I, S. 2263)
BT-Drs.	Drucksachen des Deutschen Bundestages
Buchst.	Buchstabe
BVerfG	Bundesverfassungsgericht
BVerfGG	Gesetz über das Bundesverfassungsgericht (Bundesverfassungsgerichtsgesetz) i. d. F. v. 12.12. 1985 (BGBl. I, S. 2229)
BVerwG	Bundesverwaltungsgericht
BW, bw.	Baden-Württemberg, baden-württembergisch(e, er, es)
BWaldG	Gesetz zur Erhaltung des Waldes und zur Förderung der Forstwirtschaft (Bundeswaldgesetz) v. 2.5. 1975 (BGBl. I, S. 1037)
BzBlG	Gesetz zur Verminderung von Luftverunreinigungen durch Bleiverbindungen in Ottokraftstoffen für Kraftfahrzeugmotore (Benzinbleigesetz) v. 5.8. 1971 (BGBl. I, S. 1234)
bzw.	beziehungsweise
ca.	cirka

ChemG . . . . Gesetz zum Schutz vor gefährlichen Stoffen (Chemikaliengesetz) v. 16.9. 1980 (BGBl. I, S. 1718)
DampfkV . . . . Verordnung über Dampfkesselanlagen (Dampfkesselverordnung) v. 27.2. 1980 (BGBl. I, S. 173)
DDT-G . . . . Gesetz über den Verkehr mit DDT (DDT-Gesetz) v. 7.8. 1972 (BGBl. I, S. 1385)
ders. . . . . derselbe
d.h. . . . . das heißt
DMG . . . . Düngemittelgesetz v. 15.11. 1977 (BGBl. I, S. 2134)
DÖV . . . . Die Öffentliche Verwaltung (Zeitschrift)
DruckbehV . . . . Verordnung über Druckbehälter, Druckgasbehälter und Füllanlagen (Druckbehälterverordnung) v. 27.2. 1980 (BGBl. I, S. 173)
DVBl. . . . . Deutsches Verwaltungsblatt (Zeitschrift)
E . . . . Entscheidung, Entscheidungen des BVerwG bzw. des BVerfG
ECE . . . . Economic Commission for Europe
EEA . . . . Einheitliche Europäische Akte
EG . . . . Europäische Gemeinschaft
EGBGB . . . . Einführungsgesetz zum Bürgerlichen Gesetzbuch v. 18.8.1896 (RGBl., S. 604)
EntlG . . . . Gesetz zur Entlastung der Gerichte in der Verwaltungs- und Finanzgerichtsbarkeit v. 31.3. 1978 (BGBl. I, S. 446)
EnWG . . . . Gesetz zur Förderung der Energiewirtschaft (Energiewirtschaftsgesetz) v. 13.12. 1935 (RGBl. I, S. 1451)
ErbbauV . . . . Verordnung über das Erbbaurecht v. 15.1. 1919 (RGBl., S. 72)
ET . . . . Energiewirtschaftliche Tagesfragen (Zeitschrift)
etc. . . . . et cetera
EuGH . . . . Gerichtshof der Europäischen Gemeinschaften
EuGHE . . . . Sammlung der Rechtsprechung des Gerichtshofes der Europäischen Gemeinschaften
EuR . . . . Europarecht (Zeitschrift)
evtl. . . . . eventuell
EWG . . . . Europäische Wirtschaftsgemeinschaft
EWGV . . . . Vertrag zur Gründung der Europäischen Wirtschaftsgemeinschaft v. 25.3. 1957 (BGBl. II, S. 753, 766)
f. . . . . folgende, für
ff. . . . . fortfolgende
FluglG . . . . Gesetz zum Schutz gegen Fluglärm v. 30.3. 1971 (BGBl. I, S. 282)
FlurbG . . . . Flurbereinigungsgesetz i. d. F. v. 16.3. 1976 (BGBl. I, S. 546)
FMG . . . . Futtermittelgesetz v. 2.7. 1975 (BGBl. I, S. 745)
Fn. . . . . Fußnote(n)
FS . . . . Festschrift
FStrG . . . . Bundesfernstraßengesetz i. d. F. v. 1.10. 1974 (BGBl. I, S. 2413)
G . . . . Gesetz
GBl. . . . . Gesetzblatt
gem. . . . . gemäß
GenStA . . . . Generalstaatsanwalt(schaft)
GerSiG . . . . Gerätesicherheitsgesetz v. 24.6. 1968 (BGBl. I, S. 717)
GewArch. . . . . Gewerbearchiv (Zeitschrift)
GewO . . . . Gewerbeordnung i. d. F. v. 1.1. 1987 (BGBl. I, S. 425)
GG . . . . Grundgesetz für die Bundesrepublik Deutschland v. 23.5. 1949 (BGBl., S. 1)
ggf. . . . . gegebenenfalls
GGVS . . . . Verordnung über die innerstaatliche und grenzüberschreitende Beförderung gefährlicher Güter auf Straßen (Gefahrgutverordnung Straße) v. 22.7. 1985 (BGBl. I, S. 1550)

GMBl.	Gemeinsames Ministerialblatt
GO NW	Gemeindeordnung für das Land Nordrhein-Westfalen i. d. F. v. 13.8. 1984 (GV NW, S. 475)
GS	Gedächtnisschrift, Gesetzesammlung
GV NW	Gesetz- und Verordnungsblatt für das Land Nordrhein-Westfalen
GVBl.	Gesetz- und Verordnungsblatt
h. M.	herrschende Meinung
h.L.	herrschende Lehre
HAbfG	Hessisches Abfallgesetz i. d. F. v. 11.12. 1985 (GVBl. 1986, S. 18)
HdUR	Handwörterbuch des Umweltrechts
Hess., hess.	Hessen, hessisch(e, er, es)
HessVerf	Verfassung des Landes Hessen v. 1.12. 1946 (GVBl., S. 229)
Hmb., hmb.	Hamburg, hamburgisch(e, er, es)
HÖV	Handwörterbuch für die öffentliche Verwaltung
Hrsg., hrsg.	Herausgeber, herausgegeben
HS	Halbsatz
i. d. F.	in der Fassung
i.e.	im einzelnen
i.S.d.	im Sinne des, im Sinne der, im Sinne dies(er, es)
i.S.v.	im Sinne von
i.V.m.	in Verbindung mit
IzR	Informationen zur Raumentwicklung (Zeitschrift)
JA	Juristische Arbeitsblätter (Zeitschrift)
JuS	Juristische Schulung (Zeitschrift)
JZ	Juristenzeitung (Zeitschrift)
KAG NW	Kommunalabgabengesetz v. 21.10. 1969 (GV NW, S. 712)
krit.	kritisch
KTA	Kerntechnischer Ausschuß
LAbfG	Landesabfallgesetz BW: v. 18.11. 1975 (GBl., S. 757) NW: v. 18.12. 1973 (GVBl., S. 562) RP: v. 30.8. 1974 (GVBl., S. 374) i. d. F. v. 4.5. 1987 (GVBl., S. 139)
LBG	Gesetz über die Landbeschaffung für Aufgaben der Verteidigung (Landbeschaffungsgesetz) v. 23.2.1957 (BGBl. I, S. 134)
LFischG	Landesfischereigesetz
LFoG	Landesforstgesetz NW: i. d. F. v. 24.4. 1980 (GVBl., S. 546) RP: i. d. F. v. 2.2. 1977 (GVBl., S. 21)
LG	1. Landgericht; 2. NW: Gesetz zur Sicherung des Naturhaushalts und zur Entwicklung der Landschaft (Landschaftsgesetz) i. d. F. v. 26.6. 1980 (GVBl., S. 734)
LImSchG NW	Gesetz zum Schutz vor Luftverunreinigungen, Geräuschen und ähnlichen Umwelteinwirkungen (Landes-Immissionsschutzgesetz) v. 18.3. 1975 (GVBl., S. 232)
LKT	Landkreistag
LMBG	Gesetz über den Verkehr mit Lebensmitteln, Tabakerzeugnissen, kosmetischen Mitteln und sonstigen Bedarfsgegenständen (Lebensmittel- und Bedarfsgegenständegesetz) v. 15.8. 1974 (BGBl. I, S. 1945 f.; ber. 1975 I, S. 2652)
LÖLF	Landesanstalt für Ökologie, Landschaftsentwicklung und Forstplanung
LPflG RP	Landesgesetz über Naturschutz und Landschaftspflege (Landespflegegesetz) i. d. F. v. 5.2. 1979 (GVBl., S. 36)
LPflG SH	Schleswig-holsteinisches Gesetz über Naturschutz und Landschaftspflege (Landschaftspflegegesetz) v. 19.11. 1982 (S. 256)

LPG BW	Landesplanungsgesetz für das Land Baden-Württemberg i. d. F. v. 10.10. 1983 (GBl., S. 621)
LPlG RP	Landesgesetz für Raumordnung und Landesplanung für Rheinland-Pfalz (Landesplanungsgesetz) i. d. F. v. 8.2. 1977 (GVBl., S. 6) zuletzt geändert durch Gesetz v. 14.5. 1982 (GVBl., S. 129)
LuftVG	Luftverkehrsgesetz i. d. F. v. 14.1. 1981 (BGBl. I, S. 61)
LuftVO	Luftverkehrsordnung i. d. F. v. 14.11. 1969 (BGBl. I, S. 2117)
LuftVZO	Luftverkehrs-Zulassungs-Ordnung i. d. F. v. 13.3. 1979 (BGBl. I, S. 308)
LV NW	Verfassung für das Land Nordrhein-Westfalen (Landesverfassung) v. 28.6. 1950 (GS.NW, S. 3)
LWG	Landeswassergesetz NW: v. 4.7. 1979 (GVBl., S. 488) RP: i. d. F. v. 4.3. 1983 (GVBl., S. 31)
m.w.N.	mit weiteren Nachweisen
MBl.	Ministerialblatt
MEPolG	Musterentwurf zum Polizeigesetz
NatSchG	Naturschutzgesetz Berl: Gesetz über Naturschutz und Landschaftspflege (Berliner Naturschutzgesetz) v. 30.1. 1979 (GVBl., S. 183) Brem: Gesetz über Naturschutz und Landschaftspflege (Bremisches Naturschutzgesetz) v. 17.9. 1979 (GBl., S. 345) BW: Gesetz zum Schutz der Natur, zur Pflege der Landschaft und über die Erholungsvorsorge in der freien Landschaft (Naturschutzgesetz Baden-Württemberg) v. 21.10. 1975 (GBl., S. 654) i. d. F. v. 30.5. 1978 (GBl., S. 286) Hess: Gesetz über Naturschutz und Landschaftspflege (Hessisches Naturschutzgesetz) v. 19.9. 1980 (GVBl., S. 309) Hmb: Gesetz über Naturschutz und Landschaftspflege (Hamburgisches Naturschutzgesetz) v. 2.7. 1981 (GVBl., S. 167) Nds: Niedersächsisches Naturschutzgesetz v. 20.3. 1981 (GVBl., S. 31)
Nds., nds.	Niedersachsen, niedersächsisch(e, er, es)
n.F.	neue Fassung
NJW	Neue Juristische Wochenschrift (Zeitschrift)
NK	Normenkontrolle
Nr., Nrn.	Nummer, Nummern
NStZ	Neue Zeitschrift für Strafrecht
NuL	Natur und Landschaft (Zeitschrift)
NuR	Natur und Recht (Zeitschrift)
NVwZ	Neue Zeitschrift für Verwaltungsrecht
NW, nw.	Nordrhein-Westfalen, nordrhein-westfälisch(e, er, es)
NWVBL	Nordhrein-westfälische Verwaltungsblätter, Zeitschrift für öffentliches Recht und öffentliche Verwaltung
o.ä.	oder ähnlich(e, es)
OBG NW	Gesetz über Aufbau und Befugnisse der Ordnungsbehörden (Ordnungsbehördengesetz) i. d. F. v. 13.5. 1980 (GV NW, S. 528)
OECD	Organization for Economic Cooperation and Development
ÖffBauBoR	Öffentliches Bau- und Bodenrecht (Lehrbuch)
OLG	Oberlandesgericht
OVG	Oberverwaltungsgericht
OVGE	Entscheidungen der Oberverwaltungsgerichte für das Land Nordrhein-Westfalen in Münster sowie für die Länder Niedersachsen und Schleswig-Holstein in Lüneburg

OWiG	Gesetz über Ordnungswidrigkeiten i. d. F. v. 19.2. 1987 (BGBl. I, S. 602)
PBefG	Personenbeförderungsgesetz v. 21.3. 1961 (BGBl. I, S. 241)
PflSchG	Gesetz zum Schutz der Kulturpflanzen (Pflanzenschutzgesetz) v. 15.9. 1986 (BGBl. I, S. 1505)
RABELsZ	Rabels Zeitschrift für ausländisches und internationales Privatrecht
rd.	rund
RdE	Recht der Elektrizitätswirtschaft (Zeitschrift)
RdL	Recht der Landwirtschaft (Zeitschrift)
RegE	Regierungsentwurf
RGBl.	Reichsgesetzblatt
RGZ	Entscheidungen des Reichsgerichts in Zivilsachen
Rn.	Randnummer(n)
ROG	Raumordnungsgesetz v. 8.4. 1965 (BGBl. I, S. 306)
ROGE	Entwurf zum Raumordnungsgesetz
RÖV	Verordnung über den Schutz vor Schäden durch Röntgenstrahlen (Röntgenverordnung) v. 1.3. 1973 (BGBl. I, S. 173) i. d. F. v. 8.1. 1987 (BGBl. I, S. 114)
RP, rp	Rheinland-Pfalz, rheinland-pfälzisch(e, er, es)
RpVerf	Verfassung für Rheinland-Pfalz v. 18.5. 1947 (VOBl., S. 209)
RSK	Reaktorsicherheitskommission
RuL	Das Recht der Raumordnung und Landesplanung in Bund und Ländern (Lehrbuch)
Rz.	Randziffer
S.	Seite(n), Satz
Saarl., saarl.	Saarland, saarländisch(e, er, es)
SaarlVerf	Verfassung des Saarlandes v. 15.12. 1942 (ABl., S. 1077)
SAbfG	Saarländisches Abfallgesetz v. 3. 6. 1987 (ABl., S. 849)
SchBG	Schutzbereichgesetz v. 7.12. 1956 (BGBl. I, S. 899)
SH, sh	Schleswig-Holstein, schleswig-holstinisch(e, er, es)
SK	Systematischer Kommentar
SNG	Saarländisches Gesetz über den Schutz der Natur und die Pflege der Landschaft (Saarländisches Naturschutzgesetz) v. 31.1. 1979 (ABl., S. 147)
sog.	sogenannte(er)
Sp.	Spalte
SprengG	Gesetz über explosionsgefährliche Stoffe (Sprengstoffgesetz) v. 13.9. 1976 (BGBl. I, S. 2737) i. d. F. v. 17.4. 1986 (BGBl. I, S. 577)
SRU	Rat von Sachverständigen für Umweltfragen
SSK	Strahlenschutzkommission
StGB	Strafgesetzbuch i. d. F. v. 10.3. 1987 (BGBl. I, S. 945, ber. S. 1160)
StGR	Städte- und Gemeinderat (Zeitschrift)
StPO	Strafprozeßordnung i. d. F. v. 7.4. 1987 (BGBl. I, S. 1074, ber. S. 1319)
StrlSchV	Verordnung über den Schutz vor Schäden durch ionisierende Strahlen (Strahlenschutzverordnung) v. 13.10. 1976 (BGBl. I, S. 2905)
StrSchVG	Gesetz zum vorsorgenden Schutz der Bevölkderung gegen Strahlenbelastung (Strahlenschutzvorsorgegesetz) v. 19.12. 1986 (BGBl. I, S. 2610)
StuGB	Städte und Gemeindebund (Zeitschrift)
StVG	Straßenverkehrsgesetz v. 19.12. 1952 (BGBl. I, S. 837)
StrWG NW	Straßen- und Wegegesetz des Landes Nordrhein-Westfalen i. d. F. v. 1.8. 1983 (GV NW, S. 306)
StVO	Straßenverkehrsordnung v. 16.11. 1970 (BGBl. I, S. 1565; 1971 I, S. 38)

TA	Technische Anleitung
TierKBG	Gesetz über die Beseitigung von Tierkörpern, Tierkörperteilen und tierischen Erzeugnissen (Tierkörperbeseitigungsgesetz) v. 2.9. 1975 (BGBl. I, S. 2313)
TierSchG	Tierschutzgesetz v. 24.7. 1972 (BGBl. I, S. 1277) i.d.F. v. 18.8. 1986 (BGBl. I, S. 1319)
TWG	Telegraphenwegegesetz v. 18.12.1899 (RGBl., S. 705)
u.ä.	und ähnlich(e, es)
u.a.	und andere, unter anderem
UMK	Umweltministerkonferenz
UNEP	United Nations Environment Programms
UNESCO	United Nations Educational, Scientific and Cultural Organization
UNO	United Nations Organization
UPR	Umwelt- und Planungsrecht (Zeitschrift)
Urt.	Urteil
UTR	Jahrbuch des Umwelt- und Technikrechts
UVP	Umweltverträglichkeitsprüfung
UVP-RL	Richtlinie des Rates über die Umweltverträglichkeitsprüfung bei bestimmten öffentlichen und privaten Projekten
v.	von, vom
VBlBW	Verwaltungsblätter für Baden-Württemberg (Zeitschrift)
VerfGH	Verfassungsgerichtshof
VersR	Versicherungsrecht (Zeitschrift)
VerwArch.	Verwaltungsarchiv (Zeitschrift)
VG	Verwaltungsgericht
VGH	Verwaltungsgerichtshof
vgl.	vergleiche
VO	Verordnung
VOBl.	Verordnungsblatt
Vorbem.	Vorbemerkung
VR	Verwaltungsrundschau (Zeitschrift)
VVDStRL	Veröffentlichungen der Vereinigung der Deutschen Staatsrechtslehrer
VwGO	Verwaltunggerichtsordnung v. 21.1. 1960 (BGBl. I, S. 17)
VwVfG	Verwaltungsverfahrensgesetz v. 25.5. 1976 (BGBl. I, S. 1253)
VwVG	Verwaltungsvollstreckungsgesetz v. 27.4. 1953 (BGBl. I, S. 157)
WaldG	Landeswaldgesetz Hmb: v. 13.3. 1978 (GVBl., S. 74) Nds: i.d.F. v. 19.7. 1978 (GVBl., S. 595)
WaschmG	Gesetz über die Umweltverträglichkeit von Wasch- und Reinigungsmitteln v. 20.8. 1975 (BGBl. I, S. 2255) i.d.F. v. 5.3. 1987 (BGBl. I, S. 875)
WaStrG	Bundeswasserstraßengesetz v. 2.4. 1968 (BGBl. II, S. 173)
WG	Wassergesetz Bay: i.d.F. v. 3.2. 1988 (GVBl., S. 33) Berl: v. 23.2. 1960 (GVBl., S. 133) Brem: i.d.F. v. 1.9. 1983 (BremGBl., S. 473) BW: i.d.F. v. 26.4. 1976 (GBl., S. 369) Hess: i.d.F. v. 12.5. 1981 (GVBl. I, S. 153) Hmb: v. 20.6. 1960 (GVBl. I, S. 335) i.d.F. v. 2.3. 1962 (GVBl., S. 61) Nds: i.d.F. v. 28.10. 1982 (GVBl., S. 425) Saarl: i.d.F. v. 25.1. 1982 (ABl., S. 129) SH: i.d.F. v. 17.1. 1983 (GVBl., S. 24)
WHG	Gesetz zur Ordnung des Wasserhaushalts (Wasserhaushaltsgesetz) i.d.F. v. 23.9. 1986 (BGBl. I, S. 1529, ber. S. 1654)

WRV . . . . Verfassung des Deutschen Reichs (Weimarer Reichsverfassung) v. 11.8. 1919 (RGBl., S. 1383)
WuV . . . . Wirtschaft und Verwaltung (Beilage zu Gewerbearchiv und Umwelt- und Planungsrecht)
ZAU . . . . Zeitschrift für angewandte Umweltforschung
z.B. . . . . zum Beispiel
z.T. . . . . zum Teil
z.Zt. . . . . zur Zeit
ZfBR . . . . Zeitschrift für deutsches und internationales Baurecht
ZfG . . . . Zeitschrift für das gesamte Genossenschaftswesen
ZfW . . . . Zeitschrift für Wasserrecht
ZG . . . . Zeitschrift für Gesetzgebung
Ziff. . . . . Ziffer
ZPO . . . . Zivilprozeßordnung v. 30.1. 1977 (RGBl., S. 83), i.d.F. v. 12.9. 1950 (BGBl., S. 533)
ZRP . . . . Zeitschrift für Rechtspolitik (Beilage zu: Neue Juristische Wochenschrift)
ZStrW . . . . Zeitschrift für die gesamte Strafrechtswissenschaft
ZZP . . . . Zeitschrift für Zivilprozeßrecht

Erster Teil: Allgemeines Umweltrecht

Erster Abschnitt: Strukturen des Umweltrechts

§ 1. Grundbegriffe

A. Umwelt

Umwelt im weiteren Sinne ist die Gesamtheit der äußeren Lebensbedingungen, die 1
auf eine bestimmte Lebenseinheit, sei es ein Individuum oder sei es eine Lebensgemeinschaft, einwirkt.[1]

Die Umwelt des Menschen setzt sich dementsprechend aus den äußeren Erscheinungen zusammen, die seine psychischen, technischen, wirtschaftlichen und sozialen Lebensbedingungen und -beziehungen bestimmen.[2] Sie wird mitgestaltet vor allem durch fast alle anderen Lebewesen, die wiederum in einer eigenen Umwelt leben. Die Umwelt des Menschen ist insoweit eine Vereinigungsmenge vieler Umwelten, die bei der Umweltpolitik zu berücksichtigen ist.[3] Entsprechend der Weite dieses Umweltbegriffs lassen sich für Teilaspekte unterschiedliche (Teil-)Umweltbegriffe bilden. So wird in den entsprechenden Wissenschaftsdisziplinen etwa ein soziologischer, ein räumlicher und ein biologischer bzw. ökologischer Umweltbegriff verwandt.[4] Zu unterscheiden sind aber vor allem die *soziale*, die *natürliche* und die *vom Menschen selbst geschaffene*, gegenständliche Umwelt.

Zur **sozialen** Umwelt zählen die menschlichen Beziehungen, gesellschaftliche, kul- 2
turelle und wirtschaftliche Einrichtungen sowie staatliche Institutionen.

Die **natürliche Umwelt** des Menschen umfaßt Pflanzen, Tiere und Mikroorganismen in ihren Lebensräumen, Boden, Luft und Wasser.[5]

Die **vom Menschen geschaffene gegenständliche Umwelt** umfaßt z. B. Wohngebäude, Fabriken, Verkehrswege, Maschinen, Fahrzeuge usw.[6]

Für die Umweltpolitik und das Umweltrecht ist ein umfassender, die 3
Gesamtheit der äußeren Lebensbedingungen einbeziehender Umweltbegriff wenig praktikabel, weil bei einer derart weiten Begrifflichkeit Umweltpolitik nahezu sämtliche Politikbereiche und Umweltrecht die Rechtsordnung

---

[1] *Buchwald*, in: Buchwald/Engelhardt, Bd. 1, S. 1; soweit diese Lebensbedingungen miteinander verschränkt sind und mit den Lebewesen in Wechselbeziehung stehen, spricht man auch von einem ökologischen System, vgl. *Wey*, Umweltpolitik, S. 17.

[2] *Wicke/Franke*, Umweltökonomie, S. 5.

[3] Vgl. dazu das SRU-Umweltgutachten 1987, Rz 1ff.

[4] Siehe dazu i. e. *Wicke/Franke*, Umweltökonomie, S. 5; *Kimminich*, Umweltschutz, Prüfstein der Rechtsstaatlichkeit, S. 17ff.; *Steiger*, in: Grundzüge des Umweltrechts, S. 3ff.; zum Umweltbegriff im strafrechtlichen Zusammenhang: *Bottke*, JuS 1980, 539.

[5] Vgl. dazu *Hartkopf/Bohne*, Umweltpolitik, S. 3ff.

[6] Vgl. dazu *Buchwald*, in: Buchwald/Engelhardt, Bd. 1, S. 2.

insgesamt umfassen würde.[7] Der umweltpolitischen und rechtswissenschaftlichen Diskussion liegt deshalb zumeist und wohl auch zu Recht ein ökologischer, d. h. ein auf die natürlichen Lebensgrundlagen beschränkter Umweltbegriff zugrunde.[8] Da es eine von Menschen unberührte Umwelt aber kaum noch gibt, bezeichnet Umwelt auch in diesem Sinne nicht nur die urwüchsige Natur, sondern weitergehend den von Menschen gestalteten, natürlichen Lebensraum, wie er in der Bundesrepublik Deutschland vor allem durch die in jahrtausendlanger Entwicklung geformte sog. Kulturlandschaft geprägt wird.[9] Ausgeschlossen aus dem Umweltbegriff werden somit die nicht gegenständlichen Elemente der sozialen Umwelt und die von Menschen künstlich hergestellten Gegenstände. Folgt man dieser einschränkenden Sichtweise, dann dienen umweltschützende Maßnahmen zwar auch dem Erhalt der von Menschen geschaffenen, gegenständlichen Umwelt. So schützen z. B. Maßnahmen zur Verringerung der Luftbelastung nicht zuletzt auch historische Baudenkmäler.[10] Umgekehrt ist aber genauso wenig wie der Verkehrswegeausbau oder die Bestandserhaltung gewerblicher Produktionsanlagen nicht jede denkmalpflegerische Maßnahme zugleich eine solche des Umweltschutzes.[11]

4 Der Gesetzgeber hat bislang auf eine einheitliche rechtsgebietsübergreifende Definition des Umweltbegriffs verzichtet. Der Begriff taucht jedoch in ganz unterschiedlichen gesetzlichen Regelungen teilweise selbständig, teilweise aber auch in Wortverbindungen auf.[12] So ist der Umweltbegriff Bestandteil des vor allem für das Immissionsschutz –, aber z. B. auch für das Abfallrecht zentralen Begriffs der „schädlichen Umwelteinwirkungen".[13] Gem. § 1 Abs. 5 S. 1 BauGB sollen Bauleitpläne u. a. dazu beitragen, eine menschenwürdige Umwelt zu sichern. Den 18. Abschnitt des Strafgesetzbuches hat der Gesetzgeber überschrieben mit dem Titel „Straftaten gegen die Umwelt". Und in § 1 Nr. 1 BWaldG wird der Umweltbegriff durch den Halbsatz konkretisiert „insbesondere für die dauernde Leistungsfähigkeit des Naturhaushaltes, das Klima, den Wasserhaushalt, die Reinhaltung der Luft, die Bodenfruchtbarkeit, das Landschaftsbild, die Agrar- und Infrastruktur und die Erholung der Bevölkerung (Schutz- und Erholungsfunktion)". An ganz versteckter Stelle findet sich erstmals auf der Ebene der Rechtsverordnungen eine Legaldefinition des Umweltbegriffs in § 1 Abs. 1 Nr. 15 der Verordnung über die Gefährlichkeitsmerkmale von Stoffen und Zubereitungen nach dem Chemikaliengesetz vom 18. 12. 1981.[14] Umwelt sind danach

---

[7] So zu Recht *Steiger*, in: Grundzüge des Umweltrechts, S. 4; einschränkend auch *Meßerschmidt*, Umweltabgaben als Rechtsproblem, S. 31; SRU-Umweltgutachten 1987, Rz 36ff.; vgl. aber auch *Winter*, DVBl. 1988, 659 (665).

[8] Siehe auch § 3 Nr. 3 n, 2. HS ChemG.

[9] Vgl. auch *Kloepfer/Meßerschmidt*, Innere Harmonisierung des Umweltrechts, S. 26; unberührte Natur soll es in der BRD nur noch auf 0,9% der Fläche geben, vgl. (*Zybulka*, NuR 1988, 214).

[10] Siehe dazu den Bericht der Bundesregierung über Maßnahmen auf allen Gebieten des Umweltschutzes, BT-Drs. 10/4614, S. 7.

[11] So auch *Meßerschmidt*, Umweltabgaben als Rechtsproblem, S. 30; zur Beschränkung des Umweltbegriffs auf die natürlichen Lebensgrundlagen siehe auch *Badura/Denninger*, Staatszielbestimmungen/Gesetzgebungsaufträge, Rn. 144; *Kölble*, DÖV 1979, 470ff.; *Stern*, Staatsrecht I, § 21 Abs. 2 S. 3.

[12] Vgl. *Meßerschmidt*, Umweltabgaben als Rechtsproblem, S. 27; *Kloepfer/Meßerschmidt*, Innere Harmonisierung des Umweltrechts, S. 12; vgl. dazu auch die rechtsvergleichende Übersicht über die den verschiedenen Bundesgesetzen zugrundeliegenden Umweltbegriffe von *Dempfle/Müggenborg*, NuR 1987, 301ff.

[13] Vgl. §§ 3 Abs. 1 BImSchG, 2 Abs. 1 Nr. 4 AbfG.

[14] BGBl. I, S. 1487.

Wasser, Luft und Boden sowie die Beziehung unter ihnen einerseits und zu allen Lebewesen andererseits.[15] Ein weiter Umweltbegriff liegt schließlich auch der Richtlinie des Rates der Europäischen Gemeinschaften vom 27. 6. 1985 über die Umweltverträglichkeitsprüfung bei bestimmten öffentlichen und privaten Projekten[16] zugrunde. Gem. Art. 3 dieser Richtlinie ist die Prüfung der Umweltverträglichkeit auch auf die Auswirkungen eines Projektes auf Sachgüter und das kulturelle Erbe zu erstrecken.[17]

B. Umweltschäden und Umweltgefahren

Umweltschäden und Umweltgefahren beruhen auf menschlichen Eingriffen in die Umwelt, die zu nicht oder nur teilweise wiedergutzumachenden unerwünschten Umweltveränderungen führen. Sie betreffen die noch vorhandene natürliche, vom Menschen nicht oder kaum beeinflußte Umwelt und die vom Menschen gestaltete kultürliche Umwelt, in der noch natürliche Bestandteile enthalten und natürliche Prozesse wirksam sind und bleiben.[18] 5

Effektiver Umweltschutz setzt zunächst umfassende Umweltinformationen über die weltweit und in der Bundesrepublik Deutschland bereits gegenwärtig vorhandenen Umweltbelastungen und zukünftig drohenden Umweltgefahren voraus.[19]

I. Umweltberichterstattung

Der enge Zusammenhang zwischen umfassenden Umweltinformationen und effektiven Umweltschutzmaßnahmen wird zunehmend erkannt.[20] Neuere Berichte zur Lage der Umwelt informieren deshalb über die Umweltsituation (**Umweltqualitätsberichterstattung**), über Umweltstreß (**verursacherbezogene Umweltberichterstattung**) und über Umweltschutz und Umweltpolitik (**handlungsbezogene Umweltberichterstattung**).[21] Umweltberichte informieren teilweise medienspezifisch über ein- 6

---

[15] Vgl. zu dieser Vorschrift *Meßerschmidt*, Umweltabgaben als Rechtsproblem, S. 27ff.; *Kloepfer/Meßerschmidt*, Innere Harmonisierung des Umweltrechts, S. 12ff., siehe dort auch die umfassende Übersicht über Umwelt(teil)begriffe in den einzelnen Umweltgesetzen.

[16] ABl. Nr. L 175 v. 5. 7. 1985, S. 40ff.

[17] Zur Umweltverträglichkeitsprüfung siehe näher unten: § 8 Rn. 53ff.

[18] Vgl. SRU-Umweltgutachten 1987, Rz 19.

[19] Der Begriff der Umweltbeeinträchtigung, der Umweltbelastung oder ähnliche Formulierungen werden in den einzelnen Umweltgesetzen nicht einheitlich verwendet. Einer Harmonisierung sind sie kaum zugänglich, vgl. *Kloepfer/Meßerschmidt*, Innere Harmonisierung des Umweltrechts, S. 27ff.

[20] Vgl. in diesem Zusammenhang den Entwurf eines Gesetzes zum Auskunftsrecht über Umweltdaten, BT-Drs. 172/87.

[21] Siehe dazu *Simonis/Prittwitz*, HdUR, Bd. I, Sp. 223ff. Einen ausführlichen Überblick über Berichte des Bundes und der Länder zur Situation von Umwelt und Natur befindet sich im Anhang der „Daten zur Umwelt 1986/1987" des Umweltbundesamtes, S. 525ff.; zur Bedeutung der Ermittlung von Umweltschutzdaten siehe auch *Hoppe*, VVDStRL 38 (1980), S. 211 (267ff.); zu Rechtsproblemen der behördlichen Umweltberatung siehe *Lübbe-Wolff*, NJW 1987, 2705ff.

zelne Bereiche der Umwelt, etwa über die Luftverschmutzung, die Gewässerbelastung oder die Waldschäden,[22] teilweise wird aber auch medienübergreifend der Versuch unternommen, ein umfassendes Bild der Umweltsituation zu zeichnen.[23] Neuerdings wird außerdem versucht, Umweltschäden umfassend in eine volkswirtschaftliche Kostenrechnung einzubringen.[24]

7 Die Umweltberichterstattung darf sich allerdings nicht auf eine Bestandsaufnahme und Beschreibung der gegenwärtigen Umweltsituation beschränken. Notwendig ist es außerdem, zukünftig drohende Umweltgefahren in den Blick zu nehmen. Mit dem Begriff der **„Gefahr“** wird eine Situation bezeichnet, in der bei ungehindertem Ablauf des Geschehens ein Zustand oder ein Verhalten mit hinreichender Wahrscheinlichkeit zu einem Schaden führen wird.[25] Die Gefahr ist dementsprechend durch die Ungewißheit des möglicherweise in der Zukunft eintretenden Schadens gekennzeichnet. Die Einschätzung von Umweltgefahren setzt deshalb Prognosen für die Zukunft voraus.

II. Umweltgefahren weltweit

8 Weltweite und medienübergreifende Prognosen über die Entwicklung der Umwelt stellen verschiedene Globalstudien auf, von denen die bekanntesten „Global 2000“, der Bericht der US-Regierung an den amerikanischen Präsidenten über die Lage der Umwelt aus dem Jahre 1980 und der Bericht des Club of Rome zur Lage der Menschheit mit dem Titel „Die Grenzen des Wachstums“ aus dem Jahre 1972 sind.[26] Angesichts der Vielzahl der zu berücksichtigenden Faktoren und der naturgemäß mit Prognosen verbundenen Unsicherheiten kommen die Globalstudien durchaus zu unterschiedlichen Einschätzungen im einzelnen. Dennoch lassen sich eindeutige Entwicklungstrends feststellen, die den Zeitraum bis zur Jahrtausendwende und darüber hinaus charakterisieren werden. Beeinflußt wird die globale Entwicklung der Umwelt in erster Linie durch das zu erwartende Bevölkerungs- und Wirtschaftswachstum, durch die Ernährungslage, die Rohstoff- und Energieversorgung und die Umweltbelastung, insbesondere durch Schadstoffeintrag und Ressourcenverbrauch.

---

[22] Vgl. etwa die Immissionsschutzberichte des Umweltbundesamtes und die Immissionsberichte der Länder, die Gewässergütekarten und die Waldschadenserhebungen.

[23] Vgl. dazu die OECD-Berichte „The state of environment“, Paris 1979 und 1985; siehe auch den Bericht über das Umweltprogramm der Vereinten Nationen (UNEP), deutsch: Umwelt – weltweit, 1983; und für den Bereich der Bundesrepublik Deutschland: *Koch*, Die Lage der Nation 85/86; Umweltbundesamt, Daten zur Umwelt, 1986/1987.

[24] Siehe dazu *Wicke*, Die ökologischen Milliarden, passim; SRU-Umweltgutachten 1987, Rz 215.

[25] *Murswiek*, HdUR, Bd. I, 615.

[26] Weitere Globalstudien werden vorgestellt in: Global 2000, S. 94ff.; vgl. auch *Ehrlich/Ehrlich*, Bevölkerungswachstum und Umweltkrise, 1972; *Forester*, Der teuflische Regelkreis. Das Globalmodell der Menschheitskrise, Stuttgart 1972; vgl. zu den Zusammenhängen zwischen weltweiter Umweltzerstörung und dem Welthandel auch *Malunat*, NuR 1987, 102ff.

1. Bevölkerungs- und Wirtschaftswachstum

Weltweit wird ein schnelles und exponentielles *Bevölkerungswachstum* vorausgesagt, das sich bis zum Jahre 2000 nur unwesentlich verlangsamen wird. Die Weltbevölkerung, die im Jahre 1980 auf 4,4 Mrd. Menschen geschätzt wurde, wird im Jahre 2000 auf etwa 6,35 Mrd. Menschen anwachsen.[27] Von den prognostizierten 6,35 Mrd. Menschen werden etwa 5 Mrd. Menschen, d. h. mehr als 75% der Menschheit in den sog. unterentwickelten Ländern leben. Die jährliche Wachstumsrate lag im Jahre 1975 bei 1,8%, die prognostizierte Rate für das Jahr 2000 liegt bei 1,7%, wobei ein stärkerer Rückgang der Geburtenraten durch eine Erhöhung des durchschnittlichen Lebenszeitalters zum Teil neutralisiert wird.[28] Eine Zuwachsrate von 1,7% bedeutete 1980 einen Bevölkerungszuwachs von 1 Mio. Menschen innerhalb von 5 Tagen.[29] Das Bevölkerungswachstum wird außerdem weltweit einhergehen mit einer dramatischen *Abwanderung der Landbevölkerung* in die großen Städte und dadurch ganz erhebliche Probleme bei der Abwasser- und Abfallbeseitigung sowie bei der Versorgung der Bevölkerung mit Wasser, Nahrungsmitteln, Wohnraum und Arbeitsplätzen auslösen.[30] 9

Die rasch anwachsende Weltbevölkerung und ihr erhöhter Bedarf an Nahrungsmitteln, Wirtschaftsgütern und Dienstleistungen sowie die auf Wachstum ausgelegten Volkswirtschaften lassen außerdem weltweit ein *Wirtschaftswachstum* erwarten, das die Tendenz zur Verknappung von Umweltressourcen und zur Erhöhung der Umweltbelastungen in sich trägt.[31] 10

Weltweit wird deshalb eine Entwicklung prognostiziert, die durch das Abholzen großer Waldgebiete, durch die Erosion wertvoller Böden, die Verwüstung und Versteppung weiter Landschaftsteile, die Verschmutzung von Boden, Luft und Wasser durch Schadstoffeintrag und nicht zuletzt durch den Verlust zahlreicher Tier- und Pflanzenarten gekennzeichnet ist. 11

2. Nahrungsmittelproduktion

Unter der Voraussetzung, daß es nicht zu einschneidenden Wetter- oder Klimaverschlechterungen kommt, wird die *Weltnahrungsmittelproduktion* im Durchschnitt schneller wachsen als die Weltbevölkerung. Allerdings wird die Nahrungsmittelproduktion in den unterentwickelten Ländern mit dem Bevölkerungswachstum *gerade noch Schritt halten* können. In Südasien, im Mittleren Osten und in den unterentwickelten Ländern Afrikas wird der Pro-Kopf-Verbrauch möglicherweise sogar unter das bereits heute unzureichende Niveau sinken.[32] Die Steigerung der Nahrungsmittelproduktion wird zudem zukünftig nicht mehr durch eine Erweiterung der Anbauflächen erfolgen können. Im Jahre 2000 wird ein Hektar Land, der in den frühen 70er Jahren durchschnittlich 2,6 Personen ernährte, bereits 4 Personen ernähren müssen. Die Steigerung der Nahrungsmittelproduktion wird deshalb nur über die stark umweltbelastende Verwendung von Kunstdünger, Pestiziden, Herbiziden, durch künstliche Bewässerung und energieintensiven Maschineneinsatz möglich sein.[33] 12

3. Verlust von land- und forstwirtschaftlichen Nutzflächen

Insbesondere für die Land- und Forstwirtschaft werden weltweit schwerwiegende, negative Entwicklungen vorausgesagt. Bereits die vergangenen 70er Jahre waren dadurch gekennzeichnet, daß weltweit durch Siedlungen und Straßenbau 50000 bis 70000 qkm land- und forstwirtschaftlicher Nutzfläche verlorengingen. Hinzu kam 13

---

[27] Global 2000, S. 26; die Zahlen schwanken zwischen den einzelnen Globalstudien allerdings zwischen 5,8 bis 6,7 Mrd. Menschen.

[28] Siehe dazu Global 2000, S. 39; Umwelt – weltweit, S. 316.

[29] Umwelt – weltweit, S. 318.

[30] Global 2000, S. 44.

[31] *Hartkopf/Bohne*, Umweltpolitik, S. 6ff.

[32] Global 2000, S. 26.

[33] Global 2000, S. 51.

eine Verschlechterung der Bodenqualität durch Erosion, Versalzung und pH-Wert-Anhebung. Durch Wüstenbildung wurden in den 70er Jahren jährlich rd. 60000 qkm Land zerstört.[34] Dieser Trend wird sich in Zukunft fortsetzen. Die Prognosen deuten darauf hin, daß die Waldflächen einschließlich des Nutzholzbestandes in den unterentwickelten Ländern im Zeitraum von 1980 bis zum Jahre 2000 um 40% zurückgehen werden.[35] Die für die industrialisierten Regionen erheblich günstigeren Prognosen[36] müssen aufgrund des seit einigen Jahren beobachteten Waldsterbens möglicherweise drastisch korrigiert werden.[37] Als Folge einer Überweidung von Grasland, durch destruktive Anbauproduktion auf dem Ackerland und einer unkontrollierten Abholzung von Wäldern werden sich die Wüstengebiete auf der Erde, die 1980 etwa 800 Mio. Hektar umfaßten, bis zum Jahre 2000 um mindestens 20% vergrößern. Die Vereinten Nationen haben sogar etwa 2 Mrd. Hektar Land bezeichnet, das durch Verwüstung gefährdet bzw. stark gefährdet ist.[38]

4. Klimaverschlechterung

14 Der drastische Rückgang von Waldbeständen und land- und forstwirtschaftlichen Flächen läßt zusammen mit steigenden Kohlendioxydkonzentrationen und ozonabbauenden Chemikalien in der Atmosphäre entscheidende Klimaverschlechterungen befürchten. Die Steigerung des Kohlendioxydgehalts der Luft könnte zu einer entscheidenden Veränderung der Verteilung der Niederschläge auf der Erde führen und durch Erwärmung zu einem schrittweisen Anstieg des Meeresspiegels und damit zu einem Verlust zahlreicher Küstenbereiche führen. Die Zerstörung der Ozonschicht könnte durch den dadurch ansteigenden Anteil des UV-Lichtes ein vermehrtes Auftreten von Hautkrebs und Schäden an Feldfrüchten verursachen.[39]

5. Wasserknappheit

15 Zu einem immer ernsteren Problem werden sich zukünftig regionale Wasserknappheiten entwickeln. Der Wasserverbrauch wird sich durch das Bevölkerungswachstum, durch die notwendige künstliche Bewässerung der Anbauflächen und durch ein verändertes Konsumverhalten ständig erweitern. Demgegenüber wird die Wasserversorgung in den unterentwickelten Ländern durch das starke Abholzen von Waldgebieten immer unberechenbarer, die Wasserqualität durch Schadstoffeintrag weltweit bedenklich abnehmen. Alles deutet außerdem auf eine zunehmende Zerstörung und Verschmutzung der Ökosysteme der Küstengebiete hin, was wiederum erhebliche Auswirkungen auf den für die Ernährung der Bevölkerung sehr wesentlichen Fischfang haben wird.[40]

6. Energieknappheit

16 Nicht regenerierbare Energiequellen – dazu zählen Kohle, Erdöl, Erdgas, Ölschiefer, Teersand und Uran – und mineralische Rohstoffe reichen theoretisch zwar noch

---

[34] Umwelt – weltweit, S. 261.

[35] Global 2000, S. 61.

[36] Global 2000 geht davon aus, daß die Wälder in den industrialisierten Regionen nur um 0,5% und der wachsende Bestand um 5% zurückgehen (S. 61).

[37] Vgl. zum Thema Waldschäden und Luftverunreinigungen das Sondergutachten des Rates von Sachverständigen für Umweltfragen, BT-Drs. 10/113.

[38] Global 2000, S. 78.

[39] Global 2000, S. 85.

[40] Global 2000, S. 82; zu den Umweltproblemen der Nordsee siehe das Sondergutachten des Rates von Sachverständigen für Umweltfragen zum Thema „Umweltprobleme der Nordsee", BT-Drs. 9/692; zu Umweltproblemen des Rheins das Sondergutachten des Rates von Sachverständigen für Umweltfragen, Stuttgart und Mainz 1976; zur weltweiten Entwicklung der Umweltsituation im Bereich der Küsten- und Binnengewässer in den Jahren 1972 bis 1982 siehe Umwelt – weltweit, S. 75ff., S. 127ff.

für Jahrhunderte. Ihr Abbau wirft allerdings schwerwiegende ökonomische und ökologische Probleme auf. Für zahlreiche unterentwickelte Länder werden die Förderkosten unbezahlbar werden. Für diese Länder wird zudem die durch das Abholzen großer Waldbestände drohende Brennholzknappheit schwerwiegende Folgen auslösen.[41]

7. *Auswirkungen der Kernenergie*

Besorgniserregend sind außerdem die Auswirkungen der Kernenergie auf die Umwelt. Die Gefahr einer radioaktiven Verseuchung der Umwelt durch Reaktorunfälle nimmt notwendig mit der wachsenden Zahl der in Betrieb genommenen Kernreaktoren zu. Nicht zufriedenstellend gelöst sind vor allem die Endlagerung radioaktiver Abfälle, deren Menge rasch ansteigt. Die bis zum Jahre 2000 wahrscheinlich errichteten Kernkraftwerke werden weltweit mehrere hunderttausend Tonnen hochradioaktiver, verbrauchter Brennelemente und daneben Millionen von Kubikmetern schwach radioaktiver Abfälle erzeugen, deren Halbwertzeit annähernd 5 mal so lang sein wird wie die überlieferte Geschichte der Menschheit.[42] 17

8. *Artenverlust*

Eine für Global 2000 angefertigte Schätzung geht schließlich davon aus, daß bis zum Jahre 2000 15 bis 20% aller auf der Erde lebenden Tier- und Pflanzenarten ausgestorben sein können. Dieser enorme Artenverlust kann wegen Verlustes an biotischen Ressourcen und wegen der Verringerung des genetischen Reservoirs schwerwiegende Folgen für die Nahrungsmittelproduktion, für pharmazeutische Chemikalien, für Baustoffe etc. nach sich ziehen.[43] 18

III. Umweltgefahren in der Bundesrepublik Deutschland

Die Umweltprobleme der Bundesrepublik Deutschland sind nur teilweise mit den soeben skizzierten weltweiten Umweltgefahren identisch:[44] 19

1. *Bevölkerungsrückgang*

Entgegen dem weltweiten Trend wird die Bevölkerung in der Bundesrepublik auf absehbare Zeit nicht anwachsen. Im Gegenteil: Nachdem die Bevölkerung in der Zeit zwischen 1950 und 1974 durch Zuwanderungen und Geburtenüberschüsse von 50 auf 62 Millionen Menschen angestiegen war, sank sie durch den starken Geburtenrückgang, der ab 1974 nicht mehr durch Zuwanderung ausgeglichen wurde, auf 61,021 Millionen Menschen zum 31. 12. 1985 ab.[45] Nach Hochrechnungen des Statistischen Bundesamtes wird die Bevölkerung im Bundesgebiet insgesamt von 61 Millionen auf etwa 60,5 Millionen Menschen im Jahre 2000 zurückgehen. Nach dem Jahre 2000 wird die Bevölkerungsdichte, wenn sich der Trend hinsichtlich des Geburtenrückgangs und der Zuwanderung von außen nicht noch entscheidend wandelt, dann erheblich stärker absinken.[46] 20

2. *Geringes Wirtschaftswachstum*

Das weltweit vorausgesagte Wirtschaftswachstum, das die Tendenz zur Verknappung von Umweltressourcen und die Erhöhung der Umweltbelastungen durch 21

[41] Global 2000, S. 27, 68ff.
[42] Global 2000, S. 86.
[43] Global 2000, S. 86.
[44] Aktuelle Informationen zur regionalen Umweltbelastung in der Bundesrepublik Deutschland finden sich in den Schwerpunktheften 11/12 1985 und 1/2 1987 der Informationen zur Raumentwicklung.
[45] Vgl. Daten zur Umwelt 1986/1987, S. 10; Raumordnungsbericht 1986, S. 18.
[46] Siehe den Raumordnungsbericht 1986, S. 18.

Schadstoffeintrag verstärkt, wird in den hochentwickelten Industrieländern und damit auch in der Bundesrepublik Deutschland eher unterdurchschnittlich ausfallen.[47]

3. Verunreinigung von Lebensmitteln

22 Während weltweit die Nahrungsmittelproduktion gerade noch mit dem Bevölkerungswachstum schritthält, in weiten Regionen sogar unter das bereits heute unzureichende Niveau absinken wird, stellen sich der EG-Agrarpolitik und damit auch der Bundesrepublik neben der notwendigen Einkommenssicherung in der Landwirtschaft vor allem Probleme des Abbaus landwirtschaftlicher Überschußproduktion, die insbesondere durch eine Intensivierung der Pflanzenproduktion und der Viehwirtschaft verursacht wird.[48] Die Ernährungslage in der Bundesrepublik wird deshalb auch in Zukunft nicht durch Knappheit der Nahrungsmittel gekennzeichnet sein; problematisch ist allerdings die zunehmende Kontamination von Nahrungsmitteln mit Schadstoffen, insbesondere mit Nitraten und Schwermetallen.[49]

4. Rohstoffknappheit

23 Im Vergleich zu anderen Regionen der Welt ist die Bundesrepublik Deutschland ein rohstoffarmes Land. Dennoch verbrauchte sie 1980 etwa 10% aller auf der Welt geförderten mineralischen Rohstoffe[50]. In günstigen Fällen beträgt die Einfuhrabhängigkeit der Bundesrepublik für einzelne Rohstoffe 40%, bei der überwiegenden Mehrzahl der Rohstoffe jedoch bis zu 100%.[51]

5. Energieknappheit

24 Auch die Energiereserven der Bundesrepublik sind knapp. Im Bundesgebiet befinden sich weniger als 1% der Weltvorräte an Erdöl, Erdgas und Uran; bedeutsam sind allerdings die vorhandenen Stein- und Braunkohlevorkommen.[52] Nach der Ölpreiserhöhung im Jahre 1973 sind deshalb die hohen Steigerungsraten des Primärenergieverbrauchs, die in den 60er Jahren bei rd. 5% im Jahr und in den Jahren 1970 bis 1973 bei rd. 4% jährlich lagen, erheblich gesunken. Insbesondere die Steigerungsrate des Stromverbrauchs ist inzwischen erheblich abgeflacht. In den Jahren 1980 bis 1984 lag sie bei 1,2%. Geändert wurde aber vor allen Dingen die Struktur des Brennstoffeinsatzes. Der Anteil des Mineralöls ist von 55,2% im Jahre 1973 bis zum Jahre 1984 auf 42% gesunken, während in diesem Zeitraum der Anteil der Kernenergie und der Naturgase am Primärenergieverbrauch von 1% auf 8,1% bzw. 10,2% auf 15,5% angestiegen ist. Der Anteil von Stein- und Braunkohle hat ebenfalls geringfügig zugenommen.[53] Im Zuge der Umstrukturierung des Energieverbrauchs wurden in den Jahren 1980 bis 1985 weitere Kernkraftwerke mit einer Leistung von insgesamt 8000 Megawatt und – insbesondere in Nordrhein-Westfalen und im Saarland – neue Steinkohlekraftwerke mit einer elektrischen Leistung von ebenfalls 8000 Megawatt in Betrieb genommen.[54] Hinsichtlich des Energieverbrauchs in der Bundesrepublik ist besonders bemerkenswert, daß der Endenergieverbrauch der Industrie im Zeitraum von 1973 bis 1984 – trotz eines Produktionszuwachses von 8% – um rd. 18% abgenommen hat.[55]

---

[47] Global 2000, 191 ff.
[48] Vgl. den Raumordnungsbericht 1986, S. 87 ff.
[49] Vgl. dazu Daten zur Umwelt 1986/1987, S. 462 ff.; SRU-Umweltgutachten 1987, Rz 1232 ff.
[50] *Hartkopf/Bohne*, Umweltpolitik, S. 51.
[51] Vgl. dazu i. e. *Hartkopf/Bohne*, Umweltpolitik, S. 51.
[52] *Hartkopf/Bohne*, Umweltpolitik, S. 51.
[53] Daten zur Umwelt 1986/1987, S. 29.
[54] Raumordnungsbericht 1986, S. 156.
[55] Raumordnungsbericht 1986, S. 156.

6. Umweltbeeinträchtigungen

Neben der Rohstoff- und Energieknappheit ist die Situation in der Bundesrepublik Deutschland durch besonders dichte Besiedelung und einen sehr hohen Grad der Industrialisierung gekennzeichnet. Das führt zu einer verstärkten Belastung der Umweltmedien Boden, Wasser und Luft, insbesondere durch den Verbrauch von Umweltressourcen und den Schadstoffeintrag. Natur und Landschaft sind in der Bundesrepublik vor allem durch das beschleunigte Artensterben und die massiven Waldschäden gefährdet. Sorgen bereiten außerdem vor allem die geordnete Abfallentsorgung und die Belastungen der Bevölkerung durch Lärm. 25

a) Gefährdung des Bodens

Als besonders stark belastet hat sich in der Vergangenheit zunehmend der Boden in der Bundesrepublik Deutschland erwiesen.[56] Nach dem Raumordnungsbericht 1986 ist der Boden insbesondere gefährdet durch 26

- den Schadstoffeintrag
- die Veränderung von Bodeneigenschaften
- und den Landverbrauch für Siedlungszwecke.[57]

Schadstoffe gelangen auf verschiedene Weise in den Boden, unmittelbar vor allem über die Abfallbeseitigung oder durch landwirtschaftliche Düngung, mittelbar über Luft und Wasser. Schadstoffe stammen teilweise aus örtlichen Emissionsquellen, teilweise werden sie aber auch großräumig, insbesondere durch die Luft transportiert. Besonders belastend für den Boden ist der Eintrag von Säuren und Säurebildnern, von Schwermetallen, Pflanzenschutz- und Düngemitteln.[58] 27

Nachteilige Veränderungen werden insbesondere durch Erosionen – darunter versteht man die Verlagerung des Bodens durch Wind und Wasser, die ihre Ursache in einer der natürlichen Landschaft nicht angepaßten Wirtschaftsweise des Menschen findet –, durch Eingriffe wie Bodenverdichtungen, insbesondere durch das Befahren mit immer schwereren Maschinen und Geräten und durch die Wahl einer falschen oder einseitigen Fruchtfolge und durch veränderte Bodennutzungen, so z. B. Grünlandumbruch, Entwässerungen oder Rohstoffabbau hervorgerufen. 28

Besorgniserregend ist neben den Schadstoffeinträgen und den nachteiligen Veränderungen der Bodeneigenschaften aber vor allem der nach wie vor ungebrochene *Flächenverbrauch*. Nach der Flächenerhebung 1985 ist die Siedlungsfläche im Zeitraum 1981 bis 1985 um 178 ha bzw. 6% gewachsen, obwohl die Zahl der Bevölkerung und der Erwerbspersonen abgenommen hat. Im Zeitraum 1981 bis 1985 wurden täglich mehr als 120 ha Freifläche in Siedlungsfläche umgewandelt. Zum Jahresende 1985 nahmen die Siedlungsflächen insgesamt 12,5% der Gesamtfläche des Bundesgebiets ein.[59] Nach dem Baulandbericht vollzieht sich die Entwicklung der Siedlungsfläche überwiegend zu Lasten der Landwirtschaftsfläche, deren Anteil 1985 trotz erheblicher Arealverluste seit 1950 immer noch 54,5% der Gesamtfläche beträgt[60]. Neben der Landwirtschaftsfläche, die im Zeitraum von 1981 bis 1985 um 213000 ha abgenommen hat, betreffen weitere Flächenverluste die ökologisch wichtigen, zum Teil naturnahen Flächen wie Moor, Heide, Felsen, Steinriegel, Dünen und stillgelegtes Abbauland. Demgegenüber haben die Wasserflächen und noch stärker die Waldflächen im Zeitraum 1981 bis 1985 zugenommen. Die Waldfläche stellt mit einem Anteil von 29

---

[56] Vgl. dazu bereits die Bodenschutzkonzeption der Bundesregierung, BT-Drs. 10/2977; Raumordnungsbericht 1986, S. 99f.; Daten zur Umwelt 1986/1987, S. 122ff.; Bodenschutz wird deshalb zunehmend auch Gegenstand rechtswissenschaftlicher Erörterungen, vgl. vor allem *Book*, Bodenschutz, S. 1ff.; *Erbguth*, NuR 1986, 136ff.; *Storm*, AgrarR 1983, 233ff.; *ders.*, DVBl. 1985, 317ff.; SRU-Umweltgutachten 1987, Rz 534ff.

[57] Raumordnungsbericht 1986, S. 99.

[58] Raumordnungsbericht 1986, S. 99ff.; ausführlich dazu auch *Book*, Bodenschutz, S. 17ff.; siehe auch das SRU-Umweltgutachten 1987, Rz 534ff.

[59] Vgl. den Baulandbericht 1986, S. 49; zur Struktur und Entwicklung der Flächennutzung i. e. siehe dazu Daten zur Umwelt 1986/1987, S. 125ff.

[60] Vgl. Daten zur Umwelt 1986/1987, S. 126.

29,6% an der Gesamtfläche der Bundesrepublik Deutschland die zweitgrößte Nutzungsart dar.[61]

b) Gefährdung der Gewässer

30 Die Bundesrepublik Deutschland ist ein wasserreiches Land. Grundsätzlich besteht daher kein Wassermangel.[62] Das natürliche Wasserdargebot beträgt rd. 161 Mrd. Kubikmeter im Jahr, während die Gesamtmenge des genutzten Wassers etwa 41 Mrd. Kubikmeter Wasser beträgt. Von den genutzten Wassermengen werden etwa 25,6 Mrd. Kubikmeter als Kühlwasser für die Wärmekraftwerke gebraucht. Im industriellen Bereich werden etwa 10,2 Mrd. Kubikmeter und für die öffentliche Wasserversorgung etwa 5 Mrd. Kubikmeter genutzt. Die Landwirtschaft ist mit nur rd. 0,2 Mrd. Kubikmetern an der Gesamtmenge beteiligt.[63] Allerdings ist das Wasserdargebot erheblichen regionalen und jahreszeitlichen Schwankungen unterworfen. Große Grundwasservorkommen befinden sich im nord-, west- und süddeutschen Raum sowie im Oberrheingraben des süd-westdeutschen Raumes. Dagegen kann die Wasserversorgung in einigen Ballungsgebieten – z. B. in den Räumen Hannover, Frankfurt, Rhein-Neckar -nur durch Fernwasserleitungen aus grundwasserreicheren Gebieten sichergestellt werden.[64] Die ökologischen Funktionen der Gewässer als Bestandteil des Naturhaushalts und ihre nachhaltige Leistungsfähigkeit für die verschiedenen Nutzungsarten sind trotz des reichlichen Wasserdargebots deshalb keineswegs gesichert. Insbesondere die angestrebte biologische Gewässergüteklasse II (mäßig belastet) ist bis 1985 erst auf 1/3 der Gewässerstrecken erreicht, wenngleich in den vergangenen Jahren durchaus positive Wirkungen von Gewässerschutzmaßnahmen spürbar geworden sind.[65] Verbessert worden ist insbesondere die öffentliche Abwasserbehandlung bei der Einleitung in die Oberflächengewässer. Für die Wasserversorgung der Bundesrepublik besitzen aber vor allem die Grundwasservorkommen entscheidende Bedeutung. Ca. 75% der öffentlichen Wasserversorgung werden durch Entnahmen aus Brunnen und Quellen bezogen.[66] Die Nutzungsmöglichkeiten des Grundwassers werden wegen der an Umfang und Intensität immer stärkeren Inanspruchnahme von Flächen zunehmend weiter eingeengt. Das gilt sowohl für die Wassermenge als auch für die Qualität des Grundwassers.

31 Die Gewässer werden in der Bundesrepublik vornehmlich gefährdet durch
- Schadstoffeintrag,
- Erwärmung,
- Wasserentzug,
- bauliche Maßnahmen und sonstige menschliche Eingriffe.

c) Luftverschmutzung

32 Die Folgen der Luftverschmutzung reichen in der Bundesrepublik von Gesundheitsbeeinträchtigungen bei Menschen über Vegetations- und Materialschäden bis hin zu klimatischen Veränderungen. Das Bundesforschungsministerium schätzte die volkswirtschaftlichen Verluste für die Bundesrepublik Deutschland durch die Luftverschmutzung im Jahre 1983/1984 auf etwa 4,5% des Bruttosozialproduktes.[67] Als Hauptverursacher der Luftverunreinigungen gelten Kraft- und Fernheizwerke, industrielle Anlagen, private Haushalte und Kleingewerbe sowie der Verkehr, insbesonde-

---

[61] Vgl. Baulandbericht 1986, S. 49; Daten zur Umwelt 1986/1987, S. 126; vgl. zum Flächenverbrauch auch das SRU-Umweltgutachten 1987, Rz 415ff.

[62] *Hartkopf/Bohne*, Umweltpolitik, S. 49; SRU-Umweltgutachten 1987, Rz 829.

[63] Daten zur Umwelt 1986/1987, S. 341.

[64] *Hartkopf/Bohne*, Umweltpolitik, S. 50.

[65] Raumordnungsbericht 1986, S. 118.

[66] Daten zur Umwelt 1986/1987, S. 265.

[67] Vgl. Raumordnungsbericht 1986, S. 130; nach Auffassung der Bundesregierung können die durch Luftverunreinigungen entstehenden volkswirtschaftlichen Verluste gegenwärtig nicht mit gesicherten Zahlen beziffert werden; vgl. die Antwort der Bundesregierung auf die Große Anfrage der SPD-Fraktion zum Thema „Volkswirtschaftliche Verluste durch Luftverschmutzung“, BT-Drs. 10/ 6802, S. 2; zur Luftbelastung siehe auch SRU-Umweltgutachten 1987, Rz. 644ff.

re der Kfz-Verkehr.[68] Luftschadstoffe sind zumindest mitverantwortlich für die schweren Waldschäden, beschleunigen den Artenverlust und die natürlichen Verwitterungs- und Alterungsvorgänge bei Materialien, insbesondere bei Gebäuden, Bau- und Kunstdenkmälern.[69] Die Luftqualität wird maßgeblich beeinflußt durch die Konzentration der Schadstoffe Schwefeldioxyd, Stickstoffoxyd, Ozon, Kohlenmonoxyd und Staub. Als besonders gefährlich für die menschliche Gesundheit werden organische Verbindungen und Schwermetalle angesehen, da sie teils giftig, teils krebserregend wirken.[70] Ausschlaggebend für die Immissionssituation in der Bundesrepublik Deutschland sind die Emissionsmenge, die räumliche Verteilung der Emissionen und die Quellhöhe. Die Immissionssituation in der Bundesrepublik wird vor allem aber auch durch die starke grenzüberschreitende Belastung geprägt.[71] Im Zeitraum 1982 bis 1986 ist eine grundlegende Veränderung der Schadstoffbelastung nicht eingetreten. Die Immissionen der wichtigsten Schadstoffe sind im wesentlichen gleich geblieben. Hinsichtlich der Emissionssituation fällt dagegen auf, daß sich die Schwefeldioxydemissionen deutlich verringern, während die Stickstoffoxydemissionen seit 1978 etwa gleichbleibend sind. Es ist allerdings zu erwarten, daß vor allem die Großfeuerungsanlagenverordnung, die Kleinfeuerungsverordnung und die Novellierungen der Technischen Anleitung Luft zu erheblichen Verringerungen der Emissionsbelastungen führen werden. So wird beispielsweise erwartet, daß in den nächsten 5 bis 10 Jahren die Schwefeldioxydemissionen auf ca. 1 Mio. Tonnen im Jahr (gegenüber 2,9 Mio. Tonnen im Jahre 1982), die Stickoxydemissionen auf 1,6 Mio. Tonnen im Jahr (gegenüber 3,1 Tonnen im Jahr 1982) verringert werden.

d) Artenrückgang und Waldsterben

Auch Natur und Landschaft sind in der Bundesrepublik besonderen Gefährdungen 33 ausgesetzt. Besorgniserregend sind vor allem der bereits erwähnte Artenrückgang und die in den 80er Jahren stark angestiegenen Waldschäden. Nach den „Roten Listen der gefährdeten Tiere und Pflanzen in der Bundesrepublik Deutschland" sind beispielsweise von 2476 einheimischen Arten der Farn- und Blütenpflanzen bereits etwa 35% ausgestorben oder gefährdet.[72] Von den in der Bundesrepublik bekannten Wirbeltierarten sind derzeit weit über die Hälfte bedroht.[73] Nach der neuesten „Roten Liste" des Landes Nordrhein-Westfalen ist die Gefährdung der wildlebenden Pflanzen- und Tierarten von 1979 bis 1987 insgesamt um rund 6% gestiegen. Von 3580 in die wissenschaftlichen Untersuchungen für die Rote Liste aufgenommenen Arten der Farn- und Blütenpflanzen, Moose und Pilze sind zur Zeit noch 1562 (= 43,6 Prozent) gefährdet. Bei den bedrohten Wildtierarten sind von insgesamt 1734 untersuchten Arten heute noch 864 oder 49,8 Prozent gefährdet. Von den 5304 insgesamt beobachteten Pflanzen- und Tierarten sind 331 ausgestorben bzw. verschollen, 489 vom Aussterben bedroht, 702 stark gefährdet, 712 gefährdet und 192 potentiell gefährdet.[74] Nach der Waldschadenserhebung 1985 sind in der Bundesrepublik Deutschland etwa 52% der Waldfläche geschädigt. 33% des Waldes weisen leichte, 19% mittlere bis starke Schäden auf. Die rapide Zunahme der Waldschäden, die seit 1982 zu beobachten war, hat sich allerdings nicht fortgesetzt. Während zwischen 1983 und 1984 der Anteil der geschädigten Waldflächen von 34% auf 50% zugenommen hat, war von 1984 auf 1985 nur noch ein leichter Anstieg um knapp 2% auf ca. 52% zu verzeichnen.[75]

e) Abfallentsorgung und Altlasten

Hinsichtlich der Abfallentsorgung in der Bundesrepublik ergeben sich Probleme 34 einerseits aus dem hohen Abfallaufkommen, andererseits aus steigenden Mengen gefährlichen Abfalls und aus Gefährdungspotentialen sogenannter Altlasten. In der Bun-

---

[68] *Hartkopf/Bohne*, Umweltpolitik, S. 42.
[69] Raumordnungsbericht 1986, S. 130.
[70] *Hartkopf/Bohne*, Umweltpolitik, S. 43.
[71] Raumordnungsbericht 1986, S. 128.
[72] Raumordnungsbericht 1986, S. 110.
[73] Daten zur Umwelt 1986/1987, S. 85.
[74] Eildienst LKT NW Nr. 6/87 – 3295 – 11.
[75] Daten zur Umwelt 1986/1987, S. 183; Raumordnungsbericht 1986, S. 113; zu rechtlichen Instrumenten der Bekämpfung von Waldschäden *Schröder*, UPR 1989, 49.

desrepublik sind 1982 rd. 250 Mio. Tonnen Abfälle angefallen, gegenüber rd. 212 Mio. Tonnen im Jahre 1977. Allerdings hat sich das Abfallaufkommen seit 1982 nur noch in geringem Maße erhöht. Gestiegen ist dagegen der Anteil gefährlicher Abfälle am Gesamtaufkommen.[76] Sonderabfälle fallen vornehmlich bei der gewerblichen Produktion, aber auch als Nebenprodukt von Maßnahmen des Umweltschutzes, etwa der Gewässer- und Luftreinhaltung (z. B. Klärschlamm, Filterstäube, Schlacke, Gips) an. Das jährliche Sonderabfallaufkommen hat eine Größenordnung von rd. 4 Mio. Tonnen. Bei der Beseitigung sind in der Vergangenheit zunehmend Engpässe aufgetreten, die durch den Mülltransport ins Ausland nicht angemessen beseitigt werden können.[77] Gefährdungen des Bodens und des Grundwassers ergeben sich schließlich auch aus den sogenannten **Altlasten**, d. h. aus Altablagerungen von Abfällen. Bislang sind etwa 300000 größere Altdeponien ermittelt worden. Als besonders problematisch und überwachungsbedürftig gelten davon 1000 bis 2000 Deponien.[78].

f) Lärm

35 Ein Großteil der bundesdeutschen Bevölkerung fühlt sich durch den Lärm belästigt. Lärmbelästigungen ergeben sich aus den verschiedensten Quellen. Lärmquellen sind der Straßen-, Schienen- und Flugverkehr, Gewerbe und Industrie, Baustellen, die Nachbarschaft und verschiedene Freizeitaktivitäten.[79] Als Hauptlärmquelle wird der Straßenverkehr empfunden. Das ist nicht weiter verwunderlich, weil das Verkehrsaufkommen und die Verkehrsbelastung im Individualverkehr ständig weiter ansteigen. Ausgebaut worden ist das Netz der Bundesautobahnen im Zeitraum von 1982 bis Ende 1985 um rd. 500 km. Für den Bundesfernstraßenbau wurden in diesem Zeitraum insgesamt rd. 24,7 Mrd. DM ausgegeben. Davon entfielen auf Erweiterungsinvestitionen 10,6 Mrd. DM.[80] Zugenommen hat außerdem der Bestand an zulassungspflichtigen Kraftfahrzeugen. Im Zeitraum 1975 bis 1985 ist die Zahl der Kraftfahrzeuge von 21 Mio. auf über 30 Mio. gestiegen. Der Pkw-Bestand stieg in diesen Jahren von 18 Mio. auf 26 Mio. und machte 1985 etwa 86% des gesamten Kfz-Bestandes aus. Bis zum Jahre 2 000 wird allein die Pkw-Bestandszahl auf über 30 Mio. prognostiziert.[81]

g) Volkswirtschaftliche Kosten

36 Die Umweltbelastungen in der Bundesrepublik Deutschland führen schließlich zu erheblichen volkswirtschaftlichen Kosten. Nach Schätzungen des Umweltbundesamtes belaufen sich gegenwärtig die jährlichen Umweltschäden in der Bundesrepublik Deutschland auf ca. 103,5 Milliarden DM. Davon hat mit 48 Milliarden DM die Luftverschmutzung, die Gesundheit, Material und Gebäude, Wald und Vegetation angreift, den höchsten Anteil. Ebenso gravierend ist die Lärmbelastung, deren Schäden durch Wohnwertverluste, Produktivitätseinbußen und Lärmkrankheiten auf 32,7 Milliarden DM geschätzt werden. Hinzu kommen mit 17,6 Milliarden DM die Wasserverschmutzung, die Flüsse und Seen, Nord- und Ostsee sowie das Grundwasser betreffen und mit 5,2 Milliarden DM die Bodenzerstörung, nur bezogen auf Radioaktivität, Deponien und Schwermetalle.[82]

---

[76] Raumordnungsbericht 1986, S. 15.
[77] Raumordnungsbericht 1986, S. 17.
[78] Raumordnungsbericht 1986, S. 17.
[79] Vgl. *Hartkopf/Bohne*, Umweltpolitik, S. 43.
[80] Raumordnungsbericht 1986, S. 139.
[81] Daten zur Umwelt 1986/1987, S. 41.
[82] Vgl. Informationsdienst des Deutschen Volksheimstättenwerks v. 15. 3. 1987, S. 37.

C. Umweltschutz

Der Begriff „**Umweltschutz**" bezeichnet die Gesamtheit der Maßnahmen zur Vermeidung und Verminderung der Umweltbelastungen und -gefahren. 37

Der Umweltschutz hat drei Hauptziele,[83] nämlich die 38

- Beseitigung bereits eingetretener Umweltschäden,
- Ausschaltung oder Minderung aktueller Umweltgefährdungen,
- Vermeidung künftiger Umweltgefährdungen durch Vorsorgemaßnahmen.

Umweltschutz in diesem Sinne ist zunächst Gefahrenabwehr.[84] Der Staat 39 muß eingreifen, wenn Beeinträchtigungen des Naturhaushalts oder eine Gefährdung natürlicher Ressourcen oder Schäden für Mensch und Umwelt drohen.[85] Umweltschutz beschränkt sich allerdings nicht auf eine reaktive Abwehr von Gefahren. Umweltschutz im Sinne einer dauerhaften Sicherung menschlicher Lebensgrundlagen stellt vielmehr zunehmend eine planende und vorsorgende Umweltpflege in den Mittelpunkt seiner Bemühungen.[86]

Umweltschutz ist insoweit eine problembezogene *Querschnittsaufgabe*, die 40 nicht auf einen bestimmten Lebensbereich beschränkt ist.[87] Handlungsebenen des Umweltschutzes sind vornehmlich:

- **Umweltpolitik**
- **Umweltökonomie**
- **Umweltrecht**.

I. Umweltpolitik

Maßnahmen zum Schutz der Umwelt wurden in Deutschland bereits im 41 19. Jahrhundert ergriffen; allerdings waren sie zumeist weniger durch das Bewußtsein um die Umweltgefahren, sondern stärker durch den romantischen Zeitgeist motiviert.[88] Als eigenständige, neben anderen gleichrangige öffentliche Aufgabe ist die Umweltpolitik erst zu Anfang der 70er Jahre vor allem durch das Umweltprogramm der Bundesregierung aus dem Jahre 1971 in das allgemeine Bewußtsein gerückt.

Umweltpolitik ist danach die Gesamtheit aller Maßnahmen, die notwen- 42 dig sind,

- um den Menschen eine Umwelt zu sichern, wie er sie für seine Gesundheit und für ein menschenwürdiges Dasein braucht,

---

[83] Vgl. SRU-Umweltgutachten 1987, Rz. 24.

[84] Zum Begriff „Umweltschutz" siehe auch *Lummert/Thiem*, Rechte des Bürgers, S. 25; *Kloepfer*, Systematisierung des Umweltrechts, S. 70; *Meßerschmidt*, Umweltabgaben als Rechtsproblem, S. 32.

[85] Siehe dazu Leitlinien Umweltvorsorge, BT-Drs. 10/6028, S. 7.

[86] *Hoppe*, VVDStRL 38 (1980), S. 211 (218); teilweise wird deshalb vorgeschlagen, statt von Umweltschutz von Umweltpflege oder Umweltsorge zu sprechen, vgl. nur *Steiger*, in: Grundzüge des Umweltrechts, S. 9; *Storm*, Umweltrecht, S. 15; *Ossenbühl*, VR 1983, 301 (302).

[87] Vgl. *Breuer*, Umweltschutzrecht, S. 554; *Steiger*, in: Grundzüge des Umweltrechts, S. 3, 9; *Hoppe*, VVDStRL 38 (1980), 211 (231 ff.); *Erbguth*, DÖV 1984, 699 ff.

[88] Vgl. dazu *Henneke*, AgrarR 1986, 192 f.; zur Geschichte des Umweltschutzes in Deutschland seit 1900 siehe *Wey*, Umweltpolitik, S. 1 ff.; zur Umweltpolitik siehe auch *Hartkopf*, HdUR, Bdl. II, Sp. 664 ff.

– um Boden, Luft und Wasser, Pflanzen- und Tierwelt vor nachteiligen Wirkungen menschlicher Eingriffe zu schützen und
– um Schäden oder Nachteile aus menschlichen Eingriffen zu beseitigen.

43 Räumlich gesehen findet Umweltpolitik auf allen politischen Handlungsebenen statt. Zu unterscheiden ist dementsprechend zwischen einer internationalen, einer nationalen, landesweiten, regionalen und kommunalen Umweltpolitik.[89]

44 Fachlich erstreckt sich Umweltpolitik auf sämtliche Fachgebiete des Umweltschutzes, insbesondere auf:

– **Bodenschutz**,
– **Gewässerschutz**,
– **Luftreinhaltung**,
– **Natur- und Landschaftsschutz**,
– **Abfallentsorgung**,
– **Strahlenschutz**,
– **Lärmbekämpfung** und
– **Schutz vor Chemikalien**.

45 Umweltpolitik verfolgt bestimmte *Schutzziele*, handelt nach politischen *Grundprinzipien* und bedient sich spezieller *Instrumente*. Umweltpolitik ist schließlich nicht zu trennen von ihren *ethischen Grundlagen*.

1. Ziele der Umweltpolitik

46 Oberstes Ziel der Umweltpolitik ist es, Leben und Gesundheit der Menschen jetzt und in Zukunft vor Schäden zu bewahren.[91] Zur Erreichung dieses Ziels bedarf es einer Sicherung der Umweltgüter, eines Schutzes der natürlichen Lebensgrundlagen vor schädlichen Wirkungen menschlicher Aktivitäten sowie einer Beseitigung bereits vorhandener Schäden.[92] Weitere Ziele der Umweltpolitik sind deshalb

– der Schutz von Ökosystemen in ihrer Gesamtheit,
– der Schutz und die Erhaltung einzelner Arten von Tieren und Pflanzen,
– der Schutz der natürlichen Ressourcen Luft, Wasser und Boden,
– die Vermeidung nachteiliger Veränderungen des Klimas,
– der Schutz des Eigentums, die Senkung volkswirtschaftlicher Kosten und der Erhalt des kulturellen Erbes.[92]

47 Die Ziele der Umweltpolitik sind grundsätzlich gleichrangig mit anderen Zielen der staatlichen Politik, wie etwa die soziale Sicherheit, die wirtschaftliche Entwicklung, bildungspolitische Ziele oder Ziele aus dem Bereich der inneren und äußeren Sicherheit. Ein Vorrang ist umweltpolitischen Zielsetzungen insbesondere bei Konflikten zwischen ökologischer Belastbarkeit und ökonomischen Erfordernissen nur dann einzuräumen, wenn eine we-

---

[89] Siehe dazu *Hartkopf/Bohne*, Umweltpolitik, S. 57; zum Umweltschutz im Spannungsfeld zwischen Staat und Selbstverwaltung, siehe *Schmidt-Aßmann*, NVwZ 1987, 265ff.; zur kommunalen Umweltpflege *Göb*, HdUR, Bd. I, Sp. 921ff.; *Weinberger*, Der Städtetag 1986, 2ff.; *Hill*, Die Verwaltung 1988, 175ff.

[90] Siehe Leitlinien Umweltvorsorge der Bundesregierung, BT-Drs. 10/6028, S. 6.

[91] Vgl. SRU-Umweltgutachten 1974, S. 5.

[92] Leitlinien Umweltvorsorge der Bundesregierung, BT-Drs. 10/6028, S. 6.

sentliche und langfristige Beeinträchtigung der natürlichen Lebensgrundlagen droht. Vorrang gegenüber anderen politischen Belangen genießt der Schutz von Leben und Gesundheit des Menschen, der aber nicht nur oberstes Ziel der Umweltpolitik, sondern der Politik schlechthin ist.

2. *Handlungsprinzipien der Umweltpolitik*

Die Akteure der Umweltpolitik handeln nach bestimmten politischen Grundsätzen. Diese Prinzipien des Umweltschutzes geben Leitbilder, Grundkonzeptionen und politische Handlungsanweisungen für eine rationale Umweltpolitik ab.[93] Die wichtigsten davon sind: 48

- **Vorsorgeprinzip**,
- **Verursacherprinzip**,
- **Kooperationsprinzip**.

Daneben sollen sich im geltenden Umweltrecht zahlreiche weitere umweltpolitische Prinzipien nachweisen lassen.[94] Dazu werden gezählt das *Gemeinlastprinzip* (als Gegensatz zum Verursacherprinzip), das *Prinzip der status-quo-Erhaltung* bzw. das *Bestandsschutzprinzip* oder auch das *Verschlechterungsverbot*, der Grundsatz des „*in dubio pro securitate*", das *Schutzprinzip*, der *Grundsatz der Nachhaltigkeit*, das *ökologische Abwägungsgebot*, das „*cradle-to-grave-Prinzip*"[95] und das *Prinzip der kontrollierten Eigenverantwortlichkeit*. Diese Prinzipien sind allerdings nur zum Teil gebräuchlich, teilweise überschneiden sie sich auch. Eindeutig im Vordergrund der Umweltpolitik und der rechtswissenschaftlichen Diskussion stehen das Vorsorge-, Verursacher- und Kooperationsprinzip.[96] Auf diese Prinzipien wird sich die Darstellung im folgenden daher beschränken. 49

a) *Vorsorgeprinzip*

Das Vorsorgeprinzip besagt, daß Umweltpolitik sich nicht in der Beseitigung eingetretener Schäden und der Abwehr drohender Gefahren erschöpft; vielmehr soll bereits das Entstehen von Umweltbelastungen unterhalb der Gefahrenschwelle verhindert werden. Nach Ansicht der Bundesregierung umfaßt die Umweltvorsorge alle Handlungen, 50

- die der Abwehr konkreter Umweltgefahren,
- die im Vorfeld der Gefahrenabwehr der Vermeidung oder Verminderung von Risiken für die Umwelt
- und die vorausschauend der Gestaltung unserer zukünftigen Umwelt, insbesondere dem Schutz und der Entwicklung der natürlichen Lebensgrundlagen

dienen.[97] Gegenüber diesen drei Ausprägungen der Umweltvorsorge durch die Bundesregierung werden unter Verzicht auf die Einbeziehung der Maßnahmen zur Abwehr konkreter Umweltgefahren in der rechtswissenschaftlichen Literatur zum Teil nur zwei Systemvarianten des Vorsorgeprinzips,

---

[93] *Hoppe*, VVDStRL 38 (1980), S. 211 (228f.).

[94] Vgl. dazu *Kloepfer/Meßerschmidt*, Innere Harmonisierung des Umweltrechts, S. 67.

[95] Dieses Prinzip soll nach Auffassung von *Hösel/von Lersner*, Recht der Abfallbeseitigung, § 12 Rn. 4 in § 12 Abs. 1 AbfG verwirklicht sein. Es soll die Kontrolle bestimmter Problemstoffe während ihres gesamten Verarbeitungs- und Beseitigungsprozesses beinhalten.

[96] Vgl. dazu Leitlinien Umweltvorsorge, BT-Drucks. 10/6028, S. 7ff.

[97] Leitlinien Umweltvorsorge der Bundesregierung, BT-Drs. 10/6028, S. 7.

nämlich eine planerische und eine risikovorsorgende unterschieden.[98] Notwendig ist nach Auffassung der Bundesregierung insbesondere eine Umweltvorsorge durch Risikominimierung, durch Umweltforschung und Entwicklung verbesserter Umwelttechnologien, durch Aufbau eines Systems zur Beobachtung ökologischer Veränderungen, durch Vorgabe mittel- und längerfristiger umweltpolitischer Zielsetzungen, durch systematisches und planvolles Handeln der im Umweltbereich Tätigen und durch die Erfolgskontrolle staatlichen Handelns, die eine wesentliche Entscheidungsgrundlage für organisatorische und personelle Verbesserungen des Vollzugs von Programmen und Rechtsvorschriften sowie für die Änderung oder Aufhebung inpraktikabler Regelungen darstellt.[99]

b) Verursacherprinzip

51 Das Verursacherprinzip versteht die Bundesregierung als Kostenzurechnungsprinzip und als ökonomisches Effizienzkriterium: Die Kosten der Vermeidung oder Beseitigung einer Umweltbelastung soll danach derjenige tragen, der für ihre Entstehung verantwortlich ist. Das Instrumentarium einer verursacherorientierten Umweltpolitik reicht von Geboten und Verboten über flexible Kompensationsregelungen bis hin zu Umweltabgaben.[100]

52 Die Grenzen des Verursacherprinzips werden durch das **Gemeinlastprinzip** beschrieben: Lassen sich bestimmte schädliche Umweltfolgen nur schwer oder gar nicht bestimmten Verursachern zurechnen oder können akute Notstände nicht anders beseitigt werden, dann soll ausnahmsweise die Allgemeinheit mit den Kosten für die Beseitigung von Umweltschäden belastet werden.[101]

c) Kooperationsprinzip

53 Das Kooperationsprinzip verlangt ein Zusammenwirken aller staatlichen und gesellschaftlichen Kräfte im Willensbildungs- und Entscheidungsprozeß sowie bei der Realisierung umweltpolitischer Zielsetzungen. Es dient dem Ziel,

- die Informationslage der Beteiligten sowie die Akzeptanz und damit die Wirksamkeit umweltpolitischer Entscheidungen zu verbessern
- und ein ausgewogenes Verhältnis zwischen individuellen Freiheiten und gesellschaftlichen Bedürfnissen herzustellen.[102]

54 Das Kooperationsprinzip macht insbesondere eine umfassende Information und Aufklärung der Bürger, eine Zusammenarbeit mit Umweltorganisationen, mit Gewerkschaften, Industrie, Handel, Landwirtschaft und Gewerbe notwendig. Es verlangt außerdem eine Förderung von Wissenschaft und Technik im Dienste des Umweltschutzes, eine Kooperation zwischen

---

[98] Vgl. *Kloepfer/Meßerschmidt*, Innere Harmonisierung des Umweltrechts, S. 69 im Anschluß an *Breuer*, Umweltschutzrecht, S. 610f.

[99] Vgl. Leitlinien Umweltvorsorge, BT-Drs. 10/6028, S. 7ff.

[100] Leitlinien Umweltvorsorge, BT-Drs. 10/6028, S. 13.

[101] *Breuer*, Umweltschutzrecht, S. 614; *Rehbinder*, in: Grundzüge des Umweltrechts, S. 97.

[102] Vgl. dazu Umweltbericht 1976 der Bundesregierung, BT-Drs. 7/5684, S. 9; Leitlinien Umweltvorsorge der Bundesregierung, BT-Drs. 10/6028, S. 11.

Bund und Ländern sowie eine internationale, grenzüberschreitende Zusammenarbeit.

Die soeben genannten Prinzipien sind in erster Linie politische Handlungsmaßstäbe. Als Grundprinzipien des Umweltrechts bedürfen sie jedoch der rechtlichen Ausgestaltung.[103] 55

3. Instrumente der Umweltpolitik

Das Instrumentarium der Umweltpolitik ist vielfältig. Neben der bereits erwähnten Umweltberichterstattung umfaßt es ordnungsrechtliche Gebote und Verbote, Umweltverträglichkeitsprüfungen, raumbezogene Planungen, ökonomische Instrumente und flankierende Maßnahmen, Selbstverpflichtungen und Zusagen, Beratungs- und Informationsleistungen sowie umwelterzieherische Aktivitäten, Steuervergünstigungen und Haftungsregelungen. Nicht zuletzt ist auch das Umweltstrafrecht ein Instrument der Umweltpolitik.[104] 56

4. Umweltethik

Der Umgang des Menschen mit seiner Umwelt wird entscheidend geprägt durch die ethischen Grundlagen seiner Staats- und Gesellschaftsordnung. Das gilt für die Art und Weise, wie der Mensch seine Umwelt nutzt und sie dadurch – gleichsam als Kehrseite – belastet.[105] Das gilt aber auch für die Umweltpolitik, die ebenfalls von ihren ethischen Grundlagen nicht getrennt werden kann. Der besorgniserregende Zustand der Umwelt ist nicht allein Konsequenz ökonomischer Sachzwänge oder umweltfeindlicher, technologisch noch nicht ausgereifter Produktions- und Entsorgungsverfahren. Vielmehr liegt der Umweltgefährdung auch ein Selbstverständnis des Menschen zugrunde, das geprägt wird von der Vorstellung, eine kontinuierliche Verbesserung der Lebensbedingungen ließe sich ohne Rücksicht auf Natur und Umwelt allein durch ein ständiges industrielles Wirtschaftswachstum erreichen. Ein solches Selbstverständnis wurde in der Vergangenheit gefördert durch unzweifelhafte Erfolge bei der Verbesserung der Lebensverhältnisse in den hochentwickelten Industrieländern, durch eine Kumulation des Wissens und eine rasante naturwissenschaftlich-technische Entwicklung. Hinzu kamen veränderte religiöse Wertvorstellungen, die in Abkehr von den Naturreligionen die Natur entmystifizierten und den Menschen zum alleinigen Herrn seiner Umwelt machten.[106] 57

---

[103] Siehe dazu unten: § 5 Rn. 10–29.

[104] Vgl. Leitlinien Umweltvorsorge der Bundesregierung, BT-Drs. 10/6028, S. 13; vgl. auch *Endres*, ZRP 1985, 197ff.; *Hartkopf/Bohne*, Umweltpolitik, S. 172ff.; SRU-Umweltgutachten 1987, Rz 145ff.; zur rechtlichen Ausgestaltung des umweltschützerischen Instrumentariums siehe unten: §§ 6ff.

[105] Vgl. zu diesem Zusammenhang *Rauschning*, VVDStRL 38, S. 167 (168).

[106] Zu allgemeinen Wertgrundlagen der Umweltzerstörung siehe ausführlicher *Engelhardt*, in: Evangelisches Staatslexikon, Sp. 2648f.; Kritik wird insoweit häufig auch an christlichen Glaubensvorstellungen geäußert; vgl. *Amery*, Das Ende der Vorsehung, S. 1ff.; vgl. aber auch *Kimminich*, Umweltschutz, Prüfstein der Rechtsstaatlichkeit, S. 32ff.

58 Die Kritik stützt sich auf verschiedene Bibelstellen, so etwa auf 1. Mose 1, 28: „Seid fruchtbar und mehret euch und füllet die Erde und machet sie euch untertan und herrschet über die Fische im Meer und über die Vögel unter dem Himmel und über alles Getier, das auf Erden kriecht" oder 1. Mose 9: „Furcht und Schrecken vor euch sei über alle Tiere auf Erden und über alle Vögel unter dem Himmel, über alles, was auf der Erde kriecht, und über alle Fische im Meer, in eure Hand sind sie gegeben" (siehe aber z. B. auch Genesis 2,15: „daß der Mensch den Garten Eden bebaue und bewahre".)

59 Die umweltbelastende, fortlaufende Vermehrung der Produktionskräfte und ein ressourcenökonomisch bedenkliches, beständiges Wachstum des Güterausstoßes zählen zu den Grundforderungen marktwirtschaftlicher Denksysteme, aber auch zu den Postulaten marxistischer Theorie.[107]

60 Die Bewältigung der gegenwärtigen Umweltkrise setzt deshalb u. a. eine veränderte Werthaltung der Menschen ihrer Umwelt gegenüber voraus. Ein entsprechender Wertewandel ist in der Bevölkerung der Bundesrepublik Deutschland seit einigen Jahren deutlich spürbar.[108] Die Bundesbürger sind durchaus bereit, ein verändertes Umweltbewußtsein in ein umwelgerechtes privates Handeln umzusetzen.

Beispiel:[109] Neben der Einsparung von Heizenergie privater Haushalte hat sich das Umweltbewußtsein vor allem beim Recycling in privaten Haushalten und der Wirtschaft niedergeschlagen:
- von 1970 bis 1981 hat sich die Altglasverwertung von 50000 t auf 595000 t fast um das 12fache erhöht,
- die Weißblechverwertung aus dem Hausmüll stieg von 80000 t im Jahre 1970 auf 200000 t im Jahre 1981 an,
- die Kunststoffverwertung erhöhte sich von 150000 t im Jahre 1970 auf ca. 400000 t im Jahre 1981,
- 1969 wurden lediglich 77% (von 233000 t) Altöl aufbereitet. 1981 waren es 94% (von 270000 t),
- 1980 wurden 40% der Quecksilberbatterien verwertet. 1969 landeten dagegen noch alle Batterien im Hausmüll.
- 1981 wurden 60000 t (von insgesamt 2 Mio. t) Rückständen aus Müllverbrennungsanlagen verwertet.

Umweltschutz wird als eine äußerst dringliche politische Aufgabe angesehen. Außerdem werden zunehmend Forderungen nach einer neuen Umwelethik aufgestellt.[110] Umstritten ist dabei, inwieweit zur Bewältigung der aktuellen und für die Zukunft zu erwartenden Umweltprobleme von einer *anthropozentrischen* Ethik zu einer stärker *ressourcenökonomischen/ökologischen* Sichtweise übergegangen werden muß:

61 Der **anthropozentrisch** orientierte Umweltschutz leitet die Pflicht zur Erhaltung der natürlichen Lebensgrundlagen aus der Verantwortung für das Wohl der lebenden und der zukünftigen Menschen ab. Umweltschutz dient danach in erster Linie dem Schutz von Leben und Gesundheit der Menschen,

---

[107] *Hartkopf/Bohne*, Umweltpolitik, S. 66f.

[108] Vgl. zu Umfrageergebnissen hinsichtlich des Umweltbewußtseins in der Bundesrepublik Deutschland die Daten zur Umwelt 1986/1987, S. 87; vgl. auch *Kessel/Tischler*, Ökologische Wertvorstellungen. zum Umweltbewußtsein und Umweltverhalten siehe auch SRU-Umweltgutachten 1987, Rz 41ff.

[109] Siehe dazu SRU-Umweltgutachten 1987, Rz. 62.

[110] Vgl. dazu *Hartkopf/Bohne*, Umweltpolitik, S. 63ff.; *Birnbacher*, Ökologie und Ethik, S. 1ff.; *Jonas*, Das Prinzip Verantwortung, S. 1ff.; *Auer*, Umweltethik, S. 1ff.

daneben sollen aber auch das allgemeine Wohlbefinden und wirtschaftliche Interessen vor einer Beeinträchtigung durch Umweltbelastungen geschützt werden.[111]

Demgegenüber steht im Zentrum des **ressourcen-ökonomischen/ökologischen** Umweltschutzes nicht der Mensch, sondern die natürliche Umwelt in ihren ökologischen Wirkungszusammenhängen. Umweltschutz ist danach stärker auf die Erhaltung der Natur als Selbstzweck und nicht allein auf den Schutz menschlicher Bedürfnisse gerichtet. Begründet wird der Schutz der Umwelt um ihrer selbst willen vor allem mit der sittlich-ethischen Verantwortung des Menschen gegenüber seiner Umwelt.[112] 62

Die anthropozentrische Sichtweise entspricht stärker den traditionellen ethischen Grundlagen unserer Staats- und Gesellschaftsordnung, wonach der Mensch und sein Wohlergehen den obersten Wert staatlichen und gesellschaftlichen Handelns bilden.[113] Anthropozentrisch angelegt ist außerdem die gesamte Rechtsordnung in der Bundesrepublik Deutschland mit dem Grundgesetz an der Spitze.[114] Die bislang anthropozentrische Ausrichtung unserer Rechtsordnung schließt es allerdings nicht aus, den Schutz der Umwelt auch um ihrer selbst willen in die Rechtsordnung einzubauen.[115] Das gilt zumindest, solange der Mensch und sein Wohlergehen als oberster Wert dieser Rechtsordnung nicht angetastet wird. 63

Das Grundgesetz mit seinen Freiheitsgewährleistungen geht von dem Leitbild eines freien und verantwortlichen Menschen aus. Zutreffend führt *Starck* dazu aus:

> „Die Verantwortung ist das Korrelat zur Freiheit. Freiheit ohne Verantwortung für das freie Handeln würde auf die Dauer die Grundlagen der Freiheit vernichten. Das gilt nicht nur im Verhältnis des Menschen zu sich selbst und zu seinen Mitmenschen, sondern auch im Verhältnis zu seiner Umwelt, die ungeachtet einer fehlenden ausdrücklichen verfassungsrechtlichen Inbedachtnahme auf natürliche Weise so eng mit den Menschen verbunden ist, daß er Verantwortung für sie trägt ..."[116]

Daß zwischen dem Schutz des Menschen und dem Schutz seiner natürlichen Umwelt kein Widerspruch besteht, ist – neben der Erkenntnis, daß angesichts der Interdependenz aller ökologischen Systeme die Beeinträchtigung einzelner Umweltmedien, Tier- oder Pflanzenarten stets die Ökosysteme insgesamt gefährdet – gerade das Hauptverdienst des neueren, ressourcenökonomisch/ökologisch motivierten Umweltschutzes. Denn gerade weil der Mensch ressourcenabhängig und in die Ökosysteme eingebunden ist, liegt ein ressourcenökonomischer/ökologischer Umweltschutz auch in seinem Interesse.[117] Hinzu kommt, daß die langfristigen Bedürfnisse nachwachsender

---

[111] Vgl. *Rehbinder*, RABELsZ 40 (1976), 363 (369).

[112] Zu den unterschiedlichen Begründungsansätzen für den ressourcen-ökonomischen/ökologischen Umweltschutz siehe *Henneke*, AgrarR 1986, 192 und die Beiträge in dem von *Birnbacher* herausgegebenen Sammelband mit dem Titel „Ökologie und Ethik".

[113] *Henneke*, AgrarR 1986, 192 (195); *Hartkopf/Bohne*, Umweltpolitik, S. 63.

[114] Vgl. *Bosselmann*, NuR 1987, 1 (3), der davon spricht, daß alle geltenden Umweltgesetze den „Makel einer anthropozentrischen Sichtweise" aufweisen.

[115] So zu Recht *Meyer-Abich*, Wege zum Frieden mit der Natur, S. 52ff. (61).

[116] Vgl. *Starck*, in: v. Mangoldt/Klein/Starck, GG, Art. 5 Rn. 269.

[117] *Rehbinder*, RABELsZ 40 (1976), 363 (370).

Generationen heute noch gar nicht absehbar sind.[118] Auch deshalb kommt es darauf an, die Umweltgüter und -ressourcen möglichst weitgehend auch für die Zukunft zu bewahren. Ein umfassender Ressourcen- und Ökosystemschutz ist deshalb auch Schutzauftrag einer anthropozentrischen Rechtsordnung.[119] Dementsprechend ist dem ressourcenökonomischen/ökologischen Interessenschutz im Umweltrecht zukünftig stärkeres Gewicht zuzuerkennen.[120] Allerdings muß die Berücksichtigung ressourcenökonomischen/ökologischen Interessenschutzes in der Rechtsordnung nicht mit der Einräumung eines ökologischen Umweltrechts für die Natur selbst verbunden sein.[121]

II. Umweltökonomie

64 Handlungsebene des Umweltschutzes ist neben der Umweltpolitik die Umweltökonomie.

Die Umweltökonomie wird im Umweltprogramm der Bundesregierung aus dem Jahre 1971 definiert als

„die Wirtschaftswissenschaft, die in ihren Theorien, Analysen und Kostenrechnungen ökologische Parameter miteinbezieht".[122]

65 Die Umweltökonomie umfaßt Prinzipien, Verfahrensweisen und institutionelle Vorkehrungen, die einen sinnvollen Umgang mit der Umwelt ermöglichen.[123] Die Umweltökonomie begreift Umweltprobleme als Knappheitsprobleme, die gegenwärtige krisenhafte Umweltbelastung als Überbeanspruchung knapper Ressourcen. Ursache der gegenwärtigen Umweltprobleme ist, daß die Marktmechanismen bei den Umweltressourcen versagen, weil diese herkömmlich als sogenannte freie Güter kostenlos in Anspruch genommen werden.[124]

66 Die Umweltökonomie hat sowohl einen **volkswirtschaftlichen** als auch einen **betriebswirtschaftlichen** Teil.[125]

Die **betriebswirtschaftliche** Umweltökonomie hat die Aufgabe, die betrieblichen Umweltbeziehungen, ihre wirtschaftlichen Folgewirkungen und

---

[118] Zum Nachweltschutz als Verfassungsfrage siehe *Hofmann*, ZRP 1986, 86ff. und *Saladin/Zenger*, Rechte künftiger Generationen, S. 1ff.

[119] Vgl. *Henneke*, AgrarR 1986, 192 (196); *Spaemann*, in: Birnbacher, Ökologie und Ethik, S. 180 (194f.).

[120] So auch *Rehbinder*, RABELsZ 40 (1976), 359 (370), *Soell*, in: Grundzüge des Umweltrechts, S. 481 (494f.); *Breuer*, Umweltschutzrecht, S. 543f.; vgl. auch die Leitlinien Umweltvorsorge der Bundesregierung, BT-Drs. 10/6028, S. 6, wonach die Bundesregierung Tiere, Pflanzen und Ökosysteme auch um ihrer selbst willen schützt.

[121] Vgl. dazu *Bosselmann*, NuR 1987, 1ff.; v. *Lersner* (NVwZ 1988, 988ff.), der dafür plädiert, Naturgütern eigene Rechte zuzuteilen, die durch überregionale Naturschutz- bzw. Tierschutzverbände wahrgenommen werden sollen.

[122] Vgl. Umweltprogramm der Bundesregierung 1971, BT-Drs. VI/2710, S. 63.

[123] Vgl. *Klaus*, Umweltökonomie und Umweltpolitik, S. 2 zum Zusammenhang zwischen Ökonomie und Ökologie siehe SRU-Umweltgutachten 1987, Rz. 205ff.

[124] *Schachel*, NuR 82, 206 (207); vgl. dazu ausführlich *Meßerschmidt*, Umweltabgaben als Rechtsproblem, S. 55ff.

[125] Siehe dazu im einzelnen *Wicke/Franke*, Umweltökonomie, S. 8ff.

die Auswirkungen der staatlichen Umweltpolitik auf den Betrieb darzustellen.[126]

Aufgabe der **volkswirtschaftlichen** Umweltökonomie ist es dagegen, ökonomische Hilfeleistungen dabei zu leisten, den gesellschaftlichen Wohlstand unter Berücksichtigung der wichtigen Wohlstandskomponente „hohe Umweltqualität" zu maximieren. Die volkswirtschaftliche Umweltökonomie ist eine Teildisziplin der „Wirtschaftspolitik"; sie ist eng verwandt, aber nicht zu verwechseln mit einer marktwirtschaftlich orientierten Umweltpolitik, die die Marktkräfte in den Dienst eines wirksamen Umweltschutzes stellen will.[127]

III. Umweltrecht

Die dritte Handlungsebene des Umweltschutzes und ein Hauptinstrument zur Verwirklichung der Umweltpolitik ist schließlich das Umweltrecht. **67**

Eine allgemein anerkannte Definition des Begriffs „Umweltrecht" gibt es bislang nicht. Gleichwohl wird die Eigenständigkeit dieses Rechtsgebietes mittlerweile ganz allgemein anerkannt.[128] Zumeist werden die Begriffe „Umweltrecht" und „Umweltschutzrecht" im gleichen Sinne verwendet.[129] **68**

Umweltrecht ist demnach die Summe der Rechtssätze, die dem Schutz der Umwelt zu dienen bestimmt sind.[130]

Das Umweltrecht zielt darauf ab, menschliches Verhalten so zu steuern, daß die Grenzen der Belastbarkeit des Menschen, der übrigen Lebewesen und der jeweiligen Umwelt nicht gefährdet werden.[131]

Zum Umweltrecht zählen in erster Linie die Gesetze, die eine ausdrückliche und spezifisch umweltschützende Funktion aufweisen. Sie bilden den Kernbereich des Umweltrechts und umfassen so klassische Rechtsmaterien umweltsorgenden Charakters wie **69**

- **Naturschutz**,
- **Immissions-** und **Strahlenschutz**,
- **Abfallentsorgung** und
- **Gewässerschutz.**[132]

---

[126] *Wicke/Franke*, Umweltökonomie, S. 8.

[127] Siehe dazu den Bericht der Bundesregierung über Maßnahmen auf allen Gebieten des Umweltschutzes „Umwelt 85", BT-Drs. 10/ 4614, S. 2.

[128] *Breuer*, Umweltschutzrecht, S. 622; S. 30; *Steiger*, in: Grundzüge des Umweltrechts, Geltungsebenen, S. 9ff.; *Storm*, Umweltrecht, S. 20; *Bender/Sparwasser*, Umweltrecht, S. VII.

[129] Vgl. z. B. *Rehbinder*, RABELsZ 40 (1976), 363 (365); *Storm*, AgrarR 1974, 181ff. (182).

[130] Nach *Kloepfer*, BB 1978, 1729 ist Umweltrecht das Recht, das die Konflikte lösen soll, die sich bei der Sicherung der natürlichen Lebensgrundlagen der Menschen ergeben; siehe auch *Kloepfer*, Systematisierung des Umweltrechts, S. 77; *Kloepfer/Meßerschmidt*, Innere Harmonisierung des Umweltrechts, S. 12ff.; nach Ansicht von *Winter* ist Umweltrecht das Recht, das das Verhältnis des Menschen zur Natur um ihn herum aber auch zu der in ihm selbst regelt (DVBl. 1988, 659); *Steiger*, in: Grundzüge des Umweltrechts, S. 9; *Rehbinder*, RABELsZ 40 (1976), 363 (365); *Rausch*, Die Umweltgesetzgebung, S. 19; *Vogel*, ZRP 1980, 178.

[131] SRU-Umweltgutachten 1987, Rz. 39.

[132] Vgl. dazu auch *Sendler*, JuS 1983, 255.

70 Umweltrecht enthalten zahlreiche Gesetzeswerke aber auch nur in einzelnen Abschnitten oder sogar nur in spezifischen Einzelregelungen. Zum Umweltrecht zählen insoweit etwa der 28. Abschnitt des Strafgesetzbuches über Straftaten gegen die Umwelt oder Einzelvorschriften wie z. B. § 906 BGB.[133]

71 In zahlreichen weiteren Gesetzen ist der Umweltschutz nur eine von mehreren, gesetzlich angestrebten Zielsetzungen. Zu diesen Gesetzen zählen etwa das Raumordnungsgesetz und die Landesplanungsgesetze, das Baugesetzbuch und zahlreiche Fachplanungsgesetze. Zwar sind diese Gesetzeswerke nicht in ihrer Gesamtheit dem Umweltrecht zuzurechnen.[134] Jedoch enthalten sie ähnlich dem Atomrecht, das neben dem Zweck der Förderung der Kernenergie im § 1 Nr. 2 außerdem den Gefahrenschutz zum allgemeinen Gesetzeszweck erhebt, neben anderen gesetzlichen Zielsetzungen auch umweltschützende Regelungen und Zielsetzungen. Die in diesen Gesetzeswerken enthaltenen umweltschützenden gesetzlichen Regelungen sind dem Umweltrecht zuzurechnen.[135]

Beispiel: Die Bauleitpläne sollen eine geordnete städtebauliche Entwicklung und eine dem Wohl der Allgemeinheit entsprechende sozialgerechte Bodennutzung gewährleisten und dazu beitragen, eine *menschenwürdige Umwelt zu sichern und die natürlichen Lebensgrundlagen zu schützen* (§ 1 Abs. 5 S. 1 BauGB).

72 Umstritten ist, ob auch solche Rechtssätze zum Umweltrecht zählen, die ohne eine spezifisch umweltschützende Zielsetzung für den Umweltschutz von erheblicher Relevanz sind. Gemeint sind etwa die Grundrechte, das Sozialstaatsprinzip, Normen des allgemeinen Polizeirechts oder aber auch die §§ 823, 1004 BGB. Teilweise wird die Ansicht vertreten, daß als Umweltschutzrecht nur umweltspezifisches Recht gelten kann. Umweltschutzrecht soll dementsprechend ein Sonderrecht des Umweltschutzes sein, das nur für den Umweltschutz und nicht auch für andere Rechtsbereiche gilt.[136] Demgegenüber wird zu Recht darauf hingewiesen, daß die bezeichneten Rechtsnormen für den Umweltschutz von erheblicher Bedeutung sind, nicht zuletzt, weil sie ansonsten notwendige, umweltspezifische Normen ersetzen.[137] Dem Rechtsgebiet „Umweltrecht" können solchermaßen umweltrelevante Rechtssätze zumindest solange zugerechnet werden, wie der Zweck der Abgrenzung des Rechtsgebiets stärker in der Verdeutlichung der Rechtssystematik und der gemeinsamen Rechtsdogmatik und weniger in der einheitlichen Kodifikation dieses Rechtsbereiches liegt.

---

[133] Vgl. dazu *Steiger*, in: Grundzüge des Umweltrechts, S. 10.
[134] So auch SRU-Umweltgutachten 1987, Rz. 36.
[135] So zu Recht *Steiger*, in: Grundzüge des Umweltrechts, S. 11.
[136] *Kloepfer*, Systematisierung des Umweltrechts, S. 75.
[137] *Steiger*, in: Grundzüge des Umweltrechts, S. 11.

§ 2. Systematik des Umweltrechts

1 Aufbauend auf einem älteren Bestand von umweltschützenden Rechtsvorschriften und teilweise abgeleitet aus gewerberechtlichen und allgemeinen polizeirechtlichen Vorschriften, ist das deutsche Umweltrecht in einer ersten Entwicklungsphase seit Beginn der 70er Jahre umfassend und in einer selbst für Experten kaum noch überschaubaren Weise ausgebaut, ergänzt und novelliert worden.[1] Der starke Ausbau gesetzlicher Regelungen zum Schutz der Umwelt löst einerseits Bedarf nach untergesetzlicher Konkretisierung[2] und andererseits nach Vereinheitlichung, Harmonisierung und Systematisierung des Rechts aus.[3]

2 Eine größere Übersichtlichkeit und damit verbunden vielleicht sogar eine verbesserte Vollziehbarkeit des Umweltrechts ließe sich möglicherweise in einer zweiten Entwicklungsphase durch die Schaffung eines *einheitlichen Umweltgesetzbuches* erreichen.[4] Die Zusammenführung des deutschen Umweltrechts in einem Umweltgesetzbuch birgt allerdings die Gefahr der Zerschneidung bestehender rechtlicher Zusammenhänge und der Zerstörung traditioneller Rechtsbereiche in sich.[5] Die Vorteile einer Gesamtkodifikation müssen deshalb mit ihren Nachteilen sorgsam abgewogen werden. Einer einheitlichen Kodifizierung des Umweltrechts muß außerdem ein längerer Prozeß der inneren Harmonisierung des Rechtsgebietes „Umweltrecht" und eine rechtsdogmatische Durchdringung des unübersichtlichen Rechtsstoffes vorangehen. Zweck einer solchen Rechtssystematisierung ist die Schließung von bestehenden Regelungslücken und vor allem die Vereinfachung des Rechts durch die Entwicklung gemeinsamer rechtlicher Lösungsmodelle für die in den einzelnen Rechtsbereichen des Umweltrechts vergleichbaren Fragestellungen.[6] Bezogen auf ein mögliches Umweltgesetzbuch ist deshalb entscheidend die rechtswissenschaftliche Entwicklung und Ausformulierung seines Allgemeinen Teils, in dem die rechtsgebietsübergreifenden Rechtsfragen des Umweltschutzes gleichsam vor die Klammer gezogen werden.

3 Die Ansätze für eine rechtssystematische Erfassung des Umweltrechts sind zahlreich.[7] Zu nennen sind insbesondere die Aufgliederung des Rechtsstoffes nach

- Zugehörigkeit zu herkömmlichen Rechtsbereichen (A),
- Geltungsebenen des Umweltrechts (B),
- Art und Rang der Rechtsquellen (C),
- Rechtsgebietsübergreifenden Fragestellungen (D) und
- Schutzgegenständen des Umweltrechts (E).

---

[1] *Hoppe*, VVDStRL 38 (1980), 211 (224).

[2] *Storm*, Umweltrecht, S. 21.

[3] Siehe dazu *Kloepfer*, Systematisierung des Umweltrechts, S. 1ff.; *Kloepfer/Meßerschmidt*, Innere Harmonisierung des Umweltrechts, S. 1ff.; *Erbguth*, Raumbedeutsames Umweltrecht, passim; *Storm*, Umweltrecht, S. 23; *Breuer*, Umweltschutzrecht, S. 629; zu den Perspektiven des Umweltrechts siehe grundlegend *Winter*, DVBl. 1988, 659ff.

[4] Siehe zu dahingehenden Überlegungen vor allem *Kloepfer*, Systematisierung des Umweltrechts, S. 68 ff.; *Kloepfer/Meßerschmidt*, Innere Harmonisierung des Umweltrechts, S. 1ff. *Breuer*, Umweltschutzrecht, S. 629f.; *Storm*, UTR, Bd. 5, S. 49ff.

[5] Skeptisch deshalb *Breuer*, Umweltschutzrecht, S. 629f.; vgl. auch die Kritik bei der Schaffung des 28. Abschnitts des StGB zum Schutz der Umwelt, zusammengefaßt bei *Lackner*, StGB, Anm. 1, Vor § 324.

[6] Vgl. zum Zweck der Rechtssystematisierung *Kloepfer* Systematisierung des Umweltrechts, S. 68; *Steiger*, in: Grundzüge des Umweltrechts, S. 11.

[7] Ausführlich *Kloepfer*, Systematisierung des Umweltrechts, S. 70ff.; vgl. außerdem *Hoppe*, Wirtschaftliche Vertretbarkeit, S. 4ff.

A. Zugehörigkeit zu herkömmlichen Rechtsbereichen

4 Das deutsche Recht unterscheidet zwischen dem Privatrecht, dem Strafrecht und dem öffentlichen Recht. Entsprechend der Zugehörigkeit zu diesen herkömmlichen Rechtsbereichen lassen sich unterscheiden

- **Umweltstrafrecht**,
- **Umweltprivatrecht** und
- **öffentliches Umweltrecht**.

I. Umweltstrafrecht

5 Die wichtigsten Strafvorschriften zum Schutz der Umwelt sind seit 1980 im Strafgesetzbuch zusammengefaßt. Geschützes Rechtsgut ist nach der Überschrift des 28. Abschnitts des Strafgesetzbuchs die Umwelt als Ganzes, geschützt werden in einzelnen Rechtsvorschriften die Umweltmedien Wasser, Luft, Boden, die Tier- und Pflanzenwelt und vor allem Leben und Gesundheit der Menschen.

6 Zahlreiche Strafvorschriften zum Schutz der Umwelt sind allerdings bislang nicht in das Strafgesetzbuch übernommen worden. Dazu zählen z. B. § 7 DDT-Gesetz; § 24 PflSchutzG; § 148 GewO, §§ 63ff. BSeuchG; §§ 51, 52 LMBG, § 17 TierSchG; § 38 BJagdG, §§ 40, 42 SprengG und vor allem die landesrechtlichen Strafvorschriften für Natur- und Landschaftsschutzgebiete.

7 Die Übernahme zentraler Normen des Umweltstrafrechts in das Strafgesetzbuch sollte das Bewußtsein der Öffentlichkeit für die Sozialschädlichkeit von Umwelteingriffen schärfen, die Anerkennung selbständiger Umweltschutzgüter fördern, die Vereinheitlichung dieser Materie erleichtern und im Ergebnis eine Erhöhung der generalpräventiven Wirkung erzielen.[8] Gegen die Vereinheitlichung des Umweltschutzstrafrechtes im Strafgesetzbuch sind allerdings auch erhebliche Bedenken vorgetragen worden.[9] Bemängelt wurde insbesondere, daß das Verhältnis von Umweltverwaltungsrecht und Umweltstrafrecht und die damit verbundenen Probleme nicht gelöst worden sind.[10] Bezweifelt wird außerdem die Effektivität des Umweltstrafrechts für den Umweltschutz.[11] Zur Verbesserung des Vollzugs des Umweltstrafrechts hat deshalb die Landesregierung NW durch Erlaß vom 20. 6. 1985 die Zusammenarbeit zwischen Strafverfolgungsbehörden und den Umweltschutzbehörden neu geregelt.[12]

8 Die Straftatbestände im Strafgesetzbuch betreffen im einzelnen:

- den **Schutz von Gewässern** gegen Verunreinigung und nachteilige Veränderung ihrer Eigenschaften (§ 324)
- den **Schutz der Luft** gegen gefährdende Veränderungen ihrer natürlichen Zusammensetzung beim Betrieb einer Anlage (§ 325)

---

[8] Vgl. BT-Drs. 8/2382, S. 9 und BT-Drs. 8/3633, S. 19.

[9] Vgl. dazu zusammenfassend *Schönke/Schröder/Cramer*, StGB, Vor. §§ 324ff. Rn. 3ff.

[10] Vgl. dazu ausführlich *Rudolphi*, NStZ 1984, 193ff.; *Schönke/Schröder/Cramer*, Vor. §§ 324ff. Rn. 4ff.

[11] Vgl. dazu *Hümbs-Krusche/Krusche*, ZRP 1984, 61ff.; *Schink*, DVBl. 1986, 1073ff.

[12] Gemeinsamer Runderlaß des Justizministers – 40 62 - III A 4 –, des Ministers für Arbeit, Gesundheit und Soziales – III D 3 8000 3.3 –, des Ministers für Umwelt, Raumordnung und Landwirtschaft – I A 5 – 6 – 11/79 und des Innenministers – IV A 2 – 272 – vom 20. 6. 1985. MBl. NW 1237; vgl. dazu ausführlich *Schink*, DVBl. 1986, 1073ff.

- die Verursachung gesundheitsgefährdenden **Lärms** beim Betrieb einer Anlage (§ 325)
- die **umweltgefährdende Abfallbeseitigung** und die Nichtablieferung radioaktiver Abfälle (§ 326)[13]
- das unerlaubte Betreiben bestimmter umweltriskanter **Anlagen** ohne Genehmigung oder entgegen einer vollziehbaren Untersagung (§ 327)[14]
- den unerlaubten **Umgang mit Kernbrennstoffen** (§ 328)
- die **Gefährdung schutzbedürftiger Gebiete** (§ 329)
- Fälle der **schweren Umweltgefährdung** (§ 330)

und außerhalb des 28. Abschnittes insbesondere den Schutz vor **Mißbrauch ionisierender Strahlen** (§ 311 a), vor **Strahlungsverbrechen** (§ 311 b), vor der **Freisetzung ionisierender Strahlen** (§ 311 b) und vor der **fehlerhaften Herstellung einer kerntechnischen Anlage** (§ 311 e).[15]

II. Umweltprivatrecht

Ist Umweltrecht die Summe der Rechtssätze, die dem Umweltschutz zu dienen bestimmt sind,[16] dann ist das Umweltprivatrecht die Summe der zivilrechtlichen Regeln zum Schutz der Umwelt. 9

Das Umweltprivatrecht gewährt Ansprüche auf Unterlassung, Schutzmaßnahmen oder Ausgleich von Beeinträchtigungen, die sich unmittelbar gegen Verursacher von Umweltbeeinträchtigungen richten. 10

Die Bedeutung des Umweltprivatrechts ist eher gering.[17] Das liegt einerseits an typischen zivilprozessualen Durchsetzungsschwierigkeiten, insbesondere bei der Beweisführung und andererseits an der starken Überlagerung des Privatrechts durch öffentlich-rechtliche Vorschriften.[18] Vor allem aber schützen zivilrechtliche Ansprüche in erster Linie individuelle Rechtspositionen; der Schutz der Umwelt ergibt sich deshalb mittelbar allein daraus, daß Unterlassungs- und Abwehransprüche oder die Furcht vor Schadensersatzansprüchen umweltbelastendes Verhalten beeinflussen können.[19] 11

III. Öffentliches Umweltrecht

Umweltschutz verpflichtet den einzelnen Staatsbürger.[20] In erster Linie ist Umweltschutz allerdings öffentliche Staatsaufgabe.[21] Umweltrecht ist des- 12

---

[13] Vgl. dazu *BGH*, Urt. v. 31. 10. 1986 – 2 StR 33/86 –, DVBl. 1987, 363.

[14] Vgl. dazu *BayObLG*, Beschl. v. 13. 8. 1987 – 4 St 138/87 –, UPR 1988, 26ff.; *LG Hanau*, Urt. v. 12. 11. 1987 – 6 JS 13470/84 KL –, NJW 1988, 571ff.

[15] Ausführlicher zum Umweltstrafrecht unten § 12.

[16] Siehe oben: § 1 Rn. 68.

[17] Vgl. aber zur geschichtlichen Bedeutung des privaten Nachbarrechts des BGB für die Entwicklung des öffentlichen Umweltrechts *Baur*, JZ 1987, 317ff.; zum Überblick über das Umweltprivatrecht siehe *Hohloch*, HdUR, Bd. II, Sp. 687ff.

[18] *Beckmann*, Rechtsschutz, S. 28ff.; näher zur Abgrenzung des privaten und des öffentlichen Umweltrechts unten, § 2 Rn. 14–19 und allgemein zum Verhältnis zwischen privatem und öffentlichem Nachbarrecht *Kleinlein*, Das System des Nachbarrechts, S. 57ff.; zu Beweislastfragen im Haftungsrecht siehe unten, § 15 Rn. 23ff.

[19] *Medicus*, JZ 1986, 778 (779); *Roth*, NJW 1972, 921 (922).

[20] Siehe zum Umweltschutz als Bürgerpflicht *Engelhardt*, Bürger und Umwelt, S. 113ff.; *ders.*, NuR 1979, 89ff. zur Pflicht zum umweltfreundlichen Verhalten.

[21] Zur Staatsaufgabe Umweltschutz siehe *Rauschning*, VVDStRL 38 (1980), 167ff.; *Hoppe*, VVDStRL 38 (1980), 211ff.

halb vornehmlich öffentliches Recht. Zum öffentlichen Umweltrecht gehören völkerrechtliche und verfassungsrechtliche Regelungen und vor allem das Umweltverwaltungsrecht, das als Teilgebiet dem Besonderen Verwaltungsrecht zuzurechnen ist.

13 Zum öffentlichen Umweltrecht zählen insbesondere:

- Fluglärmgesetz
- Benzinbleigesetz
- DDT-Gesetz
- Abfallgesetz des Bundes und die Landesabfallgesetze
- Tierschutzgesetz
- Bundesimmissionsschutzgesetz und die Immissionsschutzgesetze der Länder
- Lebensmittel- und Bedarfsgegenständegesetz
- Energiesicherungsgesetz
- Bundeswaldgesetz
- Futtermittelgesetz
- Pflanzenschutzgesetz
- Gesetz über die Beförderung gefährlicher Güter
- Waschmittelgesetz
- Tierkörperbeseitigungsgesetz
- Energieeinsparungsgesetz
- Sprengstoffgesetz
- Atomgesetz
- Wasserhaushaltsgesetz und die Landeswassergesetze
- Arzneimittelgesetz
- Abwasserabgabengesetz
- Bundesnaturschutzgesetz und die Landesnaturschutzgesetze
- Düngemittelgesetz
- Chemikaliengesetz
- Umweltbundesamt-Errichtungsgesetz
- Umweltstatistikgesetz.

Daneben befinden sich Rechtsvorschriften zum Schutz der Umwelt unter anderem im:

- Raumordnungsrecht,
- Fachplanungsrecht,
- Bundesbau- und Städtebauförderungsrecht und im
- Flurbereinigungsrecht.

IV. Das Verhältnis von Umweltprivatrecht und öffentlichem Umweltrecht

14 Das Verhältnis von Umweltprivatrecht und öffentlichem Umweltrecht ist lebhaft umstritten.[22]

15 Zwischen beiden Rechtsgebieten bestehen zahlreiche Überschneidungen. Mittelbar kann auf öffentlich-rechtliche Genehmigungsvoraussetzungen bereits durch private Verträge Einfluß genommen werden. So können für die Erheblichkeit von Nachteilen und Belästigungen i. S. v. § 5 Abs. 1 Nr. 1 BImSchG vertragliche Vereinbarungen zwischen Nachbarn über hinzunehmende Belästigungen entscheidend sein.[23] Anlagenbetreiber und Drittbetroffene können in privaten Verträgen außerdem einen Verzicht auf die Einlegung eines Widerspruchs oder auf die Erhebung einer Klage gegen Zah-

---

[22] Vgl. *Gerlach*, JZ 1988, 161ff.; *F. Baur*, JZ 1987, 317ff.; *Peine*, JuS 1987, 169; *J. Baur*, Gedächtnisschrift für Martens, S. 547ff.; *Gaentzsch*, NVwZ 1986, 601ff.

[23] *Stich*, Privates Immissionsschutzrecht, S. 299.

lung eines Entgelts vereinbaren. Der BGH hält in seinem Urteil vom 11. 12. 1980 einen Vertrag, durch den ein betroffener Anwohner sich verpflichtet, seinen Widerspruch gegen die nach dem BImSchG erteilte Genehmigung einer gewerblichen Anlage gegen Zahlung eines Entgelts zurückzunehmen, weder für gesetz- noch für sittenwidrig.[24] Umgekehrt soll nach dem Urteil des VGH Mannheim vom 28. 5. 1985 der Abwehranspruch Privater gegen hoheitlich verursachte Immissionen, der seine Grundlage in Art. 2 Abs. 2 GG und Art. 14 Abs. 1 S. 1 GG hat, soweit öffentlich-rechtliche Abgrenzungsmaßstäbe fehlen, durch die nachbarrechtlichen Grundsätze des § 906 BGB beschränkt werden.[25] Überschneidungen ergeben sich aber vor allem daraus, daß die Schutzgesetzdefinition des § 823 Abs. 2 BGB identisch ist mit der herrschenden Schutznormtheorie des öffentlichen Rechts. Subjektiv öffentliche Rechte können daher über §§ 1004, 823 Abs. 2 BGB auch privatrechtlichen Nachbarschutz ermöglichen.[26] Außerdem haben umweltrechtliche Planung- und Genehmigungsentscheidungen zum Teil privatrechtsgestaltende Wirkungen.[27]

Umstritten ist, inwieweit von einer Interpretationsherrschaft des öffentlichen Rechts gegenüber den verbleibenden zivilrechtlichen Ansprüchen gesprochen werden kann,[28] insbesondere inwieweit öffentliche Planungs- und Einzelentscheidungen sowie öffentliche Umweltstandards etwa der TA Luft und der TA Lärm das private Immissionsschutzrecht beeinflussen.[29] Vor allem der BGH vertritt die Ansicht, daß die privaten Rechte gegenüber öffentlich-rechtlichen Entscheidungen, soweit ihnen nicht ausdrücklich privatrechtsgestaltende Wirkung eingeräumt sein, vorrangig seien.[30] Nach Auffassung des BGH kommt es für die Frage, ob eine wesentliche Immissionsbeeinträchtigung ortsüblich und damit zu dulden ist, allein auf die tatsächlichen Verhältnisse im maßgeblichen Vergleichsgebiet, nicht aber auf die öffentlich-rechtliche Planung an.

Demgegenüber wird in der Rechtslehre die Ansicht vertreten, öffentlich- **16**
rechtliche Planungsentscheidungen seien gegenüber dem privaten Nachbarrecht vorrangig.[31] Öffentliches und privates Nachbarrecht regelten zwei sich ausschließende Konfliktbereiche, so daß es Überschneidungen nicht geben

---

[24] *BGH*, Urt. v. 11. 12. 1980 – III ZR 38/79 –, NJW 1981, 811; zum Verwaltungsrechtsweg beim Streit um die vertragliche Verpflichtung einer Gemeinde zur Rücknahme einer verwaltungsgerichtlichen Klage siehe *VGH Mannheim*, Beschl. v. 11. 9. 1984 – 10 S 1827/84 –, UPR 1985, 218 (219).

[25] *VGH Mannheim*, 1 S 292/84 –, NVwZ 1986, 62.

[26] *BGH*, Urt. v. 30. 4. 1976 – V ZR 1988/74 –, BHZ 66, 354; *BGH*, Urt. v. 23. 6. 1983 – III ZR 79/82 –, UPR 1984, 193 (194); Urt. v. 27. 11. 1963 – V ZR 201/61 – BGHZ 40, 306; *Konrad*, BayVBl. 1984, 33 (37).

[27] Vgl. etwa §§ 14 BImSchG, 11 WHG.

[28] So *Kloepfer*, Rechtsschutz, S. 43.

[29] Vgl. zum Überblick über den Streitstand *Papier*, Privates Immissionsschutzrecht, S. 101 ff.; *Kleinlein*, NVwZ 1982, 668ff.; *Marburger*, Gutachten C, S. 102ff.; *Gaentzsch*, NVwZ 1986, 601ff.

[30] *BGH*, Urt. v. 17. 12. 1982 – V ZR 55182 –, NJW 1983, 751f.; Urt. v. 13. 1. 1976 – VI ZR 41/75 –, NJW 1976, 1204; Urt. v. 15. 1. 1971 – V ZR 110/68 –, DVBl. 1971, 744.

[31] Zum Baurecht siehe vor allem *Bartlsperger*, VerwArch. 60 (1969), 33 (36); grundlegend *Schapp*, Nachbarrecht, S. 164f.; *Breuer*, DVBl. 1983, 431 (438f.).

könne. Die öffentliche Planungsentscheidung entscheide allein über die künftige Entwicklung des Plangebietes, während das private Nachbarrecht die zulässige Grundstücksnutzung allein anhand der tatsächlichen Verhältnisse beurteile. Soweit die Planung eine bestimmte Nutzung für die Zukunft ermögliche, könne dies deshalb durch private Rechte nicht verhindert werden.

17 Der Streit um das dogmatisch richtige Verhältnis beider Regelungsbereiche ist gekennzeichnet von dem Bemühen, je nach Standort des Betrachters den generellen Geltungsanspruch des einen Rechtsgebietes gegenüber dem anderen zu behaupten und nachzuweisen.[32] Demgegenüber dürften diejenigen Lösungen richtiger und vor allem konsensfähiger sein, die im Ausgangspunkt mit dem BVerfG[33] davon ausgehen, daß die Rechtsstellung eines Grundstücksnachbarn grundsätzlich sowohl durch das private als auch durch das öffentliche Recht bestimmt wird und im Einzelfall anhand der gesetzlichen Grundlagen nach dem Vorrang eines Rechtssatzes gegenüber dem anderen zu fragen ist, ohne von einer apriorischen Herrschaft eines Rechtsbereichs über den anderen auszugehen.[34]

18 Mit einer in dieser Weise differenzierenden Betrachtung steht es im Einklang, daß einerseits durch privatrechtliche Verträge wirksam der Verzicht auf öffentlich-rechtliche Einwendungsbefugnisse vereinbart werden kann,[35] andererseits umweltrechtliche Planungs- und Genehmigungsentscheidungen zum Teil privatrechtsgestaltende Wirkungen entfalten können. Dies ist etwa in § 14 S. 1 BImSchG für die immissionsschutzrechtliche Genehmigung, in § 11 S. 1 WHG für die wasserrechtliche Bewilligung und in § 75 Abs. 2 S. 1 VwVfG für Planfeststellungsverfahren vom Gesetzgeber angeordnet worden. Keine privatrechtsgestaltende Wirkungen haben Verwaltungsakte, die unbeschadet privater Rechte Dritter ergehen, so ausdrücklich § 19 Abs. 2 BImSchG für die Genehmigung im vereinfachten Verfahren.[36] Umstritten ist die privatrechtsgestaltende Wirkung solcher Verwaltungsentscheidungen, für die der Gesetzgeber keine ausdrückliche Regelung vorgesehen hat. In seiner viel diskutierten Tennisplatz-Entscheidung geht der BGH[37] von der grundsätzlichen Vorrangigkeit privater Rechte gegenüber hoheitlichen Entscheidungen aus. Danach kann die in einem Bebauungsplan zugelassene Nutzung privatrechtlich verhindert werden, wenn die Planungsentscheidung eine stärkere als die bisher tatsächlich vorhandene Grundstücksnutzung zuläßt und wenn diese Nutzung nicht ortsüblich ist und zu einer wesentlichen Beeinträchtigung führt. Diesem Ergebnis liegt die Auffassung zugrunde, daß sich die Ortsüblichkeit wesentlicher Immissionen i. S. d. § 906 Abs.

---

[32] Kritisch zum Meinungsstand *Kleinlein*, Das System des Nachbarrechts, S. 68ff.

[33] *BVerfG*, Beschl. v. 15. 7. 1981 – 1 BvL 77/78 –, E 58, 300, 335f.

[34] *Kleinlein*, Das System des Nachbarrechts, S. 68ff.; *Beckmann*, Rechtsschutz, S. 29ff.

[35] *BGH*, Urt. v. 11. 12. 1980 – III ZR 38/79 –, NJW 1981, 811.

[36] Auch die Baugenehmigung wird nach Maßgabe einiger Landesbauordnungen „unbeschadet der Rechte Dritter" bzw. „unbeschadet privater Rechte" erteilt. Zur Frage, ob auch die Baugenehmigung privatrechtsgestaltende Wirkung entfaltet vgl. einerseits *Papier*, in: Umwelteinwirkungen durch Sportanlagen, S. 120ff.; andererseits *Kleinlein*, Das System des Nachbarschutzes, S. 138f.

[37] *BGH*, Urt. v. 17. 12. 1982 –, V ZR 55/82 –, UPR 1983, 124.

2 BGB nach den tatsächlich vorhandenen Verhältnissen in dem maßgebenden Vergleichsgebiet bestimmt, nicht jedoch nach den Festsetzungen öffentlich-rechtlicher Bauleitpläne.[38]

Die Kritik an dieser Rechtsprechung entzündet sich vor allem daran, daß mit ihr der öffentlich-rechtliche Gestaltungsauftrag, eine vorhandene Bodennutzung weiterzuentwickeln, letztlich an der Unüberwindbarkeit privatrechtlicher Abwehransprüche scheitern kann.[39] Soweit planerische Festsetzungen unter Beachtung der Grundrechte der Anlieger, insbesondere der Eigentumsgarantie aus Art. 14 GG, und im übrigen unter ermessensfehlerfreier Berücksichtigung aller abwägungserheblichen Belange außenverbindlich die Bodensituation bestimmen, muß sich eine damit übereinstimmende Grundstücksnutzung gegenüber privaten Rechten durchsetzen können. Dies gilt jedenfalls dann, wenn die durch ein Vorhaben evtl. beeinträchtigten Rechte eines Dritten in die planerische Abwägung einbezogen werden konnten, störende Auswirkungen auf die Nachbarschaft zum Zeitpunkt der Planung also bereits erkennbar waren. Eine Harmonisierung des privaten Immissionsschutzrechts mit dem öffentlichen Recht der Bauleitplanung läßt sich entweder durch die Ableitung unmittelbarer Duldungspflichten aus den Bebauungsplänen im Sinne des § 1004 Abs. 2 BGB erreichen oder aber durch die Rechtsansicht, wonach sich die Ortsüblichkeit wesentlicher Beeinträchtigungen im Sinne des § 906 Abs. 2 BGB nicht an der statischen Situation des Vorhandenen, sondern an dem planungsrechtlich Zulässigen ausrichtet.[40] 19

B. Geltungsebenen des Umweltrechts

Das in der Bundesrepublik Deutschland Geltung beanspruchende Umweltrecht setzt sich zusammen aus nationalem und internationalem Recht.[41] 20

I. Nationales Umweltrecht

In erster Linie ist das Umweltrecht in der Bundesrepublik Deutschland nationales Recht und umfaßt Rechtsvorschriften des Bundes, der Länder und autonomes Recht der sonstigen juristischen Personen des öffentlichen Rechts.[42] Dazu zählen Gemeinden und Landkreise, kommunale Zweckverbände und z. B. Wasser- und Bodenverbände.[43] Autonomes Umweltrecht sind z. B. Müllabfuhr-, Baumschutzsatzungen oder Bauleitpläne der Gemeinden mit umweltschützenden Festsetzungen. 21

Für das Verhältnis von Bundes- und Landesumweltrecht gilt Art. 31 GG. Danach bricht Bundesrecht Landesrecht. Dem autonomen Umweltrecht ge- 22

---

[38] Ebenso *Hagen*, UPR 1985, 192ff.

[39] *Kleinlein*, NVwZ 1982, S. 668 (669); *Gaentzsch*, NVwZ 1986, 601 (602); *ders.*, UPR 1985, 201 (210); *Beckmann*, Rechtsschutz, S. 29.

[40] Zu den unterschiedlichen Lösungsansätzen vgl. zusammenfassend *Salzwedel*, UPR 1985, 210 (212); *Gaentzsch*, UPR 1985, S. 201 (209f.); *ders.*, NVwZ 1986, S. 601 (604); *Hagen*, UPR 1985, 192 (196); *Breuer*, DVBl. 1983, S. 431 (438); *Baur*, Gedächtnisschrift für Martens, S. 545ff.

[41] Zu den Rechtsgeltungsebenen des Umweltrechts vgl. *Steiger*, in: Grundzüge des Umweltrechts, S. 18ff.

[42] Zur Abgrenzung der Gesetzgebungszuständigkeiten zwischen Bund und Ländern siehe unten, § 4, Rn. 86ff.

[43] Vgl. dazu *Schmidt-Aßmann*, NVwZ 1987, 265ff.; zu den Wasser- und Bodenverbänden siehe *Hoppe/Beckmann*, Rechtsgrundlagen und verfassungsrechtliche Grenzen der Gründung und Auflösung von Wasser- und Bodenverbänden, S. 11ff.

hen sowohl Bundes- als auch Landesumweltrecht vor, weil sich die Autonomie der in den Staat eingeordneten juristischen Personen des öffentlichen Rechts aus der staatlichen Rechtsetzungsgewalt ableitet.[44]

II. Internationales Umweltrecht

23 Das in der Bundesrepublik geltende internationale Umweltrecht setzt sich zusammen aus dem *europäischen* und dem *völkerrechtlichen* Umweltschutzrecht.

1. Europäisches Umweltrecht

24 Die Europäische Gemeinschaft hat in der jüngeren Vergangenheit ihre Umweltschutzaktivitäten erheblich ausgeweitet. Sie hat bislang vier Aktionsprogramme auf dem Gebiet des Umweltschutzes verabschiedet, mit denen die Leitlinien der Umweltpolitik festgelegt worden sind. Die Umweltprogramme sind allerdings nur politische Vorgaben; rechtlich verbindlich sind sie nicht.[45] Auch das Europäische Umweltrecht ist stark erweitert worden.[46]

25 Eine umfassende Umweltschutzzuständigkeit der Europäischen Gemeinschaft sah das primäre Gemeinschaftsrecht, das in den Europäischen Verträgen (Europäische Gemeinschaft für Kohle und Stahl, Europäische Atomgemeinschaft, Europäische Wirtschaftsgemeinschaft, Fusionsverträge der EG) normiert ist, lange Zeit nicht vor.[47] Gestützt wurden Maßnahmen der EG auf dem Gebiet des Umweltschutzes auf ihre Kompetenz zur Rechtsharmonisierung gem. Art. 100 EWGV und auf die Ergänzungsklausel des Art. 235 EWGV, wonach der EG-Rat die geeigneten Vorschriften erlassen darf, wenn ein Tätigwerden der Gemeinschaft erforderlich erscheint, um im Rahmen des (Gemeinsamen) Marktes eines ihrer Ziele zu verwirklichen und wenn im EWGV die hierfür erforderlichen Befugnisse nicht vorgesehen sind.

26 Durch die Einführung der Art. 130r–130t in den EWGV durch die **Einheitliche Europäische Akte (EEA)** ist jedoch nunmehr der EG eine ausdrückliche Kompetenz auf dem Gebiet des Umweltschutzes eingeräumt worden.[48] Gem. Art. 130 r Abs. 1 EWGV hat die Umweltpolitik der Gemeinschaft zum Ziel,

---

[44] Vgl. *Ossenbühl*, in: Erichsen/Martens, Allgemeines Verwaltungsrecht, S. 125.

[45] *Ress*, HdUR Bd. I, Sp. 462; *Glaesner*, in: Rengeling (Hrsg.), Europäisches Umweltrecht und europäische Umweltpolitik, S. 1 (4f.).

[46] Vgl. dazu *Kloepfer*, UPR 1986, 321 (322); *Grunwald*, EuR 1985, 437ff.; zu den Rechtsgrundlagen der Umweltpolitik der Europäischen Gemeinschaft siehe auch *Berends*, Rechtsgrundlagen der Umweltpolitik der Europäischen Gemeinschaften, S. 1ff.; vgl. auch *Rengeling* (Hrsg.), Europäisches Umweltrecht und europäische Umweltpolitik, S. 1ff.; *Nicolaysen*, in: Umweltschutz im Recht, S. 197ff.

[47] Ausführlich zu den Zuständigkeitsfragen der EG-Umweltpolitik siehe *Kloepfer*, UPR 1986, 321ff.; *Zuleeg*, NVwZ 1987, 280ff.; *Lietzmann*, in: Rengeling (Hrsg.), Europäisches Umweltrecht und europäische Umweltpolitik, S. 163ff.

[48] Einheitliche Europäische Akte vom 28. 2. 1986, BGBl. II, S. 1004; vgl. dazu ausführlich *Ress*, HdUR, Bd. I, Sp. 458ff.; *Zuleeg*, NVwZ 1987, 280ff.; *Krämer*, in: Rengeling (Hrsg.), Europäisches Umweltrecht und europäische Umweltpolitik, S. 137 ff.; *Lietzmann*, in: Rengeling (Hrsg.), Europäisches Umweltrecht und europäische Umweltpolitik, S. 163ff.

- die Umwelt zu erhalten, zu schützen und ihre Qualität zu verbessern,
- zum Schutz der menschlichen Gesundheit beizutragen,
- eine umsichtige und rationelle Verwendung der natürlichen Ressourcen zu gewährleisten.

In Art. 130r Abs. 2 EWGV sind das Vorsorgeprinzip und das Verursacherprinzip verankert worden. Die Erfordernisse des Umweltschutzes sind gem. Art. 130r Abs. 2 S. 2 EWGV Bestandteil der anderen Politiken der Gemeinschaft. **27**

Bei der Erarbeitung ihrer Maßnahmen im Bereich der Umwelt berücksichtigt die Gemeinschaft **28**

- die verfügbaren wissenschaftlichen und technischen Daten,
- die Umweltbedingungen in den einzelnen Regionen der Gemeinschaft,
- die Vorteile und die Belastung aufgrund der Maßnahmen bzw. ihrer Unterlassung,
- die wirtschaftliche und soziale Entwicklung der Gemeinschaft insgesamt sowie die ausgewogene Entwicklung ihrer Regionen (Art. 130 r Abs. 3 EWGV).

Nach Art. 130r Abs. 4 EWGV wird die Gemeinschaft im Bereich der Umwelt insoweit tätig, als die genannten Ziele der Umweltpolitik besser auf Gemeinschaftsebene erreicht werden können als auf der Ebene der einzelnen Mitgliedstaaten. Regelmäßig haben gem. Art. 130 r Abs. 4 S. 2 EWGV die Mitgliedstaaten für die Finanzierung und Durchführung der Maßnahmen auf dem Gebiet des Umweltschutzes Sorge zu tragen. **29**

Der Rat beschließt auf Vorschlag der EG-Kommission und nach Anhörung des Europäischen Parlamentes und des Wirtschafts- und Sozialausschusses einstimmig über das Tätigwerden der Gemeinschaft auf dem Gebiet des Umweltschutzes (Art. 130 s S. 1 EWGV). Unter diesen Bedingungen kann der Rat auch Fälle festlegen, in denen die qualifizierte Mehrheit für die Beschlußfassung ausreichen soll (Art. 130 s Abs. 2 EWGV). **30**

Gem. Art. 130 t EWGV hindern Schutzmaßnahmen, die gemeinsam aufgrund des Art. 130 s EWGV getroffen werden, die einzelnen Mitgliedstaaten nicht daran, verstärkte Schutzmaßnahmen beizubehalten oder zu ergreifen. Voraussetzung dafür ist allerdings, daß diese Maßnahmen mit den übrigen Vorschriften des EWGV vereinbar sind. Ausgeschlossen werden sollen dadurch insbesondere Maßnahmen, die als unzulässige Handelshemmnisse im Sinne der Art. 30, 36 des EWGV anzusehen sind.[49] **31**

Neben den Bestimmungen der Art. 130r–130t EWGV ist vor allem der ebenfalls durch die Europäische Akte in den EWGV eingeführte Art. 100a für den Umweltschutz von besonderer Bedeutung. Art. 100a EWGV ist Bestandteil der Regelungen zur Herstellung des Binnenmarktes bis zum 31. 12. 1992. Er regelt die Angleichung der Rechts- und Verwaltungsvorschriften der Mitgliedstaaten für alle denkbaren Sachbereiche. Im Bereich des Umweltschutzes geht es um die Angleichung technischer Vorschriften, die Umweltstandards für Produkte festlegen. Gem. Art. 100 a Abs. 3 EWGV geht die EG-Kommission in ihren Vorschlägen für die Rechtsvereinheitli- **32**

---

[49] Vgl. *Lietzmann*, in: Rengeling (Hrsg.), Europäisches Umweltrecht und europäische Umweltpolitik, S. 175.

chung unter anderem im Bereich des Umweltschutzes von einem hohen Schutzniveau aus.[50]

33 Auf dem Gebiet des Umweltschutzes entfaltet die EG in ihren Beziehungen zu Drittstaaten zahlreiche Aktivitäten. Sie ist Vertragspartnerin zahlreicher internationaler Übereinkommen.[51] Für den Binnenbereich ist das europäische Umweltrecht geregelt in dem auf der Grundlage des *primären Gemeinschaftsrechts* erlassenen sogenannten *sekundären Gemeinschaftsrecht*. Das sekundäre Gemeinschaftsrecht besteht in erster Linie aus den von den Organen der Gemeinschaft erlassenen Rechtsakten. Dazu zählen:

- **Verordnungen**,
- **Richtlinien**,
- **Entscheidungen**,
- **Empfehlungen und Stellungnahmen.**[52]

34 Die **Verordnungen** (Art. 189 Abs. 3 EWGV) enthalten allgemein gültige Rechtssätze, die in allen ihren Teilen unmittelbar in jedem Mitgliedsstaat verbindlich sind. Sie bedürfen deshalb keiner Umsetzung in das deutsche Recht durch einen nationalen Gesetzgebungsakt.

35 Die **Richtlinien** (Art. 189 Abs. 3 EWGV) sind für jeden Mitgliedsstaat, an den sie gerichtet sind, hinsichtlich des aufgestellten Ziels verbindlich, überlassen jedoch dem Mitgliedsstaat die Wahl der Form und der Mittel. Anders als Verordnungen bedürfen Richtlinien daher zu ihrer innerstaatlichen Anwendbarkeit der Umsetzung in nationales Recht nach den Regeln der innerstaatlichen Verfassung.[53]

36 Allerdings entspricht es der ständigen Rechtsprechung des Europäischen Gerichtshofes, daß es in Fällen, in denen ein Mitgliedstaat seiner Verpflichtung zur Umsetzung des Inhalts einer EG-Richtlinie in nationales Recht nicht nachgekommen ist, diesem Mitgliedstaat verwehrt ist, eine mit der Richtlinie im Widerspruch stehende nationale Vorschrift zum Nachteil eines Betroffenen anzuwenden; der Betroffene kann sich vielmehr in Ermangelung von fristgemäß erlassenen Durchführungsmaßnahmen des Mitgliedstaats auf Bestimmungen einer Richtlinie, die inhaltlich als unbedingt und hinreichend genau erscheinen, gegenüber allen innerstaatlichen, nicht richtlinienkonformen Vorschriften berufen.[54]

37 Die **Entscheidungen** (Art. 189 Abs. 4 EWGV) sind im Gegensatz zu den Verordnungen Einzelakte, die in allen ihren Teilen für denjenigen verbindlich sind, demgegenüber sie ergehen. Soweit sie unmittelbar an Bürger gerichtet sind, entsprechen sie im wesentlichen den Verwaltungsakten des deutschen Rechts.

38 **Empfehlungen** und **Stellungnahmen** (Art. 189 Abs. 5 EWGV) enthalten zwar keine verbindlichen Rechtsregeln. Es wird allerdings die Auffassung vertreten, der Vertrauensgrundsatz hindere die EG, von einer in einer Stellungnahme oder Empfehlung geäußerten Rechtsauffassung ohne weiteres wieder abzurücken, wenn ein Staat oder ein Bürger im Vertrauen darauf bestimmte Maßnahmen ergriffen habe.[55]

---

[50] Zu Art. 100 a EWGV vgl. *Lietzmann*, in: Rengeling (Hrsg.), Europäisches Umweltrecht und europäische Umweltpolitik, S. 177ff.

[51] Vgl. zu den Außenkompetenzen der EG im Bereich des Umweltschutzes *Ress*, HdUR, Bd. I, Sp. 456ff.; *Lietzmann*, in: Rengeling (Hrsg.), Europäisches Umweltrecht und europäische Umweltpolitik, S. 176f.

[52] Vgl. dazu *Engelhardt*, Bürger und Umwelt, S. 31f.; *Grabitz*, Fragen der Transformation von EG-Umweltrecht in nationales Recht, S. 117ff.

[53] Zahlreiche Beispiele von EG-Richtlinien auf dem Gebiet des Umweltschutzes finden sich bei *Ress*, HdUR, Bd. I, Sp. 463ff.; zu Umsetzungsproblemen *Salzwedel*, UPR 1989, 41.

[54] *EuGH*, Urt. v. 19. 1. 1982 – Rs 8/81 –, NJW 1982, 499 (500); Urt. v. 10. 4. 1984 – Rs 14/83 –, NJW 1984, 202 (2022); *OVG Münster*, Urt. v. 17. 12. 1985 – 20 A 831/83 –, ZfW 1987, 49 (52).

[55] *Engelhardt*, Bürger und Umwelt, S. 32.

Für den Fall, daß das deutsche Umweltrecht mit dem europäischen Umweltrecht kollidiert, besteht Anwendungsvorrang des europäischen Umweltrechts vor dem deutschen Umweltrecht.[56] Ob der Anwendungsvorrang auch vor dem Verfassungsrecht, insbesondere vor den Grundrechten besteht, ist dagegen umstritten. Von der h. M. wird auch hier ein Anwendungsvorrang des europäischen Rechts bejaht.[57] In diesem Sinne hat jetzt auch das BVerfG im Beschluß vom 22. 10. 1986 entschieden.[58] Es führt dazu aus: 39

„Solange die Europäischen Gemeinschaften, insbesondere die Rechtsprechung des Gerichtshofs der Gemeinschaften, einen wirksamen Schutz der Grundrechte gegenüber der Hoheitsgewalt der Gemeinschaften generell gewährleisten, der dem vom Grundgesetz als unabdingbar gebotenen Grundrechtsschutz im wesentlichen gleichzuachten ist, zumal den Wesensgehalt der Grundrechte generell verbürgt, wird das Bundesverfassungsgericht seine Gerichtsbarkeit über die Anwendbarkeit von abgeleitetem Gemeinschaftsrecht, das als Rechtsgrundlage für ein Verhalten deutscher Gerichte oder Behörden im Hoheitsbereich der Bundesrepublik Deutschland in Anspruch genommen wird, nicht mehr ausüben und dieses Recht mithin nicht mehr am Maßstab der Grundrechte des Grundgesetzes überprüfen; entsprechende Vorlagen nach Art. 100 Abs. 1 GG sind somit unzulässig."[59]

Der Vollzug des europäischen Umweltrechts erfolgt durch die deutschen Verwaltungsbehörden. 40

2. *Umweltvölkerrecht*

Das Umweltvölkerrecht hat sich aus dem allgemeinen völkerrechtlichen Nachbarrecht entwickelt, das wiederum ganz wesentlich aus dem internationalen Wasserrecht abgeleitet worden ist.[60] Das Umweltvölkerrecht dient einerseits dem Ausgleich widerstreitender staatlicher Interessen, insbesondere bei grenzüberschreitenden Umweltbelastungen und andererseits dem gemeinsamen Interesse aller Staaten an der Erhaltung einer gesunden und funktionsfähigen Umwelt.[61] Zum Umweltvölkerrecht zählen die Völkerrechtsnormen, die den Umweltschutz zum Gegenstand haben.[62] Rechtsgrundlagen des Völkerrechts sind 41

- **Völkergewohnheitsrecht**,
- **allgemeine Rechtsgrundsätze des Völkerrechts** und
- **Völkervertragsrecht**.

Völkerrechtsregeln zum Umweltschutz ergeben sich vor allem aus den allgemeinen Rechtsgrundsätzen des Völkerrechts und dem Völkervertragsrecht.[63] 42

Völkerrechtliche Regeln des Umweltschutzes bedürfen grundsätzlich der Transformation in das nationale Umweltrecht, um eine unmittelbare 43

---

[56] *Steiger*, in: Grundzüge des Umweltrechts, S. 75.

[57] Vgl. dazu *Steiger*, in: Grundzüge des Umweltrechts, S. 75 m. w. N. auch zur Rechtsprechung des Europäischen Gerichtshofs und des BVerfG.

[58] – 2 BvR 197/83 –, NJW 1987, 577 ff.

[59] Vgl. zu dieser Entscheidung ausführlich *Vedder*, NJW 1987, 526 ff.

[60] *Oppermann/Kilian*, HdUR, Bd. I, Spalte 687; ausführlich zum Umweltvölkerrecht *Kilian*, Umweltschutz durch internationale Organisationen, S. 1 ff.; *Lagoni*, in: Umweltschutz im Recht, S. 233 ff.

[61] *Engelhardt*, Bürger und Umwelt, S. 33.

[62] Vgl. dazu *Lagoni*, in: Umweltschutz im Recht, S. 239.

[63] Siehe dazu i. e. unten: § 14.

Rechtswirkung erzeugen zu können. Lediglich die Allgemeinen Regeln des Völkerrechts sind unmittelbarer Bestandteil des Bundesrechts gem. Art. 25 GG. Im Rang stehen allgemeine Regeln des Völkerrechts über den einfachen Gesetzen, aber unterhalb der Verfassung.

C. Art und Rang der Rechtsquellen

44 Neben den bereits angesprochenen Rechtsquellen des europäischen Rechts und des Völkerrechts ist das Umweltrecht national in ganz unterschiedlichen Rechtsquellen geregelt. Als Rechtsquellen des deutschen Umweltrechts kommen insbesondere in Betracht:

- Die **Verfassungen** von Bund und Ländern.
- Die **Bundes-** und **Landesgesetze**, die in einem in der jeweiligen Verfassung geregelten förmlichen Verfahren zustande kommen.
- **Bundes-** und **Landesrechtsverordnungen**, die aufgrund gesetzlicher Ermächtigung von der Bundesregierung, einzelnen Bundesministern, der Landesregierung, einzelnen Landesministern oder anderen staatlichen Behörden erlassen werden.
- **Verwaltungsvorschriften**, die als generell-abstrakte Anordnungen einer vorgesetzten Behörde an eine nachgeordnete Behörde oder eines Vorgesetzten an die ihm unterstellten Verwaltungsbediensteten erlassen werden.
- **Satzungen**, die von den nicht im Staat unmittelbar eingeordneten juristischen Personen des öffentlichen Rechts für ihren Bereich beschlossen werden.

45 Auf allen Rechtsetzungsebenen kann sich außerdem durch eine langdauernde und allgemeine Übung zusammen mit der Überzeugung der Beteiligten von der Rechtmäßigkeit dieser Übung ein **Gewohnheitsrecht** bilden.[64] Umstritten ist, inwieweit neben den genannten Rechtsquellen auch das Richterrecht eine eigenständige Rechtsquelle darstellt.[65]

46 Hinsichtlich des Rangs der Rechtsquellen untereinander ist zu beachten, daß – wie bereits erwähnt – Bundesrecht dem Landesrecht und beide Rechtsbereiche wiederum dem autonomen Satzungsrecht vorgehen. Innerhalb der jeweiligen Rechtsetzungsebene geht Verfassungsrecht dem einfachen Gesetz und dieses wiederum den Rechtsverordnungen vor. Die Verwaltungsvorschriften stehen am unteren Ende dieser Rechtsquellenhierarchie. Gewohnheitsrecht kann sich auf allen Stufen dieses Systems bilden, so daß es einen unterschiedlichen Rang einnehmen kann.

47 *Umweltpläne*, die im Umweltrecht eine große Rolle spielen,[66] können sowohl als Gesetz, als Rechtsverordnung, als Satzung oder Verwaltungsvorschrift ergehen. Das gleiche gilt für die im Umweltrecht ebenfalls sehr bedeutsamen *Schutzgebietsausweisungen*, die grundsätzlich sowohl als Verwaltungsvorschriften, als Verwaltungsakt oder aber als Gesetz, Rechtsverordnung oder Satzung ergehen können[67], und für die sog. *Umweltstandards*, die ebenfalls ganz unterschiedlicher Rechtsqualität sein können.[68]

---

[64] Vgl. dazu *Ossenbühl*, in: Erichsen/Martens, Allgemeines Verwaltungsrecht, S. 103ff.

[65] Vgl. dazu ebenfalls *Ossenbühl*, in: Erichsen/Martens, Allgemeines Verwaltungsrecht, S. 107ff.

[66] Vgl. dazu unten, § 7.

[67] Siehe dazu *Ebersbach*, Landverbrauch, S. 116f.

[68] Siehe dazu unten, § 3.

D. Rechtsgebietsübergreifende Fragestellungen des Umweltrechts

Der Erfolg einer Systematisierung, Harmonisierung und Weiterentwicklung des Umweltrechts hängt in erster Linie davon ab, inwieweit es gelingt, allgemeine Fragestellungen, die sämtliche oder zumindest einige Rechtsbereiche des Umweltschutzes berühren, zusammenzufassen und gemeinsame Lösungen zu entwickeln. Als solche rechtsgebietsübergreifenden Fragestellungen haben sich in der rechtswissenschaftlichen Diskussion mittlerweile folgende Rechts-und Problembereiche herauskristallisiert: 48

- **Umweltverfassungsrecht** (vgl. § 4),
- **Ziele und Grundsätze des Umweltrechts** (vgl. § 5),
- **Instrumente des Umweltrechts** (vgl. §§ 6–9),
- **Rechtsschutz im Umweltschutz** (vgl. §§ 10–13),
- **Grenzüberschreitende Probleme des Umweltschutzes**[69] (vgl. § 14),
- **Umwelthaftungsrecht** (vgl. § 15),
- **Organisation und Zuständigkeiten im Umweltschutz** (vgl. § 16).

E. Schutzgegenstände des Umweltrechts

Unterscheidet man zwischen allgemeinen, rechtsgebietsübergreifenden Fragestellungen des Umweltrechts und den Rechtsfragen des besonderen – jeweils spezielle Rechtsbereiche des Umweltschutzes berührenden - Umweltrechts, dann bietet es sich an, diesen Besonderen Teil des Umweltverwaltungsrechts im Anschluß an *Breuer*[70] wiederum nach Schutzgegenständen zu unterteilen, wobei in einzelnen Umweltpflegebereichen bestimmten Leitgesetzen eine herausragende Bedeutung zukommt. 49

Breuer unterscheidet Regelungen des 50

- **medialen,**
- **kausalen,**
- **vitalen,**
- **integrierten** Umweltschutzes.

I. Der mediale Umweltschutz

Der mediale Umweltschutz dient dem Schutz der Umweltmedien Boden, Luft und Wasser. 51

Ein eigenständiges Bodenschutzgesetz gibt es bislang nicht.[71] Als Leitgesetze zum Schutz des Bodens sind daher in erster Linie das Bundesnaturschutzgesetz und die Naturschutz- und Landespflegegesetze der Länder anzusehen. Bodenschützende Vorschriften finden sich daneben in zahlreichen weiteren Gesetzen, so z. B. im Raumordnungsrecht oder im Bauplanungsrecht.[72] 52

---

[69] Siehe dazu im einzelnen unten, § 14.

[70] Umweltschutzrecht, S. 662 ff.

[71] Vgl. zu einer dahingehenden Forderung *Schott*, IzR 1985, 27 ff.; *Lübbe-Wolf*, NVwZ 1986, 184; ablehnend: *Ebersbach*, Landverbrauch, S. 42 f.; *Storm*, DVBl. 1985, 321 f.; *Book*, Bodenschutz, S. 168 ff.

[72] Vgl. *Book*, Bodenschutz, S. 31 ff., 67 ff.

53 Das Leitgesetz zum Schutz der *Gewässer* ist das Wasserhaushaltsgesetz des Bundes. In ihm sind die allgemeinen Rechtsgrundlagen für den medialen Schutz der oberirdischen Gewässer, der Küstengewässer und des Grundwassers geregelt. Ergänzt wird das Wasserhaushaltsgesetz durch die Landeswassergesetze und vor allem auch durch das Abwasserabgabengesetz, das das Einleiten von Abwässern in ein Gewässer mit Abgabenpflichten belastet. Ergänzt wird der Schutz der Gewässer außerdem durch das Waschmittelgesetz, das die Gewässer vor Gefahren durch Einleitung phosphathaltiger Waschmittel schützen soll

54 Das Umweltmedium *Luft* wird vor allem durch das Bundes-Immissionsschutzgesetz und die Immissionsschutzgesetze der Länder und z. B. durch das Fluglärmschutzgesetz und das Benzinbleigesetz geschützt.

II. Der kausale Umweltschutz

55 Ziel des kausalen Umweltschutzes ist es, die Gefährdung der Umwelt dadurch zu verringern, daß der Eintrag gefährlicher Stoffe in die Umwelt und der Umgang mit ihnen rechtlich reglementiert wird. Zum Rechtsbereich des kausalen Umweltschutzes zählen insbesondere das

- **Chemikaliengesetz,**
- **Atom- und Strahlenschutzrecht,**
- **Lebensmittel-, Futtermittel- und Arzneimittelrecht,**
- **Recht der Entsorgung von Abfällen, Abwässern, Altölen,**
- **DDT-Gesetz,**
- **Pflanzenschutzgesetz,**
- **Düngemittelgesetz** etc.

Zum kausalen Umweltschutz zählt außerdem das Waschmittelgesetz, das daneben – wie bereits erwähnt – dem medialen Umweltschutz der Gewässer dient.

56 Als Leitgesetz des kausalen Umweltschutzes gilt das Chemikaliengesetz, das neue Stoffe vor deren Inverkehrbringen im Einklang mit Vorschriften der Europäischen Gemeinschaften Prüf-, Nachweis-und Anmeldepflichten sowie gefährliche Stoffe Eingangsstufungs-, Verpackungs- und Kennzeichnungspflichten unterwirft und für bestimmte Stoffe Verbote und Beschränkungen aus Gründen des Umweltschutzes, Gesundheitsschutzes und des Arbeitsschutzes ermöglicht.

III. Der vitale Umweltschutz

57 Der vitale Umweltschutz dient dem unmittelbaren Schutz von Tieren und Pflanzen. Zu diesem Rechtsbereich zählen insbesondere das Bundesnaturschutzgesetz, die Pflanzen- und Tierschutzgesetze und die Jagd- und Fischereigesetze.

IV. Der integrierte Umweltschutz

58 Der integrierte Umweltschutz ist gesetzlich in eine übergreifende Aufgabenstellung eingebunden. In diesem Rahmen kann er entweder mit gegenläufigen Belangen *konkurrieren* oder aber mit gleichgerichteten Belangen *konvergieren*.[73]

[73] Vgl. dazu *Breuer*, Umweltschutzrecht, S. 628f.

Das wichtigste Anwendungsfeld des **konkurrierend integrierten Umweltschutzes** liegt im Recht der Raumplanung und zwar sowohl im Bereich der raumbezogenen Gesamtplanung in Gestalt der Bauleitplanung als auch im Bereich der Raumordnung und Landesplanung. Der Umweltschutz bildet nämlich im Bereich der Raumplanung entweder ein Planungsziel oder einen gewichtigen abwägungserheblichen Belang[74] neben anderen Planungszielen oder Belangen. 59

Die Ziele des **konvergierend integrierten Umweltschutzes** stehen nicht in einem Konkurrenzverhältnis, sondern in einem Verhältnis gleichgerichteter Ergänzung zu anderen Aufgabenstellungen. Anwendungsbereiche des konvergierend integrierten Umweltschutzes bilden das Recht der technischen Sicherheit und des Arbeitsschutzes, dessen wichtigste gesetzliche Grundlage das Gesetz über die technischen Arbeitsmittel ist, und das Gesundheitsrecht, insbesondere mit dem Bundesseuchengesetz und dem Fleischbeschaugesetz.

---

[74] Vgl. dazu *Breuer*, Umweltschutzrecht, S. 628; *Hoppe*, DVBl. 1977, 137.

§ 3. Umweltstandards

1 Die umweltrechtlichen Normen enthalten eine Vielzahl unbestimmter Rechtsbegriffe, die die grundlegenden Anforderungen an umweltrelevante Vorhaben festschreiben.

Beispiele: Nach § 5 Abs. 1 Nr. 1, Nr. 2 BImSchG sind genehmigungsbedürftige Anlagen u. a. so zu errichten und zu betreiben, daß „schädliche Umwelteinwirkungen" nicht hervorgerufen werden können und Vorsorge gegen sie getroffen wird, insbesondere „durch die dem Stand der Technik" entsprechenden Maßnahmen zur Emissionsbegrenzung. Gem. § 7 Abs. 2 Nr. 3 AtG darf eine Genehmigung für den Betrieb einer Kernkraftanlage nur erteilt werden, wenn die „nach dem Stand von Wissenschaft und Technik" erforderliche Vorsorge gegen Schäden getroffen ist.[1]

2 Der Grund für diese Vorgehensweise des Gesetzgebers liegt in der Schwierigkeit, die sachlichen Anforderungen des Umweltrechts konkret zu erfassen und gesetzlich zu normieren. Dem Gesetzgeber fehlt zum einen vielfach die insoweit erforderliche Sachkunde. Darüber hinaus würde eine Fixierung der technischen Anforderungen für umweltrelevante Vorhaben in starren gesetzlichen Regelungen der Dynamik der Technik nicht gerecht werden. Demgegenüber bleibt ein Tatbestand bei der Verwendung von unbestimmten Rechtsbegriffen oder Generalklauseln für technische Entwicklungsprozesse offen.[2] Das Bundesverfassungsgericht hat für das Recht der Technik auch sehr offen formulierte unbestimmte Rechtsbegriffe als verfassungsmäßig anerkannt.[3] Die Konkretisierung dieser offenen Tatbestände erfolgt durch sogenannte „Umweltstandards".[4]

3 **Umweltstandards** setzen die unbestimmten Rechtsbegriffe des Umweltrechts in präzise definierte Größen um und beschreiben so detailliert die technischen Anforderungen an umweltrelevante Vorhaben.[5] Sie erleichtern den Vollzug des Umweltrechts, verkürzen die Dauer behördlicher Verfahren und erhöhen zudem die Vorhersehbarkeit einer Entscheidung und damit die Rechtssicherheit.[6] Umweltstandards dienen der *Standardisierung* und der *Operationalisierung* unbestimmter Rechtsbegriffe.[7]

---

[1] Vgl. auch § 1 Nr. 2 StrVG, der isoliert auf den Stand der Wissenschaft verweist (ähnlich § 7 Abs. 2 ChemG); siehe dazu *Breuer*, HdUR, Bd. II, Sp. 388.

[2] Vgl. dazu *Breuer*, NVwZ 1988, 104 (110).

[3] Vgl. *BVerfG*, Beschl. v. 8. 8. 1978 – 2 BvL 8/77 –, E 49, 89 (133); zu den Anforderungen an den rechtlichen Kontrollmaßstab siehe *Kirchhoff*, NVwZ 1988, 97 (101).

[4] *Jarass*, NJW 1987, 1225 (1225); vgl. zu den Umweltstandards auch *Jarass*, HdUR, Bd. II, Sp. 817ff.; *Feldhaus*, Entwicklung und Rechtsnatur von Umweltstandards, UPR 1982, 137 (138); der Begriff „Umweltstandard" wird nicht einheitlich gebraucht. Teilweise werden darunter auch die zu konkretisierenden unbestimmten Rechtsbegriffe verstanden. Vgl. *Rittstieg*, Die Konkretisierung technischer Standards im Anlagenrecht, S. 13; vgl. auch *Breuer*, NVwZ 1988, 104ff.; SRU-Umweltgutachten 1987, Rz 91ff.

[5] *Jarass*, NJW 1987, 1225 (1225).

[6] *Feldhaus*, UPR 1982, 137ff. (139); zum Verfahren der Standardsetzung siehe SRU-Umweltgutachten 1987, Rz. 113ff.

[7] *Jarass*, HdUR, Bd. II, Sp. 818.

Ausgehend von dem mit ihnen verfolgten Zweck lassen sich die Umweltstandards einteilen in Schutz- und Vorsorgestandards.[8] 4

Schutzstandards bezwecken die Abwehr von Gefahren. Sie sind an bekannten, vermuteten oder geschätzten Schädlichkeitsschwellen orientiert.[9] Demgegenüber bewegen sich **Vorsorgestandards** unterhalb der Gefahrengrenze. Sie zielen auf eine erwünschte Umweltqualität und orientieren sich vordringlich an der technischen Vermeidbarkeit eines Schadstoffausstoßes.[10] 5

Umweltstandards haben einen Doppelcharakter. Einerseits enthalten sie *sachverständige Aussagen.* Andererseits sind sie *politische Wertungen.*[11] Wann z. B. Umwelteinwirkungen schädlich im Sinne von § 5 Abs. 1 Nr. 2 BImSchG sind oder was dem Stand der Technik oder dem Stand von Wissenschaft und Technik entspricht, kann zuverlässig nur aufgrund naturwissenschaftlich-technischer Erkenntnisse durch Sachkundige beurteilt werden. 6

Daneben sind die Umweltstandards aber auch *wertende Entscheidungen.*[12] 7
Dies gilt vor allem für die Vorsorgestandards. Deren Inhalt – das Maß der erforderlichen Vorsorge – ist notwendig das Ergebnis einer politischen Entscheidung. Aber auch die Schutzstandards sind nicht frei von politischen Wertungen. So ist beispielsweise die Festlegung eines Fixpunktes für noch nicht schädliche Immissionswerte neben der sachverständigen Aussage eine politische Entscheidung über ein sozialadäquates Restrisiko.[13]

Die *Rechtsnatur* von Umweltstandards ist nicht einheitlich. Sie können als Rechtsverordnungen, Verwaltungsvorschriften und auch als private Regelwerke ergehen. Von ihrer Rechtsqualität abhängig ist die umstrittene Frage, inwieweit die Gerichte an ihre Festsetzungen gebunden sind. 8

A. Rechtsverordnungen

Unproblematisch ist die Verbindlichkeit von Rechtsverordnungen. Rechtsverordnungen sind *Außenrechtsnormen.* Sie werden in einem förmlichen Verfahren erlassen und binden die betroffenen Privatpersonen und die Gerichte ebenso wie die Vollzugsbehörden. Aufgrund ihrer geringen Flexibilität gegenüber dem künftigen Wandel der Technik sind Rechtsverordnungen weniger geeignet, Umweltstandards zu normieren. Sie kommen als Regelungsinstrument in den Fällen in Betracht, in denen ein technischer Entwicklungsstand vorerst abgeschlossen erscheint[14] oder aber für den Inhalt des Standards ohne Belang ist. 9

---

[8] *Jarass,* NJW 1987, 1225 (1226); *Salzwedel,* NVwZ 1987, 276 (277); SRU-Umweltgutachten 1987, Rz. 101 ff.

[9] *Salzwedel,* NVwZ 1987, 276 (277); vgl. auch *Feldhaus,* UPR 1982, 137 (144), der diese Standards als Wirkungsstandards bezeichnet.

[10] *Salzwedel,* NVwZ 1987, 276 (277).

[11] *Jarass,* HdUR, Bd. II, Sp. 819 ff.

[12] Vgl. *Jarass,* NJW 1987, 1225 (1226); *Feldhaus,* UPR 1982, 137 (143); *Backherms,* JuS 1980, 9 (13).

[13] Siehe dazu *Feldhaus,* UPR 1982, 137 (144).

[14] Vgl. *Breuer,* AöR 101 (1976), 46 (61).

B. Verwaltungsvorschriften

10 Eine in der Praxis wichtigere Rolle spielen administrative Umweltstandards, die in Form von Verwaltungsvorschriften ergehen. Zu nennen sind beispielsweise

- die Technische Anleitung zum Schutz gegen Lärm[15]
- die Technische Anleitung zur Reinhaltung der Luft[16]

11 Ihre Verbindlichkeit und damit ihre Justitiabilität wird in der Rechtsprechung und Rechtslehre kontrovers beurteilt.

12 Verwaltungsvorschriften sind abstrakt-generelle Regelungen einer Behörde an nachgeordnete Behörden oder eines Vorgesetzten an die ihm unterstellten Verwaltungsbediensteten.[17] Die wohl h. M. qualifiziert sie als *Innenrechtsnormen*, die allein die Mitarbeiter derjenigen Behörde binden, die Adressaten der Vorschrift sind.[18] Außenwirkung kommt den Verwaltungsvorschriften danach nur mittelbar über Art. 3 GG auf dem Wege der Selbstbindung der Verwaltung zu, denn die Behörde darf nicht ohne sachlichen Grund von einer ständigen Verwaltungspraxis oder aber – im Vorfeld einer solchen Praxis – von einer erlassenen Verwaltungsvorschrift abweichen.[19]

13 Ausgehend von diesen Grundsätzen wird teilweise auch in bezug auf umweltrechtliche Verwaltungsvorschriften eine Bindung der Gerichte verneint und ihre volle gerichtliche Überprüfbarkeit gefordert. Gründe für eine von sonstigen Verwaltungsvorschriften abweichende Behandlung seien nicht ersichtlich, eine Einschränkung der richterlichen Kontrolle würde vielmehr dem Grundrecht aus Art. 19 Abs. 4 GG widersprechen.[20] Bedeutung in gerichtlichen Verfahren könnten die Verwaltungsvorschriften nach dieser Ansicht allenfalls im Rahmen der freien Beweiswürdigung insoweit finden, als für die Richtigkeit ihres Inhalts eine tatsächliche Vermutung sprechen könne.[21]

14 Die Unbeachtlichkeit von Verwaltungsvorschriften im gerichtlichen Verfahren erscheint unbefriedigend, wenn die gesetzliche Regelung über Art und Weise des Zustandekommens und die Mitwirkung beteiligter Kreise deutlich macht, daß der Gesetzgeber die Konkretisierung eines unbestimmten Rechtsbegriffs der Exekutive unter Beteiligung fachlich ausgewiesener Kreise überlassen wollte.

---

[15] Allgemeine Verwaltungsvorschrift über genehmigungsbedürftige Anlagen nach § 16 GewO (Technische Anleitung zum Schutz gegen Lärm vom 16. 7. 1968 (BAnz. Nr. 137); vgl. dazu *Bethge*, HdUR, Bdl. II, Sp. 483ff.

[16] Erste allgemeine Verwaltungsvorschrift zum BImSchG (Technische Anleitung zur Reinhaltung der Luft) vom 27. 2. 1986, BMBl. 1986, S. 95, 202; siehe dazu *Kleinhorst*, HdUR, Bdl. II, Sp. 491ff.

[17] *Maurer*, Allgemeines Verwaltungsrecht, § 24 Rn. 1; *Achterberg*, Allgemeines Verwaltungsrecht, § 16 Rn. 52.

[18] *Achterberg*, Allgemeines Verwaltungsrecht, § 16 Rn. 52; *Maurer*, Allgemeines Verwaltungsrecht, § 24 Rn. 20ff.; *BVerfG*, DVBl. 1989, 94; kritisch: *Beckmann*, DVBl. 1987, 611ff.

[19] *BVerwG*, Urt. v. 28. 5. 1958 – 5 C 216.56 –, E 8, 4 (10); Urt. v. 24. 3. 1977 – II C 14.15 –, E 52, 193 (199); Urt. v. 7. 9. 1981 – 2 C 5.79 –, DVBl. 1982, 196; *Maurer*, Allgemeines Verwaltungsrecht, § 24 Rn. 21ff.

[20] Vgl. *Czajka*, DÖV 1982, 99ff.; *ders.*, ET 1982, 537 (540).

[21] Vgl. dazu näher *Czajka*, DÖV 1982, 99 (106).

Dementsprechend wird in der Rechtsprechung und der überwiegenden Rechtslehre mit unterschiedlichen Ansätzen versucht, die richterliche Kontrolle umweltrechtlicher Verwaltungsvorschriften einzuschränken.[22] 15

Ausgehend von der *Lehre vom Beurteilungsspielraum* wird teilweise eine Einschränkung der gerichtlichen Kontrolle damit begründet, umweltrechtliche Verwaltungsvorschriften beinhalteten aufgrund der in ihnen enthaltenen Wertungen eine den Prognoseentscheidungen ähnliche Aussage. Der Exekutive komme daher bei der Konkretisierung der unbestimmten Rechtsbegriffe ein Beurteilungsspielraum zu.[23] 16

Demgegenüber sah die frühere Rechtsprechung und einTeil der Literatur[24] in den umweltrechtlichen Verwaltungsvorschriften *antizipierte Sachverständigengutachten*. Da die technischen Regeln auf den Erfahrungen und Erkenntnissen der Experten verschiedener Fachrichtungen beruhen, seien sie als antizipierte Sachverständigengutachten für die Gerichte bedeutsam. 17

Für die Begründung einer Bindungswirkung erscheinen beide Ansätze nicht überzeugend. 18

Die Lehre vom Beurteilungsspielraum ist für unvertretbare – gerichtlich nicht nachvollziehbare - Wertentscheidungen entwickelt[25] und später auf Prognoseentscheidungen ausgedehnt worden.[26] Die Entscheidung der Behörde über die an ein Vorhaben zu stellenden technischen Anforderungen beruht in erster Linie auf wissenschaftlichen Feststellungen. Wenn auch diese Feststellungen teilweise Wertungen einschließen, so ist die von der Behörde zu treffende Entscheidung, der vom Gericht nicht nachvollziehbar wäre, aber kein untrennbar mit der Erfahrung und der Persönlichkeit des Beamten verbundener Vorgang.[27] Darüber hinaus rechtfertigt der Prognosecharakter einer Entscheidung allein noch nicht die Anerkennung eines Beurteilungsspielraums; erforderlich ist vielmehr, daß die Prognose durch ein pluralistisch-repräsentativ zusammengesetztes Gremium gefällt worden ist.[28] Diesen Erfordernissen aber wird die entscheidungsbefugte Verwaltung nicht gerecht. Ob dies für die sachverständigen Gremien zutrifft, ist insbesondere im Hinblick auf eine zu fordernde Unabhängigkeit des Gremiums zweifelhaft. Jedenfalls aber fehlt ihnen die notwendige normative Kompetenz.

Die Konstruktion des antizipierten Sachverständigengutachtens[29] vermag eine Bindung des Gerichts an die umweltrechtlichen Verwaltungsvorschriften nicht zu begründen. Zweck eines Sachverständigengutachtens ist es, den Richter im Rahmen der freien Beweiswürdigung bei der Rechtsanwendung zu unterstützen. Dabei steht es dem Richter frei, welche Beweismittel er zu seiner Überzeugungsbildung heranzieht. Bedient er sich eines Sachverständigen, so darf er dessen Aussage nicht einfach übernehmen, ohne sich selbst mit ihr auseinandergesetzt zu haben. Zweifelhaft ist auch, ob die Sachverständigengremien frei von Interessenbindungen sind und damit dem Erfordernis ihrer Unabhängigkeit gerecht werden.

---

[22] Vgl. dazu jüngst *BVerwG*, Urt. v. 22. 10. 1987 – 7 C 4.85 –, DVBl. 1988, 148 (149).

[23] Siehe dazu *Scholz*, Technik und Recht, S. 691 (712); vgl. auch *Jarass*, NJW 1987, 1225 (1227 ff.), der -ähnlich dem Beurteilungsspielraum - einen sog. Standardisierungsspielraum unter bestimmten Voraussetzungen anerkennt; ablehnend *Beckmann*, Rechtsschutz S. 112ff.

[24] *BVerwG*, Urt. v. 17. 2. 1978 – 1 C 12.76, E 55, 250ff. (256); *OVG Münster*, Urt. v. 10. 6. 1981 - 7 A 1836/79 –, UPR 1982, 206ff. (207); *Breuer*, DVBl. 1978 28ff. (34f.); siehe dazu auch *Gusy*, DVBl. 1987, 497ff.

[25] Vgl. *Bachof*, JZ 1955, 97ff.

[26] *BVerwG*, Urt. v. 16. 12. 1971 – I C 31.68 – E 39, 197ff.

[27] Vgl. auch *Czajka*, Richterliche Kontrollmacht, S. 182ff. (190).

[28] Vgl. *Backherms*, JuS 1980, 9ff. (13); *Breuer*, AöR 101 (1976), 46ff. (77).

[29] Zum antizipierten Sachverständigengutachten vgl. auch *Gusy*, NuR 1987, 156ff.

19 Das OVG Lüneburg vertritt die Ansicht, die Bestimmungen der TA Luft könnten, obwohl sie Verwaltungsvorschriften seien, und obwohl sie im allgemeinen nicht als Ermessensrichtlinien, sondern als norminterpretierende Verwaltungsvorschriften angesehen würden, zu einer auch im Verwaltungsprozeß zu beachtenden Bindungswirkung führen.[30] Auch die Lösung des OVG Lüneburg ist allerdings zweifelhaft, weil der Verwaltung eine Rechtsetzungskompetenz nicht zugestanden werden kann, wenn der Gesetzgeber den Sachverhalt – sei es auch durch einen sehr unbestimmten Rechtsbegriff – abschließend geregelt hat. Normeninterpretierende Verwaltungsvorschriften können deshalb kein außenverbindliches Recht sein.

20 Das BVerwG hat in seinem letztinstanzlichen Urteil über die Teilerrichtungsgenehmigung für das Kernkraftwerk Wyhl entschieden, Verwaltungsvorschriften könne eine **normenkonkretisierende** Funktion zukommen, sie seien insoweit für die Verwaltungsgerichte innerhalb der gesetzlichen Grenzen verbindlich.[31] Damit soll nach Ansicht des *BVerwG* aber nicht gesagt sein, daß normenkonkretisierende Verwaltungsvorschriften „originär" wie ein Gesetz anzuwenden wären.[32] Schließt man sich dieser Rechtsprechung an, dann wird die Unterscheidung zwischen außenwirksamen Rechtsvorschriften und innenwirksamen Verwaltungsvorschriften zweifelhaft. Dementsprechend hat das BVerwG es jüngst ausdrücklich offengelassen, ob an dieser Unterscheidung festgehalten werden soll.[33] Normenkonkretisierende Verwaltungsvorschriften kann die Rechtsprechung nur daraufhin überprüfen, ob sie auf willkürfreien Feststellungen beruhen.[34]

21 Eine normenkonkretisierende Funktion kommt Verwaltungsvorschriften im autonomen Entscheidungsbereich der Verwaltung dann zu, wenn sich aus der Ermächtigungsnorm ergibt, daß der Gesetzgeber unter Verzicht auf eine eigene Regelung die Konkretisierung der offengelassenen Frage der Verwaltung überlassen wollte.[35] Wann dies der Fall ist, ist im Einzelfall eine Frage der Gesetzesauslegung.

Beispiel: Als normenkonkretisierende Verwaltungsvorschrift hat das BVerwG die Richtlinie des Bundesministers des Innern zu § 45 StrlSchV, die „Allgemeine Berechnungsgrundlage für Strahlenexpositionen bei radioaktiven Ableitungen mit der Abluft oder im Oberflächengewässer" angesehen.[36]

22 Auch für die aufgrund des § 48 BImSchG erlassenen Verwaltungsvorschriften TA Luft sowie TA Lärm liegt eine Qualifikation als normenkonkretisierende Verwaltungsvorschriften nahe.[37] Nach § 48 BImSchG werden

[30] *OVG Lüneburg*, Beschl. v. 28. 2. 1985 – 7 B 64/84 –, NVwZ 1985, 357; a.A. *BVerfG*, Beschl. v. 14. 9. 1983 - 1 BvR 920/83 –, NJW 1983, 2931.

[31] *BVerwG*, Urt. v. 19. 12. 1985 – 7 C 65.82 –, DVBl. 1986, 190 (196); *OVG Münster*, Urt. v. 9. 7. 1987 – 21 A 1556/86 –, DVBl. 1988, 152 (153); siehe auch schon *BVerwG*, Urt. v. 17. 2. 1984 – 7 C 8.82 –, DVBl. 1984, 476 (478).

[32] Vgl. *BVerwG*, Beschl. v. 15. 1. 1988 – 7 B 219/87 –, DVBl. 1988, 539/540.

[33] *BVerwG*, Beschl. v. 15. 9. 1987 – 7 N 1.87 –, BayVBl. 1988, 249 unter Verweis auf *Beckmann*, DVBl. 1987, 611.

[34] *BVerwG*, Urt. v. 19. 12. 1985 – 7 C 65.82 –, E 72, 301 (321); siehe dazu auch *Gusy*, DVBl. 1987, 497 (501f.); *Kind*, DÖV 1988, 679ff.

[35] *Beckmann*, DVBl. 1987, 611 (617).

[36] *BVerwG*, Urt. v. 19. 12. 1985 – 7 C 65.82 –, E 72, 301 (320).

[37] Siehe *BVerwG*, Beschl. v. 15. 2. 1988 – 7 B 219.87 –, DVBl. 1988, 539; *Sellner*, Immissionsschutzrecht, Rn. 48.

allgemeine Verwaltungsvorschriften auf der Grundlage naturwissenschaftlich-technischer Erkenntnisse in einem gesetzlich vorgesehenen Verfahren unter Mitwirkung der beteiligten Kreise (§ 51 BImSchG) und mit Zustimmung des Bundesrates von der hierzu berufenen obersten Stelle der Exekutive erlassen. Diese Ermächtigungsnorm spricht deshalb dafür, daß der Gesetzgeber die Konkretisierung der mit größerem Sachverstand ausgestatteten Verwaltung, nicht aber den Gerichten überlassen wollte.

C. Private Regelwerke

Neben den staatlichen Umweltstandards werden von der Verwaltung und Rechtsprechung oft auch technische Regeln privatrechtlicher Normenverbände herangezogen (private Umweltstandards).[38] Zu den größten und bekanntesten dieser Verbände zählen das Deutsche Institut für Normung (DIN), der Verein Deutscher Ingenieure (VDI), der Verband Deutscher Elektrotechniker (VDE) und der Deutsche Verein des Gas- und Wasserfaches (VDGW). In den Gremien dieser Verbände arbeiten Sachverständige sowie die an der technischen Normung interessierten Kreise mit. Die Berücksichtigung aller beteiligter Interessen ist aber bei keiner der Einrichtungen institutionell abgesichert.[39] 23

Rechtliche Bindungswirkung können die privaten Umweltstandards nur dann entfalten, wenn sie in Rechts- oder Verwaltungsvorschriften inkorporiert sind. Nimmt der Gesetz- oder Verordnungsgeber auf die technischen Regeln der Normierungsverbände gar nicht oder aber nur pauschal Bezug, indem er sich allgemein auf die technischen Bestimmungen eines Verbandes bezieht,[40] werden die Regeln nicht Bestandteil der Norm oder der Verwaltungsvorschrift. Als rein private Regelungen können sie in diesem Fall weder die Verwaltungsbehörden noch die Gerichte binden, weil anderenfalls den Normierungsverbänden Rechtsetzungsbefugnisse zukommen würden.[41] Sie können aber in gerichtlichen Verfahren insoweit Bedeutung erlangen, als für ihre inhaltliche Richtigkeit eine widerlegliche Vermutung sprechen kann.[42] 24

Die Einbeziehung privater Umweltstandards in die rechtliche Normierung kann auf unterschiedliche Art und Weise geschehen. Möglich ist beispielsweise, daß der staatliche Normgeber im Gesetz oder in der Verordnung selbst auf eine bestimmte Regelung eines Ausschusses verweist.[43] Daneben kommt in Betracht, daß das Gesetz oder die Verordnung eine Ermächtigung 25

---

[38] Vgl. *Jarass*, NJW 1987, 1225ff. (1230).

[39] *Jarass*, NJW 1987, 1225 (1231); vgl. zu den Technischen Regelwerken auch *Marburger*, HdUR, Bd. II, Sp. 496ff.

[40] Vgl. z. B. § 1 Abs. 2 der 2. Durchführungsverordnung zum Energiewirtschaftsgesetz (EnwG), wonach als anerkannte Regeln der Elektrotechnik die Bestimmungen der VDE gelten.

[41] *Backherms*, JuS 1980, 9 (11); *Breuer*, AöR 101 (1976) 46 (65).

[42] Vgl. *Jarass*, NJW 1987, 1225 (1231).

[43] Vgl. z. B. § 35 HDSTVZO, der zum Inhalt der in Kraftfahrzeugen mitzuführenden Verbandskästen auf eine genau bezeichnete, mit Ausgabedatum versehene DIN-Norm verweist.

zum Erlaß von Verwaltungsvorschriften enthält, in denen einzelne technische Normen der Verbände näher bestimmt werden.

Beispiel: Nach § 3 Abs. 1 Gerätesicherheitsgesetz darf der Hersteller oder Importeur eines technischen Arbeitsmittels dieses nur in den Verkehr bringen, wenn es den allgemein anerkannten Regeln der Technik entspricht. In § 11 des Gesetzes findet sich eine Ermächtigung zum Erlaß von Verwaltungsvorschriften, in denen die technischen Normen näher bestimmt werden. Die aufgrund dieser Ermächtigung ergangene Allgemeine Verwaltungsvorschrift zum Maschinenschutzgesetz bestimmt in § 3, daß solche Arbeitsmittel den allgemein anerkannten Regeln der Technik entsprechen, die in einem der AVV beigefügten Verzeichnis des Bundesarbeitsblattes aufgeführt sind.

26 Für die wirksame Einbeziehung dieser privaten Regelung sind nach der Rechtsprechung des BVerwG folgende Mindestanforderungen zu stellen:

„Die Rechtsnorm muß erkennbar zum Ausdruck bringen, daß sie die außenstehende Anordnung zu ihrem Bestandteil macht; in der ergänzten Rechtsnorm muß die ergänzende Anordnung hinreichend bestimmt bezeichnet sein; die Verlautbarung der ergänzenden Anordnung muß für den Betroffenen zugänglich und ihrer Art nach für amtliche Anordnungen geeignet sein“.[44]

27 Darüber hinaus erfordert der rechtsstaatlich gebotene Bestimmtheitsgrundsatz, daß der Inhalt der Norm, auf die ein Gesetzgeber verweist, von vornherein für den Normadressaten erkennbar ist. Daraus ergibt sich, daß eine dynamische Verweisung auf eine private Norm, d. h. auf eine Norm in ihrer jeweils geltenden Fassung, wodurch die staatliche Rechtsnorm automatisch der technischen Entwicklung angepaßt würde, aus verfassungsrechtlichen Gründen unzulässig ist.[45]

28 Etwas anderes gilt jedoch dann, wenn der verweisende Gesetzgeber die insgesamt zu befolgenden Rechtsnormen insoweit eingegrenzt hat, daß ihr Inhalt bereits auf der Grundlage der verweisenden Norm bestimmbar bleibt.[46]

29 Werden die privaten Standards durch die Verweisung wirksam in das staatliche Recht inkorporiert, erhalten sie den Rechtscharakter der auf sie verweisenden Rechts- oder Verwaltungsvorschrift. Für die Frage ihrer Verbindlichkeit gelten dann die zu den Rechtsverordnungen bzw. Verwaltungsvorschriften gemachten Ausführungen.

---

[44] *BVerwG*, Urt. v. 29. 8. 1961 – 1 C 14/61 –, NJW 1962, 506f.

[45] Vgl. *Backherms*, JuS 1980, 9f. (12); *Scholz*, Technik und Recht, S. 691 (704f.); *Marburger*, HdUR, Bd. II, Sp. 52.

[46] Vgl. *Scholz*, Technik und Recht, S. 691 (705).

§ 4. Umweltverfassungsrecht

Das Umweltverfassungsrecht ist die Gesamtheit der Verfassungsrechtsnormen, die dem Schutz der Umwelt zu dienen bestimmt sind.[1] 1

Zum Umweltverfassungsrecht zählen Verfassungsnormen, die eine ausdrückliche und spezifisch umweltschützende Funktion aufweisen. Zum Umweltverfassungsrecht gehören außerdem die Verfassungsrechtssätze, die ohne eine spezifisch umweltschützende Zielsetzung für den Umweltschutz von Bedeutung sind. Geregelt ist das Umweltverfassungsrecht im Grundgesetz und in den Verfassungen der Bundesländer. 2

Das *Grundgesetz* enthält bislang keine ausdrückliche Verpflichtung des Staates auf den Umweltschutz. Von erheblicher Bedeutung für den Umweltschutz sind aber die Grundrechte, das Rechtsstaatsprinzip, das Sozialstaatsprinzip und die Kompetenzregeln über die Verteilung von Gesetzes- und Verwaltungszuständigkeiten im Bereich des Umweltschutzes. 3

Im Gegensatz zum Grundgesetz sind in den meisten *Landesverfassungen* mittlerweile ausdrückliche Regelungen zum Schutz der Umwelt aufgenommen worden. 4

Beispiel: „Die Denkmäler der Kunst, der Geschichte und der Kultur, die Landschaft und Naturdenkmale stehen unter dem Schutz des Landes, der Gemeinden und Gemeindeverbände" (Art. 18 Abs. 2 LV NW).[2]

Beispiel: „Die natürlichen Lebensgrundlagen stehen unter dem Schutz des Landes, der Gemeinden und Gemeindeverbände" (Art. 29a LVNW).

Beispiel: „Die natürlichen Lebensgrundlagen, die Landschaft sowie die Denkmale der Kunst, der Geschichte und der Natur genießen öffentlichen Schutz und die Pflege des Staates und der Gemeinden" (Art. 86 BW Verf).[3]

Beispiel: „Der Schutz der natürlichen Lebensgrundlagen ist, auch eingedenk der Verantwortung für die kommenden Generationen, der besonderen Fürsorge jedes einzelnen und der staatlichen Gemeinschaft anvertraut. Mit Naturgütern ist schonend und sparsam umzugehen. Es gehört auch zu den vorrangigen Aufgaben von Staat, Gemeinden und Körperschaften des öffentlichen Rechts, Boden, Wasser und Luft als natürliche Lebensgrundlagen zu schützen, eingetretene Schäden möglichst zu beheben oder auszugleichen und auf möglichst sparsamen Umgang mit Energie zu achten, die Leistungsfähigkeit des Naturhaushalts zu erhalten und dauerhaft zu verbessern, den Wald wegen seiner besonderen Bedeutung für den Naturhaushalt zu schützen und eingetretene Schäden möglichst zu beheben oder auszugleichen, die heimischen Tier- und Pflanzenarten und ihre notwendigen Lebensräume sowie kennzeichnende Orts- und Landschaftsbilder zu schonen und zu erhalten" (Art. 141 Abs. 1 BayVerf).[4]

---

[1] Zum Umweltverfassungsrecht siehe auch Kimminich, HdUR, Bdl. II, Sp. 867ff.

[2] Ähnlich auch: Art. 62 S. 1 HessVerf; Art. 40 Abs. 3 RpVerf und 34 Abs. 2 SaarlVerf.

[3] Ausführlich zum Staatsziel „Umweltschutz" in der Verfassung des Landes Baden-Württemberg siehe *Peters/Schlabach*, VBlBW 1986, 46ff.

[4] Dieser Regelung nachgebildet ist Art. 59 SaarlVerf; ausführlicher zu dem Umweltschutz in der bayerischen Verfassung siehe *Buchner*, BayVBl. 1984, 385ff.; die durch Art. 141 Abs. 1 BayVerf n.F. verstärkt gebotene Berücksichtigung des Naturschutzes führt nicht dazu, daß demgegenüber die Grundrechte der Bürger (z.B. auf Handlungs- und Berufsfreiheit) überall und schlechthin zurücktreten müssen. Aus Art. 141 Abs. 1 Satz 3 BayVerf ergibt sich, daß die dort genannten Verfassungsaufträ-

5 Die bayerische Verfassung sieht daneben in Art. 141 Abs. 3 ein landesverfassungsrechtliches Grundrecht auf Erholung in der freien Natur vor.[5] Allerdings gewährt dieses Grundrecht – zumindest nach der h. M. – nur ein Recht auf Erholung in der Landschaft, nicht aber ein Abwehrrecht einzelner gegen Beeinträchtigungen von Natur und Landschaft.[6]

A. Zur ausdrücklichen Verankerung des Umweltschutzes im Grundgesetz

6 Das Grundgesetz enthält zwar zahlreiche Rechtsnormen, die für den Umweltschutz von erheblicher Bedeutung sind. Anders als die Weimarer Reichsverfassung (Art. 150) enthält die Verfassung der Bundesrepublik Deutschland bisher jedoch keine unmittelbar umweltbezogene Verpflichtung. Ausdrücklich angesprochen wird der Umweltschutz bislang nur in den erwähnten Kompetenznormen. Diese Vorschriften legitimieren staatliches Handeln im Bereich des Umweltschutzes, begründen jedoch keine konkreten Handlungspflichten zum Schutz und zur Pflege der Umwelt.[7]

7 Bestrebungen, eine Pflicht zum Umweltschutz im Grundgesetz zu verankern, gibt es seit Beginn der 70er Jahre. Während zunächst vielfach ein Grundrecht auf menschenwürdige Umwelt gefordert wurde,[8] trat zunehmend die Absicht in den Vordergrund, die Staatsaufgabe Umweltschutz als Staatszielbestimmung im Grundgesetz zu verankern.[9] Die Aufnahme einer Staatszielbestimmung „Umweltschutz" in das Grundgesetz ist nicht zuletzt ausdrücklich erklärte Absicht der Bundesregierung für die Legislaturperiode 1987 bis 1991.[10] Damit scheint nunmehr für eine Verankerung des Staatsziels „Umweltschutz" in das Grundgesetz die gem. Art. 79 Abs. 2 GG erforderliche Zweidrittel-Mehrheit in Bundestag und Bundesrat gesichert zu sein. Inzwischen liegt dem Bundestag ein *Gesetzesentwurf des Bundesrates* vor.[11] Danach soll im Anschluß an Art. 20 folgender Art. 20 a ins Grundgesetz eingefügt werden:

---

ge zwar zu den vorrangigen Aufgaben von Staat, Gemeinden und Körperschaften des öffentlichen Rechts gehören, daß es aber auch andere Rechtsgüter von vergleichbarem Gewicht gibt, *BayVerfGH*, v. 16. 4. 1985 – Vf. 20 – IX – 85 –, UPR 1985, 411 (412).

[5] Vgl. dazu *Bartlsperger*, Das Grundrecht auf Naturgenuß, S. 3 ff. mit zahlreichen Nachweisen zur bayerischen Verwaltungsrechtsprechung; Urt. des *BayVGH*, E v. 23. 8. 1985, Vf. 116 – VI – 84 –, BayVBl. 1985, 683 ff.

[6] Siehe *Bartlsperger*, Das Grundrecht auf Naturgenuß, S. 9, mit zahlreichen Nachweisen auch zur Gegenmeinung; *Steiger*, in: Grundzüge des Umweltrechts, S. 29 f.

[7] Vgl. den Bericht der Sachverständigenkommission „Staatszielbestimmungen/Gesetzgebungsaufträge", Rn. 131; *v. Mutius*, WuV 1987, 51 (55); vgl. auch *Michel*, Staatszwecke, Staatsziele, S. 197 ff.

[8] Vgl. z. B. Stellungnahme des Rates von Sachverständigen für Umweltfragen im Umweltgutachten 1974, Rz 634 ff.

[9] Vgl. insoweit die Stellungnahme des Rates von Sachverständigen für Umweltfragen, Umweltgutachten 1978, Rz 1945 – 1947; Bericht der Sachverständigenkommission „Staatszielbestimmungen/Gesetzgebungsaufträge", Rn. 153; zum Verlauf der Diskussion um die verfassungsrechtliche Verankerung des Umweltschutzes siehe auch *Michel*, Staatszwecke, Staatsziele und Grundrechtsinterpretation, S. 268 ff.; zur Anhörung des BT-Rechtsauschusses zum Staatsziel Umweltschutz siehe den Bericht von *Weis*, ZRP 1988, 159 ff.

[10] Presse- und Informationsamt der Bundesregierung, Regierungserklärung des Bundeskanzlers vor dem Deutschen Bundestag, in: Bulletin Nr. 27 vom 19. 3. 1987, S. 212 f.

[11] BT-Drs. 11/885.

Art. 20a: (1) Die natürlichen Lebensgrundlagen des Menschen stehen unter dem Schutz des Staates.
(2) Bund und Länder regeln das nähere in Gesetzen unter Abwägung mit anderen Rechtsgütern und Staatsaufgaben.

Nach dem *Vorschlag der SPD-Fraktion*[12] soll die ebenfalls als Art. 20 a GG vorgesehene Staatszielbestimmung folgenden Wortlaut erhalten:

Art. 20a: Die natürlichen Lebensgrundlagen stehen unter dem besonderen Schutz des Staates.

Daneben sieht der Entwurf der SPD-Fraktion eine *Änderung von Art. 28 GG* vor. Nach Satz 1 soll folgender Satz eingefügt werden:

Sie[13] muß auch der Verantwortung des Staates für die natürlichen Lebensgrundlagen gerecht werden.

Von diesen Vorschlägen abweichend setzt sich nur die Fraktion DIE GRÜNEN, allerdings ohne Chancen, für die Einführung eines Umweltgrundrechts neben einer Staatszielbestimmung ein.[14]

I. Umweltgrundrecht

Die Einführung eines Umweltgrundrechts wird ganz überwiegend abgelehnt.[15] Die ablehnende Haltung wird u. a. damit begründet, daß einklagbare grundrechtliche Ansprüche des einzelnen Bürgers auf Sicherung der Umwelt nicht praktikabel seien. Die anzustrebende Umweltqualität sei auf verfassungsrechtlicher Ebene nicht bestimmbar. Regelmäßig handele es sich beim Umweltschutz um den Schutz kollektiver Güter und nicht um Schutzgüter des einzelnen. Der Rat von Sachverständigen für Umweltfragen sieht deshalb die Gefahr, daß bei dem hohen Umweltbewußtsein der Bevölkerung die Einführung eines Grundrechts den Hoffnungen und Erwartungen der Bevölkerung einen Maßstab geben würde, der unrealistisch und unerfüllbar wäre und zu Enttäuschungen und schließlich zu Rückschlägen für die Umweltpolitik führen könnte.[16] 8

II. Staatszielbestimmung

Es ist unbestritten, daß der Staat die nur begrenzt zur Verfügung stehenden natürlichen Ressourcen als Lebensgrundlage des Menschen zu schützen, mithin eine „Staatsaufgabe Umweltschutz" zu erfüllen hat.[17] Eine Verfassung kann Staatsaufgaben konkludent regeln, nämlich entweder in Kompetenzvorschriften durch die Aufzählung bestimmter Rechtsmaterien oder durch die Gewährung von Mindestgarantien in Grundrechten. Daneben können Staatsaufgaben aber auch ausdrücklich in einer Verfassung verankert werden und zwar entweder in Form von Gesetzgebungsaufträgen, die allein 9

---

[12] BT-Drs. 11/10.
[13] Gemeint ist die verfassungsmäßige Ordnung in den Ländern.
[14] BT-Drs. 11/663.
[15] Für die Einführung eines solchen Grundrechts *Steiger*, Mensch und Umwelt, 1975, S. 62ff., 73; *ders.*, in: Umweltrecht, S. 29 (48); *Maus*, JA 1979, 287 (291ff.); ablehnend z. B. *Soell*, NuR 1985, 205 (209ff.); *Bender*, UPR 1982, 241 (244); *Rupp*, DVBl. 1985, 990ff.; *Kloepfer*, DVBl. 1988, 305 (314f.); *Stern*, NWVBL 1988, 1 (5).
[16] SRU-Umweltgutachten 1978, Rz 1945.
[17] *Hoppe*, VVDStRL 38 (1980), 211ff.; *Rauschning*, VVDStRL 38 (1980), 167ff.; *v. Mutius*, WuV 1987, 51 (53); *Stern*, NWVBL. 1988, 1 (4).

den Gesetzgeber zur Regelung einzelner, meist partikulärer Bereiche verpflichten, oder als Staatszielbestimmungen, deren jeweiliger Inhalt alle Staatsgewalten bindet.[18] Staatszielbestimmungen sind Verfassungsnormen mit rechtlich bindender Wirkung, die der Staatstätigkeit die fortdauernde Beachtung oder Erfüllung bestimmter Aufgaben – sachlich umschriebener Ziele – vorschreiben.

10 Sie umreißen ein bestimmtes Programm der Staatstätigkeit und sind dadurch Richtlinien oder Direktiven für das staatliche Handeln, für die Auslegung von Gesetzen und sonstigen Rechtsvorschriften.[19] Im Unterschied zu Gesetzgebungsaufträgen richten sich Staatszielbestimmungen als Staatsleitlinien nicht nur an den Gesetzgeber, sondern auch an Verwaltung und Rechtsprechung.

11 Eine Staatszielbestimmung enthält mit dem Wiedervereinigungsgebot z. B. die Präambel des Grundgesetzes. Inwieweit das Grundgesetz darüber hinaus weitere Staatszielbestimmungen enthält, insbesondere ob das zu beachtende „gesamtwirtschaftliche Gleichgewicht" gem. Art. 109 Abs. 2 GG oder das Sozialstaatsgebot gem. Art. 20 Abs. 1 GG Staatszielbestimmungen sind, ist umstritten.[20]

1. Probleme einer Staatszielbestimmung „Umweltschutz"

12 Die Diskussion um die Aufnahme einer Staatszielbestimmung „Umweltschutz" in das Grundgesetz konzentrierte sich in den zurückliegenden Jahren zunehmend auf das Konzept einer entsprechenden Staatszielbestimmung. Anders als auf der politischen Ebene wird im rechtswissenschaftlichen Schrifttum die Verankerung einer Staatszielbestimmung zum Umweltschutz ganz überwiegend abgelehnt.[21]

13 Vor allem wird an der Notwendigkeit einer solchen Verfassungsänderung gezweifelt. Der Schutz der Umwelt werde bereits durch das Menschenwürdegebot in Art. 1 Abs. 1 GG, das Sozialstaatsprinzip und die Grundrechte gewährleistet. Regelungslükken auf Verfassungsebene seien daher nicht auszumachen. Das Grundgesetz müsse von Programmsätzen mit rein apellativem Charakter freigehalten werden. Eine Staatszielbestimmung „Umweltschutz" würde zu einer Übergewichtung des Umweltschutzes gegenüber anderen Belangen führen und die Interessenbalance des Grundgesetzes gefährden. Die notwendigen Korrekturen ließen eine Inflationierung weiterer Staatszielbestimmungen erwarten. Schließlich wird befürchtet, daß sich aus einer Staatszielbestimmung durch richterliche Rechtsfortbildung ein subjektiv-öffentliches Recht

---

[18] Vgl. *Badura/Denninger*, „Staatszielbestimmungen/Gesetzgebungsaufträge", Rn. 3.

[19] Vgl. den Bericht der Sachverständigenkommission „Staatszielbestimmungen/Gesetzgebungsaufträge", Rn. 7; siehe auch *Wahl*, AöR 112 (1987), 26ff.

[20] Nach *Rauschning*, DÖV 1986, 489 (490) gibt es außer dem Wiedervereinigungsgebot keine Staatszielbestimmungen im Grundgesetz; a. A. aber *Michel*, Staatszwecke, Staatsziele, S. 146ff.; ebenso *Peters*, NuR 1987, 293; vgl. auch *Stern*, NWVBL. 1988, 1 (4).

[21] Vgl. zu den Forderungen aus den politischen Gremien die Nachweise im Bericht der Sachverständigenkommission „Staatszielbestimmungen/Gesetzgebungsaufträge", Rn. 140, Fn. 16; ablehnend aus dem rechtswissenschaftlichen Schrifttum z. B. *Benda*, UPR 1982, 241 (244); *Breuer*, Umweltschutzrecht, S. 620f.; *Kloepfer*, Zum Grundrecht auf Umweltschutz, S. 38; *Sendler*, JuS 1983, 255 (258); *Depenheuer*, DVBl. 1987, 809ff.; *Rauschning*, DÖV 1986, 489ff.; *Stern*, NWVBL. 1988, 1ff.; *Stern*, NWVBL. 1988, 1 (6); *Murswiek*, ZRP 1988, 14ff.; *Kloepfer*, DVBl. 1988, 305ff.; zur Anhörung des BT-Rechtsausschusses zum Staatsziel Umweltschutz *Weis*, ZRP 1988, 139ff.; *Michel*, NuR 1988, 272ff.

entwickeln könnte. Zumindest sei nicht auszuschließen, daß die Gerichte in einen Interpretationswettbewerb träten und die Belange des Umweltschutzes bei der Auslegung von Verfassungsnormen und Vorschriften des einfachen Rechts ein solches Gewicht erhielten, daß Handlungsspielräume der Legislative zugunsten einer Kompetenzanreicherung der Judikative immer enger würden.

Entgegen den kritischen Stimmen in der Rechtslehre hält vor allem die Sachverständigenkommission „Staatszielbestimmungen/Gesetzgebungsaufträge" die Einführung einer Staatszielbestimmung „Umweltschutz" für sinnvoll. Angesichts der Bedrohung und Verknappung der natürlichen Lebensgrundlagen sei der Umweltschutz zu einer grundlegenden und hochrangigen Aufgabe geworden, die eine Verankerung dieser Staatsaufgabe im Grundgesetz erforderlich mache.[22] Ein zufriedenstellender Schutz der materiellen Lebensgrundlagen sei bislang im geltenden Verfassungsrecht nicht gewährleistet. Verfassungsrechtliche Schutzlücken bestünden hinsichtlich des Lebens- und Gesundheitsschutzes der Nachwelt, des Schutzes von öffentlichem Boden, öffentlichen Gewässern, Ökosystemen, der Artenvielfalt und des Klimas, hinsichtlich globaler Faktoren, der Ressourcenbewirtschaftung, der Erholung und ästhetischer Werte. Das Allgemeininteresse am Umweltschutz gerate in der Gesetzgebung, der Verwaltung aber auch in der Rechtsprechung allzu leicht in die Gefahr, gegenüber anderen, kurzfristigeren oder stärker sichtbaren Allgemein- oder Privatinteressen zurückgesetzt zu werden.[23] Ein Regelungsbedürfnis im Grundgesetz wird außerdem angesichts der mittlerweile zahlreichen landesverfassungsrechtlichen Staatszielbestimmungen im Grundgesetz angenommen. Angesichts der Homogenitätsbestimmung des Art. 28 GG und der Kollisionsnorm des Art. 31 GG sei in erster Linie der Verfassungsgeber des Bundes gefordert, auf den ökologischen Strukturwandel zu reagieren.[24]

Umstritten ist außerdem, an welcher Stelle des Grundgesetzes eine sy- **14**
stemgerechte Verortung der geplanten Umweltschutzbestimmungen vorzunehmen wäre und welchen Wortlaut die Bestimmung erhalten sollte, um einerseits dem verfassungspolitischen Willen einer stärkeren Beachtlichkeit des Umweltschutzes zum Ausdruck zu verhelfen, andererseits aber das Risiko einer eigendynamischen Verselbständigung von Umweltschutzbelangen und ungewünschter Akzentverschiebungen in diese Richtung gering zu halten.[25] Im Mittelpunkt der Überlegungen stehen hier insbesondere drei Fragenkomplexe,

- ob die natürlichen Lebensgrundlagen des *Menschen* oder – ohne den anthropozentrischen Bezug – um *ihrer selbst willen* zu schützen seien,
- ob die Staatszielbestimmung mit einem *Gesetzesvorbehalt* versehen werden soll und
- ob eine *Abwägungsklausel* aufzunehmen sei, die den Gesetzgeber verpflichtet, die Belange des Umweltschutzes mit anderen Rechtsgütern und Verfassungsdirektiven abzuwägen.[26]

Mit der ersten Frage ist die bereits erörterte Unterscheidung von *anthropo-* **15**
zentrischem und einem stärker *ressourcenökonomisch/ökologisch motivierten Um-*

---

[22] Bericht der Sachverständigenkommission „Staatszielbestimmungen/Gesetzgebungsaufträge", Rn. 141.

[23] Bericht der Sachverständigenkommission „Staatszielbestimmungen/Gesetzgebungsaufträge", Rn. 142f.

[24] *v. Mutius*, WuV 1987, 51 (56).

[25] Vgl. nur die eingangs zitierten Entwürfe des Bundesrates und der SPD-Fraktion sowie die unterschiedlichen Vorschläge der Sachverständigenkommission „Staatszielbestimmungen/Gesetzgebungsaufträge", Rn. 130.

[26] Vgl. die Niederschrift über die gemeinsame Sitzung des Rechtsausschusses (551. Sitzung) und des Ausschusses für innere Angelegenheiten (544. Sitzung) des Bundesrates vom 10. Juni 1985 sowie das Protokoll der 8. Sitzung des Rechtsausschusses des Deutschen Bundestages vom 14. 10. 1987.

weltschutz angesprochen.[27] Da die deutsche Rechtsordnung ganz überwiegend anthropozentrisch angelegt ist und da ein ressourcenökonomischer/ökologischer Umweltschutz auch im wohlverstandenen Interesse eines anthropozentrischen Umweltschutzes steht, empfiehlt sich eher eine Staatszielbestimmung, die den Menschen in den Mittelpunkt der Sorge um die Umwelt stellt.

Eine Einschränkung der Staatszielbestimmung durch einen *Gesetzesvorbehalt*, mit dem in erster Linie der Gesetzgeber in die Handlungspflicht genommen werden soll, erweist sich dagegen als systemwidriges und zudem ungeeignetes Instrument, um die Verlagerung von Handlungskompetenzen auf die Ebene der zweiten und dritten Gewalt zu verhindern. Eine Staatszielbestimmung richtet sich immer gleichermaßen an alle Staatsgewalten, stellt verbindliche Leitlinien auch für Exekutive und Judikative auf. Eine Ausrichtung allein auf den Gesetzgeber mit dem Instrument des Gesetzesvorbehaltes liefe auf eine normative Tautologie hinaus, da die Legislative ohnehin durch den kodifizierten Gehalt der Staatszielbestimmung zu ihrer gesetzgeberischen Verwirklichung aufgefordert ist.

Die Aufnahme einer *Abwägungsklausel* zur Staatszielbestimmung, mit der einer Überbetonung der Umweltbelange entgegengewirkt werden soll, stößt ebenfalls auf Bedenken, die sich aus dem herrschenden Verfassungsverständnis ergeben. Mit einer solchen Klausel würde nämlich eine Pflicht des Gesetzgebers normiert, die sich bereits aus der Verfassung unmittelbar ergibt. Die Verfassung enthält etliche Leitlinien, die der Gesetzgeber zu beachten und in die gesetzgeberisch vorzunehmende Abwägung einzustellen hat. Der Grundsatz der praktischen Konkordanz verpflichtet den Gesetzgeber, alle relevanten Belange zu berücksichtigen und miteinander abzuwägen. Eine ausdrückliche Kodifizierung dieser Pflicht – die auch hinsichtlich anderer Staatszielbestimmungen unterblieben ist – erscheint daher überflüssig.

2. Auswirkungen einer Staatszielbestimmung „Umweltschutz"

16 Die verfassungsrechtliche Verankerung des Umweltschutzes als Staatsziel und die damit einhergehende Verstärkung des Umweltschutzes wird in erster Linie Auswirkungen politischer Art haben. Es ist zu erwarten, daß die Staatszielbestimmung zu politischen Impulsen für einen erhöhten Umweltschutz beitragen wird. Diese werden sich primär an den Gesetzgeber richten; es ist aber auch denkbar, daß der defizitäre Vollzug der Umweltgesetze verbessert wird. Darüber hinaus sind erzieherische Effekte auf die Wertentscheidungen des einzelnen Bürgers ebenso denkbar wie eine wachsende Identifikation umweltbewußter Bevölkerungskreise mit der Verfassung möglich ist.

17 Rechtlich verpflichtet die Staatszielbestimmung zwar alle Staatsgewalten, primär ist sie jedoch Handlungsauftrag an die Gesetzgebung und normative Richtlinie für die Ausfüllung dieses Handlungsauftrages, wobei dem Gesetzgeber aber ein weites politisches Ermessen bei der Ausfüllung seines Auftrages zusteht. Die Staatszielbestimmung bedeutet nicht nur eine Verpflichtung des Gesetzgebers, sondern kann ihm auch weiterreichende Befugnisse eröffnen, die Grundrechte und insbesondere das Eigentum zum Schutz der Umwelt einzuschränken.[28] Die Staatszielbestimmung ist außerdem Handlungsauftrag und Auslegungshilfe für die Verwaltung. Der Umweltschutz erhält durch seine verfassungsrechtliche Verankerung ein stärkeres Gewicht bei der

---

[27] Siehe dazu bereits oben, § 1, Rn. 61–63.
[28] Siehe dazu *Wienholtz*, AöR 109 (1984), 532 (549).

Auslegung der Gesetze, der Konkretisierung unbestimmter Rechtsbegriffe, bei der Ausübung des der Verwaltung zustehenden Ermessens sowie bei der Ausfüllung von planerischen Gestaltungsfreiräumen. Auch der Rechtsprechung wird die Staatszielbestimmung als normative Vorgabe, als Leitlinie für die Norminterpretation und -konkretisierung dienen. Dies wird zum einen bei der Auslegung von Grundrechten von Bedeutung sein. Darüber hinaus wird die Staatszielbestimmung Bedeutung erlangen für die verfassungskonforme Auslegung der Gesetze, für die Ausfüllung von Kontrollfreiräumen, bei der Überprüfung von planerischen und Ermessensentscheidungen der Verwaltung und für die Konkretisierung von Generalklauseln des Zivilrechts, z. B. des privaten Nachbarrechts.

Derzeit läßt sich kaum abschätzen, in welchem Maße die Einführung einer 18
Staatszielbestimmung „Umweltschutz" auf Gesetzgebung, Verwaltung und Rechtsprechung Auswirkungen entfalten wird. Zu erwarten ist aber, daß die geplante Staatszielbestimmung zu einem weiteren Anwachsen der umweltschutzrechtlichen Regelungen, zu einer stärkeren Beachtung des Umweltschutzes in der Verwaltung und zu einer größeren Kontrollintensität im Hinblick auf die richterliche Kontrolle umweltrechtlicher Verwaltungsentscheidungen führen wird.

B. Grundrechtsschutz

Ein allgemeines, ausdrückliches Umweltgrundrecht gibt es im Grundge- 19
setz nicht.[29] Für den Umweltschutz sind aber die bestehenden Grundrechtsgewährleistungen auf verschiedene Weise von erheblicher Bedeutung. Grundrechte bilden einerseits verfassungsrechtliche Grenzen für hoheitliche Maßnahmen des Umweltschutzes (I) und schützen andererseits den Grundrechtsinhaber vor Belastungen seiner Umwelt (II).

I. Grundrechtliche Grenzen des Umweltschutzes

Hoheitliche Maßnahmen zum Schutz der Umwelt richten sich häufig un- 20
mittelbar gegen diejenigen, deren Eigentum oder Verhalten die Umwelt belastet. Umweltschutzmaßnahmen können deshalb für die Betroffenen zu erheblichen Beeinträchtigungen führen.[30]

---

[29] *BVerwG*, Urt. v. 29. 7. 1977 – IV C 51.75 –, E 54, 211; *OVG Lüneburg*, Beschl. v. 24. 1. 1986 – 7 OVG B 39/85 –, DVBl. 1986, 418 (421); vereinzelt wird jedoch ein solches Umweltgrundrecht bereits de lege lata aus Art. 2 Abs. 2 S. 1 GG (vgl. *Lücke*, DÖV 1976, 289 (290)), aus Art. 2 Abs. 1 (vgl. *Sening*, BayVBl. 1979, 491 (492); *ders.*, BayVBl. 1978, 205), Art. 1 Abs. 1 GG (vgl. *Lücke*, DÖV 1976, 289 (293) oder aus einer Kombination einzelner oder aller dieser Grundrechte und ggf. weiterer Grundrechtsnormen abgeleitet (*Mayer-Tasch*, BayVBl. 1974, 515ff.; *Sailer*, DVBl. 1976, 521); *Pestalozza*, WuV 1984, 245ff.; Übersicht über diese Diskussion bei *Schmidt/Müller*, JuS 1985, 776f.; ablehnend *Karpen*, in: Umweltschutz im Recht, S. 9ff.

[30] Nach Ansicht von *Kloepfer*, DVBl. 1988, 305 (306), verleihen die Freiheitseinschränkungen, die zum Schutz der Umwelt gesetzlich vorgesehen sind, dem Umweltrecht Züge eines Notbewirtschaftungsrechts, wie sie aus dem Kriegsbewirtschaftungsrecht bekannt sind; zum Eigentum an der Natur siehe *Czybulka*, NuR 1988, 214ff.

Fall: Ein ehemaliger, zur Lebensstätte bedrohter Amphibien und Reptilien gewordener Steinbruch wird durch Rechtsverordnung zum Naturdenkmal erklärt. Durch diese Unterschutzstellung wird eine seit 80 Jahren andauernde gewerbliche Nutzung untersagt und eine anderweitige wirtschaftliche Nutzung für die Zukunft verhindert.[31]

Fall: Auf den Widerspruch eines Nachbarn gegen die immissionsschutzrechtliche Genehmigung eines Dampfkraftwerkes verschärft das Gewerbeaufsichtsamt eine Auflage zur Genehmigung dahingehend, daß der Schwefelgehalt des zu verfeuernden Heizöls statt der ursprünglich geforderten 2% nunmehr – von bestimmten Ausnahmesituationen abgesehen – 1% nicht mehr überschreiten darf.[32]

21 Aktivitäten des Staates auf dem Gebiet des Umweltschutzes müssen deshalb stets auch am Verhältnismäßigkeitsgrundsatz gemessen werden. Umweltschutzmaßnahmen können außerdem den Schutzbereich verschiedener Grundrechte, etwa die Berufsfreiheit gem. **Art. 12 GG**, die allgemeine Handlungsfreiheit des **Art. 2 Abs. 1 GG** des Betroffenen oder den Gleichheitsgrundsatz verletzen.[33] Über **Art. 14 GG** können vor allem Beeinträchtigungen des Grundeigentums und des eingerichteten und ausgeübten Gewerbebetriebs abgewehrt werden.

1. Die Baufreiheit

22 Eine grundrechtliche Schranke des Umweltschutzes ist insoweit insbesondere die nach h. M. durch Art. 14 Abs. 1 S. 1 GG gewährte Baufreiheit,[34] d. h. das Recht des Eigentümers, sein Grundstück bebauen zu dürfen. Die Baufreiheit besteht jedoch nur im Rahmen des materiellen Rechts, so daß sie durch Rechtsnormen des Umweltrechts und vor allem auch des Baurechts eingeschränkt werden kann. Sie kann deshalb einschränkend auch als „potentielle Baufreiheit" bezeichnet werden.[35]

2. Das Eigentum als Abwägungsbelang

23 Geschützt wird das durch Art. 14 Abs. 1 GG gewährleistete Eigentum zudem dadurch, daß es an hervorragender Stelle zu den bei planerischen Maßnahmen des Umweltschutzes zu berücksichtigenden privaten und öffentlichen Belangen zählt.[36]

---

[31] Siehe zu diesem Fall *VGH Mannheim*, NK-Urteil v. 16. 12. 1983 – 5 S 297/83 –, NuR 1984, 149ff.

[32] Zu diesem Fall siehe *BVerwG*, Urt. v. 18. 5. 1982 – 7 C 42.80 –, E 65, 313ff.

[33] Vgl. dazu *Henneke*, Landwirtschaft und Naturschutz, S. 153ff.; *Schmidt/Müller*, JuS 1985, 776 (779f.); zur Berufsfreiheit als Grenze des Umweltschutzes siehe *Fehn*, Das umweltrechtliche Auflagenprinzip, S. 26ff.

[34] Vgl. dazu *BVerfG*, Beschl. v. 19. 6. 1973 – 1 BVl 39/69 u. 14/72 –, E 35, 263 (276); *BVerwG*, Urt. v. 6. 6. 1975 – IV C 15.73 –, E 48, 271 (273); *BGH*, Urt. v. 25. 1. 1973 – III ZR 256/68 –, Z 60, 112 (115); *Hoppe*, in: Ernst/Hoppe, ÖffBauBoR, Rn. 160ff.; demgegenüber wird teilweise aber auch die Ansicht vertreten, das bauliche Nutzungsrecht sei ähnlich wie die Nutzung des Grundwassers aus dem Inhalt des privaten Eigentums ausgegliedert, vgl. z. B. *Breuer*, DÖV 1978, 189ff.; *Schulte*, DVBl. 1979, 133ff.; *Schulte*, JZ 1984, 297 (301); ausführlich zu dieser Meinungsstreitigkeit *Grooterhorst*, Ziele der Raumordnung und Landesplanung, S. 120ff.; *Grziwotz*, AöR 113 (1988), 213ff.

[35] *Hoppe*, in: Ernst/Hoppe, ÖffBauBoR, Rn. 166.

[36] *BVerwG*, Urt. v. 20. 8. 1982 – 4 C 81.79 –, E 66, 133 (137).

3. Bestandsschutz

Über die Rechtsfigur des Bestandsschutzes sichert Art. 14 GG außerdem das durch legale Eigentumsausübung Geschaffene.[37] Der Bestandsschutz schützt ehemals rechtmäßige bauliche Anlagen, die später materiell illegal geworden sind, vor einem behördlichen Abbruchgebot oder sonstigem ordnungsrechtlichen Einschreiten. 24

Im Rahmen des *überwirkenden Bestandsschutzes* kann außerdem eine ansonsten – möglicherweise aus umweltrechtlichen Gründen – nicht zulässige Erweiterung bestehender baulicher Anlagen verlangt werden. Als *präventiver Bestandsschutz* können schließlich Abwehransprüche zur Erhaltung vorhandenen Bestandes gegen das Heranrücken störanfälliger Nutzungen in der Nachbarschaft bestehen.[38] Der Bestandsschutz beschränkt Abwehransprüche Dritter, weil er z. B. zu einer Situationsberechtigung für das Grundstück, auf dem die Nutzung betrieben wird, führen kann, die eine im Rahmen der erheblichen Belästigung i. R. v. § 5 Abs. 1 Nr. 1 BImSchG zu beachtende erhöhte Zumutbarkeit von Belastungen für die Nachbarschaft mit sich bringt.[39] 25

Der Bestandsschutz beschränkt sich nicht auf bauliche Anlagen. Auch nichtbauliche Grundstücksnutzungen, die ursprünglich rechtmäßig waren, können verfassungsrechtlich abgesicherten Bestandsschutz genießen. Das gilt insbesondere für die aus natur- und landschaftsschützender Sicht bedenkliche Gewinnung von Bodenschätzen. Das auf Gründe des Natur- oder Landschaftsschutzes gestützte Verbot, abbauwerte Bodenschätze zu fördern, kann deshalb bei Überschreitung der Grenzen zur Sozialbindung eine enteignende Maßnahme darstellen.[40]

Der gesetzgeberische Freiraum zur Einschränkung des Bestandsschutzes ist im Umweltrecht weiter als im Baurecht.[41] Im Urteil vom 18. 5. 1982 hat das *BVerwG* entschieden, daß es im Gegensatz zum Baurecht im Immissionsschutzrecht keinen Grundsatz gibt, nach welchem dem Genehmigungsinhaber eingeräumte Rechtspositionen trotz Rechtsänderung im allgemeinen zu belassen oder nur gegen Entschädigung zu entziehen sind.[42] Rechtfertigen läßt sich dies damit, daß die nach dem BImSchG genehmigungspflichtigen Anlagen sich in besonderem Maße schädlich auf die Umwelt auswirken können und deshalb keinen mit dem allein grundstücksbezogenen baurechtlichen Bestandsschutz vergleichbaren Schutz genießen können.[43]

---

[37] *BVerwG*, Urt. v. 5. 7. 1974 – 4 C 76.71 –, DÖV 1974, 814 (815).

[38] Zum gegenwärtigen Stand der Bestandsschutz-Problematik siehe *Friauf*, WuV 1986, 87ff.; zum Bestandsschutz von Altanlagen im Immissionsschutzrecht siehe *Dolde*, NVwZ 1986, 873ff. *Schröder*, UPR 1986, 127ff.; *Schulze-Fielitz*, Die Verwaltung 1987, 307ff.

[39] Näher dazu *BVerwG*, Urt. v. 24. 9. 1976 – IV C 58.75 -, DVBl. 1977, 194 (195); Urt. v. 25. 2. 1977 – IV C 22.75 –, DVBl. 1977, 722 (724f.); Urt. v. 17. 2. 1984 – 7 C 8.82 –, DVBl. 1984, 476 (478).

[40] Vgl. *BGH*, Urt. v. 26. 1. 1984 – III ZR 178/82 –, NVwZ 1984, 819; *Nüßgens/Boujong*, Eigentum, Sozialbindung, Enteignung, Rn. 60; siehe dazu auch *Weyreuther*, Situationsgebundenheit, S. 32 m. w. N.; zu Bergbauberechtigungen als verfassungskräftiger Eigentumsposition und ihrem Schutz gegenüber der Planung siehe *Hoppe*, DVBl. 1982, 101ff.; vgl. dazu auch *Hoppe/Beckmann*, Grundeigentumsschutz, S. 24f.

[41] Vgl. *Jarass*, BImSchG, Vor § 4 Rn. 5.

[42] – 7 C 42.80 –, E 65, 313 (317); vgl. auch *BGH*, Urt. v. 18. 12. 1986 – III ZR 174/85 –, NJW 1987, 1320 (1321); vgl. auch *Jarass*, Die Anwendung neuen Umweltrechts auf bestehende Anlagen, S. 81ff.; ausführlich zur Reichweite des Bestandsschutzes industrieller Anlagen gegenüber umweltrechtlichen Maßnahmen auch *Jarass*, DVBl. 1986, 314ff.

[43] Zum immissionsschutzrechtlichen Bestandsschutz siehe unten, § 25 Rn. 93ff.

26 Während mit Hilfe des Bestandsschutzes eine bereits bestehende umweltunverträgliche Situation gegen umweltschützende Rechtsänderungen abgesichert werden kann, vermögen weitergehend *eigentumskräftig verfestigte Anspruchspositionen* dazu zu führen, daß ein Anspruch auf Zulassung einer bislang noch nicht verwirklichten Nutzung entsteht. Das kann z. B. der Fall sein, wenn ein Bauwerk durch ein Naturereignis, ein Brandunglück oder durch einen ähnlichen Vorgang zerstört wird und dadurch grundsätzlich der Bestandsschutz erloschen ist.[44]

4. Nutzungsbeschränkungen zum Schutz der Umwelt

27 Gewährt Art. 14 GG somit auch dem Träger umweltbelastender Vorhaben Grundrechtsschutz, so ist doch zu beachten, daß das verfassungsrechtlich gewährleistete Eigentum sich erst aus der Gesamtheit der verfassungsmäßigen Gesetze, d. h. sowohl der öffentlich-rechtlichen Normen als auch der privatrechtlichen Normen ergibt.[45] Insbesondere die Bodennutzung ist mit einem dichten Netz materieller Anforderungen des Planungs-, Umwelt- und Wirtschaftsrechts reglementiert und an eine Vielzahl von Genehmigungs-, Erlaubnis-, Bewilligungs- und Zustimmungsentscheidungen gebunden.[46]

Nach der Rechtsprechung des BVerfG kann der Gesetzgeber eigentumsrechtlich relevante Vorschriften auf dreifache Weise erlassen. Er kann einerseits Inhalt und Schranken des Eigentums i. S. d. Art. 14 Abs. 1 S. 2 GG bestimmen. Er kann außerdem durch Gesetz die Legalenteignung anordnen und schließlich die Exekutive ermächtigen, konkretes Eigentum einzelner zu entziehen.[47] Der Gesetzgeber muß sich dabei allerdings an der grundgesetzlichen Anerkennung des Privateigentums durch Art. 14 Abs. 1 S. 1 GG, auch am Sozialgebot des Art. 14 Abs. 2 GG orientieren. Zu beachten hat er insbesondere den Grundsatz der Verhältnismäßigkeit und den Vertrauensschutz. Unter Beachtung dieser verfassungsrechtlichen Grenzen können Nutzungs- und Verfügungsbeschränkungen zugunsten des Umweltschutzes durchgesetzt werden oder aufgrund des Gesetzes die Sozialbindung des Eigentums konkretisieren.[48]

28 Nach Auffassung des *BGH* und des *BVerwG* stellen insbesondere Nutzungsbeschränkungen zugunsten des Natur- und Landschaftsschutzes regelmäßig keine Enteignung dar, sondern sind vielmehr *Ausdruck der Sozialbindung*.[49]

Im Bereich des Umweltschutzes läßt sich insoweit von der Umweltpflichtigkeit des Eigentums sprechen.

---

[44] Vgl. *BVerwG*, Urt. v. 18. 10. 1974 – IV C 75.71 –, E 47, 126 (131); *Nüßgens/Boujong*, Eigentum, Sozialbindung, Enteignung, Rn. 55 m. w. N.

[45] Vgl. dazu *BVerfG*, Beschl. v. 15. 7. 1981 – 1 BvL 77/78 –, E 58, 300 (336).

[46] Vgl. dazu *Soell*, DVBl. 1983, 241 (244).

[47] Vgl. dazu *Dolde*, NVwZ 1986, 873 (875).

[48] Vgl. dazu ausführlich *Nüßgens/Boujong*, Eigentum, Sozialbindung, Enteignung, S. 62ff.; zur Situationsgebundenheit des Grundeigentums im Spannungsfeld von Naturschutz, Eigentumsschutz und Bestandsschutz siehe vor allem *Weyreuther*, Situationsgebundenheit, S. 1ff.

[49] Vgl. dazu *BGH*, Urt. v. 26. 1. 1984 – III ZR 216/82 –, Z 90, 17 (24f.); *BGH*, Urt. v. 18. 12. 1986 -III ZR 174/85 –, NJW 1987, 1320 (1321); *BVerwG*, Urt. v. 13. 4. 1983 – 4 C 21.79 –, E 67, 84 (87), *Nüßgens/Boujong*, Eigentum, Sozialbindung, Enteignung, Rn. 205ff. mit zahlreichen Nachweisen zur Rechtsprechung des BVerwG und des BGH.

Fall: A begehrt die Genehmigung zur Aufforstung von ihm gehörenden Flächen, die die Naturschutzbehörde als Feuchtwiesen erhalten möchte. Sie erläßt deshalb eine Landschaftsschutzverordnung, in deren Geltungsbereich auch die Flächen des A liegen und mit der die Aufforstung von Naß- und Feuchtgebieten grundsätzlich verboten wird. Nach Ansicht des *BVerwG* kann ein solches Verbot eine zulässige Inhalts- und Schrankenbestimmung des Eigentums im Sinne von Art. 14 Abs. 1 S. 2 GG sein.[50]

Ob Beschränkungen des Grundeigentums zugunsten des Umweltschutzes 29
die Grenze zur entschädigungslos hinzunehmenden Sozialbindung überschreiten, richtet sich regelmäßig nach der *Situationsgebundenheit* des betroffenen Grundstückes.[51] Jedes Grundstück wird danach durch seine Lage und Beschaffenheit sowie seine Einbettung in die Landschaft und Natur geprägt. Der Eigentümer muß darauf bei der Ausübung seiner Befugnisse im Hinblick auf die Sozialbindung seines Eigentums Rücksicht nehmen. Eine *situationsbedingte Belastung des Grundstücks* wird von der Rechtsprechung insbesondere dann angenommen, wenn ein – als Leitbild gedachter – vernünftiger und einsichtiger Eigentümer, der auch das Gemeinwohl nicht aus dem Auge verliert, von sich aus im Blick auf die Lage und die Umweltverhältnisse seines Grundstücks von bestimmten Formen der Nutzung absehen würde.[52] Ein *entschädigungspflichtiges Sonderopfer* wird dem betroffenen Grundeigentümer dagegen abverlangt, wenn die natur- oder landschaftsschutzrechtliche Regelung eine bereits ausgeübte Nutzung oder eine vernünftigerweise in Betracht zu ziehende Nutzungsmöglichkeit ausschließt.[53]

Beispiele: Entschädigungen können deshalb Landwirte verlangen, wenn durch eine Naturschutzverordnung
- der Einsatz von Düngemitteln beschränkt oder ganz untersagt wird,
- Herbizide oder Pestizide nicht mehr aufgebracht werden dürfen,
- der Viehbesatz einer Fläche beschränkt wird und

sie durch diese Nutzungsbeschränkungen in ihrer Existenz gefährdet werden.[54]

In aller Regel hinzunehmen sind dagegen
- Verbote, Grünland in Acker zu verwandeln,[55]
- Aufforstungsverbote für Moorflächen,[56]
- Entwässerungsverbote für Feuchtflächen,[57]
- Verbote, eine in die Liste der Naturdenkmäler eingetragene Baumgruppe zu beseitigen.[58]

---

[50] Vgl. *BVerwG*, Urt. v. 13. 4. 1983 – 4 C 76/80 –, NVwZ 1985, 41; *BVerwG*, Urt. v. 13. 4. 1983 – 4 C 21/79 –, NVwZ 1985, 42 zum Auskiesungsverbot im Landschaftsschutzgebiet.

[51] Zur Kritik an der „Pflichtigkeit“ kraft Situationsgebundenheit siehe *Papier*, in: Maunz/Dürig/ Herzog/Scholz, Art. 14 Rn. 326; *Henneke*, Landwirtschaft und Naturschutz, S. 144ff. mit zahlreichen weiteren Nachweisen zu kritischen Stimmen in der Rechtslehre.

[52] Vgl. *Nüßgens/Boujong*, Eigentum, Sozialbindung, Enteignung, Rn. 198.

[53] *BGH*, Urt. v. 26. 1. 1984 – III ZR 179/82 –, Z 90, 4, 14f.; *Nüßgens/Boujong*, Eigentum, Sozialbindung, Enteignung, Rn. 205 mit zahlreichen weiteren Nachweisen zur Rechtsprechung.

[54] Siehe dazu *Schink*, LÖLF-Mitteilungen 1984, 28 (30f.).

[55] *OVG Lüneburg*, Urt. v. 22. 4. 1981 – 3 A 232/79 –, NuR 1982, 190f.; *OVG Lüneburg*, Beschl. v. 23. 4. 1982 – 3 OVG C 5/81 –, NuR 1983, 34f.

[56] *BVerwG*, Urt. v. 13. 4. 1983 – 4 C 76.80 –, E 67, 93ff.

[57] *BayVGH*, Beschl. v. 9. 8. 1987 – Nr. 9 CS 80 A. 621 -, NuR 1982, 267.

[58] *BGH*, Urt. v. 23. 5. 1957 – III ZR 253/55 –, DVBl. 1957, 861, weitere Beispiele bei *Nüßgens/Boujong*, Eigentum, Sozialbindung, Enteignung, Rn. 217; zur Frage der entschädigungsfähigen Rechtsposition bei der Ausweisung von ökologischen Vorrangflächen siehe *Nies*, AgrarR 1986, 93ff.; zu Rodungsverboten in Landschaftsschutzgebieten vgl. *VGH Mannheim*, Urt. v. 25. 6. 1987 – 5 S 3185/86 – NuR 1988, 288f.

30 Überschritten wird die Grenze zwischen Sozialbindung des Eigentums und Eingriff in das Grundrecht in jedem Fall, wenn infolge einer auf Dauer angelegten Nutzungsbeschränkung die Privatnützigkeit des betroffenen Grundeigentums aufgehoben ist, weil dem Eigentümer keine rechtlich zulässige privatnützige Verwendungsart mehr verbleibt.[59]

II. Grundrechtsschutz gegenüber Umweltbelastungen

31 Grundrechte setzen dem Umweltschutz aber nicht nur Grenzen. Soweit staatliches Handeln zugleich die Umwelt des Grundrechtsinhabers belastet, können Grundrechte auch dem Schutz der Umwelt dienen.[60]

32 Grundrechte entfalten ihre individualschützende und damit teilweise auch umweltschützende Funktion auf verschiedene Weise. Sie sind einerseits als objektive Wertentscheidungen bei der Auslegung des einfachen Rechts zu berücksichtigen und vermitteln andererseits unmittelbar subjektive Rechte des Grundrechtsträgers.[61] Als subjektive Abwehrrechte schützen die Grundrechte gegen staatliche Eingriffe. Aus dem objektiv-rechtlichen Gehalt der Grundrechte erwächst dem Staat vor allem die Pflicht zum Schutz des einzelnen vor Gefahren, die von umweltbelastenden Vorhaben Privater ausgehen.[62]

1. Grundrechte als Abwehrrechte

33 Grundrechte richten sich gegen hoheitliches Handeln des Staates. Grundrechtliche Abwehransprüche können sich daher gegen umweltbelastende Vorhaben richten, wenn der Staat diese Vorhaben durchführt. Dazu zählen z. B. öffentlich-rechtliche Verkehrsplanungen, etwa Straßen- oder Wasserstraßenbauvorhaben, öffentlich betriebene Abfallentsorgungsanlagen oder sonstige öffentliche Einrichtungen, von denen Umweltbelastungen ausgehen. Vorrangig ergeben sich jedoch Abwehransprüche gegen solche Vorhaben aus dem einfachen Gesetz.

Beispiel: Der Anlieger eines Sportplatzes kann von dem Staat als Betreiber der Anlage aufgrund eines öffentlich-rechtlichen, den §§ 1004, 906 BGB entsprechenden Abwehranspruchs verlangen, daß der Sportbetrieb unterlassen wird, der das private Grundeigentum mehr als nur unwesentlich beeinträchtigt, wenn die Nutzung der Sportanlage rechtswidrig und von dem Anlieger nicht zu dulden ist.[63]

34 Ganz überwiegend sind Umweltbelastungen Konsequenz privater Vorhaben. Da Grundrechte zumindest regelmäßig keine unmittelbare Drittwir-

---

[59] Siehe dazu *Nüßgens/Boujong*, Eigentum, Sozialbindung, Enteignung, Rn. 212; *Papier*, in: Maunz/Dürig/Herzog/Scholz, GG, Art. 14 Rn. 368; *Soell*, DVBl. 1983, 241 (249); *Schink*, LÖLF-Mitteilungen 1984, 26ff.

[60] Vgl. dazu *Leisner*, Umweltschutz durch Eigentümer, S. 1ff.

[61] Näher dazu *Schmidt-Aßmann*, in: Maunz/Dürig/Herzog/Scholz, Art. 19 Abs. 4 GG, Rn. 123ff.

[62] Vgl. dazu *BVerfG*, Beschl. v. 8. 8. 1978 – 2 BvL 8/77 –, E 49, 89 (141); Beschl. v. 20. 12. 1979 – 1 BvR 612/72 –, E 56, 54 (73); *Beckmann*, Rechtsschutz, S. 158.

[63] Vgl. *OVG Hamburg*, Urt. v. 15. 10. 1985 – Bf VI 10/82 –, NJW 1986, 2333; zur baurechtlichen Zulässigkeit privater Tennisplätze siehe *BVerwG*, Urt. v. 30. 8. 1985 – 4 C 50/82 –, NJW 1986, 393; zum Unterlassungsanspruch gegen von einem Sportplatz ausgehende Beeinträchtigungen siehe auch *OLG Stuttgart*, Urt. v. 7. 8. 1985 – 4 U 46/85 –, NVwZ 1985, 784; *BayVGH*, Urt. v. 16. 2. 1987 – Nr. 14 B 85 A 3090 –, BayVBl. 1987, 398; zu Umwelteinwirkungen durch Sportanlagen siehe *Birk*, NVwZ 1985, 689ff.

kung entfalten,[64] sind grundrechtliche Abwehransprüche gegen umweltbelastende Vorhaben Privater – zumindest in ihrer Begründung - problematisch. Regelmäßig bedürfen allerdings Aktivitäten Privater, von denen negative Einwirkungen auf die Umwelt ausgehen, einer hoheitlichen Zulassung. Diese wird in ganz unterschiedlichen Formen erteilt, etwa als Genehmigung, Erlaubnis, Bewilligung oder auch als privatnützige Planfeststellung. Das *BVerwG* geht davon aus, daß in der hoheitlichen Zulassung umweltbelastender Vorhaben ein staatlicher Grundrechtseingriff gesehen werden kann.[65] Teilweise wird weitergehend die Ansicht vertreten, ein hoheitlicher Eingriff in das Eigentum durch positives Tun liege darin, daß den Eigentümern durch staatliches Recht die Pflicht auferlegt sei, eigentumsbeeinträchtigende Umweltbelastungen zu dulden.[66] Das *BVerfG* versucht, die grundrechtlichen Abwehransprüche gegen den Staat bei umweltbelastenden Vorhaben Privater stärker aus den – von den klassischen Abwehransprüchen zu trennenden – grundrechtlichen Schutzansprüchen abzuleiten.[67]

Grundrechtliche Abwehransprüche gegen umweltbelastende Vorhaben 35
können sich insbesondere aus **Art. 14**, **Art. 2 Abs. 2** und **Art. 2 Abs. 1 GG** ergeben.

a) Art. 14 GG

Grundrechtliche Abwehransprüche können sich – gestützt auf Art. 14 GG 36
– vor allem gegen Einwirkungen auf das Eigentum durch Gerüche, Lärm und Abgase oder gegen Entzug von Sonne, Licht und Ausblick richten. Hinsichtlich der eigentumsrechtlich begründeten Abwehransprüche Dritter gegen umweltbelastende Vorhaben ist nach Auffassung des *BVerwG* zu differenzieren:

„Ist die Eigentumsverletzung in dem Sinne ‚*unmittelbar*', daß sie – wie es bei einer direkten Inanspruchnahme des Grundstücks besonders deutlich ist - in die Substanz des von den §§ 903 und 905 S. 1 BGB umschriebenen (‚Säulen'-)Eigentums – eingreift, so kann der ‚Eingriff' abgewehrt werden, ohne daß es auf die Frage ankommt, wie ‚schwer' oder ‚unerträglich' es den Eigentümer trifft".

Etwas anderes soll für den Regelfall der Nachbarklage aus Eigentum gelten, wenn der hoheitliche Eingriff das Eigentum lediglich *mittelbar* durch eine nachhaltige Veränderung der vorgegebenen Grundstückssituation erreicht. Mittelbare Eingriffe, etwa durch Bebauung benachbarter Grundstücke, sind danach grundsätzlich hinzunehmen. Ein gegen sie gerichteter Abwehranspruch soll nur gegeben sein, wenn als Folge der nachhaltigen Veränderung der Grundstückssituation das Eigentum an anderen Grundstücken „*schwer* und *unerträglich* getroffen wird".[68]

---

[64] *BVerfG*, Urt. v. 15. 1. 1958 – 1 BvR 400/51 –, E 7, 198 (204ff.).

[65] *BVerwG*, Urt. v. 26. 3. 1976 – IV C 7.74 –, E 50, 282 (286ff.); *Schwabe*, Probleme der Grundrechtsdogmatik, S. 215ff.; a. A.: *Steiger*, in: Grundzüge des Umweltrechts, S. 42; *Schmidt/Müller*, JuS 1985, 776 (777).

[66] Vgl. *Murswiek*, NVwZ 1986, 611ff.; *ders.*, WuV 1986, 179 (204); a.A.: *Papier*, in: Maunz/Dürig/Herzog/Scholz, Art. 14, Rn. 43 a; *Schmidt*, ZRP 1987, 345 (347); vgl. dazu auch *BGH*, Urt. v. 10. 12. 1987 – III ZR 220/86 –, NJW 1988, 478 (479).

[67] Vgl. *BVerfG*, Beschl. v. 20. 12. 1979 – 1 BvR 612/72 –, E 53, 30 (57); Beschl. v. 14. 1. 1981 – 1 BvR 612/72 –, E 56, 54 (73); *BGH*, Urt. v. 10. 12. 1987 – III ZR 220/86 –, NJW 1988, 478 (481).

[68] *BVerwG*, Urt. v. 26. 3. 1976 – IV C 7.74 –, E 50, 282 (287); zur Unterscheidung mittelbarer und unmittelbarer Eigentumseingriffe siehe *Hoppe/Beckmann*, Grundeigentumsschutz, S. 100ff.; zur Kritik am grundrechtlichen Nachbarschutz in der Rechtsprechung siehe *Wasmuth*, NVwZ 1988, 322ff.

37 Das *BVerwG* hat außerdem entschieden, daß der durch eine Planfeststellung unmittelbar mit enteignender Wirkung betroffene Grundstückseigentümer auch öffentliche Belange, z. B. des Landschaftsschutzes, geltend machen kann.[69] Er kann außerdem die Verletzung objektiven Rechts rügen.[70] Auf die Klage des unmittelbar in seinem Eigentum Betroffenen ist deshalb auch ein unter Verletzung des § 29 Abs. 1 S. 1 Nr. 4 BNatSchG zustande gekommener Planfeststellungsbeschluß grundsätzlich schon wegen dieses Verfahrensfehlers aufzuheben.[71]

38 Da Gemeinden und andere juristische Personen des öffentlichen Rechts sich nicht auf Grundrechte berufen können, haben sie jedoch keinen Anspruch darauf, daß auch objektive Belange mit dem ihnen zukommenden Gewicht in die Planungsentscheidung einbezogen werden.[72]

39 Nach Auffassung des *BVerwG* kann aber der Eigentümer eines durch die Planfeststellung mit enteignender Wirkung betroffenen Grundstücks seine Klage dann nicht auf formelle oder materielle Fehler der Planfeststellung stützen, wenn und soweit diese aus den besonderen Gründen des Einzelfalls unbeachtlich sind. So kann etwa ein rechtlicher Mangel in seiner örtlichen Wirkung derart begrenzt sein, daß er das Eigentum des Klägers nicht berührt. Der Rechtsmangel kann nach Ansicht des *BVerwG* auch dann unbeachtlich sein, wenn bei seiner Korrektur der Eingriff in das Eigentum des Klägers unverändert bestehen bleiben würde.[73]

Beispiel: Die Verletzung des § 29 Abs. 1 S. 1 Nr. 4 BNatSchG (Mitwirkung von Verbänden in Planfeststellungsverfahren) führt dann nicht zur Aufhebung des Planfeststellungsbeschlusses, wenn feststeht, daß auch bei ordnungsgemäßer Anhörung des anerkannten Naturschutzverbandes der Eingriff in das Eigentum des Klägers unverändert vorgenommen worden wäre.

40 Während der unmittelbar in seinem Eigentum Betroffene regelmäßig auch die Verletzung objektiven Rechts rügen darf, bleibt es im Falle der mittelbaren Grundrechtsbeeinträchtigung nach der Rechtsprechung möglicherweise bei der Beschränkung der richterlichen Kontrolle darauf, ob die Planung gegen objektives Recht gerade insoweit verstößt, als Rechte des Klägers dadurch verletzt werden.[74] Allerdings hat das *BVerwG* nur entschieden, daß „zumindest in dem Falle der unmittelbaren Inanspruchnahme von Eigentum

---

[69] Urt. v. 18. 3. 1983 – 4 C 80/70 –, NJW 1983, 2459; Urt. v. 27. 5. 1983 – 4 C 39/80 –, NJW 1984, 73; Urt. v. 12. 7. 1985 – 40.83 –, DVBl. 1985, 1142 (1144); *BVerwG*, Urt. v. 21. 3. 1986 –, DVBl. 1986, 1001; *BayVGH*, Urt. v. 30. 3. 1982 – Nr. 8 B 80 A. 10 u. a. –, BayVBl. 1982, 597 (599); *VGH Mannheim*, Urt. v. 27. 3. 1984 – 10 S 1985/83 –, VBlBW 1984, 418.

[70] Nach Ansicht des *BVerfG* – Beschl. v. 9. 6. 1987 – 1 BvR 510/87 –, UPR 1987, 343 läßt sich diese Rechtsprechung jedoch nicht auf Art. 2 Abs. 2 GG übertragen.

[71] *OVG Koblenz*, Urt. v. 30. 10. 1984 – 7 A 30/84 –, NuR 1985, 30; a. A.: *VGH Kassel*, Urt. v. 20. 1. 1987 – 2 UE 1292/85 –, UPR 1987, 360.

[72] *OVG Saarlouis*, Urt. v. 7. 3. 1986 – 2 R 94/85 –, UPR 1987, 228.

[73] *BVerwG*, Urt. v. 18. 3. 1983 – 4 C 80/79 –, NJW 1983, 2459; siehe auch *VGH Kassel*, Urt. v. 7. 1. 1986 – uE 2855/84 –, NVwZ 1986, 680 (683), wonach es in diesen Fällen an der notwendigen Kausalität zwischen objektiver Rechtswidrigkeit und subjektiver Rechtsverletzung fehlt; ablehnend hinsichtlich der zuletzt genannten Fehlerunbeachtlichkeit *Kügel*, Planfeststellungsbeschluß, S. 237.

[74] Siehe dazu *Schwabe*, DVBl. 1984, 140ff.; *BVerwG*, Urt. v. 26. 6. 1981 – 4 C 5.78 –, DVBl. 1981, 936 (938).

eine umfassende gerichtliche Prüfung geboten sei".[75] Das *OVG Berlin* weist deshalb zu Recht darauf hin, daß eine Übertragung auf andere Formen der Beeinträchtigung von Eigentum oder sonstigen Grundrechten nicht von vornherein ausgeschlossen sei.[76]

In diesem Bereich ist vieles dogmatisch noch unklar. Das wird besonders deutlich in dem vom *BVerwG* entschiedenen *Fall* eines Krabbenfischers, der durch das staatlich genehmigte Einbringen von Dünnsäure seinen Gewerbebetrieb aufgrund der erheblich zurückgehenden Fangerträge ernsthaft gefährdet sah.[77] Das *BVerwG* entschied, daß sogar für eine grundsätzlich verfassungsrechtlich nicht geschützte Erwerbsmöglichkeit oder Erwerbschance Drittschutz bestehe, wenn diese Chance objektivrechtlich geschützt sei und der Kläger durch den Entzug dieser Chance schwer und unerträglich getroffen werde.[78] 41

Zweifelhaft ist außerdem, warum der rechtswidrige mittelbare Eingriff in das Eigentum nur dann zur Abwehr berechtigen soll, wenn er *nachhaltig* und *schwer* ist. Überzeugend begründen läßt sich dies wohl nur, wenn man – anders als das BVerwG – den Abwehranspruch nicht mit dem Eingriffscharakter der hoheitlichen Zulassung begründet, sondern ihn aus grundrechtlichen Schutzansprüchen ableitet, die – mangels unmittelbaren Eingriffs des Staates – nur dann begründet sein mögen, wenn der Staat zum Schutz der Grundrechte aktiv werden muß. Eine solche Schutzpflicht gegen Beeinträchtigungen des Grundrechts durch Umweltbelastungen privater Dritter setzt eine Garantenstellung des Staates voraus, die nur dann eingreift, wenn die Beeinträchtigung durch den Dritten schwer und unzumutbar ist.[79] 42

Auch Umwelt- und Naturschutzverbände können sich als Träger privater Rechte zur Abwehr umweltbelastender Vorhaben auf Art. 14 GG berufen. Das gilt selbst dann, wenn dieser Verband das Grundeigentum nur erworben hat, um gegen das Vorhaben im Klagewege vorgehen zu können. Nach Auffassung des *BVerwG* ist es nicht erheblich, aus welchen Gründen der Verband das Eigentum an dem Grundstück erworben hat, und daß er es im Falle vertragswidriger Nutzung oder nach Ablauf von 10 Jahren dem Voreigentümer auf dessen Verlangen rückübereignen müsse. Der verfassungsrechtliche Schutz des Eigentums werde bei solchen Absprachen grundsätzlich nicht hinfällig. Anders könne es sein, wenn das Eigentum nur zum Schein übertragen würde und auf diese Weise ein Mißbrauch materieller oder prozessualer Abwehrrechte beabsichtigt wäre.[80] 43

Im übrigen ist hinsichtlich des Abwehranspruchs aus Art. 14 GG zu beachten, daß der einfache Gesetzgeber zur Konkretisierung des Eigentums berufen ist. Die Grenzen, bis zu denen der Grundeigentümer Beeinträchtigungen seiner Umwelt hinzunehmen hat, werden deshalb in erster Linie vom Gesetzgeber gezogen. 44

Beispiel: Soweit etwa Beeinträchtigungen durch schädliche Umwelteinwirkungen i. S. d. § 3 Abs. 1 BImSchG in Frage stehen, bildet deshalb § 5 Abs. 1 Nr. 1 BImSchG

---

[75] *BVerwG*, Urt. v. 27. 5. 1983 – 4 C 39/80 –, NJW 1984, 73.
[76] Urt. v. 17. 1. 1986 – OVG 2 B 14.85 –, DÖV 1986, 388.
[77] *BVerwG*, Urt. v. 1. 12. 1982 – 7 C 111.81 –, DÖV 1983, 342f.
[78] *BVerwG*, Urt. v. 1. 12. 1982 – 7 C 111.81 –, DÖV 1983, 342f.; krit. zu dieser Entscheidung *Kloepfer*, Rechtsschutz, S. 47f.; zustimmend *Breuer*, DVBl. 1986, 849 (854).
[79] Vgl. dazu *Jarass*, AöR 110 (1985), 363 (382).
[80] Vgl. *BVerwG*, Urt. v. 12. 7. 1985 – 4 C 40.83 –, DVBl. 1985, 1141 (1142); zur Klagebefugnis anerkannter Naturschutzverbände siehe auch *BVerwG*, Urt. v. 14. 9. 1987 – 4 B 178/87 –, DVBl. 1987, 1278ff.

den Maßstab für die Grenzen der Sozialbindung. Immissionen, die das nach § 5 Abs. 1 Nr. 1 BImSchG zulässige Maß nicht überschreiten, begründen demnach auch keinen schweren und unerträglichen Eingriff in das Eigentum.[81]

b) Art. 2 Abs. 2 GG

45 Grundsätzlich ist in der Rechtsprechung geklärt, daß die durch Art. 2 Abs. 2 GG geschützten höchstpersönlichen Rechtsgüter (Leben/Gesundheit) im Prinzip nicht weniger als das durch Art. 14 Abs. 1 GG geschützte Eigentum geeignet sind, Nachbar- oder Drittklagen gegen umweltbelastende Vorhaben als Grundlage zu dienen.[82] Gestützt auf Art. 2 Abs. 2 GG kann vor allem der Mieter einer Wohnung oder der Pächter eines Grundstücks gegen den Planfeststellungsbeschluß oder die Genehmigung eines umweltbelastenden Vorhabens in der Nachbarschaft klagen. Dennoch gibt es kaum Entscheidungen, in denen die Rüge der Verletzung des Art. 2 Abs. 2 GG zum Erfolg des Klägers geführt hätte. Das *BVerwG* beruft sich auf Schwierigkeiten, das Rechtsgut der Gesundheit in einer Weise greifbar abzugrenzen, die es gestattet, daraus in Fällen der sog. Nachbarklage Konsequenzen zu ziehen.[83]

46 Nach Ansicht des *BVerfG* erwächst aus Art. 2 Abs. 2 S. 1 GG – anders als aus Art. 14 Abs. 1 S. 1 GG – nicht die Rechtsmacht, die Verletzung gleichgerichter objektiver Belange zu rügen.[84]

47 Art. 2 Abs. 2 GG gewährt dem einzelnen ein subjektiv-öffentliches Abwehrrecht gegen Beeinträchtigungen des Grundrechts auf Leben und körperliche Unversehrtheit.

48 Das durch Art. 2 Abs. 2 S. 1 GG geschützte Recht auf **Leben** wird von der h. M. in erster Linie naturwissenschaftlich-biologisch verstanden.[85] Art. 2 Abs. 2 S. 1 GG beschränkt sich insoweit auf das notwendige Mindestmaß an materiellen Lebensbedingungen. Ein irgendwie „qualifiziertes Leben" wird durch Art. 2 Abs. 2 S. 1 GG nicht geschützt.[86]

---

[81] *BVerwG*, Urt. v. 30. 9. 1983 – 4 C 74.78 –, E 68, 58 (61); Urt. v. 30. 9. 1983 – IV C 18/80 –, NJW 1984, 250.

[82] So ausdrücklich *BVerwG*, Urt. v. 29. 7. 1977 – IV C 51.75 –, E 54, 211 (212); siehe auch *BVerfG*, Beschl. v. 14. 1. 1981 – 1 BvR 612/72 – E 56, 54 (73); *OVG Münster*, Urt. v. 19. 9. 1983 – 13 A 1888/82 –, NVwZ 1984, 385 (386) *VGH Mannheim*, Urt. v. 17. 5. 1984 – 5 S 668/84 –, NVwZ 1984, 525; *OVG Hamburg*, Urt. v. 27. 1. 1983 – Bf 250/81 –, NVwZ 1984, 48 (50); *OVG Koblenz*, Urt. v. 21. 5. 1985 – 7 A 125/84 –, NVwZ 1985, 666 (667).

[83] Urt. v. 27. 7. 1977 – IV 51.75 –, E 54, 211 (223); kritisch dazu *Battis*, DVBl. 1978, 577 (578); zu Anwendungsproblemen des Art. 2 Abs. 2 GG im Immissionsschutzrecht *Schmidt-Aßmann*, AöR 106 (1981), 205 ff.; zum Drittschutz aus Art. 2 Abs. 2 GG siehe auch *Schwerdtfeger*, NVwZ 1982, 5 (9 f.), *Broß*, DÖV 1985, 513 ff.; *Henneke*, Landwirtschaft und Naturschutz, S. 83 ff.

[84] Beschl. v. 9. 6. 1987 – 1 BvR 510/87 –, UPR 1987, 343; a. A. *Wahl*, HdUR, Bd. II, Sp. 176.

[85] *BVerfG*, Urt. v. 14. 1. 1981 – 1 BvR 612/72 –, E 56, 54 (73 f.); *Schmidt-Aßmann*, AöR 106 (1981), 205 (208 f.); *Henneke*, Landwirtschaft und Naturschutz, S. 83.

[86] *Henneke*, Landwirtschaft und Naturschutz, S. 84; a. A.: *Klein*, in: Weber-Festschrift, S. 643 (651) und *Lücke*, DÖV 1976, 289 (290), die unter Leben i. S. v. Art. 2 Abs. S. 1 GG im Hinblick auf Art. 1 Abs. 1 GG ein „menschenwürdiges" Leben verstehen, das neben einem Minimum an materiellen Lebensbedingungen auch ein Mindestmaß an immateriellen Umweltverhältnissen, wie insbesondere die Erhaltung der natürlichen Landschaft voraussetzt.

Auch die durch Art. 2 Abs. 2 GG geschützte **körperliche Unversehrtheit** hat zunächst nur das rein physische Fehlen pathologischer Zustände zum Gegenstand.[87] Daneben erfassen die Begriffe „Leben" und „körperliche Unversehrtheit" aber auch *psychische* Einwirkungen umweltrelevanter Vorgänge.[88] Nach Auffassung des *BVerfG* schützt Art. 2 Abs. 2 S. 1 GG auch gegen psychische Einwirkungen, die ihrer Wirkung nach körperlichen Eingriffen gleichzusetzen sind. Das sind solche Einwirkungen, die das Befinden einer Person in einer Weise verändern, die der Zufügung von Schmerzen entspricht.[89] Solche nichtkörperlichen Einwirkungen können sich z. B. aus Lärmemissionen ergeben. **49**

Fall:[90] Die Anwohner einer Straße, durch die der gesamte LKW-Verkehr von und zu einem Gewerbegebiet fährt, beantragten bei der Straßenverkehrsbehörde ein Nachtfahrverbot für LKW. Die ablehnende Ermessensentscheidung beurteilte das Gericht als fehlerhaft, weil die Behörde ihre Schutzpflicht gem. Art. 2 Abs. 1 S. 1 i. V. m. Art. 1 Abs. 1 S. 2 GG nicht das notwendige Gewicht beigemessen habe. Aufgrund der Lärmbelastungen war es nämlich zu Gesundheitsschäden (Schlafstörungen, Herzbeschwerden) gekommen. Demgegenüber habe das Recht der Gewerbeanlieger auf angemessene Zufahrt zurückzustehen.

Durch Art. 2 Abs. 2 GG wird allerdings nicht der gesamte Zustand des vollständigen körperlichen, geistigen und sozialen Wohlbefindens, wie er dem Gesundheitsbegriff der Weltgesundheitsorganisation entspricht, geschützt.[91] Vielmehr ist die körperliche Unversehrtheit als Gesundheit im biologisch-physiologischen Sinne bzw. als Freiheit von Schmerz und Gebrechen zu verstehen.[92] Art. 2 Abs. 2 GG gewährleistet keinen absoluten Schutz vor jeglichen Gefahren für Leben und Gesundheit. Nach Ansicht des *BVerfG* sind Risiken jenseits der Schwelle praktischer Vernunft, die ihre Ursache in den Grenzen des menschlichen Erkenntnisvermögens haben, unbestimmbar und insofern als sozial-adäquate Last von allen Bürgern zu tragen.[93] **50**

c) Art. 2 Abs. 1 GG

Nach Ansicht des *BVerwG* lassen sich umweltrechtliche Abwehrklagen regelmäßig nicht auf Art. 2 Abs. 1 GG stützen. Eine auf Art. 2 Abs. 1 GG gestützte umfassende Freiheit von ungesetzlichen Nachteilen erkennt die Rechtsprechung nicht an.[94] Grundsätzlich sei es Sache des Gesetzgebers, subjektive Rechte zu verleihen und damit zugleich zu entscheiden, wer berufen sein solle, etwaige Unrechtmäßigkeiten gerichtlich kontrollieren zu las- **51**

---

[87] *Schmidt-Aßmann*, AöR 106 (1981), 205 (209).

[88] *Kloepfer*, Grundrecht auf Umweltschutz, S. 29; *Benda*, UPR 1982, 241 (243); *Steiger*, in: Grundzüge des Umweltrechts, 21 (31).

[89] *BVerfG*, Urt. v. 14. 1. 1981 – 1 BvR 612/72 –, E 56, 54 (75).

[90] Vgl. *OVG Münster*, Urt. v. 21. 8. 1980 – 12 A 1859/ 78 –, NJW 1981, 701; zu diesem Beispiel siehe *Hermes*, Das Grundrecht auf Schutz von Leben und Gesundheit, S. 21.

[91] *BVerfG*, Urt. v. 14. 1. 1981 – 1 BvR 612/72 –, E 56, 54 (75); *Henneke*, Landwirtschaft und Naturschutz, S. 86; zum Begriff der Gesundheit siehe auch SRU-Umweltgutachten 1987, Rz 1722ff.

[92] *Starck*, in: v. Mangoldt/Klein/Starck, GG, Art. 2 Rn. 130; zur Bedeutung der Gesundheit im Umweltrecht siehe auch *Seewald*, NuR 1988, 161 ff.

[93] Vgl. *BVerfG*, Beschl. v. 8. 8. 1978 – 2 BvL 8/77 –, E 49, 89 (143); *BVerfG*, Beschl. v. 20. 12. 1979 – 1 BvR 385/77 –, E 53, 30 (59).

[94] Urt. v. 29. 7. 1977 – IV C 51.75 –, E 54, 211 (212/221).

sen. Nicht Art. 2 Abs. 1 GG schaffe die für eine gerichtliche Kontrolle unerläßliche rechtliche Beziehung zwischen dem Kläger und der von ihm begehrten Kontrolle, sondern Art. 2 Abs. 1 GG setze voraus, daß sich eine solche Beeinträchtigung aus der sonstigen Rechtsordnung ergebe.[95] Demgegenüber hat das *OVG Berlin* unter Verweis auf die besondere Situation der Insellage Berlins und unter Heranziehung von Art. 2 Abs. 1 GG i. V. m. Bestimmungen des BNatSchG und des BWaldG einen Abwehranspruch gegen einen besonders schwerwiegenden Eingriff in ein Waldgebiet abgeleitet.[96]

52 Aus Art. 2 Abs. 1 GG läßt sich somit nach der Rechtsprechung kein umfassendes Abwehrrecht gegen rechtswidrige Umweltbelastungen herleiten.

53 Nach Auffassung von *Benda* garantiert Art. 2 Abs. 1 i. V. m. Art. 1 Abs. 1 GG jedoch zumindest ein gesichertes menschenwürdiges Leben, ein ökologisches Existenzminimum und damit den Anspruch auf die Abwehr besonders umweltunverträglicher Staatseingriffe, soweit nicht bereits der speziellere Anspruch auf Schutz von Leben und Gesundheit i. S. d. Art. 2 Abs. 2 GG eingreift.[97]

54 Möglicherweise kann aus Art. 2 Abs. 1 GG in Ausnahmefällen sogar ein „Recht auf Naturgenuß" abgeleitet werden. Das setzt allerdings die Entwicklung einer entsprechenden Fallgruppe als Unterfall des allgemeinen Persönlichkeitsrechts voraus. Notwendig ist es insoweit, die Beeinträchtigung der Umwelt als ideellen Nachteil zur grundrechtlichen Freiheit des einzelnen sinnvoll in Beziehung zu setzen.[98] Zu einem solchen Recht auf unbeeinträchtigten Naturgenuß mag die Abwehr rechtswidriger Beeinträchtigungen der Erholungsfunktion eines Naherholungsgebiets des betroffenen Bürgers oder die durch eine rechtswidrige Bebauung versperrte Aussicht auf die freie Landschaft gehören.[99]

2. Grundrechtliche Schutzpflichten

55 Nach ständiger Rechtsprechung des *BVerfG* sind Grundrechte nicht nur subjektive Abwehrrechte des Einzelnen gegen die öffentliche Gewalt, sondern zugleich objektivrechtliche Wertentscheidungen der Verfassung, die für alle Bereiche der Rechtsordnung gelten und Richtlinien für Gesetzgebung, Verwaltung und Rechtsprechung geben.[100] Die Anerkennung der Grundrechte als objektivrechtliche Wertentscheidungen

---

[95] *BVerwG*, Urt. v. 29. 7. 1977 – IV C 51.75 –, E 54, 211 (212/221); *Schlichter*, NVwZ 1983, 641 (642); *Steinberg*, Nachbarrecht, Rn. 44.

[96] Urt. v. 2. 5. 1977 – OVG II B 2.77 –, DVBl. 1977, 901; vgl. dazu *Dageförde*, NuR 1980, 150ff.; *ders.*, BayVBl. 1979, 490ff.; siehe aber auch *VG Berlin*, Beschl v. 3. 8. 1984 – VG 13 A 210.84 –, GewArch. 1985, 228, wonach das durch Art. 2 Abs. 2 GG i. V. m. § 1 BNatSchG geschützte rechtliche Interesse der Berliner Bürger an der Erhaltung der Berliner Wälder grundsätzlich kein subjektives Recht i. S. d. § 42 Abs. 2 VwGO ist.

[97] *Benda*, UPR 1982, 241 (243).

[98] Vgl. dazu *Beckmann*, Rechtsschutz, S. 190.

[99] Nach Ansicht des *VGH BW* – NK-Beschl. v. 30. 7. 1987 - 5 S 2906/86 –, stellt die Beeinträchtigung der freien Aussicht einen Nachteil i. S. v. § 47 Abs. 2 S. 1 VwGO dar (vgl. VBlBW 1988, 72).

[100] Vgl. *BVerfG*, Beschl. v. 8. 8. 1978 – 2 BvL 8/77 – , E 49, 89 (141) m. zahlr. N. zur früheren Rechtsprechung; *BVerfG*, Beschl. v. 20. 12. 1979 – 1 BvR 385/77 –, E 53, 30 (57); *BVerfG*, Beschl. v. 14. 1. 1981 – 1 BvR 612/72 –, E 56, 54 (73); *BVerfG*, Beschl. 14. 9. 1983 – 1 BvB 920/83 –, NJW 1983, 2931 (2932); *BGH*, Urt. v. 10. 12. 1987 – III ZR 220/86 –, NJW 1988, 478 (481) zum Waldsterben.

hat ganz unterschiedliche Auswirkungen,[101] insbesondere legen die Grundrechte dem Staat in ihrer objektiv-rechtlichen Funktion besondere Schutzpflichten auf.[102]

a) Schutz vor Umweltbeeinträchtigungen

Grundrechtliche Schutzpflichten haben zur Folge, daß der Staat nicht nur 56
auf rechtswidrige Grundrechtseingriffe verzichten muß. Vielmehr muß er sich aktiv schützend und fördernd vor die in den Grundrechten geschützten Rechtsgüter stellen und sie insbesondere auch vor rechtswidrigen Eingriffen Dritter bewahren. Grundrechtliche Schutzpflichten hat das *BVerfG* vor allem auch zum Schutz vor Umweltbeeinträchtigungen aktiviert. Sie zwingen in erster Linie den Gesetzgeber zum Erlaß von Schutzgesetzen oder zur Ergänzung bzw. Nachbesserung bestehender Gesetze.[103] Die Pflichten der Verwaltung zum Schutz der Umwelt und der grundrechtlichen Schutzgüter ergeben sich vornehmlich aus den einfachgesetzlichen Schutzgesetzen. Grundrechtliche Schutzpflichten sind insoweit aber von den Rechtsanwendern (Verwaltung und Gerichte) bei der Auslegung dieser Gesetze zu beachten. Von der Verwaltung sind grundrechtliche Schutzpflichten außerdem bei der Betätigung ihres Ermessens oder bei der planerischen Abwägung zu berücksichtigen.[104] Eine zu konkretem Handeln zwingende Schutzpflicht hat das *BVerfG* wiederholt aus Art. 2 Abs. 2 S. 1 GG abgeleitet.[105] In der Rechtsprechung ist aber anerkannt, daß auch andere Grundrechte Grundlage umweltbezogener Schutzpflichten sein können.[106]

b) Umfang der Schutzpflichten

Aus den objektiv-rechtlichen Wertentscheidungen der Grundrechte abge- 57
leitet, sind grundrechtliche Schutzpflichten in erster Linie objektive Verpflichtungen des Staates. Sie sind insoweit von ihrer Zielsetzung und Struktur her den Staatszielbestimmungen vergleichbar.[107] Allerdings entsprechen den grundrechtlichen Schutzpflichten in Ausnahmefällen subjektive Schutzansprüche der Bürger.[108] Nach der Rechtsprechung des *BVerfG* haben jedoch

---

[101] Vgl. dazu i. e. *Jarass*, AöR 110 (1985), S. 363ff.

[102] Anders als das BVerfG leitet allerdings *Murswiek*, der sich mit der staatlichen Verantwortung für die Risiken der Technik grundlegend auseinandergesetzt hat, (vgl. *Murswiek* Die staatliche Verantwortung, S. 1ff.) grundrechtliche Schutzpflichten nicht aus der objektiv-rechtlichen Funktion de Grundrechte, sondern aus ihrer Abwehrfunktion ab, vgl. dazu auch *Murswiek*, WuV 1986, 179 (183); zum subjektiven Schutzanspruch siehe auch *Hermes*, Das Grundrecht auf Schutz von Leben und Gesundheit, S. 71 ff.; *Schwabe*, NVwZ 1983, 523 (524f./527).

[103] *BVerfG*, Beschl. v. 8. 8. 1978 – 2 BvL 8/77 –, E 49, 89 (141f.); Beschl. v. 20. 12. 1979 – 1 BvR 385/77 –, E 53, 30 (57); *BVerfG*, Beschl. v. 14. 1. 1981 – 1 BvR 612/72 –, E 56, 54 (73ff.); siehe dazu auch *Steiger*, in: Grundzüge des Umweltrechts, S. 33; *Jarass*, AöR 110 (1985), S. 363 (377).

[104] *Murswiek*, WuV 1986, 179 (198).

[105] *BVerfG*, Urt. v. 16. 10. 1977 – 1 BvR 5/77 –, E 46, 160 (164f.); Beschl. v. 8. 8. 1978 – 2 BvL 8/77 – , E 49, 89 (142); Beschl. v. 20. 12. 1979 – 1 BvR 385/ 77 –, E 53, 30 (57); Beschl. v. 14. 1. 1981 – 1 BvR 612/72 –, E 56, 54 (73).

[106] *BVerfG*, Beschl. v. 10. 10. 1978 – 1 BvR 475/78 –, E 49, 252 (256); vgl. dazu auch *Henneke*, Landwirtschaft und Naturschutz, S. 95ff.; *Soell*, NuR 1985, 205 (207).

[107] Siehe dazu oben: § 4, Rn. 9.

[108] Vgl. dazu *Murswiek*, WuV 1986, 179 (199); *Benda*, Technische Risiken und Grundgesetz, S. 6; *Jarass*, AöR 110 (1985), 363 (380) mit Nachweisen zur Rechtsprechung des BVerfG.

über die Art und Weise, wie die aus den Grundrechten abgeleiteten Schutzpflichten zu erfüllen sind, die staatlichen Organe in eigener Verantwortung zu entscheiden.[109] Ein Anspruch auf hoheitliches Tätigwerden besteht nach Ansicht des *BVerfG* nur bei evidenten Verletzungen der in den Grundrechten verkörperten Grundentscheidungen. Eine solche evidente Vernachlässigung staatlicher (Umwelt-)Schutzpflichten hat das *BVerfG* bislang in keinem Fall angenommen. Es hat deshalb Ansprüche auf Tätigwerden des Gesetzgebers zum Schutz vor gesundheitsgefährdender und eigentumsbeeinträchtigender Luftverschmutzung genauso wie Ansprüche auf gesetzgeberische Aktivitäten zur Bekämpfung des Fluglärms abgelehnt.[110] Aus der Schutzpflicht des Gesetzgebers kann nach Ansicht des *BVerfG* auch nicht abgeleitet werden, daß atomrechtliche private Zwischenlager nur aufgrund einer ausdrücklichen Zulassung durch den Gesetzgeber geschaffen werden dürfen.[111]

58 Inhaltlich können sich objektive Schutzpflichten richten auf

- die Abwehr von Beeinträchtigungen der Grundrechte durch Dritte,
- Maßnahmen vorsorgender und planender Gestaltung,
- die Bereitstellung von Finanzmitteln,
- die Ermöglichung der Teilhabe an staatlichen Einrichtungen und Entscheidungsprozessen.

59 Grundrechtliche Schutzpflichten können *materiellrechtliche* und *verfahrensrechtliche* Anforderungen an die Zulassung umweltbelastender Vorhaben auslösen.[112] Bei der Zulassung grundrechtsbeeinträchtigender Anlagen muß der Gesetzgeber deshalb die Genehmigungsbehörde an strenge materiell-rechtliche Genehmigungsvoraussetzungen binden und zugleich die Erteilung einer Genehmigung von einem förmlichen Genehmigungsverfahren abhängig machen, in dem die Genehmigungsvoraussetzungen von Amts wegen zu prüfen und an dem die betroffenen Bürger und Behörden zu beteiligen sind.[113] Wie weit staatliche Schutzpflichten im einzelnen reichen, ist abstrakt kaum zu klären und vielleicht sogar das Kernproblem des materiellen Umweltverfassungsrechts.[114] Der Umfang staatlicher Schutzpflichten hängt einerseits von der **Intensität** der Beeinträchtigung grundrechtlicher Schutzgüter und andererseits von der **Wahrscheinlichkeit** der drohenden Beeinträchtigung ab.

aa) Intensität der drohenden Beeinträchtigung

60 Hinsichtlich der Intensität drohender Grundrechtsbeeinträchtigungen ist zwischen **Schäden** und **Belästigungen** zu unterscheiden.

---

[109] *BVerfG*, Urt. v. 25. 2. 1975 – 1 BvF 1, 2, 3, 4, 5, 6/74 –, E 39, 1 (44); Urt. v. 16. 10. 1977 – 1 BvQ 5/77 –, E 46, 160 (164); Beschl. v. 14. 1. 1981 – 1 BvR 612/72 –, E 56, 54 (73).

[110] *BVerfG*, Beschl. v. 14. 9. 1983 – 1 BvB 920/83 –, NJW 1983, 2931f.; hinsichtlich der Waldschäden ist umstritten, ob eine evidente Schutzpflichtverletzung vorliegt, bejahend *v. Hippel*, NJW 1986, 592f.; ablehnend *Bender*, VerwArch. 77 (1986), 335 (365); offen gelassen von *BGH*, Urt. v. 10. 12. 1987 - III ZR 220/86 –, NJW 1988, 478 (481); zum Fluglärm siehe *BVerfG*, Beschl. v. 14. 1. 1981 – 1 BvR 612/72 –, E 56, 54 (73).

[111] *BVerfG*, Beschl. v. 26. 1. 1958 – 1 BvR 1561/82 –, NVwZ 1988, 427 (428).

[112] *Steiger*, in: Grundzüge des Umweltrechts, S. 33 (41).

[113] Vgl. dazu *BVerfG*, Beschl. v. 20. 12. 1979 – 1 BvR 385/77 –, E 53, 30 (59).

[114] So ausdrücklich *Murswiek*, WuV 1986, 179.

(1) Schaden

Unter einem Schaden versteht man die *nicht unerhebliche* Beeinträchtigung eines rechtlich geschützten Gutes.[115] Bezogen auf grundrechtliche Schutzpflichten sind Schäden demnach nicht unerhebliche Beeinträchtigungen von Grundrechten. Sie müssen vor dem Hintergrund grundrechtlicher Schutzpflichten vermieden werden. 61

(2) Belästigung

Belästigungen sind demgegenüber die *unerheblichen* Beeinträchtigungen rechtlich geschützter Güter. Sie dürfen dem einzelnen zugemutet werden, weil und soweit sie in der Welt, in der wir leben, sozialadäquat sind.[116] 62

(3) Abgrenzung

Die Abgrenzung *zwischen Schäden und Belästigungen* ist im Einzelfall schwierig. Das ist einer der Gründe, warum nach Ansicht des *BVerwG* Art. 2 Abs. 2 GG so selten als Anspruchsgrundlage für eine Nachbarklage herangezogen wird.[117] Die Feststellung der *Erheblichkeit* einer Beeinträchtigung ist einerseits ein naturwissenschaftliches, bei Gesundheitsgefährdungen ein *medizinisch-biologisches* Problem, wobei die Zusammenhänge zwischen Umweltbelastungen und Gesundheitsgefährdungen häufig ungeklärt sind. Die Abgrenzung zwischen erheblichen und unerheblichen Beeinträchtigungen erfordert andererseits eine eher *politische Bewertung* der dazu berufenen staatlichen Stellen dessen, was den Bürgern an Umweltbelastung, insbesondere an Lärm und Luftverschmutzung zugemutet werden darf und dem, was im Bereich des notwendigen Betriebs umweltbelastender Anlagen erlaubt sein muß. 63

In der Praxis erweist sich die zur Festlegung des verfassungsrechtlichen Mindestschutzes notwendige Abgrenzung zwischen erheblichen und unerheblichen Beeinträchtigungen zumeist jedoch nicht als entscheidend, weil die einfachgesetzlichen Anforderungen an Betrieb und Errichtung umweltbelastender Vorhaben regelmäßig über das verfassungsrechtlich gebotene Mindestmaß hinausgehen. So schützen das BImSchG und andere neuere Umweltrechtsnormen nicht nur vor Schäden, sondern bereits vor erheblichen *Nachteilen* und *Belästigungen.*[118] Im Umweltschutzrecht geht es deshalb häufig weniger darum, den Schaden von einem Nachteil oder der Belästigung zu unterscheiden, sondern vielmehr kommt es entscheidend darauf an, auf der einfachgesetzlichen Ebene den erheblichen Nachteil und die erhebliche Belästigung von den unerheblichen, d. h. zumutbaren Nachteilen und Belästigungen abzugrenzen.[119] 64

bb) Wahrscheinlichkeit der drohenden Beeinträchtigung

Grundrechtliche Schutzpflichten schützen nicht nur gegen Grundrechtsverletzungen. Vielmehr hat das *BVerfG* ausdrücklich klargestellt, daß grund- 65

---

[115] Vgl. *Murswiek*, HdUR, Bd. I, Sp. 618.

[116] *BVerwG*, Urt. v. 29. 7. 1977 – IV C 51.75 –, E 54, 211 (223).

[117] Vgl. Urt. v. 27. 7. 1977 – IV C 51.75 –, E 54, 211 (223).

[118] Vgl. § 5 Abs. 1 Nr. 1 BImSchG, § 2 Abs. 1 Nr. 1 AbfG; § 12 BWaldG, § 17 FStrG, § 6 StrVG; vgl. dazu auch *Murswiek*, HdUR, Bd. I, Sp. 618.

[119] So *Drews/Wacke/Vogel/Martens*, Gefahrenabwehr, S. 222.

rechtliche Schutzpflichten den Gesetzgeber verpflichten, rechtliche Regelungen so auszugestalten, daß auch die *Gefahr* einer Grundrechtsverletzung ausgeschlossen wird.[120] Hinsichtlich der gebotenen Gefahrenvorsorge wird zumeist zwischen der **Gefahrenabwehr** und der **Risikovorsorge** unterschieden.[121]

(1) Gefahrenabwehr

66 Im polizeirechtlichen Sinne liegt eine Gefahr vor, wenn eine Sachlage besteht, die bei ungehindertem Geschehensablauf mit hinreichender Wahrscheinlichkeit zu einem Schaden führt.[122]

67 Hinsichtlich des Grades der Wahrscheinlichkeit muß differenziert werden nach dem Rang des bedrohten Rechtsgutes und nach dem Ausmaß des zu befürchtenden Schadens. Je größer und folgenschwerer der möglicherweise eintretende Schaden ist, um so geringer sind die Anforderungen, die an die Wahrscheinlichkeit des Schadenseintritts gestellt werden können.[123]

68 Grundsätzlich liegt dieser polizeirechtliche Gefahrenbegriff auch dem Umweltrecht, insbesondere dem BImSchG und dem AtG zugrunde. Angesichts des katastrophalen Schadensumfanges, den beispielsweise Störfälle bei Kernkraftwerken oder Chemiebetrieben annehmen können, muß jedoch die Wahrscheinlichkeit des Schadenseintritts gegen Null gehen. Außerdem können Gefahren, die aus der Errichtung und dem Betrieb großtechnischer Anlagen herrühren, nicht mehr – wie im allgemeinen Polizeirecht – nach der allgemeinen Lebenserfahrung beurteilt werden. Nach Auffassung des *BVerfG* besteht eine Gefahr erst dann nicht mehr, wenn es nach dem Stand von Wissenschaft und Technik praktisch ausgeschlossen erscheint, daß Schadensereignisse eintreten werden.[124] Ungewißheiten jenseits dieser Schwelle praktischer Vernunft haben nach Ansicht des *BVerfG* ihre Ursache in den Grenzen des menschlichen Erkenntnisvermögens, sie sind deshalb unentrinnbar und insofern als sozialadäquate Lasten von allen Bürgern zu tragen.[125] Der vom *BVerfG* für das Atomrecht entwickelte Standard der praktischen Vernunft dürfte auch auf andere Bereiche des Umweltschutzrechts übertragbar sein.[126]

(2) Risikovorsorge

69 Von der Gefahrenabwehr ist eine unterhalb der Gefahrenschwelle angesiedelte Risikovorsorge zu unterscheiden.[127] Das Risiko unterscheidet sich von einer Gefahr vor allem durch den Grad der Wahrscheinlichkeit des Schadens-

---

[120] *BVerfG*, Beschl. v. 8. 8. 1978 – 2 BvL 7/77 –, E 49, 89 (142).

[121] Vgl. dazu z. B. *Benda*, Technische Risiken und Grundgesetz, S. 5; *BVerwG*, Urt. v. 19. 12. 1985 – 7 C 65.82 –, DVBl. 1986, 190 (194).

[122] Vgl. dazu *Drews/Wacke/Vogel/Martens*, Gefahrenabwehr, S. 223; *Darnstädt*, Gefahrenabwehr und Gefahrenvorsorge, S. 35 ff.

[123] *Drews/Wacke/Vogel/Martens*, Gefahrenabwehr, S. 224.

[124] *BVerfG*, Beschl. v. 8. 8. 1978 – 2 BvL 8/77 –, E 49, 89 (143).

[125] *BVerfG*, Beschl. v. 8. 8. 1978 – 2 BvL 8/77 –, E 49, 89 (143).

[126] *Breuer*, Umweltschutzrecht, S. 615.

[127] Vgl. dazu *BVerwG*, Urt. v. 19. 12. 1985 – 7 C 65.82 – , DVBl. 1986, 190 (194); *Rengeling*, DVBl. 1986, 265 (266 f.); *Sellner*, NVwZ 1986, 616 ff.; krit. gegenüber einer solchen Differenzierung *Ossenbühl*, NVwZ 1986, 161 (163).

eintritts.[128] Während eine Gefahr die *hinreichende* Wahrscheinlichkeit des Schadenseintritts voraussetzt, liegt das Risiko schon bei der *geringsten* Wahrscheinlichkeit des Schadenseintritts vor.

Ein Risiko besteht demnach bereits dann, wenn der Schaden jedenfalls **70**
möglich erscheint, d. h. wenn er nicht mit Sicherheit ausgeschlossen werden kann.[129]

Nimmt man den vom *BVerfG* aufgestellten Standard der praktischen Ver- **71**
nunft ernst, wonach der Schadenseintritt praktisch ausgeschlossen sein muß und wonach Risiken erst jenseits des menschlichen Erkenntnisvermögens hingenommen werden können, dann erscheint es zweifelhaft, ob es unterhalb dieser Gefahrenschwelle noch eine Risikovorsorge geben kann.[130] Nach Auffassung des *BVerwG* geht die gem. § 7 Abs. 2 Nr. 3 AtG erforderliche Risikovorsorge jedoch über die Gefahrenabwehr hinaus, weil auch solche Schadensmöglichkeiten in Betracht gezogen werden müssen,

> „die sich nur deshalb nicht ausschließen lassen, weil nach dem derzeitigen Wissensstand bestimmte Ursachenzusammenhänge weder bejaht noch verneint werden können und daher insoweit noch keine Gefahr, sondern nur ein Gefahrenverdacht oder ein Besorgnispotential besteht".

Vorsorge bedeutet nach Auffassung des *BVerwG* weiterhin, **72**

> „daß bei der Beurteilung von Schadenswahrscheinlichkeiten nicht allein auf das vorhandene Erfahrungswissen zurückgegriffen werden darf, sondern Schutzmaßnahmen auch anhand bloß theoretischer Überlegungen und Berechnungen in Betracht gezogen werden müssen, um Risiken aufgrund bestehender Unsicherheiten oder Wissenslücken hinreichend zuverlässig auszuschließen."

Es sei daher unerlaubt, „exakt bis an die Gefahrengrenze zu gehen". Ge- **73**
fahren und Risiken müßten, wenn die erforderliche Vorsorge i. S. v. § 7 Abs. 2 Nr. 3 AtG getroffen sein sollte, praktisch ausgeschlossen sein.[131]

Im Ergebnis ist den Ausführungen des *BVerwG* zu folgen. Jedoch ist die **74**
Trennung zwischen der Gefahr und dem Gefahrenverdacht, wobei der Gefahrenverdacht der Risikovorsorge zuzurechnen sein soll, nicht unbedingt zwingend, weil Ungewißheiten hinsichtlich der Gefahreneinschätzung möglicherweise die Entscheidung über Wahrscheinlichkeit des Schadenseintritts erschweren, grundsätzlich jedoch nicht die Annahme einer Gefahr ausschließen.[132] Fraglich ist außerdem, ob angesichts des strengen Maßstabes der praktischen Vernunft im Bereich der Gefahrenabwehr die noch weitergehende Risikovorsorge von grundrechtlichen Schutzpflichten geboten wird oder ob es sich nicht vielmehr um eine über den verfassungsrechtlichen Mindeststandard hinausgehende einfachgesetzliche Schutzregelung insbesondere des Atomrechts und des Immissionsschutzrechtes handelt.[133] Dafür spricht, daß die Ausführungen des *BVerwG* im Wyhl-Urteil und auch der vom *BVerfG* angesprochene Grundsatz der bestmöglichen Gefahrenabwehr und Risikovorsorge sich auf die Auslegung des § 7 Abs. 2 Nr. 3 AtG beziehen.

---

[128] Ausführlich zum Risikobegriff *Murswiek*, Die staatliche Verantwortung, S. 80ff.; *ders.*, in: HdUR, Bd. I, Sp. 615.
[129] *Murswiek*, HdUR, Bd. I, Sp. 615.
[130] So die Kritik von *Ossenbühl*, NVwZ 1986, 161 (163).
[131] Vgl. *BVerwG*, Urt. v. 19. 12. 1985 – 7 C 65.82 –, DVBl. 1986, 190 (194f.).
[132] *Drews/Wacke/Vogel/Martens*, Gefahrenabwehr, S. 226.
[133] In diese Richtung *Murswiek*, HdUR, Bd. I, Sp. 624.

C. Bedeutung des Rechts-, Staats- und des Sozialstaatsprinzips auf dem Gebiet des Umweltschutzes

75 Das Rechtsstaatsprinzip und das Sozialstaatsprinzip weisen zwar keine ausdrückliche und spezifisch umweltschützende Funktion auf. Gleichwohl sind sie für das Umweltschutzrecht von Bedeutung.

I. Sozialstaatsprinzip

76 Das Sozialstaatsprinzip ist wiederholt mangels spezieller verfassungsrechtlicher Vorgaben zur Begründung einer Verpflichtung zum Umweltschutz herangezogen worden.[134] Es verpflichtet den Staat dazu, Umweltbedingungen zu sichern, unter denen auch langfristig ein menschenwürdiges Dasein und eine ihr dienende wirtschaftliche Tätigkeit möglich sind.[135] Angesichts seiner Unbestimmtheit lassen sich aus dem Sozialstaatsprinzip allerdings kaum konkrete Handlungsaufträge für die Gesetzgebung oder die Verwaltung ableiten.[136]

77 Aus dem Sozialstaatsprinzip soll sich aber z. B. der Auftrag für die Raumordnung ergeben, gleichwertige Lebensbedingungen, zu denen unter anderem eine menschenwürdige Umwelt zählt, in allen Teilräumen des Bundesgebietes zu schaffen.[137]

78 Hinzu kommt, daß das Sozialstaatsprinzip den Staat auf die Erfüllung ganz unterschiedlicher Aufgaben, etwa im Bereich der sozialen Sicherheit und der Leistungs- und Daseinsverwaltung verpflichtet. Mit diesen Aufgabenbereichen kann eine aus dem Sozialstaatsprinzip abgeleitete Verpflichtung zum Umweltschutz sogar in Konflikt geraten. Auch das spricht dagegen, aus dem Sozialstaatsprinzip konkrete Handlungsanweisungen für den Gesetzgeber oder die Verwaltung abzuleiten.[138]

II. Rechtsstaatsprinzip

79 Aus dem Rechtsstaatsprinzip werden verschiedene umweltrelevante Teilaussagen abgeleitet. Dazu zählt die Lehre vom **Gesetzesvorbehalt**, der **Bestimmtheitsgrundsatz** und der **Verhältnismäßigkeitsgrundsatz**.

1. Gesetzesvorbehalt

80 Der Grundsatz des Gesetzesvorbehalts, der nicht nur aus dem Rechtsstaatsprinzip, sondern auch aus dem Demokratieprinzip und den Grundrechten abgeleitet werden kann,[139] verlangt, daß die Verwaltung in bestimmten

---

[134] Vgl. dazu die zahlreichen Nachweise bei *Steiger*, in: Grundzüge des Umweltrechts, S. 27 mit Fn. 25; *Maus*, JA 1979, 287 (289); *Soell*, NuR 1985, 205 (211 f.); vgl. auch *Marburger*, Individualschutz gegen Umweltbelastungen, S. 8.

[135] *Fehn*, Das umweltrechtliche Auflagenprinzip, S. 22.

[136] *Hermes*, Das Grundrecht auf Schutz von Leben und Gesundheit, S. 132 m. w. N.; *Kloepfer*, DVBl. 1988, 305 (309).

[137] Vgl. *Cholewa/Dyong/von der Heide/Arenz*, § 2 Rn. 10; zur Raumordnung als Instrument des Umweltschutzes siehe unten, § 7 Rn. 19 ff.

[138] So zu Recht *Steiger*, in: Grundzüge des Umweltrechts, S. 28.

[139] *Maurer*, Allgemeines Verwaltungsrecht, § 6 Rn. 4.

Fällen nur tätig werden darf, wenn sie dazu durch Gesetz ermächtigt worden ist. Welche Sachbereiche und Angelegenheiten vom Gesetzesvorbehalt erfaßt werden und wie präzise die gesetzliche Regelung sein muß, ergibt sich aus der vom *BVerfG* vor allem im Bereich des Umweltschutzrechts entwickelten **Wesentlichkeitstheorie.**[140] Danach ist der Gesetzgeber verpflichtet, in grundlegenden normativen Bereichen, insbesondere im Bereich der Grundrechtsausübung, alle wesentlichen Entscheidungen selbst zu treffen. Für das Atomrecht hat das *BVerfG* daraus abgeleitet, daß die Grundsatzentscheidung für oder gegen die rechtliche Zulässigkeit der friedlichen Nutzung der Kernenergie wegen ihrer weitreichenden Auswirkungen auf den Freiheitsbereich der Bürger, auf die allgemeinen Lebensverhältnisse und wegen der notwendigerweise damit verbundenen Art und Intensität der Regelung vom Gesetzgeber selbst zu treffen ist.[141]

Verändern sich die sachlichen Grundlagen für die Entscheidung zugunsten der Kernenergie, kann der Gesetzgeber durch den Gesetzesvorbehalt dazu verpflichtet sein, diese Entscheidung daraufhin zu überprüfen, ob sie auch unter den veränderten Umständen aufrechterhalten werden kann.[142] **81**

2. Bestimmtheitsgrundsatz

Der Gesetzesvorbehalt regelt nicht nur die Notwendigkeit einer gesetzlichen Regelung, sondern verlangt auch ein Mindestmaß an Bestimmtheit des Gesetzes. Der Bestimmtheitsgrundsatz zielt darauf ab, hoheitliche Eingriffe möglichst berechenbar zu machen. Im Geltungsbereich des Gesetzesvorbehaltes darf der Gesetzgeber es nicht durch Verwendung zu unbestimmter Rechtsbegriffe der Exekutive überlassen, die Grenzen der Freiheit des Bürgers im Einzelfall zu bestimmen.[143] **82**

Die Anforderungen des Bestimmtheitsgrundsatzes können gerade im Bereich des Umweltrechts jedoch in Konkurrenz treten zu den Erfordernissen eines **dynamischen Grundrechtsschutzes.** Das *BVerfG* führt dazu aus:[144] **83**

„Die gesetzliche Fixierung eines bestimmten Sicherheitsstandards durch die Aufstellung starrer Regeln würde demgegenüber, wenn sie sich überhaupt bewerkstelligen ließe, die technische Weiterentwicklung wie die ihr jeweils angemessene Sicherung der Grundrechte eher hemmen als fördern. Sie wäre ein Rückschritt auf Kosten der Sicherheit. Es hieße, das Gebot der Bestimmtheit mißverstehen, wollte man den Gesetzgeber gerade dazu verpflichten. Zwar sollen die Bestimmtheitsanforderungen auch zur Gewährleistung von Rechtssicherheit beitragen; diese läßt sich jedoch nicht bei jedem Regelungsgegenstand in gleichem Maße verwirklichen. Eine gewisse Rechtsunsicherheit, die sich durch Rechtsverordnungen der Exekutive, durch die Verwaltungspraxis sowie durch die Rechtsprechung im Laufe der Zeit noch in bestimmtem Umfang verringert, muß jedenfalls dort in Kauf genommen werden, wo der Gesetzgeber ansonsten gezwungen wäre, entweder unpraktikable Regelungen zu tref-

---

[140] Vgl. dazu ausführlich *Börger*, Genehmigungs- und Planungsentscheidungen, S. 34ff., dort auch mit zahlreichen Nachweisen zur Rechtsprechung des BVerfG.

[141] *BVerfG*, Beschl. v. 8. 8. 1978 – 2 BvL 8/77 –, E 49, 89 (124ff.); Beschl. v. 20. 12. 1979 – 1 BvR 385/77 –, E 53, 30 (56).

[142] *BVerfG*, Beschl. v. 8. 8. 1978 – 2 BvL 8/77 –, E 49, 89 (130ff.); siehe dazu auch *Breuer*, Umweltschutzrecht, S. 615.

[143] Vgl. *Leibholz/Rinck*, Art. 20 Rn. 30 mit zahlreichen Nachweisen zur Rechtsprechung des BVerfG.

[144] *BVerfG*, Beschl. v. 8. 8. 1978 – 2 BvL 8/77 –, E 49, 89, 137.

fen oder von einer Regelung gänzlich Abstand zu nehmen, was letztlich beides zu Lasten des Grundrechtsschutzes ginge".

„Die Beurteilung eines konkreten Risikos ist nur unter Berücksichtigung der Wirkungszusammenhänge aller Risikofaktoren und der zu ihrer Eindämmung möglichen Vorkehrungen vorzunehmen; mit der technischen Entwicklung, ..., können sich die Gewichtungen der einzelnen Faktoren von Mal zu Mal verändern. Nur eine laufende Anpassung der für eine Risikobeurteilung maßgeblichen Umstände an den jeweils neuesten Erkenntnisstand vermag hier dem Grundsatz einer bestmöglichen Gefahrenabwehr und Risikovorsorge zu genügen. Diese Beurteilung in die Hand der Exekutive zu geben, deren rechtliche Handlungsformen sie für die erforderliche Anpassung sehr viel besser ausrüsten als den Gesetzgeber, dient auch insoweit einer Dynamisierung des Rechtsgüterschutzes".[145]

84 Mit dem Bestimmtheitsgrundsatz hält es das *BVerfG* deshalb für vereinbar, wenn der Gesetzgeber die hoheitliche Zulassung umweltbelastender Anlagen davon abhängig macht, daß „die nach dem Stand von Wissenschaft und Technik erforderliche Vorsorge gegen Schäden durch die Errichtung und den Betrieb der Anlage getroffen ist" (§ 7 Abs. 2 Nr. 3 AtG) oder daß „Vorsorge gegen schädliche Umwelteinwirkungen getroffen wird, insbesondere durch die dem Stand der Technik entsprechenden Maßnahmen zu Immissionsbegrenzung" (§ 5 Abs. 1 Nr. 2 BImSchG). Diese Rechtsprechung des *BVerfG* kann für das gesamte Recht des Umweltschutzes Geltung beanspruchen.[146]

3. *Verhältnismäßigkeitsgrundsatz*

85 Das Rechtsstaatsprinzip und der daraus folgende Grundsatz der Verhältnismäßigkeit sind außerdem Grundlage für das zum Schutz der Umwelt bedeutsame planerische Abwägungsgebot, das dazu führt, daß die Belange des Umweltschutzes bei jeder staatlichen Planung zu berücksichtigen sind. Das *BVerwG* hat für die verschiedensten Planungsbereiche wiederholt entschieden, daß sich das Gebot, die von einer Planung berührten öffentlichen und privaten Belange gegeneinander und untereinander gerecht abzuwägen, unabhängig von einer gesetzlichen Positivierung aus dem Wesen einer rechtsstaatlichen Planung ergibt und dementsprechend allgemein gilt.[147]

D. Zuständigkeitsverteilung zwischen Bund und Ländern auf dem Gebiet des Umweltschutzes

86 Hinsichtlich der verfassungsrechtlichen Zuständigkeitsverteilung auf dem Gebiet des Umweltschutzes ist zwischen der *Gesetzgebungszuständigkeit* und der *Verwaltungszuständigkeit* zu unterscheiden.

87 Gem. Art. 70 Abs. 1 GG steht das Recht der *Gesetzgebung* grundsätzlich den Ländern zu, soweit nicht das Grundgesetz dem Bund Gesetzgebungsbe-

---

[145] Siehe *BVerfG*, Beschl. v. 8. 8. 1978 – 2 BvL 8/77 –, E 49, 89 (139f.); vgl. auch *BVerwG*, Urt. v. 22. 10. 1987 – 7 C 4.85 –, DVBl. 1988, 148 (149).

[146] So *Breuer*, Umweltschutzrecht, S. 615.

[147] Vgl. *BVerwG*, Urt. v. 11. 12. 1981 – 4 C 69.78 –, E 64, 270 (272f.); *Hoppe*, RuL, Rn. 129 mit zahlreichen weiteren Nachweisen aus der Rechtsprechung des BVerwG.

fugnisse verleiht. Gleichwohl liegt das Schwergewicht für die Gesetzgebung im Bereich des Umweltschutzes beim Bund.

Entsprechend der Grundregel des Art. 83 GG, wonach die Länder die **88**
Bundesgesetze als eigene Angelegenheit ausführen, soweit das Grundgesetz nichts anderes bestimmt oder zuläßt, liegt dagegen die Verwaltungskompetenz vorwiegend bei den Bundesländern.

I. Gesetzgebungszuständigkeit des Bundes im Umweltschutz

Dem Bund stehen Gesetzgebungskompetenzen im Bereich des Umwelt- **89**
schutzes teilweise **„ausschließlich"**, teilweise **„konkurrierend"** oder zum Erlaß von **„Rahmen"**-Vorschriften zu. Dabei ist zu berücksichtigen, daß die Gesetzgebungszuständigkeit für einen bestimmten Sachbereich auch die Zuständigkeit zur Regelung des Umweltschutzes in dem betreffenden Bereich einschließen kann.[148]

Beispiel: Die Gesetzgebungskompetenz für den Straßenverkehr oder für den Bergbau ermächtigt auch zu gesetzlichen Regelungen zum Schutz der Umwelt vor Belastungen durch den Straßenbau oder den Bergbau.

Die Gesetzgebungskompetenz im Bereich des Umweltschutzes ist allerdings nicht nur eine Annexkompetenz. Vielmehr sieht das Grundgesetz zahlreiche umweltschutzspezifische bzw. umweltrelevante Gesetzgebungszuständigkeiten vor.

1. Ausschließliche Gesetzgebungszuständigkeit

Im Bereich der ausschließlichen Gesetzgebungszuständigkeit des Bundes **90**
gibt es zwar keine ausdrücklich umweltspezifischen Sachzuständigkeiten, jedoch sind vor allem die Gesetzgebungszuständigkeiten über die *Bundeseisenbahnen* und den *Luftverkehr* (Art. 73 Nr. 6 GG) umweltrechtlich relevant, weil sie umweltschützende Regelungen zur Vermeidung der negativen Umwelteinwirkungen durch die Verkehrsanlagen ermöglichen. Für den Umweltschutz bedeutsam ist außerdem die Gesetzgebungskompetenz über *Handelsverträge* und insbesondere über den *Warenverkehr* mit dem Ausland (Art. 73 Nr. 5 GG). Sie ermöglicht z. B. Verbote zur Einfuhr von lebenden Tieren, Tierleichen, Tierteilen etc. im Rahmen internationaler Artenschutzabkommen.[149]

2. Konkurrierende Gesetzgebungszuständigkeit

Ganz wesentliche Gesetzgebungszuständigkeiten auf dem Gebiet des Um- **91**
weltrechts ergeben sich aus dem Katalog des Art. 74 GG zur konkurrierenden Gesetzgebung.

Umweltspezifische Gesetzgebungskompetenzen besitzt der Bund z. B. auf dem Ge- **92**
biet des Atomrechts (Art. 74 Nr. 11 a GG), für „den Schutz beim Verkehr mit Lebens- und Genußmitteln, Bedarfsgegenständen, Futtermitteln und land- und forst-

---

[148] Vgl. dazu ausführlich *Pestalozza*, WuV 1984, 245 ff.; *Kimminich*, HdUR, Bd. II, Sp. 871.

[149] Zum Artenschutz siehe unten, § 18, Rn. 90.

wirtschaftlichem Saat- und Pflanzgut, den Schutz der Pflanzen gegen Krankheiten und Schädlinge sowie den *Tierschutz*" (Art. 74 Nr. 20 GG) sowie für die Abfallbeseitigung, die Luftreinhaltung und die Lärmbekämpfung (Art. 74 Nr. 24 GG).

93 Daneben besitzt der Bund im Bereich der konkurrierenden Gesetzgebung die Gesetzgebungskompetenz für zahlreiche, ganz erheblich umweltrelevante Sachmaterien.

94 Dazu zählen die Gesetzgebungskompetenzen auf dem Gebiet des bürgerlichen Rechts und des Strafrechts (Art. 74 Nr. 1 GG). Im Bereich des bürgerlichen Rechts hat der Bund z. B. das *Nachbarrecht* in den §§ 903ff. BGB zum Schutz gegen Immissionen geregelt. Die Gesetzgebungskompetenz für das Strafrecht ist Grundlage für die im 28. Abschnitt des Strafgesetzbuchs geregelten „*Straftaten gegen die Umwelt*".[150] Erhebliche Relevanz hat außerdem die Zuständigkeit für das *Recht der Wirtschaft* (Art. 74 Nr. 11 GG), der *Bauleitplanung* (Art. 74 Nr. 18 GG) und die Gesetzgebungskompetenz für den *Straßen- und Schienenwegeausbau* (Art. 74 Nr. 22, 23 GG).

3. Rahmengesetzgebung

95 Die Rahmengesetzgebungszuständigkeit des Bundes gem. Art. 75 GG umfaßt vor allem den ganz wesentlichen Bereich des *Naturschutzes* und der *Landschaftspflege*, daneben aber auch die für den Umweltschutz bedeutsamen Gesetzgebungszuständigkeiten für die *Bodenverteilung*, die *Raumordnung* und den *Wasserhaushalt* (Art. 75 Nr. 4 GG).

II. Gesetzgebungszuständigkeit der Länder auf dem Gebiet des Umweltschutzes

96 Den Bundesländern bleiben auf dem Gebiet des Umweltschutzes nur wenige, gleichwohl nicht unwichtige Gesetzgebungskompetenzen.[151]

1. Ausschließliche Gesetzgebung

97 Erhebliche umweltrechtliche Bedeutung hat einerseits die ausschließliche Zuständigkeit der Länder für ihre *Verwaltungsorganisation* und andererseits die Gesetzgebungskompetenz für das *Polizei-* und *Ordnungsrecht*, das subsidiär eingreift, wenn spezielle umweltrechtliche Regelungen nicht vorhanden sind. Das ist etwa bei der Haftung für *Altlasten* der Fall.[152]

2. Konkurrierende Gesetzgebung

98 Im Bereich der konkurrierenden Gesetzgebungszuständigkeiten bleibt den Ländern die Regelungskompetenz, soweit der Bund keine eigene Regelung erläßt. Zum Umweltrecht der Länder im Bereich der konkurrierenden Gesetzgebung zählen z. B. die *Landesimmissionsschutzgesetze* und die *Landesabfallgesetze*.

---

[150] Siehe dazu unten, § 10.

[151] Zu den Landeskompetenzen im Umweltrecht vgl. *Müller*, BayVBl. 1988, 289ff.; *Engelhardt*, BayVBl. 1988, 294ff.

[152] Vgl. dazu *Papier*, Altlasten und polizeirechtliche Störerhaftung, S. 1ff.; zur Altlastenproblematik siehe unten, § 15, Rn. 39ff.

3. Ausfüllende Gesetzgebung

Im Bereich der Rahmengesetzgebung des Bundes sind die Länder zu eigener ausfüllender Gesetzgebung verpflichtet. Im Bereich der ausfüllenden Gesetzgebung haben insbesondere die *Landesplanungsgesetze* und die *Landeswassergesetze* erhebliche Umweltrelevanz. 99

III. Verteilung der Verwaltungszuständigkeiten im Bereich des Umweltschutzes

1. Länderverwaltung

Grundsätzlich führen die Länder gem. Art. 83 GG nicht nur das eigene Landesrecht, sondern auch das Bundesumweltrecht als eigene Angelegenheit aus. Mit Zustimmung des Bundesrates hat der Bundesgesetzgeber – ermächtigt durch Art. 84 Abs. 1 und Abs. 2 GG – zahlreiche Regelungen für das Verwaltungsverfahren und Ermächtigungen für Rechtsverordnungen und Verwaltungsvorschriften des Bundes normiert.[153] 100

Beispiel: So hat der Bund z. B. in § 10 BImSchG und in der dazu ergangenen 9. BImSchVO die Grundsätze des immissionsschutzrechtlichen Genehmigungsverfahrens im einzelnen geregelt.

2. Bundesverwaltung

Als Ausnahme zum Grundsatz der Ausführung der Bundesgesetze als eigene Angelegenheit der Länder sieht das Grundgesetz in einigen Bereichen Bundesauftragsverwaltung vor. Das gilt etwa für den Bereich der Kernenergie gem. Art. 87 c GG und den Bereich der Luftverkehrsverwaltung gem. Art. 87 d GG. Daneben stehen einige relativ beschränkte bundeseigene Verwaltungszuständigkeiten. Dazu zählen spezielle Zuständigkeiten im Bereich der Kernenergie gem. Art. 87 Abs. 3 GG. Im übrigen hat der Bund gem. Art. 87 Abs. 3 GG einige Bundesoberbehörden errichtet, die sich mit umweltspezifischen Verwaltungsaufgaben befassen. 101

Beispiele: Umweltbundesamt, Bundesgesundheitsamt, Biologische Bundesanstalt für Land- und Forstwirtschaft.[154]

3. Kommunale Verwaltung

Verwaltungskompetenzen auf dem Gebiet des Umweltschutzes haben schließlich auch die Gemeinden. Sie können im Rahmen ihrer Selbstverwaltung und Planungshoheit in erheblicher Weise umweltschützende Aufgaben übernehmen.[155] 102

---

[153] Vgl. dazu *Steiger*, in: Grundzüge des Umweltrechts, S. 57.

[154] Zur Verwaltungsorganisation des Umweltschutzes siehe unten, § 16.

[155] *Schmidt-Aßmann*, NVwZ 1987, 265ff.; zur Gemeindekompetenz im Umweltschutz siehe auch *Salzwedel*, WuV 1987, 1ff.; zum Umweltschutz in der kommunalen Versorgungswirtschaft siehe *Ahrens*, WuV 1987, 15ff.; zur kommunalen Umweltpflege siehe auch *Göb*, HdUR, Bd. I, Sp. 921ff.; *Weinberger*, Der Städtetag 1986, 2ff.; *Hill*, Die Verwaltung 1988, S. 175ff.

103 Zu den Aufgabenfeldern der Kommunen im Bereich des Umweltschutzes zählen

- die kommunale Umweltvorsorge durch Aufgabenplanung und -koordinierung im Rahmen der Stadtentwicklungs-, der Bauleit- und der Landschaftsplanung, soweit diese den Gemeinden obliegt.
- die kommunale Umweltgestaltung durch öffentliche Einrichtungen und Dienstleistungen, etwa im Bereich der Wasserversorgung, der Abfall- und Abwasserentsorgung, des umweltfreundlichen Straßenreinigungs- und Winterdienstes etc. und
- der kommunale Umweltschutz durch ordnungsbehördliche Maßnahmen, z. B. der Bauaufsicht, der Wasseraufsicht, der Straßenaufsicht, der Lebensmittelaufsicht etc.[156]

---

[156] Vgl. zu diesen Aufgabenfeldern ausführlich *Göb*, HdUR, Bd. I, Sp. 922ff.

§ 5. Ziele und Grundsätze des Umweltrechts

Zwischen den bereits erwähnten umweltpolitischen Zielsetzungen und dem Umweltrecht besteht eine Wechselbeziehung. Einerseits folgen umweltpolitische Ziele unmittelbar aus verfassungsrechtlichen Vorgaben. So leitet sich das oberste Ziel der Umweltpolitik, Leben und Gesundheit der Menschen jetzt und in Zukunft vor Schäden zu bewahren[1], aus den Grundrechten, insbesondere aus Art. 2 Abs. 2 GG ab. Andererseits dient das Umweltrecht der rechtlichen Ausgestaltung umweltpolitischer Leitvorstellungen. Vor allem die in den Länderverfassungen geregelten und für das Grundgesetz vorgesehenen Staatszielbestimmungen zum Umweltschutz dienen einer rechtlichen Ausgestaltung umweltpolitischer Zielvorgaben. Rechtlich voll wirksam können umweltpolitische Ziele und daneben die bereits beschriebenen umweltpolitischen Handlungsprinzipien[2] jedoch erst bei einer unterverfassungsrechtlichen Konkretisierung werden. 1

A. Die rechtliche Konkretisierung der umweltpolitischen Zielsetzungen

Regelmäßig enthalten die deutschen Umweltgesetze nur sehr allgemeine Zielvorgaben, die den Zweck des jeweiligen Gesetzeswerkes beschreiben. Aufgabe gesetzlicher Zielvorgaben ist es, den Grundgedanken des Gesetzes zu verdeutlichen und hierdurch eine Auslegungshilfe für den Vollzug der Einzelbestimmungen zu geben.[3] Gesetzliche Ziel- und Zweckvorgaben sind regelmäßig keine selbständig vollzugsfähigen Regelungen; vielmehr entfalten sie ihre Bindungswirkung im Zusammenhang mit anderen gesetzlichen Bestimmungen. In den einzelnen Umweltschutzgesetzen sind Zielbestimmungen teilweise positiv, teilweise negativ formuliert, indem sie entweder den angestrebten Umweltzustand oder die Umweltbeeinträchtigungen beschreiben, denen das Gesetz begegnen soll.[4] 2

Beispiel: Zweck des BImSchG ist es gem. § 1 BImSchG Menschen sowie Tiere, Pflanzen und andere Sachen vor schädlichen Umwelteinwirkungen und, soweit es sich um genehmigungsbedürftige Anlagen handelt, auch vor Gefahren, erheblichen Nachteilen und erheblichen Belästigungen, die auf andere Weise herbeigeführt werden, zu schützen und dem Entstehen schädlicher Umwelteinwirkungen vorzubeugen.

Beispiel: Ziel des Naturschutzes und der Landschaftspflege ist es gem. § 1 Abs. 1 BNatSchG, Natur und Landschaft im besiedelten und unbesiedelten Bereich so zu schützen, zu pflegen und zu entwickeln, daß die Leistungsfähigkeit des Naturhaushalts, die Nutzungsfähigkeit der Naturgüter, die Pflanzen- und Tierwelt sowie die Vielfalt, Eigenart und Schönheit von Natur und Landschaft als Lebensgrundlagen des Menschen und als Voraussetzung für seine Erholung in Natur und Landschaft nachhaltig gesichert sind.

---

[1] Siehe Leitlinien Umweltvorsorge der Bundesregierung, BT-Drs. 10/6028, S. 6.
[2] Siehe dazu oben, § 1, Rn. 48–55.
[3] Vgl. zu den Ziel- und Zweckbestimmungen des Umweltrechts ausführlich *Kloepfer/Meßerschmidt*, Innere Harmonisierung des Umweltrechts, S. 57ff.
[4] *Kloepfer/Meßerschmidt*, Innere Harmonisierung des Umweltrechts, S. 57.

Beispiel: Und schließlich ist es gem. § 1 ChemG Zweck des Chemikaliengesetzes, durch Verpflichtung und Prüfung und Anmeldung von Stoffen und zur Einstufung, Kennzeichnung und Verpackung gefährlicher Stoffe und Zubereitungen, durch Verbote und Beschränkungen sowie durch besondere giftrechtliche und arbeitsschutzrechtliche Regelungen den Menschen und die Umwelt vor schädlichen Einwirkungen gefährlicher Stoffe zu schützen.[5]

3 Diese allgemeinen Zielvorgaben werden teilweise durch gesetzliche Definitionen näher konkretisiert.

Beispiele: In § 3 Abs. 1 BImSchG wird erläutert, wann schädliche Umwelteinwirkungen im Sinne der abstrakten Zielvorgabe des § 1 BImSchG vorliegen. Und § 3 ChemG definiert die gefährlichen Stoffe, vor denen das Chemikalienrecht gem. § 1 ChemG schützen soll.

4 Aber auch diese gesetzlichen Konkretisierungen bleiben häufig recht vage, weil sie die unbestimmten Rechtsbegriffe der Zielvorgaben wiederum mit unbestimmten Rechtsbegriffen zu erläutern suchen. Es gibt allerdings einige wenige Gesetze, die ihre Zielsetzung konkret in Grenzwerte umsetzen.

Beispiel: So sieht etwa das Benzin-Bleigesetz, dessen Zweck es ist, zum Schutz der Gesundheit den Gehalt an Bleiverbindungen und anderen anstelle von Blei zugesetzten Metallverbindungen in Ottokraftstoffen zu beschränken, vor, daß der Gehalt an Bleiverbindungen im Normalbenzin, berechnet als Blei, 0,13 g im Liter (gemessen bei + 15 °C) nicht übersteigen darf (§ 2 Abs. 1 S. 2 BzBlG).

5 Sehr häufig wird dagegen die Konkretisierung der unbestimmten Gesetzesbegriffe der Exekutive durch Ermächtigung zum Erlaß von Rechtsverordnungen, Verwaltungsvorschriften und vereinzelt auch von Satzungen überlassen.[6] Notwendig ist die Ermächtigung der Verwaltung zur Konkretisierung der gesetzlichen Zielvorgaben vor allem in den Fällen, in denen der Gesetzgeber die rechtlichen Anforderungen zum Schutz der Umwelt dadurch dynamisiert, daß er die Beachtung des Standes der Technik,[7] des Standes von Wissenschaft und Technik[8] oder der allgemein anerkannten Regeln der Technik[9] zur Pflicht macht. Häufig erklären schließlich Rechts- und Verwaltungsvorschriften zusätzlich noch technische Regelwerke privater Einrichtungen zur Konkretisierung bestimmter Umweltstandards für anwendbar. Durch diese Inkorporierung können private Regelungen zu staatlichen Umweltstandards im Range der entsprechenden Rechts- oder Verwaltungsvorschrift werden.[10] Normative Zielvorgaben können daher erst durch die bereits erörterten Umweltstandards[11] vollziehbar gemacht werden.[12]

---

[5] Vgl. zu weiteren gesetzlichen Zielvorgaben z. B. § 1 AtG, § 1 Abs. 1 FluglG oder § 1 PflSchG; § 1 WaschmG; § 2 Abs. 1 AbfG; § 1 a WHG; § 1 Abs. 1 BzBlG und zu den einzelnen Zielbestimmungen *Kloepfer/Meßerschmidt*, Innere Harmonisierung des Umweltrechts, S. 58 ff.

[6] Vgl. z. B. §§ 7 Abs. 1, 48, 49 Abs. 3 BImSchG, § 6 Abs. 2 DDT-G.

[7] Vgl. z. B. §§ 5 Abs. 1 Nr. 2 BImSchG, 7 a Abs. 1 S. 2 WHG, 2 Abs. 1 Nr. 4 LuftVG, 4 BBahnG.

[8] Siehe § 7 Abs. 2 Nr. 3 AtG; § 6 Abs. 1 Nr. 5 StrlSchV; § 24 Abs. 1 Nr. 3 i. V. m. Abs. 4 GewO; vgl. zu diesem Begriff *Schachtschneider*, in: Umweltschutz im Recht, S. 81 ff.

[9] So z. B. in § 7 a Abs. 1 S. 1 WHG, § 3 Abs. 1 GerSiG; § 6 Abs. 1 DampfkV.

[10] Siehe dazu oben, § 3, Rn. 23–29.

[11] Siehe oben § 3, Rn. 1–29.

[12] Vgl. SRU-Umweltgutachten 1987, Rz 91.

Die umweltrechtlichen Zielsetzungen konkurrieren oder kollidieren häufig mit ökonomischen, sozialen oder kulturellen Zielsetzungen anderer Gesetze.[12a] Teilweise ist die Kollision sogar innerhalb einzelner Umweltgesetze vorprogrammiert, weil die Gesetzeswerke widerstreitenden Interessenlagen zugleich dienen sollen. 6

Beispiel: Gem. § 1 Nr. 1 AtG ist es Zweck des Gesetzes, die Erforschung, die Entwicklung und die Nutzung der Kernenergie zu friedlichen Zwecken zu fördern. Daneben soll das Gesetz gem. § 1 Nr. 2 AtG Leben, Gesundheit und Sachgüter vor den Gefahren der Kernenergie und der schädlichen Wirkung ionisierender Strahlen schützen und durch Kernenergie oder ionisierende Strahlen verursachte Schäden ausgleichen. Der damit im Atomgesetz angelegte Zielkonflikt wird durch das Gesetz selbst nicht aufgelöst.[13] In Rechtsprechung und Lehre wird einhellig von einem Vorrang des Schutzzweckes gegenüber dem Förderzweck ausgegangen.[14]

Nicht zuletzt können sogar Umweltbelange untereinander in Kollision treten. 7

Beispiel: Die Gewässerreinhaltung führt zu Bodenbelastungen durch das Aufbringen von Klärschlamm oder die Rauchgasentschwefelung zu Problemen der Beseitigung des dabei entstehenden Sondermülls.

Für die Auflösung solcher Zielkonflikte kann der Gesetzgeber grundsätzlich zwei Wege gehen. Einerseits kann er anordnen, daß die Verwaltung innerhalb rechtlicher Grenzen eigenverantwortlich eine Abwägung der widerstreitenden Interessen vornimmt. Dazu dient vor allem die Einräumung von planerischer Gestaltungsfreiheit. Möglich ist eine Abwägung durch die Verwaltung aber auch im Rahmen des sonstigen Verwaltungsermessens oder eines ausnahmsweise anerkannten Beurteilungsspielraums. Andererseits kann der Gesetzgeber eine Abwägung auch im Rahmen der Gesetzesauslegung verlangen. Die Notwendigkeit einer solchen Abwägung betont z. B. das *BVerwG* bei der Auslegung des § 5 Abs. 1 Nr. 1 BImSchG.[15] Sie ergibt sich außerdem ausdrücklich z. B. aus § 1 Abs. 2 BNatSchG, wonach die Ziele des Naturschutzgesetzes und der Landschaftspflege untereinander und gegen die sonstigen Anforderungen der Allgemeinheit an Natur und Landschaft abzuwägen sind. Die Abwägung im Rahmen der Gesetzesauslegung wird im Gegensatz zur *gestaltenden* planerischen Abwägung als *nachvollziehende* Abwägung bezeichnet.[16] Anders als die planerische Abwägung ist die „nachvollziehende" Abwägung richterlich voll überprüfbar. 8

Ohne ausdrückliche Regelungen sind kollidierende Gesetzesvorgaben nach den allgemeingültigen Kollisionsregeln zu lösen.[17] 9

[12a] Einen absoluten Vorrang des Umweltschutzes gibt es nicht, vgl. *BVerwG*, UPR 1989, 37.

[13] Vgl. dazu *Kloepfer/Meßerschmidt*, Innere Harmonisierung des Umweltrechts, S. 61; *Ossenbühl*, Umweltschutz und Gemeinwohl, S. 5 (14).

[14] Vgl. *BVerfG*, Beschl. v. 20. 12. 1979 – 1 BvR 385/ 77 –, E 53, 30 (58); *Kloepfer/Meßerschmidt*, Innere Harmonisierung des Umweltrechts, S. 61.

[15] *BVerwG*, Urt. v. 17. 2. 1984 – 7 C 8.82 –, DVBl. 1984, 476 (478); *Feldhaus*, HdUR, Bd. I, Sp. 761 f.

[16] Vgl. nur *Weyreuther*, DÖV 1977, 419 (420); *Wahl*, DVBl. 1982, 52 (55); krit. dazu *Beckmann*, DÖV 1987, 944 (948).

[17] Vgl. dazu *Laubinger*, VerwArch. 75 (1986), 77 (81); *Kopp*, VwVfG, § 74 Rn. 20.

B. Die rechtliche Konkretisierung der umweltpolitischen Handlungsprinzipien

10 Auch die umweltpolitischen Handlungsprinzipien – dazu zählen – wie bereits oben bemerkt[18] – das **Vorsorgeprinzip**, das **Verursacherprinzip** und das **Kooperationsprinzip** – sind auf vielfältige Weise in umweltrechtlichen Regelungen konkretisiert.[19]

I. Die rechtliche Konkretisierung des Vorsorgeprinzips

11 Das Vorsorgeprinzip gilt zwar als das zentrale materielle Leitbild des modernen Umweltschutzes. In erster Linie soll nach dem Vorsorgeprinzip dem Entstehen von Umweltbelastungen vorgebeugt werden. Es zielt auf umfassenden Schutz und schonende Inanspruchnahme der Naturgrundlagen.[20]

12 Als Prinzip des Umweltrechts wird das Vorsorgeprinzip nach *Formen* oder *Systemvarianten* unterschieden.

13 Nach Auffassung von *Rehbinder* tritt es als rechtssatzförmiges Prinzip und als Strukturprinzip auf. Als rechtssatzförmiges Prinzip sei das Vorsorgeprinzip zu einem unmittelbar anwendbaren Maßstab verdichtet und habe die Funktion einer Norm (Genehmigungsvoraussetzung, Eingriffsermächtigung, Planungsleitlinie, Ermächtigung zum Erlaß von Rechtsverordnungen und Verwaltungsvorschriften). In dieser Form finde es sich, wenngleich in recht differenzierter Art und keineswegs flächendeckend, in einer ganzen Reihe wichtiger Umweltgesetze.[21] Als Strukturprinzip sei das Vorsorgeprinzip ein Leitgedanke allgemeiner Art, der bestimmten Regelungen zugrunde liege und diese legitimiere, aber darüber hinaus nicht direkt anwendbar sei. Regelungen, die dem Vorsorgeprinzip als Strukturprinzip Rechnung tragen, sind nach Auffassung von *Rehbinder* Vorschriften, die eine Berücksichtigung des Umweltschutzes in der Planung gebieten, die Umweltverträglichkeitsprüfung oder Anmelde- oder Prüfungsverfahren für Chemikalien.

14 *Breuer* dagegen unterscheidet zwei Systemvarianten des Vorsorgeprinzips. Einerseits enthalte das Vorsorgeprinzip eine *planerische* Handlungsdimension des Umweltschutzes und andererseits gebe das Prinzip eine spezifische Zielvorgabe, Umweltschutz im Bereich der *Risikovorsorge* auch unterhalb der eigentlichen Gefahrenschwelle fortzusetzen. Beiden Systemvarianten liege die Gemeinsamkeit zugrunde, daß der Umweltschutz unter dem Vorsorgeprinzip über die klassische Gefahrenabwehr hinausgehe.[22]

15 *v. Lersner*[23] schließlich unterscheidet zur Begründung des Vorsorgeprinzips die *Freiraumtheorie* und die *Ignoranztheorie*.

Die *Freiraumtheorie* rechtfertige das Vorsorgeprinzip mit der Notwendigkeit, die Kapazitäten der Natur an Belastbarkeit durch menschliche Eingriffe nicht auszuschöp-

---

[18] Siehe oben, § 1, Rn. 48.

[19] Vgl. dazu ausführlich *Kloepfer/Meßerschmidt*, Innere Harmonisierung des Umweltrechts, S. 67ff.; *Hartkopf/Bohne*, Umweltpolitik, S. 84ff.; Leitlinien Umweltvorsorge der Bundesregierung, BT-Drs. 10/6028, S. 6ff

[20] Vgl. *Kloepfer/Meßerschmidt*, Innere Harmonisierung des Umweltrechts, S. 69; zum Vorsorgeprinzip vgl. außerdem *Rehbinder*, Vorsorgeprinzip im Umweltrecht, S. 1ff.; *Ossenbühl*, NVwZ 1986, 162ff.; *Darnstädt*, Gefahrenabwehr und Gefahrenvorsorge, S. 1ff.

[21] Vgl. *Rehbinder*, Vorsorgeprinzip im Umweltrecht und präventive Umweltpolitik, S. 2 unter Verweis auf §§ 5 Abs. 1 Nr. 2, 3 BImSchG, 1 a Abs. 1, 7 a WHG, 7 Abs. 2 Nr. 3 AtG, 1 a, 3 Abs. 2 S. 3, 13 AbfG, 2 Abs. 1 Nr. 3, 7, § 8 Abs. 2, 3 BNatSchG.

[22] Vgl. *Breuer*, Umweltschutzrecht, S. 610f.; siehe dazu auch *Kloepfer/Meßerschmidt*, Innere Harmonisierung des Umweltrechts, S. 69.

[23] HdUR, Bd. II, Sp. 1087f.

fen, um weiteres Wachstum der menschlichen Gesellschaft und Wirtschaft zu ermöglichen und wenig belastete Freiräume zu erhalten.

Die *Ignoranztheorie* gehe von der Erkenntnis aus, daß die Wirkungen der Eingriffe in die Natur, insbesondere des Stoffeintrages nie ganz vollständig beurteilt werden könnten. Das rechtfertige den Schluß, daß solche Eingriffe auf das zumutbare und nach dem Stand der Technik mögliche Maß zu reduzieren seien.

Die Abgrenzung von Gefahrenabwehr und Vorsorge ist häufig nur schwierig zu treffen.[24] Sie ist allerdings von erheblicher Bedeutung, weil nach der h. M. den Vorsorgevorschriften regelmäßig kein drittschützender Charakter zuerkannt wird.[25] Etwas anderes gilt jedoch für die atomrechtliche Vorsorge, weil in § 7 Abs. 2 Nr. 3 AtG Gefahrenabwehr und Risikovorsorge miteinander verknüpft sind.[26] Grundsätzlich kann sich demnach ein Dritter, insbesondere der Nachbar einer umweltbelastenden Anlage, nicht darauf berufen, daß die Vorsorgepflichten durch den Betreiber einer Anlage verletzt werden. 16

Fall: Auf den Widerspruch von Nachbarn gegen eine Genehmigung zur Errichtung und zum Betrieb eines Dampfkraftwerkes verschärft das Gewerbeaufsichtsamt eine Auflage dieser Genehmigung, wonach der Schwefelgehalt des zu verfeuernden schweren Heizöls statt der ursprünglich geforderten 2,0% nunmehr – von bestimmten Ausnahmesituationen abgesehen – 1,0% nicht überschreiten dürfe. Gestützt wird diese Verschärfung der Auflage auf das in § 5 Abs. 1 Nr. 2 BImSchG geregelte Vorsorgegebot. Der Betreiber des Dampfkraftwerkes erhebt gegen diese Verschärfung Klage vor dem Verwaltungsgericht. Das *BVerwG* gab der Klage statt. Nach seiner Ansicht eröffnet ein Nachbarwiderspruch der Widerspruchsbehörde nicht die volle Sachherrschaft; vielmehr sei die Widerspruchsbehörde darauf beschränkt, den angegriffenen Verwaltungsakt auf die Verletzung nachbarschützender Vorschriften hin zu überprüfen. Da § 5 Abs. 1 Nr. 2 BImSchG keinen nachbarschützenden Gehalt habe, hätte im Widerspruchsverfahren nach Ansicht des *BVerwG* die Verschärfung der Auflage nicht auf das Vorsorgegebot gestützt werden können.[27]

Aus dem Vorsorgeprinzip werden daneben zahlreiche weitere rechtliche Einzelaussagen abgeleitet, so z. B. das *Anwendungsgebot optimaler Technologien* ohne Rücksicht auf den Zustand des jeweilig zu schützenden Umweltmediums, ein *Verbot der Verschlechterung* der vorhandenen Umweltqualität, das z. B. aus § 8 BNatSchG abgeleitet wird und als Ausprägung des Vorsorgegrundsatzes soll außerdem ein *sog. Vorsichtsprinzip* gelten, das auch dann zu behördlichen Maßnahmen ermächtige, wenn die Schädlichkeit eines Stoffes oder seiner Konzentration noch nicht nachgewiesen werden könne, aber – wenigstens – nicht unwahrscheinlich sei.[28] Eng verwandt mit dem Vorsorgeprinzip soll der aus dem Forstrecht abgeleitete *Grundsatz der Nachhaltigkeit* sein, wonach erneuerbare natürliche Ressourcen nur in dem Umfang in Anspruch genommen werden dürfen und so bewirtschaftet werden müssen, daß ihre künftige Nutzbarkeit gewährleistet bleibt.[29] 17

---

[24] Vgl. dazu *Rehbinder*, Vorsorgeprinzip im Umweltrecht und präventive Umweltpolitik, S. 5.

[25] Vgl. *BVerwG*, Urt. v. 28. 5. 1982 – 7 C 42.80 –, E 65, 313; *OVG Münster*, Urt. v. 7. 7. 1976 – 7 A 1804/75 –, DVBl. 1976, 790 (791); *OVG Lüneburg*, Urt. v. 3. 10. 1979 – VII OVG A 39/78 –, GewArch. 1980, 203 (205).

[26] Vgl. zur Erweiterung des Individualschutzes auf dem Bereich der atomrechtlichen Schadensvorsorge *BVerwG*, Urt. v. 19. 12. 1985 – 7 C 65.82 –, E 72, 300 (315); vgl. dazu auch *Rengeling*, DVBl. 1988, 257 (259).

[27] Vgl. *BVerwG*, Urt. v. 18. 5. 1982 – 7 C 42.80 –, E 65, 313 (316/320); krit. dazu *Beckmann*, Rechtsschutz, S. 87f.

[28] Vgl. *Erbguth*, Raumbedeutsames Umweltrecht, S. 82 m. w. N.

[29] Vgl. dazu *Rehbinder*, in: Grundzüge des Umweltrechts, S. 89; *Engelhardt*, Bürger und Umwelt, S. 40; zum Begriff der Nachhaltigkeit siehe *Winkler*, HdUR, Bd. II, Sp. 14ff.

18 Entsprechend der Vielgestaltigkeit seiner inhaltlichen Aussagen finden sich auch ganz unterschiedliche Ausprägungen des Vorsorgegrundsatzes in zahlreichen umweltrechtlichen Vorschriften. Als Konkretisierung des Vorsorgeprinzips gelten vor allem die zahlreichen Planungsvorschriften, die der Durchsetzung des Umweltschutzes dienen.

Beispiel: Gem. § 1 Abs. 5 S. 1 BauGB sollen die Bauleitpläne unter anderem dazu beitragen, eine menschenwürdige Umwelt zu sichern und die natürlichen Lebensgrundlagen zu schützen.

Beispiel: Gem. § 2 Abs. 1 Nr. 7 ROG ist für den Schutz, die Pflege und die Entwicklung von Natur und Landschaft einschließlich des Waldes sowie für die Sicherung und Gestaltung von Erholungsgebieten zu sorgen.

Beispiel: Gem. § 50 BImSchG sind bei raumbedeutsamen Planungen und Maßnahmen die für eine bestimmte Nutzung vorgesehenen Flächen einander so zuzuordnen, daß schädliche Umwelteinwirkungen auf die ausschließlich oder überwiegend dem Wohnen dienenden Gebiete sowie auch sonstige schutzbedürftige Gebiete soweit wie möglich vermieden werden.[30]

19 Besonders ausgeprägt ist der Vorsorgegrundsatz im **Immissionsschutzrecht**.[31] Dort ist er bereits in der gesetzlichen Zweckbestimmung des § 1 BImSchG enthalten, wonach es zum Zweck des Gesetzes zählt, dem Entstehen schädlicher Umwelteinwirkungen vorzubeugen. Weiter konkretisiert für genehmigungspflichtige Vorhaben wird der immissionsschutzrechtliche Vorsorgegrundsatz in § 5 Abs. 1 Nr. 2 BImSchG. Danach sind genehmigungsbedürftige Anlagen so zu errichten und zu betreiben, daß Vorsorge gegen schädliche Umwelteinwirkungen getroffen wird, insbesondere durch die dem Stand der Technik entsprechenden Maßnahmen zur Emissionsbegrenzung.[32]

20 Stark umstritten sind allerdings Inhalt und Zweck des immissionsschutzrechtlichen Vorsorgegebots.[33] Teilweise wird die Ansicht vertreten, die Vorsorgepflicht gebiete allein einen gegenüber der Schutzpflicht des § 5 Abs. 1 Nr. 1 BImSchG vorverlagerten Gefahrenschutz im Sinne einer gefahrenunabhängigen Risikovorsorge.[34] Nach anderer Ansicht dient die Vorsorgepflicht dazu, Freiräume als künftige Lebensräume oder für künftige Industrieansiedlungen zu erhalten oder zurückzugewinnen.[35] Und schließlich werden auch die beiden soeben genannten Ansichten miteinander verknüpft, so daß Vorsorge im Sinne des Immissionsschutzrechtes sowohl gefahrenunabhängige Risikovorsorge als auch die Schaffung und Erhaltung von Freiräumen bedeutet.[36]

---

[30] Zur Bedeutung der Planung für eine vorsorgende Umweltpolitik vgl. *Hoppe*, VVDStRL 38 (1980), 211 (228ff.); *Breuer*, Umweltschutzrecht, S. 630ff.

[31] Vgl. zur immissionsschutzrechtlichen Vorsorge *Rengeling*, Die immissionsschutzrechtliche Vorsorge, S. 1ff.; *Rid/Hammann*, VBlBW 1987, 121ff.

[32] Ähnliche Regelungen enthalten § 7 a WHG, § 7 Abs. 2 Nr. 3 AtG; auch die Reststoffvermeidungs- und Verwertungsgebote des § 5 Abs. 1 Nr. 3, Nr. 4 BImSchG dienen der Vorsorge gegen schädliche Umwelteinwirkungen, siehe dazu *Marburger*, Individualschutz gegen Umweltbelastungen, S. 63.

[33] Vgl. dazu *Marburger*, Individualschutz gegen Umweltbelastungen, S. 58ff.; *Rid/Hammann*, VBlBW 1987, 121ff.; *Ossenbühl*, NVwZ 1986, 161ff. alle m. w. N.

[34] So z. B. *Breuer*, Umweltschutzrecht, S. 610f.; *Rengeling*, Die immissionsschutzrechtliche Vorsorge, S. 63ff.; ähnlich auch *Darnstädt*, Gefahrenabwehr und Gefahrenvorsorge, S. 123ff.

[35] So z. B. *Feldhaus*, DVBl. 1981, 165 (170); *Sellner*, NJW 1980, 1255ff.; krit. dazu *Hoppe/Püchel*, DVBl. 1988, 1 (9f.).

[36] Siehe *Marburger*, Gutachten C, S. 59; *Grabitz*, WuV 1984, 232 (238); *Jarass*, BImSchG, § 5 Rn. 26, 36; *Sendler*, UPR 1983, 33 (43); so wohl auch das *BVerwG*, Urt. v. 17. 2. 1984 – 7 C 8.82 –, E 59, 37ff., das Vorsorge sowohl zur Bekämpfung schädlicher Folgen einer weiträumigen Emissionsverteilung wie auch zur Erfassung des Gefahrenverdachts für geboten hält.

Rechtlich etwas anders strukturiert ist das Vorsorgegebot in § 7 Abs. 2 Nr. 3 AtG, wonach die nach dem Stand von Wissenschaft und Technik erforderliche Vorsorge gegen Schäden durch die Errichtung und den Betrieb der Kernanlage zu treffen ist.[37] In dieser Vorschrift sind – wie bereits bemerkt –[38] Gefahrenabwehr und Risikovorsorge miteinander verknüpft. Nach Auffassung des BVerwG ist es im **Atomrecht** im Hinblick auf die in § 7 Abs. 2 Nr. 3 AtG getroffene Regelung nicht erlaubt, „exakt bis an die Gefahrengrenze zu gehen". Gem. § 7 Abs. 2 Nr. 3 AtG müßten Gefahren und Risiken praktisch ausgeschlossen sein, wenn die erforderliche Vorsorge getroffen sein solle.[39] Auch im Atomrecht beruhen neben § 7 Abs. 2 Nr. 3 AtG zahlreiche weitere Vorschriften auf dem Vorsorgeprinzip.[40] **21**

Im **BNatSchG** ist vor allem der planerischen Systemvariante des Vorsorgeprinzips Rechnung getragen. Gem. § 1 Abs. 1 BNatSchG zählt zu den Zielen des Naturschutzes und der Landschaftspflege nicht nur der Schutz, sondern auch die Pflege und die Entwicklung von Natur und Landschaft. Planerisch vorsorgende Instrumente des Naturschutzes sind insbesondere die Landschaftsplanung gem. §§ 5ff. BNatSchG und der Flächen- und Objektschutz nach den §§ 12ff. BNatSchG.[41] **22**

Schließlich gilt auch der Bewirtschaftungsauftrag der Wasserbehörden gem. § 1 a Abs. 1 WHG als eine medienspezifische Ausprägung des Vorsorgeprinzips.[42] Insgesamt gilt das **Wasserhaushaltsrecht** als vom Vorsorgegrundsatz geprägt. Das gilt etwa für die gem. § 1a Abs. 2 WHG bestehende wasserrechtliche Sorgfaltspflicht für jedermann, für die Anforderungen an das Einleiten von Abwasser gem. § 7a Abs. 1 WHG oder aber auch hinsichtlich der Pflicht und den Plänen zur Abwasserbeseitigung gem. § 18a WHG. Auch das Wasch- und Reinigungsmittelgesetz enthält in § 1 Abs. 3 ein Minimierungsgebot hinsichtlich des Bedarfs technischer Einrichtungen an Wasch- und Reinigungsmitteln, Wasser und Energie. **23**

II. Die rechtliche Konkretisierung des Verursacherprinzips

Die Bundesregierung versteht das Verursacherprinzip im Umweltschutz als *Kostenzurechnungsprinzip* und als *ökonomisches Effizienzkriterium*.[43] Die Kosten der Vermeidung oder Beseitigung eines Umweltschadens soll derjenige tragen, der für ihre Entstehung verantwortlich ist.[44] Das Verursacherprinzip ist dementsprechend einerseits ein Regelungsmodell für die Kostenbelastung, zum anderen aber auch ein Zurechnungsmodell für die materielle **24**

---

[37] Vgl. zur atomrechtlichen Schadensvorsorge *Marburger*, Die atomrechtliche Schadensvorsorge, S. 1 ff.; *Rengeling*, DVBl. 1988, 257ff.; *ders.*, Probabilistische Methoden bei der atomrechtlichen Schadensvorsorge, S. 1ff.

[38] Siehe dazu oben, § 5, Rn. 17.

[39] Vgl. *BVerwG*, Urt. v. 19. 12. 1985 – 7 C 65/82 –, NVwZ 1986, 208 (212); siehe auch *BVerfG*, Beschl. v. 8. 8. 1978 – 2 BvL 8/77 –, E 49, 89 (143); Beschl. v. 20. 10. 1979 – 1 BvR 385/77 –, E 53, 30 (58f.); zum Wyhl-Urteil des BVerwG vom 19. 12. 1985 und insbesondere zu seinen Ausführungen zur Schadensvorsorge nach § 7 Abs. 2 Nr. 3 AtG siehe *Sellner*, NVwZ 1986, 616 (617f.); *Rengeling*, DVBl. 1986, 265 (266f.); ausführlich *ders.*, Ule-Festschrift, S. 2874; *ders.*, DVBl. 1988, 257ff.

[40] Vgl. etwa §§ 4, 4 a, 4 b, 5, 6, 9, 12, 13 – 15 AtG.

[41] Vgl. dazu auch *Kloepfer/Meßerschmidt*, Innere Harmonisierung des Umweltrechts, S. 71, dort auch zu zahlreichen weiteren Ausprägungen des Vorsorgeprinzips in anderen Umweltgesetzen.

[42] Vgl. *Kloepfer/Meßerschmidt*, Innere Harmonisierung des Umweltrechts, S. 72; *Salzwedel*, in: Grundzüge des Umweltrechts, S. 569 (585f.).

[43] Leitlinien der Bundesregierung zur Umweltvorsorge, BT-Drs. 10/6028, S. 12.

[44] Zum Verursacherprinzip im Umweltrecht siehe grundlegend *Rehbinder*, Politische und rechtliche Probleme des Verursacherprinzips, S. 1ff.; *Poppe*, Rechtliche Probleme des Verursacherprinzips im verwaltungsrechtlichen Immissionsschutz, S. 1ff.; SRU-Umweltgutachten 1978, Rz. 1780ff.; *Fehn*, VR 1987, 375ff.; *Ewringmann*, HdUR, Bd. II, Sp. 1049ff.

Verantwortlichkeit.[45] Nach dem Verursacherprinzip soll deshalb nicht nur die Frage entschieden werden, wer für die Kosten der Vermeidung oder Beseitigung von Umweltschäden aufkommen soll, sondern zugleich soll der Adressat für die unmittelbare Inanspruchnahme durch Gebote, Verbote oder Auflagen ausfindig gemacht werden.

Beispiel: Gem. § 8 Abs. 2 S. 1 BNatSchG ist der Verursacher eines Eingriffs zu verpflichten, vermeidbare Beeinträchtigungen von Natur und Landschaft zu unterlassen sowie unvermeidbare Beeinträchtigungen innerhalb einer zu bestimmenden Frist durch Maßnahmen des Naturschutzes und der Landschaftspflege auszugleichen, soweit es zur Verwirklichung der Ziele des Naturschutzes und der Landschaftspflege erforderlich ist.

Beispiel: Gem. § 1 AbwAG ist für das Einleiten von Abwasser in ein Gewässer eine Abgabe zu Entrichten. Abgabepflichtig ist gem. § 9 Abs. 1 AbwAG der Einleiter, d. h. der Verursacher.

25 Im Wasserhaushaltsrecht wird das Verursacherprinzip unter anderem durch Beschränkungen der Gewässerbenutzung, etwa der Einleitung von Abwassern gem. § 7 a WHG oder durch Abgabepflichten, vgl. etwa § 4 Abs. 2 Nr. 3 WHG, verwirklicht.[46]

26 Das Verursacherprinzip wird somit durch verursacherbezogene Vermeidungs-, Verminderungs- und Beseitigungspflichten, d. h. mit dem klassischen ordnungsrechtlichen Instrumentarium und durch Produkt- und Verfahrensnormen verwirklicht.[47] Die rechtliche Instrumentierung des Verursacherprinzips erfolgt im übrigen grundsätzlich über das Haftungsrecht.

27 Das Verursacherprinzip gilt im Umweltrecht zwar vorrangig, aber nicht ausschließlich. Begrenzt wird es durch das **Gemeinlastprinzip**, wonach die Kosten des Umweltschutzes der Allgemeinheit auferlegt werden. Nach Auffassung der Bundesregierung kann das Gemeinlastprinzip allerdings nur Geltung beanspruchen, wenn der Verursacher nicht feststellbar ist oder wenn akute Notstände beseitigt werden müssen und dies anderweitig nicht rasch genug erreicht werden kann.[48] Eine darüber hinausgehende mittelbare Anwendung des Gemeinlastprinzips liegt vor, wenn Bund oder Länder umweltfreundliche Investitionen mit Beihilfen und Steuersubventionen unterstützen oder wenn Gemeinden für die Benutzung ihrer Kanalisation oder der Müllabfuhr keine kostendeckenden Gebühren erheben.[49]

III. Die rechtliche Konkretisierung des Kooperationsprinzips

28 Das Kooperationsprinzip ist ein Grundsatz für die Ausgestaltung umweltpolitischer Entscheidungsprozesse. Es fordert ein faires Zusammenwirken aller staatlichen und gesellschaftlichen Kräfte im Willensbildungs- und Entscheidungsprozeß sowie bei der Realisierung umweltpolitischer Zielsetzun-

---

[45] Siehe dazu ausführlich *Breuer*, Umweltschutzrecht, S. 612ff.

[46] Vgl. zu weiteren gesetzlichen Ausprägungen des Verursacherprinzips im BImSchG, AtG und ChemG *Kloepfer/Meßerschmidt*, Innere Harmonisierung des Umweltrechts, S. 74ff.

[47] *Kloepfer/Meßerschmidt*, Innere Harmonisierung des Umweltrechts, S. 75.

[48] Siehe Leitlinien Umweltvorsorge der Bundesregierung, BT-Drs. 10/6028, S. 13.

[49] Vgl. *Engelhardt*, Bürger und Umwelt, S. 38.

gen.[50] Häufig findet eine Kooperation vor allem zwischen den staatlichen Behörden und den Wirtschaftsunternehmen mehr informal und wenig institutionalisiert in *Absprachen, branchenbezogenen Zusagen* und den *sog. Selbstbeschränkungsabkommen* statt.[51]

Daneben ist die Kooperation aber auch in zahlreichen Formen rechtlich institutionalisiert.[52] Rechtliche Ausprägungen des Kooperationsprinzips sind insbesondere: **29**

- Die rechtliche Beteiligung der Betroffenen in Planungs-, Planfeststellungs- und Genehmigungsverfahren,
- die Anhörung beteiligter Kreise vor dem Erlaß von Rechtsverordnungen und Verwaltungsvorschriften (vgl. z. B. §§ 7, 48, 51 BImSchG; § 6 WaschmG),
- die Politikberatung durch Gremien unabhängiger Fachleute, wie z. B. die Reaktorsicherheitskommission, die Strahlenschutzkommission oder den Rat von Sachverständigen für Umweltfragen,[53]
- die Beteiligung privater Organisationen bei den staatlichen Kontrollaufgaben im technischen Sicherheitsrecht und im Umweltschutz (z. B. die Gutachtentätigkeit der Technischen Überwachungsvereine in atom- bzw. immissionsschutzrechtlichen Genehmigungsverfahren),
- die Aufstellung technischer Regelungen durch privatrechtlich oder öffentlich-rechtlich organisierte Fachausschüsse (z. B. des Deutschen Instituts für Normung e. V. (DIN), des Vereins Deutscher Ingenieure e. V. (VDI) oder des Kerntechnischen Ausschusses),[54]
- die gesetzlich vorgesehene Selbstüberwachung in Unternehmen durch die zu bestellenden Umweltschutzbeauftragten für den Gewässerschutz, Immissionsschutz, Abfall- oder Strahlenschutz,[55]
- und schließlich die Mitwirkung von Verbänden bei der Vorbereitung von Verordnungen, verbindlichen Programmen und Plänen gem. § 29 BNatSchG oder die Anhörung der beteiligten Wald- und sonstigen Grundbesitzer und ihrer Zusammenschlüsse vor der Aufstellung eines forstlichen Rahmenplans gem. § 7 Abs. 1 S. 2, 3 BWaldG.

---

[50] Vgl. Leitlinien Umweltvorsorge der Bundesregierung, BT-Drs. 10/6028, S. 11; zum Kooperationsprinzip siehe außerdem *Rengeling*, HdUR, Bd. I, Sp. 935ff.; *Hartkopf/Bohne*, Umweltpolitik, S. 91 ff.; *Rengeling*, Das Kooperationsprinzip im Umweltrecht, S. 1ff.

[51] Vgl. die Beispiele bei *Hoppe*, VVDStRL 38 (1980), 211 (308ff.); zum informalen Verwaltungshandeln siehe *Bohne*, Der informale Staat, S. 1 ff; *ders.*, VerwArch. 75 (1984), 343ff.; *Ossenbühl*, Informelles Hoheitshandeln im Gesundheits- und Umweltschutz, S. 27ff.; vgl. auch unten, § 9, Rn. 24ff.

[52] Vgl. zu den Kooperationsinstrumenten im Verhältnis Staat/Wirtschaft *Breuer*, Umweltschutzrecht, S. 652ff.

[53] Vgl. die Bekanntmachung des BMI in der Fassung vom 25. 5. 1973 (BAnz. Nr. 118) zur Reaktorsicherheitskommission und vom 19. 4. 1974 (BAnz. Nr. 92) zur Strahlenschutzkommission und den Erlaß des BMI vom 28. 12. 1971 (BAnz. 1972, Nr. 8) zum Rat von Sachverständigen für Umweltfragen.

[54] Siehe dazu die Bekanntmachung des BMI in der Fassung vom 27. 9. 1974 (BAnz. Nr. 193).

[55] Siehe dazu die §§ 21 aff. WHG, 53ff. BImSchG, 1aff. AbfG und §§ 29ff. StrlSchV und näher unten § 8c II.

§ 6. Rechtliche Instrumente zum Schutz der Umwelt

1 Das Umweltrecht sieht zahlreiche rechtliche Instrumente vor, mit denen die Ziele und Grundsätze der Umweltpolitik und des Umweltrechts umgesetzt werden können. Regelmäßig dient das rechtliche Instrumentarium verschiedenen umweltrechtlichen Zielen und Grundsätzen gleichermaßen, so daß es nicht ohne weiteres einzelnen Prinzipien, etwa dem Verursacher- oder Vorsorgeprinzip, zugerechnet werden kann.[1]

2 Das geltende Umweltrecht der Bundesrepublik Deutschland basiert auf dem ordnungsrechtlichen System, dessen Instrumente dem Polizeirecht, dem Gewerberecht und dem Baurecht entstammen.[2] Der zunehmende Wandel von einem eher gefahrenabwehrenden Umweltschutz hin zu einem mehr vorsorgenden Umweltschutz verlangt jedoch eine stärkere Orientierung auf rechtliche Instrumente der staatlichen Vorsorge, Planung und Verteilung.[3]

3 Da der staatliche Umweltschutz über ein breit gefächertes Arsenal öffentlich-rechtlicher Kontroll-, Planungs- und Verteilungsinstrumente verfügt,[4] bedarf es einer systematisierenden Darstellung seiner rechtlichen Instrumente. Diese kann ganz unterschiedlichen rechtlichen Ansätzen folgen.[5] Unterscheiden läßt sich das rechtliche Instrumentarium des Umweltschutzes insbesondere nach

- **Handlungsformen**,
- **Regelungsgehalt,**
- **Wirkungsweise**.

A. Rechtliche Handlungsformen

4 Eine typisch verwaltungsrechtliche Art der Differenzierung ist die Trennung nach den rechtlichen Handlungsformen. Zu unterscheiden sind danach rechtsetzende Maßnahmen – dazu zählen Gesetze, Rechtsverordnungen, Satzungen und Verwaltungsvorschriften – und Einzelfallentscheidungen, zu denen insbesondere Verwaltungsakte und öffentlichrechtliche Verträge zu rechnen sind. Wesentlich ist in diesem Zusam-

---

[1] *Hartkopf/Bohne*, Umweltpolitik, Bd. 1, S. 174; a. A.: *Storm*, Umweltrecht, Anm. 92; zu den Instrumenten des Umweltschutzes siehe SRU-Umweltgutachten 1987, Rz. 145ff.; *v. Lersner*, Verwaltungsrechtliche Instrumente des Umweltschutzes, 1983, S. 1ff.; *Hartkopf/Bohne*, Umweltpolitik, S. 172ff.; *Endres*, ZRP 1985, 197ff.; *Schachel*, NuR 1982, 206 ff.; *Kloepfer/Meßerschmidt*, Innere Harmonisierung des Umweltrechts, S. 102ff.

[2] Vgl. *Breuer*, Grundprobleme des Umweltschutzes, S. 21 (26).

[3] Siehe *Hoppe*, VVDStRL 38 (1980), 228ff.; *Rehbinder*, RABELsZ 40 (1976), 400ff.; *Breuer*, Umweltschutzrecht, S. 631; *Kloepfer/Meßerschmidt*, Innere Harmonisierung des Umweltrechts, S. 12.

[4] Vgl. dazu die Übersicht über das Instrumentarium in den Kernbereichen des Umweltrechts bei *Beckmann*, Rechtsschutz, S. 9ff.

[5] Vgl. dazu z. B. *Rehbinder*, in: Grundzüge des Umweltrechts, S. 105ff.; *Breuer*, Umweltschutzrecht, S. 631; *Storm*, Umweltrecht, S. 43ff.; *Kloepfer*, Systematisierung des Umweltrechts, S. 117ff.; *Kloepfer/Meßerschmidt*, Innere Harmonisierung des Umweltrechts, S. 102ff.; SRU-Umweltgutachten 1987, Rz 145ff.

menhang außerdem die Differenzierung zwischen gesetzesgebundenen und solchen Entscheidungen, die zwar ebenfalls nicht rechtsfrei, jedoch einen begrenzten autonomen Gestaltungsbereich der Verwaltung eröffnen. Dazu zählen Ermessensentscheidungen, planerische Entscheidungen und solche, bei denen der Verwaltungsbehörde ein Beurteilungsspielraum zusteht.

B. Regelungsgehalt

Eine Unterscheidung nach dem Regelungsgehalt des rechtlichen Instrumentariums differenziert zwischen eingreifenden, leistenden und planenden Maßnahmen des Umweltschutzes.[6] 5

C. Wirkungsweise

Geht man davon aus, daß das umweltrechtliche Instrumentarium die Verwirklichung umweltschützender Ziele und Grundsätze durch eine Steuerung des Verhaltens von Behörden, der gewerblichen Wirtschaft und der Privatpersonen zu erreichen sucht,[7] dann liegt eine Systematisierung nach der Wirkungsweise dieses rechtlichen Instrumentariums für die Verhaltenssteuerung besonders nahe.[8] Dabei lassen sich insbesondere unterscheiden: 6

- **Instrumente der direkten Verhaltenssteuerung**,
- **Instrumente der indirekten Verhaltenssteuerung**,
- **planerische Instrumente** und
- **Instrumente staatlicher Eigenvornahme**.

I. Maßnahmen der direkten Verhaltenssteuerung

Zu den Maßnahmen der direkten Verhaltenssteuerung zählen insbesondere traditionelle, gefahrenabwehrende Instrumente wie die Genehmigungs- und Anzeigeverfahren, die gesetzlichen Ge- und Verbote sowie die Handlungs- und Duldungspflichten. 7

II. Maßnahmen der indirekten Verhaltenssteuerung

Mit der indirekten Verhaltenssteuerung sind vor allem ökonomische Instrumente gemeint, z. B. Subventionen, Abgaben- und Haftungsvorschriften, die zwar keinen unmittelbaren Zwang auf den Adressaten der Maßnahme ausüben, ihn aber durch finanzielle Anreize oder Sanktionen zu dem gewünschten Verhalten bewegen sollen. 8

III. Planerische Instrumente

Die planerischen Instrumente dienen in erster Linie der Umweltvorsorge, der Gestaltung von Interessenkonflikten und der Bewirtschaftung der Um- 9

---

[6] Siehe dazu *Storm*, Umweltrecht, S. 46ff.; *Schmidt*, Umweltrecht, S. 7ff.; *Ketteler/Kippels*, Umweltrecht, S. 84ff.
[7] Siehe dazu *Hartkopf/Bohne*, Umweltpolitik, S. 72.
[8] So zu Recht *Rehbinder*, in: Grundzüge des Umweltrechts, S. 106ff.; vgl. dazu auch *Kloepfer/Meßerschmidt*, Innere Harmonisierung des Umweltrechts, S. 102ff.

weltressourcen. Sie enthalten Elemente sowohl der unmittelbaren als auch der mittelbaren Verhaltenssteuerung. Zumeist sind sie den Maßnahmen der direkten und indirekten Verhaltenssteuerung programmatisch vorgelagert.

IV. Staatliche Eigenvornahme

10 Die staatliche Eigenvornahme schließlich wendet sich als Adressaten der Verhaltenssteuerung unmittelbar an die Stellen der öffentlichen Verwaltung, wobei diese in öffentlich-rechtlichen, aber auch in privatrechtlichen Handlungsformen tätig werden können.

Die nachfolgende Darstellung des umweltrechtlichen Instrumentariums folgt der zuletzt geschilderten Differenzierung nach der Wirkungsweise des rechtlichen Instrumentariums.[9] Da die Instrumente der unmittelbaren und mittelbaren Verhaltenssteuerung sehr häufig plangebunden, d. h. Vollzugsinstrumente der Planung sind, soll zunächst ein Überblick über die planerischen Instrumente des Umweltrechts gegeben werden.

---

[9] Da die rechtlichen Handlungsformen hoheitlicher Maßnahmen für die Kontrolleröffnung und Kontrolldichte des gegen sie gerichteten Rechtsschutzes maßgeblich sind, wird der Differenzierung nach rechtlichen Handlungsformen bei den Ausführungen zum Umweltrechtsschutz (siehe unten, § 13) Rechnung getragen.

§ 7. Planerische Instrumente des Umweltrechts

1 Die Planung ist als Handlungsinstrument des vorbeugenden Umweltschutzes in hervorragender Weise geeignet, zur Verwirklichung des Vorsorgeprinzips beizutragen.[1] In dem Maße, in dem sich das Umweltrecht wandelt von seinen polizeirechtlich-gefahrenabwehrenden Anfängen hin zu einem stärker ressourcenökonomischen und ökologisch-vorsorgenden Umweltrecht, gewinnt sie deshalb für das Umweltrecht an Bedeutung.

A. Planungsbegriff

2 Die **Planung** wird charakterisiert als mehrstufiger Prozeß, der in der Erfassung gegenwärtiger Lagen, der Prognose künftiger Entwicklungen und der Gestaltung von Ziel- und Interessenkonflikten besteht. Die **Planungsentscheidung** ist ein schöpferisch-technischer Vorgang, der außerrechtlich bestimmten, sachimmanenten Gesetzlichkeiten unterliegt und auf der gestaltenden Rationalität des Planers beruht.[2]

3 Das Ergebnis des Planungsprozesses ist der **Plan**. Er kann die im Rahmen des Planungsverfahrens getroffene Abwägungsentscheidung in rechtliche Verbindlichkeit überführen. Art und Umfang der Verbindlichkeit des Planes hängen von seiner rechtlichen Handlungsform ab. Pläne können grundsätzlich in allen herkömmlichen *Handlungsformen* des Verwaltungsrechts aufgestellt werden. Sie ergehen als Gesetz, Rechtsverordnung, Satzung, Verwaltungsvorschrift oder aber auch als Verwaltungsakt.[3]

Beispiele: Durch *Gesetz* erfolgt z. B. die Ausbauplanung für Bundesfernstraßen, vgl. etwa das Gesetz über den Ausbau der Bundesfernstraßen in den Jahren 1971–1985 i. d. F. v. 25. 8. 1980 (BGBl. I, S. 1615). Als *Rechtsverordnung* ergehen z. B. das Landesentwicklungsprogramm in Bayern gem. Art. 14 Abs. 3 BayLPlG und der Abwasserbeseitigungsplan in NW gem. § 56 Abs. 2 S. 3 LWG NW. Die Rechtsform der *Satzung* ist beispielsweise vorgesehen für Bebauungspläne gem. § 10 BauGB oder Landschaftspläne in NW gem. § 16 Abs. 2 S. 1 LG NW; als *Verwaltungsvorschriften* ergehen z. B. Abfallentsorgungspläne solange und soweit sie nicht von den Bundesländern entsprechend § 6 Abs. 1 S. 6 AbfG gegenüber dem Beseitigungspflichtigen für verbindlich erklärt werden. Als *Verwaltungsakte* ergehen schließlich vor allem die Planfeststellungsbeschlüsse, mit denen z. B. Abfallentsorgungsanlagen gem. § 7 AbfG, Zwischen- und Endlager für radioaktiven Abfall gem. § 9 b AtomG oder Bundesfernstraßen gem. § 17 FStrG hoheitlich zugelassen werden.[4]

4 Regelmäßig bestimmt der Gesetzgeber die Rechtsform des Planes. Fehlt eine gesetzliche Regelung, so wird die Einordnung des Planes in die Verwaltungsrechtssystematik schwierig. Das erweist sich vor allem im Raumplanungsrecht, wo der Rechtscharakter der verschiedenen Arten der Raumord-

---

[1] *Hoppe*, VVDStRL 38 (1980), 211 (230).
[2] Siehe *Hoppe*, RuL, Rn. 124; *Hoppe*, in: Ernst/Hoppe, ÖffBauBoR, Rn. 286 a ff.
[3] Vgl. dazu die Beispiele bei *Hoppe*, Menger-FS, S. 750.
[4] Die Einordnung der Planfeststellungsbeschlüsse als Instrumente der Planung ist allerdings umstritten, siehe dazu unten, § 7 Rn. 6.

nungspläne stark umstritten ist.[5] Trotz der Schwierigkeiten ist eine Bestimmung des Rechtscharakters der Pläne unerläßlich. Denn an die Rechtsform des Plans knüpfen die Kontrolleröffnungsnormen, d.h. die gesetzlichen Sachurteils – bzw. Sachentscheidungsvoraussetzungen an.[6] Sie ist deshalb für die Qualität des Rechtsschutzes der Planbetroffenen von entscheidender Bedeutung.[7]

Beispiel: Ergeht der Plan als Verwaltungsakt, kann er mit seiner Bestandskraft verwaltungsgerichtlich nicht mehr angefochten werden. Demgegenüber sind fehlerhafte Pläne, die als Rechtsnormen erlassen werden, regelmäßig nichtig (vgl. aber z.B. die Einschränkungen für den Bebauungsplan gem. §§ 214, 215 BauGB).

5 Die Heterogenität staatlicher Planung erweist sich nicht nur in der Vielzahl ihrer rechtlichen Handlungsformen. Sie ermöglicht vielmehr auch eine Unterscheidung der Planung nach ganz unterschiedlichen Differenzierungskriterien.[8] Die Vielgestaltigkeit staatlicher Planung ist außerdem eine wesentliche Ursache dafür, daß es bislang nicht gelungen ist, einen juristischen Planungsbegriff zu entwickeln, der geeignet wäre, Planungsentscheidungen eindeutig von anderen Verwaltungsentscheidungen zu sondern.[9] Die fehlende eindeutige Abgrenzung von Planungsentscheidungen zu anderen Verwaltungsentscheidungen mag auch damit zusammenhängen, daß die Kriterien für die Einbeziehung einer Verwaltungsentscheidung in die Kategorien „Planung" und „Plan" in erster Linie außerrechtlicher Natur sind.[10] Die mangelnde Eindeutigkeit des rechtswissenschaftlichen Planungsbegriffs ist besonders deshalb problematisch, weil die h.M. mit der Einordnung eines Hoheitsaktes als Planungsentscheidung die Einräumung eines *planerischen Gestaltungsfreiraums* verbindet, der sich qualitativ in seiner Weite von anderen Ermessensentscheidungen der Verwaltung unterscheidet.[11]

I. Plancharakter von Planfeststellungsbeschlüssen

6 Ob und inwieweit die planerische Gestaltungsfreiheit sich qualitativ vom herkömmlichen Verwaltungsermessen trennen läßt, wird zunehmend in Zweifel gezogen.[12] Fraglich erscheint vor allem, ob die Abwägungsfehlerlehre, die im Recht der Bauleitplanung entwickelt worden ist,[13] „ohne weiteres" auf das Planfeststellungs-

[5] Vgl. dazu *Hoppe*, RuL, Rn. 293ff.

[6] Zur Unterscheidung von Kontrolleröffnung und Kontrolldichte vgl. *Hoppe*, Menger-FS, S. 754f.; *ders.*, RuL, Rn. 250; *Beckmann*, Rechtsschutz, S. 21.

[7] Zum Rechtsschutz im Umweltrecht siehe ausführlich unten, §§ 10–13.

[8] Vgl. dazu ausführlich *Hoppe*, Menger-FS, S. 750ff.

[9] *Hoppe*, Menger-FS, S. 747; *Beckmann*, DÖV 1987, 44 (47); *Hoppe*, in: Handbuch des Staatsrechts, Bd. III, S. 656ff.; zum Planungsbegriff siehe auch *Kühling*, Fachplanungsrecht, Rn. 1ff.

[10] So zu Recht *Erichsen/Martens*, Allgemeines Verwaltungsrecht, S. 273.

[11] *BVerwG*, Urt. v. 12. 12. 1969 – IV C 15.66 –, E 34, 301 (304); Urt. v. 14. 2. 1975 – IV 21.74 –, E 48, 56 (59); Urt. v. 10. 2. 1978 – IV C 25.75 –, E 55, 220 (226); *Hoppe*, in: Ernst/Hoppe, ÖffBauBoR, Rn. 290.

[12] Kritisch insoweit *Papier*, NJW 1977, 1714 (1715); *Schmidt-Aßmann*, VVDStRL 34 (1976), 221 (251f.); *Rubel*, Planungsermessen, passim; *Börger*, Planungs- und Genehmigungsentscheidungen, S. 245ff.; hinsichtlich des Planungsermessens im Planfeststellungsrecht auch *Beckmann*, Rechtsschutz, S. 145 ff.; *ders.*, DÖV 1987, 944 (947ff.); *Kühling*, Fachplanungsrecht, Rn. 13.

[13] *Hoppe*, BauR 1970, 15ff.

recht übertragbar ist.[14] Aus rechtssystematischer Sicht jedenfalls liegt es nahe, *Planfeststellungsbeschlüsse* nicht als Planungsentscheidungen im eigentlichen Sinne, sondern als Mittel der direkten Verhaltenssteuerung anzusehen. Rechtssystematisch zählen Planfeststellungsbeschlüsse deshalb nicht zur Planung, weil Pläne auf weiteren Vollzug durch hoheitliche Einzelfallentscheidungen ausgerichtet sind, während der Planfeststellungsbeschluß als projektbezogener Zulassungstatbestand – gerade vergleichbar anderen umweltrechtlichen Genehmigungsentscheidungen – über die Durchführung eines konkreten Vorhabens entscheidet.[15] Im Gegensatz zu den Planfeststellungsbeschlüssen umfassen und koordinieren Pläne grundsätzlich eine Vielzahl von Einzelvorhaben. Die planerische Gestaltungsfreiheit ist dementsprechend nicht auf den Einzelfall ausgelegt.[16] Für eine Differenzierung zwischen abstrakt-genereller, auf weiteren Vollzug ausgerichteter Planung und projektbezogenen Einzelzulassungstatbeständen spricht außerdem, daß der planerische Gehalt mehrdimensionaler Kontrollerlaubnisse des Umweltrechts sich von Planfeststellungen kaum unterscheidet. Raumbedeutsame Unternehmergenehmigungen könnten deshalb mit gleichem Recht zu den Fachplanungen gerechnet werden wie die Planfeststellungsentscheidungen,[17] wobei aber aus dem planungsrechtlichen Einschlag der Genehmigungsentscheidungen nicht zwingend auch ein planerischer Gestaltungsfreiraum folgt.[18] Die Planfeststellungsbeschlüsse werden deshalb im nachfolgenden im Zusammenhang mit den Instrumenten der direkten Verhaltenssteuerung erörtert.[19]

II. Plancharakter von Schutzgebietsausweisungen

Zweifelhaft ist außerdem, ob und inwieweit Schutzgebietsausweisungen, die im Umweltrecht – vor allem im Gewässer- und Naturschutzrecht- eine erhebliche Rolle spielen, Planungsinstrumente sind.[20] 7

Mit der Ausweisung eines Schutzgebietes soll die Bedeutung einer genauen abgegrenzten Fläche für bestimmte Zwecke, etwa für den Naturschutz oder die Wassergewinnung, erhalten oder entwickelt werden. Dazu werden – gestützt auf entsprechende gesetzliche Ermächtigungen – Handlungs- oder Unterlassungspflichten verbindlich geregelt, mit denen vor allem dem Schutzzweck entgegenstehende Nutzungen ausgeschlossen werden sollen. 8

Gegen den planerischen Charakter von Schutzgebietsausweisungen könnte sprechen, daß sie teilweise einen rein statischen, erhaltenden Charakter haben. Zu beachten ist aber, daß auch Schutzgebietsausweisungen zukunftsorientiert und gestalterisch angelegt sein können. Schutzgebietsausweisungen lassen sich häufig auch schon deshalb nicht von Plänen des Umweltrechts trennen, weil sie teilweise gerade durch Umweltpläne festgesetzt werden. So enthält z. B. der Landschaftsplan in Nordrhein-Westfalen gem. § 16 Abs. 4 Nr. 3 LG NW auch die Festsetzung besonders geschützter Teile von Natur und Landschaft. Zu Recht wird deshalb hinsichtlich der Frage, ob bei der 9

---

[14] Kritisch dazu *Börger*, Genehmigungs- und Planungsentscheidungen, S. 257; *Beckmann*, Rechtsschutz, S. 146.

[15] *Erbguth*, UPR 1984, 241 (244); deshalb werden z. B. auch Reinhalteverordnungen des Wasserrechts, die dem Vollzug der wasserrechtlichen Bewirtschaftungspläne dienen (*Salzwedel*, Wasserrecht, S. 798), nicht der Planung zugerechnet, vgl. *Erbguth*, UPR 1984, 241 (246); *Hartkopf/Bohne*, Umweltpolitik, S. 180.

[16] Vgl. *Hoppe/Schlarmann*, Rechtsschutz, Rn. 166.

[17] So *Ronellenfitsch*, Einführung in das Planungsrecht, S. 100; *Kloepfer/Meßerschmidt*, Innere Harmonisierung des Umweltrechts, vertreten z. B. die Ansicht, das BImSchG regele unter dem Titel „Anlagengenehmigung" in der Sache eine Planfeststellung, S. 122; zu „planenden Erlaubnissen" siehe auch *Kühling*, Fachplanungsrecht, Rn. 18.

[18] Siehe dazu ausführlich *Beckmann*, Rechtsschutz, S. 119ff.

[19] Siehe unten, § 8, Rn. 28–52.

[20] Vgl. dazu *Beckmann*, Rechtsschutz, S. 9f.; ausführlich *Thurn*, Schutz natürlicher Gewässerfunktionen, S. 75ff. mit zahlreichen weiteren Nachweisen aus Rechtsprechung und Literatur; *BVerwG*, Beschl. v. 23. 1. 1984 – 4 B 157 u. 158.83 –, DÖV 1984, 466 (467); *BVerwG*, Beschl. v. 16. 6. 1988 – 4 B 102/88 – NVwZ 1988, 1020f.; *VGH Mannheim*, Urt. v. 21. 12. 1982 – 5 S 1357/81 –, NuR 1983, 236.

Festsetzung von Schutzgebieten ein planerischer Gestaltungsfreiraum besteht, differenziert. Während hinsichtlich der Frage, ob ein Gebiet, das die gesetzlichen Voraussetzungen für eine Schutzgebietsausweisung erfüllt, zweckmäßigerweise auch als Schutzgebiet ausgewiesen werden soll, nur ein „normales Verwaltungsermessen" besteht, steht der Verwaltung hinsichtlich der räumlichen Alternativen und der räumlichen Ausdehnung ein planerischen Gestaltungsfreiraum zu.[21]

B. Umweltschutzplanung

10 Wird die Planung als Mittel der vorausschauenden Bewältigung von Umweltproblemen eingesetzt, kann man sie als **Umweltplanung** oder als **Umweltschutzplanung** bezeichnen.[22] Als Instrument vorsorgender Umweltpolitik ermöglicht die Umweltplanung die Erfassung komplexer Ursachen- und Problemzusammenhänge der Umwelt und die Koordination von Umweltbelangen untereinander und mit kollidierenden Zielen und Fachbelangen.[23] Zur Bewältigung von Umweltproblemen lassen sich grundsätzlich verschiedene Modelle der Umweltschutzplanung denken.[24] Dazu zählen insbesondere Modelle der

- **globalsteuernden Umweltschutzplanung,**
- **isoliert-eigenständigen Umweltschutzplanung** und
- **der integrierten Umweltschutzplanung.**

I. Globalsteuernde Umweltschutzplanung

11 Eine globalsteuernde Umweltplanung wäre ein Planungssystem, das versucht, das gesamte staatliche und gesellschaftliche Handeln unter umweltpolitischen Zielsetzungen in einer Planung zu steuern.[25] Ein solches Planungsmodell wird allgemein u. a. deshalb abgelehnt, weil es weder intellektuell noch verwaltungspraktisch verwirklicht werden könnte und wegen seines einseitigen Vorrangs des Umweltschutzes vor anderen Politikbereichen auch verfassungsrechtlich fragwürdig wäre.[26]

II. Eigenständige Umweltschutzplanung

12 Als Modelle der isolierten, eigenständigen Umweltschutzplanung sind solche Planungen zu verstehen, die losgelöst von anderen Rechts- und Politikbereichen eine Gesamtplanung des Umweltschutzes mit verbindlichen Vorgaben für andere Planungen aufstellen.[27] Auch dieses Planungsmodell

---

[21] Siehe dazu *Thurn*, Schutz natürlicher Gewässerfunktionen, S. 75ff.; für Planungsermessen auch *Peters*, DVBl. 1987, 990ff. m. w. N.; *ders.*, UPR 1988, 325 (328); a. A. *Kühling*, Fachplanungsrecht, Rn. 8.

[22] Ausführlich zur Umweltschutzplanung *Hoppe*, VVDStRL 38 (1980), S. 211ff.

[23] Vgl. *Rehbinder*, in: Grundzüge des Umweltrechts, S. 112.

[24] Näher dazu *Hoppe*, VVDStRL 38 (1980), 211 (252); *Hartkopf/Bohne*, Umweltpolitik, S. 205ff.

[25] *Hartkopf/Bohne*, Umweltpolitik, S. 26.

[26] Siehe dazu näher die SRU-Umweltgutachten 1974, Rz 20 und 1978 Rz 1928ff.; *Hoppe*, VVDStRL 38 (1980), 211 (254f.).

[27] *Hartkopf/Bohne*, Umweltpolitik, S. 26.

wird ganz überwiegend abgelehnt, weil es einen relativ hohen und schwer zu befriedigenden Koordinationsbedarf erfordert und in seiner Wirksamkeit zu sehr das verfassungsrechtlich abgesicherte Ressortprinzip beeinträchtigt würde.[28]

III. Integrierte Umweltschutzplanung

Es bleibt das Modell der integrierten Umweltschutzplanung, in der die **13**
umweltpolitische Zielsetzung in eine übergreifende Aufgabenstellung eingebunden und einem Zielkonflikt mit gegenläufigen Belangen ausgesetzt ist. Eine Planungsintegration kann dabei grundsätzlich auf drei Wegen erfolgen:

– **Erstens:** Die Belange anderer Planungsbereiche werden in spezifischen Umweltfachplanungen berücksichtigt oder beachtet.
  Beispiel: Gem. § 2 Abs. 1 S. 3 AbfG sind bei der Abfallentsorgungsplanung die Ziele und Erfordernisse der Raumordnung und Landesplanung, zu denen auch wirtschaftliche, soziale und kulturelle Belange zählen können, zu beachten.
– **Zweitens:** Umweltbelange werden in bestehende, nicht umweltspezifische Fachplanungen integriert.
  Beispiel: Gem. § 50 BImSchG sind bei raumbedeutsamen Planungen und Maßnahmen die für eine bestimmte Nutzung vorgesehenen Flächen einander so zuzuordnen, daß schädliche Umwelteinwirkungen auf die ausschließlich oder überwiegend dem Wohnen dienenden Gebiete sowie auf sonstige schutzbedürftige Gebiete soweit wie möglich vermieden werden. Zu den Planungen i. S. v. § 50 BImSchG zählen selbstverständlich auch die nicht umweltschutzspezifischen Planungen, wie die Fernstraßenplanung oder die Wasserstraßenplanung.
– **Drittens:** Umweltbelange und Belange anderer Politikbereiche werden in einer fachübergreifenden, wenn auch nicht globalen Planung zusammengefaßt.[29]
  Beispiel: Gem. § 1 Abs. 5 S. 1 BauGB sollen Bauleitpläne u. a. dazu beitragen, „eine menschenwürdige Umwelt zu sichern und die natürlichen Lebensgrundlagen zu schützen".

Umweltschutzplanung kann sich auf verschiedene Felder planender Akti- **14**
vitäten erstrecken. Sie kann einerseits eine weniger gesetzesgebundene und stärker umweltpolitisch-strategische Planung sein. Diese Art der Planung findet sich vor allem in den Umweltprogrammen der Bundes- und der Landesregierungen. Derartige Programme sind unmittelbar verbindlich nur für die planbeschließenden Organe. Sie beeinflussen aber mittelbar auch das Verhalten der nachgeordneten Behörden, nicht zuletzt durch die zahlreichen Informationen, die sie enthalten.[30] Zu dieser mehr umweltpolitisch-strategischen Planung zählen auch umweltbezogene Aussagen in Wirtschafts- und Finanzplänen, in Förderungsprogrammen für Wissenschaft und Wirtschaft etc. Neben dieser umweltpolitischen Programmplanung ist Umweltplanung vor allem Raumplanung. Aufgrund des starken räumlichen Bezuges der vorhandenen Umweltprobleme liegt in diesem Bereich der Schwerpunkt der Umweltschutzplanung. Auf sie soll daher im nachfolgenden ausführlicher eingegangen werden.

---

[28] Vgl. dazu *Hoppe*, VVDStRL 38 (1980), 259f.
[29] Vgl. zu diesen Möglichkeiten *Hartkopf/Bohne*, Umweltpolitik, S. 207; *Hoppe*, VVDStRL 38 (1980), 211 (261).
[30] Vgl. *Storm*, Umweltrecht, S. 128ff.

C. Die raumbedeutsame Umweltschutzplanung

15 **Raumplanung** ist die räumliche Planung der öffentlichen Hand auf allen Ebenen und Sachgebieten.

16 Von ihr zu unterscheiden ist die räumliche Planung Privater, etwa die bergrechtliche Betriebsplanung, die nach h. M. eine private Unternehmensplanung ist.[31] Für sämtliche Bereiche der umweltbezogenen Raumplanung gelten gemeinsame *verfassungsrechtliche* aber auch *einfachgesetzliche* umweltrechtliche Vorgaben.

Beispiele: So sind – wie bereits erwähnt – gem. § 50 BImSchG bei raumbedeutsamen Planungen die für eine bestimmte Nutzung vorgesehenen Flächen einander so zuzuordnen, daß schädliche Umwelteinwirkungen auf die ausschließlich oder überwiegend dem Wohnen dienenden Gebiete sowie auf sonstige schutzbedürftige Gebiete soweit wie möglich vermieden werden.[32] Wichtige Grundsätze des Planungs- und Umweltrechts sind außerdem in § 2 BNatSchG geregelt. Einen fachübergreifenden Geltungsanspruch erhebt auch die Eingriffsregelung des § 8 BNatSchG, wonach vermeidbare Eingriffe in Natur und Landschaft grundsätzlich verboten sind, unvermeidbare auszugleichen sind und Eingriffe, die weder vermeidbar noch auszugleichen sind, nur zugelassen werden dürfen, wenn sich ein Vorrang der fachplanerischen Belange vor denen des Naturschutzes ergibt.

Die raumbezogene Umweltschutzplanung ist sowohl Teil der **Gesamtplanung** als auch der **Fachplanung.**

I. Umweltschutz in der Gesamtplanung

17 Gesamtplanungen koordinieren alle in einem Raum auftretenden Raumansprüche und Belange, insbesondere auch solche, die Gegenstand von Fachplanungen im eigentlichen Sinne sind. Zum raumordnungsbezogenen Gesamtplanungsrecht zählt insbesondere auch die fachlich ausgerichtete landesplanerische Teilplanung für bestimmte Sektoren. Sie bezeichnet man als *sektoralisierte* Landesplanung.[33]

18 Zum raumbezogenen Gesamtplanungsrecht zählt auf der überörtlichen Ebene das Recht der **Raumordnung und Landesplanung** und auf der örtlichen Ebene das Recht der **Bauleitplanung.**

1. Umweltschutz in der Raumordnung und Landesplanung

19 Als Raumordnung und Landesplanung wird die zusammenfassende überörtliche und überfachliche Planung des Raumes bezeichnet.[34] Sie setzt sich zusammen aus der **Bundesraumordnung** und der Landesraumordnung, die zumeist als **Landesplanung** bezeichnet wird.

a) Umweltschutz in der Bundesraumordnung

20 Eine bundeseigene Raumordnungsplanung mit Bindungswirkung gegenüber den Ländern existiert derzeit nicht. Kompetenzrechtlich wäre sie jedoch

[31] Vgl. *Hoppe/Beckmann*, Grundeigentumsschutz, S. 128ff.
[32] Vgl. ähnlich z. B. auch § 8 BWaldG.
[33] *Hoppe*, RuL, Rn. 40/45; zur sektoralisierten Landesplanung im einzelnen *Zoubek*, Sektoralisierte Landesplanung, S. 1ff.
[34] *Ernst*, in: Ernst/Hoppe, ÖffBauBoR, Rn. 1.

zulässig.[35] Die Bundesraumordnung ist im *Bundesraumordnungsprogramm*[36] und im *Raumordnungsgesetz* geregelt.

aa) Bundesraumordnungsprogramm (BROP)

Das Bundesraumordnungsprogramm ist ein unverbindliches Programm der Koordination zwischen den Fachplanungen der Bundesressorts und der Landesplanung. Das BROP bildet den gesamträumlichen und überfachlichen Orientierungsrahmen, der es dem Bund und den Ländern ermöglichen oder erleichtern soll, für raumbedeutsame Maßnahmen eine größere Effizienz zu erreichen. **21**

Das BROP geht von der Leitvorstellung der Herstellung gleichwertiger Lebensbedingungen aus. Zur Aufdeckung und Analyse abzubauender räumlicher Ungleichgewichte wird das Bundesgebiet in 38 Gebietseinheiten eingeteilt. In diesen Teilräumen soll ein bestimmtes Niveau an Wohnungen, Erwerbsmöglichkeiten und öffentlichen Infrastruktureinrichtungen nicht unterschritten werden.[37] **22**

Zu den gleichwertigen Lebensbedingungen zählt nicht zuletzt eine in allen Teilräumen gleichermaßen menschenwürdige Umwelt. Das BROP enthält deshalb eine Reihe von Vorschlägen zur Verbesserung der Umweltqualität und eine räumlich-funktionale Aufgabenverteilung, in der eine planerische Ausweisung von Vorranggebieten für Freiraumfunktionen vorgeschlagen wird. Angesichts der Unverbindlichkeit und der Unbestimmtheit seiner programmatischen Aussagen ist das BROP für den Umweltschutz nur von geringer Effektivität.[38] **23**

bb) Grundsätze der Raumordnung

Bedeutsamer für den Umweltschutz sind dagegen die im ROG geregelten Grundsätze der Raumordnung. Der Katalog der Raumordnungsgrundsätze in § 2 ROG enthält zahlreiche, mittelbar für den Umweltschutz relevante Grundsätze. So sollen z. B. die räumlichen Voraussetzungen dafür geschaffen und gesichert werden, daß die land- und forstwirtschaftliche Bodennutzung als wesentlicher Produktionszweig der Gesamtwirtschaft erhalten bleibt (§ 2 Abs. 1 Nr. 5 ROG), in Verdichtungsräumen mit gesunden räumlichen Lebens- und Arbeitsbedingungen sowie ausgewogener Wirtschafts- und Sozialstruktur sollen diese Bedingungen und Strukturen gesichert und, soweit nötig, verbessert werden (§ 2 Abs. 1 Nr. 6 ROG). **24**

Der für den Umweltschutz zentrale Grundsatz der Raumordnung ist in § 2 Abs. 1 Nr. 7 ROG geregelt:

„Für den Schutz, die Pflege und die Entwicklung von Natur und Landschaft einschließlich des Waldes sowie für die Sicherung und Gestaltung von Erholungsgebieten

---

[35] Vgl. *Hoppe*, RuL, Rn. 73.

[36] Raumordnungsprogramm für die großräumige Entwicklung des Bundesgebiets (Bundesraumordnungsprogramm), BT-Drs. 7/3584, Abschn. I 1.2.

[37] Vgl. zum Inhalt des BROP *Hoppe*, RuL, Rn. 708ff.

[38] *Ebersbach*, Landverbrauch, S. 149; krit. zum BROP auch *Hoppe/Erbguth*, DVBl. 1983, 1213 (1214); vgl. auch *Suderow*, Rechtsprobleme des Bundesraumordnungsprogramms, S. 1ff.; zum Bodenschutz durch Raumordnung und Landesplanung siehe *Book*, Bodenschutz durch räumliche Planung, S. 31ff.; zum Gewässerschutz als Aufgabe der Raumordnung und Landesplanung siehe *Thurn*, Schutz natürlicher Gewässerfunktionen, S. 61ff.; skeptisch gegenüber der Raumplanung als Instrument vorsorgenden Umweltschutzes SRU-Umweltgutacten 1987, Rz. 2155.

ist zu sorgen. Für den Schutz des Bodens, die Reinhaltung des Wassers, die Sicherung der Wasserversorgung und für die Reinhaltung der Luft sowie für den Schutz der Allgemeinheit vor Lärmbelästigungen ist ausreichend Sorge zu tragen".

25 Gem. § 3 Abs. 1 ROG sind die Grundsätze der Raumordnung unmittelbar für die Behörden des Bundes, die bundesunmittelbaren Planungsträger und im Rahmen der ihnen obliegenden Aufgaben für die bundesunmittelbaren Körperschaften, Anstalten und Stiftungen des öffentlichen Rechts bei Planungen und sonstigen Maßnahmen, durch die Grund und Boden in Anspruch genommen oder die räumliche Entwicklung eines Gebietes beeinflußt wird (raumbedeutsame Planungen und Maßnahmen), verbindlich.

26 Die Grundsätze gelten außerdem unmittelbar für die Landesplanung in den Ländern (§ 3 Abs. 2 S. 1 ROG). Die Länder können die Geltung der Bundesgrundsätze der Raumordnung über den Bereich der Landesplanung hinaus auf andere Länderbehörden erstrecken (§ 3 Abs. 2 S. 3 ROG). Sie können gem. § 2 Abs. 3 ROG aber auch weitere Grundsätze aufstellen, soweit diese den Bundesgrundsätzen der Raumordnung nicht widersprechen. Dementsprechend haben einige Landesplanungsgesetze die unmittelbare Geltung der Bundesgrundsätze auf ihr gesamtes Verwaltungsgefüge erstreckt.[39] Einige Bundesländer haben außerdem Landesgrundsätze der Raumordnung aufgestellt, die sich ausdrücklich mit dem Umweltschutz und dem Landschaftsschutz befassen.[40]

27 Die Grundsätze der Raumordnung sind naturgemäß in ihrer Wirksamkeit für den Umweltschutz dadurch eingeschränkt, daß sie im Rahmen der den planenden Behörden zustehenden planerischen Gestaltungsfreiheit mit anderen, dem Umweltschutz tendenziell entgegenstehenden Belangen abzuwägen sind (§ 2 Abs. 2 ROG). Welchem Grundsatz im Einzelfall der Vorrang einzuräumen ist, entscheidet insoweit die planende Stelle selbst. Häufig ist die Abwägung in der Vergangenheit zu Lasten des Umweltschutzes ausgegangen. Es gibt deshalb zahlreiche Überlegungen, wie dem Umweltschutz im Rahmen einer solchen Abwägung ein stärkeres Gewicht verliehen werden kann.[41] Insbesondere wird überlegt, ob und in welchen Fällen dem Umweltschutz im Rahmen einer solchen Abwägung bereits gesetzlich ein absoluter oder zumindest ein relativer Vorrang eingeräumt werden kann.[42] Dabei kristallisiert sich ein breites Spektrum von Möglichkeiten des Gesetzgebers heraus, die Bedeutung des Umweltschutzes in der Planung zu erhöhen. Der Gesetzgeber kann einzelne Umweltbelange durch die *Aufstellung von Planungsleitsätzen* oder durch die Normierung eines situationsgebunde-

---

[39] Siehe dazu die Nachweise bei *Schmidt-Aßmann*, in: Grundzüge des Umweltrechts, S. 152.

[40] Vgl. Art. 2 BayLPlG, § 2 Ziff. 10 LPlGRP, § 4 Gesetz über Grundsätze zur Entwicklung des Landes von S.-H. in der Fassung vom 22. 9. 1981 (GVBl. S. 180); zur Novellierung der Raumordnungsgrundsätze des Bundes siehe *Brummund*, Die Grundsätze der Raumordnung, Münster 1989.

[41] Vgl. z.B. *Funke*, DVBl. 1987, 511ff.; *Kuhl*, Umweltschutz im materiellen Raumordnungsrecht, S. 67; *Henneke*, Raumplanerisches Verfahren und Umweltschutz, S. 9; *Hoppe*, VVDStRL 38 (1980), 211 ff.; *Erbguth/Püchel*, NVwZ 1982, 649 (651ff.); *dies.*, NuR 1984, 209 (215ff.); *Bückmann/Cebulla/ Patzak/Voegele*, UPR 1986, 88ff.

[42] Vgl. dazu auch *Hoppe/Erbguth*, DVBl. 1983, 1213 (1214).

nen *absoluten Vorrangs*, der planerischen Abwägung entziehen, und so sicherstellen, daß sie sich im Planungsergebnis niederschlagen.[43] Der Gesetzgeber kann außerdem die planerische Abwägung selbst steuern, indem er durch Aufstellen von *Optimierungsgeboten* – das sind Zielvorgaben, die zwar im Konfliktfall hinter anderen Zielen zurücktreten können, die aber möglichst weitgehende Beachtung und Verwirklichung fordern –[44] das Ausgleichen der Belange oder mittels eines *relativen Vorrangs* das Gewichten der Belange zugunsten des Umweltschutzes lenkt.[45]

b) Umweltschutz in der Landesplanung

Die Landesplanung ist die flächendeckende Planung für die Raumordnung eines Bundeslandes. Ihre Aufgabe besteht darin, übergeordnete und zusammenfassende Programme und Pläne für das gesamte Landesgebiet aufzustellen (§ 5 Abs. 1 S. 1 ROG). **28**

Die Flächenstaaten haben mit unterschiedlicher Bezeichnung – Landesentwicklungsprogramm, Landesentwicklungsplan, Landesraumordnungsplan, Landesraumordnungsprogramm – entsprechende Gesamtpläne aufgestellt. Die Programme und Pläne der Landesplanung bestimmen die Grundzüge der anzustrebenden räumlichen Ordnung und Entwicklung des Landes als Ziele der Raumordnung und Landesplanung. Sie bezeichnen außerdem Gebiete, in denen diese landesplanerischen Ziele zu verwirklichen sind, nämlich Planungsregionen, Verdichtungsräume, zentrale Orte, überregionale Erholungsgebiete, Natur- und Nationalparke etc.[46] **29**

Zum Gesamtplanungsrecht der Länder zählen auch die fachlich ausgerichteten landesplanerischen Teilpläne. Sie bezeichnet man als **sektoralisierte Landesplanung.**[47] Teilplanungen der sektoralisierten Landesplanung beziehen sich z. B. auf die Ausweisung von Naturparken, die Standortsicherung für flächenintensive Großvorhaben, den Fluglärmschutz oder auf die Sicherung von Freiraum.[48] **30**

Materiellrechtlich ist die Landesplanung an die **Grundsätze der Raumordnung,** insbesondere an die Grundsätze des § 2 ROG gebunden (§ 3 Abs. 2 ROG). Damit ist auch im Rahmen der Landesplanung der in den Raumordnungsgrundsätzen des Bundes verankerte Schutz der Natur und Landschaft zu berücksichtigen. Die Länder haben außerdem bei der Aufstellung von Programmen von ihrem Recht Gebrauch gemacht, zum Schutz der Umwelt weitere Landesgrundsätze der Raumordnung aufzustellen. Dabei läßt sich feststellen, daß die zum Teil erheblich jüngeren Grundsätze der Raumordnung und Landesplanung in den Bundesländern ökologischen Gesichtspunkten einen höheren Stellenwert beimessen als dies in § 2 Abs. 1 ROG bislang **31**

---

[43] *Funke*, DVBl. 1987, 511 (517).

[44] *BVerwG*, Urt. v. 22. 3. 1985 – IV C 73.82 –, DVBl. 1985, 899 (900).

[45] *Funke*, DVBl. 1987, 511 (517); siehe dazu auch *Blumenberg*, DVBl. 1989, 86 ff.

[46] *Ebersbach*, Landverbrauch, S. 158 mit zahlreichen weiteren Nachweisen zu einzelnen landesgesetzlichen Regelungen.

[47] *Hoppe*, RuL, Rn 40/45; siehe dazu i.e. *Zoubek*, Sektoralisierte Landesplanung, S. 1 ff.

[48] Vgl. z. B. zur Standortvorsorgeplanung für Kraftwerke in Baden-Württemberg, *Vitzthum/März*, VBlBW 1987, 321 ff.; siehe allgemein dazu auch *Blümel*, DVBl. 1977, 301 ff.; zum Freiraumschutz siehe *Appold*, Freiraumschutz durch räumliche Planung, S. 1 ff.

der Fall ist. Insbesondere werden hinsichtlich der Belange von Naturschutz und Landschaftspflege mehr oder minder spezifizierte und konkretisierte Grundsätze aufgestellt.[49]

32 Für den Umweltschutz bedeutsam sind neben den Grundsätzen aber vor allem die von der Landesplanung festgelegten **Ziele der Raumordnung und Landesplanung.** Sie dienen dazu, die Grundsätze in konkret raumbezogene Festsetzungen für die nachfolgenden Planungsebenen der Regional- und der Bauleitplanungen sowie für die Fachplanungen umzusetzen. Die Ziele der Raumordnung und Landesplanung sind gem. § 5 Abs. 4 ROG von den Behörden des Bundes und der Länder, den Gemeinden und Gemeindeverbänden, den öffentlichen Planungsträgern sowie im Rahmen der ihnen obliegenden Aufgaben von den bundesunmittelbaren und den der Aufsicht des Landes unterstehenden Körperschaften, Anstalten und Stiftungen des öffentlichen Rechts bei Planungen und allen sonstigen Maßnahmen, durch die Grund und Boden in Anspruch genommen oder die räumliche Entwicklung eines Gebietes beeinflußt wird, zu beachten. Die wesentliche Funktion der Landesplanung besteht gerade darin, die Rechtswirkungen der Raumordnungsziele zur Durchsetzung von Umweltschutzbelangen zu nutzen, soweit spezifische Umweltfachplanungen nicht über ein eigenes durchsetzungsfähiges Umweltschutzinstrumentarium verfügen oder noch nicht aufgestellt sind.[50]

33 Raumordnungsziele können ganz unterschiedliche umweltrelevante Regelungen enthalten. Häufig haben sie Bezug zu den Fachplanungen und sehen im Vorgriff auf oder in Übernahme von fachplanerischen Aussagen z. B. Standorte für große Kraftwerke, Abfallentsorgungsanlagen, Flughäfen (einschließlich der Lärmschutzzonen) oder Trassen für den Verkehr oder für Versorgungsleitungen vor. Häufig enthalten Zielfestlegungen auch Standortbestimmungen für regional-bedeutsame Umspannwerke, geplante Wasser- oder Gaswerke und Kläranlagen oder ähnliche nicht fachplanungsgebundene Vorhaben der Infrastruktur.[51] Umweltrelevant können außerdem die querschnittsbezogenen Aussagen der Raum- und Siedlungsstruktur sein. So können Raumordnungsziele z. B. Aussagen über besondere Flächenfunktionen treffen. Ziele der Raumordnung und Landesplanung können Flächen darstellen, die dem Freiraumschutz dienen, insbesondere können sie regionale Grünzüge oder ökologische Vorrangbereiche ausweisen, in denen bestimmte naturbezogene Nutzungen oder ökologische Funktionen landesplanerisch gesichert werden sollen. Möglich sind z. B. landwirtschaftliche, wasserwirtschaftliche Vorrangbereiche oder solche für den Landschaftsschutz.[52] Zu beachten ist allerdings, daß Ziele der Raumordnung und Lan-

---

[49] Vgl. *Henneke*, Landwirtschaft und Naturschutz, S. 407; *Erbguth*, Raumordnungs- und Landesplanungsrecht, Rn. 37.

[50] Vgl. *Eberle*, in: Umweltschutz im Recht, S. 148.

[51] Siehe dazu i.e. *Paßlick*, Die Ziele der Raumordnung und Landesplanung, S. 26.

[52] *Paßlick*, Die Ziele der Raumordnung und Landesplanung, S. 26, S. 123ff.; die Sicherung von Freiflächen ist aber auch eine Aufgabe der Landschaftsplanung, vgl. *VerfGH NW*, Entsch. v. 30. 10. 1987 – VerfGH 19/86 –, NuR 1988, 136; siehe auch *Appold*, Freiraumschutz durch räumliche Planung, S. 1ff.

desplanung grundsätzlich keine unmittelbare Außenwirkung gegenüber dem Bürger entfalten. Sie können und dürfen das Genehmigungsverfahren nach dem jeweiligen Fachgesetz nicht ersetzen. Standortvorsorgeplanungen der Landesplanung gewähren deshalb keinen unmittelbaren Rechtsanspruch des potentiellen Betreibers einer entsprechenden Anlage auf Erteilung der Genehmigung und umgekehrt kann eine negative Standortplanung, die ein bestimmtes Vorhaben in einem näher umschriebenen Bereich ausschließt, nicht verhindern, daß die Exekutive im Einzelfall ein entsprechendes Vorhaben in dem betreffenden Bereich genehmigt.[53]

Die in den Programmen und Plänen der Landesplanung vorgegebenen Raumordnungsziele werden sachlich und räumlich durch die Regionalplanung umgesetzt. Gem. § 5 Abs. 3 S. 1 ROG sind die Länder verpflichtet, Rechtsgrundlagen für die Regionalplanung zu schaffen, wenn dies für Teilräume des Landes geboten erscheint. Auf dieser Planungsstufe werden hauptsächlich die verschiedenen Bodennutzungen und Raumfunktionen auf die Flächen verteilt und einander zugeordnet, insbesondere steht für die Regionalplanung die Ausweisung von kleinräumigen Vorranggebieten im Vordergrund.[54] Als landesplanerisches Sicherungsmittel auch für Umweltschutzbelange dient nicht zuletzt das Raumordnungsverfahren, mit dessen Hilfe die Verträglichkeit eines Vorhabens von überörtlicher Bedeutung (z. B. größere Straßenbauvorhaben, Flugplätze, Industrieanlagen) mit anderen Raumnutzungen und dem Erfordernis der Raumordnung und Landesplanung geprüft wird.[55]

2. Umweltschutz in der Bauleitplanung

Die raumbezogene Gesamtplanung ist auf der örtlichen Ebene Aufgabe der Bauleitplanung. Sie setzt sich zusammen aus dem **Flächennutzungsplan** und den **Bebauungsplänen** der Gemeinde (§ 1 Abs. 2 BauGB). **34**

Gem. § 1 Abs. 3 BauGB haben die Gemeinden die Bauleitpläne aufzustellen, sobald und soweit es für die städtebauliche Entwicklung und Ordnung erforderlich ist. Eine geordnete städtebauliche Entwicklung wird nicht zuletzt auch von Umweltbelangen geprägt. Erfordernisse des Umweltschutzes können deshalb eine Planungspflicht der Gemeinden auslösen.[56]

Auch wenn zwischen den Flächennutzungsplänen und den Bebauungsplänen zahlreiche Unterschiede in ihrer Funktion und in ihren Rechtswirkungen

---

[53] Vgl. *BayVerfGH*, E. v. 14. 8. 1987 – Vf. 55 – IX – 87 –, BayVBl. 1987, 652 (655); vgl. zur Bedeutung der Ziele der Raumordnung und Landesplanung für die Bewertung eines Einzelvorhabens auch *BVerwG*, Urt. v. 20. 1. 1984 – 4 C 70.79 –, E 68, 319ff.; *BVerwG*, Urt. v. 20. 1. 1984 – 4 C 43.81 –, E 68, 311ff.; vgl. dazu auch *Beckmann/Appold/Kuhlmann*, DVBl. 1988, 1002ff.

[54] Siehe *Ebersbach*, Landverbrauch, S. 176; siehe auch *Simon,* Möglichkeiten und Grenzen der Umweltsorge durch Regionalpläne, S. 1ff.

[55] Vgl. dazu *Eberle*, in: Umweltschutz im Recht, S. 160ff.; derzeit liegt ein Gesetzesentwurf der Bundesregierung vor, der für das Raumordnungsverfahren in § 6a ROG eine bundeseinheitliche Regelung vorsieht.

[56] *Söfker*, UPR 1987, 201 (202); *Stich,* ZfBR 1989, 9; *Selmer,* BB 1988, Beilage, Heft 30; zum Immissionsschutz in der Bauleitplanung siehe *Kraft*, Immissionsschutz und Bauleitplanung, S. 1ff.

bestehen,[57] so gelten gleichwohl wesentliche rechtliche Vorgaben des Baugesetzbuches für beide Planarten gleichermaßen.

35 Bauleitpläne sollen gem. § 1 Abs. 5 S. 1 BauGB verschiedenen **Planungszielen** dienen. Unter anderem sollen sie dazu beitragen, eine menschenwürdige Umwelt zu sichern und die natürlichen Lebensgrundlagen zu schützen. Damit übernimmt die Bauleitplanung die Aufgabe, sowohl eine Verschlechterung dieser Lebensgrundlagen zu verhindern als auch dafür zu sorgen, die natürlichen Lebensgrundlagen dort zu verbessern, wo sie bereits beeinträchtigt sind.[58]

36 Die allgemeinen Planungsziele werden in § 1 Abs. 5 S. 2 BauGB durch **Planungsleitlinien**, die bei der Aufstellung der Bauleitpläne zu berücksichtigen sind, konkretisiert. Zu berücksichtigen sind neben anderen Belangen auch solche des Umweltschutzes, des Naturschutzes und der Landschaftspflege, insbesondere des Naturhaushalts, des Wassers, der Luft, des Bodens einschließlich seiner Rohstoffvorkommen sowie das Klima (§ 1 Abs. 5 S. 2 Nr. 6 BauGB).

Fall:[59] Bei Erlaß eines Bebauungsplanes für eine kerntechnische Anlage, i. S. d. § 7 Abs. 1 AtG dürfen nuklearspezifische Risiken, die in atomrechtlichen Genehmigungsverfahren als sog. Restrisiken notwendig in Kauf genommen werden, aus der bauleitplanerischen Abwägung nicht ausgeblendet werden.

37 Mit Grund und Boden soll gem. § 1 Abs. 5 S. 3 BauGB sparsam und schonend umgegangen werden. Diese „**Bodenschutzklausel**" beansprucht in der planerischen Abwägung ein stärkeres Gewicht als die aufgrund der in §á1 Abs. 5 S. 2 BauGB geregelten **Planungsleitlinien** zu berücksichtigenden Belange. In der Terminologie des *BVerwG* dürfte es sich bei der „Bodenschutzklausel" um ein sog. *Optimierungsgebot* handeln, das eine möglichst weitgehende Beachtung bestimmter Belange fordert.[60] Der „Bodenschutzklausel" kann dadurch Rechnung getragen werden, daß je nach den örtlichen und städtebaulichen Verhältnissen anstelle der Neuausweisung von Bauflächen die Möglichkeiten der innerörtlichen Entwicklung genutzt und bei Inanspruchnahme unbebauter Flächen flächensparende Bauweisen bevorzugt werden.[61] Bei der Inanspruchnahme von Flächen für bauliche Zwecke bedeutet schonender Umgang mit Grund und Boden im Sinne des § 1 Abs. 5 S. 3 BauGB vor allem die Nutzung von Ausgleichsmaßnahmen, z. B. die Ausweisung von Grünflächen, von der Bebauung freizuhaltender Flächen etc.[62]

38 § 1 Abs. 5 S. 4 BauGB enthält die sog. „**Umwidmungssperrklausel**". Landwirtschaftlich, als Wald oder für Wohnzwecke genutzte Flächen sollen

---

[57] Siehe dazu *Hoppe*, in: Ernst/Hoppe, ÖffBauBoR, Rn. 242ff.; zum Umwelt- bzw. Naturschutz im neuen BauGB siehe *Gassner*, UPR 1987, 249ff.; *Söfker*, UPR 1987, 201ff.; *Battis*, NuR 1988, 57ff.; zu den Anforderungen des Naturschutzes an die Bauleitplanung siehe *Lonis/Klatt*, NuR 1987, 347ff.

[58] Vgl. *Söfker*, UPR 1987, 201.

[59] *BayVGH*, Urt. v. 29. 1. 1988, Nr. 22 N 85 A. 2635 –, BayVBl. 1988, 332 (Wakkersdorf); siehe dazu *Beckmann/Kuhlmann*, NuR 1988, 369ff.

[60] Vgl. *BVerwG*, Urt. v. 22. 3. 1985 – 4 C 73.82 –, DVBl. 1985, 899 (900); a.A. *Funke*, DVBl. 1987, 511.

[61] Vgl. *Söfker*, UPR 1987, 201 (202).

[62] *Söfker*, UPR 1987, 201 (202).

danach nur im notwendigen Umfang für andere Nutzungsarten vorgesehen und in Anspruch genommen werden.

Im Baugesetzbuch neu geregelt sind die **Kennzeichnungspflichten** in Flächennutzungs- und Bebauungsplänen für „Flächen, deren Böden erheblich mit umweltgefährdenden Stoffen belastet sind" (§ 5 Abs. 3 Nr. 3, § 9 Abs. 5 Nr. 3 BauGB). Mit diesen Regelungen soll verhindert werden, daß Flächen für eine Nutzung ausgewiesen werden, die mit den – auf dieser Fläche – vorhandenen *Altlasten* nicht zu vereinbaren ist. Rechnung getragen wird mit dieser Kennzeichnungspflicht außerdem der konkreten Planungsleitlinie des § 1 Abs. 5 S. 3 Nr. 1 BauGB, wonach insbesondere auch die allgemeinen Anforderungen an gesunde Wohn- und Arbeitsverhältnisse und die Sicherheit der Wohn- und Arbeitsbevölkerung zu berücksichtigen sind.[63] 39

Fall:[64] Der Erwerber eines Grundstücks hat gegen die Gemeinde einen Schadensersatzanspruch aus Amtspflichtverletzung, wenn die Gemeinde in Kenntnis der wesentlichen Umstände die planungsrechtliche Grundlage für die Bebauung eines Gebietes schafft, das wegen jahrelanger Nutzung als Giftmülldeponie Gefahren für die Bewohner der dort belegenen Grundstücke mit sich bringt und folglich das erworbene Grundstück einen Wertverlust erleidet.

a) Umweltschutz im Flächennutzungsplan

Im Flächennutzungsplan ist für das gesamte Gemeindegebiet die sich aus der beabsichtigten städtebaulichen Entwicklung ergebende Art der Bodennutzung nach den voraussehbaren Bedürfnissen der Gemeinde in den Grundzügen darzustellen (§ 5 Abs. 1 S. 1 BauGB). 40

Obwohl der Flächennutzungsplan seinem vorbereitenden Charakter entsprechend keine unmittelbar nach außen wirkenden rechtsverbindlichen Festsetzungen trifft, ist er für den Umweltschutz in mehrfacher Hinsicht bedeutsam. Die Festsetzungsmöglichkeiten im Flächennutzungsplan gem. § 5 Abs. 2 BauGB sind mittelbar alle für den Umweltschutz von wesentlicher Bedeutung. Als unmittelbar umweltschützende Festsetzungen können im Flächennutzungsplan insbesondere dargestellt werden die Flächen für Nutzungsbeschränkungen oder Vorkehrungen zum Schutz gegen schädliche Umwelteinwirkungen im Sinne des § 3 Abs. 1 BImSchG (§ 5 Abs. 2 Nr. 6 BauGB) und die Flächen für die Maßnahmen zum Schutz, zur Pflege und zur Entwicklung von Natur und Landschaft (§ 5 Abs. 2 Nr. 10 BauGB). Außerdem sollen – wie bereits erwähnt – im Flächennutzungsplan u. a. die Flächen gekennzeichnet werden, deren Böden erheblich mit umweltgefährdenden Stoffen belastet sind (§ 5 Abs. 3 Nr. 3 BauGB). 41

Die im Flächennutzungsplan für land- oder forstwirtschaftliche Nutzung oder andere Freiraumfunktionen ausgewiesenen Flächen können nicht für eine bauliche Nutzung im Bebauungsplan vorgesehen werden, da dieser gem. § 8 Abs. 2 S. 1 BauGB aus dem Flächennutzungsplan zu entwickeln ist. 42

---

[63] Vgl. dazu *Baden*, ZfB 1988, 108; *Krantzberger* UPR 1989, 14; zu den Altlasten siehe näher unten, § 15 Rn. 39ff.

[64] *LG Bielefeld*, Urt. v. 17. 9. 1985 – 4 O 114/84 –, DWW 1985, 318ff.; *LG Dortmund*, Urt. v. 19. 12. 1986 – 2 O 450/85 –, DWW 1987, 47f.; *LG Dortmund*, Urt. v. 19. 12. 1986 – 2 O 217.86 –, DWW 1987, 42ff.; *OLG Hamm*, Urt. v. 26. 6. 1987 – 11 U 346/85 – UPR 1988, 398.

43 Der Flächennutzungsplan kann außerdem der Abwehr umweltbelastender Inanspruchnahme des Außenbereichs dienen, weil seine Darstellungen zu den öffentlichen Belangen gehören, die der Genehmigung eines Bauvorhabens im Außenbereich gem. § 35 Abs. 3 BauGB entgegenstehen können.[65]

44 Die Darstellungen des Flächennutzungsplans haben für die Zulässigkeit privilegierter und sonstiger Vorhaben im Außenbereich unterschiedliches Gewicht.[66] Während bei der Entscheidung über die Zulässigkeit eines sonstigen Vorhabens i. S. v. § 35 Abs. 2 BauGB im Außenbereich die Darstellungen des Flächennutzungsplans grundsätzlich zu berücksichtigen sind, ist die Darstellung im Flächennutzungsplan gegenüber privilegierten Vorhaben nur beachtlich, wenn sie eine konkrete standortbezogene Planaussage enthalten.

Fall: A begehrt die Genehmigung für die Zulassung einer Abgrabung von Sand und Kies auf einer Fläche, die im Flächennutzungsplan als Fläche für die Landwirtschaft dargestellt ist. Der Flächenutzungsplan stellt einige Hundert Meter nördlich von der von A für die Abgrabung beantragten Fläche für die Abgrabung Flächen dar. Gegen die Ablehnung seines Genehmigungsantrages hat A Klage erhoben. Das *BVerwG* stellte in seinem Urteil klar, daß Darstellungen eines Flächennutzungsplans als öffentliche Belange auch einem im Außenbereich privilegierten Außenbereichsvorhaben entgegenstehen können. Voraussetzung dafür sei allerdings, daß es sich bei den Ausweisungen des Flächennutzungsplans um konkrete standortbezogene Aussagen handele. Die Darstellung von Flächen für die Landwirtschaft sei nur unter besonderen Voraussetzungen eine derart konkrete standortbezogene Aussage des Flächennutzungsplans mit dem Gewicht eines öffentlichen Belangs.[67]

b) Umweltschutz im Bebauungsplan

45 Während der Flächennutzungsplan auf der ersten Stufe der örtlichen Gesamtplanung die allgemeinen Vorschriften zur städtebaulichen Entwicklung der Gemeinden für einen längeren Zeitraum enthält, hat der Bebauungsplan als zweite Planungsstufe die Funktion, das Ergebnis städtebaulicher Planungstätigkeit in rechtlich verbindlicher Form zu konkretisieren.

46 Auch im Bebauungsplan können zahlreiche umweltschutzrelevante Festsetzungen getroffen werden. Fast alle der in § 9 Abs. 1 BauGB genannten Festsetzungsarten sind für die Sicherung einer menschenwürdigen Umwelt von Bedeutung. Besonders wichtig sind die Möglichkeiten der Festsetzung von öffentlichen und privaten Grünflächen (§ 9 Abs. 1 Nr. 15 BauGB), von Maßnahmen zum Schutz, zur Pflege und zur Entwicklung von Natur und Landschaft (§ 9 Abs. 1 Nr. 20 BauGB), von Gebieten, in denen aus besonderen städtebaulichen Gründen oder zum Schutz vor schädlichen Umwelteinwirkungen im Sinne des Bundes-Immissionsschutzgesetzes bestimmte luftverunreinigende Stoffe nicht oder nur beschränkt verwendet werden dürfen (§ 9 Abs. 1 Nr. 23 BauGB) und die Möglichkeit der Festsetzung von Schutzflächen, die von der Bebauung freizuhalten sind, und ihrer Nutzung, von Flächen für besondere Anlagen und Vorkehrungen zum Schutz vor schädli-

---

[65] Vgl. *BVerwG*, Urt. v. 20. 1. 1984 – 4 C 43/81 –, NVwZ 1984, 367 ff. *BVerwG*, Urt. v. 22. 5. 1987 – 4 C 57/84 –, NVwZ 1988, 54; *OVG Münster*, Urt. v. 23. 5. 1984 – 7 A 1691 –, UPR 1985, 297; *VGH Mannheim*, Urt. v. 6. 8. 1985 – 55 2639/84 –, NVwZ 1986, 53; dazu auch *Ebersbach*, Landverbrauch, S. 222.

[66] Vgl. dazu *Battis/Krautzberger/Löhr*, BauGB, § 35 Rn. 54.

[67] Vgl. *BVerwG*, Urt. v. 22. 5. 1987 – 4 C 57/84 –, NVwZ 1988, 54.

chen Umwelteinwirkungen im Sinne des Bundes-Immissionsschutzgesetzes, von die zum Schutz vor solchen Einwirkungen oder zur Vermeidung oder Minderung solcher Einwirkungen zu treffenden baulichen und sonstigen technischen Vorkehrungen (§ 9 Abs. 1 Nr. 24 BauGB).[68] Auch im Bebauungsplan sollen nicht zuletzt die Flächen gekennzeichnet werden, deren Böden erheblich mit umweltgefährdenden Stoffen belastet sind (§ 9 Abs. 5 Nr. 3 BauGB).

II. Umweltschutz in der Fachplanung

Während die Gesamtplanung querschnittsorientiert die Raumansprüche **47**
und Belange koordiniert, steht bei der Fachplanung ein bestimmtes fachliches Ziel, z. B. die Verwirklichung eines raumbeanspruchenden Vorhabens oder die Verbesserung der Boden-, Luft- oder Gewässerqualität im Vordergrund. Die Zielvorgaben der verschiedenen Fachplanungen müssen untereinander und mit der Gesamtplanung abgestimmt werden. Dazu dienen zahlreiche gesetzliche Abstimmungs-, Beteiligungs- und Informationsregelungen.[69] Die Abstimmung mit der Raumordnung und Landesplanung erfolgt über die sogenannten **Raumordnungsklauseln** der einzelnen Fachgesetze, die entweder die Beachtung der Grundsätze und Ziele der Raumordnung und Landesplanung vorschreiben[70] oder eine Beteiligung der Raumplanungsbehörde verlangen.[71]

Stehen die Belange des Umweltschutzes oder einzelner Umweltmedien im Vordergrund der Planung, dann kann man die Planung als *umweltspezifische* Fachplanung bezeichnen. Bei der Fachplanung im übrigen ist der Umweltschutz allenfalls nebengeordnetes Planungsziel.

1. Umweltspezifische Fachplanung

Bei den umweltspezifischen Fachplanungen ist grundsätzlich zwischen den **48**
eigentlichen Umweltschutzplänen und den *Schutzgebietsausweisungen* zu unterscheiden, die zumindest teilweise Planungscharakter besitzen.[72] Zu den wichtigsten umweltspezifischen Fachplanungen zählen

- **Landschaftsplanung**,
- **Luftreinhalteplanung**,
- **Gewässerschutzplanung**,
- **Abfallentsorgungsplanung**,

---

[68] Vgl. zur Umweltrelevanz einzelner Festsetzungen ausführlich *Stich*, in: Grundzüge des Umweltrechts, S. 185ff.; zu § 9 Abs. 1 Nr. 23 BauGB *Selmer,* BB 1988, Beilage, Heft 30.

[69] Vgl. z. B. § 3 Abs. 2, 3 BNatSchG, 7 Abs. 1 S. 2 BWaldG, § 14 WHG, § 5 Abs. 3 FlurbG.

[70] Siehe z. B. § 5 Abs. 1, 6 Abs. 3 BNatSchG, 6 Abs. 2 BWaldG, 13 Abs. 2 WaStrG, 36 b Abs. 1 WHG, 6 Abs. 2 LuftVG, 37 Abs. 2 FlurbG, 2 Abs. 1 S. 3 AbfG.

[71] Vgl. z. B. § 16 Abs. 1 FStrG, § 36 Abs. 36 Abs. 3 BBahnG, § 5 Abs. 2 FlurbG; siehe zum ganzen *Ebersbach*, Landverbrauch, S. 259; zur Abgrenzung von Raumordnung und Fachplanung siehe *BayVerfGH*, E. v. 14. 8. 1987 – Vf – 55 – IX – 87 –, NVwZ 1988, 242 (Wackersdorf).

[72] Siehe oben, § 7, Rn. 7–9; zu den Schutzgebieten siehe unten, § 7, Rn. 61–69.

a) Landschaftsplanung

49 Die Landschaftsplanung ist die Fachplanung für den Bereich des Naturschutzes, der Landschaftspflege und der Erholungsvorsorge. Die Landschaftsplanung hat zur Verwirklichung der Ziele des Naturschutzes und der Landschaftspflege die notwendigen Schutz-, Pflege- und Entwicklungsmaßnahmen festzusetzen. In erster Linie ist die Landschaftsplanung raumbezogene Planung, sie trifft daneben aber auch Regelungen ohne konkreten Raumbezug, etwa zum Schutz der Arten.

Das BNatSchG sieht für die Bundesebene keine eigenständige Landschaftsplanung vor. Im übrigen geht das Gesetz, das als Rahmenrecht den Ländern allerdings einen breiten Spielraum für die materielle und verfahrensrechtliche Ausgestaltung der Landschaftsplanung einräumt, von einem dreistufigen Aufbau der Landschaftsplanung aus. Die Landschaftsplanung setzt sich nach den §§ 5, 6 BNatSchG zusammen aus

- **Landschaftsprogramm,**
- **Landschaftsrahmenplänen** und
- **Landschaftsplänen.**

Im *Landschaftsprogramm* sollen für den Bereich eines Bundeslandes die überörtlichen Erfordernisse und Maßnahmen zur Verwirklichung der Ziele des Naturschutzes und der Landschaftspflege aufgestellt werden.

Die Darstellungen des Landschaftsprogrammes sollen auf regionaler Ebene durch die *Landschaftsrahmenpläne* konkretisiert werden (§ 5 Abs. 1 BNatSchG).

Die örtlichen Erfordernisse und Maßnahmen zur Verwirklichung der Ziele des Naturschutzes und der Landschaftspflege sind schließlich in *Landschaftsplänen* näher darzustellen, sobald und soweit dies aus Gründen des Naturschutzes und der Landschaftspflege erforderlich ist (§ 6 Abs. 1 BNatSchG).[73]

b) Luftreinhalteplanung

50 Zur Überwachung der Luftverunreinigung im Bundesgebiet dient die in den §§ 44ff. BImSchG geregelte Luftreinhalteplanung. Um den Stand und die Entwicklung der Luftverunreinigung im Bundesgebiet zu erkennen und Grundlagen für Abhilfe- und Vorsorgemaßnahmen zu gewinnen, haben die zuständigen Behörden gem. § 44 Abs. 1 BImSchG in Belastungsgebieten Art und Umfang bestimmter Luftverunreinigungen in der Atmosphäre, die schädliche Umwelteinwirkungen hervorrufen können, fortlaufend festzustellen sowie für ihre Entstehung und Ausweitung bedeutsamen Umstände zu untersuchen.

Belastungsgebiete sind gem. § 44 Abs. 2 BImSchG die Gebiete, in denen Luftverunreinigungen auftreten oder zu erwarten sind, die wegen der Häufigkeit und Dauer ihres Auftretens, ihrer hohen Konzentrationen oder der Gefahr des Zusammenwirkens verschiedener Luftverunreinigungen in besonderem Maße schädliche Umwelteinwirkungen hervorrufen können.

Für die Belastungsgebiete haben die zuständigen Behörden ein **Emissionskataster** aufzustellen, das Angaben enthält über Art, Menge, räumliche und zeitliche Verteilung und die Austrittsbedingungen von Luftverunreinigungen bestimmter Anlagen und Fahrzeuge (§ 46 Abs. 1 S. 1 BImSchG).

Ergibt die Auswertung der Emissionskataster, daß schädliche Umwelteinwirkungen durch Luftverunreinigungen auftreten oder zu erwarten sind, sollen die Landesre-

---

[73] Zur Landschaftsplanung i.e. siehe unten, § 18, Rn. 25ff.

gierungen gem. § 47 S. 2 BImSchG für die Belastungsgebiete oder für Teile von ihnen einen **Luftreinhalteplan** aufstellen. Der Luftreinhalteplan enthält Feststellungen über Art und Umfang der Luftverunreinigungen und ihrer Ursachen sowie Maßnahmen zur Vermeidung von Luftverunreinigungen und zur Vorsorge (§ 47 S. 3 BImSchG). Als Maßnahmen kommen in Betracht Veränderungen an Heizungssystemen in Wohnsiedlungen, Anforderungen an Roh- und Brennstoffen, an Abgasreinigung in Gewerbe und Industrie bis hin zu raumstrukturellen Maßnahmen, wie Umsiedlungen von Wohngebieten und Betriebsverlegungen.[74]

c) Gewässerschutzplanung

Eine differenziert ausgestaltete Planung sieht auch das Wasserrecht vor. **51**
Zur wasserrechtlichen Planung zählen insbesondere

- **wasserwirtschaftliche Rahmenpläne,**
- **Bewirtschaftungspläne** und
- **Abwasserbeseitigungspläne.**

Neben diesen Plänen gibt es noch die weniger bedeutenden Sonderpläne, etwa die **Wärmelastpläne** und die **Generalpläne** für die Wasserversorgung eines Wirtschaftsraumes.[75]

Der wasserwirtschaftliche **Rahmenplan** soll gem. § 36 WHG für Flußgebiete oder Wirtschaftsräume oder für Teile von solchen durch die Länder aufgestellt werden, um die für die Entwicklung der Lebens- und Wirtschaftsverhältnisse notwendigen wasserwirtschaftlichen Voraussetzungen zu sichern (§ 36 Abs. 1, Abs. 2 WHG). Der Rahmenplan soll dabei den nutzbaren Wasserschatz, die Erfordernisse des Hochwasserschutzes und die Reinhaltung der Gewässer berücksichtigen.

Gem. § 36 b Abs. 1 S. 1 WHG stellen die Länder, soweit es die Ordnung des Wasserhaushalts erfordert, **Bewirtschaftungspläne** für oberirdische Gewässer oder Gewässerteile auf, in denen gem. § 36 b Abs. 3 WHG u. a. die Nutzung, der das Gewässer dienen soll, die Merkmale, die das Gewässer in seinem Verlauf aufweisen soll und die Maßnahmen, die erforderlich sind, um die festgelegten Merkmale zu erreichen oder zu erhalten, zu bestimmen sind.

Schließlich stellen die Länder gem. § 18 a Abs. 3 WHG nach überörtlichen Gesichtspunkten **Abwasserbeseitigungspläne** auf, in denen vor allem Standorte für bedeutsame Abwasserbeseitigungsanlagen, Grundzüge für die Abwasserbehandlung sowie die erforderlichen Maßnahmen festzulegen sind.[76]

d) Abfallentsorgungsplanung

Die Aufstellung von Abfallentsorgungsplänen ist in § 6 AbfG vorgeschrieben. Danach sind die Länder verpflichtet, in gegenseitiger Abstimmung Pläne zur Abfallentsorgung zu erstellen, in denen nach überörtlichen Gesichtspunkten geeignete Standorte für Abfallentsorgungsanlagen festzulegen sind.[77] **52**

Die Überörtlichkeit der Abfallplanung stellt sicher, daß die Abfallentsorgung nicht durch die Gebietsgrenzen der entsorgungspflichtigen Körperschaften in einer sinnvollen Entwicklung mindert wird. **53**

---

[74] Siehe dazu *Erbguth/Püchel*, NVwZ 1982, 649 (650); zur Luftreinhalteplanung siehe i.e. unten, § 25, Rn. 204ff.

[75] Siehe ausführlich zur wasserrechtlichen Planung *Thurn*, Schutz natürlicher Gewässerfunktionen, S. 59ff.

[76] Zur Gewässerplanung i.e. unten, § 21, Rn. 130ff.

[77] Vgl. auch § 15 Abs. 2 TierKBG, wonach die Länder für ihr Gebiet außerdem Pläne zur Beseitigung von Tierkörpern, Tierkörperteilen und Erzeugnissen nach überörtlichen Gesichtspunkten aufstellen.

2. Fachplanung ohne umweltspezifische Zielsetzung

54 Neben den speziellen Umweltschutzplanungen gibt es eine Reihe weiterer Fachplanungen, bei denen nicht die Sicherung der Umwelt, sondern eine eher umweltbeeinträchtigende Zielsetzung im Vordergrund steht, bei denen aber gleichwohl Umweltbelange auf verschiedene Weise zu berücksichtigen sind.[78]

Beispiele: Zur Fachplanung ohne umweltschutzspezifische Zielsetzung zählen die Planung von Bundesfernstraßen, von Landesstraßen, von Eisenbahntrassen, die Wasserstraßenplanung, die Planung von Flughäfen oder die Flurbereinigung.

55 Zunehmend geht der Gesetzgeber bereits dazu über, die Aufgaben der Fachplanungsträger unter Berücksichtigung von Umweltbelangen neu zu bestimmen.

Beispiel: Gem. § 3 Abs. 1 FStrG haben die Träger der Straßenbaulast nach ihrer Leistungsfähigkeit die Bundesfernstraßen in einem dem regelmäßigen Verkehrsbedürfnis genügenden Zustand zu bauen, zu unterhalten, zu erweitern oder sonst zu verbessern; dabei sind die sonstigen öffentlichen Belange *einschließlich des Umweltschutzes* zu berücksichtigen.

Beispiel: Gem. § 9 Abs. 2 StrWG NW sind beim Bau und bei der Unterhaltung der Straßen die allgemein anerkannten Regeln der Technik, *die Belange des Umweltschutzes*, des Städtebaus, ..., angemessen zu berücksichtigen.

56 Teilweise wird eine verstärkte Orientierung auf den Umweltschutz auch ohne gesetzliche Änderung durch ein verändertes Verständnis von der Aufgabenstellung der Fachbehörden ermöglicht.

Beispiel: Gem. § 1 FlurbG besteht die Aufgabe der Flurbereinigung in der Neuordnung ländlichen Grundbesitzes zum Zwecke der Verbesserung der Produktions- und Arbeitsbedingungen in der Land- und Forstwirtschaft sowie zur Förderung der allgemeinen Landeskultur und der Landesentwicklung. Während man früher unter dem Begriff der „Landeskultur" allein die nachhaltige Erhöhung der Fruchtbarkeit und Ertragssicherheit landwirtschaftlicher Böden verstand, wird heute zunehmend die Berücksichtigung der ökologischen Ausgleichsfunktion des ländlichen Raumes in den Vordergrund gestellt. Der Begriff „Landeskultur" umfaßt danach neben den ökonomischen vor allem auch ökologische Aspekte, die den Bemühungen um die land- und forstwirtschaftlich genutzte und betreute Landschaft zugrundeliegt.[79]

57 Durch Planungsleitsätze[80] kann der Gesetzgeber außerdem zum Schutz der Umwelt Vorgaben bestimmen, die bei der öffentlichen Planung strikte Beachtung verlangen und deswegen nicht durch die planerische Abwägung überwunden werden können.

Beispiel: Gem. § 8 Abs. 2 S. 1 BNatSchG ist der Verursacher eines Eingriffs in Natur und Landschaft zu verpflichten, vermeidbare Beeinträchtigungen zu unterlassen sowie unvermeidbare Beeinträchtigungen innerhalb einer zu bestimmenden Frist durch Maßnahmen des Naturschutzes und der Landschaftspflege auszugleichen, soweit es zur Verwirklichung der Ziele des Naturschutzes und der Landschaftspflege erforderlich ist.[81]

---

[78] Zur materiellrechtlichen Bedeutung des Umweltschutzes in der nicht umweltspezifischen Fachplanung siehe *Erbguth/Püchel*, NuR 1984, 209ff.; zur Berücksichtigung von Umweltbelangen im Straßenbau siehe *Kuschnerus*, DÖV 1987, 409ff.

[79] *Book*, Bodenschutz, S. 136; *Ebersbach*, Landverbrauch, S. 318; *Schmitz,* DÖV 1989, 59.

[80] Siehe dazu i.e. unten, § 8, Rn. 44, 48.

[81] Ob § 8 Abs. 2 BNatSchG ein Planungsleitsatz oder ein Optimierungsgebot ist, ist umstritten; bejahend *Paetow*, NuR 1986, 144 (147); *Pielow*, NuR 1987 165 (167); für

Umweltbelange sind auch im Rahmen der planerischen Abwägung zu berücksichtigen, selbst wenn sie – anders als etwa in § 3 Abs. 1 S. 2 FStrG – nicht ausdrücklich im jeweiligen Fachplanungsgesetz geregelt sind. 58

Grundsätzlich ist bei der Abwägung von einer Gleichgewichtigkeit der betroffenen privaten und öffentlichen Belange auszugehen. Ein genereller Vorrang gegenüber anderen Interessen ist den Umweltbelangen nicht eingeräumt. Der Gesetzgeber kann jedoch die Gewichtung einzelner Belange in der Abwägung durch gesetzliche Vorgaben lenken.[82] Er kann insbesondere die planerische Abwägung durch die gesetzliche Einführung sog. **Optimierungsgebote** zugunsten des Umweltschutzes steuern. Optimierungsgebote sind nach der Rechtsprechung des Bundesverwaltungsgerichts rechtliche Regelungen, die eine möglichst weitgehende Beachtung bestimmter Belange fordern.[83] 59

Beispiel: Bei raumbedeutsamen Planungen und Maßnahmen sind die für eine bestimmte Nutzung vorgesehenen Flächen einander so zuzuordnen, daß schädliche Umwelteinwirkungen auf die ausschließliche oder überwiegend dem Wohnen dienenden Gebiete sowie auf sonstige schutzbedürftige Gebiete soweit wie möglich vermieden werden (§ 50 BImSchG).

Beispiel: Gem. § 1 Abs. 5 S. 3 BauGB soll mit Grund und Boden sparsam umgegangen werden.

Eng verwandt mit diesen planerischen Optimierungsgeboten sind Vorschriften, die einem Belang in der planerischen Abwägung einen relativen Vorrang einräumen. Während Optimierungsgebote den Ausgleich unter verschiedenen Belangen unmittelbar steuern, soll mit Hilfe des relativen Vorranges lediglich das Gewicht eines bestimmten Belanges erhöht werden, woraus sich erst mittelbar Auswirkungen für den Ausgleich dieses Belangs mit entgegenstehenden Belangen ergeben.[84] 60

3. Schutzgebietsausweisungen

Zu den Hauptinstrumenten des ökologischen Flächenschutzes zählt die Festsetzung von Schutzgebieten. Die Ausweisung von Schutzgebieten kann umweltspezifischen Zwecken dienen. Das gilt vor allem für die Schutzgebietsausweisungen des Naturschutzrechts, des Wasserrechts und des Immissionsschutzrechts. 61

Daneben gibt es allerdings eine Reihe von Schutzgebieten, die keinem umweltspezifischen Schutzzweck dienen, insofern also nur mittelbar für den Umweltschutz von Belang sein können. 62

Optimierungsgebot *Schmidt-Aßmann*, HdUR, Sp. 405; *Ronellenfitsch*, NuR 1986, 284 (288); *VGH Kassel*, Beschl. v. 11. 7. 1988 – 2 TH 740/88 – NVwZ 1988, 1040 (1044).

[82] Vgl. zur Lenkbarkeit von Abwägungsvorgang und Abwägungsergebnis planerischer Entscheidungen zugunsten des Umweltschutzes *Funke*, DVBl. 1987, 511 ff.

[83] Vgl. *BVerwG*, Urt. v. 22. 3. 1985 – 4 C 73.82 –, DVBl. 1985, 899 (900).

[84] Vgl. dazu i.e. *Funke*, DVBl. 1987, 511 (516); zum Abwägungsgebot i.e. siehe *Hoppe/Schlarmann*, Rechtsschutz gegen Straßenplanungen, Rn. 138 ff.; zur Unterscheidung von relativen Vorrängen und Optimierungsgeboten siehe auch *Thurn*, Schutz natürlicher Gewässerfunktionen, S. 29; zur Einordnung des § 50 BImSchG als Optimierungsgebot siehe *BVerwG*, Urt. v. 4. 5. 1988 – 4 C 2.85 –, UPR 1988, 346 (347).

Beispiel: Gem. § 32 S. 1 WHG können Gebiete, die bei Hochwasser überschwemmt werden, zu Überschwemmungsgebieten erklärt werden, soweit es die Regelung des Wasserabflusses erfordert. Die Ausweisung von Überschwemmungsgebieten ist ein wasserwirtschaftliches Instrument, das nur mittelbar für den Umweltschutz von Bedeutung sein kann.[85]

Beispiel: Gem. § 10 Abs. 1 FStrG können Waldungen und Gehölze längs der Bundesfernstraßen von der Straßenbaubehörde im Einvernehmen mit der nach Landesrecht für Schutzwaldungen zuständigen Behörde in einer Breite von 40 Metern, gemessen vom äußeren Rand der befestigten Fahrbahn, zu Schutzwaldungen erklärt werden. Die Zweckbestimmung dieser Ausweisung erschöpft sich darin, die Straßen und den Straßenverkehr vor nachteiligen Einwirkungen der Natur zu schützen, z. B. vor Schneeverwehungen und Steinschlag.[86]

63 In den Schutzgebieten gelten zur Erreichung des jeweiligen Schutzzwecks zumeist zahlreiche **Unterlassungs-, Duldungs-** und **Leistungspflichten,** die insbesondere für den Grundeigentümer oder sonstigen Nutzungsberechtigten in den betroffenen Gebieten erhebliche Beeinträchtigungen darstellen können. Die in einem Schutzgebiet für Privatpersonen geltenden Verbote und Gebote dürfen deshalb nur durchgesetzt oder aufgrund gesetzlicher Ermächtigung durch Rechtsverordnung, Satzung oder Verwaltungsakte ergehen. Regelmäßig handelt es sich bei Nutzungsbeschränkungen in Schutzgebieten um Inhaltsbestimmungen des Eigentums im Sinne des Art. 14 Abs. 1 S. 2 GG, die von den Grundbesitzern entschädigungslos hinzunehmen sind.[87]

64 Die Festsetzung von Schutzgebieten und die Bestimmung der erforderlichen Gebote und Verbote sind in nahezu allen umweltrechtlichen Vorschriften in das Ermessen der Verwaltung gestellt.

Nach der Rechtsprechung des *BVerwG*[88] muß die Ausweisung eines Schutzgebiets sowohl hinsichtlich der Abgrenzung des Gebiets als auch hinsichtlich der innerhalb des Gebiets geltenden Schutzanordnungen dem Bestimmtheitsgrundsatz genügen. Die Grenzen des Schutzgebietes müssen deshalb im Verordnungstext selbst beschrieben werden. In der Schutzverordnung muß außerdem genau angegeben werden, welche Handlungen verboten sind oder einer Genehmigung bedürfen.[89]

Die wichtigsten Schutzgebietsarten finden sich im

- **Naturschutzrecht,**
- **Wasserrecht** und im
- **Immissionsschutzrecht.**

a) Schutzgebietsausweisungen des Natur- und Landschaftsschutzes

65 Die Ausweisung, Sicherung und Pflege von Schutzgebieten zählt zu den klassischen Aufgaben des Naturschutzrechts.[90] Die Möglichkeiten des Flächenschutzes sind in den

---

[85] Vgl. dazu *Ebersbach*, Landverbrauch, S. 64.

[86] Vgl. *Ebersbach*, Landverbrauch, S. 63f.

[87] *BGH*, Urt. v. 26. 1. 1984 – III ZR 216/82 –, BGHZ 90, 17 (24f.); *BGH*, Urt. v. 18. 12. 1986 – III ZR 174/85 –, NJW 1987, 1320 (1321).

[88] *BVerwG*, Urt. v. 28. 11. 1963 – I C 74.61 –, E 17, 192; Urt. v. 26. 5. 1964 – I C 182.58 –, E 19, 7; Urt. v. 27. 1. 1967 – IV C 15.65 –, E 26, 129.

[89] Vgl. dazu *Ebersbach*, Landverbrauch, S. 104ff.

[90] Siehe dazu i. e. *Soell*, in: Grundzüge des Umweltrechts, S. 535ff.; *Ebersbach*, Landverbrauch, S. 44ff.

§§ 12ff. BNatSchG beschrieben. Sie enthalten allerdings kein unmittelbar verbindliches Recht, sondern lediglich Rahmenvorschriften für die Länder. Unterschutzstellungen bedürfen deshalb einer landesgesetzlichen Regelung. Gem. § 12 Abs. 1 BNatSchG können Teile von Natur und Landschaft zum

- **Naturschutzgebiet**,
- **Nationalpark**,
- **Landschaftsschutzgebiet**,
- **Naturpark**,
- **Naturdenkmal** oder zum
- **geschützten Landschaftsbestandteil**

erklärt werden.[91]

Gem. § 12 Abs. 1 S. 1 BWaldG kann Wald zum **Schutzwald** erklärt werden, wenn es zur Abwehr oder Verhütung von Gefahren, erheblichen Nachteilen oder erheblichen Belästigungen für die Allgemein notwendig ist, bestimmte forstliche Maßnahmen durchzuführen oder zu unterlassen. Die Erklärung zum Schutzwald kommt insbesondere in Betracht zum Schutz gegen schädliche Umwelteinwirkungen im Sinne des BImSchG, Erosion durch Wasser und Wind, Austrocknung, schädliches Abfließen von Niederschlagswasser und Lawinen (§ 12 Abs. 1 S. 2 BWaldG).[92] 66

b) Schutzgebietsausweisungen des Wasserrechts

Die Ausweisung eines Wasserschutzgebietes ist gem. § 19 WHG ein zentrales Instrument des Gewässerschutzes.[93] Voraussetzung der Ausweisung eines Wasserschutzgebietes ist, daß es das Wohl der Allgemeinheit erfordert, Gewässer im Interesse der derzeit bestehenden oder künftigen öffentlichen Wasserversorgung vor nachteiligen Einwirkungen zu schützen oder das Grundwasser anzureichern oder das schädliche Abfließen von Niederschlagswasser zu verhüten. In den Wasserschutzgebieten können bestimmte Handlungen verboten oder nur für beschränkt zulässig erklärt werden und die Eigentümer von Grundstücken und Nutzungsberechtigten von Grundstücken zur Duldung bestimmter Maßnahmen verpflichtet werden (§ 19 Abs. 2 S. 1 WHG).[94] 67

c) Schutzgebietsausweisungen des Immissionsschutzrechts

§ 49 Abs. 1 BImSchG ermächtigt die Landesregierungen, durch Rechtsverordnungen, **schutzbedürftige Gebiete** festzulegen und für diese Gebiete Beschränkungen zum Schutz vor Luftverunreinigungen oder Geräuschen anzuordnen. Die Schutzbedürftigkeit eines Gebietes kann sich aus den bereits vorhandenen überdurchschnittlichen Belastungen, aber auch aus der tatsächlichen oder geplanten Nutzung - etwa als Erholungsgebiet – ergeben. 68

§ 49 Abs. 2 BImSchG ermächtigt außerdem zur Festlegung sogenannter **Smog-Gebiete**. Das sind Gebiete, in denen während austauscharmer Wetterlagen ein starkes Anwachsen schädlicher Umwelteinwirkungen durch Luftverunreinigungen zu befürchten ist.[95] § 49 Abs. 2 BImSchG ermächtigt weiterhin zur Anordnung zeitlich begrenzter Betriebsverbote (Nr. 1) und zu Beschränkungen des Brennstoffeinsatzes (Nr. 2). Die Gebietsfestsetzung erfolgt durch Rechtsverordnung, wobei diese die Beschränkungen allerdings nicht selbst festlegen muß, sondern die Behörde zu entsprechenden Anordnungen ermächtigen darf.[96] 69

---

[91] Siehe dazu i.e unten, § 18, Rn. 72ff.

[92] Siehe unten, § 19, Rn. 14ff.

[93] Siehe *Salzwedel*, Wasserrecht, S. 679; neben den Wasserschutzgebieten sehen die Landeswassergesetze regelmäßig auch sog. Heilquellenschutzgebiete vor, Nachweise bei *Gieseke/Wiedemann/Czychowski*, WHG, § 19 Rn. 8.

[94] Näher dazu unten, § 21, Rn. 147ff.

[95] *Jarass*, BImSchG, § 49 Rn. 21.

[96] *Jarass*, BImSchG, § 49 Rn. 24; siehe dazu auch unten, § 25, Rn. 207ff.

§ 8. Rechtliche Instrumente der direkten Verhaltenssteuerung

1 Zu den rechtlichen Instrumenten der unmittelbaren Verhaltenssteuerung zählen die gesetzlich vorgesehenen Maßnahmen, mit denen das Verhalten der Steuerungsadressaten – dazu zählen natürliche und juristische Personen des Privatrechts, aber auch die juristischen Personen des öffentlichen Rechts – unmittelbar zum Schutz der Umwelt gelenkt werden soll.

2 Mittel der direkten Verhaltenssteuerung sind in erster Linie normative Vorgaben, mit denen ein umweltfreundliches Verhalten geboten oder ein umweltbelastendes Verhalten verboten wird. Hinzu kommt ein ausgeprägtes administratives Kontrollsystem, mit dem die Einhaltung dieser umweltrechtlichen Ge- und Verbote überwacht und durchgesetzt wird.[1] Während die Umweltschutzplanung häufig im Dienste einer ressourcenökonomischen und ökologischen Umweltvorsorge steht, dienen Instrumente der unmittelbaren Verhaltenssteuerung zumeist eher der Gefahrenabwehr.[2]

3 Mittel der direkten Verhaltenssteuerung unterscheiden sich daneben regelmäßig von den Planungsinstrumenten durch ihre Einzelfallbezogenheit. Umweltpläne zählen zumeist zu den sogenannten vollzugsbedürftigen Rechtsvorschriften, weil sie auf die Vollziehung durch Einzelentscheidungen der Verwaltung angelegt sind.[3] Die Instrumente der unmittelbaren Verhaltenssteuerung haben dagegen häufig die Funktion, als sogenannte Planvollzugsinstrumente die Umsetzung planerischer Festsetzungen zu ermöglichen.

Beispiel: Gem. § 36 b Abs. 5 S. 1 WHG werden Bewirtschaftungspläne insbesondere durch zusätzliche Anforderungen (§ 5 WHG), den Widerruf von Erlaubnissen (§ 7 Abs. 1 WHG), die Beschränkung oder Rücknahme von Bewilligungen (§ 12 WHG), die Beschränkung oder Aufhebung von alten Rechten und alten Befugnissen (§ 15 WHG), Ausgleichsverfahren (§ 18 WHG) oder sonstige im Bewirtschaftungsplan festgelegte Maßnahmen durchgesetzt.

Ganz eindeutig ist die Unterscheidung von Instrumenten der Planung und der unmittelbaren Verhaltenssteuerung allerdings nicht. Denn auch Pläne können im Grade ihrer Verbindlichkeit eine unmittelbare Steuerungswirkung gegenüber dem Steuerungsadressaten entfalten. Und umgekehrt sind auch einzelfallbezogene Instrumente der unmittelbaren Verhaltenssteuerung häufig nicht frei von planerischen Elementen.[4] So hat z. B. das *BVerwG* entschieden, der Wasserbehörde stehe bei der Erteilung einer wasserrechtlichen Erlaubnis ein planerischer Gestaltungsfreiraum zu.[5]

4 Ein einheitliches Maßnahmenkonzept für die Instrumente der direkten Verhaltenssteuerung fehlt allerdings. Dementsprechend vielfältig ist das Instrumentarium. Dazu zählen z. B. die zivilrechtlichen Abwehr- oder Unterlassungsklagemöglichkeiten oder auch strafrechtliche Sanktionen. Sie sind

---

[1] Siehe dazu *Rehbinder*, in: Grundzüge des Umweltrechts, S. 106f.

[2] Vgl. *Kloepfer/Meßerschmidt*, Innere Hamonisierung des Umweltrechts, S. 103f.

[3] Siehe zur Unterscheidung von Vollzugsnormen und vollzugsbedürftigen Normen *BVerfG*, Beschl. v. 14. 5. 1985 – 2 BvR 397/82 –, NJW 1985, 2315 m. w. N.; und zu diesem Beschluß die ausführliche Besprechung von *Henseler*, Jura 1986, 249ff.

[4] Siehe *Rehbinder*, in: Grundzüge des Umweltrechts, S. 107; und oben, § 7, Rn. 6.

[5] *BVerwG*, Urt. v. 18. 9. 1987 – 4 C 36.84 –, UPR 1988, 103 (103).

jedoch für die Durchsetzung umweltpolitischer Zielsetzungen in ihrer Bedeutung stark zurückgedrängt.[6] Auf die strafrechtlichen und zivilrechtlichen Instrumente der direkten Verhaltenssteuerung soll daher an dieser Stelle nicht näher eingegangen werden.[7] Im Vordergrund der direkten Umweltverhaltenssteuerung stehen folgende Instrumentengruppen:

- **Gebote** und **Verbote** (A),
- **Erlaubnisverfahren** (B),
- **sonstige Überwachungsinstrumente** (C)
- **rechtliche Regelungen des repressiven Einschreitens** (D).

A. Umweltgebote und Umweltverbote

Zum Schutz der Umwelt verpflichten zahlreiche umweltrechtliche Regelungen zu einem bestimmten Tun, Dulden oder Unterlassen.[8] 5

Für den Fall der Nichtbeachtung von Umweltgeboten und Umweltverboten sind im Umweltrecht verschiedenartige Sanktionen vorgesehen. Zu ihnen zählen

- **Verwaltungszwang**,
- **Geldbußen**,
- **Strafen**.[9]

Voraussetzung des **Verwaltungszwangs** ist es regelmäßig, daß die Erfüllung von Umweltpflichten, die sich aus dem Gesetz oder einer Rechtsverordnung ergeben, von dem Verpflichteten durch Verwaltungsakt verlangt wird (vgl. § 6 Abs. 1 VwVG). Notwendig ist außerdem, daß dieser Verwaltungsakt unanfechtbar ist oder sein sofortiger Vollzug angeordnet wird oder ein gegen ihn gerichtetes Rechtsmittel keine aufschiebende Wirkung hat (§ 6 Abs. 1 VwVG). Ohne vorausgehenden Verwaltungsakt kann der Verwaltungszwang nur angewendet werden, wenn der sofortige Vollzug zur Verhinderung einer rechtswidrigen Tat, die einen Straf- oder Bußgeldtatbestand verwirklicht, oder zur Abwendung einer drohenden Gefahr notwendig ist und die Behörde hierbei innerhalb ihrer gesetzlichen Befugnisse handelt (§ 6 Abs. 2 VwVG). 6

Die Verletzung von Umweltpflichten ist häufig außerdem als Ordnungswidrigkeit mit einer **Geldbuße** sankioniert.

Beispiel: Gem. § 18 Abs. 1 Nr. 1 AbfG handelt ordnungswidrig, wer vorsätzlich oder fahrlässig entgegen § 4 Abs. 1 AbfG Abfälle außerhalb einer dafür zugelassenen Abfallentsorgungsanlage behandelt, lagert oder ablagert. Die Ordnungswidrigkeit kann gem. § 18 Abs. 2 AbfG mit einer Geldbuße bis 10000,– DM geahndet werden.

Die schwersten Sanktionen für die Verletzung umweltrechtlicher Pflichten sind die **Strafen,** die in zahlreichen Tatbeständen des Umweltstrafrechts vorgesehen sind.

Nach der Form des geforderten Verhaltens lassen sich unterscheiden: 7

- **Leistungspflichten** (I),
- **Duldungspflichten** (II),
- **Unterlassungspflichten** (III).

---

[6] Vgl. *Rehbinder*, RABELsZ 40 (1976), 363 (387).
[7] Siehe dazu näher oben, § 2, Rn. 5–11 und unten, §§ 10 und 11.
[8] Eine Übersicht über zahlreiche Umweltpflichten in den einzelnen Umweltgesetzen geben *Kloepfer/ Meßerschmidt*, Innere Harmonisierung des Umweltrechts, S. 142ff.; *Engelhardt*, Bürger und Umwelt, S. 113ff.; siehe auch *Leisner*, Umweltschutz durch Eigentümer, S. 59ff.; *Engelhardt*, NuR 1979, 89ff.
[9] Vgl. dazu i.e. *Engelhardt*, Bürger und Umwelt, S. 115ff.

I. Die umweltrechtlichen Leistungspflichten

8 Zu den umweltrechtlichen Leistungspflichten zählen die sog. **Grundpflichten**, die zahlreichen Umweltgesetzen vorangestellt sind; daneben richten sich umweltrechtliche Leistungspflichten in erster Linie auf eine **Geld-** oder **Dienstleistung**.

1. Grundpflichten

9 Grundpflichten regeln allgemeine Verpflichtungen zum umweltfreundlichen Verhalten, die zumeist sehr unbestimmt und allgemein formuliert sind, so daß sie kaum selbständig durchsetzbar und deshalb nur von sehr eingeschränkter eigenständiger Wirkung sind.

Beispiel: Gem. § 1 a Abs. 2 WHG ist jedermann verpflichtet, bei Maßnahmen, mit denen Einwirkungen auf ein Gewässer verbunden sein können, die nach den Umständen erforderliche Sorgfalt anzuwenden, um eine Verunreinigung des Wassers oder eine sonstige nachteilige Veränderung seiner Eigenschaften zu verhüten.

Beispiel: Gem. Art. 2 Abs. 1 S. 1 BayNatSchG ist Naturschutz verpflichtende Aufgabe für Staat und Gesellschaft sowie für jeden einzelnen Bürger. Alle natürlichen und juristischen Personen haben durch ihr Verhalten dazu beizutragen, daß die natürlichen Hilfsquellen und die Lebensgrundlagen für die freilebende Tier- und Pflanzenwelt soweit wie möglich erhalten und ggf. wiederhergestellt werden (Art. 2 Abs. 2 BayNatSchG).

2. Geldleistungen

10 Geldleistungen kommen im Rahmen der Umwelthaftung zum Ausgleich von Umweltschäden oder als Ausgleichsabgaben in Betracht, die von dem Verursacher einer erheblichen Belastung oder bei einer Inanspruchnahme der natürlichen Umwelt erhoben werden.[10] Da Geldleistungen allenfalls mittelbar zur Vermeidung oder Beseitigung von Umweltschäden beitragen, sollen sie näher im Rahmen der Instrumente der mittelbaren Verhaltenssteuerung erörtert werden.[11]

3. Handlungspflichten

11 Handlungspflichten sind in verschiedenen Umweltgesetzen geregelt.

Beispiel: Gem. § 29 Abs. 1 S. 1 WHG obliegt die Unterhaltung von Gewässern, soweit sie nicht Aufgabe von Gebietskörperschaften, von Wasser- und Bodenverbänden oder gemeindlichen Zweckverbänden ist, den Eigentümern der Gewässer, den Anliegern und denjenigen Eingentümern von Grundstücken und Anlagen, die aus der Unterhaltung Vorteile haben oder die die Unterhaltung erschweren.

Beispiel: Gem. § 8 Abs. 2 S. 1 BNatSchG ist der Verursacher eines Eingriffs in Natur und Landschaft verpflichtet, unvermeidbare Beeinträchtigungen von Natur und Landschaft durch Maßnahmen des Naturschutzes und der Landschaftspflege innerhalb einer bestimmten Frist auszugleichen, soweit es zur Verwirklichung der Ziele des Naturschutzes und der Landschaftspflege erforderlich ist.

Beispiel: Gem. § 3 Abs. 4 S. 1 AbfG ist der Besitzer von Sonderabfällen zu ihrer Beseitigung verpflichtet.

---

[10] *Ebersbach*, HdUR, Bd. I, Sp. 992; siehe zum Umwelthaftungsrecht unten, § 15.
[11] Siehe unten, § 9, Rn. 19–23.

Ein weiteres Beispiel für umweltrechtliche Leistungspflichten sind die **Pflegepflichten im Siedlungsbereich** gem. § 11 Abs. 1 BNatSchG.[12] Danach können im besiedelten Bereich Eigentümer oder Nutzungsberechtigte, die ein Grundstück nicht ordnungsgemäß instandhalten, zur Pflege des Grundstückes verpflichtet werden, sofern die Belange des Naturschutzes und der Landschaftspflege erheblich und nachhaltig beeinträchtigt werden und die Pflege des Grundstücks angemessen und zumutbar ist (§ 11 Abs. 1 BNatSchG). Leistungspflichten enthalten auch zahlreiche umweltrechtliche **Rekultivierungsgebote**. So ist gem. § 11 S. 2 BWaldG durch Landesgesetz mindestens die Verpflichtung für alle Waldbesitzer zu regeln, kahlgeschlagene Waldflächen oder vernichtete Waldbestände in angemessener Frist wieder aufzuforsten oder zu ergänzen, soweit die natürliche Wiederbestockung unvollständig bleibt, falls nicht die Umwandlung in eine andere Nutzungsart genehmigt worden oder sonst zulässig ist. Eine Rekultivierungspflicht trifft außerdem z. B. den Inhaber einer ortsfesten Abfallentsorgungsanlage, wenn die Anlage stillgelegt werden soll. Die zuständige Behörde soll nach § 10 Abs. 2 AbfG den Inhaber verpflichten, auf seine Kosten das Gelände, das für die Abfallbeseitigung verwandt worden ist, zu rekultivieren und sonstige Vorkehrungen zu treffen, die erforderlich sind, Beeinträchtigungen des Wohls der Allgemeinheit zu verhüten.[13]

Entschädigungspflichtig sind derartige öffentlich-rechtliche Leistungs- **12**
pflichten regelmäßig nicht. Teilweise hat der durch Renaturierungs- oder Rekultivierungspflichten Inanspruchgenommene lediglich im Sinne des Verursacherprinzips die von ihm selbst hervorgerufenen Beeinträchtigungen der Umwelt wieder zu beseitigen oder auszugleichen, so daß ihm im Regelfall sogar eine hohe Kostenbelastung zuzumuten ist.[14] Im übrigen stellt die Inanspruchnahme des Grundeigentümers regelmäßig eine zulässige Inhaltsbeschränkung des Eigentums im Sinne von Art. 14 Abs. 1 S. 2 GG dar. Bei der Inanspruchnahme sind aber der Verhältnismäßigkeitsgrundsatz und der Gleichheitssatz zu beachten. Sind mit der Leistungspflicht Kosten verbunden, die aus den Nutzungen des Grundstücks nicht gedeckt werden können, können sie deshalb nur insoweit unentgeltlich gefordert werden, als sie die Leistungsfähigkeit des Verpflichteten und damit das Maß der zumutbaren wirtschaftlichen Belastungen nicht überschreiten.[15]

II. Die umweltrechtlichen Duldungspflichten

Umweltrechtliche Duldungspflichten können *zivilrechtlich* zwischen Pri- **13**
vatrechtssubjekten bestehen. Sie können aber auch aus *öffentlich-rechtlichen* Regelungen folgen.

---

[12] Vgl. dazu *Ebersbach*, HdUR, Bd. II, Sp. 163ff.

[13] Zur Rechtsanalyse vorhandener Rekultivierungsgebote siehe *Wegener*, Informationsdienst des Volksheimstättenwerkes 1984, S. 52ff.

[14] Siehe *Ebersbach*, HdUR, Bd. I, Sp. 994; *BGH*, Urt. v. 25. 1. 1973 – III ZR – 113/70 –, BGHZ 60, 126 (143).

[15] *Ebersbach*, HdUR, Bd. II, Sp. 995, dort auch zahlreiche Nachweise zu landesrechtlichen Einschränkungen der Leistungspflichten im Naturschutzrecht unter dem Gesichtspunkt des Verhältnismäßigkeitsgrundsatzes.

1. *Privatrechtliche Duldungspflichten*

14 Eine zentrale umweltprivatrechtliche Duldungspflicht ist in § 906 BGB geregelt. Nach § 906 Abs. 1 BGB hat der Eigentümer eines Grundstücks die Zuführung von Gasen, Dämpfen, Gerüchen, Rauch, Ruß, Wärme, Geräusch, Erschütterungen u. ä. von einem anderen Grundstück ausgehende Einwirkungen zu dulden, wenn die Einwirkung die Benutzung seines Grundstücks nicht oder nur unwesentlich beeinträchtigt. Und gem. § 906 Abs. 2 S. 1 BGB gilt das gleiche insoweit, als eine wesentliche Beeinträchtigung durch eine ortsübliche Benutzung des anderen Grundstücks herbeigeführt wird und nicht durch Maßnahmen verhindert werden kann, die Benutzern dieser Art wirtschaftlich zumutbar sind.[16]

2. *Öffentlich-rechtliche Duldungspflichten*

15 Öffentlich-rechtliche Duldungspflichten können unmittelbar durch Gesetz, aber auch durch untergesetzliche Rechtsvorschriften, etwa durch Schutzgebietsausweisungen begründet werden.[17]

Beispiel: Gem. § 14 Abs. 1 S. 2 BWaldG ist das Betreten des Waldes zum Zwecke der Erholung gestattet; der Waldeigentümer wird somit zur Duldung der Erholungssuchenden in seinem Wald verpflichtet.

Beispiel: Gem. § 10 Abs. 1 BNatSchG können die Länder bestimmen, daß Eigentümer und Nutzungsberechtigte von Grundflächen Maßnahmen des Naturschutzes und der Landschaftspflege aufgrund oder im Rahmen des BNatSchG erlassenen Rechtsvorschriften zu dulden haben, soweit dadurch die Nutzung der Grundfläche nicht unzumutbar beeinträchtigt wird.

16 Öffentlich-rechtliche Duldungspflichten sind grundsätzlich die Kehrseite staatlicher Eingriffsrechte.[18] Bei Verwaltungsakten mit Drittwirkung ergeben sich Duldungspflichten bereits aus der Bestandskraft eines solchen Hoheitsaktes. Der Dritte kann sich auf ihn schützende Vorschriften des Umweltrechtes nicht mehr berufen, wenn er den Eintritt der Bestandskraft des Verwaltungsaktes nicht zuvor durch Einlegung eines Rechtsbehelfes verhindert hat. Daneben ergibt sich bei zahlreichen hoheitlichen Zulassungsentscheidungen – dazu gehören Planfeststellungsbeschlüsse und Genehmigungstatbestände – eine Duldungspflicht aus ihrer privatrechtsgestaltenden Wirkung.

Beispiele: So werden privatrechtliche, nicht auf besonderen Titeln beruhende Ansprüche zur Abwehr benachteiligender Einwirkungen von einem Grundstück auf ein benachbartes Grundstück gem. § 14 S. 1 BImSchG durch die immissionsschutzrechtliche Genehmigung ausgeschlossen. Diese privatrechtsausschließende Wirkung der Genehmigung gem. § 14 BImSchG gilt gem. § 7 Abs. 6 AtG auch im atomrechtlichen und gem. § 11 LuftVG auch im luftverkehrsrechtlichen Genehmigungsverfahren. Privatrechtsausschließende Wirkungen haben außerdem unanfechtbare Planfeststellungsbeschlüsse[19] und die wasserwirtschaftsrechtlichen Bewilligungen gem. §§ 8 Abs. 3 und Abs. 4, 11 WHG i. V. m. dem jeweiligen Landesrecht.[20]

---

[16] Siehe dazu näher unten, § 11, Rn. 13–17.
[17] Siehe dazu *Erbguth*, HdUR, Bd. I, Sp. 369.
[18] Siehe *Stelkens*, NuR 1983, 261 (262); *Erbguth*, HdUR, Bd. I, Sp. 367.
[19] Siehe z. B. § 75 Abs. 2 VwVfG, § 17 Abs. 6 FStrG.
[20] Siehe dazu *Erbguth*, HdUR, Bd. I, Sp. 368.

III. Die umweltrechtlichen Unterlassungspflichten

Von wohl entscheidender Bedeutung für den Umweltschutz sind die in zahllosen umweltrechtlichen Regelungen vorgesehenen Unterlassungspflichten, die ein bestimmtes umweltgefährdendes Handeln verbieten. 17

Beispiel: Gem. § 3 Nr. 1 TierSchG ist es verboten, einem Tier außer in Notfällen Leistungen abzuverlangen, denen es wegen seines Zustandes offensichtlich nicht gewachsen ist oder die offensichtlich seine Kräfte übersteigen.

Beispiel: Nach § 1 DDT-Gesetz ist es verboten, DDT und Erzeugnisse, die unter Zusatz von DDT als Wirkstoff hergestellt werden, herzustellen, einzuführen, auszuführen, in den Verkehr zu bringen, zu erwerben und anzuwenden.

Beispiel: Gem. § 13 Abs. 2 BNatSchG sind Handlungen, die zu einer Zerstörung, Beschädigung oder Veränderung eines Naturschutzgebietes oder seiner Bestandteile oder zu einer nachhaltigen Störung führen können, nach Maßgabe näherer Bestimmungen verboten.

Verbote, mit denen der Adressat zur Unterlassung eines umweltgefährdenden Handelns verpflichtet wird, gelten häufig allerdings nicht uneingeschränkt. Teilweise hat der Betroffene einen Anspruch auf Erteilung einer Erlaubnis, wenn bestimmte gesetzliche Voraussetzungen erfüllt sind. Verbote dieser Art sollen daher nur eine Präventivkontrolle ermöglichen. Gebundene Erlaubnisse, auf deren Erteilung bei Vorliegen ihrer gesetzlichen Voraussetzungen ein Anspruch besteht, nennt man **Kontrollerlaubnisse**.[21] Teilweise besteht auf die Erteilung der Genehmigung zwar kein Anspruch. Jedoch kann bei Vorliegen bestimmter Voraussetzungen eine Befreiung von dem grundsätzlich Geltung beanspruchenden Verbot erteilt werden. In diesem Fall spricht man von einem **repressiven Verbot mit Befreiungsvorbehalt** oder einfacher von einer Ausnahmebewilligung.[22] 18

Eine Verpflichtung zur Unterlassung umweltgefährdender Handlungen setzt häufig erst dann ein, wenn bestimmte Umweltstandards überschritten werden.[23] Zu solchen Umweltqualitätsnormen zählen insbesondere: 19

- **Immissionsnormen**,
- **Emissionsnormen**,
- **Bauart-**, **Betriebsnormen** und die
- **Produktnormen**.[24]

Immissionsnormen legen die Belastungswerte fest, die in der Umwelt oder in einem bestimmten Belastungsgebiet nicht überschritten werden dürfen. Emissionen sind nach der Definition des § 3 Abs. 3 BImSchG die von einer Anlage ausgehenden Luftverunreinigungen, Geräusche, Erschütterungen, Licht, Wärme, Strahlen u. ä. Erscheinungen. **Emissionsnormen** legen dementsprechend die Grenzwerte von Verunreinigungen oder Belästigungen fest, die bei der Emission aus Anlagen nicht überschritten werden dürfen.

Bauart- und Betriebsnormen beschreiben die Anforderungen, die für die Errichtung, Beschaffenheit und den Betrieb von Anlagen aus Gründen des Umweltschutzes zu beachten sind.

---

[21] Siehe dazu näher unten, § 8, Rn. 24–25, 27.
[22] Auch dazu näher unten, § 8, Rn. 24, 26–27.
[23] Siehe zu den Umweltstandards ausführlich oben, § 3.
[24] Siehe dazu i. e. *Storm*, Umweltrecht, S. 49f.

Produktnormen schließlich legen stoffbezogen Grenzwerte hinsichtlich der Menge an Schadstoffen oder Belästigungen fest, die in der Zusammensetzung oder bei der Emission eines Stoffes oder Erzeugnisses nicht überschritten werden dürfen, bestimmen die Merkmale oder Eigenschaften des Stoffes oder Erzeugnisses oder betreffen die Art und Weise von deren Verwendung.[25]

B. Die umweltrechtlichen Erlaubnisverfahren

20 Die Einhaltung der materiell-rechtlichen Gebote und Verbote zum Schutz der Umwelt wird mit Hilfe eines umfassenden administrativen Kontrollsystems überwacht. Das wohl effektivste Instrument dieses Kontrollsystems sind die umweltrechtlichen Erlaubnis- oder Genehmigungsverfahren.

Statt von Genehmigung oder Erlaubnis wird häufig auch von Bewilligung, Gestattung, Zulassung, Konzession, Verleihung, Ausnahme oder Befreiung gesprochen. Der Sache nach handelt es sich jedoch stets um einen Genehmigungsvorbehalt; der unterschiedlichen Begriffswahl entspricht nicht immer auch ein unterschiedlicher Regelungsgehalt.[26]

21 Genehmigungsvorbehalte können an verschiedensten Sachverhalten ansetzen. Sie können z. B. die Errichtung und den Betrieb umweltbelastender Anlagen für erlaubnispflichtig erklären. Dazu dienen z. B. die immissionsschutzrechtliche und die atomrechtliche Genehmigung. Genehmigungspflichtig kann aber auch die Nutzung oder Nutzungsänderung eines Umweltmediums, etwa von Gewässern gem. §§ 7ff. WHG oder des Waldes gem. § 9 BWaldG sein. Nicht zuletzt dienen zahlreiche Genehmigungen der Überwachung des „In-Verkehr-Bringens“ bestimmter Produkte. Solche Produktgenehmigungen sind z. B. für Arzneimittel, für bestimmte umweltgefährliche Serienprodukte oder für Sprengstoffe vorgesehen.[27]

22 Mit Hilfe von Erlaubnisverfahren kann die Verwaltung präventiv kontrollieren, ob das beantragte Vorhaben mit den materiell-rechtlichen Vorgaben des Umweltrechts zu vereinbaren ist. Derartige Kontrollverfahren sind, unabhängig von ihrer verfahrensrechtlichen Ausgestaltung im einzelnen, eine zeitliche und formelle Belastung für den Antragsteller. Sie sind deshalb tendenziell geeignet, dessen allgemeine Handlungsfreiheit gem. Art. 2 Abs. 1 GG einzuschränken.[28] Sie sind darum nur zulässig, wenn gewichtige Gefahren oder Belange des Allgemeinwohls vorliegen, die eine solche Einschränkung der allgemeinen Handlungsfreiheit rechtfertigen können.[29]

23 Zu den umweltrechtlichen Zulassungsverfahren, mit deren Hilfe ein grundsätzlich verbotenes Handeln oder Vorhaben erlaubt werden kann, zäh-

---

[25] *Storm*, Umweltrecht, S. 50.

[26] Siehe dazu *Jarass*, Wirtschaftsverwaltungsrecht, § 13, Rn. 2f.; *Henke*, DVBl. 1983, 982 (986f.).

[27] Vgl. §§ 21ff. AMG, 33 BImSchG, 5 SprengG; vgl. dazu *Jarass*, Wirtschaftsverwaltungsrecht, § 13 Rn. 6ff.

[28] *Wahl*, HdUR, Bd. I, Sp. 435.

[29] *Wahl*, HdUR, Bd. I, Sp. 435; *BVerfG*, Urt. v. 5. 8. 1966 – 1 BvF 1/61 –, E 20, 150 (154).

len in erster Linie zahlreiche – in verschiedensten Umweltgesetzen vorgesehene – *Genehmigungsverfahren*. Die für derartige Zulassungsverfahren typische Genehmigungswirkung ist aber auch mit den *Planfeststellungsentscheidungen* verbunden. *Jarass* weist deshalb zu Recht darauf hin, daß Planfeststellungen spezifisch ausgestaltete Genehmigungen sind.[30]

I. Genehmigungsentscheidungen

Nach h. M. ist bei den Genehmigungsentscheidungen idealtypisch zu unterscheiden das **präventive Verbot mit Erlaubnisvorbehalt** und das **repressive Verbot mit Befreiungsvorbehalt**. Einfacher ausgedrückt wird das präventive Verbot zunehmend auch als **Kontrollerlaubnis** und das repressive Verbot als **Ausnahmebewilligung** bezeichnet.[31] 24

1. Kontrollerlaubnisse

Mit der Kontrollerlaubnis soll eine präventive verwaltungsmäßige Prüfung ermöglicht werden, ob ein grundsätzlich erwünschtes Vorhaben im Einzelfall ausnahmsweise gegen materiellrechtliche Vorschriften verstößt. Formell ist die Kontrollerlaubnis ein begünstigender Verwaltungsakt, weil sie das bestehende Verbot, das Vorhaben ohne Erlaubnis durchzuführen, im konkreten Fall aufhebt. Materiell dagegen gewährt die Kontrollerlaubnis dem Antragsteller nur das, was ihm grundrechtlich ohnehin zusteht. Soweit die Kontrollerlaubnis lediglich einen verfassungsrechtlichen Anspruch des Antragstellers bestätigt, kann sie nach h. M. grundsätzlich nur eine gebundene Entscheidung der Verwaltung sein.[32] Hat der Antragsteller einen grundrechtlichen Anspruch auf Erteilung der Kontrollerlaubnis, so folgen daraus ganz erhebliche Konsequenzen.[33] So stellt die Ablehnung einer Kontrollerlaubnis einen Eingriff in die Grundrechte des Antragstellers dar. Sie muß daher denselben gesetzlichen Bindungen wie sonstige Akte der Eingriffsverwaltung unterliegen. Die Nichterteilung einer Kontrollerlaubnis kann außerdem einen Entschädigungsanspruch im Sinne des Enteignungsrechtes auslösen. Wird ein Vorhaben ohne die notwendige Kontrollerlaubnis durchgeführt, so kann die Behörde zwar die Einstellung des formell illegalen Betriebs erzwingen, eine Beseitigung des bereits verwirklichten Vorhabens kann sie jedoch nicht verlangen, wenn auf die Durchführung ein materiellrechtlicher Anspruch besteht. Schließlich hat die Annahme eines grundrechtlichen Anspruches auf Erteilung der Kontrollerlaubnis auch Konsequenzen für die objektive Beweislast. Besteht ein grundrechtlicher Anspruch, dann kann die Behörde die Genehmigung nur verweigern, wenn sie die tatsächlichen Voraussetzungen für die Ablehnung nachweisen kann. 25

---

[30] *Jarass*, Wirtschaftsverwaltungsrecht, § 13 Rn. 4; siehe auch *Hartkopf/Bohne*, Umweltpolitik, S. 192.

[31] Vgl. dazu näher *Maurer*, Allgemeines Verwaltungsrecht, § 9 Rn. 50ff.; *Wahl*, HdUR, Bd. I, Sp 434f.

[32] Vgl. *Maurer*, Allgemeines Verwaltungsrecht, Rn. 52; *BVerfG*, Beschl. v. 8. 8. 1978 – 2 BvL 8/77 –, E 49, 89 (144ff.).

[33] Siehe dazu i. e. *Maurer*, Allgemeines Verwaltungsrecht, § 9 Rn. 53.

Typische **Beispiele** für umweltrechtliche Kontrollerlaubnisse sind:

- **immissionsschutzrechtliche Genehmigung**,[34]
- **Baugenehmigung**,
- **abfallrechtliche Einsammlungs-, Beförderungsgenehmigung**,
- **bergrechtlichen Erlaubnisse** und **Bewilligungen**.[35]

2. Ausnahmebewilligungen

26 Im Gegensatz zu den Kontrollerlaubnissen berühren die Ausnahmebewilligungen den Rechtskreis des Antragstellers auch materiell, indem sie das beantragte Vorhaben, das grundsätzlich als sozial unerwünscht verboten ist, in besonderen Fällen ausnahmsweise für zulässig erklären. Regelmäßig besteht auf die Erteilung einer Ausnahmegenehmigung kein grundrechtlicher Anspruch. Deshalb kann ihre Erteilung auch in das Ermessen der Verwaltung gestellt werden. Zu den typischen umweltrechtlichen Ausnahmebewilligungen zählen z. B.:

- **wasserrechtliche Bewilligung und Erlaubnis**,
- **Befreiung von den Festsetzungen des Bebauungsplanes**,
- **Genehmigung von Abfallentsorgungsanlagen**,
- **Rodungs-** und **Umwandlungsgenehmigung**,
- **naturschutzrechtliche Befreiung**.

3. Unterschiede

27 Die Unterscheidung von Kontrollerlaubnissen und Ausnahmebewilligungen ist allerdings weder eindeutig noch zwingend. Schon die Differenzierung zwischen sozial erwünschten und sozial unerwünschten Vorhaben erscheint eher willkürlich. Zu Recht wird darauf hingewiesen, daß die Luftverschmutzung durch Industrieanlagen oder die Strahlenbelastung durch Kernenergienutzung sicherlich nicht sozial erwünschter sind als die Belastung der Gewässer durch Gewässerbenutzungen.[36] Hinzu kommt, daß die Unterscheidung von Kontrollerlaubnissen und Ausnahmebewilligungen nicht deckungsgleich ist mit der Differenzierung zwischen gebundenen und Ermessensentscheidungen. Als Zwischenform gilt z. B. die atomrechtliche Anlagengenehmigung. Ihre Erteilung steht zwar im Ermessen der Genehmigungsbehörde. Andererseits steht die gesetzliche Zweckbestimmung des § 1 Nr. 1 AtG, wonach die Erforschung, die Entwicklung und die Nutzung der Kernenergie zu friedlichen Zwecken zu fördern ist, der Annahme entgegen, es handele sich bei der Errichtung und dem Betrieb kerntechnischer Anlagen um eine sozial unerwünschte Betätigung. Außerdem genießen auch Anlagenhersteller und Betreiber von kerntechnischen Anlagen Grundrechtsschutz. Die atomrechtliche Genehmigung ist deshalb trotz der gesetzlichen

---

[34] In der Bundesrepublik Deutschland gibt es insgesamt ca. 50000 nach dem BImSchG genehmigungsbedürftige Anlagen verschiedenster Art, vgl. *Dienes*, ET 1986, 971.

[35] Vgl. dazu *Hoppe*, DVBl. 1987, 757 (758).

[36] Vgl. *Hartkopf/Bohne*, Umweltpolitik, S. 191.

Ermessenseinräumung eher eine Kontrollerlaubnis.[37] So wie in Einzelfällen die Erteilung von Kontrollerlaubnissen im Ermessen der Verwaltung stehen kann, kann umgekehrt auch die Erteilung einer Ausnahmebewilligung in Ausnahmefällen verfassungsrechtlich zwingend – d. h. ohne Ermessen im Einzelfall – geboten sein, wenn eine gesetzliche Verbotsregelung im Grundsatz zwar zulässig ist, der Verhältnismäßigkeitsgrundsatz gleichwohl im Einzelfall aber eine gesetzliche Ausnahmeregelung verlangt.[38]

II. Planfeststellungsverfahren

Das Planfeststellungsverfahren ist eine geordnete Folge von Maßnahmen eines Trägers öffentlicher Verwaltung zur Ermittlung und Koordinierung der Absichten zur Nutzung bestimmter Flächen.[39] **28**

Die Aufgabe des Planfeststellungsverfahrens besteht darin, die Zulässigkeit eines raumbedeutsamen Vorhabens unter Abwägung und Ausgleichung der Interessen des Trägers des Vorhabens und der von der Planung berührten öffentlichen und privaten Belange in *einem* Verfahren zu prüfen und einer rechtsverbindlichen Entscheidung zuzuführen.[40] Das Planfeststellungsverfahren ist in den Verwaltungsverfahrensgesetzen des Bundes und der Länder weitgehend einheitlich und erschöpfend geregelt (jeweils §§ 72 bis 78). Für einzelne Planfeststellungsverfahren gelten jedoch teilweise – das VwVfG verdrängende – Sondervorschriften.[41] **29**

Planfeststellungsverfahren sind unter anderem vorgesehen für **30**

- die Endlagerung nuklearer Abfälle gem. § 9b AtG,
- die Errichtung und den Betrieb von ortsfesten Abfallentsorgungsanlagen sowie die wesentliche Änderung einer solchen Anlage oder ihres Betriebes gem. §§ 7ff. AbfG,
- den Ausbau oder Neubau von Bundeswasserstraßen gem. § 14 WaStrG,
- den Ausbau eines Gewässers oder seiner Ufer gem. § 31 WHG i. V. m. dem Landeswasserrecht,
- die Anlegung und Änderung von Flughäfen und Landeplätzen mit beschränktem Bauschutzbereich gem. §§ 8ff. LuftVG,
- den Bau neuer und die Änderung bestehender Straßenbahnen gem. §§ 28ff. PBefG,
- den Bau neuer und die Änderung bestehender Bundesfernstraßen gem. §§ 17ff. FStrG, d. h. Herstellung, Ausgestaltung, Änderung oder Beseitigung von Kreuzungen gem. § 9 EisenbahnkreuzungsG,
- den Bau neuer Anlagen der Deutschen Bundesbahn und die Änderung bestehender Anlagen gem. § 36 BBahnG,
- die Benutzung eines Verkehrswegs zur Ausführung neuer Telegraphenlinien oder wesentliche Änderungen vorhandener Telegraphenlinien gem. §§ 7ff. TWG und
- die gemeinschaftlichen und öffentlichen Anlagen im Rahmen der Flurbereinigung gem. § 41 FlurbG.

---

[37] Vgl. dazu *Breuer*, Umweltschutzrecht, S. 684; vgl. auch *Ronellenfitsch*, Planungsrecht, S. 189.

[38] Vgl. dazu *Schwabe*, JuS 1973, 133ff., der deshalb zwischen Kontrollerlaubnissen und Ausnahmebewilligungen nur noch einen graduellen Unterschied erkennen kann; a.A.: *Maurer*, Allgemeines Verwaltungsrecht, § 9 Rn. 55.

[39] Vgl. *Hoppe/Schlarmann*, Rechtsschutz, Rn. 11; eine aktuelle Zwischenbilanz zum Planfeststellungsrecht zieht *Battis*, Die Verwaltung 1988, 23ff.; siehe auch *Ronellenfitsch*, VerwArch 1989, 92ff.

[40] *Kügel*, Planfeststellungsbeschluß, S. 29; vgl. dazu auch *Wahl*, HdUR, Bd. II, Sp. 167ff.

[41] Vgl. dazu *Hoppe/Schlarmann*, Rechtsschutz, Rn. 15ff.

1. Rechtswirkungen der Planfeststellung

31 Charakteristisch für die Planfeststellung ist, daß sie alle für das Vorhaben erforderlichen anderen behördlichen Entscheidungen (Genehmigungen, Verleihungen, Erlaubnisse, Bewilligungen, Zustimmungen, Planfeststellungen) ersetzt und zugleich rechtsgestaltend alle öffentlich-rechtlichen Beziehungen zwischen dem Träger des Vorhabens und den durch den Plan Betroffenen regelt (§ 75 Abs. 1 VwVfG). Der Planfeststellungsbeschluß entfaltet außerdem privatrechtsgestaltende Wirkung, soweit gem. § 75 Abs. 2 S. 1 VwVfG Ansprüche auf Unterlassung des Vorhabens, auf Beseitigung oder Änderung der Anlage oder auf Unterlassung ihrer Benutzung ausgeschlossen werden. Wesensmerkmal der Planfeststellung ist damit ihre umfassende **Konzentrations- und Gestaltungswirkung**.[42] Die Konzentrationswirkung ist allerdings nicht auf Planfeststellungsverfahren beschränkt; der Gesetzgeber kann auch andere Genehmigungsentscheidungen mit ihr ausstatten.[43] Umstritten ist, ob die Konzentrationswirkung nur zu einem einheitlichen Verfahren und einer einheitlichen Entscheidung führt, oder auch die Planfeststellungsbehörde von der Einhaltung materiellrechtlicher Vorschriften entbindet, die nach den einschlägigen Fachgesetzen von den zuständigen Behörden zu beachten gewesen wären. Nach der neueren Rechtsprechung des Bundesverwaltungsgerichts ist die Planfeststellungsbehörde grundsätzlich an die zwingenden materiellrechtlichen Vorschriften anderer Fachgesetze gebunden.[44] Bei einer überörtlichen Planung i. S. v. § 38 S. 2 BauGB bestimmt das jeweilige Fachplanungsrecht, welche Maßgeblichkeit dem Bauplanungsrecht als Teil des materiellen Entscheidungsprogramms (noch) zukommt.[44a]

2. Gemeinnützige und privatnützige Planfeststellungen

32 Planfeststellungen können gemeinnützig oder privatnützig sein. **Gemeinnützig** ist die Planfeststellung, wenn sie zumindest auch zur Verwirklichung eines dem Allgemeinwohl dienenden Vorhabens durchgeführt wird.

Beispiel: Gem. § 14 Abs. 1 S. 1 WaStrG bedarf der Ausbau oder der Neubau von Bundeswasserstraßen der vorherigen Planfeststellung. Der Ausbau der Bundeswasserstraßen dient dem Allgemeinwohl. Die Planfeststellung ist daher gemeinnützig.

33 **Privatnützig** ist die Planfeststellung dagegen, wenn sie zur Durchführung eines Vorhabens, das **allein** im privaten Interesse des Vorhabenträgers steht, von einem mit Grundrechten ausgestatteten Privaten beantragt wird.[45] Als Leitfall der privatnützigen Planfeststellung gilt die im privaten Interesse beantragte Naßentkiesung nach § 31 WHG.[46] Der Gemeinnützigkeit einer Planfeststellung steht es nicht entgegen, daß das Vorhaben durch ein privates

---

[42] Siehe dazu *Ronellenfitsch*, Planungsrecht, S. 109; zum Umfang der Konzentrationswirkung der Planfeststellung vgl. *Laubinger*, VerwArch. 77 (1986), 78ff.
[43] Siehe dazu *Beckmann*, DÖV 1987, 944 (946).
[44] Vgl. *BVerwG*, Urt. v. 98. 11. 1984 – 7 C 15.83 –, E 70, 242 (244); Urt. v. 23. 3. 1985 – 4 C 73.82 –, E 71, 163 (164); zustimmend *Steinberg*, Nachbarrecht, Rn. 192.
[44a] *BVerwG*, Urt. v. 4. 5. 1988 – 4 C 22.87 – UPR 1988, 392.
[45] Siehe dazu *BVerwG*, Urt. v. 10. 2. 1978 – 4 C 25.75 –, E 55, 220 (226).
[46] *Wahl*, DVBl. 1982, 51 (57ff.).

Unternehmen durchgeführt werden soll. Entscheidend sind die mit dem Vorhaben verfolgten Zwecke. Gemeinnützig ist auch das Vorhaben eines Privaten, wenn es nach seinen generellen Zielen im abstrakten Sinn, gewissermaßen vom Typ her, dem Wohl der Allgemeinheit dient.[47] Eine gemeinnützige Planfeststellung kann sowohl von einem Privaten als auch von der öffentlichen Hand beantragt werden.

Nach Auffassung des *BVerwG* bestehen zwischen privatnützigen und gemeinnützigen Planfeststellungen erhebliche Unterschiede. Die gemeinnützige Planfeststellung dient nach Ansicht des Gerichts – jedenfalls auch – der (bis hin zur Zulässigkeit der Enteignung vordringenden) Überwindung von privaten und öffentlichen Belangen, die der Planung entgegenstehen. Sie stelle sich insoweit – zumindest auch – als Eingriffsakt dar. Die privatnützige Planfeststellung vermag dagegen nach Ansicht des *BVerwG* wegen des Fehlens eines sie tragenden öffentlichen Interesses Eingriffe in Rechte Dritter nicht zu rechtfertigen; sie sei ihrem wesentlichen Entscheidungsgehalt nach nicht Eingriffsakt, sondern nehme – jedenfalls für den Antragsteller – die Funktion einer Genehmigung ein. **34**

Eingriffe in Rechte Dritter sind aber auch zugunsten von Privaten zulässig. Dies hat das *BVerfG* wiederholt für die Enteignung zugunsten eines privaten Unternehmens entschieden. Nach Auffassung des *BVerfG* ist eine privatnützige Enteignung nicht nur dann zulässig, wenn einem privatem Unternehmen durch oder aufgrund eines Gesetzes die Erfüllung einer dem Gemeinwohl dienenden Aufgabe zugewiesen und zudem sichergestellt ist, daß es zum Nutzen der Allgemeinheit geführt wird.[48] Eine Enteignung zugunsten eines privatrechtlich organisierten Unternehmens kann vielmehr auch dann zulässig sein, wenn sich der Nutzen für das allgemeine Wohl nicht aus dem Unternehmensgegenstand selbst, sondern erst als mittelbare Folge dieser Unternehmenstätigkeit ergibt.[49] Der Begriff der Privatnützigkeit wird insoweit vom *BVerfG* in anderem Sinne verwendet als vom *BVerwG* im Planfeststellungsrecht. Auch das *BVerwG* geht im übrigen davon aus, daß in der hoheitlichen Zulassung umweltbelastender Vorhaben ein staatlicher Grundrechtseingriff zu Lasten Dritter gesehen werden kann.[50] **35**

3. *Ablauf des Planfeststellungsverfahrens*

Entsprechend den §§ 72ff. VwVfG verläuft das Planfeststellungsverfahren, soweit nicht in einzelnen Fachplanungsgesetzen Abweichungen vorgesehen sind, wie folgt. **36**

a) Antrag

Gem. § 73 Abs. 1 S. 1 VwVfG beginnt das Planfeststellungsverfahren damit, daß der private oder öffentliche Träger des Vorhabens den Plan der Anhörungsbehörde zur Durchführung des Anhörungsverfahrens einreicht. Der von dem Vorhabenträger aufgestellte Plan besteht aus den Zeichnungen **37**

---

[47] *BayVGH,* Urt. v. 17. 3. 1987 – Nr. 20 B 86.00 843 u. a. –, BayVBl. 1988, 111; *Sellmann*, DVBl. 1987, 223ff.; zustimmend *Bender/Sparwasser*, Umweltrecht, Rn. 121.

[48] *BVerfG*, Beschl. v. 20. 3. 1984 – 1 BvL 28/82 – E 66, 248 (257); *Beckmann/Appold/Kuhlmann,* DVBl. 1988, 1006f.

[49] Urt. v. 24. 3. 1987 – 1 BvR 1046/85 –, NJW 1987, 1251; siehe auch die Bemerkungen zum Boxberg-Urteil des Bundesverfassungsgerichts von *Schmidt-Aßmann*, NJW 1987, 1587ff.

[50] Urt. v. 26. 3. 1986 – IV C 7.74 –, E 50, 282 (286ff.); zurückhaltend hinsichtlich der Unterscheidung privatnütziger und gemeinnütziger Planfeststellungen, *Kühling,* DVBl. 1989, 229.

und Erläuterungen, die das Vorhaben, seinen Anlaß und die von dem Vorhaben betroffenen Grundstücke und Anlagen erkennen lassen (§ 73 Abs. 1 S. 2 VwVfG). Die von der Planung betroffenen Dritten, also etwa Gemeinden oder Privatleute, deren Belange durch das Vorhaben berührt werden, haben keinen Anspruch auf Durchführung des Planfeststellungsverfahrens;[51] sie haben jedoch einen Anspruch auf Unterlassung bzw. Beseitigung eines ohne Plan durchgeführten Vorhabens.[52]

b) Behördenbeteiligung und Auslegung des Plans

38 Gem. § 73 Abs. 2 VwVfG holt die Anhörungsbehörde die Stellungnahmen der Behörde ein, deren Aufgabenbereich durch das Vorhaben berührt wird. Außerdem ist der Plan auf Veranlassung der Anhörungsbehörde in den Gemeinden, in denen sich das Vorhaben voraussichtlich auswirkt, regelmäßig einen Monat zur Einsicht auszulegen (§ 73 Abs. 3 S. 1 VwVfG). Die ausgelegten Unterlagen müssen Dritte über Art und Ausmaß ihrer möglichen Betroffenheit hinreichend informieren. Gem. § 73 Abs. 5 VwVfG haben die Gemeinden, in denen der Plan auszulegen ist, die Auslegung mindestens eine Woche vorher ortsüblich bekannt zu machen.

c) Einwendungen

39 Gegen den Plan kann jeder, dessen Belange durch das Vorhaben berührt werden, unter Beachtung der Einwendungsfristen des § 73 Abs. 4 VwVfG Einwendungen erheben. Bei der atomrechtlichen Planfeststellung ist weitgehend jedermann zur Erhebung von Einwendungen befugt.[53] Einwendungen sind sachliches, auf die Verhinderung oder Modifizierung des beantragten Vorhabens abzielendes Gegenvorbringen, nicht dagegen ein nicht näher konkretisierter Protest gegen das Vorhaben.[54]

d) Erörterungstermin

40 Nach Ablauf der Einwendungsfrist hat die Anhörungsbehörde gem. § 73 Abs. 6 S. 1 VwVfG die rechtzeitig erhobenen Einwendungen gegen den Plan und die Stellungnahmen der Behörden zu dem Plan mit dem Träger des Vorhabens, den Behörden, den Betroffenen sowie den Personen, die Einwendungen erhoben haben, zu erörtern. Hat der Betroffene die Einwendungsfrist versäumt, ist die Anhörungsbehörde nicht mehr verpflichtet, seine Einwendungen im Verfahren zu erörtern. Die Fristversäumnis hat dagegen im Planfeststellungsverfahren regelmäßig keinen Verlust des Rügerechts im Verwaltungsprozeß zur Folge. Es handelt sich insoweit um eine rein formelle, nicht aber um eine materielle **Präklusion.**[55] Gem. § 73 Abs. 6 S. 1 VwVfG kann die Anhörungsbehörde aber auch verspätet erhobene Einwen-

---

[51] Vgl. *BVerwG*, Urt. v. 27. 3. 1980 – 4 C 34/79 –, NJW 1981, 241; Urt. v. 22. 2. 1980 – 4 C 24/77 –, DÖV 1980, 516; Urt. v. 29. 5. 1981 – 4 C 97.77 –, DÖV 1981, 719; zum Anspruch auf Durchführung eines Planfeststellungsverfahrens siehe auch *Broß*, VerwArch. 76 (1985), 337f.

[52] *Peine*, Raumplanungsrecht, S. 244.

[53] Vgl. § 9 b IV Nr. 1 AtG i. V. m. § 7 AtVfV.

[54] Vgl. *Ronellenfitsch*, Planungsrecht, S. 111 unter Verweis auf *BVerwG*, Urt. v. 17. 7. 1980 – 7 C 11.78 –, E 60, 297 (300) zum atomrechtlichen Genehmigungsverfahren.

[55] Siehe dazu i.e. unten, § 13, Rn. 130ff.

dungen erörtern. Wesentliches Ziel des Erörterungstermins ist die Feststellung und Klärung aller für die Entscheidung wichtigen Tatsachen und der Ausgleich der betroffenen öffentlichen und privaten Interessen.[56]

e) Erlaß des Planfeststellungsbeschlusses

Gem. § 73 Abs. 9 VwVfG gibt die Anhörungsbehörde zum Ergebnis des **41**
Anhörungsverfahrens eine Stellungnahme ab und leitet diese möglichst innerhalb eines Monats nach Abschluß der Erörterung mit dem Plan, den Stellungnahmen der Behörden und den nicht erledigten Einwendungen der Planfeststellungsbehörde zu. Regelmäßig sind Anhörungs- und Planfeststellungsbehörde nicht identisch. Nach Auffassung des *BVerwG* schließen allerdings das Rechtsstaatsprinzip und der Grundsatz des fairen Verfahrens eine Identität zwischen Vorhabenträger und Planfeststellungsbehörde nicht aus. Nach Ansicht des Gerichts kann aber eine organisatorische Trennung beider Funktionen, wie sie im Fachplanungsrecht üblich ist, wesentlich dazu beitragen, die Gefahr und den äußeren Anschein zu vermeiden, daß der Planfeststellungsbehörde die notwendige Distanz gegenüber dem Vorhabenträger fehlt.[57]

f) Planergänzung und Schutzauflagen

Gem. § 74 Abs. 1 S. 1 VwVfG stellt die Planfeststellungsbehörde den Plan **42**
fest (Planfeststellungsbeschluß). In dem Planfeststellungsbeschluß entscheidet die Planfeststellungsbehörde über die Einwendungen, über die bei der Erörterung vor der Anhörungsbehörde keine Einigung erzielt worden ist (§ 74 Abs. 2 S. 1 VwVfG). Die Planfeststellungsbehörde hat gem. § 74 Abs. 2 S. 2 VwVfG dem Träger des Vorhabens außerdem Vorkehrungen oder die Errichtung und Unterhaltung von Anlagen aufzuerlegen, die zum Wohl der Allgemeinheit und zur Vermeidung nachteiliger Wirkungen auf Rechte anderer erforderlich sind. Das *BVerwG* vertritt die Ansicht, rechtliche Mängel der Planung führten nur dann zu einem *Aufhebungsanspruch* des Drittbetroffenen, wenn sie für die Planungsentscheidung insgesamt von so großem Gewicht seien, daß die Ausgewogenheit der gesamten Planung oder eines abtrennbaren Teils insgesamt in Frage gestellt werde. Lasse sich eine gebotene, im Planfeststellungsbeschluß nicht angeordnete Schutzauflage nachholen, ohne daß dadurch die Gesamtkonzeption der Planung in einem wesentlichen Punkt berührt und ohne daß in dem Interessengeflecht der Planung nunmehr andere Belange nachteilig betroffen würden, so korrespondiere der objektiven Rechtswidrigkeit des Planfeststellungsbeschlusses kein subjektiver Anspruch des Betroffenen auf Planaufhebung, sondern allein auf *Planergänzung*.[58] *Schutzauflagen* sind ein wesentliches Instrument zur

---

[56] *Peine*, Raumplanungsrecht, S. 247f.

[57] *BVerwG*, Beschl. v. 9. 4. 1987 – 4 B 73.87 –, UPR 1987, 356.

[58] *BVerwG*, Urt. v. 6. 12. 1985 – 4 C 59.82 –, DVBl. 1986, 416 (418); Urt. v. 7. 7. 1978 – 4 C 79.76 u. a. –, DVBl. 1978, 845 (851); Urt. v. 22. 6. 1979 – 4 C 8.76 –, DVBl. 1980, 289 (292); Urt. v. 11. 11. 1983 – 4 C 82.80 –, DÖV 1984, 426; siehe dazu auch *Mößle*, BayVBl. 1982, 193ff.; *Paetow*, DVBl. 1985, 369ff.; zur isolierten Auflageanfechtung unter besonderer Berücksichtigung des Rechts der Planfeststellung siehe *Fehn*, DÖV 1988, 202ff.; siehe dazu unten, § 13 Rn. 33ff.; zu den Rechtsfolgen unvollständiger Planfeststellungsbeschlüsse siehe *Steinberg*, NVwZ 1988, 1095; *VGH Kassel*, NVwZ 1988, 1150.

Feinsteuerung widerstreitender Interessen bei der Planfeststellung. Sie verhindern einerseits, daß das Vorhaben wegen der mit ihm verbundenen Nachteile insgesamt scheitern muß und schützen andererseits den von der Planung Betroffenen.[59] Als Schutzmaßnahmen, mit denen die nachteiligen Auswirkungen des Vorhabens verhindert oder gemindert werden können, kommen z. B. die Errichtung und Unterhaltung von Lärmschutzwällen, die Bepflanzung von Böschungen, die Unterführung unter einen Straßenkörper etc. in Betracht.

g) Zustellung und Bekanntmachung

43 Gem. § 74 Abs. 4 S. 1 VwVfG ist der Planfeststellungsbeschluß dem Vorhabenträger, den bekannten Betroffenen und denjenigen, über deren Einwendungen entschieden worden ist, zuzustellen. Außerdem ist seine öffentliche Bekanntmachung vorgesehen (§ 74 Abs. 4, Abs. 5 VwVfG).

4. Die rechtlichen Grenzen der planerischen Gestaltungsfreiheit

44 Nach der Rechtsprechung des *BVerwG* ergeben sich die rechtlichen Schranken der planerischen Gestaltungsfreiheit in *formeller* Hinsicht aus dem vorgesehenen Verwaltungsverfahren, in *materieller* Hinsicht aus dem Erfordernis einer vor Art. 14 GG standhaltenden **Planrechtfertigung,** aus **Planungsleitsätzen** sowie aus den Anforderungen des den *Abwägungsvorgang* und das *Abwägungsergebnis* steuernden **Abwägungsgebots.**[60]

a) Planrechtfertigung

45 Wegen der von einer Planung regelmäßig ausgehenden Einwirkungen auf Rechte Dritter bedarf es für jede Planfeststellung einer Planrechtfertigung. Das konkrete Planungsvorhaben muß unter Ausrichtung auf die generellen Planungsziele, d. h. auf die Planungsaufgabe des jeweiligen Fachplanungsgesetzes objektiv erforderlich sein.[61] Nicht ausreichend ist es, wenn die Planung anderen Zielsetzungen, etwa der Arbeitsbeschaffung, der Aufwertung bestimmter Liegenschaften oder einem Prestigebedürfnis dient.[62] Erforderlichkeit des Vorhabens bedeutet nicht Unausweichlichkeit der Planung; ausreichend ist vielmehr, daß die Durchführung des Planungsvorhabens vernünftigerweise geboten ist.

46 Die notwendige Planrechtfertigung läßt sich von anderen Planungsebenen, insbesondere von den Anforderungen des Abwägungsgebotes nur schwer abgrenzen, weil die Gründe, die eine Planung rechtfertigen können, regelmäßig durch Belange gestützt werden, die gerade im Rahmen der Abwägung widerstreitender öffentlicher und/oder privater Belange vorgehen sollen.[63] Die Planrechtfertigung dient daher in erster Linie einer Vorabkontrolle, bei der offensichtlich untaugliche Ziel-Mittel-Relationen oder Verstöße gegen höherrangige Ziele zu einem Rechtsfehler führen; insbesondere ist zu prüfen, ob die Planung anderen Zwecken dient als den durch die Fachplanungsgesetze

---

[59] Vgl. dazu *Peine*, Raumplanungsrecht, S. 250f.

[60] Vgl. *BVerwG*, Urt. v. 20. 8. 1982 – 4 C 81.79 –, NJW 1983, 296 (297).

[61] *BVerwG*, Urt. v. 22. 3. 1985 – 4 C 15.83 –, DVBl. 1985, 900 (901); Urt. v. 6. 12. 1985 – 4 C 59.82 –, DVBl. 1986, 416; *BVerwG*, Urt. v. 5. 12. 1986 – 4 C 13.85 -, UPR 1987, 343 (350); *BVerfG*, Beschl. v. 9. 6. 1987 – 1 BvR 418/87 –, UPR 1987, 340ff.

[62] *BVerwG*, Urt. v. 22. 3. 1985 – 4 C 15.83 –, DVBl. 1985, 900 (901).

[63] Näher dazu *Niehues*, WuV 1985, 250 (252f.); zur schwierigen Abgrenzung von Planrechtfertigung und konkreten Planungsleitsätzen siehe auch *Steinberg*, NVwZ 1986, 812; vgl. auch *Kühling*, Fachplanungsrecht, Rn. 157.

vorgesehenen **(Mangel der Zielkonformität).**[64] Die Planrechtfertigung dient außerdem vor allem dem verfassungsrechtlichen Eigentumsschutz. Im Rahmen der Planrechtfertigung ist deshalb zu prüfen, ob die für das Vorhaben streitenden öffentlichen Belange generell geeignet sind, eine Enteignung zu rechtfertigen.[65] Das gilt allerdings nur für Planungsentscheidungen, bei denen für das Vorhaben privates Grundeigentum notfalls im Enteignungswege in Anspruch genommen werden soll und weniger für Vorhaben, die lediglich durch Emissionen auf benachbarte Grundstücke einwirken.[66]

Hinsichtlich der Planrechtfertigung steht der Planfeststellungsbehörde kei- 47
ne planerische Gestaltungsfreiheit zu. Das Erfordernis einer vor Art. 14 GG standhaltenden Planrechtfertigung markiert vielmehr eine rechtliche Grenze der Planungsfreiheit.[67]

b) Planungsleitsätze

Nach Auffassung des *BVerwG* enthalten diejenigen gesetzlichen Vor- 48
schriften einen Planungsleitsatz, die bei der öffentlichen Planung strikte Beachtung verlangen und deswegen nicht durch planerische Abwägung überwunden werden können.[68] Planungsleitsätze in diesem Sinne können sich sowohl aus den Fachplanungsgesetzen als auch aus anderen Gesetzen ergeben. So sind Planungsleitsätze etwa die zwingenden Zulassungsvoraussetzungen für wasserrechtliche und abfallrechtliche Planfeststellungen gem. §§ 8 Abs. 3 S. 1, S. 2 AbfG, 31 WHG.

c) Abwägungsgebot

Auf der dritten Planungsebene sind die betroffenen öffentlichen und priva- 49
ten Belange gegeneinander und untereinander gerecht abzuwägen.

Nach der allgemein akzeptierten ständigen Rechtsprechung des *BVerwG* verlangt 50
das Abwägungsgebot, daß
- eine Abwägung überhaupt stattfindet,
- in die Abwägung die Belange eingestellt werden, die nach Lage der Dinge in sie eingestellt werden müssen,
- weder die Bedeutung der betroffenen öffentlichen und privaten Belange verkannt noch der Ausgleich zwischen ihnen in einer Weise vorgenommen wird, die zur objektiven Gewichtigkeit einzelner Belange außer Verhältnis steht.

Unter Beachtung dieser Grundsätze kann die Planungsbehörde sich bei der Kollision verschiedener Belange für die Bevorzugung des einen und damit notwendig für die Zurückstellung eines anderen entscheiden. Die Anforderungen des Abwägungsgebots richten sich nach h. M. grundsätzlich sowohl an den *Abwägungsvorgang* als auch an das *Abwägungsergebnis.*[69]

---

[64] Vgl. *Erbguth/Püchel*, NuR 1984, 209 (210); *Niehues*, WuV 1985, 250 (253).

[65] *BVerwG*, Urt. v. 22. 3. 1985 – 4 C 15.83 –, DVBl. 1985, 900 (901); Urt. v. 6. 12. 1985 – 4 C 59.82 –, DVBl. 1986, 416; siehe dazu auch *Steinberg*, NVwZ 1986, 812ff.

[66] Siehe dazu *BVerwG*, Urt. v. 22. 3. 1985 – 4 C 15.83 –, DVBl. 1985, 900 (901); *Niehues*, WuV 1985, 250 (253f./256).

[67] *BVerwG*, Urt. v. 12. 7. 1985 –, ZfW 1986, 294; Urt. v. 6. 12. 1985 – 4 C 59.82 –, E 72, 282 (284); *OVG Bremen*, Beschl. v. 4. 11. 1985 – OVG 1 B 44/85 –, ZfW 1987, 43.

[68] *BVerwG*, Urt. v. 22. 3. 1985 – 4 C 73.82 –, DVBl. 1985, 899; sehr kritisch zu dieser Rechtsprechung *Steinberg*, Nachbarrecht, Rn. 173ff.; teilweise wird die Ansicht vertreten, auf Planungsleitsätze in diesem Sinne könne als eigenständige Planungsschranke verzichtet werden, weil die Beachtung der einschlägigen Bestimmungen eine Selbstverständlichkeit sei (*Kühling*, Fachplanungsrecht, Rn. 232).

[69] Vgl. *BVerwG*, Urt. v. 5. 7. 1974 – IV C 50.72 –, E 45, 309 (313); Urt. v. 1. 11. 1974 – IV C 38.71 –, E 47, 144 (146); Urt. v. 14. 2. 1975 – IV C 21.74 – , E 48, 56;

51 Der von der Planungsbehörde durchzuführende Abwägungsvorgang vollzieht sich in drei Phasen: Zunächst muß das Abwägungsmaterial zusammengestellt, danach müssen die einzelnen Belange gewichtet und schließlich muß die Abwägung selbst vorgenommen werden, d. h. es muß entschieden werden, welche Belange vorgezogen und welche zurückgestellt werden sollen. Soweit sich das Abwägungsgebot auf den Abwägungsvorgang bezieht, ist entscheidend, daß in einem bestimmten Zeitpunkt eine Abwägung stattfindet, und daß bei dieser Abwägung bestimmte Interessen in Rechnung gestellt werden, während es bei der Ergebniskontrolle allein darum geht, was bei dem Abwägungsvorgang „herauskommt".[70] Fehler im Abwägungsvorgang folgen aus einem Verstoß gegen Grundsätze ordnungsgemäßer Entscheidungsfindung, während Fehler des Abwägungsergebnisses von einem fehlgeschlagenen Versuch des Ausgleichs konfligierender Interessen abhängen.[71] Eine Planungsentscheidung kann deshalb selbst bei akzeptablen Ergebnissen fehlerhaft sein, wenn der vorausgehende Abwägungsvorgang gar nicht oder nur unzulänglich stattgefunden hat.[72]

52 Wie bereits erwähnt[73] kann der Gesetzgeber die Gewichtung einzelner Belange im Rahmen der planerischen Abwägung durch gesetzliche Vorgaben lenken. Dazu dienen insbesondere **Optimierungsgebote,** mit denen der Gesetzgeber eine möglichst weitgehende Beachtung bestimmter Belange verlangt.[74]

III. Umweltverträglichkeitsprüfung

53 Für eine Reihe umweltbelastender Vorhaben, ist zukünftig eine Umweltverträglichkeitsprüfung durchzuführen.[75]

54 Am 27. Juni 1985 hat der Rat der Europäischen Gemeinschaft die „Richtlinie des Rates über die Umweltverträglichkeitsprüfung bei bestimmten öffentlichen und privaten Projekten"[76] (UVP-RL) nach einer über fünfjährigen Diskussion verabschiedet. Die UVP-RL verpflichtet die Mitgliedstaaten der EG, bei einer Vielzahl von Projekten dafür zu sorgen, daß eine Umweltverträglichkeitsprüfung durchgeführt wird. Die Richtlinie war bis zum Ablauf des 2. Juli 1988 in das nationale Recht umzusetzen. Seit diesem Zeitpunkt wird die Richtlinie, soweit sie hinreichend bestimmt ist, unmittelbar anwendbar.[77] Unstreitig ist, daß eine Umsetzung der UVP-RL in das deutsche Recht verschiedene Gesetzesänderungen erforderlich macht. Die Bundesregierung plant die

---

Hoppe, FS-BVerwG, S. 295 (304); *Kühling,* Fachplanungsrecht, Rn. 177ff.; a.A.: *Koch*, DVBl. 1983, 1125ff.; *Heinze*, NVwZ 1986, 87 (88ff.); *Winter*, NuR 1985, 41 (47); kritisch auch *Steinberg,* Nachbarrecht, Rn. 157.

[70] Vgl. *Hoppe*, in: Ernst/Hoppe, ÖffBauBoR, Rn. 293.

[71] *Schmidt-Aßmann*, in: Maunz/Dürig/Herzog/Scholz, Art. 19 Abs. 4 GG, Rn. 214f.

[72] *Schmidt-Aßmann*, in: Ernst/Zinkahn/Bielenberg, § 1 Rn. 39.

[73] Siehe dazu oben, § 7, Rn. 27.

[74] Siehe dazu oben, § 7, Rn. 59; vgl. dazu auch *Kühling,* Fachplanungsrecht, Rn. 282: „Sie verschieben die Argumentationslast zugunsten des hervorgehobenen Belangs."

[75] Vgl. dazu *Cupei*, Umweltverträglichkeitsprüfung, S. 1ff.; *Bunge*, Die Umweltverträglichkeitsprüfung im Verwaltungsverfahren, S. 1ff.; *Jarass*, Umweltverträglichkeitsprüfung bei Industrievorhaben, S. 1 ff.; *Schroer*, Umweltverträglichkeitsprüfung im Bauplanungsrecht, S. 1ff.; *Hoppe/Püchel*, DVBl. 1988, 1ff.; *Beckmann*, DÖV 1987, 944ff.; *Bartlsperger*, DVBl. 1987, 1ff.; Stellungnahme des *Rates von Sachverständigen für Umweltfragen*, DVBl. 1988, 21ff.; *Erbguth*, VR 1988, 5ff.; *Weber*, UPR 1988, 206ff.; *Püchel*, ZAU 1988, 121ff.; *Steinberg,* DVBl. 1988, 995ff.; *Erbguth,* NVwZ 1988, 969ff.

[76] - 85/337/EWG – Abl. L 175/40.

[77] Vgl. dazu *Jarass*, Umweltverträglichkeitsprüfung be Industrievorhaben, S. 1; *Cupei*, Umweltverträglichkeitsprüfung, S. 184; *OVG Münster*, Urt. v. 17. 12. 1985 – 20 A 831/83 –, ZfW 1987, 49 (52); *EuGH*, Urt. v. 19. 1. 1982 – Rs 8/81 –, NJW 1982, 499/500; Urt. v. 10. 40. 1984 – Rs 10/83 –, NJW 1984, 2021 (2022).

Verabschiedung eines Artikelgesetzes, dessen Allgemeiner Teil ein Gesetz über die Umweltverträglichkeitsprüfung und dessen Besonderer Teil die notwendigen Änderungen in den einzelnen Fachgesetzen enthält.[78]

Die Umsetzung erfordert nicht, daß für die UVP ein neues Verwaltungsverfahren geschaffen wird; vielmehr kann und soll sie im Rahmen der bestehenden Verwaltungsverfahren durchgeführt werden. 55

Entscheidungen über die Zulässigkeit von Vorhaben, bei denen das Ergebnis der UVP zu berücksichtigen ist, sind u. a. Bewilligung, Erlaubnis, Genehmigung, Zustimmung, Planfeststellung und sonstige behördliche Entscheidungen, über die Zulässigkeit von Vorhaben, die in einem Verwaltungsverfahren getroffen werden, mit Ausnahme von Anzeigeverfahren, außerdem Linienbestimmung und bestimmte Entscheidungen in vorgelagerten Verfahren (vgl. § 2 Abs. 3 UVPGE). Zu berücksichtigen ist das Ergebnis einer UVP auch bei Beschlüssen über Bebauungspläne, die zur Verwirklichung eines bestimmten Vorhabens aufgestellt werden (§ 2 Abs. 4 UVPGE). 56

1. *Begriff und Zielsetzung*

Die Umweltverträglichkeitsprüfung ist ein unselbständiger Teil verwaltungsbehördlicher Verfahren, die der Entscheidung über die Zulässigkeit von Vorhaben dienen. Die UVP umfaßt die Ermittlung, Beschreibung und Bewertung der Auswirkungen eines Vorhabens auf 57

- Menschen, Tiere und Pflanzen, Boden, Wasser, Luft, Klima und Landschaft, einschließlich der jeweiligen Wechselwirkungen,
- Kultur- und sonstige Sachgüter.

Sie wird unter Einbeziehung der Öffentlichkeit durchgeführt (§ 2 Abs. 1 S. 1 UVPGE). Zweck der UVP ist es, sicherzustellen, daß nach einheitlichen Grundsätzen 58

- die Auswirkungen von Vorhaben auf die Umwelt frühzeitig und umfassend ermittelt, beschrieben und bewertet werden,
- das Ergebnis der UVP so früh wie möglich bei allen behördlichen Entscheidungen über die Zulässigkeit von Vorhaben berücksichtigt,
- die erforderlichen Maßnahmen zur Umweltvorsorge getroffen werden können.

Primär ist die UVP damit ein wichtiges Instrument vorsorgenden Umweltschutzes. Mit ihrer Hilfe sollen schädliche Umweltauswirkungen eines Vorhabens vermieden, gemindert oder ausgeglichen werden, indem sie vor der Realisierung des Vorhabens einer systematischen Prüfung mit bestimmten verfahrensmäßigen und inhaltlichen Mindestanforderungen unterzogen werden. Die UVP dient der Vorbereitung der Entscheidung über die Zulassung des Vorhabens, dessen Umweltauswirkungen umfassend ermittelt, beschrieben und bewertet werden. Sie bezieht sich sowohl auf das Ob als auch auf das Wie des geplanten Vorhabens.[79] Mit der vorgesehenen Zusammenarbeit zwischen den Vorhabenträgern, den Behörden und der Öffentlichkeit dient die UVP außerdem der Verwirklichung des Kooperationsprinzips. 59

---

[78] Vgl. dazu *Püchel*, ZAU 1988, 121ff.; *Erbguth*, NVwZ 1988, 969ff.; *Steinberg*, DVBl. 1988, 995ff.; BT-Drucks. 11/3919 v. 26. 1. 1989; im nachfolgenden wird – soweit erforderlich – auf den bisherigen Entwurf Bezug genommen mit der Abkürzung UVPGE.

[79] Zum umweltpolitischen Stellenwert der UVP vgl. SRU-Stellungnahme, DVBl. 1988, 21; SRU-Umweltgutachten 1987, Rz. 121ff.

60 Als Instrument der Vorsorge ist die Umweltverträglichkeitsprüfung durch ihren **integrativen Ansatz** und durch den **Grundsatz der Frühzeitigkeit** der Prüfung gekennzeichnet.

61 Der **integrative Ansatz** der UVP bedeutet, daß die Umweltmedien und Umweltgüter nicht isoliert, sondern in einer Gesamtschau aller Auswirkungen unter Einschluß ihrer Wechselwirkungen zu betrachten sind. Der integrative, medienübergreifende Ansatz der UVP entspricht einem Umweltverständnis, das die unterschiedlichen Umweltsektoren in eine ganzheitliche Betrachtung der Umwelt einbezieht.

Beispiel: Der Schadstoffausstoß einer Industrieanlage führt zu Luftverunreinigungen, die Ursache für den sog. sauren Regen sind, der wiederum für Störungen im Pflanzenhaushalt verantwortlich gemacht wird. Zur Verminderung der Luftverunreinigungen soll deshalb der Einsatz von Luftfiltern zur Auflage des Betriebs gemacht werden. Aus dem Filtereinsatz ergeben sich jedoch wiederum Abfallprobleme für die Beseitigung der herausgefilterten Schadstoffe. Bei einer UVP wären diese Wechselwirkungen zu berücksichtigen.

62 Der **Grundsatz der Frühzeitigkeit** der UVP zielt darauf ab, eine UVP bereits in solchen Verfahren durchzuführen, in denen die spätere Entscheidung über die Zulassung eines Vorhabens maßgeblich vorgeprägt wird.[80]

Beispiel: Gem. § 16 Abs. 1 FStrG bestimmt der Bundesminister für Verkehr mit den an der Raumordnung beteiligten Bundesministern und im Benehmen mit den Landesplanungsbehörden der beteiligten Länder die Planung und Linienführung der Bundesfernstraßen. Durch diese Linienbestimmung wird die nachfolgende straßenrechtliche Planfeststellung maßgeblich vorgeprägt. Die UVP soll deshalb auch für das Linienbestimmungsverfahren durchgeführt werden.

63 Der Grundgedanke der UVP zielt darauf ab, daß die zuständigen Behörden bei umfassender Information über die Umweltauswirkungen eines Vorhabens und in Kenntnis von weniger umweltbeeinträchtigenden Alternativen Entscheidungen treffen werden, die die Umweltbelange besser als bisher berücksichtigen. Es soll möglichst ausgeschlossen werden, daß Behörden Entscheidungen über Vorhaben mit schädlichen Umweltauswirkungen treffen, weil ihnen diese wegen unzureichender Informationen nicht bekannt waren.

2. Anwendungsbereich

64 Die UVP ist vorhabenbezogen. Sie soll vor der Zulassung bestimmter Vorhaben durch eine Genehmigung oder Planfeststellung durchgeführt werden. Die UVP muß sich deshalb nach der EG-Richtlinie nicht unbedingt auf vorgeschaltete Programme und Pläne beziehen, die nicht unmittelbar auf die Zulassung eines bestimmten Projektes gerichtet sind.

65 Der UVP unterliegen Vorhaben, die im deutschen Recht enumerativ in einer RechtsV aufgezählt werden sollen (§ 3 Abs. 1 UVPGE).[81] Nach Maßgabe der untergesetzlichen Auflistung sind derartige Vorhaben insbesondere

1. Errichtung, einschließlich Bauausführung, und Betrieb von baulichen Anlagen,
2. Errichtung, einschließlich Ausführung, und Betrieb sonstiger Anlagen,

[80] Vgl. dazu die SRU-Stellungnahme, DVBl. 1988, 21.
[81] Vgl. zum Anwendungsbereich *Steinberg,* DVBl. 1988, 996.

3. sonstige Eingriffe in Natur und Landschaft,
4. die wesentliche Änderung einer Anlage nach Nrn. 1 und 2, soweit sie erhebliche Auswirkungen auf die Umwelt haben kann (§ 2 Abs. 2 UVPGE).

Zu den einer UVP zu unterziehenden Vorhaben zählen unter anderem: **66**

- Erdölraffinerien (ausgenommen Unternehmen, die nur Schmiermittel aus Erdöl herstellen),
- Anlagen zur Vergasung und zur Verflüssigung von täglich mindestens 500 t Kohle oder bituminösem Schiefer,
- Wärmekraftwerke und andere Verbrennungsanlagen mit einer Wärmeleistung von mindestens 300 MW,
- Kernkraftwerke und andere Kernreaktoren (ausgenommen Forschungseinrichtungen für Erzeugung und Bearbeitung von Spalt- und brutstoffhaltigen Stoffen, deren Höchstleistung 1 kW thermische Dauerleistung nicht übersteigt),
- Anlagen mit dem ausschließlichen Zweck der Endlagerung oder endgültigen Beseitigung radioaktiver Abfälle.

Im Anhang II der Richtlinie sind Projekte aufgeführt, die nur dann einer UVP im Sinne der Richtlinie unterliegen, wenn ihre Merkmale nach Auffassung der Mitgliedstaaten dies erfordert. **67**

Beispiele: Dazu zählen Projekte der Landwirtschaft, des Bergbaus, der Energiewirtschaft, der Metallverarbeitung, der Glaserzeugung, der chemischen Industrie, des Nahrungs- und Genußmittelgewerbes, der Textil-, Leder-, Holz- und Papierindustrie, der Gummiverarbeitung sowie Infrastrukturprojekte und sonstige Projekte wie z. B. Kläranlagen oder Tierkörperbeseitigungsanstalten.

Die UVP ist nach der Anlage zu § 3 UVPGE u. a. durchzuführen für folgende Vorhaben: **68**

- Errichtung und Betrieb sowie die wesentliche Änderung einer Anlage, die der Genehmigung in einem Verfahren mit Öffentlichkeitsbeteiligung nach §§ 4, 15 BImSchG bedarf;
- Errichtung, Betrieb, Stillegung, Einschluß oder Abbau einer ortsfesten kerntechnischen Anlage oder Innehabung einer betriebsbereiten oder stillgelegten ortsfesten kerntechnischen Anlage sowie die wesentliche Änderung der Anlage oder ihres Betriebes, die der Genehmigung in einem Verfahren mit Öffentlichkeitsbeteiligung nach § 7 AtG bedürfen;
- Errichtung und Betrieb einer Anlage zur Sicherstellung und zur Endlagerung radioaktiver Abfälle sowie die wesentliche Änderung einer solchen Anlage oder ihres Betriebes, die einer Planfeststellung nach § 9b AtG bedürfen;
- Errichtung und Betrieb einer Abfallentsorgungsanlage sowie die wesentliche Änderung einer solchen Anlage oder ihres Betriebes, die der Planfeststellung nach § 7 AbfG bedürfen;
- Bau und Betieb sowie die wesentliche Änderung einer Abwasserbehandlungsanlage, die einer Zulassung nach § 18c WHG bedarf;
- Herstellung, Beseitigung oder wesentliche Umgestaltung eines Gewässers oder seiner Ufer sowie von Deich- oder Dammbauten, die einer Planfeststellung nach § 31 WHG bedürfen;
- Vorhaben nach dem BBergG, die der Planfeststellung nach dem BBergG unterliegen;
- Bau und Änderung einer Bundesfernstraße, die der Planfeststellung nach § 17 FStrG oder eines Bebauungsplans nach § 9 BauGB bedürfen;
- Bau oder Änderung einer Anlage der Deutschen Bundesbahn, die der Planfeststellung nach § 36 BBahnG bedürfen;
- Errichtung und jede Änderung einer Versuchsanlage, die nach den §§ 2 und 12 des Gesetzes über den Bau und Betrieb von Versuchsanlagen zur Erprobung von Techniken für den spurgeführten Verkehr der Planfeststellung bedürfen;

- Bau und Änderung einer Straßenbahn, die der Planfeststellung nach § 28 des Personenbeförderungsgesetzes oder eines Bebauungsplans nach § 9 BauGB bedürfen;
- Ausbau, Neubau und Beseitigung einer Bundeswasserstraße, die der Planfeststellung nach § 14 WaStrG bedürfen;
- Anlage und Änderung eines Flugplatzes, die der Planfeststellung nach § 8 LuftVG bedürfen;
- (Flugbereinigungsprojekte nach dem FlurberG);
- (Vorhaben nach dem BWaldG).

Mit Einschränkungen soll das Gesetz nicht für Vorhaben der Landesverteidigung gelten.

3. Verfahren

69 Das Verfahren der Umweltverträglichkeitsprüfung ist nach der EG-Richtlinie durch eine Reihe von Mindestanforderungen gekennzeichnet. Diese beziehen sich auf die

- sachliche Reichweite der Angaben des Projektträgers,
- behördliche Beteiligung an der Erstellung der Unterlagen,
- Beteiligung von Behörden und der Öffentlichkeit,
- grenzüberschreitende Information und Konsultation,
- Bekanntgabe der Entscheidung.

a) Abstimmung des Untersuchungsrahmens

70 Das Verfahren der UVP beginnt damit, daß der Träger des Vorhabens die zuständige Behörde über das geplante Vorhaben unterrichtet. Die zuständige Behörde ist verpflichtet, den Untersuchungsrahmen der UVP mit dem Vorhabenträger abzustimmen. Dabei orientiert sich die Behörde an den zu besorgenden Umweltbeeinträchtigungen und dem zumutbaren Untersuchungsaufwand. Mit der Abstimmung des Untersuchungsrahmens werden die Informationsanforderungen der UVP für das bestimmte Vorhaben spezifiziert und präzisiert.[82] Auch im UVP-Verfahren gilt der Amtsermittlungsgrundsatz. Die zuständige Behörde ist deshalb zu einer eigenständigen und vollständigen Ermittlung und Bewertung der Umweltauswirkungen verpflichtet. Sie kann sich nicht auf die Kontrolle der Plausibilität der Angaben und Bewertungen des Vorhabenträgers beschränken.[83] Die Abstimmung des voraussichtlichen Untersuchungsrahmens ist erforderlich wegen der Komplexität des medienübergreifenden Prüfungsansatzes (vgl. dazu § 5 UVPGE).

b) Unterlagen des Vorhabenträgers

71 Mit dem Antrag auf Entscheidung oder der Einreichung eines Planes, einer schriftlichen Anzeige etc. legt der Vorhabenträger der zuständigen Behörde die für die Durchführung der Umweltverträglichkeitsprüfung erforderlichen Unterlagen vor.

72 Zu diesen Unterlagen zählen zumindest folgende Angaben (vgl. § 6 Abs. 3 UVPGE):

- Beschreibung des Vorhabens mit Angaben über Standort, Art und Umfang sowie Bedarf an Grund und Boden,

---

[82] Zum sog. Scoping-Verfahren siehe *Bunge*, Die Umweltverträglichkeitsprüfung, S. 23ff.
[83] Siehe SRU-Stellungnahme, DVBl. 1988, 21 (25f.).

- Beschreibung der zu erwartenden Rückstände, Emissionen, Abwässer und Abfälle sowie sonstige Angaben, die erforderlich sind, um erhebliche Beeinträchtigungen der Umwelt durch das Vorhaben feststellen und beurteilen zu können,
- Beschreibung der Maßnahmen, mit denen erheblich beeinträchtigende Auswirkungen auf die Umwelt vermieden, vermindert oder soweit möglich ausgeglichen werden, sowie der Ersatzmaßnahmen bei nicht ausgleichbaren oder vorrangigen Eingriffen in Natur und Landschaft,
- Beschreibung der zu erwartenden erheblichen Auswirkungen des Vorhabens auf die Umwelt unter Berücksichtigung des allgemeinen Kenntnisstandes und der allgemein anerkannten Prüfungsmethoden.

Eine allgemeinverständliche Zusammenfassung der genannten Angaben ist beizufügen.

Soweit sie für die Umweltverträglichkeitsprüfung von Bedeutung sind und ihre Beibringung für den Träger des Vorhabens zumutbar ist, müssen die Unterlagen auch folgende Angaben umfassen: 73

- Beschreibung der wichtigsten Merkmale der verwendeten technischen Verfahren,
- Beschreibung der Umwelt und ihrer Bestandteile unter Berücksichtigung des Kenntnisstandes und der allgemein anerkannten Prüfungsmethoden, soweit dies zur Feststellung und Beurteilung aller sonstigen, für die Zulässigkeit des Vorhabens erheblichen Auswirkungen des Vorhabens auf die Umwelt erforderlich ist,
- Übersicht über die wichtigsten, vom Träger des Vorhabens geprüften Vorhabenalternativen und Angabe der wesentlichen Auswahlgründe unter besonderer Berücksichtigung der Umweltauswirkungen des Vorhabens,
- Hinweise auf Schwierigkeiten, die bei der Zusammenstellung der Angaben aufgetreten sind, z. B. technische Lücken oder fehlende Kenntnisse.

Auch insoweit ist eine allgemeinverständliche Zusammenfassung erforderlich.

c) Behördenbeteiligung

Die zuständige Behörde holt die Stellungnahme der Behörden ein, deren Aufgabenbereich durch das Vorhaben berührt wird (§ 7 UVPGE). 74

Zu den zu beteiligenden Behörden zählen zunächst zahlreiche Fachbehörden, etwa Forstbehörden, Wasserbehörden, Immissionsschutzbehörden etc. Daneben können jedoch auch zentrale öffentlich-rechtliche Umweltschutzstellen, beispielsweise die Landesämter für Umweltschutz zum Adressatenkreis der Behördenbeteiligung zählen.[84] Zu beteiligen sind auch Gemeinden und andere öffentlich-rechtliche Körperschaften, deren Aufgabenbereich durch das Vorhaben berührt sein kann. Im Rahmen der Behördenbeteiligung sind dagegen nicht die (privatrechtlichen) Umwelt- und Naturschutzverbände zu beteiligen. 75

d) Beteiligung der Öffentlichkeit

Die Öffentlichkeitsbeteiligung ist zentraler Bestandteil der UVP. Der Antrag auf Entscheidung und die Angaben des Vorhabenträgers werden von der zuständigen Behörde öffentlich bekannt gemacht. Nach Art. 6 Abs. 2, 3, Art. 9 der EG-Richtlinie ist zwischen der Unterrichtung und der Anhörung der Öffentlichkeitsbeteiligung zu unterscheiden. Zu unterrichten ist die all- 76

[84] Vgl. *Bunge*, Die Umweltverträglichkeitsprüfung, S. 26; *Schroer*, Umweltverträglichkeitsprüfung im Bauplanungsrecht, S. 143.

gemeine, d. h. eine nicht näher zu qualifizierende Öffentlichkeit. Anzuhören ist dagegen nur die betroffene Öffentlichkeit. In diesem Sinne handelt es sich um eine trichterförmige Öffentlichkeitsbeteiligung. Jeder, dessen Belange durch das Vorhaben berührt werden können, erhält Gelegenheit, sich vor der Entscheidung über das Vorhaben zu äußern. Die Gelegenheit zur Stellungnahme wird somit nur der „betroffenen Öffentlichkeit" und nicht jedermann – wie in Verfahren nach AtG oder BImSchG – gewährt. Für das Verfahren zur Beteiligung der Öffentlichkeit wird auf die §§ 73 Abs. 3–7 des VwVfG des Bundes und auf die gleichlautenden Vorschriften der VwVfGe der Länder verwiesen (vgl. § 9 Abs. 1 UVPGE).

77 Von einer erneuten Beteiligung der Öffentlichkeit kann bei einer Änderung des Vorhabens abgesehen werden, wenn keine zusätzlichen oder anderen erheblichen Auswirkungen auf die Umwelt zu besorgen sind.

78 Die Eingrenzung auf die Beteiligung von Betroffenen läßt erkennen, daß die Öffentlichkeitsbeteiligung die Vorverlagerung des individuellen Rechtsschutzes bezweckt.[85] Für vorgelagerte Verfahren ist in § 9 Abs. 3 UVPGE eine gesonderte Form der Öffentlichkeitsbeteiligung vorgesehen.

e) Grenzüberschreitende Behördenbeteiligung

79 Ergibt sich aus den Angaben des Vorhabenträgers über mögliche erhebliche Auswirkungen seines Vorhabens auf die Umwelt, daß diese Umweltauswirkungen auch in einem anderen Mitgliedstaat der EG eintreten könnten, dann hat die zuständige Behörde die von dem Mitgliedstaat benannten Behörden zu unterrichten. Die Unterrichtung muß im gleichen Zeitpunkt und im gleichen Umfang erfolgen wie die Unterrichtung im Rahmen der innerstaatlichen Behördenbeteiligung (vgl. § 8 Abs. 1 UVPGE).

80 Auf der Grundlage der Unterrichtung können zwischen den beteiligten Behörden grenzüberschreitende Konsultationen folgen. Diese Konsultationen sind nach den Grundsätzen von *Gegenseitigkeit* und *Gleichwertigkeit* durchzuführen. Der Grundsatz der Gleichwertigkeit gilt für die in den beteiligten Mitgliedstaaten angewandten Verfahren und Bewertungsmaßstäbe (vgl. § 8 Abs. 2 UVPGE). Die Bitte um Konsultation kann deshalb abgelehnt werden mit dem Hinweis, vergleichbare Bewertungsmaßstäbe oder Bewertungsverfahren bestünden im Nachbarstaat nicht. Völkerrechtliche Verpflichtungen von Bund und Ländern sollen gem. § 8 Abs. 3 UVPGE unberührt bleiben.

81 Die Mitgliedstaaten sind nicht verpflichtet, im Rahmen der UVP die Schutzwirkung materiell-rechtlicher Bestimmungen auch auf im Ausland belegene Interessen zu erstrecken und/oder ausländischen Bürgern die rechtliche Stellung eines Beteiligten im Verwaltungsverfahren oder die Möglichkeit der verwaltungsgerichtlichen Klage einzuräumen.[86]

f) Zuständige Behörde

82 Für die Durchführung der Umweltverträglichkeitsprüfung ist grundsätzlich zuständig die Behörde, die auch über die Zulässigkeit des Vorhabens

---

[85] Vgl. *Cupei*, DVBl. 1985, 813 (818).

[86] *Cupei*, Umweltverträglichkeitsprüfung, S. 170; zu grenzüberschreitenden Klagemöglichkeiten siehe unten, § 14, Rn. 17ff.

entscheidet.[87] Wenn die Entscheidung über die Zulässigkeit des Vorhabens im Rahmen mehrerer Verwaltungsverfahren erfolgt, werden die in diesen Verfahren durchgeführten Teilprüfungen zu einer Gesamtbewertung aller Umweltauswirkungen, einschließlich der Wechselwirkungen zusammengefaßt. Für den Fall, daß ein Vorhaben der Zulassung durch mehrere Behörden bedarf, sollen nach dem Gesetzesentwurf der Bundesregierung (§ 14 UVPGE) die Länder eine *federführende* Behörde bestimmen. Die federführende Behörde soll zumindest zuständig für die Abstimmung des Untersuchungsrahmens und für die zusammenfassende Darstellung der Umweltauswirkungen sein. Ihre Aufgaben hat diese Behörde im Zusammenwirken zumindest mit den anderen Zulassungsbehörden und der Naturschutzbehörde wahrzunehmen, deren Aufgabenbereich durch das Vorhaben berührt wird. Die Zulassungsbehörden haben auf der Grundlage der zusammenfassenden Darstellung eine Gesamtbewertung der Umweltauswirkungen des Vorhabens vorzunehmen und die Bewertung bei ihren Entscheidungen zu berücksichtigen. Die federführende Behörde hat das Zusammenwirken der Zulassungsbehörden sicherzustellen.

Die Berücksichtigung des Ergebnisses der Umweltverträglichkeitsprüfung obliegt den für die Zulassung des Vorhabens zuständigen Behörden. 83
Die Bestimmung einer federführenden UVP-Behörde ändert also nichts an der Zuständigkeit dieser Zulassungsbehörden.

4. *Zusammenfassende Darstellung der Umweltauswirkungen*

Auf der Grundlage der Angaben des Antragstellers, der behördlichen Stellungnahmen, der Ergebnisse der Öffentlichkeitsbeteiligung und evtl. der 84
Ergebnisse der grenzüberschreitenden Behördenbeteiligung erarbeitet die zuständige Behörde eine zusammenfassende Darstellung der Auswirkungen des Vorhabens auf die Umwelt (vgl. § 11 UVPGE). Dabei hat die Behörde auch die Ergebnisse eigener Ermittlungen einzubeziehen. Auch im Rahmen der UVP gilt der Untersuchungsgrundsatz. Notwendig ist für die zusammenfassende Darstellung eine gedankliche Verarbeitung und Strukturierung des vorhandenen Prüfmaterials. Die zusammenfassende Darstellung kann in der Begründung der Entscheidung über die Zulässigkeit des Vorhabens erfolgen. Das gilt zumindest dann, wenn nur eine einzige Behörde – z. B. wegen der Konzentrationswirkung die Planfeststellungsbehörde – über die Zulässigkeit des Plans entscheidet. Bedarf das Vorhaben der Zulassung durch mehrere Behörde, so wird die zusammenfassende Darstellung – wie gesagt – von den Zulassungsbehörden gemeinsam erarbeitet.

5. *Bewertung der Umweltauswirkungen*

Die zuständige Behörde bewertet auf der Grundlage der zusammenfassen- 85
den Darstellung die Auswirkungen des Vorhabens auf die Umwelt.[88]

Bewerten kann man nur anhand von Maßstäben. Damit ist ersichtlich, daß 86
die Umweltverträglichkeitsprüfung materielle Bewertungsmaßstäbe fordert. Diese Maßstabsbildung kann projektbezogen für den Einzelfall erfol-

[87] Zur Rolle der zuständigen Behörde bei der Durchführung der UVP siehe SRU-Stellungnahme, DVBl. 1988, 21 (25f.).

[88] Zur Bedeutung des Bewertens im Rahmen der UVP siehe *Hoppe/Püchel*, DVBl. 1988, 1ff.; *Püchel*, ZAU 1988, 121 (132f.); *Bückmann*, UPR 1988, 361ff.

gen. Zur Bewertung können jedoch auch abstrakt-generelle Umweltstandards gebildet werden. Dabei kann jedoch möglicherweise nicht auf die bestehenden Umweltstandards zurückgegriffen werden. Aufgabe der Bewertung ist es nicht, unter Abwägung mit gegenläufigen (z. B. wirtschaftlichen, sozialen, regionalpolitischen) Belangen festzustellen, ob ein Umweltrisiko „sozial" zumutbar ist oder aber vermieden oder wenigstens reduziert werden muß.[89] Die Bewertung im Rahmen der Umweltverträglichkeitsprüfung ist in erster Linie aufgrund naturwissenschaftlich-medizinischer Kriterien vorzunehmen. Daneben ist die Bewertung auch eine wertende (d.h. letztlich politische) Entscheidung.[90] Die bestehenden Umweltstandards[91] (etwa TA Luft, TA Lärm) sind für die Bewertung im Rahmen der Umweltverträglichkeitsprüfung möglicherweise nicht geeignet, weil sie bereits über ökologische Belange hinaus in die Abwägung gegenläufige Belange aufgenommen haben.[92] Außerdem sind Umweltstandards häufig nur Schutz-, nicht jedoch Vorsorgestandards. Der Funktion der Umweltverträglichkeitsprüfung als Vorsorgeinstrument entspricht es jedoch, auch im Rahmen der Bewertung bestimmter erwarteter oder möglicher Veränderungen der Umwelt Gesichtspunkte der Vorsorge zu beachten. Will man es deshalb nicht bei einer Einzelfallbewertung belassen, wäre die Aufstellung neuer, für die UVP geeigneter Umweltstandards, sinnvoll. Der Gesetzesentwurf der Bundesregierung löst dieses Bewertungsproblem nicht.

6. Berücksichtigung des Ergebnisses der Umweltverträglichkeitsprüfung

87 Das Ergebnis der Umweltverträglichkeitsprüfung ist bei der Entscheidung über die Zulässigkeit des Vorhabens zu berücksichtigen.

88 Von der Bewertung der Umweltauswirkungen unterscheidet sich die Berücksichtigung des Ergebnisses der Umweltverträglichkeitsprüfung dadurch, daß erstere das Umweltrisiko nach Wahrscheinlichkeit, Art und Umfang bewertet, während die Berücksichtigung diese Risikobewertung unter Abwägung mit gegenläufigen Belangen zu einer abschließenden Entscheidung verarbeitet.[93] Berücksichtigen heißt mehr als ein bloßes Zur Kenntnis nehmen. Die Zulassungsbehörde muß sich inhaltlich mit dem Bewertungsergebnis auseinandersetzen. Damit ist jedoch nicht gemeint, daß das negative Ergebnis einer Umweltverträglichkeitsprüfung stets zur Ablehnung des beantragten Vorhabens führen muß. Entscheidend ist allein, daß die zuständige Behörde aufgrund des Ergebnisses der Umweltverträglichkeitsprüfung die Möglichkeit hat, die Genehmigung zu versagen, zu erteilen oder mit Nebenbestimmungen zu versehen.

89 Ob die deutschen Zulassungsverfahren in der Lage sind, entsprechend dem gesamthaft-sektorübergreifenden Ansatz der Umweltverträglichkeitsprüfung ein fachübergreifendes Ergebnis der Umweltverträglichkeitsprüfung zu berücksichtigen, ist ausgesprochen umstritten. Eine umfassende,

---

[89] Vgl. SRU-Stellungnahme, DVBl. 1988, 21 (26).
[90] Vgl. SRU-Stellungnahme, DVBl. 1988, 21 (26).
[91] Zu ihnen siehe oben, § 3.
[92] Vgl. *Hoppe/Püchel*, DVBl. 1988, 1 (2); vgl. auch *Bückmann*, UPR 1988, 361 ff.
[93] SRU-Stellungnahme, DVBl. 1988, 21 (26); vgl. dazu ausführlich *Hoppe/Püchel*, DVBl. 1988, 1 (3 ff.).

fachübergreifende Abwägung betroffener Umweltbelange ermöglichen in erster Linie Planungsentscheidungen. Für die Einführung der Umweltverträglichkeitsprüfung gelten die Planfeststellungsbeschlüsse als hervorragend geeignet.[94] Bedenken werden demgegenüber hinsichtlich der Berücksichtigungsfähigkeit von Genehmigungsentscheidungen erhoben. Als besonders problematisch wird empfunden, wie Produktions- und Standortalternativen im Rahmen gebundener Entscheidungen berücksichtigt werden sollen.[95] Dazu wird vorgeschlagen, über Standortalternativen nicht in der Zulassungsentscheidung, sondern in einer planerischen Vorstufe und über Produktionsalternativen außerhalb der Zulassungsentscheidungen durch Rechtsverordnungen zu entscheiden.[96] Teilweise wird weitergehend die Ansicht vertreten, die Einführung der Umweltverträglichkeitsprüfung in das deutsche Recht führe kaum an der Neufassung der Kontrollerlaubnisse in ihrer grundsätzlichen Normstruktur vorbei.[97] Demgegenüber wird auch die Auffassung vertreten, eine medienübergreifende Berücksichtigung der Ergebnisse der Umweltverträglichkeitsprüfung sei mit einer Tatbestandserweiterung auch bei gebundenen Kontrollerlaubnissen zu erreichen.[98] Gefordert wird außerdem, bislang gebundene Kontrollerlaubnisse mit einem Versagungsermessen auszustatten.[99] Zumindest für den zentralen Bereich der immissionsschutzrechtlichen Genehmigungen löst der Gesetzesentwurf auch dieses Problem nicht.

7. *Unterrichtung über die Entscheidung*

Die zuständige Behörde macht dem Träger des Vorhabens, der betroffenen Öffentlichkeit und denjenigen, über deren Einwendungen entschieden worden ist, die Entscheidung zugänglich und unterrichtet über die Entscheidungsgründe. Bei dem Verfahren zur Unterrichtung über die Entscheidung sind zumindest die Anforderungen des § 74 Abs. 4 und 5 VwVfG des Bundes und der gleichlautenden Vorschriften der VwVfGe der Länder zu erfüllen. **90**

8. *Umweltverträglichkeitsprüfung in gestuften Verwaltungsverfahren*[100]

a) Vorbescheid und Teilgenehmigung

Wird die Zulassungsentscheidung in verschiedene Teilentscheidungen aufgeteilt, so dürfen die entsprechenden Teilzulassungen nur nach Durchfüh- **91**

---

[94] Vgl. *Erbguth*, VR 1988, 5 (7); *Bunge*, DVBl. 1987, 819 (824); zu der UVP im Rahmen von Planfeststellungsbeschlüssen siehe auch *Hoppe/Püchel*, Dokumentation zur 11. Fachtagung der Gesellschaft für Umweltrecht, S. 88ff.; *Bartlsperger*, DVBl. 1987, 1ff.

[95] Vgl. *Hoppe/Püchel*, DVBl. 1988, 1 (6); zum Alternativenvergleich siehe auch *Jarass*, Umweltverträglichkeitsprüfung bei Industrievorhaben, S. 43ff.

[96] *Hoppe/Püchel*, DVBl. 1988, 1 (10).

[97] *Erbguth*, VR 1988, 5 (6).

[98] Vgl. dazu *Beckmann*, DÖV 1987, 944ff.; *Jarass*, Umweltverträglichkeitsprüfung bei Industrievorhaben, S. 95f.; SRU-Stellungnahme, DVBl. 1988, 21 (24).

[99] Vgl. zu dieser Forderung den Antrag der SPD-Bundestagsfraktion BT-Drucks. 11/1902, S. 3f.; die verfassungsrechtliche Zulässigkeit einer solchen Ermesseneinräumung ist umstritten, bejahend *Wahl*, DVBl. 1988, 86 (89); *Bunge*, DVBl. 1987, 819 (824); *Cupei*, Umweltverträglichkeitsprüfung, S. 266; a.A.: *Hoppe/Püchel*, DVBl. 1988, 1 (11).

[100] Zu den Rechtsfragen einer Verfahrensstufung der UVP siehe *Bartlsperger*, DVBl. 1987, 1 (9ff.); *Jarass*, Umweltverträglichkeitsprüfung bei Industrievorhaben, S. 41f.

rung einer Umweltverträglichkeitsprüfung erteilt werden (vgl. § 13 Abs. 1 S. 1 UVPGE). Im gestuften Zulassungsverfahren hat sich die UVP auf die nach dem jeweiligen Planungsstand erkennbaren Umweltauswirkungen des Gesamtvorhabens vorläufig und abschließend auf die Umweltauswirkungen zu erstrecken, die Gegenstand von Vorbescheid oder Teilzulassung sind. Dieser reduzierte Umfang der UVP ist bei der Unterrichtung des Vorhabenträgers über den voraussichtlichen Untersuchungsrahmen der UVP und bei den Angaben des Trägers des Vorhabens Rechnung zu tragen.

92 Gem. § 13 Abs. 2 UVPGE kann bei weiteren Teilgenehmigungen oder entsprechenden Teilzulassungen die Umweltverträglichkeitsprüfung auf bisher nicht berücksichtigte, für die Umweltverträglichkeit des Vorhabens bedeutsame Merkmale des Vorhabens beschränkt werden.

b) Vorgelagerte Verfahren

93 Die Umweltverträglichkeitsprüfung wird nach dem Gesetzesvorhaben auch bei bestimmten vorgelagerten Verwaltungsverfahren, dem jeweiligen Planungsstand entsprechend, durchgeführt (vgl. § 2 Abs. 3 Nr. 2 UVPGE). Dazu zählen das

- Linienbestimmungsverfahren gem. § 16 Abs. 1 FStrG,
- Linienbestimmungsverfahren gem. § 13 Abs. 1 WaStrG,
- Genehmigungsverfahren nach § 6 Abs. 1 LuftVG für Flugplätze, die nur aufgrund einer Planfeststellung angelegt oder geändert werden dürfen,
- Linienbestimmungsverfahren gem. § 9 Abs. 1 Nr. 1 PBefG.

94 In nachfolgenden Zulassungsverfahren kann die Prüfung der UVP auf zusätzliche oder andere erhebliche Umweltauswirkungen des Vorhabens beschränkt werden (§ 15 Abs. 4 UVPGE).

c) Raumordnungsverfahren

95 Im Raumordnungsverfahren können die Auswirkungen eines Vorhabens auf die Umwelt entsprechend dem Planungsstand des Vorhabens ermittelt, beschrieben und bewertet werden (§ 16 Abs. 1 UVPGE).

Raumordnungsverfahren sind Verwaltungsverfahren, in denen, soweit es erforderlich ist, raumbedeutsame Planungen und Maßnahmen untereinander und mit den Erfordernissen der Raumordnung und Landesplanung abgestimmt werden. Durch das Raumordnungsverfahren wird festgestellt, ob raumbedeutsame Planungen oder Maßnahmen mit den Erfordernissen der Raumordnung übereinstimmen und wie sie unter den Gesichtspunkten der Raumordnung aufeinander abgestimmt oder durchgeführt werden können. Die Raumordnungsverfahren sind dem jeweiligen Vorhabenzulassungsverfahren vorgelagert. Es endet jedoch nicht mit einer abschließenden Entscheidung. Das Ergebnis des Raumordnungsverfahrens ist jedoch von den in § 4 Abs. 5 ROG genannten Stellen bei raumbedeutsamen Planungen und Maßnahmen, die durch das im Raumordnungsverfahren beurteilte Verfahren betreffen, sowie bei Genehmigungen, Planfeststellungen oder sonstigen behördlichen Entscheidungen über die Zulässigkeit des Vorhabens als Feststellung der für die Raumordnung zuständigen Landesbehörden zu berücksichtigen. Gegenüber dem Träger des Vorhabens und Dritten hat das Raumordnungsverfahren jedoch keine Rechtswirkung. Es ersetzt insbesondere nicht die Genehmigungen, Planfeststellungen oder sonstigen behördlichen Entscheidungen nach anderen Rechtsvorschriften. Das Raumordnungsverfahren soll nach der Absicht der Bundesregierung eine einheitliche Rahmengrundlage in § 6a ROG erhalten, in der zugleich eine raumordnerische Umweltverträglichkeitsprüfung vorgesehen werden soll.

Ist für ein Vorhaben in einem Raumordnungsverfahren eine Umweltverträglichkeitsprüfung durchgeführt worden, die den Anforderungen des beabsichtigten UVP-Gesetzes genügt, ist insbesondere eine entsprechende Öffentlichkeitsbeteiligung durchgeführt worden, so kann im nachfolgenden Zulassungsverfahren von einer erneuten UVP abgesehen werden, wenn keine zusätzlichen oder anderen erheblichen Auswirkungen auf die Umwelt zu besorgen sind.[101] 96

d) Bauleitplanung

Werden Bauleitpläne im Sinne von § 2 Abs. 3 Nr. 3 UVPGE aufgestellt, geändert, ergänzt oder aufgehoben, um die Verwirklichung eines bestimmten Vorhabens zu ermöglichen, so soll im Rahmen des Bauleitplanverfahrens eine Umweltverträglichkeitsprüfung nach den Vorschriften des Bauplanungsrechts durchgeführt werden (§ 17 UVPGE).[102] 97

Beispiel: Gem. § 17 Abs. 3 FStrG ersetzen Bebauungspläne nach § 9 BauGB die Planfeststellung nach § 17 Abs. 1 FStrG.

Von einer erneuten UVP kann im nachfolgenden Zulassungsverfahren abgesehen werden, wenn keine zusätzlichen oder anderen erheblichen Auswirkungen auf die Umwelt zu besorgen sind. 98

9. Verwaltungsvorschriften

Vorgesehen ist in dem Gesetzesentwurf der Bundesregierung außerdem eine Ermächtigung der Bundesregierung, mit Zustimmung des Bundesrates allgemeine Verwaltungsvorschriften zu erlassen, die sich auf medienübergreifende, materielle Aspekte der UVP und auf die sich hieraus ergebenden Verfahrensschritte beziehen (§ 20 UVPGE). 99

10. Änderungen in den einzelnen Fachgesetzen

Das von der Bundesregierung beabsichtigte Artikelgesetz soll neben dem Stammgesetz über die UVP die notwendigen Änderungen der jeweiligen Fachgesetze enthalten. Darauf kann – soweit die Gesetzesänderungen bereits erfolgt sind – im Zusammenhang mit der Darstellung einzelner Fachgesetze eingegangen werden. 100

---

[101] Zur UVP im Raumordnungsverfahren vgl. die Stellungnahme der *ARL*, DVBl. 1987, 1152ff.; *Bartlsperger*, DVBl. 1987, 1 (12f.); *Schmidt-Aßmann/Erbguth*, DVBl. 1987, 826ff.; *Schoeneberg*, Umweltverträglichkeitsprüfung und Raumordnungsverfahren, S. 1ff.; *Appold*, Freiraumschutz, S. 100ff.; *v. Mutius*, BayVBl. 1988, 641ff.

[102] Zur Umweltverträglichkeitsprüfung in der Bauleitplanung siehe *Schroer*, Umweltverträglichkeitsprüfung im Bauplanungsrecht, S. 1ff.; *ders.*, DVBl. 1987, 1096ff.; *Bosselmann*, DVBl. 1988, 724ff.; kritisch zum Gesetzesentwurf in dieser Frage zu Recht *Steinberg*, DVBl. 1988, 957.

C. Weitere Instrumente der umweltrechtlichen Überwachung

101 Um den zuständigen Umweltbehörden eine Kontrolle über die Einhaltung der umweltrechtlichen Gebote und Verbote zu ermöglichen und um ihnen die notwendigen Informationsgrundlagen für den gefahrenabwehrenden und vorsorgenden Umweltschutz zu verschaffen, sieht das Umweltrecht – neben den umweltrechtlichen Erlaubnis- und Planfeststellungsverfahren einschließlich der Umweltverträglichkeitsprüfungen – ein breitgefächertes Instrumentarium in fast allen seinen Regelungsbereichen vor. Insbesondere zählen zu den Anwendungsbereichen der umweltrechtlichen Überwachung die

- wasserwirtschaftsrechtliche Überwachung gem. § 21 WHG,
- anlagenbezogene, gebietsbezogene und allgemeine Überwachung der Luftverunreinigung gem. §§ 26ff., 44ff., 52 BImSchG,
- staatliche Aufsicht über die friedliche Nutzung der Kernenergie gem. § 19 AtG,
- chemikalienrechtliche Überwachung gem. § 21 ChemG und
- Überwachung im Bereich der Entsorgung gem. § 11 AbfG.[103]

102 Die zuständigen Fachbehörden können dazu technische Ermittlungen und Prüfungen vornehmen. Sie können eigene Messungen und Einsichtnahmen durchführen oder die Messungen durch die Unternehmen selbst veranlassen. Die Eigentümer und Besitzer der Grundstücke, auf denen umweltrelevante Vorhaben durchgeführt werden, haben dazu das Betreten der Grundstücke zu gestatten und die erforderlichen Ermittlungen – nicht zuletzt durch Buchführungs- und Nachweispflichten – zu ermöglichen. Zum Teil haben sie sogar Arbeitskräfte, Unterlagen und Werkzeuge zur Verfügung zu stellen.

Beispiel: Gem. § 10 Abs. 1 LG NW dürfen die Beauftragten der Landschaftsbehörden sowie die Landesanstalt für Ökologie, Landschaftsentwicklung und Forstplanung Grundstücke betreten und technische Untersuchungen vornehmen, soweit dies nach den Vorschriften des Landschaftsgesetzes geboten und eine vorherige Unterrichtung erfolgt ist. Für den Bereich des Artenschutzes dürfen die Beauftragten der Landschaftsbehörde im Rahmen des § 10 Abs. 1 LG NW während der üblichen Geschäftszeit auch Wirtschaftsgebäude und Geschäftsräume betreten und Geschäftsunterlagen einsehen (§ 10 Abs. 2 LG NW).

Beispiel: Gem. § 21 Abs. 1 S. 1 WHG ist derjenige, der ein Gewässer über den Gemeingebrauch hinaus benutzt oder einen Antrag auf Erteilung einer Erlaubnis oder Bewilligung gestellt hat, verpflichtet, eine behördliche Überwachung der Anlagen, Einrichtungen und Vorgänge zu dulden, die für die Gewässerbenutzung von Bedeutung sind. Er hat dazu

1. das Betreten von Betriebsgrundstücken- und räumen während der Betriebszeit,
2. das Betreten von Wohnräumen sowie von Betriebsgrundstücken und -räumen außerhalb der Betriebszeit, sofern die Prüfung zur Verhütung dringender Gefahren für die öffentliche Sicherheit und Ordnung erforderlich ist, und
3. das Betreten von Grundstücken und Anlagen, die nicht zum unmittelbar angrenzenden befriedeten Besitztum von Räumen nach den Nrn. 1 und 2 gehören jederzeit zu gestatten; das Grundrecht der Unverletzlichkeit der Wohnung (Art. 13 GG) wird durch Nr. 2 eingeschränkt. Er hat ferner zu dem gleichen Zweck Anlagen und Einrichtungen zugänglich zu machen, Auskünfte zu erteilen, Arbeitskräfte, Unterlagen und Werkzeuge zur Verfügung zu stellen und technische Ermittlungen und Prüfungen zu ermöglichen.

---

[103] Siehe dazu *Breuer*, Umweltschutzrecht, S. 642.

Insbesondere aber wird die Überwachung der Umweltbehörden ergänzt und erleichtert zahlreiche gesetzlich geregelte **Auskunftspflichten** (I) und durch die **Bestellung von Betriebsbeauftragten** (II) für den Umweltschutz. **103**

I. Umweltrechtliche Auskunftspflichten

Umweltrechtliche Auskunftspflichten werden nicht zuletzt in der Terminologie des Gesetzgebers ganz verschieden als Auskunfts-, Offenbarungs-, Mitteilungs-, Melde-, Kennzeichnungs-, Informations-, Anzeige- oder Nachweispflichten bezeichnet. Ein materiell unterschiedlicher Regelungsgehalt ist mit dieser Begriffsvielfalt zumeist nicht verbunden.[104] Auskunftspflichten Privater sind zwar nicht unmittelbar aus dem Grundgesetz herzuleiten. Vor dem Hintergrund der aus Art. 2 Abs. 2 S. 1 GG folgenden Pflicht der staatlichen Organe, sich schützend und fördernd vor das Recht auf Leben und körperliche Unversehrtheit zu stellen und dies insbesondere vor rechtswidrigen Eingriffen von seiten anderer zu bewahren,[105] hat jedoch der Gesetzgeber die gesetzlichen Voraussetzungen dafür zu schaffen, daß die Verursacher einer Gefahrenquelle zur notwendigen Offenbarung gegenüber der zuständigen Umweltbehörde verpflichtet werden.[106] Auskunftspflichten dienen im Umweltrecht in erster Linie einer **Eröffnungskontrolle** und einer **Befolgungskontrolle**.[107] **104**

1. Eröffnungskontrolle

Eröffnungskontrollen sind einmalig der Vornahme umweltrelevanter Handlungen vorgeschaltet. **105**

a) Anzeigepflichten

Ihr dienen insbesondere zahlreiche Anzeigepflichten, mit denen die zuständigen Behörden über potentiell umwelt- oder gesundheitsgefährdende Tatsachen in Kenntnis gesetzt werden sollen, damit Maßnahmen zur evtl. Gefahrenabwehr geprüft werden können.[108] Anzeigepflichten haben im Grundsatz eine ähnliche Funktion wie die bereits dargestellten umweltrechtlichen Erlaubnisverfahren. Der Gesetzgeber gibt den Anzeigeverfahren jedoch häufig den Vorzug, weil sie gegenüber den Erlaubnisverfahren einfacher und praktikabler und damit für den Betroffenen als weniger belastend erscheinen.[109] Die Anzeigepflicht ist im Gegensatz zu den Genehmigungsvorbehalten eine reine Informationsverpflichtung ohne unmittelbare Rechtsfolgen. **106**

---

[104] Zu Systematisierungsversuchen hinsichtlich umweltrechtlicher Offenbarungspflichten siehe *Hahn*, Offenbarungspflichten im Umweltschutzrecht, S. 97ff.; *Knemeyer*, HdUR, Bd. I, Sp. 158ff.; *Bosselmann*, HdUR, Bd. I, Sp. 1034ff.

[105] Siehe dazu oben § 4, Rn. 55ff.; *BVerfG*, Beschl. v. 20. 12. 1979 – 1 BvR 385/77 – E 53, 30 (57).

[106] Vgl. dazu ausführlich und grundlegend *Hahn*, Offenbarungspflichten im Umweltschutzrecht, S. 105ff.

[107] *Breuer*, Umweltschutzrecht, S. 637f.; *Bosselmann*, HdUR, Bd. I, Sp. 1035.

[108] Siehe dazu ausführlich *Bosselmann*, HdUR, Bd. I, Sp. 109ff.; zur Selbstanzeigepflicht bei Bodenkontaminationen siehe *Knopp*, NVwZ 1988, 1004.

[109] Siehe dazu *Breuer*, Umweltschutzrecht, S. 637 und BT-Drs. 8/3319, S. 17 zur Anmeldepflicht nach den §§ 4ff. ChemG.

Ihre Verletzung wird als Ordnungswidrigkeit geahndet, rechtfertigt jedoch grundsätzlich nicht die Untersagung des anzuzeigenden Vorhabens.[110] Inhalt und Umfang der Anzeigepflichten werden durch die zahlreichen einschlägigen Rechtsvorschriften im einzelnen bestimmt.

Beispiel: Gem. § 10 Abs. 1 AbfG hat der Inhaber einer ortsfesten Abfallentsorgungsanlage ihre beabsichtigte Stillegung der zuständigen Behörde unverzüglich anzuzeigen.

Beispiel: Gem. § 5 Abs. 2 EnWG hat vor der Errichtung oder Erweiterung einer Energieanlage zur Erzeugung von Elektrizität oder Gas, die zur Deckung des Eigenbedarfs bestimmt ist, der Unternehmer dem Energieversorgungsunternehmen, welches das Gebiet, in dem die Anlage errichtet werden soll, mit Energie versorgt, hierüber Mitteilung zu machen.

107 Anzeigeverfahren sind auch besonders häufig im Gefahrstoffrecht anzutreffen. So enthält z. B. § 17 Abs. 1 Nr. 4 ChemG die Ermächtigung für Anzeigepflichten für das Herstellen, Einführen, In-Verkehr-Bringen oder Verwenden bestimmter gefährlicher Stoffe, Zubereitungen oder Erzeugnisse.[111] Neben zahlreichen Anzeigepflichten für den Umgang mit gefährlichen Stoffen, insbesondere auch mit Sprengstoffen[112] und radioaktiven Stoffen[113] sind Anzeigeverfahren vor allem auch für die Lagerung von Gefahrstoffen vorgesehen.[114]

b) Kennzeichnungspflichten

108 Einer vorgeschalteten Eröffnungskontrolle dienen auch zahlreiche Kennzeichnungspflichten, mit denen die Umweltbehörden, aber auch die Verbraucher über umweltschutzrechtliche Belange und insbesondere über die Gefährlichkeit eines Stoffes informiert werden sollen.[115]

Beispiel: Gem. § 3 a TabakVO[116] dürfen Tabakerzeugnisse im Sinne des § 3 Abs. 1 des Lebensmittel- und Bedarfsgegenständegesetzes, die zum Rauchen bestimmt sind, in zur Abgabe an den Verbraucher bestimmten Verpackungen nur mit folgendem Warnhinweis gewerbsmäßig in den Verkehr gebracht werden:
„Der Bundesgesundheitsminister: Rauchen gefährdet Ihre Gesundheit".

2. Befolgungskontrolle

109 Umweltrechtliche Auskunftspflichten können außerdem einer fortlaufenden, das umweltbelastende Vorhaben begleitenden Befolgungskontrolle die-

---

[110] *Jarass*, Wirtschaftsverwaltungsrecht, § 15 Rn. 12; *Bosselmann*, HdUR, Bd. I, Sp. 19.

[111] Vgl. *Bosselmann*, HdUR, Bd. I, Sp. 110; siehe auch die Ermächtigungen für Anzeigeverfahren in § 18 Abs. 1 Nr. 1 Buchst. c ChemG für die Einfuhr oder Haltung giftiger Tiere oder Pflanzen und § 19 Abs. 2 Nr. 8 ChemG für risikobehaftete Arbeitsverfahren und § 67 AMG für die Herstellung, Prüfung, Lagerung, Verpackung oder das In-Verkehr-Bringen von Arzneimitteln, § 14 PflSchG für das gewerbsmäßige Handeln mit Pflanzenbehandlungsmitteln, § 17 FMG für das Herstellen und In-Verkehr-Bringen von Futtermitteln etc.

[112] Vgl. die §§ 2, 12, 14, 21, 26, 35 SprengG.

[113] Vgl. §§ 12, 17, 36, 41, 66, 77 ff. StrlSchV.

[114] Vgl. § 24 DruckbehV.

[115] Näher zu den Kennzeichnungspflichten siehe *Brohm*, HdUR, Bd. I, Sp. 907 ff.

[116] Verordnung über Tabakerzeugnisse vom 20. Dezember 1977 (BGBl. I, S. 2831), geändert durch Änderungsverordnung vom 21. 3. 1986 (BGBl. I, S. 368).

nen. Auch insoweit sind die einzelnen Auskunftsverpflichtungen vielfältig. Teilweise bestehen Verpflichtungen zur regelmäßigen Mitteilung etwa über die Abweichungen vom Inhalt einer Genehmigung gem. § 16 BImSchG oder als jährliche Erklärung über die von einer Anlage ausgehenden Luftverunreinigungen nach § 27 BImSchG. Auskunftspflichten bestehen aber auch beim Auftreten bestimmter Schadstofforganismen oder Krankheiten[117] oder aber bei Unfällen während des Transports gefährlicher Güter,[118] bei Schiffsunfällen,[119] bei Unfällen im Umgang mit radioaktiven Stoffen und bei der Herstellung und Verwendung radioaktiver Stoffe etc.[120] Unterscheiden lassen sich insoweit insbesondere **selbständige** und **unselbständige Auskunftspflichten.**[121]

a) Selbständige Auskunftspflichten

Selbständige Auskunftspflichten verpflichten den Betroffenen, ohne daß die Verpflichtung durch ein hoheitliches Auskunftsbegehren aktualisiert werden müßte. Notwendig ist deshalb ein selbständiges, unaufgefordertes Tätigwerden des Verpflichteten. **110**

Beispiel: Gem. § 4 Abs. 1 S. 1 ChemG darf der Hersteller einen chemischen Stoff als solchen oder als Bestandteil einer Zubereitung gewerbsmäßig oder im Rahmen sonstiger wirtschaftlicher Unternehmungen nur in den Verkehr bringen, wenn er ihn spätestens 45 Tage, bevor er ihn erstmalig in einem Mitgliedstaat der EG in den Verkehr bringt, bei der Anmeldestelle angemeldet hat. Änderungen gegenüber dieser Anmeldung hat der Anmeldepflichtige gem. § 16 Abs. 1 ChemG der Anmeldestelle unverzüglich schriftlich mitzuteilen. Diese Mitteilungspflicht ist ein Beispiel für eine solchermaßen selbständige Auskunftspflicht.[122]

Selbständige Auskunftspflichten ermöglichen der zuständigen Verwaltungsbehörde eine Gefahrenabwehr auch in den Fällen, in denen ihr der Gefahrensachverhalt zunächst noch unbekannt ist. Wegen dieser, auf die unverzügliche Gefahrenabwehr orientierten Zweckbestimmung der selbständigen Auskunftspflichten bestehen ihr gegenüber grundsätzlich keine **Auskunftsverweigerungsrechte.**[123] **111**

b) Unselbständige Auskunftspflichten

Im Gegensatz zu den selbständigen Auskunftspflichten bedarf es bei den unselbständigen Auskunftspflichten zu ihrer Aktualisierung eines behördlichen Auskunftsbegehrens. Während selbständige Auskunftspflichten regelmäßig die Informationsverpflichtung im einzelnen umschreiben, bestimmen unselbständige Auskunftspflichten regelmäßig nur, daß die Auskunft zu erteilen ist, die für die zuständige Behörde zur Gefahrenabwehr erforderlich **112**

---

[117] Siehe z. B. §§ 3 PflSchG, 3ff. BSeuchG.

[118] §§ 5, 9 GGVS.

[119] §§ 1.14, 1.15 BinschStrO.

[120] §§ 36 StrlSchV, 12 AtG. Ausführlicher dazu *Bosselmann*, HdUR, Bd. I, Sp. 1036.

[121] *Hahn*, Offenbarungspflichten im Umweltschutzrecht, S. 97, bezeichnet nur die unselbständigen Auskunftspflichten als Auskunftspflichten, während er die selbständigen Auskunftspflichten als Offenbarungspflichten kennzeichnet; a.A.: *Knemeyer*, HdUR, Bd. I, Sp. 158; siehe auch *Nobbe/Vögele*, NuR 1988, 313ff.

[122] Beispiele für diese Kategorie sind außerdem z. B. §§ 26 Abs. 1, Abs. 2 SprengG, 3f. BSeuchG, 29 Abs. 1 AMG.

[123] *Hahn*, Offenbarungspflichten im Umweltschutzrecht, S. 97f.

ist.[124] Regelmäßig sind die unselbständigen Auskunftsverpflichtungen mit einem, dem § 55 Abs. 1 StPO entsprechenden, Auskunftsverweigerungsrecht ausgestattet.[125]

c) Unmittelbare und mittelbare Auskunftspflichten

113 Unterscheiden lassen sich außerdem unmittelbare und mittelbare Auskunftspflichten.[126] *Unmittelbar* ist eine Auskunftspflicht dann, wenn die Verpflichtung unmittelbar mit der Verwirklichung des mitzuteilenden Sachverhaltes einsetzt. Das ist z. B. bei den Auskunftspflichten im Zusammenhang mit Unfällen der Fall. *Mittelbare* Auskunftspflichten verpflichten dagegen häufig zu einem unverzüglichen schriftlichen Vermerk im Rahmen einer Buchführung und zu einer späteren Vorlage. Beispiel für eine mittelbare Auskunftspflicht ist das von Schiffsführern zu führende Öl-Tagebuch oder das gem. § 37 WHG zu führende Wasserbuch.[127]

II. Die Bestellung von Betriebsbeauftragten für den Umweltschutz

114 Betriebsbeauftragte für den Umweltschutz sind vorgesehen im

- Immissionsschutzrecht (§ 53 BImSchG),
- Wasserwirtschaftsrecht (§ 21 a WHG),
- Abfallrecht (§ 11 a AbfG)
- Strahlenschutzrecht (§§ 29ff. StrlSchV)[128] und im TierSchG (§ 8b TierschG).[129]

115 Umweltschutzbeauftragte sind berechtigt und verpflichtet zur

- **Überwachung**,
- **Hinwirkung** und
- **Information.**

[124] Vgl. *Hahn*, Offenbarungspflichten im Umweltschutzrecht, S. 98.

[125] Zum Schutz von Betriebs- und Geschäftsgeheimnissen im Umweltschutzrecht siehe ausführlich *Schröder*, UPR 1985, 394ff.; *ders.*, HdUR, Bd. I, Sp. 635 ff.; *Breuer*, NVwZ 1986, 177ff.; *Nieß-Mache*, UPR 1987, 130 (132f.); *Steinberg*, UPR 1988, 1ff.; *Nobbe/Vögele*, NuR 1988, 313ff.; Auskunftsverweigerungsrechte sind z. B. geregelt in: §§ 11 Abs. 5 AbfG; 52 Abs. 5 BImSchG; 23 Abs. 3 BNatSchG; 21a Abs. 2a WHG; 42 Abs. 2 BWaldG.

[126] *Hahn*, Offenbarungspflichten im Umweltschutzrecht, S. 98f.

[127] Zum Öl-Tagebuch siehe *Hahn*, Offenbarungspflichten im Umweltschutzrecht, S. 99; zu Auskunftspflichten im Zusammenhang mit der Führung eines Wasserbuches siehe *Nieß-Mache*, UPR 1987, 130 (131f.).

[128] Der Strahlenschutzbeauftragte ist wegen seiner weitergehenden Befugnisse nur bedingt mit den anderen Umweltschutzbeauftragten vergleichbar, siehe dazu *Steiner*, DVBl. 1987, 1133 (1138). Zur Abgrenzung der Umweltschutzbeauftragten zu ähnlichen Institutionen vgl. *Keune*, HdUR, Bd. I, Sp. 249f.

[129] Vgl. zur Abgrenzung zu ähnlichen Institutionen ausführlich, *Keune*, HdUR, Bd. I, Sp. 249f.; ausführlich zu Aufgaben und Befugnissen des Betriebsbeauftragten nach Wasser-, Immissionsschutz- und Abfallrecht: *Kahl*, Aufgaben und Befugnisse des Betriebsbeauftragten, S. 1ff.; *Rehbinder/Burgbacher/Knieper*, Ein Betriebsbeauftragter für Umweltschutz?, S. 1ff.; *Stich*, GewArch. 1976, 145 ff.; zum Betriebsbeauftragten für Abfall siehe auch *Kreft*, der landkreis 1977, 297f.; zum Gewässerschutzbeauftragten siehe *Sander*, NuR 1985, 47 ff.; zum Immissionsschutzbeauftragten *Tettinger*, DVBl. 1976, 752ff.; zur technischen Kontrolle im privaten Bereich – insbesondere zur Eigenüberwachung und zu Betriebsbeauftragten siehe auch *Steiner*, DVBl. 1987, 1134ff. Der Aufgabenbereich des Tierschutzbeauftragten ist mit dem Beauftragten des Immissionsschutz-, Abfall- und Wasserrechts nur eingeschränkt vergleichbar.

Zu *überwachen* haben die Umweltschutzbeauftragten die Einhaltung von Vorschriften, Bedingungen und Auflagen des Genehmigungsbescheides, insbesondere durch die Kontrolle der Betriebsstätten und Anlagen.[130] 116

Sie haben außerdem insbesondere auf die Entwicklung und Einführung von umweltfreundlichen Verfahren und Produkten *hinzuwirken*. Der Tierschutzbeauftragte hat entsprechend innerbetrieblich auf die Entwicklung und Einführung von Verfahren und Mitteln zur Vermeidung oder Beschränkung von Tierversuchen hinzuwirken.[131] 117

Die Betriebsangehörigen sind von den Umweltschutzbeauftragten über die schädlichen Umwelteinwirkungen, die von der Anlage ausgehen, sowie über die Möglichkeiten ihrer Vermeidung zu *informieren*. 118

Umweltschutzbeauftragte haben dem Anlagenbetreiber oder dem Gewässerbenutzer Mitteilung über festgestellte Mängel und Vorschläge über Maßnahmen zur Beseitigung dieser Mängel zu machen.[132] Sie haben dem Betreiber oder Gewässerbenutzer jährlich einen Bericht über die getroffenen und beabsichtigten Maßnahmen zu erstatten[133] und zu den Investitionsentscheidungen Stellung zu nehmen.[134] 119

Die Umweltschutzbeauftragten sind vom Betreiber oder Gewässerbenutzer schriftlich zu bestellen.[135] Vorgesehen ist jeweils die Möglichkeit der Bestellung mehrerer Immissionsschutzbeauftragter, Gewässerschutzbeauftragter oder Betriebsbeauftragter für Abfall. Wird von dieser Möglichkeit Gebrauch gemacht, sind die den einzelnen Betriebsbeauftragten obliegenden Aufgaben genau abzugrenzen. Möglich ist insbesondere die Bildung eines Beauftragten-Ausschusses. 120

Ist für ein Unternehmen oder einen Betrieb die Bestellung sowohl eines Immissionsschutzbeauftragten, eines Gewässerschutzbeauftragten und eines Beauftragten für Abfall notwendig, so kann für alle Gebiete gemeinsam ein Betriebsbeauftragter für den Umweltschutz bestellt werden.[136] Neben diesen „*Mehrfachbeauftragten*", die für verschiedene Umweltmedien verantwortlich sind, gibt es außerdem die sogenannten „*Konzernbeauftragten*", die gem. § 5 der 5. BImSchV und gem. § 5 AbfBetrV für den Bereich eines Konzernes beauftragt werden können. 121

Der Betreiber und der Gewässerbenutzer haben dafür zu sorgen, daß der Umweltschutzbeauftragte seine Vorschläge oder Bedenken unmittelbar der entscheidenden Stelle, bzw. unmittelbar der Geschäftsleitung vortragen kann, wenn er sich mit dem zuständigen Betriebsleiter nicht einigen konnte und er wegen der besonderen Bedeutung der Sache eine Entscheidung dieser 122

---

[130] Vgl. § 54 BImSchG, § 21 b WHG und § 11 d AbfG; § 8 Abs. 3 Nr. 1 TierSchG; § 31 Abs. 2 StrlSchV.

[131] Vgl. § 8 b Abs. 3 Nr. 4 TierSchG.

[132] Vgl. § 54 Abs. 1 Nr. 3 BImSchG, § 21 Abs. 1 Nr. 1 WHG, 11 b Abs. 1 Nr. 2 AbfG; § 30 Abs. 1 S. 2 StrlSchV.

[133] § 54 Abs. 2, § 21 b Abs. 2 WHG, § 11 b Abs. 2 AbfG.

[134] § 56 BImSchG, § 21 d WHG, § 11 d AbfG.

[135] Vgl. § 55 Abs. 1 S. 1 BImSchG, § 21 c Abs. 1 S. 1 WHG und § 11 c Abs. 1 S. 1 AbfG; § 30 Abs. 2 S. 1 StrlSchV.

[136] Siehe *Keune*, HdUR, Bd. I, Sp. 250.

Stelle für erforderlich hält.[137] Wegen der Erfüllung seiner Aufgaben darf der Umweltschutzbeauftragte nicht benachteiligt werden.[138]

D. Repressive Verfügungen des Umweltrechts

123 Es gibt zahlreiche Gründe, die ein Einschreiten gegen umweltrelevante Vorhaben oder Verhaltensweisen notwendig machen können. Ändern können sich z. B. die tatsächlichen Gegebenheiten, etwa die Nachbarbebauung einer gewerblichen Anlage. Rechtsvorschriften können verschärft oder konkretisiert werden, neue Erkenntnisse über die Wirkungsweise von Schadstoffen können gewonnen, effizientere Technologien zur Schadstoffvermeidung können entwickelt werden und nicht zuletzt kann ein geändertes, rechtswidriges Verhalten Anlaß für repressive Maßnahmen von Umweltbehörden geben. Die Möglichkeiten, repressiv gegen die Verursacher von Umweltbelastungen vorgehen zu können, richten sich entweder nach Spezialregeln des Umweltrechts oder aber nach dem allgemeinen Polizei- und Ordnungsrecht.[139] Maßgeblich für das repressive Einschreiten der Umweltbehörden ist, ob das Verhalten oder Vorhaben, gegen das sich die Maßnahme richten sollen, erlaubnispflichtig ist oder nicht.

I. Einschreiten gegen erlaubnisfreie Betätigungen

124 Für die erlaubnisfreien Betätigungen sehen die Umweltgesetze nur vereinzelt konkrete Regelungen des repressiven Einschreitens vor.

Beispiel: Zur Durchsetzung der Pflichten der Betreiber nicht genehmigungsbedürftiger Anlagen i. S. v. § 22 Abs. 1 BImSchG kann die zuständige Behörde im Einzelfall gem. § 24 S. 1 BImSchG die erforderlichen Anordnungen treffen. Kommt der Betreiber einer nicht genehmigungspflichtigen Anlage einer vollziehbaren behördlichen Anordnung i. S. v. § 24 S. 1 BImSchG nicht nach, so kann die zuständige Behörde den Betrieb der Anlage ganz oder teilweise bis zur Erfüllung der Anordnung untersagen (§ 25 Abs. 1 BImSchG). Das mit der Untersagungsentscheidung verbundene Ermessen der Behörde wird gem. § 25 Abs. 2 BImSchG für den Regelfall ausgeschlossen, wenn die von einer Anlage hervorgerufenen schädlichen Umwelteinwirkungen das Leben oder die Gesundheit von Menschen oder bedeutende Sachwerte gefährden. In diesen Fällen soll die zuständige Behörde die Errichtung oder den Betrieb der Anlage ganz oder teilweise untersagen, soweit die Allgemeinheit oder die Nachbarschaft nicht auf andere Weise ausreichend geschützt werden kann.[140]

125 Soweit vergleichbare Spezialregelungen nicht vorliegen, regelt sich die repressive Inanspruchnahme nach dem allgemeinen Polizei- und Ordnungsrecht.

Beispiel: Wenn im Grundwasser eines Grundstücks eine Verunreinigung durch Öl eingetreten ist, so ist – falls kein anderweitiger Störer festgestellt wird – der Eigentümer dieses Grundstücks gem. §§ 14, 18 OBG/NW für die von dem Zustand der

---

[137] Vgl. § 57 BImSchG, 21 e WHG, 11 e AbfG.

[138] Vgl. §§ 11f. AbfG, § 58 BImSchG, §§ 21f. WHG; § 8 b Abs. 6 S. 2 TierSchG; § 30 Abs. 3 StrlSchV.

[139] Vgl. dazu *Breuer*, in GS für Martens, S. 317ff., insbesondere zu Umweltschutz und Gefahrenabwehr bei Anscheins- und Verdachtslagen.

[140] Siehe dazu *Seiler*, Die Rechtslage der nicht genehmigungsbedürftigen Anlagen im Sinne von §§ 22ff. BImSchG, S. 1ff.

Liegenschaft ausgehende Störung oder Gefahr für die Reinheit des Wassers verantwortlich.[141]

Der Verstoß gegen Gebote und Verbote des Umweltrechts stellt eine Verletzung der öffentlichen Sicherheit i. S. d. Polizei- und Ordnungsrechts dar. Teilweise wird ausdrücklich auf die Eingriffsermächtigungen des Polizei- und Ordnungsrechts verwiesen.[142] 126

II. Einschreiten gegen erlaubnispflichtige Betätigungen

Die rechtlichen Voraussetzungen und Grenzen des repressiven Einschreitens gegen erlaubnispflichtige Betätigungen sind unterschiedlich je nachdem, ob eine Erlaubnis erteilt worden ist oder nicht. Fehlt eine Erlaubnis, weil der auf ihre Erteilung gerichtete Antrag abgelehnt worden ist, oder weil der entsprechende Antrag erst gar nicht gestellt worden ist, so verstößt der Handelnde damit gegen ein öffentlich-rechtliches Verbot und damit gegen die öffentliche Sicherheit und Ordnung.[143] 127

1. Einschreiten bei fehlender Erlaubnis

Grundsätzlich kann im Umweltrecht – anders als im Baurecht – eine Untersagungs- oder Beseitigungsverfügung allein mit der *formellen Illegalität* des Vorhabens begründet werden, ohne daß es auf die materielle Rechtslage ankäme.[144] Diese Abweichung vom Baurecht wird mit der spezifischen Sozialrelevanz des Umweltschutzes und der typischen Irreversibilität von Schädigungen und Belastungen der Umwelt begründet.[145] Sie entspricht der herrschenden Rechtsauffassung, wonach es im Umweltrecht keinen Grundsatz gibt wie im Baurecht, wonach eingeräumte und/oder ausgenutzte Rechtspositionen trotz Rechtsänderung im allgemeinen zu belassen oder nur gegen Entschädigung zu entziehen sind.[146] 128

Das ordnungsbehördliche Einschreiten steht allerdings im Ermessen der Behörde. Im Einzelfall mag der bei der Ermessensbetätigung zu beachtende Verhältnismäßigkeitsgrundsatz verletzt sein, wenn die Beseitigung einer formell illegalen Anlage verlangt wird, obwohl eine Nutzungs- oder Betriebseinschränkung bis zur Entscheidung im Erlaubnisverfahren ausreichen würde.[147] 129

Fall:[148] Die Anordnung der Entfernung von Abfällen von einem Grundstück, das nicht nach § 7 AbfG als Abfallentsorgungsanlage genehmigt ist, ist in der Regel ohne weiteres zulässig. Sie ist nur dann ausnahmsweise ausgeschlossen, wenn die Genehmi-

---

[141] Vgl. auch *HessVGH*, Urt. v. 3. 6. 1985 – VIII OE 91/81 –, UPR 1986, 116.
[142] Vgl. z. B. §§ 67 S. 3 Berl. WG; 156 BremWG; 138 LWG NW.
[143] Vgl. *Drews/Wacke/Vogel/Martens*, Gefahrenabwehr, S. 449.
[144] Vgl. *Breuer*, Umweltschutzrecht, S. 641; *BVerwG*, Urt. v. 10. 2. 1978 – 4 C 71/75 –, NJW 1978, 2311; *OVG Hamburg*, Urt. v. 29. 6. 1978 – OVG Bf II 48/76 –, DVBl. 1979, 235; *VGH Mannheim*, Urt. v. 14. 9. 1976 – XII 95/76 –, DÖV 1977, 332.
[145] Vgl. *Breuer*, Umweltschutzrecht, S. 641.
[146] Vgl. für das Immissionsschutzrecht *BVerwG*, Urt. v. 18. 5. 1982 – 7 C 42.80 –, E 65, 313 (317) und allgemein zum Bestandsschutz im Umweltrecht, *Sendler* HdUR, Bd. I, Sp. 231 ff.
[147] *Breuer*, Umweltschutzrecht, S. 641 m. w. N.
[148] Vgl. *OVG Koblenz*, Urt. v. 4. 3. 1986 – 7 A 76/85 –, ZfW 1987, 182.

gung bereits beantragt ist oder umgehend beantragt wird und mit hoher Wahrscheinlichkeit zu erwarten ist, daß diese innerhalb kurzer Zeit erteilt werden wird.

Fall:[149] Ordnet die Wasserbehörde die Beseitigung eines illegalen Gewässerausbaus unter der Bedingung an, daß nicht innerhalb einer angemessenen bestimmten Frist unter Vorlage der erforderlichen Unterlagen ein Planfeststellungsantrag gestellt wird, genügt sie damit dem Grundsatz der Verhältnismäßigkeit auch dann, wenn keine ernstlichen Zweifel bestehen, daß der Ausbau planfeststellungs- oder genehmigungsfähig ist.

130 Die Behörde kann den Betroffenen allerdings nicht verpflichten, einen Antrag auf Erlaubnis zu stellen. Ermessensfehlerhaft kann ein Einschreiten außerdem dann sein, wenn die Behörde durch eine informale Zusage oder durch längerfristiges Dulden einen Vertrauenstatbestand geschaffen und sich dadurch in ihrer Ermessensausübung gebunden hat[150] oder wenn sie in gleichgelagerten Fällen bislang nicht eingeschritten ist und auch keine grundsätzliche Änderung ihrer Verwaltungspraxis erkennen läßt.[151]

2. *Einschreiten bei erteilter Erlaubnis*

131 Ist für das Vorhaben oder das Verhalten, gegen das eingeschritten werden soll, eine Erlaubnis erteilt worden, dann kommt es für das Einschreiten zunächst einmal darauf an, ob die Erlaubnis rechtswidrig war oder nicht.

132 Im Falle der Rechtswidrigkeit kann die Erlaubnis nach § 48 VwVfG zurückgenommen werden. Umweltrechtliche Rücknahmeregelungen, die dem § 48 VwVfG als Spezialvorschrift vorgehen, gibt es regelmäßig nicht. Eine Ausnahme bildet § 17 Abs. 2 AtG, wonach Genehmigungen und allgemeine Zulassungen zurückgenommen werden können, wenn eine ihrer Voraussetzungen bei der Erteilung nicht vorgelegen hat.

133 Ist die Erlaubnis dagegen rechtmäßig, dann greifen regelmäßig zahlreiche umweltrechtliche Spezialregelungen über den Widerruf der Erlaubnis ein.

Beispiel: Gem. § 17 Abs. 3 AtG können Genehmigungen und allgemeine Zulassungen widerrufen werden, wenn
1. von ihnen innerhalb von zwei Jahren kein Gebrauch gemacht worden ist, soweit nicht die Genehmigung oder allgemeine Zulassung etwas anderes bestimmt,
2. eine ihrer Voraussetzungen später weggefallen ist und nicht in angemessener Zeit Abhilfe geschaffen wird oder
3. gegen die Vorschriften des Atomgesetzes oder der aufgrund des Atomgesetzes erlassenen Rechtsverordnungen, gegen die hierauf beruhenden Anordnungen und Verfügungen der Aufsichtsbehörde oder gegen die Bestimmungen des Bescheids über die Genehmigung oder allgemeine Zulassung erheblich oder wiederholt verstoßen oder wenn eine nachträgliche Auflage nicht eingehalten worden ist und nicht in angemessener Zeit Abhilfe geschaffen wird.[152]

Beispiel: Gem. § 21 Abs. 1 BImSchG darf eine rechtmäßig erteilte Genehmigung, auch nachdem sie unanfechtbar geworden ist, ganz oder teilweise mit Wirkung für die Zukunft nur widerrufen werden,
1. wenn der Widerruf gem. § 12 Abs. 2 S. 2 und Abs. 3 BImSchG vorbehalten ist;

---

[149] *VGH BW*, Urt. v. 18. 1. 1983 – 5 S 2229/82 –, ZfW 1983, 178.
[150] Vgl. *BayVGH*, Beschl. v. 24. 10. 1986 – Nr. 20 CS 86.02260 –, ZfW 1987, 167.
[151] *Drews/Wacke/Vogel/Martens*, Gefahrenabwehr, S. 449.
[152] Vgl. zum Widerruf der Genehmigung bei fehlender Deckungsvorsorge § 17 Abs. 4 AtG und zum Widerruf bei Gefährdung der Beschäftigten, Dritter oder der Allgemeinheit § 17 Abs. 5 AtG.

2. wenn mit der Genehmigung eine Auflage verbunden ist und der Begünstigte diese nicht oder nicht innerhalb einer ihm gesetzten Frist erfüllt hat;
3. wenn die Genehmigungsbehörde aufgrund nachträglich eingetretener Tatsachen berechtigt wäre, die Genehmigung nicht zu erteilen und wenn ohne den Widerruf das öffentliche Interesse gefährdet würde;
4. wenn die Genehmigungsbehörde aufgrund einer geänderten Rechtsvorschrift berechtigt wäre, die Genehmigung nicht zu erteilen, soweit der Betreiber von der Genehmigung noch keinen Gebrauch gemacht hat, und wenn ohne den Widerruf das öffentliche Interesse gefährdet würde;
5. um schwere Nachteile für das Gemeinwohl zu verhüten oder zu beseitigen.

Im Wasserhaushaltsrecht ist der Widerruf der Erlaubnis gem. § 7 Abs. 1 WHG generell und der Bewilligung gem. § 12 WHG ausnahmsweise zulässig. **134**

Im übrigen sehen zahlreiche Umweltgesetze Regelungen für nachträgliche Anordnungen, Untersagungs-, Stillegungs- und Beseitigungsverfügungen vor. **135**

Beispiel: § 17 Abs. 1 S. 1 BImSchG sieht zur Erfüllung der sich aus dem Immissionsschutzrecht ergebenden Pflichten die Möglichkeit nachträglicher Anordnungen vor. Die zuständigen Behörden sollen sogar nachträgliche Anordnungen treffen, wenn nach Erteilung der Genehmigung festgestellt wird, daß die Allgemeinheit oder die Nachbarschaft nicht ausreichend vor schädlichen Umwelteinwirkungen oder sonstigen Gefahren, erheblichen Nachteilen oder Belästigungen geschützt ist (§ 17 Abs. 1 S. 2 BImSchG). Allerdings darf die Behörde eine nachträgliche Anordnung nicht treffen, wenn sie unverhältnismäßig ist. In diesem Fall kann sie jedoch die Genehmigung unter den Voraussetzungen des § 21 Abs. 1 Nr. 3 – 5 BImSchG ganz oder teilweise widerrufen (§ 17 Abs. 2 S. 2 BImSchG).

Die gesetzlichen Vorschriften über nachträgliche Anordnungen können durch untergesetzliche Regelungen ergänzt werden. **136**

Beispiel: Nach Nr. 4.1 TA Luft soll eine nachträgliche Anordnung „unverzüglich" getroffen werden, wenn die Immissionswerte zum Schutz vor Gesundheitsgefahren oder zum Schutz vor erheblichen Nachteilen und Belästigungen überschritten sind.[153]

3. *Die Legalisierungswirkung behördlicher Erlaubnisse*

Inwieweit neben diesen spezialgesetzlich geregelten Eingriffsmöglichkeiten die ordnungsrechtliche Inanspruchnahme zulässig ist, ist umstritten. Die Legalisierungswirkung behördlicher Genehmigungen, Erlaubnisse und sonstiger Gestattungsakte ist insbesondere im Zusammenhang mit der ordnungsrechtlichen Inanspruchnahme bei der Sanierung von **Altlasten** diskutiert worden.[154] **137**

Nach Ansicht des *BVerwG* ermächtigt die ordnungsbehördliche Generalklausel regelmäßig zu keinem Einschreiten gegen immissionsschutzrechtlich genehmigte Anlagen. Die ordnungsbehördliche Generalklausel werde zwar **138**

---

[153] Vgl. auch die Regelungen über zusätzliche Anforderungen gem. § 5 WHG, über nachträgliche Anordnungen gem. §§ 8 Abs. 1 S. 1 AbfG, 17 Abs. 1 S. 2 AtG; zur Untersagungsmöglichkeit vgl. beispielsweise § 20 BImSchG; zur Abgrenzung einer Stillegungsanordnung von einer nachträglichen Anordnung siehe *OVG NW*, Urt. v. 9. 7. 1987 – 21 A 1556/86 –, DVBl. 1988, 152.

[154] Vgl. dazu *Breuer*, JuS 1986, 359 (362); *Papier*, DVBl. 1985, 873ff.; näher dazu unten, § 9 Rn. 55ff.; ausführlich zur Legalisierungswirkung behördlicher Erlaubnisse *Fluck*, VerwArch 79 (1988), 406ff.

nicht durch die spezielleren immissionsschutzrechtlichen Vorschriften verdrängt. Die Legalisierungswirkung einer Genehmigung schließe jedoch aus, von einem pflichtwidrigen Handeln des Genehmigungsinhabers auszugehen.[155]

139 Der Annahme einer Legalisierungswirkung wird – wohl zu Recht – entgegengehalten, die ordnungsrechtliche Haftung setze allein eine drohende oder bestehende Gefahr für die öffentliche Sicherheit oder Ordnung voraus. Die Rechtmäßigkeit oder Pflichtgemäßheit des Handelns sei für die ordnungsrechtliche Verantwortlichkeit nicht entscheidend.[156] Von einer Legalisierungswirkung behördlicher Erlaubnisse kann deshalb nur dann ausgegangen werden, wenn man sie als normative *Risikozuweisung* akzeptiert.[157] Der genehmigungskonform handelnde Anlagenbetreiber trägt lediglich das Risiko der spezialgesetzlich geregelten Eingriffe. Im übrigen trägt die Allgemeinheit das Risiko der bei Ausnutzung der Genehmigung eintretenden Umweltschäden.

140 Dabei ist allerdings nach *Breuer* in zweierlei Hinsicht zu differenzieren: Zum einen gibt es durchaus Genehmigungen, die sich auf eine schlichte Präventivkontrolle beschränken und gerade keine Legalisierungswirkung entfalten sollen,[158] und zum anderen ist Maß und Umfang der Legalisierungswirkung im Einzelfall von der behördlichen Sachprüfung und der konkreten behördlichen Entscheidung abhängig. Stets muß geprüft werden, ob die jeweilige Genehmigung die fraglichen Handlungsweisen vorbehaltlos, unter bestimmten Voraussetzungen und Einschränkungen oder unter dem weitergehenden allgemeinen Vorbehalt der Befolgung technischer Regeln oder verkehrsüblicher Sorgfaltsmaßstäbe gestattet.[159]

---

[155] Vgl. *BVerwG*, Urt. v. 2. 12. 1977 – 4 C 75.75 – E 55, 118 (121); siehe dazu auch *Martens*, DVBl. 1981, 597 (604), der für einen strikten Ausschluß des allgemeinen Polizei- und Ordnungsrechts eintritt; a. A.: *Feldhaus/Schmitt*, WuV 1984, 1 (11f.).

[156] Vgl. *Brandt/Lange*, UPR 1987, 11 (15)

[157] Vgl. dazu *Breuer*, JuS 1986, 359 (362)

[158] *Breuer*, JuS 1986, 359 (362) nennt dazu das Beispiel der bergrechtlichen Betriebsplanzulassung.

[159] *Breuer*, JuS 1986, 359 (363); ähnlich *Koch*, Bodensanierung nach dem Verursacherprinzip, S. 3ff.; *Schink*, DVBl. 1986, 161 (167).

§ 9. Rechtliche Instrumente der indirekten Verhaltenssteuerung und der staatlichen Eigenvornahme

1 Die Instrumente der unmittelbaren Verhaltenssteuerung, also insbesondere umweltrechtliche Gebote und Verbote und ihre administrative Durchsetzung und Überwachung, sind im Bereich der Gefahrenabwehr und der Risikovorsorge unerläßlich. Sie weisen jedoch auch Schwächen auf, die ihre Ergänzung durch ökonomische Anreize, d. h. durch Instrumente indirekter Verhaltenssteuerung und durch Maßnahmen der staatlichen Eigenvornahme nahelegen.

A. Die indirekte Verhaltenssteuerung

2 Ordnungsrechtliche Maßnahmen der direkten Verhaltenssteuerung gelten häufig als unwirtschaftlich, weil sie zu wenig die betriebswirtschaftliche Situation einzelner Unternehmen und die volkswirtschaftlichen Belange berücksichtigen.[1] Kritisiert wird außerdem, daß Anlagengenehmigungen bis zur Erreichung der Belastungsgrenze erteilt werden, ohne daß der unterschiedliche ökonomische Nutzen der jeweiligen Anlagen im Belastungsgebiet verglichen wird. Umwelttechnologisch notwendige Innovationen würden durch die ordnungsrechtliche Festlegung von bestimmten Umweltgütestandards nicht genügend angeregt, weil solche Innovationen nur dann zu erwarten seien, wenn sie zu Kostensenkungen führen würden. Bemängelt wird außerdem, daß das ordnungsrechtliche Eingreifen einen behördlichen Informationsbedarf auslöst, der ohne freiwilliges Mitwirken der Betroffenen nicht zu befriedigen sei. Das Vollzugsdefizit des ordnungsrechtlichen Instrumentariums sei nicht zuletzt Folge dieses Informationsmangels.[2] Schließlich sind ordnungsrechtliche Gebote und Verbote häufig der gerichtlichen Anfechtung und den damit verbundenen zeitlichen Verzögerungen ausgesetzt. Umweltbehörden lassen sich deshalb nicht selten auf ein informales Verwaltungshandeln, auf Absprachen, Vorverhandlungen oder Vorabzuleitung von Entscheidungsentwürfen ein.[3]

3 Angesichts der aufgezeigten Schwächen ordnungsrechtlicher Eingriffsinstrumente liegt es nahe, das System des unmittelbaren Zwangs durch eine mittelbare Verhaltenslenkung zu ergänzen. Eine solche, nicht auf unmittel-

---

[1] Zur Kritik am ordnungsrechtlich orientierten Umweltschutz siehe *Meßerschmidt*, Umweltabgaben als Rechtsproblem, S. 58ff.; *Rehbinder*, in: Grundzüge des Umweltrechts, S. 108; SRU-Umweltgutachten 1987, Rz. 149ff.; zur Berücksichtigung wirtschaftlicher Gesichtspunkte in umweltrelevanten Rechts- und Verwaltungsvorschriften der Bundesrepublik Deutschland siehe *Hoppe*, Wirtschaftliche Vertretbarkeit, S. 11ff.

[2] Der Informationsmangel ist sicher auch ein entscheidender Grund für die Einführung der Umweltverträglichkeitsprüfung; siehe dazu oben § 8, Rn. 58–59.

[3] Vgl. dazu *Bohne*, Der informale Rechtsstaat, S. 1ff. und unten § 9, Rn. 24ff.

barem Zwang beruhende Verhaltenssteuerung kann z. B. durch das zivile Haftungsrecht erfolgen. Im Mittelpunkt der indirekten Verhaltenssteuerung stehen jedoch ökonomische Anreize. Durch ihren Einsatz fördert der Staat das Eigeninteresse von Unternehmen, Kommunen und Bürgern an einem umweltschonenden Verhalten. Wirtschaftliche Anreize sind geeignet, ein umweltfreundliches Verhalten auch über gesetzliche Anforderungen und über die Abwehr von Gefahren hinaus auszulösen.[4] Wirtschaftliche Anreize können das ordnungsrechtliche Instrumentarium allerdings nur ergänzen, weil dem Adressaten grundsätzlich die Wahl bleibt, auf den Anreiz zu reagieren oder sein umweltbeeinträchtigendes Verhalten fortzusetzen. Die Abwehr von Umweltgefahren und -risiken muß daher in erster Linie durch den Einsatz von zwingenden Geboten und Verboten gesichert bleiben.[5] Zu umweltpolitisch erwünschtem Verhalten kann der Staat im wesentlichen durch folgende Instrumente Anreize schaffen. Er kann

- als **ökonomische Anreize** ordnungsrechtliche Gebote und Verbote bei einem umweltpolitisch erwünschten Verhalten aufheben oder einschränken (I.),
- **Abgaben** auf umweltbelastende Verhaltensweisen erheben (II.),
- **Zertifikate** oder Emissionslizenzen ausgeben (III),
- **Finanzierungshilfen** für Maßnahmen zur Vermeidung oder Beseitigung von Umweltbelastungen gewähren (IV) und
- durch **informelle Verhaltensabreden** auf die freiwillige Durchführung umweltschützender Maßnahmen auch über das gesetzlich gebotene Maß hinaus hinwirken (V).

I. Ökonomische Anreize im Ordnungsrecht

4 Ökonomische Anreize im Ordnungsrecht bietet z. B. die im BImSchG verankerte **Kompensationslösung**. § 7 Abs. 3 BImSchG gewährt einem Anlagenbetreiber die Möglichkeit, nachträgliche Anordnungen dadurch zu erfüllen, daß die Emissionen in einer anderen bestehenden Anlage des Betreibers oder in der Anlage eines Dritten stärker gesenkt werden als bei der ordnungsgemäßen Reduzierung aufgrund der nachträglichen Anordnung. Damit erhält der Anlagenbetreiber die Möglichkeit, die Emissionen dort zu senken, wo die geringsten Kosten je vermiedener Schadstoffeinheit anfallen.[6]

5 Eine ähnliche Regelung gilt außerdem für die Neugenehmigung von Anlagen. Zur Sanierung hochbelasteter Gebiete läßt Nr. 2. 2. 1.1. b TA Luft 86 die Genehmigung einer Anlage auch bei Überschreitung der Emissionswerte ausnahmsweise zu, wenn dafür an bestehenden Anlagen des Antragstellers oder Dritter Sanierungsmaßnahmen durchgeführt werden, die geeignet sind, die vorhandene Immissionsbelastung trotz der Emissionsbeiträge der Neuanlage insgesamt zu vermindern.

6 Einen weiteren ökonomischen Anreiz im Ordnungsrecht bieten im Bereich des Lärmschutzrechtes die Befreiungen von zeitlichen Benutzungsver-

[4] Vgl. dazu Leitlinien Umweltvorsorge der Bundesregierung v. 19. 9. 1986, BT-Drucks. 10/6028, S. 14; *Hartkopf/Bohne*, Umweltpolitik, S. 194ff.; SRU-Umweltgutachten 1987, Rz. 153ff.; siehe auch *Selmer*, in: Umweltschutz im Recht, S. 25ff.

[5] Vgl. dazu *Kirchhof*, HdUR, Bd. I, Sp. 20.

[6] Vgl. dazu SRU-Umweltgutachten 1987, Rz. 153ff.; *Rehbinder*, HdUR, Bd. I, Sp. 930ff.

boten für den Fall, daß die benutzten Produkte bestimmte Geräuschgrenzwerte unterschreiten.[7]

II. Umweltabgaben

Nach allgemeiner Auffassung zählen zu den Abgaben **Steuern**, **Gebühren** 7
und **Beiträge**. Als besondere Abgabenkategorie sind daneben **Sonderabgaben** anerkannt.[8]

Steuern sind nach der Legaldefinition des § 3 Abs. 1 AO „Geldleistungen, die nicht eine Gegenleistung für eine besondere Leistung darstellen und von einem öffentlich-rechtlichen Gemeinwesen zur Erzielung von Einnahmen allen auferlegt werden, bei denen der Tatbestand vorliegt, an den das Gesetz die Leistungspflicht knüpft."

Die **Gebühr** ist das öffentlich-rechtliche Entgelt für eine besondere, vom Gebührenschuldner empfangene Leistung der öffentlichen Hand.[9]

Unter **Beiträgen** versteht man Geldleistungen, die dem einzelnen im Hinblick auf eine besondere Gegenleistung des Beitragsberechtigten dafür auferlegt werden, daß ihm die Möglichkeit für die Benutzung besonderer Einrichtungen oder der Ausnutzung besonderer Vorteile zur Verfügung gestellt wird.

Sonderabgaben schließlich unterscheiden sich von den anderen Abgabentypen dadurch, daß das Abgabenaufkommen einer Zweckbindung unterliegt. Abgaben, deren Aufkommen für bestimmte Zwecke gebunden ist, sind grundsätzlich ein Fremdkörper in der Finanzverfassung des Grundgesetzes. Sie sind deshalb nur ausnahmsweise zulässig. Ihnen sind enge verfassungsrechtliche Grenzen durch die Rechtsprechung des *BVerfG* gesetzt worden.[10] Eine Sonderabgabe, deren Aufkommen zur Finanzierung von Aufgaben des Umweltschutzes dient, ist deshalb regelmäßig unzulässig.

Zu den **Umweltabgaben** zählt eine Abgabe dann, wenn sie einem um- 8
weltspezifischen Aufgabenzweck dient. Die Erhebung von Umweltabgaben kann ökonomisch effizient sein, weil Umweltbeeinträchtigungen dort vermieden oder zumindest vermindert werden, wo dies am kostengünstigsten möglich ist. Derjenige, dessen Kosten zur Verringerung der Umweltinanspruchnahme geringer sind als die Abgabenhöhe, wird seine Emissionen solange verringern (z. B. durch technische Innovationen), wie die Reduzierung der Inanspruchnahme um eine Einheit weniger kostet als der Preis der Abgabe je Schadenseinheit beträgt.[11] Der ökologische Vorteil einer Umweltabgabe gegenüber ordnungsrechtlichen Ver- und Geboten liegt vor allem darin, daß für die nicht vermiedenen Schadstoffmengen stets Abgaben gezahlt werden müssen, so daß nicht wie bei Ver- und Geboten bei Unterschreiten eines bestimmten Schadstoffausstoßes der Anreiz zur weiteren Reduzierung entfällt.[12] Problematisch sind Umweltabgaben, weil die Reaktionen der Unternehmen nicht leicht zu kalkulieren sind. Ist die Abgabe zu niedrig festgesetzt, kann die angestrebte Umweltqualität nicht erreicht wer-

---

[7] Vgl. dazu die 8. BImSchV (Rasenmäherlärmverordnung) v. 28. 7. 1976, § 3 Abs. 2 und die Verordnung über die zeitliche Einschränkung des Flugbetriebs mit Leichtflugzeugen und Motorseglern an Landeplätzen v. 16. 8. 1976 (BGBl. I, S. 2216); zum ganzen siehe *Hartkopf/Bohne*, Umweltpolitik, S. 195f.

[8] Vgl. *BVerfG*, Urt. v. 10. 12. 1980 – 2 BvF 3/77 – E 55, 274; Urt. v. 26. 5. 1981 – 1 BvL 56, 57, 58/78 - E 57, 139; Urt. v. 6. 11. 1984 – 2 BvL 19, 20/83 – 2 BvR 363, 491/83 – E 67, 256.

[9] Vgl. z. B. § 4 Abs. 2 KAG NW.

[10] Siehe dazu i. e. *Kirchhof*, HdUR, Bd. I, Sp. 17f.

[11] Vgl. SRU-Umweltgutachten 1987, Rz. 158.

[12] Vgl. SRU-Umweltgutachten 1987, Rz. 159.

den, weil die Unternehmen, statt die Schadensmenge zu verringern, die Abgabe zahlen. Andererseits darf die Abgabe auch nicht zu hoch festgelegt werden, um die Wettbewerbsfähigkeit der Unternehmen nicht zu beeinträchtigen. Es wird insoweit bezweifelt, ob das deshalb notwendige langsame Herantasten an die richtige Höhe der Abgabe möglich und politisch durchsetzbar ist.[13]

9 Umweltabgaben zählen zum Instrumentarium einer *verursacherorientierten Politik*,[14] wenn sie als Ausgleich für den Verzicht auf die Nutzung von Umweltressourcen erhoben werden. Dienen sie der Honorierung umweltschutzrelevanter Aktivitäten, konkretisieren sie dagegen das *Gemeinlastprinzip*.[15] Umweltabgaben sind in verschiedenen Umweltgesetzen bereits vorgesehen.

Beispiele: Dazu zählen Abfallbeseitigungsgebühren oder Erschließungsbeiträge für den Bau kommunaler Abwasseranlagen, wasserwirtschaftliche Ausgleichsbeträge nach § 4 Abs. 2 Nr. 3 WHG, die Abwasserabgabe gem. §§ 1 ff. AbwAG und die Ausgleichsabgabe nach den Landesnaturschutzgesetzen.[16]

10 Daneben sind zahlreiche Umweltabgaben Gegenstand rechtspolitischer Forderungen.

Beispiele: Gefordert werden z. B. eine Schwefeldioxydabgabe, eine Stickstoffabgabe, Verpackungssteuern oder die Erhebung von Waldpfennigen oder Wasserpfennigen.[17]

Häufig ist die verfassungsrechtliche Zulässigkeit der vorgeschlagenen Umweltabgaben und ihre abgabenrechtliche Einordnung als Steuer, Gebühr, Beitrag oder Sonderabgabe zweifelhaft.[18] Nach ihrem Aufgabenzweck lassen sich vier unterschiedliche Umweltabgaben unterscheiden,[19] und zwar

- **Umweltfinanzierungsabgaben,**
- **Umweltlenkungsabgaben,**
- **Umweltnutzungsabgaben** und
- **Umweltausgleichsabgaben.**

1. *Umweltfinanzierungsabgaben*

11 Umweltfinanzierungsabgaben sind Abgaben, deren Aufkommen der Finanzierung von Umweltschutzmaßnahmen dient. Dabei handelt es sich um

---

[13] SRU-Umweltgutachten 1987, Rz. 159.

[14] Vgl. Leitlinien Umweltvorsorge der Bundesregierung, BT-Drucks. 10/6028, S. 13; zu „Öko-Steuern" als marktwirtschaftlichem Instrument im Umweltschutz siehe *Teufel*, ZRP 1988, 373 ff.

[15] SRU-Umweltgutachten 1987, Rz. 157.

[16] Einen Überblick über diese Regelungen gibt *Breuer*, Umweltschutzrecht, S. 643 ff.; zur Förderung der Abfallvermeidung und Abfallverwertung durch Maßnahmen des kommunalen Abgabenrechts siehe *Dahmen*, KStZ 1988, 132 ff.

[17] Vgl. dazu *Selmer*, in: Umweltschutz im Recht, S. 24 (33) mit weiteren Beispielen; zum Wasserpfennig als Finanzierungsmodell für den Ausgleich von Einkommenseinbußen in der Landwirtschaft siehe unten, § 9, Rn. 21–22.

[18] Näher dazu *Pietzcker*, DVBl. 1987, 774 ff.; zur Abgrenzung der steuerlichen von den nichtsteuerlichen Umweltabgaben siehe *Selmer*, in: Umweltschutz im Recht, S. 36 ff.

[19] Siehe zu dieser Einteilung *Meßerschmidt*, Umweltabgaben als Rechtsproblem, S. 35 f.; das SRU-Umweltgutachten 1987, Rz. 157 unterscheidet dagegen nur Umweltfinanzierungsabgaben und Umweltlenkungsabgaben; vgl. auch *Weyreuther*, UPR 1988, 161 ff.

eine Sonderabgabe mit einer Zweckbindung des Abgabeaufkommens zugunsten des Umweltschutzes. Sie ist daher nur ausnahmsweise zulässig.[20]

Beispiel: Das Land Baden-Württemberg erhebt gem. §§ 17 a – d WG BW von den Benutzern eines Gewässers ein Entgelt (**Wasserpfennig**), um den Aufwand des Landes für die Unterhaltung und Reinhaltung der Gewässer und insbesondere um die Ausgleichspflicht des Landes i. S. v. § 19 Abs. 4 WHG zu finanzieren.[21]

2. *Umweltlenkungsabgaben*

Umweltlenkungsabgaben sind Abgaben, die durch ihren finanziellen Anreiz auf die Verminderung von Umweltbelastungen und die Entwicklung umweltverträglicher Verhaltensweisen hinwirken. 12

Beispiel: Eine umweltschonende Landbewirtschaftung erfordert eine wirksame Herabsetzung der Bewirtschaftungsintensität, für die wiederum der Stickstoffdüngung eine Schlüsselrolle zukommt. Der SRU befürwortet deshalb die gezielte Besteuerung des Handelsdüngers durch Erhebung einer Abgabe auf mineralische Stickstoffdünger.[22]

3. *Umweltnutzungsabgaben*

Umweltnutzungsabgaben sind Abgaben, die ein Entgelt für die Inanspruchnahme von Umweltgütern oder Umweltmedien darstellen. 13

Beispiel: Die **Abwasserabgabe**[23] wird für das Einleiten von Abwässern in ein Gewässer erhoben. Die Abgabe richtet sich nach der Schädlichkeit des Abwassers, die unter Zugrundelegung der oxidierbaren Stoffe, der organischen Hallogenverbindungen, der Metalle Quecksilber, Kadmium, Blei, Chrom, Nickel, Kupfer und ihrer Verbindungen sowie der Giftigkeit des Abwassers in Schadeinheiten bestimmt wird (vgl. §§ 1ff. AbwAG).

4. *Umweltausgleichsabgaben*

Umweltausgleichsabgaben schließlich sind solche Abgaben, die dem wirtschaftlichen Ausgleich unter Umweltnutzern dienen, in dem sie Kostenvorteile, die aus der Inanspruchnahme von Umweltgütern und dem Verzicht auf Umweltschutzmaßnahmen erwachsen, abschöpfen. 14

Beispiel: Ausgleichsabgaben bei Eingriffen in Natur und Landschaft sind die letzte Stufe der naturschutzrechtlichen **Eingriffsregelung** gem. § 8 BNatSchG. § 8 BNatSchG schreibt in mehrfacher Abstufung die Vermeidung von Eingriffen in Natur und Landschaft, Ausgleichs- und Ersatzmaßnahmen bei unvermeidbaren Beeinträchtigungen vor. Und schließlich läßt die rahmenrechtliche Regelung des § 8 BNatSchG die landesgesetzliche Einführung von Ausgleichsabgaben für unvermeidbare, weder durch Ausgleichs- noch durch Ersatzmaßnahmen kompensierbare Eingriffe zu. Ausgleichsabgaben in diesem Sinne sind in verschiedenen Bundesländern vorgesehen.[24]

---

[20] Vgl. *Weyreuther*, UPR 1988, 161 (167ff.).

[21] Siehe dazu unten, § 9, Rn. 21–22.

[22] SRU-Sondergutachten „Umweltprobleme der Landwirtschaft", Rz. 1389ff.

[23] Vgl. unten, § 22, Rn. 1ff.

[24] Einen Überblick über diese Regelungen gibt *Breuer*, Umweltschutzrecht, S. 644ff.; vgl. auch die zahlreichen Nachweise zu den gesetzlichen Regelungen bei *Meßerschmidt*, Umweltabgabe als Rechtsproblem, S. 15; zur naturschutzrechtlichen Ausgleichsabgabe nach baden-württembergischem Recht siehe *BVerwG*, Urt. v. 4. 7. 1986 – 4 C 50.83 –, DVBl. 1986, 1009; siehe dazu auch *Meßerschmidt*, DVBl. 1987,

III. Umweltzertifikate

15 Vor allem in der volkswirtschaftlichen Diskussion gibt es Vorschläge, ökonomische Anreize für ein umweltfreundliches Verhalten dadurch zu erzielen, daß hoheitlich zugelassene Umweltnutzungen in Umweltlizenzen oder Umweltzertifikaten gestückelt und als eigentumsähnliche Rechtstitel auf regionalen Umweltbörsen gehandelt werden.[25]

16 Bei der Zertifikatslösung muß zunächst eine höchstzulässige Gesamtemissionsmenge festgelegt und danach in Emissionslizenzen aufgeteilt und einzelnen Emittenten zugeordnet werden. Die Zertifikate oder Lizenzen, die ein verbrieftes Recht auf die Emission von Schadstoffen darstellen, sollen frei handelbar sein, so daß sich für sie ein Preis auf dem Markt bilden soll. Für den Besitzer von Zertifikaten besteht der Anreiz, seine Emission weiter zu senken, wenn die erforderlichen Kosten geringer sind als der Preis, den er bei der nun möglichen (Wieder-)Veräußerung seiner Emissionslizenzen erzielen kann.[26]

17 Als größtes Problem der Zertifikatslösung wird die Zuteilung der Emissionsrechte angesehen. Befürchtet wird, daß bei einer anfänglichen Zuteilung in Höhe der bestehenden Genehmigung zumindest teilweise Rechte für Emissionsmengen erteilt werden, die in der Praxis gar nicht ausgeschöpft werden. Neben den Zuteilungsproblemen werden auch ökologische Risiken befürchtet. Emittenten, die durch den Verkauf ihrer Emissionsrechte mehr an Einnahmen erzielen können, als sie die Reduzierung der Emission kostet, werden an der umweltpolitisch gewünschten Emissionsminderung kein Interesse zeigen. Umgekehrt werden diejenigen, die nur zu hohen Grenzkosten in der Lage sind, ihre Emissionen zu verringern, bereit sein, Lizenzen zu erwerben, solange der Preis je Emissionseinheit unter den Vermeidungskosten liegt. Außerdem steht zu befürchten, daß durch die Einführung des Zertifikatsmodells regionale Schadstoffprobleme auftreten, weil in bestimmten Gebieten entweder Anlagen vorherrschen, bei denen die Vermeidungskosten höher wären als der für die Zertifikate zu entrichtende Preis oder neue Zertifikate an Neuanlagen ausgegeben werden müssen.[27]

IV. Finanzierungshilfen für umweltfreundliches Verhalten

18 Die mittelbare Verhaltenssteuerung durch ökonomische Anreize kann nicht nur die Erhebung von Umweltabgaben, sondern im Gegenteil auch durch die Gewährung von Finanzhilfen erreicht werden. Finanzierungshilfen des Staates zählen zu den gemeinlastorientierten Umweltschutzinstrumenten.[28] Öffentliche Finanzierungshilfen für umweltpolitisch erwünschte Maß-

---

925ff.; *VGH Mannheim*, Urt. v. 24. 6. 1983 – 5 S 2201/82 –, NuR 1983, 276; zur Abwasserabgabe siehe insbes. *HessVGH*, Beschl. v. 28. 6. 1983 – STH 20/83 -, DVBl. 1983, 949; *OVG NW*, Beschl. v. 27. 1. 1984 - 14 S 2429/83 –, DVBl. 1984, 348; *VGHBW*, Beschl. v. 18. 1. 1984 – Nr. 8 CS 83 A. 2896 –, DVBl. 1984, 345: *BayVGH*, Urt. v. 20. 9. 1983 – 2 A 1298/82 –, BayVBl. 1984, 279; *OVG Lüneburg*, Urt. v. 21. 3. 1985 – 14 A 64/83 –, NVwZ 1986, 950.

[25] Vgl. dazu z. B. *Schachel*, NuR 1982, 206 (208f.); *Feldhaus*, DVBl. 1984, 552 (553ff.); *Endres*, Umwelt- und Ressourcenökonomie, S. 33ff. *Blankenagel*, Umweltzertifikate, S. 71ff.; krit. zu dieser Lösung SRU-Umweltgutachten 1987, Rz. 161ff.; *Kirchhof*, HdUR, Bd. I, Sp. 22; *Cansier*, HdUR, Bd. II, Sp. 943ff.

[26] Vgl. dazu SRU-Umweltgutachten 1987, Rz. 161.

[27] Vgl. zur Kritik insgesamt SRU-Umweltgutachten 1987, Rz. 161ff.

[28] *Hartkopf/Bohne*, Umweltpolitik, S. 23.

nahmen können in unterschiedlicher Gestalt gewährt werden.[29] Grundsätzlich lassen sich zwei Arten von Finanzierungshilfen unterscheiden. Der Staat kann einerseits selbst finanzielle Leistungen an Private erbringen (1.), er kann aber auch umgekehrt auf öffentlichrechtliche Geldforderungen verzichten (2.).

1. Finanzielle Leistungen des Staates

Zu den vom Staat selbst erbrachten finanziellen Leistungen zählen **(verlorene) Zuschüsse**, die vom Empfänger nicht zurückgezahlt werden müssen, zinsgünstige Darlehen und Bürgschaften. 19

Beispiel: Das Umweltschutzprogramm der Kreditanstalt für Wiederaufbau schafft Finanzierungsmöglichkeiten mit den Schwerpunkten Luftreinhaltung, Lärmbekämpfung und Gewässerschutz für kleinere und mittlere Unternehmungen. Das von der Deutschen Ausgleichsbank bereitgestellte Kreditprogramm dient vornehmlich der Finanzierung moderner, auch in die Produktionsprozesse integrierter Umweltschutzverfahren sowie der Marktunterstützung besonders fortschrittlicher Hersteller umweltfreundlicher Produktionsverfahren und -produkte.[30]

Ebenfalls als eine vom Staat (freiwillig) erbrachte finanzielle Leistung ist die **Ausgleichszahlung an Landwirte gem. § 19 Abs. 4 WHG** anzusehen.[31] Nach dieser Vorschrift erhalten Landwirte bei bestimmten Einschränkungen der ordnungsgemäßen Landwirtschaft einen angemessenen Ausgleich ihres wirtschaftlichen Nachteils. Da der Ausgleichsanspruch unterhalb der Enteignungsschwelle und diesseits einer entschädigungspflichtigen Inhaltsbestimmung im Rahmen des Art. 14 Abs. 1 S. 2 GG angesiedelt, mithin rechtlich nicht geboten ist, stellen Entschädigungen auf seiner Grundlage letztlich politisch motivierte Zuwendungen des Staates dar. 20

Diese bundesgesetzlich vorgegebene und den Ländern zur weiteren Regelung überlassene Ausgleichspflicht des Staates gegenüber der Landwirtschaft gab den Anlaß zu der in Baden-Württemberg ergangenen Änderung des Wassergesetzes,[32] mit der die Erhebung eines Entgeltes für Wasserentnahmen (**Wasserpfennig**) eingeführt wurde (§ 17a WG/BW). Mit dem wesentlichen Teil des so zu erwartenden Aufkommens sollen die Ausgleichszahlungen an die Landwirtschaft gedeckt werden.[33] Gleichwohl hat der Landesgesetzgeber wegen der verfassungsrechtlichen Bedenken den Wasserpfennig nicht als eine zweckgebundene Sonderabgabe ausgestaltet, sondern die Abgabe als Gebühr für das Fördern von Wasser normiert, mit der die Wasserversorger belastet werden. Über diese Konstruktion fließt das Aufkommen des Wasserpfennigs in den allgemeinen Landeshaushalt, der freilich die Aus- 21

[29] Siehe dazu die Übersicht in den Leitlinien Umweltvorsorge der Bundesregierung, BT-Drucks. 10/6028, S. 14

[30] Siehe dazu Leitlinien Umweltvorsorge der Bundesregierung, BT-Drucks. 10/6628, S. 14.

[31] Zur Entstehungsgeschichte und zu den tatbestandlichen Voraussetzungen dieser Vorschrift im einzelnen vgl. *Breuer*, Wasserrecht, 413ff.; *ders.*, NuR 1987, 49 (55); *Nies*, NVwZ 1987, 189; *Peters*, DVBl. 1987, 990 (993).

[32] Vom 27. 7. 1987, GBl., S. 224.

[33] *Pietzcker*, DVBl. 1987, 774 (775); *Kirchhof*, NVwZ 1987, S. 1031 (1032); *Habel*, VBlBW 1986, 10; zum Wasserpfennig siehe auch *Brossmann*, NuR 1988, 121ff.; *Hendler*, NuR 1989, 22ff.

gleichsverpflichtungen an die Landwirtschaft auf der Ausgabenseite ausweist.

22 Der **Wasserpfennig** als Finanzierungsmittel für die in § 19 Abs. 4 WHG statuierte Ausgleichspflicht des Staates war von Anfang an ebenso heftig umstritten, wie die Entschädigungsregelung selbst. Insbesondere die Einordnung des Wasserpfennigs in das vorhandene Abgabensystem bereitete erhebliche Probleme. Der vom Land Baden-Württemberg vorgenommenen Ausgestaltung des Wasserpfennigs als Gebühr begegnen wegen fehlender Anknüpfungspunkte an eine staatliche Leistung erhebliche Zweifel.[34] Da der Wasserpfennig als Entgelt für die Wasserentnahme erhoben wird und sein Ertrag ohne rechtlich normierte Zweckbindung dem allgemeinen Landesetat zufließt, gehört er bei verfassungsrechtlicher Beurteilung zu den Verbrauchssteuern, für die allerdings der Bund nach Art. 105 Abs. 2 i. V. m. Art. 106 Abs. 1 Nr. 2 GG die ausschließliche Gesetzgebungskompetenz inne hat.[35]

2. Verzicht auf öffentlich-rechtliche Geldforderungen

23 Wie Umweltabgaben sind auch Finanzierungshilfen nur ein Ergänzungsinstrument zu ordnungsrechtlichen Geboten und Verboten.[36] Sie können Umweltschutzinvestitionen beschleunigen und umweltrechtliche Anforderungen im Einzelfall für die betroffenen Unternehmen überhaupt erst finanzierbar machen. Da der Verzicht auf Geldforderungen zu den gemeinlastorientierten Instrumenten zählt und damit dem Verursacherprinzip widerspricht, sollten derartige Finanzierungshilfen ebenfalls die Ausnahme bleiben.[37]

Beispiel: Ein Verzicht auf öffentlich-rechtliche Geldforderungen sind z. B. die erhöhten Abschreibungsmöglichkeiten für Wirtschaftsgüter, die zu mehr als 70% dem Umweltschutz dienen und die z. Zt. praktizierte Steuerbefreiung für schadstoffarme Kraftfahrzeuge.

IV. Informelles Staatshandeln

24 Ein weiteres Instrument der mittelbaren Verhaltenssteuerung und zugleich eine Ausprägung des umweltrechtlichen Kooperationsprinzips bildet der Bereich des informellen Staatshandelns. Unterscheiden lassen sich verschiedene Formen des informellen Staatshandelns, insbesondere das **informelle Verwaltungshandeln** (1.) und die **gesetzesabwendenden Vereinbarungen** (2.).

1. Informelles Verwaltungshandeln

25 Mit dem Attribut „informell" bzw. „informal" wird solches Verwaltungshandeln gekennzeichnet, das nicht in den herkömmlichen, gesetzlich geprägten Handlungsformen seinen Ausdruck findet, gleichwohl aber faktische und gewollte Auswirkungen auf die Rechtsverhältnisse zwischen Verwaltung und Bürger zeigt.[38]

---

[34] *Kirchhof*, NVwZ 1987, 1031, 1034f.; *Pietzcker*, DVBl. 1987, 774 (775); *Habel*, VBlBW 1986, 10ff.

[35] *Pietzcker*, DVBl. 1987, 774 (775) *Kirchhof*, NVwZ 1987, 1031 (1035f.); aA: *Hendler*, NuR 1989, 29.

[36] *Hartkopf/Bohne*, Umweltpolitik, S. 204

[37] Vgl. dazu SRU-Umweltgutachten 1987, Rz. 168f.

[38] Vgl. dazu *Bohne*, VerwArch. 75 (1984), 343ff.; *ders.*, HdUR, Bd. II, Sp. 1055ff.; *Eberle*, Die Verwaltung 17 (1984), 439ff.; *Bauer*, VerwArch. 78 (1987), 241ff.; *Hoffmann-Riem*, VVDStRL 40 (1982), S. 187ff.; zur Zusammenarbeit zwischen Privaten und öffentlichen Planungsträgern siehe *Hoppe/Beckmann*, DVBl. 1987, 1249ff.

Informelles Verwaltungshandeln auf dem Gebiet des Umweltschutzes 26
kann **einseitiges Hoheitshandeln** sein.[39]

Fall: Umweltbundesamt und Bundesgesundheitsamt warnen vor der Verwendung von Toilettensteinen. Diese enthalten Paradichlorbenzol, das als Geruchsübertöner wirken soll. Die Steine seien zur Verhinderung der Ausbreitung von Infektionskrankheiten ungeeignet, verursachten jedoch unnötige Belastungen der Gewässer. Die Verbreitung dieser Stellungnahme in der Tagespresse führte zu erheblichen Umsatzrückgängen. Konsequenzen wurden insbesondere auch auf der Ebene der örtlichen Verwaltungen für die Anforderungen an Hotelbetriebe und Krankenhäuser gezogen.[40]

Vornehmlich schlägt sich informelles Verwaltungshandeln im Bereich des 27
Umweltschutzes in **Umweltabsprachen** zwischen öffentlichen Verwaltungen und gewerblichen Unternehmen nieder.

Informelles Verwaltungshandeln in den unterschiedlichsten Erscheinungsformen spielt allgemein in der Praxis des Wirtschaftsverwaltungsrechts überall dort eine große Rolle, wo Behörden mit komplexen Entscheidungssituationen konfrontiert werden. Gerade im Umweltrecht sind Kooperation und Informationsaustausch sowie wechselseitige Absprachen und Arrangements zwischen Genehmigungs- und Überwachungsbehörden einerseits und Betreibern umweltrelevanter Anlagen andererseits ein weit verbreitetes Phänomen, das beiden Seiten erhebliche Vorteile bereiten kann.[41]

Beispiel: Bei Genehmigungs- und Planfeststellungsverfahren finden bereits vor der Antragstellung bzw. Planeinreichung häufig intensive Vorverhandlungen zwischen der Behörde und dem Träger des Vorhabens statt, in denen die Voraussetzungen für die Realisierung des in Aussicht genommenen Projektes in formeller und materieller Hinsicht besprochen und abgeklärt werden. Teilweise werden in diesem Zusammenhang dem Privaten sogar Entscheidungsentwürfe für Stellungnahmen zugeleitet, um auf diese Weise Einvernehmen über die künftige Verwaltungsentscheidung herzustellen.[42]

Aus der Sicht der zuständigen Behörden bieten informale Absprachen die 28
Möglichkeit, Anlagenbetreiber über das rechtlich durchsetzbare Maß hinaus zu umweltfreundlichem Verhalten zu bewegen, sonst nicht zur Verfügung stehende Informationen und Kenntnisse aus der Sphäre der Unternehmen zu erhalten, frühzeitig die Belange von Öffentlichkeit oder betroffenen Dritten ins Spiel zu bringen und schließlich durch einvernehmliche Lösungskonzepte konfliktträchtige Entscheidungen zu vermeiden und damit das Risiko langwieriger Verwaltungsstreitverfahren zu verringern. Anlagenbetreiber sind insbesondere im Hinblick auf künftige genehmigungspflichtige Vorhaben in der Regel an einem kooperativen Verhältnis zu den zuständigen Behörden interessiert und bereit, auf der Ebene gegenseitigen Entgegenkommens umweltschützende Verbesserungen in bestehenden Anlagen und Betrieben vorzunehmen.

---

[39] Vgl. dazu *Ossenbühl*, Informelles Hoheitshandeln im Gesundheits- und Umweltschutz, S. 30ff.; a.A. *Bohne*, HdUR, Bd. II, Sp. 1057.

[40] Vgl. zu diesem Beispiel *Ossenbühl*, Informelles Hoheitshandeln im Gesundheits- und Umweltschutz, S. 31; zur behördlichen Umwelt- und Gesundheitsberatung siehe auch *Schulte*, DVBl. 1988, 512ff.

[41] Vgl. zum informellen Hoheitshandeln im Gesundheits- und Umweltrecht *Ossenbühl*, S. 27ff.; vgl. auch *Hoppe/Beckmann*, DVBl. 1987, 1249.

[42] Vgl. *Bauer*, VerwArch. 78 (1987), 241 (247); *Bohne*, Der informale Rechtsstaat, S. 49ff.

29 Die rechtliche Einordnung und Beurteilung informalen Verwaltungshandelns ist wegen seines nichtförmlichen Charakters ausgesprochen problematisch. Allen Versuchen, die jeweiligen Erscheinungsformen auf rechtlich abgesichertes Terrain zu führen – etwa durch die Zuordnung zu dogmatisch gesicherten Rechtsfiguren wie Vorvertrag, Zusage, Auskunft – ist der Widerspruch immanent, die Nichtförmlichkeit des Handelns mit der Schaffung eines Ordnungsrahmens aufzulösen. Die Bedeutung des informellen Handelns liegt aber gerade darin, außerhalb formalisierter Handlungstypen ein zusätzliches Instrumentarium zur Bewältigung von Verwaltungsaufgaben zu besitzen.[43]

30 Gegenüber informeller Interaktion zwischen Verwaltung und Wirtschaftsunternehmen werden trotz ihrer faktischen Notwendigkeit aus rechtsstaatlicher Sicht Bedenken geäußert.[44] So bergen Vorverhandlungen und Absprachen im Zuge von Genehmigungsverfahren die Gefahr in sich, daß gesetzliche Anforderungen unterlaufen werden, daß die Behörde sich vorzeitig durch die Einflußnahme von Betreibern bindet und, daß die Interessen betroffener Dritter durch die dem eigentlichen Genehmigungsverfahren vorgelagerte Abstimmung zwischen Behörde und Unternehmen zu kurz kommen.[45] Vorangegangene Absprachen und Vorverhandlungen zwischen der zuständigen Behörde und einem Anlagenbetreiber, durch die sich die Behörde bereits faktisch bindet, lassen den Sinn einer späteren Öffentlichkeitsbeteiligung im Genehmigungsverfahren als zweifelhaft erscheinen. Keine Bedenken gegen die Zulässigkeit informeller Absprachen bestehen jedenfalls in Bereichen, in denen die Behörden zu formellen Eingriffen nicht verpflichtet sind, wie dies generell unterhalb der Gefahrenschwelle im Vorsorgebereich der Fall ist.[46]

31 Allen auf informeller Ebene getroffenen Absprachen ist eigen, daß keine der beteiligten Seiten die Absicht hat, sich rechtlich zu binden. Merkmal dieser Absprachen ist ihr Charakter als unverbindliche, nur faktische Bindungswirkung erzeugende „*gentleman's agreements*". Sie bieten sich im Immissionsschutzrecht z. B. an, wenn nachträgliche Anordnungen in Betracht zu ziehen sind, aber strittig ist, ob sie verhältnismäßig sind. Dann kann zur Vermeidung schwieriger und die Umsetzung umweltschützender Maßnahmen auf lange Sicht blockierender Prozesse eine Übereinkunft zwischen Anlagenbetreiber und Behörde getroffen werden, die den Unternehmer geringer belastet als die ursprünglich in Rede stehende Anordnung. Ähnliche Vereinbarungen sind üblich, wenn ein Betreiber bestehender Anlagen die Genehmigung einer Neuanlage beantragt. Obwohl für die Erteilung der Genehmigung Zustand und Umweltverträglichkeit der alten Anlage in der Regel nicht erheblich sind,[47] werden anläßlich solcher Genehmigungsverfahren oft auf informellem Wege umweltschützende Maßnahmen für die Altanlagen ausgehandelt. Als Gegenleistung für die Durchführung solcher, sonst

---

[43] Eine andere Frage ist, ob sich schon deshalb informelles Verwaltungshandeln in „rechtsfreien" Räumen bewegt, vgl. hierzu *Bauer*, VerwArch. 78 (1987), 241 (255ff.).

[44] Vgl. vor allem *Bohne*, VerwArch. 75 (1984), 343 (372f.); *Hoffmann-Riem*, VVDStRL 40 (1982), 187 (203ff.).

[45] *Eberle*, Die Verwaltung 17 (1984), 439 (443); *Bohne*, VerwArch. 75 (1984), 343 (352ff.).

[46] *Jarass*, DVBl. 1985, 193 (197f.).

[47] Zu den Kompensationsregeln im Immissionsschutzrecht siehe oben, § 9, Rn. 4–6.

nicht durchsetzbarer Verbesserungen verspricht sich der Betreiber ein „freundlicheres" Verhalten der Behörde im Genehmigungsverfahren.[48]

2. *Gesetzesabwendende Vereinbarungen*

Eine weitere Kategorie des informellen Staatshandelns verbirgt sich hinter 32
den sogenannten **Selbstbeschränkungsabkommen** einzelner Wirtschaftszweige.[49] Solche „normvertretenden"[50] oder „gesetzesabwendenden"[51] Vereinbarungen kommen regelmäßig in der Weise zustande, daß der Gesetz- oder Verordnungsgeber seine Untätigkeit in Aussicht stellt, mit dem Ziel und unter der Bedingung, daß sich die jeweils angesprochenen Kreise freiwillig auf ein bestimmtes Verhalten einigen. Dabei wirkt der Staat lediglich vermittelnd oder durch konkrete Anregungen bei dem Zustandekommen solcher Absprachen mit, ohne sich selbst an den Vereinbarungen zu beteiligen. Gekennzeichnet sind solche Abkommen durch ihre Unverbindlichkeit: Der Staat ist an den erklärten Normverzicht – schon aus verfassungsrechtlicher Sicht – allenfalls politisch gebunden.[52] Die beteiligten Wirtschaftskreise können sich ebenfalls jederzeit von ihren Zusagen lösen und so auf eine geänderte Wirtschaftslage reagieren.

Beispiele auf Selbstbeschränkung gerichteter Absprachen aus jüngerer Zeit sind etwa die freiwilligen Maßnahmen zur Reduzierung von Lärm und Abgasen bei gleichzeitiger Verbrauchssenkung der Automobilindustrie sowie die Absprachen des Bundesinnenministers mit Industrieverbänden und einzelnen Großunternehmen der Abfallwirtschaft zur Begrenzung von Verpackungsmaterialien und Abfällen.

Für die staatlichen Stellen ergeben sich bei der Mitwirkung an gesetzesab- 33
wendenden Vereinbarungen rechtliche Grenzen aus den Grundrechten und aus dem Gesetzesvorbehalt. So können z. B. Beschränkungen eines Produktionszweiges, die den Verzicht auf die Verwendung bestimmter als umweltgefährdend eingestufter Rohstoffe oder chemischer Erzeugnisse zum Gegenstand haben, in die grundrechtlich geschützte Eigentumsposition der betroffenen Zulieferindustrie eingreifen.[53] In solchen Fällen verbietet sich eine Mitwirkung des zuständigen Gesetz- oder Verordnungsgebers wegen der Beachtlichkeit des Gesetzesvorbehaltes. Echte Normsetzungsverträge, die eine Verpflichtung zum Erlaß, zur Änderung oder zur Aufhebung von Rechtsnormen enthalten, sind bereits wegen Umgehung des Normsetzungsverfahrens unzulässig.

B. Umweltrechtliche Instrumente staatlicher Eigenvornahme

Das staatliche Instrumentarium des Umweltschutzes beschränkt sich nicht 34
auf Umweltplanungen und Mittel der direkten und indirekten Steuerung umweltrelevanten Verhaltens von Bürgern und wirtschaftlichen Unternehmungen. Öffentliche Einrichtungen werden in zahlreichen Bereichen daneben selbst für den Umweltschutz aktiv. So erbringt die Verwaltung zahllose

---

48 *Jarass*, DVBl. 1986, 314 (320).
49 Vgl. dazu *Sander*, HdUR, Bd. II, Sp. 344ff.
50 *Bohne*, VerwArch. 75 (1984), 345 (361).
51 *Oebbecke*, DVBl. 1986, 793, Fn. 12.
52 *Becker*, DÖV 1985, 1003 (1010); *Oebbecke*, DVBl. 1986, 793 (795).
53 *Oebbecke*, DVBl. 1986, 793 (797).

kleinere *Dienstleistungen*, etwa das Aufstellen öffentlicher Abfallbehälter und das Anlegen von Spazierwegen in Naherholungsgebieten. Die öffentliche Verwaltung unterhält vor allem aber auch zahlreiche Einrichtungen, die der *Aus-, Fort- und Weiterbildung* und der *Forschung* auf dem Gebiet des Umweltschutzes dienen.[54] Zahlreiche Behörden haben umweltrelevante Informationen zu vermitteln, die Öffentlichkeit aufzuklären oder den Bürger bzw. gewerbliche Unternehmen über umweltrelevante Fragestellungen zu beraten.[55]

35 Ein ganz zentraler Bereich staatlicher Eigenvornahme auf dem Gebiet des Umweltschutzes ist aber vor allem die *Entsorgung*. Sowohl die Abfall- und Abwasserbeseitigung als auch die nukleare Entsorgung sind im Grundsatz öffentlich.

36 **Abfall** ist gem. § 3 Abs. 2 AbfG von den Gebietskörperschaften des öffentlichen Rechts zu entsorgen. Nach Landesrecht sind hierfür die Kreise und kreisfreien Städte zuständig. Bei der Aufgabenerfüllung können sich die Gebietskörperschaften aber gem. § 3 Abs. 2 S. 2 AbfG privater Unternehmungen bedienen. Mit Zustimmung der zuständigen Behörden können die für die Abfallentsorgung zuständigen Gebietskörperschaften gem. § 3 Abs. 3 AbfG Abfälle von der Beseitigung ausschließen, soweit sie diese nach ihrer Art oder Menge nicht mit den in Haushaltungen anfallenden Abfällen entsorgen können. Neben der Entsorgung dieses Sondermülls kann die zuständige Behörde dem Inhaber einer Abfallentsorgungsanlage gem. § 3 Abs. 6 AbfG außerdem die Abfallentsorgung auf seinen Antrag übertragen, wenn der Unternehmer die Abfälle wirtschaftlicher entsorgen kann als die zur Abfallbeseitigung an sich verpflichtete öffentlich-rechtliche Körperschaft.

37 Das **Abwasser** ist gem. § 18a Abs. 2 WHG grundsätzlich ebenfalls von Körperschaften des öffentlichen Rechts zu beseitigen. Die Bestimmung der Abwasserbeseitigungspflichtigen im einzelnen obliegt dem Landesrecht.[56]

38 Auch die **nukleare Entsorgung** obliegt grundsätzlich der öffentlichen Verwaltung. Gem. § 9a Abs. 3 S. 1 AtG haben die Länder Landessammelstellen für die Zwischenlagerung der in ihrem Gebiet angefallenen radioaktiven Abfälle, der Bund hat Anlagen zur Sicherstellung und zur Endlagerung radioaktiver Abfälle einzurichten. Dabei können sich Bund und Länder aber zur Erfüllung ihrer Pflichten der Hilfe Dritter bedienen.

39 Im Grundsatz öffentlich ist auch die Beseitigung von **Tierkörpern**. Gem. § 4 TierKBG haben die nach Landesrecht zuständigen Körperschaften des öffentlichen Rechts, soweit nach diesem Gesetz die Beseitigung in Tierkörperbeseitigungsanstalten vorgeschrieben ist, die in ihrem Gebiet anfallenden Tierkörper, Tierkörperteile und Erzeugnisse zu beseitigen.

40 Gemischt privatwirtschaftlich und öffentlichrechtlich wird dagegen das **Altöl** beseitigt. Nach § 6 Abs. 5 b AbfG sind alle Vertreiber von sogenannten Selbstwechslerölen gem. § 5 Abs. 5 b AbfG verpflichtet, eine Annahmestelle für Altöle mit Einrichtungen für einen kontrollierten Ölwechsel nachzuweisen, die kostenlos gebrauchte Altöle bis zur jeweils abgekauften Menge annimmt. Gem. § 30 Abs. 2 AbfG läuft die Bezuschussung der Altölentsorgung stufenweise bis zum 31. 12. 1993 aus.[57]

---

[54] Dazu zählt etwa das Umweltbundesamt, zahlreiche Einrichtungen an den Hochschulen, wie etwa die Forschungsstelle für Umwelt- und Technikrecht an der Universität Trier oder das Zentralinstitut für Raumplanung an der Universität Münster, die Bundesforschungsanstalt für Umwelt und Naturschutz oder das Fortbildungszentrum Gesundheits-und Umweltschutz Berlin e. V. (FGU Berlin); vgl. dazu auch *Kloepfer*, in: UTR, S. 7.

[55] Zur Verwaltungsorganisation im Bereich des Umweltschutzes ausführlicher unten § 16, Rn. 1ff.; zu Rechtsproblemen der behördlichen Umweltberatung siehe *Lübbe/Wolff*, NJW 1987, 2705ff.

[56] Vgl. dazu i. e. *Gieseke/Wiedemann/Czychowski*, WHG, § 18a, Rn. 12ff.

[57] Ausführlich zur Altölentsorgung *Versteyl/Koehn*, Recht und Praxis der Altölentsorgung, Köln 1987, S. 1ff.; *Müller*, HdUR, Bd. I, Sp. 83ff.; zur Neuordnung des Abfallrechts siehe *Bergmüller*, BayVBl. 1987, 193ff.; *Backes*, DVBl. 1987, 333ff.

Zweiter Abschnitt: Umweltrechtsschutz

1 Wenn Rechtsschutz Schutz des Rechts bedeutet, dann ist Umweltrechtsschutz der Schutz des Umweltrechts vor seiner Mißachtung.[1]

2 Ein umfassender und zeitgerechter Umweltrechtsschutz ist Voraussetzung eines effektiven Umweltschutzes. Das häufig beklagte Vollzugsdefizit im Umweltschutz[2] ist nicht zuletzt Folge fehlender oder eingeschränkter richterlicher Kontrollmöglichkeiten hinsichtlich zentraler Umweltrechtsnormen, etwa den Vorschriften, mit denen die Beachtung des für den Umweltschutz so wesentlichen Vorsorgeprinzips zur Pflicht gemacht wird. Ein effektiver Umweltrechtsschutz ist aber nicht nur zur Abwehr umweltbelastender Vorhaben notwendig. Umgekehrt haben auch die Adressaten umweltschützender Maßnahmen Anspruch auf effektiven Rechtsschutz gegen sie belastende hoheitliche Entscheidungen, etwa gegen nachträgliche Anordnungen, Stillegungen oder Schutzgebietsausweisungen.

3 Umweltrechtsschutz hat wie der Rechtsschutz allgemein eine individualschützende und eine objektiv-rechtliche Funktion. Im Bereich des Individualrechtsschutzes dient der Umweltrechtsschutz einerseits dem Individualschutz gegen Umweltbelastungen[3] und andererseits schützt er die Adressaten umweltschützender Maßnahmen gegen sie belastende hoheitliche Entscheidungen, etwa gegen nachträgliche Anordnungen, Stillegungen oder auch Schutzgebietsausweisungen. In seiner objektivrechtlichen Bedeutung dient der Umweltrechtsschutz dem Schutz des Umweltrechts in seinen Funktionen als *Verhaltensmaßstab* für die Verwaltung, als *Kontrollmaßstab* für die Gerichte und als *Steuerungsmittel* des Gesetzgebers.[4]

4 Schwächen des Gesetzes aufgrund einer fehlenden wirksamen objektiven Kontrolle treffen alle drei Staatsgewalten, weil das Gesetz Angelpunkt der grundgesetzlichen Gewaltenverschränkung ist.[5] Das dem Rechtsstaatsprinzip zuzurechnende Gebot effektiven Rechtsschutzes ist dementsprechend nicht allein dazu bestimmt, Individualrechtsschutz zu gewähren, sondern ist zugleich das Mittel, um die rechtsstaatlich objektiv erwünschte Kontrolle der Verwaltung durch die Rechtsprechung sicherzustellen.[6] Es besteht insoweit eine Doppelbeziehung: Ein besserer allgemeiner Umweltschutz durch die verstärkte Kontrolle des Umweltrechts kommt dem einzelnen als Teil der Gesamtheit zugute.[7] Umgekehrt dient ein verbesserter Individualrechtsschutz auch dem Umweltschutz und damit der Allgemeinheit insgesamt.

5 Entsprechend der Zugehörigkeit des Umweltrechts zu den herkömmlichen Rechtsbereichen des Strafrechts, des Zivilrechts und des Verwaltungsrechts ist Umweltrechtsschutz

---

[1] Vgl. dazu *Beckmann*, UPR 1987, 321 ff.

[2] Siehe jüngst *Wagner*, NuR 1988, 71 ff.; *Hucke/ Wollmann*, HdUR, Bd. II, Sp. 1078 ff.; zum Vollzugsdefizit im Naturschutzrecht siehe *Schomerus*, Defizite im Naturschutzrecht, S. 1 ff. und früher bereits SRU-Umweltgutachten 1974, Rz. 660 ff.

[3] Vgl. dazu *Marburger*, Individualschutz gegen Umweltbelastungen, C 1 ff.; *Ronellenfitsch/Wolff*, NJW 1986, 1955 ff.; *Gaentzsch*, NVwZ 1986, 601 ff.; *Medicus*, JZ 1986, 779 ff.; *Breuer*, DVBl. 1986, 849 ff.

[4] Vgl. dazu näher *Beckmann*, Rechtsschutz, S. 102 ff.

[5] *Schmidt-Aßmann*, NVwZ 1983, 1 (5).

[6] *Finkelnburg*, FS-BVerwG, S. 169.

[7] *Gaentzsch*, NVwZ 1986, 601.

- **Strafrechtsschutz** (§ 10),
- **Zivilrechtsschutz** (§ 11),
- **Verwaltungsrechtsschutz** (§ 12) und
- **Verwaltungsgerichtlicher Rechtsschutz** (§ 13).

§ 10. Umweltstrafrechtsschutz

Wenngleich davon auszugehen ist, daß nur ein Teil der Straftaten gegen die Umwelt amtlich bekannt wird, weist die polizeiliche Kriminalstatistik einen erheblichen Anstieg der registrierten Straftaten gegen die Umwelt aus. Verunreinigungen von Gewässern und umweltgefährdende Abfallbeseitigungen sind dabei die am häufigsten festgestellten Umweltdelikte.[1] 1

Für den Zeitraum von 1981 bis 1983 sieht die *Kriminalstatistik* folgende Deliktsverteilung vor: 2

- 83,1% Gewässerverunreinigungen nach § 324 StGB,
- 14,2% Abfallbeseitigungsdelikte nach § 326 StGB,
- 2,7% Luftverschmutzungen und Lärmeinwirkungen nach § 325 StGB.

Im Jahre 1985 hat es in den genannten Deliktsbereichen folgende Verurteilungen gegeben:

- 971 wegen Gewässerverunreinigungen nach § 324 StGB,
- 345 wegen Abfallbeseitigungsdelikten nach § 326 StGB,
- 7 wegen Luftverschmutzungen und Lärmeinwirkungen nach § 325 StGB.[2]

Im Jahre 1986 stieg die Zahl der *polizeilich festgestellten* Umweltstraftaten auf 14.853.[3]

A. Geschützte Rechtsgüter des Umweltstrafrechts

Die wichtigsten Strafvorschriften zum Schutz der Umwelt sind seit 1980 im Strafgesetzbuch zusammengefaßt. Geschütztes Rechtsgut ist nach der Überschrift des 28. Abschnitts die Umwelt als Ganzes, jedoch nicht um ihrer selbst willen, auch nicht umfassend, sondern in ihren Medien (Boden, Luft, Wasser) und Erscheinungsformen (Tier- und Pflanzenwelt).[4] Schutzgut des Umweltstrafrechts ist die Umwelt in ihrer Funktion, dem Menschen der Gegenwart humane Lebensbedingungen im weitesten Sinne zu erhalten und sie auch für künftige Generationen zu gewährleisten.[5] Das Umweltstrafrecht verfolgt somit einen anthropozentrischen Ansatz. Das Strafrecht hat die Aufgabe, bestehende Rechtsgüter gegen menschliche Angriffe zu schützen; es dient nur dazu, den jeweiligen Status quo zu wahren.[6] Das Strafrecht ist somit kein Instrument des vorsorgend-planerischen Umweltschutzes. 3

---

[1] Vgl. dazu im einzelnen *Meinberg*, NuR 1986, 52 (56ff.); zur Umweltkriminalität siehe *Rüther*, HdUR, Bd. II, Sp. 610ff.; zum Umweltstrafrecht siehe Tiedemann, HdUR, Bd. II, Sp. 842ff.; siehe auch *Heine/Meinberg*, Empfehlen sich Änderungen im strafrechtlichen Umweltschutz, insbesondere in Verbindung mit dem Verwaltungsrecht?, S. 11ff.; *Meurer*, NJW 1988, 2065ff.; *Breuer*, NJW 1988, 2072ff.

[2] Vgl. zu diesen Zahlen *Papier*, UTR 3, S. 67.

[3] Vgl. *Schmeken*, StGR 1988, 10.

[4] Siehe dazu *Dreher/Tröndle*, StGB, Vor § 324 Rn. 3; *Lackner*, StGB, Vor § 324 Anm. 3; eine kritische Bilanz der Reform des Umweltstrafrechts von 1980 zieht *Breuer*, NJW 1988, 2072ff.

[5] *Lackner*, StGB, Vor § 324 Anm. 3.

[6] Vgl. *Horn*, in: SK-StGB, Vor § 324 Rn. 3; kritisch gegenüber dem Einsatz des staatsanwaltlichen Ermittlungsverfahrens als Instrument des Umweltschutzes *Michalke*, ZRP 1988, 273ff.

4 Abgesehen von einer Reihe von Straftaten, bei denen kein besonderes Interesse an der Strafverfolgung besteht und die deshalb nur auf Antrag des Verletzten verfolgt werden (§ 77 Abs. 1 StGB), werden Straftaten grundsätzlich ohne Rücksicht auf den Willen des Verletzten von Amts wegen verfolgt (sog. **Offizialdelikte**). Zu den Offizialdelikten zählen auch die Straftaten gegen die Umwelt. Voraussetzung der Strafverfolgung ist, daß die Staatsanwaltschaft von den tatsächlichen Anhaltspunkten für das Vorliegen einer Straftat Kenntnis erlangt. Dem dient die Strafanzeige, zu deren Erstattung grundsätzlich – d. h. abgesehen von der Kenntnis bestimmter geplanter Straftaten (§ 138 StGB) – niemand verpflichtet aber jedermann berechtigt ist. Auch ohne Verletzung eines eigenen Rechts kann daher jedermann Straftaten gegen die Umwelt anzeigen. Die Erhebung einer Anklage kann im Rahmen des sog. Klageerzwingungsverfahrens allerdings nur derjenige erzwingen, der durch die angezeigte Tat selbst verletzt ist. Voraussetzung dafür ist, daß die mißachtete Strafvorschrift zumindest auch seinem Rechtsschutz zu dienen bestimmt ist. Bei den Umweltstraftatbeständen kann dies immer dann der Fall sein, wenn sie auf Schutznormen des öffentlichen Rechts verweisen.[7]

B. Zur Struktur der Umweltstraftatbestände

5 Vorwiegend enthält das Umweltstrafrecht **konkrete Gefährdungsdelikte.**

Beispiel: Schwere Umweltgefährdung gem. § 330 Abs. 1 StGB; schwere Gefährdung durch Freisetzung von Giften gem. § 330a StGB.

6 Neben diesen konkreten Gefährdungsdelikten gibt es Tatbestände, die zu ihrer Vollendung die Herbeiführung eines Zustandes oder Handlungen voraussetzen, die geeignet sind, das jeweilig geschützte Rechtsgut zu schädigen. Dabei ist zweifelhaft, ob der Zustand als solcher schon die Beeinträchtigung eines Umweltgutes und damit einen Erfolg darstellt.[8]

Beispiel: § 325 StGB setzt die Veränderung der natürlichen Luftzusammensetzung bzw. eine Lärmverursachung voraus, die geeignet ist, die Gesundheit anderer zu schädigen. Zumeist werden diese Delikte als potentielle oder abstrakt-konkrete Gefährdungsdelikte, teilweise jedoch auch als abstrakte *Gefährdungsdelikte* bezeichnet.[9]

7 Bei den Umweltdelikten, die neben Individualrechtsgütern auch ökologische Güter in ihrer Funktion für die Allgemeinheit und damit überindividuelle Rechtsgüter schützen, gilt der Grundsatz, wonach selbst eine im Einzelfall festgestellte Ungefährlichkeit regelmäßig nicht zur Straflosigkeit führt.

Beispiel: Das unerlaubte Betreiben einer kerntechnischen Anlage gem. § 327 StGB und der unerlaubte Umgang mit Kernbrennstoffen gem. § 328 StGB bleiben auch dann strafbar, wenn das Verhalten unter Sicherheitsvorkehrungen geschieht, die jede Gefahr ausschließen und sogar die Erteilung einer behördlichen Genehmigung rechtfertigen würden.[10]

8 Schließlich gibt es auch im Umweltstrafrecht **Erfolgsdelikte,** bei denen die Erfüllung des Straftatbestandes allein vom Eintritt eines bestimmten Erfolges abhängt.

---

[7] Näher dazu unten, § 10, Rn. 12–18.

[8] Vgl. dazu *Schönke/Schröder-Cramer*, Vor §§ 324ff. Rn. 9; *Horn*, in: SK-StGB, Vor § 324 Rn. 4.

[9] *Schönke/Schröder-Cramer*, Vor §§ 324ff. Rn. 9; *Dreher/Tröndle*, StGB, § 325 Rn. 1; *Lackner*, StGB, § 325 Anm. 1.

[10] *Schönke/Schröder-Cramer*, Vor §§ 324ff. StGB, Rn. 10.

Beispiel: Gem. § 324 Abs. 1 StGB macht sich strafbar, wer unbefugt ein Gewässer verunreinigt oder sonst dessen Eigenschaften nachteilig verändert.

Umweltstraftatbestände regeln teilweise *Allgemeindelikte*, die von jedermann begangen werden können, und zum anderen *Sonderdelikte*, die nur von bestimmten Tätern (z. B. Anlagenbetreibern) verwirklicht werden können. 9

Zu den *Allgemeindelikten* zählen: 10

- Gewässerverunreinigung (§ 324 StGB),
- umweltgefährdende Abfallbeseitigung (§ 326 Abs. 1 StGB),
- schwere Umweltgefährdung (§ 330 StGB),
- schwere Gefährdung durch Freisetzung von Giften (§ 330a StGB).

Sonderdelikte sind: 11

- Luftverunreinigung und Lärm (§ 325 StGB),
- Nichtablieferung radioaktiver Abfälle (§ 326 Abs. 2 StGB),
- unerlaubtes Betreiben kerntechnischer Anlagen und unerlaubter Umgang mit Kernbrennstoffen (§§ 327ff. StGB).

C. Verknüpfung von öffentlichem Umweltrecht und Umweltstraftatbeständen

Das Umweltstrafrecht zeichnet sich durch eine enge Verknüpfung präventiv-verwaltungsrechtlicher und sanktionsrechtlicher Regelungen aus.[11] Notwendig sind deshalb gesetzliche Konkurrenzregeln, die das Verhältnis von öffentlichem Umweltrecht und Umweltstrafrecht näher bestimmen. Der Strafgesetzgeber hat auf verschiedene Weise versucht, die entstehenden Konkurrenzen aufzulösen:[12] 12

- Teilweise wird das strafwürdige Verhalten allein durch das Strafgesetz definiert. Die Verwaltungsbehörden können jedoch Erlaubnisse, Genehmigungen etc. erteilen, die eine Strafbarkeit entfallen lassen.

  Beispiel: Gem. § 326 Abs. 1 Nr. 1 StGB macht sich strafbar, wer unbefugt Abfälle, die Gifte oder Erreger gemeingefährlicher und übertragbarer Krankheiten bei Menschen oder Tieren enthalten oder hervorbringen können, *außerhalb einer dafür zugelassenen Anlage oder unter wesentlicher Abweichung von einem vorgeschriebenen oder zugelassenen Verfahren* behandelt, lagert, ablagert, abläßt oder sonst beseitigt.[13]
- In anderen Fällen ist das verbotene Verhalten zwar im Strafgesetz vollständig bestimmt, die Strafbarkeit wird jedoch davon abhängig gemacht, daß dieses Verhalten zugleich einer Verwaltungsvorschrift oder einem Verwaltungsakt widerspricht.

  Beispiel: Gem. § 325 Abs. 1 Nr. 2 StGB macht sich strafbar, wer beim Betrieb einer Anlage, insbesondere einer Betriebsstätte oder einer Maschine, *unter Verletzung*

---

[11] *Lackner*, StGB, Vor § 324 Anm. 1 b.

[12] Vgl. dazu *Horn*, in: SK-StGB, Vor § 324, Rn. 6; das Verhältnis von Umweltstrafrecht und Verwaltungsrecht ist ausgesprochen umstritten, vgl. dazu *Horn*, NuR 1988, 63ff.; *Waibel*, VBlBW 1987, 168ff.; *Breuer*, DÖV 1987, 169ff.; *Rudolphi*, NStZ 1984, 193ff. 248ff.; *Papier*, NuR 1986, 1ff.; *Papier*, NJW 1988, 1113ff.; zur Verfassungskonformität der Verzahnung von Straftatbeständen mit Verwaltungsentscheidungen unter dem Gesichtspunkt der hinreichenden Bestimmtheit von Umweltstraftatbeständen siehe *BVerfG*, Beschl. v. 6. 5. 1987 – 2 BvL 11/85 –, UPR 1988, 16ff.

[13] Zur umweltgefährdenden Beseitigung von Hausmüll siehe *BGH*, Urt. v. 31. 10. 1986 – 2 StR 33/86 –, NStZ 1987, 323f.; siehe auch *Schmeken/Schwade* StuGB 1988, 631ff.

verwaltungsrechtlicher Pflichten Lärm verursacht, der geeignet ist, außerhalb des zur Anlage gehörenden Bereichs die Gesundheit eines anderen zu schädigen.

– Und schließlich kann sich das Strafgesetz auf die Sanktionsandrohung beschränken und die Definition des strafwürdigen Verhaltens dem Verwaltungsrecht überlassen.

Beispiel: Gem. § 330 Abs. 1 Nr. 2 StGB macht sich strafbar, wer beim Betrieb einer Anlage, insbesondere einer Betriebsstätte oder einer Maschine, gegen eine *Rechtsvorschrift, vollziehbare Untersagung, Anordnung oder Auflagen verstößt*, die dem Schutz vor Luftverunreinigungen, Lärm, Erschütterungen, Strahlen oder sonstigen schädlichen Umwelteinwirkungen oder anderen Gefahren für die Allgemeinheit oder die Nachbarschaft dient.

13 Hängt die Strafbarkeit von einer Entscheidung der Verwaltungsbehörde ab, dann stellt sich die Frage, ob es für die Strafbarkeit auf die *Rechtmäßigkeit* oder aber die *Wirksamkeit* der Verwaltungsentscheidung ankommt.[14]

14 Grundsätzlich kann es nur auf die *Wirksamkeit* der Verwaltungsentscheidung ankommen, da auch rechtswidrige Verwaltungsakte, sofern sie nicht nichtig sind, mit Erlangung der Bestandskraft oder wegen sofortiger Vollziehbarkeit von den Betroffenen zu beachten sind. Auch bei ihrer Fehlerhaftigkeit kann sich der Adressat auf den ihn begünstigenden Verwaltungsakt berufen; bei belastenden Verwaltungsakten, wie Untersagungen, nachträglichen Anordnungen oder Auflagen kann er sich auch bei ihrer Fehlerhaftigkeit strafbar machen. Auf eine fehlerhafte, aber bestandskräftige Genehmigung soll sich jedoch nicht berufen dürfen, wer dadurch rechtsmißbräuchlich handelt.[15]

15 Bei einer **befristeten Genehmigung** kann sich der Genehmigungsempfänger dadurch strafbar machen, daß er nach Ablauf der Befristung die ursprünglich erlaubte Handlung fortsetzt. Auf die Genehmigungsfähigkeit, d. h. auf die materielle Rechtmäßigkeit seines Verhaltens kommt es dabei nicht an.

Fall: A ist Bürgermeister und Behördenleiter der Gemeinde X in Bayern. Der Gemeinde wurde eine Genehmigung für eine Kläranlage erteilt, deren Abwässer in den A-Bach geleitet werden sollten. Die Genehmigung war auf vier Jahre befristet. Aus vermeidbarer Nachlässigkeit übersah A, daß der wasserrechtliche Genehmigungsbescheid nach Ablauf der Frist nicht mehr die Ableitung von vorgeklärten Abwässern in den A-Bach gestattete. Das Amtsgericht verurteilte A wegen eines vorsätzlichen Vergehens der unbefugten Verunreinigung eines Gewässers gem. § 324 Abs. 1 StGB zu einer Geldstrafe. Die Berufung des A führte zu einer Veränderung des Schuldvorwurfs von Vorsatz in Fahrlässigkeit (§ 324 Abs. 3 StGB), wirkte sich aber auf den Rechtsfolgenausspruch nicht aus.[16]

16 Der Verstoß gegen eine als Auflage bezeichnete Anordnung der Verwaltungsbehörde in einem Bescheid über die Genehmigung für den Betrieb einer Abfallbeseitigungsanlage kann ein Vergehen nach § 327 Abs. 2 Nr. 2 StGB (unerlaubtes Betreiben einer Abfallbeseitigungsanlage) darstellen.[17]

---

[14] Vgl. zur Verwaltungsakts-Akzessorietät *Schönke/Schröder-Cramer*, Vor §§ 324ff., Rn. 15ff.; *Breuer*, NJW 1988, 2072 (2078); *Dolde*, NJW 1988, 2329ff.

[15] Vgl. dazu *Schönke/Schröder-Cramer*, Vor §§ 324ff., Rn. 17 m. w. N.; vgl. dazu auch *Dolde*, NJW 1988, 2329 (2339).

[16] Vgl. zu diesem Fall *LG München II*, Urt. v. 16. 7. 1985 – 10 Ns 14 Js 1595/85 –, BayVBl. 1986, 316f.

[17] Vgl. *BayObLG*, Beschl. v. 3. 8. 1987 – RReg 4 St 138/87 –, NVwZ 1987, 1022; siehe dazu auch *Rumpel*, NVwZ 1988, 502ff.

17 Im Gegensatz zu einer Genehmigung oder Erlaubnis vermag eine **behördliche Duldung** allein den Tatbestand bzw. die Rechtswidrigkeit der Tat nicht auszuschließen.[17]

18 Nach h. M. ist die spätere Aufhebung eines fehlerhaften Verwaltungsaktes für die Strafbarkeit bedeutungslos.[19] Verstößt demnach der Täter gegen eine vollziehbare Anordnung oder Untersagung oder handelt er, obwohl die beantragte Genehmigung abgelehnt wurde, so ist sein Verhalten tatbestandsmäßig und rechtswidrig, auch wenn der vollziehbare Verwaltungsakt wegen Rechtswidrigkeit aufgehoben bzw. festgestellt wird, daß die Genehmigung zu erteilen gewesen wäre. Teilweise wird demgegenüber jedoch vertreten, daß ein objektiver Strafaufhebungsgrund anzunehmen ist, wenn ein belastender Verwaltungsakt nachträglich als rechtswidrig aufgehoben oder festgestellt wird, daß eine Genehmigung zu erteilen war.[20]

D. Strafbarkeit von Amtsträgern

19 Die strafrechtliche Verantwortlichkeit von Amtsträgern für die Verletzung oder Gefährdung von Umweltgütern[21] ist gesetzlich nicht speziell geregelt worden. Die Strafbarkeit der Erteilung fehlerhafter Erlaubnisse oder der Untätigkeit angesichts drohender Umweltschäden ergibt sich deshalb aus den Vorschriften des Allgemeinen Teils des StGB, insbesondere aus den §§ 25ff. StGB über Täterschaft und Teilnahme. Allerdings zeigt die gegenwärtige Praxis, daß es kaum zu rechtskräftigen Verurteilungen von Amtsträgern kommt.[22]

Fall:[23] B hatte nach langjährigen Verhandlungen um die Bedingungen von Abwassereinleitungen eines großen Chemiekonzerns einen Bewilligungsbescheid erlassen, nach dem für bestimmte Grenzwerte erst deren 100%ige Überschreitung als Straftat, geringfügigere Verstöße dagegen als Ordnungswidrigkeit verfolgt werden sollten. Derartig „gestufte Grenzfestsetzungen“ waren zum Teil in der wasserrechtlichen Literatur als Kompromiß zwischen dem (sanktionsrechtlichen) Bedarf nach fixen Grenzwerten und gewissen Unwägbarkeiten der Einleitepraxis angesehen und empfohlen worden.

Obwohl B in seiner Eigenschaft als Ordnungswidrigkeiten-Dezernent dafür zuständig gewesen wäre, leitete er in der Folge auch bei mehr als 100%igen Grenzwertüberschreitungen kein Bußgeldverfahren ein; ebenso unterließ er die Benachrichtigung der Strafverfolgungsbehörde.

---

[18] *Schönke/Schröder-Cramer*, Vor §§ 324ff., Rn. 20; *Lackner*, StGB, § 324 Anm. 5 a; *Breuer*, NJW 1988, 2072 (2082); a.A. *OLG Celle*, Urt. v. 4. 6. 1986 – 3 Ss 67/68 –, ZFW 1987, 126; vgl. zur Duldung im Umweltstrafrecht *Wüterich*, UPR 1988, 248ff.

[19] Vgl. *Dreher/Tröndle*, StGB, § 325 Rn. 3; zweifelnd *Schönke/Schröder-Cramer*, Vorbemerkung §§ 324ff. Rn. 21.

[20] Vgl. *Schönke/Schröder-Cramer*, Vor §§ 324ff., Rn. 21f.

[21] Vgl. dazu ausführlich *Immel*, Strafrechtliche Verantwortlichkeit von Amtsträgern, S. 1ff.; *Führen*, VR 1988, 430.

[22] Vgl. dazu *Meinberg*, NJW 1986, 2220 (2221); *Papier*, NJW 1988, 1113ff.

[23] Vgl. zu diesem Fall *AG Frankfurt*, NStZ 1986, 72 ff. mit krit. Anmerkung *Wernicke*, NStZ 1986, 223 und *Meinberg*, NStZ 1986, 224; krit. zu dieser Entscheidung auch *Breuer*, DÖV 1987, 169 (170); *Meinberg*, NJW 1986, 2220 (2221); die Entscheidung ist mittlerweile aufgehoben durch *LG Frankfurt*, Urt. v. 29. 4. 1986 – 92 JS 34929/80 –, NuR 1987, 42; *Papier*, NJW 1988, 113.

Das Amtsgericht Frankfurt verurteilte B wegen Strafvereitelung gem. § 258 StGB, da sein „Ermessen ... (im Hinblick auf § 41 OWiG) durch den Einleitebescheid gebunden" gewesen sei. Hinsichtlich des Tatbestandes der Rechtsbeugung (§ 336 StGB) sowie einer Beteiligung an den Gewässerverschmutzungen der Firma, jeweils begangen durch die Erteilung der Erlaubnis, verneinte das Gericht den Vorsatz des B. Das Landgericht sprach B vom Vorwurf der versuchten Strafvereitelung frei, weil die Einleitung eines Ordnungswidrigkeitsverfahrens in seinem pflichtgemäßen Ermessen gestanden habe. Eine Verpflichtung zur Mitteilung des Verdachtes eines Vergehens nach § 324 StGB bestehe für B nicht.[24]

I. Beim Betrieb öffentlicher Anlagen

20 Strafbar kann sich ein Amtsträger unstreitig dann machen, wenn im Rahmen staatlicher Tätigkeit (etwa in öffentlichen Unternehmen) rechtswidrige Taten nach §§ 324ff. StGB begangen werden.[25] Als Betreiber von Kläranlagen, Kraftwerken oder Mülldeponien sind die zuständigen Amtsträger dieser öffentlichen Unternehmen unmittelbare Adressaten der §§ 324ff. StGB.[26]

21 Umstritten sind dagegen die Möglichkeiten der *Beteiligung* von Amtsträgern, die in den für Umweltschutz zuständigen Behörden tätig sind, an solchen Taten.[27] Im Vordergrund stehen dabei die Fälle, in denen eine rechtswidrige Erlaubnis oder Bewilligung erteilt bzw. nicht beseitigt werden und die Fälle, in denen die zuständige Behörde das gebotene Einschreiten gegen rechtswidrige Umweltbelastungen unterläßt.

22 Als Täter kommen Amtsträger der zuständigen Behörde nur dort in Betracht, wo die Strafbarkeit nicht von der Verletzung spezifischer, auf das Verhalten des Bürgers bezogener verwaltungsrechtlicher Pflichten abhängig ist (vgl. z.B. § 325 Abs. 1 StGB). In diesen Fällen kommen Amtsträger regelmäßig auch nicht als Anstifter oder Gehilfen an den Taten der Erlaubnisadressaten in Betracht, weil deren Verhalten wegen der meist zu bejahenden verwaltungsrechtlichen Wirksamkeit der erteilten Erlaubnis keine rechtswidrige Haupttat bildet.[28]

II. Bei der Erteilung rechtswidriger Erlaubnisse

23 Als Täter kommen Amtsträger jedoch dann in Betracht, wenn Straftatbestände ohne Bezugnahme auf ein verwaltungsrechtliches Verbot die Herbeiführung von Schadensfolgen verbieten (vgl. z.B. § 324 (Verunreinigung

---

[24] Vgl. *LG Frankfurt*, Urt. v. 29. 4. 1986 – 92 JS 34929/80 –, NuR 1987, 42f.; bestätigt durch *OLG Frankfurt*, Urt. v. 22. 5. 1987 – 1 Ss 401/86 –, NuR 1987, 377 (380f.).

[25] Vgl. *Lackner*, StGB, Vor § 324 Anm. 4; zur Amtsträgerstrafbarkeit bei Umweltbehörden siehe *Meinberg*, NJW 1986, 2220ff.; zur Strafbarkeit von Gewässerschutzbeauftragten siehe *Dahs*, NStZ 1986, 52ff.; zur strafrechtlichen Betroffenheit von Kommunalbediensteten siehe *Schmeken*, StGR 1988, 10ff.; *ders.*, Der Städtetag 1988, 298ff.

[26] Vgl. *Meinberg*, NJW 1986, 2220 (2222).

[27] Vgl. dazu *Lackner*, StGB, Vor § 324 Anm. 4; *Horn*, NJW 1981, 1; *Winkelbauer*, NStZ 1986, 149; *Meinberg*, NJW 1986, 2220; *Geisler*, NJW 1982, 11.

[28] *Lackner*, StGB, Vor § 324 Anm. 4 a; *Meinberg*, NJW 1986, 2220 (2222); zur Strafbarkeit des unerlaubten Betreibens einer kerntechnischen Anlage bei rechtswidriger oder bestandskräftiger „Vorabzustimmung" vgl. *LG Hamm*, Urt. v. 12. 11. 1987 – 6 JS 13470/84 – KLs –, NJW 1988, 571.

eines Gewässers), 330 a (schwere Umweltgefährdung) und eingeschränkt auch § 326 StGB (umweltgefährdende Abfallbeseitigung). In diesen Fällen kann die Erteilung einer Erlaubnis für den Erfolg ursächlich sein und unter Umständen bei Vorsatz die Voraussetzungen mittelbarer Täterschaft im Sinne von § 25 StGB oder bei einer objektiven Sorgfaltspflichtverletzung den einschlägigen Fahrlässigkeitstatbestand verwirklichen. Gerechtfertigt ist der Amtsträger jedoch, wenn die Erlaubnis den für sie geltenden materiellen verwaltungsrechtlichen Voraussetzungen genügt oder aber in den Bereich eines verwaltungsgerichtlich nicht überprüfbaren Beurteilungs- oder Ermessensspielraum fällt.[29]

Wird eine rechtswidrige Erlaubnis von der zuständigen Behörde nicht 24
entsprechend den dafür vorgesehenen verwaltungsrechtlichen Regelungen beseitigt, kommt eine Strafbarkeit durch Unterlassen in Betracht, weil die Amtsträger zuständiger Umweltbehörden eine Garantenstellung im Sinne von § 13 StGB haben können. Sie haben im Rahmen der ihnen aufgetragenen Güterabwägungen rechtswidrige Beeinträchtigungen der ihnen anvertrauten Umweltgüter zu unterbinden.[30] Als Unterlassungstäter kommen die jeweils verantwortlichen Amtsträger in Betracht bei solchen Tatbeständen, die ohne Beschränkung auf einen bestimmten verwaltungsrechtlichen Verbotsbereich die Verursachung von Schadensfolgen verbieten. Art, Umfang und Methoden der Garantenstellung bestimmen sich aber nach dem verwaltungsrechtlichen Pflichtenkreis.[31]

III. Beim Unterlassen behördlichen Einschreitens

Auch durch das Unterlassen behördlichen Einschreitens gegen rechtswid- 25
rige Umweltbelastungen durch Dritte können sich die zuständigen Amtsträger strafbar machen. Allerdings ist die Garantenpflicht zum Einschreiten durch verwaltungsrechtliche Regelungen eingeschränkt. Regelmäßig fehlt es an der Verletzung der Garantenpflicht schon deshalb, weil nachträgliches Einschreiten im Beurteilungs- oder Ermessensspielraum der zuständigen Umweltbehörde steht.[32]

---

[29] Vgl. *Lackner*, StGB, Vor § 324 Anm. 4a, aa; *Möhrenschläger*, NuR 1983, 209 (212); *Winkelbauer*, NStZ 1986, 149 (152); *Meinberg*, NJW 1986, 2220.
[30] *Lackner*, StGB, Vor § 324 Anm. 4a, bb; *Möhrenschläger*, NuR 1983, 209 (212); *Winkelbauer*, NStZ 1986, 149 (151); *Meinberg*, NJW 1986, 2220 (2223).
[31] *Lackner*, StGB, Vor § 324 Anm. 4 a, bb; *Rudolphi*, NStZ 1984, 193 (198).
[32] *Lackner*, StGB, Vor § 324 Anm. 4 b; a.A.: *GenStA Hamm*, NStZ 1984, 219.

§ 11. Zivilrechtsschutz

1 Der privatrechtliche Umweltschutz ist vornehmlich in den §§ 1004, 906 BGB geregelt. § 906 BGB soll durch Begrenzung des Umfangs der dem Grundstückseigentümer zustehenden Abwehrrechte gegen Immissionen einem Interessenausgleich zwischen den Grundeigentümern und einer vernünftigen Nutzbarkeit aller Grundstücke dienen.[1] Angesichts dieser begrenzten Zielsetzung verfolgt das Umweltprivatrecht keinen Ansatz für einen umfassenden Umweltschutz, mit dem sich die ökologischen Probleme der modernen Industriegesellschaft umfassend meistern ließen.[2] Umweltschutz im Sinne einer notwendigen aktiven staatlichen Vorsorge, Planung und Verteilung ist deshalb in erster Linie Aufgabe des öffentlichen Umweltrechts[3] und nicht des Umweltprivatrechts.

A. Ziele des privaten Umweltrechtsschutzes

2 Das Umweltprivatrecht sieht vor allem Ausgleichsregelungen für gegenläufige Nutzungsansprüche Privater vor.

Vor den Zivilgerichten kann sich der Betroffene gegen schädliche Umwelteinwirkungen mit **Abwehrklagen** (I.) und mit **Klagen auf Vornahme von Schutzmaßnahmen** (II.) zur Wehr setzen. Zum Ausgleich von Umweltschäden kann der Betroffene außerdem **Schadensersatz- bzw. Entschädigungsansprüche** geltend machen (III.).

I. Abwehrklagen

3 Der zentrale Abwehranspruch des Umweltprivatrechts ergibt sich aus § 1004 BGB. Danach kann der Eigentümer, wenn sein Eigentum in anderer Weise als durch Entziehung oder Vorenthaltung des Besitzes beeinträchtigt wird, von dem Störer die Beseitigung der Beeinträchtigung verlangen, oder, wenn weitere Beeinträchtigungen zu besorgen sind, auf *Unterlassung* klagen (§ 1004 Abs. 1 BGB). Der Beseitigungsanspruch gem. § 1004 Abs. 1 S. 1 BGB zielt auf *Beseitigung* einer *bestehenden* Beeinträchtigung für die Zukunft. Der Unterlassungsanspruch sieht *künftige* Beeinträchtigungen voraus und zielt auf ihre Vermeidung.

4 Daneben können sich Abwehransprüche auch aus den Nachbarrechtsgesetzen der Länder ergeben. Die Regelungsgegenstände der Nachbarrechtsgesetze sind unterschiedlich. Geregelt werden beispielsweise die Aufstellung von Nachbar- oder Grenzwänden, das Hammerschlag- und Leiterrecht, Licht- und Fensterrecht, Bodenerhöhungen, Aufschichtungen an der Grenze, Einfriedigung, Grenzabstand von Pflanzen,

---

[1] *Säcker*, in: Münchener Kommentar, § 906 Rn. 1.
[2] Vgl. *Säcker*, in: Münchener Kommentar, § 906 Rn. 1.
[3] *Medicus*, JZ 1986, 778; *Breuer*, Umweltschutzrecht, S. 648 ff.; *Jauernig*, JZ 1986, 65.

Duldung von Versorgungsleitungen, Befestigung von Schornsteinen und Lüftungsleitungen etc.[4]

1. *Anspruchsberechtigte*

Anspruchsberechtigt sind neben dem Grundeigentümer andere dinglich 5
Berechtigte, die dem Grundeigentümer kraft Gesetzes gleichgestellt sind.[5] Ein entsprechender Schutz besteht bei Störungen des Besitzes an Grundstükken oder Grundstücksteilen gem. § 862 BGB. Neben diesen **negatorischen** Abwehransprüchen gewährt die Rechtsprechung in entsprechender Anwendung des § 1004 Abs. 1 BGB einen Abwehranspruch auch bei Beeinträchtigung sonstiger absoluter Rechte, insbesondere bei Gefahr für Leib oder Leben, aber auch bei einer Beeinträchtigung des Jagdrechtes, des Fischereirechtes oder von Wassernutzungsrechten (**sog. quasinegatorische** Ansprüche).[6] Schließlich hat die Rechtsprechung aber auch zum Schutz von **deliktisch** geschützten Rechtsgütern (§ 823 Abs. 2 BGB i. V. m. entsprechenden Schutzgesetzen) einen deliktischen Abwehranspruch eingeräumt.[7] Die privatrechtlichen Abwehransprüche bilden insgesamt ein geschlossenes System vorbeugenden Rechtsschutzes, mit dem der Betroffene nicht nur nach vollendeter Rechtsverletzung Schadensersatzansprüche geltend machen, sondern präventiv gegen drohende Rechtsverletzungen vorgehen kann.[8]

2. *Anspruchsverpflichtete*

Verpflichtete des Abwehranspruchs sind die Störer. Entsprechend der ord- 6
nungsrechtlichen Verantwortlichkeit im öffentlichen Recht wird unterschieden zwischen dem Handlungs- und Zustandsstörer. **Handlungsstörer** ist derjenige, der die Beeinträchtigung durch seine Handlung herbeigeführt hat; **Zustandsstörer** ist derjenige, auf dessen Willen die Beeinträchtigung wenigstens mittelbar zurückzuführen ist.[9]

Fall:[10] A und B sind Grundstücksnachbarn. Das Grundstück des B ist unbebaut und liegt an einem Berghang oberhalb des Grundstücks des A. Infolge eines Gewitters lösen sich auf dem Grundstück des B mehrere Felsbrocken, die auf das Grundstück des A rollen und dessen Einfriedungszaun einreißen. A verlangt von B Schadensersatz. Der *BGH* hat die Klage abgewiesen. Der B sei für den Felssturz nicht zustandsverantwortlich. Der Schaden sei ausschließlich durch das Wirken von Naturkräften ausgelöst worden. Er sei weder von Menschenhand vorgenommen noch durch eine wirtschaftliche Nutzung verursacht. Allein der Umstand, daß eine Beeinträchtigung von einem Grundstück ausgehen, mache den Grundstückseigentümer nicht zum Störer. Störer sei er erst, wenn die Beeinträchtigung wenigstens mittelbar auf seinen Willen zurückzuführen sei.

---

[4] Vgl. dazu die Übersicht bei *Palandt-Bassenge*, EGBGB 124, Anm. 3.

[5] Vgl. etwa § 11 Abs. 1 S. 1 ErbBauV; §§ 1027, 1065, 1090 Abs. 2, 1227 BGB.

[6] Vgl. dazu *Gursky*, in: Staudinger, BGB, § 1004 Rn. 5; *Palandt-Bassenge*, § 1004 Anm. 1b.

[7] Vgl. dazu *Medicus*, in: Münchener Kommentar, § 1004 Rn. 10; *Palandt-Bassenge*, § 1004 Anm. 1b.

[8] *Medicus*, in: Münchener Kommentar, § 1004 Rn. 7.

[9] *Palandt-Bassenge*, § 1004 Anm. 4 a; *Medicus*, in: Münchener Kommentar, § 1004 Rn. 32.

[10] *BGH*, Urt. v. 12. 2. 1985 – VI ZR 193/83 –, NJW 1985, 1773f.

7 Bei gewerblichen Anlagen ist neben dem Inhaber auch derjenige Handlungsstörer, in dessen Interesse und mit dessen Mitteln die Anlage errichtet bzw. aufrechterhalten wird. Selbständige Unternehmer eines störenden Betriebs sind auch dann Störer, wenn sie Dritten gegenüber zum Betrieb verpflichtet sind.[11]

3. Anspruchsvoraussetzungen

8 Voraussetzung des Abwehranspruchs ist die Beeinträchtigung des Eigentums oder – bei den quasinegatorischen und deliktischen Abwehransprüchen – eines entsprechenden Schutzgegenstandes. Die Beeinträchtigung muß sich auf menschliches Verhalten zurückführen lassen. Deshalb besteht der Abwehranspruch nicht, wenn die Beeinträchtigung ausschließlich auf Naturkräfte zurückgeht wie z. B. auf abgeschwemmtes Erdreich, abbröckelndes Gestein, Unkrautsamenflug oder aber auf den natürlichen Abfluß des Niederschlags des Wassers.[12]

9 Keinen Abwehranspruch gewährt die Rechtsprechung auch bei den sogenannten *negativen* und *ideellen* Einwirkungen. **Negative Einwirkungen** bestehen darin, daß jemand durch ein Verhalten in den Grenzen seines Grundstücks einem anderen Grundstück Vorteile entzieht. Hauptfälle sind die Entziehung von Licht, Luft und Grundwasser, die Beeinträchtigung der Aussicht und die Abschattung von Funkwellen durch ein Hochhaus.[13] **Ideelle Einwirkungen**, gegen die nach h. M. ebenfalls kein Abwehranspruch aus § 1004 BGB eingeräumt ist, sind insbesondere der störende oder auch wertmindernde Anblick von Vorgängen oder Zuständen außerhalb eines Grundstücks.

Beispiel: Nackt herumlaufende Besucher in einem an das Grundstück des Klägers angrenzenden Freibad.[14]

10 Die Eigentumsbeeinträchtigung kann insbesondere in Immissionen bestehen, die von einer durch den Anspruchsgegner betriebenen Anlage ausgehen oder Begleiterscheinung einer bestimmten Nutzung eines Nachbargrundstückes sind.[15] Voraussetzung des Abwehranspruches ist schließlich, daß die Beeinträchtigung fortdauert. Das ist bei Immissionen, die von Anlagen ausgehen, der Fall, solange Wiederholungsgefahr besteht.[16]

4. Duldungsverpflichtung

11 Gem. § 1004 Abs. 2 BGB ist der Abwehranspruch ausgeschlossen, wenn der Eigentümer zur Duldung verpflichtet ist. Duldungspflichten können sich

---

[11] Vgl. *Palandt-Bassenge*, § 1004 Anm. 4 a; *BGH*, Urt. v. 17. 12. 1982 – V ZR 55/82 –, NJW 1983, 751.

[12] Vgl. *Palandt-Bassenge*, § 1004 Anm. 2 a, bb.

[13] Vgl. dazu *BGH*, Urt. v. 21. 10. 1983 – V ZR 166/82 –, BGHZ 88, 344 (345 f.); *OLG Düsseldorf*, Urt. v. 6. 7. 1979 – 4 U 18/79 –, NJW 1979, 2618; *Medicus*, in: Münchener Kommentar, § 1004 Rn. 28; *Gursky*, in: Staudinger, § 1004 Rn. 46.

[14] RGZ 76, 130 ff.; siehe aber auch *AG Münster*, Urt. v. 10. 5. 1983 – 29 C 80/83 –, NJW 83, 2889, das „im Lichte eines veränderten und verfeinerten Umweltbewußtseins“ auch ästhetische Störungen in den § 1004 BGB einbezogen hat.

[15] Vgl. *Gursky*, in: Staudinger, § 1004 Rn. 12.

[16] Vgl. *Palandt-Bassenge*, § 1004 Anm. 2c.

ergeben aus allgemeinen Rechtfertigungsgründen (vgl. §§ 227, 904, 905 S. 2, 912 Abs. 1, 917 Abs. 1 BGB), aus **Rechtsgeschäften** und aus **privatrechtlichen** und aus **öffentlich-rechtlichen** Rechtsnormen.

a) Rechtsgeschäftlich begründete Duldungspflichten

Die Verpflichtung des Eigentümers zur Duldung der Beeinträchtigung kann sich aus einem dinglichen Recht des Störers ergeben **12**

Beispiel: Grunddienstbarkeit, nach der der Berechtigte Versorgungsleitungen über das betroffene Grundstück führen darf.

Sie kann aber auch auf einem schuldrechtlichen Vertrag zwischen Eigentümer und Störer beruhen,[17] der ausdrücklich, aber auch konkludent vereinbart werden kann.

Beispiel: Wird ein Grundstücksteil zum Zwecke der Errichtung einer Fabrik veräußert, von der zwangsläufig Immissionen ausgehen müssen, so verpflichtet sich der Veräußerer stillschweigend zur Duldung der voraussehbaren Einwirkungen.[18]

b) § 906 BGB

Die wohl zentrale privatrechtliche Duldungspflicht des Grundeigentümers ergibt sich aus § 906 BGB. Danach kann der Eigentümer eines Grundstücks die Zuführung von Gasen, Dämpfen, Gerüchen, Rauch, Ruß, Wärme, Geräusch, Erschütterungen und ähnliche von einem anderen Grundstück ausgehende Einwirkungen insoweit nicht verbieten, als die Einwirkung die Benutzung seines Grundstücks nicht oder nur unwesentlich beeinträchtigt. Unterscheiden lassen sich insbesondere **13**
- Geräusch- und Lärmimmissionen,
- Immissionen durch Luftverunreinigung,
- Immissionen durch Erschütterungen.

Die *Erheblichkeit* einer Einwirkung wird regelmäßig durch objektive Meßverfahren feststellt. Öffentliche Umweltstandards sind bei der Beurteilung der Erheblichkeit und Ortsüblichkeit von Beeinträchtigungen im Zivilrecht zwar nicht unmittelbar verbindlich. Sie sind gleichwohl auch bei zivilrechtlichen Streitentscheidungen berücksichtigungsfähig.[19] **14**

Sind die Beeinträchtigungen *wesentlich*, müssen sie gleichwohl hingenommen werden, wenn sie durch eine *ortsübliche* Benutzung des anderen Grundstücks herbeigeführt werden und nicht durch Maßnahmen, die für Grundstücksbenutzer dieser Art *wirtschaftlich zumutbar* sind, verhindert werden können (§ 906 Abs. 2 S. 1 BGB). **15**

Ortsüblich ist eine Benutzung, wenn im maßgeblichen Vergleichsgebiet eine Mehrheit von Grundstücken mit nach Art und Umfang annähernd gleich beeinträchtigender Wirkung auf anderen Grundstücken benutzt werden.[20] Maßgeblich ist in erster Linie der tatsächliche Gebietscharakter, nicht dagegen die Zweckbestimmung des Gebietes in Raumordnungs- und Bau- **16**

---

[17] Vgl. dazu ausführlich *Gursky*, in: Staudinger, § 1004 Rn. 136ff.
[18] *Gursky*, in: Staudinger, § 1004 Rn. 137.
[19] Näher dazu *Marburger*, Individualschutz gegen Umweltbelastungen, C 106ff.; vgl. auch *BGH*, Urt. v. 15. 6. 1977 – V ZR 44/75 –, BGHZ 69, 105 (117).
[20] *BGH*, Urt. v. 2. 3. 1984 – V ZR 54/83 –, NJW 1983, 751.

leitplänen. Raumordnungspläne können jedoch ein Indiz für die Ortsüblichkeit sein.[21]

17 Der Eigentümer braucht wesentliche, ortsübliche Beeinträchtigungen seines Grundstücks aber nur hinzunehmen, wenn sie nicht durch Maßnahmen verhindert werden können, die den Benutzern dieser Art wirtschaftlich zumutbar sind (§ 906 Abs. 2 S. 1 HS 2 BGB). Unter **wirtschaftlich zumutbaren** Maßnahmen im Sinne des § 906 Abs. 2 S. 1 BGB sind alle technischen Einrichtungen sowie betriebswirtschaftliche Möglichkeiten zu verstehen, die die Beeinträchtigung unter die Schwelle der Wesentlichkeit herabsetzen. Für die vom Störer zu ergreifenden Maßnahmen gelten die Prinzipien der Eignung, Erforderlichkeit und Verhältnismäßigkeit, d. h. die Maßnahme muß technisch durchführbar, effizient und schließlich Benutzern dieser Art wirtschaftlich zumutbar sein.[22]

c) Öffentlich-rechtliche Duldungspflichten

18 Der Abwehranspruch wird gem. § 1004 BGB auch durch zahlreiche privatrechtsgestaltende öffentlich-rechtliche Vorschriften ausgeschlossen.

Beispiel: Gem. § 14 S. 1 BImSchG kann aufgrund privatrechtlicher, nicht auf besonderen Titeln beruhender Ansprüche zur Abwehr benachteiligender Einwirkungen von einem Grundstück auf ein benachbartes Grundstück nicht die Einstellung des Betriebs einer Anlage verlangt werden, deren Genehmigung unanfechtbar ist.

19 Gegenüber den nach dem BImSchG genehmigungspflichtigen Anlagen wird der Schutz des betroffenen Nachbarn durch die Beteiligungsmöglichkeit im Genehmigungsverfahren nach § 10 BImSchG vorverlagert. Macht der Nachbar seine Einwendungen im Genehmigungsverfahren allerdings nicht rechtzeitig geltend, so wird er mit ihnen gem. § 10 Abs. 3 S. 3 BImSchG im verwaltungsgerichtlichen Verfahren ausgeschlossen. § 14 BImSchG ist gem. § 11 LuftVG auf Flughäfen entsprechend anwendbar. Für Einwirkungen, die von einer genehmigten Anlage nach dem AtG auf ein anderes Grundstück ausgehen, verweist § 7 Abs. 6 AtG gleichfalls auf § 14 BImSchG. Dagegen gilt § 14 BImSchG nicht für die genehmigungsfreien Anlagen gem. §§ 22ff. BImSchG.

20 Der Ausschluß privatrechtlicher Abwehransprüche ist daneben vor allem im Planfeststellungsrecht vorgesehen.[23]

21 Nach ständiger Rechtsprechung wird trotz Überschreitung der Duldungsgrenze des § 906 Abs. 2 BGB der an sich gegebene Abwehranspruch aus § 1004 Abs. 1 BGB außerdem versagt, wenn es sich zwar um Immissionen Privater handelt, wenn es sich aber zugleich um dem öffentlichen Interesse dienende, lebens- oder gemeinwichtige Betriebe geht.[24]

Fall: Vor dem Grundstück des Klägers unterhält die Beklagte eine Endhaltestelle für eine ihrer Omnibuslinien. Wegen der davon ausgehenden Immissionen (Geräusche,

---

[21] *Säcker*, in: Staudinger, § 906, Rn. 80; vgl. auch *BGH*, Urt. v. 17. 12. 1982 – V ZR 55/82 –, NJW 1983, 751ff.

[22] Vgl. dazu *Medicus*, in: Münchener Kommentar, § 906 Rn. 12.

[23] Vgl. beispielsweise § 17 Abs. 6 S. 1 FStrG, § 11 Abs. 1 S. 1 WHG, §§ 29 Abs. 4, 4 Abs. 2 PBefG, § 21 Abs. 3, 22 WaStrG und § 75 Abs. 2 S. 1 VwVfG.

[24] Vgl. *Roth*, in: Staudinger, § 906 Rn. 29.

Abgase, Verhalten der Fahrgäste) begehrt der Kläger von der Beklagten in erster Linie die Aufhebung der Haltestelle, hilfsweise deren Verlegung, weiter hilfsweise deren Umwandlung in eine Kurzhaltestelle. Die Beklagte wurde verurteilt, ihren Fahrplan so abzuändern, daß die Haltestelle vor dem Grundstück des Klägers entfällt. Der BGH führt zur Begründung aus, der Abwehranspruch nach § 1004 BGB gegenüber dem Betrieb der Beklagten, der unmittelbar der Befriedigung des allgemeinen Verkehrsbedürfnisses und damit dem allgemeinen Wohl diene, könne nur eingeschränkt geltend gemacht werden und dürfe nicht auf Maßnahmen zielen, die den Linienbetrieb lahmlegten oder erheblich beeinträchtigten. Mit der Verlegung der Haltestelle sei der Betrieb der Beklagten jedoch weder lahmgelegt noch erheblich beeinträchtigt.[25]

Zahlreiche weitere hoheitliche Erlaubnisse haben dagegen keine privatrechtsgestaltende Wirkung. Sie schließen somit auch den Abwehranspruch des Eigentümers gem. § 1004 Abs. 1 BGB nicht aus. Das gilt etwa für die Bauerlaubnis, die unter dem Vorbehalt privater Rechte Dritter ergeht. **22**

Der privatrechtliche Abwehranspruch kann sich nicht nur gegen Private, sondern auch gegen juristische Personen des öffentlichen Rechts richten, wenn sie erwerbswirtschaftlich als Fiskus oder aber verwaltungsprivatrechtlich, d. h. bei der unmittelbaren Wahrnehmung öffentlicher Aufgaben in privatrechtlichen Formen, tätig werden.[26] **23**

Fall: Die Standortgemeinde nimmt eine Gesellschaft des privaten Rechts auf Stillegung der von ihr betriebenen Sonderabfalldeponie, hilfsweise auf Einhaltung des den Betrieb ermöglichenden Planfeststellungsbeschlusses in Anspruch. Der VGH Mannheim hat die Eröffnung des Verwaltungsrechtsweges dafür abgelehnt, selbst wenn die Gesellschafter des Betreiberunternehmens ganz überwiegend juristische Personen des öffentlichen Rechts sind. Nach Ansicht des Gerichts sind Streitigkeiten über die Art und Weise des Betriebs der Sonderabfalldeponie vor den Zivilgerichten auszutragen, wenn die Anlage in den Rechtsformen des Privatrechts betrieben wird.[27]

Der Verwaltungsrechtsweg ist dagegen für Klagen auf Unterlassung oder Beseitigung von Immissionen öffentlich-rechtlich organisierter Anlagen oder Veranstaltungen des Staates in Ausübung hoheitlicher Verwaltungstätigkeit eröffnet. **24**

Fall: Für die Klage eines Nachbarn gegen das liturgische Glockengeläute einer als Körperschaft des öffentlichen Rechts anerkannten Kirche ist der Verwaltungsrechtsweg gegeben.[28]

II. Klagen auf Vornahme von Schutzmaßnahmen

Wesentliche Beeinträchtigungen hat der Grundeigentümer gem. § 906 Abs. 2 S. 1 BGB nur dann hinzunehmen, wenn sie nicht durch Maßnahmen verhindert werden können, die Benutzern dieser Art wirtschaftlich zumutbar sind. Vergleichbar werden gem. § 14 S. 1 BImSchG privatrechtliche Abwehransprüche ausgeschlossen; es können jedoch Vorkehrungen verlangt werden, die die benachteiligenden Wirkungen ausschließen (§ 14 S. 2 BImSchG). Dies gilt allerdings nicht, soweit solche Vorkehrungen nach dem Stand der Technik nicht durchführbar oder wirtschaftlich nicht vertretbar **25**

---

[25] Vgl. *BGH*, Urt. v. 11. 11. 1983 – V ZR 231/82 –, NJW 1984, 1242f.
[26] Vgl. *OVG Münster*, Urt. v. 21. 4. 1983 – 11 A 414/82 –, UPR 1984, 96 (97).
[27] Vgl. *VGH Mannheim*, Beschl. v. 11. 9. 1984 – 10 S 1827/84 –, UPR 1985, 218.
[28] Vgl. *BVerwG*, Urt. v. 7. 10. 1983 – 7 C 44/81 –, NJW 1984, 989; vgl. zu diesem Urteil *Sachs*, NVwZ 1988, 127ff.

sind. § 906 BGB als auch § 14 BImSchG stellen demnach auf die wirtschaftliche Zumutbarkeit solcher Schutzmaßnahmen ab. Sind die Maßnahmen unzumutbar, so muß der Betroffene selbst schwerste, unzumutbare Beeinträchtigungen hinnehmen. Er kann dann aber Entschädigung verlangen (vgl. § 906 Abs. 2 S. 2 BGB, § 14 S. 3 BImSchG).

III. Zivilrechtliche Schadensersatz- und Entschädigungsklagen

26 Vor den Zivilgerichten können außerdem Schadensersatzansprüche aus der Verletzung privatrechtlicher und gem. § 40 Abs. 2 S. 1 VwGO auch öffentlich-rechtlicher Pflichten, die nicht auf einem öffentlichrechtlichen Vertrag beruhen, verfolgt werden. Klagen auf Ersatz von Umweltschäden können sich einmal gegen den Staat mit der Begründung richten, die Verwaltung oder der Gesetzgeber hätten es pflichtwidrig unterlassen, den Betroffenen vor gesundheitsgefährdenden und eigentumsbeeinträchtigenden Umweltbelastungen zu schützen. Sie können sich aber auch unmittelbar gegen den privaten Störer richten. Anspruchsgrundlagen ergeben sich aus dem Deliktsrecht, aber auch aus spezialgesetzlichen Entschädigungsregelungen (z. B. §§ 14 S. 3, 42 BImSchG, 10 Abs. 2 S. 2 WHG, 75 Abs. 2 S. 4 VwVfG) und aus Tatbeständen der Gefährdungshaftung (z. B. §§ 22 WHG).[29]

B. Beweislast

27 Bei den Abwehrklagen hat der Kläger die Beweislast für sein Eigentum oder für die sonstige Rechtsposition und für ihre Beeinträchtigung (beim Beseitigungsanspruch) bzw. für das Bevorstehen ihrer Beeinträchtigung (beim Unterlassungsanspruch), sowie für die Verantwortlichkeit des Beklagten. Der Beklagte muß demgegenüber die Voraussetzungen für eine Duldungspflicht des Klägers oder einen anderen Rechtfertigungsgrund beweisen.[30] Der Beklagte ist demnach beweispflichtig für die Zulässigkeit der Einwirkung; er hat den Nachweis der Unwesentlichkeit, der Ortsüblichkeit sowie der Nichtverhinderbarkeit durch mögliche und wirtschaftlich zumutbare Maßnahmen zu führen.[31] Nach der Rechtsprechung des BGH haben öffentliche Umweltstandards lediglich indizielle Bedeutung und entbinden nicht von einer Feststellung des Ausmaßes der Immissionen im Einzelfall.[32] Für den Ausgleichsanspruch gem. § 906 Abs. 2 S. 2 BGB trifft grundsätzlich den Grundstückseigentümer als Anspruchsteller die Beweislast für die tatsächlichen Voraussetzungen. Nach der Rechtsprechung des *BGH*[33] weist aber auch insoweit die Überschreitung von Grenzwerten „in der Regel" darauf hin, daß schädliche Umwelteinwirkungen vorliegen. Bei Unterschreiten der Grenzwerte tritt dagegen zugunsten des beeinträchtigten

---

[29] Zum Umwelthaftungsrecht siehe ausführlich unten, § 15.
[30] Vgl. *Medicus*, in: Münchener Kommentar, § 1004 Rn. 88.
[31] Vgl. *Säcker*, in: Staudinger, § 906 Rn. 123.
[32] *BGH*, Urt. v. 15. 6. 1977 – V ZR 44/75 –, Z 69, 105 (117).
[33] *BGH*, Urt. v. 16. 12. 1977 – V ZR 91/75 –, Z 70, 102 (107).

Grundstückseigentümers keine Beweiserleichterung ein.[34] Für deliktische Schadensersatzansprüche des durch eine Immission geschädigten Grundeigentümers wendet die Rechtsprechung die Beweislastregelung des § 906 BGB entsprechend an. Nach der Rechtsprechung des *BGH* hat der Emittent darzutun und zu beweisen, daß die von seinem Grundstück ausgehenden Emissionen sich im Rahmen einer ortsüblichen Benutzung seines Grundstücks gehalten haben und er die wirtschaftlich zumutbaren Vorkehrungen getroffen hat, um Schädigungen Dritter zu verhindern.[35]

Besondere Beweisschwierigkeiten bestehen für den Beeinträchtigten hinsichtlich der Kausalitätsfrage bei **summierten Immissionen** einer Vielzahl von Anlagebetreibern.[36] Den Beweisschwierigkeiten trägt die Rechtsprechung des *BGH*[37] dadurch Rechnung, daß sie eine Schätzung der Verursachungsanteile gem. § 287 ZPO zuläßt, die dann Grundlage für die Aufteilung des Schadens ist.[38] 28

C. Verhältnis von zivilgerichtlichem und verwaltungsprozessualem Drittschutz

Rechtsbehelfskonkurrenzen zwischen dem Zivilrechtsweg und dem Verwaltungsrechtsweg können dann auftreten, wenn ein Privater gegen Umweltbelastungen sowohl vor den Verwaltungsgerichten als auch vor den Zivilgerichten Rechtsschutz suchen kann. 29

Fall:[39] Der Betreiber einer nicht genehmigungsbedürftigen Anlage verstößt gegen seine Pflichten aus § 22 Abs. 1 Nr. 1 BImSchG. Da diese Vorschrift drittschützend ist,[40] können Drittbetroffene grundsätzlich verwaltungsgerichtliche Verpflichtungsklage gem. § 42 VwGO, gerichtet auf Erlaß einer Maßnahme nach § 24 BImSchG, erheben. Neben der gegen die zuständige Behörde gerichteten Verpflichtungsklage kommt aber auch eine privatrechtliche Abwehrklage gegen den Betreiber nach § 1004 BGB in Betracht.

Nach der h. M. sind beide Rechtswege grundsätzlich gleichwertig, so daß weder die angerufenen Verwaltungsbehörden oder Verwaltungsgerichte auf die Möglichkeiten des zivilrechtlichen Rechtsschutzes verweisen können,[41] noch umgekehrt etwa die Zivilgerichte für die Klage aus § 1004 BGB unter Verweis auf die Möglichkeiten des verwaltungsgerichtlichen Rechtsschutzes das Rechtsschutzbedürfnis verneinen dürfen.[42] 30

---

[34] *BGH*, Urt. v. 16. 12. 1977 – V ZR 91/75 –, Z 70, 17.
[35] Vgl. *BGH*, Urt. v. 18. 9. 1984 – VI ZR 223/82 –, Z 92, 143 (148ff.).
[36] Vgl. zu den summierten Immissionen *Hager*, NJW 1986, 1961 (1966ff.); *Adams*, ZZP 99 (1986), 129ff.; *Kormann*, Summierte Immissionen im öffentlichen Umweltrecht, S. 1ff.
[37] *BGH*, Urt. v. 13. 2. 1976 – V ZR 55/74 –, Z 66, 70.
[38] Vgl. dazu *Säcker*, in: Staudinger, § 907 Rn. 126.
[39] Siehe dazu *Säcker*, in: Staudinger, § 906 Rn. 9.
[40] Vgl. *Jarass*, BImSchG, § 22 Rz. 11.
[41] Vgl. *Jarass*, DVBl. 1985, 193 (195).
[42] So zu Recht *Säcker*, in: Staudinger, § 906 Rn. 10 mit zahlreichen weiteren Nachweisen zum Streitstand; siehe auch *Beckmann*, Rechtsschutz, S. 27; *Steinberg*, Nachbarrecht, S. 1ff.

31 Bei der Entscheidung des Betroffenen für den einen oder anderen Rechtsweg wird er die Prozeßrisiken und Erfolgsaussichten im einzelnen berücksichtigen müssen. Begehrt der Betroffene ein Einschreiten gegen eine rechtswidrige Umweltbelastung, dann kann für den Zivilrechtsweg sprechen, daß das behördliche Einschreiten im Ermessen der Verwaltungsbehörde steht, so daß dem Betroffenen kein Anspruch auf Einschreiten gegen den Störer zusteht. Allerdings kann der Zivilrechtsweg auch erhebliche Nachteile aufweisen. Diese hängen vor allem mit den bereits erwähnten Schwierigkeiten der Beweisführung zusammen, wenngleich nicht übersehen werden darf, daß auch der Verwaltungsprozeß zwar keine *Beweisführungslast*, aber – genau wie der Zivilprozeß – eine *materielle Beweislast* kennt. Hinzu kommt, daß das Kostenrisiko eines zivilgerichtlichen Verfahrens gegenüber dem verwaltungsgerichtlichen Verfahren regelmäßig höher liegt. Die Wahl des Rechtsweges hängt schließlich ganz entscheidend von den Erfolgsaussichten der Klage im jeweiligen Rechtsweg ab. Diese können verschieden sein, wenn die Gerichte bei ihrer Entscheidung einen unterschiedlichen Kontrollmaßstab verwenden. Wie bereits erwähnt, vertritt der BGH die Ansicht, daß die privaten Rechte gegenüber öffentlichrechtlichen Entscheidungen, insbesondere auch gegenüber Planungsentscheidungen, soweit ihnen nicht ausdrücklich privatrechtsgestaltende Wirkung eingeräumt ist, vorrangig sind.[43] Vor der Wahl des Rechtsweges ist deshalb stets zu prüfen, ob die zivilrechtliche oder die öffentlichrechtliche Rechtslage für den jeweiligen Kläger günstiger ist.

Ungeklärt sind die sich aus der Doppelgleisigkeit des Rechtsweges ergebenden Rechtskraftprobleme.[44]

---

[43] *BGH*, Urt. v. 17. 12. 1982 – 5 ZR 55/82 –, NJW 1983, 751 f.

[44] Vgl. dazu *Säcker*, in: Staudinger, § 906 Rn. 14.

§ 12. Umweltrechtsschutz im Verwaltungsverfahren

Rechtsschutzfragen können nicht allein beschränkt auf die Eröffnung und den Umfang gerichtlichen Rechtsschutzes erörtert werden. Die Bürgerbeteiligung hat gerade bei den größeren umweltrechtlichen Verfahren des Immissionsschutz-, Abfall- und Atomrechts unter rechtsschützenden Gesichtspunkten an Stellenwert gewonnen. 1

A. Begriff und Arten von Verwaltungsverfahren

Verwaltungsverfahren im weiteren Sinne ist jede auf den Erlaß einer Entscheidung, die Vornahme einer sonstigen Maßnahme oder den Abschluß eines Vertrages gerichtete Tätigkeit der Verwaltungsbehörden.[1] 2

Mit dieser weitgehenden Definition werden ganz unterschiedliche vorbereitende Maßnahmen der Verwaltung – wie z. B. das Verfahren zum Erlaß einer Schutzgebietsausweisung, zur Aufstellung von Umweltplänen oder von Umweltstandards oder auch Planfeststellungsverfahren, förmliche Genehmigungsverfahren etc. erfaßt. 3

Gem. § 9 VwVfG ist das Verwaltungsverfahren im Sinne des VwVfG die nach außen wirkende Tätigkeit der Behörden, die auf die Prüfung der Voraussetzungen, die Vorbereitung und den Erlaß eines *Verwaltungsaktes* oder auf den *Abschluß eines öffentlich-rechtlichen Vertrages* gerichtet ist. Das VwVfG geht demgemäß von einem eingeschränkten Verfahrensbegriff aus. 4

Es gibt verschiedene Arten von Verwaltungsverfahren. Unterscheiden lassen sich vor allem 5

- **nichtförmliche Verwaltungsverfahren**,
- **förmliche Verfahren**,
- **Rechtsbehelfsverfahren**.

Gem. § 10 Abs. 1 VwVfG ist das Verwaltungsverfahren an bestimmte Formen nicht gebunden, soweit keine besonderen Rechtsvorschriften für die Form des Verfahrens bestehen. Es ist einfach und zweckmäßig durchzuführen (§ 10 S. 2 VwVfG). Das **nichtförmliche Verwaltungsverfahren** stellt daher den Regeltyp dar. 6

Ein **förmliches Verwaltungsverfahren** findet nur statt, wenn dies gesetzlich angeordnet ist. Das förmliche Verfahren ist geregelt in den §§ 63ff. VwVfG, daneben aber auch in zahlreichen umweltrechtlichen Spezialgesetzen, etwa in § 10 BImSchG i. V. m. der 9. BImSchV in § 7 Abs. 4 AtG i. V. m. der AtVfV. Spezielle förmliche Verwaltungsverfahren sind auch die Planfeststellungsverfahren, die allgemein in den §§ 72 ff. VwVfG und in zahlreichen Fachplanungsgesetzen geregelt sind.[2] Förmliche Verwaltungsverfahren unterscheiden sich von den nichtförmlichen Verfahren regelmäßig 7

[1] Vgl. *Maurer*, Allgemeines Verwaltungsrecht, § 19 Rn. 1.
[2] Vgl. dazu bereits oben, § 8 Rn. 28ff.

durch die strengeren Anforderungen an die Anhörung der Beteiligten, an die Mitwirkung von Zeugen und Sachverständigen, an die Begründung und Abfassung der Entscheidung etc. Regelmäßig sind außerdem mündliche Verhandlungen durchzuführen.

8 Das **Rechtsbehelfsverfahren** schließlich dient der Überprüfung der *Rechtmäßigkeit* und *Zweckmäßigkeit* von Verwaltungsmaßnahmen auf Antrag des Bürgers.[3]

9 Unterschieden werden daneben zum Teil noch die sogenannten *Massenverfahren* und die *gestuften Verfahren*. Bei diesen Verfahren handelt es sich jedoch nicht um rechtlich eigenständige Verfahrenstypen.

10 **Massenverfahren** sind dadurch gekennzeichnet, daß an ihnen eine besonders große Anzahl von Personen beteiligt sind.

Beispiele: Im Verfahren zur Genehmigung des Kernkraftwerks Brokdorf sollen 75.000, im Verfahren zur Genehmigung des Kernkraftwerks Wyhl 10.000 Einwendungen und im Verfahren zur Genehmigung der Wiederaufarbeitungsanlage in Wakkersdorf sollen 870.000 Einwendungen erhoben worden sein.[4]

11 Zur Bewältigung der Massenbeteiligung sind spezielle Rechtsvorschriften vorgesehen, die sich mit der öffentlichen Bekanntmachung anstelle individueller Benachrichtigungen und Zustellungen[5] und mit Rechtsvorschriften über die gemeinsame Vertretung[6] befassen.

12 **Mehrstufige Verwaltungsverfahren** sind häufig vorgesehen, um durch stufenweise Problemabschichtung und -konkretisierung die Überschaubarkeit und Steuerungsfähigkeit komplexer, teilweise mehrere Jahre dauernder Verwaltungsverfahren zu erhalten und zu verbessern. Gestufte Verwaltungsverfahren sind teilweise in Umweltgesetzen mit **Vorbescheid** und **Teilgenehmigung** vorgesehen (vgl. etwa § 7 a, 7 b AtG; §§ 18, 19 AtVfV; §§ 8, 9 BImSchG). Soweit es an einer spezialgesetzlichen Regelung fehlt, wird eine Verfahrensstufung aufgrund allgemeiner verfahrensrechtlicher Regeln – vor allem aufgrund der Befugnis der Behörde, das Verfahren nach Zweckmäßigkeitsgesichtspunkten zu gestalten und über abtrennbare Teile der zu treffenden Regelung gesondert zu entscheiden – grundsätzlich für zulässig gehalten.[7]

B. Funktion des Verwaltungsverfahrens

13 Das Verwaltungsverfahren dient der Durchsetzung und Verwirklichung des materiellen Rechts, insbesondere dient das Verfahren teilweise auch dem Grundrechtsschutz der betroffenen Bürger.[8]

---

[3] Vgl. *Maurer*, Allgemeines Verwaltungsrecht, § 9 Rn. 6.

[4] Vgl. zu den Massenverfahren *Maurer*, Allgemeines Verwaltungsrecht, § 19 Rn. 7 m. w. N.; zu den Massenverfahren siehe auch *Meyer/Ladewig*, NVwZ 1982, 349ff.; *Gerhardt/Jacob*, DÖV 1982, 345ff.; *Schmel*, Massenverfahren, S. 1ff.; *Blümel*, VerwArch. 73 (1982) 73ff.

[5] Vgl. etwa die §§ 67 Abs. 1, 69 Abs. 2, 73 Abs. 6, 7 Abs. 5 VwVfG; § 10 Abs. 8 BImSchG, §§ 17 Abs. 1, Abs. 4 AtVfV.

[6] Vgl. dazu i.e. §§ 17ff. VwVfG.

[7] Vgl. *Beckmann*, Rechtsschutz, S. 210 m. w. N.; *OVG Lüneburg*, Beschl. v. 9. 11. 1982 – 1 OVG B 59/82 –, DVBl. 1983, 184 (186); *OLG Celle*, Urt. v. 6. 7. 1984 – 4 U (Baul) 217/83 –, NVwZ 1985, 518.

[8] Vgl. *BVerfG*, Beschl. v. 20. 12. 1979 – 1 BvR 385/77 –, E 53, 30; Beschl. v. 25. 2. 1981 – 1 BvR 413, 768, 820/80 –, E 56, 216; *BVerfG*, Beschl. v. 26. 1. 1988 – 1 BvR 1561/82 –, NVwZ 1988, 427 (429); *Laubinger*, VerwArch. 73 (1982), 60ff.; *Dolde*, NVwZ 1982, 65ff.; *v. Mutius*, NJW 1982, 2150ff.; *Grimm*, NVwZ 1985, 865ff.; *Blümel*, Grundrechtsschutz durch Verfahrensgestaltung, S. 23ff.; *Bethge*, NJW 1982, 1ff.; *Held*, Grundrechtsschutz durch Verfahren, S. 1ff.

14 Die Beteiligung der betroffenen Bürger am Verwaltungsverfahren wird als Instrument eines verbesserten und **vorgelagerten Rechtsschutzes** angesehen.[9] Der Rechtsschutz im Verwaltungsverfahren soll vor allem der Gefahr begegnen, daß vor Abschluß des – möglicherweise langjährigen – gerichtlichen Verfahrens **vollendete Tatsachen** geschaffen werden, die entweder überhaupt nicht oder nur mit großen Verlusten wieder beseitigt werden können. Neben dieser Rechtsschutzfunktion wird teilweise die Bürgerbeteiligung als Möglichkeit der Verbesserung der **demokratischen Legitimation** von hoheitlichen Entscheidungen angesehen.[10] Unstreitig dient die Betroffenenbeteiligung außerdem der **Information** der entscheidenden Behörde und dem Versuch, die **Akzeptanz** der betroffenen Bürger für die zum Teil erheblich umstrittenen Vorhaben zu erhöhen.

C. Rechte der Verfahrensbeteiligten

15 Verfahrensrechte stehen in den Verwaltungsverfahren regelmäßig nur den Verfahrensbeteiligten zu. Gem. § 13 Abs. 1 VwVfG sind Beteiligte

- Antragsteller und Antragsgegner,
- diejenigen, an die die Behörde den Verwaltungsakt richten will oder gerichtet hat,
- diejenigen, mit denen die Behörde einen öffentlich-rechtlichen Vertrag schließen will oder geschlossen hat,
- diejenigen, die nach § 13 Abs. 2 VwVfG von der Behörde zu dem Verfahren hinzugezogen worden sind.

16 Gem. § 13 Abs. 2 S. 1 VwVfG kann die Behörde von Amts wegen oder auf Antrag diejenigen, deren rechtliche Interessen durch den Ausgang des Verfahrens berührt werden können, als Beteiligte hinzuziehen. Hat der Ausgang des Verfahrens rechtsgestaltende Wirkung für einen Dritten, so ist dieser auf Antrag als Beteiligter zu dem Verfahren hinzuzuziehen; soweit er der Behörde bekannt ist, hat diese ihn von der Einleitung des Verfahrens zu benachrichtigen (§ 13 Abs. 2 S. 2 VwVfG).

Fall:[11] Nachbar A hat in einem immissionsschutzrechtlichen Genehmigungsverfahren für den Kühlturm eines Kernkraftwerks Einwendungen erhoben. Im Verfahren hat er außerdem beantragt, ihn gem. § 13 Abs. 2 VwVfG förmlich zu beteiligen. Der Antrag wurde von der Genehmigungsbehörde abgelehnt. Die daraufhin von A erhobene Verpflichtungsklage hat das OVG Koblenz abgewiesen. Nach seiner Ansicht können Personen, die gem. § 10 BImSchG rechtzeitig Einwendungen gegen ein nach § 4 BImSchG genehmigungsbedürftiges Vorhaben erhoben haben, gem. § 44 a VwGO die Ablehnung einer von ihnen zusätzlich beantragten förmlichen Hinzuziehung zum Genehmigungsverfahren nicht zum Gegenstand eines selbständigen Klageverfahrens machen.

17 Regelungen über die notwendige Verfahrensbeteiligung können sich daneben aus speziellen Umweltgesetzen ergeben.

---

[9] Vgl. dazu *Lummert/Thiem*, Rechte des Bürgers, S. 43 m. w. N.; *BVerfG*, Beschl. v. 26. 1. 1988 – 1 BvR 1561/82 –, NVwZ 1988, 427 (428).

[10] Vgl. dazu *Lummert/Thiem*, Rechte des Bürgers, m. w. N. zu den dazu bestehenden Meinungsverschiedenheiten.

[11] *OVG Koblenz*, Urt. v. 19. 5. 1987 – 7 C 1/87 –, NVwZ 1988, 76.

Beispiel: Gem. § 29 Abs. 1 BNatSchG ist einem rechtsfähigen Verein, soweit nicht in anderen Rechtsvorschriften eine inhaltsgleiche oder weitergehende Form der Mitwirkung vorgesehen ist, Gelegenheit zur Äußerung sowie zur Einsicht in die einschlägigen Sachverständigengutachten zu geben
1. bei der Vorbereitung von Verordnungen und anderen im Range unter dem Gesetz stehenden Rechtsvorschriften der für Naturschutz und Landschaftspflege zuständigen Behörden,
2. bei der Vorbereitung von Programmen und Plänen im Sinne der §§ 5 und 6, soweit sie dem einzelnen gegenüber verbindlich sind,
3. vor Befreiungen von Verboten und Geboten, die zum Schutz von Naturschutzgebieten und Nationalparken erlassen sind,
4. in Planfeststellungsverfahren über Vorhaben, die mit Eingriffen in Natur und Landschaft im Sinne des § 8 verbunden sind.

Voraussetzung der Verbandsbeteiligung ist gem. § 29 Abs. 1 S. 1 BNatSchG, daß der Verband nach § 29 Abs. 2 BNatSchG anerkannt ist und durch das Vorhaben in seinem satzungsgemäßen Aufgabenbereich berührt wird.

I. Antrag auf behördliches Tätigwerden

18 Gem. § 22 Abs. 1 VwVfG entscheidet die Behörde nach pflichtgemäßem Ermessen, ob und wann sie ein Verwaltungsverfahren durchführt. Das gilt allerdings nicht, wenn die Behörde aufgrund von Rechtsvorschriften von Amts wegen oder auf Antrag tätig werden muß oder nur auf Antrag tätig werden darf und ein Antrag nicht vorliegt (§ 22 S. 2 VwVfG).[12] Die Rechtsprechung erkennt auch ohne ausdrückliche Vorschrift einen Anspruch des Bürgers gegen die Behörde auf Einleitung, oder wenigstens auf eine ermessensfehlerfreie Entscheidung über die Einleitung eines Verfahrens an, wenn der zu vollziehende Rechtssatz nicht ausschließlich dem Interesse der Allgemeinheit, sondern – zumindest auch – dem Schutz des einzelnen betroffenen Bürgers dient.[13]

19 Rechtsschutz im Verwaltungsverfahren kann der Betroffene deshalb dadurch zu erreichen versuchen, daß er eine ihm günstige Verwaltungsentscheidung beantragt.

Beispiel: Gem. § 49 Abs. 1 LG NW ist das Betreten der privaten Wege und Pfade, der Wirtschaftswege sowie der Feldraine, Böschungen, Öd- und Brachflächen und anderen landwirtschaftlich nicht genutzten Flächen in der freien Landschaft grundsätzlich zum Zwecke der Erholung auf eigene Gefahr gestattet. Sperrt der Grundstückseigentümer oder der sonstige Berechtigte seine Flächen, ohne die dazu erforderliche Genehmigung gem. § 54 Abs. 1 LG NW einzuholen, dann kann der erholungssuchende Bürger bei der zuständigen Behörde beantragen, daß die unzulässige Sperre beseitigt wird.

20 Ganz allgemein gilt, daß jedermann bei der Verwaltung die für ihn günstigen Entscheidungen, etwa Erlaubnisse, Bewilligungen oder Befreiungen, bzw. die Aufhegung ihn belastender Entscheidungen beantragen kann. Drittbetroffene können ein behördliches Einschreiten zu ihren Gunsten, etwa im Wege von nachträglichen Anordnungen, Stillegungen, Widerruf von Erlaubnissen etc. beantragen.

---

[12] Zum Verfahrensermessen der Verwaltung siehe *Hill*, NVwZ 1985, 449 ff.
[13] Vgl. dazu *Engelhardt*, Bürger und Umwelt, S. 241.

II. Verfahrensrechte in nichtförmlichen Verwaltungsverfahren

21 Nach dem VwVfG haben die Verfahrensbeteiligten in allen Verwaltungsverfahren – d. h. auch in den nichtförmlichen Verwaltungsverfahren – folgende Rechte:
- Recht auf Anhörung (§ 28 VwVfG),
- Recht auf Akteneinsicht (§ 29 VwVfG),
- Recht auf Geheimhaltung (§ 30 VwVfG),
- Beratungs- und Auskunftsrecht (§ 25 VwVfG),
- Recht auf Vertretung (§ 14 VwVfG).[14]

III. Rechtsschutz im förmlichen Verwaltungsverfahren

22 Im Vordergrund des Rechtsschutzes in förmlichen Verwaltungsverfahren steht die Beteiligung betroffener Bürger an Genehmigungs- und Planfeststellungsverfahren.

1. Einwendungsbefugnis

23 Die Beteiligung von Bürgern findet in diesen Verfahren zumeist durch öffentliche Bekanntmachung des Vorhabens, Erhebung von Einwendungen und Erörterung dieser Einwendungen mit den Einwendern statt.

24 **Einwendungen** sind sachliches Gegenvorbringen im Verwaltungsverfahren. Bei Drittbetroffenen muß sich dieses Gegenvorbringen auf eine befürchtete Gefährdung von Rechtsgütern beziehen.[15] Unterschiedlich geregelt ist für die einzelnen Verfahren allerdings die Einwendungsbefugnis. Teilweise ist ohne Rücksicht auf die Berührung eigener Belange jedermann einwendungsbefugt.[16] Die weitere Beteiligung am Verfahren wird auf die Einwender begrenzt. Insbesondere der Erörterungstermin, der dazu dient, die rechtzeitig erhobenen Einwendungen zu erörtern, ist nicht öffentlich.[17] In anderen Genehmigungs- und Planfeststellungsverfahren sind einwendungsbefugt nur die Betroffenen[18] oder Personen, die „in ihren Belangen"[19] oder „rechtlichen Interessen"[20] berührt sein können.

2. Einwendungsfrist und Präklusion

25 Einwendungen müssen in aller Regel in einer bestimmten Frist erhoben werden. Die Frist ist allerdings in den Genehmigungsverfahren unterschiedlich ausgestaltet. Teilweise enden die Einwendungsfristen zwei Wochen nach dem Ende der Auslegungsfrist, d. h. des Zeitraums, in dem die Unterlagen über das Vorhaben öffentlich ausliegen.[21] Teilweise beträgt die Frist bis zu

---

[14] Vgl. dazu näher *Maurer*, Allgemeines Verwaltungsrecht, § 19 Rn. 19ff.
[15] Vgl. *BVerwG*, Urt. v. 17. 7. 1980 – 7 C 11.78 –, E 60, 297.
[16] Vgl. § 10 Abs. 3 S. 2 BImSchG, 18 Abs. 1 der 9. BImSchV; 7 Abs. 4 AtG i. V. m. §§ 4ff. AtVfV.
[17] Vgl. etwa § 18 Abs. 1 S. 1 9. BImSchV.
[18] Vgl. § 8 Abs. 3 WHG i. V. m. den Wassergesetzen der Bundesländer.
[19] Vgl. § 10 Abs. 3 LuftVG; § 18 Abs. 4 FStrG.
[20] Vgl. § 13 Abs. 2 VwVfG.
[21] Vgl. z. B. § 148 Abs. 1 S. 3 WG NW i. V. m. § 73 Abs. 4 S. 1 VwVfG NW.

zwei Monate.[22] Bei Planfeststellungsverfahren betragen die Einwendungsfristen zwei[23] bis vier[24] Wochen. Mit Ablauf der Frist werden die Einwendungen ausgeschlossen, die nicht auf besonderen privatrechtlichen Titeln beruhen.[25] Unterschiedlich geregelt ist wiederum, ob die Fristversäumnis lediglich zum Ausschluß im Verwaltungsverfahren (**formelle Präklusion**) oder auch zum Einwendungsausschluß im verwaltungsgerichtlichen Verfahren (sog. **materielle Präklusion**) führt. Nach h. M. führt die Verfahrenspräklusion in atomrechtlichen Genehmigungsverfahren, in immissionsschutzrechtlichen Genehmigungsverfahren und in wasserrechtlichen Bewilligungsverfahren zur materiellen Präklusion, während für Planfeststellungsverfahren regelmäßig nur die formelle Präklusion, d. h. der Ausschluß im Verwaltungsverfahren, gilt.[26]

26 Nach Ablauf der Einwendungsfrist werden die Einwendungen regelmäßig mit der zuständigen Behörde, dem Antragsteller, den zu beteiligenden Behörden und den Einwendern erörtert.[27]

IV. Rechtsbehelfsverfahren

27 Eine Überprüfung behördlicher Entscheidungen kann im Wege der gerichtlichen *Fremdkontrolle*, aber auch im Wege der *Selbstkontrolle* der Verwaltung stattfinden.[28]

28 Unter der **Selbstkontrolle** der Verwaltung versteht man die Überprüfung des Verwaltungshandelns durch die handelnde oder die ihr im Instanzenzuge übergeordnete Verwaltungsbehörde.[29] Die Selbstkontrolle durch Aufsichtsbehörden wird teilweise durch eine falsch verstandene Behördensolidarität entwertet.[30] Die Selbstkontrolle kann sich auf eine Überprüfung der Rechtmäßigkeit des Verwaltungshandelns beschränken oder sich auf seine Zweckmäßigkeit erstrecken. Sie wird entweder nichtförmlich durch formfreie Rechtsbehelfe, insbesondere durch *Gegenvorstellungen* oder *Aufsichtsbeschwerden* eingeleitet.[31] Die förmliche Selbstkontrolle der Verwaltung erfolgt in erster Linie durch das *Widerspruchsverfahren.*

29 Gem. § 68 Abs. 1 S. 1 VwGO sind grundsätzlich vor Erhebung der Anfechtungsklage Rechtmäßigkeit und Zweckmäßigkeit des Verwaltungsaktes in einem Vorverfahren nachzuprüfen. Gleiches gilt gem. § 68 Abs. 2 VwGO für Verpflichtungsklagen, wenn der Antrag auf Vornahme des Verwaltungsaktes abgelehnt worden ist. Einer Nachprüfung im Vorverfahren bedarf es gem. § 68 Abs. 1 S. 2 VwGO allerdings nicht, wenn ein Gesetz dies für besondere Fälle bestimmt.

30 Von der Notwendigkeit der Durchführung eines Vorverfahrens bestehen gerade für umweltrechtliche Streitigkeiten bedeutsame **Ausnahmen**. Kein

---

[22] Vgl. z. B. § 10 Abs. 3 BImSchG, § 6 AtVfV.
[23] Vgl. § 10 Abs. 3 LuftVG.
[24] Vgl. § 18 Abs. 3 FStrG.
[25] Vgl. z. B. § 10 Abs. 3 BImSchG.
[26] Siehe dazu unten, § 13, Rn. 128–133.
[27] Vgl. etwa § 10 Abs. 6 BImSchG.
[28] Grundlegend zur Kontrolle in staatlichen Entscheidungsprozessen *Krebs*, Kontrolle, S. 1ff.
[29] *Ule/Laubinger*, Gutachten B, S. 57.
[30] Vgl. *Thieme*, Verwaltungslehre, Rn. 154; *Scholz*, VVDStRL 34 (1976), 145 (215).
[31] Vgl. dazu *Achterberg*, Allgemeines Verwaltungsrecht, § 23 Rn. 2ff.

Vorverfahren ist insbesondere gem. § 74 Abs. 1 S. 2 VwVfG für Planfeststellungsbeschlüsse durchzuführen.[32] Eines Vorverfahrens bedarf es außerdem nicht, wenn der Verwaltungsakt von einer obersten Bundesbehörde oder von einer obersten Landesbehörde erlassen worden ist, außer, wenn ein Gesetz die Nachprüfung vorschreibt (§ 69 Abs. 1 S. 2 Nr. 1 VwGO). Eines Vorverfahrens bedarf es deshalb nicht bei der Genehmigung besonders bedeutsamer Anlagen, etwa nach dem AtG oder nach dem BImSchG.[33] Eines Widerspruchsverfahrens bedarf es gem. § 68 Abs. 1 S. 2 Nr. 2 VwGO schließlich auch dann nicht, wenn ein Dritter durch einen Widerspruchsbescheid erstmalig beschwert wird. Das ist insbesondere bei umweltrechtlichen Nachbarstreitigkeiten der Fall, wenn dem Widerspruch des Antragstellers gegen die Versagung einer Genehmigung stattgegeben wird, oder wenn auf Widerspruch eines Dritten die Genehmigung mit einer den Antragsteller belastenden Auflage verschärft wird.

Nach der Rechtsprechung des *BVerwG* ist die Entscheidungskompetenz **31**
der Widerspruchsbehörde bei Widersprüchen Drittbetroffener eingeschränkt. Nach Ansicht des Gerichts kann die Widerspruchsbehörde den Ausgangsbescheid nur daraufhin überprüfen, ob die den Widerspruchsführer schützenden Rechtsnormen eingehalten worden sind.[34]

---

[32] Näher dazu *Hoppe/Schlarmann*, Rechtsschutz, Rn. 108 m. w. N.

[33] Vgl. *Jarass*, BImSchG, § 52 Rn. 34ff. mit Nachweisen zu den Zuständigkeitsregelungen der Länder im Immissionsschutzrecht; zur Zuständigkeitsregelung im Atomrecht vgl. *Kröncke*, Genehmigung, S. 15ff.

[34] Vgl. *BVerwG*, Urt. v. 18. 5. 1982 – 7 C 42.80 –, E 65, 313 (318); zustimmend *Jarass*, NJW 1983, 2844 (2845); krit. dazu *Beckmann*, Rechtsschutz, S. 87f.

§ 13. Verwaltungsgerichtlicher Rechtsschutz

1 Überragende Bedeutung kommt im Umweltrechtsschutz den Verwaltungsgerichten zu. Der von ihnen gewährte Rechtsschutz kann durch den Rechtsschutz der Strafgerichte, der Zivilgerichte, der Verfassungsgerichte und durch den Rechtsschutz im Verwaltungsverfahren lediglich ergänzt werden.[1]

2 Der Kontrollumfang durch die Verwaltungsgerichte wird einerseits beeinflußt durch sog. **Kontrolleröffnungsnormen**, in denen die Sachurteils- bzw. Sachentscheidungsvoraussetzungen geregelt sind. Andererseits wird der Kontrollumfang durch die **Kontrolldichte** bestimmt, d. h. durch zahlreiche prozeß- und verfahrensrechtliche Regelungen, die eine umfassende richterliche Kontrolle des für die Verwaltung Geltung beanspruchenden objektiven Rechts unmöglich machen.

A. Kontrolleröffnung

3 Voraussetzung des Umweltrechtsschutzes vor den Verwaltungsgerichten ist, daß die Kontrolle gegenüber dem beanstandeten Verwaltungshandeln eröffnet ist. Das ist der Fall, wenn das Gericht auf die Einlegung eines Rechtsbehelfs hin in der Sache entscheiden kann, weil die Sachurteils- bzw. Sachentscheidungsvoraussetzungen vorliegen.[2]

I. Verwaltungsrechtsweg in umweltrechtlichen Streitigkeiten

4 Gem. § 40 Abs. 1 S. 1 VwGO ist der Verwaltungsrechtsweg in allen öffentlich-rechtlichen Streitigkeiten nichtverfassungsrechtlicher Art gegeben, soweit die Streitigkeiten nicht durch Bundesgesetz einem anderen Gericht ausdrücklich zugewiesen sind. Öffentlichrechtlich sind alle Streitigkeiten, deren Streitgegenstand sich als unmittelbare Folge des öffentlichen Rechts darstellt.[3] Da sich die Rechtmäßigkeit hoheitlichen Handelns nach öffentlichem Recht richtet, ist der Verwaltungsrechtsweg für alle Klagen gegeben, die auf Ausübung oder Unterlassung öffentlich-rechtlicher Gewalt gerichtet sind.[4] Umweltrechtsstreitigkeiten sind deshalb vor den Verwaltungsgerichten zu führen, wenn sich der Kläger bzw. Antragsteller gegen ihn belastende umweltrechtliche Maßnahmen der Verwaltung, insbesondere gegen Um-

---

[1] Siehe zum verwaltungsgerichtlichen Rechtsschutz im raumbedeutsamen Umweltrecht ausführlich *Beckmann*, Rechtsschutz, S. 1ff.; *ders.*, UPR 1987, 321ff.; *Kloepfer*, Rechtsschutz, S. 30ff.; *Marburger*, Individualschutz gegen Umweltbelastungen, S. 16ff.

[2] Zur Unterscheidung von Kontrolleröffnung und Kontrolldichte näher *Hoppe*, Menger-FS, S. 754f.

[3] *Kopp*, VwGO, § 40 Rn. 6.

[4] *Kopp*, VwGO, § 40 Rn. 8.

weltpläne, Schutzgebietsausweisungen, Planfeststellungen oder Genehmigungen wendet. Eine öffentlich-rechtliche Streitigkeit liegt aber auch dann vor, wenn der Betroffene einen Anspruch auf Erteilung eines hoheitlichen Zulassungsaktes, z. B. auf Genehmigung oder Errichtung einer beantragten Anlage oder auf behördliches Einschreiten gegen einen privaten Störer, etwa im Wege nachträglicher Anordnung gem. § 17 BImSchG, gerichtlich durchsetzen möchte.

Der Verwaltungsrechtsweg ist außerdem für Klagen auf Unterlassung 5
oder Beseitigung von Immissionen öffentlich-rechtlich organisierter Anlagen oder Veranstaltungen des Staates in Ausübung hoheitlicher Verwaltungstätigkeit eröffnet.[5] Entscheidend für die Rechtswegeröffnung bei **Immissionsklagen** vor den Verwaltungsgerichten ist, daß ein Zusammenhang mit hoheitlicher Aufgabenerfüllung besteht und daß die Umwelteinwirkungen von staatlichen Einrichtungen verursacht werden, die sich öffentlich-rechtlicher Handlungsformen bedienen.

Fall: Der Kläger wendet sich dagegen, daß die beklagte Gemeinde das Kellergeschoß des seinem Wohnhaus gegenüberliegenden Feuerwehrgerätehauses als Standort einer Baukolonne benutzt. Das *OVG Münster* hat für diese Klage den Verwaltungsrechtsweg zugelassen, weil die Lärmbelästigung durch den „Bauhof" von einer öffentlich-rechtlich organisierten Anlage bzw. Veranstaltung des Staates in Ausübung (schlicht-)hoheitlicher Verwaltungstätigkeit ausgingen und zu diesen öffentlich-rechtlich bestimmten Maßnahmen in einem hinreichend engen inneren und äußeren Zusammenhang stünden. Das letztere läge in diesem Fall vor. Die Haupttätigkeit der Baukolonne ziele nämlich auf die Wahrnehmung der der Beklagten gesetzlich übertragenen Aufgaben, bei deren Erfüllung sie hoheitlich handele.[6]

Öffentlich-rechtlich sind daher auch Klagen auf Unterlassung des Betriebes 6
einer Einrichtung, die von einer Gemeinde im Rahmen der Erfüllung öffentlicher Aufgaben und gestützt auf eine vorhandene oder vermeintlich bestehende öffentlich-rechtliche Befugnis geschaffen worden sind. Der öffentlich-rechtliche Charakter einer abzuwehrenden Belastung kann sich außerdem aus dem Planungs- und Funktionszusammenhang mit einem Bebauungsplan ergeben.

Fall: Der Kläger ist Eigentümer eines Wohnhauses, das etwa 50 Meter von einem gemeindlichen Sportplatz entfernt liegt. Die Gemeinde erteilte sich durch ihr Bauordnungsamt eine Baugenehmigung für eine Flutlichtanlage, gegen die der Kläger Unterlassungsklage wegen der Blendbelästigungen erhob. Nach Auffassung des Gerichts war der Verwaltungsrechtsweg gegeben. Klagen auf Unterlassung eines Betriebs einer Einrichtung, die von einer Gemeinde im Rahmen der Erfüllung öffentlicher Aufgaben und gestützt auf eine vorhandene oder vermeintlich bestehende öffentlich-rechtliche Befugnis geschaffen worden sei, seien öffentlich-rechtlich. Öffentlich-rechtlich seien deshalb auch Klagen auf Unterlassung der von dieser Einrichtung ausgehenden Immissionen, wozu auch das auf Menschen einwirkende Licht gehöre, sofern ein unmittelbarer Zusammenhang mit hoheitlichen oder schlicht hoheitlichen Aufgaben bestehe und für die in Frage stehende Handlung oder ihr Unterbleiben ausdrücklich oder

---

[5] Vgl. *BVerwG*, Urt. v. 7. 10. 1983 – 7 C 44/81 –, NJW 1984, 989; *OVG Münster*, Urt. v. 21. 4. 1983 – 11 A 424/82 –, UPR 1984, 96 (97); *OVG Hamburg*, Urt. v. 15. 10. 1985 – OVG Bf VI 10/82 –, DVBl. 1986, 691 ff.; *VGH Kassel*, Beschl. v. 9. 11. 1987 – OVG 32 82/87 –, UPR 1988.

[6] Vgl. *OVG Münster*, Urt. v. 21. 4. 1983 – 11 A 424/82 –, UPR 1984, 96 (97); näher zum Rechtsschutz gegenüber Immissionen von öffentlichen Einrichtungen *Führen*, VR 1986, 5 ff.

konkludent eine entsprechende Befugnis bzw. ein Recht beansprucht werde, das bei der Erfüllung öffentlicher Aufgaben, insbesondere im Bereich der Daseinsvorsorge, im Zweifel immer anzunehmen sei. Im vorliegenden Fall sei der öffentlich-rechtliche Charakter der angeblichen Belästigungen des Klägers schon deswegen zu bejahen, weil der Bau und die Nutzung eines gemeindlichen Sportplatzes sowie die Errichtung und der Betrieb einer zu ihm gehörenden Flutlichtanlage nicht nur in Erfüllung öffentlicher Aufgaben und in Wahrnehmung kommunaler Daseinsvorsorge erfolgt seien, sondern darüber hinaus in einem öffentlich-rechtlichen Planungs- und Funktionszusammenhang mit einem Bebauungsplan bestehe, der es ausschließe, die Sportstätte und die mit ihr etwa verbundenen Belästigungen unabhängig von diesem Zusammenhang zu begreifen und bewerten zu wollen.[7]

II. Zuständigkeit der Verwaltungsgerichte

7 Eröffnet ist die verwaltungsgerichtliche Kontrolle vor den *örtlich* und *sachlich* zuständigen Verwaltungsgerichten.

1. Örtliche Zuständigkeit

8 Regelmäßig richtet sich die örtliche Zuständigkeit auch in Verwaltungsrechtsstreitigkeiten des Umweltrechts nach dem Gerichtsstand der Belegenheit gem. § 52 Nr. 1 VwGO. Danach ist in Streitigkeiten, die sich auf unbewegliches Vermögen oder ein ortsgebundenes Recht oder Rechtsverhältnis beziehen, nur das Verwaltungsgericht örtlich zuständig, in dessen Bezirk das Vermögen oder der Ort liegt. Bei raumbezogenen Umweltplänen, bei Schutzgebietsausweisungen oder Planfeststellungen ist die notwendige Ortsbezogenheit in aller Regel gegeben. Bei den Anlagengenehmigungen nach dem BImSchG kommt es darauf an, ob es sich um Betriebsstätten oder sonstige ortsfeste Einrichtungen oder um Grundstücke handelt, von denen Emissionen ausgehen.[8] In diesen Fällen richtet sich die örtliche Zuständigkeit ebenfalls nach § 52 Nr. 1 VwGO. Handelt es sich um eine ortsveränderliche Anlage im Sinne vom § 3 Abs. 5 Nr. 2 BImSchG oder um sonstige nicht ortsgebundene Streitigkeiten, dann richtet sich die örtliche Zuständigkeit bei Anfechtungs- oder Verpflichtungsklagen regelmäßig nach § 52 Nr. 3 S. 1 VwGO, da Verwaltungsakte im Bereich des Umweltrechts regelmäßig nicht von einer Bundesbehörde oder bundesunmittelbaren Körperschaft, Anstalt oder Stiftung im Sinne von § 52 Nr. 2 VwGO erlassen werden. Zuständig ist nach § 52 Nr. 3 S. 1 VwGO das VG, in dessen Bezirk der Verwaltungsakt erlassen wurde. Allerdings ist zu beachten, daß in den Fällen, in denen der Verwaltungsakt von einer Behörde erlassen worden ist, deren Zuständigkeitsbereich sich über mehrere Verwaltungsgerichtsbezirke erstreckt – das kann bei höherstufigen umweltrechtlichen Entscheidungen die von den Landesministerien oder den Regierungspräsidenten getroffen werden, häufig der Fall sein – das Verwaltungsgericht zuständig ist, in dessen Bezirk der Beschwerte seinen Sitz oder Wohnsitz hat (§ 52 Nr. 3 S. 2 VwGO). In allen Fällen, in denen sich die örtliche Zuständigkeit nicht nach § 52 Nr. 1, Nr. 3 VwGO richtet, ist gem. § 52 Nr. 5 VwGO das Gericht zuständig, in dessen

[7] *VGH BW*, Urt. v. 1. 4. 1982 – 3 S 108/82 –, VBlBW 1983, 25 ff. unter Verweis auf *BVerwG*, Urt. v. 14. 12. 1973 – IV C 50/71 –, NJW 1974, 813.

[8] Siehe § 3 Abs. 5 Nr. 3 BImSchG.

Bezirk der Beklagte seinen Sitz, Wohnsitz oder in Ermangelung dessen seinen Aufenthalt hat oder seinen letzten Wohnsitz oder Aufenthalt hatte.

2. Sachliche Zuständigkeit

Gem. § 45 VwGO ist grundsätzlich das VG für alle Streitigkeiten im 9
ersten Rechtszug zuständig, für die der Verwaltungsrechtsweg offensteht. Für Umweltrechtsstreitigkeiten gibt es von diesem Grundsatz jedoch einige bedeutsame Ausnahmen. So entscheidet gem. § 47 Abs. 1 VwGO das OVG über Normenkontrollanträge, d. h. im Umweltrecht vor allem über untergesetzliche Rechtsvorschriften, wie Schutzgebietsausweisungen, Umweltpläne oder kommunale Satzungen.

Erstinstanzlich zuständig ist das OVG außerdem nach § 9 Abs. 1 EntlG für 10
zahlreiche Rechtsstreitigkeiten über die Zulassung umweltbelastender Großvorhaben. Das OVG entscheidet im ersten Rechtszug gem. § 9 Abs. 1 EntlG über sämtliche Streitigkeiten, die betreffen

1. die Errichtung, den Betrieb, die sonstige Innehabung, die Veränderung und die Stillegung von Anlagen im Sinne von §§ 7 und 9a Abs. 3 des AtG,[9]
2. die Bearbeitung, Verarbeitung und sonstige Verwendung von Kernbrennstoffen außerhalb von Anlagen der in § 7 AtG bezeichneten Art (§ 9 AtG) und die wesentliche Abweichung oder die wesentliche Veränderung im Sinne von § 9 Abs. 1 S. 2 AtG sowie die Aufbewahrung von Kernbrennstoffen außerhalb der staatlichen Verwahrung,
3. die Errichtung, den Betrieb und die Änderungen von Kraftwerken mit Feuerungsanlagen für feste, flüssige und gasförmige Brennstoffe mit einer Feuerungswärmeleistung von mehr als 300 Megawatt,
4. die Errichtung von Freileitungen mit mehr als 10000 Volt Nennspannung sowie die Änderung ihrer Linienführung,
5. Planfeststellungsverfahren nach § 7 AbfG für die Errichtung und den Betrieb von ortsfesten Anlagen zur Verbrennung oder thermischen Zersetzung von Abfällen mit einer jährlichen Durchsatzleistung von mehr als 10000 Tonnen und von ortsfesten Anlagen, in denen ganz oder teilweise Abfälle im Sinne von § 2 Abs. 2 AbfG abgelagert werden,[10]
6. das Anlegen, die Erweiterung oder Änderung und den Betrieb von Flughäfen, die dem allgemeinen Verkehr dienen,
7. Planfeststellungsverfahren für den Bau neuer Strecken von Straßenbahnen und von öffentlichen Eisenbahnen sowie für den Bau von Rangier- und Containerbahnhöfen,
8. Planfeststellungsverfahren für den Bau oder die Änderung von Bundesautobahnen,
9. Planfeststellungsverfahren für den Bau neuer Binnenwasserstraßen, die dem allgemeinen Verkehr dienen.[11]

---

[9] Vgl. dazu *OVG Koblenz*, Urt. v. 19. 5. 1987 – 7 C 1/87 –, NVwZ 1988, 76; *VGH Kassel*, Beschl. v. 5. 8. 1987 – 5 A 2204/86 –, NVwZ 1988, 75; für Streitigkeiten über den Abbruch von Kernkraftwerken sind die Verwaltungsgerichte erster Instanz zuständig, vgl. *BayVGH*, Urt. v. 14. 1. 1988 – Nr. 22 B 86 – 03660 –, BayVBl. 1988, 270; für atomrechtliche Aufsichtsmaßnahmen das OVG: *OVG RP*, UPR 1989, 118.

[10] Gem. Art. 2 § 9 Abs. 1 Nr. 5 EntlG ist die erstinstanzliche Zuständigkeit des OVG nur dann gegeben, wenn ein abfallrechtliches Planfeststellungsverfahren nach § 7 AbfG die Errichtung und den Betrieb einer Abfallbeseitigungsanlage für „Sonderabfälle" zum Gegenstand hat. Betrifft das Planfeststellungsverfahren hingegen die wesentliche Änderung einer solchen Anlage, so bleibt es bei der erstinstanzlichen Zuständigkeit des Verwaltungsgerichts (*VGH BW*, Beschl. v. 25. 4. 1986 – 10 S 3313/85 –, DVBl. 1986, 1282).

[11] Zur erstinstanzlichen Zuständigkeit des OVG für Rechtsstreitigkeiten über die Genehmigung von Großvorhaben siehe *Ule*, WuV 1983, 23; *Meyer-Ladewig*, NJW 1985, 1985ff.; *von Oertzen*, DÖV 1985, 749; *Pagenkopf*, DVBl. 1985, 981ff.

III. Klage- und Antragsarten in umweltrechtlichen Streitigkeiten

11 Die Garantie des effektiven Rechtsschutzes in Art. 19 Abs. 4 GG gewährleistet verwaltungsgerichtlichen Rechtsschutz stets dann, wenn die öffentliche Gewalt in Rechte des Bürgers eingreift. Verwaltungsgerichtlicher Rechtsschutz ist daher grundsätzlich von der Rechtsform des Verwaltungshandelns unabhängig. Genau so wenig wie die Verneinung des Vorliegens eines Verwaltungsaktes die Frage der gerichtlichen Überprüfbarkeit des Verwaltungshandelns präjudiziert,[12] ist grundsätzlich die Möglichkeit der verwaltungsgerichtlichen Plankontrolle von der Rechtsform des Planes abhängig. Auch Umweltpläne, die allein an nachgeordnete Behörden adressiert sind, können daher dem Verwaltungsgericht mit der Begründung vorgelegt werden, sie wirkten sich im Einzelfall doch als Verletzung der individuellen Rechtssphäre aus. Dennoch ist die Rechtsform des Verwaltungshandelns für die verwaltungsgerichtliche Kontrolle von wesentlicher Bedeutung, weil von ihr die Klage- bzw. Antragsart abhängt. Soweit das umstrittene Verwaltungshandeln als Verwaltungsakt zu qualifizieren ist, sind Anfechtungs- und Verpflichtungsklagen im Sinne von § 42 Abs. 1 VwGO die gebotenen Klagearten. Die Einordnung als Verwaltungsakt kann sich im Einzelfall allerdings als schwierig erweisen.

Beispiel: Umstritten ist, ob die Bekanntgabe des Smog-Alarms, die Pflichten von Verkehrsteilnehmern und Anlagenbetreibern auslöst, einen Verwaltungsakt darstellen oder nicht.[13]

12 Im übrigen kommen die allgemeine Leistungsklage und die Feststellungsklage gem. § 43 VwGO in Betracht. Möglich sind außerdem Normenkontrollklagen gem. § 47 VwGO und Klagen im Vollstreckungsverfahren (§§ 167 Abs. 1 VwGO, 767, 771 ZPO).

13 Mit der Wahl der Klageart erfährt der Verwaltungsprozeß eine grundlegende Weichenstellung. Von der Klageart hängen zahlreiche Sachurteilsvoraussetzungen ab. So sind bei Anfechtungs- und Verpflichtungsklagen grundsätzlich gem. § 68 VwGO im Gegensatz zu den Leistungs- und Feststellungsklagen Vorverfahren durchzuführen und gem. § 74 VwGO Klagefristen zu beachten. Je nach Klageart unterschiedlich kann der Klagegegner sein (§ 78 Abs. 1 Nr. 2 VwGO), verschieden sind die Anforderungen an Klagebefugnis im Sinne von § 42 Abs. 2 VwGO und Antragsbefugnis im Sinne von § 47 Abs. 2 VwGO sowie der Kontrollumfang individualbezogener Klagen gem. § 113 Abs. 1 S. 1 VwGO und objektiver Rechtskontrolle gem. § 47 Abs. 6 S. 2 VwGO. Während die Anfechtungsklage grundsätzlich Suspensiveffekt im Sinne von § 80 Abs. 1 VwGO auslöst, ist der Kläger im übrigen zur vorläufigen Sicherung seiner Rechtsposition auf den Antrag auf Erlaß einer einstweiligen Anordnung gem. § 123 VwGO angewiesen.

14 Bezüglich der Klagemöglichkeiten im Verwaltungsprozeß ist vor allem zu trennen hinsichtlich rechtsetzender Maßnahmen der Verwaltung – dazu zählen Rechtsverordnungen, Satzungen und Verwaltungsvorschriften – und Einzelfallentscheidungen, zu denen Verwaltungsakte und öffentlich-rechtliche Verträge zu rechnen sind.

---

[12] *BVerwG*, Urt. v. 13. 6. 1980 – 4 C 31/77 –, NJW 1981, 67 (68) m. w. N. zur Rechtsprechung.

[13] Bejahend *Jarass*, NVwZ 1987, 95ff.; abl.: *Eyermann/Fröhler*, VwGO, § 42, Rn. 62.

1. *Rechtsschutz gegen abstrakt-generelle Regelungen der Verwaltung*

Ansprüche auf bestimmte rechtsetzende Maßnahmen gibt es regelmäßig nicht. **15**

Beispiel: Auch in den Fällen, in denen objektivrechtlich die Aufstellung eines Bauleitplans geboten ist, gibt es keinen subjektiven Anspruch auf Planaufstellung.[14]

Beispiel: Dem einzelnen steht auch kein gerichtlich verfolgbares Recht darauf zu, daß Schutzgebiete oder Erholungsgebiete eingerichtet oder aufrecht erhalten werden.[15]

Rechtsschutz kann es deshalb nur gegen rechtswidrige Festsetzungen in **16** abstrakt-generellen Regelungen der Verwaltung geben. Handelt es sich bei den rechtsetzenden Maßnahmen um untergesetzliche Rechtsvorschriften im Sinne des § 47 Abs. 1 Nr. 2 VwGO, dann kommt die *verwaltungsgerichtliche Normenkontrolle* in Betracht (a). Denkbar sind daneben *Leistungsklagen* auf Beseitigung oder Unterlassung rechtswidriger Regelungen (b) und *Klagen auf Feststellung* der Rechtswidrigkeit von abstrakt-generellen Regelungen der Verwaltung (c).

a) Verwaltungsgerichtliche Normenkontrolle

Rechtspolitisch ist der Rechtsschutz im Wege der verwaltungsgerichtli- **17** chen Normenkontrolle gem. § 47 VwGO anderen Rechtsschutzformen vorzuziehen. Das verwaltungsgerichtliche Normenkontrollverfahren ermöglicht eine **Prinzipalkontrolle.** Über die Wirksamkeit des Planes oder der Schutzgebietsausweisung kann daher unmittelbar entschieden werden, ohne daß die Rechtmäßigkeitskontrolle – wie bei der inzidenten Kontrolle - über Vollzugshandlungen vermittelt werden müßte.[16]

Gegenüber der inzidenten Kontrolle bietet die prinzipale Kontrolle den Vorteil, daß **18** der Rechtsschutz bereits zu dem Zeitpunkt einsetzen kann, zu dem die Verwaltungsentscheidung, d. h. bei der Planung vor allem die Abwägung der widerstreitenden Interessen, realiter getroffen wird. Die prinzipale Kontrolle wirkt daher in erhöhtem Maße den durch die abstrakt-generellen Regelungen, insbesondere durch die Planung oder den Schutzgebietsausweisungen geschaffenen vollendeten Tatsachen entgegen. Sie entlastet damit zugleich den nur ausnahmsweise zulässigen vorbeugenden Rechtsschutz, der neben der prinzipalen Kontrolle der Verhinderung vollendeter, nicht mehr rückgängig zu machender Tatsachen dient, und verhindert, daß der Individualschutz durch höherstufige Planungsentscheidungen oder durch – den Einzelfallentscheidungen vorgelagerte – Rechtsetzungsakte der Verwaltung unterlaufen wird. Vollendete Tatsachen können allerdings auch der Zulässigkeit der verwaltungsgerichtlichen Normenkontrolle entgegenstehen. So kann das allgemeine Rechtsschutzbedürfnis für einen Normenkontrollantrag entfallen, wenn ein Plan durch bestandskräftige Vollzugsentscheidungen verwirklicht ist, so daß der erlittene oder zu erwartende Nachteil in diesen Fällen nicht mehr zu beheben ist.[17]

---

[14] *BVerwG*, Beschl. v. 3. 8. 1982 – 4 B 145/82 –, NVwZ 1983, 92f.; *BVerwG*, Urt. v. 29. 5. 1981 – E 62, 243 zum wasserrechtlichen Planfeststellungsverfahren; a. A.: *Eyermann/Fröhler*, VwGO, Rn. 39.

[15] Vgl. *Ebersbach*, Landverbrauch, S. 133; *Beckmann*, Rechtsschutz, S. 35 m. w. N.; *OVG Lüneburg*, Beschl. v. 14. 5. 1987 – 3 C 5/87 –, UPR 1988, 112f.

[16] Näher zur Unterscheidung prinzipaler und inzidenter Normenkontrolle *Hoppe*, Menger-FS, S. 735; vgl. zur prinzipalen und inzidenten Kontrolle desselben Bebauungsplans ausführlich *Dagenförde*, VerwArch. 79 (1988), 123ff.

[17] *Hoppe*, Menger-FS, S. 762; *Stüer*, DVBl. 1985, 469 (478).

19 Die prinzipale Normenkontrolle ermöglicht außerdem eine Konzentration des Rechtsschutzes und führt zumindest bei der Nichtigerklärung der abstrakt-generellen Regelung über die inter-omnes-Wirkung zu einem erhöhten Maß an Rechtssicherheit für die Beteiligten. Die Normenkontrolle ist daher rechtspolitisch für die Überprüfung von abstrakt-generellen Regelungen der Verwaltung, insbesondere von Umweltplänen und Schutzgebietsausweisungen des Umweltrechts, die adäquate Verfahrensart.[18]

20 Die prinzipale Normenkontrolle im Sinne des § 47 Abs. 1 VwGO ist eröffnet vor allem gegenüber den Bauleitplänen (vgl. § 47 Abs. 1 Nr. 1 VwGO) und gegenüber anderen im Range unter dem Landesgesetz stehenden Rechtsvorschriften, sofern das Landesrecht dies bestimmt (§ 47 Abs. 1 Nr. 2 VwGO). Die Möglichkeit der verwaltungsgerichtlichen Normenkontrolle untergesetzlicher Rechtsvorschriften besteht in

- Baden-Würtemberg,
- Bayern,
- Hessen,
- Rheinland-Pfalz,
- Niedersachsen,
- Schleswig-Holstein und
- Bremen;

nicht dagegen

- in Nordrhein-Westfalen,
- im Saarland,
- in Hamburg und
- in Berlin.[19]

21 Im Range unter dem Landesgesetz stehen Rechtsvorschriften, die von der unmittelbaren oder mittelbaren Landesverwaltung erlassen worden sind. Umstritten ist allerdings der Begriff der Rechtsvorschriften im Sinne von § 47 Abs. 1 Nr. 2 VwGO. Im allgemeinen werden dazu Rechtsverordnungen, Satzungen und rechtsetzende Vereinbarungen, teilweise auch gewohnheitsrechtliche Regelungen gerechnet.[20]

Beispiel: Untergesetzliche Rechtsvorschriften im Sinne von § 47 Abs. 1 Nr. 2 VwGO sind deshalb regelmäßig Schutzgebietsausweisungen, für deren Festsetzung die Gesetze zumeist den Erlaß einer Rechtsverordnung vorsehen. Das gilt vor allem für die Schutzgebiete des Naturschutzrechts, für die Wasserschutzgebiete, für deren Ausweisung aber auch ohne ausdrückliche gesetzliche Regelung der Erlaß einer Rechtsverordnung notwendig ist[21] und für Schutzgebiete gem. § 49 Abs. 1 BImSchG. Ausnahmsweise schreiben die Gesetze für die Festsetzung eines Schutzgebietes auch den Erlaß einer Satzung vor.[22]

Beispiel: Der verwaltungsgerichtlichen Normenkontrolle unterfallen als untergesetzliche Rechtsvorschriften in den normenkontrollfreundlichen Ländern auch die Umweltpläne, die als Rechtsverordnung erlassen oder durch Rechtsverordnung für außenverbindlich erklärt werden. Dazu zählen etwa für verbindlich erklärte Abfallent-

---

[18] Vgl. *Beckmann*, Rechtsschutz, S. 36; zu rechtspolitischen Vorzügen der Normenkontrolle siehe *Bickel*, NJW 1985, 2441 ff.; *Paetow*, NVwZ 1985, 309 (310).

[19] Vgl. *Beckmann*, Rechtsschutz, S. 36 mit den Nachweisen zu den landesgesetzlichen Regelungen.

[20] Vgl. *BVerwG*, Beschl. v. 15. 9. 1987 – 7 M 1.87 –, BayVBl. 1988, 249.

[21] Vgl. *BVerwG*, Urt. v. 1. 10. 1963 – IV C 9.63 –, E 18, 1 (3); Urt. v. 15. 3. 1968 – IV C 5.67 –, E 29, 207 (208).

[22] Vgl. dazu *Beckmann*, Rechtsschutz, S. 37.

sorgungspläne, für verbindlich erklärte Bewirtschaftungspläne im Sinne von § 36 b WHG und als Rechtsverordnung erlassene Bewirtschaftungspläne des Wasserrechts. Abwasserbeseitigungspläne im Sinne von § 18 a WHG werden ebenfalls zum Teil als Rechtsverordnung erlassen, teilweise können sie durch Rechtsverordnung für allgemeinverbindlich erklärt werden.[23]

Beispiel: Zu den untergesetzlichen Rechtsvorschriften im Sinne von § 47 Abs. 1 Nr. 2 VwGO zählen schließlich auch Baumschutzsatzungen, die wie die Bebauungspläne als kommunale Satzungen ergehen können.[24]

Nach bislang h. M. wird Verwaltungsvorschriften mit der Begründung die Eigenschaft einer „Rechtsvorschrift" abgesprochen, sie seien lediglich an weisungsunterworfene Bedienstete oder nachgeordnete Behörden gerichtet und entbehrten daher der für eine Rechtsvorschrift charakteristischen Außenwirkung.[25] Folgt man dieser h. M., dann können Verwaltungsvorschriften des Umweltrechts, also etwa Umweltpläne, die nur an nachgeordnete Behörden oder an unterstellte Verwaltungsbedienstete gerichtet sind, nicht der verwaltungsgerichtlichen Normenkontrolle unterstellt werden. Ob an dieser – dem herkömmlichen Begriffsverständnis entsprechenden – Unterscheidung zwischen außenwirksamen Rechts- und innenwirksamen Verwaltungsvorschriften festzuhalten ist,[26] hat das *BVerwG* in jüngster Zeit offen gelassen.[27] Geht man mit dem *BVerwG* davon aus, daß Verwaltungsvorschriften eine normenkonkretisierende Funktion zukommen kann und daß die Verwaltungsvorschriften insoweit für die Verwaltungsgerichte innerhalb der gesetzlichen Grenzen verbindlich sind, dann spricht einiges dafür, sie auch konsequent der verwaltungsgerichtlichen Normenkontrolle als untergesetzliche Rechtsvorschrift zu unterstellen.[28] 22

b) Allgemeine Leistungsklage

Mit der allgemeinen Leistungsklage kann der Kläger eine gerichtliche Ver- 23 urteilung des Beklagten zu einem bestimmten öffentlich-rechtlichen Tun, Dulden oder Unterlassen anstreben, soweit nicht die beanspruchte Handlung im Wege der Verpflichtungsklage durchgesetzt werden muß. Für den Rechtsschutz gegenüber abstrakt-generellen Regelungen des Umweltrechts kann die allgemeine Leistungsklage grundsätzlich auf zwei Wegen dienstbar gemacht werden. Mit ihrer Hilfe kann der Kläger einerseits versuchen, einen Anspruch auf Beseitigung rechtswidriger untergesetzlicher Rechtsvorschriften oder zumindest der aus diesen Vorschriften folgenden individuellen Beeinträchtigungen durchzusetzen. Andererseits kann die allgemeine Leistungsklage grundsätzlich aber auch im Wege des vorbeugenden Rechts-

---

[23] Siehe auch dazu *Beckmann*, Rechtsschutz, S. 37f.

[24] Vgl. dazu *Steinberg*, NJW 1981, 550ff.

[25] *BVerwG*, Urt. v. 6. 11. 1986 – 3 C 72.84 –, E 75, 109 (117, 118); *Kopp*, VwGO, § 47 Rn. 15.

[26] Verneinend *Beckmann*, DVBl. 1987, 611ff.

[27] Vgl. *BVerwG*, Beschl. v. 15. 9. 1987 – 7 N 1.87 –, BayVBl. 1988, 249.

[28] Näher dazu *Beckmann*, DVBl. 1987, 611ff.; *Beckmann*, Rechtsschutz, S. 40ff.; für die TA Luft hat das *BVerwG* die Konsequenzen einer Einordnung als normenkonkretisierende Verwaltungsvorschriften für die gerichtliche Überprüfung offen gelassen, siehe Beschl. v. 15. 2. 1988 – 7 B 219.87 –, DVBl. 1988, 539.

schutzes mit dem Antrag erhoben werden, bestimmte abstrakt-generelle Regelungen zu unterlassen.[29]

24 Auf der materiell-rechtlichen Grundlage eines *Folgenbeseitigungsanspruchs* kann mit der allgemeinen Leistungsklage die Beseitigung der Folgen rechtswidrigen Verwaltungshandelns verlangt werden, wenn zur Folgenbeseitigung der Erlaß eines Verwaltungsaktes nicht erforderlich ist.[30] Der Folgenbeseitigungsanspruch erfaßt, obwohl er zunächst zum Ausgleich der Folgen eines rechtswidrigen, bereits vollzogenen Verwaltungsaktes entwickelt worden ist, nach allgemeiner Ansicht auch die Folgen eines rechtswidrigen, sonstigen hoheitlichen Verwaltungshandelns.[31] Er gilt deshalb grundsätzlich auch für die Beseitigung belastender Folgen rechtswidriger Normsetzung.[32]

c) Rechtsschutz im Wege der Feststellungsklage

25 Rechtsschutz gegenüber abstrakt-generellen Regelungen des Umweltrechts kann schließlich auch im Wege der Feststellungsklage eröffnet sein. Das gilt unabhängig davon, ob und inwieweit eine Normenkontrolle nach § 47 VwGO zulässig ist, weil die Feststellungsklage wegen ihrer von der Normenkontrolle verschiedenen Zielsetzung und ihres unterschiedlichen Kontrollumfangs nicht denselben Rechtsschutz gewährt und deshalb auch nicht gegenüber der Normenkontrolle subsidiär ist.[33] Feststellungsklagen gegenüber dem Staat und anderen öffentlichen Rechtsträgern sind nach h. M. auch gegenüber allgemeinen Leistungsklagen nicht subsidiär, weil von öffentlichen Rechtsträgern zu erwarten ist, daß sie gebotene Folgerungen aus dem Feststellungsurteil ziehen.[34]

2. Klagearten beim Rechtsschutz gegenüber umweltrechtlichen Einzelentscheidungen

26 Im Vergleich zum Rechtsschutz gegenüber Umweltplänen, Schutzgebietsausweisungen, Baumschutzsatzungen und anderen abstrakt-generellen Regelungen des Umweltrechts fällt die Wahl der Klageart gegenüber umweltrechtlichen Einzelentscheidungen regelmäßig leichter. Grundsätzlich ist die Klageart ebenfalls von der Handlungsform der Verwaltungstätigkeit abhängig.

a) Anfechtungsklagen

27 Mit der Anfechtungsklage kann sich der Betroffene gegen ihn belastende Verwaltungsakte wehren. Sie ist daher z. B. die richtige Klageart, um zusätzliche Anforderungen gem. § 5 WHG, nachträgliche Anordnungen gem. § 17 BImSchG, 8 Abs. 1 S. 2 AbfG oder Widerruf, Beschränkung oder Rücknahme gem. §§ 7 Abs. 1, 12, 15 WHG, 20, 21 BImSchG, 9 Abs. 2 AbfG abzu-

---

[29] Zum vorbeugenden Rechtsschutz siehe unten, § 13, Rn. 143–145, 180–192.

[30] *Steiner*, JuS 1984, 853 (854).

[31] *Maurer*, Allgemeines Verwaltungsrecht, § 29 Rn. 3.

[32] Vgl. *Schenke*, Rechtsschutz gegen normatives Unrecht, S. 146ff.; näher dazu auch *Beckmann*, Rechtsschutz, S. 49ff.

[33] Vgl. *Kopp*, VwGO, § 43 Rn. 31.

[34] Vgl. *BVerwG*, Urt. v. 25. 11. 1982 – 2 C 19/80 –, NJW 1983, 2343; Urt. v. 28. 10. 1982 – 2 C 88/81 –, NVwZ 1984, 107 (108).

wehren. Die Anfechtungsklage dient außerdem vor allem dem Drittbetroffenen zum Angriff gegen ihn belastende Genehmigungen und Planfeststellungsbeschlüsse des Umweltrechts.

b) Verpflichtungsklagen

28 Die Verpflichtungsklage kommt in Betracht, wenn dem Antragsteller eine Genehmigung oder Planfeststellung verweigert wird oder zur Durchsetzung von Stillegungen oder Schutzanordnungen zugunsten belasteter Dritter.

c) Leistungsklagen

29 Mit der Leistungsklage kann der Kläger schlicht-hoheitliches Handeln, beispielsweise öffentlich-rechtliche Immissionen, abwehren. Dabei ist nach Ansicht des OVG Münster zu differenzieren zwischen einem *schlichten Abwehranspruch* und dem *Folgenbeseitigungsanspruch*. Erfordere die Unterbindung der unmittelbaren Beeinträchtigungen wegen der tatsächlichen Untrennbarkeit von Störungsquelle und Störungsfolge eine Beseitigung auch der Störungsquelle, so bestehe wegen des erstrebten unmittelbaren Eingriffs des Bürgers in die Verwaltungstätigkeit des Staates ein Bedürfnis, eine darauf gerichtete Verurteilung nicht allein von der Rechtswidrigkeit der Störung abhängig zu machen, sondern zusätzlich festzustellen, ob die Beachtung dieser weitergehenden Pflicht dem Verwaltungsträger rechtlich und tatsächlich möglich sowie zumutbar sei, so daß auf den Folgenbeseitigungsanspruch abzuheben sei. Könne hingegen die Störungsfolge relativ einfach ohne weiterreichende Konsequenzen im Hinblick auf die Störungsquelle tatsächlich abgestellt werden, so müsse eine darauf gerichtete Verurteilung allein bei Rechtswidrigkeit der Grundrechtsbeeinträchtigung erfolgen können, so daß der schlichte Abwehranspruch einschlägig sei.[35]

30 Mit der Leistungsklage in Form der vorbeugenden Unterlassungsklage kann der Kläger außerdem die gerichtliche Untersagung der Erteilung einer Genehmigung oder des Erlasses eines Planfeststellungsbeschlusses anstreben.

d) Feststellungsklagen

31 Eine Feststellungsklage gegenüber umweltrechtlichen Einzelentscheidungen kann z. B. der Betreiber einer umweltbelastenden Anlage erheben, wenn die Behörde behauptet, die Voraussetzungen für die Stillegung oder die Beseitigung seien gegeben.[36]

e) Vollstreckungsabwehrklagen

32 Denkbar sind im Umweltrecht schließlich auch Vollstreckungsabwehrklagen gem. §§ 167f. VwGO, 767 ZPO. Das *BVerwG* hat entschieden, daß gegenüber der Vollstreckung aus einem rechtskräftigen Verpflichtungsurteil auf Erteilung einer Baugenehmigung die Behörde die Vollstreckungsabwehrklage darauf stützen kann, daß nach Rechtskraft des Verpflichtungsurteils ein der Genehmigungserteilung entgegenstehender Bebauungsplan in Kraft getreten ist.[37] Nach Auffassung des *BVerwG* ist bis zum Erlaß einer

[35] *OVG Münster*, Urt. v. 21. 4. 1983 – 11 A 424/82 –, NJW 1984, 1982 (1983).
[36] *Ule/Laubinger*, Gutachten B, S. 61.
[37] Urt. v. 26. 10. 1984 – 4 C 53.80 –, DVBl. 1985, 392.

Genehmigung der Anspruch auf ihre Erteilung, auch wenn er rechtskräftig tituliert ist, gegen Rechtsänderungen nicht abgesichert. Die Rechtskraft des die Behörde verpflichtenden Urteils gelte nur für die dem Urteil zugrundeliegende Sach- und Rechtslage und finde folglich ihre Grenze in der Änderung des dem Urteil zugrundeliegenden Rechts. Dem entspreche es, daß die Behörde nach Eintritt der Rechtskraft des Verpflichtungsurteils vor Erlaß der Genehmigung unter Hinweis auf eine dieser Verpflichtung nunmehr entgegenstehende – neue - Rechtsnorm der ihr drohenden Vollstreckung mit der Vollstreckungsabwehrklage erfolgreich entgegentreten könne.[38]

f) Klageart bei fehlenden Schutzauflagen im Planfeststellungsrecht

33 Neben der Handlungsform der Verwaltungstätigkeit können für die Wahl der Klageart auch materiell-rechtliche Ansprüche von zentraler Bedeutung sein. Das *BVerwG* vertritt in mittlerweile ständiger Rechtsprechung die Ansicht, rechtliche Mängel der Planung führten nur dann zu einem Aufhebungsanspruch des Drittbetroffenen, wenn sie für die Planungsentscheidung insgesamt von so großem Gewicht seien, daß die Ausgewogenheit der Gesamtplanung oder eines abtrennbaren Teils der Planung insgesamt in Frage gestellt werde. Lasse sich eine gebotene, im Planfeststellungsbeschluß noch nicht eingeordnete Schutzauflage nachholen, ohne daß dadurch die Gesamtkonzeption der Planung in einem wesentlichen Punkt berührt und ohne daß in dem Interessengeflecht der Planung nunmehr andere Belange nachteilig betroffen würden, so korrespondiere mit der objektiven Rechtswidrigkeit des Planfeststellungsbeschlusses kein subjektiver Anspruch des Betroffenen auf Planaufhebung, sondern allein auf Planergänzung.[39]

Fall: Die klagende Gemeinde wandte sich gegen die Planung einer Mülldeponie auf ihrem Gebiet mit der Begründung, durch die Lagerung von Hausmüll werde das Grundwasser verunreinigt und die Versorgung ihrer Einwohner mit Trinkwasser gefährdet. Die Gemeinde erhob gegen den Planfeststellungsbeschluß Anfechtungsklage, obwohl die Trinkwassergefährdung durch eine Folienabdichtung des Deponiegrundes beseitigt werden konnte. Nach Ansicht des *OVG Saarlouis* erschien es zweifelhaft, blieb letztlich jedoch offen, ob solche auf die Reinhaltung des Trinkwassers abzielenden Einwendungen einer Gemeinde mit der Anfechtungsklage statt mit einer auf Ergänzung des Planfeststellungsbeschlusses gerichteten Verpflichtungsklage verfolgt werden dürfen, wenn feststeht, daß der befürchteten Gefährdung durch zusätzliche Maßnahmen wirksam begegnet werden kann.[40] Zur Sanierung kommen ganz unterschiedliche technische Maßnahmen in Betracht.[41] Denkbar ist etwa die Ausgrabung der kontaminierten Stoffe und Schadstoffe, ihre Entfernung und im Anschluß daran ihre ordnungsgemäße Entsorgung oder aber das Einkapseln der Schadstoffe durch die Abdichtung der Oberfläche gegen Niederschlagswasser und den Bau von Trennwänden seitlich der Altlast sowie durch die Abdichtung des Untergrundes zum Schutz des Grundwassers. Möglich ist auch eine Behandlung der ausgegrabenen Schadstoffe und kontaminierten Erdmassen vor Ort oder aber ein Behandeln dieser Stoffe ohne vorheriges Ausgraben an Ort und Stelle. Als notwendig erweist sich

---

[38] *BVerwG*, Urt. v. 5. 10. 1984 – 4 C 53.80 –, DVBl. 1985, 392 (393).

[39] *BVerwG*, Urt. v. 6. 12. 1985 – 4 C 59.82 –, DVBl. 1986, 416 (418); Urt. v. 11. 11. 1983 – 4 C 82.80 –, DÖV 1984, 426; Beschl. v. 27. 1. 1988 – 4 B 7.88 –, DVBl. 1988, 538; siehe dazu auch *Mößle*, BayVBl. 1982, 193ff.; *Paetow*, DVBl. 1985, 369ff.; vgl. dazu auch ausführlich *Fehn*, DÖV 1988, 202ff.; zu Anfechtungs- und Verpflichtungsklagen bei Nebenbestimmungen siehe ausführlich auch *Eyermann/Fröhler*, VwGO, Anh. zu § 42, Rn. 1ff.

[40] *OVG Saarlouis*, Urt. v. 7. 3. 1986 – 2 R 94/85 –, UPR 1987, 228ff.

[41] Vgl. dazu *Bender/Sparwasser*, Umweltrecht, Rn. 761ff.

häufig nicht zuletzt eine Behandlung des Sickerwassers und der aus dem kontaminierten Standort entweichenden Gase.

Grundsätzlich steht es dem Drittbetroffenen zwar frei, ob er mit der Anfechtungsklage den Planfeststellungsbeschluß insgesamt oder mit der Verpflichtungsklage nur seine Ergänzung durch Schutzmaßnahmen anstrebt.[42] Gewinnen kann er eine Anfechtungsklage aber nur, wenn der Mangel für die Planungsentscheidung von so großem Gewicht ist, daß dadurch die Ausgewogenheit in Frage gestellt wird.[43] Der Kläger ist also gut beraten, bei ungewisser Rechtslage mit einem Hauptantrag eine Anfechtungsklage und hilfsweise eine Verpflichtungsklage, gerichtet auf den Erlaß einer Schutzanordnung, zu erheben.[44] **34**

g) Isolierte Anfechtung von belastenden Nebenbestimmungen

Ähnliche Überlegungen wird auch derjenige anstellen müssen, dessen beantragte Begünstigung mit einer belastenden Nebenbestimmung versehen worden ist. Für ihn stellt sich die Frage, ob er den ihn belastenden Teil des Verwaltungsaktes isoliert anfechten kann oder aber, ob er Verpflichtungsklage auf Erteilung einer uneingeschränkten Begünstigung erheben muß.[45] Die isolierte Anfechtung der Nebenbestimmung bietet gegenüber der Verpflichtungsklage auf Erteilung einer uneingeschränkten Begünstigung den Vorzug, daß der Bestand des begünstigenden Verwaltungsaktes insgesamt während der Prozeßdauer nicht in Frage gestellt wird. Der Rechtsschutz bei der Erteilung von Nebenbestimmungen ist allerdings nicht zuletzt aufgrund der mehrfach geänderten Rechtsprechung des *BVerwG* nach wie vor nicht abschließend geklärt.[46] **35**

Im Gegensatz zu früheren Entscheidungen, in denen das *BVerwG* hinsichtlich der isolierten Anfechtbarkeit nach Art der Nebenbestimmungen differenziert hatte,[47] geht das *BVerwG* in seinem Urteil vom 10. 7. 1980 von einer im Grundsatz stets möglichen, selbständigen Anfechtbarkeit aller Nebenbestimmungen aus.[48] Das ist auch konsequent, weil bereits aus § 113 Abs. 1 S. 1 VwGO folgt, daß auch Teile eines Verwaltungsaktes aufhebbar sind und es deshalb auch dem Kläger möglich sein muß, zur Vermeidung einer Teilniederlage den Aufhebungsantrag auf den rechtswidrigen Teil des Verwaltungsaktes zu beschränken.[49] **36**

Nach dem Urteil des *BVerwG* vom 12. 3. 1982 besteht die Möglichkeit der isolierten Anfechtung einer Nebenbestimmung auch bei Ermessensentscheidungen.[50] Das

---

42 *BVerwG*, Beschl. v. 30. 4. 1980 – 7 C 91.79 –, BayVBl. 1980, 443.

43 *Mößle*, BayVBl. 1982, 231 (234).

44 *Hoppe*, Menger-FS, S. 767; *Paetow*, DVBl. 1985, 369 (372).

45 Ausführlich dazu *Laubinger*, VerwArch. 73 (1982), 344ff.; *Schenke*, WuV 1982, 142ff.; *Stelkens*, NVwZ 1985, 469ff.

46 Näher dazu *Beckmann*, Rechtsschutz, S. 66ff.; vgl. zur Diskussion auch *Funk*, BayVBl. 1986, 105f.; *Stelkens*, NVwZ 1985, 469ff.; *Schenke*, JuS 1983, 182ff.; *Weyreuther*, DVBl. 1984, 369ff.; *Martens*, DÖV 1988, 949ff.

47 Vgl. *BVerwG*, Urt. v. 29. 3. 1968 – IV C 27.67 –, BVerwGE 29, 265; Urt. v. 21. 10. 1970 – IV C 165.65 –, E 36, 145 (154); Urt. v. 17. 11. 1972 – IV C 21.69 –, E 41, 178 (183).

48 *BVerwG*, Urt. v. 10. 7. 1980 – 3 C 136.79 –, E 60, 269 (274).

49 *Schenke*, JuS 1983, 182 (184).

50 - 8 C 23.80 –, E 65, 139 (141) unter ausdrücklicherAufgabe der im Urteil vom 14. 12. 1977 – 8 C 28 –, E 55, 135 (138); zur Kritik an dieser Rechtsprechung *Schenke*, JuS 1983, 182 (185); WuV 1982, 154ff.; a.A. auch *Maurer*, Allgemeines Verwaltungsrecht, § 10 Rn. 46ff.; *Paetow*, DVBl. 1985, 369 (370).

Verwaltungsermessen wird nach Ansicht des *BVerwG* durch Aufhebung der rechtswidrigen Nebenbestimmungen nicht verkürzt, weil die Behörde für den Fall der Aufhebung der Nebenbestimmung zum Widerruf des Verwaltungsaktes gem. § 49 Abs. 2 Nr. 2 VwVfG berechtigt sei.[51]

Die Anfechtung einzelner Teile des Verwaltungsaktes ist allerdings auch nach der neueren Rechtsprechung des *BVerwG* nicht uneingeschränkt zulässig. Nach einem Urteil des *BVerwG* vom 17. 2. 1984 setzt die isolierte Anfechtung der einer Genehmigung beigefügten Auflage voraus, daß die Genehmigung mit einem Inhalt weiterbestehen kann, der der Rechtsordnung entspricht.[52] Und in einem weiteren Urteil des *BVerwG* vom 17. 2. 1984[53] grenzt das *BVerwG* abtrennbare und damit isoliert angreifbare Teile des Verwaltungsaktes von den untrennbaren, den Regelungsgehalt des Verwaltungsaktes bestimmenden und damit nicht selbständig anfechtbaren Teilen des Verwaltungsaktes ab. Nach Auffassung des *BVerwG* kennzeichnet die einer immissionsschutzrechtlichen Genehmigung beigefügte Maßgabe, bei Ölfeuerungsbetrieb nur schwefelarmes Heizöl zu verwenden, den Genehmigungsinhalt. Mit einer isolierten Anfechtung dieser Maßgabe solle ein „Mehr" an Genehmigung erstritten werden. Das ließe sich nicht mit einer Anfechtungsklage, sondern nur mit einer Verpflichtungsklage erreichen.[54]

In Zweifelsfällen ist der Kläger auch hier gut beraten, neben der isolierten Anfechtung des rechtswidrigen Teils der Genehmigung hilfsweise die Verpflichtung auf uneingeschränkte Genehmigung zu beantragen.

IV. Klage- und Antragsbefugnis in umweltrechtlichen Streitigkeiten

37 Voraussetzung der Kontrolleröffnung in umweltrechtlichen Streitverfahren ist weiterhin, daß der Rechtsschutzsuchende zur Klageerhebung oder zur Antragstellung befugt ist.

1. Klagebefugnis

38 Gem. § 42 Abs. 2 VwGO ist die Klage nur zulässig, wenn der Kläger geltend macht, durch den Verwaltungsakt oder seine Ablehnung oder Unterlassung in seinen Rechten verletzt zu sein. Nach dem Gesetzeswortlaut bedarf es wegen der Beschränkung auf Klagen gegen oder auf Erteilung von Verwaltungsakten einer Klagebefugnis nur für Anfechtungs- und Verpflichtungsklagen. Teilweise wird sie demgegenüber auch bei der allgemeinen Leistungsklage vorausgesetzt.[55]

39 Grundsätzlich fehlt es an der Klagebefugnis, wenn „offensichtlich und eindeutig nach keiner Betrachtungsweise die vom Kläger behaupteten Rechte bestehen oder ihm zustehen können"[56] oder „wenn unter Zugrundelegung des Vorbringens des Klägers eine Verletzung der Rechte des Klägers ausgeschlossen erscheint".[57]

40 Ganz überwiegend wird die Klagebefugnis als unproblematisch angesehen, wenn der Adressat eines belastenden Verwaltungsaktes die Anfech-

---

[51] *BVerwG*, Urt. v. 12. 3. 1982 – 8 C 23.80 –, E 65, 139 (141); so auch *Stelkens*, NVwZ 1985, 469 (471).

[52] – 4 C 70/80 –, NVwZ 1984, 366; siehe dazu *Stelkens*, NVwZ 1985, 469 ff.; *Funk*, BayVBl. 1986, 105 ff.

[53] – 4 C 70/80 –, NVwZ 1984, 371.

[54] *BVerwG*, Urt. v. 17. 2. 1984 – 4 C 70/80 –, NVwZ 1984, 371 (372).

[55] *BVerwG*, Urt. v. 22. 5. 1980 – 2 C 30.78 –, E 60, 144 (150); Urt. v. 24. 2. 1981 – 7 C 60.79 –, E 62, 11 (14).

[56] *BVerwG*, Urt. v. 23. 3. 1982 – 1 C 157/79 –, NJW 1982, 2513 (2514); Urt. v. 9. 12. 1983 – 4 C 44/80 –, NJW 1984, 1474.

[57] *BVerwG*, Urt. v. 9. 8. 1983 – 1 C 38.79 –, BayVBl. 1984, 248.

tungsklage erhebt oder wenn der Antragsteller mit der Verpflichtungsklage eine ihm verweigerte Begünstigung einklagt.[58] Schwierigkeiten bereitet dagegen die gerade in umweltrechtlichen Streitigkeiten besonders bedeutsame **Drittklage.** Die Rechtsprechung hat die Anforderungen an den Vortrag des Drittklägers in umweltrechtlichen Streitigkeiten zum Teil erheblich erhöht.[59]

Während die Gerichte etwa in früheren atomrechtlichen Streitigkeiten die Klagebefugnis von Klägern, die mehrere Hundert Kilometer vom Standort der Anlage entfernt wohnten und pauschal die Risiken der Kernenergienutzung rügten, unproblematisch bejahten, bedarf es mittlerweile detaillierter Ausführungen zu den vom Kläger behaupteten Rechtsverletzungen, zum Ablauf möglicher schadensverursachender Ereignisse und zum Kausalverlauf zwischen dem gedachten Schadensereignis und dem beim Kläger befürchteten Schaden. Der Kläger muß zwischen Individual- und Bevölkerungsrisiken, zwischen den durch den Normalbetrieb und dem Störfall verursachten Gefahren differenzieren und möglicherweise noch die besonderen örtlichen Gegebenheiten berücksichtigen.[60] Die Anforderungen an die Darlegung der Klagebefugnis sollen außerdem gegenüber den in förmlichen Verfahren genehmigten Anlagen vom Umfang der in diesem Genehmigungsverfahren ausgelegten Unterlagen abhängen.[61] Diese im Vergleich zur Adressatenklage erhöhten Anforderungen an die Klagebefugnis von Drittbetroffenen sind vom *BVerfG* ausdrücklich verfassungsrechtlich gebilligt worden.[62]

Ob die Klagebefugnis Ausdruck eines besonderen Rechtsschutzbedürfnisses[63] oder **41** mit der Prozeßführungsbefugnis des Zivilprozesses vergleichbar ist,[64] ist ungeklärt. Jedenfalls dient sie nach einhelliger Auffassung dem Ausschluß der **Popularklage.**[65] Dabei ist allerdings zu berücksichtigen, daß der Popularkläger durch das Erfordernis der Klagebefugnis kaum abgeschreckt wird. Für den Kläger sind allein die Erfolgsaussichten seiner Klage maßgeblich. Diese werden aber wegen der notwendigen Prüfung der Verletzung seiner individuellen Rechte im Rahmen der Begründetheit gem. § 113 Abs. 1 S. 1 VwGO selbst durch Verzicht auf die Klagebefugnis nicht verbessert. Angesichts des grundsätzlich identischen Prüfungsmaßstabes im Bereich der Klagebefugnis und der Begründetheit erscheint es deshalb sinnvoller, zur Vermeidung von Doppelprüfungen den Schwerpunkt der rechtlichen Prüfung stärker auf die Begründetheit zurückzuverlagern. Das ist möglich, weil im Rahmen der Klagebefugnis materiell-rechtliche Fragen, die grundsätzlich Elemente der Begründetheitsprüfung sind, zur Zulässigkeitsvoraussetzung erklärt werden.[66] Unangebracht erscheint es vor allem, im Rahmen der Klagebefugnis höchst komplizierte und seitenlange Ausführungen über den drittschützenden Charakter einer Norm anzustellen, anstatt die **Schutznormlehre** im Rahmen der Begründetheit zu prüfen, wo sie - abgesehen eben von eindeutigen und offensichtlichen Fällen – ihren richtigen Platz hat.[67]

---

[58] Vgl. nur *Achterberg*, DVBl. 1981, 278f.

[59] Für den Bereich des Atomrechts hat *Baumann*, BayVBl. 1982, 257 (259ff./297ff.) diese Tendenz ausführlich beschrieben.

[60] *BVerwG*, Urt. v. 11. 1. 1985 – 7 C 74/82 –, NVwZ 1985, 341ff.; *BVerwG*, Urt. v. 22. 12. 1980 – 7 C 84.78 –, DVBl. 1981, 405 (406), *Rengeling*, DVBl. 1981, 323 (325); *Baumann*, BayVBl. 1982, 257ff.

[61] *BVerwG*, Urt. v. 22. 10. 1982 – 7 C 50.78 –, UPR 1983, 69 (70); *Engelhardt*, NuR 1984, 87 (91); *Jarass*, NJW 1983, 2844 (2847); *Kloepfer*, Rechtsschutz, S. 48.

[62] *BVerfG*, Beschl. v. 15. 10. 1982 – 2 BvR 316/81 –, NVwZ 1983, 28.

[63] So z. B. *BVerwG*, Urt. v. 8. 12. 1972 – VI C 8.70 –, E 41, 253 (256).

[64] Vgl. *Gierth*, DÖV 1980, 893 (894).

[65] Vgl. nur *Kopp*, VwGO, § 42 Rn. 1, 37; *Redeker/von Oertzen*, VwGO, § 42 Anm. 25.

[66] Vgl. nur *Berger*, Nachbarklagen, S. 215; *Hoppe/Schlarmann*, Rechtsschutz, Rn. 117.

[67] In diesem Sinne auch *Breuer*, DVBl. 1983, 431 (436); *Schwerdtfeger*, NVwZ 1982, 5 (6); Fragen der Schutznormlehre werden deshalb auch unten im Rahmen der Kontrolldichte erörtert.

42 Ähnliches gilt auch für materielle Präklusionswirkungen,[68] bei denen umstritten war, ob sie zur Abweisung der Klage als unzulässig[69] oder als unbegründet führen.[70] Auch hier muß der Schwerpunkt der rechtlichen Prüfung im Rahmen der Begründetheit liegen. Das wird auch durch die Rechtsprechung des *BVerwG* bestätigt. Nach Auffassung des *BVerwG* stellt der Einwendungsausschluß die Klagebefugnis nicht notwendig in Frage.[71] Der von § 42 Abs. 2 VwGO geforderten Rechtsschutzbehauptung sei schon dadurch genügt, daß der Kläger die Rechtmäßigkeit des Einwendungsausschlusses prinzipiell oder für den konkreten Fall bestreiten würde und die Behauptung einer Rechtsverletzung auch darauf stütze. Nur so könne dem Gebot des Art. 19 Abs. 4 GG nach wirksamem Rechtsschutz Rechnung getragen werden. Allein im Rahmen einer zulässigen Klage könne von den Verwaltungsgerichten, dem Rechtsschutzerfordernis des Art. 19 Abs. 4 GG entsprechend, geprüft werden, ob die Verwaltungsbehörde im Einzelfall zutreffend angenommen habe, daß die tatbestandlichen Voraussetzungen für den Eintritt der normativ angeordneten Präklusion gegeben waren.

2. *Verbandsklage*

43 Unter der Verbandsklage versteht man im Umweltrecht die Befugnis von Umweltverbänden, gegen umweltbelastende hoheitliche Maßnahmen verwaltungsgerichtliche Klagen erheben zu können.[72]

44 Gem. § 42 Abs. 2 VwGO ist die Geltendmachung einer eigenen Rechtsverletzung Sachurteilsvoraussetzung nur, soweit gesetzlich nichts anderes bestimmt ist. Das gibt dem Bundesgesetzgeber, aber auch dem Landesgesetzgeber[73] die Möglichkeit zur Einführung der Verbandsklage.[74]

45 Unterschieden werden zwei Arten von Verbandsklagen, nämlich die egoistische und die altruistische Verbandsklage. Unter der **egoistischen Verbandsklage** versteht man die Befugnis eines Verbandes, normativ geschützte Individualinteressen seiner Mitglieder – für einzelne oder alle – im eigenen Namen und aus eigenem Recht gerichtlich zu verfolgen.[75] Mit der **altruistischen Verbandsklage** wird einem Verband die prozessuale Befugnis verliehen, unter bestimmten Voraussetzungen die Verletzung öffentlich-rechtlicher Vorschriften zu rügen, die allein öffentlichen Interessen, nicht aber auch

---

[68] Siehe dazu *BVerfG*, Urt. v. 8. 7. 1982 – 2 BvR 1187/80 –, E 61, 82 (110ff.); Beschl. v. 5. 10. 1982 – 2 BvR 316/81 –, NVwZ 1983, 28; zur materiellen Präklusion siehe auch unten, § 12, Rn. 25.

[69] So *VGH München*, Urt. v. 9. 4. 1979 – Nr. 167 VI/ 77 –, BayVBl. 1979, 625 (626).

[70] So z. B. *Kopp*, VwGO, § 42 Rn. 102; *Stober*, AöR 106 (1981), 41 (65ff.).

[71] Vgl. Urt. v. 6. 8. 1982 – 4 C 66.79 –, E 66, 99 (106f.).

[72] Vgl. zur rechtspolitischen Bewertung der Verbandsklage ausführlich *Rehbinder*, HdUR, Bd. II, Sp. 967ff.

[73] Vgl. *BVerwG*, Beschl. v. 14. 9. 1987 – 4 B 178.87 –, NuR 1988, 39.

[74] Siehe zur möglichen Einführung einer Verbandsklage in einer neuen Verwaltungsprozeßordnung *Kopp*, Gutachten B, S. 38ff.; zur möglichen Regelung im BNatSchG *Schlichter*, UPR 1982, 209ff.; zur landesrechtlichen Einführung *Skouris*, NVwZ 1982, 233 ff.; *Rehbinder*, NVwZ 1982, 666ff.; allgemein dazu *Gassner*, Treuhandklage, S. 1ff.; zu den Erfahrungen mit der Verbandsklage aus der Sicht der Verwaltungsgerichte siehe *Neumeyer*, UPR 1987, 327ff.

[75] Vgl. dazu *Bender/Sparwasser*, Umweltrecht, Rn. 1013.

Individualinteressen zu dienen bestimmt sind. Dazu zählen eine ganze Reihe von umweltrechtlichen Vorschriften.[76]

Die Einführung der Verbandsklage ist rechtspolitisch höchst umstritten.[77] **46**
Die Abteilung Umweltrecht des 56. Deutschen Juristentages in Berlin 1986 hat es ganz knapp abgelehnt, den Bundesgesetzgeber die Einführung der naturschutzrechtlichen Verbandsklage für die nach § 29 BNatSchG anerkannten Verbände zu empfehlen.[78]

Von dieser Möglichkeit der Einführung der altruistischen Verbandsklage **47**
haben bislang die Länder Bremen, Hessen, Hamburg und Berlin in unterschiedlichem Maß in den Landesnaturschutzgesetzen Gebrauch gemacht.[79]

Voraussetzung der Klagebefugnis ist in allen diesen Bundesländern, daß **48**
der Verband durch die Verletzung naturschutzrechtlicher Vorschriften in seinen satzungsmäßigen Aufgaben berührt wird und daß er von seinem Mitwirkungsrecht im vorausgegangenen Verfahren Gebrauch gemacht hat. Rügen kann der Verband die Verletzung der Vorschriften des Naturschutzrechts durch die angefochtene behördliche Maßnahme oder durch die Unterlassung einer solchen.[80]

Umstritten ist, ob die Verbandsklagebefugnis auch gegenüber Maßnah- **49**
men eingeräumt ist, die von Bundesbehörden aufgrund bundesrechtlicher Vorschriften erlassen werden.[81] Ebenfalls umstritten ist, ob ein Klagerecht auch dann besteht, wenn die zuständige Behörde bei einer Entscheidung über ein planfeststellungsbedürftiges Vorhaben rechtswidrig in ein anderes Verfahren ausweicht – etwa ein Plangenehmigungsverfahren –, das nicht der Verbandsbeteiligung nach § 29 BNatSchG unterliegt. Für ein solches Verbandsklagerecht spricht, daß das subjektiv-öffentliche Recht der Verbände auf Beteiligung ansonsten zur Disposition der zuständigen Behörde stünde.[82] Umstritten ist schließlich auch, ob der Naturschutzverband den Planfeststellungsbeschluß unter Berufung auf eine fehlerhafte oder unterlassene Beteiligung im Planfeststellungsverfahren anfechten kann.[83]

Ohne eine ausdrückliche gesetzliche Regelung lehnt die Rechtsprechung **50**
eine Verbandsklage als unzulässig ab. Verbände können danach nur eigene Rechte, nicht aber die Rechte ihrer Mitglieder oder das Allgemeininteresse vor den Verwaltungsgerichten geltend machen.[84]

---

[76] Siehe dazu im einzelnen unten, § 13, Rn. 85ff.

[77] Vgl. dazu die zahlreichen Nachw. bei *Bender/Sparwasser*, Umweltrecht, Rn. 1015.

[78] Vgl. dazu den Nachweis bei *Bender/Sparwasser*, Umweltrecht, Rn. 1018.

[79] Vgl. §§ 44 BremNatSchG, 41 HmbNatSchG, 36 HessNatSchG, 39 a BerlNatSchG.

[80] Vgl. dazu *Bender/Sparwasser*, Umweltrecht, Rn. 124.

[81] Ablehnend *VGH Kassel* Urt. v. 21. 12. 1984 – II OE 95/83 –, NuR 1985, 154 mit ablehnender Anmerkung *Ladeur*; kritisch gegenüber dieser Entscheidung des *VGH Kassel* auch *Neumeyer*, UPR 1987, 327 (330).

[82] *Beckmann*, Rechtsschutz, S. 177.

[83] Ablehnend *Kügel*, Planfeststellungsbeschluß, S. 224; bejahend *Beckmann*, Rechtsschutz, S. 177f.; vgl. auch *VGH Kassel*, Beschl. v. 11. 7. 1988 – 2 TH 740/88, NVwZ 1988, 1040: „§ 29 Abs. 1 BNatSchG begründet zugunsten der anerkannten Naturschutzverbände ein subjektives, gerichtlich selbständig durchsetzbares Recht auf Beteiligung am Verwaltungsverfahren."

[84] Vgl. *BVerwG*, Urt. v. 16. 7. 1980 – 7 C 23.78 –, DVBl. 1980, 1010; *VGH Mannheim*, Urt. v. 12. 11. 1979 –, NJW 1980, 1811; *OVG Lüneburg*, Beschl. v. 18. 7.

51 Die Regelung des § 39 a BerlNatSchG, wonach das Klagerecht eines anerkannten Verbandes davon abhängig ist, daß ein anderweitiges Klagerecht nach § 42 VwGO nicht besteht, verstößt nach Ansicht des OVG Berlin gegen den Grundsatz der Rechtssicherheit und damit gegen das Rechtsstaatsprinzip.[85] Das *BVerwG* ist dem jedoch entgegengetreten.[86] Nach seiner Ansicht läßt sich § 39 a Abs. 1 Nr. 3 BerlNatSchG verfassungskonform dahingehend auslegen, daß die Verbandsklage ausgeschlossen sein solle, wenn ein anderer Beteiligter i. S. d. § 42 Abs. 2 VwGO klagebefug ist, unabhängig davon, ob er von seinem Klagerecht auch tatsächlich Gebrauch mache oder nicht. Verfassungsrechtliche Zweifel gegen die weite Auslegung seien unbegründet.

3. Antragsbefugnis in umweltrechtlichen Streitigkeiten

52 Die Durchführung eines Normenkontrollverfahrens setzt einen nicht fristgebundenen Antrag voraus, der jedoch in besonderen Ausnahmefällen verwirkt werden kann.[87]

Fall: A ist Eigentümer eines landwirtschaftlichen Betriebes mit Zuchtviehhaltung. Sein Betrieb liegt im Außenbereich in unmittelbarer Nähe zu einem im Jahre 1969 durch Bebauungsplan ausgewiesenen allgemeinen Wohngebiet. Im Gefolge der Planaufstellung hatte A erhebliche Teile seines Grundbesitzes an die Gemeinde zu einem damals für Bauerwartungsland üblichen Preis verkauft. Im Jahre 1983 stellte A Normenkontrollantrag gegen den Bebauungsplan beim OVG. Nach Auffassung des Gerichts war die Antragstellung eine illoyale Verspätung der Geltendmachung einer Rechtsposition, weil sie unter dem Gesichtspunkt von Treu und Glauben in einem nicht hinnehmbaren Widerspruch zu dem bisherigen eigenen Verhalten des A in bezug auf den von ihm angegriffenen Bebauungsplan und seine Verwirklichung stünde. A sei von Anbeginn mit den Planungen vertraut gewesen. Er habe durch den Verkauf seiner Grundstücke die Planverwirklichung erst ermöglicht. Deshalb könne er nach mehr als zehn Jahren nicht mehr einen Bebauungsplan der gerichtlichen Kontrolle unterstellen, mit dessen Aufstellung er zweifelsfrei nicht nur einverstanden gewesen sei, sondern zu dessen Verwirklichung er entscheidend beigetragen habe.[88]

53 Den Antrag kann gem. § 47 Abs. 2 S. 1 VwGO jede natürliche oder juristische Person, die durch den Erlaß der Rechtsvorschrift oder deren Anwendung einen Nachteil erlitten oder in absehbarer Zeit zu befürchten hat, sowie jede Behörde stellen.

a) Natürliche oder juristische Personen des Privatrechts

54 Im Gegensatz zu § 42 Abs. 2 VwGO, wonach es zur Darlegung der Klagebefugnis ausreicht, wenn der Kläger geltend macht, durch den Verwaltungsakt oder seine Unterlassung in seinen Rechten verletzt zu sein, muß der

---

1980, DVBl. 1980, 1012. Zu Umweltklagen von Verbänden siehe näher unten, § 13 Rn. 118ff.

[85] *OVG Berlin*, Urt. v. 17. 1. 1986 – OVG 2 B 14.85 –, DÖV 1986, 388; zum gerichtlichen Prüfungsumfang im hessischen Verbandsklageverfahren siehe *VG Darmstadt*, Urt. v. 15. 1. 1987 – II/1 –, E 1180/84 –, NVwZ 1987, 921.

[86] Vgl. Urt. v. 18. 12. 1987 – 4 C 9/86 –, UPR 1988, 177; *kritisch dazu Lässig*, NVwZ 1989, 97ff.; gegen *OVG Berlin* auch *Möllers*, NuR 1987, 217ff.

[87] Vgl. zur Verwirkung grundlegend *Blümel*, VerwArch. 74 (1983), 164ff.; *BVerwG*, Beschl. v. 28. 8. 1987 - 4 N 3.86 –, E 78, 85 (88ff.); *Dageförde*, VerwArch. 79 (1988), 123 (136ff.).

[88] Vgl. *OVG Koblenz*, Urt. v. 7. 6. 1983 – 10 C 26/82 –, NJW 1984, 444ff.

erlittene oder zu erwartende Nachteil im Sinne des § 47 Abs. 2 S. 1 VwGO objektiv vorliegen.[89] Bereits durch den Erlaß der untergesetzlichen Rechtsvorschrift ist der Nachteil eingetreten, wenn die Bestimmungen den Antragsteller unmittelbar zu einem bestimmten Tun oder Unterlassen verpflichten.

Beispiel: Gem. § 19 Abs. 2 WHG können in den Wasserschutzgebieten bestimmte Handlungen verboten oder für nur beschränkt zulässig erklärt werden und die Eigentümer und Nutzungsberechtigten von Grundstücken zur Duldung bestimmter Maßnahmen verpflichtet werden.

Beispiel: Gem. § 49 Abs. 1 BImSchG werden die Landesregierungen ermächtigt, durch Rechtsverordnung vorzuschreiben, daß in näher zu bestimmenden Gebieten, die eines besonderen Schutzes vor schädlichen Umwelteinwirkungen durch Luftverunreinigungen oder Geräusche bedürfen, bestimmte ortsveränderliche Anlagen nicht betrieben, ortsfeste Anlagen nicht errichtet werden dürfen etc., soweit die Anlagen oder Brennstoffe geeignet sind, schädliche Umwelteinwirkungen durch Luftverunreinigungen oder Geräusche hervorzurufen, die mit dem besonderen Schutzbedürfnis dieser Gebiete nicht vereinbar sind, und die Luftverunreinigungen und Geräusche durch Auflagen nicht verhindert werden können.

In *absehbarer Zeit* zu erwarten ist der Nachteil, wenn er nach den gegebenen Umständen bereits jetzt vorausgesehen werden kann,[90] insbesondere, wenn der Eintritt des Nachteils für so nahe Zukunft droht, daß ein vorsichtig und vernünftig Handelnder sich schon jetzt zur Antragstellung entschließen darf.[91] **55**

Beispiel: Gem. § 36 b Abs. 5 S. 1 WHG sind Bewirtschaftungspläne des Wasserrechts durch die nach dem WHG und nach den Landeswassergesetzen zu treffenden Entscheidungen, insbesondere durch zusätzliche Anforderungen (§ 5 WHG), den Widerruf von Erlaubnissen (§ 7 Abs. 1 WHG), die Beschränkung oder Rücknahme von Bewilligungen (§ 12 WHG), die Beschränkung oder Aufhebung von alten Rechten und alten Befugnissen (§ 15 WHG), Ausgleichsverfahren (§ 18 WHG), den Erlaß von Reinhalteordnungen (§ 27 WHG) oder sonstige im Bewirtschaftungsplan festgelegte Maßnahmen durchzusetzen. Enthält dementsprechend ein Bewirtschaftungsplan konkrete, den einzelnen belastende Festsetzungen, dann muß aufgrund der Verpflichtung des § 36 b Abs. 5 WHG der Betroffene mit den damit verbundenen Nachteilen rechnen. Er kann sich deshalb bereits in diesem Zeitpunkt zur Antragstellung entschließen.

Beispiel: Ein Nachteil im Sinne vom § 47 Abs. 2 S. 1 VwGO kann auch dann in naher Zukunft drohen, wenn während des Planfeststellungs- oder Genehmigungsverfahrens durch Aufstellen eines Abfallentsorgungsplans die Zulassungsvoraussetzungen für die Abfallentsorgungsanlage entfallen (§ 8 Abs. 3 S. 1 AbfG) und deshalb in absehbarer Zeit mit einer ablehnenden Entscheidung über den Zulassungsantrag zu rechnen ist.

Umgekehrt kann es bei höherstufigen Umweltplänen oder Plänen der Raumordnung und Landesplanung an einem unmittelbar drohenden Nachteil fehlen, weil schon die Festsetzungen des Planes überhaupt keinen örtlichen Bezug aufweisen und deshalb der Konkretisierung durch unterstufige ortsbezogene Pläne bedürfen und weil der Zeitpunkt dieser örtlichen Umsetzung häufig völlig ungewiß ist. **56**

---

[89] Vgl. *Kopp*, VwGO, § 47 Rn. 24 a.
[90] Vgl. *Ule*, Verwaltungsprozeßrecht, S. 157.
[91] Vgl. *Redeker/von Oertzen*, VwGO, § 47, Rn. 23; *VGH Hessen*, Beschl. v. 3. 11. 1980 – VIII N 2/79 –, NJW 1981, 779; *OVG Koblenz*, Urt. v. 19. 1. 1982 – 10 C 23/81 –, NJW 1983, 1170.

b) Nachteilsbegriff

57 Immer noch umstritten ist die für die Antragsbefugnis natürlicher und juristischer Personen entscheidende Frage, was als Nachteil im Sinne von § 47 Abs. 2 S. 1 VwGO anzusehen ist.[92] Teilweise wird für den Begriff des Nachteils eine Rechtsverletzung entsprechend der Klagebefugnis gem. § 42 Abs. 2 VwGO gefordert.[93] Dieser Auffassung ganz entgegengesetzt läßt ein anderer Teil von Rechtsprechung und Literatur auch die Beeinträchtigung tatsächlicher Interessen des Antragstellers genügen. Ausreichend ist danach das Vorliegen einer faktischen Beschwer.[94] Zwischen diesen beiden Auffassungen liegt die wohl h. M., die zwar betont, daß an das Nachteilserfordernis ein weiter Maßstab anzulegen sei und insbesondere keine Verletzung subjektiv-öffentlicher Rechte verlangt werden könne.[95] Voraussetzung der Antragsbefugnis sei entweder die Verletzung eines berechtigten Interesses[96] oder aber die Beeinträchtigung rechtlich geschützter Interessen.[97] Die Beeinträchtigung rein wirtschaftlicher oder ideeller Interessen reiche jedenfalls nicht aus.[98] Das *BVerwG* hält die Befugnis zur Einhaltung eines Normenkontrollverfahrens gegen einen Bebauungsplan dann für gegeben,

„wenn der Antragsteller durch die zu kontrollierende Rechtsvorschrift oder durch deren Anwendung negativ, d. h. verletzend in einem Interesse betroffen wird bzw. in absehbarer Zeit betroffen werden kann, das bei der Entscheidung über den Erlaß oder den Inhalt dieser Rechtsvorschrift als privates Interesse des Antragstellers berücksichtigt werden mußte“.[99]

Diesem Beschluß des *BVerwG* sind die Oberverwaltungsgerichte ganz überwiegend gefolgt; die Literatur steht dieser Rechtsauffassung teilweise kritisch gegenüber.[100]

Beispiel: Nach der Rechtsprechung kann es einen Nachteil i. S. v. § 47 Abs. 2 S. 1 VwGO darstellen, wenn die durch die Festsetzung eines Bebauungsplans bislang gewährleistete freie Aussicht von einem Wohngrundstück durch die Änderung dieses Bebauungsplans beeinträchtigt wird.[101]

Fall: Der Brennstoffeinzelhändler A wendet sich mit einer Normenkontrollklage gegen einen Bebauungsplan, durch den in einem Neubaugebiet „die Verwendung von luftverunreinigenden Stoffen, wie Kohle und Öl, für die Beheizung der im Bebauungsplan ausgewiesenen Gebäude“ ausgeschlossen wird. Er macht geltend, er müsse

---

[92] Vgl. dazu ausführlich *Dürr*, Die Antragsbefugnis bei der Normenkontrolle von Bebauungsplänen, S. 27 ff.; *Kapsreiter*, Der Begriff des Nachteils als Zulässigkeitsvoraussetzung des Antrags natürlicher und juristischer Personen und § 47 VwGO, S. 1 ff.

[93] Vgl. *Kopp*, VwGO, § 47 Rn. 25.

[94] *VGH Hessen*, Beschl. v. 3. 11. 1980 – VIII – M 2/79 –, NJW 1981, 779; *Papier*, Menger-FS, S. 525; *Krebs*, VerwArch. 69 (1978), 323 (327).

[95] Vgl. z. B. *OVG Saarlouis*, Beschl. v. 22. 5. 1984 – 2 O 2/84 –, DÖV 1985, 75.

[96] Vgl. *Hoffmann*, Antragsbefugnis, S. 85; *Mößle*, BayVBl. 1976, 609 (616); *Quaas/Müller*, Normenkontrolle, Rn. 159 ff.

[97] *Redeker/von Oertzen*, VwGO, § 47 Anm. 23 m. w. N.

[98] *Kopp*, VwGO, § 47 Rn. 25 a m. w. N.; *VGH München*, Urt. v. 30. 8. 1984 – 22 N 84 A. 1515 –, NJW 1985, 1180; *Bickel*, NJW 1985, 2441 (2445); *Schlichter*, NJW 1985, 2446 (2447).

[99] *BVerwG*, Beschl. v. 9. 11. 1979 – 4 N 1.78, 4 N 2. – 4. 79 –, E 59, 87 (101); *BVerwG*, Beschl. v. 18. 12. 1987 – 4 N B 1.87 –, UPR 1988, 184.

[100] Vgl. dazu die zahlreichen Nachweise zur Rechtsprechung und zur Literatur bei *Beckmann*, Rechtsschutz, S. 77.

[101] *VGH BW*, NK-Beschl. v. 30. 7. 1987 – 5 S 2906/86 –, VBlBW 1988, 72.

durch die Anwendung des Bebauungsplans einen Nachteil erwarten, weil er im Plangebiet keine Brennstoffe absetzen könne und dadurch eine Umsatzbuße erleiden werde. Das OVG lehnte seinen Normenkontrollantrag als unzulässig ab; zwar sei ein Nachteil im Sinne des § 47 Abs. 2 S. 1 VwGO immer dann gegeben, wenn der Antragsteller durch den Bebauungsplan oder durch dessen Anwendung negativ, d. h. verletzend, in einem Interesse betroffen werde, bzw. in absehbarer Zeit betroffen werden könne, das bei der Entscheidung über den Erlaß oder den Inhalt dieses Bebauungsplans als privates Interesse des Antragstellers in der Abwägung berücksichtigt werden müsse. Abwägungserheblich seien hiernach alle privaten Belange, von denen bei der Entscheidung über den Plan mit hinreichender Wahrscheinlichkeit absehbar sei, daß sie nicht als geringwertige und auch schutzwürdige Interessen bestimmter Personen von dem Plan in mehr als geringfügiger Weise betroffen würden. Das wirtschaftliche Interesse des A sei aber deshalb nicht abwägungsbeachtlich, weil es nicht schutzwürdig sei. Nicht schutzwürdig seien Interessen dann, wenn sich deren Träger vernünftigerweise darauf einstellen müsse, daß „so etwas geschieht", und wenn deshalb ihrem etwaigen Vertrauen in den Bestand oder Fortbestand einer bestimmten Markt- oder Verkehrslage die Schutzbedürftigkeit fehle. Der A habe sich vernünftigerweise darauf einstellen müssen, daß in Bebauungsplänen Verwendungsausschlüsse für Kohle und Heizöl als Heizstoffe festgesetzt werden und daher nicht notwendigerweise in jedem Neubaugebiet weitere Marktchancen für diese Heizstoffe eröffnet würden.[102]

Als nachteilig i. S. d. § 47 Abs. 2 Nr. 1 VwGO ist außerdem die Überplanung einer Erholungslandschaft für Bewohner des an ein Naherholungsgebiet angrenzenden Siedlungsbereiches angesehen worden.[103] Ein Nachteil kann sich auch daraus ergeben, daß die zu prüfende Rechtsvorschrift dem Landschaftsschutz für ein dem Grundstück des Antragstellers benachbartes Gebiet zu dem Zweck aufhebt, dort eine bisher nicht zulässige Nutzung durch Bebauungsplan zuzulassen.[104] Dagegen rechtfertigt das allgemeine Interesse jedermanns an der Erhaltung der Landschaft für sich allein nicht die Antragsbefugnis.[105] **58**

c) Antragsbefugnis von Gemeinden und Behörden

Gem. § 47 Abs. 2 S. 1 VwGO können den Normenkontrollantrag neben natürlichen und juristischen Personen auch Behörden stellen. Zumeist wird der Behördenbegriff entsprechend der Legaldefinition des § 1 Abs. 4 VwVfG ausgelegt.[106] **59**

Nach der gesetzlichen Regelung ist ein Nachteil neben der Behördeneigenschaft als Zulässigkeitsvoraussetzung nicht erforderlich. Gleichwohl schränkt die ganz überwiegende Auffassung auch die Antragsbefugnis der Behörden ein. Eine Behörde ist danach nur antragsbefugt, wenn sie mit der Ausführung der angegriffenen Norm befaßt ist, insbesondere, wenn die Anwendung der beanstandeten Rechtsvorschriften zu ihren öffentlichen Aufgaben gehört oder wenn die Norm Bereiche regelt, in denen die Behörde öffentliche Aufgaben mit öffentlichen Mitteln wahrzunehmen hat.[107] **60**

---

[102] Vgl. *OVG Münster*, Urt. v. 29. 10. 1981 – 11 a NE 41/80 –, NJW 1982, 1171.
[103] *OVG Münster*, Urt. v. 10. 10. 1980 – 10 a NE 42/87 –, BRS 36 Nr. 34.
[104] *BVerwG*, Beschl. v. 18. 12. 1987 – 4 N B 1.87 –, UPR 1988, 184.
[105] *OVG Münster*, Urt. v. 12. 1. 1982 – 11 a NE 12/79 –, Nachweis bei *Hahn*, JuS 1983, 678 (681).
[106] Vgl. *Redeker/von Oertzen*, VwGO, § 47 Anm. 25; *Braun*, BayVBl. 1983, 577 (581).
[107] *Kopp*, VwGO, § 47 Rn. 32 m. w. N.; *Stüer*, DVBl. 1985, 469 (470) m. w. N.

Sprachkörper eines Gerichts sind nicht als Behörde i. S. v. § 47 Abs. 2 S. 1 VwGO anzusehen.[108]

61 Gemeinden können sowohl als Behörden unter den soeben genannten Einschränkungen als auch als juristische Personen antragsbefugt sein.

Fall: Als Behörde kann eine Gemeinde im Hinblick auf ihren allumfassenden örtlichen Wirkungskreis jederzeit einen Normenkontrollantrag zur Überprüfung einer Natur- oder Landschaftsschutzverordnung auf ihrem Gebiet stellen, ohne daß sie einen konkreten Nachteil in Gestalt einer Einschränkung ihrer Selbstverwaltungsrechte geltend machen muß.[109]

62 Als juristische Person ist die Gemeinde nur antragsbefugt, wenn sie durch die angegriffene Rechtsvorschrift einen Nachteil erleidet. Nachteilhaft können sich Umweltpläne, Schutzgebietsausweisungen und andere untergesetzliche Rechtsvorschriften auf das privatrechtliche, einfachgesetzliche Grundeigentum der Gemeinde auswirken. Sie können außerdem in die aus dem gemeindlichen Selbstverwaltungsrecht abgeleitete Planungshoheit der Gemeinde eingreifen.[110] Das kann der Fall sein, wenn die Planungsbehörde bei ihrer Planungsentscheidung die gebotene Abwägung auch der gemeindlichen Planungsinteressen unterläßt oder in fehlerhafter Weise vornimmt. Eine Kollisionsmöglichkeit zwischen gemeindlicher Planung und den Plänen und Schutzgebietsausweisungen des Umweltrechts ergibt sich vor allem dann, wenn die Gemeindeflächen sowohl von der Bauleitplanung als auch von der Umweltfachplanung überplant werden oder aber in die Ausweisung von Schutzgebieten einbezogen werden.[111] Nach Auffassung des *BVerwG* wird die Planungshoheit durch eine überörtliche Fachplanung allerdings nicht schon deshalb beeinträchtigt, weil diese das Gemeindegebiet berührt und damit die Ausgangslage für zukünftige Planungen der Gemeinde beeinflußt. Eine Verletzung der Planungshoheit bestehe nur, wenn für das betroffene Gebiet bereits eine hinreichend bestimmte gemeindliche Planung vorliege, die allerdings nicht verbindlich zu sein brauche. Hinzu kommen müsse, daß die Störung durch den überörtlichen Fachplan „nachhaltig" sei, d. h. unmittelbare Auswirkungen gewichtiger Art auf die Planung habe.[112]

63 Zu berücksichtigen ist bei dieser Entscheidung aber, daß das *BVerwG* über eine Rechtsverletzung im Sinne von § 42 Abs. 2 VwGO zu entscheiden hatte. Geht man davon aus, daß der Nachteilsbegriff des § 47 Abs. 2 S. 1 VwGO sich nicht auf Rechtsverletzungen beschränkt, dann dürften auch weniger gewichtige Störungen der gemeindlichen Planungsfreiheit die Antragsbefugnis rechtfertigen. Nachteilig im Sinne von § 47 Abs. 2 S. 1 VwGO dürften jedenfalls die Pläne und Schutzgebietsausweisungen sein, die bei der künftigen Planung der Gemeinde zwingend zu beachten sind. Sie schränken nämlich die gemeindlichen Entwicklungsmöglichkeiten und ihre planerische Gestaltungsfreiheit unmittelbar ein. Im Verhältnis der gemeindlichen Bauleitplanung zur Planung anderer öffentlicher Planungsträger gilt im übrigen der Grundsatz,

---

108 Vgl. *Dageförde*, VerwArch. 79 (1988), 123 (144ff.).

109 So *VGH BW*, Urt. v. 12. 6. 1984 – 5 S 2397/83 –, UPR 1986, 158.

110 Vgl. *Stüer*, DVBl. 1985, 469 (476); ob die Bauleitplanung zum unantastbaren Bereich der Selbstverwaltung zählt hat das *BVerfG* bislang offengelassen, vgl. *BVerfG*, Beschl. v. 23. 6. 1987 – 2 BvR 826/83 –, NVwZ 1988, 47 (48).

111 Siehe dazu *Steinberg*, DVBl. 1982, 13 (14).

112 *BVerwG*, Urt. v. 11. 5. 1984 – 4 C 83.80 –, UPR 1985, 130f.; vgl. auch *VGH München*, Urt. v. 7. 7. 1983 – Nr. 22 NA.772 –, BayVBl. 1983, 723 (724).

daß ein ranghöheres Recht rangniederes Recht verdrängt. Planungen in der Rechtsform einer Rechtsverordnung und die als Rechtsverordnung erlassenen Schutzgebietsausweisungen gehen daher dem als Satzung ergangenen Bauleitplan vor. Beim Zusammentreffen gleichstufiger Planungen gilt regelmäßig der Grundsatz der zeitlichen Priorität. Der später kommende Planungsträger muß deshalb seine Planung an der vorliegenden Planung des anderen Trägers ausrichten.[113] Im übrigen ergibt sich aus § 38 BauGB ein Vorrang der dort genannten Fachplanungen vor entgegenstehenden Festsetzungen eines Bebauungsplans.[114]

V. Die Beiladung

Mit der Beiladung werden Dritte, deren rechtliche Interessen durch einen zwischen anderen Parteien anhängigen Rechtsstreit berührt werden, vom Gericht in das Verfahren einbezogen. Die Beiladung dient einerseits dem Rechtsschutz des Beigeladenen, da dieser die Möglichkeit erhält, auf den Prozeß Einfluß zu nehmen. Andererseits ermöglicht die Beiladung des Drittbetroffenen eine bessere Aufklärung des Sachverhalts und kann schließlich über die Rechtskraftwirkung des § 121 VwGO eine Vielzahl von Prozessen und damit gleichzeitig die Gefahr widersprüchlicher Entscheidungen vermeiden helfen. Nicht zuletzt dient die Beiladung damit der Prozeßökonomie.[115] **64**

Typischer Anwendungsfall der Beteiligung Drittbetroffener ist der im Umweltrecht besonders häufig anzutreffende Rechtsstreit um den Erlaß eines Verwaltungsaktes mit Drittwirkung. Dazu zählen in erster Linie Anlagengenehmigungen, Planfeststellungen, aber auch drittschützende nachträgliche Anordnungen, Stillegungen etc. Über die Rechtskrafterstreckung gem. § 121 VwGO kann die Beiladung besondere Bedeutung bei der Bewältigung umweltrechtlicher Massenverfahren erlangen. Aus Gründen der Prozeßökonomie kann es deshalb sinnvoll sein, Einwendern im Wege der einfachen Beiladung eine Rechtsposition im Verwaltungsstreitverfahren über die Verpflichtungsklage des Anlagenbetreibers zu gewähren, sofern mit einiger Sicherheit andernfalls mit ihrer Anfechtungsklage zu rechnen ist, wenn die Genehmigung im Verwaltungsstreitverfahren zugesprochen wird.[116] **65**

Die Beiladung ist grundsätzlich in allen Verfahrensarten zulässig; umstritten ist sie allerdings im Bereich der Normenkontrolle.[117] **66**

In § 65 VwGO wird zwischen *einfacher* und *notwendiger* Beiladung unterschieden. **67**

Die Anordnung der einfachen Beiladung steht im Ermessen des Gerichts, die der notwendigen Beiladung ist zwingend. Ihre Unterscheidung ist wichtig für die rechtliche Stellung des Beigeladenen und für die Folgen der unterbliebenen Beiladung. Im Gegensatz zum Unterbleiben einer einfachen Beiladung kann die unterbliebene notwendige Beiladung im Berufungsverfahren und in der Revisionsinstanz zur Aufhebung des betroffenen Urteils füh- **68**

---

[113] Vgl. *Battis/Krautzberger/Löhr*, BauGB, § 38 Rn. 4.
[114] Vgl. dazu ausführlich *Battis/Krautzberger/Löhr*, BauGB, § 38, Rn. 6ff.; *BVerwG*, Urt. v. 4. 5. 1988 – 4 C 22.87 – UPR 1988, 392.
[115] Ausführlich zu den Beiladungszwecken *Stober*, Menger-FS, S. 406ff.
[116] Vgl. dazu *Sellner*, Immissionsschutzrecht, Rn. 332.
[117] Ablehnend *BVerwG*, Beschl. v. 12. 3. 1983 – 4 N 1/80 –, E 65, 131 (133ff.); bejahend *Kopp*, VwGO, § 47 Rn. 23 m. w. N.

ren.[118] Der übergangene Beizuladende hat gegen die Entscheidung keinen Rechtsbehelf.[119] Das Urteil wird aber nicht materiell rechtskräftig und ist, wenn es sich um ein Gestaltungsurteil handelt, unwirksam.[120] Selbst bei einem obsiegenden Verpflichtungsurteil hat der Antragsteller somit keinen Anspruch gegenüber der Genehmigungsbehörde auf Erteilung der Genehmigung. Der übergangene Beizuladende kann sich auf die Unwirksamkeit des Urteils berufen und – soweit es bereits formell rechtskräftig geworden ist – Feststellungsklage auf Nichtigkeit des Urteils erheben. Das beabsichtigte Vorhaben kann der Dritte damit allerdings nur verhindern, wenn er den auf das Verpflichtungsurteil ergangenen Genehmigungsbescheid nicht hat bestandskräftig werden lassen.

69 Das Rechtsmittel des Beigeladenen setzt die Verletzung eines subjektiven Rechts des Beigeladenen voraus.[121] Die für die Zulässigkeit einer Berufung des Beigeladenen erforderliche Beschwer ergibt sich nicht allein daraus, daß die Rechtskraft des Urteils auch den Beigeladenen bindet. Die Berufung des beigeladenen Unternehmers gegen ein – der Anfechtungsklage des Nachbarn – stattgebendes Urteil hat aber Erfolg, wenn die immissionsschutzrechtliche Genehmigung – mag sie auch objektiv rechtswidrig sein – eine den Kläger schützende Norm nicht verletzt.[122] Im Anfechtungsstreit gegen einen Planfeststellungsbeschluß hat der beigeladene Vorhabenträger mit seiner Berufung Erfolg, wenn der vom VG aufgehobene Planfeststellungsbeschluß zwar objektiv rechtswidrig ist, aber keine subjektiven Rechte des Anfechtungsklägers verletzt.[123]

1. Notwendige Beiladung

70 Notwendig beizuladen ist gem. § 65 Abs. 2 VwGO ein Drittbetroffener, wenn er am streitigen Rechtsverhältnis derartig beteiligt ist, daß die Entscheidung auch ihm gegenüber nur einheitlich ergehen kann. Das setzt voraus, daß die vom Kläger begehrte Sachentscheidung des Gerichts nicht getroffen werden kann, ohne daß damit gleichzeitig, unmittelbar und zwangsläufig Rechte des Beizuladenden gestaltet, bestätigt, verändert oder aufgehoben werden.[124] Wann das im einzelnen der Fall ist, ist umstritten. Denkbar ist die notwendige Beiladung in umweltrechtlichen Streitigkeiten vor allem bei Verwaltungsakten mit Drittwirkung und bei mehrstufigen Verwaltungsakten.[125]

Fälle: Klagt der Nachbar eines Kraftwerkes oder einer Abfallentsorgungsanlage gegen die Anlagengenehmigung, dann ist der Anlagenbetreiber notwendig beizuladen. Gleiches gilt für den Vorhabenträger bei der gegen die Planfeststellungsbehörde gerichteten Klage auf Aufhebung des Planfeststellungsbeschlusses. Beizuladen ist der

---

[118] Vgl. *Kopp*, VwGO, § 65 Rn. 28 m. w. N.; einschränkend aber *BVerwG*, Urt. v. 7. 2. 1986 – 4 C 30/84 –, NJW 1986, 2775.

[119] *VGH Mannheim*, Beschl. v. 13. 9. 1984 – 5 S 2049/84 –, DÖV 1985, 588.

[120] *Kopp*, VwGO, § 65 Rn. 29; *Redeker/von Oertzen*, VwGO, § 65 Anm. 22.

[121] *BVerwG*, Urt. v. 16. 9. 1981 – B C 1 und 2.81 –, E 64, 67.

[122] *BVerwG*, Urt. v. 30. 9. 1983 – IV C 55.80 –, UPR 1984, 126.

[123] *BVerwG*, Urt. v. 21. 8. 1981 – IV C 17.78 –, NVwZ 1982, 115.

[124] *Kopp*, VwGO, § 65 Rn. 14 m. w. N.

[125] Vgl. dazu näher *Beckmann*, Rechtsschutz, S. 92ff.; allgemein zu den Fallgruppen notwendiger Beiladung *Joeres*, Beiladung, S. 53ff.

Anlagenbetreiber außerdem, wenn ein betroffener Dritter mit der Verpflichtungsklage oder der Leistungsklage hoheitliches Einschreiten gegen den Betreiber der Anlage, z. B. im Wege der nachträglichen Anordnung gem. § 17 BImSchG oder des Widerrufs der Genehmigung gem. § 21 BImSchG begehrt.

2. Einfache Beiladung

Voraussetzung der einfachen Beiladung ist, daß rechtliche Interessen des Beizuladenden berührt werden (§ 65 Abs. 1 VwGO). Das ist der Fall, wenn der Beigeladene zu einer oder den Prozeßparteien oder zum Streitgegenstand in einer solchen Beziehung steht, daß das Unterliegen des Klägers oder des Beklagten seine Rechtslage verbessern oder verschlechtern könnte. Die Zulässigkeit der einfachen Beiladung setzt nicht voraus, daß der Dritte durch die Entscheidung tatsächlich in seinen Rechten berührt wird. Vielmehr reicht es aus, wenn im Zeitpunkt der Beiladung die Möglichkeit besteht, daß die Entscheidung auf rechtliche Interessen des Beizuladenden einwirken kann.[126] Rechtliche Interessen können sowohl öffentlich-rechtlicher als auch privatrechtlicher Art sein, allerdings reichen wirtschaftliche, ideelle oder verwaltungspolitische Interessen nicht aus.[127] Zu bejahen ist ein rechtliches Interesse der betroffenen Nachbarn bei Verpflichtungsklagen des Unternehmers auf Erlaß einer beantragten Anlagengenehmigung. Hält man die Nachbarn nicht bereits für notwendig Beizuladende, dann besteht zumindest gem. § 63 Abs. 2 VwGO die Möglichkeit, sie beizuladen. Da die einfache Beiladung im Ermessen des Gerichts steht, kann die Auswahl unter zahlreichen Einwendern sogar exemplarisch erfolgen.[128] 71

Fraglich ist, ob auch diejenigen, deren Einwendungen präkludiert sind, entweder, weil sie im Genehmigungsverfahren ihre Einwendungen nicht vorgebracht haben (vgl. z. B. § 10 Abs. 3 S. 3 BImSchG) oder weil der Genehmigungsbescheid ihnen gegenüber bestandskräftig geworden ist, noch beigeladen werden können. Dagegen spricht, daß die Bestandskraftwirkung und nach h. M. in bestimmten Rechtsbereichen auch die Verfahrenspräklusion den Betroffenen die Möglichkeit des verwaltungsgerichtlichen Rechtsschutzes nimmt. Mit diesem materiell-rechtlichen Ausschluß wären prozessuale Eingriffs- bzw. Verteidigungsmittel, wie sie auch mit der Rechtsstellung eines einfachen Beigeladenen verbunden sind, nur schwer zu vereinbaren.[129] Dagegen können durch die Entscheidung in einem Rechtsstreit über die Rechtmäßigkeit der Anlagengenehmigung auch die Interessen des mit der Errichtung des Kraftwerks beauftragten Unternehmers berührt sein. 72

B. Kontrolldichte in umweltrechtlichen Streitverfahren

Mit dem Begriff der Kontrolldichte wird das Verhältnis der richterlichen Kontrollmaßstäbe zu den Handlungsmaßstäben der Verwaltung angesprochen. Je stärker beide Maßstäbe identisch sind, umso dichter ist die verwaltungsgerichtliche Kontrolle.[130] 73

---

[126] *BVerwG*, Urt. v. 21. 8. 1981 – IV C 17/78 –, NVwZ 1982, 115 (116).

[127] *Kopp*, VwGO, § 65 Rn. 9.

[128] *Sellner*, Immissionsschutzrecht, Rn. 334; *VGH Mannheim*, Beschl. v. 8. 11. 1976 – X 1537/76 –, NJW 1977, 138.

[129] Näher dazu *Hoppe/Schlarmann*, Rechtsschutz, Rn. 216.

[130] Zum Begriff der Kontrolldichte siehe *Hoppe*, FSBVerwG S. 295 (296); *Beckmann*, DÖV 1986, 505 (507).

74 Eine umfassende, maßstabsidentische verwaltungsgerichtliche Kontrolle kann aus verschiedenen Gründen nicht stattfinden. Bereits aus faktischen Gründen, nämlich aufgrund des Umfangs der zur Kontrolle anstehenden Unterlagen bleibt die gerichtliche Kontrolle zumindest bei komplexen Genehmigungs- und Planfeststellungsentscheidungen des Umweltrechts häufig nicht mehr als eine Plausibilitäts- und Vollständigkeitskontrolle.

Beispiele: Die vollständige Überprüfung der technischen Unterlagen einer größeren Anlage durch qualifizierte Fachkräfte soll bereits mehrere Mann-Jahre erfordern, für ein Kernkraftwerk soll sogar Sachverständigenarbeit in Höhe von 100 bis 200 Mann-Jahren anfallen; in Aktenordnern abgeheftet sollen die Unterlagen für einen 13.000 MW Druckwasserreaktor eine Länge von rd. 1000 Metern ausmachen.[131]

75 Weitere faktische Kontrolleinschränkungen ergeben sich aus den durch Zeitablauf entstehenden vollendeten Tatsachen und nicht zuletzt durch die sich auch im Umweltrecht ausweitende Praxis informalen Verwaltungshandelns.[132] Hinzu kommt, daß die Verwaltungsgerichte im Gegensatz zu den Widerspruchsbehörden (§ 68 Abs. 1 S. 1 VwGO) allein zur Überprüfung der *Rechtmäßigkeit*, nicht aber der Zweckmäßigkeit des Verwaltungshandelns berufen sind. Weitere Einschränkungen der verwaltungsgerichtlichen Kontrolle ergeben sich aus ihrer Beschränkung auf das *öffentliche* Recht (§ 40 Abs. 1 S. 1 VwGO), den *Individualrechtsschutz* (§§ 42 Abs. 2, 113 Abs. 1 S. 1 VwGO) und auf die *maßgebliche Sach- und Rechtslage*. Die Kontrolldichte verringert sich außerdem hinsichtlich der Verstöße gegen das *Verfahren* (vgl. z. B. §§ 45, 46 VwVfG, 214, 215 BauGB) und aufgrund von *Bestandskraft- und Präklusionsregeln*. Schließlich kann sich eine Einschränkung der verwaltungsgerichtlichen Kontrolle aus den *Grenzen der Ermittlungspflicht* gem. § 86 VwGO, insbesondere aus Substantiierungs- bzw. Mitwirkungspflichten der Beteiligten ergeben. Hinzu kommt, daß die Rechtsprechung die Kontrolldichte dadurch verringert hat, daß sie neben der Anerkennung gerichtsverbindlicher Verwaltungsvorschriften[133] die Schutzwirkung umweltrechtlicher Rechtsnormen reduziert, materielle Verfahrenspräklusion anerkannt[134] und die Substantiierungspflichten bereits im Rahmen der Klagebefugnis erhöht bzw. die Anforderungen an die Untersuchungspflicht der Gerichte reduziert hat.[135]

I. Kontrolldichte bei der Auslegung unbestimmter Rechtsbegriffe

76 Während teilweise die fehlende umfassende richterliche Kontrolle verantwortlich für die besorgniserregende ökologische Gesamtentwicklung der

[131] Vgl. dazu *Beckmann*, Rechtsschutz, S. 5 m. w. N.

[132] Zu Kontrolleinschränkungen und Rechtsschutzverkürzungen im Zusammenhang mit informalem Verwaltungshandeln siehe *Bohne*, Der informale Staat, S. 232 ff.

[133] *BVerwG*, Urt. v. 19. 12. 1985 – VII C 65.82 –, DVBl. 1986, 190 (195); *OVG Lüneburg*, Beschl. v. 28. 2. 1985 – VII B 64/84 –, NVwZ 1985, 357.

[134] *BVerfG*, Beschl. v. 8. 7. 1982 – III PvR 1187/80 –, E 61, 62; Beschl. v. 6. 10. 1982 – II BvR 304/82 –, NVwZ 1983, 27; *BVerwG*, Urt. v. 6. 8. 1982 – IV C 66/79 –, NJW 1984, 1250; *BVerwG*, Urt. v. 17. 7. 1980 – VII C 11.78 –, E 60, 297.

[135] *BVerwG*, Urt. v. 7. 7. 1979 – IV C 7.77 –, DVBl. 1980, 230; krit. zu kontrollrestriktiven Tendenzen in der Rechtsprechung siehe *Beckmann*, Rechtsschutz, S. 100 ff.; *ders.*, UPR 1987, 321 ff.

Bundesrepublik Deutschland gemacht wird, wird von anderen die richterliche Kontrolle gerade im Umwelt- und Planungsrecht als belastend und zu intensiv empfunden. Besonders umstritten ist, ob und inwieweit der Verwaltung bei der Auslegung unbestimmter Rechtsbegriffe ein gerichtlich nicht kontrollierbarer Beurteilungs- oder Konkretisierungs- bzw. Standardisierungsspielraum verbleibt.

1. Die Rechtsprechung

Das *BVerwG* hat wiederholt entschieden, daß der durch Art. 19 Abs. 4 S. 1 **77**
GG gewährleistete Rechtsweg grundsätzlich die vollständige Nachprüfung des Verwaltungshandelns in rechtlicher und tatsächlicher Hinsicht ermöglichen muß. Das Gericht sei deshalb an die von der Verwaltungsbehörde getroffenen tatsächlichen Feststellungen und deren Würdigung nicht gebunden.[136] Im „Kalkar"-Beschluß hat das *BVerfG* demgegenüber ausdrücklich offengelassen, wo im Hinblick auf Art. 19 Abs. 4 GG bei der Bewertung technischer Normen und Standards für die Einschätzung künftiger Schadensmöglichkeiten die Grenzen richterlicher Nachprüfungspflicht lägen und ob sich die Gerichte nicht etwa auf die Prüfung beschränken dürften, ob bei Kenntnislücken und Unsicherheiten im Bereich der naturwissenschaftlichen und technischen Feststellungen und Beurteilungen die Grenze der sich daraus ergebenden Bandbreite eingehalten worden sei.[137] Im „Sasbach"-Beschluß hat das *BVerfG* die Ansicht vertreten, Feststellungen und Bewertungen der Exekutive seien nur auf ihre Rechtmäßigkeit hin zu überprüfen, nicht aber hätten die Gerichte ihre eigenen Bewertungen an deren Stelle zu setzen.[138] Das *BVerfG* hat aber noch einmal unter Verweis auf seine frühere Rechtsprechung ausdrücklich klargestellt, daß unbeschadet normativ eröffneter Gestaltungs-, Ermessens- und Beurteilungsspielräume sowie der Tatbestandswirkung von Hoheitsakten grundsätzlich eine Bindung der rechtsprechenden Gewalt an tatsächliche oder rechtliche Feststellungen seitens anderer Gewalten hinsichtlich dessen, was im Einzelfall rechtens sei, ausgeschlossen sei.[139] Dem Grundsatz, daß es nur ausnahmsweise vor der Rechtsschutzgarantie des Art. 19 Abs. 4 GG zu rechtfertigen sei, der Vollzugsbehörde bei der Anwendung des unbestimmten Rechtsbegriffs einen eigenen, gerichtlicher Kontrolle nicht mehr zugänglichen Beurteilungsspielraum einzuräumen, hat das *BVerfG* schließlich im Beschluß vom 28. 6. 1983 noch einmal ausdrücklich bestätigt.[140]

Auch das *BVerwG* lehnt grundsätzlich und vor allem bei unbestimmten **78**
Rechtsbegriffen des Umweltrechts die Einräumung eines Beurteilungsspielraums ab.[141] Die Ausfüllung unbestimmter Rechts- und Gesetzesbegriffe sei

---

[136] Vgl. *BVerfG*, Beschl. v. 5. 2. 1963 – 2 BvR 21/60 – , E 15, 275 (282); Beschl. v. 16. 7. 1969 – 2 BvL 11/69 –, E 27, 36 (43).

[137] Beschl. v. 8. 8. 1978 – 2 BvL 8/77 –, E 49, 89 (136).

[138] Beschl. v. 8. 7. 1982 – 2 BvR 1187/80 –, E 61, 82 (114f.).

[139] Beschl. v. 8. 7. 1982 – 2 BvR 1187/80 –, E 61, 82 (111).

[140] - 2 BvR 539, 612/80 –, E 64, 261 (279).

[141] Vgl. Urt. v. 15. 12. 1983 – 3 C 27.82 –, E 68, 267 (271); Urt. v. 26. 3. 1981 – 3 C 134.79 –, E 62, 86 (101); speziell zu den unbestimmten Rechtsbegriffen des Umweltrechts siehe Urt. v. 17. 2. 1978 – 1 C 12.76 –, E 55, 250 (253f.); Urt. v. 12. 12. 1975 - IV C 71.73 –, E 50, 49 (52ff.).

eine herkömmliche und anerkannte Aufgabe der auch zur rechtlichen und tatsächlichen „Vollprüfung" berufenen Gerichte. Allerdings entspreche es ständiger Rechtsprechung des *BVerwG*, daß der Gesetzgeber durch Art. 19 Abs. 4 GG nicht schlechthin gehindert sei, der Verwaltung eine Beurteilungsermächtigung mit der Folge zuzugestehen, daß die Gerichte die in Ausführung dieser Ermächtigung ergangenen Verwaltungsakte nicht in vollem Umfang überprüfen könnten.[142] Mit Art. 19 Abs. 4 GG sei eine Begrenzung der verwaltungsgerichtlichen Nachprüfung durch Einräumung der Beurteilungsermächtigung vereinbar, weil Art. 19 Abs. 4 GG nur der Abwehr von Rechtsverletzungen diene und nicht verlange, daß unter mehreren rechtmäßigen Entscheidungen letztverantwortlich von Gerichten entschieden werde.[143] Das Gericht hat dementsprechend eine Reihe von Ausnahmen zugelassen und eine Beurteilungsermächtigung vor allem bei Prüfungsentscheidungen, prüfungsähnlichen Entscheidungen, bei beamtenrechtlichen Beurteilungen, bei Entscheidungen wertender Art durch weisungsfreie, mit Sachverständigen oder Interessenvertretern besetzten Gremien und vor allem bei planungspolitisch-prognostischer Verwaltungstätigkeit anerkannt.[144] Zur Begründung führt das *BVerwG* zumeist mehrere Gründe an, so z. B. die größere Sachkunde der Behörde, die Unvertretbarkeit persönlichkeitsbedingter Werturteile, den prognostischen Charakter oder den politisch-planerischen Einschlag der Entscheidung. Im „Wyhl"-Urteil v. 19. 12. 1985 betont das *BVerwG* im Anschluß an das BVerfG, daß die Verwaltungsgerichte die von den Genehmigungsbehörden aufgrund willkürfreier Ermittlungen vorgenommenen Wertungen nur auf ihre Rechtmäßigkeit zu überprüfen, nicht aber ihre eigenen Bewertungen an deren Stelle zu setzen hätten.[145] Art. 19 Abs. 4 GG stehe dem nicht entgegen, da diese Vorschrift im Sinngefüge der Verfassung stets in einer Weise auszulegen sei, daß anderen Verfassungsnormen und Verfassungsgrundsätzen nicht Abbruch getan werde. Art. 19 Abs. 4 GG verlange nicht mehr als die Kontrolle des Verwaltungshandelns. Wo daher ein der Exekutive zugewiesener Vorbehalt vor der verfassungsrechtlichen Kompetenzverteilung noch Bestand habe, könne er nicht durch eine mit ihm unvereinbare Ausweitung der gerichtlichen Kontrollbefugnis wieder in Frage gestellt werden.[146] Als Ausgleich für die damit verbundenen Verringerungen der gerichtlichen Kontrolldichte sieht das *BVerwG* die Beteiligungsmöglichkeit im Genehmigungsverfahren an.[147] Ebenfalls im „Wyhl"-Urteil vertritt das *BVerwG* die Ansicht, Verwaltungsrichtlinien, denen normenkonkretisierende Funktion zukomme, seien im Gegensatz zu norminterpretierenden Verwaltungsvorschriften für die Verwaltungsgerichte innerhalb der von der Norm gesetzten Grenzen verbindlich.[148]

---

[142] *BVerwG*, Urt. v. 13. 12. 1979 – V C 1.79 –, E 59, 213 (216).
[143] Urt. v. 25. 6. 1981 – 3 C 35.80 –, E 62, 330 (340f.).
[144] Vgl. dazu die zahlreichen Nachweise zur Rechtsprechung des BVerwG bei *Beckmann*, Rechtsschutz, S. 17.
[145] Urt. v. 19. 12. 1985 – 7 C 65.83 –, DVBl. 1986, 190 (195).
[146] Urt. v. 19. 12. 1985 – 7 C 65.83 –, DVBl. 1986, 190 (195).
[147] *BVerwG*, Beschl. v. 28. 5. 1985 – 7 B 116.85 –, UPR 1985, 427.
[148] *BVerwG*, Urt. v. 19. 12. 1985 – 7 C 65.83 –, DVBl. 1986, 190 (196); einschränkend jedoch *BVerwG*, Beschl. v. 15. 9. 1987 – 7 N 1.87 – BayVBl. 1988, 249.

Die Instanzgerichte sind dem *BVerwG* hinsichtlich der Anerkennung eines administrativen Beurteilungsspielraums im wesentlichen gefolgt. Das *OVG Lüneburg* vertritt in seinem „Buschhaus"-Beschluß v. 28. 2. 1985[149] die Ansicht, die Bestimmungen der TA Luft entfalteten, obwohl sie Verwaltungsvorschriften und keine Rechtsnormen seien, eine auch im Verwaltungsprozeß zu beachtende Bindungswirkung. Die besondere Qualität der TA Luft ergebe sich aus der ihnen zugrundeliegenden Ermächtigung des § 48 BImSchG, derer es wegen Art. 84 Abs. 2 GG nicht bedurft hätte, ginge es um „gewöhnliche Verwaltungsvorschriften". § 48 BImSchG schreibe nicht nur ein qualifiziertes Verfahren für das Zustandekommen der Technischen Anleitungen vor, sondern ermächtige außerdem den Vorschriftengeber, im Rahmen der normativen Vorgaben die Wertungen und Feststellungen auch zur Erforderlichkeit von Maßnahmen zum Schutz und zur Vorsorge gegen schädliche Umwelteinwirkungen zu treffen. Dabei belasse das Gesetz der Exekutive einen von den Gerichten zu beachtenden Beurteilungsbereich.[150] 79

2. Die Rechtslehre

In der Rechtslehre wird die generelle Anerkennung eines Beurteilungsspielraums für die Verwaltung mit unterschiedlicher Begründung schon seit langem befürwortet.[151] Zunehmend wird eine nur beschränkte gerichtliche Überprüfung der Anwendung unbestimmter Rechtsbegriffe vor allem auch im Umweltrecht gefordert.[152] Zur Begründung einer generellen, d. h. nicht auf bestimmte Ausnahmen begrenzten Verringerung der gerichtlichen Kontrolldichte bei der Auslegung unbestimmter Rechtsbegriffe sind in der Rechtslehre verschiedenste Lösungsansätze entwickelt worden, die im wesentlichen allerdings auf zwei Grundpositionen beruhen. 80

Einmal läßt sich die Einräumung einer Beurteilungsermächtigung der Verwaltung *normtheoretisch*, d. h. mit der offenen Struktur unbestimmter Rechtsbegriffe, begründen. Zum anderen werden zur Begründung des Beurteilungsspielraums verfassungsrechtliche oder *staatsorganisationsrechtliche* Argumente vorgetragen. 81

Normtheoretisch wird ein Beurteilungsspielraum vor allem damit begründet, eine Richtigkeitskontrolle der Gerichte am Maßstab des Rechts werde sinnlos, wenn und soweit die Kontrolle wegen der Struktur und der begrenzten Aussagekraft der anzuwendenden Rechtssätze ein Mehr an wahrscheinlicher Richtigkeit nicht erbringen könnten. Soweit „Richtigkeit" nicht eindeutig feststellbar sei, müßten alle die Zweifelszone nicht erkennbar ver- 82

---

[149] - 7 B 64/84 –, NVwZ 1985, 357f.

[150] Vgl. dazu auch *OVG Münster*, Urt. v. 9. 7. 1987 – 21 A 1556/86 –, NVwZ 1988, 173ff. zur Frage, unter welchen Voraussetzungen Erkenntnisfortschritte es rechtfertigen, das Risikopotential von Luftschadstoffen abweichend von der Immissionsfestsetzung der TA Luft zu beurteilen.

[151] Siehe zum älteren Schrifttum *Bachof*, JZ 1955, 97 ff.; *Ule*, Jellinek-Gedächtnisschrift, S. 309ff.; *Jesch*, AöR 82 (1958), 163ff.

[152] Siehe z. B. *Schwab*, Kontrollrestriktion, S. 48ff.; *Murswiek*, Die staatliche Verantwortung, S. 361 und vor allem die zahlreichen Nachweise bei *Kloepfer*, Rechtsschutz, Fn. 91; *Kind*, DÖV 1988, 679ff.

lassenden Entscheidungen, weil vertretbar, als „richtig" i. S. v. rechtmäßig angesehen werden.[153]

83 **Staatsorganisationsrechtliche** und **verfassungsrechtliche** Gründe für die Einräumung eines Beurteilungsspielraums der Verwaltung werden vor allem in der Verantwortung der Verwaltung für die Folgen ihrer Entscheidungen und in der größeren Sachkunde der Verwaltung gesehen. Zum Teil wird auch die Ansicht vertreten, daß Rechtsschutz und eigenverantwortliche Gemeinwohlkompetenz der öffentlichen Verwaltung zur praktischen Konkordanz zu bringen seien. Daraus wird die Konsequenz gezogen, daß die Annahme eines vollständigen Entscheidungsmonopols der Judikative, deren verfassungsrechtliche Einbettung in das Gesamtgefüge der Kompetenzordnung des Grundgesetzes unzulässig vernachlässige.[154]

84 Im Umweltrecht wird der Beurteilungsspielraum häufig auch aus dem *Planungscharakter*, dem *Prognosecharakter* umweltrechtlicher Entscheidungen oder aufgrund der besonderen *Struktur dynamischer Technikklauseln* in den Zulassungsvoraussetzungen abgeleitet.[155]

II. Beschränkung auf den Individualrechtsschutz

85 Die wohl entscheidende Einschränkung erfährt der verwaltungsgerichtliche Umweltrechtsschutz durch seine Beschränkung auf den Individualrechtsschutz. Nach der herrschenden **Schutznormlehre** ist die drittschützende Funktion einer Rechtsnorm durch Auslegung zu ermitteln. Dabei kann die Auslegung einerseits ergeben, daß die streitentscheidende Norm nicht drittschützend ist. Handelt es sich dagegen andererseits um eine drittschützende Norm, so ist nach der Rechtsprechung weiter zu prüfen, ob ein Verstoß gegen diese drittschützende Norm gerade auch individuelle Rechte des Klägers verletzt.

86 Die Schutznormlehre und vor allem die Versuche der Rechtsprechung, allein mit Hilfe herkömmlicher Gesetzesauslegung zu bestimmen, ob eine Rechtsnorm zumindest auch dem Interesse einzelner Bürger zu dienen bestimmt ist, werden zunehmend als untauglich zur Bestimmung des subjektiv-öffentlichen Rechts empfunden.[156] Gleichwohl hält die Rechtsprechung und wohl auch die herrschende Lehre an der Schutznormlehre fest.[157]

87 Eine Übersicht über die herrschende Praxis der Schutznormlehre im Umweltrecht läßt sich am ehesten durch die Beschreibung der individualschützenden Funktion einzelner Normgruppen (1.) und des Individualschutzes einzelner Personengruppen gewinnen (2.).

---

[153] Vgl. dazu die zahlreichen Nachweise bei *Beckmann*, Rechtsschutz, S. 111.

[154] *Krebs*, Kontrolle, S. 93.

[155] Näher dazu *Beckmann*, Rechtsschutz, S. 119ff.

[156] Vgl. *Bauer*, DVBl. 1986, 208 (218); *Bleckmann*, VBlBW 1985, 361 (362); *Breuer*, DVBl. 1983, 431 (436); *ders.*, DVBl. 1986, 849 (853ff.); *Brohm*, NJW 1984, 8 (13); *Schenke*, NuR 1983, 83; *Steinberg*, UPR 1984, 350 (354); *Wahl*, JuS 1984, 577 (585); *Ladeur*, UPR 1984, 1 (4).

[157] Siehe dazu vor allem *Marburger*, Individualschutz gegen Umweltbelastungen, C 97 m. w. N.; siehe ausführlich auch *H. Bauer*, AöR 113 (1988), 582ff.

1. Individualschützende Funktion einzelner Normgruppen

Individualrechte können sich aus den Grundrechten und dem einfachen Recht, und zwar sowohl aus dem Verfahrensrecht als auch aus dem materiellen Recht ergeben. 88

a) Grundrechte

Wie bereits erwähnt, entfalten Grundrechte ihre individualschützende Funktion auf verschiedene Weise. Sie sind einerseits bei der Auslegung des einfachen Rechts zu berücksichtigen und vermitteln andererseits unmittelbar subjektive Rechte des Grundrechtsträgers.[158] Als subjektive Abwehrrechte schützen die Grundrechte gegen staatliche Eingriffe. Aus ihrem objektivrechtlichen Gehalt erwächst dem Staat die Pflicht zum Schutz des einzelnen vor Gefahren, die von umweltbelastenden Anlagen Privater ausgehen. Die Grundrechte schützen nicht zuletzt aber auch den Hersteller und Betreiber einer umweltbelastenden Anlage in seiner wirtschaftlichen Betätigungsfreiheit und den Grundstückseigentümer gegen grundrechtsbeschränkende Wirkungen natur- und landschaftsschützender Maßnahmen. Da es bundesverfassungsrechtlich kein „Umweltgrundrecht" gibt, wird Grundrechtsschutz im Umweltrecht über Art. 2 Abs. 1, 2 Abs. 2, 12 und 14 GG gewährleistet.[159] 89

b) Verfahrensvorschriften

Je weiter die Steuerungsfunktion des materiellen Rechts durch Verwendung sehr unbestimmter Rechtsbegriffe und durch die gerade bei umweltrechtlichen Entscheidungen häufig notwendigen Abwägungen vielschichtiger Interessen und Belange sinkt, umso wichtiger wird das Verwaltungsverfahren und damit auch die verwaltungsgerichtliche Kontrolle der Einhaltung gesetzlicher Verfahrensregelungen.[160] Hinsichtlich der Frage, inwieweit der Kläger mit der Rüge eines Verfahrensfehlers den Verwaltungsprozeß gewinnen kann, lassen sich im Anschluß an *Hufen*[161] vier Fallgruppen unterschieden: 90

Erste Fallgruppe: Verletzt das angegriffene Verwaltungshandeln ein subjektives materielles Recht des Klägers und zugleich eine klägerschützende Verfahrensbestimmung, dann ist die Klage begründet. 91

Beispiel: Der durch einen Planfeststellungsbeschluß enteignungsrechtlich betroffene Dritte wird nicht angehört.

Zweite Fallgruppe: Unbegründet ist die Klage dagegen jedenfalls dann, wenn das angegriffene Verwaltungshandeln weder ein materielles noch ein klägerschützendes Verfahrensrecht verletzt. 92

---

[158] Siehe dazu i.e. oben, § 4, Rn. 31.

[159] Siehe dazu oben, § 4, Rn. 35.

[160] Vgl. dazu ausführlich *Hufen*, Fehler im Verwaltungsverfahren, S. 21ff./291ff.; *Hill*, Das fehlerhafte Verfahren, S. 403ff., 462ff.; *Burmeister*, UTR, Bd. 5, S. 121ff.

[161] *Hufen*, Fehler im Verwaltungsverfahren, S. 372ff.; die nachfolgenden Ausführungen beziehen sich auf Anfechtungs- und Verpflichtungsklagen. Werden Fehler des Planverfahrens im Normenkontrollstreit gem. § 47 VwGO gerügt, kommt es auf die individualschützende Funktion der verletzten Verfahrensvorschriften nicht an.

Beipiel: Eine Gemeinde macht die Rechte ihrer Bürger geltend und beruft sich dabei auf die fehlende Beteiligung einer anderen Behörde.

93 **Dritte Fallgruppe:** Problematischer wird es, wenn der Kläger zwar in einem materiellen subjektiven Recht betroffen wird, er aber nur den Verstoß gegen eine nicht klägerschützende Verfahrensnorm rügen kann.

Beispiel: Der Enteignungsbetroffene stützt seine Klage auf die Nichtbeteiligung einer im öffentlichen Interesse zu beteiligenden Behörde oder eines Naturschutzverbandes.

94 *Hufen* weist insoweit wohl zu Recht darauf hin, daß das, was das *BVerwG* für die fehlerhafte Berücksichtigung öffentlicher Belange festgestellt hat, auch für nicht klägerschützende Verfahrensvorschriften gelten muß. Der Eigentümer eines durch eine Planfeststellung mit enteignender Wirkung betroffenen Grundstücks kann deshalb nicht nur die fehlerhafte Berücksichtigung von Belangen des Naturschutzes, sondern auch die Verletzung nicht klägerschützender Verfahrensrechte rügen, wobei allerdings Auswirkungen des Verfahrensfehlers auf das Abwägungsergebnis möglich sein müssen.[162]

95 **Vierte Fallgruppe:** Fraglich ist schließlich, ob die Klage begründet ist, wenn der Kläger zwar nicht in materiellen subjektiven Rechten, sondern allein in klägerschützenden Verfahrensvorschriften verletzt ist. Damit erst ist die eigentliche Frage nach der individualschützenden Funktion einfachgesetzlicher Vorschriften gestellt. Die Möglichkeit der Verletzung klägerschützenden Verfahrensrechts ohne Beeinträchtigung in materiellen Rechten besteht vor allem dann, wenn der Gesetzgeber den Kreis der Verfahrensberechtigten, insbesondere der Anhörungsberechtigten, weiterzieht als den Kreis der möglicherweise materiell Betroffenen.

Beispiel: Gem. § 10 Abs. 3 S. 2 BImSchG kann während der Auslegungsfrist jedermann Einwendungen gegen das beantragte Vorhaben erheben.

96 Überwiegend wird davon ausgegangen, daß der Verstoß allein gegen ein Verfahrensrecht keine Rechtsverletzung i. S. v. § 113 Abs. 1 S. 1 VwGO sein könne, sondern für den Klageerfolg stets noch eine materielle Rechtsbetroffenheit hinzukommen müsse.[163] Das *BVerwG* vertritt die Ansicht, daß unabhängig von einer materiell-rechtlichen Position der Kläger sich nur ausnahmsweise auf die Verletzung von Verfahrensfehlern berufen kann. Seine Rechtsprechung faßt es wie folgt zusammen:[164]

97 „Zum subjektiven Rechtsschutz durch Vorschriften über das Verwaltungsverfahren hat das BVerwG wiederholt Stellung genommen. Nach seiner ständigen Rechtsprechung kann eine verwaltungsverfahrensrechtliche Regelung den durch sie Begünstigten zwar ein subjektives öffentliches Recht einräumen. Von solcher Qualität ist eine Verfahrensvorschrift aber nur dann, wenn sie nicht nur die Ordnung des Verfahrens-

---

[162] *Hufen*, Fehler im Verwaltungsverfahren, S. 374 ff.; vgl. auch *BVerwG*, Urt. v. 18. 3. 1983 – 4 C 80/79 – , NJW 1983, 2459; *OVG Koblenz*, Urt. v. 30. 10. 1984 –, UPR 1985, 377; a.A. *HessVGH*, Urt. v. 20. 1. 1987 2 UE 1292/85 –, DÖV 1987, 497 ff.; *Eyermann/Fröhler*, VwGO, § 42 Rn. 187

[163] *Berger*, Nachbarklagen, S. 194; *Krebs*, DVBl. 1984, 109 (111); *Pietzcker*, VVDStRL 41 (1983), 193 (221).

[164] Beschl. v. 18. 1. 1982 – 4 C 26/78 –, NJW 1982, 1546 (1548).

ablaufs, insbesondere einer umfassenden Information der Verwaltungsbehörde dient, sondern den betroffenen Dritten in spezifischer Weise und unabhängig vom materiellen Recht eine eigene, nämlich selbständig durchsetzbare verfahrensrechtliche Rechtsposition gewähren will, sei es im Sinne eines Anspruchs auf die Durchführung eines Verwaltungsverfahrens überhaupt, sei es im Sinne eines Anspruchs auf die ordnungsgemäße Beteiligung an einem (anderweitig) eingeleiteten Verwaltungsverfahren. Die Frage, ob eine solche verfahrensrechtliche Rechtsposition im Rahmen einer konkreten gesetzlichen Regelung anzunehmen ist, beantwortet sich dabei nicht nach Art und Beschaffenheit desjenigen materiellen Rechts, auf das sich das vorgeschriebene Verwaltungsverfahren bezieht, sondern allein nach der Zielrichtung und dem Schutzzweck der Verfahrensvorschrift selbst. Aus ihrem Regelungsgehalt muß sich ergeben, daß die Regelung des Verwaltungsverfahrens mit einer eigenen Schutzfunktion zugunsten einzelner ausgestattet ist, und zwar in der Weise, daß der Begünstigte unter Berufung allein auf einen ihn betreffenden Verfahrensmangel, d. h. ohne Rücksicht auf das Entscheidungsergebnis in der Sache, die Aufhebung bzw. den Erlaß einer verfahrensrechtlich gebotenen behördlichen Entscheidung gerichtlich soll durchsetzen können".

In Anwendung dieser Grundsätze hat das *BVerwG* eine in diesem Sinne selbständig durchsetzbare Verfahrensposition im Bauleitplanverfahren, im fernstraßenrechtlichen Planfeststellungsverfahren und im wasserrechtlichen Planfeststellungsverfahren abgelehnt.[165] **98**

Fall: A erhebt Anfechtungsklage gegen die Genehmigung einer Abfalldeponie. Zur Begründung trägt er u. a. vor, die Voraussetzungen des § 7 Abs. 2 AbfG für die Wahl einer Plangenehmigung anstelle der Planfeststellung hätten nicht vorgelegen. Das *OVG Münster* wies die Klage ab. Die Bestimmungen über die Verfahrensart des Planfeststellungsverfahrens dienten grundsätzlich nur dem Interesse an der effektiven Wahrung der vielfältigen öffentlichen Belange, die durch ein umfassendes Vorhaben berührt werde. Die Durchführung eines abfallrechtlichen Genehmigungs- statt eines Planfeststellungsverfahrens verletze Rechte Dritter nicht.[166]

Im übrigen muß der einen Verfahrensfehler rügende Kläger dartun, inwieweit sich die Beachtung der Verfahrensvorschriften auf seine materielle Rechtsposition ausgewirkt haben könnte.[167] Das *OVG Lüneburg* vertritt die Ansicht, daß der Rechtsschutzsuchende, dessen mögliche materiellrechtliche Betroffenheit deshalb ausscheide, weil er nicht zum Kreis der durch § 5 **99**

---

[165] Zum Bauleitplanverfahren siehe *BVerwG*, Beschl. v. 3. 8. 1982 – 4 B 145.82 –, DVBl. 1982, 1096 (1097); *OVG Saarlouis*, Beschl. v. 29. 1. 1982 – 2 W 1900/81 –, NJW 1982, 2086; zum fernstraßenrechtlichen Planfeststellungsverfahren siehe *BVerwG*, Beschl. v. 18. 1. 1982 – 4 C 26/78 –, NJW 1982, 1546 (1548); Urt. v. 22. 2. 1980 – 4 C 24/77 –, NJW 1981, 239 (240); zum wasserrechtlichen Planfeststellungsverfahren siehe *BVerwG*, Urt. v. 29. 5. 1981 – 4 C 97/77 –, NJW 1981, 2769; zum wasserrechtlichen Erlaubnis- und Bewilligungsverfahren siehe *BVerwG*, Urt. v. 20. 10. 1972 – IV C 107/67 –, E 41, 58 (65); siehe auch *BVerwG*, Urt. v. 15. 7. 1987 – U C 56.83 –, DVBl. 1987, 1265 –, zum abfallrechtlichen Planfeststellungsverfahren vgl. *VGH Mannheim*, Urt. v. 15. 10. 1985 – 10 S 822/82 –, NVwZ 1986, 663f.; ablehnend gegenüber dieser Rechtsprechung *Steinberg*, Nachbarrecht, Rn. 54ff.; das *BVerfG* hat jüngst entschieden, daß die dem Einwendungsführer in der AtVfV eingeräumte Verfahrensstellung keine eigenständige, wehrfähige Rechtsstellung ist (*BVerfG*, Beschl. v. 29. 7. 1988 – 1 BvR 1047/88 – UPR 1988, 387).

[166] *OVG Münster*, Urt. v. 18. 2. 1986 – 20 A 119/85 –, NVwZ 1988, 179f.; zweifelnd insoweit *BVerwG*, UPR 1989, 24f.; zur Frage der drittschützenden Wirkung durch abfallrechtliche Planfeststellungsverfahren vgl. auch *VGH Mannheim*, NVwZ 1986, 663.

[167] *BVerwG*, Urt. v. 22. 10. 1982 – 7 C 50/78 –, NJW 1983, 1507 (1508); *BVerwG*, Urt. v. 17. 12. 1986 – 7 C 29/85 –, NJW 1987, 1154 (1155).

Abs. 1 Nr. 1 BImSchG geschützten Nachbarn der Anlage gehöre, nicht die Verletzung von Verfahrensrechten einwenden könne.[168] Mit der Rechtsprechung des *BVerfG* zum Grundrechtsschutz durch Verfahren[169] ist diese Auffassung vereinbar, weil diejenigen, die außerhalb des Einwirkungsbereichs einer Anlage wohnen, deren Leben und Gesundheit durch die Errichtung und den Betrieb der Anlage nicht gefährdet sind, sich auch nicht auf Art. 2 Abs. 2 GG und damit auch nicht auf einen Grundrechtsschutz durch Verfahren berufen können. Die Erweiterung des Individualschutzes durch die Rechtsprechung des *BVerwG* liegt in diesem Zusammenhang allein darin, daß diejenigen, die im Einwirkungsbereich der Anlage wohnen, für den Klageerfolg nicht mehr als die Verletzung einer grundrechtsrelevanten Verfahrensvorschrift rügen müssen. Eine weitergehende materiellrechtliche Beeinträchtigung ist daher nicht erforderlich.[170]

c) Drittschützendes materielles Umweltrecht

100 Individualschützend sind sowohl zahlreiche materiellrechtliche Vorschriften des Umweltrechts, aber auch zahlreiche Vorschriften des sonstigen öffentlichen Rechts, die bei hoheitlichen Maßnahmen des Umweltschutzes, etwa bei der Zulassung umweltbelastender Anlagen, zu beachten sind.[171]

101 Im **Immissionsschutzrecht** gilt als drittschützend die Grundpflicht gem. § 5 Abs. 1 Nr. 1 BImSchG, nicht dagegen die Vorsorgepflicht gem. § 5 Abs. 1 Nr. 2 BImSchG.[172] Bei besonders schwerwiegenden Verletzungen der Vorsorgepflicht sollen sich Dritte allerdings auf Grundrechte berufen können.[173] Die Pflicht zur Reststoffvermeidung, -verwertung und -beseitigung gem. § 5 Abs. 1 Nr. 3 BImSchG ist grundsätzlich Ausdruck des Vorsorgeprinzips und daher nach h. M. ebenfalls nicht drittschützend.[174] Die Abfallbeseitigungspflicht ist dagegen schon als Ausprägung des Schutzgrundsatzes gem. § 5 Abs. 1 Nr. 1 BImSchG drittschützend, soweit durch die Reststoffe schädliche Umwelteinwirkungen i. S. d. § 3 Abs. 1 BImSchG hervorgerufen werden können. Ihre unsachgemäße, § 5 Abs. 1 Nr. 3 BImSchG verletzende Behandlung kann die Nachbarschaft erheblich gefährden.[175] Ebenfalls als Konkretisierung des Vorsorgegebots nicht drittschützend soll die Abwärmenutzungspflicht gem. § 5 Abs. 1 Nr. 4 BImSchG sein.[176] Drittschützend sollen beispielsweise außerdem §§ 22 BImSchG,[177] nicht aber § 50 BImSchG sein.[178] Rechtsnormen, die wie § 17

[168] Beschl. v. 28. 2. 1985 – 7 B 64/84 –, NVwZ 1985, 357 (359); *OVG Koblenz*, UPR 1989, 118f.

[169] Siehe Beschl. v. 20. 12. 1979 – 1 BvR 385/77 –, E 53, 30 (62ff.).

[170] *Laubinger*, VerwArch. 73 (1982), 60 (73). Welche Regelungen des Verwaltungsverfahrens allerdings grundrechtlich relevant sind, ist nicht abschließend geklärt, vgl. dazu *Laubinger*, VerwArch. 73 (1982), 60ff.; *Beckmann*, Rechtsschutz, S. 165f.

[171] Die Beachtlichkeit sonstiger öffentlich-rechtlicher Vorschriften wird häufig ausdrücklich angeordnet, vgl. z. B. §§ 6 Nr. 2 BImSchG, 8 Abs. 3 S. 2 Nr. 1 i. V. m. 2 Abs. 1 Nr. 6 AbfG.

[172] Vgl. *BVerwG*, Urt. v. 28. 5. 1982 – 7 C 42.80 –, E 65, 313; zum Anspruch auf Immissionsschutz ausführlich *Wagner*, NuR 1988, 71ff.

[173] *Erbguth*, Raumbedeutsames Umweltrecht, S. 353.

[174] *Marburger*, Individualschutz gegen Umwelbelastungen, S. 63; *OVG Münster*, Urt. v. 23. 1. 1986 – 21 a A 1517/84 –, DVBl. 1986, 1287; offen gelassen von *VG Schleswig*, Beschl. v. 23. 4. 1982 -12 D 13/82 –, NuR 1983, 36.

[175] *Marburger*, Individualschutz gegen Umweltbelastungen, S. 63f.

[176] *Bouisserée/Oels/Hansmann/Schmitt*, BImSchG, § 6 Rn. 5; *Marburger*, Individualschutz gegen Umweltbelastungen, S. 64.

[177] Vgl. *OVG Bremen*, Urt. v. 16. 7. 1985 – 1 BA 13/85 – , UPR 1986, 159, 25 Abs. 2, 26ff. BImSchG, § 3 Abs. 3 der 12. BImSchV (StörfallV); *OVG Lüneburg*, Beschl. v. 6. 4. 1984 – 7 OVG B 16/83 –, DVBl. 1984, 819.

[178] *Redeker/von Oertzen*, VwGO, Anm. 137.

BImSchG allein die Einhaltung anderer Vorschriften sicherstellen sollen, sind grundsätzlich ebenfalls nicht drittschützend. § 17 BImSchG dient der Durchsetzung sowohl drittschützender als auch nicht drittschützender Normen.[179]

Im **Abfallrecht** vermittelt beispielsweise Drittschutz § 8 Abs. 3 Nr. 3 AbfG,[180] nicht aber hat der Müllabfuhrunternehmer gegen die im Abfallrecht vorgenommene Organisation der Abfallentsorgung einen Abwehranspruch. Umstritten ist, ob § 13 Abs. 1 S. 2 Nr. 4 c AbfG, wonach eine Genehmigung für die Verbringung von Abfällen aus dem Bereich des AbfG nur erteilt werden darf, wenn von der Entsorgung im Empfängerstaat keine Beeinträchtigung des Wohls der Allgemeinheit im Geltungsbereich des AbfG zu besorgen ist, bei verfassungskonformer Auslegung drittschützend ist.[181] 102

Im **Atomrecht** soll § 7 Abs. 2 Nr. 6 AtG offenkundig ausschließlich öffentlichen Interessen dienen, also keinen Drittschutz vermitteln.[182] Demgegenüber haben § 7 Abs. 2 Nr. 3 und 5 AtG drittschützenden Charakter. Umstritten ist, ob das Gebot der Schadensvorsorge gem. § 7 Abs. 2 Nr. 3 AtG insgesamt, also einschließlich der Vorsorge unterhalb der Gefahrenschwelle Drittschutzfunktion hat oder nur die Gefahrenabwehrpflicht.[183] 103

Für das **Wasserrecht** hat das *BVerwG* erst jüngst betont, daß der öffentlich-rechtliche Nachbarschutz grundsätzlich aus Rechtsnormen abzuleiten ist, die der Behörde den Schutz bestimmter nachbarlicher Belange auferlegen. Gem. § 4 Abs. 1 S. 2 WHG sei bei wasserrechtlichen Gestattungen auf die individuellen Interessen Dritter Rücksicht zu nehmen.[184] Nach Ansicht des *BVerwG* kann auch eine einfache wasserrechtliche Erlaubnis von einem Dritten als ihm gegenüber ermessensfehlerhaft angefochten werden, wenn die Wasserbehörde bei ihrer Ermessensentscheidung nicht die gebotene Rücksicht auf dessen Interessen genommen hat. 104

Aus dem **Naturschutz-** und **Landschaftspflegerecht** sollen sich nach h. M. in aller Regel keine subjektiv-öffentlichen Rechte ergeben.[185] 105

d) Ermessensregeln

Der objektiven Verpflichtung der Verwaltungsbehörde zur fehlerfreien Ausübung des Ermessens entspricht nach h. M. nicht ohne weiteres ein subjektives Abwehrrecht Dritter oder ein Anspruch auf ermessensfehlerfreie Entscheidung. Voraussetzung ist vielmehr, daß der Dritte durch den Ermessensfehler in seinen Rechten verletzt sein kann.[186] Nach der Schutznormlehre bedeutet dies, daß das Recht des Dritten auf ermessensfehlerfreie Entschei- 106

---

[179] *Marburger,* Gutachten C, S. 67; *Jarass,* NJW 1983, 2844 (2845).

[180] *OVG Lüneburg,* Urt. v. 16. 5. 1984 – 7 OVG A 15/84 –, DVBl. 1984, 895 (896); *OVG Lüneburg,* Beschl. v. 24. 1. 1986 – 7 OVG B 39/85 –, DVBl. 1986, 418 (420); *BVerwG,* Beschl. v. 3. 9. 1987 – 7 B 179.87 –, UPR 1988, 147 ff.

[181] Bejahend *OVG Lüneburg,* Beschl. v. 24. 1. 1986 – 7 OVG B 39/85 –, DVBl. 1986, 418 (419); *VG Darmstadt,* Beschl. v. 10. 11. 1986 – III/2 H 1677/86 –, NVwZ 1987, 350 (351); für Gemeinden auch *OVG Hamburg,* Beschl. v. 25. 8. 1987 – OVG Bs. VI 31/87 –, DVBl. 1987, 1017; ablehnend *VG Schleswig,* Beschl. v. 21. 11. 1986 –, NVwZ 1987, 352; *VG Hamburg,* NVwZ 1987, 354; zum Streitstand ausführlich *OVG Lüneburg,* Beschl. v. 12. 6. 1987 – 7 OVG B 40/87 –, DVBl. 1987, 1019 ff.

[182] *BVerwG,* Urt. v. 19. 12. 1985 – 7 C 65.82 –, DVBl. 1986, (192); *OVG Lüneburg,* Urt. v. 29. 12. 1983 – 7 OVG A 7/80 –, DVBl. 1984, 887 (890).

[183] Vgl. dazu *Marburger,* Individualschutz gegen Umweltbelastungen, C 77.

[184] Vgl. *BVerwG,* Urt. v. 15. 7. 1987 – 4 C 56.83 –, DVBl. 1987, 1265; zu diesem Urteil siehe *Knauber,* NVwZ 1988, 397 ff.; siehe auch *BGH,* Urt. v. 23. 6. 1983 – III ZR 79/82 –, UPR 1984, 193 (194); zum Nachbarschutz im wasserrechtlichen Verfahren siehe ausführlich *Kaczmarek,* Nachbarschutz, S. 1 ff.

[185] *Marburger,* Individualschutz gegen Umweltbelastungen, S. 84; krit. dazu *Sailer,* NuR 1987, 207 ff.

[186] Vgl. *Kopp,* VwGO, § 42 Rn. 55 mit zahlreichen Nachweisen zur Rechtsprechung.

dung nur dann verletzt sein kann, wenn die anzustellenden Ermessenserwägungen auch dem Schutz des Dritten dienen sollen. Das ist abhängig vom gesetzlichen Zweck der Ermessenseinräumung. Der gesetzliche Zweck kann einerseits dahingehen, der Verwaltung eine – verwaltungsgerichtlich nicht voll nachprüfbare – umfassende Abwägung aller privaten und öffentlichen Belange zu ermöglichen. Das wird von der h. M. für Planungsentscheidungen aus dem Wesen der Planung gefolgert.[187]

107 Mit dem umfassenden planerischen Abwägungsgebot korrespondiert andererseits nach h. M. im Fachplanungsrecht ein subjektiv-öffentliches Recht der Planbetroffenen auf gerechte Abwägung ihrer eigenen Belange[188] und bei unmittelbarer Grundrechtsbetroffenheit daneben auch der öffentlichen Belange.[189] Anders als bei der planerischen Abwägung soll die gesetzliche Einräumung „normalen" Verwaltungsermessens regelmäßig nicht einer umfassenden Abwägung aller Belange und damit auch der individuellen Belange Dritter dienen. Kein Drittschutz soll deshalb z. B. das atomrechtliche Versagungsermessen einräumen.[190] Teilweise wird die Ansicht vertreten, daß das wasserrechtliche Bewirtschaftungsermessen nur der planerischen Optimierung des Wasserhaushalts und nicht dem Individualschutz dienen soll.[191] Demgegenüber hat aber das *BVerwG* klargestellt, daß auch das wasserrechtliche Bewirtschaftungsermessen individualschützend ist.[192]

e) Verwaltungsvorschriften

108 Ist man bereit, mit neueren Tendenzen in Verwaltungsrechtsprechung und Rechtslehre Verwaltungsvorschriften im bestimmten Umfang eine über den Bereich der Verwaltung hinausgehende, auch im gerichtlichen Verfahren zu beachtende Bindungswirkung beizumessen oder sogar im Bereich autonomer Gestaltung grundsätzlich ein originäres Administrativrecht anzuerkennen,[193] dann steht einer durch Auslegung festzustellenden individualschützenden Funktion von Verwaltungsvorschriften nichts entgegen. Folgt man etwa der Ansicht des *BVerwG*, wonach Verwaltungsrichtlinien – soweit ihnen normenkonkretisierende Funktion zukommt – im Gegensatz zu lediglich norminterpretierenden Verwaltungsvorschriften auch für die Verwaltungsgerichte innerhalb der von der Norm gesetzten Grenze verbindlich sind,[194] dann kommt es für die Auslegung der Verwaltungsvorschrift als individualschützend darauf an, ob die Rechtsnorm, deren Konkretisierung die Verwaltungsvorschrift dient, ihrerseits drittschützend ist oder nicht. Und hält man mit dem *OVG Lüneburg* die Bestimmungen der TA Luft für

---

[187] Vgl. *Kopp*, VwGO, § 42 Rn. 55 m. w. N. zur Rechtsprechung.

[188] Vgl. *BVerwG*, Urt. v. 18. 3. 1983 – 4 C 80.79 –, E 67, 74 (75); kein subjektiv-öffentliches Recht soll dagegen den Planbetroffenen bei rechtssatzförmigen Planungen zustehen, vgl. *BVerwG*, Urt. v. 29. 7. 1077 – 4 151.75 –, E 54, 211 (217); siehe dazu *Dolde*, NJW 1986, 815 (817).

[189] *BVerwG*, Urt. v. 18. 3. 1983 – 4 C 80.79 –, NJW 1983, 2459; Urt. v. 27. 5. 1983 – 4 C 39/80 –, NJW 1984, 73; a.A. *Eyermann/Fröhler*, VwGO, Rn. 186.

[190] Vgl. *BVerwG*, Urt. v. 19. 12. 1985 – VII C 65.82 –, DVBl. 1986, 190 (191).

[191] *BayVGH*, Urt. v. 31. 7. 1979 – Nr. 245 VIII/74 –, ZfW 1981, 32 (35 f.).

[192] *BVerwG*, Urt. v. 15. 7. 1987 – 4 C 56.83 –, DVBl. 1987, 1265.

[193] Vgl. dazu *Beckmann*, Rechtsschutz, S. 51 ff.

[194] Urt. v. 19. 12. 1985 – 7 C 65.82 –, DVBl. 1986, 190 (196); vgl. aber auch *BVerfG*, DVBl. 1989, 94.

außenverbindlich, dann hängt ihr drittschützender Charakter davon ab, ob die Festsetzungen der drittschützenden Gefahrenabwehr oder der nach h. M. nicht drittschützenden Vorsorge dienen.[194a]

2. *Individualschutz einzelner Personengruppen*

109 Von den durch umweltbelastende Vorhaben betroffenen Personengruppen sind es in erster Linie *Nachbarn* (a), *Konkurrenten* des Vorhabensträgers (b), *Standort-* oder *Nachbargemeinden* und andere *Behörden* oder *juristische Personen des öffentlichen Rechts* (c) und schließlich *Naturschutz- und Umweltschutzverbände* (d), die verwaltungsgerichtlichen Rechtsschutz begehren.[195]

a) Schutz der Nachbarschaft

110 Nach Auffassung des *BVerwG* dient der Begriff der Nachbarschaft i. S. d. §§ 3 – 5 BImSchG der Erfassung der Personen, denen über den objektiven Schutz hinaus, den das BImSchG der Allgemeinheit vermittelt, die Möglichkeit verwaltungsgerichtlichen Individualrechtsschutzes eingeräumt werden soll. Nachbarschaft i. S. d. §§ 3 ff BimSchG kennzeichnet nach Ansicht des *BVerwG* ein qualifiziertes Betroffensein, das sich deutlich abhebt von den Auswirkungen, die den einzelnen als Teil der Allgemeinheit treffen können. Das qualifizierte Betroffensein kann sich aus einer räumlichen und zeitlichen Beziehung des Bürgers zum Genehmigungsgegenstand ergeben.[196] Eine solche Beziehung könne einmal vermittelt werden durch Rechte an einer Sache oder einer Sachgesamtheit, die derart im Einwirkungsbereich der Anlage gelegen seien, daß sie durch diese in einer von § 5 Abs. 1 Nr. 1 BImSchG mißbilligten Weise betroffen sein könnten. Entsprechendes gelte, wenn eine Person sich solchen Auswirkungen nicht oder jedenfalls nicht nachhaltig entziehen könne, so daß sie ihnen auf eine solche Dauer ausgesetzt bleibe, die es rechtfertige, ihr einen besonderen Schutz zuteil werden zu lassen.[197]

111 Die Rechtsprechung des *BVerwG* ist über das Immissionsschutzrecht hinaus auf andere Bereiche des raumbedeutsamen Umweltrechts übertragbar. Aufgrund ihrer engeren zeitlichen und räumlichen Beziehung zählen daher sowohl Grundstückseigentümer, Gewerbetreibende und Mieter als auch Arbeitnehmer und Auszubildende, deren Arbeits- bzw. Ausbildungsplatz im Einwirkungsbereich der Anlage liegt, zu den Nachbarn,[198] nicht dagegen Touristen, Besucher und andere, die sich nur gelegentlich im Einwirkungsbereich der Anlage aufhalten.[199]

112 Der nachbarschützende Charakter einer Rechtsnorm kann sich aus dem Schutzzweck der jeweiligen Rechtsnorm und vor allem aus Art und Umfang der mit dem Vorhaben verbundenen Gefahren und Belästigungen ergeben.

[194a] Nach Ansicht des *BayVGH,* Urt. v. 8. 6. 1988 – Nr. 22 B 87. O 3045 –, DVBl. 1988, 1181, haben die Emissionswerte der TA Luft keine drittschützende Wirkung.

[195] Vgl. die Übersicht von *Jarass,* NJW 1983, 2844 (2847 ff.).

[196] *BVerwG,* Urt. v. 22. 10. 1982 – 7 C 50.78 –, DVBl. 1983, 183.

[197] *BVerwG,* Urt. v. 27. 10. 1982 – 7 C 50.78 –, DVBl. 1983, 183.

[198] Siehe dazu *OVG Lüneburg,* Beschl. v. 6. 4. 1984 – 7 OVG B 16/83 –, DVBl. 1984, 890 (891).

[199] Siehe dazu *Steinberg,* UPR 1984, 350 (354 ff.); zum grenzüberschreitenden Nachbarschutz siehe unten, § 14 Rn. 19 ff

Während im Baurecht zur Nachbarschaft im wesentlichen die Nachbarn des allgemeinen Sprachgebrauchs zählen,[200] gehören zur Nachbarschaft umweltbelastender Großvorhaben auch noch Personen, die etliche Kilometer weit entfernt wohnen, wobei die Rechtsprechung diesen Bereich allerdings zunehmend einengt[201] und nicht allein darauf abstellt, in welcher Entfernung der Kläger von der Anlage wohnt oder sich aufhält.[202] Das *BVerwG* hat allerdings zum öffentlich-rechtlichen Nachbarschutz gerade in jüngerer Zeit einiges klargestellt. Nach Ansicht des Gerichts kommt es nicht mehr darauf an, ob die Norm ausdrücklich einen fest abgrenzbaren Kreis der Betroffenen benennt. Insoweit sei die frühere Rechtsprechung des *BVerwG* zu modifizieren: Es komme weder darauf an, ob die Norm einen geschützten Personenkreis räumlich, etwa durch Bezeichnung eines Gebiets, abgrenze, noch darauf, ob sie in ihrer vollen Reichweite auch dem Schutz individueller Interessen zu dienen bestimmt sei. Worauf es ankomme sei, daß sich aus individualisierenden Tatbestandsmerkmalen der Norm ein Personenkreis entnehmen lasse, der sich von der Allgemeinheit unterscheide. Die eindeutige räumliche Abgrenzung eines geschützten Personenkreises erweise sich ohnehin, soweit es etwa um Immissionsbelastungen gehe, als praktisch nicht normierbar.[203]

Fall:[204] A beabsichtigt, eine größere Fläche auszukiesen, wobei anschließend ein Baggersee verbleiben soll. Die untere Wasserbehörde erteilte ihm für das Vorhaben eine Erlaubnis nach § 7 WHG i. V. m. § 25 LWG NW. Dagegen legte die für die Trinkwasserversorgung zuständige Stadtwerke AG Widerspruch ein. Mit dem Widerspruchsbescheid wurde die Erlaubnis mit der Begründung aufgehoben, sie sei rechtswidrig, weil es für das Vorhaben eines Planfeststellungsverfahrens bedurft hätte. Gegen den Widerspruchsbescheid erhob A Anfechtungsklage. Nach Ansicht des BVerwG konnte die Stadtwerke AG eine Widerspruchsbefugnis nicht daraus herleiten, daß die untere Wasserbehörde nicht das – an sich gebotene – Planfeststellungsverfahren durchgeführt habe. Die verfahrensrechtlichen Bestimmungen des WHG dienten, wie das Gericht mehrfach entschieden habe, nicht dem Schutz anderer Betroffener. Nach Auffassung des BVerwG ergibt sich jedoch aus den materiellen Voraussetzungen für die Erteilung der wasserrechtlichen Erlaubnis mit hinreichender Deutlichkeit, daß auch die Belange der Stadtwerke AG zu berücksichtigen sind. Nach Ansicht des Gerichts läßt sich der Schutzumfang der wasserrechtlichen Gestattungstatbestände aus den für die Wasserbehörde verbindlichen allgemeinen Grundsätzen des § 1 a Abs. 1 WHG ablesen. Danach sind Gewässer so zu bewirtschaften, daß sie dem Wohl der Allgemeinheit und im Einklang damit auch dem Nutzen einzelner dienen und daß jede vermeidbare Beeinträchtigung unterbleibt. Geschützt seien mithin in erster Linie die Träger wasserwirtschaftlicher Belange des allgemeinen Wohls, insbesondere der öffentlichen Trinkwasserversorgung. Darüber hinaus gehörten zu dem Kreis der nach dieser Vorschrift geschützten Personen alle rechtmäßigen Wasserbenutzer und schließlich diejenigen Personen, deren private Belange nach Lage der Dinge von der Benutzung betroffen würden und deren Beeinträchtigung nach dem Gesetz tunlichst zu vermeiden sei. Die Stadtwerke AG, deren Aufgabe die örtliche Wasserversorgung sei und die hierzu eine wasserrechtliche Bewilligung besitze, gehöre zu dem Kreis der qualifiziert und individualisiert geschützten Dritten.

---

[200] *BVerwG*, Urt. v. 7. 7. 1978 – 4 C 79.76 u. a. –, E 56, 110 (124); zum Nachbarbegriff des Baurechts im übrigen *Schlichter*, NVwZ 1983, 641 (645); *Ziekow*, NVwZ 1989, 231 ff.; siehe auch *OVG Berlin*, Beschl. v. 1. 11. 1988 – 2 S 8/88 – NVwZ 1989, 267, wonach Mieter, Pächter und andere obligatorische Berechtigte nicht zu den Nachbarn des Baurechts zählen.

[201] Siehe dazu ausführlich *Baumann*, BayVBl. 1982, 257 (259) für das Atomrecht.

[202] *OVG Lüneburg*, Urt. v. 29. 12. 1983 – 7 OVG A 7/80 –, DVBl. 1984, 887.

[203] Vgl. *BVerwG*, Urt. v. 19. 9. 1986 – 4 C 8.84 –, DVBl. 1987, 476 f.; Urt. v. 15. 7. 1987 – 4 C 56.83 –, DVBl. 1987, 1265 (1266).

[204] Nach *BVerwG*, Urt. v. 15. 7. 1987 – 4 C 56.83 –, DVBl. 1987, 1265.

b) Individualschutz des Konkurrenten

Konkurrenten des Betreibers einer umweltbelastenden Anlage können die Zulassung einer solchen Anlage im gleichen Umfang anfechten wie andere private Nachbarn auch, also immer dann, wenn sie durch die staatliche Genehmigung oder sonstige Zulassung in nachbarschützenden Normen verletzt sind. Das gleiche gilt für den Verpflichtungsanspruch auf Erlaß nachbarschützender Auflagen. Unter Umständen möchten die Betreiber vorhandener Anlagen aber die Errichtung neuer Anlagen oder die Erweiterung alter Anlagen durch Konkurrenten weitergehend auch deshalb verhindern, weil die Errichtung neuer oder die Erweiterung alter Anlagen zu einer störenden Gesamtbelastung der Umwelt und damit zu einer Überschreitung festgesetzter Grenzwerte führen können mit der Folge, daß nachträgliche Anordnungen für alle Anlagen drohen oder die Erweiterung der eigenen Anlage gefährdet ist.[205] Grundsätzlich wird dieses Interesse einfachgesetzlich nicht geschützt, da es einen Schutz vor Konkurrenz nicht gibt.[206] Gestützt auf Art. 2, 12, 14 GG kann ein Unternehmer die Anlagengenehmigung des Dritten aber anfechten, wenn durch die Genehmigung die objektiv zulässigen Belastungsgrenzen gegenwärtig oder in naher Zukunft überschritten werden, so daß eine dann zu erwartende nachträgliche Anordnung zu einer schweren und unerträglichen Belastung des Unternehmens führen würde.[207] 113

Fall: Die Beklagte erteilte einem Unternehmer die Erlaubnis, Dünnsäure in einem näher bestimmten Seegebiet zu verklappen. Der Kläger, der den Beruf eines Kutterschiffers ausübt, erhob gegen die Einbringungserlaubnis Klage. Er machte geltend: Er fische seit 1965 in dem für die Abfallbeseitigung vorgesehenen Gebiet und habe dort früher sehr gute Erträge erzielt. Durch das Einbringen der Dünnsäure seien seine Fangerträge so erheblich zurückgegangen, daß sein Gewerbebetrieb ernsthaft gefährdet sei. Durch das Einleiten der Dünnsäure werde auch der Fischaufwuchs in jenem Gebiet nachhaltig geschädigt. Das BVerwG gestand dem Kläger die Klagebefugnis zu, obwohl die Fanggründe und der Fischreichtum in dem betroffenen Seegebiet dem Fischer grundsätzlich nur bloße Erwerbsmöglichkeiten oder Chancen vermittelten, die eigentumsrechtlich grundsätzlich nicht gesichert seien. Nach Ansicht des Gerichts lösen sogar eigentumsrechtlich nicht geschützte Erwerbsmöglichkeiten oder Verdienstchancen Drittschutz aus, wenn sie objektiv-rechtlich geschützt sind und der Kläger durch ihren Verlust schwer und unerträglich bei der Ausübung seines Gewerbes getroffen wird.[208]

c) Individualschutz von Trägern öffentlicher Verwaltung und insbesondere von Gemeinden

Verwaltungsbehörden und die hinter ihnen stehenden Träger öffentlicher Verwaltung können sich nicht auf die Verletzung von Grundrechten berufen.[209] Träger öffentlicher Verwaltung können sich allerdings vor den Ver- 114

---

[205] Vgl. dazu *Brohm*, Menger-FS, S. 235ff.; zur Konkurrentenklage im Gewerberecht siehe *Frers*, DÖV 1988, 670ff.

[206] *BVerwG*, Urt. v. 23. 3. 1982 – 1 C 157.79 –, E 65, 167 (171ff.); Urt. v. 22. 2. 1972 – I C 24.69 –, E 39, 329 (336ff.); *Jarass*, NJW 1983, 2844 (2849).

[207] *Jarass*, NJW 1983, 2844 (2849) m. w. N.; *BVerwG*, Urt. v. 11. 11. 1970 – IV C 12.67 –, E 36, 248ff.

[208] *BVerwG*, Urt. v. 1. 12. 1982 7 C 111.81 –, DÖV 1983, 342f.

[209] Siehe *BVerfG*, Beschl. v. 8. 7. 1982 – 2 BvR 1187/80 –, E 61, 82.

waltungsgerichten gegen die Verletzung ihrer privaten Rechte als Vermögensträger wehren.[210]

Fall: Auf dem Gebiet der Gemeinde G soll eine Abfallentsorgungsanlage errichtet werden. Auf dem Nachbargrundstück der Anlage befindet sich ein städtisches Altenheim. Das Grundstück gehört der Gemeinde. Den Planfeststellungsbeschluß, mit dem die Abfallentsorgungsanlage zugelassen werden soll, will die Gemeinde anfechten. Sie trägt vor, sie sei Eigentümerin des benachbarten Grundstücks. Beeinträchtigungen des Grundstücks seien zu befürchten, da der Deponieboden nicht dicht sei und Schadstoffe auf ihr Grundstück gelangten. Bei der Fallösung ist zu berücksichtigen, daß sich der Ausgang öffentlich-rechtlicher Streitigkeiten vor den Verwaltungsgerichten nach öffentlichem Recht richtet.[211] Private Rechte werden jedoch regelmäßig gegen hoheitliche Beeinträchtigungen durch die zum öffentlichen Recht zählenden Grundrechte geschützt. Dies gilt aber wegen der fehlenden Grundrechtsfähigkeit juristischer Personen des öffentlichen Rechts für die Träger öffentlicher Verwaltung nicht. Sie können deshalb die Verletzung privater Rechte nur rügen, wenn eine sog. einfachgesetzliche *Transformationsnorm* vorliegt. Nach Auffassung des OVG Lüneburg ist eine solche Transformationsnorm z. B. § 8 Abs. 3 S. 2 Nr. 3 AbfG, wonach der abfallrechtliche Planfeststellungsbeschluß neben anderen Voraussetzungen zu versagen ist, wenn nachteilige Einwirkungen auf das Recht eines anderen zu erwarten sind, die durch Auflagen oder Bedingungen weder verhütet noch ausgeglichen werden können, und der Betroffene widerspricht. Zu den über § 8 Abs. 3 S. 2 Nr. 3 AbfG geschützten Rechten Dritter zählt nach Ansicht des Gerichts auch das der geplanten Abfallentsorgungsanlage benachbarte private Grundeigentum der Gemeinde.[212]

115 Gemeinden genießen im Vergleich zu anderen Verwaltungsträgern aufgrund ihrer verfassungsrechtlich abgesicherten Selbstverwaltungsgarantie einen weiteren Verwaltungsrechtsschutz als andere Verwaltungsträger.[213] Keine Klagemöglichkeit besteht für Gemeinden jedoch im Aufgabenbereich des übertragenen Wirkungskreises.[214] Nicht berufen können sich Gemeinden außerdem auf die Rechte ihrer Bürger.[215] Im Einwirkungsbereich der gemeindlichen Bauleitplanung können sich Gemeinden vor den Verwaltungsgerich-

---

[210] *Hoppe/Schlarmann*, Rechtsschutz, Rn. 132.

[211] Vgl. *Kopp*, VwGO, § 42 Rn. 45.

[212] *OVG Lüneburg*, Urt. v. 16. 5. 1984 – 7 OVG A 15/84 –, DVBl. 1984, 895 (896); vgl. auch *BVerwG*, Urt. v. 30. 5. 1984 – 4 C 58.81 –, UPR 1984, 378 (379); zu Gemeindeklagen gegen abfallrechtliche Planfeststellungen siehe auch *OVG Saarlouis*, Urt. 7. 3. 1986 – 2 R 94/85 –, UPR 1987, 228 ff.

[213] Grundlegend *BVerwG*, Urt. v. 8. 9. 1972 – IV C 17.71 –, E 40, 323 (323 ff.); *Lerche*, Wehrfähigkeit, S. 223 ff.; zum Rechtsschutz der Gemeinden im Atomrecht siehe *Sailer*, BayVBl. 1978, 33 ff.; *Jarass*, DVBl. 1976, 732 ff.; zum Rechtsschutz der Gemeinden gegen höherstufige Planungen *Weidemann*, Gerichtlicher Rechtsschutz, S. 1 ff.; *Steinberg*, DVBl. 1982, 13 f.; *Sailer*, BayVBl. 1981, 545 ff.; zum Rechtsschutz der Gemeinden gegen Planfeststellungsbeschlüsse siehe *Kügel*, Planfeststellungsbeschluß, S. 212 ff.; zum Rechtsschutz von Gemeinden gegen Energiefreileitungen siehe *Würtenberger*, BayVBl. 1982, 673 ff.; zur Rechtsstellung der Gemeinden im Wasserrecht siehe *Stober*, DVBl. 1977, 909 ff.; zur verfassungsrechtlichen Gewährleistung der kommunalen Planungshoheit siehe *BVerfG*, Beschl. v. 7. 11. 1980 – 2 BvR 584, 598, 599, 604/ 76 –, E 56, 298 (309 ff.); *BVerfG*, Beschl. v. 23. 6. 1987 – 2 BvR 826/83 –, NVwZ 1988, 47; *Steinberg*, JuS 1982, 578 ff.

[214] *BVerwG*, Urt. v. 29. 6. 1983 – 7 C 12.82 –, DVBl. 1984, 88 (89) m. w. N. auch zur Rechtsprechung des BVerwG; etwas anderes gilt allerdings im Bereich der Pflichtaufgaben zur Erfüllung nach Weisung in Nordrhein-Westfalen, siehe dazu *Hoppe/Schlarmann*, Rechtsschutz, Rn. 131 a.

[215] *BayVGH*, Beschl. v. 19. 11. 1985 – 20 CS 85 A 2304 u. a. –, NVwZ 1986, 679; *Jarass*, DVBl. 1976, 739; a. A.: *Steinberg*, DVBl. 1982, 13 (19); *Blümel*, VVDStRL 36 (1978), S. 265 ff.; *Schmidt*, NJW 1978, 1769 (1773 ff.).

ten gegen Bauvorhaben wehren, die ohne ihr Einvernehmen gem. § 36 BauGB oder entgegen ihren planerischen Festsetzungen genehmigt werden.[216] Das gilt allerdings nicht gegenüber Fachplanungen, die nicht an die Festsetzungen der gemeindlichen Bauleitplanung gem. § 38 BauGB gebunden sind.[217] Insoweit kann die Gemeinde allenfalls vortragen, die Festsetzungen des Bebauungsplanes seien bei der fachplanerischen Abwägung nicht genügend berücksichtigt worden. Die Gemeinde kann außerdem gegenüber den in förmlichen Genehmigungs- und Planfeststellungsverfahren ergangenen Entscheidungen eine Verletzung ihrer Beteiligungsrechte rügen. Soweit ihre Anhörungsrechte in Fachgesetzen nicht bereits ausdrücklich geregelt sind, ergeben sie sich in höherstufigen Planverfahren aus ihrem Selbstverwaltungsrecht.[218] Die Planungshoheit der Gemeinde wird nach Auffassung des BVerwG durch eine überörtliche Fachplanung aber nicht schon deswegen beeinträchtigt, weil diese das Gemeindegebiet berührt und damit die Ausgangslage für zukünftige Planungen der Gemeinde beeinflußt.[219]

Fall:[220] Die Gemeinde X beantragt beim Verwaltungsgericht, dem Antragsgegner durch einstweilige Anordnung zu untersagen, Grundstücke in ihrem Gemeindebereich als Alternativstandorte in das Raumordnungsverfahren für eine Müllverbrennungsanlage einzubeziehen. Der Antrag war erfolglos, weil nach Ansicht des Gerichts die nachteiligen Auswirkungen der öffentlichen Diskussion um die Einbeziehung von Grundstücken im Bereich der Gemeinde in ein Raumordnungsverfahren keine Rechtsverletzung i. S. v. § 42 Abs. 2 VwGO darstellen können.

Eine Verletzung der Planungshoheit setzt vielmehr einerseits eine hinreichend bestimmte gemeindliche Planung voraus, die allerdings nicht verbindlich zu sein braucht, und zum anderen muß die Störung der Planung durch den überörtlichen Fachplan „nachhaltig" sein, d. h. unmittelbare Auswirkungen gewichtiger Art auf die Planung haben.[221] **116**

Außerdem kann aus dem Selbstverwaltungsrecht nach der Rechtsprechung in Ausnahmefällen ein sog. *Selbstgestaltungsrecht* der Gemeinden abge- **117**

---

[216] *BVerwG*, Urt. v. 27. 11. 1981 – 4 C 36. und 37.78 –, DÖV 1982, 283; *VGH Kassel*, Beschl. v. 18. 6. 1984 – 4 TG 506/84 –, NVwZ 1984, 738; *BayVGH*, Beschl. v. 19. 11. 1985 – 20 CS 85 A 2304 u. a. –, DÖV 1986, 28.

[217] *BVerwG*, Urt. v. 9. 11. 1984 – 7 C 15/83 –, NVwZ 1985, 414; *BayVGH*, Beschl. v. 19. 11. 1985 – 20 CS 85 A 2304 u. a. –, DÖV 1986, 208; *BayVGH*, Urt. v. 23. 4. 1985 – 8 B 83 A. 3018 –, NVwZ 1986, 228 (229); *VGH Mannheim*, Urt. v. 18. 3. 1987 – 5 S 2257/86 –, NVwZ 1988, 380 mit Anmerkung von *Uechtritz*, NVwZ 1988, 316 ff.

[218] *Steinberg*, JuS 1982, 578 (581 f.); zu den Mitwirkungsrechten der Standortgemeinden bei Aufstellung von Entsorgungsplänen nach § 6 Abs. 1 AbfG siehe *OVG Lüneburg*, Beschl. v. 19. 6. 1987 – 7 OVG B 20/87 –, DVBl. 1987, 1021.

[219] *BVerwG*, Urt. v. 11. 5. 1984 – 4 C 83/80 –, NVwZ 1984, 584.

[220] Nach *BayVGH*, Beschl. v. 19. 11. 1985 – 20 CE 85 A. 2045 –, DÖV 1986, 29.

[221] *BVerwG*, Urt. v. 11. 5. 1984 – 4 C 83/84 –, NVwZ 1984, 584; *BVerwG*, Urt. v. 29. 6. 1983 – 7 C 12.82 –, DVBl. 1984, 88 (89); *BayVGH*, Beschl. v. 19. 11. 1985 – 20 CS 85 A. 2304 u. a. –, DÖV 1986, 208; *BayVGH*, Urt. v. 23. 4. 1985 – Nr. 8 B 83 A 3018 –, BayVBl. 1985, 626 (628); *BayVGH*, Beschl. v. 23. 2. 1982 – Nr. 7 CE 82 A 345 –, BayVBl. 1982, 309 (310) zur wasserrechtlichen Planfeststellung. Zu den Abwehrrechten von Gemeinden gegen Beeinträchtigungen ihrer kommunalen Planungshoheit durch die Landesplanung siehe *BVerfG*, Beschl. v. 23. 6. 1987 – 2 BvR 826/83 –, NVwZ 1988, 47 ff.; zum Schutz der Planungshoheit gegenüber der Ausweisung von Landschaftsschutzgebieten siehe *VerfGH*, Entsch. v. 31. 10. 1987 – VerfGH 19/86 –, NuR 1988, 136.

leitet werden. Darunter soll das – von besonderen Vorschriften oder besonderen Planungen unabhängige – Recht der Gemeinden zu verstehen sein, das Gepräge und die Struktur ihres Ortes selbst zu bestimmen. Geschützt sei dieses Recht allerdings nur in einem Kernbereich. Nur wenn das Selbstgestaltungsrecht innerlich ausgehöhlt und fast wertlos würde, könne die Gemeinde Maßnahmen aus dem staatlichen Bereich von sich abwehren.[222]

d) Individualschutz von privaten Verbänden

118 Umwelt- und Naturschutzverbände sind als Träger privater Rechte im gleichen Umfang wie andere natürliche oder juristische Personen zur Klage befugt.

Fall: Mit seiner Klage begehrt ein Umwelt- und Naturschutzverband die Aufhebung des Planfeststellungsbeschlusses für den Neubau einer Teilstrecke des Main-Donau-Kanals im unteren Altmühltal. Der Verband wendet sich gegen die Inanspruchnahme eines Teiles des in seinem Eigentum stehenden Grundstücks, das er von dem Voreigentümer für das Klageverfahren erworben hat und das er im Falle vertragswidriger Nutzung oder nach Ablauf von 10 Jahren dem Voreigentümer auf dessen Verlangen rückübereignen muß. Das *BVerwG* vertrat die Ansicht, es sei nicht erheblich, aus welchen Gründen der Verband das Eigentum an dem Grundstück erworben habe, und daß er es im Falle vertragswidriger Nutzung oder nach Ablauf von 10 Jahren dem Voreigentümer auf dessen Verlangen rückübereignen müsse. Der verfassungsrechtliche Schutz des Eigentums werde bei solchen Absprachen grundsätzlich nicht hinfällig. Anders könne es sein, wenn das Eigentum nur zum Schein übertragen würde und auf diese Weise ein Mißbrauch materieller oder prozessualer Abwehrrechte beabsichtigt wäre. Das von den Vertragsschließenden angestrebte Ziel, u. a. das streitbefangene Grundstück insgesamt für Zwecke des Naturschutzes und für landwirtschaftliche Zwecke zu erhalten, rechtfertige auch das Mittel der zeitweisen Eigentumsübertragung an eine Institution, die in besonderer Weise befähigt sei, das gemeinsame – von der Rechtsordnung gebilligte – Anliegen auch prozessual mit Nachdruck zu verfolgen.[223]

119 Ein subjektiv-öffentliches, vor den Verwaltungsgerichten wehrfähiges Recht wird außerdem den anerkannten Naturschutzverbänden i. S. v. § 29 Abs. 1 S. 1 BNatschG eingeräumt; die in § 29 BNatSchG vorgesehene Beteiligung können Naturschutzverbände mit der allgemeinen Leistungsklage erzwingen.[224]

120 Weitere Klagerechte stehen den Verbänden, wenn man von den Verbänden in den Bundesländern absieht, die eine altruistische Verbandsklage gesetzlich eingeführt haben,[225] nicht zu. Sie können sich insbesondere nicht

[222] *BVerwG*, Urt. v. 19. 3. 1976 – VII C 71/72 –, NJW 1976, 2175 (2176); *BayVGH*, Urt. v. 23. 4. 1985 – Nr. 8 B 83 A.3018 –, BayVBl. 1986, 626 (628); *BayVGH*, Beschl. v. 18. 6. 1984 – 4 TG 506/84 –, DÖV 1986, 208 (209); krit. dazu *Lerche*, Wehrfähigkeit, S. 234f.

[223] *BVerwG*, Urt. v. 12. 7. 1985 – 4 C 40.83 –, DVBl. 1985, 1141 (1142); ob Gemeinden mit Erfolg ein Sperrgrundstück in Nachbargemeinden zur Abwehr unliebsamer Vorhaben erwerben können, erscheint jedoch zweifelhaft.

[224] *VGH Kassel*, Beschl. v. 27. 8. 1982 – II TH 34/82 –, NuR 1983, 22 (23); *VG Frankfurt*, Beschl. v. 14. 7. 1982 – IV 3 G 1526/82 –, NuR 1983, 28; *Hoppe/Schlarmann*, Rechtsschutz, Rn. 126b; umstritten ist die Frage, ob die Verletzung des Mitwirkungsrechts eines anerkannten Naturschutzverbandes nach § 29 Abs. 1 Nr. 1 BNatSchG einen Nachteil im Sinne des § 47 Abs. 2 Nr. 1 VwGO darstellt, vgl. *HessVGH*, Beschl. v. 6. 6. 1988 – 3 N 3703 u. 3735/87 –, UPR 1988, 359 m. w. N.; ablehnend *VGH Mannheim*, Beschl. v. 10. 3. 1988 – 5 S 101/88 –, NuR 1988, 345; die Frage ist dem *BVerwG* zur Entscheidung vorgelegt.

[225] Siehe oben, § 13, Rn. 43ff.

darauf berufen, daß das Vorhaben dem satzungsmäßig festgelegten Vereinszweck, der Erhaltung der natürlichen Lebensgrundlagen, widerspreche.[226]

III. Bindungs- und Präklusionswirkungen in gestuften Verwaltungsverfahren

Zur Erhaltung und Verbesserung der Überschaubarkeit und Steuerungsfä- **121**
higkeit komplexer, teilweise mehrere Jahre dauernder Verwaltungsverfahren bedarf es häufig eines gestuften Entscheidungsverfahrens.[227] Das Immissionsschutz- und Atomrecht sieht deshalb in den §§ 3, 9 BImSchG, 7 a, b, Atg, 18, 19 AtVfV die Institute des *Vorbescheides* und der *Teilgenehmigung* vor.

Mit dem **Vorbescheid** entscheidet die Genehmigungsbehörde über einzel- **122**
ne Rechtsfragen, von denen die Erteilung der Anlagengenehmigung abhängt, ohne aber die Errichtung oder den Betrieb eines bestimmten Anlagenteils zu gestatten.

Demgegenüber ist die **Teilgenehmigung** eine echte Genehmigung, die **123**
sich von der Vollgenehmigung allein durch ihren beschränkten Inhalt unterscheidet. Sie gestattet dem Antragsteller insbesondere, mit dem genehmigten Projektabschnitt zu beginnen.[228]

Auch soweit es an einer spezialgesetzlichen Regelung fehlt, ist eine Verfah- **124**
rensstufung aufgrund allgemeiner verwaltungsverfahrensrechtlicher Regeln – vor allem aufgrund der Befugnis der Behörde, das Verfahren nach Zweckmäßigkeitsgesichtspunkten zu gestalten und über abtrennbare Teile der zu treffenden Regelung gesondert zu entscheiden – grundsätzlich zulässig.[229] Für das Planfeststellungsverfahren soll dies allerdings nur eingeschränkt gelten.[230] Spezialgesetzliche Regeln der Verfahrensstufung kennt das Planfeststellungsrecht nicht. Zwar können wasserrechtliche und abfallrechtliche Planfeststellungsbeschlüsse eine abschließende Entscheidung vorbehalten.[231] Damit ist aber nur die verfahrensrechtliche Befugnis, derartige Vorbehalte in

---

[226] *BVerwG*, Urt. v. 16. 7. 1980 – 7 C 23/78 –, NJW 1981, 362.

[227] *Schmidt-Aßmann*, FS-BVerwG, S. 569 (570); *Wahl*, DVBl. 1982, 51 (60); ein echtes gestuftes Verfahren – um das es im nachfolgenden geht – liegt nur vor, wenn auf der jeweiligen Stufe eine rechtlich verbindliche außenwirksame Regelung getroffen werden kann. Dagegen liegen unechte gestufte Verfahren vor, wenn und soweit man mit der h. M. den Stufenentscheidungen – etwa der Flächennutzungsplanung – nur verwaltungsinterne Bedeutung beimißt, siehe dazu *Ronellenfitsch*, Teilbarkeit von Planungsentscheidungen, S. 41.

[228] *Jarass*, BImSchG, § 8 Rn. 2, § 9 Rn. 1; zur Abgrenzung beider Institute siehe auch *BVerwG*, Urt. v. 11. 1. 1985 – 7 C 74/82 –, NVwZ 1985, 341 (342f.); *BVerwG*, Urt. v. 19. 12. 1985 – 7 C 65/82 –, DVBl. 1986, 190 (191ff.); *VGH Mannheim*, Urt. v. 30. 3. 1982 – 10 575/77, X 578/88 –, ET 1982, 849 (852).

[229] *BVerwG*, Urt. v. 29. 3. 1966 – I C 19/65 –, E 24, 23 (27); *OVG Lüneburg*, Beschl. v. 9. 11. 1982 – 1 OVG B 59/82 –, DVBl. 1983, 184 (186); *Selmer/SchulzeOsterloh*, JuS 1981, 393 (396); zum gestuften Verfahren im Wasserrecht siehe *Wernicke*, DVBl. 1977, 914 (916); *Gieseke/Wiedemann/Czychowsky*, WHG, § 9 Rn. 7.

[230] Siehe dazu *Erbguth*, Raumbedeutsames Umweltrecht, S. 214ff.; *Paetow*, DVBl. 1985, 369ff.; *Broß*, DÖV 1985, 253ff.; *Breuer*, Planfeststellung, S. 76ff.; *Rengeling*, Erfüllung staatlicher Aufgaben durch Private, S. 64ff.

[231] Vgl. §§ 25 Abs. 2 AbfG, 9 b Abs. 5 AtG i. V. m. § 25 Abs. 5 S. 1 AbfG, § 74 Abs. 3 VwVfG i. V. m. 31 WHG.

den Planfeststellungsbeschluß aufzunehmen, geregelt.[232] Materiell-rechtliche Grenzen einer Verfahrensstufung ergeben sich nach der Rechtsprechung des BVerwG für hoheitliche Planungen aus dem Grundsatz der Problembewältigung.[233] Grundsätzlich sei danach eine einheitliche Planungsentscheidung unerläßlich; einer solchen einheitlichen Planungsentscheidung werde in aller Regel nur ein einheitlicher Planfeststellungsbeschluß gerecht. Lediglich ausnahmsweise könne die Einheitlichkeit der Planungsentscheidung auch dann gewährt sein, wenn in dem Planfeststellungsbeschluß hinsichtlich bestimmter, als regelungsbedürftig erkannter Festsetzungen eine ergänzende Planfeststellung (ausdrücklich) vorbehalten werde. Der Verfahrensstufung kommt insoweit im Planfeststellungsrecht im Vergleich zu den Kontrollerlaubnissen nur eingeschränkte Bedeutung zu.[234] Anerkannt ist die Teilbarkeit von Planfeststellungsentscheidungen bei der Abschnittsbildung linienförmiger Planungen[235] und bei der Anordnung von Schutzauflagen.[236]

125 Für den Rechtsschutz des Genehmigungs- bzw. Planfeststellungsadressaten und des Drittbetroffenen ergeben sich aus der mit der Verfahrensstufung verbundenen Bindungs- und Präklusionswirkung erhebliche Auswirkungen, weil aufgrund der Bindungswirkung zugunsten des Antragstellers mit jeder Teilentscheidung die Versagungsmöglichkeiten und wegen der Präklusionswirkungen zu Lasten des Drittbetroffenen die Angriffsmöglichkeiten eingeschränkt werden.[237]

1. Bindungswirkungen von Teilentscheidungen

126 Unter dem Begriff der Bindungswirkung wird zumeist die Pflicht der Verwaltungsbehörde verstanden, im Rahmen des gestuften Entscheidungsverfahrens nicht vom Aussagegehalt einer früheren Teilentscheidung abzuweichen.[238]

127 Nach ganz überwiegender Auffassung hängt der Umfang der Bindungswirkung einer Teilentscheidung nicht von ihrer Begründung und ihren Voraussetzungen, sondern allein von ihrem Regelungsgegenstand ab.[239] Die Verwaltungsbehörde kann allerdings grundsätzlich die Bindungswirkung einer Teilentscheidung durch die Beifügung von Nebenbestimmungen relati-

---

[232] *Paetow*, DVBl. 1985, 369 (373).

[233] Vgl. dazu näher *Hoppe/Beckmann*, NuR 1988, 6ff.

[234] Das wird allerdings zweifelhaft, wenn man die qualitativen Unterschiede zwischen Planfeststellung und Genehmigung im Abfallrecht und im Wasserhaushaltsrecht in Frage stellt; zur Verfahrensstufung im Planfeststellungsrecht siehe *Beckmann/Appold/Kuhlmann*, DVBl. 1988, 1008ff.

[235] Siehe dazu *Broß*, DÖV 1985, 253ff.

[236] Siehe dazu *Paetow*, DVBl. 1985, 369 (371f.).

[237] Zu den Folgen der Teilgenehmigungspraxis für den vorläufigen Rechtsschutz siehe *Limberger*, Vorläufiger Rechtsschutz, S. 78ff.; *Ronellenfitsch*, Teilbarkeit von Planungsentscheidungen, S. 37ff.

[238] So z. B. *Jarass*, UPR 1983, 241 (243) m. w. N. Der Begriff wird allerdings häufig mit unterschiedlichem Inhalt verwandt, siehe dazu *Klante*, Teilerrichtungsgenehmigung, S. 321 m. w. N.

[239] *BVerwG*, Urt. v. 19. 12. 1985 – 7 C 65.82 –, DVBl. 1986, 190 (192); *Klante*, Teilerrichtungsgenehmigung, S. 323; *Ossenbühl*, NJW 1980, 1353 (1354); *Selmer/Schulze-Osterloh*, JuS 1981, 393 (398).

vieren.[240] Zum Regelungsgegenstand einer Teilentscheidung gehört unstreitig der definitive, abschließende Teil. Das ist bei der Teilgenehmigung die Gestattung des betreffenden Anlagenteils, beim Vorbescheid betrifft die abschließende Regelung eine verbindlich festgestellte rechtliche Vorfrage. Soweit sich diese Vorfrage auf das Anlagenkonzept bezieht, handelt es sich um den sog. Konzeptvorbescheid. Umstritten ist dagegen, ob daneben auch das positive vorläufige Gesamturteil, das Voraussetzung jeder Teilentscheidung ist,[241] zum Regelungsgegenstand gehört.[242]

2. *Präklusionswirkungen in gestuften Verwaltungsverfahren*

Während die Bindungswirkung das Verhältnis zwischen Antragsteller und Genehmigungsbehörde und damit vor allem die Erfolgsaussichten einer Verpflichtungsklage auf Erteilung einer weiteren Teilentscheidung beeinflußt, betrifft die Präklusionswirkung die Rechtsposition des Drittbetroffenen. Zu unterscheiden sind die **formelle Präklusion** – sie führt zum Einwendungsausschluß des Dritten im Verwaltungsverfahren – und die **materielle Präklusion,** die außerdem zum Einwendungsausschluß im verwaltungsgerichtlichen Verfahren führt. **128**

Im gestuften Verwaltungsverfahren werden Präklusionswirkungen an zwei unterschiedliche Sachverhalte geknüpft. Die **Verfahrenspräklusion** führt zum Einwendungsausschluß, wenn die Einwendungen nicht rechtzeitig vorgetragen werden. Gesetzlich geregelt ist sie z. B. in den §§ 10 Abs. 3 S. 3 BImSchG, 7 Abs. 1 S. 2 AtVfV und für Planfeststellungsverfahren in § 73 Abs. 6 VwVfG.[243] Ausgeschlossen werden Einwendungen im gestuften Verfahren außerdem dann, wenn schon im vorangegangenen Verfahren Einwendungen fristgerecht vorgebracht worden sind oder nach den ausgelegten Unterlagen hätten vorgebracht werden können. Die damit angesprochene **Bestandskraftpräklusion** ist gesetzlich geregelt in den §§ 11 BImSchG, 7 b AtG. **129**

a) Verfahrenspräklusion

Nach h. M. führt die Verfahrenspräklusion im atomrechtlichen Genehmigungsverfahren gem. §§ 7 AtG, 7 Abs. 1 S. 2 AtVfV und im immissionsschutzrechtlichen Genehmigungsverfahren gem. § 10 Abs. 3 S. 2 BImSchG **130**

---

[240] *BVerwG*, Urt. v. 9. 7. 1982 – 7 C 54.79 –, DVBl. 1982, 960 (962) für den Vorbescheid; einschränkend für die Teilgenehmigung *Sellner*, NVwZ 1986, 616 f.; einschränkend auch *Selmer/Schulze-Osterloh*, JuS 1981, 393 (398).

[241] Die ergibt sich teilweise aus dem Gesetz und wird darüber hinaus aber auch ohne gesetzliche Regelung wegen der hohen Gefahr vollendeter Tatsachen verlangt, *BVerwG*, Urt. v. 9. 7. 1982 – 7 C 54.79 –, UPR 1983, 241 (247); *Büdenbender/Mutschler*, Teilentscheidungen, Rn. 202; *Weber*, DÖV 1980, 397 (399); a.A. für den Vorbescheid *Glitz*, Grundprobleme, S. 122f.

[242] Bejahend die h.M.: *BVerwG*, Urt. v. 19. 12. 1985 – 7 C 65.82 –, DVBl. 1986, 190; *Breuer*, VerwArch. 72 (1981), 261 (265); *Jarass*, UPR 1983, 251 (247); *Rengeling*, NVwZ 1982, 220ff.; *Sellner*, Immissionsschutzrecht, Rn. 253; *Selmer*, Vorbescheid, S. 15ff.; *von Mutius/Schoch*, DVBl. 1983, 149 (153); ablehnend *OVG Lüneburg*, Beschl. v. 18. 6. 1980 – 7 OVG – B 15/79 –, ET 1980, 694 (696); *VGH Mannheim*, Beschl. v. 26. 2. 1979 – X 3908/78 –, ET 1979, 211 (215f.); Urt. v. 30. 3. 1982 – X 575, 578, 583/77 -, ET 1982, 849 (857); *Klante*, Teilerrichtungsgenehmigung, S. 133; näher dazu *Beckmann*, Rechtsschutz, S. 212ff.

[243] Zum „kaum überschaubaren Wirrwarr" im Wasserrecht vgl. *Ronellenfitsch*, VerwArch. 74 (1983), 369 (383).

zum Einwendungsausschluß auch im verwaltungsgerichtlichen Verfahren.[244] Im wasserrechtlichen Bewilligungsverfahren führt der Fristablauf nach h. M. ebenfalls zur materiellen Präklusion, während im wasserrechtlichen Planfeststellungsverfahren eine materielle Präklusion nur in den Bundesländern anzunehmen ist, die sich bei der Ausfüllung des Rahmenrechts am Bewilligungsverfahren und nicht am allgemeinen Verwaltungsverfahrensrecht orientieren. Folgt man der h. M. bei der Auslegung des § 73 Abs. 6 VwVfG, so sind Einwendungen im wasserrechtlichen Planfeststellungsverfahren in Bayern, Bremen, Hessen, Niedersachsen, Saarland und Schleswig-Holstein bei Fristversäumnis nur formell präkludiert, während sie in den übrigen Bundesländern auch im verwaltungsgerichtlichen Verfahren ausgeschlossen sein sollen.[245]

131 Voraussetzung für die Vermeidung der Ausschlußwirkung durch das Erheben einer Einwendung ist, daß die Einwendungen mindestens in groben Zügen erkennen lassen, welche Rechtsgüter als gefährdet angesehen und welche Beeinträchtigungen befürchtet werden.[246]

Nach Auffassung des *BVerwG* endet die Präklusionswirkung dort, wo die Genehmigung nicht mehr mit den ausgelegten Unterlagen übereinstimmt, entweder weil der Antragsteller Änderungen seiner Pläne vorgenommen hat, oder weil die der Genehmigung beigefügten Nebenbestimmungen sich nicht mehr innerhalb des durch den Antrag und die ausgelegten Unterlagen gezogenen Rahmens halten. Die Präklusionswirkung erstreckt sich außerdem nicht auf Ansprüche, mit denen ein Recht auf Widerruf oder Rücknahme einer erteilten Genehmigung oder auf den Erlaß einer nachträglichen Auflage geltend gemacht wird. Sie erstreckt sich ebensowenig auf solche Tatsachen, die während der Einwendungsfrist nicht vorgebracht werden konnten, weil sie erst nach Ablauf der Frist eingetreten sind.[247] Dazu können nach Auffassung des *BVerwG* auch neuere Erkenntnisse im Sinne eines fortgeschrittenen Standes der Wissenschaft und Technik gehören.[248] Die Präklusion ist außerdem ausgeschlossen, wenn die Betroffeneneigenschaft erst nach Beginn der Einwendungsfrist begründet wird, es sei denn, das betroffene Recht wurde von jemandem erworben, der der Präklusion unterlag.[249] Zusätzliche Einschränkungen findet die materielle Präklusion durch die Möglichkeit der Wiedereinsetzung in den vorigen Stand bei unverschuldeter Fristversäumung und dadurch, daß eine Klage auf Feststellung der Nichtigkeit eines Genehmigungsbescheides auch derjenige erheben kann, der im Verwaltungsverfahren Einwendungen nicht vorgebracht hat.[250] Nicht zuletzt wird die Präklusionswirkung auch

---

[244] Siehe nur *Ronellenfitsch*, VerwArch. 74 (1983), 369 (378ff.) m. w. N.; *Streinz*, VerwArch. 79 (1988), 272ff.

[245] *Ronellenfitsch*, VerwArch. 74 (1983), 369 (384).

[246] Vgl. *OVG Lüneburg*, Beschl. v. 21. 10. 1986 – 7 D 2/86 –, UPR 1987, 118; ausreichend ist es, wenn die Einwendung erkennen läßt, welches seiner Rechtsgüter der Einwender für gefährdet ansieht. Er muß nicht begründen, weshalb er die Gefährdung befürchtet, vgl. *BVerwG*, Urt. v. 9. 9. 1988 – 7 C 3.86 –, DVBl. 1988, 1170 (1174).

[247] Vgl. *OVG Lüneburg*, Beschl. v. 21. 10. 1986 – 7 D 2/86 –, UPR 1987, 118 (119).

[248] A.A. *Rengeling*, DVBl. 1981, 323 (327); offen gelassen hat das *BVerwG*, ob zur Berücksichtigung neuer Tatsachen ein Antrag auf Wiedereinsetzung in den vorigen Stand erforderlich ist, vgl. *BVerwG*, Urt. v. 17. 7. 1980 – 7 C 11.78 –, DVBl. 1980, 1001 (1005); bejahend insoweit *Degenhart*, Menger-FS, S. 635.

[249] *Jarass*, BImSchG, § 10 Rn. 58; vgl. auch *OVG Lüneburg*, Beschl. v. 16. 8. 1985 – 7 B 15/85 –, UPR 1986, 1989.

[250] Vgl. *BVerwG*, Urt. v. 17. 7. 1980 – 7 C 19.78 –, DVBl. 1980, 1009; zur Frage, in welchem Umfang ein Dritter eine atomrechtliche Teilgenehmigung anfechten kann, die eine frühere, von ihm nicht angefochtene Teilgenehmigung ändert siehe *BVerwG*, Beschl. v. 30. 10. 1987 – 7 B 176.87 –, UPR 1988, 1087.

dadurch eingeschränkt, daß der Umfang der Amtsermittlungspflicht von ihr nicht berührt wird.[251] Schließlich ist eine Präklusion ausgeschlossen, soweit Bekanntmachung und Auslegung Rechtsfehler enthalten und diese Fehler zu einer Behinderung des Einwenders geführt haben.[252]

Ist der Kläger hinsichtlich einer im zustehenden Rechtsposition präkludiert, so kann er aber auch eine ihm hinsichtlich dieser Rechtsposition günstige Anwendung der Sach- und Rechtslage im Rahmen einere Anfechtungsklage nicht mehr geltend machen.[253] 132

b) Bestandskraftpräklusion

Trotz ihrer allgemein anerkannten materiellen Ausschlußwirkung[254] ist die in §§ 11 BImSchG, 7b AtG geregelte Präklusionswirkung im Gegensatz zur materiellen Verfahrenspräklusion verfassungsrechtlich unbestritten.[255] Wesentlicher Grund dafür ist, daß die Anfechtbarkeit der Teilentscheidung anders als bei der Verfahrenspräklusion nicht bereits vor Erlaß der Entscheidung ausgeschlossen wird. Hat der Kläger Zweifel an der Rechtmäßigkeit der Teilentscheidung, kann er noch nach dem Erlaß der Entscheidung die Unanfechtbarkeit durch Widerspruch und Anfechtungsklage verhindern. Solange die Teilgenehmigung nicht unanfechtbar geworden ist, können Kläger geltend machen, wegen der Rechtswidrigkeit einer vorangegangenen Teilgenehmigung könne auch die angefochtene Genehmigung keinen Bestand haben. Denn entfällt nur eine Teilgenehmigung, so fehlt es an der erforderlichen Gesamtgenehmigung, weil erst die Summe aller Teilgenehmigungen, verbunden durch die „Klammer“ des vorläufigen positiven Gesamturteils, der Vollgenehmigung gleichsteht.[256] 133

Eine i. S. d. Art. 19 Abs. 4 GG unzumutbare Einschränkung des Rechtswegs liegt daher nicht vor. Wegen Art. 19 Abs. 4 GG ist aber eine hinreichende Klarstellung des Regelungsgehaltes der Teilentscheidung erforderlich, damit für die betroffenen Dritten erkennbar bleibt, inwieweit ihr Anfechtungsrecht durch die Präklusion beschnitten wird.[257]

IV. Umfang der verwaltungsgerichtlichen Kontrolle bei der Konkurrenz paralleler Gestattungsverfahren

Die Komplexität des bei der Zulassung umweltbelastender Vorhaben zu prüfenden Sachverhalts und die Kompliziertheit des dabei zu beachtenden materiellen Rechts erfordert neben der Verfahrensstufung regelmäßig mehrere parallele Gestattungsverfahren, d. h. neben der vertikalen eine horizontale Gliederung des Verwaltungsverfahrens. Während für die Errichtung und 134

---

[251] *BVerwG*, Urt. v. 17. 7. 1980 – 7 C 11.78 –, DVBl. 1980, 1001 (1005).

[252] *Jarass*, BImSchG, § 10 Rn. 56 m. w. N.; *OVG Lüneburg*, Beschl. v. 6. 3. 1985 – 7 B 64/84 –, UPR 1985, 255 (256).

[253] *BVerwG*, Urt. v. 29. 8. 1986 – 7 C 52/84 –, NVwZ 1987, 131.

[254] *Sellner*, Immissionsschutzrecht, Rn. 279; *Selmer/Schulze-Osterloh*, JuS 1981, 393 (400).

[255] *BVerfG*, Beschl. v. 6. 10. 1982 – 2 BvR 304/72 –, NVwZ 1983, 27; *Ipsen*, DVBl. 1980, 146 (152); *Selmer/Schulze-Osterloh*, JuS 1981, 393 (402).

[256] Vgl. *OVG Münster*, Beschl. v. 27. 2. 1987 – 21 B 181/86 –, NVwZ 1988, 553.

[257] *Degenhart*, Menger-FS, S. 636; zur Notwendigkeit einer verfassungskonformen Einschränkung siehe auch *Feldhaus*, BImSchG, § 11 Anm. II 3.

den Betrieb eines Kernkraftwerks regelmäßig 20 – 30, für ein konventionelles Kraftwerk im Einzelfall sogar mehr als 40 Genehmigungen notwendig sind, werden selbst für einfachere Anlagen regelmäßig zumindest zwei oder drei Genehmigungen benötigt.[258]

135 Schon die große Zahl der notwendigen Gestattungen ist wegen der damit verbundenen Unübersichtlichkeit für alle Beteiligten ein Ärgernis. Rechtlich problematisch wird es, wenn für die gleiche Anlage oder den gleichen Anlagenteil mehrere Gestattungen erforderlich sind, die zumindest teilweise den gleichen rechtlichen Prüfungsmaßstab aufweisen. Eine Teilidentität des Prüfungsmaßstabes kann sich ergeben, weil die gesetzlichen Zulassungsvoraussetzungen neben den fachgesetzlichen Anforderungen verlangen, daß das Vorhaben mit dem Allgemeinwohl, mit öffentlichen Interessen oder sonstigen öffentlich-rechtlichen Vorschriften im Einklang stehen muß.[259]

136 Hinzu kommt, daß Rechtsnormen wie §§ 8 BNatschG, 50 BImSchG eine fachübergreifende Geltung beanspruchen. In diesen Fällen stellt sich die Frage, ob aus Gründen der Kompetenzverteilung zwischen den einzelnen Fachbehörden und zur Vermeidung widersprüchlicher Entscheidungen der sich überschneidende Prüfungsmaßstab eingeschränkt werden muß und inwieweit die einzelnen Fachbehörden an die Entscheidungen in parallelen Gestaltungsverfahren gebunden sind. Eine Reduzierung der Maßstabsidentität durch Beschränkung der Fachbehörden auf eine Prüfungskompetenz hinsichtlich der fachgesetzlichen Anforderungen hat für den verwaltungsgerichtlichen Rechtsschutz des Dritten erhebliche Auswirkungen, weil er gegenüber den verschiedenen Genehmigungen nur mit jeweils fachbezogenen Einwendungen erfolgreich sein kann. Der richterliche Kontrollmaßstab reduziert sich insoweit in gleichem Umfang wie der Prüfungsmaßstab der Verwaltung. Da die Abgrenzung häufig sehr schwierig sein wird, muß der Dritte im Zweifel seine Bedenken in mehreren Zulassungsverfahren vorbringen und notfalls auch gegen das Vorhaben mehrere parallele Klagen anstrengen. Die Maßstabsidentität ist daher für den Dritten günstiger, weil er sich auf die Anfechtung einer Genehmigung beschränken kann, zugleich aber auch die Möglichkeit behält, seine Bedenken in verschiedenen Verfahren vorzutragen. Die mehrfachen Angriffsmöglichkeiten des Dritten bei der Maßstabsidentität benachteiligen demgegenüber durch ihren Verzögerungseffekt die Interessen des Genehmigungsinhabers.[260]

1. *Konzentrationswirkung*

137 Im Planfeststellungsrecht und zum Teil auch im Recht der Anlagengenehmigungen wird das Problem der Maßstabsidentität mit Hilfe der Konzentrationswirkung dadurch entschärft, daß neben einem Planfeststellungsbeschluß andere behördliche Gestattungen nicht mehr erforderlich sind oder

---

[258] *Schmitt Glaeser*, der landkreis 1976, 442 (443); *Jarass*, Konkurrenz, S. 18; *ders.*, DÖV 1978, 21.

[259] Siehe z. B. § 6 WHG, § 6 Nr. 2 BImSchG, § 7 Abs. 2 Nr. 6 AtG, § 14 AtVfV, § 70 Abs. 1 LBauO NW, § 8 Abs. 3 S. 2 Nr. 1, Nr. 4 AbfG.

[260] Vgl. zur hohen Rechtsschutzrelevanz dieser Fragestellung *Jarass*, Konkurrenz, S. 24; *ders.*, WuV 1984, 169 (174).

durch die Erteilung einer speziellen Fachgenehmigung andere Gestattungen ersetzt werden.[261]

Mit der Konzentrationswirkung wird durch die Vermeidung von Doppel- **138**
prüfungen die Verwaltung effektiver, die Rechtssicherheit durch den Ausschluß widersprüchlicher Entscheidungen erhöht und der Rechtsschutz vereinfacht, weil der Drittbetroffene alle Einwendungen gegen die Errichtung und den Betrieb der umweltbelastenden Anlage in einem Verwaltungsverfahren und in einer Anfechtungsklage vorbringen kann, zugunsten des Vorhabenträgers aber auch vorbringen muß. Das gilt natürlich nur bedingt, wenn die Konzentrationswirkung auf die Ersetzung einzelner Gestattungen beschränkt wird wie in § 8 Abs. 2 AtG oder § 13 BImSchG. Da auch der Nachteil eines geringeren Einflusses der einzelnen, fachlich kompetenteren Genehmigungsbehörden durch Beteiligungs- und Einvernehmensregeln verringert werden kann,[262] wird eine Ausdehnung des Anwendungsbereichs der Konzentrationswirkung teilweise de lege ferenda befürwortet,[263] teilweise wird sie aber sogar auf Genehmigungsverfahren ohne ausdrückliche gesetzliche Regelung ausgedehnt.[264]

In Rechtsprechung und Lehre nicht abschließend geklärt ist die für den **139**
verwaltungsgerichtlichen Kontrollumfang zentrale Frage, inwieweit formelle und materielle Voraussetzungen der ersetzten Gestattungen auch im konzentrierten Verfahren zu beachten sind.[265] Nach Auffassung des BVerwG sind in konzentrierten Verwaltungsverfahren grundsätzlich die materiellrechtlichen Voraussetzungen der ersetzten Gestattung zu beachten.[266]

2. *Fehlende oder eingeschränkte Konzentrationswirkung*

Der Gesetzgeber hat den Kompetenzkonflikt nur zum Teil mit Hilfe der **140**
Konzentrationswirkung gelöst. Im Bereich der Anlagengenehmigungen fehlt es entweder an einer Konzentrationsregel oder aber es handelt sich nur um eingeschränkte Konzentrationsregeln wie in § 8 Abs. 2 AtG, § 13

---

[261] Vgl. z. B. §§ 75 Abs. 1 S. 1 VwVfG, 13 BImSchG, 8 Abs. 2 AtG, 152 LWG NW i. V. m. § 75 Abs. 1 VwVfG, 7 Abs. 3 AbgrG NW; für das Zusammentreffen mehrerer Planfeststellungsverfahren sieht das Planfeststellungsrecht teilweise spezielle Regeln vor, siehe z. B. § 78 VwVfG; näher dazu *Kügel*, Planfeststellungsbeschluß, S. 54ff.

[262] Er ist allerdings nicht völlig zu beseitigen. Zuzustimmen ist insoweit *Schink*, ZfW 1985, 1 (2f.), der darauf hinweist, daß das Denken der entscheidenden Beamten auf die Verwirklichung des Vorhabens, d. h. auf die Durchsetzung des Fachinteresses, gerichtet ist.

[263] So z. B. *Erbguth/Schoeneberg*, WuV 1985, 102 (121 ff.); *Jarass*, Konkurrenz, S. 86ff.; *Schäfer*, NVwZ 1985, 383 (387).

[264] *OVG Münster*, Urt. v. 20. 10. 1978 – XI A 566/77 –, GewArch. 1979, 136; Urt. v. 24. 6. 1977 – XI A 483/76 –, GewArch. 1978, 174; *VGH Kassel*, Urt. v. 24. 11. 1977 – I OE 97/74 –, RdL 1978, 257; krit. dazu *Schäfer*, NVwZ 1985 383ff.; im Gegensatz zur Anlagengenehmigung soll der Planfeststellung schon aufgrund ihres Wesens auch ohne gesetzliche Positivierung eine Konzentrationswirkung zukommen, vgl. *BVerwG*, Urt. v. 10. 2. 1978 – 4 C 25.75 –, E 55, 220 (230); Urt. v. 7. 7. 1978 – 4 C 79.76 u. a. –, E 56, 110 (122).

[265] Ausführlich zum Meinungsstand: *Jarass*, Konkurrenz, S. 53ff.; *Kügel*, Planfeststellungsbeschluß, S. 45 ff.; *Laubinger*, VerwArch. 77 (1986), 77ff.; *Beckmann*, Rechtsschutz. S. 230ff.

[266] Vgl. *BVerwG*, Urt. v. 9. 11. 1984 – 7 C 15/83 –, NVwZ 1985, 414.

BImSchG. Hinzu kommt, daß vor allem aufgrund des eingeschränkten Anlagenbegriffs im Immissionsschutzrecht der Genehmigungsgegenstand paralleler Gestattungen teilweise unterschiedlich ist. Die mit der Gestattung verbundene Konzentrationswirkung erfaßt deshalb in manchen Fällen nur Teile des beabsichtigten Vorhabens, so daß für bestimmte Anlagenteile mehrere Gestattungen notwendig bleiben, während für die übrigen Anlagenteile eine einheitliche Entscheidung mit Konzentrationswirkung ergehen kann.[267]

141 Die Lösung des Konflikts für die Fälle, in denen eine Konzentrationswirkung nicht weiterhilft, ist nach wie vor nicht abschließend geklärt. In der Literatur sind aufgrund der bestehenden Schwierigkeiten Lösungsversuche bislang nur für Grenzbereiche einzelner Fachgesetze entwickelt.[268]

142 Im Anschluß an *Jarass* gibt es grundsätzlich drei Möglichkeiten, den Kompetenzkonflikt zu lösen.[269]

Erstens: Es wird die nach dem Wortlaut zahlreicher Vorschriften naheliegende, fachübergreifende Prüfungskompetenz hinsichtlich der Gemeinwohlverträglichkeit und der Übereinstimmung mit sonstigen öffentlich-rechtlichen Vorschriften mit einer vollständigen Bindungswirkung für andere Behörden verknüpft **(Vollbindung).**

Zweitens: Denkbar ist es auch, die Prüfungskompetenz der Fachbehörde entsprechend der gesetzlichen Zuständigkeitsverteilung auf fachbezogene Anforderungen zu beschränken. Die Bindungswirkung kann dann bereits wegen des gesetzlich vorgeschriebenen Prüfungsumfangs über eine Fachbindung nicht hinausgehen **(Separation).**

Drittens: Schließlich besteht die Möglichkeit, eine fachübergreifende Prüfungskompetenz mit einer begrenzten, auf die jeweilige Fachkompetenz beschränkten Bindungswirkung zu kombinieren **(Fachbindung).**

Jedes dieser Lösungsmodelle verknüpft eine Reihe von Vor- und Nachteilen, so daß die Entscheidung für eines von ihnen jeweils Kompromißcharakter hat. Die überwiegenden Argumente sprechen allerdings für das Modell der Fachbindung.[270]

C. Vorläufiger und vorbeugender verwaltungsgerichtlicher Rechtsschutz im Umweltrecht

143 Die Garantie eines lückenlosen und effektiven Rechtsschutzes gegen Rechtsverletzungen durch die öffentliche Gewalt in Art. 19 Abs. 4 GG erfor-

---

[267] Siehe dazu ausführlich *Jarass*, Konkurrenz, S. 59ff.

[268] Grundlegend *Jarass*, Konkurrenz, der die Konkurrenz der Baugenehmigung zu anderen Gestattungen untersucht; *Wagner*, Die Genehmigung umweltrelevanter Vorhaben in parallelen und konzentrierten Verfahren, S. 1ff.; siehe auch *Henseler*, DVBl. 1982, 390ff., der sich mit der Konkurrenz der atomrechtlichen Genehmigung zu anderen Gestattungen befaßt; *Schäfer*, NVwZ 1985, 383 (386) für das Abfallrecht; siehe auch *Gebhard*, DÖV 1986, 545ff.; *Gaentzsch*, NJW 1986, 2787ff.; *Beckmann*, DÖV 1987, 944ff.; *Upmeier*, NuR 1986, 309ff.; *Sander*, NuR 1986, 317ff.; *Seibert*, DVBl. 1986, 1277ff.

[269] *Jarass*, Konkurrenz, S. 68ff.

[270] Näher dazu *Beckmann*, Rechtsschutz, S. 235ff.; *ders.*, DÖV 1987, 944 (950ff.); zur Konkurrenz von Wasser und Atombehörden bei der Genehmigung eines Kernkraftwerkes siehe *BVerwG*, Urt. v. 18. 9. 1987 – 4 C 36.84 –, UPR 1988, 102f.; zum Verhältnis der atomrechtlichen Genehmigung zur Baugenehmigung siehe *BayVGH*, Beschl. v. 13. 5. 1987 – Nr. 22 87.40008 und 87.40009 –, DVBl. 1988, 151f.; *OVG Münster*, Urt. v. 22. 10. 1987 – 21 A 330/87 –, DVBl. 1988, 155.

dert die Einrichtung eines Rechtsschutzsystems, mit dem vollendete Tatsachen, d. h. nicht mehr rückgängig zu machende Folgen des Verwaltungshandelns, möglichst ausgeschlossen werden.[271]

Grundsätzlich können vollendete Tatsachen auf zwei Wegen verhindert werden.[272] **144**
Einerseits kann Rechtsschutz bereits vor dem Verwaltungshandeln gewährt werden, indem das Gericht nachprüft, ob eine drohende, den Rechtsschutzsuchenden belastende hoheitliche Maßnahme rechtmäßig ist. Die vor dem Verwaltungshandeln einsetzende Gerichtskontrolle wird **vorbeugender** oder **präventiver Rechtsschutz** genannt.[273] Die zweite Möglichkeit besteht in einer möglichst schnellen nachträglichen oder repressiven Kontrolle des Verwaltungshandelns. Ihr dient der **vorläufige Rechtsschutz**. Der vorbeugende Rechtsschutz ist verfassungsrechtlich stets problematisch, weil gerichtliche Entscheidungen, die bereits zukünftiges Verwaltungshandeln für rechtswidrig erklären, erheblich weiter in die Zuständigkeit und Eigenverantwortlichkeit der Verwaltung eingreifen als eine nachträgliche Gerichtskontrolle.[274] Außerdem bedingt ein auf dem vorbeugenden Rechtsschutz aufbauendes Rechtsschutzsystem tendenziell eine weniger effektive Verwaltung, weil die Verwaltung erst nach der gerichtlichen Bestätigung ihrer Vorhaben tätig werden kann.[275]

Der Gesetzgeber hat deshalb in der VwGO grundsätzlich ein repressives Rechts- **145**
schutzsystem angelegt, in dem vorbeugender Rechtsschutz nur in Ausnahmefällen zulässig ist, und für den deshalb ein stets besonderes Rechtsschutzinteresse Voraussetzung ist. Daran fehlt es, wenn und solange es dem Betroffenen zugemutet werden kann, nachträglichen Rechtsschutz in Anspruch zu nehmen.[276] Es besteht daher ein unmittelbarer Zusammenhang zwischen vorbeugendem und vorläufigem Rechtsschutz. Solange die nachträgliche Kontrolle mit Hilfe des vorläufigen Rechtsschutzes effektiv bleibt, ist vorbeugender Rechtsschutz entbehrlich, es fehlt insoweit am geforderten Rechtsschutzinteresse.

I. Vorläufiger Rechtsschutz

Vorläufiger Rechtsschutz wird wiederum in zwei Formen gewährt, näm- **146**
lich durch die **aufschiebende Wirkung** von Widerspruch und Anfechtungsklage gem. § 80 VwGO und im Wege der **einstweiligen Anordnung** gem. §§ 123, 47 Abs. 7 VwGO.[277]

1. § 80 VwGO

In umweltrechtlichen Streitigkeiten ist der vorläufige Rechtsschutz gem. **147**
§ 80 Abs. 5 VwGO vor allem im Zusammenhang mit der Zulassung umweltbelastender Großprojekte – z. B. der Genehmigung von Kernkraftwerken und Industrieanlagen oder der Planfeststellung von Abfallentsorgungsanlagen – von zentraler Bedeutung.[278] Sie werden regelmäßig von betroffe-

---

[271] *BVerfG*, Beschl. v. 19. 6. 1973 – 1 BvL 39/69 und 14/72 –, E 35, 263 (274); Beschl. v. 20. 12. 1979 – 1 BvRR 385/77 –, E 53, 30 (68).

[272] Siehe zum nachfolgenden ausführlich *Peine*, Jura 1983, 285 (286).

[273] Zum Begriff des vorbeugenden Rechtsschutzes ausführlich *Ule*, VerwArch. 65 (1974), 291 (294 ff.).

[274] *Tschira/Schmitt Glaeser*, Verwaltungsprozeßrecht, S. 172 f.

[275] *Peine*, Jura 1983, 285 (286).

[276] *Finkelnburg*, Vorläufiger Rechtsschutz, Rn. 14.

[277] Zu den wesentlichen Unterschieden zwischen dem Rechtsschutz durch aufschiebende Wirkung und im Wege der einstweiligen Anordnung siehe *Beckmann*, Rechtsschutz, S. 241.

[278] Vgl. dazu die Untersuchungen von *Martens*, Suspensiveffekt, S. 1 ff.; *ders.*, DVBl. 1985, 541 ff.; *Limberger*, Vorläufiger Rechtsschutz, S. 1 ff.; *Schuy*, Vorläufiger Rechtsschutz, S. 1 ff.

nen Dritten mit der Anfechtungsklage angegriffen und mit gleicher Regelmäßigkeit entfällt die aufschiebende Wirkung i. S. v. § 80 Abs. 1 VwGO durch die Anordnung der sofortigen Vollziehung gem. § 80 Abs. 2 Nr. 4 VwGO.[279] Angesichts der Möglichkeit, das Vorhaben trotz Widerspruchs oder Klage zunächst zu verwirklichen und wegen der bei größeren Anlagen erheblichen Auswirkungen auf Umwelt und Nachbarschaft, ist die Gefahr vollendeter Tatsachen und irreparabeler Schäden besonders hoch. Andererseits sind mit der aufschiebenden Wirkung auch erhebliche finanzielle Einbußen des Anlagenbetreibers und häufig weitere öffentliche und private Interessen an der Projektverwirklichung beeinträchtigt. Zur Abwehr planfeststellungsbedürftiger Vorhaben wird das Verfahren nach § 80 Abs. 5 VwGO häufig als die einzig effektive Rechtsschutzmöglichkeit angesehen, weil bei ausführenden Maßnahmen der Fachplanung, für die ein gem. § 80 Abs. 2 Nr. 4 VwGO für sofort vollziehbar erklärter Planfeststellungsbeschluß ausreicht – dazu zählen das Enteignungsverfahren und das Verfahren der vorzeitigen Besitzeinweisung –, eine Wiederherstellung des früheren Zustandes regelmäßig ausgeschlossen ist.[280]

a) Aufschiebende Wirkung

148 Die aufschiebende Wirkung i. R. v. § 80 Abs. 1 VwGO bedeutet, daß die Beteiligten sich im Falle der Einlegung des Rechtsbehelfs so zu verhalten haben, als ob der Verwaltungsakt nicht ergangen sei.[281] Von der hoheitlichen Zulassung einer umweltbelastenden Anlage durch Genehmigung oder Planfeststellungsbeschluß kann daher mit Eintritt des Suspensiveffekts kein Gebrauch gemacht werden.[282]

149 Die aufschiebende Wirkung beginnt gem. § 80 Abs. 1 VwGO mit Erhebung von Widerspruch und Anfechtungsklage, bei Verwaltungsakten mit Drittwirkung kann der Suspensiveffekt aus rechtsstaatlichen Gründen allerdings erst eintreten, wenn der Adressat des Verwaltungsaktes von der Einlegung des Widerspruchs oder der Erhebung der Anfechtungsklage Kenntnis erhalten hat.[283] Umstritten ist, ob die aufschiebende Wirkung von der Zulässigkeit des Rechtsbehelfs abhängt.[284] Sie endet mit der Unanfechtbarkeit des angegriffenen Verwaltungsaktes.[285]

---

[279] *Martens*, DVBl. 1985, 541; *Kügel*, Planfeststellungsbeschluß, S. 241; *Limberger*, Vorläufiger Rechtsschutz, S. 19.

[280] *Hoppe/Schlarmann*, Rechtsschutz, Rn. 223f.; *Kügel*, Planfeststellungsbeschluß, S. 242.

[281] *Hoppe/Schlarmann*, Rechtsschutz, Rn. 222.

[282] *OVG Bremen*, Beschl. v. 2. 4. 1984 – 1 B 27 und 28/84 –, BauR 1985, 300 (301) zur Baugenehmigung; a. A.: *Liebing/Hoyer*, UPR 1985, 49 (50), nach deren Ansicht die aufschiebende Wirkung gem. § 80 Abs. 1 VwGO kein automatisches Verbot oder Gebot an den begünstigten Genehmigungsinhaber darstellt, sondern es erst einer Umsetzung durch eine Anordnung der Behörde bedarf.

[283] *Schenke*, DVBl. 1986, 9 (20); a. A. *Kopp*, VwGO, § 80 Rn. 32.

[284] Siehe dazu ausführlich *Schoch*, BayVBl. 1983, 358 ff. m. w. N. zum Meinungsstand auf S. 359; zum Sofortvollzug bei aussichtslosem Nachbarwiderspruch siehe *Jäde*, NVwZ 1986, 101ff.; *VGH Mannheim*, Beschl. v. 13. 2. 1984 – 5 S 38/84 –, NVwZ 1984, 451, wonach die Behörde die sofortige Vollziehbarkeit der Genehmigung nicht mit der Begründung anordnen darf, ein dagegen eingelegter Rechtsbehelf sei offensichtlich aussichtslos; vgl. auch *OVG Hamburg*, Beschl. v. 25. 8. 1987 – OVG Bs VI 31/87 – , DÖV 1988, 308ff.

[285] *Kopp*, VwGO, § 80 Rn. 34.

150 Von der aufschiebenden Wirkung macht § 80 Abs. 2 VwGO einige Ausnahmen, insbesondere entfällt sie, wenn die Behörde die sofortige Vollziehung gem. § 80 Abs. 2 Nr. 4 VwGO angeordnet hat. Zuständig sind sowohl die Ausgangs- als auch die Widerspruchsbehörde. Die Anordnung setzt entweder ein besonderes öffentliches Interesse, das über das öffentliche Interesse am Erlaß des Verwaltungsaktes hinausgeht[286] oder ein überwiegendes privates Interesse eines der Beteiligten voraus. Das besondere Interesse an der sofortigen Vollziehung ist gem. § 80 Abs. 3 VwGO schriftlich zu begründen.

Nach Ansicht des *BVerwG* stößt das Postulat vom Suspensiveffekt als Regelfall (§ 80 Abs. 1 VwGO) wegen der notwendigerweise gebotenen Berücksichtigung der Rechtsposition auch des Genehmigungsempfängers an Grenzen. Diese Rechtsposition sei grundsätzlich nicht weniger schützenswert als diejenige des Drittbetroffenen. Nach den Vorschriften des § 80 Abs. 2 Nr. 4 und des § 80 Abs. 5 und 6 VwGO sei über eine gerechte Interessenabwägung der erforderliche Ausgleich auch zwischen den insoweit grundsätzlich gleichrangigen Interessen des Drittbetroffenen und des Genehmigungsempfängers herzustellen.[287]

b) Aussetzungsentscheidung

151 Das VG kann gem. § 80 Abs. 5 S. 1 VwGO die aufschiebende Wirkung anordnen, wenn der Verwaltungsakt gem. § 80 Abs. 2 Nr. 1 – Nr. 3 VwGO kraft Gesetzes sofort vollziehbar ist. Nach § 80 Abs. 5 S. 3 VwGO kann das Gericht die Aufhebung der Vollziehung anordnen, wenn der Verwaltungsakt im Zeitpunkt der Entscheidung bereits vollzogen ist. Unstreitig ist, daß bei Verwaltungsakten mit Drittwirkung der durch den Verwaltungsakt Begünstigte sich gegen die aufschiebende Wirkung von Widerspruch und Anfechtungsklage mit einem Antrag auf sofortige Vollziehung des Verwaltungsaktes analog § 80 Abs. 5 VwGO wenden kann.[288]

152 Die Anwendbarkeit des § 80 Abs. 5 VwGO ist dagegen in verschiedenen Fallgruppen aus dem Bereich des vorläufigen Rechtsschutzes bei Anfechtungsklagen umstritten. Nach h. M. kommt § 80 Abs. 5 VwGO auch in den Fällen der sog. faktischen Vollziehung, d. h. einer Vollziehung, die unter Mißachtung der aufschiebenden Wirkung erfolgt, zur Anwendung.[289] Beachtet dagegen die Behörde oder ein Dritter die gerichtlich wieder hergestellte aufschiebende Wirkung eines Rechtsmittels nicht, so werden nach h. M. nur Anordnungen gem. § 123 VwGO gewährt, wenn der durch den Verwaltungsakt begünstigte Adressat – etwa der Genehmigungsempfänger oder Vorhabenträger bei der Planfeststellung – unter Mißachtung der aufschiebenden Wirkung eines von einem Dritten eingelegten Rechtsbehelfs von der hoheitlichen Zulassung Gebrauch macht.[290] Das wird u. a. damit begründet, daß ein Dritter auch dann nach § 123 Abs. 1 VwGO vorgehen muß, wenn der Anlagenbetreiber oder der Bau-

---

[286] *Redeker/von Oertzen*, VwGO, § 80 Anm. 23.

[287] *BVerwG*, Beschl. v. 2. 6. 1988 – 4 C 1.88 –, AU, S. 8 mit Verweis auf *BVerfG*, Beschl. v. 1. 10. 1984 – 1 BvR 231/84 –, GewArch. 1985, 16.

[288] *Schenke*, DVBl. 1986, 9; *Kopp*, VwGO, § 80 Rn. 87; *Redeker/von Oertzen*, VwGO, § 80 Rn. 12.

[289] *Kopp*, VwGO, § 80 Rn. 10; *Redeker/von Oertzen*, § 80 Anm. 32; *Eyermann/Fröhler*, VwGO, § 80 Rn. 34; zur faktischen Vollziehung ausführlich *Schenke*, DVBl. 1986, 9 (10ff.).

[290] *VGH Mannheim*, Beschl. v. 13. 2. 1984 – 5 C 38/84 –, NVwZ 1984, 451 (452); *OVG Bremen*, Beschl. v. 2. 4. 1984 – 1 B 27 und 28/84 –, BauR 1985, 300 (303); *Kopp*, VwGO, § 80 Rn. 24; *Korbmacher*, VBlBW 1981, 97 (99).

herr überhaupt keine Genehmigung erhalten hätte, wenn er seinen Betrieb oder sein Bauvorhaben formell illegal errichtet oder betrieben hätte.[291]

Teilweise werden jedoch gerichtliche Anordnungen jeder Art im Bereich des vorläufigen Rechtsschutzes bei Anfechtungsklagen stets nach § 80 Abs. 5 VwGO entschieden.[292]

153 Das Aussetzungsverfahren gem. § 80 Abs. 5 VwGO setzt einen Antrag des Betroffenen voraus.[293]

154 Sind bei einem Anfechtungsstreit mehrere Kläger gegen einen Planfeststellungsbeschluß oder gegen eine Anlagengenehmigung einige Verwaltungsstreitverfahren noch in der ersten Instanz, andere Verwaltungsstreitverfahren schon in zweiter oder dritter Instanz anhängig, so ist im Verfahren auf vorläufigen Rechtsschutz nach § 80 Abs. 5 VwGO nicht einheitlich ein Gericht, sondern jeweils das Gericht zuständig, das für das jeweilige Verwaltungsstreitverfahren das Gericht der Hauptsache ist.[294] Die sofortige Vollziehung und damit die Verwirklichung des Vorhabens ist in diesen Fällen nur zulässig, soweit die Vollziehbarkeit des Verwaltungsaktes im Verhältnis zu keinem der Kläger mehr gehemmt ist, d. h. soweit keines der betroffenen Gerichte die aufschiebende Wirkung des Rechtsbehelfs wiederherstellt. Dabei kann die gerichtliche Aussetzungsentscheidung gem. § 80 Abs. 5 VwGO bei mehreren Antragstellern dem einzelnen gegenüber durchaus unterschiedlich ausfallen.[295]

155 Das Gericht entscheidet durch Beschluß, der bei besonderer Eilbedürftigkeit auch formlos mitgeteilt werden kann.[296] Den Beschluß kann das Gericht der Hauptsache unabhängig von der Möglichkeit oder Zulässigkeit einer Beschwerde nach §§ 146ff. VwGO von Amts wegen oder auf Antrag eines Beteiligten oder sonst in der Entscheidung Betroffenen jederzeit abändern oder aufheben.

c) Entscheidungsmaßstäbe

156 Die Entscheidungsmaßstäbe, nach denen das VG bei einem Antrag auf Herstellung oder Wiederherstellung der aufschiebenden Wirkung des

---

[291] *Kopp*, VwGO, § 80 Rn. 21f.

[292] *VGH München*, Beschl. v. 28. 7. 1982 – 20 AS 82 D.34 –, DÖV 1983, 38 (39); vgl. dazu aber auch die ablehnende Besprechung von *Kopp*, JuS 1983, 673ff.; *OVG Koblenz*, Beschl. v. 31. 5. 1976 – 1 B 2/76 –, NJW 1977, 595 (596f.); siehe dazu näher *Beckmann*, Rechtsschutz, S. 244.

[293] Zu den einzelnen Zulässigkeitsvoraussetzungen dieses Antrages ausführlich *Erichsen*, Jura 1984, 478ff.

[294] *BVerwG*, Beschl. v. 21. 7. 1982 – 4 ER 401/81 –, E 64, 347f.; *Redeker/von Oertzen*, VwGO, § 80 Anm. 53; a.A *VGH München*, Beschl. v. 26. 11. 1981 – Nr. 20 AS 81 D.11 –, DVBl. 1982, 210 mit ablehnender Anm. von *Renck*.

[295] *BVerwG*, Beschl. v. 27. 1. 1982 – 4 ER 41.81 –, E 64, 347 (383); a.A. *VGH München*, Beschl. v. 26. 11. 1981 – Nr. 20 AS 81 D.110 –, DVBl. 1982, 210 (213).

[296] Vgl. dazu *Kopp*, VwGO, § 80 Rn. 98; zu Zweifeln an der Zulässigkeit dieser Praxis siehe *Korber*, NVwZ 1983, 85f.; siehe auch *VGH Mannheim*, Beschl. v. 9. 3. 1984 – 5 S 571/84 –, DÖV 1984, 776, wonach die Beschwerde schon gegen den mündlich erteilten Beschluß zulässig ist; siehe auch *BVerfG*, Beschl. v. 3. 11. 1983 – 3 BvR 348/83 –, DÖV 1984, 717.

Rechtsbehelfs gegen einen gem. § 80 Abs. 2 Nr. 4 VwGO mit oder nach Erlaß für sofort vollziehbar erklärten Verwaltungsakts entscheiden muß, sind in § 80 VwGO nicht geregelt. Nach allgemeiner Ansicht hat das Verwaltungsgericht zunächst zu prüfen, ob die sofortige Vollziehung durch die zuständige Behörde angeordnet worden ist und ob sie ordnungsgemäß gem. § 80 Abs. 3 VwGO begründet worden ist.[297] Fehlt die erforderliche Begründung oder ist sie unzulänglich, so führt dies bei einem Antrag gem. § 80 Abs. 5 VwGO notwendig zur Aufhebung der sofortigen Vollziehung.[298] Das VG hat außerdem zu überprüfen, ob die sofortige Vollziehung durch das Vorliegen eines besonderen Vollzugsinteresses gerechtfertigt ist. Das Gericht überprüft insoweit nicht nur die Gründe der Verwaltungsentscheidung, sondern trifft im Rahmen des § 80 Abs. 5 VwGO eine eigene Abwägung zwischen den Vollzugsinteressen und den Aufschubinteressen entsprechend den Maßstäben des § 80 Abs. 2 Nr. 4 VwGO.[299] Entscheidend ist deshalb die Sach- und Rechtslage im Zeitpunkt der gerichtlichen Entscheidung.[300]

aa) Berücksichtigung der Erfolgsaussichten

Im wesentlichen unstreitig ist, daß die Erfolgsaussichten des Rechtsbehelfs **157** in der Hauptsache im Rahmen der Abwägungsentscheidung zu berücksichtigen sind.[301]

Bei offensichtlicher Aussichtslosigkeit der Anfechtungsklage überwiegt **158** nach ganz h. M. in der Regel das Vollzugsinteresse, während umgekehrt bei offensichtlicher Erfolgsaussicht der Anfechtungsklage das Aussetzungsinteresse des Antragstellers überwiegt.[302] Allerdings bedarf es selbst bei Aussichtslosigkeit des Rechtsbehelfs eines besonderen öffentlichen Interesses an der sofortigen Vollziehung. Die fehlenden Erfolgsaussichten können daher nur ein bereits bestehendes Vollzugsinteresse verstärken.[303]

Ob und inwieweit über eine solche Evidenzprüfung hinaus die Erfolgsaus- **159** sichten im Hauptsacheverfahren bei der gerichtlichen Aussetzungsentscheidung zu berücksichtigen sind, ist umstritten. In weiten Teilen von Rechtsprechung und Literatur wird die Ansicht vertreten, daß in den Fällen, in denen die sofortige Vollziehung zu vollendeten oder zumindest zu praktisch nicht mehr rückgängig zu machenden Tatsachen führen werde, die Sach- und Rechtslage über die Evidenzkontrolle hinaus aufzuklären sei. Dies wird

---

[297] *Erichsen*, Jura 1984, 478 (486).

[298] *Kopp*, VwGO, § 80 Rn. 64.

[299] *OVG Lüneburg*, Beschl. v. 7. 10. 1983 – 9 OVG B 170/83 –, GewArch. 1983, 382; *Limberger*, Vorläufiger Rechtsschutz, S. 157; *Martens*, DVBl. 1985, 541; *Kopp*, VwGO, § 80 Rn. 78.

[300] *OVG Münster*, Beschl. v. 29. 4. 1984 – 17 B 210031/ 83 –, DÖV 1984, 892 (893); *Erichsen*, Jura 1984, 478 (487) *Sellner*, Immissionsschutzrecht, Rn. 407.

[301] *Martens*, DVBl. 1985, 541; *Erichsen*, Jura 1984, 478 (484f.); *Kopp*, VwGO, § 80 Rn. 82 m. w. N. zur Rechtsprechung; a.A. allerdings *Ule*, DVBl. 1982, 821 (832), der auf eine Erfolgskontrolle ganz verzichten will.

[302] *Kopp*, VwGO, § 80 Rn. 82 m. w. N.; das gilt allerdings grundsätzlich nur für die gerichtliche Aussetzungsentscheidung, nicht aber für die behördliche Anordnung der sofortigen Vollziehung, siehe *Limberger*, Vorläufiger Rechtsschutz, S. 43ff.

[303] *OVG Lüneburg*, Beschl. v. 7. 10. 1983 – 9 OVG B 170/83 –, GewArch. 1983, 382; *VGH Kassel*, Beschl. v. 1. 4. 1985 –, 2 TH 1805/84 –, NVwZ 1986, 668 (670).

nicht nur in atomrechtlichen Aussetzungsverfahren,[304] sondern vor allem auch in immissionsschutzrechtlichen[305] und in abfallrechtlichen Aussetzungsverfahren vertreten.[306]

160 Die zunehmende Berücksichtigung der Erfolgsaussichten im Hauptsacheverfahren stößt allerdings auch auf Kritik.[307]

bb) Abwägung der Interessen bei offenen Erfolgsaussichten

161 Lassen sich im einstweiligen Verfahren die Erfolgsaussichten für das Hauptsacheverfahren nicht hinreichend bestimmen, muß das VG ohne Berücksichtigung der materiellen Rechtslage aufgrund einer reinen Interessenabwägung entscheiden.[308] Bei dieser Abwägung ist entsprechend der Grundregel des § 80 Abs. 1 VwGO von der aufschiebenden Wirkung des Rechtsbehelfs auszugehen.[309] Etwas anderes kann allerdings für den Fall der Drittklage gelten.[309a] Der durch den Verwaltungsakt nachteilig Betroffene braucht regelmäßig kein besonderes Interesse an der Aufrechterhaltung der aufschiebenden Wirkung darzutun. Vielmehr bedarf es umgekehrt eines besonderen öffentlichen oder privaten Interesses an der sofortigen Vollziehung. Ist dieses Interesse an der Vollziehung nicht hinreichend gewichtig und dringlich oder überwiegt es das Suspensivinteresse des Betroffenen nicht, so muß es entsprechend der Grundregel des § 80 Abs. 1 VwGO bei der aufschiebenden Wirkung bleiben. Im Rahmen der Abwägung sind alle im konkreten Fall betroffenen privaten und öffentlichen Interessen unter Berücksichtigung der Natur, Schwere und Dringlichkeit des Interesses an der Vollziehung bzw. an der aufschiebenden Wirkung zu berücksichtigen,[310] insbesondere das Interesse des Antragstellers an der Verhinderung vollendeter oder schwer rückgängig zu machender Tatsachen und andererseits das Verwirklichungsinteresse des beigeladenen Vorhabenträgers und die möglichen öffentlichen Vollzugsinteressen.[311] Als privates Interesse des beigeladenen Anlagenbetreibers

---

[304] Vgl. dazu *OVG Lüneburg*, Beschl. v. 9. 6. 1983 – 7 OVG B 3/82 –, DVBl. 1984, 229, *VGH München*, Beschl. v. 30. 3. 1984 – Nr. 22 CD 84 A. 453 –, DVBl. 1984, 882 (883) *OVG Münster*, Beschl. v. 2. 4. 1981 – 7 B 430/81 –, ET 1981, 386.

[305] Vgl. z. B. *OVG Hamburg*, Beschl. v. 23. 10. 1974 – OVG Bs. II 51/74 –, DVBl. 1975, 207; *OVG Lüneburg*, Beschl. v. 20. 2. 1975 – VII OVG B 60/74 –, GewArch. 1975, 303; *OVG Lüneburg*, Beschl. v. 28. 12. 1976 – VII OVG B 78/75 –, DVBl. 1977, 347; Beschl. v. 6. 4. 1984 – 7 OVG B 16/83 –, DVBl. 1984, 890 (891); *OVG Münster*, Beschl. v. 24. 10. 1973 – VII B 6/73 –, BauR 1974, 265.

[306] Siehe dazu *OVG Lüneburg*, Beschl. v. 27. 9. 1973 – VII OVG B 55/73 –, DVBl. 1974, 366; Beschl. v. 1. 6. 1978 – IX OVG B 7/77 –, DVBl. 1979, 195 (196); vgl. zur Literatur die zahlreichen Nachweise bei *Schuy*, Vorläufiger Rechtsschutz, S. 57.

[307] Siehe dazu vor allem die ausführlichen Untersuchungen von *Limberger*, Vorläufiger Rechtsschutz, S. 159ff.; *Schuy*, Vorläufiger Rechtsschutz, S. 60 ff.; näher dazu *Beckmann*, Rechtsschutz, S. 249ff.

[308] *Martens*, DVBl. 1985, 541 (546); *Kügel*, Planfeststellungsbeschluß, S. 245f.; *Erichsen*, Jura 1984, 478 (487).

[309] *BVerfG*, Beschl. v. 11. 2. 1982 – 2 BvR 77/82 –, NVwZ 1982, 241; Beschl. v. 20. 12. 1979 – 1 BvR 385/77 –, 53, 30 (67f.); *OVG Lüneburg*, Beschl. v. 8. 11. 1983 – 8 TH 55/83 –, DÖV 1984, 90.

[309a] Siehe dazu den in Fn. 287 zitierten Beschluß des *BVerwG*.

[310] *Kopp*, VwGO, § 80 Rn. 54.

[311] *Sellner*, Immissionsschutzrecht, Rn. 401; *Martens*, DVBl. 1985, 541 (546).

bzw. Vorhabenträgers an der sofortigen Vollziehung werden z. B. die mit der Verzögerung häufig verbundenen massiven Erhöhungen der Baukosten,[312] einschließlich der regelmäßig zu zahlenden Kreditzinsen[313] sowie der durch nachträgliche Anordnungen oder Stillegungen drohende Konkurs des Unternehmens und der damit verbundene Verlust von Arbeitsplätzen.

Fall: Wird dem Inhaber eines Stahlunternehmens durch für sofort vollziehbar erklärte Ordnungsverfügung aufgegeben, den gesamten Schmelzbetrieb einzustellen, so kann das Gericht die aufschiebende Wirkung des gegen diese Verfügung gerichteten Widerspruchs dann wiederherherstellen, wenn – bei offen bleibender Frage der Erfolgsaussichten in der Hauptsache – im Rahmen der gebotenen Interessenabwägung festgestellt werden kann, daß es bis zur endgültigen Lösung der mit dem die Nachbarschaft beeinträchtigenden Schmelzbetrieb zusammenhängenden Probleme sofort realisierbare Zwischenlösungen gibt, die möglicherweise immer noch Beschwernisse für die Nachbarn mit sich bringen, die aber im Hinblick auf die sonst für den Betriebsinhaber und seine Mitarbeiter voraussichtlich eintretenden Folgen (Betriebsschließung) für eine bestimmte Zeit als hinnehmbar erscheinen.[314]

Als privates Interesse an der sofortigen Vollziehung wird außerdem anerkannt, daß sich komplexe technische Großvorhaben nur in genau aufeinander abgestimmten Ausbauschritten verwirklichen lassen, deren reibungsloser Ablauf aber durch die zahlreichen Angriffsmöglichkeiten gefährdet wird und deshalb ein gesteigertes Bedürfnis nach sofortiger Vollziehung auslöst.[315] Als besonderes öffentliches Interesse an der sofortigen Vollziehung einer Genehmigung oder eines Planfeststellungsbeschlusses kommt z. B. die Sicherung der Rentabilität von Investitionen der öffentlichen Hand zur Verbesserung der Infrastruktur, mit denen die Ansiedlung des Projekts gefördert werden sollte,[316] die Verbesserung der regionalen Wirtschaftsstruktur,[317] das volkswirtschaftliche Interesse an der Sicherung der Energieversorgung bei Kraftwerken,[318] an der Wettbewerbsfähigkeit der deutschen Wirtschaft im Vergleich zu ausländischen Unternehmen,[319] an der Sicherheit der Arbeits- **162**

---

[312] *VGH Mannheim*, Beschl. v. 8. 10. 1975 – X 351/75 –, DVBl. 1976, 538 (547); *OVG Koblenz*, Beschl. v. 12. 4. 1984 – 7 G II 1/84 –, ET 1984, 544 (546); *VGH München*, Beschl. v. 20. 8. 1981 – 22 CS 81 A. 1242 –, DVBl. 1982, 3 (37); Beschl. v. 30. 3. 1984 - Nr. 22 CS 84 A. 453 –, DVBl. 1984, 882 (887); siehe dazu auch *BVerfG*, Beschl. v. 17. 9. 1981 – 1 BvR 387/79 –, NVwZ 1982, 32; zur Entwicklung der Baukosten ausführlich *Schuy*, Vorläufiger Rechtsschutz, S. 39; für das Jahr 1984 ging das *VG Regensburg* (Beschl. v. 16. 1. 1984 – 5 S 83 A. 0138 – , Nachweis bei *Schuy*, Vorläufiger Rechtsschutz, S. 39 Fn. 110) von Verzögerungskosten in Höhe von annähernd 2 Mio. DM pro Tag für das dort zur Prüfung anstehende Kernkraftwerk aus.

[313] *VGH Mannheim*, Beschl. v. 27. 10. 1983 – 10 S 1102/83 -, RdE 1984, 84 (93); im Fall der Aluminium-Hütte „Reynolds“ betrug der Schuldendienst vor dem Betrieb der Anlage nach *OVG Hamburg*, Beschl. v. 23. 10. 1974 – OVG Bs II 51/74 –, DVBl. 1975, 207 (211) jährlich 55 Mio. DM.

[314] Siehe dazu *OVG Münster*, Beschl. v. 21. 9. 1984 – 7 B 1947/84 –, NJW 1985, 933.

[315] Vgl. *Martens*, DVBl. 1985, 541 (546); *Stubbe*, ET 1986, 244.

[316] *OVG Hamburg*, Beschl. v. 23. 10. 1974 – OVG Bs. II 51/74 –, DVBl. 1975, 207 (311); *Limberger*, Vorläufiger Rechtsschutz, S. 74.

[317] *OVG Lüneburg*, Beschl. v. 20. 2. 1975 – VII OVG B 60/74 –, GewArch. 1975, 303; *OVG Münster*, Beschl. v. 12. 3. 1971 – VI B 503/70 –, OVGE 26, 199.

[318] *VGH München*, Beschl. v. 30. 3. 1984 – 22 CS 84 A. 453 –, DÖV 1984, 1027 (1030); Beschl. v. 30. 8. 1981 – 22 C 180 A. 1242 –, DVBl. 1982, 35 (37).

[319] *Schuy*, Vorläufiger Rechtsschutz, S. 37.

plätze[320] oder der gesetzlich geregelte Vorsorgegedanke[321] in Betracht. Und nicht zuletzt können Belange des Umweltschutzes das öffentliche Interesse an der sofortigen Inbetriebnahme einer Anlage begründen, wenn dadurch eine Verringerung der Immissionen eintritt[322] oder wenn die möglichst rasche Inbetriebnahme einer Abfallentsorgungsanlage aufgrund der zu geringen bestehenden Deponiekapazität dringend erforderlich ist.

163 Das besondere Interesse an der sofortigen Vollziehung einer Stillegungs- oder Beseitigungsanordnung kann vor allem in der Vermeidung eines Präzedenzfalles bestehen.[323] Das besondere Interesse an der sofortigen Stillegung einer nicht genehmigten Anlage wegen des Fehlens der Genehmigung und der Befürchtung, andere könnten dem Beispiel folgen, wird nicht durch eine Genehmigungsfähigkeit der Anlage ausgeschlossen. Etwas anderes soll aber gelten können, wenn der Genehmigungsantrag gestellt ist und mit einem baldigen Abschluß des Genehmigungsverfahrens zu rechnen ist.[324]

2. Vorläufiger Rechtsschutz im Wege der einstweiligen Anordnung

164 Neben der aufschiebenden Wirkung des § 80 Abs. 1 VwGO wird vorläufiger Rechtsschutz bei den Verwaltungsgerichten durch die einstweilige Anordnung gewährt. Die einstweilige Anordnung ist gem. § 123 Abs. 5 VwGO nur statthaft, wenn in der Hauptsache eine andere verwaltungsgerichtliche Klage als die Anfechtungsklage, also insbesondere Verpflichtungsklage, allgemeine Leistungsklage und Feststellungsklage zu erheben sind. Einstweilige Anordnungen können gem. § 47 Abs. 7 VwGO auch im Normenkontrollverfahren erlassen werden.[325] Die einstweilige Anordnung kommt daher als Mittel des vorläufigen Rechtsschutzes vor allem in Betracht bei der Rechtskontrolle von Umweltplänen und Schutzgebietsausweisungen im Wege des Normenkontrollverfahrens, der Leistungsklage und der Feststellungsklage, außerdem in den Fällen, in denen dem Antragsteller die Anlagengenehmigung oder Planfeststellung verweigert wird, oder zur vorläufigen Durchsetzung von Stillegungen oder von Schutzanordnungen zugunsten belasteter Dritter und schließlich insbesondere auch zur vorläufigen Abwehr hoheitlicher Immissionen.

---

[320] *Schuy*, Vorläufiger Rechtsschutz, S. 37.

[321] Vgl. *OVG NW*, Beschl. v. 13. 8. 1987 – 4 B 372/87 –, UPR 1988, 152ff.

[322] Siehe dazu *OVG Münster*, Beschl. v. 12. 3. 1971 – IV B 503/70 –, DVBl. 1972, 461f.; *VG Hamburg*, Beschl. v. 18. 1. 1985 – 8 VG 3113/84 –, S. 25f.; Nachweis bei *Martens*, DVBl. 1985, 541 (546); siehe auch *Jarass*, BImSchG, § 6 Rn. 41; *Sellner*, Immissionsschutzrecht, Rn. 397.

[323] *Kopp*, VwGO, § 80 Rn. 55.

[324] *OVG Münster*, Beschl. v. 29. 3. 1974 – VII B 791/73 -, DÖV 1974, 682; Urt. v. 10. 4. 1979 – VII A 428/78 –, DÖV 1980, 527; *VGH Kassel*, Beschl. v. 16. 1. 1978 – IV TH 38/76 –, BRS 33 Nr. 192; siehe auch *OVG Hamburg*, Beschl. v. 22. 7. 1982 – OVG BS VI 18/82 –, GewArch. 1982, 384.

[325] Da die Regelung des § 47 Abs. 7 VwGO unvollständig ist, kann sie durch die Grundsätze der §§ 80, 123 VwGO ergänzt werden *Kopp*, VwGO, § 47 Rn. 77; *Redeker/von Oertzen*, VwGO, § 47 Anm. 43; *OVG Lüneburg*, Beschl. v. 15. 8. 1983 – 6 D 7/83 –, NVwZ 1984, 185; da § 47 Abs. 7 VwGO dem § 32 BVerfGG nachgebildet ist, kann zur Auslegung außerdem auf die zu § 32 BVerfGG entwickelten Grundsätze zurückgegriffen werden; vgl. dazu *VGH Mannheim*, Beschl. v. 11. 2. 1977 –, NJW 1980, 1013; *Quaas/ Müller*, Normenkontrolle, Rn. 248.

a) § 123 VwGO

In § 123 Abs. 1 VwGO sind zwei Arten einstweiliger Anordnungen vorgesehen. 165

Gem. § 123 Abs. 1 S. 1 VwGO kann das Gericht eine einstweilige Anordnung treffen, wenn die Gefahr besteht, daß durch eine Veränderung des bestehenden Zustandes die Verwirklichung eines Rechts des Antragstellers vereitelt oder wesentlich erschwert werden könnte (**Sicherungsanordnung**).[326]

Als Sicherungsansprüche kommen Ansprüche auf Erlaß eines begünstigenden Verwaltungsaktes, also etwa auf Erteilung einer immissionsschutzrechtlichen oder abfallrechtlichen Genehmigung, Ansprüche auf ermessensfehlerfreie Neubescheidung, etwa bezüglich der im Ermessen stehenden nachträglichen Anordnungen gem. §§ 17 BImSchG, 5 WHG oder Unterlassungs- und Beseitigungsansprüche in Betracht.[327] 166

Bei der **Regelungsanordnung** gem. § 123 Abs. 1 S. 2 VwGO geht es nicht um die vorläufige Sicherung gefährdeter Rechte des Antragsstellers, sondern um eine vorläufige Regelung widerstreitender Interessen der Parteien eines streitigen Rechtsverhältnisses.[328] Ein Rechtsverhältnis i. S. d. § 123 Abs. 1 S. 2 VwGO[329] besteht, wenn sich aus einem konkreten Sachverhalt aufgrund bestimmter Rechtsnormen rechtliche Beziehungen zwischen den Verfahrensbeteiligten ergeben.[330] Dazu zählen etwa Statusverhältnisse, Mitgliedschaftsrechte oder durch öffentlichen Vertrag begründete Rechtsverhältnisse. 167

Sicherungs- und Regelungsordnung setzen neben dem **Anordnungsanspruch** einen **Anordnungsgrund** voraus, der die Eilbedürftigkeit der vorläufigen Regelung begründet. Zuständig für den Erlaß der einstweiligen Anordnung ist das Gericht der Hauptsache (§ 123 Abs. 2 S. 1 VwGO). 168

Begründet ist ein Anordnungsantrag nach § 123 VwGO, wenn Anordnungsgrund und Anordnungsanspruch glaubhaft gemacht sind (§ 123 Abs. 3 VwGO i. V. m. § 920 Abs. 2 ZPO). Das Gericht entscheidet durch Beschluß,[331] gegen den Beschwerde gem. § 146 ff. VwGO möglich ist. Die Entscheidung, ob die einstweilige Anordnung erlassen werden soll, liegt nach h. M. im Ermessen des Gerichts.[332] 169

Nach überwiegender Ansicht muß das Gericht bei seiner Entscheidung die beteiligten öffentlichen und privaten Interessen berücksichtigen, wobei diese 170

---

[326] *OVG Münster*, Beschl. v. 4. 2. 1982 – 18 B 2363/81 –, NJW 1982, 2517; Beschl. v. 22. 8. 1984 – 7 B 1083/84 –, NJW 1985, 2351 f.

[327] *Papier*, JA 1979, 647; *Erichsen*, Jura 1984, 644 (646); *VGH München*, Beschl. v. 17. 8. 1976 – Nr. 49 VIII 76 –, BayVBl. 1977, 17; a. A. hinsichtlich des Anspruches auf Erlaß eines Verwaltungsaktes *Redeker/von Oertzen*, VwGO, § 123 Anm. 5.

[328] *Papier*, JA 1979, 647; *Erichsen*, Jura 1984, 644 (647).

[329] Der Begriff ist identisch mit dem Begriff des Rechtsverhältnisses in § 43 Abs. 1 VwGO, *Kopp*, VwGO, § 123 Rn. 8.

[330] *Kopp*, VwGO, § 123 Rn. 8; *Erichsen*, Jura 1984, 644 (647).

[331] Umstritten ist allerdings, ob das Gericht, wenn eine mündliche Verhandlung stattgefunden hat, durch Urteil entscheiden muß, so *Redeker/von Oertzen*, VwGO, § 123 Anm. 20; a. A. *Kopp*, VwGO, § 123 Rn. 16.

[332] *BVerfG*, Beschl. v. 13. 6. 1979 – 1 BvR 688)77 –, E 51, 268 (280); *Kopp*, VwGO, § 123 Rn. 30; *Bender*, Menger-FS, S. 664; offen *OVG Lüneburg*, Beschl. v. 7. 6. 1985 – 2 B 36/85 –, NJW 1985, 2347 (2348); a. A. *Redeker/von Oertzen*, VwGO, § 123 Anm. 17; *Papier*, JA 1979, 646 (647).

Interessenabwägung nach den gleichen Grundsätzen zu erfolgen hat wie bei der Aussetzungsentscheidung nach § 80 Abs. 5 VwGO, insbesondere sind die Erfolgsaussichten in einem anhängigen oder zu erwartenden Hauptsacheverfahren zu beachten.[333]

171 Ob einstweilige Anordnungen gegen Dritte nach § 123 VwGO in Verpflichtungssachen möglich sind, ist umstritten.[334] Nach Auffassung des BVerwG kann der betroffene Nachbar bei der rechtswidrigen Ausnutzung einer hoheitlichen Zulassung eine einstweilige Anordnung sowohl gegen die Zulassungsbehörde, die die unberechtigte Ausnutzung der Zulassung duldet, als auch gegen den rechtswidrig vorgehenden Begünstigten selbst beantragen.[335]

172 Umstritten ist außerdem, ob einstweilige Anordnungen auch dann ergehen können, wenn die angestrebte Verwaltungsentscheidung im Ermessen der Verwaltung entsteht. Teilweise wird angenommen, bei Ermessensentscheidungen sei eine einstweilige Anordnung nur möglich, wenn das Ermessen im Einzelfall auf Null reduziert sei,[336] allenfalls könne die Neubescheidung des Antrages angeordnet werden.[337] Demgegenüber setzt nach der Gegenansicht ein effektiver Rechtsschutz auch im Ermessensbereich sofort wirksame gerichtliche Entscheidungen voraus. Einstweilige Anordnungen im Ermessensbereich seien vertretbar, da sie nur vorläufige Regelungen seien und damit das Ermessen nicht endgültig einschränkten.[338]

173 Einstweilige Anordnungen dürfen nur vorläufige Regelungen treffen. Das verbietet es regelmäßig, die Genehmigungsbehörde im Wege der einstweiligen Anordnung zur Erteilung einer Genehmigung zu verpflichten. Allerdings kann die Vorwegnahme der Hauptsache durch Verpflichtung zur Erteilung einer Genehmigung zulässig sein, wenn dem Antragsteller durch das Abwarten der Entscheidung in der Hauptsache unzumutbare und irreparable Nachteile entstehen würden und sich andererseits mit hinreichender Wahrscheinlichkeit voraussehen läßt, daß der Antragsteller im Verfahren zur Hauptsache obsiegen wird.[339]

b) § 47 Abs. 7 VwGO

174 Gem. § 47 Abs. 7 VwGO kann das Gericht – zuständig ist das Gericht der Hauptsache und damit das OVG[340] – auf Antrag eine einstweilige Anord-

---

[333] *BVerwG*, Beschl. v. 5. 2. 1976 – VII A 1.76 –, E 50, 124 (134); *OVG Berlin*, Beschl. v. 7. 1. 1982 – 2 S 203/81 –, NVwZ 1982, 319f.

[334] Ablehnend *Kopp*, VwGO, § 123 Rn. 11 a; *BayVGH*, Beschl. v. 20. 5. 1976 – Nr. 61 I 76 –, BayVBl. 1977, 566f.

[335] *BVerwG*, Beschl. v. 21. 5. 1980 – 4 C 80.79 –, VBlBW 1981, 114; *Korbmacher*, VBlBW 1981, 97 (99).

[336] *BVerwG*, Beschl. v. 16. 8. 1978 – 1 WB 112.78 –, E 63, 110; *VGH München*, Beschl. v. 15. 7. 1983 – Nr. 19 CE 83. A 1382 –, BayVBl. 1984, 84.

[337] *Redeker/von Oertzen*, VwGO, § 123 Anm. 8.

[338] *Kopp*, JuS 1983, 678; *OVG Koblenz*, Beschl. v. 15. 3. 1978 – 2 B 154/78 –, NJW 1978, 2356; *VGH München*, Beschl. v. 10. 8. 1978 – Nr. 41 III 78 –, BayVBl. 1978, 666 (667).

[339] *OVG Lüneburg*, Beschl. v. 26. 10. 1979 – 1 B 83/78 –, BRS 35 Nr. 74, S. 317; a.A. *OVG Münster*, Beschl. v. 12. 2. 1976 – X B 820/75 –, BRS 30, Nr. 130; siehe auch die zahlreichen Nachweise bei *Kopp*, VwGO, § 123 Rn. 13.

[340] Siehe *Quaas/Müller*, Normenkontrolle, Rn. 257.

nung erlassen, wenn dies zur Abwehr schwerer Nachteile oder aus anderen wichtigen Gründen dringend geboten ist. Zulässig ist der Antrag nur, wenn die angegriffene Norm rechtsverbindlich geworden ist.[341] Die Zulässigkeitsvoraussetzungen des Antrags auf einstweilige Anordnung stimmen im wesentlichen mit denen des Hauptsacheverfahrens überein;[342] das gilt insbesondere für die Antragsberechtigung.[343] Antragsgegner ist nach h. M. allein der Hoheitsträger, der die Rechtsvorschrift erlassen hat.[344] Das Rechtsschutzinteresse für den Eilantrag kann – wie bei sonstigen verwaltungsgerichtlichen Verfahren auch – fehlen, wenn der Antragsteller sein Ziel auf andere, einfachere Weise erreichen kann.[345]

Beim Rechtsschutz gegenüber Umweltplänen oder Schutzgebietsauswei- **175** sungen oder anderen untergesetzlichen Rechtsvorschriften des Umweltrechts sind die Möglichkeiten des vorläufigen Rechtsschutzes nach § 80 VwGO und § 123 VwGO nicht unbedingt einfachere Rechtsbehelfsverfahren, weil sich der Planbetroffene häufig gegen zahlreiche Vollzugsmaßnahmen wendet und sich deshalb die vorläufige Außervollzugsetzung des gesamten Plans häufig als prozeßökonomischer erweist als zahlreiche ansonsten notwendige Einzelverfahren, bei denen zusätzlich zweifelhaft ist, inwieweit der Betroffene die für die Verfahren jeweils erforderlichen eigenen Rechtsverletzungen glaubhaft machen kann.[346]

Das Rechtsschutzinteresse für den Eilantrag kann außerdem fehlen, wenn **176** auf absehbare Zeit nicht mit einer auf die Rechtsvorschrift gestützten Vollzugsmaßnahme zu rechnen ist.[347]

Begründet ist der Antrag, wenn der Erlaß der einstweiligen Anordnung **177** zur Abwehr schwerer Nachteile oder aus anderen wichtigen Gründen dringend geboten ist. Das ist regelmäßig nicht der Fall, wenn der Antragsteller den begehrten Rechtsschutz im Ergebnis und der Sache nach auch noch durch eine Entscheidung nach § 80 Abs. 5 und § 123 VwGO erreichen kann.[348]

Bei der Prüfung der Voraussetzungen für den Erlaß einer einstweiligen **178** Anordnung hat das Gericht unter Auslegung eines strengeren Maßstabes eine Interessenabwägung vorzunehmen. Abzuwägen sind die Folgen, die sich ergeben, wenn die einstweilige Anordnung verweigert, die Rechtsvorschrift aber später für nichtig erklärt wird, und die Folgen, die eintreten,

---

[341] Ausführlich dazu *VGH Kassel*, Beschl. v. 12. 11. 1981 – IV N 5/81 –, BauR 1982, 135ff.; *BayVGH*, Urt. v. 4. 9. 1984 – Nr. 1 B 82 A 439 –, BayVBl. 1985, 83 (84); Planentwürfe sind auch bei Planreife nicht normenkontrollfähig *BayVGH*, Beschl. v. 9. 8. 1985 Nrn. 1 N 85 A. 774 und 1 NE 85 A. 775 –, BayVBl. 1986, 497 (499).

[342] *Quaas/Müller*, Normenkontrolle, Rn. 257.

[343] Vgl. *VGH Mannheim*, Beschl. v. 11. 2. 1977 – III 88/77 –, NJW 1977, 1212; *Redeker/von Oertzen*, VwGO, § 40 Anm. 40.

[344] *Redeker/von Oertzen*, VwGO, § 47 Anm. 41; *Eyermann/ Fröhler*, VwGO, § 47 Rn. 37 a. E.; *Schenke*, DVBl. 1979, 167 (171/172); a.A. *VGH Mannheim*, Beschl. v. 11. 2. 1977 – III 88/77 –, NJW 1977, 1212: Antragsgegner ist jeder Hoheitsträger, der die streitige Norm anzuwenden hat.

[345] *OVG Münster*, Beschl. v. 23. 12. 1980 – 11 ND 19/80 -, DVBl. 1981, 687 (688).

[346] *OVG Münster*, Beschl. v. 23. 12. 1980 – 11 ND 19/80 -, DVBl. 1981, 687 (688).

[347] *Stüer*, DVBl. 1985, 469 (480); *Quaas/Müller*, Normenkontrolle, Rn. 258.

[348] *OVG Saarlouis*, Beschl. v. 22. 5. 1984 – 2 Q 2/84 –, DÖV 1985, 74 (75); *Kopp*, VwGO, § 47 Rn. 76; *Stüer*, DVBl. 1985, 469 (480) m. w. N.

wenn die Anordnung erlassen, die Norm indessen bestätigt wird.[349] In der Abwägung sind die Belange aller Entscheidungsbetroffenen einzustellen. Die Erfolgsaussichten des Hauptsacheverfahrens sind im gleichen Umfange zu berücksichtigen wie in den Eilverfahren nach §§ 80 Abs. 5, 123 VwGO.[350]

179 Grundsätzlich führt die vorläufige Entscheidung im Normenkontrollverfahren wegen des primären Charakters des Normenkontrollverfahrens als objektivem Beanstandungsverfahren zu einer generellen, vorläufigen Außervollzungsetzung der angegriffenen Norm.[351] Die Außervollzugsetzung der Norm hat zur Folge, daß auf ihrer Grundlage weder Verwaltungsakte noch sonstige Fallentscheidungen getroffen werden können und daß bereits erlassene Einzelfallregelungen ihre Rechtsgrundlage verlieren. Das ist im Widerspruchsverfahren und bei der Entscheidung über die Rücknahme des Verwaltungsaktes zu berücksichtigen, führt aber nicht unbedingt zu einer Aufhebungspflicht.[352]

II. Vorbeugender Rechtsschutz

180 Der vorbeugende Rechtsschutz ist notwendig, wenn der repressive Rechtsschutz einschließlich des vorläufigen Rechtsschutzes nicht effektiv ist, insbesondere weil er die Schaffung vollendeter Tatsachen nicht hindert. Das ist denkbar vor allem im Planungsrecht, wenn man mit der h. M. die Rechtsschutzmöglichkeiten gegenüber vorbereitenden, höherstufigen Planungen wegen ihrer fehlenden unmittelbaren rechtlichen Außenwirkung ablehnt.[353] Das gilt etwa für die Planungs- und Linienführungsbestimmung gem. § 16 FStrG und § 13 WaStrG,[354] die luftverkehrsrechtliche Genehmigung gem. § 6 LuftVG,[355] die „Bezeichnung" eines Vorhabens gem. § 1 Abs. 3 LBG,[356] für den Flächennutzungsplan[357] und vor allem für zahlreiche Umweltpläne,

---

[349] *OVG Münster*, Beschl. v. 23. 12. 1980 – 11 aND 19/80 -, DVBl. 1981, 687 (688).

[350] *Kopp*, VwGO, § 47 Rn. 78.

[351] *Quaas/Müller*, Normenkontrolle, Rn. 262f., dort auch zu der ausnahmsweise zulässigen, allein individuellen Aussetzung der Norm.

[352] *OVG Koblenz*, Beschl. v. 10. 4. 1983 – 10 D 1/83 –, DÖV 1983, 646f.; *Hahn*, JuS 1983, 678 (684).

[353] Siehe dazu *Hoppe/Schlarmann*, Rechtsschutz, Rn. 54.

[354] Siehe dazu *BVerwG*, Urt. v. 26. 6. 1981 – 4 C 5.78 – , E 62, 362; ausführlich dazu *Steinberg*, NVwZ 1983, 209ff.; bezeichnenderweise deutet das *BVerwG* die gegen die Linienführung gerichteten Klagen als Anträge auf vorbeugenden Rechtsschutz gegen die Planfeststellung.

[355] *BVerwG*, Urt. v. 7. 7. 1978 – 4 C 79.76 u. a. –, E 56, 111 (137); Urt. v. 11. 12. 1978 – 4 C 13.78 –, DÖV 1979, 517ff.; ausführlich dazu *Bäumler*, DÖV 1981, 43ff.; *Wahl*, DVBl. 1982, 58ff.

[356] *BVerwG*, Urt. v. 12. 11. 1982 – 4 C 67/68.80 –, BayVBl. 1983, 348ff.; vgl. zum Rechtsschutz im Verfahren nach dem Landbeschaffungsgesetz *Geiger*, BayVBl. 1981, 641ff.; demgegenüber soll nach *BVerwG*, Urt. v. 11. 4. 1986 – 4 C 51.83 –, ZfBR 1986, 186ff., die Bezeichnung eines Verteidigungsvorhabens durch den Bundesminister der Verteidigung gegenüber den davon betroffenen Gemeinden ein Verwaltungsakt sein; vgl. dazu auch *Laubinger*, VerwArch. 77 (1986), 421ff.

[357] Siehe dazu *VGH Kassel*, Beschl. v. 26. 2. 1969 – IV N 8/67 –, BRS 22 Nr. 11; *Hahn*, JuS 1983, 678 (679); krit. zur Charakterisierung des Flächennutzungsplans als rein verwaltungsinterne, vorbereitende Planungsentscheidung *Krieger*, NuR 1983, 257 (259).

die in Form von Verwaltungsvorschriften ergehen. Ist der nachträgliche Rechtsschutz erst gegen Planvollzugsmaßnahmen oder gegen die unterste Stufe der Planung (etwa den Planfeststellungsbeschluß oder den Bebauungsplan) eröffnet, dann besteht die Gefahr, daß vollendete Tatsachen geschaffen werden, indem im Innenverhältnis der Behörden und damit faktisch auch nach außen wirkend eine „Verkürzung“ der Planung, insbesondere eine Verfestigung der Standortfragen, eintritt.[358]

Die grundsätzliche Zulässigkeit des vorbeugenden Rechtsschutzes ist mittlerweile in Rechtsprechung und Lehre allgemein anerkannt.[359] 181

1. *Klagearten des vorbeugenden Rechtsschutzes*

Gewährt wird vorbeugender Rechtsschutz im Wege der **vorbeugenden Unterlassungsklage** und im Wege der **vorbeugenden Feststellungsklage.**[360] 182

a) Vorbeugende Unterlassungsklage

Mit der vorbeugenden Unterlassungsklage kann präventiver Rechtsschutz gegen drohendes Verwaltungshandeln, unabhängig von der Rechtsform des Handelns, also auch gegen drohende Verwaltungsakte, begehrt werden.[361] 183

b) Vorbeugende Feststellungsklage

Mit der vorbeugenden Feststellungsklage kann der Kläger gerichtlich feststellen lassen, daß er gegenüber der Verwaltung ein Recht auf Unterlassen bestimmter Maßnahmen, etwa einer Stillegungsverfügung oder einer nachträglichen Anordnung hat. Der Kläger kann aber auch die Feststellung begehren, daß er zu bestimmten Handlungen, etwa zum Betrieb einer Anlage ohne Genehmigung berechtigt ist. Die vorbeugende Feststellungsklage ist nach h. M. – anders die Feststellungsklage im Verhältnis zur Leistungsklage – nicht subsidiär gegenüber der vorbeugenden Unterlassungsklage.[362] 184

Der Kläger hat somit grundsätzlich ein Wahlrecht, ob er eine vorbeugende Unterlassungsklage oder eine vorbeugende Feststellungsklage erheben will. Teilweise kann der Kläger sein Ziel jedoch ausschließlich oder besser mit der Feststellungsklage erreichen.[363] Das gilt etwa, wenn das festzustellende 185

---

[358] *BVerwG*, Urt. v. 25. 8. 1971 – IV C 22.69 –, DÖV 1972, 129 (131); vgl. zu § 6 LuftVG *OVG Lüneburg*, Beschl. v. 13. 7. 1972 – VI OVG B 37/72 –, DVBl. 1972, 795; zur Notwendigkeit vorbeugenden Rechtsschutzes zur Vermeidung vollendeter Tatsachen ausführlich *Degenhart*, AöR 103 (1978), 163ff. (195ff.).

[359] Vgl. *BVerwG*, Urt. v. 26. 6. 1981 – 4 C 5.78 –, E 62, 342 (352); Urt. v. 8. 9. 1972 – 17.71 –, E 40, 323 (326f.); urt. v. 29. 7. 1977 – IV C 51.75 –, E 54, 211 (215f.); urt. v. 3. 6. 1983 – 8 C 43/81 – , NVwZ 1984, 168; urt. v. 12. 11. 1982 – 4 C 67/68.80 –, NJW 1984, 1642; *Redeker/von Oertzen*, VwGO, § 42 Anm. 162; *Eyermann/Fröhler*, VwGO, § 42 Anm. 23; zu früher stärker vertretenen verfassungsrechtlichen Zweifeln *Peine*, Jura 1983, 280 (288); *Ule*, VerwArch. 65 (1974), 251 (298ff.).

[360] Zu den Klagearten ausführlich *Schenke*, AöR 95 (1970), 223ff.

[361] *Redeker/von Oertzen*, VwGO, § 42 Anm. 162; *Peine*, Jura 1983, 285 (288); *Ule*, VerwArch. 65 (1974), 291 (308); *Maetzel*, DVBl. 1974, 335 (337); a.A. *Bettermann*, Vorbeugender Rechtsschutz, S. 196, der vorbeugende Klagen gegen Verwaltungsakte generell und prinzipiell für unzulässig hält.

[362] *Peine*, Jura 1983, 285 (295f.); *Ule*, VerwArch. 64 (1974), 291 (309); *Maetzel*, DVBl. 1974, 335 (338); a.A. *Schenke*, AöR 95 (1970), 223 (225).

[363] Vgl. dazu *Schenke*, AöR 95 (1970), 223 (257); *Peine*, Jura 1983, 285 (296).

Rechtsverhältnis nicht zwischen den Parteien des Feststellungsprozesses, sondern zwischen dem Beklagten und einem Dritten besteht.[364] Das kann z. B. der Fall sein, wenn ein Planbetroffener Feststellungsklage gegenüber dem Plangeber erhebt, obwohl das durch die Rechtsnorm begründete Rechtsverhältnis zwischen dem Planbetroffenen als Normadressaten und der Behörde, die die Regelung anzuwenden bzw. ihr Befolgen zu überwachen und durchzusetzen hat, begründet wird.[365] Das kann aber auch bei der Konkurrentenklage der Fall sein, wenn etwa ein Unternehmer sich gegen die Begünstigung eines Konkurrenten durch die im Rahmen einer immissionsschutzrechtlichen Genehmigung erlaubten Emissionswerte wendet. Eine vorbeugende Feststellungsklage kann außerdem den Interessen des Klägers gerechter werden als eine vorbeugende Unterlassungsklage, wenn die begehrte Feststellung Bedeutung für verschiedene Rechtsbeziehungen haben kann. So kann die gerichtliche Feststellung, der Betrieb einer Anlage sei nicht genehmigungspflichtig, nicht nur der Abwehr einer behördlichen Stillegungsverfügung dienen, sondern auch im Verhältnis zu Drittbetroffenen von wesentlichem Interesse sein.[366]

2. *Vorbeugender Rechtsschutz gegen Rechtsnormen*

186 Soweit vorbeugender Rechtsschutz allgemein für zulässig gehalten wird,[367] bezieht sich dies zunächst nur auf konkret-individuelle hoheitliche Maßnahmen, d. h. auf die Abwehr drohender Verwaltungsakte oder sonstiger Belastungen durch hoheitliches Handeln, etwa den durch öffentliche Einrichtungen verursachten Emissionen.[368]

187 Umstritten ist dagegen der vorbeugende Rechtsschutz gegen Rechtsnormen, also gegen Umweltpläne, Schutzgebietsausweisungen oder außenverbindliche Verwaltungsvorschriften. Die wohl überwiegende Auffassung lehnt vorbeugende Klagen auf Unterlassung der Rechtsetzung ab. Die Ablehnung erstreckt sich sowohl auf präventive Normenkontrollen im Rahmen des § 47 VwGO[369] als auch auf vorbeugende Feststellungsklagen, wenn sie dazu benutzt werden, um mit einer antizipierten Inzidentprüfung die Unzu-

---

[364] Zur Zulässigkeit einer solchen Klage vgl. *BVerwG*, Beschl. v. 9. 10. 1984 – 7 B 187/84 –, NVwZ 1985, 112 (113); *OVG Münster*, Urt. v. 22. 9. 1982 – 4 A 989/81 –, NVwZ 1984, 522 (523); *Kopp*, VwGO, § 43 Rn. 16 m. w. N.

[365] Vgl. dazu im Zusammenhang mit der gerichtlichen Kontrolle von Raumordnungsplänen *Hoppe*, RuL, Rn. 411 ff.

[366] Zu beachten ist allerdings, daß die als vorbeugender Rechtsschutz für den latenten Störer bezeichneten Klagen des Gewerbetreibenden gegen die Genehmigungen für heranwachsende Wohnbebauung, vgl. dazu *Fröhler/Kormann*, WuV 1977, 114 ff.; *Sendler*, WuV 1977, 94 ff. – sie wird von *Bartlsperger*, DVBl. 1971, 723 ff. auch als präventive Baunachbarklage bezeichnet – mit dem vorbeugenden Rechtsschutz im engeren Sinne nicht zu tun haben, siehe dazu *Ule*, VerwArch. 65 (1974), 291 (295).

[367] Siehe oben, § 13, Rn. 181.

[368] Siehe oben, § 13, Rn. 5.

[369] Vgl. dazu *VGH München*, Beschl. 9. 8. 1985 – Nrn. 1 N 85 A.774 und 1 NE 85 A.775 –, BayVBl. 1986, 497 ff.; Beschl. v. 3. 3. 1975, – *VGH Kassel*, Beschl. v. 15. 11. 1982 – VII N 2/82 –, NJW 1983, 2895; *Hahn*, JuS 1983, 2895 unter Verweis auf *OVG Münster*, Beschl. v. 13. 5. 1982 – 11 a NE 54/81 –, *Kopp*, VwGO, § 47 Rn. 9; *Redeker/von Oertzen*, VwGO, § 47 Anm. 10.

lässigkeit der Normenkontrolle zu umgehen.[370] Klagen, die Planungsträgern die Fortsetzung der Planung untersagen sollen, sind danach unzulässig.[371]

Demgegenüber hat das *BVerwG* ausdrücklich entschieden, daß auch Klagen auf Unterlassung rechtsetzender Maßnahmen grundsätzlich zulässig seien.[372] Die Gegenansicht lasse sich aus dem Prozeßrecht nicht rechtfertigen. Insbesondere der in § 47 VwGO vorgesehene Möglichkeit eines dem Normerlaß nachfolgenden Kontrollverfahrens könne nicht entnommen werden, daß etwaige (materielle) Ansprüche auf Unterlassung bestimmter rechtsetzender Maßnahmen prozessual nicht durchsetzbar seien. Das Gericht habe bereits in seinem Urteil vom 8. 9. 1972[373] dargelegt, daß einem gegen Maßnahmen der Rechtsetzung gerichteten vorbeugenden Rechtsschutz keine schlechthin durchgreifenden prozessualen Hindernisse entgegenstünden. Wenn es gleichwohl einen über das Normenkontrollverfahren nach § 47 VwGO hinausgehenden verwaltungsgerichtlichen Rechtsschutz gegen Maßnahmen der Rechtsetzung in aller Regel nicht gebe, dann liege das daran, daß das materielle Recht nur in seltenen Ausnahmefällen einen entsprechenden (Unterlassungs-)Anpruch gewähre und daß deshalb auch - was die vorbeugenden Feststellungsklage betreffe – nur in seltenen Ausnahmefällen ein der verwaltungsgerichtlichen Feststellung zugängliches Rechtsverhältnis gegeben sei.

Einen solchen – ausnahmsweise eingeräumten Unterlassungsanspruch – **188**
leitet die Rechtsprechung zugunsten der Gemeinden aus der interkommunalen Abstimmungspflicht des § 2 Abs. 2 BauGB ab.[374]

Vorbeugender Rechtsschutz setzt stets ein qualifiziertes, d. h. ein gerade **189**
auf die Inanspruchnahme vorbeugenden Rechtsschutzes gerichtetes Rechtsschutzinteresse voraus. Daran fehlt es, wenn und soweit der Betroffene im konkreten Fall zumutbarerweise auf den von der VwGO als grundsätzlich angemessen und ausreichend angesehenen nachträglichen Rechtsschutz verwiesen werden kann.[375] Unzumutbarkeit in diesem Sinne liegt vor, wenn die Gefährdung klägerischer Rechte durch die Schaffung vollendeter Tatsachen nicht anders zu beseitigen ist als durch die sofortige Klageerhebung. Dazu sind in der Rechtslehre verschiedene Fallgruppen entwickelt worden.[376] Unzumutbar ist danach ein Verweis auf den nachträglichen Rechtsschutz, wenn

---

[370] So ausdrücklich *Redeker/von Oertzen*, VwGO, § 43 Anm. 9.

[371] *Birk*, JuS 1979, 412 (413). Das gilt auch für vorbeugende Klagen gegen die Genehmigung eines Planes durch die Aufsichtsbehörde *Hoppe*, RuL, Rn. 415.

[372] Urt. v. 29. 7. 1977 – IV C 51.75 –, E 54, 211 (214f.).

[373] - IV C 17.71 –, E 40, 323 (325ff.).

[374] *BVerwG*, Urt. v. 8. 9. 1972 – IV C 17.71 –, E 40, 323 (325ff.); Urt. v. 29. 7. 1977 – IV C 51.75 –, E 54, 211 (215); *VGH Mannheim*, Beschl. v. 21. 12. 1976 – III 415/76 –, BauR 1977, 184 (185); *VGH München*, Beschl. v. 24. 11. 1975 – Nr. 217 I 75 -, BayVBl. 1976, 112ff.; *Hoppe*, Menger-FS, S. 768 f.; *ders.*, Festschrift-Wolf, S. 307 (321); *Pappermann*, JuS 1973, 694ff.; ablehnend *Kriener*, BayVBl. 1984, 97ff.

[375] *BVerwG*, Urt. v. 26. 6. 1981 – 4 C 5.78 –, § 62, 342 (352); Urt. v. 29. 7. 1977 – I C 51.75 –, E 54, 211 (215f.); Urt. v. 8. 9. 1972 – IV C 17.71 –, E 40, 323 (326); *OVG Berlin*, Urt. v. 2. 5. 1977 – II B 2/77 –, NJW 1977, 2283; *VGH München*, Urt. v. 31. 3. 1980 – Nr. 22. B 79/79 –, BayVBl. 1980, 692.

[376] *Schenke*, AöR 95 (1970), 250ff.; *Ule*, VerwArch. 65 (1974), 291 (304ff.); *Peine*, Jura 1983, 285 (292ff.).

der Verstoß gegen ein hoheitliches Gebot oder Verbot eine Ordnungswidrigkeit darstellt oder mit Strafe sanktioniert wird.[377]

Beispiel: Ordnungswidrig handelt z. B., wer vorsätzlich oder fahrlässig eine nach § 4 BImSchG genehmigungspflichtige Anlage errichtet oder in schutzbedürftigen Gebieten gem. § 49 Abs. 1 Nr. 2 BImSchG eine ortsfeste Anlage errichtet (§ 62 Abs. 1 Nr. 1, Nr. 8 BImSchG).[378] Mit Bußgeld bedroht ist außerdem gem § 41 Abs. 1 Nr. 1 WHG eine Wasserbenutzung ohne behördliche Erlaubnis oder Bewilligung oder ein Verstoß gegen die Festsetzungen einer Wasserschutzgebietsausweisung, soweit die Rechtsverordnung auf die Bußgeldvorschrift des § 41 WHG verweist (§ 41 Abs. 1 Nr. 2 WHG).

190 Unzumutbar kann der Verweis auf den nachträglichen Rechtsschutz auch dann sein, wenn sich das hoheitliche Ge- oder Verbot kurzfristig erledigen kann.[379] Das kann z. B. der Fall sein, wenn durch sog. Smog-Verordnungen i. S. d. § 49 Abs. 2 Nr. 1 BImSchG für Zeiten austauscharmer Wetterlagen Betriebsbeschränkungen gem. § 49 Abs. 2 Nr. 1 BImSchG oder Beschränkungen des Brennstoffeinsatzes (§ 49 Abs. 2 Nr. 2 BImSchG) vorgeschrieben werden.

191 Vorbeugender Rechtsschutz kann außerdem bei drohenden vollendeten Tatsachen notwendig werden. Die Gefahr vollendeter Tatsachen besteht z. B. bei der Errichtung eines Bauwerkes aufgrund einer rechtswidrigen, mit sofortiger Vollziehung versehenen Baugenehmigung, weil sich eine Abrißverfügung durchaus als unverhältnismäßig erweisen kann. Vollendete Tatsachen entstehen vor allem aber auch durch die Betriebsgenehmigung bei umweltbelastenden Anlagen, weil die durch den Betrieb verursachten Emissionen nachträglich nicht mehr beseitigt werden können.

192 Schließlich kann vorbeugender Rechtsschutz auch dem Schutz der Dispositionsfreiheit des Betroffenen, insbesondere des Gewerbetreibenden, dienen, wenn dieser durch drohende, von der Verwaltung aber verzögerte, nachträgliche Anordnungen oder gar Stillegungsverfügungen oder Genehmigungswiderrufe gefährdet ist. Das gilt insbesondere dann, wenn Umweltpläne Grenzwerte, Einleitungsstandards oder sonstige Maßnahmen zum Schutz der Umwelt vorsehen, die durch zusätzliche Anforderungen, Widerruf von Erlaubnissen oder Bewilligungen oder durch Versagung von neuen Genehmigungen gesetzlich zwingend von den Umweltbehörden durchzusetzen sind.[380]

---

377 *Peine*, Jura 1983, 285 (292); a.A. *Bettermann*, Vorbeugender Rechtsschutz, 185 (199); siehe auch *OVG Münster*, Beschl. v. 30. 9. 1966 – IV B 541/66 –, E 22, 284 (291).

378 § 62 BImSchG regelt daneben zahlreiche weitere Ordnungswidrigkeiten.

379 *OVG Lüneburg*, Urt. v. 26. 8. 1970 – IV OVG A 76/70 –, E 26, 504 f.; *Peine*, Jura 1983, 285 (292).

380 Vgl. z. B. § 36 b Abs. 5 S. 1 WHG.

Dritter Abschnitt: Grenzüberschreitender Umweltschutz, Umwelthaftung, Umweltorganisation

§ 14. Rechtsfragen des grenzüberschreitenden Umweltschutzes

Grenzüberschreitende Umweltbelastungen, insbesondere die Verschmutzung der Luft und der dadurch verursachte saure Regen, die Schadstoffbelastung grenzüberschreitender Gewässer, die internationale Verschickung von Abfällen und die grenzüberschreitenden Auswirkungen umweltbelastender Großvorhaben haben nicht erst seit dem Reaktor-Unglück in Tschernobyl und der Rheinkatastrophe infolge des Brandes bei Basel allen Beteiligten deutlich vor Augen geführt, daß Umweltprobleme vor Staatsgrenzen nicht Halt machen. Im Gegenteil: Die geographische Reichweite der Umweltprobleme und die örtliche Reichweite der rechtlichen Regelungskompetenzen fallen immer häufiger auseinander.[1] Die damit verbundenen Rechtsfragen werden im Umweltrecht zunehmend erkannt und problematisiert.[2] Zur Lösung der grenzüberschreitenden Umweltprobleme bedarf es Anstrengungen auf allen staatlichen und internationalen Ebenen. Im staatlichen Bereich der Bundesrepublik Deutschland sind vor allem die Gemeinden, Kreise und Regierungsbezirke der grenznahen Regionen, aber auch Bund und Länder gefordert.[3] Auf internationaler Ebene nehmen sich der grenzüberschreitenden Probleme des Umweltschutzes vor allem die Gremien der EG und die Sonderorganisationen der UNO an.[4] Die internationale Umweltpolitik war bis- 1

---

[1] Vgl. dazu *Hoppe/Beckmann*, DVBl. 1986, 1; zum grenzüberschreitenden Verkehr mit Abfällen siehe unten, § 28, Rn. 98ff.

[2] *Beyerlin*, NuR 1985, 173ff.; *Bothe*, UPR 1983, 1ff.; *Bothe/Prieur/Ress* (Hrsg.), Rechtsfragen grenzüberschreitender Umweltbelastungen, passim; *Fröhler/Zehetner*, Rechtsprobleme bei grenzüberschreitenden Umweltbeeinträchtigungen, passim; *Klein*, Umweltschutz im völkerrechtlichen Nachbarrecht, passim; *Kloepfer*, DVBl. 1984, 245ff.; *Kloepfer/Kohler*, Kernkraftwerk und Staatsgrenze, passim; *Küppers*, ZRP 1976, 260ff.; *Ress*, Grenzüberschreitende Verfahrensbeteiligung im Umweltrecht, passim; *Weber*, DVBl. 1980, 330ff.; *Wolfrum*, DVBl. 1984, 493ff.; *Oppermann/Kilian*, HdUR, Bd. I, Sp. 683ff.; zum grenzüberschreitenden Verbringen von Abfällen siehe *Bosselmann*, HdUR, Bd. I, Sp. 701ff.; zu völkerrechtlichen, internationalprivatrechtlichen und nationalen Haftungsfragen im Zusammenhang mit der Rheinverschmutzung siehe *Rest*, UPR 1987, 363ff.; *Ladeur*, NJW 1987, 1236ff.; *Rogalla/Schultz*, NuR 1987, 193ff.; zum grenzüberschreitenden Bodenschutz *Leidig*, NuR 1988, 377ff.

[3] Zu den Rechtsfragen der grenzüberschreitenden Zusammenarbeit von Gemeinden siehe *Hoppe/Beckmann*, DVBl. 1986, 1ff.; siehe auch *Bleicher*, Staatsgrenzen überschreitende Raumordnung und Landesplanung, S. 1ff.

[4] Vgl. zu internationalen Aktivitäten in diesem Bereich *Oppermann/Kilian*, HdUR, Bd. I, Sp. 691ff.; zur Entwicklung internationaler Umweltstandards siehe *Bosselmann*, UPR 1985, 272ff.; internationale und EG-rechtliche Regelungen der „grenzüberschreitenden Abfallbeseitigung" beschreibt *Szelinski*, UPR 1984, 364ff.; zur Ost/West-Kooperation auf dem Gebiet der Luftreinhaltung siehe *Vygen*, UPR 1985,

lang nicht immer erfolgreich.[5] Auch im Bereich der internationalen Umweltpolitik müssen deshalb zur Beseitigung der grenzüberschreitenden Umweltprobleme die bereits geschilderten Grundsätze und Prinzipien der Umweltpolitik[6] stärkere Beachtung finden. Notwendig ist insbesondere eine dem Kooperationsprinzip entsprechende internationale Zusammenarbeit und eine verstärkte Durchsetzung des Verursacherprinzips auch im internationalen Bereich, so daß jeder Staat für die auf seinem Gebiet verursachten Umweltbelastungen haftet.[7] Zur Lösung der grenzüberschreitenden Umweltprobleme müssen aber insbesondere das internationale und das deutsche Umweltrecht beitragen.

A. Der grenzüberschreitende Umweltschutz im internationalen Recht

2 Vorschriften zum Schutz der Umwelt gegen grenzüberschreitende Belastungen enthalten sowohl das **Völkerrecht** (I.) als auch das **Recht der Europäischen Gemeinschaft** (II.).

I. Umweltvölkerrecht

3 Völkerrechtliche Regelungen zum Schutz der Umwelt enthalten eine Vielzahl von **völkerrechtlichen Verträgen**, das **Völkergewohnheitsrecht** und – in eingeschränktem Maße – auch die **allgemeinen Rechtsgrundsätze des Völkerrechts.**[8]

1. Völkerrechtsverträge

4 Im Bereich des Umweltschutzes gibt es mittlerweile zahlreiche bilaterale und multilaterale Völkerrechtsverträge.[9] Schwerpunkte bilden dabei die Bereiche

- Gewässerschutz,
- Artenschutz,
- Schutz des Weltraums,
- internationaler Transport gefährlicher Güter und
- grenzüberschreitende Umweltverschmutzungen.[10]

5 Für die Bewältigung internationaler Umweltprobleme ist neben dem Völkervertragsrecht das Völkergewohnheitsrecht von besonderer Bedeutung,

---

314ff.; zur internationalen Harmonisierung des Umweltrechts im Wege der Rechtsvergleichung und Rechtsvereinheitlichung im Chemikalienrecht siehe *Kloepfer*, UPR 1984, 281ff.; zum Luftreinhalterecht der EG siehe *Offermann-Clas*, NJW 1986, 1388ff.; allgemein zu den Kompetenzen der EG auf dem Gebiet des Umweltschutzes *Zuleeg*, NVwZ 1987, 280.

[5] Mayer-Tasch spricht sogar vom „grenzen-lose(n) Versagen der internationalen Umweltpolitik", vgl. *Mayer-Tasch*, Die verseuchte Landkarte, Untertitel.

[6] Siehe oben, § 1, Rn. 48.

[7] Siehe dazu *Kloepfer*, DVBl. 1984, 245ff.

[8] Zum Umweltvölkerrecht siehe auch *Kimminich*, HdUR, Bd. II, Sp. 916ff.

[9] Vgl. die zahlreichen Nachweise bei *Burhenne*, Internationales Umweltrecht, in: Salzwedel, Grundzüge des Umweltrechts, S. 663ff.

[10] Siehe dazu *Kloepfer*, DVBl. 1984, 245 (251).

weil zu seiner Entstehung das Einverständnis einzelner Staaten nicht erforderlich ist.[11]

2. Völkergewohnheitsrecht

Das Völkergewohnheitsrecht entsteht durch eine länger andauernde Verhaltensweise in Verbindung mit der entsprechenden Rechtsüberzeugung der überwiegenden Mehrheit.[12] Völkergewohnheitsrechtlich sind insbesondere zwei Grundsätze anerkannt, die für den grenzüberschreitenden Umweltschutz von zentraler Bedeutung sind, nämlich das 6

- **Prinzip der beschränkten territorialen Souveränität und Integrität der Staaten** und
- **das Prinzip der guten Nachbarschaft.**[13]

Das **Prinzip der beschränkten territorialen Souveränität und Integrität** eines Staates bedeutet, daß die grundsätzlich weitgehend unbegrenzte *Souveränität* der Einzelstaaten ihre Grenzen in der ebenfalls grundsätzlich unbeschränkten territorialen *Integrität* des Nachbarstaates findet. Es gibt weder als Folge einer absoluten territorialen Souveränität das Recht eines Staates, das eigene Territorium ohne Rücksicht auf Belastungen und insbesondere auf Umweltschädigungen jenseits der Staatsgrenze nach Belieben für seine Zwecke zu nutzen, noch gibt es umgekehrt das Recht eines Staates im Sinne absoluter territorialer Integrität, von jeglicher negativer Beeinträchtigung durch Dritte unberührt zu bleiben.[14] 7

Dem **Prinzip der guten Nachbarschaft** läßt sich der allgemeine Grundgedanke entnehmen, daß der Staat bei Entscheidungen mit grenzüberschreitender Wirkung die Interessen des Nachbarstaates zu berücksichtigen hat, und daß unwesentliche Beeinträchtigungen hinzunehmen sind.[15] Da dieser Grundsatz bislang nur bei erheblichen Schäden im Nachbarstaat eingreift, wird davon die Vorsorge gegen die Entstehung von Schäden oder Beeinträchtiungen, die mehreren Mitverursachern zuzurechnen sind, nicht erfaßt.[16] 8

Fraglich ist, ob die genannten Prinzipien nicht zu unbestimmt sind, um ihnen im Einzelfall konkrete Pflichten für eine grenzüberschreitende Zusammenarbeit zu entnehmen.[17] Trotz der bestehenden Schwierigkeiten der Konkretisierung lassen sich jedoch aus diesen völkergewohnheitsrechtlichen Grundsätzen vorsichtig sowohl **materielle Verbote und Gebote** als auch **prozedurale Verhaltenspflichten** ableiten.[18] 9

---

[11] Vgl. *Schmidt*, Umweltrecht, S. 103 m. w. N.; *Kloepfer*, DVBl. 1984, 245 (251).

[12] *Kloepfer*, DVBl. 1984, 245 (251).

[13] Zu weiteren Prinzipien siehe *Kimminich*, HdUR, Bd. II, Sp. 922.

[14] *Hoppe/Beckmann*, DVBl. 1986, 1 (4); *Fröhler/ Zehetner*, Rechtsprobleme bei grenzüberschreitenden Umweltbeeinträchtigungen, S. 69ff.; *Beyerlin*, NuR 1985, 173 (174); *Rogalla/Schultz*, NuR 1987, 193ff.

[15] *Klein*, Umweltschutz im völkerrechtlichen Nachbarrecht, S. 115f. m. w. N.; *Bothe*, UPR 1983, 1 (5); *Rogalla/Schultz*, NuR 1987, 193 (197f.).

[16] *Schmidt*, Umweltrecht, S. 105 m. w. N.

[17] Zweifelnd insoweit *Klein*, Umweltschutz im völkerrechtlichen Nachbarrecht, S. 117; *Oehm*, Rechtsprobleme staatsgrenzenüberschreitender interkommunaler Zusammenarbeit, S. 134.

[18] Vgl. dazu auch *Oppermann/Kilian*, HdUR, Bd. I, Sp. 688ff.

10 **Materiell** hat jeder Staat dafür zu sorgen, daß durch seine Aktivitäten Beeinträchtigungen, die ein erhebliches Maß übersteigen, auf dem Gebiet des Nachbarstaates unterbleiben.[19]

11 **Prozedural** besteht eine Informationspflicht gegenüber den Nachbarstaaten und eine Pflicht zur Warnung in Notstandsfällen.[20] Weitergehende Kooperationspflichten sind dagegen völkergewohnheitsrechtlich nicht anerkannt. Ebenso zählt die Beteiligung an umweltrechtlichen Verwaltungsverfahren[21] nicht zum Bestand des Völkergewohnheitsrechts.[22]

3. Allgemeine Rechtsgrundsätze des Völkerrechts

12 Allgemeine Rechtsgrundsätze des Völkerrechts sind für die Lösung grenzüberschreitender Umweltprobleme bislang neben dem Völkergewohnheitsrecht und dem Völkervertragsrecht nur von untergeordneter Bedeutung. Allgemeine Rechtsgrundsätze des Völkerrechts sind ihrem Wesen nach übereinstimmende Prinzipien der innerstaatlichen Rechtssysteme und somit Ausdruck gemeinsamer Rechtsüberzeugung der Völker.[23] Als allgemeine Rechtsgrundsätze des Völkerrechts gelten z. B. der Grundsatz von **Treu und Glauben** oder das **Verbot des Rechtsmißbrauchs** und das **Prinzip der guten Nachbarschaft**, soweit es nicht bereits völkergewohnheitsrechtlich anerkannt ist.[24] Diese Regeln sind so allgemein, daß ihnen bislang zumindest keine entscheidende Bedeutung bei der Lösung grenzüberschreitender Umweltprobleme zukommt.

II. Der grenzüberschreitende Umweltschutz im Recht der Europäischen Gemeinschaft

13 Als einzige der in Europa tätigen internationalen Organisationen kann die EG unmittelbar überstaatliches Umweltrecht setzen.[25] Zur Lösung grenzüberschreitender Probleme des Umweltschutzes im europäischen Bereich ist daher die Europäische Gemeinschaft im besonderen Maße berufen. Dies gilt vor allem seitdem die EG eine ausdrückliche Kompetenz im Bereich der Umweltpolitik erhalten hat.[26] Auf der Grundlage verschiedener Aktionsprogramme hat die EG allerdings bereits vor der ausdrücklichen Verankerung einer Umweltkompetenz zahlreiche Aktivitäten im Bereich des grenzüberschreitenden Umweltschutzes entfaltet. So gibt es seit 1973 eine Vereinbarung über den Umwelt-Informationsaustausch auf Gemeinschaftsebene. In zahlreichen Richtlinien sind außerdem Konsultationen und Kontakte zwi-

[19] Vgl. *Beyerlin*, in: Bothe/Prieur/Ress, Rechtsfragen grenzüberschreitender Umweltbelastungen, S. 294 f.; *Fröhler/Zehetner*, Rechtsprobleme bei grenzüberschreitender Umweltbeeinträchtigungen, S. 69ff., 154; *Bothe*, UPR 1983, 1 (5).

[20] Vgl. die Nachweise dazu bei *Hoppe/Beckmann*, DVBl. 1986, 4, Fn. 39.

[21] Vgl. dazu die Entschließung des Europäischen Parlaments vom 13. 4. 1985, BT-Drs. 10/1406, S. 3.

[22] *Beyerlin*, NuR 1985, 173 (174).

[23] *Klein*, Umweltschutz im Völkerrechtlichen Nachbarrecht, S. 110.

[24] Vgl. *Klein*, Umweltschutz im völkerrechtlichen Nachbarrecht, S. 110; *Schmidt*, Umweltrecht, S. 16.

[25] *Oppermann/Kilian*, HdUR, Bd. I, Sp. 693.

[26] Siehe dazu oben, § 2, Rn. 26.

schen Regierungen und Behörden im grenzüberschreitenden Rahmen vorgesehen.[27] Nicht zuletzt zur Lösung der grenzüberschreitenden Umweltprobleme ist ein Europäisches Rahmenabkommen über die grenzüberschreitende Zusammenarbeit zwischen Gebietskörperschaften vereinbart worden.[28]

B. Der grenzüberschreitende Umweltschutz im deutschen Recht

14 Das nationale Recht kann – neben der Transformation des internationalen Umweltrechts – zur Lösung grenzüberschreitender Umweltprobleme vor allem dadurch beitragen, daß es dem einzelnen Abwehransprüche gegen grenzüberschreitende Belastungen einräumt. Das deutsche Recht gewährt gegenüber Umweltbelastungen sowohl privatrechtliche (I.) als auch öffentlich-rechtliche Abwehransprüche (II.).

I. Privatrechtliche Abwehrmöglichkeiten

15 Grenzüberschreitende Umweltbelastungen können zivilrechtliche Abwehr- und Unterlassungsansprüche und Ansprüche auf Schadensersatz begründen.[29] Nach den ungeschriebenen Regeln des deutschen internationalen Deliktrechts ist das am Tatort geltende Recht anzuwenden, wobei als Tatort sowohl der Handlungsort als auch der Erfolgsort angesehen werden kann. Bei grenzüberschreitenden Umweltbelastungen kann deshalb sowohl das Recht des Staates angewendet werden, auf dessen Territorium die umweltbelastende Anlage steht, als auch das Recht des Staates, auf dessen Territorium die Umweltbelastungen spürbar werden. Liegen Handlungs- und Erfolgsort im Bereich verschiedener Rechtsordnungen, so wendet die deutsche Rechtsprechung das dem geltend gemachten Anspruch günstigere Recht an.[30] Günstiger ist das Recht, das unter Berücksichtigung der Haftungsvoraussetzungen, von Haftungsausschlüssen, Verjährung, Verwirklichung, Beweislastverteilung etc. dem Kläger mehr gewährt oder ihm auf leichtere Weise zur Durchsetzung seiner Ansprüche verhilft.[31] Ähnliches gilt im Bereich der EG auch für den Gerichtsstand. Nach Art. 5 Nr. 3 des EWG-Gerichtsstands- und Vollstreckungsabkommens können die in einem Vertragsstaat ansässigen Personen Ansprüche aus einer unerlaubten Handlung vor dem Gericht des Ortes geltend machen, an dem das schädigende Ereignis eingetreten ist. Der EuGH vertritt die Ansicht, daß damit sowohl der Ort, an dem sich der Schadenserfolg verwirklicht hat, als auch der Handlungsort gemeint sein kann.[32] Zu beachten ist allerdings, daß die Regelungen des

---

[27] Vgl. dazu *Oppermann/Kilian*, HdUR, Bd. I, Sp. 693.

[28] Das Abkommen ist für die Bundesrepublik am 22. 12. 1981 in Kraft getreten, vgl. dazu *Zehetner*, UPR 1983, 209, Fn. 2.

[29] Siehe zum Haftungsrecht unten, § 15.

[30] Siehe *Lummert*, in: Bothe/Prieur/Ress, Rechtsfragen grenzüberschreitender Umweltbelastungen, S. 185; *BGH*, Urt. v. 17. 3. 1981 – VI ZR 286/78 –, NJW 1981, 1606; Urt. v. 23. 6. 1964 – VI ZR 180/63 –, NJW 1964, 2012.

[31] *Lummert*, in: Bothe/Prieur/Ress, Rechtsfragen grenzüberschreitender Umweltbelastungen, S. 186.

[32] Das Abkommen vom 27. 9. 1968 ist veröffentlicht unter BGBl. 1972, II 773; vgl. dazu EuGHE 1976, 1735 (1747); siehe dazu auch *Schmidt*, Umweltrecht, S. 111, m. w. N.

internationalen Deliktrechts durch Staatsverträge z. T. ausgeschlossen werden.[33] Bei nachbarrechtlichen Unterlassungs- und Beseitigungsansprüchen, die im deutschen Recht dem Grundstücksrecht gem. §§ 1004, 906 BGB und § 14 BImSchG zugeordnet sind, ist für die Anwendbarkeit des Rechts, die Lage des zu schützenden Grundstücks maßgeblich.[34]

16 Die zentrale Frage zivilrechtlicher Abwehransprüche gegenüber grenzüberschreitenden Umweltbelastungen ist, inwieweit die öffentlich-rechtliche Genehmigung einer Anlage zivilrechtlichen Ansprüchen entgegensteht. Zum Teil wird die Ansicht vertreten, eine derartige hoheitliche Zulassung beziehe sich nur auf das Territorium des genehmigenden Staates, so daß die privatrechtlichen Ansprüche Dritter unberührt blieben.[35] Die Gegenmeinung vertritt die Ansicht, die Anerkennung ausländischer Hoheitsakte sei jedenfalls dann möglich, wenn es sich um überwiegend privatrechtsgestaltende Maßnahmen handele, mit denen nicht ausschließlich staatspolitische Zwecke des Erlaßstaates verfolgt, sondern auch Beziehungen zwischen Privatpersonen geregelt würden.[36]

Fall:[37] Der Kläger ist Eigentümer eines Grundstücks, das von Flugzeugen, die den Flughafen Salzburg benutzen, beim An- und Abflug überflogen wird. Mit seiner Klage verlangt er die Unterlassung von Lärmbeeinträchtigungen von der Flughafenbetreiberin und von Fluggesellschaften, die den Flughafen Salzburg anfliegen. Die Beklagten wandten gegen die Klage ein, daß sich die Beeinträchtigungen im Rahmen des § 906 BGB hielten. Durch den Vertrag zwischen der Bundesrepublik Deutschland und der Republik Österreich über Auswirkungen der Anlage und des Betriebs des Flughafens Salzburg auf das Hoheitsgebiet der Bundesrepublik in Verbindung mit Art. 1 des dazu ergangenen Zustimmungsgesetzes seien in entsprechender Anwendung des § 14 S. 1 BImSchG privatrechtliche Ansprüche ausgeschlossen worden. Der *BGH* hielt das Zustimmungsgesetz für verfassungswidrig, weil eine privatrechtsausschließende Wirkung nur von solchen hoheitlichen Maßnahmen ausgehen dürfe, die der verfassungsrechtlich garantierten gerichtlichen Kontrolle durch die Verwaltungsgerichte unterlägen. Dem betroffenen deutschen Grundstückseigentümer sei indessen in Österreich kein Klagerecht gegen die Genehmigung für den Flughafen Salzburg eingeräumt worden. Der *BGH* hatte deshalb das Verfahren ausgesetzt und dem *BVerfG* gem. Art. 100 GG vorgelegt. Das *BVerfG* hielt die Regelung dagegen für verfassungsmäßig. Die Vorschriften bestimmten in zulässiger Weise Inhalt und Schranken des Eigentums. Bei der Ausgestaltung des Eigentums habe der Gesetzgeber die schutzwürdigen Interessen der Beteiligten in einen gerechten Ausgleich zu bringen. Den Interessen der Drittbetroffenen sei dadurch Rechnung getragen worden, daß der vormalige Anspruch auf Betriebseinstellung primär in einen Anspruch auf Schaffung von Schutzvorkehrungen und sekundär in einen solchen auf Schadensersatz umgewandelt worden sei. Im übrigen wäre ein nach deutschem Recht etwa bestehender Abwehranspruch gegen den Flughafenbetreiber auf Unterlassung der Beeinträchtigungen in Österreich kaum vollstreckbar gewesen. Diese Unsicherheiten habe das Zustimmungsgesetz und der Staatsvertrag behoben. Insgesamt sei durch den Abschluß des Staatsvertrages eine Verbesserung der Rechtsstellung der betroffenen deutschen Staatsbürger gegenüber dem bisherigen Zustand erreicht worden.

---

[33] Vgl. *Lummert*, in: Bothe/Prieur/Ress, Rechtsfragen grenzüberschreitender Umweltbelastungen, S. 185 mit einer Reihe von Beispielen.

[34] Vgl. *Lummert*, a. a. O., S. 184, *BGH*, Beschl. v. 10. 3. 1978 – V ZR 73/76 –, DVBl. 1979, 226 m. w. N.

[35] *Kloepfer*, DVBl. 1984, 245 (246); *Lummert*, in: Bothe/Prieur/Ress, Rechtsfragen grenzüberschreitender Umweltbelastungen, S. 187ff.

[36] Vgl. dazu *Lummert*, a. a. O., S. 188, m. w. N.

[37] Nach *BVerfG*, Beschl. v. 12. 3. 1986 – 1 BvL 81/79 –, UPR 1986, 258ff.

II. Öffentlich-rechtliche Möglichkeiten zur Abwehr grenzüberschreitender Belastungen

Möglichkeiten sich grenzüberschreitend gegen eine umweltbelastende Anlage öffentlich-rechtlich zu wehren, bestehen grundsätzlich im Wege einer Beteiligung an dem *Verwaltungsverfahren*, d.h. regelmäßig am Genehmigungs- oder Planfeststellungsverfahren, und natürlich im *verwaltungsgerichtlichen* Verfahren. Inwieweit die Beteiligungsmöglichkeiten in beiden Verfahren auch den Ausländern im grenznahen Ausland zustehen, ist umstritten. Völkerrechtliche Verpflichtungen der Bundesrepublik Deutschland, den betroffenen Ausländern derartige Beteiligungsrechte einzuräumen, bestehen bislang nicht. **17**

1. Grenzüberschreitende Beteiligung in Verwaltungsverfahren

Da es völkerrechtliche Verpflichtungen hinsichtlich der Beteiligung betroffener Ausländer jenseits der Grenze bislang nicht gibt, richtet sich die Notwendigkeit einer solchen Beteiligung allein nach dem innerstaatlichen Verfahrensrecht.[38] Dabei ist zu berücksichtigen, daß die Verwaltungsverfahren die Einwendungsbefugnis entweder davon abhängig machen, daß die Belange des Einwenders durch das Vorhaben berührt werden oder aber mangels eines entsprechenden Hinweises jedermann zur Einwendung befugt sein soll.[39] Soweit die Einwendungsmöglichkeit Jedermann zusteht, ist offensichtlich, daß auch der ausländische Grenznachbar zur Beteiligung in den Genehmigungs- und Planfeststellungsverfahren befugt ist.[40] Aber auch soweit eine Betroffenheit in eigenen Belangen verlangt wird, sind die ausländischen Grenznachbarn zur Beteiligung berechtigt, weil die Betroffenheit in eigenen Belangen schon dann vorliegt, wenn der Einwender durch das Vorhaben in eigenen ideellen, wirtschaftlichen oder sozialen Interessen berührt wird. Auf die Frage, ob der Betroffene auch in rechtlich geschützten Interessen berührt sein kann, kommt es insoweit nicht an.[41] **18**

2. Beteiligung des ausländischen Grenznachbarn im Verwaltungsprozeß

Inwieweit ein im Ausland lebender Ausländer sich mit einer verwaltungsgerichtlichen Klage gegen grenzüberschreitende Umweltbelastungen wehren kann, ist umstritten.[42] Entscheidend ist insoweit die Frage, ob das deutsche Umweltrecht auch den Interessen des ausländischen Nachbarn im **19**

---

[38] *Schmidt*, Umweltrecht, S. 115.

[39] Siehe dazu *Beyerlin*, NuR 1985, 173 (176); „Jedermann"-Einwendungen sind z. B. vorgesehen in: § 10 Abs. 3 S. 2 BImSchG, 7 Abs. 4 AtG und 9 b Abs. 5 Nr. 1 AtG unter Verweis auf die einschlägige Vorschrift des BImSchG; § 41 FlurbG; § 17 Abs. 3 WaStrG; die Berührung eigener Belange als Einwendungsvoraussetzung ist vorgesehen z.B. in § 73 Abs. 4 S. 1 VwVfG; § 18 Abs. 4 FStrG; § 10 Abs. 3 und Abs. 4 LuftVG; § 8 Abs. 3 Abs. 4 WHG i. V. m. § 29 LWG RP und § 27 LWG NW.

[40] So auch *Beyerlin*, NuR 1985, 173 (176); *Bothe*, UPR 1983, 1.

[41] Vgl. dazu sogleich § 14, Rn. 19; für das Bauleitplanverfahren hat das BVerwG allerdings entschieden, daß einwendungsberechtigt nur derjenige Personenkreis ist, auf den sich die Verbindlichkeit des späteren Bebauungsplanes bezieht: siehe Urt. v. 23. 6. 1972 – IV C 3.70 –, E 40, 173 (175).

[42] Vgl. dazu ausführlich *Eyermann/Fröhler*, VwGO, § 42, Anh., Rn. 67ff.

Grenzgebiet zu dienen bestimmt ist. Teilweise wird die Ansicht vertreten, die Souveränität der Nachbarstaaten lasse eine einseitige Ausdehnung des nationalen Rechts über die Grenzen hinweg nicht zu. Das deutsche Umweltrecht könne deshalb den ausländischen Nachbarn nicht schützen.[43] Zwingend ist diese Überlegung allerdings nicht. Die Berücksichtigung der rechtlichen Interessen und Belange ausländischer Grenznachbarn ist entgegen der Auffassung des Verwaltungsgerichts keine Verletzung der Souveränität des Nachbarstaates. Eine solche Verletzung wird auch von seiten der Bundesrepublik Deutschland nicht gerügt, soweit deutschen Staatsangehörigen die Klagebefugnis in Nachbarstaaten zuerkannt wird.[44] Richtig ist zwar, daß der Wortlaut nachbarschützender Umweltnormen nicht erkennen läßt, ob diese Vorschriften auch grenzüberschreitende Schutzwirkung entfalten sollen. Der Wortlaut steht einer solchen Interpretation allerdings auch nicht entgegen. Eine völkerrechtsfreundliche Auslegung und der Verfassungsgrundsatz der „offenen Staatlichkeit", wonach Gesetze so auszulegen sind, daß sie dem Bekenntnis des Grundgesetzes zur internationalen Zusammenarbeit möglichst weitgehend Rechnung tragen, rechtfertigen aber die Anerkennung der Klagebefugnis für ausländische Nachbarn im Verwaltungsgerichtsverfahren.[45]

Fall:[46] Der Kläger ist niederländischer Staatsangehöriger mit Wohnsitz in einer niederländischen Grenzgemeinde. Mit seiner Klage wendet er sich gegen eine atomrechtliche Teilgenehmigung zur Errichtung des Kernkraftwerks Emsland. Der vorgesehene Standort des Kernkraftwerks ist etwa 25 km vom Wohnort des Klägers entfernt. Das VG hatte die Klage als unzulässig abgewiesen. Der Kläger könne die gem. § 42 Abs. 2 VwGO erforderliche subjektive Rechtsbetroffenheit nicht geltend machen. Die Sprungrevision zum *BVerwG* führte zur Zurückverweisung der Sache an das VG. Das *BVerwG* entschied, daß der Drittschutz im AtG nicht auf im Inland wohnende Betroffene beschränkt sei. Nach Auffassung des Gerichts ist zwischen der drittschützenden Wirkung der Norm und der durch die Genehmigung angeordneten Duldungspflicht zu unterscheiden. Durch die Genehmigung werde zwar der ausländische Nachbar nicht zur Duldung des Betriebs oder der Errichtung der Anlage verpflichtet. Die im deutschen Recht vorgesehenen Präklusionswirkungen der Genehmigungen könnten grundsätzlich nicht eingreifen. Umgekehrt könne die deutsche Rechtsordnung sehr wohl auch subjektive Abwehrrechte für ausländische Nachbarn einräumen.

20 Diese Entscheidung des BVerfG dürfte über das Atomrecht hinaus Bedeutung im Umweltrecht haben, so daß z. B. auch drittschützende Normen des BImSchG oder des Wasserrechtes und natürlich auch die Grundrechte den im Ausland Betroffenen die Klagebefugnis vermitteln können.[47]

---

[43] Siehe *VG Oldenburg*, Urt. v. 6. 2. 1985 – 3 OS VG A 259/82 –, DVBl. 1985, 802ff.; so auch *Kloepfer*, DVBl. 1984, 245 (248f.); *Lukes*, GewArch. 1986, 1ff.

[44] Vgl. zur verfahrensrechtlichen Gleichstellung von in- und ausländischen Nachbarn in Frankreich, Belgien, Luxemburg und den Niederlanden *Weber*, DVBl. 1987, 377 (379).

[45] Siehe dazu *Hoppe/Beckmann*, DVBl. 1986, 1 (5); *Beyerlin*, NuR 1985, 173 (177ff.); *Bothe*, UPR 1983, 1 (4f.); *Wolfrum*, DVBl. 1984, 493 (500).

[46] *BVerwG*, Urt. v. 17. 12. 1986 – 7 C 29.85 –, UPR 1987, S. 114ff.; zustimmend *Bothe*, UPR 1987, 170ff.; *Weber*, DVBl. 1987, 377ff.; vgl. zum „Emsland"-Urteil des BVerwG auch *Grof*, NuR 1987, 262ff.

[47] Zweifel an der Verallgemeinerungsfähigkeit der Ausweisungen äußert *Grof*, NuR 1987, 262 (265).

§ 15. Umwelthaftungsrecht

1 Haften bedeutet verpflichtet sein, einstehen müssen oder schulden.[1] In erster Linie meint der Begriff Haftung die Verpflichtung zum Ausgleich bereits eingetretener Schäden. Das Umwelthaftungsrecht ist insoweit vor allem Umweltschadensrecht. Es bezeichnet die Summe der dem einzelnen zur Verfügung stehenden Ansprüche zum Ausgleich von Umweltschäden.[2]

2 Umweltschäden treten auf als Personen –, Sach- und Vermögensschäden des einzelnen. Zu den Umweltschäden zählen aber auch die allgemeinen, ökologischen Schäden wie z. B. die nachteilige Klimaveränderung oder der Artenrückgang. Die materiellen Schäden der Umweltbelastung werden auf ungefähr 100 Mrd. DM pro Jahr geschätzt.[3] Die zuletzt genannten Umweltschäden entziehen sich dem Umwelthaftungsrecht, weil für sie ein Anspruchsteller nicht individualisierbar ist.[4] Haftungsrechtlich relevant sind Umweltschäden, wenn sie Folge einer Rechtsgutverletzung des einzelnen durch Belastungen aus der Umwelt sind. Das ist z. B. der Fall, wenn das Sacheigentum durch Luft- und Lärmimmissionen geschädigt wird. Daneben können Umweltschäden aber auch Folge einer Beeinträchtigung der Umwelt selbst sein. Das gilt etwa, wenn das Grundstückseigentum durch eine Bodenbelastung mit Schadstoffen entwertet wird.[5]

3 Das Umwelthaftungsrecht verfolgt einen doppelten Zweck. In seiner *repressiven* Funktion dient es dem Ausgleich und Ersatz bereits eingetretener Umweltschäden. *Präventiv* beugt es daneben durch Androhung finanzieller Sanktionen als Instrument mittelbarer Verhaltenssteuerung zukünftigen Umweltschäden vor.[6]

4 Ein geschlossenes gesetzliches Regelwerk des Umwelthaftungsrechts gibt es bislang nicht. Ausgleichs- und Ersatzansprüche sind über zahlreiche Gesetzeswerke verstreut. Das Umwelthaftungsrecht ist einerseits Teil des Privatrechts (A) und andererseits Teil des öffentlichen Rechts (B). Von dem so verstandenen Umwelthaftungsrecht als die Summe aller Normen, die den Ausgleich entstandener Umweltschäden regeln, zu unterscheiden ist die Frage, wer ordnungsrechtlich für den entstandenen Schaden verantwortlich ist, von wem die Behörden also die Beseitigung der Beeinträchtigung verlangen können (C).

---

[1] Vgl. *Palandt-Heinrichs*, § 245 Anm. 3a.

[2] *Lummert/Thiem*, Rechte des Bürgers, S. 139; zum Begriff siehe *Töpfer*, Umwelt 1989, 53.

[3] Vgl. BT-Drucks. 11/2035.

[4] *Hager*, NJW 1986, 1961; a.A.: *Gassner*, UPR 1987, 370; *Rehbinder*, NuR 1988, 105ff.

[5] Zur Unterscheidung von Belastungen der Umwelt und Belastungen aus der Umwelt siehe ausführlich *Medicus*, JZ 1986, 778.

[6] Vgl. zur Doppelfunktion des Haftungsrechts bereits *Bullinger*, VersR 1972, S. 599; zu den Aufgaben des Haftungsrechts im Umweltschutz über den Schadensausgleich hinaus siehe ausführlich auch *Adams*, ZZP 1986, 129ff.; zur beabsichtigten Reform des Umwelthaftungsrechts vgl. *Salje*, ZRP 1988, 153ff.; *Ganten/Lemke*, UPR 1989, 1ff.; *Henseler*, UTR, Bd. 5, S. 205ff.

A. Das private Umwelthaftungsrecht

5 Als Teil des Privatrechts ist das Umwelthaftungsrecht die Summe der den Privaten untereinander zustehenden Ansprüche auf Ausgleich von Umweltschäden. Haftung kann im deutschen Recht sein

- **Verschuldenshaftung,**
- **Aufopferung,**
- **Gefährdungshaftung.**

I. Verschuldenshaftung

6 Als privatrechtliche Anspruchsgrundlagen des deliktischen Umwelthaftungsrechts kommen in erster Linie die §§ 823 Abs. 1, Abs. 2, 826, 839 BGB in Betracht. Im Mittelpunkt der Verschuldenshaftung steht auch im Umweltrecht § 823 BGB.[7]

1. § 823 Abs. 1 BGB

7 Ein Schadensersatzanspruch aus § 823 Abs. 1 BGB setzt die Verletzung eines der in Abs. 1 genannten Rechtsgüter voraus. Ein Anspruch auf Ersatz von Umweltschäden kann sich in erster Linie aus der Verletzung von Gesundheit, Eigentum oder einem sonstigen Recht ergeben.

8 Schadensersatzklagen, die mit einer umweltrelevanten Gesundheitsbeeinträchtigung begründet werden, sind nach wie vor selten. Als umweltrelevante Gesundheitsbeeinträchtigungen sind aber z. B. Schlafstörungen infolge übermäßiger Lärmeinwirkungen oder Krankheiten als Folge von Luftverunreinigungen anerkannt.

9 Häufiger gewährt die Rechtsprechung dagegen Ansprüche auf Ersatz von Umweltschäden als Folge einer Eigentumsverletzung. Schadensersatzansprüche werden z. B. anerkannt für die Verschmutzung einer Hausfront durch übermäßige Zuführung von Rauch, für die Einwirkung auf ein Grundstück durch Grundwasserverseuchung, für Lackschäden an Kraftfahrzeugen durch Industrieabgase, für Pflanzenschäden einer Baumschule durch Fluoremissionen, für Viehschäden durch verseuchtes Weideland, für die Beschädigung der Garne eines Textilunternehmens durch Rußteilchen der benachbarten Industriebetriebe.

Fall: Die Mitglieder einer Umweltschutzorganisation, die für ihre Ziele dadurch demonstrieren, daß sie die Schornsteine eines Kohlekraftwerkes zwei Tage lang besetzen, machen sich dadurch gegenüber dem Kraftwerksunternehmen schadensersatzpflichtig gem. § 823 Abs. 2 BGB i. V. m. § 123 StGB.[7a]

10 Eine Erweiterung der deliktischen Umwelthaftung durch Anerkennung eines Anspruches auf saubere Umwelt als sonstiges Recht i. S. d. § 823 Abs. 1 BGB oder aber als Unterfall des allgemeinen Persönlichkeitsrechtes wird

---

[7] Vgl. zu den privatrechtlichen Anspruchsgrundlagen zum Ersatz ökologischer Schäden *Gassner*, UPR 1987, 370ff.; *Schulte*, JZ 1988, 278ff.

[7a] *LG Itzehoe*, Urt. v. 24. 9. 1986 – 606/85 – NuR 1988, 311f.

zwar vereinzelt gefordert,[8] ganz überwiegend aber vor allem mit Verweis auf die Konturenlosigkeit eines solchen Rechts abgelehnt.[9]

2. § 823 Abs. 2 BGB

11 Die Bedeutung des § 823 Abs. 2 BGB für das Umwelthaftungsrecht hängt vor allem von dem Umfang ab, in dem umweltschützende Normen des öffentlichen Rechtes zugleich Schutzgesetze i. S. d. § 823 Abs. 2 BGB sind. Grundsätzlich ist in der Rechtsprechung des *BGH* anerkannt, daß drittschützende öffentlich-rechtliche Vorschriften auch Schutzgesetze i. S. d. § 823 Abs. 2 BGB sein können.[10] Umstritten ist jedoch, ob drittschützende Normen des öffentlichen Rechts erst mit ihrer Konkretisierung durch behördliche Anordnungen als Schutzgesetze herangezogen werden können[11] oder aber unmittelbar Schutzgesetze i. S. v. § 823 Abs. 2 BGB sind.[12] Das kann besonders zweifelhaft sein bei allgemeinen gesetzlichen Zweckbestimmungen oder Grundsatznormen, die einer näheren Konkretisierung bedürfen, weil sich allein aus den gesetzlichen Regelungen nur sehr schwer hinreichende Verhaltensregeln für den Adressaten ableiten lassen.[13] Geht man gleichwohl davon aus, daß drittschützende Normen des öffentlichen Rechts unmittelbar Schutzgesetze i. S. d. § 823 Abs. 2 BGB sind, dann bedarf es im konkreten Fall jedenfalls einer genauen Prüfung, ob die Verletzung eines Schutzgesetzes auch schuldhaft ist, obwohl die Verhaltenspflicht in behördlichen Genehmigungen, nachträglichen Anordnungen etc. konkretisiert worden ist und sich der Adressat an diese behördlichen Konkretisierungen gehalten hat.

12 Umstritten ist außerdem, ob auch Verwaltungsvorschriften, insbesondere die Technischen Anleitungen Luft und Lärm Schutzgesetz i. S. d. § 823 Abs. 2 BGB sein können.[14] Zumindest in dem Maße, in dem die Rechtsprechung den Technischen Anleitungen als normenkonkretisierende Verwaltungsvorschriften auch Gerichts- bzw. Außenverbindlichkeit attestiert[15] wird man Verwaltungsvorschriften mit drittschützender Regelung auch als Schutzgesetze i. S. d. des § 823 Abs. 2 BGB anerkennen müssen.

13 Neben den drittschützenden Normen des öffentlichen Rechts sind es vor allem die Strafvorschriften zum Schutz der Umwelt, die als Schutzgesetz

---

[8] Vgl. z. B. *Köndgen*, UPR 1983, 345ff.; *Forkel*, Immissionsschutz und Persönlichkeitsrecht, S. 24 ff., 47ff.; ähnlich auch *Roth*, NJW 1972, 921 (922ff.).

[9] Näher dazu *Medicus*, JZ 1986, 778 (779); *Mertens*, in: Münchener Kommentar, § 823 Rn. 106f.; *Marburger*, Individualschutz gegen Umweltbelastungen, S. 120f.; *Diederichsen/Scholz*, WuV 1984, 23 (32).

[10] *BGH*, Urt. v. 30. 4. 1976 – 5 ZR 188/74 –, Z 66, 354; Urt. v. 23. 6. 1983 – III ZR 79/82 –, UPR 1984, 193 (194); Urt. v. 27. 11. 1963 – V ZR 201/61 -, Z 40, 306; siehe dazu auch *Konrad*, BayVBl. 1984, 33 (37); *Beckmann*, Rechtsschutz, S. 28; *Ganten/Lemke*, UPR 1989, 1 (3).

[11] So z. B. *Medicus*, JZ 1986, 778 (783); *Bullinger*, VersR 1972, 599 (605).

[12] So z. B. *Marburger*, Individualschutz gegen Umweltbelastungen, S. 122f.; *Mertens*, in: Münchener Kommentar, § 823 Rn. 154, 154 a.

[13] *Medicus*, JZ 1986, 778 (783); vgl. dazu auch *Diederichsen/Scholz*, HdUR, Bd. I, Sp. 742; *Marburger*, Individualschutz gegen Umweltbelastungen, S. 122f.

[14] Ablehnend *Medicus*, JZ 1986, 778 (783); *Mertens*, in: Münchener Kommentar, § 823 Rn. 158; bejahend: *Köndgen*, UPR 1983, 351.

[15] Vgl. *BVerwG*, Urt. v. 19. 12. 1985 – VII C 65.82 –, DVBl. 1986, 190 (196) und oben, § 3, Rn. 19–22.

i. S. d. § 823 Abs. 2 BGB die deliktische Umwelthaftung erweitern können.[16]

II. Aufopferung

14 Neben der Verschuldenshaftung kann im deutschen Recht die Aufopferung eines fremden Rechtsgutes im Rahmen einer Güterkollision Grund der Haftung sein. Aufopferungsansprüche sind im Umwelthaftungsrecht besonders zahlreich. Zu ihnen zählen insbesondere § 906 Abs. 2 S. 2 BGB und § 14 S. 2 BImSchG.[17]

1. § 906 Abs. 2 S. 2 BGB

15 Nach § 906 Abs. 2 S. 2 BGB wird der Nachbar dafür entschädigt, daß er bestimmte Beeinträchtigungen seines Grundstückseigentums hinnehmen muß, ohne von seinem Abwehranspruch Gebrauch machen zu können.

16 Grundsätzlich kann der Eigentümer oder auch der Besitzer[18] eines Grundstückes gem. § 906 Abs. 1 BGB die Zuführung von Gasen, Dämpfen, Gerüchen, Rauch, Ruß, Wärme, Geräuschen und Erschütterungen sowie ähnliche von einem anderen Grundstück ausgehenden Einwirkungen nicht verbieten, soweit diese Einwirkungen die Benutzung seines Grundstücks nicht oder nur unwesentlich beeinträchtigen. Gem. § 906 Abs. 2 S. 1 BGB muß der Nachbar darüber hinaus auch wesentliche Beeinträchtigungen dulden, wenn sie durch die ortsübliche Benutzung des Nachbargrundstücks herbeigeführt werden und nicht durch wirtschaftlich zumutbare Maßnahmen verhindert werden können. Diese Duldungspflicht wird aber durch einen Anspruch auf angemessenen Geldausgleich entschädigt, wenn durch die Immission eine ortsübliche Nutzung des beeinträchtigten Grundstücks verhindert oder dessen Ertrag über das zumutbare hinaus beeinträchtigt wird (§ 906 Abs. 2 S. 2 BGB)[19]

2. § 14 S. 2 BImSchG

17 Ein weiterer wichtiger Aufopferungsanspruch des privaten Umwelthaftungsrechts ist in § 14 S. 2 BImSchG geregelt.

18 Nach § 14 S. 1 BImSchG kann aufgrund privatrechtlicher, nicht auf besonderen Titeln beruhender Ansprüche zur Abwehr nachteiliger Einwirkungen von einem Grundstück auf ein benachbartes Grundstück die Einstellung des Betriebes einer Anlage, deren Genehmigung unanfechtbar ist, nicht verlangt werden. Die immissionsschutzrechtliche Genehmigung entfaltet insoweit eine privatrechtsausschließende Wirkung. Verlangen kann der Betroffene gem. § 14 S. 1 BImSchG aber, daß Vorkehrungen getroffen werden, die die benachteiligenden Wirkungen ausschließen. Soweit solche Vorkehrun-

---

[16] Vgl. *Lummert/Thiem*, Rechte des Bürgers, S. 146; zum Umweltstrafrecht siehe oben, § 10.

[17] Siehe außerdem z. B. §§ 17 Abs. 4, S. 2 FStrG, § 42 Abs. 1 BImSchG, § 9 FluglG, 10 Abs. 2 S. 2 WHG.

[18] *BGH*, Urt. v. 15. 4. 1959 – V ZR 3/58 –, *BGHZ* 30, 273 (280).

[19] Vgl. zu diesem Anspruch insbes. *BGH*, Urt. v. 22. 12. 1967 – V ZR 11/67 –, *BGHZ* 49, 148 (150).

gen nach dem Stand der Technik nicht durchführbar oder wirtschaftlich nicht vertretbar sind, kann lediglich Schadensersatz verlangt werden.[20]

Ein Aufopferungsanspruch entsprechend der Regelung des § 14 S. 2 BImSchG ist ausdrücklich in § 7 Abs. 6 AtG und § 11 LuftVG angeordnet. **19**

III. Gefährdungshaftung

Eine Gefährdungshaftung ist im Umweltrecht vor allem im Wasserrecht **20** und Atomrecht vorgesehen. Nach erklärter Absicht der Bundesregierung soll die Gefährdungshaftung aber auch auf Bereiche des Bodenschutzes und der Luftreinhaltung ausgedehnt werden. Damit sollen nach Ansicht der Bundesregierung umweltbelastende Unternehmen zu höchsten Sicherheitsanstrengungen gezwungen werden. Zugleich soll die Situation der Geschädigten in gerichtlichen Verfahren entscheidend verbessert werden.[21]

1. Gefährdungshaftung im Wasserrecht

Eine Gefährdungshaftung besteht im Wasserrecht einerseits für die Verur- **21** sachung nachteiliger Veränderungen der Wasserbeschaffenheit (§ 22 Abs. 1 WHG) und andererseits für Schadensverursachung aus Anlagen (§ 22 Abs. 2 WHG).

Gem. § 22 Abs. 1 WHG ist zum Schadensersatz verpflichtet, wer in ein Gewässer Stoffe einbringt oder einleitet oder wer auf ein Gewässer derart einwirkt, daß die physikalische, chemische oder biologische Beschaffenheit des Wassers verändert wird.[22]

Gem. § 22 Abs. 2 WHG ist der Inhaber einer Anlage, die bestimmt ist, Stoffe herzustellen, zu verarbeiten, zu lagern, abzulagern, zu befördern oder wegzuleiten, zum Schadensersatz verpflichtet, wenn derartige Stoffe aus der Anlage in ein Gewässer hineingelangen, ohne in dieses eingebracht oder eingeleitet zu sein.

2. Gefährdungshaftung im Atomrecht

Die zivilrechtliche Haftung für nukleare Schäden ist in den §§ 25 ff. AtG **22** geregelt. Grundsätzlich sieht das Atomrecht drei Haftungstatbestände vor.[23]

- Beruht der Schaden auf einem von einer Kernanlage ausgehenden nuklearen Ereignis, dann haftet der Inhaber der Kernanlage gem. **§ 25 AtG** i. V. m. dem sog. **Pariser Atomhaftungsübereinkommen.**[24]
- Beruht der Schaden auf einem von einem Reaktorschiff ausgehenden Ereignis, dann

---

[20] Vgl. zu diesem Anspruch *Hager*, NJW 1986, 1961 (1964).

[21] Vgl. zum Entwurf eines Gesetzes zur Verbesserung des Umwelthaftungsrechts den Gesetzantrag des Landes Nordrhein-Westfalen, BR-Dr. 217/87; weitere Gefährdungstatbestände z. B.: § 2 HPflG, § 114 BBergG.

[22] Zur Frage, unter welchen Voraussetzungen der Betreiber eines der öffentlichen Trinkwasserversorgung dienenden Wasserwerks von einem Unternehmen der chemischen Industrie, das Schadstoffe in ein Gewässer eingeleitet hat, die Kosten der Untersuchung von Wasserproben ersetzt verlangen kann, siehe *BGH*, Urt. v. 21. 1. 1988 – III ZR 1980/86 –, UPR 1988, 144; siehe zu diesem Urteil *Breuer*, NVwZ 1988, 992 ff.

[23] Siehe dazu ausführlich *Pelzer*, DVBl. 1986, 875 ff.; *ders.*, NJW 1986, 1664 ff.; siehe dazu auch unten, § 29, Rn. 89 ff.

[24] BGBl. 1985 II, S. 964.

regelt sich die Haftung nach **§ 25a AtG** i. V. m. mit dem **Brüsseler Reaktorschiffabkommen.**[25]
- Für alle sonstigen Strahlenschäden sieht **§ 26 AtG** schließlich einen Auffangtatbestand vor.[26]

IV. Durchsetzungsprobleme des zivilen Umwelthaftungsrechts

23 Trotz der vorhandenen Anspruchsgrundlagen erweist sich das private Umwelthaftungsrecht bislang als nicht sehr effizient. Das hat verschiedene Gründe: Als besonders schwierig erweist sich häufig die für die Verschuldens- und Gefährdungshaftung notwendige Qualifizierung des schädigenden Verhaltens als rechtswidrig und im Bereich der Verschuldenshaftung der Nachweis des Verschuldens. In diesem Zusammenhang sind vor allem die mit den öffentlich-rechtlichen Genehmigungen und Erlaubnissen verbundenen Legalisierungswirkungen ein zentrales Problem. Denn handelt der Schädiger entsprechend den Regelungen der ihm erteilten Erlaubnis, dann ist sein schädigendes Verhalten, zumindest wenn man auf das Verhaltensunrecht abstellt, nicht rechtswidrig. Geht man vom Erfolgsunrecht aus, dann wird man gleichwohl einen *schuldhaften* Pflichtverstoß bei Einhaltung der Genehmigung nur in Ausnahmefällen annehmen können.

24 Durchsetzungsprobleme des zivilen Haftungsrechtes ergeben sich aber in noch stärkerem Umfange aus dem schwierigen Nachweis einer Kausalverknüpfung zwischen dem Verhalten des Inanspruchgenommenen, der Rechtsgutverletzung und dem Schaden. Beweisschwierigkeiten ergeben sich einerseits hinsichtlich der Frage, ob durch die festgestellten Umweltbelastungen die aufgetretenen Schäden tatsächlich verursacht worden sind. Häufig ist z. B. der Nachweis zwischen Schadstoffbelastung und konkreter Gesundheitsbeeinträchtigung kaum zu führen. Eine Erhöhung des Gesundheitsrisikos ist zumeist nur statistisch feststellbar. Kaum zu führen ist vor allem aber auch bei großflächigen Umweltbelastungen der Nachweis, welcher von zahlreichen Umweltbelastern für die konkret aufgetretenen Schäden in Anspruch genommen werden kann. Vor allem im Zusammenhang mit den Waldschäden der jüngeren Vergangenheit sind diese Beweisprobleme insbesondere unter dem Stichwort der **„summierten Immissionen"** lebhaft diskutiert worden. In Rechtsprechung und Rechtslehre ist auf verschiedene der Weise versucht worden, den Geschädigten durch Beweiserleichterungen[27] und durch umweltspezifische Verkehrspflichten der umweltbelastenden Unternehmen zu helfen.[28] Der Gesetzgeber wird zudem möglicher-

---

[25] BGBl. 1975 II, S. 977.

[26] Zur Klage eines deutschen Gemüseanbauers gegen die UdSSR auf Schadensersatz wegen radioaktiver Verstrahlung des Gemüses infolge der Katastrophe in Tschernobyl vgl. *AG Bonn*, Beschl. v. 29. 9. 1987 – 9 C 362/86 –, UPR 1988, 79ff.

[27] Die Literatur dazu ist fast unübersehbar geworden: Vgl. insbesesondere *Marburger/Hermann*, JuS 1986, 354ff.; *Adams*, ZZP 1986, 129ff.; *Medicus*, JZ 1986, 778 (781f.); *Hager*, NJW 1986, 1961 (1966 ff.); *Köndgen*, UPR 1983, 353ff.; *Murswiek*, NVwZ 1987, 481ff.; *Schmidt*, ZRP 1987, 345ff.; *Dörnberg*, NuR 1987, 308ff.; *Ganten/Lemke*, UPR 1989, 1 (5); zur Rechtsprechung siehe insbesesondere *BGH*, Urt. v. 18. 9. 1984 – VI ZR 223/82 –, BGHZ 92, 143 (147); *OLG Celle*, Urt. v. 21. 9. 1979 – 8 U 193/75 –, VersR 81, 66f.

[28] Vgl. dazu *BGH*, Urt. v. 18. 9. 1984 – VI ZR 223/82 – , BGHZ 92, 143 (151); *Marburger*, Individualschutz gegen Umweltbelastungen, S. 121; *Medicus*, JZ 1986, 778 (780); *Köndgen*, UPR 1983, 351.

weise durch eine Erweiterung der Gefährdungshaftung die Situation der Geschädigten zu verbessern suchen.

Gleichwohl wird das private Umwelthaftungsrecht gerade bei großräumigen Belastungen der Umwelt durch eine Vielzahl von Schadstoffemittenten auch in Zukunft an den angedeuteten Beweisschwierigkeiten kranken. Es wundert deshalb nicht, daß die Geschädigten zunehmend versucht haben, Ersatzansprüche im Wege der Staatshaftung durchzusetzen. 25

B. Das öffentliche Umwelthaftungsrecht

Das öffentliche Umwelthaftungsrecht regelt die öffentlich-rechtlichen Ersatzansprüche zum Ausgleich von Umweltschäden. Als Anspruchsgrundlagen kommen insbesondere in Betracht Ansprüche aus 26

- **Amtshaftung,**
- **enteignungsgleichem und enteignendem Eingriff,**
- **einer entsprechenden Anwendung des § 14 S. 2 BImSchG.**

Amtshaftungsansprüche gem. Art. 34 GG/§ 839 BGB gegenüber dem Staat bestehen, wenn ein Beamter in Ausübung eines öffentlichen Amtes die ihm einem Dritten gegenüber obliegende Amtspflicht schuldhaft verletzt. Zum Ausgleich von Umweltschäden lassen sich Amtshaftungsansprüche unterschiedlich begründen. Im Einzelfall mögen Umweltschäden auf die mangelhafte Durchführung umweltschützender Vorschriften durch die Verwaltung zurückzuführen sein.[29] Amtshaftungsansprüche sind grundsätzlich außerdem denkbar, wenn die Verwaltung beim Erlaß abstrakt-genereller Regelungen (Rechtsverordnungen, Verwaltungsvorschriften) von der gesetzlichen Ermächtigung vorwerfbar und schadensursächlich keinen hinreichenden oder aber einen fehlerhaften Gebrauch gemacht hat. Einen Amtshaftungsanspruch könnte schließlich auch die Verletzung verfassungsrechtlicher Schutzpflichten durch den Gesetzgeber auslösen.[30] 27

Vor allem mit der Verletzung verfassungsrechtlicher Schutzpflichten durch den Gesetzgeber sind in der Rechtslehre auch Ansprüche aus **enteignungsgleichem** und **enteignendem Eingriff** begründet worden. Eine Pflichtverletzung des Gesetzgebers könnte sich aus der unterlassenen Verbesserung von Umweltschutzvorschriften oder aus dem Erlaß umweltbelastender Gesetze ergeben.[31] Zunehmend wird außerdem die Ansicht vertreten, staatliche Schutzpflichten verpflichteten den Gesetzgeber – wenn schon nicht zur Verschärfung umweltschützender Rechtsvorschriften – dann doch jedenfalls zur gesetzlichen Regelung von Entschädigungs- und Ausgleichsregelun- 28

[29] Siehe dazu *v. Hippel*, NJW 1985, 30 (32); *Leisner*, Waldsterben, S. 14ff., 43ff.; ablehnend *Ebersbach*, NuR 1985, 165 (166).

[30] Vgl. dazu ausführlicher *Bender*, VerwArch. 77 (1986), 335 (345ff.); *Ladeur*, DÖV 1986, 445 (449ff.); vgl. zur Amtspflichtverletzung von Ratsmitgliedern und Verwaltungsbeamten bei der Aufstellung von Bauleitplänen wegen der fehlenden Berücksichtigung von Altlasten *OLG Hamm*, Urt. v. 26. 2. 1988 – 11 U 68/87 –, NWVBL 1988, 245ff.; *Bielfeldt*, DÖV 1989, 67.

[31] Vgl. dazu *Ladeur*, DÖV 1986, 445 (448ff.)

gen.[32] Daneben wird eine Staatshaftung aus enteignungsgleichen Eingriffen auch damit begründet, nach geltendem Recht seien die Geschädigten zur Duldung von Umweltbeeinträchtigungen verpflichtet. Die Auferlegung solcher Duldungspflichten sei eine hoheitliche Maßnahme mit enteignender Wirkung.[33]

29 Vertreten wird schließlich vereinzelt die Ansicht, eine Staatshaftung für Umweltschäden könne sich auch aus einer verfassungskonformen Auslegung bzw. einer entsprechenden Anwendung des § 14 S. 3 BImSchG im öffentlichen Recht ergeben.[34]

30 In der Rechtsprechung sind insbesondere im Zusammenhang mit dem geforderten Ersatz für die Waldschäden öffentlich-rechtliche Ersatzansprüche durchweg abgelehnt worden.[35]

Fall:[36] Der Kläger ist Eigentümer eines forst- und landwirtschaftlichen Betriebs im Schwarzwald. Die forstwirtschaftlichen Erträge bilden nach der Klagebegründung die Existenzgrundlage des Klägers. Eine Schadensinventur habe ergeben, daß bereits 80% der Bäume seines Waldes Schadenssymptome wie Nadelverluste, Nadelverfärbung oder tote Äste aufwiesen, die zu einem sehr starken Rückgang des laufenden Zuwachses an Holz geführt hätten. Die Schäden seine als Teil des in Deutschland weitflächig auftretenden Waldsterbens anzusehen. Der laufende Schaden des Betriebs bestehe in einem um mindestens 370 DM pro Jahr und Hektar geminderten Reinertrag. Mit seiner Klage macht der Kläger den in den Jahren 1983, 1984 und 1985 entstandenen Schaden gegenüber der Bundesrepublik und dem Land Baden-Württemberg geltend. Der *BGH* hat die Klage abgewiesen. Aus § 14 S. 2 BImSchG könne sich weder in unmittelbarer noch in entsprechender Anwendung noch in verfassungskonformer Auslegung ein Anspruch ergeben. Der Anspruch richte sich als Surrogat des ausgeschlossenen Abwehranspruchs gegen den Störer; das sei der Betreiber der emittierenden Anlage und nicht Bund oder Land. Auch eine entsprechende Anwendung des § 14 S. 2 BImSchG komme nicht in Betracht. Dem stehe bereits der nachbarrechtliche Charakter des Anspruchs und der Umstand, daß die Schäden nicht bestimmten identifizierbaren Emittenten zugerechnet werden könnten, entgegen. Außerdem würde durch eine analoge Anwendung des § 14 S. 2 BImSchG der gesetzlich vorgesehene Anspruchsschulder, der Anlagenbetreiber und Emittent, im Wege der Auslegung durch einen anderen Schuldner, nämlich den Staat ersetzt. Damit würde eine Privatrechtsnorm in eine Vorschrift des Staatshaftungsrechts umgeformt. Eine solche analoge Anwendung stünde im Widerspruch zum Willen des Gesetzgebers. Auch könne § 14 S. 2 BImSchG nicht verfassungskonform dahin ausgelegt werden, daß den Staat eine Art Garantiehaftung für die Realisierbarkeit von Schadensersatzansprüchen der geschädigten Waldeigentümer gegen den Betreiber der emittierenden Anlage treffe.

---

[32] Vgl. *v. Hippel*, NJW 1985, 30 (31); *Murswiek*, NVwZ 1986, 611 (615); *Ladeur*, DÖV 1986, 445 (451 ff.); *v. Dörnberg*, NuR 1986, 45 ff.; *Ebersbach*, NuR 1985, 167 ff.; *Schmidt*, ZRP 1987, 345 (348 f.).

[33] *Murswiek*, NVwZ 1986, 611 ff.; a. A.: *Langer*, NVwZ 1987, 195 ff.; dagegen wiederum *Murswiek*, NVwZ 1987, 481 ff.

[34] Siehe dazu *von Dörnberg*, NuR 1986, 45 ff.; a. A.: *Murswiek*, NVwZ 1986, 611 (615); *Bender*, VerwArch. 77 (1986), S. 335 (351); ablehnend auch *Schmidt*, ZRP 1987, 345 (346).

[35] Vgl. allen voran *BVerfG*, Beschl. v. 14. 9. 1983 1 BvB 920/83 –, NJW 1983, 2931; *BGH*, Urt. v. 10. 12. 1987 – III ZR 220/86; *OLG Köln*, Urt. v. 16. 9. 1985 – 7 U 133/84 –, NJW 1986, 589 ff.; *OLG Stuttgart*, Urt. v. 22. 10. 1986 – 1 U 38/86 – (932 a) – ArgrarR 1987, 54 f.; *OlG München*, Urt. v. 5. 6. 1986 – 1 U 150/86 –, NVwZ 1986, 691 ff.; *LG Bonn*, Urt. v. 27. 6. 1984 – 1 O 99/84 –, NJW 1985, 71 f.; zur Haftung für Hochwasserschäden aufgrund zu umfangreicher Baugebietsausweisung vgl. ablehnend *BGH*, Urt. v. 14. 5. 1987 – III ZR 159/86 –, UPR 1988, 139 ff.

[36] Nach *BGH*, Urt. v. 10. 12. 1987 – II ZR 220/86 –, NJW 1988, 478 ff.

Die öffentliche Hand hafte für die neuartigen Waldschäden den betroffenen Eigentümern auch nicht aus dem rechtlichen Gesichtspunkt des enteignungsgleichen oder des enteignenden Eingriffs. Der enteignungsgleiche Eingriff setze begrifflich ein rechtswidriges staatliches Handeln voraus. Da die Emissionen ihre Rechtsgrundlage im BImSchG fänden, könnten Ansprüche aus enteignungsgleichem Eingriff nur bei Verfassungswidrigkeit dieses Gesetzes gegeben sein. Für die nachteiligen Auswirkungen eines verfassungswidrigen formellen Gesetzes und seines Vollzugs hafte jedoch die öffentliche Hand nicht unter dem Gesichtspunkt des enteignungsgleichen Eingriffs. Auch eine Entschädigungspflicht aus enteignendem Eingriff aufgrund positiven staatlichen Handelns sei zu verneinen. Beim enteignenden Eingriff handele es sich darum, daß eine an sich rechtmäßige hoheitliche Maßnahme auf eine Rechtsposition des Eigentümers einwirke und im konkreten Fall bei einzelnen Betroffenen zu – meist atypischen und unvorhergesehen – Nebenfolgen und Nachteilen führe, die die Schwelle des enteignungsrechtlich Zumutbaren überschritten. Dieses Rechtsinstitut sei keine geeignete Grundlage, um massenhaft auftretende Schäden, wie sie durch das Waldsterben ausgelöst würden, auszugleichen.

Auch aus einem Unterlassen des Gesetz- oder Verordnungsgebers oder der mit dem Vollzug immissionsschutzrechtlicher Vorschriften befaßten Behörden könnten keine Entschädigungsansprüche wegen rechtswidrigen enteignungsgleichen Eingriffs hergeleitet werden. Ein Eingriff sei insoweit nur zu bejahen, wenn sich das Unterlassen ausnahmsweise als ein in den Rechtskreis des Betroffenen eingreifendes Handeln qualifizieren ließe. Von einem solchen qualifizierten Unterlassen könne aber nicht gesprochen werden, wenn nicht eindeutig feststehe, welches konkrete Verhalten der öffentlichen Hand nach öffentlichem Recht geboten sei. Auch unter dem rechtlichen Gesichtspunkt einer unterlassenen Ausübung staatlicher Schutzpflichten aus Art. 14 GG zugunsten des gefährdeten Waldeigentums könne der Kläger mit seinem Entschädigungsbegehren nicht durchdringen. Dabei sei maßgeblich darauf abzustellen, ob den staatlichen Organen eine evidente Verletzung der in den Grundrechten verkörperten Grundentscheidung zur Last zu legen sei. Das *BVerfG* habe im Jahre 1983 eine solche evidente Verletzung staatlicher Schutzpflichten unter Hinweis auf die seit Beginn der 70er Jahre getroffenen staatlichen Maßnahmen zum Schutz des Waldeigentums vor Schäden durch Luftverunreinigungen verneint.[37] Nach Ansicht des *BGH* konnte offen bleiben, ob für die Zeit nach Erlaß dieser Entscheidung einer evidente Schutzpflichtverletzung anzunehmen sei. Auch bei Verletzung einer derartigen Schutzpflicht käme ein Entschädigungsanspruch nur in Betracht, wenn dafür eine gesetzliche Regelung vorhanden sei.

Schließlich könne der Kläger den Ersatz der ihm entstandenen Waldschäden auch nicht aus dem Gesichtspunkt der Amtshaftung (§ 839 BGB, Art. 34 GG) verlangen. Amtshaftungsansprüche wegen fehlerhaften Verhaltens des Gesetz- oder Verordnungsgebers würden schon deshalb ausscheiden, weil die öffentliche Hand insoweit gegenüber dem Kläger keine drittbezogenen Amtspflichten verletzt habe. Für ein amtspflichtwidriges Verhalten des Gesetz- oder Verordnungsgebers durch Unterlassen fehle es an einer Schutzpflichtverletzung der öffentlichen Hand.

C. Die ordnungsrechtliche Haftung für Altlasten

Die ordnungsrechtliche Verantwortlichkeit im Umweltrecht richtet sich 31 in erster Linie nach Spezialgesetzen.

Beispiel: Gem. § 20 BImSchG kann die zuständige Behörde den Betrieb einer genehmigungspflichtigen Anlage untersagen, wenn sich der Betreiber rechtswidrig i. S. d. § 20 Abs. 1, Abs. 2 BImSchG verhält.

Beispiel: Gem. § 9 S. 2 AbfG kann die Behörde dem Inhaber einer ortsfesten Abfallentsorgungsanlage, die vor dem 11. Juni 1972 betrieben wurde oder mit deren Errichtung begonnen war, deren Betrieb untersagen, wenn der Betrieb der Anlage das

---

[37] Vgl. *BVerfG*, Beschl. v. 14. 1. 1981 – 1 BvR 612/72 –, E 56, 54 (80f.).

Allgemeinwohl erheblich beeinträchtigt und die Beeinträchtigung nicht durch Auflagen, Bedingungen oder Befristungen verhindert werden kann.

32 Fehlt es an einer spezialgesetzlichen Ermächtigungsgrundlage, dann richtet sich die ordnungsrechtliche Verantwortlichkeit nach den polizei- und ordnungsrechtlichen Generalklauseln der Länder.[38]

I. Die ordnungsrechtliche Verantwortlichkeit

33 Das allgemeine Ordnungsrecht ermächtigt die zuständige Behörde, die notwendigen Maßnahmen zu ergreifen, um eine im einzelnen Fall bestehende Gefahr für die öffentliche Sicherheit oder Ordnung abzuwehren (vgl. z. B. § 14 Abs. 1 OBG NW).

34 Schutzgüter der öffentlichen Sicherheit sind unter anderem die menschliche Gesundheit, das Eigentum Dritter einschließlich der Nutztiere, Nutzpflanzen, des Bodens und der Gewässer sowie der Staat und seine Einrichtungen.[39]

35 Die zuständige Behörde kann bei Vorliegen einer Störung oder Gefahr, also dann, wenn diese Güter in nicht unerheblicher Weise beeinträchtigt werden oder eine solche Beeinträchtigung bevorsteht, von den für die Gefahr Verantwortlichen die Beseitigung der Störung verlangen.[40]

36 Verantwortlich für die Gefahrenquelle sind der *Handlungsstörer* und der *Zustandsstörer*.

Handlungsstörer ist diejenige natürliche oder juristische Person, die die Gefahr verursacht hat (vgl. § 4 Abs. 1 MEPolG; vgl. ferner z. B. § 17 Abs. 1 OBG NW).

Zustandsstörer sind der Eigentümer und/oder der Inhaber der tatsächlichen Gewalt einer Sache, wenn von dieser eine Gefahr ausgeht (§ 5 Abs. 1, Abs. 2 MEPOLG; vgl. z. B. § 18 Abs. 1, Abs. 2 OBG NW).

37 Bei mehreren in Betracht zu ziehenden Störern liegt es im Ermessen der Behörde, gegen wen sie die Polizei- oder Ordnungsverfügung richtet. Bei der Ermessensausübung hat sich die Behörde zunächst an dem Gebot der größtmöglichen Wirksamkeit der Maßnahme zu orientieren. Kriterien für die Auswahl des Störers sind dabei u. a. die jeweilige Gefahrennähe sowie auch die finanzielle Leistungsfähigkeit des Störers. Darüber hinaus hat die Behörde das verfassungsrechtlich verankerte Übermaßverbot und den Gleichbehandlungsgrundsatz zu beachten.

38 Das allgemeine Ordnungsrecht hat trotz seiner Subsidiarität gegenüber den Umweltfachgesetzen gerade in der jüngsten Vergangenheit für die Umwelthaftung wieder an Bedeutung gewonnen. Grund dafür ist vor allem die Diskussion über die Frage der Verantwortlichkeiten im Rahmen der Altlastensanierung.[41]

---

[38] Zur Ergänzungs- und Reservefunktion des allgemeinen Polizei- und Ordnungsrechts im Umweltrecht siehe *Götz*, HdUR, Bd. II, Sp. 188ff.

[39] *Papier*, ET 1987, 437f.

[40] Zur Zuständigkeitsabgrenzung zwischen Wasserbehörden und allgemeinen Ordnungsbehörden siehe *OVG Münster*, Beschl. v. 12. 2. 1987 – 21 B 58, 174/87 –, NVwZ 1987, 615.

[41] Vgl. dazu *Dieckmann/Wagner*, Altlasten und Abfallproduzenten, S. 1ff.; *Brandt/Lange*, UPR 1987, 11 f.; *Breuer*, NVwZ 1987, 751f.; *Kloepfer*, Die Verantwortlichkeit für Altlasten im öffentlichen Recht, S. 17f.; *Koch*, Bodensanierung nach dem Verursa-

II. Die Haftung für Altlasten

Altlasten sind diejenigen Umweltbelastungen durch Abfälle, die vor dem Inkrafttreten des Abfallgesetzes vom 11. Juni 1972 abgelagert wurden.[42] 39

Nach Angaben der zuständigen Landesministerien ist aufgrund der bislang ermittelten altlastenverdächtigen Standorte damit zu rechnen, daß in der Bundesrepublik insgesamt zwischen 42000 und 48000 Verdachtsflächen existieren und einer Überprüfung bedürfen. Dabei handelt es sich überwiegend um ehemalige Müllkippen und sog. wilde Ablagerungen. Die Gesamtzahl der verunreinigten Böden dürfte sich nochmals erhöhen, wenn bundesweit alle ehemaligen Betriebsstandorte systematisch erfaßt worden sind.[43] 40

Die ordnungsrechtlichen Generalklauseln ermächtigen die Behörde, die zur Beseitigung der Gefahrenlage erforderlichen Maßnahmen zu treffen. Der Umfang der Maßnahmen richtet sich also danach, ob sie zur Gefahrenabwehr notwendig sind.[44] Sanierungsmaßnahmen, die über die Gefahrenbeseitigung hinausgehen, wie z. B. **Rekultivierungsmaßnahmen** sind von den Ermächtigungsgrundlagen des allgemeinen Polizei- und Ordnungsrechts nicht mehr gedeckt. Demgegenüber wird die Behörde durch die Generalklausel ermächtigt, Verfügungen an den Störer zwecks Ermittlung einer Gefahr zu richten. Der polizeirechtliche Gefahrenbegriff erfaßt auch den Verdacht einer Gefahr.[45] Da die Behörde nach allgemeinem Verwaltungsrecht (§ 24 Abs. 1 VwVfG) den Sachverhalt, auf den sie ihre Tätigkeit stützt, von Amts wegen selbst zu ermitteln hat, kann sie bei Bestehen eines bloßen Gefahrenverdachts vom vermeintlichen Störer aber nur Duldung der erforderlichen Aufklärungsmaßnahmen verlangen.[46] 41

Fall:[47] Im Trinkwasser der Stadt S werden Chlorkohlenwasserstoffe festgestellt, die zu den wassergefährdenden Flüssigkeiten zählen. Um die Ursachen und den Verursacher der Gewässerverunreinigung festzustellen, ordnet die untere Wasserbehörde Pro-

---

cherprinzip, S. 1ff. *Kormann*, UPR 1983, 281; *Michels*, Modelle zur Vermeidung künftiger Altlasten, S. 1ff.; *Papier*, DVBl. 1985, 873f.; *ders.*, ET 1987, 437f.; *ders.*, Die Verantwortlichkeit für Altlasten im öffentlichen Recht, S. 59f.; *ders.*, NVwZ 1986, 256f.; *Schink*, BauR 1987, 397ff.; *Fehn*, VR 1987, 267ff.; *Niemutz*, DÖV 1988, 291ff.; *Kothe*, ZRP 1987, 399 ff.; *Bender/Sparwasser*, Umweltrecht, Rn. 752ff.; *Reiß-Schmidt*, StGB 1988, 127ff.; *Henkel*, Altlasten als Rechtsproblem, S. 1ff.; *Schink*, DÖV 1988, 529 zur Amtshaftung bei der Bebauung von Altlasten; siehe dazu auch *OLG Hamm*, Urt. v. 26. 2. 1988 – 11 U 68/87 –, NWVBL 1988, 245f, *Staupe*, DVBl. 1988, 606ff.; Diederichsen, BB 1988, 917ff.; *Bielfeldt*, DÖV 1989, 67.

[42] Sog. echte Altlasten .Vgl. dazu *Kloepfer*, Verantwortlichkeit für Altlasten, S. 21; *Papier*, DVBl. 1985, 873; anders *Brandt/Dieckmann/Wagner*, Altlasten und Abfallproduzenten, S. 5, die unter Altlasten ohne eine zeitliche Zäsur alle in der Vergangenheit liegenden Ablagerungen verstehen.

[43] Vgl. dazu den Bericht über eine Studie des Deutschen Instituts für Urbanistik über Altlasten als Rechtsproblem, NVwZ 1987, 962.

[44] Vgl. *Brandt/Dieckmann/Wagner*, Altlasten und Abfallproduzenten, S. 31.

[45] *Kloepfer*, Verantwortlichkeit für Altlasten, S. 49; *Papier*, ET 1987, S. 439; dazu ausführlich *Breuer*, GS für Martens, S. 317 (331ff.).

[46] *Breuer*, NVwZ 1987, 754.

[47] Vgl. *VGH BW*, Urt. v. 13. 2. 1985 – 5 S 1380/83 –, AgrarR 1985, 201.

bebohrungen auf dem Grundstück des A an.[48] A ist verpflichtet, die Bohrungen zu dulden. Rechtsgrundlagen für die Probebohrung einschließlich des Betretens des Grundstücks ist § 21 Abs. 1 WHG i. V. m. entsprechenden Regeln der Landeswassergesetze.[49]

42 Verantwortlich für die Altlasten können der Deponieinhaber, bzw. -betreiber, der Deponieeigentümer, der Abfallbeförderer und der Abfallerzeuger sein. Erfolgte die Ablagerung nicht auf einer gesonderten Deponie, sondern auf dem Produktionsgelände selbst, reduziert sich der Kreis der Verantwortlichen auf die drei erstgenannten Personen, wobei der Eigentümer des Produktionsgeländes dem Deponieeigentümer und der Inhaber der tatsächlichen Gewalt dem Deponieinhaber entspricht.

1. Haftung nach dem Abfallrecht

43 Der Inhaber einer nach dem 11. Juni 1972 – dem Inkrafttreten des Abfallgesetzes – stillgelegten ortsfesten Abfallbeseitigungsanlage kann nach der spezialgesetzlichen Regelung des § 10 Abs. 2 AbfG verpflichtet werden, auf seine Kosten das Gelände, das für die Abfallbeseitigung verwandt worden ist, zu rekultivieren bzw. sonstige Vorkehrungen zu treffen, die erforderlich sind, um Beeinträchtigungen des Wohls der Allgemeinheit zu verhüten.

Fall:[50] Ist es während des Betriebs einer Abfalldeponie zu häufigen und groben Verstößen gegen die Grundsätze einer ordnungsgemäßen Abfallbeseitigung gekommen, so rechtfertigen die Folgen solcher Verstöße, wenn sie erst mehrere Jahre nach Stillegung und Abdeckung der Deponie offenbar werden, die Anordnung von Sicherungsmaßnahmen nach § 10 Abs. 2 AbfG gegen den früheren Betriebsinhaber zu diesem späten Zeitpunkt; eine solche Anwendung ist nicht deshalb ausgeschlossen, weil die zuständige Behörde zuvor aus Anlaß der Deponiestillegung nur die Abdeckung der Deponiefläche verlangt hatte.

44 Eine Inanspruchnahme der übrigen Verantwortlichen kommt mangels spezialgesetzlicher Eingriffsnormen nur nach Maßgabe des allgemeinen Ordnungsrechts in Betracht. § 10 Abs. 2 AbfG kann aufgrund des verfassungsrechtlichen Verbots der echten Rückwirkung die Anlagen, die vor dem Inkrafttreten des damaligen Abfallbeseitigungsgesetzes vom 11. Juni 1972 stillgelegt wurden, nicht erfassen.

45 Die neue Regelung des § 11 Abs. 1 S. 2 AbfG, wonach die Behörde die Überwachung auch auf stillgelegte Abfallentsorgungsanlagen und auf Grundstücke erstreckt, auf denen vor dem dem 11. 6. 1972 Abfälle angefallen, behandelt oder abgelagert worden sind, wenn dies zur Wahrung des Allgemeinwohls erforderlich ist, überwindet zwar diese zeitliche Grenze. Die abfallrechtliche Überwachung umfaßt aber keine Verpflichtungen und Verfügungen zur Sanierung von Altanlagen.

---

[48] Vgl. auch *VGH Kassel*, Urt. v. 14. 1. 1986 – IX OE 47/80 –, NVwZ 1986, 660ff.; *OVG Lüneburg*, Beschl v. 27. 8. 1986 – 3 B 101/86 –, NVwZ 1987, 617.

[49] Zur Frage, unter welchen Voraussetzungen der Betreiber eines der öffentlichen Trinkwasserversorgung dienenden Wasserwerks von einem Unternehmen der chemischen Industrie, das Schadstoffe in ein Gewässer eingeleitet hat, die Kosten der Untersuchung von Wasserproben ersetzt verlangen kann, *BGH*, Urt. v. 21. 1. 1988 – III ZR – 180/86 –, NJW 1988, 1533 und dazu *Salzwedel*, NVwZ 1988, 493ff.; *Breuer,* NVwZ 1988, 992ff.

[50] *BVerwG*, Beschl. v. 14. 4. 1986 – 7 B 18.86 –, DVBl. 1986, 687f.

2. Haftung nach dem Wasserrecht

Das gleiche gilt für die wasserrechtlichen Regelungen der §§ 3 Abs. 1 Nr. 4, Nr. 5, Abs. 2 Nr. 2, 26 Abs. 2, 34 Abs. 2 WHG. Soweit es bei den Altlasten um Ablagerungen geht, die vor dem Inkrafttreten des WHG (1. 3. 1960) vorgenommen wurden, kommt auch eine Anwendung der §§ 26 Abs. 2, 24 Abs. 2 WHG nicht in Betracht.[51] 46

3. Landesrechtliche Haftungsregeln

Soweit landesrechtliche Bestimmungen Sonderregelungen für die Rekultivierung und Sicherung schon vor dem 11. Juni 1972 stillgelegter Anlagen vorsehen,[52] nach denen überwiegend die öffentlich-rechtlichen Gebietskörperschaften für sanierungspflichtig erklärt werden, besteht diese Verpflichtung entweder neben der Verantwortlichkeit Dritter oder ist sogar nur subsidiär für den Fall gedacht, daß eine Inanspruchnahme Dritter ausscheidet. 47

4. Haftung nach dem Polizei- und Ordnungsrecht

Die danach erforderliche Inanspruchnahme nach allgemeinem Polizei- und Ordnungsrecht stößt auf rechtliche Schwierigkeiten. 48

a) Handlungshaftung

Eine Handlungshaftung der in Betracht zu ziehenden Personen kann nur dann bejaht werden, wenn diese durch ihr Verhalten eine Gefahr verursacht haben. Wann eine Verursachung vorliegt, wird in der Rechtsprechung und Rechtslehre nicht einheitlich beantwortet. 49

aa) Theorie der unmittelbaren Verursachung

Nach der überwiegend vertretenen Theorie der unmittelbaren Verursachung[53] stellt dasjenige Verhalten eine polizeirechtlich relevante Ursache dar, das selbst die Gefahrengrenze überschreitet. Das ist regelmäßig die zeitlich letzte, also die Ursache, die die Gefahr oder Störung unmittelbar herbeiführt. Eine mittelbare Ursache kann dagegen nur ausnahmsweise aufgrund einer wertenden Betrachtungsweise als ordnungsrechtlich relevant angesehen werden.[54] Ausgehend von diesen Grundsätzen ergibt sich für die Altlastenproblematik folgendes: 50

Der **Deponiebetreiber** ist als unmittelbarer Verursacher für die von der Deponie ausgehenden Gefahren verhaltensverantwortlich. Dagegen überschreitet der mit dem Betreiber nicht identische **Deponieeigentümer** regelmäßig mit der Überlassung seines Eigentums an den Betreiber nicht die Gefahrengrenze, so daß nach der Theorie der unmittelbaren Verursachung eine Verhaltensverantwortlichkeit nicht in Betracht kommt. Der **Produzent** ist trotz der Tätigkeit des Deponiebetreibers, die einen unmittelbaren Verursachungsbeitrag liefert, Verhaltensstörer, wenn die Herstellung selbst bereits eine über das Normalmaß hinausgehende Gefahrentendenz aufweist, die 51

---

[51] Vgl. *Papier*, Altlasten und polizeirechtliche Störerhaftung, S. 11f.

[52] Vgl. Art. 14 Abs. 1 BayAbfG; § 13 Abs. 1 Brem AGAbfG; § 10 Abs. 1 Hmb AGAbfG.

[53] Vgl. *OVG Münster*, Beschl. v. 10. 1. 1985 – 4 B 1434/84 –, NVwZ 1985, 355 (356); *OVG Hamburg*, Urt. v. 27. 4. 1983 – II 15/79 –, DÖV 1983, 1016 (1017); *Götz*, Allgemeines Polizei- und Ordnungsrecht, Rn. 193; *Wolff/Bachof*, Verwaltungsrecht III, § 127 Rn. 10.

[54] Vgl. *Drews/Wacke*, Gefahrenabwehr, S. 315; *OVG Münster*, Urt. v. 29. 3. 1984 – 12 A 2194/82 –, UPR 1984, 279.

sich bei der späteren Ablagerung der Produkte aktualisiert und von einem derartigen Gewicht ist, daß die Ablagerung durch den Deponiebetreiber bei wertender Betrachtung demgegenüber zurücktritt (**latente Gefährdung**). Eine derartige erhöhte Gefahrentendenz muß beispielsweise dann bejaht werden, wenn gefährliche Abfälle produziert werden, ohne daß bereits zu diesem Zeitpunkt die hinreichende gefahrvermeidende Entsorgung sichergestellt ist.[55] Ein Überschreiten der Gefahrengrenze muß darüber hinaus auch dann bejaht werden, wenn der Abfallproduzent ihm bekanntermaßen hochgiftige Abfälle an ein erkennbar ungeeignetes Beseitigungsunternehmen übergibt, das die Abfälle nicht fachmännisch beseitigen kann.[56] Ein latent gefährliches Verhalten des Abfallbeförderers kann beispielsweise dann bejaht werden, wenn er Weisungen des Abfallproduzenten bei der Beförderung oder Ablagerung der Abfälle nicht beachtet.[57]

bb) Theorie der rechtswidrigen Verursachung

52 Das Zurechnungskriterium der Unmittelbarkeit der Verursachung ist gerade im Zusammenhang mit der Altlastenfrage stark kritisiert worden.[58] Die wertende Betrachtungsweise hindert eine klare eindeutige Bestimmung des Verhaltensverantwortlichen und führt deshalb zu Unsicherheiten. Eine Alternative bietet die in der Rechtslehre vertretene Theorie der rechtswidrigen Verursachung, nach der Störer derjenige ist, der seinen Rechtskreis überschreitet, indem er bei seinem Verhalten Rechtsvorschriften mißachtet.[59] Dabei werden neben der Verletzung von Rechtsnormen oder öffentlich-rechtlichen Genehmigungen die mangelnde Sozialadäquanz und auch die Verletzung von Verkehrssicherungspflichten als Pflichtwidrigkeit angesehen.[60]

53 Ausgehend von dieser Theorie kommt eine Verhaltensverantwortlichkeit aller bereits genannten Personengruppen in Betracht.

Im Zusammenhang mit der Produktion von Abfällen hat der Produzent die Pflicht, die Zusammensetzung der eigenen Produktionsabfälle zu untersuchen und den Abfallbeseitiger auf die bestehenden Gefahren hinzuweisen. Er hat ferner die adäquaten Beseitigungsmöglichkeiten zu erwägen. Sind gefahrlose Abfallbeseitigungsmethoden nicht bekannt, hat er die Produktion um- und ggf. auch einzustellen. Der **Abfallproduzent** hat schließlich auch die Pflicht, die Deponiebetreiber zu warnen oder auf eine anderweitige Entsorgung hinzuwirken, wenn sich nachträglich die Gefährlichkeit der Abfälle herausstellt.

Der **Abfallanlieferer** ist, soweit es sich um einen selbständigen Beseitigungsunternehmer handelt, verpflichtet, sich über die einzusammelnden Abfälle sowie über die Eignung einer zu beliefernden Deponie zu informieren. Das gleiche gilt für den **Betreiber** der Deponie. Der damit nicht identische **Deponieeigentümer** unterliegt der Handlungshaftung, wenn er bei der Verpachtung des Geländes seine fehlende Eignung als Lagerstätte mißachtet. Auch ihm obliegt es, sich hinsichtlich der Beschaffenheit und der beabsichtigten Deponierung zu informieren.

cc) Haftungseinschränkungen

54 Neben der Bestimmung des Verhaltensstörers ist problematisch, ob und wie dem Problem Rechnung getragen werden muß, daß bei einer Vielzahl

---

55 *Kloepfer*, Verantwortlichkeit für Altlasten, S. 41.

56 *Papier*, ET 1987, 437 (439).

57 *Kloepfer*, Verantwortlichkeit für Altlasten, S. 39.

58 *Brandt/Lange*, UPR 1987, 14; *Koch*, Bodensanierung nach dem Verursacherprinzip, S. 15f.

59 *Schnur*, DVBl. 1962, 1f. (3).

60 Vgl. *Koch*, Bodensanierung nach dem Verursacherprinzip S. 17; *Pietzcker*, DVBl. 1984, S. 457f. (459).

von Altlasten die Gefährlichkeit der deponierten Stoffe im Zeitpunkt ihrer Ablagerung unbekannt war.

Während teilweise – ausgehend vom Zweck des Ordnungsrechts, bestehende Gefahrenlagen zu beseitigen – geltend gemacht wird, auf ein Verschulden und damit auch eine Kenntnis des Störers von der Gefahr komme es nicht an,[61] werden in der Literatur zum Teil Haftungseinschränkungen vorgenommen. *Papier*[62] begründet diese Einschränkung damit, daß sich eine Inanspruchnahme aufgrund nachträglicher, vom ursprünglichen Erkenntnisstand abweichender Beurteilung wegen des rechtsstaatlichen Verbots echter Rückwirkung verbieten würde. 55

Darüber hinaus wird die Ansicht vertreten, daß eine Inanspruchnahme als Verhaltensstörer dann ausscheidet, wenn das die Altlasten verursachende Verhalten in der Vergangenheit behördlich genehmigt worden ist (**Legalisierungswirkung**). Die Genehmigungen, sei es des Gewerberechts, des Immissionsschutzrechts und/ oder Wasserrechts würden einen wesentlichen Teil ihres Sinns verlieren, wenn gegen den genehmigten Zustand auf der Grundlage des allgemeinen Ordnungsrechts eingeschritten werden könne.[63] 56

Fall:[64] Ein Kokereibetrieb, durch dessen Produktionsvorgänge das Erdreich mit Giftstoffen verseucht wird, kann nach Ansicht des *OVG Münster* auch nach Entlassung aus der Bergaufsicht und nach dem Verkauf des Geländes noch zur Gefahrenbeseitigung herangezogen werden. Die Inanspruchnahme scheidet in einem solchen Fall nach Ansicht des Gerichts nicht von vornherein deshalb aus, weil das Unternehmen die Betriebshandlungen in Ausnutzung bergrechtlicher Erlaubnisse vorgenommen hat. Auch eine bauplanungsrechtliche Ausweisung des Geländes als Wohngebiet – anstelle einer zum Zeitpunkt des Verkaufs beabsichtigten erneuten Industrieansiedlung – schließe die Verantwortlichkeit nicht grundsätzlich aus.

Bei Fehlen einer behördlichen Genehmigung kann sich ein nachträgliches Einschreiten dann als unverhältnismäßig und damit ermessensfehlerhaft darstellen, wenn die Behörde das Verhalten des Störers in der Vergangenheit über einen längeren Zeitraum geduldet hat.[65] 57

b) Zustandshaftung

Streitigkeiten treten nicht nur bei der Bestimmung der Verhaltensstörer, sondern auch bei der Frage auf, wer als Zustandsstörer für Altlasten zur Verantwortung gezogen werden kann. Während die Verantwortlichkeit des **Deponiebetreibers** als Inhaber der tatsächlichen Gewalt unzweifelhaft ist, ist eine Haftung des **Deponieeigentümers** dann fraglich, wenn die Gefahrenlage ohne seine Mitverursachung aufgrund von Umständen entstanden ist, die 58

[61] Vgl. *Brandt/Dieckmann/Wagner*, Altlasten und Abfallproduzenten, S. 41.
[62] *Papier*, Altlasten und polizeiliche Störerhaftung, S. 36f.
[63] Vgl. *Papier*, Altlasten und polizeiliche Störerhaftung, S. 24f.; *BVerwG*, Urt. v. 2. 12. 1977 – 4 C 75.75 –, E 55, 118 (121); a.A.: *Kloepfer*, Verantwortlichkeit für Altlasten S. 37f.; *OVG Münster*, Beschl. v. 10. 1. 1985 – 4 B 1434/84 –, UPR 85, 250.
[64] Nach *OVG Münster*, Beschl. v. 10. 1. 1985 – 4 B 1434/84 –, NVwZ 1985, 355; sehr ausführlich dazu jüngst *Fluck*, VerwArch 79 (1988), 406ff; *Schrader*, Altlastensanierung nach dem Verursacherprinzip, S. 139ff.
[65] *Kloepfer*, Verantwortlichkeit für Altlasten, S. 32; *Papier*, NVwZ 1986, 256ff. (258).

evident nicht aus seiner Risikosphäre stammen. Jedenfalls dann, wenn dem Eigentümer infolge einer Fremdeinwirkung auf sein Eigentum ein privatnütziger Eigentumsgebrauch verwehrt ist, er also im Grunde selber das Hauptopfer der Gefahrenlage ist, würde eine Zustandsverantwortlichkeit dem Verfassungsgebot des Art. 14 GG, durch das die Privatnützigkeit des Eigentums gewahrt werden soll, widersprechen.[66]

c) Rechtsnachfolger

59 Da zwischen der Ablagerung von Abfällen, der Erkenntnis der Gefahrenlage und der Realisierung der Gefahrenbekämpfung regelmäßig ein langer Zeitraum liegt, stellt sich gerade im Rahmen der Altlastensanierung die Frage nach der Inanspruchnahme von Rechtsnachfolgern.

60 Soweit eine *Zustandsverantwortlichkeit* in Betracht kommt, ist zu berücksichtigen, daß die Haftung an die dingliche Rechtsposition des Inanspruchgenommenen anknüpft. Mit dem Verlust des tatsächlichen Verfügungsgewalt oder des Eigentums an der störenden Sache endet die Verantwortlichkeit, mit dem Erwerb wird sie neu begründet. Im Rahmen der Zustandshaftung besteht deshalb weitgehend Einigkeit darüber, daß der Dritte bei Übergang des Eigentums einer gefahrbegründenden Sache kraft *Gesamt-* oder *Einzelrechtsnachfolge* originär und kraft Gesetzes zustandsverantwortlich wird.[67] Anders ist die Rechtslage bei der *Verhaltensverantwortlichkeit*. Die Polizeipflicht steht als öffentlich-rechtliche Pflicht nicht zur Disposition des Pflichtigen und kann folglich von ihm auch nicht zum Gegenstand eines Rechtsgeschäfts gemacht werden. Deshalb findet eine *Einzelrechtsnachfolge* in die Verhaltenshaftung nicht statt.[68]

61 Umstritten ist dagegen, ob dies auch für die *Gesamtrechtsnachfolge* gilt. Im Gegensatz zur Einzelrechtsnachfolge ist das pflichtige Rechtssubjekt bei der Gesamtrechtsnachfolge nicht mehr existent. Dies könnte dafür sprechen, eine Gesamtrechtsnachfolge in öffentlich-rechtliche Verhaltenspflichten zuzulassen. Zu berücksichtigen ist jedoch, daß im Bereich der Altlastenproblematik in der überwiegenden Zahl von Fällen der frühere Pflichtige noch nicht durch die zuständige Behörde auf Beseitigung der Störung in Anspruch genommen ist. Es kommt deshalb darauf an, ob eine Rechtsnachfolge in die abstrakte, noch nicht durch Verfügung konkretisierte und individualisierte Polizeipflicht denkbar ist. Die Befürworter dieser Auffassung erblicken in der Polizeipflicht eine bereits kraft Gesetzes bestehende abstrakt-generelle Verantwortlichkeit, die sich durch die Verfügung lediglich in ein konkretes, individualisiertes Gebot wandele.[69] Dem wird entgegen gehalten, die Polizeipflicht sei nur eine exekutivische Eingriffsvoraussetzung. Erst nach Erlaß

---

[66] *Koch*, Bodensanierung nach dem Verursacherprinzip, S. 47f.; *Kloepfer*, Verantwortlichkeit für Altlasten, S. 43; *Papier*, Altlasten und polizeiliche Störerhaftung, S. 49f.; ablehnend: *VGH Mannheim*, Urt. v. 11. 10. 1985 – 5 S 1738/85 –, NVwZ 1986, 325 (326).

[67] *OVG Münster*, Urt. v. 18. 10. 1972 – IV A 845/71 –, DVBl. 1973, 226; *VGH Mannheim*, Urt. v. 14. 5. 1976 – III 741/75 –, NJW 1977, 861; Urt. v. 23. 1. 1979 – III 3228/78 – 1979, 1565; *Papier*, Altlasten und polizeiliche Störerhaftung, S. 59.

[68] Vgl. *Kloepfer*, Verantwortlichkeit für Altlasten, S. 45.

[69] So *Kloepfer*, Verantwortlichkeit für Altlasten, S. 45f.

einer Ordnungsverfügung entstehe eine übergangsfähige Rechtspflicht des Verfügungsadressaten.[70]

d) Mehrheit von Störern

Kommen als Störer mehrere Personen in Betracht, so muß sich die Behörde bei der **Ermessensauswahl** von dem oben dargelegten Kriterium der Effektivität der Inanspruchnahme leiten lassen. Dabei wird beim Zusammentreffen von Handlungs- und Zustandsstörung teilweise ein Vorrang des Verhaltensstörers vor dem Zustandsverantwortlichen angenommen.[71] Teilweise wird jedoch auch von einer vorrangigen Haftung des Zustandsverantwortlichen ausgegangen. Nach Ansicht des *BayVGH*[72] kann bei der ordnungsrechtlichen Haftung für Altlasten für eine Inanspruchnahme des Zustandsstörers anstelle des Handlungsstörers sprechen: 62

- mangelnde Sicherung des Grundstücks gegen Ablagerungen,
- lange zurückliegender Zeitpunkt oder ungeklärte Umstände der Ablagerungen,
- von der Behörde nach Möglichkeit zu beachtende bürgerlich-rechtliche Beziehungen der Beteiligten.

Nach Ansicht des *BayVGH* trägt der Zustandsstörer die materielle Beweislast im Hinblick auf eine etwa vorrangige Inanspruchnahme des Handlungsstörers. 63

Neben der Ermessensauswahl stellt sich beim Zusammentreffen mehrerer Störer die Frage, ob der in Anspruch genommene von den übrigen Störern im **Innenverhältnis** Ausgleich verlangen kann. Lösungsansätze werden über den Rechtsgedanken des bürgerlich-rechtlichen Gesamtschuldnerausgleichs (§§ 421, 426 BGB), den bürgerlich-rechtlichen Regeln der Geschäftsführung ohne Auftrag (§§ 677, 683, 670 BGB) und dem Herausgabeanspruch aus ungerechtfertigter Bereicherung (§ 812 BGB) gesucht. Während die Rechtsprechung im Ergebnis einen Anspruch verneint,[73] wird dem Inanspruchgenommenen in der Rechtslehre teilweise ein Ausgleich über die Gesamtschuldregeln gewährt.[74] 64

Die Inanspruchnahme des Verantwortlichen auf Beseitigung der durch Altlasten entstandenen Verunreinigung bereitet nicht nur rechtliche, sondern auch tatsächliche Schwierigkeiten. Diese können darin liegen, daß wegen des oft langen Zeitablaufs die Verursacher oder aber ihre schädigenden Handlungen nicht mehr festgestellt werden können. Die immensen Sanierungskosten[75] werden darüber hinaus in den meisten Fällen die Finanzkraft eines 65

---

[70] *Papier*, Verantwortlichkeit für Altlasten, S. 78.

[71] Vgl. *Kloepfer*, Verantwortlichkeit für Altlasten, S. 47; *VG Schleswig*, Beschl. v. 10. 12. 1975 – 3 C 161/75 –, NJW 1976, S. 820; zur Störerauswahl siehe auch *Spannowsky*, UPR 1988, 376ff.

[72] Beschl. v. 13. 5. 1986 – 20 CS 86.00 338 –, UPR 1986, 442.

[73] *BGH*, Urt. v. 18. 9. 1986 – III ZR 227/84 –, UPR 1987, S. 29.

[74] Vgl. *Brandt/Dieckmann/Wagner*, Altlasten und Abfallproduzenten, S. 58f.; *Koch*, Bodensanierung nach dem Verursacherprinzip, S. 69f.; *Kormann*, UPR 83, 281f. (287); *Spannowsky*, UPR 1988, 376 (378ff).

[75] Nach Schätzungen des Umweltbundesamtes belaufen sich die Kosten zur Bewältigung der Altlastenproblematik für die nächsten 10 Jahre insgesamt auf ca. 70 Mrd. DM.

einzelnen Unternehmens übersteigen. In diesen Fällen ist es erforderlich, die Kosten für die Sanierungsmaßnahmen anderweitig zu verteilen. Dies ist in einigen Bundesländern durch die Entwicklung sogenannter **Finanzierungsmodelle** versucht worden.[76]

---

[76] So durch das in Rheinland-Pfalz bereits verwirklichte Kooperationsmodell, sowie das Zweckverbandsmodell in Verbindung mit der Sondermüllentsorgung und der Finanzierung der Altlastensanierung durch eine Lizenzgebühr in Nordrhein-Westfalen, das inzwischen landesgesetzlich geregelt ist, vgl. dazu *Mathiessen*, NWVBL 1987, 74; *Peine*, NWVBL 1988, 193ff.; vgl. auch *Kloepfer/Fellmann*, DÖV 1988, 573ff. Vorgeschlagen wird auch die Erhebung einer Zwecksteuer; zudem *Breuer*, NVwZ 1987, 757f.; *Michels*, Modelle zur Vermeidung zukünftiger Altlasten, S. 51f.

§ 16. Verwaltungsorganisation des Umweltschutzes

1 Auch im Bereich des Umweltschutzes richtet sich die Aufgabenverteilung zwischen Bund und Ländern einschließlich der Gemeinden nach dem Grundgesetz. Während danach der Bund in den meisten umweltrelevanten Rechtsbereichen die Gesetzgebungskompetenz besitzt,[1] ist die Umweltverwaltung und der Vollzug des Umweltrechts vornehmlich Aufgabe der Bundesländer.[2]

A. Verwaltungsorganisation auf Bundesebene

2 Auf der Bundesebene gibt es nur einige Behörden, die sich speziell mit Fragen des Umweltschutzes befassen. Diese Behörden sind weniger mit dem unmittelbaren Vollzug des Umweltrechts als mit gesetzesvorbereitender Tätigkeit, Forschung, Information und Beratung beauftragt. Daneben gibt es eine bundeseigene Verwaltung, die zwar nicht umweltspezifische Aufgaben wahrzunehmen hat, bei der jedoch der Vollzug des Umweltrechts von erheblicher Bedeutung ist, weil die Tätigkeit dieser Behörden erhebliche Auswirkungen auf die Umwelt nach sich ziehen kann. Dazu zählen etwa die Bundesbahnverwaltung, die Bundeswasserstraßen- und Schiffahrtsverwaltung sowie die Luftverkehrsverwaltung. Die Wasserstraßen- und Schiffahrtsverwaltung kann regional auch als Auftragsverwaltung des Bundes durch die Länder ausgeführt werden. Bei der Bundesauftragsverwaltung legen die Länder die Behördenzuständigkeiten fest. Der Vollzug unterliegt der Weisung und Aufsicht des Bundes. Die Verwaltung von Bundesstraßen und Bundesautobahnen und der Vollzug des Atomgesetzes erfolgen in Form der Bundesauftragsverwaltung.

3 Umweltspezifische Aufgaben nehmen im Bereich der Verwaltungsorganisation auf Bundesebene als oberste Bundesbehörde vor allem das Bundesministerium für Umwelt, Naturschutz und Reaktorsicherheit, als Bundesoberbehörden das Umweltbundesamt und zahlreiche weitere Bundesbehörden bzw. Bundesanstalten und daneben eine Reihe beratender Gremien, insbesondere der Rat von Sachverständigen für Umweltfragen wahr.

I. Bundesministerium für Umwelt, Naturschutz und Reaktorsicherheit

4 Das Ministerium für Umwelt, Naturschutz und Reaktorsicherheit wurde im Juni 1986 gebildet.[3] Dem Ministerium wurden die wesentlichen umweltrelevanten Zuständigkeiten des Bundesministers des Innern und einige Zuständigkeiten aus den Ministerien für Ernährung, Landwirtschaft und For-

---

[1] Siehe dazu bereits oben, § 4, Rn. 87–99.
[2] Vgl. zur Organisation der Umweltverwaltung *Dittmann*, HdUR, Bd. II, 115ff.
[3] Vgl. zum Aufbau des Bundesumweltministeriums *Mertes/Müller*, VerwArch. 78 (1987), 459ff.; *Pehle*, VerwArch. 79 (1988), 184ff.; zum Umweltschutz in der Kommunalverwaltung siehe oben § 4 Rn. 102.

sten und für Jugend, Familie und Gesundheit zugeteilt. Das Umweltministerium hat im wesentlichen folgende Zuständigkeiten:

- Umweltplanung und Koordinierung in rechtlicher, wirtschaftlicher und internationaler Hinsicht,
- Wasserwirtschaft,
- Abfallwirtschaft,
- Luftreinhaltung,
- Lärmbekämpfung,
- Reaktorsicherheit, Sicherheit sonstiger kerntechnischer Anlagen und Strahlenschutz,
- Naturschutz,
- gesundheitliche Belange des Umweltschutzes,
- Strahlenhygiene,
- Rückstände von Schadstoffen in Lebensmitteln,
- Chemikalien.

5 Aus der Eigenart des Umweltschutzes als umfassender Querschnittsaufgabe folgt, daß nicht alle umweltrelevanten Zuständigkeiten im Bundesumweltministerium zusammengefaßt werden konnten. Wesentliche umweltrelevante Zuständigkeiten verblieben bei anderen Bundesministerien, so z. B. das Pflanzenschutzmittelrecht beim Bundesminister für Landwirtschaft und Forsten, das Gefahrstoffrecht beim Bundesarbeitsminister und das Recht der Gefahrguttransporte beim Bundesverkehrsminister. Daraus ergeben sich immer wieder eine Reihe von Ressortüberschneidungen.[4]

Beispiel: Ausgehend davon, daß die beiden Hauptursachen der Waldschäden die Abgase der Großfeuerungsanlagen sowie die Automobilabgase sind, ergeben sich folgende Zuständigkeiten: Energieunternehmen – Wirtschaftsministerium, Immissionsschutz - Umweltministerium, Automobile – Verkehrsministerium, Waldschäden – Landwirtschaftsministerium.

6 Eine übliche Form zur Ressortkoordination bei Querschnittsaufgaben ist die Bildung von Kabinettsausschüssen.[5] Zum Zwecke der Koordination zwischen den Bundesressorts mit Zuständigkeiten in Fragen des Umweltschutzes wurde deshalb ein Kabinettsausschuß für Umwelt und Gesundheit gegründet, dessen Vorsitzender der Bundeskanzler ist. Dem Ausschuß gehören als ständige Mitglieder an als beauftragter Vorsitzender der Bundesumweltminister und als weitere Beteiligte die Bundesminister für Raumordnung, Bauwesen und Städtebau, der Finanzen, der Wirtschaft, für Ernährung, Landwirtschaft und Forsten und für Auswärtiges. Der Koordinierungsbedarf zwischen Bund und Ländern wird u. a. durch die Umweltministerkonferenz abgestimmt, der der Bundesumweltminister und die Landesumweltminister angehören.

II. Beratungsgremien für die Bundesregierung

1. Der Rat von Sachverständigen für Umweltfragen

7 Der Rat von Sachverständigen für Umweltfragen wurde von der Bundesregierung durch Einrichtungserlaß des Bundesministers des Innern vom 28. Dezember 1971 geschaffen und beauftragt, die Umweltsituation in der Bun-

[4] Vgl. dazu auch *Dittmann*, HdUR, Bd. II, Sp. 115.
[5] Vgl. *Bothe*, Verwaltungsorganisation im Umweltschutz, S. 14 m. w. N.

desrepublik Deutschland und deren Entwicklungstendenzen zu begutachten sowie Fehlentwicklungen zu analysieren und Möglichkeiten zu deren Vermeidung oder Beseitigung aufzeigen.[6]

Das Ziel der Arbeit des Rates ist die Erleichterung der Urteilsbildung bei allen umweltpolitisch verantwortlichen Instanzen und in der Öffentlichkeit. Der Adressatenkreis des Rates ist also sehr heterogen. **8**

Der Rat von Sachverständigen für Umweltfragen erfüllt seinen Auftrag durch umfassende Jahresgutachten über die Situation der Umwelt in der Bundesrepublik Deutschland, in denen auch Maßnahmen zur Verbesserung des gegenwärtigen Zustands empfohlen werden („Umweltgutachten"). Aktuelle, von der Bundesregierung bestimmte Themen der Umweltpolitik, werden in „Sondergutachten" abgehandelt. In seiner durch seinen Auftrag bestimmten Tätigkeit ist der Sachverständigenrat unabhängig. **9**

Der Rat von Sachverständigen für Umweltfragen setzt sich aus 12 Mitgliedern zusammen. Im Rat sollen möglichst alle umweltrelevanten wissenschaftlichen Disziplinen vertreten sein und die Mitglieder sollen zudem unabhängig sein und dürfen nicht Regierungen oder Parlamenten des Bundes oder eines Landes oder der öffentlichen Verwaltung angehören oder Repräsentanten von Organisationen der Wirtschaft, der Arbeitgeber oder Arbeitnehmer sein. Die Mitglieder werden von der Bundesregierung für jeweils drei Jahre berufen. **10**

2. *Weitere Beratungsgremien*

Für den Nuklearbereich sind beim Umweltministerium mehrere Sachverständigengremien gebildet worden. Dazu zählt die **Strahlenschutzkommission** mit sechs Ausschüssen. Des weiteren sind noch die **Reaktorsicherheitskommission** mit rd. 20 Unterausschüssen, der **Kerntechnische Ausschuß** und der Sachverständigenkreis für die Sicherung des Brennstoffkreislaufes zu nennen.[7] **11**

Ein weiteres beratendes Gremium ist der **Beirat Naturschutz und Landschaftspflege.** **12**

Daneben bedient sich die Bundesregierung im Rahmen der Ressortforschung wissenschaftlicher Einrichtungen für die Erarbeitung wissenschaftlicher Grundlagen für die politischen und administrativen Aufgaben der Bundesregierung. **13**

Beispiel: Das **Zentralinstitut für Raumplanung an der Universität Münster** nimmt Ressortforschungsaufgaben im Bereich von Raumordnung, Städtebau und Umweltschutz wahr.[8]

III. *Sonderbehörde – Umweltbundesamt*

Das Umweltbundesamt (UBA) wurde durch Gesetz vom 22. Juli 1974[9] errichtet. Es ist eine selbständige Bundesoberbehörde i. S. d. Art. 87 GG mit Sitz in Berlin und gehört zum Geschäftsbereich des Bundesumweltministers. **14**

---

[6] Siehe den Erlaß vom 28. 12. 1971 im Bundesanzeiger 1972, Nr. 8, S. 1; vgl. zum SRU *Salzwedel*, HdUR, Bd. II, Sp. 220ff.

[7] Vgl. i. e. *Ronellenfitsch*, Das atomrechtliche Genehmigungsverfahren, S. 194f., 303f.

[8] Vgl. dazu *Beckmann*, DVBl. 1987, 888ff.

[9] BGBl. 1974, I, S. 1505; zum UBA siehe *Uppenbrink*, HdUR, Bd. II, Sp. 565ff.

15 Das der Gründung des UBA zugrundeliegende Konzept wird in der Regierungsbegründung zum Errichtungsgesetz wie folgt umschrieben:[10]

„Die Verwirklichung der im Umweltprogramm der Bundesregierung ... vorgelegten Konzeption einer Umweltpolitik, deren Hauptziele Umweltvorsorge und auf lange Sicht angelegte Umweltplanung sind, stellt an die Bundesverwaltung neue, noch wachsende und in ihrer Entwicklung noch nicht abschließend überschaubare Anforderungen, denen die Bundesregierung nur mit neuen, problemgerechten Formen des Verwaltungshandelns und wissenschaftlichen Entscheidungshilfen gerecht werden kann. Als ein diesem Erfordernis entsprechender, mit modernen Methoden arbeitender Dienstleistungsorganismus soll daher das Umweltbundesamt errichtet werden."

16 Das UBA arbeitet fach- und ressortübergreifend und soll das Bundesumweltministerium und die anderen mit Umweltfragen befaßten obersten Bundesbehörden von Verwaltungsaufgaben entlasten, die ihrer Natur nach nicht in diesen obersten Bundesbehörden erledigt werden können oder müssen. Das Konzept einer weitgehenden Konzentration der „nicht ministeriellen" Verwaltungsaufgaben des Bundes auf dem Gebiet des Umweltschutzes wurde durch die Gründung des UBA verwirklicht.[11]

17 Die Aufgaben des UBA lassen sich insgesamt wie folgt darstellen:[12]

- **Forschung und Forschungsförderung** – Dabei leistet das UBA weniger eigene experimentelle Forschung, sondern es fördert Umweltforschungsprojekte durch Finanzierung und Beratung.
- **Dokumentation** – Das UBA führt eine umfassende Fachbibliothek und Datenbank zum Umweltschutz.
- **Bestandsaufnahme des Zustandes der Umwelt** – In regelmäßigen Abständen wird der Umweltzustand analysiert und die Ergebnisse veröffentlicht. Zur Erfassung der Luftverunreinigung in der Bundesrepublik wird ein bundesweites Meßnetz durch das UBA unterhalten.
- **Konzeptionelle Arbeit und Unterstützung der Ministerialebene** – Wesentliche Arbeiten leistet das UBA durch die Unterstützung der Bundesregierung, insbesondere des Umweltministeriums bei der Erstellung umweltrelevanter Programme und der Vorbereitung von Normen. Beides erfordert umfangreiche naturwissenschaftliche und technische Vorarbeiten, die das UBA durchführt, veranlaßt und in der notwendigen Form aufbereitet.[13] Vertreter des UBA arbeiten auch in einer Fülle von internationalen Organisationen mit, die sich mit Fragen des Umweltschutzes und den möglichen Problemlösungen beschäftigen.[14] Schließlich stehen die Ergebnisse der vom UBA durchgeführten und geförderten Forschungen allen Behörden des Bundes und der Länder zur Verfügung und das Amt ist auch aufgrund von Art. 35 GG zur Amtshilfe verpflichtet.
- **Begutachtung von umweltrelevanten Maßnahmen** – Nach § 2 Abs. 1 Ziff. 2 des Errichtungsgesetzes ist es auch Aufgabe des UBA, Unterstützung bei der Prüfung der Umweltverträglichkeit öffentlicher Maßnahmen des Bundes zu leisten bzw. es wird bei Maßnahmen von Landes- und Kommunalbehörden beteiligt, und es gibt Stellungnahmen zu Programmen und Plänen im Abstimmungsverfahren nach § 4 Abs. 5 ROG ab.
- **Vollzugsaufgaben** – Da die Vollziehung des Umweltrechts grundsätzlich Sache der Länder ist, kommen für eine Bundesbehörde nur wenige Vollzugsaufgaben in

---

[10] BT-Drs. 7/2012, S. 5.

[11] Vgl. dazu *von Lersner*, Das Umweltbundesamt im Vollzug der Umweltpolitik des Bundes, Bitburger Gespräche 1983, S. 37ff.

[12] *Bothe*, Verwaltungsorganisation im Umweltschutz, S. 17ff.

[13] Z. B. Vorarbeiten zur TA-Luft und zur Umsetzung der EG-Richtlinie zur UVP.

[14] Z. B. beim UNEP, der ECE und im Rahmen der UNESCO.

Betracht. Es sind dies in erster Linie Registrierungs- und Bewertungsaufgaben nach dem WaschmG und dem ChemG.[15]
Schließlich ist Aufgabe noch die Öffentlichkeitsarbeit (vgl. § 2 Abs. 1 Ziff. 2 Errichtungsgesetz) und die **Umwelterziehung**.

IV. Weitere Sondereinrichtungen

Weitere Einrichtungen des Bundes mit umweltrelevanten Forschungs-, Entwicklungs-, Prüfungs- und Beratungsaufgaben sind die 18

- Physikalisch-technische Bundesanstalt (zuständig u. a. für Sicherheitstechnik im Strahlenschutz, technische Fragen der Überwachung des Straßenverkehrs),
- Bundesanstalt für Geowissenschaften und Rohstoffe,
- Biologische Bundesforschungsanstalt für Land- und Forstwirtschaft,
- Bundesforschungsanstalt für Fischerei,
- Bundesforschungsanstalt für Naturschutz und Landschaftsökologie,
- Bundesgesundheitsamt (anwendungsorientierte Forschung u. a. zur Verminderung von Gesundheitsrisiken aus der Umwelt),
- Bundesanstalt für Arbeitsschutz (Zuständigkeiten nach dem Chemikaliengesetz),
- Bundesforschungsanstalt für Landeskunde und Raumordnung.

Bundesoberbehörden mit umweltrelevanten Vollzugsaufgaben sind u. a. 19
das **Bundesamt für gewerbliche Wirtschaft** (Vollzugsaufgaben nach dem Washingtoner Artenschutzabkommen, Altölbeseitigung, Förderung energiesparender Technologien); das **Bundesamt für Ernährung und Forstwirtschaft** (u. a. Vollzugsaufgaben nach dem Washingtoner Artenschutzabkommen); das **Bundesgesundheitsamt** (zentrale Erfassungs- und Bewertungsstelle für Umweltchemikalien); **Bundesanstalt für Arbeitsschutz** (Anmeldestelle nach dem Chemikaliengesetz); das **Deutsche Hydrographische Institut** (für Fragen der Meeresverschmutzung).

B. Verwaltungsorganisation auf Landesebene

Bei der Landesverwaltung im Bereich des Umweltschutzes ist zwischen 20
den Behörden der allgemeinen Landesverwaltung und den besonderen Verwaltungsbehörden zu unterscheiden.[16]

I. Allgemeine Landesverwaltung

Die Organisation der allgemeinen Landesverwaltung ergibt sich regelmä- 21
ßig aus den Landesorganisationsgesetzen. Zumeist weisen die Bundesländer einen dreistufigen Verwaltungsaufbau auf:

- **Oberste Landesbehörden** (Landesregierung, Ministerien),
- **Mittelinstanz** (Bezirksregierung oder Regierungspräsident),
- **Untere Verwaltungsebene** (Kreisverwaltungen, kreisfreie Städte oder Gemeindebehörden).[17]

---

[15] Vgl. § 9 WaschmG, § 12 Abs. 2 ChemG, § 4 Abs. 5 ChemG.
[16] Zur Organisation der Umweltverwaltung in einzelnen Bundesländern siehe *Dittmann*, HdUR, Bd. II, Sp. 124ff.
[17] Die Bezeichnung der einzelnen Ebenen ist in den Ländern unterschiedlich. In Schleswig-Holstein und im Saarland fehlt die Mittelinstanz genauso wie in den Stadtstaaten.

1. Oberste Landesbehörden

22 Alle Länder haben mittlerweile ein Umweltministerium bzw. einen Umweltsenator (Stadtstaaten) eingerichtet, bei dem Umweltschutzkompetenzen konzentriert worden sind. Als oberste Landesbehörden wirken die Ministerien an der Entwicklung des Umweltrechts mit und weisen Finanzmittel für den Umweltschutz zu. Zugleich sind sie oberste Aufsichtsbehörden für den Vollzug des Umweltrechts, sind zuständig für die landesweite Umweltplanung und zum Teil auch für bedeutsame Einzelentscheidungen beim Vollzug des Umweltrechts.[18]

2. Mittelbehörden

23 Die Mittelinstanzen unterstehen den Weisungen der obersten Landesbehörden und sind ihrerseits Aufsichtsbehörden für die untere Verwaltungsebene. Beim Vollzug des Umweltrechts haben sie zumeist Entscheidungen über Vorhaben des Umweltschutzes mit überörtlicher Bedeutung zu treffen. Außerdem sind sie Widerspruchsbehörden für Entscheidungen der unteren Landesbehörden, sind regelmäßig zuständig für die bezirkliche Planung des Umweltschutzes und haben als höhere Verwaltungsbehörden auf eine hinreichende Berücksichtigung des Umweltschutzes in der räumlichen kommunalen Planung zu achten. Den Mittelinstanzen kommt für die Querschnittsaufgabe Umweltschutz eine besondere Bedeutung zu, da sie nicht nur verschiedene Bereiche des Umweltschutzes bündeln, sondern weitergehende Zuständigkeiten, etwa im Bereich der Wirtschaftsförderung oder der Verkehrsplanung besitzen. Sie sind daher besonders geeignet für die Abstimmung des Umweltschutzes mit Planungen und Maßnahmen anderer Verwaltungsaufgaben.[19]

3. Untere Verwaltungsbehörden

24 Als untere Behörden der staatlichen Verwaltung haben die Landkreise und kreisfreien Städte vor allem Zuständigkeiten bei Einzelentscheidungen zum Vollzug des Umweltrechts, deren Auswirkungen sich auf das Kreisgebiet beziehen. Neben Vollzugsaufgaben sind den Kreisverwaltungen z. T. auch Planungsaufgaben – z. B. in Nordrhein-Westfalen die Landschaftsplanung – und z. T. die Beobachtung des Umweltzustandes für ihr Gebiet übertragen worden.[20]

II. Besondere Verwaltungsbehörden

25 Auch im Bereich der besonderen Verwaltungsbehörden auf Landesebene ist zumeist ein dreistufiger Verwaltungsaufbau vorgesehen bestehend aus:

- Landesoberbehörde,
- Höhere Sonderbehörde,
- Untere Sonderbehörde.

---

[18] Vgl. dazu *UBA*, Zuständigkeiten, S. 8.
[19] Vgl. zum Ganzen *UBA*, Zuständigkeiten, S. 8.
[20] Vgl. *UBA*, Zuständigkeiten, S. 9; zu den Umweltschutzaufgaben von Gemeinden siehe oben, S.

In fast allen Flächenländern sind dem Umweltbundesamt vergleichbare Umweltzentralämter eingerichtet worden. 26

Beispiele: Landesanstalt für Umweltschutz Baden-Württemberg; Bayerisches Landesamt für Umweltschutz; Hessische Landesanstalt für Umwelt; Niedersächsisches Landesverwaltungsamt; Landesamt für Umweltschutz und Gewerbeaufsicht Rheinland-Pfalz; Saarländisches Landesamt für Umweltschutz, Naturschutz und Wasserwirtschaft; sieben schleswigholsteinische Landesämter.[21]

Zu den besonderen Verwaltungsbehörden, die im Bereich des Umwelt- 27
schutzes tätig sind, gehören z. B. die staatlichen Forstämter, die Behörden der Wasser- und Abfallwirtschaft und die Bergbehörden der Länder, die sich von anderen Sonderbehörden dadurch unterscheiden, daß sie sämtliche Vollzugsaufgaben des Umweltschutzes auf den Grundstücken wahrnehmen, die der Bergaufsicht unterstehen.[22]

Gemeinsam ist den Bundesländern schließlich auch eine Konzentration der 28
Überwachung gewerblicher Tätigkeiten bei den Gewerbeaufsichtsämtern. Diese haben vor allem die Überwachung von Anlagen und Betrieben unter dem Gesichtspunkt des Immissionsschutzes zur Aufgabe.

Sonderbehörden und allgemeine Verwaltungsbehörden sind auf verschie- 29
denen Verwaltungsebenen verzahnt. So sind beispielsweise die untere Wasserbehörde oder die untere Naturschutzbehörde organisatorische Untergliederungen einer Kreisverwaltung, bei den Bezirksregierungen und Ministerien sind bestimmte Referate für Teilaufgaben des Umweltschutzes zuständig.

---

[21] Vgl. *Bothe*, Verwaltungsorganisation, S. 52.
[22] Vgl. *UBA*, Zuständigkeiten, S. 9.

Zweiter Teil: Besonderes Umweltrecht

Der nachfolgende Zweite Teil des Lehrbuches befaßt sich mit Rechtsfragen einzelner Umweltbereiche. Mit den Rechtsbereichen des *Naturschutzes, Gewässerschutzes* und des *Immissionsschutzes* folgt die Darstellung in den ersten drei Abschnitten des Zweiten Teils im wesentlichen einem auf die Umweltmedien (Boden, Wasser, Luft) bezogenen Ansatz. Im Vierten Abschnitt werden mit den Rechtsbereichen *Gefahrstoffrecht, Abfallrecht, Atom-* und *Strahlenschutzrecht* Probleme des kausalen Umweltschutzes behandelt.

Erster Abschnitt: Naturschutz- und Landschaftspflegerecht

§ 17. Grundbegriffe

A. Natur und Landschaft

1 Die Natur ist der Inbegriff der Formen, Stoffe und Kräfte der materiellen Wirklichkeit, soweit sie wesensmäßig ohne menschliches Zutun entstanden ist; sie offenbart sich in der Landschaft als einem Ausschnitt der Erdoberfläche.[1] Im deutschen Recht werden die Begriffe „Natur" und „Landschaft" einheitlich, d. h. ohne weitere Differenzierung verwendet.[2] Unter **Natur und Landschaft im Sinne des Naturschutzrechtes** wird die Erdoberfläche einschließlich der Wasser- und Eisflächen mit ihren Pflanzen- und Tierleben sowie den darunter liegenden Erdschichten und dem unmittelbar darüber liegenden Luftraum verstanden. Nicht zur Natur und Landschaft in diesem Sinne zählen grundsätzlich tiefer gelegene Gesteinsschichten und Bodenschätze sowie die Atmosphäre, soweit sie keinen unmittelbaren Einfluß auf Wetter und Klima hat.[3]

B. Naturschutz und Landschaftspflege

2 Naturschutz und Landschaftspflege dienen dazu, die Pflanzen- und Tierwelt mit ihren natürlichen Lebensgrundlagen, die Vielfalt, Eigenart und Schönheit von Natur und Landschaft sowie die Leistungsfähigkeit des Naturhaushalts zu bewahren, zu pflegen und zu entwickeln.[4]

3 **Naturschutz** ist die Gesamtheit der Maßnahmen zur Erhaltung und Förderung von Pflanzen und Tieren wildlebender Arten, ihrer Lebensgemeinschaften und natürlichen Lebensgrundlagen sowie zur Sicherung von Landschaften und Landschaftsteilen unter natürlichen Bedingungen.[5]

4 **Landschaftspflege** ist die Gesamtheit der Maßnahmen zur Sicherung und Förderung

- der nachhaltigen Nutzungsfähigkeit der Naturgüter sowie
- der Vielfalt, der Eigenart und der Schönheit von Natur und Landschaft.

5 **Landespflege** ist der Sammelbegriff für die Aufgabengebiete Naturschutz und Landschaftspflege sowie die Maßnahmen zur nachhaltigen Sicherung und Entwicklung von Landschaften.

---

[1] Vgl. dazu *Lorz*, Naturschutzrecht, Vorbem., S. 1; zum Begriffsinhalt von „Natur" siehe SRU-Umweltgutachten 1987, Rz. 338.

[2] Vgl. *Kolodziejcok/Recken*, Naturschutz, § 1 Rn. 2.

[3] *Kolodziejcok/Recken*, Naturschutz, § 1 Rn. 3f.

[4] Vgl. *Lorz*, Naturschutzrecht, Vorbem. 1; *Erz*, Naturschutz, S. 560; *Kolodziejcok/Recken*, Naturschutz, § 1 Rn. 7ff.

[5] Vgl. zu dieser und den nachfolgenden Definitionen SRU-Umweltgutachten 1987, Tz. 345; zu Natur und Naturschutz im Spiegel des Verfassungsrechts siehe *Hofmann*, JZ 1988, 265ff.

6 Sinn und Nutzen des Naturschutzes ergeben sich aus ganz unterschiedlichen, vornehmlich aus **ethischen, ästhetischen** und aus **wirtschaftlichen** Gründen.[6]

7 Seit jeher wird der Naturschutz vor allem ethisch motiviert. Im religiösen Sinne ist die **ethische** Verantwortung des Menschen für den Erhalt der Natur eine Verantwortung des Menschen für die ihm von Gott anvertraute Schöpfung. Unabhängig davon ergibt sich eine sittliche Verantwortung des Menschen für den Schutz der Natur sowohl aus seinem Beitrag zu ihrer Zerstörung als auch aus seiner Fähigkeit, zu ihrer Erhaltung und Sicherung beizutragen. Um zu verdeutlichen, daß es auch aus ethischen Gründen um die Erhaltung der natürlichen Vielfalt von Natur und Landschaft um ihrer selbst willen geht, soll künftig nach dem Willen der Bundesregierung die Zielsetzung im BNatSchG um den Aspekt der „Verantwortung des Menschen für seine natürliche Umwelt" erweitert werden.

8 **Ästhetische** Gründe rechtfertigen den Naturschutz, weil die überwiegenden Erscheinungsformen der Natur als schön empfunden werden. Ästhetische Kriterien des Naturschutzes entziehen sich zwar einer objektiv-rational quantifizierbaren Bewertung. Gleichwohl sind ästhetische Begründungen für den Arten- und Flächenschutz ausdrücklich auch im Naturschutzrecht vorgesehen.[7]

Beispiel: Gem. § 13 Abs. 1 Nr. 3 BNatSchG können Naturschutzgebiete ausgewiesen werden, wenn ein besonderer Schutz wegen der hervorragenden Schönheit des Gebietes erforderlich ist.

9 **Wirtschaftlich** dient der Naturschutz nicht zuletzt der Nutzbarkeit der Naturgüter für den Menschen und der optimalen Leistungsfähigkeit des Naturhaushalts. In § 1 Abs. 1 Nr. 1 BNatSchG ist die wirtschaftliche Bedeutung von Naturschutz und Landschaftspflege als Ziel des Naturschutzes anerkannt.

10 Recht pessimistisch sieht der Umweltrat die gegenwärtige Situation des Naturschutzes und der Landschaftspflege. Nach seiner Ansicht wird sie gekennzeichnet durch den noch immer größer werdenden Gegensatz zwischen den in § 1 Abs. 1 BNatSchG festgelegten allgemeinen Zielen und dem tatsächlichen ökologischen Zustand von Natur und Landschaft.[8] Nach Ansicht des Rates liegt der Gedanke der Erfolglosigkeit oder gar des Versagens von Naturschutz und Landschaftspflege nicht fern angesichts der Tatsache, daß die wildlebenden Tier- und Pflanzenarten und ihre Lebensstätten weiterhin in teilweise beängstigendem Maße abnehmen, während gleichzeitig wesentliche Bestandteile von Natur und Landschaft, wie z. B. Wälder und Gewässer, durch anhaltende, zum Teil schwere Schädigungen betroffen werden. Selbst in Naturschutzgebieten, die die ranghöchste Schutzkategorie darstellten, seien immer wieder starke Eingriffe oder Beeinträchtigungen festzustellen.[9]

C. Naturschutzrecht

11 Das **Naturschutzrecht** ist die Gesamtheit der Rechtsvorschriften, die dem Naturschutz zu dienen bestimmt sind. Teilweise wird ein Naturschutzrecht im *formellen* und im *materiellen* Sinne unterschieden.[10]

Naturschutzrecht *im formellen Sinne* sind danach die Rechtsvorschriften, die ausdrücklich dem Naturschutz gewidmet sind; Naturschutzrecht *im materiellen Sinne* sind

---

[6] Vgl. dazu i. e. *Erz*, Naturschutz, S. 560ff.; *Soell*, in: Grundzüge des Umweltrechts, S. 488ff.

[7] Vgl. §§ 13, 15, 17, 22 BNatSchG.

[8] Vgl. SRU-Umweltgutachten 1987, Rz. 335f.

[9] SRU-Umweltgutachten, Rz. 335.

[10] Vgl. *Lorz*, Naturschutzrecht, Vorbem., S. 2; zur Entwicklungsgeschichte des Naturschutzes vgl. *Stich*, HdUR, Bd. II, Sp. 28ff.; *Schomerus*, Defizite im Naturschutzrecht, S. 8.

dagegen die Rechtsvorschriften, die dem Naturschutz unmittelbar oder mittelbar dienen, gleich, ob sie ihm ausdrücklich gewidmet sind oder nicht.

Zu den Leitgesetzen des Naturschutzrechtes im *engeren* Sinne zählen das **Bundesnaturschutzgesetz**, das auf der Rahmenkompetenz des Bundes gem. Art. 75 Nr. 3 GG beruht, und die zu seiner Ausfüllung bestimmten Naturschutz- und Landschaftspflegegesetze der Länder.[11] Daneben zählen zum Naturschutzrecht im *weiteren* Sinne zumindest in Teilbezügen das 12

- **Forstrecht**,
- **Tierschutzrecht**,
- **Pflanzenschutzrecht**,
- **Fischereirecht**,
- **Jagdrecht**.

---

[11] Zur Übersicht über die landesrechtlichen Regelungen siehe *Lorz*, Naturschutzrecht, Vorbem. 1; zur Entstehungsgeschichte des BNatSchG siehe *Soell*, in: Grundzüge des Umweltrechts, S. 491 ff.; *Kolodziejcok/Recken*, Naturschutz Vorbem., Rn. 10 ff.; zur Entwicklung des Naturschutzrechts vor Inkrafttreten des BNatSchG siehe *Bernatzky/Böhm*, Bundesnaturschutzrecht, Einleitung, S. 2; *Lorz*, Naturschutzrecht, Vorbem. S. 2.

§ 18. Naturschutzrecht im engeren Sinne

1 Die Vorschriften des BNatSchG sind gem. § 4 S. 1 BNatSchG Rahmenvorschriften für die Landesgesetzgebung. Sie sind daher grundsätzlich durch landesrechtliche Einzelregelungen zu konkretisieren und zu ergänzen. Zahlreiche Regelungen gelten gem. § 4 S. 3 BNatSchG aber bereits unmittelbar. Dazu zählen:

- § 1: Ziele des Naturschutzes und der Lanschaftspflege,
- § 2: Grundsätze des Naturschutzes und der Landschaftspflege,
- § 3: Aufgaben der Behörden und öffentlichen Stellen,
- § 7: Zusammenwirken der Länder bei der Planung,
- § 9: Verfahren bei der Beteiligung von Behörden des Bundes,
- § 12 Abs. 4 S. 2: Erklärung zum Nationalpark
- §§ 20, 20a, 20d Abs. 4 bis 6, §§ 20e bis 23, 26 bis 26c: Vorschriften über Schutz und Pflege wildlebender Tier- und Pflanzenarten,
- § 28: Bereitstellen von Grundstücken,
- §§ 29 bis 31: Mitwirkung von Verbänden, Ordnungswidrigkeiten und Befreiungen,
- §§ 32 bis 37: Änderung von Bundesgesetzen,
- §§ 38 bis 40: Übergangs- und Schlußbestimmungen.

2 Das BNatSchG umfaßt 9 Abschnitte, wovon die beiden letzten die notwendige Anpassung von Bundesgesetzen an das BNatSchG und Übergangs- und Schlußbestimmungen enthalten. Im übrigen sind im BNatSchG geregelt

- **allgemeine Fragen**,
- **Landschaftsplanung**,
- **Allgemeine Schutz-, Pflege-,** und **Entwicklungsmaßnahmen**,
- **Flächenschutz**,
- **Artenschutz**,
- **Erholung in Natur und Landschaft**
- **Mitwirkung von Verbänden, Ordnungswidrigkeiten und naturschutzrechtliche Befreiungen**.

A. Allgemeine Vorschriften des Naturschutzrechts

3 Zu den allgemeinen Regelungen des Naturschutzrechtes zählen die Regelungen über **Ziele** und **Grundsätze** des Naturschutzes und der Landschaftspflege und die **Landwirtschaftsklauseln**.

I. Ziele des Naturschutzes und der Landschaftspflege

4 Die Ziele des Naturschutzes und der Landschaftspflege sind in § 1 Abs. 1 BNatSchG geregelt. Danach sind Natur und Landschaft im besiedelten und unbesiedelten Bereich so zu schützen, zu pflegen und zu entwickeln, daß

- die Leistungsfähigkeit des Naturhaushalts,
- die Nutzungsfähigkeit der Naturgüter,

– die Pflanzen- und Tierwelt sowie
– die Vielfalt, Eigenart und Schönheit von Natur und Landschaft

als Lebensgrundlagen des Menschen und als Voraussetzung für seine Erholung in Natur und Landschaft nachhaltig gesichert sind.

§ 1 BNatSchG ist allein Aufgabennorm; sie ermächtigt daher nicht zu Eingriffen in Freiheit und Eigentum oder zu Eingriffen in verfassungsrechtlich garantierte Selbstverwaltungsbereiche.[1] 5

Die Ziele des Naturschutzes und der Landschaftspflege sind gem. § 4 S. 3 BNatSchG unmittelbar in den Ländern verbindlich. Sie binden den Landesgesetzgeber und die für die Durchführung des Naturschutzrechtes zuständigen Naturschutz- und Landschaftspflegebehörden i. S. v. § 3 Abs. 1 BNatSchG. Andere Behörden und öffentliche Stellen haben im Rahmen ihrer Zuständigkeit die Verwirklichung der Ziele des Naturschutzes und der Landschaftspflege gem. § 3 Abs. 3 BNatSchG zu unterstützen. 6

Die Verbindlichkeit der Ziele gilt jedoch nur für Behörden und andere öffentliche Stellen, nicht aber gegenüber Privatpersonen.[2] 7

Die Ziele des Naturschutzes und der Landschaftspflege sind von den Zielen der Raumordnung i. S. v. § 1 ROG deutlich zu unterscheiden. Zwar beschreiben auch die Ziele der Raumordnung gem. § 1 ROG eine Aufgabenzuweisung in der Gestalt von Staatszielen. Jedoch sind die Ziele i. S. v. § 1 ROG Maßstab der Abwägung einzelner Raumordnungsgrundsätze gem. § 2 Abs. 2 ROG, während nach dem Bundesnaturschutzrecht die Ziele selbst miteinander und mit anderen abzuwägen sind. In § 1 ROG sind außerdem verschiedene Ziele nebeneinander und voneinander unabhängig aufgeführt. Dagegen regelt § 1 BNatSchG ein geschlossenes Zielsystem, das **Handlungsziele**, **Handlungsobjekte** und **Handlungsformen** des Naturschutzes näher umschreibt.[3] 8

Handlungsziel des Naturschutzes ist es, die Lebensgrundlagen des Menschen und seine Erholungsmöglichkeiten in der Natur nachhaltig zu sichern. 9

Handlungsobjekte des Naturschutzes sind Natur und Landschaft im besiedelten und unbesiedelten Bereich und insbesondere bestimmte Teilaspekte, nämlich die Leistungsfähigkeit des Naturhaushalts, die Nutzungsfähigkeit der Naturgüter, die Pflanzen- und Tierwelt sowie die Vielfalt, Eigenart und Schönheit von Natur und Landschaft.[4] 10

Die **Handlungsformen** des Naturschutzes schließlich werden mit den Begriffen „schützen, pflegen und entwickeln" umschrieben. 11

Gem. § 1 Abs. 2 BNatSchG sind die Ziele des Naturschutzes und der Landschaftspflege untereinander und gegen die sonstigen Anforderungen der Allgemeinheit an Natur und Landschaft abzuwägen. Daraus ergibt sich eine prinzipielle **Gleichrangigkeit aufgabeninterner und aufgabenexterner öffentlicher Belange**. *Aufgabenintern* sind die in § 1 Abs. 1 BNatSchG genannten naturschutzrechtlichen Anforderungen gleichrangig zu beachten. *Aufgabenextern* sind die Belange des Naturschutzes und der Landschaftspflege 12

---

[1] Vgl. *Schmidt-Aßmann*, NuR 1979, 1 (3); *Soell*, in: Grundzüge des Umweltrechts, S. 498.
[2] Vgl. *Schmidt-Aßmann*, NuR 1979, 1 (7); *Steiger*, Ziele und Grundsätze, S. 470 (471).
[3] Vgl. zu den Unterschieden *Steiger*, Ziele und Grundsätze, S. 470; *Schmidt-Aßmann*, NuR 1979, 1 (2).
[4] Zu diesen Begriffen i. e. siehe *Kolodziejcok/Recken*, Naturschutz, § 1 Rn. 2ff.

gleichberechtigt mit anderen öffentlichen Belangen abzuwägen. Naturschutzbelange genießen keinen Vorrang vor anderen Belangen, wenngleich ihnen durch § 1 Abs. 1 BNatSchG eine hohe Bedeutung beigemessen wird. Obwohl die privaten Belange anders als in § 1 Abs. 6 BauGB nicht ausdrücklich erwähnt werden, sind sie nach allgemeiner Auffassung ebenfalls in der Abwägung gem. § 1 Abs. 2 BNatSchG zu berücksichtigen.[5]

II. Grundsätze des Naturschutzes und der Landschaftspflege

13 § 2 Abs. 1 BNatSchG enthält einen ausführlichen, aber nicht abschließenden Katalog von Grundsätzen des Naturschutzes und der Landschaftspflege, der durch die Länder gem. § 2 Abs. 2 BNatSchG erweitert werden kann. Die Grundsätze fordern u. a. die Erhaltung und Verbesserung der Leistungsfähigkeit des Naturhaushalts (Nr. 1), die Erhaltung von Freiflächen und die Sicherung von Natur und Landschaft in besiedelten Bereichen (Nr. 2). Mit Naturgütern ist sparsam und schonend umzugehen (Nr. 3). Dieses Grundprinzip wird für einzelne Naturgüter in den nachfolgenden Grundsätzen näher konkretisiert (Nr. 4 bis Nr. 10). Betont werden in den Grundsätzen außerdem die Erholungsfunktion der Natur und die charakteristische Eigenart historischer Kulturlandschaften und -bestandteile (Nrn. 11 – 13).

14 Die Grundsätze dienen dazu, die in § 1 Abs. 1 BNatSchG genannten Ziele des Naturschutzes und der Landschaftspflege zu konkretisieren und zu ergänzen. Die Ziele sollen gem. § 2 Abs. 1 S. 1 BNatSchG nach Maßgabe der Grundsätze verwirklicht werden. Der Verwirklichungsauftrag des Gesetzgebers wird jedoch auf dreierlei Weise eingeschränkt. Die Verwirklichung der Ziele des Naturschutzes und der Landschaftspflege muß im Einzelfall

- *erforderlich,*
- *möglich* und
- *unter Abwägung* aller Anforderungen nach § 1 Abs. 2 BNatSchG *angemessen*

sein. Die in den Grundsätzen und Zielen konkretisierten rechtlichen Anforderungen des Naturschutzes und der Landschaftspflege werden durch diese dreifache Schranke des § 2 Abs. 1 S. 1 BNatSchG zwar relativiert. Jedoch sind diese Schranken als einfachgesetzliche Ausprägung des verfassungsrechtlichen Verhältnismäßigkeitsgrundsatzes im Grunde eine Selbstverständlichkeit.[6] Im übrigen verbleibt den Grundsätzen trotz ihrer Relativierung eine erhebliche Funktion, weil sie den Vollzugsbehörden eine Prüfliste an die Hand geben, deren Nichtbeachtung die Abwägung fehlerhaft und gerichtlich angreifbar macht.[7] Bei der gerichtlichen Kontrolle kann die im Bauplanungsrecht entwickelte Abwägungsfehlerlehre in entsprechender Weise herangezogen werden.[8]

---

[5] *VGH Mannheim*, Urt. v. 16. 12. 1983 – 5 S 297/83 –, NuR 1984, 149; vgl. *Schmidt-Aßmann*, NuR 1979, 1 (3); *BGH*, Urt. v. 22. 5. 1980 – III ZR 175/78 –, NuR 1981, 77 (79).

[6] So zu Recht *Steiger*, Ziele und Grundsätze, S. 472.

[7] Vgl. *Soell*, in: Grundzüge des Umweltrechts, S. 499.

[8] *Soell*, in: Grundzüge des Umweltrechts, S. 499f.; zur Abwägungsfehlerlehre siehe oben § 8, Rn. 4952; *Hoppe*, in: Ernst/Hoppe, ÖffBauBoR, Rn. 283ff.

15 Wie die Ziele sind auch die Grundsätze des Naturschutzes und der Landschaftspflege gem. § 4 S. 3 BNatSchG unmittelbar verbindlich, regeln aber keine verbindlichen Anforderungen an Privatpersonen. Diese Einschränkung ihres Geltungsbereichs ergibt sich zwar nicht aus dem Wortlaut des § 2 Abs. 1 BNatSchG, wohl aber aus ihrem Zweck, die Abwägung bei administrativen Entscheidungen zu steuern.[9] Der Geltungsanspruch der Grundsätze beschränkt sich somit auf den Bereich der Verwaltung. Die Naturschutzbehörden haben gem. § 3 Abs. 1 BNatSchG die Ziele und Grundsätze des Naturschutzes und der Landschaftspflege durchzusetzen. Andere Behörden und öffentliche Stellen haben im Rahmen ihrer Zuständigkeit die Verwirklichung der Ziele des Naturschutzes und der Landschaftspflege zu unterstützen. Sie haben die Naturschutzbehörden bereits bei der Vorbereitung aller öffentlichen Planungen und Maßnahmen, die die Belange des Naturschutzes und der Landschaftspflege berühren können, zu unterrichten und anzuhören, soweit nicht eine weitergehende Form der Beteiligung vorgeschrieben ist (§ 3 Abs. 2 BNatSchG).

16 Als *finalstrukturierte* Norm entfaltet § 2 BNatSchG seine Wirkung vor allem im Bereich der **Planung.**[10] Ziele und Grundsätze des Naturschutzes und der Landschaftspflege sind durch die *Landschaftsplanung*, aber auch durch die Gesamtplanung und die sonstige *Fachplanung* zu verwirklichen.

17 Im Bereich der **Gesamtplanung** folgt die Beachtlichkeit der Ziele und Grundsätze des Naturschutzes und der Landschaftspflege für die **Landesplanung** aus § 2 Abs. 1 Nr. 7 i. V. m. § 5 Abs. 2 S. 1 ROG. Danach ist für den Schutz, die Pflege und die Entwicklung von Natur und Landschaft einschließlich des Waldes sowie für die Sicherung und Gestaltung von Erholungsgebieten zu sorgen. Das gleiche gilt für die Reinhaltung des Wassers, die Sicherung der Wasserversorgung und für die Reinhaltung der Luft sowie für den Schutz der Allgemeinheit vor Lärmbelästigungen. Die Länder müssen Pläne und Programme mit den Zielen der Raumordnung und Landesplanung aufstellen, die zur Durchsetzung dieser Grundsätze erforderlich sind.

18 Für die **Bauleitplanung** verlangt § 1 Abs. 5 S. 1 BauGB einen Beitrag zur Sicherung einer menschenwürdigen Umwelt und zum Schutz der natürlichen Lebensgrundlagen. § 1 Abs. 5 S. 2 Nr. 6 BauGB verlangt außerdem bei der Aufstellung der Bauleitpläne die Berücksichtigung des Naturschutzes und der Landschaftspflege, insbesondere des Naturhaushalts, des Wassers, der Luft und des Bodens einschließlich seiner Rohstoffvorkommen, sowie eine Berücksichtigung des Klimas.

19 Die Grundsätze des Naturschutzes und der Landschaftspflege sind schließlich auch bei anderen **Fachplanungen** als abwägungsrelevante Belange zu berücksichtigen. Zum Teil wird in den entsprechenden Fachplanungsgesetzen ausdrücklich auf die Belange des Naturschutzes und der Landschaftspflege verwiesen.[11] Soweit solche Naturschutzklauseln in den Fachplanungsgesetzen fehlen, sind die Belange des Naturschutzes und der Landschaftspflege bei der in jedem Fall notwendigen Allgemeinwohlverträglichkeit des geplanten Vorhabens zu berücksichtigen.[12]

---

[9] Siehe dazu auch *Schmidt-Aßmann*, NuR 1979, 1 (7); *Steiger*, Ziele und Grundsätze, S. 471.

[10] Zur Finalstruktur von Planungsnormen siehe ausführlich *Hoppe*, DVBl. 1974, 641 ff.; zur Bedeutung des § 2 BNatSchG als Planungsnorm siehe *Schmidt-Aßmann*, NuR 1979, 1 (7 ff.).

[11] Vgl. z. B. § 37 Abs. 2 FlurbG; §§ 8 Abs. 3 S. 2 Nr. 1 AbfG i. V. m. § 2 Abs. 1 S. 2 Nr. 5 AbfG; vgl. auch § 1 Abs. 2 LBG und § 1 Abs. 3 SchBG sowie § 6 Abs. 2 S. 1 LuftVG.

[12] Vgl. *Schmidt-Aßmann*, NuR 1979, 1 (8).

20 Die Grundsätze gelten aber nicht nur im Bereich der Planung, sondern auch im Bereich der **direkten Verhaltenssteuerung** § 3 Abs. 2 S. 1 BNatSchG verpflichtet Behörden und öffentliche Stellen dazu, die Verwirklichung der Ziele und in deren Folge auch die Verwirklichung der Grundsätze des Naturschutzes und der Landschaftspflege zu unterstützen. Sie sind deshalb im Rahmen von Ermessensentscheidungen zu beachten, mittelbar können sie außerdem bei der Auslegung gesetzlicher Tatbestandsmerkmale herangezogen werden, die in Spezialgesetzen geregelt sind und sich auf Belange des Naturschutzes und der Landschaftspflege beziehen.[13] Bauvorhaben im Außenbereich können zu einer Beeinträchtigung öffentlicher Belange und damit gem. § 35 Abs. 3 BauGB zur Unzulässigkeit eines Vorhabens führen, wenn Belange des Naturschutzes und der Landschaftspflege beeinträchtigt werden. Teilweise wird sogar die Beachtung der Belange des Naturhaushalts, der Landschaft und der Erholung zur ausdrücklichen Genehmigungsvoraussetzung erhoben.

Beispiel: Gem. § 3 Abs. 2 Nr. 2 AbgrG NW, ist die Genehmigung für eine Abgrabung zu erteilen, wenn neben zahlreichen anderen Voraussetzungen auch die Belange des Naturhaushalts, der Landschaft und der Erholung beachtet sind. Die Wirkung des § 2 BNatSchG wird jedoch auch im AbgrG NW dadurch beeinträchtigt, daß § 3 Abs. 3 AbgrG näher konkretisiert, wann die Belange des Naturhaushalts und der Landschaft in der Regel beachtet sind.[14]

21 Nicht herangezogen werden kann § 2 BNatSchG aber in den Fällen, in denen eine Genehmigung zu versagen ist, weil öffentlich-rechtliche Vorschriften entgegenstehen. Als zwingender Versagungsgrund fehlt dem § 2 BNatSchG wegen seiner Abwägungsklausel die notwendige rechtsstaatliche Bestimmtheit.[15]

III. Landwirtschaftsklauseln im Naturschutzrecht

22 Das Spannungsverhältnis zwischen Landwirtschaft und Naturschutz ist in den vergangenen Jahren in die umweltpolitische und umweltrechtliche Diskussion geraten.[16]

Zwischen Landwirtschaft und Naturschutz besteht eine Konfliktlage, die sich zunehmend verschärft hat. Einerseits werden die rechtlichen Anforderungen an eine umweltverträgliche Landwirtschaft durch zahlreiche Umweltschutzbestimmungen, nicht zuletzt durch das Inkrafttreten des BNatSchG und der Landschaftspflegegesetze der Länder erhöht. Das BNatSchG beschränkt das Naturschutzrecht nicht mehr allein auf besonders schutzwürdige Gebiete, sondern erhebt einen Anspruch auf flächendeckende Geltung. Außerdem hat das BNatSchG den sachlichen Schutzbereich des Naturschutzrechtes durch Einbeziehung von Pflege- und Entwicklungsmaßnahmen neben den bis zum Inkrafttreten des BNatSchG allein rechtlich geregelten Schutzmaßnahmen erweitert.

---

[13] Vgl. *Soell*, in: Grundzüge des Umweltrechts, S. 501; *Kolodziejcok/Recken*, Naturschutz, Vorbem. Vor § 1 Rn. 1; *Schmidt-Aßmann*, NuR 1979, 1 (9).

[14] Vgl. dazu *Schmidt-Aßmann*, NuR 1979, 1 (9).

[15] Vgl. *Soell*, in: Grundzüge des Umweltrechts, S. 501; *Schmidt-Aßmann*, NuR 1979, 1 (9).

[16] Siehe dazu vor allem das SRU-Sondergutachten zu den Umweltproblemen der Landwirtschaft, S. 1ff.; *Henneke*, Landwirtschaft und Naturschutz, S. 1ff.; *Storm*, NuR 1986, 8ff.

Auf der anderen Seite lastet auf den landwirtschaftlichen Betrieben ein Rationalisierungsdruck, der zu einer Intensivierung der Produktion durch den Einsatz ertragssteigernder, aber gleichermaßen umweltbelastender Pflanzenbehandlungs- und Düngemittel, Futtermittelzusatzstoffe und Tierarzneimittel führt. Hinzu kommen nachteilige Veränderungen von Natur und Landschaft durch die im Zuge der Rationalisierung betriebene großflächige Bewirtschaftung, durch Entwässerungen, Beseitigung und Beeinträchtigung natürlicher und naturnaher Flächen, durch vereinfachte Fruchtfolgen und dem Einsatz von Großmaschinen.[17]

Zur rechtlichen Regelung dieses Interessenkonfliktes und vor allem zum Schutz der Landwirtschaft vor zu stark eingreifenden naturschutzrechtlichen Anforderungen wurden in das Naturschutzrecht einige Regelungen aufgenommen, die das Verhältnis von Naturschutz und Landschaftspflege einerseits und der Land- und Forstwirtschaft andererseits zum Gegenstand haben. Sie werden regelmäßig als „Landwirtschaftsklauseln" bezeichnet. Im BNatSchG gelten folgende Regelungen: **22a**

- „Der ordnungsgemäßen Land- und Forstwirtschaft kommt für die Erhaltung der Kultur- und Erholungslandschaft eine zentrale Bedeutung zu; sie dient in der Regel den Zielen dieses Gesetzes" (**§ 1 Abs. 3 BNatSchG**).
- „Die im Sinne dieses Gesetzes ordnungsgemäße land-, forst- und fischereiwirtschaftliche Bodennutzung ist nicht als Eingriff in Natur und Landschaft anzusehen" (**§ 8 Abs. 7 BNatSchG**).
- „In einem Landschaftsschutzgebiet sind unter besonderer Beachtung des § 1 Abs. 3 und nach Maßgabe näherer Bestimmungen alle Handlungen verboten, die den Charakter des Gebietes verändern oder dem besonderen Schutzzweck zuwiderlaufen" (**§ 15 Abs. 2 BNatSchG**).[18/19]

Die allgemeine Landwirtschaftsklausel des § 1 Abs. 3 BNatSchG steht im Zusammenhang mit der nach § 1 Abs. 2 BNatSchG notwendigen Abwägung zwischen den unterschiedlichen Belangen. § 1 Abs. 3 BNatSchG stellt eine widerlegbare Vermutung auf, daß zwischen der ordnungsgemäßen Land- und Forstwirtschaft und dem Naturschutz und der Landschaftspflege kein Zielkonflikt besteht. Nach § 1 Abs. 3 BNatSchG ist zu vermuten, daß die ordnungsgemäße Land- und Forstwirtschaft die Natur und Landschaft nicht beeinträchtigt, sondern im Gegenteil fördert.[20] Soll die Land- und Forstwirtschaft im Interesse des Naturschutzes beschränkt werden, so muß deshalb die Behörde begründen, warum die betreffende landwirtschaftliche Tätigkeit die Belange des Naturschutzes beeinträchtigt.[21] Die allgemeine Landwirtschaftsklausel des § 1 Abs. 3 BNatSchG ist von besonderer Bedeutung. Ihr systematischer Einbau in den § 1 BNatSchG verschafft ihr beson- **23**

---

[17] Vgl. *Soell*, in: Grundzüge des Umweltrechts, S. 502; *Ebersbach*, Beilage zum AgrarR 1982, 26 (27).

[18/19] Zum Teil wurde auch der ehemalige § 22 Abs. 3 BNatSchG, wonach die Länder zur Abwendung erheblicher land-, forstwasser- oder sonst gemeinwirtschaftlicher Schäden Ausnahmen von den Vorschriften über den Artenschutz zulassen konnten, zu den Landwirtschaftsklauseln gezählt (vgl. *Hötzel*, Beilage zum AgrarR 1982, S. 5; zu den Landwirtschaftsklauseln in den einzelnen Landesgesetzen siehe *Henneke*, Landwirtschaft und Naturschutz, S. 222ff.; zum ehemaligen § 22 Abs. 3 BNatSchG siehe *EuGH*, Urt. v. 17. 9. 1987 – 412/85 – , NuR 1988, 53, wonach diese Klausel gegen EG-Recht verstieß. Sie ist mittlerweile gestrichen worden.

[20] *Kolodziejcok/Recken*, Naturschutz § 1, Rn. 39.

[21] *Ebersbach*, Beilage zum AgrarR 1982, 26 (27).

deres Gewicht bei der Auslegung der Ziele und ihrer Abwägung sowie für die besonderen Landwirtschaftsklauseln, die teilweise unmittelbar auf § 1 Abs. 3 BNatSchG verweisen, und schließlich natürlich auch für die Interpretation des BNatSchG insgesamt.[22] Der Klausel liegt die Vorstellung zugrunde, daß eine Wirtschaftsweise, die langfristig ökonomisch richtig ist, nur in Ausnahmefällen den ökologischen Belangen zuwiderläuft.[23] Dieser Gleichklang von Naturschutz und Landwirtschaft ist allerdings zunehmend zweifelhaft geworden. Die Streichung der Landwirtschaftsklauseln ist dementsprechend wiederholt gefordert worden.[24]

Was unter **„ordnungsgemäßer Forstwirtschaft"** im Sinne des § 1 Abs. 3 BNatSchG zu verstehen ist, ergibt sich nicht aus dem BNatSchG selbst. Nach einhelliger Auffassung ist zur Bestimmung der „ordnungsgemäßen Forstwirtschaft" auf die Regelungen des BWaldG und der Landesforstgesetze zurückzugreifen.[25] Die Waldgesetze von Bund und Ländern verpflichten die Waldbesitzer zur ordnungsgemäßen Waldbewirtschaftung und schreiben vor, daß der Wald nach anerkannten forstlichen Grundsätzen nachhaltig, pfleglich und planmäßig sowie den Erfordernissen der Landespflege entsprechend zu bewirtschaften ist.[26]

24 Umstritten ist dagegen, was unter **„ordnungsgemäßer Landwirtschaft"** i. S. d. Landwirtschaftsklauseln zu verstehen ist. Die Bedeutung des Begriffs kann in den einzelnen gesetzlichen Klauseln durchaus unterschiedlich sein. In § 8 Abs. 7 BNatSchG wird durch den Zusatz „im Sinne dieses Gesetzes" klargestellt, daß eine auch ökologisch i. S. d. Bundesnaturschutzrechts vertretbare Wirtschaftsweise gemeint ist.[27] Die Privilegierung der Landwirtschaft wird durch diesen Zusatz erheblich zurückgenommen. Im Gegensatz dazu läßt die h. M. für die allgemeine Landwirtschaftsklausel des § 1 Abs. 3 BNatSchG eine langfristig *ökonomisch* richtige Wirtschaftsweise als ordnungsgemäß genügen.[28] Nach der Gegenansicht ist § 1 Abs. 3 BNatSchG ähnlich wie auch § 8 Abs. 7 BNatSchG auszulegen, so daß auch in § 1 Abs. 3 BNatSchG eine *ökologisch* vertretbare Bewirtschaftung gemeint ist.[29] Unabhängig von diesem Meinungsstreit gehört zur ordnungsgemäßen Wirtschaftsweise jedenfalls die Beachtung sonstiger rechtlicher Anforderungen, etwa des Pflanzenschutzrechtes, des Wasserrechtes oder des Abfall- oder Forstrechtes.[30] Als ordnungsgemäß wird eine Bewirtschaftung landwirtschaftlicher Flächen angesehen, soweit nach dem jeweiligen Stand der agrar-

---

[22] Vgl. *Soell*, in: Grundzüge des Umweltrechts, S. 52.

[23] Vgl. *Ebersbach*, Beilage zum AgrarR 1982, 26 (27).

[24] Vgl. z. B. SRU-Sondergutachten Umweltprobleme der Landwirtschaft, Rz. 1201; SRU-Umweltgutachten 1987, Rz. 466/469.

[25] Vgl. nur *von Mutius/Henneke*, BayVBl. 1983, 545 (550) m. w. N.

[26] Vgl. *Ebersbach*, Beilage zum AgrarR 1982, 26 (28).

[27] Vgl. *Lorz*, Naturschutzrecht, § 1 S. 14.

[28] Vgl. z. B. *Kolodziejcok/Recken*, Naturschutz, § 1 Rn. 33; *Lorz*, Naturschutzrecht, § 1 S. 14; *von Mutius/Henneke*, BayVBl. 1983, 545 (548); vgl. auch *BayVGH*, Urt. v. 26. 6. 1984 – Nr. 9 B 80 A. 626 –, BayVBl. 1985, 208 (209).

[29] *Bernatzky/Böhm*, Bundesnaturschutzrecht, § 1 Rn. 16; *Sening*, BayVBl. 1978, 394 (395 f.).

[30] Vgl. *Kolodziejcok/Recken*, Naturschutz, Landschaftspflege, § 1 Rn. 33; *von Mutius/Henneke*, BayVBl. 1983, 545 (548), dort auch zum Begriff der „Ordnungsgemäßheit" im einzelnen

wissenschaftlichen Erkenntnis die Betriebsmittel, insbesondere Pflanzenschutz- und Düngemittel, sachgerecht angewendet werden, die Bodenfruchtbarkeit nachhaltig gesichert ist und die Gesundheit von Mensch und Tier nicht geschädigt wird sowie die herkömmliche Nutzung durch bäuerlich geprägte Landwirtschaft.[31]

B. Landschaftsplanung

Die in den §§ 5, 6 BNatSchG geregelte Landschaftsplanung ist die Fachplanung für den Bereich des Naturschutzes, der Landschaftspflege und der Erholungsvorsorge. Sie hat die zur Verwirklichung der Ziele des Naturschutzes und der Landschaftspflege notwendigen Schutz-, Pflege- und Entwicklungsmaßnahmen – konkretisiert für einen bestimmten Raum – festzusetzen. Die Landschaftsplanung übernimmt insoweit eine Gelenkfunktion zwischen den Zielen des Naturschutzes und der Landschaftspflege einerseits und den ihrer Durchsetzung dienenden Einzelmaßnahmen andererseits. 25

Wie die integrierte Gesamtplanung ist auch die Landschaftsplanung flächendeckend. Sie unterscheidet sich von dieser jedoch dadurch, daß sie nicht fachübergreifend und integrierend, sondern verengt auf ökologische, landespflegerische Aspekte konzipiert ist.[32] Von der Gesamtplanung unterscheidet sich die Landschaftsplanung außerdem dadurch, daß sie zwar überwiegend, aber nicht ausschließlich raumbezogen ausgestaltet ist. Neben den raumbedeutsamen Festsetzungen kann die Landschaftsplanung auch Regelungen ohne Raumbezug – etwa zum Artenschutz – enthalten. 26

Von ihrer Aufgabenstellung her ist die Landschaftsplanung einerseits *sektorale Fachplanung* und andererseits *querschnittsorientierte Planung*. 27

Als **sektorale Fachplanung** programmiert sie die fachspezifischen Maßnahmen in den Bereichen „*Naturschutz*" und „*freiraumbezogene Erholung*".[33] 28

Als **Fachplanung für den Naturschutz** dient sie vor allem der Sicherung und Entwicklung eines funktionsfähigen Naturhaushaltes und dem Bodenschutz. Sie hat dazu die Erfordernisse des ökologischen Arten- und Flächenschutzes zu ermitteln und die methodischen und wissenschaftlichen Grundlagen für den Schutz und die Entwicklung der Ökosysteme zu beschreiben. Die Landschaftsplanung hat dazu als Planungsgrundlage in einem ersten Schritt umfassende Bestandsaufnahmen in Form von Biotopkartierungen, Bodenkataster, Waldfunktionskartierungen, „Rote Listen der gefährdeten Tier- und Pflanzenarten" etc. zu erstellen. In einem zweiten Planungsschritt sind von der Naturschutzplanung die Schutzgebiete darzustellen und die notwendigen Gestaltungs-, Pflege-, Sanierungs- und Artenschutzmaßnahmen ohne Raumbezug zu planen. 29

Als **sektorale Fachplanung für freiraumbezogene Erholung** dient die Landschaftsplanung daneben der Erhaltung und Entwicklung der Landschaft als Erlebnis- und Erholungsraum. Die Landschaftsplanung hat dazu geeigne- 30

[31] So ausdrücklich *von Mutius/Henneke*, BayVBl. 1983, 545 (549).
[32] Vgl. dazu *Ebersbach*, Landverbrauch, S. 250; SRU-Umweltgutachten 1987, Rz. 378ff.
[33] Vgl. dazu i. e. *Ebersbach*, Landverbrauch, S. 251ff.

te Erholungsräume zu ermitteln, Erholungs- und Freizeitgebiete sowie deren planerische Gestaltung und Entwicklung abzugrenzen und dafür zu sorgen, daß sich die negativen Auswirkungen der Freizeitaktivitäten, insbesondere des Fremdenverkehrs und des Tourismus auf Natur und Landschaft in Grenzen halten.[34]

31 Als **querschnittsorientierte Planung** soll die Landschaftsplanung den ökologischen Beitrag für das Planungssystem der Landes-, Regional- und Bauleitplanung, aber auch für andere raumbedeutsame Fachplanungen durch die Beteiligung der Naturschutzbehörden an den verschiedenen Planungsverfahren der Gesamt- und Fachplanungen erbringen.[35] Die zuständigen Behörden und öffentlichen Stellen haben dazu gem. § 3 Abs. 2 S. 2 BNatSchG die Naturschutzbehörden bereits bei der Vorbereitung aller öffentlichen Planungen und Maßnahmen, die die Belange des Naturschutzes und der Landschaftspflege berühren können, zu unterrichten und anzuhören, soweit nicht eine weitergehende Form der Beteiligung vorgeschrieben ist. Querschnittsorientiert sind die raumbedeutsamen Aussagen der Landschaftsplanung außerdem, soweit sie nach Maßgabe der landesplanungsrechtlichen Vorschriften der Länder in die Programme und Pläne der Landesplanung und der Bauleitplanung aufgenommen werden (vgl. §§ 5 Abs. 2, 6 Abs. 4 BNatSchG).

31a Für die Bundesebene sieht das BNatSchG keine Landschaftsplanung vor. Im übrigen geht das BNatSchG grundsätzlich von einem *dreistufigen Aufbau der Landschaftsplanung* aus, wobei die einzelnen Stufen der Landschaftsplanung mit den entsprechenden Stufen der Landes- und Bauleitplanung verknüpft sind. Die Bundesländer haben allerdings den Spielraum, den ihnen das BNatSchG als Rahmenrecht für die materielle und verfahrensrechtliche Ausgestaltung der Landschaftsplanung belassen hat, weitgehend ausgenutzt. So haben beispielsweise die Stadtstaaten nur eine zweistufige Landschaftsplanung, bestehend aus dem Landschaftsprogramm und den örtlichen Landschaftsplänen.[36] Die Bundesländer Hessen, Nordrhein-Westfalen und Schleswig-Holstein verzichten auf das Landschaftsprogramm, so daß in diesen Bundesländern die Landschaftsplanung zweistufig nur aus dem Landschaftsrahmenplan und den örtlichen Landschaftsplänen besteht.[37]

32 Nach Ansicht des SRU ist die Bilanz der bisherigen Aktivitäten der Landschaftsplanung enttäuschend. Es liege der Eindruck nicht fern, als sei die Landschaftsplanung 10 Jahre nach dem Inkrafttreten des BNatSchG ein bereits gescheitertes Vorhaben. Die Landschaftsplanung sei bei Wahrung des Ausführungsspielraumes der Länder bundesrechtlich wirksamer zu regeln und deutlich auf die Landes- und Regionalplanung als auch auf die Bauleitplanung auszurichten.[38]

---

[34] *Ebersbach*, Landverbrauch, S. 251f.

[35] *Lorz*, Naturschutz, § 5 Anm. 3; vgl. auch *Erbguth*, UPR 1987, S. 409 (410); zum querschnittsorientierten Charakter der Landschaftsplanung siehe SRU-Umweltgutachten 1987, Rz. 380ff.

[36] Vgl. §§ 3 Abs. 2 BerlNatSchG, 4 Abs. 2 BremNatSchG, 3, 6 HmbNatSchG.

[37] Vgl. §§ 3, 4 HessNatSchG; §§ 15, 16 LG NW; §§ 5, 6 LPflG SH teilweise werden die Landschaftsprogramme allerdings auch als Landschaftsrahmenprogramme (vgl. § 7 NatSchG Bw, 4 NdsNatSchG) oder als Landschaftspflegeprogramme (§ 15 LPflG RP) bezeichnet.

[38] Vgl. SRU-Umweltgutachten 1987, Rz. 411, 459ff.; zu Vollzugs- und Bewertungsdefiziten bei der Landschaftsplanung siehe auch *Schomerus*, Defizite im Naturschutzrecht, S. 27ff.

Nach den §§ 5, 6 BNatSchG setzt sich die Landschaftsplanung grundsätzlich jedoch dreistufig zusammen aus: 33

- **Landschaftsprogramm**,
- **Landschaftsrahmenplänen**,
- **Landschaftsplänen**.

I. Landschaftsprogramm

Im Landschaftsprogramm werden *für den Bereich eines Bundeslandes die überörtlichen Erfordernisse und Maßnahmen* zur Verwirklichung der Ziele des Naturschutzes und der Landschaftspflege einschließlich des Artenschutzes unter Beachtung der Grundsätze und Ziele der Raumordnung und Landesplanung dargestellt (§ 5 Abs. 1 BNatSchG). 34

Die nach § 5 Abs. 1 BNatSchG beabsichtigte Verwirklichung der Ziele des Naturschutzes und der Landschaftspflege durch das Landschaftsprogramm erfordert eine Bestandsaufnahme des Zustandes von Natur und Landschaft und eine Darstellung der Entwicklungsziele, d. h. des angestrebten Zustandes und der dazu notwendigen Maßnahmen.[39] Um den nachgeordneten Planungsebenen die nähere räumliche und sachliche Konkretisierung der Ziele und Maßnahmen zu ermöglichen, können die Festsetzungen des Landschaftsprogrammes jedoch nur großräumiger und grundsätzlicher Art sein.[40] 35

Zum zulässigen und notwendigen Inhalt eines Landschaftsprogrammes enthalten weder das BNatSchG noch die Landesgesetze konkrete Vorgaben. In den aufgestellten Landschaftsprogrammen der Länder finden sich vor allem Aussagen zum Flächenschutz, etwa 36

- zum **Freiraum-** und **Freiflächenschutz** in Verdichtungsgebieten,
- über **Vorrangräume** für ökologisch bedeutsame Ressourcen oder für Schutz- und Erholungsgebiete oder für land- und forstwirtschaftliche Nutzungen[41]

oder Zielvorstellungen hinsichtlich der **Vermeidung einzelner Umweltbelastungen**, etwa

- von Bodenbelastungen durch Erosion, Nährstoffauswaschung und Schadstoffanreicherung,
- von Gewässerbelastungen,
- von der Bedrohung seltener Tiere und Pflanzen und schutzwürdiger Biotope
- und von der Beeinträchtigung des Landschaftsbildes etc.[42]

Gem. § 5 Abs. 2 BNatSchG sollen die raumbedeutsamen Erfordernisse und Maßnahmen der Landschaftsprogramme unter Abwägung mit den anderen raumbedeutsamen Planungen und Maßnahmen nach Maßgabe der landesplanungsrechtlichen Vorschriften der Länder in die Programme und Pläne i. S. d. § 5 Abs. 1 S. 1 und 2 und Abs. 3 ROG aufgenommen werden. Für die Integration der Landschaftsplanung in die Raumordnungsplanung 37

---

[39] Vgl. *Lorz*, Naturschutz, § 5 Anm. 4; *Book*, Bodenschutz, S. 19.
[40] Vgl. *Ebersbach*, Landverbrauch, S. 258; *Bernatzky/Böhm*, Bundesnaturschutzrecht, § 5 Rn. 2.
[41] Vgl. *Ebersbach*, Landverbrauch, S. 258.
[42] Vgl. *Soell*, in: Grundzüge des Umweltrechts, S. 514.

haben die Bundesländer verschiedene Formen gewählt.[43] Zum Teil werden die Landschaftsprogramme zunächst gesondert aufgestellt und danach durch einen besonderen Transformationsakt in die Raumordnungspläne übernommen.[44] Dieses Modell wird als **mittelbare** oder **Sekundärintegration** bezeichnet. Bei dieser mittelbaren Übernahme der Landschaftsprogramme in die Landesplanung wird die Integration teilweise vollständig, teilweise werden die Landschaftsprogramme jedoch nur „soweit erforderlich und geeignet" oder nur bezüglich ihrer raumbedeutsamen Aussagen vorgesehen. Demgegenüber wird in Bayern das Landschaftsprogramm unmittelbar als Teil des Landesentwicklungsprogramms aufgestellt.[45] Dabei handelt es sich um eine **unmittelbare** oder **Primärintegration**.[46]

II. Landschaftsrahmenpläne

38 Für *Teile eines Bundeslandes* werden die *überörtlichen* Erfordernisse und Maßnahmen zur Verwirklichung der Ziele des Naturschutzes und der Landschaftspflege in Landschaftsrahmenplänen dargestellt. Landschaftsrahmenpläne sehen die Naturschutzgesetze aller Flächenstaaten vor. In den Stadtstaaten wurde entsprechend § 5 Abs. 3 BNatSchG auf die gesetzliche Einführung der Landschaftsrahmenplanung verzichtet. Für die inhaltliche Ausgestaltung der Landschaftsrahmenpläne sieht das BNatSchG – ähnlich wie auch bei den Landschaftsprogrammen – keine konkreten Maßgaben vor. Die Landesnaturschutzgesetze schreiben z. T. vor, daß Landschaftsrahmenpläne „ausgeformte" Zielsetzungen und „Grundzüge" der überörtlichen Maßnahmen[47] enthalten; die Bundesländer Hessen, Niedersachsen und Rheinland-Pfalz haben außerdem Kataloge der notwendigen Mindestinhalte von Landschaftsrahmenplänen aufgestellt.[48] Als untere Stufe der *überörtlichen* Landschaftsplanung sollen Landschaftsrahmenpläne die Darstellungen der Landschaftsprogramme näher ausformen und konkretisieren[49] und ihrerseits die örtliche Landschaftsplanung[50] und sonstige Maßnahmen des Naturschutzes steuern.[51] Erforderlich ist dazu die räumliche Darstellung von Bereichen, die für Schutzgebietsausweisungen nach den §§ 12ff. BNatSchG in Betracht kommen, einschließlich der erforderlichen Schutz-, Pflege- und Entwicklungsmaßnahmen, die Darstellung von sonstigen Bereichen, die von Bebauung möglichst freizuhalten sind, und nicht zuletzt von Bereichen, in denen Beeinträchtigungen oder Schäden an Natur und Landschaft zu beseitigen oder auszugleichen sind.[52]

---

[43] Vgl. dazu *Book*, Bodenschutz, S. 110.
[44] Vgl. § 8 Abs. 1 NatSchG Bw, § 4 NdsNatSchG, § 15 Abs. 1, Abs. 3 LPflG RP, 8 Abs. 1, 8 SNG.
[45] Vgl. Art. 3 Abs. 1 Nr. 1 BayNatSchG.
[46] Zur Kritik am Modell der Primärintegration siehe *Book*, Bodenschutz, S. 110.
[47] So z. B. § 7 Abs. 2 NatSchG BW, 8 Abs. 2 S. 3 SNG.
[48] Vgl. § 3 Abs. 2 HessNatSchG, 5 Abs. 2 NdsNatSchG, 16 Abs. 2 LPflG RP.
[49] So § 7 Abs. 2NatSchG BW, 16 Abs. 1 LPflG RP, 8 Abs. 2 SNG.
[50] § 7 Abs. 2 S. 4 NatSchG BW, § 4 Abs. 1 S. 1 HessNatSchG, § 16 Abs. 2 S. 2 LPflG SH.
[51] Vgl. dazu *Book*, Bodenschutz, S. 113.
[52] Vgl. z. B. § 3 Abs. 2 Nr. 1, 2, 3, 6, HessNatSchG.

Allerdings können Landschaftsrahmenpläne hinsichtlich der Durchsetzung ökologischer Vorranggebiete gegenüber konkurrierenden Nutzungen keine abschließenden Vorrangbestimmungen treffen, weil sie – anders als die integrierende Gesamtplanung – die gegenläufigen Raumnutzungsansprüche nicht umfassend berücksichtigen können. Abschließend entschieden wird daher über ökologische Vorranggebiete erst im Rahmen der Landesplanung.[53] Die Landschaftsrahmenpläne sind grundsätzlich nur für die Naturschutzbehörden selbst verbindlich. Zu einer wesentlich gesteigerten Verbindlichkeit führt allerdings ihre Übernahme in die Regionalpläne. Als Ziele der Raumordnung und Landesplanung können sie eine Anpassungspflicht für die gemeindliche Bauleitplanung gem. § 1 Abs. 4 BauGB auslösen. **39**

Da die Landschaftsrahmenpläne zur Integration in die Regionalplanung bestimmt sind (§ 5 Abs. 2 BNatSchG), können sie sich nicht auf allgemein gehaltene Präzisierung der Naturschutzziele und -grundsätze beschränken. Sie müssen vielmehr bereits räumlich konkrete und sachlich detaillierte Aussagen über Entwicklungsziele und Maßnahmen treffen, um – ggf. nach weiterer Abwägung im Regionalplanungsprozeß – hieraus raumordnerische Ziele nach § 5 ROG entwickeln zu können.[54] **40**

Auch die Integration der Landschaftsrahmenpläne in die Regionalplanung erfolgt in den einzelnen Bundesländern unterschiedlich nach den Modellen der unmittelbaren Primärintegration, d. h. durch unmittelbare Aufstellung der Landschaftsrahmenpläne im Rahmen der Regionalplanung,[55] oder im Wege der mittelbaren Sekundärintegration, wonach die Übernahme nach der eigenständigen Aufstellung des Landschaftsrahmenplanes durch einen besonderen Transformationsakt erfolgt. Bei der mittelbaren Teilintegration sind zudem Modelle zu unterscheiden, die eine volle Integration der Landschaftsrahmenpläne in die Regionalplanung verlangen[56] oder aber nur eine Teilintegration vorsehen.[57] **41**

III. Landschaftspläne

Die *örtlichen* Erfordernisse und Maßnahmen zur Verwirklichung der Ziele und Grundsätze des Naturschutzes und der Landschaftspflege sind schließlich in den Landschaftsplänen näher darzustellen, sobald und soweit dies aus Gründen des Naturschutzes und der Landschaftspflege erforderlich ist (§ 6 Abs. 1 BNatSchG).[58] Die damit normierte *Planungspflicht* für die örtliche Landschaftsplanung unterscheidet diese von den höherstufigen überörtlichen Landschaftsrahmenplänen und Landschaftsprogrammen. **42**

Gem. § 6 Abs. 2 BNatSchG soll der Landschaftsplan sowohl Darstellungen des vorhandenen Zustands von Natur und Landschaft sowie dessen **43**

---

[53] Vgl. *Soell*, in: Grundzüge des Umweltrechts, S. 517.

[54] Vgl. *Thurn*, Schutz natürlicher Gewässerfunktionen, S. 222; *Schulz*, in: Olschowy, Umweltschutz, S. 830.

[55] So z. B. Art. 3 Abs. 1 Nr. 2 BayNatSchG, 3 Abs. 1 HessNatSchG, 15 LG NW.

[56] So z. B. § 16 Abs. 2 LPflG RP.

[57] Siehe dazu z. B. die §§ 7 Abs. 1, 8 Abs. 2 NatSchG BW, 8 Abs. 1 i. V. m. Abs. 2 S. 2 SNG, § 5 Abs. 3 LPflG SH.

[58] Zum Landschaftsplan im Naturschutzrecht der Länder siehe *Carlsen*, NuR 1985, 226 ff.; *Deixler*, NuR 1985, 225 f.; zur Landschaftsplanung in NordrheinWestfalen *Hunstein*, der landkreis 1987, 253 ff.

Bewertung enthalten als auch Darstellungen des angestrebten Zustandes und der erforderlichen Maßnahmen, wobei insbesondere die allgemeinen Schutz-, Pflege- und Entwicklungsmaßnahmen, die Schutzausweisungen und die Artenschutzmaßnahmen erwähnt werden. Der Landschaftsplan ist deshalb ebenso wie das Landschaftsprogramm und die Landschaftsrahmenpläne in einen *Grundlagen-* und einen *Entwicklungsteil* zu gliedern.[59] Bei der Darstellung der örtlichen Erfordernisse zur Verwirklichung der Ziele und Grundsätze des Naturschutzes und der Landschaftspflege hat sich der Landschaftsplan an den Vorgaben des Landschaftsprogrammes und des Landschaftsrahmenplanes zu orientieren. Landschaftspläne sollen vor allem für Bereiche aufgestellt werden, die nachhaltigen Landschaftsveränderungen ausgesetzt sind, die als Erholungsgebiete dienen oder als solche vorgesehen sind, in denen Landschaftsschäden vorhanden oder zu befürchten sind, die an oberirdischen Gewässern oder aus Gründen der Wasserversorgung zu schützen und zu pflegen sind.[60]

44 Auch bei der Aufstellung von Landschaftsplänen sind gem. § 6 Abs. 3 S. 1 BNatSchG die Ziele der Raumordnung und Landesplanung zu beachten. Gem. § 6 Abs. 3 S. 2 BNatSchG soll außerdem bei der Aufstellung der Landschaftspläne auf ihre Verwertbarkeit für die Bauleitplanung Rücksicht genommen werden. Das BNatSchG setzt damit einen engen Zusammenhang von örtlicher Landschaftsplanung und Bauleitplanung voraus. Dem korrespondieren Vorschriften des BauGB, wonach die Belange des Naturschutzes und der Landschaftspflege bei der Bauleitplanung zu berücksichtigen sind.

Beispiel: Gem. § 1 Abs. 5 S. 2 BauGB sind bei der Aufstellung der Bauleitpläne die Belange des Umweltschutzes, des Naturschutzes und der Landschaftspflege, insbesondere des Naturhaushalts, des Wassers, der Luft und des Bodens einschließlich seiner Rohstoffvorkommen sowie das Klima zu berücksichtigen sind.

Beispiel: Gem. § 5 Abs. 2 Nr. 10 BauGB können im Flächennutzungsplan die Flächen für Maßnahmen zum Schutz, zur Pflege und zur Entwicklung von Natur und Landschaft dargestellt werden. Gem. § 9 Abs. 1 Nr. 20 BauGB können im Bauleitplan Maßnahmen zum Schutz, zur Pflege und zur Entwicklung der Landschaft festgesetzt werden, soweit solche Festsetzungen nicht nach anderen Vorschriften getroffen werden können sowie die Flächen für Maßnahmen zum Schutz, zur Pflege und zur Entwicklung von Natur und Landschaft.[61]

45 Die korrespondierenden Vorschriften des Naturschutzrechtes und des Bauplanungsrechtes machen deutlich, daß eine wechselseitige Koordination von Landschaftsplanung und Bauleitplanung gefordert ist.[62] Das Verhältnis von Bauleitplanung zur Landschaftsplanung ist im übrigen schwierig.[63] Die

[59] *Book*, Bodenschutz, S. 116.

[60] Vgl. § 9 Abs. 1 NatSchG BW, Art. 3 Abs. 4 S. 2 BayNatSchG, § 8 Abs. 1 S. 2 BerlNatSchG, § 7 Abs. 1 S. 2 BremNatSchG, § 6 Abs. 1 S. 2 HmbNatSchG, § 9 Abs. 4 SNG.

[61] Zur Bedeutung dieser Regelungen im BauGB für das rechtssystematische Verhältnis von Landschaftsplanung und Bauleitplanung siehe *Erbguth*, NVwZ 1988, 289.

[62] Vgl. *Hoppe/Erbguth*, Landschaftsplanung, S. 446 (455); *Hofherr*, UPR 1987, 88.

[63] Vgl. dazu ausführlich *Hoppe/Erbguth*, Landschaftsplanung, S. 446ff.; *Pielow*, NuR 1986, S. 60ff.; *Stich*, ZfBR 1986, 61ff., 111ff.; *Stich/Porger/ Steinebach*, Örtliche Landschaftsplanung und kommunale Bauleitplanung, S. 1ff.; *Stich*, UPR 1983, 177ff.; zum Verhältnis Landschaftsplanung und Bauleitplanung siehe auch *Sening*, NuR 1988, 78ff. und *Hess. VGH*, Urt. v. 25. 1. 1988 – 3 N 13/83 –, Hess StGZ 1988, 130.

Landesnaturschutzgesetze haben z. T. sehr unterschiedliche Regelungsmodelle entwickelt. Trotz der erheblichen Unterschiede im einzelnen lassen sich jedoch hinsichtlich des Verhältnisses der kommunalen Bauleitplanung zur örtlichen Landschaftsplanung drei verschiedene Lösungsmodelle in den Landesnaturschutzgesetzen ausmachen. Sie werden von *Stich* mit den Begriffen

- **vorlaufende Landschaftsplanung,**
- **mitlaufende Landschaftsplanung** und
- **integrierte Landschaftsplanung**

gekennzeichnet.[64]

1. Vorlaufende Landschaftsplanung

Als vorlaufende Landschaftsplanung werden die Regelungen der Bundesländer bezeichnet, deren Naturschutzgesetze dem Landschaftsplan eine eigene Rechtsverbindlichkeit als Rechtsverordnung oder Satzung einräumen. Das ist der Fall in Berlin, Bremen, Hamburg und Nordrhein-Westfalen. In diesen Ländern wird eine eigenständige Landschaftsplanung durchgeführt, die nicht in die Bauleitplanung integriert ist.[65] Die wohl konsequenteste Trennung von Landschaftsplanung und Bauleitplanung – sie läßt sich auch als *Parallelplanung* bezeichnen –[66] sieht das Landschaftsgesetz von Nordrhein-Westfalen vor. Die von den Kreisen und kreisfreien Städten, d. h. den unteren Naturschutzbehörden aufzustellenden Landschaftspläne erfassen regelmäßig lediglich die Gebiete außerhalb der im Zusammenhang bebauten Ortsteile und des Geltungsbereichs der Bebauungspläne, d. h. den sog. Außenbereich.[67] Da nach § 9 Abs. 1 Nr. 20 BauGB Flächen für Maßnahmen zum Schutz, zur Pflege und zur Entwicklung von Natur und Landschaft festgesetzt werden können, müssen die Bundesländer mit einer nicht integrierten Landschaftsplanung ihr Naturschutzrecht ändern, wenn sie nicht die Parallelität zweier verschiedener Arten von „Landschaftsplänen" in Kauf nehmen wollen.[68] 46

2. Mitlaufende Landschaftsplanung

Bei der mitlaufenden Landschaftsplanung obliegt die Aufstellung von Landschaftsplänen den Gemeinden oder den sonstigen Trägern der Bauleitplanung, doch erlangen diese Pläne außenverbindliche Rechtswirkungen erst dadurch, daß sie mit ihrem raumbezogenen und raumbedeutsamen Inhalt in die Bauleitpläne, insbesondere in die Bebauungspläne übernommen werden.[69] Dieses Planungsmodell, das man auch als eine Form der Sekundärintegration bezeichnen kann, ist in den Bundesländern Baden-Württemberg, 47

---

[64] Vgl. dazu *Stich*, HdUR, Bd. I, Sp. 981.
[65] Vgl. § 16 Abs. 2 LG NW § 11 BerlNatSchG, § 8 Abs. 3 BremNatSchG; § 7 Abs. 1 und 2 HmbNatSchG.
[66] Siehe *Hofherr*, UPR 1987, 88 (90).
[67] Vgl. § 16 Abs. 1 S. 1 LG NW.
[68] Vgl. dazu *Löhr*, NVwZ 1987, 361 (363).
[69] Vgl. *Stich/Porger/Steinebach*, Örtliche Landschaftsplanung und kommunale Bauleitplanung, S. 18.

Hessen, Niedersachsen, im Saarland und in Schleswig-Holstein vorgesehen. Die Sekundärintegration der Landschaftsplanung in die Bauleitplanung verläuft – wie auch bei der überörtlichen Landschaftsplanung –[70] in zwei Schritten. In der ersten Phase wird der Landschaftsplan als gemeindeinterner verbindlicher Fachplan aufgestellt.[71] Im zweiten Planungsschritt erfolgt die Umsetzung des Landschaftsplanes in den Flächennutzungsplan und in die Bebauungspläne. Dazu ist ein besonderer Transformationsakt erforderlich, mit dem die Aussagen des Landschaftsplans entweder vollständig[72] in die Bauleitpläne aufgenommen werden oder nur insoweit, als sie dafür geeignet sind.[73]

3. Integrierte Landschaftsplanung

48 Bei der integrierten Landschaftsplanung schließlich wird auch eine eigenständige Landschaftsplanung zugunsten einer von Anfang an unmittelbar in die Bauleitplanung integrierten Landschaftsplanung verzichtet.[74] Dieses Planungsmodell, für das sich die Bundesländer Bayern und Rheinland-Pfalz entschlossen haben, läßt sich auch als ein Fall der Primärintegration bezeichnen. Die Naturschutzgesetze dieser Länder bestimmen, daß Landschaftspläne als Bestandteil der Flächennutzungspläne und Grünordnungspläne als Bestandteile der Bebauungspläne aufzustellen sind.[75] Die Primärintegration der Landschaftsplanung in die Bauleitplanung ist wiederholt kritisiert worden.[76] Ob die Vollintegration der Landschaftsplanung in die städtebauliche Planung mit dem BauGB noch zu vereinbaren ist, ist zweifelhaft. § 9 Abs. 1 Nr. 20 BauGB enthält die Subsidiaritätsklausel „soweit solche Festsetzungen nicht nach anderen Vorschriften getroffen werden können", die deutlich macht, daß der Bundesgesetzgeber von einer eigenständigen Landschaftsplanung ausgeht.[77]

C. Schutz-, Pflege- und Entwicklungsmaßnahmen

49 Das Naturschutzrecht sieht Schutz-, Pflege- und Entwicklungsmaßnahmen vor, die entweder allgemein und ohne flächenmäßige Begrenzung oder aber nur für bestimmte Teile oder Bestandteile der Landschaft gelten. Die für sämtliche Flächen vorgesehenen allgemeinen Schutz-, Pflege- und Entwick-

---

[70] Siehe dazu oben, § 18, Rn. 37.

[71] Vgl. dazu *Ebersbach*, Landverbrauch, S. 284f.; *Gerschlauer*, DVBl. 1979, 601 (609ff.).

[72] Vgl. § 4 Abs. 2 BNatSchG, 6 Abs. 4 LPflG SH.

[73] Vgl. § 9 Abs. 1 NatSchG BW; 9 Abs. 7 S. 3 SNG; zum ganzen siehe *Ebersbach*, Landverbrauch, S. 285.

[74] Vgl. *Stich/Porger/Steinebach*, Örtliche Landschaftsplanung und kommunale Bauleitplanung, S. 19.

[75] Vgl. Art. 3 Abs. 2 BayNatSchG, 17 Abs. 1 LPflG RP.

[76] Vgl. *Gerschlauer*, DVBl. 1979, 601 (606); *Book*, Bodenschutz, S. 119; *Stich*, ZfBR 1986, 61ff. und 111ff.

[77] Vgl. *Erbguth*, NVwZ 1988, 289ff.

lungsmaßnahmen sind im Dritten Abschnitt des BNatSchG (§§ 8ff.) geregelt. Der Abschnitt enthält Bestimmungen über

- **Eingriffe in Natur und Landschaft,**
- **Duldungspflichten** und
- **Pflegepflichten in Siedlungsbereichen.**

I. Die Eingriffe in Natur und Landschaft

Neben den Vorschriften über die Landschaftsplanung zählt die Eingriffsregelung des § 8 BNatSchG zu den wichtigsten Bestimmungen des Naturschutzrechtes.[78] **50**

§ 8 BNatSchG ist eine durch die Landesgesetzgebung auszufüllende Rahmenvorschrift; die wesentlichen Aspekte der Eingriffsregelung können jedoch auch ohne näheres Eingehen auf die einzelnen landesrechtlichen Regelungen verdeutlicht werden. **51**

Die Eingriffsregelung beruht in erster Linie auf dem Verursacherprinzip; sie richtet *Vermeidungs-, Ausgleichs-* und *Ersatzpflichten* an den Verursacher des Eingriffs in die Natur und Landschaft und dient damit sowohl der Kostenzurechnung als auch der Zuordnung materieller Verantwortlichkeit für den Verursacher;[79] mit ihren Vermeidungspflichten konkretisiert sie daneben das Vorsorgeprinzip. **52**

1. Der Anwendungsbereich der Eingriffsregelung

Ein **Eingriff** i. S. d. § 8 Abs. 1 BNatSchG ist nicht jede Beeinträchtigung von Natur und Landschaft, sondern nur die Veränderung der Gestalt oder der Nutzung von Grundflächen, die die Leistungsfähigkeit des Naturhaushaltes oder das Landschaftsbild erheblich oder nachhaltig beeinträchtigen kann. Mit der Gestalt von Grundflächen ist die äußere Erscheinungsform der Erdoberfläche gemeint.[80] Dazu zählen vor allem das prägende Landschaftsprofil, bestehend aus Bergen und Tälern, Gewässern und dem charakteristischen Bewuchs der Landschaft mit Wäldern, Wiesen und sonstigen Pflanzen. **53**

Beispiele: Eine **Veränderung der Gestalt** von Grundflächen kann sich vor allem ergeben aus Abgrabungen, Aufschüttungen, Ablagerungen von Abfall, Müll und Schutt, Errichtung von Freileitungen oder Seilbahnen oder durch die Beseitigung von Hecken, Bäumen und Gehölzen oder die Errichtung baulicher Anlagen in der freien Landschaft.[81]

---

[78] Ausführlich zur Eingriffsregelung siehe *Breuer*, NuR 1980, 89ff.; *Gassner*, NuR 1984, 81ff.; *Schmidt-Aßmann*, HdUR, Bd. I, Sp. 401ff.; *Gaentzsch*, NuR 1986, 89ff., insbesondere zum Verhältnis zwischen dem Fachrecht und dem Naturschutzrecht; *Paetow*, NuR 1986, 144ff. zur gerichtlichen Überprüfbarkeit der Entscheidung über die Zulassung von Eingriffen in Natur und Landschaft; *Ronellenfitsch*, VerwArch. 77 (1986), 177 ff.; *ders.:* NuR 1986, 284ff.; *Henneke*, Landwirtschaft und Naturschutz, S. 183ff.; *Burmeister*, Der Schutz von Natur und Landschaft, S. 14ff.; *Pielow*, NuR 1987, 165ff.; *Gassner*, NuR 1988, 67ff.

[79] Vgl. zu diesen Aspekten des Verursacherpinzips *Breuer*, NuR 80, 89 (90ff.); siehe auch *Soell*, in: Grundzüge des Umweltrechts, S. 523; *Gassner*, NuR 1984, S. 81.

[80] Vgl. *Kolodziejcok/Recken*, Naturschutz, § 8 Rn. 3; *Gassner*, NuR 1984, 81 (83).

[81] Vgl. zu zahlreichen weiteren Beispielen mit Nachweisen aus der Rechtsprechung *Lorz*, Naturschutzrecht, § 8, Anm. 3.

54 Eine Änderung der **Nutzung** von Grundflächen liegt vor, wenn die Nutzungsart, die sich als durch die Verkehrsauffassung geprägte typische Nutzungsbündelung darstellt,[82] geändert wird.

Beispiele: Nutzungsänderungen sind etwa die Überführung von Brachland in eine landwirtschaftliche Nutzung,[83] die Aufforstung von Dünen, die Verwandlung von Heideflächen in Grünland oder der Umbruch von extensiv bewirtschafteten landwirtschaftlichen Flächen, etwa von Streu- und Feuchtwiesen.[84]

55 Ganz überwiegend haben die Bundesländer von der Ermächtigung des § 8 Abs. 8 BNatSchG Gebrauch gemacht und in sogenannten Positiv- bzw. Negativlisten unwiderlegliche Vermutungen aufgestellt, welche konkreten Veränderungen der Gestalt oder Nutzung von Grundflächen als Eingriff in Natur und Landschaft anzusehen sind oder keine Eingriffe sein sollen.[85] Nicht als Eingriff in Natur und Landschaft ist gem. § 8 Abs. 7 BNatSchG die im Sinne des BNatSchG als ordnungsgemäß anzusehende land-, forst- und fischereiwirtschaftliche Bodennutzung.[86] Der Wechsel von der landwirtschaftlichen zur fischereiwirtschaftlichen Nutzung einer Fläche durch Anlegung von Fischteichen fällt jedoch nicht unter den Begriff der ordnungsgemäßen landwirtschaftlichen oder fischereiwirtschaftlichen Bodennutzung im Sinne des § 8 Abs. 7 BNatSchG.[87]

56 Nach Ansicht des SRU ist die Eingriffsdefinition des § 8 Abs. 1 BNatSchG zu eng. Einbezogen werden müssen nach seiner Ansicht auch die durch stoffliche Einwirkungen vermittelten Eingriffe in Natur und Landschaft. Außerdem läßt das BNatSchG den Ländern nach Ansicht des Rates einen zu weiten Freiraum für die Aufstellung von Negativ-Listen.[88]

2. Die Rechtsfolgen des § 8 BNatSchG

57 Die Rechtsfolgen des § 8 BNatSchG richten sich danach, ob der Eingriff vermeidbar ist und – soweit er nicht vermeidbar ist – ob er ausgeglichen werden kann oder nicht. In einem Stufenverhältnis sind vorgesehen

– **Vermeidungspflichten,**
– **Ausgleichspflichten,**
– **Ersatzpflichten**
– **Unterlassungspflichten.**

---

[82] Vgl. *Schmidt-Aßmann*, HdUR, Bd. I, Sp. 42.

[83] Zur Frage, ob die Umwandlung von Brache in landwirtschaftlich genutzte Fläche einen Eingriff in Natur und Landschaft darstellt, vgl. *Emig*, NuR 1988, 178ff.

[84] Vgl. *Gassner*, NuR 1984, 81 (83); vgl. auch *VGH München*, Beschl. v. 9. 8. 1982 – Nr. 9 Cs 80 A 621 –, NuR 1982, 267; *VGH Mannheim*, Urt. v. 18. 9. 1980 – VII 1497/79 -, NuR 1981, 132; vgl. auch *OVG Koblenz*, Urt. v. 18. 9. 1986 – 8 H 77/84 –, NuR 87, 275ff. – zum Eingriff durch Auffüllen eines Feuchtgrabens.

[85] Vgl. § 14 Abs. 1 BerlNatSchG; § 11 Abs. 1 BremNatSchG, § 9 Abs. 1 HmbNatSchG, § 5 Abs. 1 HessNatSchG, § 4 Abs. 1 LPflG RP; § 10 Abs. 2 SNG, § 7 Abs. 1 LPflG SH SH; vgl. dazu auch die Auflistungen bei *Gassner*, NuR 1984, 81 (82); *Soell*, in: Grundzüge des Umweltrechts, S. 528f.

[86] Zu den Landwirtschaftsklauseln siehe im übrigen oben, § 18, Rn. 22–24.

[87] *BVerwG*, Beschl. v. 29. 11. 1985 – 4 B 213.85 –, NuR 1986, 251.

[88] Siehe SRU-Umweltgutachten 1987, Rz. 462ff.

a) Das Verbot vermeidbarer Beeinträchtigungen

Nach § 8 Abs. 2 S. 1, 1. HS BNatSchG ist der Verursacher eines Eingriffs 58
zu verpflichten, vermeidbare Beeinträchtigungen zu unterlassen. Die Eingriffsregelung ist insoweit Ausdruck des Vorsorgeprinzips.[89] Dabei kommt es nicht auf eine Vermeidbarkeit im naturwissenschaftlichen Sinne an. Vermeidbar in diesem Sinne wäre jede Beeinträchtigung zumindest durch ihre Unterlassung. Die Möglichkeit, ein die Natur und Landschaft beeinträchtigendes Vorhaben durchzuführen, soll jedoch grundsätzlich durch § 8 Abs. 2 BNatSchG nicht ausgeschlossen werden.[90] Entscheidend ist für die Vermeidbarkeit des Eingriffs, ob für die Verwirklichung des Vorhabens keine umweltschonendere Alternative mit geringeren Beeinträchtigungen für Natur und Landschaft besteht.

b) Das Gebot zum Ausgleich unvermeidbarer Beeinträchtigungen

Gem. § 8 Abs. 2 S. 1 BNatSchG hat der Verursacher unvermeidbare Be- 59
einträchtigungen durch Schutzmaßnahmen innerhalb einer bestimmten Frist auszugleichen, soweit es zur Verwirklichung der Ziele des Gesetzes erforderlich ist. Nach h. M. muß der Ausgleich nicht unbedingt am Ort des Eingriffs selbst erfolgen; jedoch muß ein räumlich-funktioneller Zusammenhang zwischen Ausgleich und Eingriff gewahrt bleiben.[91] Als ausgeglichen ist der Eingriff gem. § 8 Abs. 2 S. 4 BNatSchG anzusehen, wenn nach seiner Beendigung keine erheblichen oder nachhaltigen Beeinträchtigungen des Naturhaushaltes zurückbleiben und das Landschaftsbild landschaftsgerecht wiederhergestellt oder neu gestaltet ist.

Wird der Eingriff in Natur und Landschaft aufgrund eines nach öffentli- 60
chem Recht vorgesehenen Fachplanes vorgenommen, so hat der Planungsträger gem. § 8 Abs. 4 BNatSchG die zum Ausgleich dieses Eingriffs erforderlichen Maßnahmen im einzelnen im Fachplan selbst oder aber in einem landschaftspflegerischen Begleitplan in Text und Karte darzustellen; der Begleitplan ist dabei Bestandteil des Fachplanes.[92]

c) Die Untersagung unvermeidbarer und nicht ausgleichbarer Eingriffe

Gem. § 8 Abs. 3 BNatSchG ist der Eingriff zu untersagen, wenn die Be- 61
einträchtigungen nicht zu vermeiden oder nicht im erforderlichen Maße auszugleichen sind und die Belange des Naturschutzes und der Landschaftspflege bei der Abwägung aller Anforderungen an Natur und Landschaft im Range vorgehen. Bei dieser Abwägung steht der Behörde ein nur eingeschränkt gerichtlich überprüfbarer Gestaltungsfreiraum zu.[93] Erfolgt die Prüfung der Eingriffsregelung im Rahmen einer gebundenen Genehmi-

---

[89] *Schmidt-Aßmann*, HdUR, Bd. I, Sp. 44.

[90] Vgl. *Gaentzsch*, NuR 1986, 89 (91); *Ronellenfitsch*, VerwArch. 77 (1986), 177 (181); *Gassner*, NuR 1984, 81 (84) *VGH Kassel*, Beschl. v. 11. 7. 1988 – 2 TH 740/88 – NVwZ 1988, 1040 (1044).

[91] *Book*, Bodenschutz, S. 166; *Ronellenfitsch*, VerwArch. 77 (1986), 177 (182).

[92] Ausführlich zum landschaftspflegerischen Begleitplan nach § 8 Abs. 4 BNatSchG *Kuschnerus*, DVBl. 1986, 75ff.

[93] *Paetow*, NuR 1986, 144 (147); *Ronellenfitsch*, VerwArch. 77 (1986), 177 (191f.); *Book*, Bodenschutz, S. 167.

gungsentscheidung,[94] dann dienen die in § 8 Abs. 2 BNatSchG aufgestellten Voraussetzungen zur Konkretisierung der in den Genehmigungsvoraussetzungen geregelten unbestimmten Rechtsbegriffe, etwa der Allgemeinwohlverträglichkeit des Vorhabens.[95]

d) Die Pflicht zur Vornahme von Ersatzmaßnahmen

62 Können die Eingriffe in Natur und Landschaft nicht ausgeglichen werden und setzen sich die für das eingreifende Vorhaben sprechenden Belange gegenüber den Belangen des Naturschutzes und der Landschaftspflege im Rahmen der Abwägung durch, dann können – soweit die Länder entsprechend dem § 8 Abs. 9 BNatSchG weitergehende Vorschriften erlassen haben – Ersatzmaßnahmen des Verursachers zur Kompensation des nicht ausgleichbaren Eingriffs verlangt werden. Die Abgrenzung von Ausgleichs- und Ersatzmaßnahmen ist schwierig. Anders als Ausgleichsmaßnahmen müssen Ersatzmaßnahmen keinen *gleichartigen,* sondern nur einen *gleichwertigen* Zustand schaffen.[96] Dazu zählt etwa die Schaffung eines Ökosystems in der weiteren Umgebung, das mit dem beeinträchtigten Ökosystem vergleichbar ist.[97] Daneben sehen verschiedene Landesgesetze außerdem die Erhebung von **Ausgleichsabgaben** vor.[98] Zum Teil werden Ausgleichsabgaben erhoben, wenn Ausgleichsmaßnahmen in Natur oder in Form von Ersatzmaßnahmen an anderer Stelle nicht durchführbar sind. Zum Teil wird jedoch auch der Behörde die Wahl gelassen, ob sie den Verursacher verpflichten will, Ersatzmaßnahmen durchzuführen oder den erforderlichen Geldbetrag einer Körperschaft des öffentlichen Rechts zur Durchführung der Ersatzmaßnahme zur Verfügung zu stellen.[99]

3. Die verfahrensrechtliche Regelung

63 Über die Zulassung von Eingriffen in Natur und Landschaft wird nicht in einem eigenen naturschutzrechtlichen Verfahren, sondern zugleich mit einer – in anderen Rechtsvorschriften vorgesehenen – Bewilligung, Erlaubnis, Genehmigung, einem Planfeststellungsbeschluß etc. entschieden. Im Rahmen der jeweils maßgebenden Zulassungsentscheidung stellt die Eingriffsregelung zusätzliche Rechtmäßigkeitsvoraussetzungen für das beabsichtigte Vorhaben auf.[100] Die naturschutzrechtliche Eingriffsregelung hat deshalb

---

[94] Vgl. zur verfahrensrechtlichen Verknüpfung der Eingriffsregelung unten, § 18, Rn. 63.

[95] *Schmidt-Aßmann*, HdUR, Bd. I, Sp. 46.

[96] *Soell*, in: Grundzüge des Umweltrechts, S. 530.

[97] Vgl. *Schmidt-Aßmann*, HdUR, Bd. I, Sp. 404; *Lorz*, Naturschutzrecht, § 8 Anm. 10 b, aa.

[98] Vgl. ausführlich zu den Ausgleichsabgaben *Gassner*, NuR 1985, 180ff.; *BVerwG*, Urt. v. 4. 7. 1986 – 4 C 50.83 –, DVBl. 1986, 1009; *Meßerschmidt*, DVBl. 1987, 925ff.; *Breuer*, NuR 1980, 89 (96ff.); nach *VGH BW*, Urt. v. 2. 2. 1987 –, 5 S 2545/86 –, UPR 1987, 443f. kann auch dem Bund eine Ausgleichsabgabe auferlegt werden; zu den Ausgleichsabgaben siehe auch oben, § 9, Rn. 14.

[99] Vgl. dazu *Soell*, in: Grundzüge des Umweltrechts, S. 531.

[100] *Paetow*, NuR 1986, 144 (146).

konkrete Auswirkungen auf das gesamte raumbedeutsame Fachplanungs- und Genehmigungsrecht.[101]

Im Rechtssystem der Fachplanung wird man die Verpflichtung des Eingriffsverursachers, vermeidbare Beeinträchtigungen von Natur und Landschaft zu unterlassen, als zwingenden, d. h. strikte Beachtung verlangenden Planungsleitsatz i. S. d. neueren Rechtsprechung des *BVerwG* ansehen müssen.[102] Das gleiche gilt für die Ausgleichspflicht bei unvermeidbaren Eingriffen. Erst die Frage, ob der unvermeidbare und nicht ausgleichbare Eingriff gleichwohl zugelassen werden soll, erfordert eine – gerichtlich nur eingeschränkt überprüfbare – Abwägungsentscheidung.[103] 64

Die Naturschutzbehörden sind bei den Genehmigungs- oder Planfeststellungsverfahren, in denen über die Zulässigkeit des Eingriffs entschieden wird, zu beteiligen. Gem. § 8 Abs. 5 S. 1 BNatSchG werden diese Entscheidungen und Maßnahmen im Benehmen mit den Naturschutzbehörden getroffen, soweit nicht eine weitergehende Form der Beteiligung vorgeschrieben ist oder die Naturschutzbehörden selbst entscheiden. Allerdings ist das erforderliche „Benehmen" eine sehr schwache Form der Beteiligung, weil sie nur die Einholung einer Stellungnahme, bei Meinungsverschiedenheiten noch den Versuch einer Verständigung verlangt, die Entscheidungskompetenz jedoch der jeweils zuständigen Fachbehörde allein überläßt.[104] Die Beteiligung der Naturschutzbehörden ist nicht erforderlich, wenn die Entscheidung über den Eingriff aufgrund eines Bebauungsplanes getroffen werden soll (§ 8 Abs. 5 S. 2 BNatSchG). Damit soll der Tatsache Rechnung getragen werden, daß die Naturschutzbehörden bei der Aufstellung des Bebauungsplanes als Träger öffentlicher Belange beteiligt waren und ihre Forderungen bereits angemessen berücksichtigt werden konnten.[105] 65

II. Duldungspflichten

Gem. § 10 Abs. 2 BNatSchG können die Länder bestimmen, daß Eigentümer und Nutzungsberechtigte von Grundflächen Maßnahmen des Naturschutzes und der Landschaftspflege aufgrund oder im Rahmen dieses Gesetzes erlassener Rechtsvorschriften zu dulden haben, soweit dadurch die Nutzung der Grundfläche nicht unzumutbar beeinträchtigt wird. 66

Dulden im Sinne des § 10 Abs. 1 BNatSchG bedeutet, daß das Tun eines anderen nicht abgewehrt oder behindert werden darf.[106] Zu einem positiven Tun können Eigentümer und Nutzungsberechtigte von Grundflächen gem. 67

---

[101] Zur verfahrensrechtlichen Regelung siehe vor allem *Gaentzsch*, NuR 1986, 89 (90f.), dort auch eingehend zur Anwendung der Eingriffsregelung in einzelnen naturschutzrelevanten Zulassungsverfahren.

[102] *Paetow*, NuR 1986, 144 (147); das ist aber umstritten siehe oben, § 6, Rn. 57 aA: *VGH Kassel,* Beschl. v. 11. 7. 1988 – 2 TH 740/85 – NVwZ 1988, 1040 (1044).

[103] Siehe dazu oben, § 6, Rn. 57.

[104] Vgl. *Schmidt-Aßmann*, HdUR, Bd. I, Sp. 49.

[105] Vgl. *Bernatzky/Böhm*, Bundesnaturschutzrecht, § 8 Rn. 11.

[106] Vgl. *Wolff/Bachof*, Verwaltungsrecht I, S. 288; *Bernatzky/Böhm*, Bundesnaturschutzrecht, § 10 Rn. 2; zur Duldungspflicht siehe auch *Erbguth*, HdUR, Bd. I, Sp. 366ff.

§ 10 Abs. 1 BNatSchG nicht verpflichtet werden. Allerdings können nach § 10 Abs. 2 BNatSchG die Länder weitergehende Vorschriften erlassen.

68 Gegenstand der Duldungspflicht können sein:[107]

- Unterhaltungs-, Aufräumungs-, Säuberungs- und Mäharbeiten auf Grundstücken,
- die Anbringung von Hinweiszeichen,
- die Aufstellung von Papier- und Müllkörben, Bänken, Tischen,
- die Aufhängung von Vogelnistkästen, Bruthöhlen etc.,
- die Auslegung von Lehrpfaden im Wald und auf Ödlandflächen, Unterhaltungsmaßnahmen auf Wegen und Plätzen,
- die Pflanzung von Bäumen und Sträuchern.

III. Pflegepflicht im Siedlungsbereich

69 Im besiedelten Bereich können gem. § 11 Abs. 1 BNatSchG Eigentümer oder Nutzungsberechtigte, die ein Grundstück nicht ordnungsgemäß instandhalten, zur Pflege des Grundstücks verpflichtet werden, sofern die Belange des Naturschutzes und der Landschaftspflege erheblich und nachhaltig beeinträchtigt werden und die Pflege des Grundstücks angemessen und zumutbar ist.

70 Auch hinsichtlich der Pflegepflichten im Siedlungsbereich können die Länder gem. § 11 Abs. 2 BNatSchG weitergehende Vorschriften erlassen. Aufgrund dieser Ermächtigung haben einige Bundesländer Pflegepflichten auch für Grundstücke in der freien Landschaft eingeführt.[108]

71 Die Pflegepflichten sind öffentlich-rechtlicher Natur. Sie können von der Naturschutzbehörde durch Verwaltungsakt angeordnet oder mit den betreffenden Grundbesitzern in einem öffentlich-rechtlichen Vertrag vereinbart werden. Möglich ist auch eine Festlegung von Pflegepflichten in Rechtsverordnungen, die eine Ausweisung von Schutzgebieten regeln.[109]

D. Flächen- und Objektschutz

72 Die soeben dargestellten allgemeinen naturschutzrechtlichen Schutz-, Pflege- und Entwicklungsmaßnahmen werden ergänzt durch Maßnahmen des Flächen- und Objektschutzes für bestimmte Teile von Natur und Landschaft, die im vierten Abschnitt des BNatSchG (§§ 12ff.) geregelt sind.

73 Aufgabe des Flächenschutzes ist es, Schutzgebiete verschiedener Art und Zielsetzung einzurichten, zu pflegen und zu entwickeln, um die Leistungsfähigkeit des Naturhaushalts, die Schönheit der Landschaft und die Vielfalt der in ihr beheimateten Ökosysteme zu bewahren.[110] Das Recht des Flächen- und Objektschutzes zählt zusammen mit dem Artenschutz zu dem ältesten Bereich des deutschen Naturschutzrechts.[111]

---

[107] Vgl. dazu *Bernatzky/Böhm*, Bundesnaturschutzrecht, § 10 Rn. 2.
[108] Vgl. dazu die Nachweise bei *Ebersbach*, HdUR, Bd. II, Sp. 164.
[109] *Ebersbach*, HdUR, Bd. II, Sp. 164.
[110] Vgl. *Haarmann/Korneck*, Gebietsschutz, S. 761; zur Aufgabe des Flächenschutzes ausführlich auch das SRU-Umweltgutachten 1978, Rz. 1234ff.
[111] Vgl. dazu *Kolodziejcok/Recken*, Naturschutz, Vorbem. § 12, Rn. 1.

Gem. § 12 Abs. 2 BNatSchG werden Schutzgebiete durch eine Erklärung ausgewiesen, die den Schutzgegenstand, den Schutzzweck, die zur Erreichung des Zwecks notwendigen Ge- und Verbote und – soweit erforderlich – die Pflege- und Entwicklungsmaßnahmen oder die Ermächtigung hierzu bestimmen. Schutzgebiete werden nach den Landesnaturschutzgesetzen regelmäßig durch Rechtsverordnung erlassen. In Nordrhein-Westfalen werden die Schutzgebiete dagegen gem. § 16 Abs. 2 S. 1, Abs. 4 LG NW in den als Satzung zu erlassenden Landschaftsplänen ausgewiesen. **74**

Da die Verfahren zur Ausweisung von Schutzgebieten häufig kompliziert und zeitaufwendig sind, können die Naturschutzbehörden die einstweilige Sicherstellung eines Gebietes verfügen. Damit sollen schutzwürdige Landschaftsteile, deren Inschutznahme in absehbarer Zeit geplant ist, vor zwischenzeitlichen nachteiligen Veränderungen bewahrt werden.[112] Die Länder haben entsprechend § 12 Abs. 3 Nr. 2 BNatSchG Vorschriften über die einstweilige Sicherstellung der zu schützenden Teile von Natur und Landschaft erlassen.[113] **75**

Die rechtlichen Möglichkeiten des Flächenschutzes sind in den §§ 12ff. BNatSchG beschrieben. Sie enthalten allerdings kein unmittelbar verbindliches Recht, sondern lediglich Rahmenvorschriften für die Länder (§ 4 S. 3 BNatSchG). Unterschutzstellungen bedürfen deshalb einer landesgesetzlichen Regelung. Gem. § 12 Abs. 1 BNatSchG können Teile von Natur und Landschaft zum **76**

- **Naturschutzgebiet,**
- **Nationalpark,**
- **Landschaftsschutzgebiet,**
- **Naturpark,**
- **Naturdenkmal**
- **geschützten Landschaftsbestandteil**

erklärt werden.

I. Naturschutzgebiete

Naturschutzgebiete nehmen etwa 1,1% der Gesamtfläche der Bundesrepublik Deutschland ein; nimmt man die geschützten Watt- und Meeresflächen hinzu, ergeben sich für Naturschutzgebiete etwa 1,7% der Gesamtfläche der Bundesrepublik.[114] **77**

Naturschutzgebiete sind rechtsverbindlich festgesetzte Gebiete, in denen ein besonderer Schutz von Natur und Landschaft in ihrer Ganzheit oder in einzelnen Teilen **78**

- zur Erhaltung von Lebensgemeinschaften oder Lebensstätten bestimmter wildwachsender Pflanzen – oder wildlebender Tierarten,
- aus wissenschaftlichen, naturgeschichtlichen oder landeskundlichen Gründen oder
- wegen ihrer Seltenheit, besonderen Eigenart oder hervorragenden Schönheit

---

[112] Vgl. *Lorz*, Naturschutzrecht, § 12 Anm. 4b.

[113] Vgl. § 60 NatSchG BW; Art. 48 Abs. 2 BayNatSchG; § 23 BerlNatSchG; § 25 BremNatSchG; § 22 HmbNatSchG; § 18 HessNatSchG; § 32 NdsNatSchG; § 32 LG NW; § 27 LPflG RP; § 23 SNG; § 21 LPflG SH; zur einstweiligen Sicherstellung bestimmter Teile von Natur und Landschaft vgl. *Fischer/Hüftle*, NuR 1988, 11ff.

[114] Siehe SRU-Umweltgutachten 1987, Rz. 441.

erforderlich ist (§ 13 Abs. 1 BNatSchG). Im Naturschutzgebiet sind alle Handlungen verboten, die zu einer Zerstörung, Beschädigung oder Veränderung des Naturschutzgebietes oder seiner Bestandteile oder zu einer nachhaltigen Störung führen können. Soweit der Schutzzweck es erlaubt, können Naturschutzgebiete gem. § 13 Abs. 2 BNatSchG der Allgemeinheit zugänglich gemacht werden. Naturschutzgebiete bieten den intensivsten Schutz von Natur und Landschaft. Der jeweilige Schutzzweck des Naturschutzgebietes ist entscheidend dafür, ob und in welchem Umfang in dem betreffenden Naturschutzgebiet eine Bodennutzung landwirtschaftlicher, forstwirtschaftlicher oder anderer Art zugelassen werden kann.

79 Unterscheiden lassen sich die sog. *Vollnaturschutzgebiete* und die sog. *Teilnaturschutzgebiete.*[115] **Vollnaturschutzgebiete** schützen Natur und Landschaft in ihrer Gesamtheit. In ihnen soll sich die Natur im wesentlichen frei von menschlicher Einwirkung entwickeln können, so daß jegliche Art von Bodennutzung grundsätzlich ausgeschlossen wird. Die **Teilnaturschutzgebiete** dienen nur dem Schutz ganz bestimmter Pflanzen- oder Tierarten. Deshalb werden in diesen Gebieten Gebote und Verbote nur insoweit ausgesprochen, als der Schutzzweck dies erfordert.

Fall:[116] Der landwirtschaftliche Betrieb des A liegt in einem Naturschutzgebiet. Dem A wird mit Verfügung aufgegeben, das Zurückschneiden von Weiden, Beseitigen von Strauch- und Baumbestand, das Mähen von Wiesenflächen und das Abflachen eines Teichufers auf den in der Verfügung näher bezeichneten Grundstücksteilen des Antragstellers zu dulden. Die dagegen eingelegten Rechtsbehelfe hatten keinen Erfolg. Nach Ansicht des *VGH Kassel* ist der A verpflichtet, die Durchführung der genannten Pflege- und Entwicklungsmaßnahmen zu dulden. Die Duldungspflichten konkretisieren die Sozialbindung des Eigentums.

II. Nationalparke

80 Nationalparke sind gem. § 14 BNatSchG rechtsverbindlich festgesetzte, einheitlich zu schützende Gebiete, die

- großräumig und von besonderer Eigenart sind,
- im überwiegenden Teil ihres Gebietes die Voraussetzungen eines Naturschutzgebietes erfüllen,
- sich in einem von Menschen nicht oder wenig beeinflußten Zustand befinden und
- vornehmlich der Erhaltung eines möglichst artenreichen heimischen Pflanzen- und Tierbestandes dienen.[117]

81 Rechtsverbindlich festgesetzt sind in der Bundesrepublik die Nationalparke „Bayerischer Wald", „Berchtesgaden" sowie „Niedersächsisches Wattenmeer" und „Schleswig-Holsteinisches Wattenmeer".[118]

---

[115] Siehe dazu *Bernatzky/Böhm*, Bundesnaturschutzrecht, § 13 Rn. 1; *Ebersbach*, Landverbrauch, S. 45f.

[116] *VGH Kassel*, Beschl. v. 19. 4. 1984 – 4 TH 824/84 –, NuR 1986, 29.

[117] Zu den international akzeptierten Kriterien für Nationalparke siehe *Soell*, in: Grundzüge des Umweltrechts, S. 536; SRU-Umweltgutachten 1978, S. 402, Rz. 1250 Nr. und Rz. 1252 Nr. 5.

[118] Siehe die Verordnung über den Nationalpark Bayerischer Wald v. 15. 3. 1973 (GVBl., S. 212), Verordnung über den Alpen- und den Nationalpark Berchtesgaden v. 18. 7. 1978 (GVBl., S. 499); zum Nationalpark Niedersächsisches Wattenmeer siehe ausführlich *Hoppe*, DVBl. 1987, 757ff.

Nationalparke werden grundsätzlich wie Naturschutzgebiete geschützt. **82**
Dabei sind allerdings Ausnahmen, die durch die Großräumigkeit und die Besiedlung eines Nationalparkes geboten sind, zu berücksichtigen (§ 14 Abs. 2 S. 1 BNatSchG). Soweit der Schutzzweck es erlaubt, sollen Nationalparke gem. § 14 Abs. 2 S. 2 BNatSchG der Allgemeinheit zugänglich gemacht werden. Mit Rücksicht auf die unterschiedliche Schutzbedürftigkeit der einzelnen Gebietsteile sehen Nationalparke für verschiedene Schutzzonen abgestufte Schutzregelungen vor.[119]

III. Landschaftsschutzgebiete

Landschaftsschutzgebiete sind gem. § 15 BNatSchG rechtsverbindlich **83**
festgesetzte Gebiete, in denen ein besonderer Schutz von Natur und Landschaft

- zur Erhaltung oder Wiederherstellung der Leistungsfähigkeit des Naturhaushalts oder Nutzungsfähigkeit der Naturgüter,
- wegen der Vielfalt, Eigenart oder Schönheit des Landschaftsbildes oder
- wegen ihrer besonderen Bedeutung für die Erholung erforderlich ist.

In Landschaftsschutzgebieten sind nach Maßgabe näherer Bestimmungen **84**
alle Handlungen verboten, die den Charakter des Gebietes verändern oder dem besonderen Schutzzweck zuwiderlaufen (§ 15 Abs. 2 BNatSchG). Landschaftsschutzgebiete entfalten im Vergleich zu Naturschutzgebieten oder Nationalparken eine schwächere Schutzwirkung, weil sie nicht dem Schutz der Natur und Landschaft als solche dienen, sondern auf einige ihrer Eigenschaften und Funktionen, nämlich auf die Leistungsfähigkeit des Naturhaushaltes, die Nutzungsfähigkeit der Naturgüter, Besonderheiten des Landschaftsbildes und der Erholungseignung beschränkt sind.[120] Von den Naturschutzgebieten unterscheiden sich die Landschaftsschutzgebiete vor allem dadurch, daß in ihnen die wirtschaftliche, insbesondere land- und forstwirtschaftliche Nutzung grundsätzlich unberührt bleibt, sofern sie weder den Gebietscharakter verändert noch dem besonderen Schutzzweck zuwiderläuft. Ein absolutes Veränderungsverbot ist in Landschaftsschutzgebieten unzulässig.[121] Diese etwas schwächere Schutzwirkung der Landschaftsschutzgebiete hat andererseits den Vorteil, daß größere landschaftsökologisch bedeutsame Gebiete insgesamt und unter Einschluß von wirtschaftlich genutzten Flächen, Verkehrswegen, kleineren Siedlungen etc. unter Schutz gestellt werden können. In der Bundesrepublik Deutschland sind dementsprechend mittlerweile bereits 25% des Bundesgebietes als Landschaftsschutzgebiete ausgewiesen. Im Gegensatz zu den Naturschutzgebieten und den Nationalparken gilt im Landschaftsschutzgebiet das allgemeine Betretungsrecht des § 27 BNatSchG und des § 14 BWaldG.[122]

Fall:[123] A nutzte sein Außenbereichsgrundstück, das in einem Landschaftsschutzgebiet lag, als Gärtnerei. Die untere Naturschutzbehörde ordnete unter Androhung der

---

[119] Vgl. dazu i. e. *Ebersbach*, Landverbrauch, S. 48.
[120] *Ebersbach*, Landverbrauch, S. 48f.
[121] *Schmidt*, Umweltrecht, S. 98.
[122] *Kololdziejcok/Recken*, Naturschutz, § 15 Rn. 27.
[123] Vgl. *VGH Kassel*, Urt. v. 19. 12. 1985 – III UE 941/85 –, NuR 1986, 26.

Ersatzvornahme u. a. an, „die entlang der Grundstückseinfriedigung vorgenommene Bepflanzung mit Fichten sowie alle sonstigen standortfremden Bepflanzungen (Ziergehölze und Koniferen)" von dem genannten Grundstück bis spätestens zwei Monate nach Bestandskraft des Bescheides zu beseitigen. Mit seiner dagegen gerichteten Klage unterlag A. Der *VGH Kassel* vertrat die Ansicht, die entlang der Einfriedigung in einer unnatürlichen Reihung angepflanzten Fichten, Ziergehölze und Koniferen stellten jedenfalls für einen objektiven Durchschnittsbetrachter des Wiesentals eine Beeinträchtigung des Naturgenusses dar. Die künstlich von Menschenhand geschaffene Reihe talfremder Zier- und Nadelholzgewächse werde als ein nachhaltig störender zivilisatorischer Eingriff empfunden. Dieser optisch und ästhetisch nachteilige Eingriff stehe im Widerspruch zu dem Gebot des § 1 Abs. 1 Nr. 3 HessNatSchG, wonach die Talauen zur Förderung ihrer vielfältigen günstigen Wirkungen auf Natur und Landschaft zu schützen und zu erhalten seien. Standortfremde Nadelholzgewächse in einem Wiesental könnten den Naturgenuß beeinträchtigen und deshalb ein landschaftsschutzrechtliches Beseitigungsgebot nach sich ziehen.

85 Der im Einzelfall vorliegende Verstoß gegen landschaftsschutzrechtliche Verbote stellt, wenn nicht ausnahmsweise eine Befreiung erteilt worden ist, stets eine Gefahr für die öffentliche Sicherheit dar, die ein ordnungsrechtliches Einschreiten rechtfertigt.[124]

86 Der Erlaß einer Landschaftsschutzverordnung im Bereich des Stadtgebietes verletzt nicht die Planungshoheit der Gemeinde. Die gebotene Rücksichtnahme auf die Planungshoheit der Gemeinde schließt es verfassungsrechtlich nicht aus, daß in einer Landschaftsschutzverordnung auch Teilflächen einbezogen werden, die im Flächennutzungsplan als Bauflächen dargestellt worden sind.[125]

IV. Naturparke

87 Naturparke sind gem. § 16 BNatSchG einheitlich zu entwickelnde und zu pflegende großräumige Gebiete, die überwiegend Landschaftsschutzgebiete oder Naturschutzgebiete sind, sich wegen ihrer landschaftlichen Voraussetzungen für die Erholung besonders eignen und nach den Grundsätzen und Zielen der Raumordnung und Landesplanung für die Erholung oder den Fremdenverkehr vorgesehen sind. Zweck des Naturparks ist die freiraumbezogene, insbesondere die Wochenend- und Ferienerholung.[126] Entsprechend diesem Zweck sollen Naturparke gem. § 16 Abs. 2 BNatSchG geplant, gegliedert und erschlossen werden. Auf einer Fläche von insgesamt 516.500 Hektar gab es 1987 in der Bundesrepublik Deutschland 64 Naturparke.[127]

V. Naturdenkmale

88 Naturdenkmale sind gem. § 17 Abs. 1 Nr. 1 BNatSchG rechtsverbindlich festgesetzte Einzelschöpfungen der Natur, deren besonderer Schutz

- aus wissenschaftlichen, naturgeschichtlichen oder landeskundlichen Gründen oder
- wegen ihrer Seltenheit, Eigenart oder Schönheit

---

[124] Vgl. *BVerwG*, Beschl. v. 19. 7. 1986 – 4 B 73/86 –, NVwZ 1987, 493.
[125] Vgl. *VerfGH NW*, Entsch. v. 30. 10. 1987 – VerfGH 19/86 –, NuR 1988, 136.
[126] *Kolodziejcok/Recken*, Naturschutz, § 16 Rn. 16.
[127] Vgl. *Kolodziejcok/Recken*, Naturschutz, § 16 Rn. 3; SRU-Umweltgutachten 1987, Rz. 441.

erforderlich ist.[128] Einzelschöpfungen der Natur in diesem Sinne sind nicht nur einzelne Objekte wie Bäume, Felsen, Höhlen, Quellen etc., sondern auch flächenhafte Naturdenkmale, insbesondere kleine Wasserflächen, Wasserläufe, Moore, Laich- und Brutgebiete etc.[129] Von den Naturschutzgebieten unterscheiden sich flächenhafte Naturdenkmale einerseits durch ihre geringere Größe, außerdem können sie nicht für allgemeine ökologische Belange ausgewiesen werden.[130] Der Bestand der Naturdenkmale wird in der Bundesrepublik auf etwa 40000 geschätzt.[131] Verboten sind gem. § 17 Abs. 2 BNatSchG die Beseitigung des Naturdenkmals sowie alle Handlungen, die zu einer Zerstörung, Beschädigung, Veränderung oder nachhaltigen Störung des Naturdenkmals oder seiner geschützten Umgebung führen können.

Beispiel: Wegen Laubfalls, Schattenwurfs und ähnlicher „Lebensäußerungen" eines als Naturdenkmal ausgewiesenen Baumes kann eine Befreiung von dem Verbot, diesen Baum zu beschädigen, nicht verlangt werden.[132]

VI. Geschützte Landschaftsbestandteile

Geschützte Landschaftsbestandteile sind schließlich gem. § 18 BNatSchG rechtsverbindlich festgesetzte Teile von Natur und Landschaft, deren besonderer Schutz **89**

- zur Sicherstellung der Leistungsfähigkeit des Naturhaushalts,
- zur Belebung, Gliederung oder Pflege des Orts- und Landschaftsbildes oder
- zu abwehrschädlichen Einwirkungen

erforderlich ist.[133] Im Unterschied zu den Naturdenkmalen handelt es sich bei den geschützten Landschaftsbestandteilen um Einzelgebilde der Natur, denen der Denkmalcharakter fehlt. Sie können deshalb nicht als Naturdenkmal geschützt werden, erfordern aber gleichwohl einen besonderen Schutz.[134] Der Schutz kann sich nach § 18 Abs. 1 S. 2 BNatSchG in bestimmten Gebieten auf den gesamten Bestand an Bäumen, Hecken oder anderen Landschaftsbestandteilen erstrecken. Mit Hilfe der geschützten Landschaftsbestandteile können nicht nur Einzelschöpfungen der Natur, ähnlich wie durch die Naturdenkmalausweisung, gesichert werden, sondern auch bestimmte Typen von Landschaftsbestandteilen in bestimmten Gebieten, etwa Wallhecken in einem bestimmten Regierungsbezirk oder Dünen entlang der Küste geschützt werden.[135] Besonders aktuell ist der Schutz des

[128] Ausführlich zum Begriff des Naturdenkmals *Hönes*, NuR 1986, 225 (226ff.).
[129] Siehe dazu *Ebersbach*, Landverbrauch, S. 53; *Soell* in: Grundzüge des Umweltrechts, S. 538.
[130] *Ebersbach*, Landverbrauch, S. 53.
[131] *Kolodziejcok/Recken*, Naturschutz, § 17 Rn. 3.
[132] *OVG Münster*, Urt. v. 15. 4. 1986 – 11 A 938/34 –, NuR 1987, 187.
[133] Ausführlich zum Rechtsinstitut „Geschützter Landschaftsbestandteil" *Rosenzweig*, NuR 1987, 313ff.; zur Abgrenzung von Naturdenkmälern und geschützten Landschaftsbestandteilen siehe *BayVGH*, Urt. v. 19. 10. 1982 – Nr. 19 IX 75 –, NuR 1983, 70ff.
[134] Vgl. *Lorz*, Naturschutzrecht, § 18 Anm. 2.
[135] *Soell*, in: Grundzüge des Umweltrechts, S. 539.

Baumbestandes durch die sog. **Baumschutzsatzungen** oder -verordnungen.[136] Verboten sind gem. § 18 Abs. 2 S. 1 BNatSchG die Beseitigung des geschützten Landschaftsbestandteils sowie alle Handlungen, die zu seiner Zerstörung, Beschädigung oder Veränderung führen können.

E. Artenschutz

90 Wegen des besorgniserregenden Rückgangs von Tier- und Pflanzenarten in der Bundesrepublik Deutschland[137] ist der Artenschutz zu einem vorrangigen Ziel der Umweltpolitik geworden. Seiner Verbesserung dienen umfassende Novellierungen im BNatSchG, in der Bundesartenschutzverordnung und der Bundeswildschutzverordnung.[138] Dabei entwickelt sich der Artenschutz immer stärker weg von dem isolierten Schutz einzelner Tier- und Pflanzenarten hin zum umfassenden **Biotopschutz**, der darauf abzielt, die Gesamtheit der wildlebenden Tiere und wildwachsenden Pflanzen in optimaler natürlicher Vielfalt und Bestandsdichte an ökologisch funktionsfähigen Lebensstätten zu schützen und zu pflegen.[139]

Tabelle:[140] Anteile gefährdeter Arten (prozentual) an den Gesamtartenzahlen, Stand 1984:

	gefährdete Arten (%)	Gesamtartenzahl
Farn- und Blütenpflanzen	35%	2476
Moose	14%	1000
Flechten	50%	1850
Säugetiere	53%	94
Vögel	52%	305
Kriechtiere	75%	12
Lurche	58%	19
Fische und Rundmäuler	71%	70
Muscheln	55%	31
Schnecken	47%	270
Libellen	54%	80
Großschmetterlinge	41%	1800

[136] Siehe dazu *Steinberg*, NJW 1981, 550; *Zundel*, RdL 1982, 85 ff.; *Kunz*, DVBl. 1979, 613 ff.; *Müller*, VR 1987, 301 ff.; zum drittschützenden Charakter einer Baumschutzsatzung siehe *OLG Karlsruhe*, Urt. v. 16. 12. 1987 – 13 U 79/87 –, VBlBW 1988, 193; ausführlich zu den Baumschutzsatzungen oder -verordnungen *Barholomäi*, UPR 1988, 241 ff.

[137] Siehe oben, § 1, Rn. 33; SRU-Umweltgutachten 1987, Rz. 425 ff.

[138] Vgl. die Artenschutznovelle des BNatSchG v. 10. 12. 1986 (BGBl. I, S. 2349); die neue Bundesartenschutzverordnung v. 19. 12. 1986 (BGBl. I, S. 2705) und die Novellierung der Bundeswildschutzverordnung v. 25. 10. 1985 (BGBl. I, S. 2040); zum Naturschutzrecht nach der Artenschutznovelle siehe *Apfelbacher*, NuR 1987, 241 ff.; *Schmidt*, NVwZ 1987, 1037 ff.; zur Kritik an der Artenschutznovelle siehe auch SRU-Umweltgutachten 1987, Rz. 432 ff.

[139] *Soell*, in: Grundzüge des Umweltrechts, S. 545; *Blab*, Tierartenschutz durch Biotopsicherung, in: Olschowy, Natur- und Umweltschutz, S. 785 ff.; zum Biotopschutz siehe außerdem *Fischer-Hüftle*, NuR 1986, S. 242 ff.

[140] Rote Liste 1984.

Als die bedeutendste Ursache der Gefährdung der wildlebenden Pflanzen- 91
und Tierarten wird die Biotopzerstörung und -entwertung angesehen.[141] Hauptverursacher des Arten- und Biotoprückgangs ist wegen der großen von ihr beeinflußten Flächen und der Intensität der Bewirtschaftung die Landwirtschaft.[142] Zu den stark gefährdeten Lebensräumen gehören naturnahe Küsten- und Gebirgsbiotope, nährstoffarme Gewässer, Moore, Feuchtwiesen, Bruch- und Auenwälder, Heiden und Magerrasen.

Beispiel: Um 1800 waren noch 4,5% der Fläche der Bundesrepublik von Hoch- und Niedermoor bedeckt. Nach großflächiger Trockenlegung und Abtorfung sind heute nur noch 0,6% unkultiviertes Moor- und Sumpfland vorhanden, das in kleinen Resten in der intensiv genutzten Kulturlandschaft zerstreut und fast ausnahmslos von Menschen stark beeinträchtigt ist.[143]

Besonders gefährdet sind nach dem Naturschutzprogramm des BMU auch unzerschnittene Lebensräume für Tierarten mit großflächigem Raumanspruch (z. B. große ungestörte Waldgebiete im Bergland für das Auerhuhn oder Feuchtwiesen für Brachvogel und Uferschnepfe) sowie in der Agrarlandschaft liegende Landschaftselemente (Raine, Hecken, Tümpel, Erdaufschlüsse u. ä.) und im Waldbereich Naturwaldreste, Gruppen aus überständigem Altholz sowie dickstämmiges Faulholz.

Das Artenschutzrecht ist kein eigenständiges Rechtsgebiet, sondern Teil 92
des Naturschutzrechts.[144] Geregelt ist es in internationalen Artenschutzabkommen, im EG-Recht und im Bundes- und Landesrecht.

Von den internationalen Abkommen haben eine vorrangige Bedeutung 93
das **Ramsar-Übereinkommen** über Feuchtgebiete, insbesondere als Lebensraum für Watt- und Wasservögel und das **Washingtoner-Artenschutzabkommen** über den internationalen Handel mit gefährdeten Arten freilebender Tiere und Pflanzen.[145] Für den Artenschutz sehr bedeutsam ist außerdem die **EG-Vogelschutz-Richtlinie** (79/409/EWG) zum Schutz einheimischer und ausländischer Vogelarten.

Gegen diese Richtlinie hat die Bundesrepublik Deutschland nach Ansicht des *EuGH* dadurch verstoßen, daß sie durch § 22 Abs. 3 BNatSchG (Landwirtschaftsklausel) Ausnahmen von den in der Richtlinie vorgesehenen Vogelschutzbestimmungen zugelassen hat.[146]

Im Bundesrecht ist der Artenschutz vor allem im BNatSchG und in der 94
Bundesartenschutzverordnung geregelt.

I. Artenschutz im BNatSchG

Im BNatSchG dienen dem Artenschutz und insbesondere auch dem Bio- 95
topschutz u. a. die Regelungen über die Landschaftsplanung, die Eingriffsre-

[141] Vgl. dazu Naturschutzprogramm des BMU, Stand: September 1987, S. 24f.

[142] Vgl. SRU-Umweltgutachten 1987, Rz. 425.

[143] Naturschutzprogramm des BMU, Stand: September 1987, S. 25.

[144] Vgl. *Schmidt*, HdUR, Bd. I, Sp. 122.

[145] Das Ramsar-Übereinkommen ist am 21. 12. 1975 völkerrechtlich in Kraft getreten; für die Bundesrepublik wurde es am 25. 6. 1976 verbindlich (BGBl. 1976 II, S. 1265); das Washingtoner-Artenschutzabkommen trat am 1. 7. 1957 völkerrechtlich in Kraft und wurde für die Bundesrepublik am 20. 6. 1976 verbindlich (BGBl. 1975 II, S. 773); zu den wichtigsten internationalen Übereinkommen siehe auch *Burhenne*, in: Grundzüge des Umweltrechts, S. 659ff.

[146] *EuGH*, Urt. v. 19. 9. 1987 – 412/85 –, NuR 1988, 53; Zur EG-Vogelschutzrichtlinie siehe *Künkele*, NuR 1988, 334ff.

gelung, die Vorschriften über die Ausweisung von Naturschutzgebieten, Nationalparken und Landschaftsschutzgebieten und vor allem der insgesamt novellierte Fünfte Abschnitt (§§ 20ff.) des BNatSchG. Nach der Legaldefinition des § 20 Abs. 1 S. 1 BNatSchG ist Artenschutz der Schutz und die Pflege der wildlebenden Tier- und Pflanzenarten in ihrer natürlichen und historisch gewachsenen Vielfalt. Der Artenschutz umfaßt nach § 20 Abs. 1 S. 2 BNatSchG

– den Schutz der Tiere und Pflanzen und ihrer Lebensgemeinschaften vor Beeinträchtigungen durch den Menschen, insbesondere durch den menschlichen Zugriff,
– den Schutz, die Pflege, die Entwicklung und die Wiederherstellung der Biotope wildlebender Tierund Pflanzenarten sowie die Gewährleistung ihrer sonstigen Lebensbedingungen,
– die Ansiedlung von Tieren und Pflanzen verdrängter wildlebender Arten in geeigneten Biotopen innerhalb ihres natürlichen Verbreitungsgebietes.

96 Zu unterscheiden sind das *allgemeine* und das *besondere* Artenschutzrecht.[147]

1. *Allgemeiner Artenschutz*

Zum allgemeinen Artenschutzrecht zählt das Recht, das sich auf alle wildwachsenden Pflanzen und wildlebenden Tiere bezieht, für die nicht durch namentliche Einzelaufnahme in eine Artenliste ein besonderes Artenschutzrecht geregelt worden ist.

97 Zum allgemeinen Artenschutzrecht zählen gem. § 20 d Abs. 1 BNatSchG u. a. Verbote,

– wildlebende Tiere mutwillig zu beunruhigen oder ohne vernünftigen Grund zu fangen, zu verletzen oder zu töten,
– ohne vernünftigen Grund wildlebende Pflanzen von ihrem Standort zu entnehmen oder zu nutzen oder ihre Bestände niederzuschlagen oder auf sonstige Weise zu verwüsten,
– ohne vernünftigen Grund Lebensstätten wildlebender Tier- und Pflanzenarten zu beeinträchtigen oder zu zerstören.

98 Unter den allgemeinen Artenschutz fällt auch das Recht des Schutzes der Lebensstätten, Lebensräume und Lebensgemeinschaften der wildwachsenden Pflanzen und wildlebenden Tiere, d. h. der Biotopschutz. Gem. § 20 c Abs. 1 BNatSchG sind Maßnahmen, die zu einer Zerstörung oder sonstigen erheblichen oder nachhaltigen Beeinträchtigung der im einzelnen aufgeführten Biotope führen können, unzulässig. Zur Vorbereitung des allgemeinen Arten- und Biotopschutzes haben die Länder geeignete Maßnahmen zur Darstellung und Bewertung der unter dem Gesichtspunkt des Artenschutzes bedeutsamen Populationen, Lebensgemeinschaften und Biotope wildlebender Tier- und Pflanzenarten, insbesondere der in ihrem Bestand gefährdeten Arten sowie zur Festlegung von Schutz-, Pflege- und Entwicklungszielen und zu deren Verwirklichung zu treffen (§ 20 b Abs. 1 BNatSchG).

---

[147] Vgl. zu dieser Unterscheidung ausführlich *Schmidt*, HdUR, Bd. I, Sp. 124ff.

2. Besonderer Artenschutz

Der besondere Artenschutz bezieht sich auf einzelne Pflanzen- und Tierarten, die in besonderen Artenlisten namentlich aufgezählt sind. Besonders geschützte Arten werden in der Bundesartenschutzverordnung und z. B. auch in den Anhängen I und II des Washingtoner-Artenschutzübereinkommens bezeichnet. Für die besonders geschützten Arten gelten spezielle Nutzungs-, Verwertungs- und Handelsverbote (vgl. §§ 20f. bis 23 BNatSchG)[148] 99

II. Artenschutz in der Bundesartenschutzverordnung

Die Bundesartenschutzverordnung hat zum Inhalt: 100

- die Bestimmung der besonders geschützten Arten und der der Ein- und Ausfuhrregelung unterliegenden Arten einschließlich der dem Jagdrecht unterliegenden Arten,
- eine Liste der ohne weites erkennbaren Teile und Erzeugnisse von Tieren wildlebender Arten,
- einen Katalog der verbotenen Tötungs- und Fangmethoden sowie verbotener Geräte,
- Aufzeichnungspflichten vom Handel mit geschützten Arten,
- Regelung der Zucht und Haltung sowie der Vermarktung von Tieren besonders geschützter Arten,
- Kennzeichnung von legal erworbenen Tieren und Pflanzen.

F. Erholung in Natur und Landschaft

Der Erholung in Natur und Landschaft mißt der Gesetzgeber trotz der damit verbundenen Landschaftsbelastungen einen hohen Wert bei. Im BNatSchG hat er der Erholung in Natur und Landschaft einen eigenen Abschnitt gewidmet; das Recht zum Betreten von Wald und Flur ist in Bayern sogar grundrechtlich in Art. 141 Abs. 3 S. 1 BayVerf garantiert. Die Einbeziehung der Erholung in der freien Natur in das Aufgabengebiet des Naturschutzes löst mit wachsender Freizeit der arbeitenden Bevölkerung jedoch erhebliche Gefahren für die Natur aus.[149] Das Bundesnaturschutzrecht sichert die Erholung in der Natur einerseits durch das in § 27 BNatSchG geregelte **Betretungsrecht** und zum anderen durch eine Verpflichtung der öffentlichen Gebietskörperschaften zur **Bereitstellung von Grundflächen** (§ 28 BNatSchG). 101

I. Betretungsrecht

Gem. § 27 Abs. 1 BNatSchG ist das Betreten der Flure auf Straßen und Wegen sowie auf ungenutzten Grundflächen zum Zwecke der Erholung auf 102

---

[148] Vgl. dazu ausführlich *Schmidt*, HdUR, Bd. I, Sp. 126ff.; zum neuen Artenschutzrecht am Beispiel des Greifvogelschutzes siehe *Emonds*, NuR 1987, 112 ff.; *ders.*, Zu Einfuhrbeschränkungen für heimische Greifvögel aufgrund der Bundeswaldschutzverordnung, NuR 1986, 246f.; zur Aufzeichnungspflicht nach der Bundesartenschutzverordnung 1986 siehe *Wirth*, NJW 1987, 552ff.; zum internationalen Artenschutz siehe auch *Wirth*, NuR 1987, 26ff.

[149] Vgl. dazu SRU-Umweltgutachten 1987, Rz. 447.

eigene Gefahr gestattet.[150] Gem. § 27 Abs. 2, Abs. 3 BNatSchG können die Bundesländer gesetzliche Einschränkungen oder Erweiterungen des Betretungsrechts vorsehen. Sie haben von dieser Ermächtigung in einer Vielgestaltigkeit Gebrauch gemacht, die den Wunsch nach einer Vereinheitlichung und Vereinfachung des bundesweit geltenden Betretungsrechts nahelegt.[151]

103 Das Betretungsrecht des § 27 BNatSchG bezieht sich nur auf die freie Landschaft außerhalb des Waldes und der Wasserflächen. Das Waldbetretungsrecht ist speziell in § 14 BWaldG und den entsprechenden Landesforstgesetzen geregelt. Die Benutzung der Wasser- bzw. Eisflächen unterfällt dem Regelungsbereich des Wasserrechts.[152] Die Betretungsbefugnis gilt für jedermann. Sie erstreckt sich auf das Mitführen von Kinderwagen, Schlitten, Fahrrädern und ähnlichem, auf sportliche Betätigungen und auf das Rasten und Lagern.[153] Das allgemeine Betretungsrecht unterliegt allerdings zahlreichen Einschränkungen. Das Recht ist nur zum Zwecke der Erholung eingeräumt. Es darf außerdem nur im Rahmen der Allgemeinwohlverträglichkeit wahrgenommen werden.[154] Das Betretungsrecht gilt zudem nur auf Straßen, Wegen und ungenutzten Grundflächen. Zu den ungenutzten Grundflächen zählt zwar z. B. das Stoppelfeld nach der Ernte, nicht jedoch der Acker zwischen Aussaat und Ernte.[155] Landesrechtlich sind Einschränkungen des Betretungsrechts zum Schutz von Forstkulturen, Schonungen, Pflanzgärten etc. vorgesehen.[156] Nach dem Landesrecht können Einschränkungen teilweise auch von Naturschutzbehörden durch Rechtsverordnung oder Einzelweisung zum Schutz landespflegerischer Vorhaben, zur Regelung des Erholungsverkehrs oder aus sonstigen zwingenden Gründen des Allgemeinwohls angeordnet werden.[157] Schließlich können mit Genehmigung der Naturschutzbehörden aus wichtigem Grund auch Eigentümer die Betretung ihrer Grundstücke nach der vorherigen Genehmigung durch die zuständige Naturschutzbehörde untersagen.[158]

Fall:[159] Der Kläger ist Eigentümer von Waldflächen im Bereich des Naturdenkmals „Bruchhauser Steine". Der unmittelbare Bereich um die „Bruchhauser Steine" ist als Naturschutzgebiet und Bodendenkmal ausgewiesen. Der Kläger legte vor Jahren Straßen, Wege, Parkplätze an und ergriff auch andere Maßnahmen (Belehrungstafeln, Papierkörbe etc.) zum Schutz des Waldes gegen Auswüchse des Massentourismus. Für den Zugang erhob er Eintrittsgeld. Nachdem ihm dies durch die zuständige Behörde untersagt wurde, beantragte der Eigentümer ca. 65 ha seines Waldes um die „Bruchhauser Steine" zu sperren, um sie gegen Entgelt auf den Wegen für Besucher wiederum zu öffnen. Der Antrag wurde abgelehnt. Die Klage des Eigentümers blieb ohne

---

[150] Ausführlich zum Betretungsrecht siehe *Carlsen*, HdUR, Bd. I, Sp. 240ff.; *Soell*, in: Grundzüge des Umweltrechts, S. 553ff.; *Thesmer*, Der freie Zutritt zur offenen Landschaft nach dem BWaldG und BNatSchG, AgrarR 1981, 180ff.

[151] *Carlsen*, HdUR, Bd. I, Sp. 248.

[152] *Lorz*, Naturschutzrecht, § 27 Anm. 3.

[153] Zum Sonderproblem des Reitens in Natur und Landschaft siehe ausführlich *Pielow*, NuR 1980, 53ff. Zu Reitverboten im Landschaftsschutzgebiet siehe *VGH München*, Urt. v. 12. 1. 1988 – Nr. 9 B 85 A 1712 – NuR 1988, 291f.

[154] *Carlsen*, HdUR, Bd. I, Sp. 244; *Soell*, in: Grundzüge des Umweltrechts, S. 556.

[155] *Lorz*, Naturschutzrecht, § 27 Anm. 5.

[156] Vgl. dazu *Carlsen*, HdUR, Bd. I, Sp. 245.

[157] *Soell*, in: Grundzüge des Umweltrechts, S. 557.

[158] Vgl. z. B. § 54 Abs. 1 LG NW.

[159] *OVG Münster*, Urt. v. 3. 12. 1985 – 20 A 2016/83 –, NuR 1986, 215.

Erfolg. Das *OVG Münster* vertrat die Ansicht, das Waldbetretungsrecht sei unentgeltlich; ein Entgelt dürfe auch nicht zur Finanzierung schadenabwehrender oder den Waldbesuch fördernder Maßnahmen erhoben werden. Durch das Waldbetretungsrecht sei dem Waldbesitzer eine im Rahmen der Sozialbindung hinzunehmende öffentlich-rechtliche Duldungspflicht auferlegt worden. Eine Sperrung des Waldes könne keinesfalls genehmigt werden, wenn sie im wesentlichen dem Zweck dienen solle, für das Betreten des Waldgebietes ein Entgelt zu erheben.

II. Bereitstellen von Grundflächen

Um die Möglichkeiten der Erholung der Bevölkerung noch zu verbessern, sieht § 28 BNatSchG neben dem Betretungsrecht die Verpflichtung der öffentlichen Hand vor, in ihrem Eigentum oder Besitz stehende Grundstücke, die sich nach ihrer Beschaffenheit für die Erholung der Bevölkerung eignen, in angemessenem Umfang für die Erholung bereitzustellen. Diese Verpflichtung gilt jedoch nur, solange sie mit der öffentlichen Zweckbindung der Grundstücke vereinbar ist. **104**

G. Mitwirkung von Verbänden und die naturschutzrechtlichen Befreiungen

Der 7. Abschnitt des BNatSchG enthält einige ergänzende Vorschriften. Neben der Bußgeldregelung des § 30 BNatSchG, die erforderlich war, um Verstöße gegen die unmittelbar geltenden bundesrechtlichen Verbote ahnden zu können,[160] sind die **Mitwirkung von Naturschutzverbänden** und die **naturschutzrechtlichen Befreiungen** geregelt. **105**

I. Die Mitwirkung von Naturschutzverbänden

§ 29 BNatSchG soll bundeseinheitlich ein Mindestmaß der Mitwirkung von Naturschutzverbänden gewährleisten.[161] Gem. § 29 Abs. 1 S. 1 BNatSchG ist rechtsfähigen Vereinen bei bestimmten Vorhaben, die den satzungsmäßigen Aufgabenbereich des Vereins berühren, Gelegenheit zur Äußerung sowie zur Einsicht in die einschlägigen Sachverständigengutachten zu geben. Die Mitwirkungsrechte bestehen **106**

- bei der Vorbereitung untergesetzlicher Rechtsvorschriften der Naturschutzbehörden,
- bei der Vorbereitung von Programmen und Plänen i. S. d. §§ 5, 6 BNatSchG, soweit diese dem einzelnen gegenüber verbindlich sind,
- vor Befreiungen von Verboten und Geboten, die zum Schutz von Naturschutzgebieten und Nationalparken erlassen sind und
- in Planfeststellungsverfahren über Vorhaben, die mit Eingriffen in Natur und Landschaft i. S. d. § 8 BNatSchG verbunden sind.

---

[160] Vgl. *Bernatzky/Böhm*, Bundesnaturschutzrecht, § 30 Rn. 2; zur Ahndung von Verstößen gegen naturschutzrechtliche Bestimmungen siehe auch *Lorz*, NuL 1981, 53ff.; § 30 BNatSchG ist die einzige Ahndungsvorschrift im BNatSchG doch nicht im Bundesnaturschutzrecht (*Lorz*, Naturschutzrecht, § 30 Anm. 2), Bußgeldregelungen sind im übrigen im Landesrecht geregelt;

[161] *Lorz*, Naturschutzrecht, § 29 Anm. 1 b; *Emonds/ Kolodjiecok*, NuL 1977, 35. Zur Verbandsbeteiligung allgemein *Bender*, HdUR, Bd. II, Sp. 963ff.

107 Voraussetzung der Mitwirkungsrechte ist, daß die Verbände von der zuständigen Behörde anerkannt sind. Da § 29 BNatSchG eine staatsfreie Bürgerbeteiligung sicherstellen soll, können Körperschaften des öffentlichen Rechts – also z. B. Jagdgenossenschaften – nicht Naturschutzverband i. S. v. § 29 BNatSchG sein. Gem. § 29 Abs. 2 BNatSchG ist die Anerkennung auf Antrag des Vereins zu erteilen, wenn der Verein

- nach seiner Satzung ideell und nicht nur vorübergehend vorwiegend die Ziele des Naturschutzes und der Landschaftspflege fördert,
- nach seiner Satzung einen Tätigkeitsbereich hat, der mindestens das Gebiet eines Landes umfaßt,
- die Gewähr für eine sachgerechte Aufgabenerfüllung bietet; dabei sind Art und Umfang seiner bisherigen Tätigkeit, der Mitgliederkreis sowie die Leistungsfähigkeit des Vereins zu berücksichtigen,
- wegen Verfolgung gemeinnütziger Zwecke nach § 5 Abs. 1 Nr. 9 des Körperschaftssteuergesetzes von der Körperschaftssteuer befreit ist,
- den Eintritt jedermann ermöglicht, der die Ziele des Vereins unterstützt.

Fall: Die Vereinigung der Jäger des Saarlandes, die gem. § 43 des saarländischen Jagdgesetzes eine Körperschaft des öffentlichen Rechts ist, beantragte im Verwaltungsverfahren vergeblich, nach § 29 BNatSchG als Naturschutzverband anerkannt zu werden. Klage und Berufung der Vereinigung blieben ohne Erfolg. Nach Ansicht des *OVG Saarlouis* kann eine Körperschaft des öffentlichen Rechts nicht als Naturschutzverband nach § 29 BNatSchG anerkannt werden, weil Körperschaften des öffentlichen Rechts, die formell Glieder mittelbarer Staatsverwaltung sind, eine staatsfreie Bürgerbeteiligung, auf die § 29 BNatSchG zielt, nicht vermitteln könnten. Außerdem erfülle ein Verein, der nur Personen, für die einmal ein Jahresjagdschein ausgestellt worden sei, als Mitglieder aufnehme, nicht das „Jedermann-Erfordernis" des § 29 Abs. 2 S. 2 Nr. 5 BNatSchG.[162]

Fall: Die Klägerin, ein eingetragener Verein, ist Nachfolgerin des 1887 gegründeten Vereins Deutscher Gartenkünstler. Sie begehrt die Anerkennung als Naturschutzverband nach § 29 BNatSchG. Der *VGH Kassel* hat die Anerkennung abgelehnt, weil ein Verein, der nach seiner Satzung im wesentlichen die Garten-, Landschafts- und Friedhofskultur fördere und die enge Zusammenarbeit der gesamten Grünflächenplanung mit der Stadt- und Regionalplanung, der Landesplanung und der Raumordnung vertrete, nicht die Voraussetzung für die Anerkennung als Naturschutzverband gem. § 29 Abs. 2 S. 2 Nr. 1 BNatSchG, vorwiegend die Ziele des Naturschutzes und der Landschaftspflege zu fördern, erfülle.[163]

108 Die Anerkennung zur Mitwirkung bei Planungen und Maßnahmen des Bundes, die über das Gebiet eines Landes hinausgehen, setzt gem. § 29 Abs. 3 BNatSchG die Anerkennung voraus, daß der Verein einen Tätigkeitsbereich hat, der das Gebiet der Länder umfaßt, auf die sich die Planungen und Maßnahmen des Bundes beziehen.

109 Gegen die Versagung der Anerkennung und gegen die Rücknahme oder deren Widerruf gem. § 29 Abs. 5 BNatSchG kann Widerspruch oder Klage erhoben werden.[164]

II. Die naturschutzrechtliche Befreiung

110 Naturschutzrechtliche Gebote und Verbote in den aufgrund des BNatSchG erlassenen Rechtsvorschriften können im Einzelfall zu einer nicht

---

Verbandsbeteiligung allgemein *Bender*, HdUR, Bd. II, Sp. 963ff.

[162] *OVG Saarlouis*, Beschl. v. 26. 6. 1985 – 2 R 269/83 –, NuR 1986, 81.

[163] *VGH Kassel*, Urt. v. 24. 10. 1985 – III OE 141/82 –, NuR 1986, 254.

[164] Zu den Klagemöglichkeiten der Verbände siehe oben, § 13, Rn. 118–120.

beabsichtigten Härte führen. Deswegen sieht der Gesetzgeber in § 31 BNatSchG eine Befreiungsmöglichkeit vor, die dem § 31 Abs. 2 BauGB nachgebildet ist. Die Befreiung steht gem. § 31 Abs. 1 BNatSchG im Ermessen der Naturschutzbehörde; das Vorliegen der Voraussetzungen für die Ermessensausübung ist jedoch gerichtlich voll überprüfbar. Gem. § 31 Abs. 1 BNatSchG kann auf Antrag eine Befreiung gewährt werden, wenn die Durchführung der Vorschrift im Einzelfall zu einer nicht beabsichtigten Härte führen würde und die Abweichung mit den Belangen des Naturschutzes und der Landschaftspflege zu vereinbaren ist oder zu einer nicht gewollten Beeinträchtigung von Natur und Landschaft führen würde oder überwiegende Gründe des Wohls der Allgemeinheit die Befreiung erfordern.

Bei Befreiungen von Geboten und Verboten, die zum Schutz von Natur- **111**
schutzgebieten und Nationalparken erlassen sind, ist gem. § 29 Abs. 1 Nr. 3 BNatSchG – wie bereits erwähnt – den anerkannten Naturschutzverbänden Gelegenheit zur Äußerung zu geben.[165]

---

[165] Zu Erlaubnis und Befreiung in naturschutzrechtlichen Schutzverordnungen siehe *Lang*, NuR 1984, 189 ff.

§ 19. Das Naturschutzrecht im weiteren Sinne

A. Forstrecht

1 Das Forstrecht umfaßt die für den Wald und die Forstwirtschaft maßgebenden speziellen Rechtsnormen.[1]

Wald i. S. d. BWaldG ist gem. § 2 Abs. 1 S. 1 BWaldG jede mit Forstpflanzen bestockte Grundfläche. Als Wald gelten auch kahlgeschlagene oder vernichtete Grundflächen, Waldwege, Waldeinteilungs- und Sicherungsstreifen, Waldblößen und Lichtungen, Waldwiesen, Wildäsungsplätze, Holzlagerplätze sowie weitere mit dem Wald verbundene und ihm dienende Flächen (§ 2 Abs. 1 S. 2 BWaldG).[2]

2 Daß das Forstrecht nicht nur Forstwirtschaftsrecht, sondern auch Umweltschutzrecht ist, ergibt sich aus seiner Zielsetzung.

Gem. § 1 BWaldG ist es Zweck des BWaldG, den Wald wegen seines wirtschaftlichen Nutzens und wegen seiner Bedeutung für die Umwelt, insbesondere für die dauernde Leistungsfähigkeit des Naturhaushaltes, das Klima und den Wasserhaushalt, die Reinhaltung der Luft, die Bodenfruchtbarkeit, das Landschaftsbild, die Agrar- und Infrastruktur und die Erholung der Bevölkerung zu erhalten.

Die Gesetzgebungszuständigkeit für das Forstrecht ist zwischen Bund und Ländern aufgeteilt. Teile des BWaldG hat der Bund auf der Grundlage seiner Rahmenkompetenz gem. Art. 75 Nr. 3 GG (Naturschutz und Landschaftspflege) erlassen. Die forstwirtschaftlichen Teile des BWaldG beruhen auf der konkurrierenden Gesetzgebungskompetenz des Bundes gem. Art. 74 Nr. 17 GG.

Im Bereich der konkurrierenden Gesetzgebung hat der Bund daneben zahlreiche andere für den Wald bedeutsame Gesetze erlassen. Dazu zählen etwa das das Handelsklassengesetz[3] für Rohholz und das Forstschäden-Ausgleichsgesetz.[4] Für den Schutz des Waldes bedeutsame Regelungen finden sich daneben in zahlreichen weiteren Bundesgesetzen, so zählt z. B. der Schutz des Waldes zu den Grundsätzen des § 2 Abs. 1 Nr. 9 BNatSchG und zu den Grundsätzen der Raumordnung gem. § 2 Abs. 1 Nr. 5 und 7 ROG. Die Belange der Forstwirtschaft sind u. a. auch bei der Aufstellung der Bauleitpläne gem. § 1 Abs. 5 Nr. 8 BauGB zu berücksichtigen.

Der Schwerpunkt der Gesetzgebungszuständigkeit liegt jedoch bei den Bundesländern. Diese haben ausführliche Regelungen des Forstrechtes in den Landesforstgesetzen bzw. den Landeswaldgesetzen getroffen.

3 Das BWald regelt neben allgemeinen Definitionen (Wald, Waldeigentumsarten, Waldbesitzer) und neben allgemeinen Vorschriften über die Förderung der Forstwirtschaft (§ 41), über die Bundeswaldinventur (§ 41 a), über Auskunftspflichten (§ 42 f.) vor allem zwei grundlegende Bereiche. *Rahmenrechtlich* enthält das BWaldG Vorschriften über

---

[1] Vgl. *Ebersbach*, HdUR, Bd. I, Sp. 578.

[2] Zum Waldbegriff siehe *BVerwG*, Beschl. v. 14. 5. 1985 – 4 B 76/85 –, NVwZ 1986, 206; *VGH Mannheim*, Urt. v. 20. 10. 1982 – 5 S 1531/81 –, NuR 1983, 278; *OVG Münster* – Urt. v. 22. 1. 1988 – 10 A 1299/87 – NVwZ 1988, 1048f.

[3] Gesetz über gesetzliche Handelsklassen für Rohholz v. 25. 2. 1969 (BGBl. I, S. 149).

[4] Gesetz zum Ausgleich von Auswirkungen besonderer Schadensereignissen in der Forstwirtschaft i. d. F. v. 26. 8. 1985 (BGBl. I, S. 1757); vgl. dazu i.e. *Ebersbach*, HdUR, Bd. I, Sp. 579.

- **forstliche Rahmenplanung**,
- **Sicherung der Waldfunktionen bei sonstigen Planungen und Maßnahmen**,
- **Umwandlungs- und Rodungsgenehmigungen**,
- **Erstaufforstungsgenehmigung**,
- **Waldbewirtschaftung**,
- **Ausweisung von Schutz- und Erholungswald**
- **Waldbetretungsrecht**.

Ganz ausführlich werden daneben die Arten der **forstwirtschaftlichen Zusammenschlüsse** geregelt (§ 15 bis 40). Zu den forstwirtschaftlichen Zusammenschlüssen zählen die *Forstbetriebsgemeinschaften, Forstvertriebsverbände* und *fortwirtschaftliche Vereinigungen*. Übereinstimmendes Ziel der Forstzusammenschlüsse ist die bessere Bewirtschaftung der beteiligten Waldbesitzungen.[5] Es handelt sich insoweit also um rein forstwirtschaftliche, nicht um umweltschutzrechtliche Bestimmungen. Im nachfolgenden soll deshalb nur auf die umweltrelevanten Rahmenvorschriften des BWaldG eingegangen werden. 4

I. Die forstliche Rahmenplanung

Zum Schutz des Waldes, aber auch zum Schutz der Umwelt durch den Wald sieht das BWaldG eine Reihe von Regelungen vor. So dient die forstliche Rahmenplanung i.S.d. BWaldG der Ordnung und Verbesserung der Forststruktur. Sie ist darauf gerichtet, die für die Entwicklung der Lebens- und Wirtschaftsverhältnisse notwendigen Funktionen des Waldes – dazu zählt gem. § 1 Nr. 1 BWaldG auch seine Bedeutung für die Umwelt – zu sichern. Bei der forstlichen Rahmenplanung sind die Ziele der Raumordnung und Landesplanung gem. § 6 Abs. 2 BWaldG zu beachten und die in § 6 Abs. 3 BWaldG speziell geregelten Grundsätze zu berücksichtigen. Die forstliche Rahmenplanung ist Fachplanung. Sie unterscheidet sich von der reinen Waldfunktionskartierung dadurch, daß sie nicht allein eine Zustandsbeschreibung enthält, sondern zugleich Entwicklungsmöglichkeiten aufzeigt.[6] Das BWaldG überläßt es den Ländern, für welche Gebiete die forstlichen Rahmenpläne zu erstellen sind. 5

1. Verbindlichkeit

Die Pläne binden den einzelnen Waldbesitzer nicht unmittelbar. Sie können jedoch als Verwaltungsvorschriften der Länder für die Forstbehörden und für die Besitzer öffentlichen Waldes (außer den Bundesforsten) verbindlich gemacht werden.[7] Die Rechtswirkungen forstlicher Rahmenpläne sind – vor allem aufgrund der unterschiedlichen Ausgestaltung der in § 7 Abs. 3 BWaldG rahmenrechtlich vorgesehenen Verknüpfung mit den Raumordnungsplänen – unterschiedlich. Ähnlich wie bei der Landschaftsplanung existieren Formen der unmittelbaren Integration, Formen der mittelbaren Integration, aber auch Regelungen, nach denen eine Integration in die Raumord- 6

[5] *Klose/Orf*, Forstrecht, Vorbem. 4 Vor § 15ff.
[6] *Klose/Orf*, Forstrecht, § 6 Rn. 5.
[7] *Klose/Orf*, Forstrecht, § 7 Rn. 2.

nungspläne überhaupt nicht vorgesehen ist.[8] Als Ziele der Raumordnung und Landesplanung können die Inhalte der forstlichen Rahmenpläne nach der entsprechenden Abwägung mit anderen Planungen und Maßnahmen eine weitergehende Verbindlichkeit i. S. d. § 5 Abs. 4 ROG, § 1 Abs. 4 BauGB haben.[9]

2. Inhalt

7 Die möglichen Inhalte der forstlichen Rahmenpläne ergeben sich einerseits aus § 7 Abs. 2 BWaldG, aus den Grundsätzen des § 6 BWaldG und lassen sich andererseits einigen landesgesetzlichen Bestimmungen über Mindestinhalte entnehmen.[10] Forstliche Rahmenpläne sind danach grundsätzlich in einen *Grundlagenteil* und einen *Entwicklungsteil* gegliedert.

8 Der **Grundlagenteil** enthält die Erfassung und Bewertung des vorhandenen Zustands des Waldes, wobei hierzu die in den Ländern durchgeführte Waldfunktionenkartierung, in der die für die einzelnen Waldflächen spezifischen Schutz- und Erholungsfunktionen kartenmäßig festgehalten werden, eine wichtige Vorstufe bilden.[11]

9 Im **Entwicklungsteil** des forstlichen Rahmenplanes sind die künftig zu verfolgenden forstpolitischen Zielsetzungen und die dazu erforderlichen Maßnahmen geregelt.

II. Sicherung der Waldfunktionen

10 Der Sicherung der in § 1 BWaldG geregelten Waldfunktionen dient neben der forstlichen Fachplanung auch, daß gem. § 8 BWaldG die Träger öffentlicher Vorhaben bei Planungen und Maßnahmen, die eine Inanspruchnahme von Waldflächen vorsehen oder die in ihren Auswirkungen Waldflächen betreffen können, die Waldfunktionen angemessen zu berücksichtigen haben und die Forstbehörden bereits bei der Vorbereitung der Planungen und Maßnahmen zu unterrichten und anzuhören sind, soweit nicht gesetzlich eine andere Form der Beteiligung vorgeschrieben ist.

III. Umwandlungs- und Rodungsgenehmigung

11 Dem Schutz des Waldes dienen außerdem das Genehmigungserfordernis für die Änderung der Nutzungsart einer Waldfläche und für die Rodung von Wald gem. § 9 BWaldG. Bei diesem Genehmigungserfordernis handelt es sich um ein repressives Verbot mit Befreiungsvorbehalt.[12] Die Forstbehörde

---

[8] Siehe dazu die Nachweise hinsichtlich der landesrechtlichen Regelungen bei *Book*, Bodenschutz, S. 132.

[9] Zu den landesrechtlichen Regelungen der forstlichen Rahmenplanung siehe die Übersicht bei *Klose/Orf*, Forstrecht, § 7 Rn. 11.

[10] § 2 Abs. 2 HmbWaldG, § 10 Abs. 2, 3 NdsWaldG, § 8 Abs. 2 LFoG NW, § 22 Abs. 4 S. 2 LFoG RP.

[11] Siehe dazu *Book*, Bodenschutz, S. 131 f.

[12] So auch *Breuer*, Umweltschutzrecht, 639; *Tesmer*, AgrarR 1981, S. 4; siehe auch *OVG Münster*, Urt. v. 14. 7. 1982 – 20 A 2637/80 –, NuR 1983, 322ff. zur Waldumwandlungsgenehmigung nach nordrhein-westfälischem Forstrecht als Ermessensent-

hat bei der Entscheidung über einen Umwandlungsantrag eine umfassende Abwägung der betroffenen Belange gem. § 9 Abs. 1 S. 2 BWaldG vorzunehmen. Die Forstbehörde besitzt insoweit ein Planungs- und Bewirtschaftungsermessen,[13] das dem Bewirtschaftungs- und Planungsermessen der Wasserbehörde vergleichbar ist.[14] Sie soll die Genehmigung versagen, wenn die Erhaltung des Waldes überwiegend im öffentlichen Interesse liegt, insbesondere, wenn der Wald für die Leistungsfähigkeit des Naturhaushaltes, die forstwirtschaftliche Erzeugung oder die Erholung der Bevölkerung von wesentlicher Bedeutung ist. (§ 9 Abs. 1 S. 3 BWaldG).

IV. Waldbewirtschaftung und Erstaufforstungsgenehmigung

Angesichts der großen Waldflächen, die jährlich in der Bundesrepublik 12
durch den Siedlungsflächenbedarf und seit einigen Jahren auch durch das sog. Waldsterben verloren gehen,[15] ist die Aufforstung von Waldflächen grundsätzlich umweltpolitisch erwünscht. Deshalb sieht § 11 BWaldG nicht nur eine ordnungsgemäße Bewirtschaftung der Waldflächen im Rahmen der Zweckbestimmung des § 1 BWaldG, sondern auch eine Verpflichtung für alle Waldbesitzer zur Wiederaufforstung und zur Ergänzung der Waldflächen vor. Gem. § 11 S. 1 BWaldG soll der Wald im Rahmen seiner Zweckbestimmung *ordnungsgemäß* und *nachhaltig*[16] bewirtschaftet werden. Durch Landesgesetz ist mindestens die Verpflichtung für alle Waldbesitzer zu regeln, kahlgeschlagene Waldflächen oder vernichtete Waldbestände in angemessener Frist wieder aufzuforsten oder zu ergänzen, soweit die natürliche Wiederbestockung unvollständig bleibt, falls nicht die Umwandlung in eine andere Nutzungsart genehmigt worden oder sonst zulässig ist.

Fall: A ist Baumschul- und Waldbesitzer. Mit seiner Klage wendet er sich gegen eine Ordnungsverfügung, mit der ihm Beschränkungen im Hinblick auf die Nutzung seines Waldbestandes auferlegt wurden. A hatte 213 ha Wald für 8 Mio. DM gekauft. Den Kaufpreis wollte er durch den Einschlag der hiebreifen Fichtenbestände und den Verkauf des dabei gewonnenen Holzes aufbringen. Nachdem A umfangreiche Kahlschläge vorgenommen hatte, untersagte ihm die zuständige Behörde jegliche weitere Abtriebe oder Abtrieben gleichkommende Maßnahmen wegen des Verstoßes gegen das Nachhaltigkeitsprinzip (§ 10 LFoG NW). Auf seinen Widerspruch hin modifizierte die Widerspruchsbehörde die Ordnungsverfügung, indem dem Kläger bis 1992 jeglicher Holzeinschlag mit Ausnahme von bestimmten, forstwirtschaftlich gebotenen Hiebmaßnahmen untersagt wurde. Die gegen die Ordnungsverfügung gerichtete Klage hatte keinen Erfolg. Nach Ansicht des *VG Arnsberg* verstieß A gegen das in § 10 Abs. 1 S. 2 LFoG NW normierte Gebot der Nachhaltigkeit dadurch, daß er von dem erworbenen Wald mit einer Gesamtgröße von rd. 213 ha bereits im Jahr des Kaufes ca. 36 ha abgeholzt hatte und in den folgenden Jahren den Abtrieb – zumindest – weiterer ca. 14 ha Fichtenwald anstrebte. Eine derartige Vorgehensweise auch eines privaten Waldbesitzers werde dem Nachhaltigkeitsprinzip nicht gerecht. Unter Nachhaltigkeit

---

scheidung; vgl. auch *VG Kassel*, Urt. v. 20. 11. 1980 – IV E 99/80 –, RdL 1981, 47 (48); a.A.: *Klose/Orf*, Forstrecht, § 9 Rn. 6: Präventives Verbot mit Erlaubnisvorbehalt; zu den Genehmigungsarten i.e. oben, § 8, Rn. 24–27; ausführlich zur Entscheidungsstruktur der Umwandlungsgenehmigung nach § 9 BWaldG *Schmidt-Aßmann*, NuR 1986, 98ff.

[13] Vgl. *Kloepfer/Meßerschmidt*, Innere Harmonisierung des Umweltrechts, S. 119; siehe auch *VG Münster*, NWVBl. 1989, 63.

[14] Siehe dazu unten, § 21, Rn. 67–70.

[15] Siehe dazu oben, § 1, Rn. 33.

[16] Zum Begriff der „Nachhaltigkeit" vgl. *Winkler*, HdUR, Bd. II, Sp. 14ff.

verstehe man bei „strengster" Auslegung eine kontinuierliche Bewirtschaftung des Waldes, so daß die Holzerzeugung, der Holzertrag und der erwirtschaftete Geldbetrag für alle Jahre annähernd gleich gewährleistet seien. Zwar sei das Prinzip in der vorbezeichneten strengen Durchführung im Regelfall nicht immer einhaltbar. Daraus folge aber nicht, daß sich der Grundsatz der Nachhaltigkeit bei Privatwäldern im Bestocken der abgeholzten Bestände erschöpfe. Wäre das der Fall, so hätte es angesichts der in § 44 LFoG NW geregelten Aufforstungspflicht einer Normierung der Bewirtschaftungspflicht in § 10 LFoG NW nicht bedurft. Nach Ansicht des Gerichts liegt deshalb ein Verstoß gegen das Gebot der nachhaltigen Waldbewirtschaftung vor, wenn ein Viertel eines 213 ha großen Waldbesitzes zur Finanzierung des Kaufpreises abgeholzt wird.[17]

13 Auch eine umfangreiche Aufforstung, die zukünftig nicht zuletzt angesichts der zu erwartenden Sozialbrachen im Bereich der Landwirtschaft denkbar ist, kann nachteilige landeskulturelle und auch umweltrelevante Folgen, man denke an großflächige Weihnachtsbaum- und Schmuckreisigkulturen in landschaftlich wertvollen Wiesenbereichen, haben. § 10 BWaldG sieht deshalb auch für die Erstaufforstung eine Genehmigungspflicht vor.

V. Schutz- und Erholungswald

14 Der Wald kann außerdem gem. §§ 12, 13 BWaldG zum **Schutz-** oder **Erholungswald** erklärt werden.

15 Zum **Schutzwald** kann der Wald gem. § 12 Abs. 1 BWaldG bestimmt werden, wenn es zur Abwehr oder Verhütung von Gefahren, erheblichen Nachteilen oder erheblichen Belästigungen für die Allgemeinheit notwendig ist, bestimmte forstliche Maßnahmen durchzuführen oder zu unterlassen. Die Erklärung zum Schutzwald kommt insbesondere in Betracht zum Schutz gegen schädliche Umwelteinwirkungen i. S. d. BImSchG gegen Erosion durch Wasser und Wind, Austrocknung, schädliches Abfließen von Niederschlagswasser und Lawinen.

16 Zum **Erholungswald** kann der Wald gem. § 13 Abs. 1 BWaldG erklärt werden, wenn es das Wohl der Allgemeinheit erfordert, Waldflächen für Zwecke der Erholung zu schützen, zu pflegen oder zu gestalten.

VI. Waldbetretungsrecht

17 Zum Zwecke der Erholung ist in § 14 BWaldG außerdem ein mit dem naturschutzrechtlichen Betretungsrecht vergleichbares Recht zum Betreten des Waldes geregelt.

B. Tierschutzrecht

18 Zweck des Tierschutzrechtes ist es gem. § 1 S. 1 TierSchG, aus der Verantwortung des Menschen für das Tier als Mitgeschöpf, dessen Leben und Wohlbefinden zu schützen. Während das Artenschutzrecht die Arten wildle- 18

---

[17] *VG Arnsberg*, Urt. v. 18. 11. 1986 – 4 K 1003/85 –, NuR 1987, 136; aA jedoch *OVG Münster*, Urt. v. 21. 1. 1988 – 20 A 140/87 – NuR 1988, 303: „Ordnungsgemäße und nachhaltige Bewirtschaftung bedeutet nicht die Verpflichtung, nur soviel Holz zu entnehmen, wie jährlich nachrückt."

bender Tiere in ihren natürlichen Lebensräumen schützen will, dient das Tierschutzrecht dem Schutz des einzelnen Tieres um seiner selbst willen. Einem Tier dürfen ohne vernünftigen Grund Schmerzen, Leiden oder Schäden nicht zugefügt werden (§ 1 S. 2 TierSchG).[18] Entsprechend diesem Grundsatz sieht das Tierschutzgesetz zahlreiche Gebote und Verbote, Genehmigungs-, Anzeige- und Aufzeichnungspflichten, die Einrichtung von Tierschutzkommissionen (§ 16 b) und die Berufung von Tierschutzbeauftragten (§ 8 b) vor. Regelungen enthält das TierSchutzG u. a. über

- **Tierhaltung**,
- **Töten von Tieren**,
- **Eingriffe an Tieren**,
- **Tierversuche**,
- **Zucht von Tieren** und
- **Verbringungs-, Verkehrs-** und **Haltungsverbote**.

I. Tierhaltung

19 Bei der Tierhaltung gilt gem. § 2 TierschG der Grundsatz, daß das Tier artgerecht ernährt und gepflegt und verhaltensgerecht untergebracht werden muß (Nr. 1). Die Möglichkeit des Tieres zur artgerechten Bewegung darf nicht so eingeschränkt werden, daß ihm Schmerzen oder vermeidbare Leiden oder Schäden zugefügt werden (Nr. 2). Der Bundesminister für Ernährung, Landwirtschaft und Forsten wird gem. § 2 a Abs. 1, Abs. 2 TierSchG ermächtigt, durch Rechtsverordnung die Anforderungen an die Haltung und die Beförderung von Tieren näher zu bestimmen.[19] Bei der Tierhaltung sind zahlreiche Verhaltensweisen, u. a. die *Überforderung* der Tiere, die *Aussetzung* von Tieren, die *Schärfeprüfung*, die *Vergabe von Dopingmitteln* etc. gem. § 3 TierSchG verboten.

II. Töten von Tieren

20 Auch beim Töten von Tieren ist der oberste Grundsatz, daß einem Tier ohne vernünftigen Grund keine Schmerzen, Leiden oder Schäden zugefügt werden dürfen, zu beachten. Wirbeltiere dürfen deshalb nur mit Betäubung oder sonst, soweit nach den gegebenen Umständen zumutbar, nur unter Vermeidung von Schmerzen getötet werden (§ 4 Abs. 1 S. 1 TierSchG). Einschränkungen gelten jedoch gem. § 4 Abs. 1 S. 2 TierSchG u. a. im Rahmen der waidgerechten Ausübung der Jagd. Spezielle Regelungen (§ 4a, b) sind für das *Schlachten* von Tieren und das *Schächten*, das ist das Töten eines Tieres ohne Betäubung im Rahmen religiöser Riten, vorgesehen.[20]

---

[18] Eine gute Übersicht über das zum 1. 1. 1987 novellierte TierSchutzG gibt *Lorz*, NJW 1987, 2049ff.; *Voetz*, HdUR, Bd. II, Sp. 515ff.; zu ethischen Aspekten des Tierschutzrechtes siehe *Gassner*, NuR 1987, S. 97ff.; zum Rechtsschutz für Tiere siehe *Erbel*, DVBl. 1986, 1235ff.; zu verfassungsrechtlichen Bezugspunkten des Tierschutzes siehe *Starck*, in: von Mangoldt/Klein/Starck, GG, Art. 5 Rn. 269; verfassungsrechtliche Bedenken erhebt *Brandhuber*, NJW 1988, 1952.

[19] Zur Massentierhaltung siehe *Stober*, Rechtsfragen der Massentierhaltung, S. 1ff.; *ders.*, NuR 1982, 173ff.; *Lorz*, NuR 1986, S. 237ff.

[20] Zu verfassungsrechtlichen Problemen der Neuregelung des Schlachtrechts siehe *Schmidt*, DVBl. 1986, S. 760; zur notwendigen Beachtung der Glaubensfreiheit beim Schächten siehe *Lorz*, NJW 1987, 2049 (2050).

III. Eingriffe an Tieren

21 Gem. § 17 Nr. 1 TierSchG wird mit Freiheitsstrafe bis zu zwei Jahren oder mit Geldstrafe bestraft, wer ein Wirbeltier ohne vernünftigen Grund tötet.

Fall: Gartenbesitzer A ärgert sich über die Vögel in seinem Garten, weil diese ihm die Kirschen wegholen und der Kot einer Amsel auf seinen Kaffeetisch gefallen ist. In seiner Verärgerung schießt er vier Amseln. Das AG hatte A von dem Vorwurf freigesprochen, er habe mit dem Abschuß von 4 Amseln sich nach § 17 Nr. 1 TierSchG strafbar gemacht. Es vertrat die Ansicht, der Angeklagte habe in einer Art Notwehrsituation „aus vernünftigem Grund" gehandelt, da er keine andere Möglichkeit gehabt habe, seine Kirschen zu schützen. Die vom LG Heilbronn geäußerte Ansicht, mit dem Abschuß einer Amsel könne der Ernteertrag nicht gesichert werden und es würde sich alsbald die Notwendigkeit ergeben, erneut zum Gewehr zu greifen; deshalb sei diese Art der Vogelabwehr sinnlos und im Endergebnis unvernünftig, verkennt – so das AG Heilbronn –, „daß durch den Abschuß eines einzelnen Vogels sämtliche anderen vertrieben werden und diese, die den Abschuß mitbekommen haben, kaum zurückkommen". Die gegen dieses Urteil eingelegte Revision der Staatsanwaltschaft hatte Erfolg. Das OLG Stuttgart vertrat die Ansicht, der Strafrichter habe zur Begründung seines Urteils auf einen in dieser Form nicht bestehenden Erfahrungssatz zurückgegriffen. Nach seiner Argumentation wäre schon die Tötung eines Vogels genügend gewesen. Gegen eine solche Annahme spreche aber schon die täglich zu beobachtende Verhaltensweise der Vögel, die in aller Regel unbeeindruckt von den gegen sie ergriffenen Abwehrmaßnahmen, immer wieder zurückkämen. Da der Tatrichter einen Erfahrungssatz für zwingend gehalten habe, der in Wirklichkeit nicht bestehe, und das Urteil darauf beruhe, führe dieser auf die Sachrüge zu beachtende Fehler zur Aufhebung des Urteils.

22 Auch sonstige schmerzhafte Eingriffe an Tieren dürfen gem. § 5 Abs. 1 S. 1 TierSchG grundsätzlich ohne Betäubung nicht vorgenommen werden. Allerdings sieht das Tierschutzgesetz vor allem für kleinere Eingriffe eine Reihe von Ausnahmen von der Betäubungspflicht vor (§ 5 Abs. 2, Abs. 3 TierSchG). Grundsätzlich verboten ist außerdem das vollständige oder teilweise Amputieren von Körperteilen oder das vollständige oder teilweise Entnehmen oder Zerstören von Organen oder Geweben eines Wirbeltieres (§ 6 Abs. 1 TierSchG).

IV. Tierversuche

23 Durch die Novellierung des Tierschutzgesetzes zum 1. 1. 1987 wurde die Zulässigkeit von Tierversuchen eingeschränkt.[21] Tierversuche sind nach § 7 Abs. 1 TierSchG Eingriffe oder Behandlungen an Tieren zu Versuchszwekken, die mit Schmerzen, Leiden oder Schäden für die Tiere verbunden sein können.

24 Tierversuche sind nicht mehr zu beliebigen wissenschaftlichen Zwecken, sondern nur noch eingeschränkt im Bereich der Tier- und Humanmedizin, zur Erkennung von Umweltgefährdungen und zur Prüfung von Stoffen oder Produkten und im Rahmen der Grundlagenforschung zulässig (§ 7 Abs. 2 TierSchG). Versuche an Wirbeltieren dürfen nur noch durchgeführt werden, wenn die zu erwartenden Schmerzen, Leiden oder Schäden der Versuchstiere im Hinblick auf den Versuchszweck ethisch vertretbar sind

[21] Ausführlich *Lorz*, NuR 1987, 289ff.

(§ 7 Abs. 3 S. 1 TierSchG). Notwendig ist insoweit eine Abwägung zwischen den Schmerzen, Leiden oder Schäden der Versuchstiere und dem Versuchszweck. Tierversuche zur Entwicklung oder Erprobung von Waffen, Munition und dem dazugehörigen Gerät sind ausnahmslos, Tierversuche zur Entwicklung von Tabakserzeugnissen, Waschmittel und dekorativen Kosmetika grundsätzlich verboten (§ 7 Abs. 4, Abs. 5 TierSchG).

Wer Tierversuche durchführen will, bedarf gem. § 8 Abs. 1 TierSchG 25
regelmäßig der *Genehmigung*, ausnahmsweise reicht gem. § 8a Abs. 1 S. 1 TierSchG die vorherige *Anzeige* des Versuchsvorhabens[22].

Durch die Novellierung neu in das Tierschutzrecht eingefügt ist die Pflicht 26
der Träger von Einrichtungen, in denen Tierversuche an Wirbeltieren durchgeführt werden, *Tierschutzbeauftragte* zu bestellen und die Bestellung der zuständigen Behörde anzuzeigen (§ 8 b Abs. 1 S. 1 TierSchG). Tierversuche dürfen gem. § 9 Abs. 1 S. 1 TierSchG nur von Personen durchgeführt werden, die die erforderlichen Fachkenntnisse haben. Über die Tierversuche sind gem. § 9 a Abs. 1 S. 1 TierSchG Aufzeichnungen zu machen.

V. Tierzucht

Zum 1. 1. 1987 neu eingeführt ist auch eine Erlaubnispflicht für die Zucht 27
von Tieren. Gem. § 11 Abs. 1 TierSchG bedarf der behördlichen Erlaubnis, wer Wirbeltiere zu Versuchszwecken züchten oder halten, Tiere für andere in einem Tierheim oder in einer ähnlichen Einrichtung halten oder gewerbsmäßig züchten oder halten, handeln etc. will. Gem. § 11 b S. 1 TierSchG ist die Zucht von Wirbeltieren verboten, wenn damit gerechnet werden muß, daß bei der Nachzucht aufgrund vererbter Merkmale Körperteile oder Organe für den artgemäßen Gebrauch fehlen oder untauglich oder umgestaltet sind und hierdurch Schmerzen, Leiden oder Schäden auftreten. Ohne Einwilligung der Erziehungsberechtigten dürfen warmblütige Tiere an Kinder oder Jugendliche bis zum vollendeten 16. Lebensjahr und andere Wirbeltiere an Kinder bis zum vollendeten 14. Lebensjahr gem. § 11c TierSchG nicht abgegeben werden.

VI. Verbringungs-, Verkehrs- und Haltungsverbote

Wirbeltiere, an denen Schäden feststellbar sind, von denen anzunehmen 28
ist, daß sie den Tieren durch tierschutzwidrige Handlungen zugeführt worden sind, dürfen gem. § 12 Abs. 1 TierSchG nicht in den Geltungsbereich des TierSchG verbracht oder gewerbsmäßig in den Verkehr gebracht oder gehalten werden, wenn das Weiterleben der Tiere infolge der Schäden nur unter Leiden möglich ist. Verboten ist schließlich gem. § 13 Abs. 1 S. 1 TierSchG, zum Fangen, Fernhalten oder Verscheuchen von Wirbeltieren Vorrichtungen oder Stoffe anzuwenden, wenn damit die Gefahr vermeidbarer Schmerzen, Leiden oder Schäden für die Wirbeltiere verbunden ist. Das gilt jedoch nicht, wenn die Anwendung von Vorrichtungen oder Stoffen aufgrund anderer Rechtsvorschriften zugelassen sind.

[22] Zur Genehmigungsbedürftigkeit von Versuchen an Wirbeltieren im Rahmen der Arzneimittelenwicklung siehe *BVerwG*, Urt. v. 7. 5. 1987 – 3 2 1/86 – NJW 1988, 1534.

C. Pflanzenschutzrecht

29 Pflanzenschutz ist gem. § 2 Abs. 1 Nr. 1 PflSchG der Schutz der Pflanzen vor Schadorganismen und nichtparasitären Beeinträchtigungen und der Schutz der Pflanzenerzeugnisse vor Schadorganismen einschließlich der Verwendung des Schutzes von Tieren, Pflanzen und Mikroorganismen, durch die Schadorganismen bekämpft werden können.

30 Zweck des PflSchG ist vor allem dieser Pflanzenschutz. Neben dem Förderzweck ist aber auch der Schutz der Umwelt im neuen Pflanzenschutzrecht zum Gesetzeszweck erhoben worden. Gem. § 1 Nr. 4 PflSchG ist es Zweck des Gesetzes, Gefahren abzuwenden, die durch die Anwendung von Pflanzenschutzmitteln oder durch andere Maßnahmen des Pflanzenschutzes, insbesondere für die Gesundheit von Mensch und Tier und für den Naturhaushalt, entstehen können.[23]

31 Neben zahlreichen Ermächtigungen zum Erlaß von Rechtsverordnungen über Pflanzenschutzmaßnahmen an den Bundesminister für Ernährung, Landwirtschaft und Forsten und an die Landesregierungen (§§ 3ff. PflSchG) enthält das Gesetz vor allem Regelungen über

- **Anwendung von Pflanzenschutzmitteln,**
- **Verkehr mit Pflanzenschutzmitteln,**
- **Pflanzenschutzgeräte,**
- **Pflanzenstärkungsmittel.**

I. Anwendung von Pflanzenschutzmitteln

32 Nach der sog. *Pflichtengeneralklausel* des § 6 Abs. 1 PflSchG dürfen Pflanzenschutzmittel nur nach guter fachlicher Praxis angewandt werden. Was darunter zu verstehen ist, wird in § 6 Abs. 1 PflSchG näher erläutert.[24] Neben dieser Generalklausel enthält das PflSchG generelle Anwendungsverbote für Pflanzenschutzmittel. Nach § 6 Abs. 2 PflSchG dürfen Pflanzenschutzmittel auf Freilandflächen nur angewandt werden, soweit diese landwirtschaftlich, forstwirtschaftlich oder gärtnerisch genutzt werden. Sie dürfen jedoch nicht in oder unmittelbar an oberirdischen Gewässern und Küstengewässern angewandt werden. Diese Regelung dient dem Schutz von Feldrainen, Böschungen und Wegrändern als Lebensstätten von Tier- und Pflanzenarten und natürlich dem Schutz des Trinkwassers.[25] Wenn der angestrebte Zweck vordringlich ist und mit zumutbarem Aufwand auf andere Weise nicht erzielt werden kann und überwiegende öffentliche Interessen, insbesondere des Schutzes von Tier- und Pflanzenarten, nicht entgegenstehen, kann die zuständige Behörde jedoch Ausnahmen von den Anwendungsverboten gem. § 6 Abs. 3 PflSchG zulassen.

33 Zum Schutz der Gesundheit von Mensch oder Tier oder zum Schutz vor Gefahren, insbesondere für den Naturhaushalt, wird der Bundesminister für

---

[23] Zur Zielsetzung des neuen PflSchG siehe ausführlich *Rehbinder*, NuR 1987, 68; das Gesetz kann nur bedingt dem Umweltrecht zugerechnet werden. Vgl. *Kloepfer/Meßerschmidt*, Innere Harmonisierung, S. 22.

[24] Vgl. dazu auch *Rehbinder*, NuR 1987, 68 (70).

[25] Siehe dazu *Rehbinder*, NuR 1987, 68 (70).

Ernährung, Landwirtschaft und Forsten außerdem in § 7 Abs. 1 PflSchG ermächtigt, durch Rechtsverordnung weitere Anwendungsverbote zu erlassen. Dem Gefahrenschutz dienen außerdem Anzeigepflichten für diejenigen, die Pflanzenschutzmittel für andere – außer gelegentlicher Nachbarschaftshilfe – anwenden wollen (§ 9 S. 1 PflSchG) und die persönlichen Anforderungen, die gem. § 10 Abs. 1 PflSchG an den Anwender von Pflanzenschutzmitteln gestellt werden.

II. Verkehr mit Pflanzenschutzmitteln

Das zentrale Regelungsinstrument des PflSchG ist das Zulassungsverfah- **34**
ren für das Inverkehrbringen von Pflanzenschutzmitteln. Gem. § 11 Abs. 1 S. 1 PflSchG dürfen Pflanzenschutzmittel nur in den Verkehr gebracht oder eingeführt werden, wenn sie von der Biologischen Bundesanstalt zugelassen sind. Die Biologische Bundesanstalt hat die Zulassung nach Beteiligung des Bundesgesundheitsamtes und des Umweltbundesamtes (§ 15 Abs. 2 PflSchG) auf den Antrag i. S. v. § 12 PflSchG gem. § 15 Abs. 1 PflSchG zu erteilen, wenn die Prüfung des Pflanzenschutzmittels ergibt, daß

- das Pflanzenschutzmittel nach dem Stand der wissenschaftlichen Erkenntnisse und der Technik hinreichend wirksam ist,
- die Erfordernisse des Schutzes der Gesundheit von Mensch und Tier beim Verkehr mit gefährlichen Stoffen nicht entgegenstehen und
- das Pflanzenschutzmittel bei bestimmungsgemäßer und sachgerechter Anwendung oder als Folge einer solchen Anwendung keine schädlichen Auswirkungen auf die Gesundheit von Mensch und Tier und das Grundwasser hat und keine sonstigen Auswirkungen, insbesondere auf den Naturhaushalt, hat, die nach dem Stand der wissenschaftlichen Erkenntnisse nicht vertretbar sind.

III. Pflanzenschutzgeräte

Einen eigenen Abschnitt im PflSchG hat der Gesetzgeber außerdem dem **35**
Inverkehrbringen von Pflanzenschutzgeräten gewidmet. Nach der Generalklausel des § 24 PflSchG dürfen Pflanzenschutzgeräte nur in den Verkehr gebracht werden, wenn sie so beschaffen sind, daß ihre bestimmungsgemäß und sachgerechte Verwendung beim Ausbringen von Pflanzenschutzmitteln keine schädlichen Auswirkungen auf die Gesundheit von Mensch und Tier und auf Grundwasser sowie keine sonstigen schädlichen Auswirkungen, insbesondere auf den Naturhaushalt, hat, die nach dem Stand der Technik vermeidbar sind. Ob Pflanzenschutzgeräte diesen Anforderungen entsprechen, kann die Biologische Bundesanstalt gem. § 27 PflSchG prüfen. Die Anstalt hat mit Vorrang die Pflanzenschutzgeräte zu prüfen, bei der die nach § 25 PflSchG vor dem erstmaligen Inverkehrbringen von Pflanzenschutzgeräten abzugebende Erklärung Anlaß zu Bedenken gibt, ob die Pflanzenschutzgeräte den Anforderungen nach § 24 PflSchG entsprechen.

IV. Pflanzenstärkungsmittel

Pflanzenstärkungsmittel – das sind gem. § 2 Abs. 1 Nr. 10 PflSchG Stoffe, **36**
die ausschließlich dazu bestimmt sind, die Widerstandsfähigkeit von Pflanzen gegen Schadorganismen zu erhöhen, ohne daß diese Stoffe schädliche

Auswirkungen auf die Gesundheit von Mensch und Tier oder auf den Naturhaushalt haben – dürfen gem. § 31 Abs. 1 S. 1 PflSchG nur in den Verkehr gebracht werden, wenn der Hersteller, Vertriebsunternehmer oder Einführer sie bei der Biologischen Bundesanstalt angemeldet hat.

D. Fischerei- und Jagdrecht

37 Das Fischerei- und Jagdrecht ist in erster Linie *wirtschaftlich* ausgerichtet. Gem. § 1 Abs. 1 S. 1 BJagdG ist das **Jagdrecht** die ausschließliche Befugnis, auf einem bestimmten Gebiet wildlebende Tiere, die dem Jagdrecht unterliegen, zu hegen, auf sie die Jagd auszuüben und sie sich anzueignen. Ähnlich gibt das **Fischereirecht** die Befugnis, in einem Gewässer Fische zu hegen, zu fangen und sich anzueignen.[26]

Gleichwohl haben beide Rechtsbereiche auch eine *umweltschützende* Funktion.[27] Jagdrechtlicher Wildschutz ist auch Naturschutz, soweit er das Wild als Bestandteil der Natur schützt. Mit dem Jagdrecht ist gem. § 1 Abs. 1 S. 2 BJagdG ausdrücklich die Pflicht zur Hege verbunden. Gem. § 1 Abs. 2 BJagdG hat die Hege die Erhaltung eines den landschaftlichen und landeskulturellen Verhältnissen angepaßten artenreichen und gesunden Wildbestandes sowie die Pflege und Sicherung seiner Lebensgrundlagen zum Ziel. Zum Schutz des Wildes gelten zahlreiche Jagdbeschränkungen, Pflichten bei der Jagdausübung und vor allem bestimmte Schonzeiten, in denen das Wild nicht gejagt werden darf.

Ähnlich genießen nicht jagdbare wildlebende Wassertiere, zu denen nicht nur Fische, sondern u. a. auch Krebse, Muscheln und Frösche zählen, soweit sie dem Aneignungsrecht des Fischereiberechtigten unterliegen, Artenschutz nach dem Fischereirecht.[28] Die Fischereigesetze der Länder regeln dazu Schutz-, Hege- und Aufsichtsmaßnahmen für die Erhaltung eines ausgewogenen Fischbestandes. Die Gesetze und Verordnungen des Fischereirechts dienen sowohl dem Biotop-, Arten- und Tierschutz.[29]

---

[26] Vgl. z. B. § 3 LFischG NW.

[27] Zum Zusammenhang von Fischereirecht und Umweltschutz siehe *Lorz*, NuR 1982, 4ff.; *Drossé*, NuR 1987, 200ff.; *von Heinz*, HdUR, Bd. I, Sp. 527 ff.; zu tierschutzrechtlichen Aspekten der Fischerei siehe *Lorz*, NuR 1984, 41 (43); zur naturschützenden Funktion des Jagdrechts siehe *Lorz*, Naturschutzrecht, S. 7; zu Konkurrenzproblemen zwischen Artenschutzrecht und Jagd- und Fischereirecht siehe *Leonhardt/Lohner*, AgrarR 1987, 205ff.

[28] Siehe *Lorz*, Naturschutzrecht, S. 7.

[29] Siehe dazu ausführlicher *von Heinz*, HdUR, Bd. I, Sp. 529f.; die Leistungen der Sportfischerei für den Naturschutz werden ausführlich von *Drossé*, NuR 1987, 200 (203) gewürdigt.

Zweiter Abschnitt: Das Gewässerschutzrecht

§ 20. Grundbegriffe

A. Gewässer

Gewässer im Sinne des Gewässerschutzrechtes sind die Teile der Erdoberfläche, die infolge ihrer natürlichen Beschaffenheit oder künstlicher Vorrichtungen nicht nur vorübergehend mit Wasser bedeckt sind, sowie die Teile des Erdinnern, die Wasser enthalten. 1

Zu den Gewässern zählt demnach nicht nur das Wasser an sich, sondern auch das Gewässerbett, das Ufer, die Schwebstoffe im Wasser oder Geschiebe und Eis.[1] Nicht Gewässer i. S. d. Gewässerschutzrechtes ist das dem natürlichen Wasserhaushalt entzogene, etwa in Leitungen oder in anderen Behältnissen enthaltene Wasser.[2] Nicht oder nur zum Teil vom Gewässerschutzrecht erfaßt wird das in der Luft kondensierte, das aus Niederschlägen oder Schneeschmelze wild abfließende, das in Pflanzen gebundene Wasser oder die natürliche Bodenfeuchtigkeit unmittelbar unter der Erdoberfläche.[3] 2

B. Gewässerschutz

Zum Gewässerschutz zählt die Gesamtheit der Maßnahmen, die dem Schutz der Gewässerfunktionen vor ihren Gefährdungen dient.[4] Unmittelbar zum Nutzen des Menschen dienen Gewässer als Trinkwasser, bei der Bewässerung, für die Fischzucht, bei der Energieversorgung, bei der Schadstoffentsorgung, als Verkehrsweg, als Kühl- und Löschmittel oder im Rahmen der Freizeiterholung. Natürliche, dem Nutzen des Menschen mittelbar dienende Funktionen übernehmen Gewässer als Lebensraum und Lebensgrundlage für Pflanzen und Tiere, als klimabeeinflussender und landschaftsprägender Faktor. Gefährdet werden Gewässer und ihre Funktionen vor allem durch 3

[1] Siehe dazu *Gieseke/Wiedemann/Czychowski*, WHG, § 1 Rn. 6; *Sieder/Zeitler/Dahme*, WHG, § 1 Rn. 4; vgl. auch *BGH*, Urt. v. 1. 3. 1984 – III ZR 3/83 –, ZfW 1984, 350 (352); *Breuer*, Wasserrecht, Rn. 31ff. zur Abgrenzung von (orberirdischen) Gewässern und Abwasseranlagen.

[2] Vgl. *Thurn*, Schutz natürlicher Gewässerfunktionen, S. 73; *BVerwG*, Urt. v. 31. 10. 1975 – IV C 43.73 –, E 49, 293 (298ff.).

[3] Vgl. *Thurn*, Schutz natürlicher Gewässerfunktionen,S. 73 m. w. N. zu den Regelungen in den Landeswassergesetzen, die das aus Niederschlägen oder Schneeschmelze wild abfließende Wasser erfassen.

[4] Einen engeren Gewässerschutzbegriff vertritt *Friedrich*, Rechtsgrundlagen des Gewässerschutzes, S. 78: ausführlich zu den Gewässerfunktionen und ihren Gefährdungen *Thurn*, Schutz natürlicher Gewässerfunktionen, S. 5ff.; SRU-Umweltgutachten 1987, Rz. 844ff.

- Schadstoffeintrag,
- Erwärmung,
- Wasserentzug oder
- bauliche oder sonstige Maßnahmen.[5]

C. Gewässerschutzrecht

4 Das Gewässerschutzrecht ist die Summe der Rechtsvorschriften, die dem Gewässerschutz zu dienen bestimmt sind. Als Teilbereich des Wasserrechts ist das Gewässerschutzrecht der älteste Rechtsbereich des Umweltrechts.[6]

5 Das Wasserrecht umfaßt die Gesamtheit der Rechtsnormen, die den Zustand der Gewässer und deren Nutzung zum Gegenstand haben.[7] Im Wasserrecht wird vornehmlich zwischem dem **Wasserwegerecht** und dem **Wasserwirtschaftsrecht** unterschieden.[8]

6 Das **Wasserwegerecht** befaßt sich mit dem Verkehr und Transport auf den Oberflächengewässern und ist für die Bundeswasserstraßen im WaStrG für die übrigen Oberflächengewässer in den LWG geregelt. Das Wasserwegerecht dient nicht unmittelbar dem Gewässerschutz und zählt deshalb nicht zum Umweltrecht.[9]

7 Das **Recht der Wasserwirtschaft** regelt die Inanspruchnahme des Wassers, durch welche die verfügbare Wassermenge vermindert oder die vorhandene Wassermenge beeinträchtigt werden kann.[10] Das Recht der Wasserwirtschaft schützt den Wasserhaushalt in seiner Gesamtheit und ist somit der zentrale Regelungsbereich des Gewässerschutzrechtes, zu dem aber daneben vor allem auch das *Abwasserabgabenrecht* und das *Wasch-* und *Reinigungsmittelrecht* zählen.

8 Das Gewässerschutzrecht ist in erster Linie öffentliches Recht. Die Bewältigung einer derart umfassenden, dem Gemeinwohl dienenden Aufgabe – wie der Gewässerbewirtschaftung – gehört nach Ansicht des *BVerfG* zu den typischen Angelegenheiten des öffentlichen Rechts, die mit den Mitteln des Privatrechts kaum bewältigt werden könnten.[11] Zum Gewässerschutzrecht zählen neben den öffentlich-rechtlichen Vorschriften aber auch strafrechtliche Bestimmungen zum Schutz der Gewässer[12] und eine privatrechtliche Nutzungs- und Haftungsordnung in wasserwirtschaftlicher Hinsicht.[13]

9 Die Rechtsgrundlagen des Gewässerschutzes ergeben sich teilweise aus dem Bundesrecht, insbesondere aus dem WHG,[14] dem AbwAG und dem

---

[5] Zu den Gefährdungskategorien vgl. *Thurn*, Schutz natürlicher Gewässerfunktionen, S. 20ff.; siehe außerdem oben, § 1, Rn. 30.

[6] Vgl. dazu näher *Salzwedel*, in: Grundzüge des Umweltrechts, S. 573.

[7] Vgl. *Salzwedel*, HdUR, Bd. II, Sp. 114.

[8] Siehe dazu *Salzwedel*, in: Grundzüge des Umweltrechts, S. 573; *Salzwedel/Preußker*, Umweltschutzrecht, S. 88.

[9] Siehe *Salzwedel*, in: Grundzüge des Umweltrechts, S. 573.

[10] *Salzwedel*, Wasserrecht, S. 742.

[11] *BVerfG*, Beschl. v. 15. 7. 1981 – 1 BvL 77/78 –, E 58, 300 (344); siehe dazu auch *Salzwedel*, Wasserrecht, S. 743f.

[12] Vgl. z. B. §§ 324, 329 Abs. 2, 330, 330 a StGB; vgl. zum Wasserstrafrecht und Wasserordnungswidrigkeitengesetz auch *Breuer*, DÖV, 1987, 169ff.; *Papier*, NuR 1986, 1ff.

[13] Vgl. dazu ausführlich *Breuer*, Wasserrecht, Rn. 728ff.

[14] Vgl. auch das Gesetz über die Sicherstellung von Leistungen auf dem Gebiet der Wasserwirtschaft für Zwecke der Verteidigung (Wassersicherstellungsgesetz) vom 24. 8. 1965 (BGBl. I, S. 1225, ber. 1817).

WaschmG, teilweise ist das Gewässerschutzrecht landesrechtlich geregelt, vor allem in den Landeswassergesetzen und den Landesabwasserabgabengesetzen. Rechtsgrundlagen des Gewässerschutzes finden sich zunehmend auch in den **Richtlinien der Europäischen Gemeinschaft.** Erlassen worden sind z. B.:

- Die Richtlinie des Rates betreffend die Verschmutzung infolge der Ableitung bestimmter gefährlicher Stoffe in die Gewässer der Gemeinschaft vom 4. Mai 1976,
- die Richtlinie des Rates über Qualitätsanforderungen an Oberflächengewässer für die Trinkwassergewinnung in den Mitgliedstaaten vom 16. Juni 1985, 1975
- die Richtlinien des Rates über die Qualität der Badegewässer vom 8. Dezember 1975,
- die Richtlinie des Rates über die Qualität von Süßwasser, das schutz- oder verbesserungsbedürftig ist, um das Leben von Fischen zu erhalten, vom 18. Juli 1978,
- die Richtlinie des Rates über den Schutz des Grundwassers gegen Verschmutzung durch bestimmte gefährliche Stoffe vom 17. Dezember 1979,
- die Richtlinie des Rates vom 15. 7. 1980 über die Qualität von Wasser für den menschlichen Gebrauch.[15]

Zahlreiche Regelungen des Gewässerschutzes finden sich außerdem in **internationalen Abkommen**, die allerdings regelmäßig nicht als allgemeine Regeln des Völkerrechts nach Art. 25 GG unmittelbarer Bestandteil des Bundesrechts sind, sondern durch Ratifizierungsgesetze in deutsches Recht umgesetzt werden müssen.[16] 10

Auf regionaler und örtlicher Ebene werden wasserwirtschaftliche Fragen vielfach durch das Satzungsrecht von Gemeinden, Zweckverbänden, insbesondere von Wasser- und Bodenverbänden geregelt.[17] 11

Schließlich gibt es zahlreiche gesetzliche Regelungen, die nicht unmittelbar und ausschließlich dem Gewässerschutz gewidmet sind, gleichwohl aber eine gewässerschützende Funktion haben. Solche Regelungen finden sich u. a. im Chemikalien-, Abfall-, Atom-, Naturschutz-, Wassersicherstellungs-, Wasserstraßen-, Straßenverkehrs-, Verkehrswege-, Bau- und Raumordnungsrecht. 12

Der Vollzug des Gewässerschutzrechtes liegt ganz überwiegend bei der *allgemeinen Landesverwaltung*. Regelmäßig sind die Befugnisse zwischen den Kreisen als unterer Wasserbehörde, den Mittelinstanzen, d. h. den Regierungspräsidenten oder den Bezirksregierungen – soweit in den Bundesländern vorgesehen – als obere Wasserbehörde und dem jeweiligen Fachminister als oberster Wasserbehörde aufgeteilt. 13

---

[15] Vgl. zu den EG-rechtlichen Vorgaben für die Bewirtschaftung der Gewässer *Salzwedel*, in: Grundzüge des Umweltrechts, S. 583; *Ders.*, Auswirkungen der EG-Richtlinien, S. 139ff.; siehe auch *Gieseke/Wiedemann/Czychowski*, WHG, Einleitung, S. 54; *Breuer*, Wasserrecht, Rn. 17ff. mit einer vollständigen Auflistung der EG-Richtlinien.

[16] Vgl. dazu die Übersicht bei *Gieseke/Wiedemann/Czychowski*, WHG, Einleitung, S. 54; *Breuer*, Wasserrecht, Rn. 16ff.; zum internationalen Wasserrecht siehe *Schiedermair/Rest*, HdUR, Bd. II, Sp. 1122ff.

[17] Vgl. *Hartkopf/Bohne*, Umweltpolitik, S. 362; zur Vereinbarkeit der Übertragung der Aufgabe der Wasserversorgung von den Gemeinden auf Verbandsgemeinden siehe *BVerwG*, Urt. v. 25. 1. 1984 – 8 C 77.82 –, DVBl. 84, 679f.; zu den Wasser- und Bodenverbänden siehe *Hoppe/Beckmann*, UPR 1988, 121ff.

14 In einigen Bundesländern werden die allgemeinen Wasserbehörden außerdem durch technische Fachbehörden unterstützt.[18]

15 Zahlreiche Aufgaben werden im Bereich der Wasserwirtschaft auch von Wasser- und Bodenverbänden übernommen. Die allgemeine Rechtsgrundlage für die Gründung und die Tätigkeit der *Wasser- und Bodenverbände* bildeten das Wasserverbandsgesetz vom 10. 2. 1937 und die erste Wasserverbandsordnung vom 9. 3. 1937.[19] Zur Aufgabe der Wasser- und Bodenverbände zählen nach näherer Bestimmung der Verbandssatzung insbesondere die Herstellung, Änderung, Unterhaltung, Regulierung und Beseitigung der Gewässer und ihrer Ufer, die Herstellung und Unterhaltung von Stauanlagen und anderen Benutzungsanlagen, die Entwässerung und Bewässerung von Grundstücken, die Abwasserbeseitigung, die Beschaffung von Trink- und Brauchwasser sowie Verbesserung des Bodens im Interesse der Landwirtschaft. Mitglieder des Wasser- und Bodenverbandes können die Eigentümer von Grundstücken, Bergwerken und Anlagen, ferner die Gewässer- und Uferunterhalter, schließlich alle beteiligten Gebietskörperschaften sein.[20]

---

[18] Vgl. § 95 Abs. 3 S. 1 WGBW: Wasserwirtschaftsämter; § 92 HessWG: Wasserwirtschaftsamt; § 168 Abs. 4 NdsWG: Wasserwirtschaftsamt; §§ 104 Abs. 1, 116 Abs. 3 WG NW, auch § 19 LAbfG NW: Staatliche Ämter für Wasser- und Abfallwirtschaft und Landesamt für Wasser und Abfall; § 109 LWG RP: Wasserwirtschaftsämter und Landesamt für Wasserwirtschaft; §§ 80 Abs. 2, 80a Abs. 3 WG SH: Landesamt für Wasserhaushalt und Küsten und Ämter für Land- und Wasserwirtschaft; zu den wasserrechtlichen Vollzugskompetenzen siehe außerdem *Breuer*, HÖV, Bd. 2, S. 445.

[19] Vgl. dazu *Breuer*, HÖV, Bd. 2, S. 484; *ders.*, Wasserrecht, Rn. 14ff.

[20] Zur Selbstverwaltung der Wasser- und Bodenverbände siehe *Hoppe/Beckmann*, Rechtsgrundlagen und verfassungsrechtliche Grenzen der Gründung und Auflösung von Wasser- und Bodenverbänden, S. 1ff.; *Breuer*, in: Festgabe für v. Unruh, S. 855ff.

§ 21. Das Wasserhaushaltsrecht

Naturwissenschaftlich umschreibt der Begriff Wasserhaushalt das auf der Erde vorhandene Wasser, das sich ständig in globalen, regionalen und lokalen Kreisläufen von Verdunstung, Kondensation, Niederschlag, Abfluß und Wiederverdunstung bewegt.[1] Der Wasserhaushalt in diesem umfassenden Sinne ist einer rechtlichen Regelung entzogen.[2] Den rechtlichen **Regelungsgegenstand des Wasserhaushaltsrechts** hat das *BVerfG* umschrieben als die allgemein verbindliche Normierung der menschlichen Einwirkungen auf Oberflächen- und Grundwasser.[3] Die rechtliche Ordnung des Wasserhaushalts enthält Regeln der haushälterischen Bewirtschaftung des in der Natur vorhandenen Wassers nach Menge und Güte. Der im Grundgesetz (Art. 75 Nr. 4 GG) verwendete Begriff des Wasserhaushalts entspricht dem Begriff der Wasserwirtschaft, so daß das Wasserhaushaltsrecht mit dem Recht der Wasserwirtschaft identisch ist.[4] 1

A. Gesetzliche Grundlagen

Das Wasserhaushaltsrecht ist im WHG des Bundes und in den Landeswassergesetzen geregelt. Das WHG beruht im wesentlichen auf der Rahmenkompetenz des Bundes für die Gesetzgebung gem. Art. 75 Nr. 4 GG.[5] Dementsprechend enthält das Gesetz zwar zahlreiche unmittelbar bürgerverbindliche Rechtsvorschriften, daneben aber auch eine Reihe von Vorschriften, die sich an die Landesgesetzgeber richten und von diesen konkretisiert und in bürgerverbindliches Recht umgesetzt werden müssen. Das WHG des Bundes hat die Grundsätze des bundesdeutschen Gewässerschutzrechtes jedoch so entscheidend geprägt, daß den Landesgesetzgebern in wesentlichen Fragen kein eigener Entscheidungsspielraum mehr verblieben ist.[6] 2

Über das WHG hinausgehend, haben die Länder jedoch teilweise selbständige Regelungen getroffen, z. B. über Maßnahmen und Anlagen, die sich auf die Gewässer und ihre Nutzung auswirken können, über privatrechtliche Regelungen, z. B. hinsichtlich des Gewässereigentums und hinsichtlich der Rechte und Pflichten aus dem wasserrechtlichen Nachbarrecht.[7] 3

Angesichts der Bedeutung des WHG liegt auch der Schwerpunkt der nachfolgenden Darstellung auf den Regelungen dieses Gesetzes. 4

---

[1] Vgl. dazu *Thurn*, Schutz natürlicher Gewässerfunktionen, S. 61; *Hartkopf/Bohne*, Umweltpolitik, S. 336ff. mit einer genaueren Beschreibung des Wasserkreislaufes.

[2] Vgl. *BVerfG*, Urt. v. 30. 10. 1962 – 2 BvF 2/60, 1, 2, 3/61 –, E 15, 1 (14).

[3] *BVerfG*, Urt. v. 30. 10. 1962 – 2 BvF 2/60, 1, 2, 3/61 -, E 15, 1 (14).

[4] *BVerfG*, Urt. v. 30. 10. 1962 – 2 BvF 2/60, 1, 2, 3/61 -, E 15, 1 (14).

[5] Demgegenüber beruht § 22 WHG auf Art. 74 Nr. 1 GG, vgl. *Gieseke/Wiedemann/Czychowski*, WHG, § 22 Rn. 2; a. A.: *Sieder/Zeitler/Dahme*, WHG, § 22 Rz. 11.

[6] Vgl. dazu *Sieder/Zeitler/Dahme*, WHG, Vorbem., Rn. 20 und *Gieseke/Wiedemann/Czychowski*, WHG, Einleitung, S. 41f.

[7] Vgl. dazu *Gieseke/Wiedemann/Czychowski*, WHG, Einleitung, S. 43.

I. Geltungsbereich des Wasserhaushaltsgesetzes

5 Gem. § 1 Abs. 1 WHG gilt das WHG für die *oberirdischen Gewässer*, die *Küstengewässer* und das *Grundwasser*. Die Länder können jedoch kleine Gewässer von wasserwirtschaftlich untergeordneter Bedeutung sowie Quellen, die zu Heilquellen erklärt worden sind, von den Bestimmungen des WHG – abgesehen von der Haftungsregelung des § 22 WHG – ausnehmen (§ 1 Abs. 2 WHG). Gem. § 1 Abs. 3 WHG bestimmen die Länder außerdem die seewärtige Begrenzung derjenigen oberirdischen Gewässer, die nicht Binnenwasserstraßen des Bundes sind.

6 **Oberirdische Gewässer** sind gem. § 1 Abs. 1 Nr. 1 WHG das ständig oder zeitweilig in Betten fließende oder stehende oder aus Quellen wild abfließende Wasser.

Ein oberirdisches Gewässer verliert diese Eigenschaft nicht, wenn es zeitweise versiegt; es genügt insoweit, daß das Wasser in wiederkehrenden Verhältnissen in einem Bett fließt.[8] Ausreichend ist, daß sich in einem Gewässerbett bei regelmäßig oder unregelmäßig wiederkehrenden Verhältnissen, z. B. bei Schneeschmelze oder ungewöhnlichen Wetterlagen, Wasser sammelt. Der Weg, auf dem Wasser in ein Gewässer gelangt, ist unerheblich.[9]

7 **Küstengewässer** sind gem. § 1 Abs. 1 Nr. 1 a WHG das Meer zwischen der Küstenlinie bei mittlerem Hochwasser oder der seewärtigen Begrenzung der oberirdischen Gewässer und der seewärtigen Begrenzung des Küstenmeeres.

Grundwasser i. S. d. Wasserhaushaltsrechts ist das gesamte unterirdische Wasser, soweit es an den natürlichen Gewässerfunktionen Anteil hat, nicht dem Wasserhaushalt entzogen ist und der wasserwirtschaftlichen Lenkung zugänglich ist.[10]

8 Der Verhütung der **Meeresverschmutzung** durch das Einbringen von Abfällen durch Schiffe und Luftfahrzeuge dient das Hohe-See-Einbringungsgesetz vom 11. 2. 1977,[11] mit dem internationale Übereinkommen zur Verhütung der Meeresverschmutzung durch das Einbringen von Abfällen durch Schiffe und Luftfahrzeuge ratifiziert worden sind. Das Gesetz regelt ein dem Wasserhaushaltsrecht vergleichbares Bewirtschaftungssystem zum Schutz der Hohen See, die sich seewärts an die dem WHG unterfallenden Küstengewässer anschließt.

II. Systematik des Wasserhaushaltsgesetzes

9 Neben der einleitenden Regelung über den sachlichen Geltungsbereich enthält das WHG in sieben Teilen

- **gemeinsame Bestimmungen für die Gewässer (§§ 1a – 22),**
- **Bestimmungen für oberirdische Gewässer (§§ 23 – 32),**
- **Bestimmungen für die Küstengewässer (§§ 32a, 32b),**
- **Bestimmungen für das Grundwasser (§§ 33 – 35),**
- **Bestimmungen über die wasserwirtschaftliche Planung und das Wasserbuch (§§ 36 – 37)** und
- **Bußgeld- und Schlußbestimmungen (§§ 38 – 44).**

---

[8] *LG Aachen*, Urt. v. 14. 5. 1986 – 4 O 174/85 -, ZfW 1987, 61.

[9] *OVG Münster*, Urt. v. 24. 5. 1986 – 20 A 454/85 -, ZfW 1987, 122; vgl. dazu *Kippels*, in: Ketteler/Kippels, Umweltrecht, S. 99.

[10] Vgl. *BVerfG*, Beschl. v. 15. 7. 1981 – 1 BvL 77/ 78 -, E 58, 300 (303); *BVerwG*, Urt. v. 17. 2. 1969, ZfW 1969, 116; *Gieseke/Wiedemann/Czychowski*, WHG, § 1 Rn. 9.

[11] BGBl. II, S. 165; vgl. dazu *Breuer*, Wasserrecht, Rn. 20ff.

B. Grundsätze des Wasserhaushaltsrechts

Auch im Wasserhaushaltsrecht sind die umweltpolitischen Grundprinzipien auf verschiedene Weise konkretisiert. 10

Beispiele: Die ordnungsrechtliche Variante des *Verursacherprinzips* wird durch Beschränkungen der Gewässerbenutzung, etwa durch Mindestanforderungen an das Einleiten von Abwasser gem. § 7a Abs. 1 S. 3 WHG i. V. m. den nach dieser Vorschrift zu erlassenden Verwaltungsvorschriften verwirklicht.[12] Über festgesetzte Grenzwerte, die durch Abwasserreinigungsverfahren oder Maßnahmen zur Vermeidung oder Verminderung des Abwasseranfalls nach den allgemein anerkannten Regeln der Technik gem. § 7a Abs. 1 S. 1 WHG zu erfüllen sind, werden die Abwassereinleiter i. S. d. Verursacherprinzips betriebswirtschaftlich mit Kosten belastet. Eine ähnliche Konkretisierung des Verursacherprinzips enthält z. B. § 4 Abs. 2 Nr. 3 WHG, wonach dem Unternehmer angemessene Beiträge zu den Kosten von Maßnahmen auferlegt werden können, die eine Körperschaft des öffentlichen Rechts trifft oder treffen wird, um eine mit der Benutzung verbundene Beeinträchtigung des Allgemeinwohls zu verhüten oder auszugleichen. Schließlich ist auch die wasserrechtliche Haftung gem. § 22 WHG eine Konkretisierung des Verursacherprinzips.

Eine Konkretisierung des dem Verursacherprinzip entgegenstehenden *Gemeinlastprinzips* ist die Ausgleichsregelung des § 19 Abs. 4 WHG[13] für Beschränkungen in Wasserschutzgebieten. Auf dem *Kooperationsprinzip* beruhen einerseits die bereits erwähnte Selbstverwaltung im Rahmen der Wasserverbände und die Regelung über die Einrichtung des Betriebsbeauftragten für den Gewässerschutz (§§ 21a–g WHG).[14] Das Wasserhaushaltsrecht wird allerdings vorrangig vom *Vorsorgegrundsatz* beherrscht. Zahlreiche Vorschriften des Wasserhaushaltsrechts verfolgen nämlich das Ziel, nachteilige Beeinträchtigungen der Gewässer von vornherein zu vermeiden. 11

Beispiel: Gem. § 1 a Abs. 1 WHG sind Gewässer so zu bewirtschaften, daß jede vermeidbare Beeinträchtigung unterbleibt.[15]

Eine besondere Ausprägung des Vorsorgeprinzips ist der in § 34 Abs. 2 WHG geregelte Besorgnisgrundsatz.[16] Der wasserrechtliche Besorgnisgrundsatz verlangt, daß bei der Lagerung oder Ablagerung von Stoffen „eine schädliche Verunreinigung des Grundwassers oder eine sonstige nachteilige Veränderung seiner Eigenschaften nicht zu besorgen" sein darf. 12

Neben der Konkretisierung allgemeiner umweltpolitischer Grundprinzipien enthält das Wasserhaushaltsrecht mit § 1a WHG eine echte *Grundsatznorm*, in der geregelt sind:

---

[12] Zur Konkretisierung der umweltpolitischen Handlungsprinzipien im Wasserhaushaltsrecht siehe ausführlicher *Kloepfer/Meßerschmidt*, Innere Harmonisierung des Umweltrechts, S. 70, 76, 82.

[13] Siehe dazu unten, § 21, Rn. 160.

[14] Siehe dazu bereits oben, § 20, Rn. 11, 15 und unten, § 21, Rn. 102–18.

[15] Vgl. noch §§ 1 Abs. 1a Abs. 2, 7 a Abs. 1, 18a, 18b, 36 b WHG und näher dazu *Kloepfer/Meßerschmidt*, Innere Harmonisierung des Umweltrechts, S. 71f.; zum Vorsorgekonzept im Gewässerschutz siehe auch *Ruchay*, NVwZ 1988, 499ff.

[16] Vgl. dazu ausführlich *Staupe*, UPR 1988, 41ff.

- **Bewirtschaftungsprinzip,**
- **allgemeine Sorgfaltspflicht,**
- **Grundeigentum und öffentlich-rechtliche Benutzungsordnung.**

I. Bewirtschaftungsprinzip

13 Gem. § 1a Abs. 1 WHG sind Gewässer als Bestandteil des Naturhaushalts so zu bewirtschaften, daß sie dem Wohl der Allgemeinheit und im Einklang mit ihm auch dem Nutzen einzelner dienen und daß jede vermeidbare Beeinträchtigung unterbleibt. Das System der öffentlich-rechtlichen Bewirtschaftung durchzieht das gesamte Wasserhaushaltsrecht.

14 **Ziel** der Bewirtschaftung ist es, den Wasserhaushalt so zu ordnen, daß Wasser stets in geeigneter Güte, in der benötigten Menge und am richtigen Ort für die jeweiligen Bedürfnisse zur Verfügung steht.[17] Dazu müssen das Wasserdargebot und der Nutzungsbedarf ermittelt oder abgeschätzt werden, Maßnahmen zur Sicherung des Wasserdargebots und zur Veranschlagung von Vorrats- und Pufferkapazitäten ergriffen, Prioritäten für gegenwärtige und künftige Nutzungsansprüche sowie die zeitliche Staffelung von Inanspruchnahmen festgelegt werden.[18]

15 Die öffentlich-rechtliche Bewirtschaftung des Wasserhaushalts läßt sich allein mit dem ordnungsrechtlichen Instrumentarium nicht bewältigen. Das Wasserhaushaltsrecht hat deshalb seine ordnungsrechtliche Herkunft längst verlassen und sieht ein weit über das ordnungsrechtliche Instrumentarium hinausgehendes Regelungssystem vor. Geprägt wird das Bewirtschaftungssystem durch eine **umfassende öffentlich-rechtliche Benutzungsordnung**, die alle wesentlichen Gewässernutzungen und Gewässereinwirkungen von der staatlichen Zulassung abhängig macht. Die Bewirtschaftung im Rahmen der öffentlich-rechtlichen Benutzungsordnung wird wiederum durch ihre sehr allgemeine und weite Zielsetzung, wonach sie dem Wohl der Allgemeinheit dienen muß, und durch ein ebenfalls sehr weites **Bewirtschaftungsermessen** gekennzeichnet.[19]

16 Neben dem Erfordernis von Erlaubnissen und Bewilligungen dienen als **Instrumente** der öffentlich-rechtlichen Bewirtschaftung z. B. die Mindestanforderungen an das Einleiten von Abwasser gem. § 7 a WHG und zahlreiche planerische bzw. planähnliche Instrumente, wie z. B. die Abwasserbeseitigungs-, Bewirtschaftungs- und wasserwirtschaftlichen Rahmenpläne, Wasserschutzgebietsausweisungen, Reinhalteordnungen und Ausweisungen von Überschwemmungsgebieten.[20]

17 Die effektive öffentlich-rechtliche Bewirtschaftung erfordert außerdem eine umfassende **Gewässerüberwachung.** Diese wird in § 21 WHG vor allem durch die Regelung der erforderlichen Duldungs- und Mitwirkungspflichten des Gewässerschutzes ermöglicht. Ergänzt wird das öffentlich-rechtliche Bewirtschaftungssystem schließlich durch die Eingriffsmöglichkeiten der Was-

---

[17] *Gieseke/Wiedemann/Czychowski*, WHG, § 1 a Rn. 2.

[18] Vgl. *Salzwedel*, in: Grundzüge des Umweltrechts, S. 579.

[19] Zum Allgemeinwohlbegriff und zum Bewirtschaftungsermessen i.e. unten, § 21, Rn. 54–70

[20] Zu den planerischen Instrumenten des Gewässerschutzes siehe unten, § 21, Rn. 130–164.

serbehörden nach dem allgemeinen Ordnungsrecht. Nach den Landeswassergesetzen haben die Wasserbehörden zugleich die Stellung von Polizei- oder Ordnungsbehörden. Sie können deshalb im Einzelfall eingreifen, wenn die öffentliche Sicherheit durch eine Beeinträchtigung von Gewässern bedroht ist.[21]

Die Bewirtschaftungspflicht des § 1a Abs. 1 WHG richtet sich in erster Linie an die Wasserbehörden, die Landesgesetzgeber und die Behörden, die gewässerschützende Rechtsverordnungen, Verwaltungsvorschriften oder Pläne aufzustellen haben.[22] Daneben besteht die Bewirtschaftungspflicht aber auch für alle anderen mit dem Vollzug des Gewässerschutzrechtes befaßten Behörden, wie etwa die Bau-, Gesundheits- und Abfallbehörden. 18

II. Allgemeine Sorgfaltspflicht

Das Vorsorgeprinzip, das bereits nach dem Bewirtschaftungsgrundsatz des § 1a Abs. 1 WHG zu beachten ist, ist darüber hinaus im Wasserhaushaltsrecht allgemeinverbindlich. Gem. § 1a Abs. 2 WHG ist jedermann verpflichtet, bei Maßnahmen, mit denen Einwirkungen auf ein Gewässer verbunden sein können, die nach den Umständen erforderliche Sorgfalt anzuwenden, um eine Verunreinigung des Wassers oder eine sonstige nachteilige Veränderung seiner Eigenschaften zu verhüten und um eine mit Rücksicht auf den Wasserhaushalt gebotene sparsame Verwendung des Wassers zu erhalten. Diese allgemeine Sorgfaltspflicht ist unmittelbar geltendes Recht und wird durch zahlreiche weitere Bestimmungen des WHG konkretisiert.[23] Eine besondere rechtliche Bedeutung kommt der allgemeinen Sorgfaltspflicht vor allem bei den erlaubnisfreien Gewässerbenutzungen zu, weil bei ihnen – im Gegensatz zu den erlaubnispflichtigen Gewässerbenutzungen – zum Schutz der Allgemeinheit oder Dritter keine Benutzungsbedingungen oder Auflagen festgesetzt werden können. 19

Beispiele für erlaubnisfreie Tätigkeiten: Düngen von Äckern, Versprühen von Pflanzenschutzmitteln und der Umgang mit wassergefährdenden Stoffen.[24]

III. Verhältnis von Grundeigentum und öffentlich-rechtlicher Benutzungsordnung

Grundsätzlich besteht an den Gewässern privates Eigentum. Die rechtliche Herrschaft des Eigentums erstreckt sich jeweils auf die „Wassersäule", die sich über und unter dem Grundstück befindet.[25] Etwas anderes gilt nur in Baden-Württemberg. Dort besteht an den oberirdischen Gewässern gem. §§ 4, 5 WG BW öffentliches Eigentum. 20

---

[21] *Salzwedel*, in: Grundzüge des Umweltrechts, S. 578; ausführlich zum repressiven Einschreiten der Wasserbehörden siehe *Breuer*, Wasserrecht, Rn. 546ff.

[22] *Gieseke/Wiedemann/Czychowski*, WHG, § 1 a Rn. 3.

[23] Vgl. z. B. §§ 7 a, 19 a–f, 19 g–l, 26, 32 b, 34 WHG.

[24] *Gieseke/Wiedemann/Czychowski*, § 1a WHG Rn. 15; *Sieder/Zeitler/Dahme*, WHG, § 1a Rn. 17.

[25] Vgl. *Salzwedel*, Wasserrecht, S. 663.

21 Wer Eigentümer der Gewässer ist, ergibt sich für die Bundeswasserstraßen aus Art. 89 Abs. 1 GG, im übrigen aus den Landeswassergesetzen. Nach Art. 89 Abs. 1 GG ist der Bund Eigentümer der *Bundeswasserstraßen. Gewässer erster Ordnung* – das sind die in speziellen Verzeichnissen aufgeführten Gewässerstrecken eines jeweiligen Bundeslandes[26] – sind Eigentum des Landes, soweit sie nicht Bundeswasserstraßen sind. Alle anderen Gewässer sind *Gewässer zweiter Ordnung.*[27] Sie gehören nach dem Landesrecht den Eigentümern der Ufergrundstücke.

22 Das private Gewässereigentum ist allerdings stark eingeschränkt. Gewässer zählen zu den öffentlichen Sachen und werden insoweit von dem dafür typischen Nebeneinander privaten und öffentlichen Rechts beherrscht.[28] Das WHG unterstellt das ober- und unterirdische Wasser einer vom Grundeigentum losgelösten intensiven öffentlich-rechtlichen Benutzungsordnung. Gem. § 1a Abs. 3 WHG berechtigt das Grundeigentum weder zu einer Gewässerbenutzung, die nach dem WHG oder nach den Landeswassergesetzen einer Erlaubnis oder Beilligung bedarf, noch zum Ausbau eines oberirdischen Gewässers.

23 § 1a Abs. 3 WHG ist keine Enteignungsvorschrift, sondern eine Inhalts- und Schrankenbestimmung des Eigentums i. S. v. Art. 14 Abs. 1 S. 2 GG. Nach Ansicht des *BVerfG* sind die das Grundeigentum stark eingrenzenden Inhalts- und Schrankenbestimmungen der wasserwirtschaftlichen Benutzungsordnung mit dem Grundgesetz vereinbar. Sie verletzen weder die grundsätzliche Anerkennung des Privateigentums durch Art. 14 Abs. 1 S. 1 GG, den Gleichbehandlungsgrundsatz noch den Grundsatz der Verhältnismäßigkeit. Die öffentlich-rechtliche Bewirtschaftungsordnung rechtfertigt sich nach Ansicht des *BVerfG* aus der überragenden Bedeutung des Wasserhaushalts für die Allgemeinheit.[29]

24 Von der öffentlich-rechtlichen Benutzungsordnung, die das private Eigentum überlagert, zu unterscheiden ist das private Wassernachbarrecht. Während das öffentliche Wasserwirtschaftsrecht nur die Rechtsbeziehungen zwischen den Wasserbehörden und den Gewässerbenutzern sowie zwischen den Wasserbehörden und den Drittbetroffenen regelt, gilt unter den Gewässerbenutzern dagegen Privatrecht, insbesondere sind die Abwehransprüche gem. §§ 1004, 823 Abs. 1, Abs. 2 BGB einschlägig.[30]

---

[26] Vgl. z. B. § Abs. 1 Nr. 1 LWG NW.

[27] Vgl. z. B. § 3 Abs. 1 Nr. 2 LWG NW.

[28] Näher dazu *Breuer*, Wasserrecht, Rn. 65ff.; dort auch ausführlich zur privatrechtlichen Nutzungs- und Haftungsordnung in bezug auf die Gewässer, Rn. 728.

[29] *BVerfG*, Beschl. v. 15. 7. 1981 – 1 BvL 77/78 -, E 58, 300 (338ff.); vgl. zu dieser Entscheidung *Rittstieg*, NJW 1982, 721ff.; *Baur*, NJW 1982, 1734 ff.; *Salzwedel*, ZfW 1983, 13ff.; *Ossenbühl*, NJW 1983, 1ff.; *Soell*, DVBl. 1983, 241ff.; siehe auch *BVerwG*, Urt. v. 10. 2. 1978 – 4 C 25.75 -, E 55, 220 (230f.); Urt. v. 10. 2. 1978 – 4 C 71.75 – , DVBl. 1979, 67 (69); *BGH*, Urt. v. 3. 6. 1982 – III ZR 28/76 -, Z 84, 223; Urt. v. 3. 6. 1982 – III ZR 107, 78 -, Z 84, 230; Urt. v. 1. 7. 1982 – III ZR 10/81 -, NVwZ 1982, 644; Urt. v. 26. 1. 1984 – III ZR 179/82 -, Z 90, 4 (8ff.); *Breuer*, Wasserrecht, Rn. 77ff.

[30] Zum wasserrechtlichen Nachbarrecht siehe *Breuer*, Wasserrecht, Rn. 728ff.

C. Die öffentlich-rechtliche Benutzungsordnung

I. Die genehmigungspflichtigen Tatbestände

Die öffentlich-rechtliche Benutzungsordnung zeichnet sich durch zahlreiche Genehmigungspflichten aus. Einer hoheitlichen Zulassung bedürfen die überwiegende Zahl der Gewässerbenutzungen und zahlreiche weitere Vorhaben. 25

1. Gewässerbenutzungen

Gem. § 2 Abs. 1 WHG bedarf grundsätzlich jede Benutzung der Gewässer der behördlichen *Erlaubnis* gem. § 7 WHG oder der *Bewilligung* gem. § 8 WHG. Rechtssystematisch handelt es sich bei der Erlaubnis und der Bewilligung um ein repressives Verbot mit Befreiungsvorbehalt,[31] weil mit der hoheitlichen Zulassung die Benutzung nicht nur formell, sondern auch materiell zulässig wird. 26

Was eine i. S. d. Wasserhaushaltsrechts erlaubnis- oder bewilligungsbedürftige Gewässernutzung ist, wird in § 3 Abs. 1 WHG i.e. aufgelistet. Gem. § 3 Abs. 1 WHG sind Benutzungen i. S. d. Wasserhaushaltsrechts 27

- Entnehmen und Ableiten von Wasser aus oberirdischen Gewässern (Nr. 1),
- Aufstauen und Absenken von oberirdischen Gewässern (Nr. 2),
- Entnehmen fester Stoffe aus oberirdischen Gewässern, soweit dies auf den Zustand des Gewässers oder auf den Wasserabfluß einwirkt (Nr.3),
- Einbringen und Einleiten von Stoffen in oberirdische Gewässer (Nr. 4),
- Einbringen und Einleiten von Stoffen in Küstengewässer bei Vorliegen weiterer Voraussetzungen (Nr. 4a),
- Einleiten von Stoffen in das Grundwasser (Nr. 5),
- Entnehmen, Zutagefördern, Zutageleiten und Ableiten von Grundwasser (Nr. 6).

Gem. § 3 Abs. 2 WHG *gelten* als Benutzungen auch folgende Einwirkungen: 28

- Aufstauen, Absenken und Umleiten von Grundwasser durch Anlagen, die hierzu bestimmt oder hierfür geeignet sind,
- Maßnahmen, die geeignet sind, dauernd oder in einem nicht nur unerheblichem Ausmaß schädliche Veränderungen der physikalischen, chemischen oder biologischen Beschaffenheit des Wassers herbeizuführen.[32]

Benutzungen i. S. d. Wasserhaushaltsrechts sind schließlich auch Maßnahmen der Unterhaltung eines oberirdischen Gewässers, soweit hierbei chemische Mittel verwendet werden (§ 3 Abs. 3 S. 2 WHG). 29

Beispiel: Chemische Entkrautung eines Gewässers.[33]

---

[31] Vgl. *Gieseke/Wiedemann/Czychowski*, WHG, § 2 Rn. 3; *Sieder/Zeitler/Dahme*, WHG, § 2 Rn. 2 a; zum repressiven Verbot mit Befreiungsvorbehalt siehe oben, § 8, Rn. 26.

[32] Zur Unterscheidung der sog. echten Benutzungen i. S. d. § 3 Abs. 1 WHG und der unechten Benutzungen i. S. d. § 3 Abs. 2 WHG siehe *Salzwedel*, Wasserrecht, S. 753.

[33] Vgl. *Breuer*, HÖV, Bd. 2, S. 449; zu den Einzeltatbeständen der Gewässerbenutzung siehe ausführlich *Breuer*, Wasserrecht, Rn. 105ff.

30 Zum Teil ist in den Bundesländern der Katalog der gestattungspflichtigen Benutzungstatbestände noch erweitert worden.

Fall: Bauer B bezieht seit Jahren geschäftsmäßig Abwässer unterschiedlicher Herkunft und Zusammensetzung, die er auf seinen, von ihm landwirtschaftlich genutzten Flächen ausbringt, ohne dafür eine wasserrechtliche Gestattung zu besitzen. Die untere Wasserbehörde hat dem B unter Anordnung der sofortigen Vollziehung jegliches Einleiten von Abwasser auf seinen Feldern verboten. Die Rechtmäßigkeit dieser Ordnungsverfügung hängt davon ab, ob das Verhalten des B eine gestattungspflichtige, ihm aber nicht gestattete Gewässerbenutzung ist. Das Aufbringen der Abwässer auf die landwirtschaftlich genutzten Flächen stellt eine durch Erlaubnis oder Bewilligung zu gestattende Maßnahme dar, wenn darin entweder eine Einleitung in ein Gewässer liegt oder das Aufbringen geeignet ist, dauernd oder in nicht unerheblichem Ausmaß schädliche Veränderungen der physikalischen, chemischen oder biologischen Beschaffenheit des Wassers herbeizuführen (vgl. § 3 Abs. 1 Nr. 4, 5 sowie Abs. 2 Nr. 2 i. V. m. § 2 Abs. 1 WHG). Nach Ansicht des *OVG Münster* ist zweifelhaft, ob unter den Begriff des Einleitens jedes Aufbringen von Abwasser auf landwirtschaftlich genutzte Grundflächen fällt. Es könne nicht Sinn und Zweck des WHG sein, die ordnungsgemäße landwirtschaftliche Düngung mit Abwässern allgemein der wasserrechtlichen Erlaubnispflicht zu unterwerfen. Andererseits gebiete der Schutzzweck des WHG eine weite Fassung des Begriffs „Einleiten", weil von dem Geltungsbereich des § 3 WHG abhänge, inwieweit die Gestaltungsmöglichkeit des Gesetzes auf die Ordnung des Wasserhaushalts reiche. Einen wichtigen Anhaltspunkt für die Auslegung des Begriffs liefere § 2 Abs. 2 AbwAG. Hiernach sei Einleiten von Abwasser i. S. d. Gesetzes das unmittelbare Verbringen des Abwassers in ein Gewässer. Das Verbringen in den Untergrund gelte danach als Einleiten in ein Gewässer; ausgenommen hiervon sei nach der Vorschrift die auf das Verbringen im Rahmen landbaulicher Bodenbehandlung. Stelle hiernach das Verbringen des Abwassers in den Untergrund, soweit es nicht im Rahmen „landbaulicher Behandlung" und damit auch im Rahmen der landwirtschaftlichen Düngung erfolge, ein Einleiten in ein Gewässer dar, so werde auch das Verregnen, Versickern und Verrieseln von Abwasser erfaßt, die nach § 18a Abs. 1 S. 2 WHG als Handlungsarten neben dem Einleiten stehen. Das Verbringen von Abwasser auf die Erdoberfläche außerhalb sachgemäßer landwirtschaftlicher Düngung könne insoweit ein erlaubnispflichtiges Einleiten in das Grundwasser darstellen. Da dem B keine wasserrechtliche Gestattung erteilt worden war, war die Ordnungsverfügung rechtmäßig, soweit mit ihr das gewerbsmäßige Ausbringen untersagt wurde.[34]

2. Genehmigungsfreie Gewässernutzungen

31 Neben dem weiten Bereich der erlaubnis- oder bewilligungspflichtigen Sondernutzungen sind eine Reihe von Gewässernutzungen von der Erlaubnis- und Bewilligungspflicht ausgenommen. Diese Ausnahmen sind zum Teil im WHG des Bundes, zum Teil aber auch in den Landeswassergesetzen näher geregelt. Ausnahmen nach dem *WHG* sind z. B. vorgesehen für

- Maßnahmen, die dem Ausbau und der Unterhaltung von Gewässern dienen (§ 3 Abs. 3 WHG),
- Benutzungen aufgrund von alten Rechten und alten Befugnissen (§ 15–17 WHG),[35]
- Benutzungen bei Übungen und Erprobungen (§ 17a WHG),
- Gemeingebrauch (§ 23 WHG),

---

[34] Vgl. *OVG Münster*, Beschl. v. 8. 2. 1982 – 19 B 2050/81 –, NVwZ 1983, 619; zu Rechtsfragen der Gewässerverunreinigung durch Überdüngung siehe ausführlich *Salzwedel*, NuR 1983, 41ff.; *Deselaers*, AgrarR 1983, 293ff.

[35] Siehe dazu *BVerwG*, Beschl. v. 20. 12. 1985 – 4 B 194.85 –, ZfW 1987, 116, *OVG Lüneburg*, Urt. v. 6. 6. 1985 – 3 OVG A 213/81 –, ZfW 1987, 111.

- Eigentümer- und Anliegergebrauch (§ 24 WHG),
- Benutzung zu Zwecken der Fischerei (§ 25 WHG) und
- Benutzungen des Grundwassers (§ 33 WHG).

Eine Reihe dieser Ausnahmen bedarf einer landesrechtlichen Ergänzung. **32**
Dies gilt insbesondere für den Inhalt des Gemeingebrauches gem. § 23 WHG und für die Einführung des Anlieger- und Hinterliegergebrauches gem. § 24 Abs. 2 WHG. Der erlaubnis- und genehmigungsfreie Gemeingebrauch umfaßt nach den *Landeswassergesetzen* u. a. bei

- *oberirdischen* Gewässern das Baden, Waschen, Tränken, Schwemmen und den Eissport,
- *Küstengewässern* das Einbringen von Stoffen zu Zwecken der Fischerei, das Einleiten von Grund, Quell- und Niederschlagswasser und von sonstigen Stoffen, die nur zu unerheblichen Veränderungen des Wassers führen, sowie
- *Grundwasser* das Entnehmen, Zutagefördern, Zutageleiten oder Ableiten von Wasser für bestimmte häusliche und land- und forstwirtschaftliche Zwecke.

3. *Sonstige genehmigungspflichtige Vorhaben*

Das WHG und die Landeswassergesetze haben neben den genehmigungs- **33**
pflichtigen Gewässerbenutzungen zahlreiche weitere Vorhaben einer besonderen Genehmigungspflicht unterworfen. Dazu zählen u. a.:

- Rohrleitungsanlagen zum Befördern wassergefährdender Stoffe (§§ 19a – 19 f WHG),[36]
- Anlagen zum Lagern, Abfüllen und Umschlage wassergefährdender Stoffe (§§ 19 g – 19 l WHG)[37]
- Anlagen in und an Gewässern,[38]
- Anlagen in Überschwemmungsgebieten,[39]
- Wasserversorgungsanlagen,[40]
- Abwasseranlagen,[41]
- Einleitungen in Abwasseranlagen,[42]
- Maßnahmen in Wasserschutzgebieten.[43]

II. *Erlaubnis und Bewilligung*

Gewässerbenutzungen können gem. § 2 Abs. 1 WHG durch *Erlaubnis* und **34**
Bewilligung zugelassen werden.

---

[36] Vgl. dazu *BVerwG*, Urt. v. 22. 10. 1986 – 4 C 79.82 –, UPR 1987, 271.

[37] Zur bundesrechtlichen Neuregelung des Umgangs mit wassergefährdenden Stoffen vgl. *Kibele*, VBlBW 1986, 441ff; *Rupp*, UPR 1988, 332ff.

[38] Vgl. §§ 15, 19 HmbWG; 76 WG BW; Art. 59 BayWG; § 62 BerlWG; § 90 BremWG; § 69 HessWG; §§ 91, 133 NdsWG; § 99 LWG NW; § 76 LWG RP; § 78 SaarlWG; § 63 WG SH.

[39] Vgl. §§ 78 WG BW; Art. 61 Abs. 2 BayWG; § 64 BerlWG; § 92 BremWG; § 53 HmbWG; § 71 HessWG; § 93 NdsWG; § 113 LWG NW; § 89 LWG RP; § 80 SaarlWG; § 64 WG SH.

[40] Vgl. z.B. §§ 43, 45 e WG BW; § 130 BremWG; § 145ff. NdsWG; § 49 LWG NW; § 47 LWG RP; § 33 Abs. 2 S. 1 WG SH.

[41] Siehe §§ 45 e Abs. 1 S. 2 und Abs. 2 WG BW; § 38 Abs. 1 S. 1 BerlWG; § 138 BremWG; § 44 Abs. 1 HessWG; § 154 Abs. 1 NdsWG; § 58 LWG NW; § 54 Abs. 1 S. 1 LWG RP; § 48 Abs. 1 S. 1 SaarlWG.

[42] Vgl. Art. 41 c BayWG; § 126 Abs. 2 HessWG; § 151 NdsWG; § 59 Abs. 1 LWG NW; § 51 SaarlWG; § 36a Abs. 1 WG SH; § 45 LWG RP.

[43] Vgl. dazu *Breuer*, Wasserrecht, Rn. 218; zur Übersicht insgesamt siehe *Czychowski*, Wasserrecht, S. 483f.

35 Die **Erlaubnis** gewährt gem. § 7 Abs. 1 WHG die widerrufliche Befugnis, ein Gewässer zu einem bestimmten Zweck in einer nach Art und Maß bestimmten Weise zu benutzen.

36 Die **Bewilligung** gewährt gem. § 8 Abs. 1 S. 1 WHG das Recht, ein Gewässer in einer nach Art und Maß bestimmten Weise zu benutzen.

37 Die Zulassung einer Gewässerbenutzung durch Erteilung einer Erlaubnis ist die Regel, die Bewilligung der Gewässerbenutzung ist die Ausnahme. Das ergibt sich aus § 8 Abs. 2 S. 1 WHG, wonach die Bewilligung nur erteilt werden darf, wenn dem Unternehmer die Durchführung seines Vorhabens ohne eine *gesicherte Rechtsstellung* nicht zugemutet werden kann und die Benutzung einem bestimmten *Zweck* dient, der nach einem bestimmten Plan verfolgt wird.

38 Ob die Durchführung eines Vorhabens ohne die stärkere Rechtsstellung der Bewilligung nicht zugemutet werden kann, ist im konkreten Fall nach den wirtschaftlichen Verhältnissen des Unternehmers zu entscheiden.[44] Die Zumutbarkeit entfällt nur, „wenn der Unternehmer ohne gesicherte Rechtsstellung ein Risiko eingeht, das ihn bei vernünftiger Würdigung seiner wirtschaftlichen Lage dazu bestimmen müßte, von der Durchführung seines Vorhabens abzusehen".[45]

39 Die zweite zusätzliche Voraussetzung für die Bewilligung, wonach die Benutzung einem bestimmten Zweck dienen muß, der nach einem bestimmten Plan verfolgt wird, dient dazu, der Behörde eine zuverlässige Grundlage zur Beurteilung des Unternehmens und seiner Bedeutung für den Wasserhaushalt zu verschaffen. Der vorzulegende Plan – gemeint ist damit die technische Planung des konkreten Vorhabens – soll verhindern, daß eine Bewilligung ohne voraussehbaren Bedarf gleichsam auf Vorrat oder in spekulativer Absicht beantragt wird.[46]

1. Abgrenzung von Erlaubnis und Bewilligung

a) Gemeinsamkeiten

40 Erlaubnis und Bewilligung haben eine ganze Reihe von Gemeinsamkeiten, insbesondere unterscheiden sie sich grundsätzlich nicht nach Art und Umfang der gestatteten Gewässerbenutzung.[47] Grundsätzlich steht es dem Gewässerbenutzer frei, welche der beiden öffentlich-rechtlichen Gestattungen er beantragen will. Gewässerbenutzungen können grundsätzlich auf der Grundlage sowohl einer Erlaubnis als auch einer Bewilligung erfolgen.[48] Allerdings darf gem. § 8 Abs. 2 S. 2 WHG eine Bewilligung nicht für das Einbringen und Einleiten von Stoffen in ein Gewässer sowie für Benutzungen i. S. d. § 3 Abs. 2 Nr. 2 WHG erteilt werden.[49] Das Verbot, für das Einbringen und Einleiten von Stoffen in ein Gewässer Bewilligungen zu

---

[44] *BVerwG*, Urt. v. 29. 1. 1965 – IV C 61.64 -, E 20, 225; *OVG Münster*, Urt. v. 24. 4. 1975, ZfW 1976, 250.

[45] *OVG Münster*, Urt. v. 27. 4. 1967, ZfW 1968, 197; siehe zu den dabei zu berücksichtigenden Gesichtspunkten ausführlich *Gieseke/Wiedemann/Czychowski*, WHG, § 8 Rn. 26ff.

[46] Vgl. *Gieseke/Wiedemann/Czychowski*, WHG, § 8 Rn. 37.

[47] Vgl. *BVerwG*, Urt. v. 20. 10. 1972 – IV C 17.67 -, E 41, 58; *BGH*, Urt. v. 23. 6. 1983 – III ZR 79/82 -, BGHZ 88, 34 (39).

[48] *BGH*, Urt. v. 23. 6. 1983 – III ZR 79/82 -, BGHZ 88, 34 (39).

[49] Dieses Verbot der Erteilung einer Bewilligung gilt jedoch nicht für das Wiedereinleiten von nicht nachteilig verändertem Triebwasser bei Ausleitungskraftwerken (§ 8 Abs. 2 S. 3 WHG).

erteilen, soll diese Benutzungen auf die schwächere Rechtsposition der Erlaubnis beschränken, um die Reinhaltung und Sanierung der Gewässer zu erleichtern.[50] Das Verbot gilt auch dann, wenn dem Gewässerbenutzer für das Ableiten des Wassers, das nach seiner Nutzung wieder eingeleitet werden soll, eine Bewilligung erteilt worden ist.[51]

Gemeinsam ist Bewilligung und Erlaubnis, daß sie als begünstigende Verwaltungsakte jeweils nur auf Antrag erlassen werden.[52] Beide Zulassungsformen verleihen dem Gewässerbenutzer ein subjektiv-öffentliches Recht, das Gewässer zu dem näher bezeichneten Benutzungszweck nach Maßgabe des umschriebenen Inhalts des Rechts oder der Befugnis zu benutzen. Bewilligung und nach Landesrecht teilweise auch die Erlaubnis sind *privatrechtsgestaltende* Verwaltungsakte. Grundsätzlich ist nach den Landeswassergesetzen der Gewässereigentümer verpflichtet, die Benutzung des Gewässers durch den Inhaber des Rechts oder der Befugnis zu dulden.[53] Die Duldungspflicht des Gewässereigentümers kennt allerdings auch Grenzen. Gem. § 8 Abs. 1 S. 2 WHG gewährt die Bewilligung nicht das Recht, Gegenstände, die einem anderen gehören, oder Grundstücke und Anlagen, die im Besitz eines anderen stehen, in Gebrauch zu nehmen. Umstritten ist, ob der Zugang zu fremden Grundstücken nur im Wege der Enteignung erschlossen werden kann.[54] **41**

Gem. § 7 Abs. 2, 8 Abs. 6 WHG geht die Befugnis oder das Recht mit der Wasserbenutzungsanlage oder, wenn sie für ein Grundstück erteilt ist, mit diesem auf den Rechtsnachfolger über, soweit bei der Erteilung nichts anderes bestimmt ist. Bewilligung und Erlaubnis haben demnach dingliche Wirkung. **42**

Für Bewilligung und Erlaubnis gelten nach dem WHG zahlreiche Bestimmungen gemeinsam. Wichtig ist vor allem, daß Erlaubnis und Bewilligung zu versagen sind, soweit von der beabsichtigten Benutzung eine Beeinträchtigung des Wohls der Allgemeinheit, insbesondere eine Gefährdung der öffentlichen Wasserversorgung zu erwarten ist, die nicht durch Auflagen oder durch Maßnahmen einer Körperschaft des öffentlichen Rechts (§ 4 Abs. 2 Nr. 3 WHG) verhütet oder ausgeglichen wird (§ 6 WHG). **43**

Über § 6 WHG hinausgehend, setzt die Erteilung einer *Bewilligung* gem. § 8 Abs. 2 S. 1 WHG – wie bereits bemerkt -voraus, daß dem Unternehmer die Durchführung seines Vorhabens ohne eine gesicherte Rechtsstellung nicht zugemutet werden kann und die Benutzung einem bestimmten Zweck dient, der nach einem bestimmten Plan verfolgt wird. Ist zu erwarten, daß die Benutzung auf das Recht eines anderen nachteilig einwirkt und erhebt der Betroffene Einwendungen, so darf die Bewilligung außerdem nur dann erteilt werden, wenn die nachteiligen Wirkungen durch Auflagen verhütet oder ausgeglichen werden (§ 8 Abs. 3 S. 1 WHG); ist dies nicht möglich, so darf die Bewilligung zwar gleichwohl aus Gründen des Wohls der Allgemeinheit erteilt werden; der Betroffene ist jedoch zu entschädigen (§ 8 Abs. 3 S. 4 WHG). **44**

---

[50] Vgl. *Gieseke/Wiedemann/Czychowski*, WHG, § 8 Rn. 39.

[51] *BVerwG*, Beschl. v. 21. 8. 1986 – 4 B 110.86 -, UPR 1987, 222.

[52] Näher zu den Gemeinsamkeiten *Salzwedel*, in: Grundzüge des Umweltrechts, S. 595ff.

[53] Zu Ausnahmen nach dem Landesrecht siehe *Salzwedel*, in: Grundzüge des Umweltrechts, S. 596f.

[54] Bejahend *Salzwedel*, in: Grundzüge des Umweltrechts, S. 597 m. w. N. zur Gegenmeinung.

45 Über die Rechtsvoraussetzung des § 6 WHG hinaus darf eine *Erlaubnis* für das Einleiten von Abwässern gem. § 7 a Abs. 1 S. 1 WHG nur erteilt werden, wenn Menge und Schädlichkeit des Abwassers so gering gehalten werden, wie dies bei der Anwendung der jeweils in Betracht kommenden Verfahren nach den allgemein anerkannten Regeln der Technik möglich ist.

46 Gemeinsam ist Erlaubnis und Bewilligung schließlich, daß ihre Erteilung im Ermessen der Behörde steht.[55] Nach § 4 Abs. 1 Nr. 2 WHG ist sowohl bei Erlaubnissen als auch bei Bewilligungen auf die individuellen Interessen Dritter Rücksicht zu nehmen. Auch eine wasserrechtliche Erlaubnis kann daher von einem Dritten als ihm gegenüber ermessensfehlerhaft angefochten werden, wenn die Wasserbehörde bei ihrer Ermessensentscheidung nicht die gebotene Rücksicht auf seine Interessen genommen hat.[56] Zu den geschützten Trägern von Individualbelangen gehören nach Ansicht des *BVerwG* die befugten bzw. berechtigten Wasserbenutzer sowie solche Personen, deren von der neuen Benutzung betroffene Belange nach dem Gesetz nicht zu beeinträchtigen sind. Ihnen steht ein Anspruch auf ermessensfehlerfreie Berücksichtigung ihrer Belange durch die Wasserbehörde zu.[57]

b) Unterschiede

47 Der rechtserhebliche Unterschied zwischen der wasserrechtlichen Bewilligung und der Erlaubnis liegt in der durch das öffentliche Wasserrecht dem Benutzer jeweils eingeräumten besonderen Rechtsposition.

48 Die stärkere Rechtsstellung wird dem Bewilligungsinhaber eingeräumt. Die Bewilligung gewährt dem Inhaber ein unwiderrufliches subjektives öffentliches Recht zur Gewässerbenutzung. Ihre Erteilung setzt nach § 9 WHG stets ein förmliches Verfahren voraus, in dem die Betroffenen und die beteiligten Behörden Einwendungen geltend machen können.[58] In diesem Verfahren werden nicht nur gem. § 6 WHG die öffentlichen Interessen und Belange geprüft, sondern auch privatrechtliche Einwendungen Dritter i. S. v. § 8 Abs. 3, Abs. 4 WHG berücksichtigt.[59]

49 Mit der Bewilligung werden die Rechtsbeziehungen zwischen den Beteiligten nicht nur öffentlich-rechtlich, sondern auch privatrechtlich umfassend geordnet. Durch die Bewilligung werden gem. § 11 Abs. 1 S. 1 WHG auch privatrechtliche Ansprüche nachteilig betroffener Dritter gegenüber dem Inhaber der Bewilligung ausgeschlossen. Dieser Ausschluß von privatrechtlichen Ansprüchen rechtfertigt sich nach h. M. daraus, daß die Betroffenen im Bewilligungsverfahren Gelegenheit haben, ihre Einwendungen gegen die beabsichtigte Gewässerbenutzung geltend zu machen.[60] Gem. § 11 Abs. 1

---

[55] Vgl. dazu *BVerfG*, Urt. v. 15. 7. 1981 – 1 BvL 77/ 78 –, E 58, 328; *BVerwG*, Urt. v. 29. 1. 1965 – IV C 61.64 –, ZfW 1965, 106; *BVerwG*, Urt. v. 18. 9. 1987 - 4 C 36.84 –, UPR 1988, 102 (103), *BVerwG*, Urt. v. 15. 7. 1987 – 4 C 56.83 –, UPR 1988, 61.

[56] *BVerwG*, Urt. v. 15. 7. 1987 – 4 C 56.83 -, DÖV 1987, 1017 (1018).

[57] *BVerwG*, Urt. v. 15. 7. 1987 - 4 C 56.83 –, DÖV 1987, 1017 (1018).

[58] Zu den verfahrensrechtlichen Fragen siehe *Breuer*, Wasserrecht, Rn. 190ff.

[59] Soweit § 8 Abs. 3, Abs. 4 WHG dem Betroffenen eine materielle Rechtsstellung einräumen, sind sie unabhängig davon, ob für eine Gewässerbenutzung eine Bewilligung, eine Erlaubnis oder weder die eine noch die andere dieser beiden wasserrechtlichen Gestattungen beantragt wird, Schutzgesetze i. S. d. § 823 Abs. 2 BGB, vgl. *BGH*, Urt. v. 23. 6. 1983 – III ZR 79/82 – UPR 1984, 1987; ausführlich zu den Abwehrrechten eines Betroffenen gegenüber der Bewilligung oder Erlaubnis zugunsten eines anderen *Breuer*, Wasserrecht, Rn. 443ff.

[60] Zum Einwendungsausschluß im Wasserrecht siehe *Ronellenfitsch*, VerwArch. 74 (1983), 369ff.

S. 2 WHG werden Schadensersatzansprüche wegen nachteiliger Wirkungen jedoch nicht ausgeschlossen, soweit sie darauf beruhen, daß der Inhaber der Bewilligung angeordnete Auflagen nicht erfüllt hat. Gem. § 11 Abs. 2 WHG werden vertragliche Ansprüche durch die Bewilligung ebenfalls nicht ausgeschlossen.

Gegenüber den Wasserbehörden wird die Rechtsposition des Bewilli- **50**
gungsinhabers dadurch gestärkt, daß ihre nachträgliche Beschränkung und Rücknahme durch verschiedene Regelungen erschwert wird.[61]

Im Interesse des Investitionsschutzes des Gewässerbenutzers gewährt die **51**
Bewilligung somit im Rahmen ihrer obligatorischen Befristung – sie darf gem. § 8 Abs. 5 WHG nur für eine bestimmte angemessene Frist erteilt werden, die nur in besonderen Fällen 30 Jahre überschreiten darf – eine gesicherte Rechtsposition; sie schränkt allerdings damit zugleich und im gleichen Umfang die Dispositionsbefugnis der Wasserbehörden ein. Deshalb darf sie gem. § 8 Abs. 2 S. 1 WHG auch nur erteilt werden, wenn dem Unternehmer die Durchführung seines Vorhabens ohne eine gesicherte Rechtsstellung nicht zugemutet werden kann.

Demgegenüber verschafft die *Erlaubnis* dem Inhaber nach der Regelung **52**
des WHG grundsätzlich weder gegenüber den Wasserbehörden noch gegenüber Dritten eine gesicherte Rechtsposition. Im Gegensatz zum Recht zur Gewässerbenutzung des Bewilligungsinhabers, das die Gewässerbenutzung auch privatrechtsgestaltend regelt, bewirkt die Befugnis grundsätzlich nur die Zulässigkeit der Benutzung im Rahmen des öffentlichen Rechts.[62] Die private Rechtsstellung Dritter wird durch die Erlaubnis nicht abschließend geregelt. Das WHG sieht für das Erlaubnisverfahren keine dem § 8 Abs. 3 und 4 WHG entsprechende Vorschriften vor.

Allerdings haben die Landeswassergesetze die Unterschiede zwischen der **53**
Erlaubnis und der Bewilligung teilweise durch die Annäherung der Erlaubnis an die Bewilligung eingeebnet. So sind nach § 16 WG BW die Rechte und Interessen Dritter im Verfahren der Erlaubniserteilung unter entsprechender Anwendung der für die Bewilligung geltenden Vorschriften zu berücksichtigen. Jedoch ist damit keine anspruchsausschließende Wirkung gegenüber Dritten verbunden. Demgegenüber haben zahlreiche andere Landeswassergesetze neben der beschränkten, der bundesrechtlichen Regelung entsprechenden Erlaubnis eine **„gehobene Erlaubnis"** insbesondere für Gewässerbenutzungen, die im öffentlichen Interesse liegen, eingeführt.[63] Die gehobene Erlaubnis ist unter Berücksichtigung von Rechten und Interessen Dritter zu erteilen und schließt Ansprüche Dritter auf Unterlassung der Benutzung und teilweise darüber hinaus auch auf Schadensersatz aus. Nach den Landeswassergesetzen von Berlin und Schleswig-Holstein ist die Erlaubnis allgemein – unbeschadet ihrer Widerruflichkeit – mit der gleichen nachbarrechts-

---

[61] Vgl. z. B. die §§ 5 Abs. 1 S. 2, 12 WHG.

[62] Vgl. *BGH*, Urt. v. 23. 6. 1983 – III ZR 79/82–, BGHZ 88, 34 (40); *Gieseke/ Wiedemann/ Czychowski*, WHG, § 7 Rn. 2; *Sieder/Zeitler/Dahme*, WHG, § 7 Rn. 1, 5, 9.

[63] Vgl. Art. 16, 17 BayWG; §§ 17, 17a HessWG; §§ 10, 11 NdsWG; § 27 LWG RP; § 14 SaarlWG; vgl. dazu ausführlicher *Breuer*, HÖV, Bd. 2, S. 453; *Salzwedel*, in: Grundzüge des Umweltrechts, S. 600ff.

gestaltenden Wirkung ausgestattet, wie sie der Bewilligung zukommt.[64] Die Wassergesetze der Länder Bremen, Hamburg und Nordrhein-Westfalen haben demgegenüber die bundesrechtliche Regelung voll übernommen und schreiben keine förmliche Berücksichtigung von Rechten und Interessen Dritter im Verfahren der Erlaubniserteilung vor.[65] Dementsprechend wird die Erlaubnis unbeschadet der Rechte Dritter erteilt.[66]

2. Beeinträchtigung des Wohles der Allgemeinheit

54 Gem. § 6 WHG sind die Erlaubnis und Bewilligung zu versagen, soweit von der beabsichtigten Benutzung eine Beeinträchtigung des Wohles der Allgemeinheit, insbesondere eine Gefährdung der öffentlichen Wasserversorgung, zu erwarten ist, die nicht durch Auflagen oder durch Maßnahmen einer Körperschaft des öffentlichen Rechts (§ 4 Abs. 2 Nr. 3 WHG) verhütet oder ausgeglichen wird.

55 Der Allgemeinwohlbegriff prägt das gesamte Wasserhaushaltsrecht. In § 1a Abs. 1 WHG dient das Allgemeinwohl als Zielvorgabe für den Vollzug von WHG und Landeswassergesetzen. In § 6 WHG ist die Beeinträchtigung des Wohls der Allgemeinheit ein zwingender Versagungsgrund für die Erteilung von Erlaubnissen und Bewilligungen und bildet zugleich die rechtliche Grenze für die Ausübung des Bewirtschaftungsermessens. Gleiches gilt für die Beschränkung oder Rücknahme von Bewilligungen oder alten Rechten nach den §§ 12 Abs. 1, 15 Abs. 4 WHG. Nach § 18a Abs. 1 S. 1 WHG ist Abwasser so zu beseitigen, daß das Wohl der Allgemeinheit nicht beeinträchtigt wird. Der Erlaß von Reinhalteordnungen (§ 27 WHG) und die Festsetzung von Wasserschutzgebieten (§ 19 WHG) sind nur möglich, wenn das Wohl der Allgemeinheit sie erfordern. Bei der gemeinnützigen wasserrechtlichen Planfeststellung muß das Vorhaben durch Gründe des Wohls der Allgemeinheit positiv „gerechtfertigt" sein. Bei der privatnützigen Planfeststellung bedeuten entgegenstehende Belange des Wohls der Allgemeinheit einen zwingenden Grund zur Versagung des Vorhabens.[67]

a) Inhalt des Allgemeinwohlbegriffs

56 Der Begriff des Allgemeinwohls ist in den verschiedenen wasserhaushaltsrechtlichen Normen einheitlich auszulegen. Für die wasserwirtschaftliche Verwaltungspraxis wäre es nämlich kaum erträglich, wenn der Allgemeinwohlbegriff über die durch seine Unbestimmtheit ohnehin bestehenden Schwierigkeiten hinaus auch noch je nach anzuwendender Norm unterschiedlich auszulegen wäre.[68]

57 Umstritten ist, ob unter dem Wohl der Allgemeinheit nur wasserwirtschaftlich bedeutsame oder aber umfassend auch weitere gemeinwohlorientierte Belange zu verstehen sind. Nach Ansicht des *BVerwG* findet die Frage, unter welchen Voraussetzungen eine Beeinträchtigung des Wohls der Allgemeinheit zu erwarten ist, im WHG eine Antwort ausschließlich nach dem Maßstab seiner eigenen Regelungen, d. h. in einem allein wasserwirtschaftli-

---

[64] Vgl. §§ 16 Abs. 1 BerlWG; § 11 Abs. 1 WG SH.
[65] Vgl. §§ 10 BremWG; 17 HambWG; 25 WG NW.
[66] So ausdrücklich § 24 Abs. 1 S. 2 LWG NW.
[67] Vgl. *BVerwG*, Urt. v. 10. 2. 1978 – IV C 25.75–, E 55, 220 (229); siehe dazu unten, § 21, Rn. 175.
[68] So zu Recht *Thurn*, Schutz natürlicher Gewässerfunktionen, S. 77; *Kühling*, Fachplanungsrecht, Rn. 22.

chen Zusammenhang und über diesen hinaus nur, soweit das WHG andere öffentliche Belange ausdrücklich in seine Tatbestände einbezieht. Ob ein Ausbauvorhaben das Gemeinwohl u.a. als wasserhaushaltsrechtlichen Gesichtspunkten in dem Sinne beeinträchtige, daß seine Versagung zwingend geboten sei, müsse demnach grundsätzlich nach den für diese anderen Gesichtspunkte jeweils maßgebenden sachlichrechtlichen Vorschriften beurteilt werden.[69]

Zum Umfang der Gemeinwohlbelange in § 6 WHG führt außerdem das *BVerfG*[70] aus, der Zweck der Vorschrift sei die Ordnung des Wasserhaushalts, nicht aber der Schutz von Arbeitsplätzen oder die Verhinderung unerwünschter Bauvorhaben. Fehle es an einem unmittelbaren wasserwirtschaftlichen Bezug, so könne darauf die Ablehnung eines Antrags nicht gestützt werden. **58**

In Rechtsprechung und Lehre ist seit diesen Entscheidungen die Frage, ob **59**
der Begriff des Allgemeinwohls nur wasserwirtschaftliche Belange oder auch sonstige Belange umfaßt, umstritten geblieben.[71] Die wohl h.L. hält daran fest, daß das Wohl der Allgemeinheit auf alle im Einzelfall konkret feststellbaren Belange zu beziehen sei.[72] Eine Erlaubnis oder Bewilligung kann danach gem. § 6 WHG nicht nur aus wasserwirtschaftlichen, sondern auch aus anderen Gründen des Allgemeinwohls, z.B. zur Wahrung des Natur- und Landschaftsschutzes oder zur Sicherung der Bauleitplanung versagt werden.[73] Ob das Allgemeinwohl unter anderen fachgesetzlichen Gesichtspunkten beeinträchtigt wird, muß aber nach den jeweils hierfür einschlägigen Fachgesetzen beurteilt werden. Vor der Erteilung einer wasserrechtlichen Erlaubnis oder Bewilligung kann die Wasserbehörde insoweit auch die Einhaltung anderer fachgesetzlicher Anforderungen prüfen. Bedarf es für das Vorhaben jedoch weiterer öffentlich-rechtlicher Genehmigungen, dann wird mit dieser fachübergreifenden Prüfungskompetenz nur eine begrenzte, auf die wasserrechtliche Fachkompetenz beschränkte Bindungswirkung verknüpft. Ist für das Vorhaben bereits eine andere Fachgenehmigung erteilt worden, so darf die beantragte wasserrechtliche Erlaubnis oder Bewilligung nicht mit der Begründung abgelehnt werden, die wasserrechtliche Gestattung führe unter Gesichtspunkten, die in dem Verfahren der erteilten Genehmigung zu prüfen waren, zu einer Beeinträchtigung des Wohls der Allgemeinheit i.S.d. § 6 WHG.[74]

---

[69] *BVerwG*, Urt. v. 10.2. 1978 – 4 C 25.75–, E 55, 220 (229); *BVerwG*, Beschl. v. 17.6. 1986 – 4 B 57.86–, ZfW 1987, 53; siehe auch *OVG Münster*, Urt. v. 17.12. 1985 – 20 A 831/83–, ZfW 1987, 49.

[70] Beschl. v. 15.7. 1981 – 1 BvL 77/78–, E 58, 300 (348).

[71] Siehe dazu die zahlreichen Nachweise bei *Thurn*, Schutz natürlicher Gewässerfunktionen, S. 82.

[72] Siehe dazu z.B. *Sieder/Zeitler/Dahme*, WHG, § 6 Rn. 7; *Gieseke/Wiedemann/Czychowski*, WHG, § 1a Rn. 4, § 6 Rn. 21; *Habel*, VBlBW 1986, 89 (90); *Kippels*, in: Ketteler/Kippels, Umweltrecht, S. 133.

[73] *Breuer*, HÖV, Bd. 2, S. 456; *ders.*, Wasserrecht, Rn. 212ff.

[74] So zu Recht *Breuer*, HÖV, Bd. 2, S. 456; *BVerwG*, Beschl. v. 22.11. 1979 – 4 B 162/79–, DVBl. 1980, zur Entscheidungsbefugnis der Wasserbehörde im wasserrechtlichen Verfahren für ein KKW siehe *HessVGH*, Urt. v. 30.1. 1984 – VIII OE 52/80–, UPR 1985, 718f.

60 Ein behördlicher Beurteilungsspielraum besteht hinsichtlich der Entscheidung über den Allgemeinwohlbegriff nicht.[75]

Fall: Die Klägerin ist Eigentümerin mehrerer Wohnkomplexe mit etwa 850 Wohnungen. Sie versorgt die Wohnungsinhaber mit Trinkwasser aus eigenen Brunnenanlagen. Der Beklagte erteilte ihr befristete Erlaubnisse, mittels Rohrfilterbrunnen unterirdisches Wasser als Trink- und Brauchwasser zutagezufördern. Den Antrag auf unbefristete Verlängerung dieser Erlaubnisse lehnte der Beklagte mit der Begründung ab, die Trinkwasserversorgung solle zweckmäßigerweise aus dem öffentlichen Netz sichergestellt werden; nur die ständig überwachte öffentliche Wasserversorgung könne hygienisch einwandfreies Wasser garantieren. Die Klage führte zur Aufhebung der ablehnenden Bescheide. Nach Ansicht des *OVG Münster* gehören zu den Beeinträchtigungen des Wohls der Allgemeinheit, die einen Versagungsgrund i. S. d. § 6 WHG darstellen, nur Beeinträchtigungen der Wasserwirtschaft. § 6 WHG erfasse nicht die Abwehr von Beeinträchtigungen aus einer beabsichtigten Benutzung von Wasser als Trinkwasser. Der Landesgesetzgeber sei allerdings nicht gehindert, insoweit wasserrechtliche Bestimmungen zu schaffen, die solchen – oder gesundheitspolizeilichen – Gesichtspunkten Rechnung trügen. In Nordrhein-Westfalen gelte insoweit der zwingende Versagungsgrund des § 47 WG NW. Danach dürften Entnahmen von Wasser, das unmittelbar der öffentlichen Trinkwasserversorgung dienen solle, nur erlaubt werden, wenn das Wasser den jeweils geltenden hygienischen und chemischen Anforderungen entspreche. Die hygienischen und chemischen Anforderungen i. S. d. § 47 Abs. 1 LWG NW ergäben sich aus der Trinkwasserverordnung. Da deren Anforderungen eingehalten worden seien, stünden der Erteilung der beantragten Erlaubnisse keine zwingenden Versagungsgründe entgegen. Die Ausübung des Ermessens sei fehlerhaft, weil die Begründung, die Klägerin könne ihren Bedarf „zweckmäßigerweise" aus dem öffentlichen Trinkwassernetz decken, die Ablehnung für sich allein nicht trage. Wie § 19 Abs. 1 GO NW zeige, bestehe kein genereller Vorrang der gemeindlichen Wasserversorgung. Auch der Hinweis, der Bezug von Trinkwasser aus dem öffentlichen Trinkwassernetz sei sicherer, könne die Ablehnung nicht begründen. Der rechtsstaatliche Grundsatz der Verhältnismäßigkeit gebiete, daß eine Behörde, bevor sie eine beantragte Erlaubnis vollständig versage, zunächst prüfe, ob die der Erlaubniserteilung entgegenstehenden Hinderungsgründe durch Nebenbestimmungen ausräumbar seien. Der Beklagte hätte deshalb prüfen müssen, ob nicht auch für den Brunnen der Klägerin der von ihm angenommenen Gefahren durch Nebenbestimmungen hätte begegnet werden können.[76]

b) Konkretisierung des Allgemeinwohlbegriffs

61 Das Wohl der Allgemeinheit ist im WHG im einzelnen nicht definiert. Was das Wohl der Allgemeinheit im einzelnen Fall erfordert, kann regional und örtlich verschieden sein und sich mit der Entwicklung der wirtschaftlichen und sonstigen Verhältnisse ändern.[77]

62 Zur Feststellung der Allgemeinwohlverträglichkeit bedarf es einer *Abwägung* der betroffenen öffentlichen Belange. Nur die im Einzelfall überwiegenden Gründe des Wohls der Allgemeinheit zwingen zur Versagung der Erlaubnis oder Bewilligung, wenn sie ihr entgegenstehen und nicht durch Auflagen oder Maßnahmen nach § 4 Abs. 2 Nr. 3 WHG abgewendet werden können.[78]

63 Eine erste Konkretisierung des Allgemeinwohls sieht § 6 WHG vor, wonach die Gefährdung der öffentlichen Wasserversorgung stets zu einer Beein-

---

[75] Vgl. dazu *Breuer*, Wasserrecht, Rn. 197 ff.

[76] Vgl. *OVG Münster*, Urt. v. 17. 12. 1985 – 20 A 831/ 83 –, ZfW 1985, 49; siehe dazu auch *BVerwG*, Beschl. v. 27. 6. 1986 – 4 B 57.86–, ZfW 1987, 53.

[77] *Gieseke/Wiedemann/Czychowski*, WHG, § 6 Rn. 27.

[78] Vgl. dazu *Sieder/Zeitler/Dahme*, WHG, § 6 Rn. 8.

trächtigung des Wohls der Allgemeinheit führt. Weitere Anforderungen an das Wohl der Allgemeinheit wird man außerdem den Voraussetzungen des § 5 WHG entnehmen können. Das Wohl der Allgemeinheit wird deshalb beeinträchtigt sein, wenn die Forderungen nach Reinhaltung der Gewässer, sparsamer Verwendung des Wassers und überwachbarer Benutzung nicht erfüllt werden.[79]

Weitere Anhaltspunkte für die Konkretisierung des Allgemeinwohls ergeben sich außerdem aus Vorschriften der Landeswassergesetze, in denen die Gesichtspunkte für die Anordnung von Benutzungsbedingungen und Auflagen aufgezählt werden.[80] In diesen Vorschriften werden etwa Belange der Gesundheit, der Erholung und Landeskultur, des Verkehrs, der Schiffahrt und der Fischerei aufgeführt. 64

Konkretisierungen des Allgemeinwohlbegriffs ergeben sich darüber hinaus aus den verschiedenen *Planungen*.[81] Die Erfordernisse des Wohls der Allgemeinheit werden vor allem durch die wasserwirtschaftlichen Planungen, insbesondere die wasserwirtschaftlichen Rahmenpläne, die Sonderpläne, durch Bewirtschaftungspläne und Abwasserbeseitigungspläne und durch Festsetzung von Wasserschutzgebieten, Heilquellenschutzgebieten und Überschwemmungsgebieten konkretisiert. Maßgeblich sind insoweit aber nicht nur die wasserwirtschaftlichen Planungen; vielmehr können sich partielle Vorentscheidungen über den Inhalt des Wohls der Allgemeinheit auch aus anderen raumbedeutsamen Planungen ergeben.[82] 65

Nicht zuletzt können die Anforderungen des § 6 WHG durch internationale wasserrechtliche Regelungen mit der verbindlichen Festschreibung von Qualitätsgrenzen, etwa durch EG-Richtlinien ergänzt und konkretisiert werden.[83] 66

3. Bewirtschaftungsermessen

Auf Erteilung einer Erlaubnis oder Bewilligung besteht kein Rechtsanspruch. Selbst wenn also die Gemeinwohlverträglichkeit der Gewässerbenutzung feststeht, ist die Wasserbehörde zu ihrer Gestattung nicht verpflichtet. Durch die Unbestimmtheit und Weite des auf der Tatbestandsseite verwendeten Allgemeinwohlbegriffs sind die rechtlichen Grenzen des Bewirtschaftungsermessens nur schwer auszumachen. 67

Wasserwirtschaftliche Belange sind sowohl bei der Auslegung der gesetzlichen Ermessensvoraussetzungen als auch bei der Betätigung des Bewirtschaftungsermessens selbst zu berücksichtigen. Bewirtschaftungsermessen und Allgemeinwohlverträglichkeit lassen sich deshalb nur durch den Umfang der Beeinträchtigung des Allgemeinwohls und den Grad der Wahr- 68

---

[79] Vgl. *Sieder/Zeitler/Dahme*, WHG, § 6 Rn. 9 b; *Gieseke/Wiedemann/Czychowski*, WHG, § 6 Rn. 24.

[80] Vgl. § 17 Abs. 1 WG BW; Art. 15 BayWG; § 14 BerlWG; § 16 HmbWG; § 16 HessWG; § 24 Abs. 2 LWG NW; § 26 Abs. 2 S. 2 LWG RP; § 12 SaarlWG; § 10 WG SH.

[81] Vgl. *Gieseke/Wiedemann/Czychowski*, WHG, § 6 Rn. 27.

[82] *Gieseke/Wiedemann/Czychowski*, WHG, § 6 Rn. 28; vgl. auch *Sieder/Zeitler/Dahme*, WHG, § 6 Rn. 16.

[83] *Breuer*, HÖV, Bd. 2, S. 458; *Gieseke/Wiedemann/Czychowski*, WHG, § 6 Rn. 21.

scheinlichkeit, mit dem die Beeinträchtigung eintritt, unterscheiden.[84] An der Allgemeinwohlverträglichkeit fehlt es, wenn die beantragte Wassernutzung öffentliche Interessen von so hohem Stellenwert gefährdet, daß die Gefahrenschwelle überschritten wird und nur eine Versagung in Betracht kommt. Im Gegensatz zur Gefahrenabwehr im Rahmen der Allgemeinwohlklausel sind im Rahmen des Bewirtschaftungsermessens wasserwirtschaftliche Belange unter dem Aspekt vorsorgender planerischer Optimierung zu beachten.[85]

69 Im Wasserrecht hat das *BVerfG* im Naßauskiesungsbeschluß den Weg zu einer solchen Differenzierung zwischen Bewirtschaftungsermessen und dem Allgemeinwohlerfordernis gewiesen. Nach Auffassung des Gerichts ist eine optimale Nutzung des verfügbaren Wasserangebots nur durch eine Ermessensregelung erreichbar. Nur im Rahmen des Ermessens könnten nicht übersehbare wasserwirtschaftliche Entwicklungen berücksichtigt werden. Erst mit Hilfe einer Ermessensentscheidung könne Spielraum für künftig auftretenden Bedarf geschaffen werden.[86] Unterhalb des Versagungsgebotes kann die Wasserbehörde deshalb nach pflichtgemäßem Ermessen aus Sorge vor einer unübersehbaren wasserwirtschaftlichen Entwicklung[87] die Zulassung einer Wassernutzung ablehnen oder eine – für sich gesehen – noch unbedenkliche Erlaubnisversagung mit Rücksicht auf die Entstehung eines Präzedenzfalles und eine zu erwartende oder zumindest denkbar weitere Entwicklung der Gewässerbenutzungen, die an einen bestimmten, nicht genau fixierbaren Punkt die Grenze zur meßbaren Verschlechterung überschreiten würde,[88] untersagen.

70 Nach Ansicht des *BVerwG* verfügt die Wasserbehörde bei der Bewirtschaftung der Gewässer über einen **planerischen Gestaltungsfreiraum**, innerhalb dessen sie über die Erteilung bzw. Versagung einer wasserrechtlichen Gestattung entscheiden kann.[89] Bei der Ermessensausübung hat die Wasserbehörde nicht nur öffentliche, sondern auch die durch die wasserrechtlichen Gestattungstatbestände zu schützenden privaten Belange zu berücksichtigen.

4. Nebenbestimmungen, Aufhebung und nachträgliche Beschränkungen der Erlaubnis oder Bewilligung

71 Im Bewirtschaftungsermessen der Wasserbehörden steht nicht nur die Entscheidung über die Zulassung der Gewässerbenutzung. Um die öffentliche Bewirtschaftung der Gewässer flexibel zu halten, hat der Gesetzgeber zahlreiche – zumeist im Ermessen der Wasserbehörde stehende – Möglich-

---

[84] Vgl. *Henseler*, Abwasserbeseitigung, S. 148f.
[85] Näher dazu *Breuer*, Umweltschutz und Gemeinwohl, 60 (82ff.); *ders.*, Wasserrecht, Rn. 221ff. *Henseler*, Abwasserbeseitigung, S. 144.
[86] *BVerfG*, Beschl. v. 15. 7. 1981 – 1 BvL 77/78 –, NJW 1982, 745 (752).
[87] *BVerwG*, Urt. v. 29. 1. 1965 – IV C 61.64 –, ZfW 1965, 98 (106).
[88] *Breuer*, Umweltschutz und Gemeinwohl, S. 83; *OVG Münster*, Urt. v. 2. 12. 1977 – XI A 1910/75 –, NuR 1979, 164.
[89] *BVerwG*, Urt. v. 18. 9. 1987 – 4 C 36.84 –, UPR 1988, 102 (103); *BVerwG*, Urt. v. 15. 7. 1987 – 4 C 56.83 –, UPR 1988, 61.

keiten vorgesehen, die Erlaubnis oder Bewilligung mit Nebenbestimmungen zu versehen oder sie nachträglich aufzuheben bzw. einzuschränken.

So sieht § 6 WHG zur Vermeidung der schwerwiegenderen Versagung Auflagen vor, mit denen eine zu erwartende Beeinträchtigung des Wohls der Allgemeinheit verhütet oder ausgeglichen werden soll. § 8 Abs. 3 WHG macht für den Fall, daß die Benutzung auf das Recht eines anderen nachteilig einwirkt und der Betroffene Einwendungen erhebt, die Bewilligung davon abhängig, daß die nachteiligen Wirkungen durch Auflagen verhütet oder ausgeglichen werden. Gleiches gilt, wenn landesrechtliche Vorschriften nach § 8 Abs. 4 WHG zu Einwendungen wegen besonderer rechtlich geschützter Positionen berechtigen. Gem. § 4 Abs. 1 S. 1 WHG können Erlaubnis und Bewilligung unter Festsetzung von Benutzungsbedingungen und Auflagen erteilt werden, wobei Auflagen auch zulässig sind, um nachteilige Wirkungen für andere zu verhüten oder auszugleichen. Darüber hinaus stehen Erlaubnis und Bewilligung gem. § 5 WHG unter dem Vorbehalt, daß zu Lasten ihres Inhabers nachträgliche Anordnungen getroffen werden können. Nachträgliche Entscheidungen zugunsten der am Bewilligungsverfahren Beteiligten ermöglicht und verlangt § 10 WHG. Schließlich kann die Bewilligung, soweit dies nicht schon nach § 5 zulässig ist, unter näheren Voraussetzungen gegen Entschädigung oder auch ohne Entschädigung ganz oder teilweise widerrufen werden (§ 12 WHG). 72

a) Benutzungsbedingungen und Auflagen

Gem. § 4 Abs. 1 S. 1 WHG können die Erlaubnis und die Bewilligung unter Festsetzung von *Benutzungsbedingungen* und *Auflagen* erteilt werden. 73

Benutzungsbedingungen i. S. d. § 4 WHG sind keine echten, aufschiebenden oder auflösenden Bedingungen i. S. d. Allgemeinen Verwaltungsrechts.[90] Vielmehr sind Benutzungsbedingungen unselbständiger Teil der erlaubten oder bewilligten Benutzung[91] und bestimmen den Inhalt des Benutzungsrechts, etwa die höchstzulässige Menge des entnehmbaren Wassers oder des einleitbaren Abwassers, Art und Menge der zulässigen oder unzulässigen Bestandteile des einleitbaren Abwassers oder etwa die Staffelung der Wasserentnahme. Umstritten ist, ob neben diesen Benutzungsbedingungen auch echte aufschiebende und auflösende Bedingungen zulässig sind.[92] 74

Auflagen i. S. d. § 4 Abs. 1 S. 1 WHG sind zwar mit der Erlaubnis oder Bewilligung verbunden, jedoch im Unterschied zu den Benutzungsbedingungen selbständig. Sie betreffen nicht die Benutzung selber, sondern schreiben dem Unternehmer ein zusätzliches Tun, Dulden oder Unterlassen vor, um eine Beeinträchtigung des Wohls der Allgemeinheit i. S. v. § 6 WHG oder nachteilige Wirkungen für andere zu verhüten oder auszugleichen (§ 4 Abs. 1 S. 2 WHG). Auflagen können sich beispielsweise auf die technisch einwandfreie Gestaltung, den Betrieb und die Unterhaltung von Benutzungsanlagen,[93] auf die Erhaltung von Wild- und Erholungseignung der Gewässerlandschaft oder des Fischbestandes, auf die Ermöglichung des Gemeingebrauchs, auf Bau, Betrieb und Unterhaltung von Einrichtungen zur Hochwasserentlastung oder zur Wasserförderung etc. beziehen.[94] 75

---

[90] *Breuer*, Wasserrecht, Rn. 242.

[91] Vgl. *Gieseke/Wiedemann/Czychowski*, WHG, § 4 Rn. 5.

[92] Bejahend *Breuer*, Wasserrecht, Rz. 242; *Sieder/Zeitler/Dahme*, WHG, § 4 Rn. 11 a, 12; ablehnend: *Gieseke/Wiedemann/Czychowski*, WHG, § 4 Rn. 8.

[93] So ausdrücklich § 24 Abs. 2 S. 1 LWG NW, § 26 Abs. 2 S. 2 LWG RP.

[94] Vgl. *Gieseke/Wiedemann/Czychowski*, WHG, § 4 Rn. 12; zur Bedeutung des § 4 Abs. 1 S. 2 WHG für den Nachbarschutz siehe *BVerwG*, Urt. v. 3. 7. 1987 – 4 C 41.86 –, ZfW 1988, 336 m. Anm. *Salzwedel; Knauber*, NVwZ 1988, 997 ff.

Beispiele: Gem. § 4 Abs. 2 WHG können durch Auflagen insbesondere

- Maßnahmen zur Beobachtung oder zur Feststellung des Zustandes vor der Benutzung und von Beeinträchtigungen und nachteiligen Wirkungen durch die Benutzung angeordnet,
- die Bestellung verantwortlicher Betriebsbeauftragter vorgeschrieben, soweit nicht die Bestellung eines Gewässerschutzbeauftragten nach § 21 a WHG vorgeschrieben ist oder angeordnet werden kann,
- Maßnahmen angeordnet werden, die zum Ausgleich einer auf die Benutzung zurückzuführenden Beeinträchtigung der physikalischen, chemischen oder biologischen Beschaffenheit des Wassers erforderlich sind,
- dem Unternehmer angemessene Beiträge zu den Kosten von Maßnahmen auferlegt werden, die eine Körperschaft des öffentlichen Recht trifft oder treffen wird, um eine mit der Benutzung verbundene Beeinträchtigung des Wohls der Allgemeinheit zu verhüten oder auszugleichen.

Fraglich ist, inwieweit Benutzungsbedingungen und Auflagen isoliert anfechtbar sind. Eine isolierte Anfechtung ist gegenüber der Verpflichtungsklage auf Erlaß der Erlaubnis oder der Bewilligung ohne die belastende Nebenbestimmung günstiger, weil die einmal erteilte Erlaubnis oder Bewilligung bei der isolierten Anfechtung der Nebenbestimmung bestehen bleibt. Demgegenüber besteht bei der Verpflichtungsklage die Gefahr, daß die Wasserbehörde bei einer Neubescheidung im Rahmen ihres Bewirtschaftungsermessens zu einer vollständigen Versagung gelangt.[95] Nach h. M. können Befristungen und Benutzungsbedingungen als unselbständiger Teil des Verwaltungsaktes nicht gesondert angefochten werden, der Antragsteller muß also Verpflichtungsklage auf Erteilung einer Erlaubnis oder Bewilligung ohne belastende Nebenbestimmung erheben.[96] Eine Auflage ist nach der wohl überwiegenden Auffassung grundsätzlich isoliert anfechtbar. Teilweise wird jedoch die Ansicht vertreten, eine wasserrechtliche Auflage könne nicht gesondert angefochten werden, weil die Festsetzung der Auflage im Ermessen der Wasserbehörde stehe und ihr durch die isolierte Aufhebung der Auflage keine Erlaubnis oder Bewilligung zugerechnet werden könne, die sie mit dem verbleibendem Inhalt nicht gewollt habe.[97] Das *BVerwG* vertritt demgegenüber die Ansicht, auch die im Ermessen stehenden Auflagen zur Erlaubnis oder Bewilligung seien grundsätzlich gesondert anfechtbar. Nur Auflagen, die den Gegenstand der Erlaubnis oder Bewilligung selbst ändern, sollen als sogenannte modifizierende Auflagen wegen der Unteilbarkeit des Streitgegenstandes nicht isoliert angefochten und aufgehoben werden können.[98]

b) Vorbehalt nachträglicher Anforderungen und Maßnahmen

76 Gem. § 5 WHG stehen Erlaubnis und Bewilligung unter dem Vorbehalt nachträglicher Anforderungen zu Lasten ihres Inhabers. Der Gewässerbenutzer kann sich dementsprechend auch nach Erteilung der Erlaubnis oder Bewilligung seiner Rechtsstellung nicht sicher sein. Da die Erlaubnis gem. § 7 WHG widerruflich ist, hat der Vorbehalt des § 5 WHG vor allem Bedeutung für die Bewilligung.[99] Außerhalb der Voraussetzungen des § 5 WHG sind nachträgliche Anordnungen gegenüber einer unanfechtbaren Bewilligung unzulässig. Der Vorbehalt gilt bereits kraft Gesetzes, er braucht also nicht ausdrücklich in der Erlaubnis oder Bewilligung erwähnt zu werden.[100]

---

[95] Vgl. *Breuer*, Wasserrecht, Rn. 260ff.

[96] Vgl. *Breuer*, Wasserrecht, Rn. 261.

[97] Vgl. *Salzwedel*, Wasserrecht, S. 758.

[98] *BVerwG*, Urt. v. 21. 10. 1970 – IV C 165.65 –, E 36, 145 (153f.); ausführlich dazu *Breuer*, Wasserrecht, Rn. 262ff., der zu Recht auf die Unsicherheiten auch in der Rechtsprechung des *BVerwG* hinweist; vgl. dazu allgemein oben, § 13, Rn. 35.

[99] *Breuer*, Wasserrecht, Rn. 421.

[100] *Gieseke/Wiedemann/Czychowski*, WHG, § 5 Rn. 2; *Sieder/Zeitler/Dahme*, WHG, § 5 Rn. 4.

Nachträgliche Anordnungen i. S. v. § 5 WHG können in Gestalt zusätzlicher Benutzungsbedingungen oder Auflagen ergehen. Die Festsetzung nachträglicher Anordnungen löst regelmäßig keine Entschädigungspflicht aus.[101] Die nachträglichen Anforderungen dürfen allerdings die Identität von Erlaubnis oder Bewilligung nicht in Frage stellen. Sobald wesentliche Teile der zugelassenen Gewässerbenutzung entfallen, ist nur ein Widerruf zulässig.[102] Nachträgliche zusätzliche Anforderungen i. S. v. § 5 WHG können nur zum Wohl der Allgemeinheit und nicht zum Schutz einzelner Betroffener festgesetzt werden.[103] 77

Zusätzliche Anforderungen können an die Beschaffenheit einzubringender oder einzuleitender Stoffe gestellt werden, die Bestellung eines verantwortlichen Betriebsbeauftragten vorschreiben, Maßnahmen zum Ausgleich einer auf die Benutzung zurückzuführenden Beeinträchtigung der physikalischen, chemischen oder biologischen Beschaffenheit des Wassers anordnen, angemessene Beiträge zu den Kosten von Maßnahmen festsetzen, die eine Körperschaft des öffentlichen Rechts zur Verhütung oder zum Ausgleich einer mit der Benutzung verbundenen Beeinträchtigung des Allgemeinwohls trifft, und Maßnahmen für die Beobachtung der Wasserbenutzung und ihrer Folgen sowie Maßnahmen für eine mit Rücksicht auf den Wasserhaushalt gebotene sparsame Verwendung des Wassers anordnen (§ 5 Abs. 1 Nr. 1 – 4 WHG). 78

Wird das Wasser aufgrund einer Bewilligung benutzt, so müssen die Maßnahmen für die Beobachtung der Wasserbenutzung und für die sparsame Verwendung des Wassers wirtschaftlich gerechtfertigt und mit der Benutzung vereinbar sein. Im übrigen müssen nachträgliche Anordnungen nach § 5 WHG den allgemeinen rechtsstaatlichen Postulaten der Geeignetheit, Erforderlichkeit und Verhältnismäßigkeit genügen.[104] 79

c) *Widerruf und Rücknahme*

Für die *Rücknahme* – d. h. für die Aufhebung einer rechtswidrigen Erlaubnis oder Bewilligung – gilt § 48 VwVfG. Eine spezielle Regelung für die Rücknahme sieht das Wasserhaushaltsrecht nicht vor. 80

Der *Widerruf* von *Erlaubnissen* ist in § 7 WHG, der Widerruf von *Bewilligungen* in § 12 WHG geregelt. 81

Die *Erlaubnis* kann grundsätzlich gem. § 7 Abs. 1 WHG stets widerrufen werden, wenn die Fortsetzung der erlaubten Nutzung das Wohl der Allgemeinheit oder überwiegende Belange Dritter beeinträchtigen würde.[105] 82

Fall: Die dem Betreiber eines privaten Klärwerks erteilte Erlaubnis zum Einleiten von Abwasser in ein Gewässer darf widerrufen werden, um die Abwasserbeseitigungspflicht auf eine Körperschaft des öffentlichen Rechts zu übertragen.[106]

---

[101] *Breuer*, Wasserrecht, Rn. 243 dort auch zu Ausnahmen.
[102] Vgl. *Salzwedel*, in: Grundzüge des Umweltrechts, S. 66.
[103] Vgl. *Gieseke/Wiedemann/Czychowski*, WHG, § 5 Rn. 3; *Sieder/Zeitler/Dahme*, WHG, § 5 Rn. 5.
[104] Vgl. *Breuer*, HÖV, Bd. 2, S. 466.
[105] Vgl. *Breuer*, HÖV, Bd. 2, S. 467.
[106] *BVerwG*, Beschl. v. 8. 9. 1986 – 4 B 188.86 –, ZfW 1987, 149.

83 Widerrufsgründe für die Erlaubnis sind im WHG nicht und in den Landeswassergesetzen nur beispielhaft geregelt.[107] Der Widerruf einer Erlaubnis ist grundsätzlich ohne Entschädigung zulässig. Die Widerruflichkeit von Erlaubnissen unterliegt allerdings auch Einschränkungen. Die Behörde muß insbesondere beim Widerruf einer Erlaubnis auch die Schranken beachten, die sich aus der verfassungsrechtlichen Eigentumsgarantie und dem hiervon umfaßten Bestands- und Investitionsschutz ergeben.[108] Zu prüfen ist deshalb insbesondere, ob im konkreten Einzelfall der Erlaubnisinhaber darauf vertrauen durfte, daß ein Widerruf seiner Erlaubnis aus bestimmten Gründen nicht ergeht. Zulässig soll der Widerruf aber jedenfalls dann sein, wenn einer der für die Bewilligung geltenden Widerrufstatbestände des § 12 Abs. 2 WHG erfüllt ist.[109] Um den Vertrauensschutz des Erlaubnisinhabers von vornherein einzuschränken, sind die Wasserbehörden allerdings zunehmend dazu übergegangen, auch die Erlaubnis gem. § 7 Abs. 1, 2. HS WHG zu befristen.[110]

84 Soweit nicht schon nach § 5 WHG nachträgliche Anordnungen ohne Entschädigung zulässig sind, kann eine Bewilligung nach § 12 Abs. 1 WHG gegen Entschädigung ganz oder teilweise widerrufen werden, wenn von der uneingeschränkten Fortsetzung der Benutzung eine erhebliche Beeinträchtigung des Wohls der Allgemeinheit, insbesondere der öffentlichen Wasserversorgung, zu erwarten ist. Liegen diese Voraussetzungen vor, steht die Frage, ob die Bewilligung ganz oder teilweise widerrufen werden soll, im pflichtgemäßen Ermessen der Wasserbehörde. Dabei hat die Wasserbehörde zu bedenken, mit welcher Maßnahme der Inhaber der Bewilligung am wenigsten belastet wird. Sie darf die Bewilligung nicht ganz widerrufen, wenn mit einem sachgerechten Teilwiderruf den Belangen des Allgemeinwohls Rechnung getragen werden kann.[111] Ohne Entschädigung kann eine Bewilligung, soweit dies nicht schon nach § 5 WHG zulässig ist, nach § 12 Abs. 2 WHG nur widerrufen werden, wenn der Unternehmer

- die Benutzung innerhalb einer ihm gesetzten angemessenen Frist nicht begonnen oder drei Jahre ununterbrochen nicht ausgeübt oder ihrem Umfang nach erheblich unterschritten hat,
- den Zweck der Benutzung so geändert hat, daß er mit dem Plan (§ 8 Abs. 2 S. 1 Nr. 2 WHG) nicht mehr übereinstimmt,
- trotz einer mit der Androhung des Widerrufs verbundenen Warnung wiederholt die Benutzung über den Rahmen der Bewilligung hinaus erheblich ausgedehnt oder Benutzungsbedingungen oder Auflagen nicht erfüllt hat.

85 Der wesentliche Unterschied zwischen der *entschädigungslosen* Widerrufsmöglichkeit gem. § 12 Abs. 2 WHG und dem *entschädigungspflichtigen* Widerruf gem. § 12 Abs. 1 WHG besteht darin, daß der entschädigungslose Widerruf nur aufgrund der gesetzlich abschließend aufgezählten Tatbestände zulässig ist. Auch der entschädigungslose Widerruf nach § 12 Abs. 2 WHG steht

---

[107] Vgl. Art. 16 Abs. 2 BayWG; 16 Abs. 2 BerlWG; 25 Abs. 2 LWG NW; 15 Abs. 2 LWG RP; 13 Abs. 2 SaarlWG; § 11 Abs. 2 WG SH; § 17 Abs. 2 HmbWG.

[108] Vgl. *Breuer*, HÖV, Bd. 2, S. 468; *Sieder/Zeitler/Dahme*, WHG, § 7 Rn. 14.

[109] Vgl. *Sieder/Zeitler/Dahme*, WHG § 7 Rn. 14.

[110] Vgl. *Breuer*, Wasserrecht, Rn. 441.

[111] Vgl. *Sieder/Zeitler/Dahme*, WHG, § 12 Rn. 16.

im pflichtgemäßen Ermessen der Wasserbehörde, wobei vor allem der Verhältnismäßigkeitsgrundsatz zu beachten ist.

Um eine gerechte Verteilung des Wasserschatzes zwischen einer Mehrzahl von Benutzern oberirdischer Gewässer oder des Grundwassers zu erreichen, sieht § 18 WHG eine *widerrufsähnliche Ausgleichsregelung* vor. Gem. § 18 S. 1 WHG können auf Antrag eines Beteiligten oder von Amts wegen Art, Maß und Zeiten der Ausübung von Erlaubnissen, Bewilligungen, alten Rechten und alten Befugnissen in einem Ausgleichsverfahren geregelt oder beschränkt werden, wenn das Wasser nach Menge und Beschaffenheit nicht für alle Benutzungen ausreicht oder sich diese beeinträchtigen und wenn das Wohl der Allgemeinheit, insbesondere die öffentliche Wasserversorgung es erfordert. In diesem Verfahren können gem. § 18 S. 2 WHG auch Ausgleichszahlungen festgesetzt werden. 86

d) Nachträgliche Entscheidungen

Zum Schutz nachteilig Betroffener sieht § 10 WHG nachträgliche Entscheidungen zu Lasten des Gewässerbenutzers vor. § 10 WHG gilt für die Bewilligung und nach dem Landeswasserrecht in einigen Bundesländern auch für die Erlaubnis.[112] Dabei regelt § 10 WHG zwei wesentlich verschiedene Tatbestände. 87

Im Falle des § 10 Abs. 1 WHG hat der Betroffene gegen die Bewilligung *Einwendungen erhoben*, über die im Bewilligungsverfahren gem. § 9 WHG noch nicht entschieden werden konnte. § 10 Abs. 1 WHG dient der Beschleunigung des Bewilligungsverfahrens. Über den Bewilligungsantrag kann bereits in einem Zeitpunkt entschieden werden, in dem noch nicht feststeht, ob und in welchem Maße nachteilige Wirkungen eintreten werden. Die wegen dieser nachteiligen Wirkungen festzusetzenden Auflagen und Entschädigungen bleiben gemäß § 10 Abs. 1 WHG einem späteren Verfahren vorbehalten. 88

Fall:[113] Ist im wasserrechtlichen Bewilligungsverfahren die Entscheidung über festzusetzende Auflagen und Entschädigungen einem späteren Verfahren vorbehalten worden (§ 10 Abs. 1 WHG), so ist vor Durchführung dieses Verfahrens eine gegen den Inhaber der Bewilligung erhobene Klage auf Entschädigung wegen nachteiliger Einwirkungen der bewilligten Gewässerbenutzung unzulässig.

§ 10 Abs. 2 WHG regelt den Fall, daß der Betroffene *keine Einwendungen erhoben* hat, weil nachteilige Wirkungen während des Verfahrens nach § 9 WHG nicht vorausgesehen werden konnten. Nach § 10 Abs. 2 WHG kann der Betroffene gleichwohl verlangen, daß dem Unternehmer nachträgliche Auflagen gemacht werden. Können die nachteiligen Wirkungen durch nachträgliche Auflagen nicht verhütet oder ausgeglichen werden, so ist der Betroffene gemäß § 10 Abs. 2 S. 2 WHG zu entschädigen. § 10 Abs. 2 WHG steht im engen Zusammenhang mit § 11 WHG, wonach zivilrechtliche Ansprüche gegen den Inhaber einer Bewilligung ausgeschlossen werden. Dieser Ausschluß von Ansprüchen macht nachträgliche Entscheidungen zugunsten 89

---

[112] Vgl. §§ 16 WG BW; Art. 16 Abs. 1 BayWG; 16 Abs. 1 BerlWG; 15 Abs. 1 LWG RP; 13 Abs. 1 SaarlWG; 11 Abs. 1 WG SH.

[113] *BGH*, Urt. v. 18. 12. 1986 – III ZR 91/85 –, ZfW 1987, 158.

des Betroffenen erforderlich, wenn der Betroffene nachteilige Wirkungen während des Verfahrens nicht voraussehen konnte.[114]

5. *Zulassung vorzeitigen Beginns*

90 Wasserrechtliche Zulassungsverfahren können sich bei umfangreichen oder in Einzelheiten schwer zu beurteilenden Vorhaben, in denen noch Sachverständigengutachten eingeholt oder Teile des Vorhabens geändert werden müssen, über einen längeren Zeitraum erstrecken. In diesen Fällen kann es im Interesse des Antragstellers, aber auch im öffentlichen Interesse liegen, mit der Gewässerbenutzung zu beginnen, bevor die Erlaubnis oder Bewilligung unanfechtbar oder sogar bevor sie erteilt worden ist.[115] Die zuständige Wasserbehörde kann deshalb gem. § 9 a Abs. 1 WHG in einem Erlaubnis- oder Bewilligungsverfahren in jeder Zeit widerruflicherweise zulassen, daß bereits vor Erteilung der Erlaubnis oder Bewilligung mit der Benutzung begonnen wird. Mit der Zulassung des vorzeitigen Beginns wird sowohl ein unangemessener Zeitdruck auf die endgültige behördliche Entscheidung als auch die Illegalität eines vorzeitigen Benutzungsbeginns vermieden.[116] Die vorzeitige Zulassung des Beginns der Gewässerbenutzung kommt jedoch nur in Betracht, wenn das Erlaubnis- oder Bewilligungsverfahren bereits eingeleitet ist und die Erlaubnis oder Bewilligung noch nicht erteilt ist.

91 Durch den vorzeitigen Beginn der Gewässerbenutzung können erhebliche, oder sogar irreparable Schäden entstehen. Möglicherweise muß nämlich nach einer abschließenden Prüfung die Erlaubnis oder Bewilligung wegen der Gemeinwohlunverträglichkeit der beantragten Gewässerbenutzung versagt werden. Um derartige Beeinträchtigungen zu vermeiden, knüpft § 9a Abs. 1 WHG die Zulassung des vorzeitigen Benutzungsbeginns an drei einschränkende Voraussetzungen. Vor Erteilung der Erlaubnis oder Bewilligung kann mit der Benutzung erst dann begonnen werden, wenn

- mit einer Entscheidung zugunsten des Unternehmers gerechnet werden kann,
- an dem vorzeitigen Beginn ein öffentliches Interesse oder ein berechtigtes Interesse des Unternehmers besteht und
- der Unternehmer sich verpflichtet, alle bis zur Entscheidung durch das Unternehmen verursachten Schäden zu ersetzen und, falls die Benutzung nicht erlaubt oder bewilligt wird, den früheren Zustand wiederherzustellen.

92 Die Zulassung vorzeitigen Beginns erfolgt somit auf Risiko des Unternehmers; Bedeutung für den Investitionsschutz kommt ihr nicht zu.[117] Liegen die gesetzlichen Voraussetzungen vor, so steht die Entscheidung über die Zulassung im Ermessen der Behörde. Dabei ist vor allem zwischen den öffentlichen Interessen und den berechtigten Interessen des Unternehmers an dem vorzeitigen Beginn der Benutzung einerseits und den diesem entgegenstehenden öffentlichen Belangen und Interessen der Betroffenen abzuwägen.[118] Die Zulassung des vorzeitigen Beginns kann gem. § 9 a Abs. 2 WHG

---

[114] Vgl. dazu *Gieseke/Wiedemann/Cychowski*, WHG, § 10 Rn. 5

[115] Vgl. *Gieseke/Wiedemann/Czychowski*, WHG, § 9 a Rn. 1; *Sieder/Zeitler/Dahme*, WHG, § 9 a Rn. 2.

[116] Vgl. BT-Drs. 7/888, S. 16 und 7/1088, S. 15.

[117] Vgl. *Salzwedel*, in: Grundzüge des Umweltrechts, S. 66.

[118] Vgl. *Sieder/Zeitler/Dahme*, WHG, § 9 a Rn. 13.

befristet, mit Benutzungsbedingungen erteilt und mit Auflagen verbunden werden.

6. *Genehmigungsverfahren*

Für die Erlaubnis- und Bewilligungsverfahren sind in erster Linie die Verfahrensvorschriften der Landeswassergesetze zu beachten.[119] Die VwVfGe der Länder können aufgrund ihrer Subsidiarität allenfalls ergänzend herangezogen werden. Das Verfahrensrecht ist in den einzelnen Bundesländern unterschiedlich und unübersichtlich geregelt.[120] **93**

Unterscheiden lassen sich ein *nichtförmliches* Verfahren, das herkömmlich für die wasserrechtlichen Erlaubnisse vorgesehen ist, und ein *förmliches* Verfahren, das vor der Erteilung einer Bewilligung durchzuführen ist. Allerdings haben die Landeswassergesetze in weiten Bereichen auch das Erlaubnisverfahren formalisiert.[121] Erlaubnis- und Bewilligungsverfahren sind jedoch keine förmlichen Verwaltungsverfahren i. S. v. §§ 63ff. VwVfG, insbesondere findet § 70 VwVfG keine Anwendung. Die Durchführung eines Vorverfahrens ist somit auch vor der verwaltungsgerichtlichen Anfechtung einer Erlaubnis oder Bewilligung erforderlich.[122] **94**

III. *Gewässerüberwachung*

Das Ziel des Gewässerschutzrechtes, die Gewässer so zu bewirtschaften, daß sie dem Wohl der Allgemeinheit und im Einklang mit ihm auch dem Nutzen einzelner dienen und daß jede vermeidbare Beeinträchtigung unterbleibt (§ 1a Abs. 1 WHG), läßt sich allein durch die zahlreichen Genehmigungspflichten für Gewässerbenutzungen und sonstige Tatbestände nicht erreichen. Notwendig ist es daneben, daß die Beachtung der Gewässerschutzvorschriften auch wirkungsvoll überwacht werden kann. Das WHG sieht dazu in § 21 WHG eine *behördliche Überwachung* und in den §§ 21a – g WHG eine *betriebsinterne Überwachung* durch die Gewässerschutzbeauftragten vor. **95**

1. *Wasserbehördliche Überwachung*

Gem. § 21 Abs. 1 S. 1 WHG hat derjenige, der ein Gewässer über den Gemeingebrauch hinaus benutzt, die behördliche Überwachung zu dulden.[123] Die Überwachung zu dulden hat daneben derjenige, der einen Antrag auf Erteilung einer Erlaubnis oder Bewilligung gestellt hat. Die Überwachung erstreckt sich gem. § 21 Abs. 1 S. 1 WHG auf die Anlagen, Einrichtungen und Vorgänge, die für die Gewässerbenutzung von Bedeutung sind. **96**

---

[119] Vgl. §§ 99ff., 108 WG BW; Art. 77ff., 83f. BayWG; §§ 86ff. BerlWG; §§ 18ff. BremWG; §§ 79 ff., 85ff., 92f. HmbWG; §§ 93ff., 101f. HessWG; §§ 22ff. NdsWG; §§ 142, 143ff., 147ff. LWG NW; §§ 110ff., 114 LWG RP; §§ 103ff., 109ff. SaarlWG; §§ 80ff., 89ff. WG SH.

[120] Vgl. *Breuer*, Wasserrecht, Rn. 190ff.

[121] Vgl. dazu die zahlreichen Nachweise bei *Breuer*, Wasserrecht, Rn. 119.

[122] Vgl. *Breuer*, Wasserrecht, Rn. 193.

[123] Ausführlich zur Überwachung von Abwassereinleitungen *Sautter*, NVwZ 1988, 487.

97 Um eine effektive Überwachung zu ermöglichen, werden dem Überwachungspflichtigen zahlreiche *Duldungs-* und *Mitwirkungspflichten* auferlegt.

98 Im Rahmen der **Duldungspflicht** haben Gewässerbenutzer und Antragsteller nach Maßgabe des § 21 Abs. 1 S. 2 Nr. 1–3 WHG das Betreten von Betriebsgrundstücken, Betriebsräumen, Wohnräumen, sonstigen Grundstücken und Anlagen zu gestatten.

99 Gewässerbenutzer und Antragsteller haben außerdem gem. § 21 Abs. 1 S. 3 WHG im Rahmen ihrer **Mitwirkungspflicht** Anlagen und Einrichtungen zugänglich zu machen, Auskünfte zu erteilen, Arbeitskräfte, Unterlagen und Werkzeuge zur Verfügung zu stellen und technische Ermittlungen und Prüfungen zu ermöglichen. Benutzer von Gewässern, für die ein Gewässerschutzbeauftragter bestellt ist (§ 21a WHG),[124] haben diesen auf Verlangen der zuständigen Behörde zu Überwachungsmaßnahmen nach § 21 Abs. 1 S. 2 und 3 WHG hinzuzuziehen.

100 Eine behördliche Überwachung in entsprechender Anwendung des § 21 Abs. 1 WHG haben nach § 21 Abs. 2 WHG diejenigen zu dulden, die eine Rohrleitungsanlage nach § 19a WHG errichten oder betreiben. Das gleiche gilt für diejenigen, die eine Anlage zum Lagern, Abfüllen oder Umschlagen wassergefährdender Stoffe nach § 19 g Abs. 1 und 2 WHG herstellen, einbauen, aufstellen, unterhalten oder betreiben und für Inhaber eines gewerblichen Betriebes i. S. v. § 19 l WHG.

Fall: Die untere Wasserbehörde gibt einem Unternehmen der erdölverarbeitenden Industrie auf, auf ihrem Betriebsgrundstück vier Fallbrunnen zur Überwachung des Grundwassers anzulegen. Nach Ansicht des *OVG Lüneburg* überschreitet die Herstellung von Fallbrunnen den Rahmen der Mitwirkungspflichten eines zur Duldung der Gewässeraufsicht Verpflichteten. Als Maßnahme der Gewässeraufsicht hätte nach Ansicht des Gerichts dem Unternehmen allenfalls aufgegeben werden können, die Anlegung von Fallbrunnen auf ihrem Betriebsgrundstück zu dulden, nicht aber diese Brunnen selbst herzustellen.[125]

101 Die im Rahmen der Gewässeraufsicht Auskunftspflichtigen haben ein in § 21 Abs. 2a WHG näher beschriebenes *Auskunftsverweigerungsrecht.*

2. Gewässerschutzbeauftragte

102 Eine betriebliche Selbstüberwachung ist in den Landeswassergesetzen für Abwassereinleitungen und für Abwasserbehandlungsanlagen vorgesehen.[126] Der Selbstüberwachung dient aber vor allem die Bestellung von Gewässerschutzbeauftragten. Eine gesetzliche Verpflichtung, einen oder mehrere Betriebsbeauftragte für Gewässerschutz zu bestellen, sieht § 21a Abs. 1 WHG für Benutzer von Gewässern vor, die an einem Tag mehr als 750 m^3 Abwasser einleiten dürfen. Die gleiche Verpflichtung kann die zuständige Behörde anderen Einleitern von Abwasser in Gewässer, für die die Bestellung eines Gewässerschutzbeauftragten nach § 21a Abs. 1 WHG nicht vorgeschrieben ist, und den Einleitern von Abwasser in Abwasseranlagen auferlegen (§ 21a

---

[124] Siehe näher dazu unten, § 21, Rn. 102–18.
[125] Vgl. *OVG Lüneburg*, Beschl. v. 27. 8. 1986 – 3 OVG B 101/86 –, ZfW 1987, 184f.
[126] Vgl. z. B. die §§ 60ff. LWG NW.

Abs. 2 WHG). Soweit die Bestellung eines Gewässerschutzbeauftragten nicht bereits gem. § 21a WHG vorgeschrieben ist oder angeordnet werden kann, können Erlaubnis und Bewilligung gem. § 4 Abs. 2 Nr. 2 WHG mit der Auflage, einen Gewässerschutzbeauftragten zu bestellen, versehen werden.

Der Gewässerschutzbeauftragte wird gem. § 21 c Abs. 1 S. 1 WHG durch einen schriftlichen privatrechtlichen Vertrag von dem Gewässerbenutzer bestellt. Der Gewässerschutzbeauftragte hat insofern eine rein privatrechtliche Stellung, ihm sind keine hoheitlichen Befugnisse verliehen, so daß er nicht mit der Rechtsfigur des Beliehenen zu vergleichen ist.[127] 103

Die Rechte und Pflichten des Gewässerschutzbeauftragten sind in § 21b 104 WHG ausführlich geregelt. Der Gewässerschutzbeauftragte hat danach innerhalb des Betriebes regelmäßige Kontrollen durchzuführen, auf die Anwendung geeigneter Wasserbehandlungsverfahren und auf die Entwicklung und Einführung von Verfahren zur Vermeidung oder Verminderung des Abwasseranfalls hinzuwirken und die Betriebsangehörigen über die in dem Betrieb verursachten Gewässerbelastungen sowie über die Einrichtungen und Maßnahmen zu ihrer Verhinderung aufzuklären (§ 21b Abs. 1 WHG). Jährlich hat der Gewässerschutzbeauftragte außerdem gem. § 21b Abs. 2 WHG dem Gewässerbenutzer einen Bericht über die getroffenen und beabsichtigten Maßnahmen zur Erfüllung seiner Aufgaben zu erstatten. Die zuständige Wasserbehörde kann im Einzelfalle die Aufgaben des Gewässerschutzbeauftragten gem. § 21b Abs. 3 WHG näher regeln, erweitern, soweit es die Belange des Gewässerschutzes erfordern, oder einschränken, wenn dadurch die ordnungsgemäße Selbstüberwachung nicht beeinträchtigt wird.

Zum Gewässerschutzbeauftragten darf nur bestellt werden, wer die zur 105 Erfüllung seiner Aufgaben erforderliche Fachkunde und Zuverlässigkeit besitzt (§ 21 c Abs. 2 S. 1 WHG). Werden der zuständigen Behörde Tatsachen bekannt, aus denen sich ergibt, daß der Gewässerschutzbeauftragte nicht die zur Erfüllung seiner Aufgaben erforderliche Fachkunde oder Zuverlässigkeit besitzt, kann sie gem. § 21 c Abs. 2 S. 2 WHG verlangen, daß der Benutzer einen anderen Gewässerschutzbeauftragten bestellt.

Mit der Bestellung eines oder mehrerer Gewässerschutzbeauftragten sind 106 für den Gewässerbenutzer zahlreiche Pflichten verbunden. Der Gewässerbenutzer hat insbesondere die Bestellung des Gewässerschutzbeauftragten der zuständigen Behörde gem. § 21 c Abs. 1 S. 2 WHG anzuzeigen, er hat gem. § 21 c Abs. 4 WHG den Gewässerschutzbeauftragten bei der Erfüllung seiner Aufgaben zu unterstützen und ihm insbesondere, soweit dies zur Erfüllung seiner Aufgaben erforderlich ist, Hilfspersonal sowie Räume, Einrichtungen, Geräte und Mittel zur Verfügung zu stellen, vor Investitionsentscheidungen, die für den Gewässerschutz bedeutsam sein können, hat er eine Stellungnahme des Gewässerschutzbeauftragten einzuholen (§ 21 d Abs. 1 WHG) und nicht zuletzt hat der Benutzer gem. § 21 e WHG dafür zu sorgen, daß der Gewässerschutzbeauftragte seine Vorschläge oder Bedenken unmittelbar der entscheidenden Stelle vortragen kann, wenn er sich mit dem zuständigen

---

[127] Vgl. *Breuer*, HÖV, Bd. 2, S. 469; *Salzwedel*, in: Grundzüge des Umweltrechts, S. 47.

Betriebsleiter nicht einigen konnte und er wegen der besonderen Bedeutung der Sache eine Entscheidung dieser Stelle für erforderlich hält. Schließlich darf der Gewässerschutzbeauftragte wegen der Erfüllung der ihm übertragenden Aufgaben nicht benachteiligt werden.

107 Werden mehrere Gewässerschutzbeauftragte bestellt, so sind gem. § 21 c Abs. 1 S. 1 WHG die dem einzelnen Gewässerschutzbeauftragten obliegenden Aufgaben genau zu bezeichnen, der Benutzer hat außerdem gem. § 21 c Abs. 3 S. 1 WHG für die erforderliche Koordinierung in der Wahrnehmung der Aufgaben, insbesondere durch Bildung eines Ausschusses, zu sorgen.

108 Die Bestellung von Betriebsbeauftragten für den Gewässerschutz ist eine rechtliche Konkretisierung des Kooperationsprinzips. Mit der gesetzlichen Einführung eines Betriebsbeauftragten für den Gewässerschutz wird die Mitverantwortung der Wirtschaft für den Vollzug des Wasserwirtschaftsrechtes institutionalisiert.[128]

D. Recht der Abwasserbeseitigung

109 Das Recht der Abwasserbeseitigung ist zu unterscheiden von dem Abwasserabgabenrecht. Während das letztere die Pflichten zur Entrichtung einer Abgabe für das Einleiten von Abwasser regelt,[129] befaßt sich das Recht der Abwasserbeseitigung mit den rechtlichen Verpflichtungen zur Beseitigung des Abwassers, zur Aufstellung von Abwasserbeseitigungsplänen und mit den rechtlichen Anforderungen an Abwasseranlagen und an das Einleiten von Abwasser. Das Recht der Abwasserbeseitigung ist Teil des Wasserhaushaltsrechts.

I. Abwasserbegriff

110 Das AbwAG und einige Landeswassergesetze definieren Abwasser als

> „das durch häuslichen, gewerblichen, landwirtschaftlichen oder sonstigen Gebrauch in seinen Eigenschaften veränderte und das bei Trockenwetter damit zusammen abfließende Wasser (**Schmutzwasser**) sowie das von Niederschlägen aus dem Bereich von bebauten oder befestigten Flächen abfließende Wasser (**Niederschlagswasser**)".[130]

111 Mit der Definition dürften zwar die meisten im Bereich der Abwasserbeseitigung in Betracht kommenden Abwasserarten erfaßt sein, abschließend i. S. d. *Abwasserbeseitigungsrechtes* ist sie allerdings nicht.[131] Für den bundesrechtlich festgelegten, historischen Abwasserbegriff sind der Ursprung sowie die Verwertungsmöglichkeiten, der Wasseranteil und der Schadstoffgehalt von wasserhaltigen Gemischen, deren sich der Besitzer entledigen will, unerheblich.[132] Der historische Abwasserbegriff umfaßt sämtliches verunrei-

---

[128] Vgl. *Breuer*, HÖV, Bd. 2, S. 469; allgemein zu Umweltschutzbeauftragten siehe oben, § 8, Rn. 114–122.

[129] Siehe dazu unten, § 22, Rn. 1–20.

[130] Vgl. § 2 AbwAG; § 51 LWG NW; ähnlich auch die DIN 4045 (Abwasserwesen, Fachausdrücke und Begriffserklärungen); ausführlich zum Begriff des Abwassers: *Breuer*, Wasserrecht, Rn. 286ff.

[131] *Breuer*, HdUR, Bd. I, Sp. 63f.; *Sieder/Zeitler/Dahme*, WHG, § 7a Rn. 5ff.

[132] *Breuer*, HdUR, Bd. I, Sp. 65.

nigtes oder sonst in seinen Eigenschaften veränderte Wasser sowie sämtliche abgehenden Wassergemische ohne Rücksicht auf die Ursache, das Ausmaß und die Schädlichkeit der Veränderungen oder Beimischungen.

Dieser weite Abwasserbegriff überschneidet sich teilweise mit dem Abfall- **112**
begriff des AbfG. Abfälle i.S.d. AbfG sind gem. § 1 Abs. 1 AbfG bewegliche Sachen, deren sich der Besitzer entledigen will, oder deren geordnete Beseitigung zur Wahrung des Wohls der Allgemeinheit geboten ist. Darunter könnte grundsätzlich auch Abwasser fallen.[133] Zu einer Überschneidung zwischen dem Abfallrecht und dem Abwasserbeseitigungsrecht kommt es jedoch nicht, weil § 1 Abs. 3 Nr. 5 AbfG bestimmt, daß die Vorschriften des AbfG nicht gelten für Stoffe, die in Gewässer oder Abwasseranlagen eingeleitet oder eingebracht werden.[134]

II. Abwasserbeseitigung

Gem. § 18a Abs. 1 S. 2 WHG ist Abwasserbeseitigung i. S. d. WHG das **113**
Sammeln, Fortleiten, Behandeln, Einleiten, Versickern, Verregnen und Verrieseln von Abwasser sowie das Entwässern von **Klärschlamm** im Zusammenhang mit der Abwasserbeseitigung. Mit dieser Legaldefinition lehnt sich das Abwasserbeseitigungsrecht an das Recht der Abfallbeseitigung (§ 1 Abs. 2 AbfG) an. Die Behandlung von Klärschlamm unterfällt sowohl dem AbfG als auch dem Abwasserbeseitigungsrecht. Von § 18 a WHG wird die Klärschlammbehandlung nur erfaßt, soweit sie im Zusammenhang mit der Abwasserbeseitigung steht. Zur Abwasserbeseitigung gehören insoweit die Absonderung des Rohschlammes und die Behandlung von Dünnschlamm sowie die anschließenden mechanischen oder biologischen Maßnahmen der Entwässerung. Unter die Abfallbeseitigung fallen dagegen die nachfolgende endgültige Ablagerung sowie die Verbrennung und Veraschung des Restschlammes.[135]

III. Abwasserbeseitigungspflichtige

Gem. § 18a Abs. 2 S. 1 WHG regeln die Bundesländer, welche Körper- **114**
schaften des öffentlichen Rechts zur Abwasserbeseitigung verpflichtet sind und die Voraussetzungen, unter denen anderen die Abwasserbeseitigung obliegt. Weist ein für verbindlich erklärter Abwasserbeseitigungsplan andere Träger der Abwasserbeseitigungspflicht aus, so sind diese zur Abwasserbeseitigung verpflichtet (§ 18a Abs. 2 S. 2 WHG). Soll die Abwasserbeseitigungspflicht auf eine Körperschaft des öffentlichen Rechts übertragen wer-

---

[133] Zum Abfallbegriff siehe unten, § 28, Rn. 8–13.

[134] Vgl. zum umstrittenen Abwasserbegriff ausführlicher *Breuer*, Die Abgrenzung zwischen Abwasserbeseitigung, Abfallbeseitigung und Reststoffverwertung, S. 1ff.; *Henseler*, NuR 1984, 249ff.; *Papier*, Gewässerverunreinigung, Grenzwertfestsetzung und Strafbarkeit, S. 1ff.; siehe auch *OVG NW*, Urt. v. 15. 11. 1982 – 14 K 755/80 –, ZfW 1985, 195; *VG Köln*, DÖV 1983, 254; *Nolte*, StGR 1984, 8 ff.

[135] Vgl. zu dieser Abgrenzung *Breuer*, HdUR, Bd. I, Sp. 66f.; zu rechtlichen Problemen der Klärschlammverwertung in europäischer und deutscher Sicht siehe *Offermann-Clas*, DVBl. 1988, 328ff.; vgl. auch *Decher*, StuGB 1988, 448ff.

den, darf die dem Betreiber eines privaten Klärwerks erteilte Erlaubnis zum Einleiten von Abwasser in ein Gewässer widerrufen werden.[136]

115 Nach den Landeswassergesetzen haben grundsätzlich die Gemeinden das auf ihrem Gebiet anfallende Abwasser zu beseitigen und die dazu notwendigen Abwasseranlagen zu betreiben, soweit nicht etwas anderes gesetzlich oder durch einen für verbindlich erklärten Abwasserbeseitigungsplan bestimmt ist.[137] Um den Gemeinden die Beseitigungspflicht zu ermöglichen, bestimmen die meisten Landeswassergesetze, daß das Abwasser von demjenigen, bei dem es anfällt, der Gemeinde oder dem sonstigen Beseitigungspflichtigen überlassen werden muß.[138]

IV. Abwasserbeseitigungsplan

116 Gem. § 18a Abs. 3 S. 1 WHG stellen die Länder nach überörtlichen Gesichtspunkten Abwasserbeseitigungspläne auf. In diesen Plänen sind insbesondere die Standorte für bedeutsame Anlagen zu Behandlung von Abwasser, ihr Einzugsbereich, Grundzüge für die Abwasserbehandlung sowie die Träger der Maßnahmen festzulegen (§ 18a Abs. 3 S. 2 WHG).

117 Das Verfahren zur Aufstellung von Abwasserbeseitigungsplänen bestimmt sich nach Landesrecht.[139] Die Zuständigkeit für das Aufstellen von Abwasserbeseitigungsplänen wird ebenfalls durch landesrechtliche Regelungen festgelegt.[140] Solange die Abwasserbeseitigungspläne nicht für verbindlich erklärt werden, haben sie keine unmittelbare rechtliche Wirkung für die Abwasserbeseitigungspflichtigen oder für sonstige Betroffene. Grundsätzlich binden sie als verwaltungsinterne Regelungen lediglich die nachgeordneten Vollzugsbehörden. Die überwiegende Zahl der Bundesländer haben jedoch von der Ermächtigung des § 18a Abs. 3 S. 3 WHG Gebrauch gemacht und ihre Abwasserbeseitigungspläne für verbindlich erklärt. Sie binden insoweit die öffentlichen und privaten Träger der Abwasserbeseitigungspflicht, teilweise wird die Verbindlichkeit allerdings nur auf Behörden und öffentliche Planungsträger sowie Körperschaften, Anstalten und Stiftungen des öffentlichen Rechts beschränkt.[141]

---

[136] *BVerwG*, Beschl. v. 8. 9. 1986 – 4 B 1 88.86 –, UPR 1987, 223.

[137] Vgl. §§ 45b Abs. 2 S. 1 WG BW; Art. 41b Abs. 1 S. 1 BayWG; 133 Abs. 1 S. 1 BremWG; 45b Abs. 1 S. 2 HessWG; 149 Abs. 1 S. 1 NdsWG; 53 Abs. 1 S. 1 LWG NW; 52 Abs. 1 S. 1 LWG RP; § 50 Abs. 1 S. 1 SaarlWG; § 35 Abs. 1 S. 1 WG SH.

[138] Vgl. §§ 45b Abs. 1 S. 1 WG BW; Art. 41b Abs. 7 BayWG; § 133 Abs. 6 S. 1 BremWG, § 45b Abs. 1 S. 1 HessWG; § 149 Abs. 7 NdsWG; § 52 Abs. 4 WG RP; § 50 Abs. 1 S. 2, Abs. 3 SaarlWG; § 35 Abs. 2 WG SH; zu den Einzelheiten der landeswasserrechtlichen Regelungen, insbesondere zu den Bestimmungen über Inhalt und Umfang der Beseitigungspflicht und zu den landeswasserrechtlichen Ausnahmen von der gemeindlichen Abwasserbeseitigungspflicht siehe ausführlich *Gieseke/Wiedemann/Czychowski*, WHG, § 18a Rn. 16ff.

[139] Vgl. §§ 45d Abs. 2 WG BW; Art. 41 d Abs. 2, 85 Abs. 4 BayWG; § 115 HessWG; § 56 LWG NW; § 60 Abs. 3 S. 2 LWG RP; § 41 Abs. 2, § 42 SaarlWG; § 100c Abs. 1 WG SH.

[140] Vgl. § 45 d Abs. 1 S. 1, Abs. 2 S. 1 WG BW; Art. 41 d Abs. 4 S. 1, 75 Abs. 3 S. 1 und 3 BayWG; § 136 Abs. 1 S. 1 BremWG; § 115 HessWG; § 152 Abs. 2 NdsWG; § 56 LWG NW; § 60 Abs. 1 S. 1 LWG RP; § 41 Abs. 1 S. 1 SaarlWG; § 100c Abs. 1 WG SH.

[141] Vgl. *Breuer*, HdUR, Bd. I, Sp. 68; ausführlich dazu *Gieseke/Wiedemann/Czychowski*, WHG, § 18a Rn. 37ff.

V. Rechtliche Anforderungen an Bau und Betrieb von Abwasseranlagen

Gem. § 18b Abs. 1 S. 1 WHG sind Abwasseranlagen unter Berücksichtigung der Benutzungsbedingungen und Auflagen für das Einleiten von Abwasser (§§ 4, 5 und 7a WHG) nach den hierfür jeweils in Betracht kommenden Regeln der Technik zu errichten und zu betreiben. 118

Beispiele: Abwasseranlagen i. S. d. Abwasserbeseitigungsrechtes sind z. B. Rohrleitungen, Gräben, Sammel- und Ablaufkanäle, Pump- und Förderanlagen, Kläranlagen, Klär- und Schlammteiche, Einleitungsbauwerke, Sickerschächte, Verrieselungs- und Verregnungsanlagen sowie Ablaufkühltürme.[142]

Die in § 18b Abs. 1 WHG festgelegten rechtlichen Anforderungen an Bau und Betrieb von Abwasseranlagen sollen verhindern, daß Abwasseranlagen errichtet werden, für die keine ausreichenden Erfahrungen vorliegen und die deshalb nicht gewährleisten, daß die von der Abwasserbehandlung erwarteten Ergebnisse und damit die Benutzungsbedingungen und Auflagen eingehalten werden.[143] In den zu beachtenden „jeweils in Betracht kommenden Regeln der Technik" wird auf § 7a Abs. 1 WHG verwiesen, so daß zumindest die allgemein anerkannten Regeln der Technik, bei gefährlichen Stoffen aber der Stand der Technik maßgebend sein soll. 119

Nach den Vorschriften des WHG bedürfen Bau und Betrieb von Abwasseranlagen keiner besonderen Genehmigung. Die Landeswassergesetze sehen demgegenüber jedoch zum Teil eine Planfeststellung, zum Teil aber auch eine spezielle Genehmigung, die entweder als gebundener Verwaltungsakt oder als Ermessensakt ausgestaltet ist, vor.[144] Soweit eine spezielle Genehmigung nicht vorgesehen ist, kann die Einhaltung der rechtlichen Anforderungen des § 18b WHG bei der Einleitungserlaubnis, der Baugenehmigung oder einer evtl. sonst erforderlichen Genehmigung, (z. B. nach den §§ 4 ff. BImSchG) überwacht werden.[145] 120

VI. Rechtliche Anforderungen an das Einleiten von Abwasser

Gem. § 8 Abs. 2 S. 2 WHG darf für das Einbringen und Einleiten von Stoffen in ein Gewässer eine Bewilligung nicht erteilt werden. Die rechtlichen Voraussetzungen für die damit allein zulässige Erteilung einer Einleitungserlaubnis ergeben sich einerseits aus § 7a WHG und andererseits aus § 6 WHG, der durch die spezielle Regelung des § 7a WHG ausdrücklich unberührt bleiben soll (§ 7a Abs. 1 S. 2 WHG). 121

Eine Erlaubnis für das Einleiten von Abwasser darf gem. § 7a Abs. 1 S. 1 WHG nur erteilt werden, wenn die Schadstoffracht des Abwassers so gering gehalten wird, wie dies bei Einhaltung der jeweils in Betracht kommenden Anforderungen nach § 7a Abs. 1 S. 3 WHG, mindestens jedoch nach den allgemeinen anerkannten Regeln der Technik möglich ist. § 7a Abs. 1 S. 3 122

---

142 Vgl. *Breuer*, HdUR, Bd. I, Sp. 69; zur wasserbehördlichen Kontrolle siehe *Sautter*, NVwZ 1988, 487ff.

143 *Sieder/Zeitler/Dahme*, WHG, § 18b Rn. 2.

144 Vgl. §§ 45 e WG BW; Art. 41c BayWG; § 135 BremWG; § 126 Abs. 2 HessWG; § 151 NdsWG; § 59 LWG NW; § 55 S. 1 LWG RP; § 51 SaarlWG; § 36a WG SH.

145 Vgl. *Breuer*, HdUR, Bd. I, Sp. 69.

WHG differenziert die rechtlichen Anforderungen an die Einleitungserlaubnis danach, ob die Abwasser giftige Stoffe enthalten oder nicht. Nach der gesetzlichen Definition des § 7a Abs. 1 S. 3 WHG sind **gefährliche Stoffe**, Stoffe oder Stoffgruppen, die wegen der Besorgnis einer

- Giftigkeit,
- Langlebigkeit,
- Anreicherungsfähigkeit,
- krebserzeugenden Wirkung,
- fruchtschädigenden Wirkung oder
- erbgutverändernden Wirkung

als gefährlich zu bewerten sind.

123 Die Herkunftsbereiche von Abwasser mit gefährlichen Inhaltsstoffen werden gem. § 7a Abs. 1 S. 4 WHG von der Bundesregierung durch Rechtsverordnung mit Zustimmung des Bundesrates bestimmt. Für die Bestimmung, ob ein gefährlicher Stoff im Rechtssinne vorliegt, sind insbesondere die in der Liste I und II des Anhangs der EG-Gewässerschutzrichtlinie vom 4. 5. 1976 aufgeführten Stoffe heranzuziehen.[146]

124 Enthält das Abwasser gefährliche Stoffe, dann müssen die Anforderungen an das Einleiten des Abwassers dem *Stand der Technik* entsprechen; im übrigen bleibt es bei dem Mindeststandard der *allgemein anerkannten Regeln der Technik.*

Als allgemein anerkannt gelten diejenigen Regeln der Technik, die „in der praktischen Anwendung erprobt sind und von den einschlägigen Fachkreisen (insbesondere von denjenigen, die Anlagen entwickeln, bauen, betreiben, begutachten, prüfen, genehmigen oder überwachen) für richtig gehalten werden".[147]

125 Die Anforderungen des „Standes der Technik" sind demgegenüber strenger. In § 3 Abs. 6 S. 1 BImSchG wird der Stand der Technik definiert als „Entwicklungsstand fortschrittlicher Verfahren, Einrichtungen oder Betriebsweisen, der die praktische Eignung einer Maßnahme zur Begrenzung von Emissionen gesichert erscheinen läßt". Wo das Gesetz auf den Stand der Technik abstellt, wird nach Ansicht des *BVerfG* der rechtliche Maßstab für das Erlaubte oder Gebotene an die Front der technischen Entwicklung verlagert.[148]

126 Bemerkenswert an der rechtlichen Ausgestaltung der Anforderungen an die Abwassereinleitung ist weniger der Verweis auf den Stand der Technik und die allgemein anerkannten Regeln der Technik, als vielmehr die gesetzliche Regelungstechnik, mit der zur Beachtung dieser technischen Standards verpflichtet wird. Anders als in zahlreichen sonstigen umweltschutzrechtlichen Regelungen ergeben sich die Anforderungen nicht unmittelbar aus den unbestimmten Gesetzesbegriffen selbst. Vielmehr verweist der Gesetzgeber auf allgemeine Verwaltungsvorschriften, in denen Mindestanforderungen geregelt werden, die den allgemein anerkannten Regeln der Technik und dem Stand der Technik entsprechen. Die Verwaltungsvorschriften, die nach

[146] Vgl. dazu *Breuer*, NuR 1987, 49 (52f.).

[147] *Gieseke/Wiedemann/Czychowski*, WHG, § 7a Rn. 10; *Henseler*, Abwasserbeseitigung, S. 45f.; *Breuer*, AöR 101 (1976), 46 (67).

[148] *BVerfG*, Beschl. v. 8. 8. 1978 – 2 BvL 8/77 –, E 49, 89 (135); ausführlich dazu auch *Rengeling*, Der Stand der Technik bei der Genehmigung umweltgefährdender Anlagen, S. 1ff.; siehe dazu oben, § 5, Rn. 5.

h. M. regelmäßig nur verwaltungsinterne Bindungswirkung haben sollen, werden damit als materielle Rechtsnormen auch für den Bürger unmittelbar verbindlich. Die Verfassungskonformität dieser Regelung wird bezweifelt.[149]

Zur Effektivierung des Gewässerschutzes, insbesondere um unerwünschte Vermischungen und Verdünnungen gefährlicher Abwasserinhaltsstoffe zu vermeiden, sieht § 7a Abs. 1 S. 5 WHG vor, daß die emissionsbezogenen, in Verwaltungsvorschriften zu konkretisierenden Anforderungen auch für den Ort des Anfalls des Abwassers oder vor seiner Vermischung festgelegt werden können.[150] Das Abwasserrecht erweitert damit seinen Zugriffsbereich. Anforderungen werden nicht mehr allein an die Abwassereinleitungen, sondern – im industriellen Bereich – auch an den Rohstoffeinsatz oder die Auswahl von Produktionsverfahren gerichtet.[151] **127**

Für die bereits vorhandenen Einleitungen von Abwasser haben die Länder gem. § 7a Abs. 2 S. 1 WHG sicherzustellen, daß die erforderlichen Maßnahmen durchgeführt werden, wenn die Anforderungen des § 7a Abs. 1 WHG nicht eingehalten werden. **128**

Da ein großer Teil der gewerblichen und industriellen Abwässer nicht direkt in Gewässer eingeleitet werden, sondern über öffentliche Abwasseranlagen in die Gewässer gelangen, besteht ein großes Bedürfnis dafür, auch diese **Indirekteinleitungen** den rechtlichen Anforderungen des § 7a Abs. 1 WHG zu unterstellen. § 7a Abs. 3 WHG verpflichtet deshalb die Länder, sicherzustellen, daß vor dem Einleiten von Abwasser mit gefährlichen Stoffen in eine öffentliche Abwasseranlage die erforderlichen Maßnahmen entsprechend § 7a Abs. 1 S. 3 WHG durchgeführt werden.[151a] **129**

E. Wasserwirtschaftliche Planung

Das Wasserhaushaltsrecht des Bundes und der Länder weist eine für das Fachplanungsrecht ungewöhnlich große Anzahl planerischer Instrumente auf.[152] Zur wasserwirtschaftlichen Planung zählen die **wasserwirtschaftlichen Rahmenpläne** (§ 36 WHG), die **Bewirtschaftungspläne** (§ 36b WHG), die **Abwasserbeseitigungspläne** (§ 18a WHG). **130**

Inwieweit darüberhinaus noch konkrete Nutzungsregelungen des Wasserhaushaltsrechts – dazu zählen die **Reinhalteordnungen** (§ 27 WHG), die Ausweisung von **Überschwemmungsgebieten** (§ 32 WHG) und die Festset- **131**

---

[149] Siehe dazu ausführlich *Lübbe-Wolff,* DÖV 1987, 896ff.; a. A. *Breuer,* NuR 1987, 49; *Kind,* DÖV 1988, 679ff.; vgl. auch *Sieder/ Zeitler/Dahme,* WHG, § 7a Rn. 18, die davon ausgehen, daß im Rahmen der Anfechtung von Erlaubnissen für Abwassereinleitungen, die Übereinstimmung der allgemeinen Verwaltungsvorschriften mit den allgemein anerkannten Regeln der Technik oder dem Stand der Technik der vollen verwaltungsgerichtlichen Überprüfung unterliegt; vgl. auch *Bender/Sparwasser,* Umweltrecht, Rn. 539; zu den Umweltstandards allgemein siehe oben, § 3.

[150] Vgl. dazu auch *Breuer,* NuR 1987, 49 (53).

[151] Vgl. dazu *Salzwedel,* HdUR, Bd. II, Sp. 1110.

[151a] Zur Abgrenzung von Wasserrecht und kommunaler Entwässerungssatzung für Indirekteinleiter *Lübbe-Wolff,* NVwZ 1989, 205.

[152] Vgl. zum wasserwirtschaftlichen Planungsinstrumentarium grundlegend *Thurn,* Schutz natürlicher Gewässerfunktionen, S. 101ff.; *Peters,* UPR 1988, 320ff.

zung von **Wasserschutzgebieten** (§ 29 WHG) – zum planerischen Instrumentarium zählen, ist umstritten.[153]

132 Nutzungsregelungen sind auf die Zukunft gerichtet, streben einen raumgestalterischen Ordnungszustand an, wirken normativ steuernd und weisen typisch planerische Elemente aus. Hinzu kommt, daß sie zumindest hinsichtlich der räumlichen Verordnung und Ausdehnung einen planerischen Gestaltungsspielraum eröffnen.[154] Inwieweit die wasserrechtlichen Planfeststellungsverfahren zur Planung zu zählen sind, ist ebenfalls fraglich. Da Pläne regelmäßig auf weiteren Vollzug ausgerichtet sind, während in Planfeststellungsbeschlüssen als projektbezogenen Zulassungstatbeständen vergleichbar den Kontrollerlaubnissen über die Durchführung konkreter Vorhaben entschieden wird, werden sie auch an dieser Stelle nicht dem planerischen Instrumentarium zugerechnet.[155]

133 Zur Sicherung von wasserwirtschaftlichen Planungen können die Landesregierungen oder die von ihnen bestimmten Stellen gem. § 36a Abs. 1 S. 1 WHG Veränderungssperren erlassen, indem sie durch Rechtsverordnung Plangebiete festlegen, auf deren Flächen wesentlich wertsteigernde oder die Durchführung des geplanten Vorhabens entgegenstehende erhebliche Veränderungen nicht vorgenommen werden dürfen.

I. Wasserwirtschaftliche Rahmenpläne

134 Gem § 36 Abs. 1 S. 1 WHG sollen für Flußgebiete oder Wirtschaftsräume oder für Teile von solchen wasserwirtschaftliche Rahmenpläne aufgestellt werden.

135 *Zweck* des wasserwirtschaftlichen Rahmenplans ist es gem. § 36 Abs. 1 S. 1 WHG, die für die Entwicklung der Lebens- und Wirtschaftsverhältnisse notwendigen wasserwirtschaftlichen Voraussetzungen zu sichern. Dazu soll der Plan großräumige wasserwirtschaftliche Zusammenhänge und Abhängigkeiten des Planungsraumes darstellen und damit ein Bindeglied zwischen Raumordnung und Landesplanung einerseits und sonstiger wasserwirtschaftlicher Fachplanung andererseits bilden.[156]

136 Gem. § 36 Abs. 2 S. 2 WHG sind die wasserwirtschaftliche Rahmenplanung und die Erfordernisse der Raumordnung miteinander in Einklang zu bringen. Aus Sicht des Gewässerschutzes kommt es darauf an, innerhalb der Landesplanung ökologische und wasserwirtschaftliche Konzepte auch gegenüber stark konkurrierenden Nutzungen zu behaupten.[157] Durch § 36 WHG ist *bundesrechtlich* lediglich die Pflicht der Länder zur Aufstellung von Rahmenplänen sowie deren unbedingt erforderlicher Mindestinhalt vorgegeben. Der Plan muß gem. § 36 Abs. 2 S. 1 WHG den nutzbaren Wasser-

---

[153] Vgl. dazu i.e. oben, § 6, Rn. 7–9.

[154] Vgl. dazu *Thurn*, Schutz natürlicher Gewässerfunktionen, S. 30ff., *Peters*, DVBl. 1987, 990 (991); *OVG Münster*, ZfW 1983, 292; *BayVerfGH*, ZfW 1978, 295; *Breuer*, Umweltschutzrecht, S. 632; a.A.: *VGH BW*, ZfW 1983, 177; *Schmidt-Aßmann*, DÖV 1986, 985 (986); siehe dazu auch *BVerwG*, Beschl. v. 23. 1. 1984 – 4 B 157, 158.83 –, DVBl. 1984, 342; *Sieder/Zeitler/Dahme*, WHG, § 19 Rn. 5; *BVerwG*, Beschl. v. 16. 6. 1988 – 4 B 102/88 –, NVwZ 1988, 1020f.

[155] Vgl. dazu oben, § 7, Rn. 6

[156] Vgl. dazu *Thurn*, Schutz natürlicher Gewässerfunktionen, S. 16.

[157] Vgl. zur Koordinierung der wasserwirtschaftlichen Zielplanung mit Raumordnung und Landesplanung SRU-Umweltgutachten 1987, Rz. 1206ff.

schatz, die Erfordernisse des Hochwasserschutzes und die Reinhaltung der Gewässer berücksichtigen.

Die *Landeswassergesetze* regeln demgegenüber das Planungsverfahren, insbesondere die Zuständigkeiten und Beteiligungen, jedoch keine materiellen Vorgaben. Diese sind vielmehr enthalten in der „Richtlinie für die Aufstellung von wasserwirtschaftlichen Rahmenplänen" in der Fassung vom 30. 5. 1984,[158] einer allgemeinen Verwaltungsvorschrift der Bundesregierung nach Art. 84 Abs. 2 GG. **137**

Der wasserwirtschaftliche Rahmenplan entfaltet keine unmittelbare Rechtswirkung gegenüber Dritten; von seiner verwaltungsinternen Bindungswirkung her handelt es sich um eine Verwaltungsvorschrift.[159] **138**

Die Aufstellung wasserwirtschaftlicher Rahmenpläne obliegt gem. § 36 Abs. 3 WHG den Ländern. Innerhalb der Bundesländer ergeben sich die Zuständigkeiten aus den Landeswassergesetzen. Zumeist obliegt die Ausarbeitung und Aufstellung des Plans der obersten Wasserbehörde, d. h. den zuständigen Fachministerien.[160] **139**

Zu beteiligen sind am Planverfahren jedenfalls die Landesplanungsbehörden, die Behörden der Wasser- und Schifffahrtsverwaltung sowie die Wehrbereichsverwaltungen.[161] In einigen Landeswassergesetzen ist außerdem geregelt, welche weiteren Stellen an der Planung mitzuwirken haben. Dazu zählen die betroffenen Kreise, kreisfreien Städte, Gemeinden, Behörden und Träger öffentlicher Belange, in Schleswig-Holstein außerdem auch „sonstige Betroffene".[162] Über die Art der Beteiligung ist außer in Schleswig-Holstein, wo eine Anhörung erforderlich ist, in den Landeswassergesetzen nichts bestimmt. **140**

II. Bewirtschaftungspläne

Soweit die Ordnung des Wasserhaushalts es erfordert, stellen die Länder zur Bewirtschaftung der Gewässer (§ 1a WHG) Pläne auf, die dem Schutz der Gewässer als Bestandteil des Naturhaushalts, der Schonung der Grundwasservorräte und den Nutzungserfordernissen Rechnung tragen (§ 36b Abs. 1 S. 1 WHG). **140a**

§ 36b WHG regelt als bundesrechtliche Rahmenvorschrift die Voraussetzungen, unter denen ein Bewirtschaftungsplan aufgestellt werden muß, die materiellen Inhalte des Plans, seine Durchsetzung und Verbindlichkeit und die Folgen für Gewässerbenutzungen beim Fehlen eines Bewirtschaftungsplanes. Die landesrechtlichen Ausfüllungsvorschriften beschränken sich wie **141**

---

[158] GMBl. S. 239, abgedr. bei *Sieder/Zeitler/Dahme*, WHG, 2. Halbband, Anh. II. 36.

[159] Vgl. zur – auch im Vergleich zu anderen Verwaltungsvorschriften – besonders schwachen Bindungswirkung der wasserwirtschaftlichen Rahmenpläne *Gieseke/Wiedemann/Czychowski*, WHG, § 36 Rn. 3 a; *Thurn*, Schutz natürlicher Gewässerfunktionen, S. 107f.

[160] Vgl. dazu die Nachweise zu den einzelnen Landesregelungen bei *Thurn*, Schutz natürlicher Gewässerfunktionen, S. 111.

[161] Ziff. VI der Richtlinie v. 30. 5. 1984.

[162] Vgl. §§ 115b i. V. m. 115 a, 115 Abs. 3 HessWG; § 20 LWG NW; § 100a WG SH.

bei der Rahmenplanung im wesentlichen auf die Regelung des Planungsverfahrens. Die Bundesregierung hat von der Ermächtigung des § 36b Abs. 7 WHG Gebrauch gemacht und eine allgemeine Verwaltungsvorschrift über den Mindestinhalt von Bewirtschaftungsplänen erlassen.[163]

142 Eine Pflicht zur Erstellung von Bewirtschaftungsplänen besteht nach § 36b Abs. 2 WHG für die oberirdischen Gewässer oder Gewässerteile,

- die Nutzungen dienen, die eine zu erhaltende oder künftige öffentliche Wasserversorgung aus diesen Gewässern beeinträchtigen könnte oder
- bei denen es zur Erfüllung zwischenstaatlicher Vereinbarungen oder bindender Beschlüsse der EG erforderlich ist.

143 Soweit für oberirdische Gewässer die Voraussetzungen des § 36b Abs. 2 WHG nicht vorliegen oder bei Bewirtschaftungsplänen für sonstige Gewässer, besteht eine Planungspflicht nach § 36b Abs. 1 WHG, wenn und soweit die Ordnung des Wasserhaushalts es erfordert.

144 Bewirtschaftungspläne dienen nach § 36b Abs. 1 S. 1 WHG der umfassenden Bewirtschaftung der Gewässer. Ihr zulässiger Inhalt bezieht sich deshalb grundsätzlich auch auf alle wasserwirtschaftlichen Maßnahmen und Aufgaben.[164] Für oberirdische Gewässer oder Gewässerteile müssen nach § 36 b Abs. 3 WHG als Mindestinhalt festgelegt werden

- die Nutzungen, denen das Gewässer dienen soll,
- die Merkmale, die das Gewässer in seinem Verlauf aufweisen soll,
- die Maßnahmen, die erforderlich sind, um die festgelegten Merkmale zu erreichen oder zu erhalten sowie die einzuhaltenden Fristen,
- sonstige wasserwirtschaftliche Maßnahmen

145 Anders als die wasserwirtschaftlichen Rahmenpläne üben Bewirtschaftungspläne eine starke planerische Steuerungsfunktion durch Festlegung konkreter Bewirtschaftungsziele und Maßnahmen aus.[165] Die Bewirtschaftungspläne sind gem. § 36b Abs. 5 WHG durch die nach dem WHG und den nach den Landeswassergesetzen zu treffenden Entscheidungen, insbesondere durch zusätzliche Anforderungen (§ 5 WHG), den Widerruf von Erlaubnissen (§ 7 Abs. 1 WHG), den Widerruf von Bewilligungen (§ 12 WHG), die Beschränkung oder Aufhebung von alten Rechten und alten Befugnissen (§ 15 WHG), Ausgleichsverfahren (§ 18 WHG), den Erlaß von Reinhalteordnungen (§ 27 WHG) oder sonstige im Bewirtschaftungsplan festgelegte Maßnahmen durchzusetzen.

146 Grundsätzlich entfaltet der Bewirtschaftungsplan keine unmittelbare Rechtswirkung gegenüber privaten Dritten, sondern bindet unmittelbar nur die Stellen, die der planaufstellenden Behörde nachgeordnet und damit weisungsabhängig sind. Das sind regelmäßig nur die Wasserbehörden selbst. Gem. § 36b Abs. 5 S. 2 WHG können jedoch nach Landesrecht die Bewirtschaftungspläne auch für andere Behörden für verbindlich erklärt werden.

---

[163] v. 19. 9. 1976, GMBl., S. 466; abgedruckt. bei *Sieder/Zeitler/Dahme*, WHG, Anh. II, 36 b.

[164] *Gieseke/Wiedemann/Czychowski*, WHG, § 36b Rn. 24; *Thurn*, Schutz natürlicher Gewässerfunktionen, S. 125.

[165] Vgl. *Sieder/Zeitler/Dahme*, WHG, § 36b Rn. 2; *Hartkopf/Bohne*, Umweltpolitik, S. 391; *Thurn*, Schutz natürlicher Gewässerfunktionen, S. 124.

Dies ist in den meisten Bundesländern auch geschehen.[166] Zuständig für die Aufstellung der Pläne ist nach den landesrechtlichen Regelungen entweder die oberste Wasserbehörde[167] oder die obere Wasserbehörde.[168] In Bayern liegt dagegen die Planaufstellung bei der Kreisverwaltungsbehörde.[169] Die technische Ausarbeitung erfolgt in Nordrhein-Westfalen durch das Staatliche Amt für Wasser- und Abfallwirtschaft, in Bayern durch die Wasserwirtschaftsämter.[170]

Für das Planungsverfahren sehen die Landeswassergesetze eine im Vergleich zur Rahmenplanung etwas weitergehende Beteiligung von Behörden, Körperschaften und sonstigen Trägern öffentlicher Belange die Anhörung[171] oder das Benehmen vor.[172] Ausnahmsweise ist auch die Anhörung Privater vorgesehen, soweit diese von den geplanten Maßnahmen betroffen sind. Noch weitergehend sehen das bayerische und das hessische Wassergesetz vor, die Bewirtschaftungspläne in betroffenen Gemeinden öffentlich auszulegen, um jedermann zu ermöglichen, Bedenken und Anregungen vorzubringen.[173] **146a**

III. Abwasserbeseitigungspläne

Zweck des Abwasserbeseitigungsplans ist die zukunftsorientierte Steuerung der ordnungsgemäßen Abwasserbeseitigung im Interesse des Gewässerschutzes.[174] Auf Abwasserbeseitigungspläne soll an dieser Stelle nicht weiter eingegangen werden.[175] **147**

IV. Wasserschutzgebiete

Wasserschutzgebiete sind Teile der Erdoberfläche, in denen bestimmte Handlungen verboten oder zu dulden sind, die sich auf Menge und Güte des Wassers, auf die Abflußverhältnisse und den Bodenabtrag auswirken können.[176] Die Ausweisung von Wasserschutzgebieten dient dazu, ausgewählte Gebiete einer verstärkten wasserwirtschaftlichen Pflege zu unterstellen.[177] **147a**

---

[166] Vgl. Art. 71b Abs. 2 BayWG; § 168 Abs. 7 BremWG; § 115a i. V. m. § 115 Abs. 5 HessWG; § 184 Abs. 7 NdsWG; § 21 Abs. 4 LWG NW; § 24 Abs. 3 S. 1 LWG RP; § 100b S. 2 WG SH.

[167] So in Bremen §§ 167 Abs. 7, 151 Abs. 2 BremWG; Saarland § 40 Abs. 1 SaarlWG; Schleswig-Holstein § 100b WG SH; in Nordrhein-Westfalen und Rheinland-Pfalz legt die oberste Wasserbehörde darüber hinaus zumindest die Planungsräume fest (§§ 21 Abs. 1 LWG NW; 24 Abs. 1 LWG RP); in Hessen bestimmt die oberste Wasserbehörde die planaufstellende Behörde (§ 115a HessWG).

[168] So in Niedersachsen § 184 Abs. 7 NdsWG; Nordrhein-Westfalen § 21 Abs. 2 WG NW; Rheinland-Pfalz § 24 Abs. 1 WG RP.

[169] Art. 71b Abs. 2 BayWG.

[170] § 21 Abs. 1 S. 2 LWG NW; Art. 71b Abs. 1 BayWG.

[171] So §§ 100b WG SH; 24 Abs. 1 LWG RP; § 21 Abs. 2 LWG NW.

[172] Vgl. §§ 24 Abs. 1 LWG RP; 21 Abs. 2 LWG NW; Art. 71b Abs. 1 BayWG.

[173] Vgl. Art. 85 Abs. 3, Abs. 4 BayWG; § 115a i. V. m. 115 Abs. 3 HessWG.

[174] *Sieder/Zeitler/Dahme*, WHG, § 18a Rn. 23; *Thurn*, Schutz natürlicher Gewässerfunktionen, S. 150.

[175] Vgl. dazu oben, § 21, Rn. 116.

[176] Vgl. *Sieder/Zeitler/Dahme*, WHG, § 19 Rn. 3; *Gieseke/Wiedemann/Czychowski*, WHG, § 19 Rn. 5.

[177] Vgl. *Breuer*, Wasserrecht, Rn. 575; zu den Rechtsgrundlagen, Verfahrensgang und Entschädigung bei Wasserschutzgebietsausweisungen siehe Schaefer, AgrarR 1988, 33.

1. Voraussetzungen der Ausweisung eines Wasserschutzgebietes

148 Die Festsetzung eines Wasserschutzgebietes ist nach § 19 Abs. 1 WHG nur zulässig, soweit es das Wohl der Allgemeinheit erfordert. Die Frage, ob das Wohl der Allgemeinheit eine Schutzgebietsausweisung erfordert, unterliegt grundsätzlich unbeschränkter verwaltungsgerichtlicher Kontrolle.[178] Erfordert das Wohl der Allgemeinheit die Festsetzung des Wasserschutzgebietes, so steht seine Ausweisung im pflichtgemäßen Ermessen der zuständigen Behörde.[179]

149 Weitere Voraussetzung einer Schutzgebietsausweisung ist, daß das Wasserschutzgebiet zu einem der drei in § 19 Abs. 1 Nr. 1 – 3 WHG aufgeführten Zwecke festgesetzt wird. Wasserschutzgebiete können danach festgesetzt werden, soweit es das Wohl der Allgemeinheit erfordert, um

- Gewässer im Interesse der derzeit bestehenden oder künftigen öffentlichen Wasserversorgung vor nachteiligen Einwirkungen zu schützen oder
- das Grundwasser anzureichern oder
- das schädliche Abfließen von Niederschlagswasser sowie das Abschwemmen und den Eintrag von Bodenbestandteilen, Dünge- oder Pflanzenbehandlungsmitteln in Gewässer zu verhüten.

150 Der zuletzt genannte Festsetzungszweck, das Abschwemmen und den Eintrag von Bodenbestandteilen, Dünge- oder Pflanzenbehandlungsmitteln in Gewässern zu verhüten, ist durch die 5. Novelle zum WHG zum 1. 1. 1987 eingefügt worden. Anlaß für diese Erweiterung der Festsetzungszwecke waren die insbesondere in Uferzonen und bei ungeschützten Hanglagen durch Abschwemmungen und den Eintrag von Nährstoffen in oberirdischen Gewässern auftretenden Eutrophierungserscheinungen und Sauerstoffzehrungen sowie die Zunahme des Nitratgehaltes in vielen Grundwasservorkommen.[180] Als wesentliche Ursache vor allem der gestiegenen Grundwasserbelastung wird die landwirtschaftliche Nutzung, insbesondere die Überdüngung, der flächenhafte Grünlandumbruch und die Intensität der landwirtschaftlichen Bodennutzung angesehen.[181]

2. Schutzanordnungen

151 Wasserschutzgebiete werden durch Rechtsverordnung festgesetzt.[182] Die mit der Festsetzung des Wasserschutzgebietes verbundenen Schutzanordnungen binden unmittelbar jedermann. Gem. § 19 Abs. 2 WHG können in den Wasserschutzgebieten

---

[178] *VGH BW*, Urt. v. 21. 12. 1982 – 5 S 1359/81 –, DVBl. 1983, 638; *Sieder/Zeitler/Dahme*, WHG, § 19 Rn. 4; *Gieseke/Wiedemann/Czychowski*, WHG, § 19, Rn. 6; *Schaefer*, AgrarR 1988, 33.

[179] Vgl. *BVerwG*, Beschl. v. 23. 1. 1984 – 4 B 157, 158.83 –, DVBl. 1984, 342; zu der Frage, ob der zuständigen Behörde bei der Ausweisung eines Schutzgebietes ein planerischer Gestaltungsspielraum eingeräumt ist, siehe oben, § 6, Rn. 7–9.

[180] Vgl. BT-Drs. 10/3973, S. 13.

[181] Vgl. *Breuer*, NuR 1987, 49 (54f.).

[182] Vgl. §§ 110 S. 1 WG BW; Art. 35 Abs. 1 S. 1 BayWG; § 22 Abs. 1 S. 1 BerlWG; § 47 Abs. 2 S. 1 BremWG; 25 Abs. 1 S. 1 HessWG; § 48 Abs. 2 S. 2 LWG NW; § 14 Abs. 1 S. 1 LWG NW; § 13 Abs. 1 S. 1 LWG RP; § 36 Abs. 1 S. 1 SaarlWG; § 15 Abs. 1 Nr. 1 WG SH; in Hamburg gelten die Vorschriften über das förmliche Verwaltungsverfahren, das mit einem Bescheid abschließt (§ 96 Abs. 1 S. 1 i. V. m. §§ 85ff. HmbWG; dennoch ist auch hier vom Rechtsverordnungscharakter der Schutzgebietsfestsetzungen auszugehen; vgl. *BVerwG*, Urt. v. 1. 10. 1963 – IV C 9.63 –, E 18, 1 (3); Urt. v. 15. 3. 1968 – IV C 5.67 –, E 29, 207 (208).

- bestimmte Handlungen verboten oder für nur beschränkt zulässig erklärt werden (Nr. 1) und
- die Eigentümer und Nutzungsberechtigten von Grundstücken zur Duldung bestimmter Maßnahmen verpflichtet werden. Dazu gehören auch Maßnahmen zur Beobachtung des Gewässers und des Bodens (Nr. 2).

Da Wasserschutzgebiete gem. § 19 Abs. 1 WHG nur festgesetzt werden **152** können *soweit* es das Wohl der Allgemeinheit erfordert, unterliegt die Ausweisung nicht nur räumlichen Begrenzungen, sondern auch Einschränkungen hinsichtlich der festzulegenden Schutzanordnungen.[183] Der Grundsatz der Verhältnismäßigkeit fordert, nur die Grundstücke in den Schutzbereich einer Wasserschutzgebietsverordnung einzubeziehen, von denen nach den gegebenen Erkenntnismöglichkeiten Einwirkungen auf das zu schützende Gewässer ausgehen können.[184]

Die Festsetzungen in Schutzgebietsausweisungen werden deshalb regelmäßig ge- **153** staffelt. Das Landesrecht sieht hierfür drei Zonen vor, die den Standort der vorhandenen oder geplanten Wasserversorgungsanlage umgeben und unterschiedliche Schutzbestimmungen enthalten.[185] So gilt beispielsweise in der weiteren Zone III das Verbot der Errichtung von Pipelines, des Versickerns von Abwässern oder des Einleitens schädlicher Abwässer in Vorfluter etc., in der etwas engeren Zone II das Verbot der Errichtung von baulichen Anlagen, Sport-, Bade- oder Parkplätzen etc., das Entnehmen fester Stoffe, das Düngen, die Verwendung von Pflanzenbehandlungsmitteln etc. Und in der Zone I, die möglicherweise auch noch eingezäunt ist, ist darüber hinaus jede Verletzung der belebten Bodenschicht und der Deckschichten, jede andere Nutzung als Wald- oder Grünlandnutzung verboten.

3. Zuständigkeit

Die Zuständigkeit zum Erlaß von Wasserschutzgebietsverordnungen ist in **154** den Wassergesetzen der Länder geregelt.[186] Regelmäßig zuständig sind die Unteren Wasserbehörden, d. h. die Behörden der Kreisverwaltung. Soweit ein Wasserschutzgebiet über den Bereich dieser Behörden hinausgehen soll, wird zumeist die Zuständigkeit der übergeordneten Höheren Wasserbehörde oder aber auch der Obersten Wasserbehörde bestimmt.

4. Verfahren der Schutzgebietsausweisung

Im Rahmen der 5. Novelle des WHG wurde der bisherige § 19 Abs. 4 WHG, **155** wonach die Festsetzung eines Wasserschutzgebietes eines förmlichen Verfahrens bedurfte, gestrichen. Das Verfahren für die Festsetzung der Wasserschutzgebiete ist deshalb jetzt allein Ländersache. Die Länder können entweder die bislang vorgesehenen förmlichen Verfahren beibehalten oder aber die Schutzgebietsausweisungen verfahrensmäßig am allgemeinen Verfahren für Rechtsverordnungen orientieren.[187] Die bislang praktizierten förmlichen Verfahren dienen dem Schutz der Rechte der Betroffenen. Das Vorhaben muß deshalb öffentlich bekanntgemacht, die Unterlagen müssen zur Einsicht ausgelegt werden. Dabei muß auf die Möglichkeit von Einwendungen

---

[183] *Sieder/Zeitler/Dahme*, WHG, § 19 Rn. 20; hinsichtlich der räumlichen Abgrenzung des Gebiets steht der Wasserbehörde nach Ansicht des BVerwG kein Ermessen zu, Urt. v. 23. 1. 1984 – 4 B 157 u. 158.83 –, DVBl. 1984, 342.

[184] *OVG Münster* Urt. v. O3. 6.1983 – 2O A 2233/82 – ZfW 1984, 291.

[185] Vgl. dazu *Bender/Sparwasser*, Umweltrecht, Rn. 375.

[186] Vgl. §§ 110 f. WG BW; Art. 35 BayWG; 22 Abs. 1 BerlWG; 47 Abs. 2 S. 1 BremWG; 27 HmbWG; 25 Abs. 1 HessWG; 48 Abs. 2 S. 1 NdsWG; 14 Abs. 1 S. 3, 4 LWG NW; 13 Abs. 1 S. 1 LWG RP; 36 Abs. 1 S. 1 SaarlWG; § 15 Abs. 1 WG SH.

[187] Vgl. *Peters*, DVBl. 1987, 990 (992).

hingewiesen werden. Danach werden die fristgerechten Einwendungen mit den Betroffenen erörtert. Den Abschluß des förmlichen Verfahrens bildet der Erlaß der Wasserschutzgebietsverordnung. Soweit die Einwendungen nicht berücksichtigt wurden, müssen den Einwendern die Gründe mitgeteilt werden.[188]

5. Überschneidung mit raumbedeutsamen Planungen

156 Wasserschutzgebietsausweisungen konkurrieren häufig mit der den gleichen Raum betreffenden Gesamtplanung oder aber auch mit weiteren Fachplanungen.[189] In den Flächennutzungsplan und in den Bebauungsplan sollen bestehende Schutzgebietsausweisungen nachrichtlich übernommen werden (§ 5 Abs. 4 S. 1 BauGB, § 9 Abs. 6 BauGB). Im übrigen gilt der Vorrang des Wasserschutzgebietes insoweit, als sie bauplanerisch zulässige Vorhaben wegen § 29 S. 4 BauGB gleichwohl unterbinden.[190] Bei Überschneidungen zwischen den Wasserschutzgebietsausweisungen und den Festsetzungen der Regionalplanung muß im konkreten Fall abgewogen werden, welcher Festsetzung der Vorrang zukommen soll. Etwas anderes kann sich allerdings aus dem jeweiligen Landesrecht ergeben.[191] Das Verhältnis zwischen verschiedenen Fachplanungen, etwa zwischen den Schutzgebietsausweisungen des Wasserrechts und den Abfallentsorgungsplänen oder der Straßenplanung ist nicht abschließend geklärt. Auch hier bedarf es einer konkreten Abwägung im Einzelfall. Dabei kann der Grundsatz der zeitlichen Priorität – d. h. der Vorrang der früheren Planung – besondere Berücksichtigung finden.[192]

6. Ersatzleistungen

157 Zum Ausgleich der durch die Wasserschutzgebietsausweisungen festgesetzten Einschränkungen und Belastungen sieht § 19 WHG zwei Formen von Ersatzleistungen vor und zwar die **Enteignungsentschädigung** und den **Billigkeitsausgleich.**

a) Enteignungsentschädigung

158 Gem. § 19 Abs. 3 WHG ist eine Entschädigung zu leisten, wenn eine Schutzanordnung nach § 19 Abs. 2 WHG eine Enteignung darstellt.[193] Einzelheiten der Entschädigungsregelung sind in § 20 WHG und in zahlreichen landesrechtlichen Vorschriften geregelt.

---

[188] Vgl. dazu *Peters*, DVBl. 1987, 990 (992); zum Verfahren auch *Sieder/Zeitler/Dahme*, WHG, § 19 Rn. 59 ff.; *Breuer*, Wasserrecht, Rn. 58O ff.

[189] Zur Ausweisung von Grundwasserschonbereichen in einem Regionalplan siehe *VGH Mannheim*, Urt. v. O9. 9. 1984 – 5 S 1251/83 –, NVwZ 1986, 233.

[190] Zum Vorrang der Wasserschutzgebietsausweisungen gegenüber den Ausweisungen der Bebauungspläne siehe *Schmidt-Aßmann*, DÖV 1986, 985 (987); *Peters*, DVBl. 1987, 990 (992); zum Verhältnis der durch die Selbstverwaltungsgarantie des Art. 28 Abs. 2 S. 1 GG geschützten Planungs- und Entwicklungshoheit der Gemeinde zur Ausweisung von Wasserschutzgebieten siehe *VGH BW*, Urt. v. 21. 12. 1982 – 5 S 1359/81 –, DVBl. 1983, 638; *Sieder/Zeitler/Dahme*, WHG, § 19 Rn. 6a, 6b.

[191] Siehe z. B. § 10 Abs. 1 S. 1 LPG BW.

[192] Vgl. *Peters*, DVBl. 1987, 990 (992).

[193] § 19 Abs. 3 WHG genügt als sog. salvatorische Entschädigungsregelung der Gemeinwohlklausel des Art. 14 Abs. 3 S. 2 GG, vgl. *OVG Koblenz*, Urt. v. 2. 12. 1985 – 10 C 26/85 –, ZfW 1987, 15.

Allerdings hat das *BVerfG*[194] klargestellt, daß das Recht des Grundeigentümers auf Nutzung seines Eigentums nicht die Befugnis umfaßt, nachteilig auf das Grundwasser einzuwirken. Bewirtschaftungsbeschränkungen, die der Land- und Forstwirtschaft durch Schutzanordnungen einer Wasserschutzgebietsfestsetzung auferlegt werden, sind deshalb regelmäßig eine verfassungsrechtlich zulässige Inhalts- und Schrankenbestimmung des Grundeigentums.[195] Für die Eigentümer oder Pächter von landwirtschaftlichen Flächen im Einzugsbereich von Wasserschutzgebieten ist diese Inhaltsbestimmung des Grundeigentums mit erheblichen Nachteilen verbunden. Einerseits wird ihnen – soweit damit eine erhöhte Belastung des Grundwassers verbunden ist – die Möglichkeit des ansonsten üblichen intensiven Landbaus genommen. Zum anderen werden durch Wasserschutzgebietsausweisungen ökonomisch sinnvolle Nutzungsänderungen untersagt und der Verkehrswert der Grundstücke gemindert, ohne daß die betroffenen Landwirte dafür eine Enteignungsentschädigung verlangen konnten.[196] Eine Enteignungsentschädigung kann grundsätzlich nur dann verlangt werden, wenn die Schutzanordnungen einer Wasserschutzgebietsfestsetzung die bisherige, ordnungsgemäß betriebene land- oder forstwirtschaftliche Nutzung praktisch ausschließen oder unrentabel machen.[197] 159

b) Billigkeitsausgleich

Die wirtschaftlichen Nachteile, die mit den als Inhalts- und Schrankenbestimmungen entschädigungslos hinzunehmenden Schutzgebietsanordnungen verbunden sind, wurden vom Gesetzgeber in vielen Fällen für unbillig gehalten. Er hat deshalb mit der 5. Novelle des WHG in § 19 Abs. 4 WHG einen wasserrechtlichen **Ausgleichsanspruch** für diese Nachteile geschaffen.[198] Gem. § 19 Abs. 4 S. 1 WHG ist nach Maßgabe des Landesrechts für wirtschaftliche Nachteile ein angemessener Ausgleich zu leisten, wenn eine Wasserschutzgebietsverordnung durch erhöhte Anforderungen die ordnungsgemäße land- und forstwirtschaftliche Nutzung eines Grundstückes beschränkt. Das soll allerdings nur gelten, soweit nicht bereits eine Entschädigungspflicht nach § 19 Abs. 3 WHG besteht. 160

Die Regelung ist aus umweltpolitischen Gründen kritisiert worden. Die Zahlung eines finanziellen Ausgleichs an landwirtschaftliche Betriebsinhaber widerspricht dem im Umweltschutzrecht weitgehend geltenden Verursacherprinzip, sie schränkt die Aussagen zugunsten des Gewässerschutzes im Naßauskiesungsbeschluß des *BVerfG* ein und führt in das Wasserhaushaltsrecht eine den Landwirtschaftsklauseln des Naturschutzrechts ähnliche Regelung ein, die im Naturschutzrecht stark kritisiert wird und die bislang dem Gewässerschutzrecht fremd war.[199] 161

---

[194] Beschl. v. 15. 7. 1981 – 1 BvL 77/78 –, E 58, 300ff.

[195] Vgl. dazu auch *BGH*, Urt. v. 25. 1. 1973 – III ZR 118/70 –, BGHZ 60, 145 (146); *Knauber*, AgrarR 1985, 125ff.

[196] Vgl. dazu *Nies*, NVwZ 1987, 189 (190); zum Umfang der Entschädigungspflicht bei Ausweisung ökologischer Vorrangflächen siehe *Nies*, AgrarR 1986, 93 ff.; eine Übersicht über Beschränkungen in Wasserschutzgebietsverordnungen liefert *Deselaers*, AgrarR 1986, 97ff.

[197] Vgl. *Breuer*, NuR 1987, 49 (57); *Knauber*, AgrarR 1985, 125 (130); ausführlich auch *Sieder/Zeitler/Dahme*, WHG, § 19 Rn. 35ff.; zur Notwendigkeit, in Wasserschutzgebietsverordnungen Befreiungsmöglichkeiten von den Schutzanordnungen zur Vermeidung unbilliger Härten im Einzelfall vorzusehen, siehe *OVG Koblenz* – 10 C 3/84 – DÖV 1986, 121. Zur Entschädigung für enteignende Eingriffe in das Grundeigentum in Wasserschutzgebieten siehe *Krohn*, DVBl. 1986, 745ff.

[198] Vgl. zu dieser neuen Regelung *Nies*, NVwZ 1987, 189 ff.; *Nacke*, NVwZ 1987, 185 (188f.); *Peters*, DVBl. 1987, 990 (993); *Breuer*, NuR 1987, 49 (55ff.); *Weyreuther*, UPR 1987, 41ff.; *Deselaers*, AgrarR 1988, 241ff.

[199] Vgl. *Peters*, DVBl. 1987, 990 (993); *Breuer*, NuR 1987, 49 (57f.); *Nies*, NVwZ 1987, 189 (190); *Kimminich*, NuR 1989, 2ff.

V. Reinhalteordnungen

162 Ein weiteres planerisches Instrument des Gewässerschutzes sind die Reinhalteordnungen, die nach § 27 WHG aus Gründen des Wohls der Allgemeinheit für oberirdische Gewässer oder Gewässerteile erlassen werden können.[200] Zweck der Reinhalteordnung ist die Erhaltung oder Verbesserung der Gewässergüte, wobei der entscheidende Gesichtspunkt auf der Gesamtbetrachtung des Zustandes eines Gewässers liegen soll und nicht auf der Benutzung des Gewässers vor allem durch Schadstoffeintrag im Einzelfall.[201] Reinhalteordnungen sollen dem Umstand Rechnung tragen, daß einzelne Gewässerbenutzungen für sich genommen zwar unschädlich sein mögen, in ihrer Summe jedoch problematische Auswirkungen für die Gewässerbewirtschaftung haben können.[202] Aufgrund ihrer gesamtheitlichen, vorausschauenden, großräumigen, Einzelbenutzungen koordinierenden und damit insgesamt raumgestaltenden Betrachtung werden Reinhalteordnungen zum planerischen Instrumentarium gerechnet.[203] Gem. § 27 Abs. 1 S. 2 WHG können Reinhalteordnungen vorschreiben,

- daß bestimmte Stoffe nicht zugeführt werden dürfen,
- daß bestimmte Stoffe, die zugeführt werden, bestimmten Mindestanforderungen genügen müssen,
- welche sonstigen Einwirkungen abzuwehren sind, durch die die Beschaffenheit des Wassers nachteilig beeinflußt werden kann.

163 Reinhalteordnungen werden gem. § 27 Abs. 1 WHG als Rechtsverordnungen erlassen; sie sind allgemeinverbindlich. Die Zuständigkeit für die Aufstellung von Reinhalteordnungen liegt nach dem Landesrecht zumeist bei der Obersten oder Oberen Wasserbehörde.[204] Besondere Verfahrens- und Beteiligungsvorschriften gibt es regelmäßig nicht.

VI. Überschwemmungsgebiete

164 Zu den planerischen Nutzungsregelungen zählt schließlich auch die Erklärung eines Gebietes zum Überschwemmungsgebiet. Überschwemmungsgebiete werden gem. § 32 S. 1 WHG für die Gebiete festgesetzt, die bei Hochwasser überschwemmt werden. Zweck des § 32 WHG und der landesrechtlichen Ausfüllungsvorschriften ist die Sicherung eines unschädlichen Wasserabflusses, um die hochwasserbedingten Gefahren für Menschen und Sachen zu vermeiden.[205] Die landesrechtlichen Vorschriften sehen vor allem vor,

---

[200] Zur Abgrenzung siehe *Knopp*, BayVBl. 1983, 524.

[201] Vgl. *Sieder/Zeitler/Dahme*, WHG, § 27 Rn. 1; *Gieseke/Wiedemann/Czychowski*, WHG, § 27 Rn. 1.

[202] Vgl. *Thurn*, Schutz natürlicher Gewässerfunktionen, S. 166; BT-Drs. 2/2072, S. 33.

[203] *Thurn*, Schutz natürlicher Gewässerfunktionen, S. 166; *Hartkopf/Bohne*, Umweltpolitik, S. 390; *Gieseke/Wiedemann/Czychowski*, WHG, § 27 Rn. 1; *Schmidt-Aßmann*, in: Grundzüge des Umweltrechts, S. 142.

[204] Vgl. §§ 96 Abs. 2 Nr. 4, Abs. 3 Nr. 2 WG BW; 29 BerlWG; 97 Abs. 1 BremWG; 29 HmbWG; 91 Abs. 1 HessWG; 96 NdsWG; 17 LWG NW; 37 SaarlWG; § 106 LWG RP; § 100 d WG SH sowie § 1 Abs. 1 BayVO vom 16. 9. 1977 (GVBl., S. 491).

[205] *Sieder/Zeitler/Dahme*, WHG, § 32 Rn. 1; *Thurn*, Schutz natürlicher Gewässerfunktionen, S. 169.

daß für Überschwemmungsgebiete ein Genehmigungsvorbehalt besteht für die Erhöhung oder Vertiefung der Erdoberfläche, für bauliche Maßnahmen und für das Anpflanzen von Bäumen und Sträuchern.[206]

F. Reinhaltung der Gewässer

Neben den bereits erwähnten Reinhalteordnungen i. S. v. § 27 WHG[207] dient der Reinhaltung oberirdischer Gewässer vornehmlich die unmittelbar verbindliche Vorschrift des § 26 WHG über das Einbringen, Lagern und Befördern von Stoffen. Ziel dieser Vorschrift ist es, eine Verunreinigung der oberirdischen Gewässer ohne Rücksicht auf deren jeweiligen Gütezustand zu verhindern. Für das Grundwasser findet sich eine entsprechende Vorschrift in § 34 WHG. **165**

Gem. § 26 Abs. 1 S. 1 WHG dürfen feste Stoffe in ein Gewässer nicht zu dem Zweck eingebracht werden, sich ihrer zu entledigen. Schlammige Stoffe rechnen gem. § 26 S. 2 WHG nicht zu den festen Stoffen.[208] **166**

Gem. § 26 Abs. 2 S. 1 WHG dürfen an einem Gewässer Stoffe nur so gelagert oder abgelagert werden, daß eine Verunreinigung des Wassers oder eine sonstige nachteilige Veränderung seiner Eigenschaften oder des Wasserabflusses nicht zu besorgen ist. Das gleiche gilt gem. § 26 Abs. 2 S. 2 WHG für die Beförderung von Flüssigkeiten und Gasen durch Rohrleitungen. **167**

G. Unterhaltung und Ausbau von Gewässern

Damit die Gewässer ihre Funktionen und Aufgaben erfüllen können, müssen sie unterhalten und ggf. auch ausgebaut werden.[209] **168**

I. Gewässerunterhaltung

Gem. § 28 Abs. 1 S. 1 WHG umfaßt die Unterhaltung eines Gewässers die Erhaltung eines ordnungsgemäßen Zustandes für den Wasserabfluß und an schiffbaren Gewässern auch die Erhaltung der Schiffbarkeit. Bei der Unterhaltung ist den Belangen des Naturhaushalts Rechnung zu tragen; Bild und Erholungswert der Gewässerlandschaft sind zu berücksichtigen. Zur Gewässerunterhaltung gehört z. B. die Reinigung, Räumung und Erhaltung des Gewässerbettes, die Sicherung der Ufer, oder das teilweise Verfüllen eines Baches.[210] Gestützt auf § 28 Abs. 1 S. 2 WHG haben die Länder den Umfang der Gewässerunterhaltung zum Teil erweitert, z. B. auf die Erhaltung und Förderung der biologischen Wirksamkeit des Gewässers oder auf die Reini- **169**

---

[206] *Thurn*, Schutz natürlicher Gewässerfunktionen, S. 169.

[207] Siehe dazu oben, § 21, Rn. 162.

[208] Zum Begriff des Lagerns und Ablagerns siehe *BGH*, Urt. v. 29. 4. 1966 – V ZR 147/63 –, BGHZ 46, 17.

[209] Zur Unterscheidung von Gewässerausbau und Gewässerunterhaltung siehe *Knopp*, BayVBl. 1983, 524ff.

[210] Vgl. *Czychowski*, S. 484; zur Berücksichtigung ökologischer Belange bei der Gewässerunterhaltung und zur Renaturierung von Fließgewässern siehe *Schink*, UPR 1985, 157ff.

gung und Räumung des Gewässerbettes und der Ufer von Unrat und auf Maßnahmen, um bei Hochwasser angetriebene Gegenstände einzusammeln und zur Abfallbeseitigung bereitzustellen.[211] Die Reinhaltung des Wassers selbst zählt demgegenüber nicht nicht zum Gegenstand der Gewässerunterhaltung.[212]

170 Gem. § 29 Abs. 1 S. 1 WHG obliegt die Unterhaltung von Gewässern, soweit sie nicht Aufgabe von Gebietskörperschaften, von Wasser- und Bodenverbänden oder gemeindlichen Zweckverbänden ist, den Eigentümern der Gewässer, den Anliegern und denjenigen Eigentümern von Grundstükken und Anlagen, die aus der Unterhaltung Vorteile haben oder die Unterhaltung erschweren. Die Länder können bestimmen, daß die Unterhaltung auch anderen Eigentümern von Grundstücken im Einzugsgebiet obliegt (§ 29 Abs. 1, S. 2 WHG). Wer Träger der Unterhaltungspflicht ist, richtet sich nach der landesrechtlichen Einteilung der oberirdischen Gewässer in zwei oder drei Ordnungen.[213] Bei Gewässern erster Ordnung obliegt die Unterhaltung bei den Bundeswasserstraßen dem Bund (§§ 7, 8 WaStrG) und im übrigen den Bundesländern. Bei Gewässern zweiter und dritter Ordnung trifft die Unterhaltungspflicht nach den Landeswassergesetzen[114] teils die Gemeinden oder die Landkreise und kreisfreien Städte, teils die evtl. bestehenden Wasser- und Bodenverbände und zum Teil die einzelnen Interessenten, nämlich bestimmte Grundstücks-, Anlagen- oder Gewässereigentümer.[215]

171 Gem. § 30 WHG haben die Anlieger und Hinterlieger besondere Pflichten zur Ermöglichung einer ordnungsgemäßen Gewässerunterhaltung. Dazu zählt die Pflicht, die Betretung des Grundstückes oder die Uferbepflanzung zu dulden. Gem. § 30 Abs. 2 S. 2 WHG können die Anlieger verpflichtet werden, die Ufergrundstücke in erforderlicher Breite so zu bewirtschaften, daß die Unterhaltung nicht beeinträchtigt wird.

II. Gewässerausbau

172 Zum Ausbau eines Gewässers zählen gem. § 31 Abs. 1 S. 1 WHG die Herstellung, Beseitigung oder wesentliche Umgestaltung eines Gewässers oder seiner Ufer.

Beispiele: Herstellung eines Gewässers ist z. B. die Freilegung von Grundwasser und die damit verbundene Schaffung eines Baggersees.[216] *Beseitigt* werden kann ein Gewäs-

---

[211] Vgl. z. B. §§ 90 Abs. 2 LWG NW; 49 Abs. 2 WG BW; 43 Abs. 1 BayWG; 47 Abs. 1 Nr. 2 HessWG; 91 Abs. 1 LWG NW; 57 Abs. 1 Nr. 2 SaarlWG; vgl. zu diesem Problembereich auch *OVG Münster*, Urt. v. 9. 2. 1979, ZfW 1979, 174.

[212] *Salzwedel*, Wasserrecht, S. 766.

[213] Siehe dazu §§ 2, 3 WG BW; Art. 2 BayWG; § 2 BerlWG; §§ 56, 57 BremWG; § 2 HambWG; § 3 HessWG; §§ 65 ff. NdsWG; § 3 LWG NW; § 3 LWG RP; § 2 SaarlWG; § 2 WG SH.

[214] Vgl. § 49 WG BW; Art. 43 BayWG; § 41 BerlWG; §§ 100 ff. BremWG; §§ 36 – 39 HambWG; § 47 HessWG; §§ 67, 68 NdsWG; § 91 LWG NW; § 63 LWG RP; § 57 SaarlWG; §§ 39 – 41 WG SH.

[215] Vgl. *Breuer*, HÖV, Bd. 2, S. 478.

[216] Vgl. *Czychowski*, S. 485; *BVerwG*, Urt. v. 10. 2. 1978 – 4 C 25.75 –, E 55, 220 (224); zum Begriff und Gegenstand des Gewässerausbaus siehe ausführlich *Breuer*, Wasserrecht, Rn. 664 ff.

ser z. B. durch das Zuschütten eines alten Flußarmes oder eines Teiches oder durch Einbeziehung eines Gewässers in ein kommunales Kanalisationsnetz.[117] Eine *wesentliche Umgestaltung* schließlich kann in der Vertiefung oder Begradigung von Flüssen, in der Beseitigung von Inseln oder in der Verrohrung eines Gewässers liegen.[218]

Der Gewässerausbau bedarf gem. § 31 Abs. 1 WHG der vorherigen Durchführung eines *Planfeststellungsverfahrens*. Das gleiche gilt für Deich- und Dammbauten gem. § 31 Abs. 1 S. 2 WHG, die den Hochwasserabfluß beeinflussen. Ausnahmsweise kann der Ausbau des Gewässers ohne vorherige Durchführung eines Planfeststellungsverfahrens genehmigt werden, wenn mit Einwendungen gegen das Vorhaben nicht zu rechnen ist (§ 31 Abs. 1 S. 3 WHG).[219] § 31 Abs. 1 S. 3 WHG gibt lediglich der Behörde die Befugnis, die Plangenehmigung in einem vereinfachten Verfahren zu erteilen. Auf die Erteilung einer solchen Genehmigung hat der Antragsteller keinen einklagbaren Anspruch.[220] **173**

Für die Voraussetzungen, unter denen die Planfeststellung für einen Gewässerausbau erfolgen darf, ist nach Ansicht des *BVerwG* von entscheidender Bedeutung, ob das Vorhaben im privaten oder im öffentlichen Interesse erfolgt.[221] Nach Ansicht des Gerichts können bei der im öffentlichen Interesse liegenden *gemeinnützigen* Planfeststellung entgegenstehende private und öffentliche Belange überwunden werden. Gemeinnützige Planfeststellungen können deshalb Eingriffscharakter haben. Demgegenüber habe die *privatnützige* Planfeststellung für den Antragsteller die Funktion einer Genehmigung. Eingriffe in Rechte Dritter seien bei der privatnützigen Planfeststellung nicht zulässig.[222] **174**

Nach den vom *BVerwG* entwickelten Grundsätzen ist ein *privatnütziges* Ausbauvorhaben nur zulässig, wenn keine zwingenden Versagungsgründe, etwa in Form der Allgemeinwohlunverträglichkeit vorliegen und eine ordnungsgemäße Abwägung aller berührten öffentlichen und privaten Belange ein überwiegendes Interesse des Ausbauunternehmers ergibt.[223] Eine gemeinnützige Planfeststellung erfordert demgegenüber, daß das Vorhaben nach Maßgabe der gesetzlichen Planungsziele gerechtfertigt ist, daß konkrete Planungsleitsätze beachtet und das Abwägungsgebot eingehalten worden ist.[224] **175**

---

[217] Vgl. *Czychowski*, S. 485; *Gieseke/Wiedemann/Czychowski*, WHG, § 31 Rn. 5.

[218] Vgl. dazu *Gieseke/Wiedemann/Czychowski*, WHG, § 31 Rn. 6.

[219] Vgl. dazu *OVG Münster*, Urt. v. 10. 6. 1985 – 11 A 3361/83 –, NuR 1986, 37; Urt. v. 15. 6. 1984 – 11 A 2428/82 –, NVwZ 1986, 23.

[220] *OVG NW*, Urt. v. 15. 6. 1984 – 11 A 2428/82 –, NVwZ 1986, 231.

[221] Vgl. dazu *BVerwG*, Urt. v. 10. 2. 1978 – 4 C 25.75 , E 55, 220 (226); vgl. *BVerwG*, Urt. v. 13. 4. 1984 – 4 C 69.80 –, UPR 1985, 88ff.

[222] Vgl. *BVerwG*, Urt. v. 10. 2. 1978 – 4 C 25.75 –, E 55, 220 (226f.) vgl. auch *OVG Münster*, Urt. v. 4. 6. 1984 – 20 A 1283/83 –, ZfW 1985; zur Frage, wann eine Gemeinde eine privatnützige wasserrechtliche Planfeststellung angreifen kann, siehe *BayVGH*, Urt. v. 23. 4. 1985 – Nr. 8 B 83 A 3018 –, ZfW 1986, 243; zur Unterscheidung von privatnützigen und gemeinnützigen Planfeststellungen siehe oben, § 8, Rn. 32–35.

[223] *BVerwG*, Urt. v. 10. 2. 1978 – 4 C 25.75 –, E 55, 220 (225).

[224] *BVerwG*, Urt. v. 10. 2. 1978 – 4 C 25.75 –, E 55, 220 (227); siehe allgemein dazu oben, § 8, Rn. 32; zur Berücksichtigung ökologischer Belange bei der wasserrechtlichen Planaufstellung vgl. *Schink*, ZfW 1985, 1ff.

176 Das Planfeststellungsverfahren ist in den Landeswassergesetzen geregelt. Häufig wird dabei auf die Vorschriften für das Planfeststellungsverfahren in den jeweiligen VwVfGen der Länder verwiesen.[225] Regelmäßig ist ein Antrag des Ausbauunternehmers, eine öffentliche Auslegung der Planunterlagen, eine Erörterung möglicher Einwendungen mit den Betroffenen und eine Beteiligung betroffener Behörden erforderlich. Der das Verfahren abschließende Planfeststellungsbeschluß entfaltet formelle Konzentrationswirkung, d.h. alle nach anderen Vorschriften erforderlichen Genehmigungen, Erlaubnisse u.ä. werden durch die Planfeststellung ersetzt.[226] Die Planfeststellungsbehörde ist dabei grundsätzlich jedoch an die sachlich-rechtlichen Vorschriften der von ihr mitzuerledigen Rechtsbereiche gebunden.[227] Eine Einschränkung ergibt sich jedoch aus § 38 S. 2 BauGB. Nach dieser Vorschrift bleiben Planfeststellungsverfahren für überörtliche Planungen auf dem Gebiet des Verkehrs-, Wege- und Wasserrechts nach landesrechtlichen Vorschriften von den Vorschriften des dritten Teils des Baugesetzbuches unberührt, wenn die Gemeinde beteiligt worden ist. Das bedeutet, daß die §§ 29ff. BauGB in Verfahren dieser Art nicht zwingend zu beachten sind, mit der Folge, daß eine Planfeststellung nicht allein mit der Begründung versagt werden kann, das Vorhaben verstoße gegen diese Vorschriften.[228]

H. Wasserbuch

177 Gem. § 37 Abs. 1 WHG sind für die Gewässer Wasserbücher zu führen. Sie sollen den Wasserbehörden, den am Gewässer interessierten Kreisen und der Gewässerkunde einen Überblick über die Rechtsverhältnisse an den Gewässern, vor allem über die Benutzungen ermöglichen.[229] In das Wasserbuch sind deshalb insbesondere einzutragen Erlaubnisse, die nicht nur vorübergehenden Zwecken dienen, Bewilligungen, alte Rechte und alte Befugnisse, Wasserschutzgebiete und Überschwemmungsgebiete.

178 Wasserbuchbehörden sind nach dem Landesrecht zumeist die Höheren Wasserbehörden, in Bayern sind die Kreisverwaltungsbehörden zuständig, im Saarland die Oberste Wasserbehörde, in Schleswig-Holstein der Minister für Ernährung, Landwirtschaft und Forsten.[230] Eintragungen in das Wasserbuch haben keine rechtsbegründende oder rechtsändernde Wirkung, sie sind

[225] Vgl. Art. 83 Abs. 1 BayWG; § 117 Abs. 2 BremWG; § 101 Abs. 1 HessWG; § 127 NdsWG; § 152 Abs. 1 Nr. 1 LNW WG; § 114 Abs. 1 LWG RP; § 112 S. 1 Nr. 1 SaarlWG; § 96 WG SH; zum wasserrechtlichen Planfeststellungsverfahren siehe *Breuer*, Wasserrecht, Rn. 683ff.

[226] Vgl. dazu *OVG Münster*, Urt. v. 15. 6. 1984 – 11a 2428/82 –, NVwZ 1986, 231.

[227] Zum Planfeststellungsverfahren allgemein siehe oben, § 8 Rn. 28ff.; zu den Voraussetzungen, unter denen bei einer wasserrechtlichen Planfeststellung Einzelfragen der späteren Entscheidung vorbehalten werden dürfen siehe *BVerwG*, Beschl. v. 17. 7. 1985 – 3 B 214 185 –, ZfW 1987, 85.

[228] Vgl. *VGH Mannheim*, Urt. v. 18. 3. 1987 – 5 S 2257/86 –, NVwZ 1988, 380; und zu diesem Urteil *Uechtritz*, NVwZ 1988, 316ff.; *BVerwG*, Urt. v. 9. 11. 1984 – 7 C 15/83 –, NVwZ 1985, 414; *VGH München*, Urt. v. 23. 4. 1985 – 8 B 83 A. 3018 –, NVwZ 1986, 228 (229); *BVerwG*, Urt. v. 4. 5. 1988 – 4 C 22. 87 –, UPR 1988, 392ff.

[229] Vgl. *Gieseke/Wiedemann/Czychowski*, WHG, § 37 Rn. 1.

[230] Vgl. zum Landesrecht i.e. *Gieseke/Wiedemann/Czychowski*, WHG, § 37 Rn. 2a.

für den Bestand und den Nachweis von Rechtsverhältnissen nicht maßgebend.[231] Nach dem Landeswasserrecht ist die Einsicht in das Wasserbuch, seine Abschriften und diejenigen Urkunden, auf die in der Eintragung bezug genommen wird, regelmäßig denjenigen gestattet, die ein berechtigtes Interesse darlegen können.[232]

---

[231] *Gieseke/Wiedemann/Czychowski*, WHG, § 37 Rn. 3.

[232] Vgl. z. B. § 160 Abs. 1 S. 2 LWG NW; zur Einsicht in das Wasserbuch nach § 160 LWG NW im Zusammenhang mit Auskunftsrechten und Auskunftspflichten gegenüber Dritten bei Abwasserableitungen siehe *Nieß-Mache*, UPR 1987, 130 (131 f.).

§ 22. Abwasserabgabenrecht

A. Abwasserabgabe als Instrument des Gewässerschutzes

1 Mit Einführung einer Abgabenpflicht für Abwassereinleiter durch das 1978 in Kraft getretene Gesetz über Abgaben für das Einleiten von Abwasser in Gewässer[1] (Abwasserabgabengesetz – AbwAG) hat der Bundesgesetzgeber aufgrund seiner Rahmengesetzgebungskompetenz aus Art. 75 Nr. 4 GG ein neuartiges Instrument des Gewässerschutzes geschaffen, das im Rahmen des Umweltschutzrechts Modellcharakter beansprucht.[2] Die ökonomische Belastung, die für den Gewässerverschmutzer aus der Abwasserabgabe folgt, soll diesen dazu veranlassen, den Abwasser- und Schadstoffanfall zu reduzieren, neue Kläranlagen zu bauen oder vorhandene zu verbessern sowie ihren ordnungsgemäßen Betrieb sorgfältig zu überwachen. In dem Bemühen um eine verbesserte Reinhaltung der Gewässer wirkt die Abwasserabgabe als flankierende Maßnahme zum wasserechtlichen Instrumentarium unmittelbar auf den Verantwortlichen einer Gewässerverschmutzung ein und verschafft so dem Verursacherprinzip Geltung.[3]

2 Der dem AbwAG innewohnenden Anreizfunktion entspricht der Lenkungscharakter der Abgabe. Der Sinn der Abgabenerhebung ist nicht primär darauf gerichtet, dem Fiskus ein größeres Einnahmeaufkommen zu verschaffen, sondern eine weitgehende Verminderung der Schadstoffracht der Gewässer zu erreichen.[4] Die Abwasserabgabe ist weder eine Steuer noch ein Beitrag zur Finanzierung öffentlicher Gewässerschutzeinrichtungen, noch eine Benutzungsgebühr für den Zugang zu Gewässern.[5] Die Abgabenlast entsteht unabhängig von einer wasserrechtlichen Gestattung für das Einleiten von Abwasser und stellt keine Gegenleistung für die Inanspruchnahme von Einrichtungen des Gemeinwesens dar. Die Anknüpfung der Abgabe an Menge und Schädlichkeit des eingeleiteten Abwassers in § 3 AbwAG weist sie als *Sonderabgabe* aus, die aber wegen der mit ihr primär verfolgten Antriebsfunktion Lenkungs- und nicht Finanzierungscharakter hat.[6]

3 Unmittelbare Folge der Abgabenerhebung in Abhängigkeit von Menge und Schädlichkeit des Abwassers ist der Abbau von Nachteilen derjenigen Einleiter, die mit zum

---

[1] Ges. v. 13. 9. 1976 (BGBl. I, S. 2721), geändert durch Ges. v. 19. 12. 1986 – Zweites Gesetz zur Änderung des AbwAG – (BGBl. I, S. 2619). Die zweite Novelle tritt in ihrem Kernstück erst am 1. 1. 1989 in kraft. Die folgende Darstellung geht von der dann geltenden Rechtslage aus. Eine Gegenüberstellung mit der bisherigen Rechtslage enthält *Breuer*, Wasserrecht, Rn. 563ff.; vgl. auch *Henseler*, NVwZ 1987, 551ff.

[2] *Schroeder*, DÖV 1983, 667ff.; *Meßerschmidt*, Umweltabgaben als Rechtsproblem, S. 185.

[3] *Schroeder*, DÖV 1983, 667.

[4] *Schroeder*, HdUR, Bd. I, Sp. 58ff.

[5] *Henseler*, Abwasserbeseitigung, S. 170ff.; *Salzwedel*, in: Grundzüge des Umweltrechts, S. 626; *Schroeder*, HdUR, Bd. I, Sp. 58ff.; *Brandt*, UPR 1984, 10 (11f.).

[6] *Schroeder*, DÖV 1983, 667 (669f.); vgl. zur Rechtsnatur der Abwasserabgabe auch die umfassende Untersuchung von *Meßerschmidt*, Umweltabgaben als Rechtsproblem, S. 191ff.

Teil enormem Kostenaufwand gewässerschützende Maßnahmen ergreifen gegenüber solchen Verschmutzern, die die Gewässer mit unverminderter Schmutzfracht belasten und die Kosten umweltschützender Investitionen einsparen. Damit erreicht die Abwasserabgabe einen Ausgleich unter allen Gewässerverschmutzern und vermeidet, daß unterschiedliche Sorgfaltsmaßstäbe von Abwassereinleitern zu ungerechtfertigten Vermögensvorteilen einzelner bzw. Wettbewerbsverzerrungen überhaupt führen.

Wenn auch die Erhebung einer Umweltabgabe mit Lenkungscharakter 4
nicht in erster Linie der Steigerung des Finanzaufkommens des Fiskus dient, so ist der Anfall beträchtlicher Einnahmen gleichwohl notwendige Konsequenz dieser Sonderlast.[7] Das Abwasserabgabeaufkommen steht den Ländern zu und ist gem. § 13 Abs. 1 S. 1 AbwAG für Maßnahmen, die der Erhaltung oder Verbesserung der Gewässergüte dienen, zweckgebunden. Die Länder werden in § 13 Abs. 1 S. 2 AbwAG ermächtigt, das Aufkommen auch zur Deckung des Verwaltungsaufwands zu verwenden, der durch den Vollzug des Bundesgesetzes und der ausführenden Ländergesetze entsteht.[8]

B. Enstehung der Abgabenlast

I. Abgabetatbestand

Abgabetatbestand ist gem. § 1 S. 1 AbwAG das *Einleiten von Abwasser* in 5
ein Gewässer. Der Gewässerbegriff bestimmt sich nach § 1 Abs. 1 WHG. Der Gesetzgeber hat sich darauf beschränkt, die Hauptverursachung der Gewässerverschmutzung mit einer Abgabenpflicht zu belegen. Andere den Wasserhaushalt belastende Benutzungen werden durch das AbwAG nicht erfaßt.

Einleiten im Sinne des AbwAG ist das unmittelbare Verbringen des Abwassers in 6
ein Gewässer; das Verbringen in den Untergrund gilt als Einleiten in ein Gewässer, soweit es nicht im Rahmen landbaulicher Bodenbehandlung erfolgt (§ 2 Abs. 2 AbwAG). Der Abwasserbegriff umfaßt gem. § 2 Abs. 1 S. 1 AbwAG sowohl das durch Gebrauch beeinträchtigte Wasser (**Schmutzwasser**) als auch das von Niederschlägen aus dem Bereich von bebauten oder befestigten Flächen abfließende und gesammelte Wasser (**Niederschlagswasser**).[9] Als Schmutzwasser gelten gem. § 2 Abs. 1 S. 2 AbwAG auch die Flüssigkeiten, die aus Anlagen zum Behandeln, Lagern und Ablagern von Abfällen austreten (**Deponiesickerwasser**). Das Einbringen von anderen flüssigen Substanzen oder festen Stoffen in ein Gewässer unterliegt keiner Abgabenpflicht sondern untersteht dem abfallrechtlichen Regime.

II. Abgabeschuldner

Abgabeschuldner ist gem. § 9 Abs. 1 AbwAG derjenige, der Abwasser 7
einleitet. Da das Einleiten von Abwasser in § 2 Abs. 2 AbwAG nur als *unmittelbares* Verbringen von Abwasser in ein Gewässer definiert ist, kommt eine Abgabepflicht nur für die sogenannten *Direkteinleiter* in Betracht.

---

[7] *Brandt*, UPR 1984, 10 (11).

[8] Krit. hierzu: *Salzwedel*, in: Grundzüge des Umweltrechts, S. 632f.; *Brandt*, UPR 1984, 10 (12f.).

[9] Zu den Begriffen „Schmutzwasser" und „Niederschlagswasser" siehe *OVG Münster*, Urt. v. 23. 1. 1985 – 2 A 38/84 –, ZfW 1986, 255; zur abwasserabgabenrechtlichen Beurteilung der Aufbringung von Schmutzwasser auf landwirtschaftlich genutzte Böden, siehe *OVG Münster*, Urt. v. 23. 1. 1985 – 2 A 1332/84 –, ZfW 1986, 260.

Fall: A betreibt in gemieteten Räumen eine Teppichwäscherei. Die Abwässer aus der Teppischwäscherei flossen in der Vergangenheit zusammen mit den Abwässern aus den Wohnungen der anderen Mieter auf demselben Grundstück in denselben Sammelschacht, dessen Überlaufwasser in einen auf dem Grundstück befindlichen Graben geleitet wurde und von dort aus versickerte. A wandte sich einer Klage gegen die Heranziehung zur Abwasserabgabe. Seine Klage hatte Erfolg. Nach Ansicht des VGH BW[10] ist abgabepflichtiger Einleiter i. S. v. § 9 Abs. 1 AbwAG bei der Einleitung in eine – öffentliche oder private – Abwasseranlage nicht der einzelne Schmutzwassererzeuger, sondern wegen § 2 Abs. 2 AbwAG, wonach Einleiten von Abwasser nur unmittelbares Verbringen von Abwasser in ein Gewässer ist, der Betreiber der Abwasseranlage. Der Mieter von Räumen, deren Abwasser in eine private Grundstücksentwässerung einleite, die auch von anderen Mietern auf dem Grundstück benutzt werde, sei in der Regel nicht Betreiber der Einrichtung.[11]

8 Ausgenommen aus dem Regelungsbereich sind all jene Abwasserproduzenten, die insbesondere die öffentliche Kanalisation in Anspruch nehmen und über diese – indirekt – die Schmutzfracht in Gewässer leiten.

9 Da die Abwasserbeseitigung grundsätzlich als öffentliche Aufgabe verstanden und in der Regel von den Gemeinden erledigt wird, wirkt sich das AbwAG in erster Linie auf die beseitigungspflichtigen Körperschaften des öffentlichen Rechts aus, nicht aber – von einigen industriellen Direkteinleitern abgesehen – auf die überwiegende Zahl der Abwasserproduzenten aus.[12] Dabei bleibt es dem jeweiligen Landesrecht überlassen, ob und nach welchen Maßstäben die Abgabepflicht auf *Indirekteinleiter* abgewälzt wird, da das Einleiten in die Kanalisation kein wasserrechtlicher, dem Bund aus Art. 75 Nr. 4 GG zur Regelung übertragener Tatbestand ist.[13] Ähnlich ist die Rechtslage in den bundesgesetzlich vorgesehenen Fällen der Übertragung der Abgabepflicht auf öffentlich-rechtliche Körperschaften oder Betreiber von Flußkläranlagen: § 9 Abs. 2 S. 2 AbwAG sieht zwingend vor, daß anstelle von Kleineinleitern von den Ländern zu bestimmende Körperschaften des öffentlichen Rechts abgabepflichtig sind. Für die übrigen Einleiter können die Länder dies ebenfalls vorsehen (§ 9 Abs. 2 S. 1 AbwAG). Daneben bleibt es den Ländern vorbehalten, die Betreiber von Flußkläranlagen anstelle der in ihrem Einzugsbereich einleitenden Abwasserproduzenten heranzuziehen (§ 9 Abs. 3 AbwAG). In allen drei Fällen sind die Länder allerdings verpflichtet, die Abwälzbarkeit der Abgabe zu regeln (§ 9 Abs. 2 S. 3 AbwAG). Die Länderregelungen bieten in den Ausführungsgesetzen ein uneinheitliches Bild zur Frage der Abwälzbarkeit der Abwasserabgabe.[14] Es zeichnet sich eine Abwälzung nach den Kommunalabgabengesetzen der Länder ab.[15] Das AbwAG schreibt eine Berücksichtigung der Schädlichkeit des Abwassers bei der Abwälzung der Abgabe nicht vor.

C. System der Abgabenerhebung

I. Schädlichkeit des Abwassers als Bewertungsgrundlage

10 Die Abwasserabgabe richtet sich gem. § 3 Abs. 1 S. 1 AbwAG nach der Schädlichkeit des Abwassers, die unter Zugrundelegung der oxydierbaren Stoffe, der organischen Hallogenverbindungen, der Metalle Quecksilber,

---

[10] Urt. v. 7. 2. 1986 – 14 S 2948/84 –, ZfW 1987, 37.

[11] Vgl. auch *OVG NW*, Urt. v. 30. 11. 1987 – 2 A 1088/85 –, DÖV 1988, 518, wonach das Verrieseln von Abwasser auf einer Waldfläche kein unmittelbares Einleiten von Abwasser i. S. v. § 2 Abs. 2, 2. HS AbwAG ist.

[12] *Brandt*, UPR 1983, 84 (85).

[13] Zum Umlage der Abwasserabgabe siehe *BVerwG*, Urt. v. 11. 11. 1987 – 8 C 49.86 –, DÖV 1988, 348f.

[14] Vgl. i.e. *Brandt*, UPR 1983, 84 (86ff.).

[15] Vgl. dazu *HessVGH*, Beschl. v. 23. 6. 1986 – 5 TA 29/85 –, ZfW 1987, 170.

Kadmium, Blei, Chrom, Nickel, Kupfer und ihrer Verbindungen sowie der Giftigkeit des Abwassers gegenüber Fischen in Schadeinheiten bestimmt wird.[16]

11 Die Schädlichkeit jedes dieser Schadparameter wird mittels einer Bewertungstabelle in Anlage Teil A zu § 3 AbwAG in Schadeinheiten ausgedrückt. Eine Schadeinheit entspricht annähernd der Schädlichkeit des ungereinigten Schmutzwassers, das pro Einwohner in einem Jahr anfällt. Pro Schadeinheit des eingeleiteten Abwassers ist ein in § 9 Abs. 4 AbwAG festgelegter Abgabesatz zu entrichten. § 3 Abs. 1 S. 2 AbwAG befreit von einer Abgabenpflicht, wenn der Einleiter bestimmte Schwellenwerte einzelner Schadparameter nicht überschreitet. Diese Schwellenwerte finden sich in Teil A der Anlage zu § 3 Abs. 1 AbwAG für jeden Schädlichkeitsparameter nach Konzentration und Jahresmenge getrennt festgelegt. Sie markieren Grenzwerte, bei deren Überschreiten die Verminderung einer Gewässerbelastung abwassertechnisch nicht mehr möglich oder im Verhältnis zum ökologischen Nutzen nicht mehr vertretbar erscheint und sollen als Anreiz zur Optimierung von Vermeidungsmaßnahmen wirken.[17]

II. Ermittlung der Zahl der Schadeinheiten

1. Bescheid- und Wirklichkeitsveranlagung

12 Bei Ermittlung der Zahl der Schadeinheiten errechnet sich die Schadstofffracht grundsätzlich nach den Festlegungen des die Abwassereinleitung zulassenden Bescheids (§ 4 Abs. 1 S. 1 AbwAG).[18] Danach knüpft die Abgabenerhebung nicht an die tatsächlich eingeleitete, sondern an die wasserrechtlich zulässige Schmutzfracht an.

13 Der Gesetzgeber hat der sogenannten **Bescheidlösung** gegenüber einer Wirklichkeitsveranlagung den Vorzug gegeben, um den Verwaltungsaufwand für die Abgabenerhebung möglichst gering zu halten.[19] Die durch die Verzahnung der Abgabenerhebung mit dem wasserrechtlichen Vollzug erforderliche Umstellung der Einleitungsbescheide erschien leichter zu bewältigen, als die sonst generell durchzuführenden Messungen der Abwasserströme.

14 Maßgeblich für die Veranlagung sind jetzt gem. § 4 Abs. 1 S. 2 AbwAG diejenigen Werte, die in dem wasserrechtlichen Bescheid als in einem bestimmten Zeitraum einzuhalten festgesetzt sind.

15 Darüber hinaus muß die *Jahresschmutzwassermenge* festgelegt werden. Bei Überschreitung der Überwachungswerte durch den Einleiter wird die Zahl der Schadeinheiten erhöht. Insofern greift hier eine **Wirklichkeitsveranlagung** korrigierend ein, die nicht von der im Bescheid festgesetzten Soll-Beschaffenheit des Abwassers, son-

---

[16] Die durch die 2. Novelle des Abwasserabgabengesetzes neu aufgenommenen Schadparameter der organischen Hallogenverbindungen sowie die Schwermetalle Chrom, Nickel, Blei und Kupfer gelten erst vom 1. 1. 1990 an, um den Behörden ausreichend Zeit zur Umstellung der Bescheide zu geben.

[17] Vgl. Amtl. Begründung BT-Drs. 10/5533, S. 15.

[18] Von dieser Regelung ausgenommen sind Einleitungen von Niederschlagswasser und sog. Kleineinleitungen aus Haushaltungen. Solche Einleitungen werden nach den §§ 7, 8 AbwAG pauschal und ohne Rücksicht auf den Grad der Schädlichkeit belastet. Die Länder sind ermächtigt zu bestimmen, unter welchen Voraussetzungen solche Einleitungen abgabefrei bleiben. Näheres bei *Henseler*, Das Recht der Abwasserbeseitigung, S. 179ff.; 186f.

[19] *Berendes*, DÖV 1981, 747 (750); *Breuer*, Wasserrecht, Rn. 566; a.A.: *Henseler*, NVwZ 1987, 551 (553).

dern von einer vermuteten Ist-Beschaffenheit ausgeht. Die Erhöhung richtet sich nach der höchsten gemessenen Überschreitung, wobei bei einmaliger Nichteinhaltung der Überwachungswerte die Hälfte der prozentualen Überschreitung, bei mehrmaliger Nichteinhaltung die volle prozentuale Überschreitung des jeweiligen Wertes zugrunde gelegt wird (§ 4 Abs. 4 S. 2 bis 4). Übersteigt die eingeleitete Abwassermenge die im Bescheid festgesetzte, so erhöht sich die Zahl der Schadeinheiten für alle im Bescheid begrenzten Überwachungswerte.

16 Weitere Abweichungen vom primär geltenden Bescheidsystem sieht das AbwAG vor, wenn der Einleiter gegenüber der zuständigen Behörde erklärt, daß er im Veranlagungszeitraum für mindestens drei Monate einen niedrigeren Wert als den festgesetzten Überwachungswert einhält (§ 4 Abs. 5 AbwAG) und ferner, wenn die erforderlichen Festsetzungen (noch) nicht vorliegen (§ 6 AbwAG). In diesen Fällen werden die vom Einleiter erklärten Angaben zugrunde gelegt. Kommt der Einleiter im Falle des § 6 AbwAG seiner dort statuierten Erklärungspflicht nicht nach, so ist zur Ermittlung der Schadeinheiten entweder der höchste aus einer Überwachung resultierende Meßwert, oder falls Meßwerte nicht vorliegen, ein von der Behörde zu schätzender Überwachungswert maßgeblich (§ 6 Abs. 1 S. 1 bis 3 AbwAG). Die Jahresschmutzwassermenge wird von der Behörde ebenfalls geschätzt (§ 6 Abs. 1 S. 4 AbwAG). Werden die aufgrund von § 4 Abs. 5 oder § 6 Abs. 1 AbwAG festgesetzten Werte überschritten, so gelten für die Erhöhung der Schadeinheiten die Regelungen für die Überschreitung der Bescheidwerte aus § 4 Abs. 4 AbwAG entsprechend.

17 Bei Ermittlung der Schadeinheiten wird in allen genannten Fällen die sogenannte Vorbelastung des zum Gebrauch entnommenen Wassers angerechnet (§ 4 Abs. 3 AbwAG). Damit soll vermieden werden, daß der Abwassereinleiter abgabenrechtlich für bereits vorhandene Gewässerbelastungen herangezogen wird.[19a] Weist das in einem Gewässer zum Gebrauch entnommene Wasser nach dem Gebrauch keine höhere Schädlichkeit als vorgefunden auf, so ist das spätere Wiedereinleiten abgabefrei (§ 10 Abs. 1 Nr. 1 AbwAG).

18 Gem. § 10 Abs. 3 S. 1 AbwAG entsteht die Abgabenpflicht nicht für die Dauer von drei Jahren vor der vorgesehenen Inbetriebnahme einer Abwasserbehandlungsanlage in der Höhe, die der durch den Betrieb der Anlage zu erwartenden Minderung der Schadeinheiten beim Einleiten in das Gewässer entspricht, wenn diese Minderung mindestens 20% beträgt. Die Regelung soll den Einleiter, der eine Verbesserung der Reinigungsleistung anstrebt, entlasten, um ihm nicht die für die Errichtung der neuen Anlage notwendigen Mittel zu entziehen.[20]

19 Eine weitere Ausnahme von der Abgabepflicht, von der sich der Gesetzgeber zusätzliche Anreize zur Verbesserung der Abwasserbehandlung erhofft, sieht § 10 Abs. 4 AbwAG vor. Danach können Gewässerschutzinvestitionen für Abwasserbehandlungsmaßnahmen, die die allgemein anerkannten Regeln der Technik nach § 7a Abs. 1 WHG übertreffen, drei Jahre zur Hälfte mit der zu zahlenden Abwasserabgabe verrechnet werden.

2. Reduzierung der Abgabesätze bei besonderen Vermeidungsmaßnahmen

20 Das AbwAG stellt in § 9 Abs. 5 und 6 ein differenziertes System auf, nach welchem auf das Einhalten oder Übertreffen der in § 7a Abs. 1 WHG enthaltenen Anforderungen an das Einleiten von Abwasser mit einer Reduzierung

---

[19a] Vgl. dazu *BVerwG,* Urt. v. 12. 2. 1988 – 4 C 24.85 – DÖV 1988, 640.

[20] Vgl. zur Auslegung des § 10 Abs. 3 AbwAG *OVG NW,* Beschl. v. 20. 2. 1986 – 2 B 91/86 –, UPR 1987, 274.

des Abgabesatzes reagiert wird.[21] Die einzelnen Regelungen, aus deren Geltungsbereich das Einleiten von Niederschlagswasser (§ 7 AbwAG) sowie die Kleineinleitungen (§ 8 AbwAG) ausgenommen sind, knüpfen an den in § 4 Abs. 1 AbwAG enthaltenen Grundsatz an, nach dem die im Bescheid festgelegten Werte als Grundlage der Abgabenerhebung maßgeblich sind. Entspricht der Inhalt eines Einleitungsbescheids den nach § 7a Abs. 1 WHG anzuwendenden allgemein anerkannten Regeln der Technik und hält der Einleiter diese Anforderungen ein, so wird für die dennoch nicht vermeidbaren Schadeinheiten (sog. *Restschmutz*) nur der halbe Abgabensatz erhoben (§ 9 Abs. 5 S. 1 AbwAG). Übertrifft der Einleiter die im Bescheid nach § 7a Abs. 1 WHG festgelegten Standards, so ermäßigt sich der Abgabesatz proportional zum zusätzlichen Reinhalteeffekt (§ 9 Abs. 5 S. 2 AbwAG). Bezüglich der Stoffe eines Abwassers, für die gem. § 7a Abs. 1 WHG wegen ihrer besonderen Giftigkeit und schädigenden Wirkung die (erheblich strengeren) Anforderungen nach dem Stand der Technik einzuhalten sind, werden Abwasserbehandlungsmaßnahmen, die diesen Standard einhalten, mit einer Reduzierung des Abgabesatzes für den gleichwohl verbleibenden Restschmutz um 80% belohnt (§ 9 Abs. 6 AbwAG). Jede Abgabenreduzierung nach den genannten Vorschriften setzt allerdings voraus, daß die Schadstoffvermeidung durch Abwasserbehandlungsmaßnahmen erfolgt und nicht durch Verdünnung oder Vermischung erzielt wird.

---

[21] Im einzelnen vgl. die amtl. Begründung zum Entwurf des zweiten Änderungsgesetzes, BT-Drs. 10/5533, S. 13f.

§ 23. Wasch- und Reinigungsmittelrecht

1 Das Gesetz über die Umweltverträglichkeit von Wasch- und Reinigungsmitteln (Waschmittelgesetz – WaschmG)[1] verfolgt den Zweck, Gewässerbelastungen durch Wasch- und Reinigungsmittel mit umfassenden Regelungen entgegenzuwirken. Es zählt somit zum Gewässerschutzrecht, ist daneben aber auch Teil des Gefahrstoffrechts.[2]

A. Grundsätze

2 § 1 Abs. 1 WaschmG enthält den Grundsatz, daß Wasch- und Reinigungsmittel nur in den Verkehr gebracht werden dürfen, wenn nach ihrem Gebrauch jede vermeidbare Beeinträchtigung der Gewässer insbesondere im Hinblick auf den Naturhaushalt und die Trinkwasserversorgung sowie Beeinträchtigungen von Abwasserbehandlungsanlagen unterbleiben.

3 § 1 Abs. 2 und 3 WaschmG enthalten programmatische Grundsätze, deren Beachtung nicht durch normative Regelungen erzwungen, sondern auf der Ebene freiwilliger Verhaltensanpassung erreicht werden soll: Der *Verbraucher* wird aufgefordert, Wasch- und Reinigungsmittel gewässerschonend einzusetzen, an die *Hersteller* technischer Reinigungseinrichtungen wird appelliert, ihre Geräte so zu gestalten, daß eine ordnungsgemäße Benutzung einen minimalen Einsatz von Wasch- und Reinigungsmitteln einerseits sowie Wasser und Energie andererseits ermöglicht.

B. Begriffsbestimmungen

4 Unter die Wasch- und Reinigungsmittel i. S. d. WaschmG fallen gem. § 2 Abs. 1 alle chemischen Erzeugnisse, die

- zur Reinigung bestimmt sind oder bestimmungsgemäß die Reinigung unterstützen (Gruppe 1),
- bestimmungsgemäß auf Oberflächen aufgebracht und bei einer Reinigung mit Erzeugnissen der Gruppe 1 überwiegend abgelöst werden (Gruppe 2),
- grenzflächenaktive Stoffe oder organische Lösemittel enthalten und vom Verbraucher aufgrund der Art und Weise des Produktdargebots unmittelbar zu Reinigungszwecken verwendet werden können und erfahrungsgemäß verwendet werden (Gruppe 3).

5 Diese Begriffsbestimmung soll gewährleisten, daß alle Produkte, die im Zusammenhang mit Reinigungsvorgängen verwendet werden und erfahrungsgemäß nach Gebrauch in Gewässer gelangen können, von den Anforderungen des WaschmG erfaßt werden.

---

[1] vom 20. August 1975 ist am 1. Oktober 1975 in Kraft getreten. Nach einer am 13. November 1986 verabschiedeten Novellierung liegt es nun in der Fassung der Bekanntmachung vom 5. März 1987 vor, BGBl. I, S. 875.

[2] Siehe deshalb unten, § 27, Rn. 38.

Inverkehrbringen i. S. d. WaschmG ist gewerbsmäßiges Anbieten, Vorrätighalten zum Verkauf oder zu sonstiger Abgabe, Feilhalten, der Handel oder jedes Abgeben an Andere (§ 2 Abs. 2 WaschmG). 6

C. Produktbezogene Anforderungen

Das WaschmG enthält selbst keine Qualitätsstandards für die in seinen Anwendungsbereich fallenden Stoffe. Der Gesetzgeber hat sich darauf beschränkt, Ermächtigungen zum Erlaß von Rechtsverordnungen auszusprechen, die das Grundsatzgebot des § 1 Abs. 1 WaschmG konkretisieren. So wird der Bundesminister für Umwelt, Naturschutz und Reaktorsicherheit ermächtigt, nach Anhörung der beteiligten Kreise im Einvernehmen mit den Bundesministern für Wirtschaft und für Jugend, Familie, Frauen und Gesundheit Rechtsverordnungen mit Zustimmung des Bundesrates zu erlassen, die bestimmte Anforderungen an die biologische Abbaubarkeit aller in Wasch- und Reinigungsmitteln enthaltenen organischen Stoffe stellen (§ 3 WaschmG) sowie Phosphathöchstmengen festsetzen (§ 4 WaschmG). In § 5 WaschmG wird die Bundesregierung ermächtigt, nach Anhörung der beteiligten Kreise durch Rechtsverordnung mit Zustimmung des Bundesrates darüber hinaus bestimmte gewässerschädliche Inhaltsstoffe in Wasch- und Reinigungsmitteln zu beschränken oder zu verbieten, sowie das Inverkehrbringen von Wasch- und Reinigungsmitteln zu beschränken. Von diesen Möglichkeiten wurde inzwischen zum Teil Gebrauch gemacht. So erließ der Bundesminister des Innern im Jahre 1977 die Tensid-Verordnung,[3] die bestimmt, daß Tenside in Wasch- und Reinigungsmitteln bei einem vorgeschriebenen Meßverfahren mindestens zu 80 v. H. auf biologischem Wege abbaubar sein müssen. Ferner wurde im Jahre 1980 die Phosphathöchstmengenverordnung[4] erlassen, die eine in zwei Stufen (1. Oktober 1981 und 1. Januar 1984) vorzunehmende Reduzierung des Phosphatgehalts in Wasch- und Reinigungsmitteln vorsieht. Eine Verordnung nach § 5 WaschmG ist bislang nicht erlassen worden. 7

D. Verbraucherinformationen

Neben diesen Möglichkeiten, produktbezogene Anforderungen zu stellen, enthält das WaschmG Vorschriften über die Beschriftung der Verpackung (§ 7 WaschmG), insbesondere über nach Wasserhärtegraden abgestufte Dosierungsempfehlungen, und über die Verpflichtung der Wasserversorgungsunternehmen, Auskunft über den Härtebereich des von ihnen abgegebenen Trinkwassers zu geben (§ 8 WaschmG). Diese Informationen sollen dem Verbraucher einen möglichst gewässerschonenden Umgang mit Wasch- und Reinigungsmitteln ermöglichen. 8

[3] Verordnung über die Abbaubarkeit anionischer und nichtionischer grenzflächenaktiver Stoffe in Wasch- und Reinigungsmitteln vom 30. Januar 1977 (BGBl. I, S. 244), geändert durch VO vom 4. Juni 1986 (BGBl. I, S. 85).

[4] Verordnung über Höchstmengen für Phosphate in Wasch- und Reinigungsmitteln vom 4. Juni 1980 (BGBl. I, S. 664).

E. Angaben zur Umweltverträglichkeit

9 Damit die Behörden frühzeitig und umfassend Kenntnis erlangen über die in der Bundesrepublik Deutschland in Verkehr befindlichen Wasch- und Reinigungsmittel, verpflichtet das WaschmG in § 9 die Hersteller und Einführer solcher Erzeugnisse zu Angaben gegenüber dem Umweltbundesamt zur Umweltverträglichkeit der jeweiligen Produkte, insbesondere hinsichtlich ihrer chemischen Zusammensetzung, ihrer Verwendungsmöglichkeit sowie der Produktions- und Vertriebsmengen.

F. Überwachung

10 Die Durchführung und Überwachung des Waschmittelgesetzes obliegt den Landesregierungen oder den von ihnen bestimmten Stellen (§ 10 Abs. 1 WaschmG). Hersteller, Einführer und Händler unterliegen der Verpflichtung, das Betreten von Betriebs- und Geschäftsräumen sowie die Entnahme von Wasch- und Reinigungsmittelproben durch die zuständigen Behörden zu dulden; sie haben ferner alle zur Überwachung erforderlichen Auskünfte zu erteilen (§ 10 Abs. 2 – 5 WaschmG).

Dritter Abschnitt: Das Immissionsschutzrecht

§ 24. Grundbegriffe

A. Immissionen, Emissionen

Gem. § 3 Abs. 2 BImSchG sind **Immissionen** i. S. d. BImSchG auf Menschen sowie Tiere, Pflanzen oder andere Sachen einwirkende Luftverunreinigungen, Geräusche, Erschütterungen, Licht, Wärme, Strahlen und ähnliche Umwelteinwirkungen. Unmittelbar gilt diese gesetzliche Definition nur für den Geltungsbereich des BImSchG. Entsprechend kann jedoch der Begriff verwendet werden in den Rechtsbereichen, in denen ähnliches geregelt wird, ohne daß der Begriff der Immission im Gesetz selbst definiert wird.[1] 1

Emissionen sind gem. § 3 Abs. 3 BImSchG die von einer Anlage ausgehenden Luftverunreinigungen, Geräusche, Erschütterungen, Licht, Wärme, Strahlen und ähnliche Erscheinungen. 2

Immissionsbegriff und Emissionsbegriff knüpfen an die gleichen Umweltbeeinträchtigungen, etwa Luftverunreinigungen, Geräusche etc., an. Sie unterscheiden sich jedoch vornehmlich in der Betrachtungsweise. Während der Immissionsbegriff auf den Ort der Einwirkung abstellt, ist für den Emissionsbegriff der Ort entscheidend, an dem die Umweltbeeinträchtigungen die Anlage verlassen. Emissionen, die aus einer bestimmten Anlage „emittiert" werden, werden somit zu „Immissionen", sobald sie an bestimmten Orten auf die Umwelt einwirken. 3

Die Unterscheidung zwischen Immissionen und Emissionen ist von erheblicher Bedeutung. Durch Messungen der Immissionen am Einwirkungsort lassen sich Veränderungen im Verbreitungsvorgang, etwa hinsichtlich des Konzentrationsgrads des emittierten Stoffes, des Schadstoffes oder durch die Verbindung mit anderen Stoffen berücksichtigen. Bei der Beurteilung von Immissionen sind außerdem Vor- und Fremdbelastungen aus verschiedenen Schadstoffquellen einzubeziehen. Die Festsetzung von Immissionsgrenzwerten ist deshalb insbesondere zur Steuerung der Gesamtbelastung der Umwelt geeignet. Mit der Festsetzung von Immissionsgrenzwerten kann allerdings der Schadstoffausstoß einzelner Schadstoffemittenten nicht konsequent verursacherbezogen gesteuert werden. Deshalb ist die Begrenzung von Immissionen häufig kein erfolgversprechender Ansatz für den Immissionsschutz und dementsprechend ist der Emissionsbegrenzung in verschiedenen Bereichen Priorität eingeräumt worden, insbesondere bei der Emissionsbegrenzung für Alt- und Neuanlagen durch die Großfeuerungsan- 4

---

[1] Vgl. *Knebel*, HdUR, Bd. I, Sp. 754.

lagenverordnung[2] und durch die umfassende Novellierung der TA Luft 1986[3] mit ihrer erheblichen Verschärfung der Emissionswerte.

B. Immissionsschutz

5 Der Immissionsschutz ist die Gesamtheit der Maßnahmen zum Schutz der Umwelt vor Umweltgefahren durch Immissionen, d.h. des Schutzes vor schädlichen Umwelteinwirkungen durch Luftverunreinigungen, Geräusche, Erschütterungen und ähnlichen Vorgängen.[4]

6 Immissionsschutz war ursprünglich Aufgabe des einzelnen, der einen privatrechtlichen Abwehranspruch gegen nachteilige Einwirkungen auf sein Grundstück durchsetzen konnte.[5] Vor allem im Zuge der industriellen Revolution zur Mitte des 19. Jahrhunderts wurde der Immissionsschutz jedoch immer stärker auch zu einer öffentlichen Aufgabe, insbesondere wurden zahlreiche, die Nachbarschaft belastende Anlagen einer staatlichen Genehmigungspflicht unterworfen.

7 Zum Immissionsschutz zählen in erster Linie die Aufgaben der *Luftreinhaltung* und des *Lärmschutzes*. Der Immissionsschutz übernimmt damit die Bewältigung der Umweltprobleme, von denen sich die bundesdeutsche Bevölkerung am empfindlichsten betroffen fühlt. Wohl nicht zuletzt durch die anhaltende Diskussion über das Waldsterben empfindet mehr als die Hälfte der Bundesbürger (57 %) von allen Umweltproblemen die Luftverschmutzung als stärkste Beeinträchtigung. An zweiter Stelle fühlen sich 16,9 % der Bundesbürger noch vor der Betroffenheit durch Gewässerverschmutzung, Bodenschadstoffe und Radioaktivität durch den Lärm am stärksten belastet.[6]

C. Immissionsschutzrecht

8 Das Immissionsschutzrecht ist die Summe der Rechtsvorschriften zum Schutz vor Umweltgefahren durch Luftverunreinigungen, Lärm, Erschütterungen und ähnlichen Beeinträchtigungen der natürlichen Umwelt.[7] Zum Immissionsschutzrecht zählen Rechtsvorschriften aus den Rechtsbereichen des

- öffentlichen Rechts,
- Strafrechts,
- Privatrechts.

---

[2] Siehe dazu *Peters*, NVwZ 1985, 723ff.

[3] Siehe dazu *Dienes*, ET 1986, 971ff.; *Feldhaus/Ludwig/Davids*, DVBl. 1986, S. 641ff.

[4] Vgl. *Stich/Porger*, Immissionsschutzrecht, Einleitung, S. 3.

[5] Vgl. zur historischen Entwicklung des Immissionsschutzrechts *Kutscheidt*, in: Grundzüge des Umweltrechts, S. 241; *Feldhaus*, HdUR, Bd. I, Sp. 760; *Baur*, JZ 1987, 317ff.; *Kippels*, in: Ketteler/Kippels, Umweltrecht, S. 205ff.

[6] Vgl. dazu Daten zur Umwelt 1986/87, S. 78.

[7] Vgl. *Feldhaus*, HdUR, Bd. I, Sp. 760.

I. Öffentliches Immissionsschutzrecht

Das öffentliche Immissionsschutzrecht ist in erster Linie geregelt im *Bundes-Immissionsschutzgesetz*.[8] Der Bundesgesetzgeber hat daneben einige weitere spezifisch immissionsschutzrechtliche Gesetze wie das *Fluglärmgesetz* und das *Benzinbleigesetz* geregelt.[9] Ergänzt wird das Immissionsschutzrecht bundesrechtlich durch zahlreiche Rechtsverordnungen und Verwaltungsvorschriften, landesrechtlich durch die Immissionsschutzgesetze der Länder und international durch Richtlinien der EG und internationale Abkommen zur Luftreinhaltung. 9

Beispiele: Als Beispiele seien genannt das Internationale Übereinkommen über weiträumige grenzüberschreitende Luftverunreinigung (BGBl. 1982 II, S. 373), das die 21 europäischen Unterzeichnerstaaten zur Verringerung von mindestens 30 % der nationalen Schwefelemissionen verpflichtet, sowie das 1985 in Wien unterzeichnete Übereinkommen zum Schutz der Ozonschicht, auf dessen Grundlage sich im September 1987 25 Staaten in einem Protokoll verpflichteten, Produktion und Verbrauch der ozonschädigenden Flurchlorkohlenwasserstoffe (FCKW) bis zum Jahre 1999 um 50% zu verringern.

Neben diesen unmittelbar dem Immissionsschutz dienenden Vorschriften sehen zahlreiche Bundes- und Landesgesetze Regelungen vor, die mittelbar dem Immissionsschutz dienen.[10] Immissionsschutzrelevante Vorschriften enthalten etwa das Naturschutzrecht (vgl. z.B. § 2 Abs. 1 Nr. 7 BNatSchG), das Abfallrecht (vgl. § 2 Abs. 1 Nr. 4 AbfG), das Wasserrecht (vgl. § 1a Abs. 2 WHG), das Atomrecht (vgl. § 7 Abs. 2 Nr. 6 AtG) und zahlreiche Vorschriften des Planungsrechtes, der Landesplanung, der städtebaulichen Planung und der Fachplanung, des Bauordnungs- und des Bergrechtes. 10

II. Privates Immissionsschutzrecht

Zum privaten Immissionsschutzrecht zählen die privatrechtlichen Vorschriften, die Unterlassungs-, Schadensersatz- oder Entschädigungsansprüche zur Abwehr oder zum Ausgleich von Schäden durch Luftverunreinigungen, Lärm, Erschütterungen und ähnlichen Störungen gewähren. 11

III. Immissionsschutz nach dem Straf- und Ordnungswidrigkeitenrecht

Dem Schutz vor schädlichen Umwelteinwirkungen durch Immissionen dienen nicht zuletzt eine Reihe von Vorschriften des Straf- und Ordnungswidrigkeitenrechts.[11] 12

---

[8] Gesetz zum Schutz vor schädlichen Umwelteinwirkungen durch Luftverunreinigungen, Geräusche, Erschütterungen und ähnliche Vorgänge (Bundes-Immissionsschutzgesetz – BImSchG) vom 15.3.1974 (BGBl. I, S. 721, 1193).

[9] Gesetz zum Schutz gegen Fluglärm vom 30. 3. 1971 (BGBl. I, S. 281); Gesetz zur Verminderung von Luftverunreinigungen durch Bleiverbindungen in Otto-Kraftstoffen für Kraftfahrzeugmotoren (Benzinbleigesetz – BzBlG) vom 5. 8. 1971 (BGBl. I, S. 1234).

[10] Zur Unterscheidung von unmittelbaren und mittelbarem Immissionsschutzrecht siehe *Boisserée/Oels/Hansmann*, Immissionsschutzrecht, Bd. I, A 5.2.1.

[11] Siehe zum Umweltstrafrecht bereits oben, § 10.

Einen umfassenden Straftatbestand enthält **§ 325 StGB**, wonach sich strafbar macht, wer beim Betrieb einer Anlage grob pflichtwidrig behördliche Anordnungen verletzt oder eine Anlage ohne die erforderliche Genehmigung betreibt und dadurch Luftverunreinigungen oder Lärm verursacht, die geeignet sind, die Gesundheit eines anderen oder bedeutende Sachwerte zu schädigen; ein konkreter Schaden oder eine konkrete Gefahr sind zur Tatbestandserfüllung nicht erforderlich.

Mit Freiheitsstrafe bis zu zwei Jahren oder mit Geldstrafe wird gem. **§ 327 Abs. 2 StGB** außerdem bestraft, wer eine genehmigungsbedürftige Anlage i.S.d. BImSchG ohne die erforderliche Genehmigung oder Planfeststellung oder entgegen einer aus dem jeweiligen Gesetz beruhenden vollziehbaren Untersagung betreibt.

Strafbar macht sich gem. **§ 329 Abs. 1 StGB** auch, wer entgegen einer aufgrund des BImSchG erlassenen Rechtsverordnung über ein Gebiet, das eines besonderen Schutzes vor schädlichen Umwelteinwirkungen durch Luftverunreinigungen oder Geräusche bedarf oder in dem während austauscharmer Wetterlagen ein starkes Anwachsen schädlicher Umwelteinwirkungen durch Luftverunreinigungen zu befürchten ist, Anlagen innerhalb dieses Gebietes betreibt.

Wegen einer schweren Umweltgefährdung wird schließlich bestraft, wer bei Betrieb einer Anlage, insbesondere einer Betriebsstätte oder Maschine gegen eine Rechtsvorschrift, vollziehbare Untersagung, Anordnung oder Auflage verstößt, die im Schutz vor Luftverunreinigungen, Lärm, Erschütterungen, Strahlen oder sonstigen schädlichen Umwelteinwirkungen oder anderen Gefahren für die Allgemeinheit oder die Nachbarschaft dient, und dadurch Leib oder Leben eines anderen, fremde Sachen von bedeutendem Wert, die öffentliche Wasserversorgung oder eine staatliche anerkannte Heilquelle gefährdet (**§ 330 Abs. 1 Nr. 2 StGB**).

Im Bereich des Ordnungswidrigkeitsrechts dient insbesondere die Vorschrift des § 117 OWiG dem Immissionsschutz. Danach handelt ordnungswidrig, wer unzulässigerweise ruhestörenden Lärm verursacht.

§ 25. Das Bundes-Immissionsschutzgesetz

Die Abwehr von Immissionen, insbesondere von Lärm, Geräuschen und Erschütterungen wurde im Bereich des öffentlichen Rechts lange Zeit vornehmlich auf die polizeiliche Generalklausel gestützt,[1] wenngleich es auch früher bereits einige Spezialregelungen gab.[2] Im Jahre 1972 wurde durch eine Änderung des Grundgesetzes dem Bund die konkurrierende Gesetzgebungszuständigkeit auf dem Gebiet der Abfallbeseitigung, der Luftreinhaltung und der Lärmbekämpfung übertragen. Von seiner konkurrierenden Gesetzgebungsbefugnis gem. Art. 74 Nr. 24 GG für die Luftreinhaltung und die Lärmbekämpfung machte der Bundesgesetzgeber durch den Erlaß des BImSchG, das zum 1. 4. 1974 in Kraft trat, Gebrauch. 1

Abgesehen von den üblichen Schlußvorschriften gliedert sich das BImSchG in die nachfolgenden sechs Teile: 2

- Allgemeine Vorschriften (§§ 1 – 3),
- Errichtung und Betrieb von Anlagen (§§ 4 – 31),
- Beschaffenheit von Anlagen, Stoffen, Erzeugnissen, Brennstoffen und Treibstoffen (§§ 32 – 37),
- Beschaffenheit und Betrieb von Fahrzeugen, Bau und Änderung von Straßen und Schienenwegen (§§ 38 – 43),
- Überwachung der Luftverunreinigung im Bundesgebiet und Luftreinhaltepläne (§§ 44 – 47),
- Gemeinsame Vorschriften (§§ 48 - 62).

A. Allgemeine Vorschriften

Der Erste Teil des BImSchG enthält Vorschriften über den **Zweck des Gesetzes** (§ 1), den **Geltungsbereich** (§ 2) und **Begriffsbestimmungen** (§ 3). 3

I. Gesetzeszweck

Gem. § 1 BImSchG ist es Zweck des BImSchG, Menschen sowie Tiere, Pflanzen und andere Sachen 4

- vor schädlichen Umwelteinwirkungen,
- soweit es sich um genehmigungsbedürftige Anlagen handelt, auch vor Gefahren, erheblichen Nachteilen und erheblichen Belästigungen, die auf andere Weise herbeigeführt werden, zu schützen und
- dem Entstehen schädlicher Umwelteinwirkungen vorzubeugen.

Da das Gesetz somit nicht nur dem Schutz des Menschen, sondern auch dem Schutz der Tiere, Pflanzen und Sachen dient, verfolgt es über den rein anthropozentrischen Umweltschutz hinaus eine ressourcenökonomisch und -ökologisch orientierte Vorsorge.[3] Die Zweckbestimmung des § 1 BImSchG 5

[1] Vgl. *Drews/Wacke/Vogel/Martens*, Gefahrenabwehr, S. 157 m. w. N.; zum Verhältnis des Immissionsschutzrechtes zum Polizeirecht siehe ausführlich *Martens*, DVBl. 1981, 597ff.; vgl. dazu auch *Götz*, HdUR, Bd. II, Sp. 187ff.

[2] So z. B. die §§ 26ff. der Preußischen Gewerbeordnung vom 17. 1. 1845, bzw. die §§ 16ff. Gewerbeordnung aus dem Jahre 1867 bzw. aus dem Jahre 1900.

[3] Vgl. *Breuer*, Umweltschutzrecht, S. 661; *Jarass*, BImSchG, § 1 Rn. 3; *Kutscheidt*, in: Landmann/Rohmer, Gewerbeordnung, Bd. III, § 1 BImSchG, Rn. 6ff.; aA. *Kippels*, in: Ketteler/Kippels, Umweltrecht, S. 215.

dient vor allem der Auslegung der einzelnen Gesetzesbestimmungen und ist bei der Anwendung von Ermessensermächtigungen zu beachten. Bestehen bei der Interpretation eines unbestimmten Rechtsbegriffes des BImSchG Zweifel, so ist die Auslegung zu wählen, die dem Zweck des § 1 BImSchG besser gerecht wird.[4] Macht die Behörde von ihrem Ermessen in einer dem § 1 BImSchG widersprechenden Weise Gebrauch, so ist die Ermessensentscheidung rechtswidrig. Der Gesetzeszweck wird insbesondere durch den letzten Halbsatz des § 1 BImSchG ausgedehnt. Danach ist auch dem Entstehen schädlicher Umwelteinwirkungen vorzubeugen. Das Gesetz soll also nicht nur vor schädlichen Umwelteinwirkungen schützen, sondern bereits dem Entstehen dieser Einwirkungen vorbeugen.[5]

II. Geltungsbereich

6 Gem. § 2 Abs. 1 BImSchG gilt das BImSchG für

- die Errichtung und den Betrieb von Anlagen,
- das Herstellen, Inverkehrbringen und Einführen von Anlagen, Brennstoffen und Treibstoffen, Stoffen und Erzeugnissen aus Stoffen nach Maßgabe der §§ 32 – 37 BImSchG,
- die Beschaffenheit, die Ausrüstung, den Betrieb und die Prüfung von Kraftfahrzeugen und ihren Anhängern und von Schienen-, Luft- und Wasserfahrzeugen nach Maßgabe der §§ 38 – 40 BImSchG und
- den Bau öffentlicher Straßen sowie von Eisenbahnen und Straßenbahnen nach Maßgabe der §§ 41 - 43 BImSchG.

7 Das BImSchG gilt gem. § 2 Abs. 2 BImSchG dagegen nicht für *Flugplätze* und *kerntechnische Anlagen*. § 3 Abs. 3 BImSchG läßt sich außerdem entnehmen, daß Emissionen, die nicht von einer Anlage ausgehen, sondern auf menschliches Verhalten, etwa auf *Gaststätten-* oder *Wohnungslärm* zurückzuführen sind, vom BImSchG nicht erfaßt werden sollen.[6]

III. Begriffsdefinitionen

8 Neben den bereits erläuterten Begriffen der Immission und der Emission sieht der Gesetzgeber in § 3 BImSchG einige wesentliche Begriffsbestimmungen vor, die für die gesamte Regelung des Immissionsschutzrechtes eine wesentliche Rolle spielen und deswegen bereits gesetzlich definiert werden.

1. Schädliche Umwelteinwirkungen

9 Schädliche Umwelteinwirkungen i. S. d. BImSchG sind gem. § 3 Abs. 1 BImSchG Immissionen, die nach Art, Ausmaß oder Dauer geeignet sind, Gefahren, erhebliche Nachteile oder erhebliche Belästigungen für die Allgemeinheit oder die Nachbarschaft herbeizuführen. Der Begriff der schädlichen Umwelteinwirkungen ist für das Immissionsschutzrecht von besonde-

---

[4] *Jarass*, BImSchG, § 1 Rn. 1.
[5] Vgl. *Feldhaus*, BImSchG, § 1 Anm. 4.
[6] Zu weiteren Einschränkungen des Geltungsbereichs durch andere Gesetzes, etwa des Gaststättengesetzes, der Gewerbeordnung, des Bundesbahngesetzes und durch Art. 2 des NATO-Truppenstatuts (BGBl. 1961, II, 1189) etc. siehe *Jarass*, BImSchG, § 2 Rn. 15ff.

rer Bedeutung, weil er in zahlreichen Einzelbestimmungen verwendet wird[7], wenngleich der Begriff nicht in allen Vorschriften, in denen er benutzt wird, genau die gleiche Bedeutung hat.[8]

Der Begriff der schädlichen Umwelteinwirkungen setzt sich aus zwei Ele- **10**
menten zusammen. Von einer schädlichen Umwelteinwirkung i. S. d. BImSchG läßt sich nur sprechen, wenn es sich *einerseits* um eine Immission handelt und wenn diese *andererseits* eine gewisse Schädlichkeit aufweist. Der Immissionsbegriff ist in § 3 Abs. 2 BImSchG definiert.[9] **Schädlich** ist eine Umwelteinwirkung gem. § 3 Abs. 1 BImSchG, wenn sie geeignet ist, *Gefahren, erhebliche Nachteile* oder *erhebliche Belästigungen* herbeizuführen.

a) Gefahrenbegriff

Der Gefahrenbegriff ist dem Polizeirecht entlehnt. Im polizeirechtlichen **11**
Sinne wird unter einer Gefahr die erkennbare und objektive Möglichkeit eines Schadenseintritts verstanden.[10] Voraussetzung des Vorliegens einer Gefahr ist, daß der Eintritt des Schadens mit einer gewissen Wahrscheinlichkeit bevorsteht.[11] An die Wahrscheinlichkeit des Schadenseintritts sind nach der Rechtsprechung um so geringere Anforderungen zu stellen, je größer und folgenschwerer der möglicherweise eintretende Schaden ist.[12] Bei schwerwiegenden Schadensarten und Schadensfolgen muß die Wahrscheinlichkeit ihres Eintritts gegen Null gehen. Nach der Rechtsprechung des *BVerfG* muß jedoch ein gewisses Restrisiko hingenommen werden. Ein solches Restrisiko besteht, wenn der Schadenseintritt zwar praktisch, aber nicht mit letzter Sicherheit ausgeschlossen werden kann. Die Grenze zwischen der Gefahr und dem hinzunehmendem Restrisiko wird durch den Standard der „praktischen Vernunft" gezogen. Nach Ansicht des *BVerfG* haben Ungewißheiten jenseits dieser Schwelle praktischer Vernunft ihre Ursache in den Grenzen menschlichen Erkenntnisvermögens, sie sind unentrinnbar und insofern als sozialadäquate Lasten von allen Bürgern zu tragen.[13]

b) Erhebliche Nachteile oder Belästigungen

Schädliche Umwelteinwirkungen liegen jedoch nicht nur dann vor, wenn **12**
die Immissionen Gefahren auslösen. Ausreichend ist vielmehr, daß sie zu *erheblichen Nachteilen* oder *erheblichen Belästigungen* führen.

Als **Nachteil** werden Beeinträchtigungen von Interessen bezeichnet, die **13**
keinen unmittelbaren Schaden auslösen.

Beispiele: Wertminderung eines Grundstücks, der Umsatzrückgang bei einem Hotelbetrieb infolge unzulässiger Lärmeinwirkungen, die Zerstörung eines Erholungsgeländes für die Personen, die sich in diesem Erholungsgebiet überlicherweise erholen

---

[7] Vgl. dazu die Auflistung bei *Ule/Laubinger*, BImSchG, § 3 Rn. 2.
[8] Zu den zwei Begriffsvarianten siehe *Jarass*, BImSchG, § 3 Rn. 8 f.
[9] Siehe dazu bereits oben, § 24, Rn. 1.
[10] Vgl. *Kutscheidt*, in: Grundzüge des Umweltrechts, S. 246; *Ule*, BImSchG, § 3 Rn. 4; zum Gefahrenbegriff siehe bereits oben, S. 4, Rn. 66ff.
[11] Vgl. *BVerwG*, Urt. v. 13. 12. 1967, IV C 146.65 –, E 28, 310 (315f.).
[12] *BVerwG*, Urt. v. 16. 11. 1973 – IV C 44.69 –, DÖV 1974, 207ff.; vgl. dazu auch *Lübbe-Wolf*, NVwZ 1986, 178 (181 f.).
[13] Vgl. *BVerfG*, Beschl. v. 8.8.1978 – 2 BvL 8/77 –, NJW 1979, 359, 363; zum Begriff des Restrisikos siehe *Murswiek*, HdUR, Bd. II, Sp. 267ff.

oder die Einschränkung des Selbstverwaltungsrechts einer Gemeinde durch Beeinträchtigungen ihres Planungsrechts.[14]

14 **Belästigungen** sind vornehmlich Beeinträchtigungen des körperlichen oder seelischen Wohlbefindens, die noch keine Gesundheitsschäden auslösen.

15 Nachteile und Belästigungen sind nur dann schädliche Umwelteinwirkungen, wenn sie *erheblich* sind. **Erheblich** sind die Beeinträchtiungen, wenn sie durch Stärke, Intensität oder Dauer das übliche und zumutbare Maß überschreiten[15] und den Betroffenen billigerweise nicht mehr zugemutet werden können.[16] Abzustellen ist dabei auf das Empfinden eines normalen Durchschnittsmenschen in vergleichbarer Lage, nicht aber auf das subjektive Empfinden des konkret Gestörten.[17]

16 Für **Luftverunreinigungen** setzt die TA Luft Immissionswerte zum Schutz vor „erheblichen" Nachteilen und Belästigungen fest.

17 Bei **Lärmimmissionen** folgt die Zumutbarkeitsgrenze aus der Schutzwürdigkeit und Schutzbedürftigkeit der Umgebung. Entscheidend dafür ist vor allem der Gebietscharakter der Umgebung, wie er faktisch oder nach einem Bebauungsplan besteht.[18] In den Bereichen, in denen Gebiete von unterschiedlicher Schutzwürdigkeit zusammentreffen, ist die Grundstücksnutzung mit einer spezifischen gegenseitigen Pflicht zur Rücksichtnahme belastet. Das führt einerseits zur Pflichtigkeit dessen, der die Belästigungen verbreitet, andererseits aber auch – i. S. d. Bildung einer Art von **Mittelwert** zu einer die Vorbelastung respektierenden Duldungspflicht derer, die sich in der Nähe von – im übrigen legalen Belästigungsquellen – ansiedeln.[19] Ausnahmsweise kann wegen einer Vorbelastung die Zumutbarkeit von Geräuschimmissionen auch dann zu bejahen sein, wenn die Richtwerte der TA Lärm überschritten werden.[20]

c) Allgemeinheit und Nachbarschaft

18 Weitere Voraussetzung für das Vorliegen schädlicher Umwelteinwirkungen ist es, daß die Gefahren, erheblichen Nachteile oder erheblichen Belästigungen für die *Allgemeinheit* oder die *Nachbarschaft* drohen.

19 Unter der **Allgemeinheit** wird eine unbestimmte Mehrzahl von Personen, bzw. die Gesamtheit aller möglichen Betroffenen verstanden.[21] Nach Auffassung des *BVerwG* dient der Begriff der **Nachbarschaft** i.S.d. §§3 – 5 BImSchG denjenigen Personen, denen über den objektiven Schutz hinaus, den das BImSchG der Allgemeinheit vermittelt, die Möglichkeit verwaltungsgerichtlichen Individualrechtsschutzes eingeräumt werden soll. Nachbarschaft i.S.d. § 3 Abs. 1 BImSchG kennzeichnet nach Ansicht des *BVerwG* ein qualifiziertes Betroffensein, das sich deutlich abhebt von den Auswirkungen, die den einzelnen als Teil der Allgemeinheit treffen können. Sie setzte

---

[14] Vgl. dazu *Feldhaus*, BImSchG, § 3 Anm. 8; *Kutscheidt*, in: Grundzüge des Umweltrechts, S. 247; *Jarass*, BImSchG, § 3 Rn. 16.

[15] Vgl. *Ule*, BImSchG, § 3 Rn. 4.

[16] Vgl. *Kutscheidt*, in: Grundzüge des Umweltrechts, S. 248; *Martens*, DVBl 1981, 597 (598); erforderlich ist eine Güterabwägung: *BVerwG*, DVBl 1988, 967.

[17] Vgl. *Bender/Sparwasser*, Umweltrecht, Rn. 25.

[18] Vgl. dazu *Bender/Sparwasser*, Umweltrecht, Rn. 206ff.

[19] Vgl. *BVerwG*, Urt. v. 12. 12. 1975 – IV C 71.73 –, E 50, 49 (54); *Hoppe*, in: Ernst/Hoppe, ÖffBauBoR, Rn. 309b.

[20] Vgl. *OVG Koblenz*, Urt. v. 4. 3. 1986 – 7 A 17/83 –, NVwZ 1988, 176 (177).

[21] Vgl. *Feldhaus*, HdUR, Bd. I, Sp. 764.

nach der bisherigen Rechtsprechung des *BVerwG* eine engere räumliche Beziehung des Bürgers zu der Gefahr, dem erheblichen Nachteil oder der erheblichen Belästigung voraus.[22] Aufgrund ihrer engeren zeitlichen und räumlichen Beziehung können neben den Grundstückseigentümern auch Gewerbetreibende und Mieter, aber auch Arbeitnehmer und Auszubildende, deren Arbeits- bzw. Ausbildungsplatz im Einwirkungsbereich der Emissionsquelle liegen, zu den Nachbarn zählen.[23] Keine Nachbarn im Sinne des immissionsschutzrechtlichen Nachbarbegriffs sind dagegen Touristen, Besucher und andere, die sich nur gelegentlich im Einwirkungsbereich der Emissionsquelle aufhalten.[24]

In seiner neueren Rechtsprechung hat das *BVerwG* allerdings klargestellt, **20** daß eine eindeutige räumliche Abgrenzung des geschützten Personenkreises sich gerade bei Immissionsbelastungen als praktisch nicht normierbar erweist.[25] Für den öffentlich-rechtlichen Nachbarschutz komme es deshalb entscheidend darauf an, ob sich aus individualisierenden Tatbestandsmerkmalen der drittschützenden Norm ein Personenkreis entnehmen lasse, der sich von der Allgemeinheit unterscheide. Nicht allein entscheidend ist somit der engere räumliche Bezug.

2. Anlagenbegriff

Kernstück des BImSchG ist der Schutz vor Umweltbeeinträchtigungen **21** durch Anlagen. Das BImSchG ist in erster Linie „technisches anlagenbezogenes Immissionsschutzrecht“, rein verhaltensbezogene Umweltbeeinträchtigungen zählen zum Regelungsbereich des Immissionsschutz- bzw. Sicherheitsrechts der Länder.[26] Einen einheitlichen Anlagenbegriff kennt das Umweltrecht nicht.[27] § 3 Abs. 5 BImSchG enthält eine Legaldefinition für das Immissionsschutzrecht. Danach sind Anlagen im Sinne des BImSchG

- Betriebsstätten und sonstige ortsfeste Einrichtungen,
- Maschinen, Geräte und sonstige ortsveränderliche technische Einrichtungen sowie Fahrzeuge, soweit sie nicht der Vorschrift des § 38 BImSchG unterliegen und
- Grundstücke, auf denen Stoffe gelagert oder abgelagert oder Arbeiten durchgeführt werden, die Emissionen verursachen können, ausgenommen öffentliche Verkehrswege.[28]

---

[22] Vgl. *BVerwG*, Urt. v. 22. 10. 1982 – 7 C 50.78 –, DVBl. 1983, 183; zum Nachbarbegriff siehe oben, § 13, Rn. 110–112.

[23] Zur Nachbareigenschaft eines Arbeitnehmers, der in der Nähe der zu genehmigenden Anlage arbeit, siehe *OVG Lüneburg*, Beschl. v. 6. 4. 1984 –, 7 B 16/83 –, UPR 1984, 39.

[24] Siehe dazu *Beckmann*, Rechtsschutz, S. 171.

[25] Vgl. *BVerwG*, Urt. v. 19. 9. 1986 – 4 C 8.84 –, DVBL. 1987, 476f.; Urt. v. 15. 7. 1987 – 4 C 56.83 –, DVBl. 1987, 1265 (1266).

[26] Vgl. *Schmidt*, Umweltrecht, S. 54; *Kutscheidt*, in: Grundzüge des Umweltrechts, S. 287; siehe dazu unten, § 26, Rn. 26.

[27] Vgl. zum Anlagenbegriff des Atomrechts unten, § 29, Rn. 51; zum Anlagenbegriff im Umweltrecht allgemein siehe *Sundermann*, HdUR, Bd. I, Sp. 88ff.; *OVG Bremen*, Urt. v. 16. 7. 1985, 1 BA 13/85 –, UPR 1986, 159.

[28] Vgl. zum Anlagenbegriff nach dem BImSchG ausführlich *Ziegler*, UPR 1986, 170ff.; *Seiler*, Die Rechtslage der nicht genehmigungsbedürftigen Anlagen, S. 33ff.; *Sellner*, Immissionsschutzrecht, Rn. 10ff.; *Schmidt*, Umweltrecht, S. 54f.; *Kutscheidt*, in: Grundzüge des Umweltrechts, S. 249f.

22 Gemeinsam ist diesen drei Gruppen von Anlagen, daß sie in irgendeiner Form „betrieben werden können".[29] Von einem immissionsschutzrechtlich relevanten Anlagenbetrieb läßt sich nur sprechen, wenn auf der Grundlage einer gewissen Organisation und unter Einsatz technischer oder ideeller Arbeitsmittel ein bestimmter Zweck fortgesetzt verfolgt wird.[30] Einfache Werkzeuge und die meisten beweglichen Spiel- und Sportgeräte fallen deshalb mangels eines „Betreibers" nicht unter den Anlagenbegriff.[31] Fraglich ist, ob eine Anlage i. S. d. § 3 Abs. 5 BImSchG vorliegt, wenn es sich zwar um eine „sonstige ortsfeste Einrichtung" i. S. v. § 3 Abs. 5 Nr. 1 BImSchG handelt, wenn aber die Emissionen nicht von der Anlage selbst ausgehen, sondern auf dem Verhalten der Anlagenbenutzer beruhen. Die Frage stellt sich vor allem bei **Kinderspielplätzen** oder **Sportstätten.**[32] Teilweise wird die Auffassung vertreten, von Kinderspielplätzen als solchen oder von Sportstätten könnten keine Emissionen ausgehen. Die Geräuschemissionen könnten vielmehr nur von den Kindern und deren Begleitpersonen oder von den Spielgeräten ausgehen, die ihrerseits allerdings ortsfeste Einrichtungen i. S. v. § 3 Abs. 5 BImSchG und damit Anlagen i. S. d. BImSchG sein könnten.[33] Dem wird jedoch entgegengehalten, daß Anlagen auch dann vorliegen können, wenn die Emissionen zwar nicht unmittelbar von ihnen ausgehen, jedoch im inneren Zusammenhang mit dem Betrieb der Anlage stehen.[34] Spielplätze und Sportstätten können deshalb Anlagen i.S.d. BImSchG sein, weil sie laufend gepflegt, auf ihre Sicherheit kontrolliert, ihre Benutzung und der Spielbetrieb geregelt und die Ordnung aufrechterhalten werden muß, so daß sie nicht nur errichtet, sondern auch betrieben werden müssen.

23 Fraglich ist außerdem, ob nach dem BImSchG von einem *engen* oder einem *weiten* Anlagenbegriff auszugehen ist. Während teilweise die Ansicht vertreten wird, daß der Begriff im weitesten Sinne zu verstehen sei,[35] bevorzugt die Rechtsprechung zumindest teilweise eine engere Auslegung.[36]

Beispiel: Als Anlage zum Brennen von Ziegeleierzeugnissen i.S.v. § 2 Nr. 3 der 4. BImSchVO wurde vom *BVerwG* nicht die Ziegelei insgesamt, sondern der jeweilige Ofen verstanden, der zum Brennen der Ziegeleierzeugnisse dient.[37]

24 Insbesondere größere Werkskomplexe mit unterschiedlichen Produktionseinheiten sind nach der Rechtsprechung des *BVerwG* nicht ohne weiteres eine einheitliche genehmigungsbedürftige Anlage.[38] Allerdings wird eine an

---

[29] Vgl. *Jarass*, BImSchG, § 3 Rn. 49; *Landmann/Rohmer/Kutscheidt*, Umweltrecht, § 3 Rn 24.
[30] Vgl. *Schmidt*, Umweltrecht, S. 55; *Jarass*, BImSchG, § 3 Rn. 49.
[31] Vgl. *Schmidt*, Umweltrecht, S. 55; *Kutscheidt*, NVwZ 1983, 66.
[32] Vgl. z. B. *VG Münster*, Urt. v. 20. 3. 1981 – 1 K 2229/79 –, NVwZ 1982, 327ff.
[33] Vgl. so zu den Kinderspielplätzen *OVG Münster*, Urt. v. 20. 3. 1981 – 1 K 2229/79 –, NVwZ 1982, 327 (328).
[34] Vgl. *Jarass*, BImSchG, Vorbem. § 22 Rn. 5; *Schmidt*, Umweltrecht, S. 55 m. w. N.
[35] Vgl. *Kutscheidt*, in: Grundzüge des Umweltrechts, S. 249.
[36] Vgl. dazu die Nachweise bei *Sundermann*, HDUR, Bd. I, Sp. 93f.
[37] *BVerwG* Urt. v. 12. 12. 1975 – IV C 71.73 –, E 49, 50, (52f.); a. A. *Kutscheidt*, DÖV 1976, 663ff.
[38] *BVerwG*, Urt. v. 6. 7. 1984 – 7 C 71.82 –, E 69, 355f.

der Einzelanlage orientierte Zuordnung zum Kreis der genehmigungsbedürftigen Anlagen dem Genehmigungserfordernis des § 4 Abs. 1 S. 1 BImSchG nicht gerecht, wenn mehrere gleichartige Anlagen in einem engen räumlichen und betrieblichen Verbund stehen und das für das Genehmigungserfordernis vorausgesetzte Umweltgefährdungspotential sich nicht aus der Einzelanlage, sondern aus ihrer Gesamtheit ergibt. § 1 Abs. 3 S. 1 der 4. BImSchV sieht deshalb vor, daß mehrere Anlagen als eine gemeinsame Anlage zu behandeln sind, wenn es sich um Anlagen derselben Art handelt, diese in einem engen räumlichen betrieblichen Zusammenhang stehen und wenn die Genehmigungsbedürftigkeit vom Erreichen oder Überschreiten von Leistungsgrenzen oder Anlagengrößen abhängig ist.[39]

3. Stand der Technik

Mit dem Stand der Technik, dessen Beachtung vor allem bei der Anlagen- 25
genehmigung gem. § 5 Abs. 1 Nr. 2 BImSchG verlangt wird, nimmt der Gesetzgeber auf außerrechtliche Wertmaßstäbe Bezug. Beim Stand der Technik handelt es sich um einen technischen Standard, der in seinen Anforderungen hinter denjenigen des „Standes von Wissenschaft und Technik", wie er in § 7 Abs. 2 Nr. 3 AtG zur Genehmigungsvoraussetzung gemacht wird, zurückbleibt, der andererseits aber über die allgemein anerkannten Regeln der Technik (vgl. z. B. § 24 Abs. 1 GewO) hinausgeht.[40]

Gem. § 3 Abs. 6 S. 1 BImSchG ist Stand der Technik i.S.d. BImSchG der 26
Entwicklungsstand fortschrittlicher Verfahren, Einrichtungen oder Betriebsweisen, der die praktische Eignung einer Maßnahme zur Begrenzung von Emissionen gesichert erscheinen läßt. Gem. § 3 Abs. 6 S. 2 BImSchG sind bei der Bestimmung des Standes der Technik insbesondere vergleichbare Verfahren, Einrichtungen oder Betriebsweisen heranzuziehen, die mit Erfolg im Betrieb erprobt worden sind. Das *BVerfG* vertritt die Ansicht, mit dem „Stand der Technik" werde der rechtliche Maßstab für das Erlaubte an die Front der technischen Entwicklung verlagert. Auf die allgemeine Anerkennung und die praktische Bewährung einer bestimmten Technik komme es für den Stand der Technik nicht ausschlaggebend an. Die Behörden müßten deshalb in den Meinungsstreit der Techniker eintreten, um zu ermitteln, was technisch notwendig, angemessen und zumutbar sei.[41] Ob eine Maßnahme dem Stand der Technik entspricht, ist eine Frage, die nicht im Ermessen der Verwaltungsbehörden steht. Vielmehr ist der zu fordernde technische Standard durch Auslegung des unbestimmten Rechtsbegriffs „Stand der Technik" zu bestimmen. Auch für die Anerkennung eines Beurteilungsspielraums hinsichtlich des unbestimmten Rechtsbegriffes „Stand der Technik" besteht kein Anlaß.[42]

---

[39] Vgl. dazu *Feldhaus*, BImSchG, 4. BImSchV, S. 15.

[40] Zu den technischen Standards i.e. siehe oben, § 3; zum Stand der Technik im BImSchG siehe auch *Hoppe*, Wirtschaftliche Vertretbarkeit, S. 110ff.; *Rittstieg*, Die Konkretisierung technischer Standards im Anlagenrecht, S. 25ff.; *Breuer*, HdUR, Bd. II, Sp. 391ff.

[41] Vgl. *BVerfG*, Urt. v. 4. 8. 1975 – VI C 30.72 –, E 49, 89 (135f.).

[42] Siehe dazu *Beckmann*, Rechtsschutz, S. 127f.; *Breuer*, HdUR, Bd. II, Sp. 390.

B. Der anlagenbezogene Immissionsschutz

27 Der zweite Teil des BImSchG über die Errichtung und den Betrieb von Anlagen gliedert sich in drei Teile über
- **genehmigungsbedürftige Anlagen**,
- **nicht genehmigungsbedürftige Anlagen** und
- **Ermittlung von Emissionen und Immissionen**.

I. Genehmigungsbedürftige Anlagen

28 Gem. § 4 Abs. 1 S. 1 BImSchG bedürfen die Errichtung und der Betrieb von Anlagen, die aufgrund ihrer Beschaffenheit oder ihres Betriebs im besonderen Maße geeignet sind, schädliche Umwelteinwirkungen hervorzurufen oder in anderer Weise der Allgemeinheit oder die Nachbarschaft zu gefährden, erheblich zu benachteiligen oder erheblich zu belästigen, einer Genehmigung. Anlagen, die nicht gewerblichen Zwecken dienen und nicht im Rahmen wirtschaftlicher Unternehmungen Verwendung finden, bedürfen der Genehmigung nur, wenn sie im besonderen Maße geeignet sind, schädliche Umwelteinwirkungen durch Luftverunreinigungen oder Geräusche hervorzurufen (§ 4 Abs. 1 S. 2 BImSchG). Welche Anlagen im einzelnen einer Genehmigung bedürfen, hat die Bundesregierung aufgrund der Ermächtigung des § 4 Abs. 1 S. 3 BImSchG durch Rechtsverordnung mit Zustimmung des Bundesrates in der vierten BImSchV[43] in enumerativer und damit der Rechtssicherheit dienender Weise geregelt.

Beispiele: Erdölraffinerien, Anlagen der Kohle- und Schieferverflüssigung bzw. -vergasung, Kraftwerke, Kühltürme von Kernkraftwerken, Verbrennungsanlagen, Hüttenwerke zur Erzeugung von Roheisen und Rohstahl, Anlagen der Asbestgewinnung und -verarbeitung, Papierfabriken und größere Müllverbrennungsanlagen

1. Betreiberpflichten

29 § 5 Abs. 1 BImSchG enthält sogenannte *Grundpflichten* für die Errichtung und den Betrieb genehmigungsbedürftiger Anlagen. Sie bilden unmittelbar geltende Pflichten für den Anlagenbetreiber und sind daher sofort und ohne behördliche Anweisung während der gesamten Dauer des Betriebs zu beachten.[44] Die Grundpflichten werden als
- **Schutzpflicht**,
- **Vorsorgepflicht**,
- **Entsorgungspflicht**,
- **Abwärmenutzungspflicht**,

bezeichnet.

a) Schutzpflicht

30 Gem. § 5 Abs. 1 Nr. 1 BImSchG sind genehmigungsbedürftige Anlagen so zu errichten und zu betreiben, daß schädliche Umwelteinwirkungen und sonstige Gefah-

---

[43] Vierte Verordnung zur Durchführung des Bundes-Immissionsschutzgesetzes (Verordnung über genehmigungsbedürftige Anlagen – Vierte BImSchV), vom 14. 2. 1975, BGBl. I, S. 499; siehe zur Änderung *Jarass*, NVwZ 1986, 607 (610); *Hansmann*, NVwZ 1988, 1002.

[44] Vgl. *Jarass*, BImSchG, § 5 Rn. 1; *Feldhaus*, BImSchG, Bd. 1, § 5 Anm. II.

ren, erhebliche Nachteile und erhebliche Belästigungen für die Allgemeinheit und die Nachbarschaft nicht hervorgerufen werden können.

Die Schutzpflicht zielt auf die Verhinderung konkret schädlicher Umwelteinwirkungen bzw. Immissionen, die von der Anlage ausgehen oder ausgehen können. Durch welche Umstände in der Anlage die Immissionen ausgelöst werden, ist grundsätzlich unerheblich. Die Anlage ist vielmehr so zu errichten bzw. zu betreiben, daß nicht nur beim *Normalbetrieb,* sondern auch bei *Störfällen* schädliche Umwelteinwirkungen nicht hervorgerufen werden können.[45] Nicht nur betriebsbedingte Umstände können dazu führen, daß eine Anlage schädliche Umwelteinwirkungen hervorruft. Auch externe Gefahrenquellen bzw. äußere Einwirkungen – gefährliche Anlagen in der Nachbarschaft, Hochwasser- oder Erdbebengefahren – können der Grund dafür sein, daß von der Anlage Immissionen ausgehen. Sofern die Gefahr äußerer Einwirkungen im Hinblick auf das Gewicht der drohenden Schäden hinreichend wahrscheinlich ist, hat der Anlagenbetreiber dafür zu sorgen, daß die Gefahr sich nicht realisiert und schädliche Umwelteinwirkungen damit nicht hervorgerufen werden können.[46] 31

Welche Maßnahmen der Anlagenbetreiber ergreift, um schädliche Umwelteinwirkungen zu vermeiden und um dadurch der Schutzpflicht gerecht zu werden, liegt grundsätzlich bei ihm. Zunächst kann er durch technische Maßnahmen an der betreffenden Anlage die Emissionen beim Normalbetrieb bzw. bei Störfällen begrenzen, damit im Bereich seiner Anlage schädliche Umwelteinwirkungen nicht hervorgerufen werden können. Dabei ergeben sich die Schädlichkeitsgrenzen aus den oben beschriebenen Technischen Umweltstandards (z.B. TA Luft, TA Lärm, VDI-Richtlinien). Diese Umweltstandards präzisieren die Schädlichkeitsschwelle, oberhalb derer Immissionen unzumutbar bzw. gesundheitsschädlich sind. Anders als die Vorsorgepflicht des §5 Abs. 1 Nr. 2 BImSchG richtet sich die Schutzpflicht nicht nach dem Stand der Technik i. S. v. § 3 Abs. 6 BImSchG. 32

Der Anlagenbetreiber kann auch durch **Kompensationsmaßnahmen** erreichen, daß die durch die Schutzpflicht gebotenen Immissionsgrenzwerte eingehalten werden. Nach der Rechtsprechung des *BVerwG* kann der Betreiber einer neuen Anlage die Einhaltung der Immissionswerte dadurch gewährleisten, daß er die hinzukommenden Emissionen durch Minderung der Emissionen aus bestehenden Anlagen ausgleicht.[47] Eine Kompensationsmöglichkeit hat der Gesetzgeber für Altanlagen 1985 in den §§ 7 Abs. 3, 48 Nr. 4 BImSchG ausdrücklich eingeführt. Voraussetzung für eine Kompensation bzw. eine Verrechnung von Immissionen ist, daß die Kompensationsmaßnahme zu einer Verbesserung hinsichtlich der gleichen Einwirkungsobjekte und derselben Immissionsart führt, um die es auch bei der fraglichen Anlage geht. Das heißt, daß Überschreitungen der zulässigen Grenzwerte in einem Gebiet nicht durch Verbesserungen in einem anderen Gebiet ausgeglichen werden können, ebenso wenig wie Überschreitungen bei bestimmten 33

---

[45] *OVG Lüneburg*, Beschl. v. 28. 12. 1976 – VII OVG B 78/75 –, OVGE 32, 444.

[46] *OVG Lüneburg*, Beschl. v. 28. 12. 1976 – VII OVG B 78/75 –, OVGE 32, 456f.; *Breuer*, WiVerw. 1981, 237f.; *Jarass*, BImSchG, § 5 Rn. 8.

[47] *BVerwG*, Urt. v. 17. 2. 1978 – 1 C 12.76 –, E 55, 250 (265f.); vgl. zum Begriff der Kompensation *Rehbinder*, HdUR, Bd. I, Sp. 930ff.

Schadstoffen durch Unterschreitungen bei anderen Schadstoffen gerechtfertigt werden können.[48] Die Verbesserungen, die die Errichtung einer neuen bzw. zum weiteren Betrieb einer alten Anlage ermöglichen, müssen rechtlich abgesichert werden. Bei den im Rahmen der Schutzpflicht vom Anlagenbetreiber zu ergreifenden Maßnahmen spielt die Wirtschaftlichkeit dieser Maßnahmen bzw. der Verhältnismäßigkeitsgrundsatz keine Rolle. Die Vermeidung von schädlichen Immissionen ist zwingend geboten. Falls es keine geeigneten oder wirtschaftlich vertretbaren Abwehrmaßnahmen gibt, darf die betreffende Anlage nicht errichtet oder betrieben werden.

34 Im Sinne von § 5 Abs. 1 Nr. 1 BImSchG dürfen nicht nur schädliche Umwelteinwirkungen, sondern auch „sonstige Gefahren" beim Betrieb der Anlage nicht hervorgerufen werden können. Mit den „sonstigen" Gefahren sind auch Einwirkungen, die vom Anlagengrundstück ausgehen, gemeint, und zwar Einwirkungen physischer Art. Zu denken ist etwa an Explosions- und Brandgefahren, aber auch an die Verbreitung von Krankheiten durch Tiere, die sich auf dem Anlagengelände aufhalten. Wie bereits erwähnt ist die Schutzpflicht des §5 Abs. 1 Nr. 1 BImSchG drittschützend.[49]

b) Vorsorgepflicht

35 Gem. § 5 Abs. 1 Nr. 2 BImSchG muß der Anlagenbetreiber Vorsorge gegen schädliche Umwelteinwirkungen treffen, insbesondere durch die dem Stand der Technik entsprechenden Maßnahmen zur Immissionsbegrenzung.

36 Mit der Vorsorgepflicht soll der gebotene Immissionsschutz vorverlagert und über die traditionelle Gefahrenabwehr hinaus ausgedehnt werden,[50] auch wenn keine *schädlichen* Umwelteinwirkungen durch die Emissionen hervorgerufen werden bzw. zu erwarten sind.[51] Die Vorsorgepflicht dient in erster Linie der Verbesserung der Umweltverhältnisse.[52] Zum Teil wird darüber hinaus angenommen, daß die Vorsorge eine Sicherheitszone vor der Gefahrenschwelle schaffen soll.[53] Nach a.A. soll die Vorsorgepflicht dazu dienen, daß im Einwirkungsbereich der Anlage auch künftig noch Veränderungen möglich sind, daß also Freiräume planerisch erhalten bzw. geschaffen werden.[54] Nach Ansicht des *BVerwG* stellt das Vorsorgegebot des § 5 Abs. 1

---

[48] Vgl. *Jarass*, BImSchG, § 5 Rn. 17.

[49] Siehe dazu oben, § 13, Rn. 101.

[50] *Breuer*, Umweltschutzrecht, S. 668 m.w.N.; *OVG Berlin*, Urt. v. 17. 7. 1978 – I B 157.25 –, DVBl. 1979, 159; *VGH BW*, Urt. v. 5. 2. 1980 – X 1909/77 –, GewArch. 1980, 197 (200ff.); *OVG Lüneburg*, Urt. v. 3. 10. 1979 – VII A 39/78 –, GewArch. 1980, 203; vgl. zur Gegenüberstellung von Schutzpflicht (Nr. 1) und Vorsorgepflicht (Nr. 2) *Rid/Hammann*, VBlBW 1987, 121ff., 125.

[51] Vgl. *Engelhardt*, NuR 1984, 88 (90); *VGH Mannheim*, Urt. v. 10. 11. 1981, – 10 S 944/80 –, VBlBW 1982, 176; Vorsorge ist auch gegen die Immissionen durch Ferntransport von Luftschadstoffen zu treffen, *BVerwG*, Urt. v. 17. 2. 1984 – 7 C 8.82 –, DVBl. 1984, 476; zum Zweck und zum Ausmaß der Vorsorge siehe umfassend auch *Grabitz*, WuV 1984, 232ff.; *Schwerdtfeger*, WuV 1984, 217ff.

[52] *Jarass*, BImSchG, § 5 Rn. 25; zur immissionsschutzrechtlichen Lärmvorsorge *Rid/Hammann*, NVwZ 1989, 200.

[53] So *Breuer*, Der Staat 20 (1981), 393 (411ff.); *Papier*, DVBl. 1979, 162f.; *Rengeling*, DVBl. 1982, 626f.; *OVG Lüneburg*, Urt. v. 3. 10. 1979 – VII A 39/78 –, GewArch. 1980, 25.

[54] *Martens*, DVBl. 1981, 602f.; *Feldhaus*, DVBl. 1980, 135; *Feldhaus*, BImSchG, § 5 Anm. 7; siehe zum Meinungsstand bei *Rid/Hammann*, VBlBW 1987, 121ff.; krit. demgegenüber *Hoppe/Püchel*, DVBl. 1988, 1 (10).

Nr. 2 BImSchG eine Art Gegengewicht zum Kompromißcharakter des in § 5 Abs. 1 Nr. 1 BImSchG festgelegten Sicherheitsstandards und der damit verbundenen Risikogrenzen dar. § 5 Abs. 1 Nr. 1 BImSchG schütze die Allgemeinheit sowie die Nachbarschaft nur vor Gefahren, erheblichen Nachteilen und erheblichen Belästigungen. Erheblich im Sinne dieser Vorschrift sei dabei alles, was unzumutbar sei. Der Rechtsbegriff der Zumutbarkeit führe nicht zu ein für alle Mal feststehenden Konfliktlösungen. Er setze eine Abwägung und damit eine Bewertung der widerstreitenden Interessen voraus. In diesem Sinne stelle § 5 Abs. 1 Nr. 1 BImSchG bestimmte „Duldungsgrenzen" auf; die von einer genehmigungsbedürftigen Anlage verursachten Immissionen müßten sich unter Berücksichtigung der Vorbelastung im Rahmen dieser Grenzen halten. Ein derartiges Konzept setze die Zuordnung von Immissionen zu bestimmten Emittenten voraus; es verliere dort seine Wirkung, wo eine solche Zuordnung – wie beim Ferntransport von Luftschadstoffen – nicht mehr möglich sei. Den damit verbundenen Risiken könne nur mit Maßnahmen der Vorsorge begegnet werden; sie sollten unabhängig von den geltenden Schädlichkeitsgrenzen das an Umweltqualität durchsetzen, was im Hinblick auf ein vorhandenes Potential an Vermeidungstechnologie realisierbar erscheine (§ 5 Abs. 1 Nr. 2 i. V. m. § 3 Abs. 6 BImSchG).[55]

Die Vorsorgepflicht verlangt vom Anlagenbetreiber, daß die Emissionen **37**
soweit gemindert werden, wie dies mit Maßnahmen möglich ist, die dem Stand der Technik entsprechen. Es müssen somit alle fortschrittlichen Verfahren, Einrichtungen und Betriebsweisen, deren praktische Eignung gesichert ist, zur Emissionsbegrenzung eingesetzt werden.

Die Vorsorgepflicht ist jedoch keine unbegrenzte Minimierungspflicht. **38**
Aufwand und Ertrag müssen in einem angemessenen Verhältnis stehen. Es dürfen keine Maßnahmen verlangt werden, die nur eine geringe Immissionsminderung erreichen, dafür aber mit einem hohen technischen und finanziellen Aufwand verbunden sind.[56] Das Vorliegen eines solchen groben Mißverhältnisses würde gegen den Verhältnismäßigkeitsgrundsatz verstoßen.[57] Nähere Konkretisierungen der technischen Möglichkeiten sind u.a. in den Technischen Standards enthalten, die Immissionsgrenzwerte vorschreiben.[58]

Das Vorsorgegebot gilt sowohl für die Genehmigung einer Neuanlage (§ 5 **39**
Abs. 1 Nr. 2 BImSchG), für wesentliche Anlagenänderungen (§ 15 BImSchG), als auch für die nachträglichen Anordnungen gem. § 17 Abs. 1 S. 1 BImSchG.[59] Nach ganz überwiegender Auffassung ist das Vorsorgegebot nicht drittschützend.[60]

c) Entsorgungspflicht

Gem. § 5 Abs. 1 Nr. 3 BImSchG sind Reststoffe zu vermeiden, es sei denn, sie **40**
werden ordnungsgemäß und schadlos verwertet, oder, soweit Vermeidung und Ver-

---

[55] Siehe dazu *BVerwG*, Urt. v. 17. 2. 1984 – 7 C 8.82 –, E 69, 37 (43f.).

[56] *Jarass*, DVBl. 1986, 314 (316).

[57] Siehe zum Übermaßverbot bei Vorsorgemaßnahmen *Hoppe*, Wirtschaftliche Vertretbarkeit, S. 113ff.

[58] Vgl. z.B. TA Luft; 13. BImSchV = Verordnung über Großfeuerungsanlagen.

[59] Vgl. *Bender/Sparwasser*, Umweltrecht, Rn. 233.

[60] Siehe dazu *BVerwG*, Urt. v. 18. 5. 1982 – 7 C 42.80 –, E 65, 313 (320); *OVG Lüneburg*, Beschl. v. 28. 2. 1985 – 7 B 64/84 –, UPR 1985, 253/255.

wertung technisch nicht möglich oder zumutbar sind, als Abfälle ohne Beeinträchtigung des Wohls der Allgemeinheit beseitigt.

41 Die Entsorgungspflicht ist gestuft: In erster Linie wird von dem Anlagenbetreiber eine Vermeidung oder wenigstens Verwertung (Recycling) gefordert.[61] Nur wenn die Reststoffvermeidung bzw. Verwertung technisch nicht möglich oder unzumutbar ist, darf der Anlagenbetreiber die Reststoffe als Abfälle beseitigen, wenn dabei das Wohl der Allgemeinheit nicht beeinträchtigt wird. Vermeidung und Verwertung sind dagegen gleichrangig. Insoweit steht dem Betreiber ein Wahlrecht zu. Ob die Voraussetzungen für eine allgemeinwohlverträgliche Abfallentsorgung der nicht verwertbaren Reststoffe vorliegen, beurteilt sich nach den einschlägigen Rechtsnormen – dazu zählen u. a. die Vorschriften des Abfallrechts, des Abwasserrechts und z. B. bei der Beurteilung eines Schlachthofes die Vorschriften des TierKBG.

42 Unter **Reststoffen** sind Stoffe zu verstehen, die bei Herstellung, Be- oder Verarbeitung entstehen, ohne daß dies vom Anlagenbetreiber angestrebt worden ist. Die Reststoffverwertung muß ordnungsgemäß und schadlos erfolgen. Der Anlagenbetreiber kann sich bei der Verwertung auch Dritter bedienen.[62] Die Entsorgungspflicht ist grundsätzlich nicht drittschützend.[63]

Fall:[64] Die zuständige Behörde erteilte einem Schweinemäster die Genehmigung zur Errichtung und zum Betrieb eines Schweinestalles mit 250 Vormast- und 500 Mittel- bzw. Endmastplätzen im Flüssigmistverfahren unter anderem mit einer Nebenbestimmung, die die Beseitigung der anfallenden Gülle durch Ausbringung auf landwirtschaftlichen Nutzflächen anordnete. Die hiergegen von Nachbarn erhobene Klage wurde abgewiesen. Nach Ansicht des OVG Münster konnten sich die Nachbarn insbesondere nicht auf eine Verletzung der Entsorgungspflicht des § 5 Abs. 1 Nr. 3 BImSchG berufen, da diese Pflicht nicht drittschützend ist.

d) Abwärmenutzungspflicht

43 Gem. § 5 Abs. 1 Nr. 4 BImSchG sind Anlagen so zu errichten und zu betreiben, daß entstehende Wärme, die nicht an Dritte abgegeben wird, für Anlagen des Betreibers genutzt wird, soweit dies nach Art und Standort der Anlagen technisch möglich und zumutbar sowie mit den Pflichten nach den Nrn. 1 – 3 vereinbar ist.

44 Diese Vorschrift zielt darauf ab, die Betreiber genehmigungsbedürftiger Anlagen zu einer verstärkten Wärmenutzung innerhalb ihres Unternehmens anzuhalten, um Energieverschwendung zu vermeiden und gleichzeitig die Umweltbelastung durch Aufheizung der Atmosphäre zu verringern.[65] Die Wärmenutzungspflicht soll sich aber nicht undifferenziert auf alle genehmigungsbedürftigen Anlagen erstrecken. Vielmehr entsteht die Pflicht bzw. das Gebot nur für Anlagen, die in einer gem. § 5 Abs. 2 BImSchG durch die Bundesregierung zu erlassenden Rechtsverordnung – mit konstitutiver Wirkung – benannt worden sind. Diese Rechtsverordnung wurde noch nicht erlassen.

---

[61] *Schmidt*, Umweltrecht, S. 38; *Breuer*, Umweltschutzrecht, S. 671; *Jarass*, NVwZ 1986, 608; *Kutscheidt*, NVwZ 1986, 622 (623).

[62] *Jarass*, BImSchG, § 5 Rn. 40.

[63] Siehe oben, § 13, Rn. 101 ; *OVG Münster*, Urt. v. 23. 1. 1986 – 21a A 1517/84 –, DVBl. 1986, 1287; *Sellner*, Immissionsschutzrecht, Rn. 65; zum Entwurf eines VV zu § 5 Abs. 1 Nr. 3 BImSchG siehe NVwZ 1989, 130.

[64] Siehe dazu *OVG Münster*, Urt. v. 23. 1. 1986 – 21 A 1517/84 –, UPR 1986, 433.

[65] Vgl. *Feldhaus*, UPR 1985, 385 (387).

e) Pflichtenkonkretisierende Rechtsverordnungen

Zur Konkretisierung der Grundpflichten des § 5 Abs. 1 BImSchG kann die Bundesregierung allgemein oder für bestimmte Bereiche Anforderungen durch Rechtsverordnung vorschreiben (§ 7 Abs. 1 BImSchG). Festlegungen in einer Rechtsverordnung sind grundsätzlich gegenüber den Grundpflichten nicht abschließend, sondern können im Einzelfall durch Rekurs auf die Grundpflichten ergänzt werden.[66] 45

Die Anforderungen in der Rechtsverordnung müssen die Grundpflichten des § 5 BImSchG konkretisieren. § 7 Abs. 1 Nr. 1 – 3 BImSchG enthält eine beispielhafte Aufzählung der wichtigsten Regelungen. Sie können sich darauf richten, daß 46

- die Anlagen bestimmten technischen Anforderungen entsprechen müssen,
- die von Anlagen ausgehenden Emissionen bestimmte Grenzwerte nicht überschreiten dürfen und
- die Betreiber von Anlagen Messungen von Emissionen und Immissionen nach in der Rechtsverordnung näher zu bestimmenden Verfahren vorzunehmen haben oder vornehmen lassen müssen.

Die Anforderungen können sich auch auf im Zeitpunkt des Erlasses der Rechtsverordnung bereits bestehende Anlagen beziehen. Doch ergeben sich aus Gründen des Bestandsschutzes Grenzen, wenn der Anlagenbetreiber im Vertrauen auf eine unanfechtbare Genehmigung Investitionen vorgenommen hat. Aufgrund der Ermächtigung des § 7 Abs. 1 BImSchG sind erlassen worden die 47

- **Störfall-Verordnung** (12. BImSchV)[67]
- **Großfeuerungsanlagen-Verordnung** (13. BImSchV).[68]

aa) **Störfall-Verordnung**

Die Störfall-Verordnung gilt gem. § 1 VO für alle Anlagen, in denen giftige oder explosive Stoffe – dazu zählen mittlerweise 320 Stoffe und Stoffgruppen, die im Anhang II der VO aufgeführt sind, im bestimmungsgemäßen Betrieb vorhanden sein oder bei einer Störung des bestimmungsgemäßen Betriebes entstehen können. Die Störfall-Verordnung gilt gem. § 1 S. 2 der VO nicht für Anlagen, in denen nur so geringe Mengen dieser Stoffe vorhanden sein oder entstehen können, daß eine Gemeingefahr infolge einer Störung des bestimmungsgemäßen Betriebs offensichtlich ausgeschlossen ist. 48

Störfall im Sinne der Störfall-Verordnung ist gem. § 2 Abs. 1 VO eine Störung des bestimmungsgemäßen Betriebs, durch die ein Stoff nach An- 49

---

[66] *VGH BW*, Beschl. v. 20. 5. 1974 – VI 1233/73 –, GewArch. 1974, 396; *Jarass*, BImSchG, § 6 Rn. 3 m. w. N.

[67] in der Fassung vom 19. 5. 1988 (BGBl. I, 625); siehe dazu näher *Bender/Sparwasser*, Umweltrecht, Rn. 248 m.w.N.; *Hausmann*, NVwZ 1988, 1002ff.

[68] vom 22. Juni 1983 (BGBl. I, S. 719); siehe dazu *Kutscheidt*, NVwZ 1984, 409ff.; *Peters*, NVwZ 1985, 723 ff.; *Tegethoff*, ET 1985, 173ff.; am 1. 9. 1988 ist außerdem die Verordnung über Kleinfeuerungsanlagen (1. BImSchV) in der Neufassung in Kraft getreten (Verordnung v. 17. 7. 1988 (BGBl.I 1059)) vgl. dazu *Hansmann*, NVwZ 1988, 1002ff.

hang II der Störfall-Verordnung frei wird, entsteht, in Brand gerät oder explodiert und eine Gemeingefahr hervorgerufen wird.

50 **Gemeingefahr** im Sinne der Störfall-Verordnung ist eine Gefahr

1. für Leben oder hinsichtlich schwerwiegender Gesundheitsbeeinträchtigungen von Menschen, die nicht zum Bedienungspersonal des gestörten Anlagenteils gehören,
2. für die Gesundheit einer großen Zahl von Menschen oder
3. für Sachen von hohem Wert, die sich außerhalb der Anlage befinden, falls durch eine Veränderung ihres Bestandes oder ihrer Nutzbarkeit das Gemeinwohl beeinträchtigt würde.

51 Zur **Störfallvorsorge** und **Störfallabwehr** hat der Betreiber einer Anlage bestimmte Pflichten und Anforderungen zu erfüllen, insbesondere

- Sicherheitspflichten,
- Anforderungen zur Verhinderung von Störfällen,
- Anforderungen zur Begrenzung von Störfallauswirkungen,
- weitere ergänzende Anforderungen,
- Meldepflichten.

52 Der Betreiber hat außerdem gem. § 7 VO eine **Sicherheitsanalyse** anzufertigen, die der Genehmigungsbehörde die Beurteilung ermöglichen soll, ob die materiellen Anforderungen an einen ausreichenden Gefahrenschutz erfüllt sind. Aufgrund der in jüngerer Vergangenheit vorgekommenen Störfälle ist die Störfallvorsorge durch eine Novellierung der Störfall-Verordnung erheblich verbessert worden. Erweitert worden sind einerseits der Störfallbegriff und andererseits die Kataloge der Anhänge I und II sowie die Vorschriften über die Sicherheitsanalyse und sonstige Betreiberpflichten.[69] Die Pflicht zur Anfertigung und Fortschreibung der Sicherheitsanalyse gilt jedoch nicht für alle von der StörfallV erfaßten Betriebe.

Fall: Fehlen in einer Sicherheitsanalyse nach § 7 StörfallV die notwendigen Angaben, so können verfahrensrechtliche Teilhaberrechte der Nachbarn verletzt sein, wenn diese infolge des Mangels nicht in der Lage sind, ihre Betroffenheit durch die Auswirkungen der Anlage zu beurteilen.[70]

bb) **Großfeuerungsanlagen-Verordnung**

53 Gem. § 1 VO gilt die Großfeuerungsanlagen-Verordnung für die Errichtung, die Beschaffenheit und den Betrieb von Feuerungsanlagen mit einer Feuerungswärmeleistung von 50 Megawatt und mehr einschließlich ihrer Nebeneinrichtungen. Die Verordnung enthält Anforderungen, die zur Vorsorge gegen schädliche Umwelteinwirkungen nach § 5 Abs. 1 Nr. 2 BImSchG zu erfüllen sind. Die Anforderungen richten sich einerseits an Errichtung und Betrieb der genannten Anlagen und setzt Grenzwerte für bestimmte Emissionen fest. Für Altanlagen regelt die Großfeuerungsanlagen-Verordnung ein Altanlagensanierungskonzept, in dem für sanierungsbedürftige Altanlagen die Anforderungen mit Übergangsfristen gestaffelt geregelt werden. Geregelt werden in der Großfeuerungsanlagen-Verord-

---

[69] Vgl. dazu *Bender/Sparwasser*, Umweltrecht, Rn. 248.

[70] *OVG Lüneburg*, Beschl. v. 6. 4. 1984 – 7 B 16/83 – UPR 1984, 309; zu den sich aus der Neufassung der Störfall-Verordnung ergebenden Anforderungen siehe OVGNW, Beschl. v. 18. 7. 1988 – 21 B 1092/88 –, NWVBL 1988, 380.

nung außerdem Verpflichtungen zur Messung und Überwachung der Emissionen (vgl. §§ 21ff. VO).

2. Genehmigungsvoraussetzungen

Die Erteilung der Genehmigung ist gem. § 6 BImSchG von folgenden Voraussetzungen abhängig: **54**

a) Grundpflichten

Zunächst ist gem. § 6 Nr. 1 BImSchG die Erteilung der Genehmigung davon abhängig, daß die Erfüllung der Grundpflichten gem. §5 BImSchG sichergestellt ist. Die zuständige Behörde darf daher die Genehmigung erst dann erteilen, wenn feststeht, daß bei Errichtung und Betrieb der Anlage schädliche Umwelteinwirkungen nicht hervorgerufen werden können, eine angemessene Vorsorge gegen schädliche Umwelteinwirkungen getroffen wird, Reststoffe vermieden bzw. verwertet oder beseitigt werden und ggf. entstehende Wärme genutzt wird.[71] **55**

b) Rechtsverordnungen i. S. v. § 7 BImSchG

Als nächste Voraussetzung für die Genehmigung muß gem. § 6 Nr. 1 BImSchG der Betreiber die Pflichten gem. den Rechtsverordnungen nach § 7 BImSchG nachkommen. **56**

c) Belange des Arbeitsschutzes

Weitere Voraussetzung gem. § 6 Nr. 2 BImSchG für die Erteilung der Genehmigung ist, daß die Belange des Arbeitsschutzes der Errichtung und dem Betrieb der Anlage nicht entgegenstehen. **57**

Beim Betrieb genehmigungsbedürftiger Anlagen spielt der Arbeitsschutz eine erhebliche Rolle. Ist eine den Schutz der Arbeitnehmer sichernde Gestaltung der Anlage nicht möglich, muß die Genehmigung nach § 6 Nr.2 BImSchG versagt werden.[72] Die Beachtung der Belange des Arbeitsschutzes setzt einerseits voraus, daß öffentlich-rechtliche Vorschriften, die dem Arbeitsschutz dienen, beachtet werden. **58**

Arbeitsschutzvorschriften enthalten z.B. die §§ 120aff., 139 e, f GewO, die Arbeitsstättenverordnung, die Arbeitsstoffverordnung, die aufgrund § 24 GewO erlassenen Rechtsverordnungen, das Sprengstoffgesetz, das Gaststättengesetz, das Jugendarbeitsschutzgesetz und das Mutterschutzgesetz. **59**

Die zu beachtenden Belange des Arbeitsschutzes werden daneben auch durch den Inhalt der von den Unfallversicherungsträgern erlassenen Unfallverhütungsvorschriften konkretisiert.[73] Ob die Belange des Arbeitsschutzes gewahrt sind, hat die Genehmigungsbehörde nach Anhörung der nach § 10 Abs. 5 BImSchG zu beteiligenden Arbeitsschutzbehörden (z.B. Gewerbeaufsichtsamt, Bergamt) und des zuständigen Betriebs- bzw. Gesamtbetriebsrats (vgl. § 89 Abs. 2 des Betriebsverfassungsgesetzes) zu entscheiden. Sofern für eine bestehende Anlage bereits gesonderte behördliche Anordnun- **60**

---

[71] Siehe dazu oben, S. 25 Rn. 29–44.
[72] *Feldhaus*, BImSchG, § 6 Anm. 7 m.w.N. zur Rechtsprechung.
[73] *Jarass*, BImSchG, Rn. 12.

gen zum Zwecke des Arbeitsschutzes ergangen sind, hat sie diese ebenfalls zu berücksichtigen.[74]

d) Übereinstimmung mit sonstigen öffentlich-rechtlichen Vorschriften

61 Die immissionsschutzrechtliche Genehmigung setzt gem. § 6 Nr. 2 BImSchG schließlich voraus, daß Errichtung und Betrieb der Anlage allen anderen, von § 6 Nr. 1 BImSchG nicht erfaßten öffentlich-rechtlichen Vorschriften gerecht werden, soweit sie anlagenbezogen[75] sind.

Zu den sonstigen Vorschriften i.S.d. § 6 Nr. 2 BImSchG zählen vor allem Vorschriften des Baurechts, des Straßen- und Wegerechts und des Naturschutzrechts.

62 Der in § 6 Nr. 2 BImSchG geregelte übergreifende Prüfungsmaßstab steht im Zusammenhang mit der Konzentrationswirkung der immissionsschutzrechtlichen Genehmigung gem. § 13 BImSchG, wonach die Genehmigung andere, die Anlage betreffende behördliche Entscheidungen einschließt. Nach h.M. führt § 13 BImSchG zu einer *Verfahrenskonzentration*, d.h. zusammengefaßt werden nicht nur die verschiedenen Zuständigkeiten, sondern auch die verschiedenen Genehmigungsverfahren.[76] Eine Bindung der immissionsschutzrechtlichen Genehmigungsbehörde an das materielle Recht, nach dem sich die ersetzten Entscheidungen richten würden, bleibt dagegen bestehen. Es ist deshalb konsequent, daß § 6 Nr. 2 BImSchG auch die Prüfung anderer öffentlich-rechtlicher Vorschriften zur Voraussetzung der Genehmigungserteilung erhebt.

63 Zu beachten ist allerdings, daß die eingeschränkte Konzentrationswirkung – sie erstreckt sich nicht auf Planfeststellungen, Zulassungen bergrechtlicher Betriebspläne sowie auf behördliche Entscheidungen aufgrund wasserrechtlicher und atomrechtlicher Vorschriften – nicht im gleichen Umfang zu einer Verengung des Prüfungsmaßstabs der Genehmigungsbehörde führt. Grundsätzlich ist im immissionsschutzrechtlichen Verfahren das gesamte öffentliche Recht zu prüfen. Zulässig dürfte es jedoch sein, daß die immissionsschutzrechtliche Genehmigungsbehörde auf eine Prüfung materieller öffentlich-rechtlicher Vorschriften verzichtet, wenn diese Gegenstand von noch zu erteilenden Fachgenehmigungen sind.[77] Die Behörde kann einen entsprechenden Vorbehalt in ihre Genehmigungsentscheidung aufnehmen.

3. Genehmigungsverfahren

64 § 10 Abs. 10 BImSchG ermächtigt die Bundesregierung, die Grundsätze des Genehmigungsverfahrens durch Rechtsverordnung zu regeln. Dies ist durch Erlaß der 9. BImSchV[78] geschehen. Die für das Genehmigungsverfah-

---

[74] *Stich/Porger*, Immissionsschutzrecht, § 6 Anm. 15; *Ule*, BImSchG, § 6 Rn. 6.

[75] Vgl. *Jarass*, BImSchG, § 6 Rn. 8; es werden somit seine personenbezogenen Anforderungen, etwa die persönliche Zuverlässigkeit des Antragstellers geprüft.

[76] Vgl. *BVerwG*, Urt. v. 22. 3. 1985 – 4 C 73.82 –, E 71, 163 (164).

[77] So zu Recht *Jarass*, BImSchG, § 6 Rn. 9.

[78] Neunte Verordnung zur Durchführung des BImSchG (Grundsätze des Genehmigungsverfahrens) – 9. BImSchV v. 18. 2. 1977 (BGBl. I, S. 274) geändert durch VO v. 19. 5. 1988 (BGBl. I, 608); zum immissionsschutzrechtlichen Genehmigungsverfahren siehe *Sellner*, Immissionsschutzrecht, Rn. 115ff.

ren getroffenen Regelungen sind grundsätzlich abschließend. Wenn im Einzelfall Regelungslücken auftreten, so können sie im Wege der Analogie zu entsprechenden Vorschriften des VwVfG über förmliche Verfahren (§§ 63ff. VwVfG) geschlossen werden.

§ 19 Abs. 1 BImSchG ermächtigt die Bundesregierung durch Rechtsverordnung für bestimmte genehmigungspflichtige Anlagen ein *vereinfachtes* Genehmigungsverfahren vorzusehen. Voraussetzung dafür ist, daß die Verfahrensvereinfachung im Hinblick auf die Umwelteinwirkungen, Gefahren, erheblichen Nachteile und Belästigungen, wie sie von den fraglichen Anlagen typischerweise hervorgerufen werden, mit dem Schutz der Allgemeinheit und der Nachbarschaft zu vereinbaren ist. Der Verordnungsgeber kann dabei eine Abgrenzung nach Art und Umfang der Anlagen vornehmen. Von der Ermächtigung des § 19 Abs. 1 BImSchG hat der Verordnungsgeber mit der 4. BImSchV[79] Gebrauch gemacht, die neben den förmlich zu genehmigenden Anlagen in §§ 3, 4 der VO die Anlagen nennt, für die ein vereinfachtes Genehmigungsverfahren genügt. 65

a) Einleitung durch Antrag

Das förmliche Genehmigungsverfahren wird durch den schriftlichen Antrag des Vorhabenträgers eingeleitet. Gem. § 10 Abs. 1 S. 2 BImSchG sind dem Antrag die zur Prüfung nach § 6 BImSchG erforderlichen Zeichnungen, Erläuterungen und sonstigen Unterlagen beizufügen.[80] Dazu gehören z. B. Anlagen- und Betriebsbeschreibungen, Angaben über Art und Ausmaß der Emissionen und der zur Verhinderung schädlicher Umwelteinwirkungen vorgesehenen Maßnahmen, ggf. auch eine Sicherheitsanalyse. Zusätzlich sind die möglichen Auswirkungen auf Nachbarschaft und Allgemeinheit zu beschreiben. Unterlagen, die Geschäfts- oder Betriebsgeheimnisse enthalten, sind zu kennzeichnen und getrennt vorzulegen.[81] 66

b) Beteiligung anderer Behörden

Da die Genehmigungsbehörde bei Erteilung der mit Konzentrationswirkung ausgestatteten Genehmigung auch andere öffentlich-rechtliche Vorschriften zu beachten hat, soll sie sich den Sachverstand der Behörden zunutze machen, deren Aufgabenbereiche von dem Verfahren berührt werden. Gem. § 10 Abs. 5 BImSchG holt die Genehmigungsbehörde deshalb die Stellungnahme der Behörden ein, deren Aufgabenbereich durch das Vorhaben berührt wird. Zu beteiligen sind in jedem Fall diejenigen Behörden, die für eine der gem. § 13 BImSchG ersetzten Genehmigungen zuständig wären, daneben aber auch die Behörden, die neben der Genehmigung eine selbständige Entscheidung in bezug auf die Anlage zu treffen haben.[82] So sind z. B. die für die Abfallbeseitigung zuständigen Behörden anzuhören, wenn Reststoffe i. S. v. § 5 Abs. 1 Nr. 3 BImSchG entstehen können. Andere anzuhö- 67

---

[79] Vierte Verordnung zur Durchführung des BImSchG (Verordnung über genehmigungsbedürftige Anlagen - 4. BImSchV) i. d. F. v. 24. 7. 1985 (BGBl. I, S. 1586).

[80] Vgl. §§ 3, 4 der 9. BImSchV.

[81] Vgl. *Ule*, BImSchG, § 10 Rn. 3; *Jarass*, BImSchG, § 10 Rn. 12, 14; zum Schutz von Betriebs- und Geschäftsgeheimnissen im Umweltrecht, *Breuer*, NVwZ 1986, 172ff.; *Schröder*, UPR 1985, 394ff.; vgl. auch *VGH München*, NVwZ 1989, 266.

[82] *Jarass*, BImSchG, § 10 Rn. 23.

rende Behörden können z. B. die Bauaufsichtsbehörden, die Gemeinden oder die Arbeitsschutzbehörden sein.

c) Bekanntmachung und Auslegung

68 Sobald die Unterlagen vollständig vorliegen, ist das Vorhaben gem. § 10 Abs. 3 S. 1 BImSchG im amtlichen Veröffentlichungsblatt und in den örtlichen Tageszeitungen bekanntzumachen.[83] Antrag und Unterlagen, die Angaben über die Auswirkungen der Anlage auf Nachbarschaft und Allgemeinheit enthalten, sind für die Dauer von 2 Monaten öffentlich zu jedermanns Einsicht auszulegen. Die Auslegung hat an dem Ort zu erfolgen, der in der öffentlichen Bekanntmachung angegeben worden ist (§ 10 Abs. 4 Nr. 1 BImSchG). Weitere Einzelheiten der Auslegung regelt § 10 der 9. BImSchV.

d) Einwendungen und Präklusion

69 Während der zweimonatigen Auslegung können Einwendungen gegen das geplante Vorhaben erhoben werden. Einwendungsbefugt ist jedermann. Eine Betroffenheit in einem Recht oder in einem rechtlichen Interesse ist nicht notwendig[84]. Neben der umfassenden Behördeninformation dient die Einwendungsbefugnis auch dem Schutz der von der Anlage potentiell Betroffenen, die private aber auch öffentliche Belange geltend machen können. Drittschützend sind die Vorschriften über die Öffentlichkeitsbeteiligung zugunsten derjenigen, die durch die Genehmigung in einer materiell-rechtlichen Position verletzt sein können.[85]

70 Doch auch die möglicherweise in eigenen Rechten betroffenen Einwender sichern ihre Mitwirkungsrechte am späteren Verfahren nur dann, wenn ihre Einwendungen sich nicht nur als bloßer abstrakter Protest, sondern als konkret sachliches auf die Verhinderung oder Modifizierung des beantragten Vorhabens abzielendes Gegenvorbringen darstellt und ersichtlich wird, welche Rechtsgüter des Drittbetroffenen durch die Anlage geschmälert werden können.[86] Jedoch sind die Anforderungen an die Darlegungen zur Rechtsbetroffenheit nicht zu hoch anzusetzen; die nähere Präzisierung kann im später stattfindenden Erörterungstermin erfolgen.[87]

71 Mit Ablauf der 2-Monats-Frist sind alle weiteren Einwendungen ausgeschlossen, die nicht auf besonderen privatrechtlichen Titeln beruhen (vgl.

---

[83] Ausnahmen von der Bekanntmachungspflicht sind in §8 Abs. 2 der 9. BImSchV geregelt, insbesondere dann, wenn schon früher eine Bekanntmachung und Auslegung über die in Rede stehende Anlage erfolgt ist und keine weiteren Umstände hinzugetreten sind.

[84] Vgl. *Jarass*, BImSchG, § 10 Rn. 44.

[85] *Kutscheidt*, in: Grundzüge des Umweltrechts, S. 275; zum Individualschutz durch Verfahrensvorschriften siehe oben, § 13, Rn. 90ff.

[86] *Schmidt*, Umweltrecht, S. 33 m. w. N.; *BVerwG*, Urt. v. 17. 7. 1980 – 7 C 11.78 –, E 60, 311; *OVG Lüneburg*, Beschl. v. 21. 10. 1986 –, 7 D 2/86 –, NVwZ 1987, 341, zur Klagebefugnis einer Gemeinde. Vgl. auch *BVerwG*, Urt. v. 29. 8. 1986 – 7 C 52/84 –, NVwZ 1987, 131, wonach der Kläger, der hinsichtlich einer ihm zustehenden Rechtsposition gem. § 10 Abs. 3 S. 3 BImSchG präkludiert ist, auch eine, ihm hinsichtlich dieser Rechtsposition günstige Änderung der Sach- und Rechtslage nicht im Rahmen einer von ihm erhobenen Anfechtungsklage gegen einen dem Beigeladenen erteilten immissionsschutzrechtlichen Vorbescheid geltend machen kann.

[87] Vgl. *Jarass*, BImSchG, § 10 Rn. 45.

§ 10 Abs. 3 S.3, Abs. 6 S. 2 BImSchG). Auf diese Ausschlußfrist muß bereits in der Bekanntmachung hingewiesen werden. Die nicht rechtzeitig erhobenen Einwendungen werden zum einen bei der späteren Erörterung im Genehmigungsverfahren nicht berücksichtigt („**formelle Präklusion**") und zum anderen können die Betroffenen bei Versäumung der Einwendungsfrist ihre Rechte auch nicht mehr im Verwaltungsprozeß geltend machen („**materielle Präklusion**").[88] Gegen die materielle Verfahrenspräklusion werden verfassungsrechtliche Bedenken geäußert.[89] Die höchstrichterliche Rechtsprechung und ein Teil der Literatur sieht die Präklusion dagegen als verfassungsgemäß an.[90]

e) Erörterungstermin

Nach Ablauf der Einwendungsfrist findet gem. § 10 Abs. 6 BImSchG der **72** Erörterungstermin statt,[91] in dem die Genehmigungsbehörde die rechtzeitig erhobenen Einwendungen mit den Einwendern und dem Antragsteller erörtert. Den Beteiligten soll Gelegenheit gegeben werden, ihre Bedenken vorzutragen und mündlich zu erläutern. Der Erörterungstermin ist nicht öffentlich; einen Rechtsanspruch auf Teilnahme am Erörterungstermin haben lediglich der Antragsteller und diejenigen Personen, die rechtzeitig Einwendungen erhoben haben. Sinn des Erörterungstermins ist es, eine Annäherung der Standpunkte und ggf. eine Ausräumung der Bedenken zu erreichen. Nach Abschluß des Erörterungstermins und sobald alle maßgeblichen Umstände ermittelt worden sind, hat die Behörde unverzüglich zu entscheiden.[92]

f) Vereinfachtes Genehmigungsverfahren

Sofern es nach Art, Ausmaß und Dauer der von bestimmten Anlagen **73** hervorgerufenen schädlichen Umwelteinwirkungen und sonstigen Gefahren, erheblichen Nachteilen und erheblichen Belästigungen mit dem Schutz der Allgemeinheit und der Nachbarschaft vereinbar ist, kann für bestimmte Anlagen ein vereinfachtes Genehmigungsverfahren durchgeführt werden. Die Anlagen, für die das vereinfachte Genehmigungsverfahren in Betracht kommt, sind in der Spalte 2 des Anhangs der 4. BImSchV aufgeführt. Gem.

---

[88] *BVerwG*, Urt. v. 17. 7. 1980 – 7 C 11.78 –, E 60, 297 (301 ff.); *Stober*, AöR 106 (1981), 62; *Beckmann*, Rechtsschutz, 216 f.; *BVerwG*, Urt. v. 29. 8. 1986 – 7 C 52.84 -„ DVBl. 1987, 258; Ausnahme nur bei „neuen" Nachbarn, *OVG Lüneburg*, Beschl. v. 16. 8. 1985 – 7 B 15/85 –, UPR 1986, 189.; siehe dazu oben, § 13, Rn. 128 ff.

[89] *Papier*, NJW 1980, 318 ff.; *Ule*, BB 1979, 1009; *Wolfrum*, DÖV 1979, 497; *Erbguth*, Raumbedeutsames Umweltrecht, S. 272 ff.; *Beckmann*, Rechtsschutz, S. 217, siehe dort auch umfassend zum Streitstand.

[90] *BVerfG*, Beschl. v. 6. 10. 1982 – 2 BvR 304/82 –, NVwZ 1983, 27; *BVerfG*, Urt. v. 17. 7. 1980 – 7 C 11.78 –, E 60, 297; *BVerwG*, Urt. v. 6. 8. 1984 – 4 C 66/79 – NJW 1984, 1250; BVerfG Beschl. v. 8. 7. 1982 – 2 BvR 118/80 –, E 61, 82; zustimmend *Breuer*, Umweltschutzrecht, S. 597; *Ronellenfitsch*, JuS 1983, 596 ff.; *Schenke*, in: Bonner Kommentar, § 19 Rn. 433 ff.; *Schmidt-Aßmann*, in: Maunz/Dürig/Herzog/Scholz, Grundgesetz, Art. 19 Abs. 4 Rn. 259 ff.; *Ronellenfitsch*, VerwArch. 74 (1983), 369 (386); zur Änderung der Sach- und Rechtslage nach vorheriger Präklusion im Immissionsschutzrecht siehe *BVerwG*, Urt. v. 29. 8. 1986 – 7 C 52/84 –, NVwZ 1987, 131; zur Präklusion nach § 10 Abs. 3 S. 3 BImSchG siehe auch *OVG Lüneburg*, Beschl. v. 16. 8. 1985 – 7 OVG B 15/85 –, NVwZ 1986, 671.

[91] Einzelheiten ergeben sich aus den §§ 15 bis 19 der 9. BImSchV.

[92] Vgl. *Jarass*, BImSchG, § 10 Rn. 75.

§ 19 Abs. 2 BImSchG sind in den vereinfachten Genehmigungsverfahren nicht anzuwenden die Vorschriften über

- Teilgenehmigung und den Vorbescheid (§§ 8, 9, 11, 12 Abs. 3 BImSchG),
- Öffentlichkeitsbeteiligung (§ 10 Abs. 2 - Abs. 6, 8 und 9 BImSchG) und
- privatrechtsgestaltende Wirkung der Genehmigung (§ 14 BImSchG).

4. Genehmigungsentscheidung

74 Sofern der Antrag nicht abgelehnt oder das Verfahren aus anderen Gründen eingestellt wird, endet das Genehmigungsverfahren mit der Genehmigung, die durch schriftlichen Bescheid erteilt und schriftlich begründet wird. Gem. § 10 Abs. 7 BImSchG ist der Genehmigungsbescheid dem Antragsteller und den Personen, die Einwendungen erhoben haben, zuzustellen. Sind außer an den Antragsteller mehr als 300 Zustellungen vorzunehmen, so können diese Zustellungen durch öffentliche Bekanntmachung ersetzt werden (§ 10 Abs. 8 S. 1 BImSchG).

75 Bei der Genehmigung handelt es sich um eine Kontrollerlaubnis.[93] Der Antragsteller hat bei Vorliegen der Voraussetzungen einen Rechtsanspruch auf Erteilung der Genehmigung, den er im Streitfalle mit Hilfe der Verpflichtungsklage auf Erteilung der Genehmigung durchsetzen kann.[94] Die Genehmigung ist eine *Sachgenehmigung*. Sie hängt nur von anlagenbezogenen Voraussetzungen ab und nicht – wie etwa bei der atomrechtlichen Genehmigung gem. § 7 Abs. 2 Nr. 1 AtG – von persönlichen Merkmalen des Antragstellers. Wechselt der Anlagenbetreiber, bleibt dies daher ohne Auswirkungen auf die Genehmigung. Insbesondere kann die Genehmigung nicht deshalb verweigert oder verzögert werden, weil der Anlagenbetreiber bei anderen Anlagen seinen Pflichten nicht nachkommt.[95]

a) Nebenbestimmungen

76 Die rechtliche Zulässigkeit der Beifügung von Nebenbestimmungen ist in § 12 BImSchG *abschließend* geregelt.[96] Gem. § 12 Abs. 1 BImSchG kann die Genehmigung unter Bedingungen erteilt und mit Auflagen verbunden werden, soweit dies erforderlich ist, um die Erfüllung der in § 6 genannten Genehmigungsvoraussetzungen sicherzustellen. Auf Antrag kann sie gem. § 12 Abs. 2 S. 1 BImSchG auch befristet für einen bestimmten Zeitraum erklärt werden. Ein Widerrufsvorbehalt kommt gem. § 7 Abs. 2 S. 2 BImSchG in Betracht, wenn die genehmigungsbedürftige Anlage lediglich Erprobungszwecken dienen soll. Aus der Formulierung „kann" in §12 Abs. 1 BImSchG läßt sich erkennen, daß die Beifügung von Nebenbestimmungen grundsätzlich im Ermessen der Genehmigungsbehörde steht. Das Ermessen ist allerdings eng begrenzt. Aus § 12 Abs. 1 BImSchG ergibt sich, daß die Beifügung von Nebenbestimmungen nur der Sicherstellung der Ge-

[93] *BVerwG*, Urt. v. 17. 2. 1978 – 1 C 12.76 –, E 55, 250 (253 f.); *OVG Münster*, Urt. v. 7. 7. 1976 - VII A 1804/75 –, DVBl. 1976, 790 (793 f.); *Breuer*, DVBl. 1978, 32 ff. m. w. N.; *Frotscher*, JuS 1983, 779; *Martens*, DVBl. 1981, 601 ff.; *Jarass*, BImSchG, § 6 Rn. 17; siehe dazu oben, § 8, Rn. 2427.

[94] *Feldhaus*, BImSchG, Bd. 1, § 6 Anm. 2.

[95] *Jarass*, BImSchG, § 6 Rn. 17.

[96] *Jarass*, BImSchG, § 12 Rn. 2.

nehmigungsvoraussetzungen dienen darf. Da andererseits die Verweigerung der Genehmigung trotz der Möglichkeit einer Nebenbestimmung regelmäßig unverhältnismäßig wäre, reduziert sich das Ermessen gem. § 12 Abs. 1 BImSchG zumeist auf ein *Auswahlermessen* zwischen den verschiedenen konkret möglichen Auflagen und Bedingungen.[97]

b) Verfahrensstufung

Instrumente der Verfahrensstufung sind im immissionsschutzrechtlichen Genehmigungsverfahren die *Teilgenehmigung* und der *Vorbescheid*. **77**

aa) Teilgenehmigung

Gem. § 8 BImSchG kann auf Antrag eine Genehmigung für **78**

- die Errichtung einer Anlage oder eines Teils einer Anlage oder
- die Errichtung und den Betrieb eines Teils einer Anlage

erteilt werden, wenn eine vorläufige Prüfung ergibt, daß die Voraussetzungen des § 6 BImSchG im Hinblick auf die Errichtung und den Betrieb der gesamten Anlage vorliegen werden und ein berechtigtes Interesse an der Erteilung einer Teilgenehmigung besteht.[98]

Die Teilgenehmigung ist eine echte Genehmigung, sie gestattet dem Antragsteller mit dem genehmigten Projektabschnitt zu beginnen. Voraussetzung der Teilgenehmigung ist ein **sog. vorläufiges Gesamturteil**, das - soweit es sich auf nachbarschützende Voraussetzungen bezieht – selbst nachbarschützend ist, insoweit aber auch eine Anfechtungslast zur Vermeidung der Präklusion für Dritte auslöst.[99] Das positive vorläufige Gesamturteil bedeutet, daß die Teilgenehmigung nur erteilt werden darf, wenn eine vorläufige Prüfung ergibt, daß die Voraussetzungen des § 6 BImSchG für die Errichtung und den Betrieb der *gesamten* Anlage vorliegen werden. Notwendig ist eine hinreichende Klarheit darüber, daß die Teilgenehmigung nicht den Anforderungen zuwiderläuft, die an das Gesamtvorhaben hinsichtlich der Genehmigungsvoraussetzungen zu stellen sind. *Vorläufig* ist nach Ansicht des BVerwG das Gesamturteil, weil es nur auf vorläufigen, wenn auch hinreichend aussagekräftigen Aussagen zu beruhen braucht, nicht aber durch eine andere Intensität der Prüfung – etwa im Sinne einer Evidenzkontrolle – bedingt ist.[100] **79**

Die Teilgenehmigung kann gem. § 12 Abs. 3 BImSchG befristet für einen bestimmten Zeitraum oder mit dem Vorbehalt erteilt werden, daß sie bis zur Entscheidung über die Genehmigung widerrufen oder mit Auflagen verbunden werden kann. **80**

bb) Vorbescheid

Gem. § 9 BImSchG kann auf Antrag durch Vorbescheid über einzelne Genehmigungsvoraussetzungen sowie über den Standort der Anlage ent- **81**

---

[97] *Jarass*, BImSchG, § 12 Rn. 13; *Ule*, BImSchG, § 12 Rn. 9; *Feldhaus*, BImSchG, § 12 Anm. 4.

[98] Siehe zur Verfahrensstufung allgemein bereits oben, § 13, Rn. 121ff.

[99] Vgl. *BVerwG*, Urt. v. 19. 12. 1985 – VII C 65.83 –, DVBl. 1986, 190 (192f.); *Bender/Sparwasser*, Umweltrecht, Rn. 272; *Sellner*, Immissionsschutzrecht, Rn. 285; krit. *Beckmann*, Rechtsschutz, S. 212ff.

[100] Vgl. *BVerwG*, Urt. v. 19. 12. 1985 – 7 C 65.82 –, DVBl. 1986, 190 (191f.).

schieden werden, sofern die Auswirkungen der geplanten Anlage ausreichend beurteilt werden können und ein berechtigtes Interesse an der Erteilung eines Vorbescheides besteht. Durch den Vorbescheid sollen bei komplexen oder neuartigen Anlagen wichtige Vorfragen vorab geklärt werden, um unnötige Detailplanungen zu vermeiden und um damit die Planungskosten in angemessenen Grenzen zu halten. Der Vorbescheid ist keine Genehmigung und gestattet dem Antragsteller weder die Errichtung noch den Betrieb auch nur eines Teils der Anlage. Im späteren Genehmigungsverfahren sind jedoch die Genehmigungsbehörde und – im Rahmen der Präklusionswirkung – auch Dritte im Umfang der durch den Vorbescheid entschiedenen Fragen gebunden. Der Vorbescheid enthält insoweit eine verbindliche Feststellung.

82 Genau wie für die Teilgenehmigung muß auch für den Vorbescheid ein berechtigtes Interesse an der Erteilung des Vorbescheides bestehen. Ein solches ist regelmäßig anzuerkennen, wenn die Bindungswirkung des Vorbescheides geeignet ist, das Investitionsrisiko des Antragstellers zu verringern. Genau wie die Teilgenehmigung bedarf es auch für die Erteilung eines Vorbescheides eines vorläufigen positiven Gesamturteils.[101] Die Erteilung des Vorbescheides oder einer Teilgenehmigung – steht im Ermessen der zuständigen Behörde.

c) Rechtswirkungen der immissionsschutzrechtlichen Genehmigung

83 Neben der Genehmigungswirkung wird die immissionsschutzrechtliche Genehmigung vor allem durch ihre eingeschränkte *Konzentrationswirkung* und ihre *privatrechtsgestaltende Wirkung* charakterisiert.

aa) Konzentrationswirkung

84 Gem. § 13 S. 1 BImSchG schließt die immissionsschutzrechtliche Genehmigung andere, die Anlage betreffende behördliche Entscheidungen ein, insbesondere öffentlich-rechtliche Genehmigungen, Zulassungen, Verleihungen, Erlaubnisse und Bewilligungen, mit Ausnahme von Planfeststellungen, Zulassungen bergrechtlicher Betriebspläne, Zustimmungen sowie von behördlichen Entscheidungen aufgrund wasserrechtlicher und atomrechtlicher Vorschriften. Die Konzentrationswirkung kommt sowohl der Vollgenehmigung, aber auch den Teilgenehmigungen sowie den Änderungsgenehmigungen gem. §15 BImSchG zu. Erfaßt werden durch die Konzentrationswirkung u. a.

- Baugenehmigungen,
- baurechtliche Ausnahmen und Befreiungen,
- abfallrechtliche Plangenehmigungen gem. § 7 Abs. 2 AbfG,
- Erlaubnisse für überwachungsbedürftige Anlagen aufgrund § 24 GewO,
- Erlaubnisse und Ausnahmen des Natur- und Denkmalschutzrechts.[102]

---

[101] Zur Bedeutung und Bestimmtheit von Vorbescheiden im gestuften immissionsschutzrechtlichen Genehmigungsverfahren und zum Verhältnis von Vorbescheiden und Teilerrichtungsgenehmigungen zueinander siehe *OVG Lüneburg*, Beschl. v. 29. 9. 1986 – 7 D 4/86 –, NVwZ 1987, 342.

[102] Siehe dazu *Jarass*, BImSchG, § 13 Rn. 3 mit weiteren Beispielen.

Die Konzentrationswirkung der immissionsschutzrechtlichen Genehmigung ist allerdings eingeschränkt. Zahlreiche behördliche Entscheidungen werden *nicht* in die Konzentrationswirkung einbezogen. Dazu zählen **85**

- Planfeststellungen,
- die Zulassung bergrechtlicher Betriebspläne,
- behördliche Zustimmungen aufgrund wasserrechtlicher Vorschriften,
- Genehmigungsentscheidungen aufgrund atomrechtlicher Vorschriften,
- die Anzeige und Untersagung gem. § 4 EnWG.

Eine weitere Einschränkung der Konzentrationswirkung ergibt sich aus dem immissionsschutzrechtlichen Anlagenbegriff.[103] **86**

Beispiel: Wird eine Anlage errichtet, bei der nur ein bestimmter Teil nach § 4 BImSchG genehmigungspflichtig ist, dann ersetzt die immissionsschutzrechtliche Genehmigung nur die Genehmigungen für diesen Teil der Anlage, nicht jedoch für die sonstigen Teile.

Die Konzentrationswirkung hat zur Folge, daß die immissionsschutzrechtliche Genehmigung parallele Genehmigungsentscheidungen ersetzt. Neben dieser Zuständigkeitskonzentration hat die Konzentrationswirkung außerdem eine Verfahrenskonzentration zur Folge. Es findet dementsprechend nur ein Genehmigungsverfahren vor der immissionsschutzrechtlichen Genehmigungsbehörde statt, an dem die Fachbehörden zu beteiligen sind, deren Genehmigungsentscheidung ersetzt worden ist. Die Konzentrationswirkung ändert allerdings nichts daran, daß auch von der Immissionsschutzbehörde alle materiell-rechtlichen Vorschriften beachtet werden müssen, die für die sonstigen, von der immissionsschutzrechtlichen Genehmigung eingeschlossenen behördlichen Gestattungen maßgebend sind.[104] **87**

bb) Privatrechtsgestaltende Wirkung

Gem. § 14 S. 1 BImSchG hat die immissionsschutzrechtliche Genehmigung privatrechtsgestaltende Wirkung. Dritte können deshalb die Einstellung des Betriebs einer Anlage aufgrund privater Rechte nicht verlangen, wenn die Genehmigung unanfechtbar ist. Etwas anderes gilt nur, wenn die Abwehransprüche auf besonderen Titeln, etwa auf Vertrag oder auf dinglichen Ansprüchen am Betriebsgrundstück beruhen. **88**

Gem. § 14 S. 1, 2. HS BImSchG können bei Ausschluß des privatrechtlichen Abwehranspruchs nur *Schutzvorkehrungen* verlangt werden, die die benachteiligenden Wirkungen ausschließen. Sind solche Schutzvorkehrungen nach dem Stand der Technik nicht durchführbar oder wirtschaftlich nicht vertretbar, kann gem. § 14 S. 2 BImSchG lediglich Schadensersatz verlangt werden. Die Beschränkung der sich aus dem Eigentum und Besitz ergebenden Rechte der Nachbarn gem. § 14 BImSchG sichert den Bestandsschutz genehmigter Anlagen zivilrechtlich ab.[105] **89**

d) Änderungsgenehmigung

Gem. § 15 Abs. 1 S. 1 BImSchG bedürfen wesentliche Änderungen der Lage, der Beschaffenheit oder des Betriebs einer genehmigungsbedürftigen **90**

---

[103] Vgl. dazu *Jarass*, BImSchG, § 13 Rn. 4.
[104] Siehe dazu bereits oben, § 13, Rn. 137–142.
[105] Zum Bestandsschutz im übrigen unten, § 25, Rn. 93.

Anlage einer Änderungsgenehmigung. Für die Änderungsgenehmigung gelten die Genehmigungsvoraussetzungen des § 6 BImSchG. Eine *Änderung* liegt in jedem Abweichen vom Genehmigungsbescheid. Zu unterscheiden ist von der Änderung aber die *Neuerrichtung* einer Anlage. Sie liegt vor allem dann vor, wenn eine Anlage durch eine andere ersetzt wird.[106]

91 *Wesentlich* ist die Änderung dann, wenn die Möglichkeit besteht, daß die Genehmigungsbehörde hinsichtlich des Vorliegens einzelner Genehmigungsvoraussetzungen zu einer anderen Beurteilung kommen könnte.[107]

92 Grundsätzlich ist für die Änderungsgenehmigung das gleiche immissionsschutzrechtliche Verfahren durchzuführen wie bei der Erstgenehmigung. Allerdings darf die zuständige Behörde gem. § 15 Abs. 2 BImSchG von der Auslegung des Antrags und der Unterlagen sowie von der öffentlichen Bekanntmachung des Vorhabens absehen, wenn nicht zu besorgen ist, daß durch die Änderung zusätzliche oder andere Emissionen oder auf andere Weise Gefahren, Nachteile oder Belästigungen für die Allgemeinheit oder die Nachbarschaft herbeigeführt werden.

5. Bestandsschutz genehmigter Anlagen

93 Die unanfechtbar gewordene Genehmigung berechtigt den Antragsteller zur Errichtung und zum Betrieb der beantragten Anlage und begründet Bestandsschutz. Der Bestandsschutz geht jedoch nicht soweit, daß der Betreiber das Recht hat, die Anlage für alle Zeit in der im Genehmigungszeitpunkt erlaubten Art und Weise zu betreiben.[108] Dem stünden vor allem die sich aus §§ 5, 7 BImSchG ergebenden Grundpflichten entgegen, deren Erfüllung nicht nur Genehmigungsvoraussetzung ist, sondern die den Betreiber als dynamische Dauerpflichten während des gesamten Betriebszeitraums binden.[109]

Beispiel: Der Anlagenbetrieb verstößt gegen die Vorsorgepflicht des § 5 Abs. 1 Nr. 2 BImSchG und ist damit rechtswidrig, wenn die Vorsorgemaßnahmen gegen schädliche Umwelteinwirkungen nicht mehr dem neuesten Stand der Technik entsprechen.

94 Der Bestandsschutz des Anlagenbetreibers ist durch verschiedene rechtliche Regelungen des BImSchG ganz erheblich eingeschränkt. Dazu zählen insbesondere Regelungen über

- **nachträgliche Anordnungen** (§ 17 BImSchG),
- **Erlöschen der Genehmigung** (§ 18 BImSchG),
- **Untersagung, Stillegung** und **Beseitigung** (§ 20 BImSchG),
- **Widerruf der Genehmigung** (§ 21 BImSchG).

---

[106] Vgl. *BVerwG*, Urt. v. 24. 11. 1977 – 5 C 80, 74 –, E 50, 49.

[107] Vgl. *Jarass*, BImSchG, § 15 Rn. 8; *Bender/Sparwasser*, Umweltrecht, Rn. 278; *BVerwG*, Urt. v. 6. 7. 1984 – 7 C 71.82 –, E 69, 351 (358).

[108] Vgl. zum Problem des Bestandsschutzes *Dolde*, NVwZ 1986, 873ff., insbesondere im Hinblick auf die Probleme durch das Sanierungskonzept der TA Luft 1986; vgl. auch *Jarass*, NVwZ 1986, 667ff.; *Schröder*, UPR 1986, 127ff.; *Schulze-Fielitz*, Die Verwaltung 1987, 367ff.; *BVerwG*, NVwZ 1989, 257; *Schenke*, NuR 1989, 8ff.; siehe auch oben, § 4, Rn. 24.

[109] *Jarass*, DVBl. 1986, 314 (315); *Dolde*, FS Otto Bachof, S. 191ff.; *Feldhaus*, WuV 1986, 67ff.; *Friauf*, WuV 1986, 87 (95ff.); siehe dazu auch oben, § 25, Rn. 29.

a) Nachträgliche Anordnungen

Zur Erfüllung der Grundpflichten können gem. § 17 Abs. 1 S. 1 BImSchG nach Erteilung der Genehmigung Anordnungen getroffen werden. Dabei lassen sich die *Vorsorgeanordnung* und die *Gefahrenanordnung* unterscheiden.[110] 95

Eine nachträgliche **Vorsorgeanordnung** kann die Genehmigungsbehörde gem. § 17 Abs. 1 S. 1 BImSchG erlassen, wenn der Betreiber einer ihm nach dem BImSchG oder einer BImSchV obliegenden Pflicht nicht nachkommt. Sind die Anforderungen nach § 5 Abs. 1 Nr. 2 BImSchG durch Rechtsverordnung abschließend festgelegt, dann dürfen durch nachträgliche Anordnungen gem. § 17 Abs. 3 BImSchG weitergehende Anforderungen zur Vorsorge gegen schädliche Umwelteinwirkungen nicht gestellt werden. 96

Fall: Der Betreiber einer genehmigungsbedürftigen Anlage hat jederzeit sicherzustellen, daß nicht nur eine – als solche gefahrlose – Zwischenlagerung, sondern auch die ordnungsgemäße (End-)Beseitigung der beim Betrieb bestehenden Sonderabfälle gewährleistet ist. Diese Pflicht des Betreibers gem. § 5 Abs. 1 Nr. 3 BImSchG kann durch eine nachträgliche Anordnung durchgesetzt werden.[111]

Gem. § 17 Abs. 1 S. 2 BImSchG *soll* die zuständige Behörde eine **Gefahrenanordnung** erlassen, wenn nach Genehmigungserteilung festgestellt wird, daß der Schutz der Allgemeinheit oder der Nachbarschaft vor schädlichen Umwelteinwirkungen oder sonstigen Gefahren, erheblichen Nachteilen oder erheblichen Belästigungen nicht ausreicht. Da es sich bei § 17 Abs. 1 S. 2 BImSchG um eine Soll-Vorschrift handelt, ist das Ermessen der zuständigen Behörde weitgehend eingeschränkt, wenn feststeht, daß eine genehmigte Anlage Gesundheitsgefahren hervorruft. 97

Auf der Grundlage des § 17 Abs. 1 BImSchG können allerdings keine nachträglichen Anordnungen erlassen werden, die im Ergebnis zur *Stillegung* der Anlage führen würden.[112] 98

Gem. § 17 Abs. 2 S. 1 BImSchG muß die Behörde darauf achten, daß ihre nachträgliche Anordnung *verhältnismäßig* ist. Sie muß insbesondere prüfen, ob Aufwand und angestrebter Erfolg der angeordneten Maßnahmen nicht außer Verhältnis zueinander stehen.[113] 99

Bis zur zweiten Novelle zum BImSchG vom 4. 10. 1985[114] waren nachträgliche Anordnungen nur zulässig, wenn sie „wirtschaftlich vertretbar" und nach dem „Stand der Technik" erfüllbar waren. Insbesondere der Begriff der „wirtschaftlichen Vertretbarkeit" brachte wegen seines außerrechtlichen betriebs- und erwerbswirtschaftlichen Bezugs Konkretisierungsschwierigkeiten.[115] Die mit diesen Schwierigkeiten verbundenen Unsicherheiten führten dazu, daß von der Anordnungsbefugnis nach § 17 BImSchG kaum Gebrauch gemacht wurde. Der Gesetzgeber hat deswegen den Bestandsschutz an dem verfassungsrechtlich gebotenen Mindestmaß orientiert und die Eingriffsschwelle dort gesetzt, wo eine Anordnung unverhältnismäßig ist. Im Rahmen der Verhältnismäßigkeit ist aber nach wie vor der Gesichtspunkt der wirtschaftli- 100

---

110 Vgl. dazu *Bender/Sparwasser*, Umweltrecht, Rn. 283.

111 Vgl. dazu *VGH Mannheim*, Beschl. v. 20. 12. 1984 – 10 S 3107/84 –, NVwZ 1985, 433.

112 Vgl. dazu *OVG Münster*, Urt. v. 9. 7. 1987 – 21 A 1556/86 –, DVBl. 1988, 152.

113 Vgl. *Jarass*, DVBl. 1986, 314 (318).

114 BGBl. I, 1950.

115 Siehe dazu *Hoppe*, Wirtschaftliche Vertretbarkeit, S. 37ff.

chen Vertretbarkeit mitzuberücksichtigen.[116] Darf eine nachträgliche Anordnung wegen Unverhältnismäßigkeit nicht getroffen werden, soll die zuständige Behörde gem. § 17 Abs. 2 S. 1 die Genehmigung unter den dort genannten Voraussetzungen ganz oder teilweise widerrufen.

101 § 17 Abs. 1 S. 2 BImSchG gewährt den Nachbarn Abwehrrechte nur, wenn sich nach Genehmigungserteilung herausstellt, daß durch den Betrieb der Anlage die drittschützenden materiell-rechtlichen Vorschriften verletzt werden.[117] Ist es zur Erfüllung der Anordnung erforderlich, die Lage, die Beschaffenheit oder den Betrieb der Anlage wesentlich zu ändern und ist in der Anordnung nicht abschließend bestimmt, in welcher Weise sie zu erfüllen ist, so muß zusätzlich eine *Änderungsgenehmigung* nach § 15 BImSchG erlassen werden.

b) Erlöschen der Genehmigung

102 Der Bestandsschutz des Anlagenbetreibers endet natürlich auch mit dem Erlöschen der Genehmigung. Gem. §18 Abs. 1 BImSchG erlischt die Genehmigung, wenn

- innerhalb einer von der Genehmigungsbehörde gesetzten angemessenen Frist nicht mit der Errichtung oder dem Betrieb der Anlage begonnen oder
- eine Anlage während eines Zeitraums von mehr als drei Jahren nicht mehr betrieben worden ist.

103 Gem. § 18 Abs. 2 BImSchG erlischt die Genehmigung außerdem, soweit das Genehmigungserfordernis aufgehoben worden ist. In diesem Fall bleibt trotz des Erlöschens der Genehmigung allerdings der Betrieb der Anlage zulässig.

104 § 18 BImSchG enthält keine abschließende Regelung. Die Genehmigung erlischt z.B. außerdem im Falle der Befristung durch Zeitablauf und im Falle der Bedingung mit deren Eintritt.

c) Untersagung, Stillegung und Beseitigung

105 Ein Eingriff in den Bestand der Genehmigung ist auch gem. § 20 BImSchG möglich. Werden Rechtsverstöße bei der Errichtung oder dem Betrieb der Anlage festgestellt, so wird die zuständige Behörde diese zunächst abmahnen. Kommt der Betreiber einer genehmigungsbedürftigen Anlage einer Auflage, einer vollziehbaren nachträglichen Anordnung oder einer abschließend bestimmten Pflicht aus einer Rechtsverordnung nach § 7 BImSchG nicht nach und betreffen die Auflage, die Anordnung oder die Pflicht die Beschaffenheit oder den Betrieb der Anlage, so kann die zuständige Behörde gem. § 20 Abs. 1 BImSchG den Betrieb ganz oder teilweise bis zur Erfüllung der Auflage, der Anordnung oder der Pflichten aus der Rechtsverordnung nach § 7 BImSchG untersagen. Die Untersagung des Betriebs setzt demnach eine Genehmigung voraus. Sie kann nur befristet bis zur Erfüllung der Auflage, der nachträglichen Anordung oder der Pflicht aus der Rechtverordnung ergehen.

---

[116] Siehe zur Durchführung des § 17 Abs. 2 BImSchG auch die Ausarbeitung des Länderausschusses Immissionsschutz, UPR 1987, 37ff.

[117] Vgl. *OVG Münster*, Urt. v. 9. 7. 1987 – 21 A 1556/ 86 –, DVBl. 1988, 152.

Wird die Anlage ohne die erforderliche Genehmigung errichtet, betrieben oder wesentlich geändert, dann soll die zuständige Behörde sogar gem. § 20 Abs. 2 S. 1 BImSchG anordnen, daß die Anlage stillgelegt oder beseitigt wird. Für den Regelfall bedeutet dies eine Verpflichtung für die zuständige Behörde. Nur in atypischen Fällen kann der Betrieb der Anlage auch vor Abschluß des Genehmigungsverfahrens geduldet werden. **106**

Fall: Nachbarn der Akkumulatorenfabrik „Sonnenschein" beantragen bei der zuständigen Behörde, die Fabrik stillzulegen, weil dafür die erforderliche Genehmigung fehle und weil von dem Betrieb für sie schädliche Umweltbelastungen ausgingen. Gegen die Ablehnung ihres Antrages haben die Nachbarn Klage erhoben. Ihrem Stillegungsanspruch können die Nachbarn nur aus § 20 Abs. 2 S. 1 BImSchG herleiten. Ein atypischer Fall, bei dessen Vorliegen trotz fehlender Genehmigung von einer Stillegung abgesehen werden kann, liegt nach Ansicht des *OVG Berlin* nicht nur bei offensichtlicher Genehmigungsfähigkeit, sondern auch dann vor, wenn die Behörde nicht erstmals und unvermittelt mit dem ungenehmigten Betrieb befaßt wird, sondern die davon verursachten Umwelteinwirkungen aufgrund ihrer Überwachungstätigkeit so weit unter Kontrolle hält, daß die Fortsetzung des Betriebes bis zum Ausschluß des Genehmigungsverfahrens hingenommen werden kann.[118]

Kein Ermessen ist der Behörde allerdings eingeräumt, wenn die Allgemeinheit oder die Nachbarschaft ohne Beseitigung der Anlage nicht ausreichend geschützt werden kann. In diesem Fall muß die Behörde gem. § 20 Abs. 2 S. 3 BImSchG die Beseitigung anordnen. Die Stillegung ist grundsätzlich unbefristet.

§ 20 Abs. 3 BImSchG räumt der zuständigen Behörde schließlich die Möglichkeit ein, den weiteren Betrieb einer genehmigungsbedürftigen Anlage durch den Betreiber oder einen mit der Leitung des Betriebes Beauftragten zu untersagen, wenn Tatsachen vorliegen, welche die Unzuverlässigkeit dieser Personen in Bezug auf die Einhaltung von Rechtsvorschriften zum Schutz vor schädlichen Umwelteinwirkungen dartun und die Untersagung zum Wohl der Allgemeinheit geboten ist. Diese Untersagungsmöglichkeit ist bemerkenswert, weil die immissionsschutzrechtliche Genehmigung grundsätzlich rein *anlagenbezogen* ist und nicht auf persönliche Eigenschaften des Anlagenbetreibers bzw. des Betriebsleiters abstellt. **107**

Auf Antrag kann dem Betriebsleiter die Erlaubnis erteilt werden, die Anlage durch eine Person betreiben zu lassen, die die Gewähr für den ordnungsgemäßen Betrieb der Anlage bietet (§ 20 Abs. 3 S. 2 BImSchG). Diese Erlaubnis kann gem. § 20 Abs. 3 S. 3 BImSchG wiederum mit Auflagen verbunden werden. § 20 Abs. 2 BImSchG ermöglicht der zuständigen Behörde in besonderen Ausnahmefällen den ungenehmigten Betrieb einer genehmigungsbedürftigen Anlage zu dulden. Diese Möglichkeit ändert jedoch nichts daran, daß der Betrieb der Anlage unzulässig bleibt, bis die erforderliche Genehmigung erteilt ist.[119] **108**

e) Widerruf der Genehmigung

Eine Einschränkung des Bestandsschutzes ergibt sich schließlich auch aus der Möglichkeit, eine *rechtmäßig* erteilte Genehmigung, auch nachdem sie **109**

---

[118] *OVG Berlin*, Beschl. v. 16. 7. 1985 – 2 S 90.85 –, UPR 1986, 35; zum Anspruch Dritter auf Maßnahmen nach § 20 BImSchG siehe *Sellner*, Immissionsschutzrecht, Rn. 495; vgl. auch *VGH Mannheim*, NVwZ 1989, 276: Keine Stillegung nach Genehmigungserteilung.

[119] *OVG Koblenz*, Beschl. v. 6. 11. 1986 – 7 B II 3/86 –, NVwZ 1987, 247.

unanfechtbar geworden ist, ganz oder teilweise mit Wirkung für die Zukunft gem. § 21 BImSchG zu widerrufen. Die Widerrufsmöglichkeit nach § 21 BImSchG entspricht im wesentlichen der Regelung des § 48 VwVfG. Zulässig ist ein solcher Widerruf nur,

- wenn der Widerruf gem. § 12 Abs. 2 S. 2 oder Abs. 3 BImSchG vorbehalten ist,
- wenn mit der Genehmigung eine Auflage verbunden ist und der Begünstigte diese nicht oder nicht innerhalb einer ihm gesetzten Frist erfüllt hat,
- wenn die Genehmigungsbehörde aufgrund nachträglich eingetretener Tatsachen berechtigt wäre, die Genehmigung nicht zu erteilen, und wenn ohne den Widerruf das öffentliche Interesse gefährdet würde,
- wenn die Genehmigungsbehörde aufgrund einer nicht geänderten Rechtsvorschrift berechtigt wäre, die Genehmigung nicht zu erteilen, soweit der Betreiber von der Genehmigung noch keinen Gebrauch gemacht hat, und wenn ohne den Widerruf das öffentliche Interesse gefährdet würde,
- um schwere Nachteile für das Gemeinwohl zu verhüten oder zu beseitigen.

110 Erhält die Genehmigungsbehörde von Tatsachen Kenntnis, welche den Widerruf einer Genehmigung rechtfertigen, so ist der Widerruf nur innerhalb eines Jahres seit dem Zeitpunkt der Kenntnisnahme zulässig (§ 21 Abs. 2 BImSchG). In einigen Fällen ist der durch den Widerruf entstandene Vermögensnachteil zu entschädigen (§ 21 Abs. 4 BImSchG).

II. Nicht genehmigungsbedürftige Anlagen

111 Im Katalog der Verordnung über genehmigungsbedürftige Anlagen (4. BImSchV) sind zahlreiche Anlagen deshalb nicht genannt, weil von ihnen regelmäßig weniger schädliche Umwelteinwirkungen hervorgerufen werden. Die Durchführung eines förmlichen Genehmigungsverfahrens vor Erteilung der Genehmigung wird deshalb bei diesen Anlagen für entbehrlich gehalten. Gleichwohl können auch von ihnen je nach den Betriebsverhältnissen oder ihrer Lage Störungen der Nachbarschaft oder Beeinträchtigungen der Allgemeinheit auftreten. In den §§ 22ff. BImSchG sind deshalb für die nicht genehmigungsbedürftigen Anlagen geregelt

- Grundpflichten des Betreibers (§ 22),
- Anforderungen an Errichtung, Beschaffenheit und Betrieb (§ 23),
- Anordnungen im Einzelfall (§ 24),
- Untersagung (§ 25).

1. Anwendungsbereich der §§ 22ff. BImSchG

112 Die Vorschriften über nicht genehmigungsbedürftige Anlagen gelten gelten für alle dem BImSchG unterliegenden Anlagen i.S.d. § 3 Abs. 5 BImSchG,[120] soweit sie nicht einer Genehmigungspflicht gem. § 4 BImSchG i.V.m. der 4. BImSchV unterliegen.

113 Nicht anwendbar ist das BImSchG gem. § 2 Abs. 2 BImSchG für Flugplätze, für die das Luftverkehrs- und Fluglärmrecht mit seinen Sonderregelungen maßgeblich ist. Weiterhin finden die Vorschriften des BImSchG keine Anwendung auf Anlagen, Geräte und Einrichtungen, die den Bestimmungen des Atomrechts unterliegen, soweit es sich um den Schutz der

[120] Siehe dazu oben, § 25, Rn. 21–24.

Gefahren der Kernenergie und der schädlichen Wirkung ionisierender Strahlen handelt. Sondervorschriften, die den allgemeinen Regelungen der §§ 22–25 BImSchG vorgehen, finden sich im BImSchG für die Beschaffenheit von Anlagen in den §§32 – 33 BImSchG, für die Beschaffenheit und den Betrieb von Fahrzeugen sowie den Bau und die Änderung von Straßen- und Schienenwegen in den §§ 38 – 43 BImSchG. Zudem sind in § 3 Abs. 5 Nr. 3 BImSchG ausdrücklich die öffentlichen Verkehrswege von dem Begriff der Anlagen ausgenommen.

Im übrigen aber gelten die §§ 22ff. BImSchG für Anlagen jedweder Art.[121] **114**

Was als Anlage im Sinne des Gesetzes zu verstehen ist, ergibt sich aus § 3 Abs. 5 BImSchG.[122]

Die Gruppe nicht genehmigungsbedürftiger Anlagen ist damit sehr weit gespannt. **115**

Beispiele: Sie reicht von nicht genehmigungsbedürftigen kleineren und mittleren Gewerbebetrieben, über Geräte und Maschinen, insbesondere Radiogeräte, Rasenmäher und Baumaschinen bis hin zu - in besonderer Weise genutzten – Grundstücken, etwa Schrottplätzen, Mülldeponien, Baustellen, Kinderspielplätzen, Parkplätzen, Garagen.[123]

Nicht zu den genehmigungsbedürftigen Anlagen zählen Kraftfahrzeuge und ihre Anhänger, Schienen-, Luft- und Wasserfahrzeuge, soweit sie als Verkehrsfahrzeuge am öffentlichen Verkehr teilnehmen, und öffentliche Verkehrswege, soweit es um typisch verkehrsbedingte Immissionen geht.[124] **116**

2. Grundpflichten der Betreiber nicht genehmigungsbedürftiger Anlagen

Die Grundpflichten für Errichtung und Betrieb nicht genehmigungsbedürftiger Anlagen sind in § 22 Abs. 1 BImSchG geregelt. Die Grundpflichten sind genau wie bei genehmigungsbedürftigen Anlagen nicht nur im Zeitpunkt der Errichtung und des Betriebsbeginns, sondern während der gesamten Betriebsdauer zu beachten. Die Grundpflichten sind allerdings im Vergleich zu den genehmigungsbedürftigen Anlagen weniger streng. Der Grund für diese Differenzierung liegt darin, daß die genehmigungsfreien Anlagen in der Regel nicht zu den typischen oder besonders bedeutsamen Quellen schädlicher Umwelteinwirkungen gehören und daher regelmäßig für die Umwelt weniger gefährdend sind. **117**

---

[121] Vgl. zum Anlagenbegriff i.S.d. §§ 22ff. BImSchG *Seiler*, Die Rechtslage der nicht genehmigungsbedürftigen Anlagen, S. 33ff.; *Kutscheidt*, NVwZ 1983, 65 (66f.).

[122] Siehe dazu bereits oben, § 25, Rn. 21–24.

[123] Vgl. *BVerwG*, Urt. v. 21.6.1974 – IV C 14.74 –, DVBl. 1974, 777 (Kinderspielplatz); *BVerwG*, Urt. v. 7.6.1977 – I C 21.75 –, GewArch. 1977, 385 (Schrottplatz); *BVerwG*, Urt. v. 7.10.1983 7 C 44/81 –, NVwZ 1984, 306 (Liturgisches Glockenläuten); *BVerwG*, Beschl. v. 19.8.1982 – 7 B 240.81 – , UPR 1983, 29 (LKW auf Betriebsgrundstücken; *OVG Bremen*, Urt. v. 16.7.1985 1 BA 13/85 –, UPR 1986, 159 (Garagen); *OVG Münster*, Urt. v. 28.1.1977 - XI A 646/75 –, BRS 32, 158 (Parkplätze); zu weiteren Beispielen siehe *Bender/Sparwasser*, Umweltrecht, Rn. 295; *Jarass*, BImSchG, Vor § 22 Rn. 6.

[124] Vgl. *Kutscheidt*, NVwZ 1983, 65 (66).

118 Gem. § 22 Abs. 1 S. 1 BImSchG sind die Anlagen so zu errichten und so zu betreiben, daß

- schädliche Umwelteinwirkungen verhindert werden, die nach dem Stand der Technik vermeidbar sind,
- nach dem Stand der Technik unvermeidbare schädliche Umwelteinwirkungen auf ein Mindestmaß beschränkt werden und
- die beim Betrieb der Anlage entstehenden Abfälle ordnungsgemäß beseitigt werden können.

119 Nach der Rechtsprechung erstreckt sich die Pflicht des Betreibers einer nicht genehmigungsbedürftigen Anlage gem. § 22 Abs. 1 S. 1 Nr. 1 BImSchG nicht darauf, nach dem Stand der Technik Vorsorge gegen schädliche Umwelteinwirkungen zu treffen.[125] Die fehlende Verankerung des Vorsorgeprinzips in den Grundpflichten des Betreibers nicht genehmigungsbedürftiger Anlagen ist Folge der Gesetzeskonzeption, die zwischen genehmigungsbedürftigen Anlagen und nicht genehmigungsbedürftigen Anlagen unterscheidet. Während die genehmigungsbedürftigen Anlagen einer präventiven Kontrolle durch das Genehmigungsverfahren unterliegen, beschränkt sich die behördliche Kontrolle der nicht genehmigungsbedürftigen Anlagen auf nachträgliche Maßnahmen. Einen präventiven, vorsorgenden Charakter können jedoch die Verordnungen aufgrund des § 23 BImSchG haben.[126]

120 § 22 Abs. 1 BImSchG dient auch dem Nachbarschutz.[127]

121 Gem. § 22 Abs. 2 BImSchG bleiben weitergehende öffentlich-rechtliche Vorschriften unberührt. Da § 22 BImSchG eine sehr weite Gruppe von Anlagen erfaßt, treten die Grundpflichten des § 22 Abs. 1 BImSchG in unterschiedlicher Weise über § 22 Abs. 2 BImSchG in ein Konkurrenzverhältnis zu anderen öffentlich-rechtlichen Vorschriften des Bundes und der Länder, die ersetzend, konkretisierend und ergänzend sein können.[128]

122 Im Bundesrecht sind mehrere konkurrierende Vorschriften von erheblicher Bedeutung. So sind die in den §§ 22ff. BImSchG erlassenen Vorschriften grundsätzlich auch auf Gaststätten anwendbar, doch gelten sie gegenüber den Vorschriften des Gaststättengesetztes nur subsidiär. Eine Subsidiarität der Regelungen des BImSchG besteht auch gegenüber den §§ 33ff. GewO, z.B. für den gewerbsmäßigen Betrieb einer Spielhalle. Auch auf die in § 24 Abs. 3 GewO genannten überwachungsbedürftigen Anlagen (z.B. Dampfkesselanlagen, Abfüllanlagen, Acetylenanlagen, Anlagen zur Lagerung/Abfüllung von brennbaren Flüssigkeiten) finden die §§ 22ff. BImSchG nur Anwendung, soweit die Spezialvorschriften keine Regelungen treffen.[129]

123 Die Anwendung landesrechtlicher Vorschriften ist nach der Konzeption des BImSchG grundsätzlich ausgeschlossen. Das BImSchG enthält nach Zielsetzung und Gestaltung eine grundsätzlich abschließende Neuordnung und Vereinheitlichung des beim Bund und den Ländern vorher stark zersplitterten Rechts des Immissionsschut-

---

[125] Vgl. *BayVGH*, Urt. v. 18.12.1986 – 22 B 84 A. 1252 –, UPR 1987, 317; *OVG Lüneburg*, Urt. v. 23.5.1984 - 7 A 15/83 –, NVwZ 1985, 334f.

[126] Siehe dazu unten, § 25, Rn. 125; *Kutscheidt*, NVwZ 1983, 65 (68); *OVG Lüneburg*, Urt. v. 23.5.1984 - 7 A 15/83 –, NVwZ 1985, 434.

[127] Vgl. *OVG Bremen*, Urt. v. 16.7.1985 – 1 BA 13/85 – , NVwZ 1986, 672 (675) m. w. N.; *Bender/Sparwasser*, Umweltrecht, Rn. 298.

[128] *Feldhaus*, BImSchG, § 22 Anm. 11.

[129] *Feldhaus*, BImSchG, § 22 Anm. 14; zum Recht der überwachungsbedürftigen Anlagen siehe *Hauck*, GewArch. 1987, 145ff.

zes. Den Ländern ist es danach grundsätzlich untersagt, den bundeseinheitlich geregelten Immissionsschutz durch schärfere Vorschriften gewissermaßen „nachzubessern".[130] Für nicht im Widerspruch zum Bundesrecht stehende weitergehende landesrechtliche Vorschriften bleibt deswegen nur Raum, soweit der Bundesgesetzgeber erkennbar keine abschließende Regelung treffen wollte. Das gilt etwa für den Schutz der Feierabend- und Sonntagsruhe oder für einen über die Bundesregelung hinausgehenden, durch regionale Besonderheiten begründeten Immissionsschutz. Im übrigen ist das Verhältnis von Bundes- und Landesrecht im Bereich der nicht genehmigungsbedürftigen Anlagen nicht eindeutig geregelt.[131] Abgrenzungsprobleme treten vor allem im Zusammenhang mit verhaltensbedingten Immissionen auf, die zwar nicht von einer Anlage als solcher ausgehen, jedoch auf dem Verhalten der Anlagenbenutzer beruhen. Beispiele dafür sind Bolz- oder Kinderspielplätze, Fußballstadien oder Tennisanlagen.[132]

Nicht genehmigungsbedürftige Anlagen i.S.d. §§ 22ff. BImSchG sind auch solche **124**
Anlagen, die einer anderen öffentlich-rechtlichen Genehmigung, z.B. einer Baugenehmigung bedürfen. Ob ein Vorhaben so errichtet oder betrieben werden kann, daß es den Anforderungen des § 22 Abs. 1 BImSchG genügt, ist auch von der Baugenehmigungsbehörde zu prüfen.[133]

3. *Anforderungen an Errichtung, Beschaffenheit und Betrieb nicht genehmigungsbedürftiger Anlagen*

Gem. § 23 Abs. 1 BImSchG kann durch Rechtsverordnung vorgeschrie- **125**
ben werden, daß die Errichtung, die Beschaffenheit und der Betrieb nicht genehmigungsbedürftiger Anlagen, soweit sie der Vorschrift des § 22 BImSchG unterliegen, bestimmten Anforderungen zum Schutz der Allgemeinheit und der Nachbarschaft vor schädlichen Umwelteinwirkungen genügen müssen. Durch Rechtsverordnung kann insbesondere verlangt werden, daß

- die Anlagen bestimmten technischen Anforderungen entsprechen müssen,
- die von Anlagen ausgehenden Emissionen bestimmte Grenzwerte nicht überschreiten dürfen und
- die Betreiber von Anlagen Messungen von Emissionen und Immissionen nach in der Rechtsverordnung näher zu bestimmenden Verfahren vorzunehmen haben oder von einer in der Rechtsverordnung zu bestimmenden Stelle vornehmen lassen müssen.

Die Anforderungen können einerseits Pflichten des § 22 Abs. 1 BImSchG konkretisieren. Sie können andererseits aber auch darüber hinausgehen. § 23 Abs. 1 BImSchG ermächtigt insoweit auch zu Anforderungen an nicht genehmigungsbedürftige Anlagen, die der Vorsorge gegen schädliche Umwelteinwirkungen dienen.[134]

Aufgrund des § 23 Abs. 1 BImSchG sind bislang Rechtsverordnungen ergangen über

---

[130] *Feldhaus*, BImSchG, § 22 Anm. 20.

[131] Vgl. *Pestalozza*, WuV 1984, 245 (256ff.); *Sellner/ Löwer*, WuV 1980, 221ff.; *Seiler*, Die Rechtslage der nicht genehmigungsbedürftigen Anlagen, S. 122ff.

[132] Vgl. *Schmidt*, Umweltrecht, S. 54; siehe dazu bereits oben, § 25, Rn. 22.

[133] *BVerwG*, Urt. v. 3.4.1987 – 4 C 41.84 –, DVBl. 1987, 903.

[134] *OVG Lüneburg*, Urt. v. 23.5.1984 – 7 A 15/83 –, NVwZ 1985, 434f.; *Kutscheidt*, NVwZ 1983, 65 (68); *OVG Lüneburg*, Beschl. v. 23.10.1986 – 7 B 62/86 –, NVwZ 1987, 435.

- Feuerungsanlagen,[135]
- Emissionsbegrenzung von leichtflüchtigen Hallogenkohlenwasserstoffen,[136]
- Auswurfbegrenzung von Holzstaub,[137]
- Rasenmäherlärm.[138]

126 Außerdem sind für einige nicht genehmigungsbedürftige Anlagen, vornehmlich für Baumaschinen, ältere allgemeine Verwaltungsvorschriften gem. § 66 S. 2 BImSchG übergeleitet oder gem. § 48 BImSchG neu erlassen worden. In geeigneten Fällen können die für genehmigungsbedürftige Anlagen geltenden Verwaltungsvorschriften oder andere technische Regelwerke entsprechend angewendet werden.[139]

4. *Anordnungen im Einzelfall*

127 Gem. § 24 S. 1 BImSchG kann die zuständige Behörde im Einzelfall die zur Durchsetzung des § 22 BImSchG und der auf dieses Gesetz gestützten Rechtsverordnungen die erforderlichen Anordnungen treffen.

Beispiel:[140] Die zuständige Behörde untersagt aus Gründen des Lärmschutzes einem Speditionsbetrieb das Befahren des Betriebsgeländes in der Zeit von 22.00 Uhr bis 6.00 Uhr mit LKW und Zugmaschinen.

128 Ob und mit welchen Anordnungen die Behörde im Einzelfall eingreifen will, steht in ihrem Ermessen.[141] Das Ermessen kann allerdings aus unterschiedlichen Gründen eingeschränkt sein; kann das Ziel der Anordnung auch durch eine Maßnahme zum Zwecke des Arbeitsschutzes erreicht werden, soll diese angeordnet werden (§ 24 S. 2 BImSchG). Im übrigen wird die Ermessensentscheidung vor allem auch durch den Grundsatz der Verhältnismäßigkeit eingeschränkt.[142] Die den Anlagenbetreiber aufgrund der Anordnung treffenden Nachteile dürfen nicht außer Verhältnis zu dem angestrebten Zweck der Anordnung stehen. Die Behörde muß außerdem unter mehreren in Frage kommenden Maßnahmen diejenige wählen, die den Betroffenen am wenigsten beeinträchtigt.

129 Aber auch umgekehrt im Sinne einer Verpflichtung zum Einschreiten ist das Ermessen der Behörde in dem Maße eingeschränkt, in dem eine schädliche Umwelteinwirkung an Umfang oder Gewicht zunimmt. Ein Einschreiten wird regelmäßig dann geboten sein, wenn anders die Allgemeinheit oder

---

[135] 1. Verordnung zur Durchführung des BImSchG (Verordnung über Feuerungsanlagen – 1. BImSchV.

[136] 2. Verordnung zur Durchführung des BImSchG (Verordnung zur Emissionsbegrenzung von leichtflüchtigen Hallogenkohlenwasserstoffen – 2. BImSchV) vom 21.4.1986 (BGBl. I, S. 571).

[137] 7. Verordnung betreffend Auswurfbegrenzung von Holzstaub vom 18.12.1975 (BGBl. I, S. 3133).

[138] 8. Verordnung zur Durchführung des BImSchG (Rasenmäherlärmverordnung – 8. BImSchV) vom 23.7.1987 (BGBl. I, S. 1687).

[139] *Feldhaus*, HdUR, Bd. I, Sp. 771; *VGH Mannheim*, Urt. v. 15.4.1981 – 3 S 122/81 –, VBlBW 1982, 137.

[140] Siehe dazu *OVG Berlin*, Beschl. v. 22.1.1985 – 2 B 58/83 –, NVwZ 1986, 672; *OVG Koblenz*, NVwZ 1989, 275.

[141] Vgl. dazu etwa *VGH Kassel*, Urt. v. 13.1.1986 - VIII OE 90/80 –, UPR 1987, 73.

[142] *Jarass*, BImSchG, § 24 Rn. 6; *Feldhaus*, BImSchG, § 24 Anm. 6; vgl. dazu auch *OVG Berlin*, Beschl. v. 22.1.1985 – 2 B 58/83 –, NVwZ 1986, 672.

die Nachbarschaft nicht ausreichend vor schädlichen Umwelteinwirkungen geschützt werden kann.[143] Eine Einschreitenspflicht kann sich auch daraus ergeben, daß eine genehmigungsbedürftige Anlage die Emissions- und Immissionsgrenzwerte der Technischen Anleitungen Luft und Lärm erreicht.[144]

§ 24 BImSchG ermächtigt die Immissionsschutzbehörde, auch bei einer **130**
baurechtlich bereits genehmigten Anlage nachträglich die erforderlichen Anordnungen zu treffen, wenn die Anlage nicht den Anforderungen des § 22 BImSchG entspricht.

Fall: Die Immissionsschutzbehörde ist befugt, zum Schutz der Nachbarschaft vor erheblichen Belästigungen durch Luftverunreinigungen nachträglich die Erhöhung des Schornsteins eines bauaufsichtlich genehmigten Wohnhauses anzuordnen.[145]

Neben den immissionsschutzrechtlichen Anordnungen gem. § 24 S. 1 **131**
BImSchG kommt auch ein bauordnungsrechtliches Einschreiten in Betracht, da von den Baubehörden auch an bestehende bauliche Anlagen regelmäßig Anforderungen gestellt werden können, wenn das zur Abwehr von erheblichen Gefahren für Leben und Gesundheit notwendig ist.[146]

5. Betriebsuntersagung

Kommt der Betreiber einer Anlage einer vollziehbaren behördlichen An- **132**
ordnung nach § 24 S. 1 BImSchG nicht nach, so kann die zuständige Behörde gem. § 25 Abs. 1 BImSchG den Betrieb der Anlage ganz oder teilweise oder zeitweise bis zur Erfüllung der Anordnung untersagen. Die Betriebsuntersagung gem. § 25 Abs. 1 BImSchG steht im Ermessen der zuständigen Behörde. Sie kann deshalb auch versuchen, ihr Ziel mit anderen Mitteln des Verwaltungszwangs zu erreichen.[147] Spricht sie eine Untersagung aus, dann hat die Behörde wiederum das Übermaßverbot zu beachten. Bei der Ausübung des Ermessens hat sie insbesondere die Rechte von Nachbarn zu berücksichtigen. Der Ermessensspielraum kann sich daher reduzieren, wenn der Anlagenbetreiber durch die Nichtbefolgung einer Anordnung Vorschriften verletzt, die den Schutz von Nachbarn bezwecken.

Eine weitere Einschränkung des Ermessens ergibt sich aus § 25 Abs. 2 **133**
BImSchG. Danach soll die zuständige Behörde die Errichtung oder den Betrieb der Anlage ganz oder teilweise untersagen, wenn die von einer Anlage hervorgerufenen schädlichen Umwelteinwirkungen das Leben oder die Gesundheit von Menschen oder bedeutende Sachwerte gefährden und soweit die Allgemeinheit oder die Nachbarschaft nicht auf andere Weise ausreichend geschützt werden kann. Bei Vorliegen der Voraussetzungen des § 25 Abs. 2 BImSchG ist die Behörde im Regelfall verpflichtet, den Betrieb zu untersagen, nur in atypischen Fällen steht ihr noch ein Ermessensspielraum zu.[148]

---

[143] *Feldhaus,* BImSchG, § 24 Anm. 4.
[144] Vgl. dazu *VGH Kassel,* Urt. v. 27.1.1986 – VIII OE 3/82 –, NVwZ 1986, 666.
[145] *BVerwG,* Beschl. v. 9.3.1988 – 7 B 34/88 –, DVBl. 1988, 541.
[146] Vgl. *Schmidt,* Umweltrecht, S. 56f.
[147] *Feldhaus,* BImSchG, § 25 Anm. 3.
[148] *Jarass,* BImSchG, § 25 Rn. 12.

III. Die immissionsschutzrechtliche Überwachung

134 Immissionsschutzrechtliche Verpflichtungen für den Emittenten sind der erste Schritt für einen wirksamen Immissionsschutz. Ebenso wichtig wie die Verpflichtung selbst ist jedoch die Überwachung ihrer Einhaltung. Der Gesetzgeber hat daher im BImSchG mehrere Arten der Überwachung geregelt. Unterschieden werden

- **behördlich angeordnete Überwachungsmaßnahmen**,
- **behördlicherseits durchgeführte Kontrollen**,
- **die Bestellung eines Betriebsbeauftragen für Immissionsschutz**.

1. Die Ermittlung von Emissionen und Immissionen gem. §§ 26ff. BImSchG

135 In den §§ 26ff. BImSchG hat der Gesetzgeber verschiedene Möglichkeiten der Ermittlung von Immissionen und Emissionen geregelt:

- Gem. §§ 26, 28 BImSchG kann der Anlagenbetreiber verpflichteten werden, Emissionen bzw. Immissionen durch bestimmte, von der obersten Landesbehörde bekanntgegebene Stellen ermitteln zu lassen.
- § 27 BImSchG enthält die Verpflichtung des Anlagenbetreibers zur Abgabe einer Emissionserklärung.
- § 29 BImSchG sieht eine Verpflichtung des Anlagenbetreibers zu kontinuierlichen Messungen vor.

136 Die Überwachungsmöglichkeiten gelten für genehmigungsbedürftige Anlagen, zum Teil auch für nicht genehmigungsbedürftige Anlagen. Grundsätzlich stehen die Ermittlungsarten unabhängig nebeneinander.[149] Zu beachten ist jedoch auch hier das Übermaßverbot. Soweit nur eine der verschiedenen Ermittlungsarten erforderlich und zudem für den Anlagenbetreiber erkennbar weniger belastend ist, kann nur sie angeordnet werden.

137 Den §§ 26 – 29, 31 BImSchG wird drittschützender Charakter zuerkannt.[150] Die Kosten für die Ermittlung der Emissionen und Immissionen trägt gem. § 30 S. 1 BImSchG der Betreiber der Anlage. Die Kosten für die Ermittlungen nach § 26 oder § 29 Abs. 2 BImSchG trägt der Betreiber der Anlage gem. § 30 S. 2 BImSchG aber nur, wenn die Ermittlungen ergeben, daß

- Auflagen oder Anordnungen nach den Vorschriften des BImSchG oder der auf dieses Gesetz gestützten Rechtsverordnungen nicht erfüllt worden sind oder
- Anordnungen oder Auflagen nach den Vorschriften des BImSchG oder der auf das BImSchG gestützten Rechtsverordnungen geboten sind.

138 Das Ergebnis der aufgrund einer Anordnung nach §§ 26, 28 oder 29 BImSchG getroffenen Ermittlungen hat der Betreiber der Anlage der zuständigen Behörde auf Verlangen mitzuteilen (§ 31 S. 1 BImSchG).

a) Messungen aus besonderem Anlaß

139 Gem. § 26 S. 1 BImSchG kann die zuständige Behörde anordnen, daß der Betreiber einer genehmigungsbedürftigen Anlage oder, soweit § 22

[149] Vgl. *Jarass*, BImSchG, Vor § 26 Rn. 2.
[150] *Jarass*, BImSchG, Vor § 26 Rn. 3.

BImSchG Anwendung findet, einer nicht genehmigungsbedürftigen Anlage Art und Ausmaß der von der Anlage ausgehenden Emissionen sowie die Immissionen im Einwirkungsbereich der Anlage durch eine der von der zuständigen obersten Landesbehörde bekanntgegebenen Stelle ermitteln läßt, wenn zu befürchten ist, daß durch die Anlage schädliche Umwelteinwirkungen hervorgerufen werden.

Die zuständige Behörde ist befugt, Einzelheiten über Art und Umfang der Ermittlungen sowie über die Vorlage des Ermittlungsergebnisses vorzuschreiben (§ 26 S. 2 BImSchG). Die Ermittlungen müssen stets von einer dritten, bekanntgegebenen Stelle durchgeführt und dürfen nicht vom Betreiber im Rahmen der Eigenüberwachung durchgeführt werden.[151] Die Anordnung von Messungen gem. § 26 BImSchG soll in zweifelhaften Fällen eine Klärung darüber herbeiführen, ob der Betreiber der Anlage seine immissionsschutzrechtlichen Verpflichtungen erfüllt und ob ggf. Auflagen oder Anordnungen geboten sind. **140**

Voraussetzung einer Anordnung nach § 26 S. 1 BImSchG ist, daß eine Anlage i.S.v. § 3 Abs. 5 BImSchG betrieben wird. Außerdem muß der Verdacht bestehen, daß die Anlage schädliche Umwelteinwirkungen hervorruft. Diese brauchen noch nicht eingetreten sein, vielmehr genügt es, daß sie aufgrund konkreter Anhaltspunkte zu befürchten sind. Solche Anhaltspunkte können sich aus Beschwerden von Nachbarn, aus eigenen Feststellungen der Behörde oder aus Mitteilungen anderer Behörden ergeben.[152] **141**

Liegen die Voraussetzungen vor, steht die Anordnung der Ermittlungen im Ermessen der zuständigen Behörde. Bei dieser Ermessensentscheidung hat die Behörde vor allem den *Vertrauensgrundsatz*, den *Gleichheitsgrundsatz* sowie den Grundsatz der *Verhältnismäßigkeit* zu beachten. Aus dem letzteren Grundsatz folgt, daß die anzuordnenden Ermittlungen geeignet, erforderlich und angemessen sein müssen. Geeignet ist die Anordnung, wenn sie zusätzliche Erkenntnisse bringen kann. Die Erforderlichkeit der Anordnung ist auch dann gegeben, wenn die Behörde mit eigenen Ermittlungen nach § 52 BImSchG zum Ziel kommen kann. Die Überwachungsmöglichkeiten nach den §§ 26ff. BImSchG und § 52 BImSchG stehen insoweit selbständig nebeneinander.[153] Hinsichtlich der Angemessenheit der Ermittlungen muß die Behörde darauf achten, daß die Ermittlungskosten in Grenzen bleiben, wenn nur ein geringer Verdacht hinsichtlich schädlicher Umwelteinwirkungen durch die Anlage besteht. Die Kosten dürfen jedoch um so höher sein, je größer die befürchtete Umwelteinwirkung ist.[154] Die Anordnung muß ausreichend bestimmt sein. Die Behörde muß sich insbesondere eindeutig darüber erklären, in welchem Umfang der Anlagenbetreiber gebunden ist bzw. in welchem Umfang er unter Meßstellen, Meßverfahren und Meßzeiten wählen kann. Mit der Durchführung der Ermittlungen dürfen – wie bereits erwähnt – nur die von der zuständigen obersten Landesbehörde bekanntgegebenen Stellen beauftragt werden. Ausgewählt werden von der zuständigen **142**

---

[151] *BVerwG*, Urt. v. 27. 5. 1983 – 7 C 41.81 –, DVBl. 1983, 943; *VGH BW*, Urt. v. 27. 11. 1979 – X 808/79 – , GewArch. 1980, 393.

[152] *BVerwG*, Urt. v. 27. 5. 1983 – 7 C 41.81 –, DVBl. 1983, 943; *Feldhaus*, BImSchG, § 26 Anm. 6.

[153] Vgl. *Jarass*, BImSchG, § 26 Rn. 7.

[154] *Feldhaus*, BImSchG, § 26 Anm. 10.

Landesbehörde Stellen, die die Gewähr dafür bieten, daß sie wissenschaftlich einwandfreie, dem Stand der Meßtechnik entsprechende, behördlichen Ermittlungen vergleichbar objektive Ermittlungen durchführen. Daraus ergeben sich Mindestanforderungen an Fachkunde, Ausstattung und Zuverlässigkeit. Ausgewählt werden können staatliche, aber auch private Einrichtungen.

b) Messungen bei genehmigungsbedürftigen Anlagen

143 Auch ohne die in § 26 genannten Voraussetzungen kann die zuständige Behörde bei *genehmigungsbedürftigen* Anlagen Anordnungen nach § 26 BImSchG treffen

- nach der Inbetriebnahme oder einer wesentlichen Änderung i.S.d. § 15 BImSchG und sodann
- nach Ablauf eines Zeitraums von jeweils fünf Jahren.

144 Bei den genehmigungsbedürftigen Anlagen muß daher kein Verdacht auf schädliche Umwelteinwirkungen vorliegen. Es genügt ihre Inbetriebnahme oder ein bestimmter Zeitablauf.

c) Kontinuierliche Messungen

145 Gem. § 29 BImSchG kann die zuständige Behörde bei genehmigungsbedürftigen Anlagen statt bzw. neben Einzelmessungen nach § 26, 28 BImSchG im Hinblick auf bestimmte Immissionen oder Emissionen anordnen, daß unter Verwendung aufzeichnender Meßgeräte diese Emissionen/Immissionen *fortlaufend* ermittelt werden. Bei Anlagen mit erheblichen Emissionsmassenströmen oder Abgasströmen (mehr als 50000 m^3 je Stunde)[155] „sollen" kontinuierliche Messungen angeordnet werden, soweit eine Überschreitung der in Rechtsvorschriften, Auflagen oder Anordnungen festgelegten Immissionsbegrenzungen nach der Art der Anlage nicht ausgeschlossen werden.

146 Gem. § 29 Abs. 2 BImSchG kann die zuständige Behörde auch bei nicht genehmigungsbedürftigen Anlagen, soweit § 22 BImSchG anzuwenden ist, kontinuierliche Messungen anordnen, wenn dies zur Feststellung erforderlich ist, ob durch die Anlage schädliche Umwelteinwirkungen hervorgerufen werden.

147 Kontinuierliche Messungen als zuverläßigste Meßmethode werden insbesondere und zunehmend bei größeren Anlagen gefordert[156]. Durch sie wird ein lückenloses Bild der Emission- und Immissionssituation vermittelt, insbesondere können kurzzeitige Emissions- und Immissionsspitzen erfaßt werden.

148 Unter kontinuierlichen Messungen versteht man die fortlaufende Ermittlung unter regelmäßig gleichzeitiger Verwendung aufzeichnender (registrierender) Meßgeräte.[157] Da es mittlerweile für eine Reihe von Anlagen und

---

[155] *Feldhaus*, HdUR, Bd. I, Sp. 772.

[156] *Feldhaus*, BImSchG, § 29 Anm. 3.

[157] Vgl. 11. Verordnung zur Durchführung des BImSchG (Emissionserklärungsverordnung) vom 20. 12. 1978 (BGBl. I, S. 2027), geändert durch Verordnung vom 24. 6. 1985 (BGBl. I, S. 1603).

Schadstoffen kontinuierliche Meßmethoden bzw. technische Einrichtungen gibt, haben kontinuierliche Messungen zunehmende Bedeutung. Die 13. BImSchV räumt daher auch den kontinuierlichen Messungen eindeutig den Vorrang vor diskontinuierlichen Messungen ein, genau so wie 3.2.2.1 Abs.3 TA Luft, wonach von erstmaligen oder wiederkehrenden Messungen abzusehen ist, wenn kontinuierliche Messungen durchgeführt werden.

Die Anordnung nach § 29 BImSchG steht im Ermessen der Behörde. Bei **149** der Ermessensausübung hat sie wiederum den Verhältnismäßigkeitsgrundsatz zu beachten. Bei Anlagen mit erheblichen Emissionsmassenströmen luftverunreinigender Stoffe oder erheblichen Abgasströmen sollen kontinuierliche Messungen angeordnet werden, soweit eine Überschreitung der in Rechtsvorschriften, Auflagen oder Anordnungen festgelegten Emissionsbegrenzungen nach der Art der Anlage nicht ausgeschlossen werden kann.

Bei nicht genehmigungsbedürftigen Anlagen kann die zuständige Behör- **150** de, soweit § 22 BImSchG anzuwenden ist, anordnen, daß statt durch Einzelmessungen nach § 26 BImSchG oder neben solchen Messungen bestimmte Emissionen oder Immissionen unter Verwendung aufzeichnender Meßgeräte fortlaufend ermittelt werden, wenn dies zur Feststellung erforderlich ist, ob durch die Anlage schädliche Umwelteinwirkungen hervorgerufen werden. Auch hier darf aber der Meßaufwand nicht unverhältnismäßig sein; im Hinblick auf die Kosten heißt das, daß diese umso höher ausfallen dürfen, je größer die befürchtete Umweltbelastung ist.

d) Emissionserklärung

Die Betreiber bestimmter Anlagen haben gem. § 27 Abs. 1 S. 1 BImSchG **151** die Verpflichtung, der zuständigen Behörde innerhalb bestimmter Fristen Angaben zu machen über Art, Menge, räumliche und zeitliche Verteilung der Luftverunreinigungen, die von der Anlage in einem bestimmten Zeitraum ausgegangen sind, sowie über die Austrittsbedingungen (Emissionserklärung).

Diese Emissionserklärung hat der Betreiber *jährlich* entsprechend dem **152** neuesten Stand zu ergänzen. Dabei stehen ihm aber entsprechend § 52 Abs. 5 BImSchG Aussageverweigerungsrechte zu. § 27 BImSchG enthält anders als die §§ 26, 28, 29 BImSchG keine bloße Anordnungsbefugnis der zuständigen Behörde, sondern eine unmittelbare Pflicht für den Anlagenbetreiber. Zur Abgabe der Emissionserklärung sind Betreiber einer in einem Belastungsgebiet i.S.v. § 44 BImSchG gelegenen oder einer in einer Rechtsverordnung nach § 27 Abs. 4 Nr. 2 BImSchG bezeichneten genehmigungsbedürftigen Anlage verpflichtet.

Gem. § 27 Abs. 4 BImSchG wird die Bundesregierung ermächtigt, durch **153** *Rechtsverordnung* mit Zustimmung des Bundesrates Inhalt, Umfang, Form und Zeitpunkt der Abgabe der Emissionserklärung sowie das bei der Ermittlung der Emissionen einzuhaltende Verfahren zu regeln. Die Bundesregierung hat von dieser Ermächtigung durch Erlaß einer Emissionserklärungsverordnung Gebrauch gemacht.[158]

Inhalt der Emissionserklärung sind vor allem Angaben über Art, Menge, **154** räumliche und zeitliche Verteilung der von einer Anlage in einem bestimmten Zeitraum ausgehenden Emissionen sowie über die Ausgangsbedingungen. Gegenstand der Emissionserklärung sind allein Luftverunreinigungen. Einzelheiten der Emissionserklärung regelt die 11. BImSchV. Gem. § 27 Abs. 3 BImSchG dürfen die Angaben der Emissionserklärung nicht veröffentlicht werden, wenn aus diesen Rückschlüsse auf Betriebs- oder Geschäftsgeheimnisse gezogen werden können. Der Betreiber ist deswegen vor der Veröffentlichung zu deren Art und Umfang zu hören.

2. Die Überwachung gem. § 52 BImSchG

155 Gem. § 52 Abs. 1 BImSchG haben die zuständigen Behörden die Durchführung des BImSchG und seiner Rechtsverordnungen zu überwachen. § 52 Abs. 1 BImSchG ist eine immissionsschutzrechtliche *Aufgabennorm* und keine Eingriffsermächtigung.[158] Die Vorschrift soll klarstellen, daß die Durchführung und Einhaltung des Gesetzes nicht allein durch Verpflichtung der Emittenten, sondern auch durch die schlicht-hoheitliche Überwachungstätigkeit der Behörden, insbesondere durch Sammlung von Informationen, zu erfüllen ist

156 Der Umfang der Informationspflichten ergibt sich im einzelnen aus § 52 Abs.2 – 6 BImSchG. Gem. § 52 Abs.1 S. 1 BImschG sind Eigentümer und Betreiber von Anlagen sowie Eigentümer und Besitzer von Grundstücken, auf denen Anlagen betrieben werden, verpflichtet, den Zutritt zu den Grundstücken und zur Verhütung dringender Gefahren für die öffentliche Sicherheit oder Ordnung auch zu Wohnräumen und die Vornahme von Prüfungen einschließlich der Ermittlungen von Emissionen und Immissionen zu gestatten. Sie sind außerdem verpflichtet, Auskünfte zu erteilen und die Unterlagen vorzulegen, die zur Erfüllung ihrer Aufgaben erforderlich sind. Das Grundrecht der Unverletzlichkeit der Wohnung wird gem. § 52 Abs. 2 S. 2 BImSchG ausdrücklich insoweit eingeschränkt. Im Rahmen der Pflichten nach § 52 Abs. 2 S. 1 BImSchG haben die Eigentümer und Betreiber der Anlagen sogar Arbeitskräfte sowie Hilfsmittel bereitzustellen (§ 52 Abs. 2 S. 4 BImSchG).

157 Die Duldungs- und Mitwirkungspflichten können gem. §52 Abs. 3 S. 1 BImSchG entsprechend für Eigentümer und Besitzer von Anlagen, Stoffen und Erzeugnissen, Brennstoffen und Treibstoffen gelten.

158 Gem. § 52 Abs. 5 BImSchG kann der zur Auskunft verpflichtete die Auskunft auf solche Fragen verweigern, deren Beantwortung ihn selbst oder einen der in § 383 Abs. 1 Nr. 1 – 3 ZPO bezeichneten Angehörigen der Gefahr der strafgerichtlichen Verfolgung oder eines Verfahres nach dem Gesetz über Ordnungswidrigkeiten aussetzen würde.

3. Der Immissionsschutzbeauftragte

159 Eine dritte Form der immissionsschutzrechtlichen Überwachung erfolgt durch die Bestellung eines Betriebsbeauftragten für Immissionsschutz.[159]

160 Gem. § 53 Abs. 1 BImSchG haben Betreiber genehmigungsbedürftiger Anlagen einen oder mehrere Betriebsbeauftragte für Immissionsschutz zu

---

[158] Vgl. *Mösbauer*, NVwZ 1985, 457ff., *Jarass*, BImSchG, § 52 Rn. 1.

[159] Vgl. zu den Umweltschutzbeauftragten allgemein oben, § 8, Rn. 114.

bestellen, sofern dies im Hinblick auf die Art und die Größe der Anlagen wegen der

- von den Anlagen ausgehenden Emissionen, technischen Probleme der Immissionsbegrenzung oder
- Eignung der Erzeugnisse, bei bestimmungsgemäßer Verwendung schädliche Umwelteinwirkungen durch Luftverunreinigungen, Geräusche oder Erschütterungen hervorzurufen,

erforderlich ist. Durch Verordnung aufgrund des § 53 Abs. 1 S. 2 BImSchG sind die genehmigungsbedürftigen Anlagen, deren Betreiber Immissionsschutzbeauftragte zu bestellen haben, bestimmt worden.[160] Darüber hinaus kann die zuständige Behörde im Einzelfall anordnen, daß auch bei nicht in der Rechtsverordnung genannten Anlagen ein Immissionsschutzbeauftragter zu bestellen ist (§ 52 Abs. 2 BImSchG).

Der Immissionsschutzbeauftragte ist Hilfsorgan des Anlagenbetreibers, **161** nicht der Behörde. Er wird beratend, mitwirkend, prüfend und aufklärend tätig und dient somit der Eigenüberwachung. Die Aufgaben des Immissionsschutzbeauftragten ergeben sich im einzelnen aus § 54 BImSchG.

Gem. § 54 Abs. 1 BImSchG ist der Immissionsschutzbeauftragte berech- **162** tigt und verpflichtet,

- auf die Entwicklung und Einführung umweltfreundlicher Verfahren und Erzeugnisse hinzuwirken,
- bei der Entwicklung und Einführung umweltfreundlicher Verfahren und Erzeugnisse mitzuwirken,
- die Einhaltung immissionsrechtlicher Vorschriften zu überwachen,
- die Betriebsangehörigen über die von der Anlage verursachten schädlichen Umwelteinwirkungen aufzuklären sowie über die Einrichtungen und Maßnahmen zu ihrer Verhinderung.

Gem. § 54 Abs. 2 BImSchG erstattet der Immissionsschutzbeauftragte **163** dem Betreiber jährlich einen Bericht über die von ihm getroffenen und beabsichtigten Maßnahmen.

Die §§ 55 – 58 BImSchG regeln die Pflichten des Anlagenbetreibers im **164** Hinblick auf den Immissionsschutzbeauftragten. Der Immissionsschutzbeauftragte ist schriftlich zu bestellen und die Bestellung ist der zuständigen Behörde anzuzeigen (§ 55 Abs. 1 BImSchG). Der Immissionsschutzbeauftragte muß die erforderliche Fachkunde und Zuverlässigkeit bezogen auf die zu betreuende Anlage besitzen. Näheres zu den Anforderungen an seine Qualifikation regelt die Verordnung über die Fachkunde und Zuverlässigkeit der Immissionsschutzbeauftragten (6. BImSchV).[161]

Der Anlagenbetreiber ist verpflichtet, den Immissionsschutzbeauftragten **165** bei der Erfüllung seiner Aufgaben zu unterstützen (§ 55 Abs. 4 BImSchG). Der Betreiber hat außerdem dafür zu sorgen, daß der Immissionsschutzbeauftragte seine Vorschläge oder Bedenken in notwendigen Fällen der Geschäftsleitung vortragen kann; bei Investitionsentscheidungen, die für den Immissionsschutz bedeutsam sein können, ist eine Stellungnahme des Immissionsschutzbeauftragten einzuholen (§§ 56, 57 BImSchG).

---

[160] Vgl. 5. Verordnung zur Durchführung des BImSchG (Verordnung über Immissionsschutzbeauftragte) vom 14.2.1975 (BGBl. I, S. 504).

[161] vom 12.4.1975 (BGBl. I, S. 957).

C. Der produktbezogene Immissionsschutz

166 Während der anlagenbezogene Immissionsschutz bei der Errichtung und dem Betrieb von Anlagen einsetzt, regeln die §§ 32ff. BImSchG *produktbezogen* schon das Herstellen, Inverkehrbringen oder Einführen von Anlagen, Anlagenteilen, Stoffen und Erzeugnissen.

167 Die Vorverlagerung der immissionsschutzrechtlichen Anforderungen in die Konstruktions- bzw. Produktionsphase trägt in besonderer Weise dem *Vorsorgeprinzip* Rechnung.[162] Der produktbezogene Immissionsschutz des BImSchG erfaßt Anlagen und Anlagenteile (§§ 32, 33 BImSchG) sowie Stoffe und Erzeugnisse (§§ 34, 35 BImSchG). Der *Schutzzweck* des produktbezogenen Immissionsschutzes erfaßt einerseits nur den Schutz vor Luftverunreinigungen (§§ 34, 35 BImSchG) zum Teil aber auch den Schutz vor Geräuschen (§§ 34, 35 BImSchG), zum Teil auch den Schutz vor Geräuschen und Erschütterungen (§§ 32, 33 BImSchG).[163] Das BImSchG enthält keine *materiellen Regelungen* des produktbezogenen Immissionsschutzes. Vielmehr hat der Gesetzgeber zum Erlaß von Rechtsverordnungen des produktbezogenen Immissionsschutzes ermächtigt.

Beispiel: 3. Verordnung zur Durchführung des BImSchG (Verordnung über Schwefelgehalt von leichten Heizöl und Dieselkraftstoff – 3. BImSchV);[164] 8. Verordnung zur Durchführung des BImSchG (Rasenmäherlärmverordnung – 8. BImSchV);[165] 10. Verordnung zur Durchführung des BImSchG (Beschränkungen von PCB, PCT und VC – 10. BImSchV).[166]

168 Unmittelbare Pflichten für den Bürger entstehen erst dann, wenn eine entsprechende Rechtsverordnung erlassen worden ist. Die Ermächtigungen in den §§ 32ff. BImSchG enthalten keine Verpflichtung zum Erlaß dieser Rechtsverordnungen. Eine Regelungspflicht ist nur dann denkbar, wenn gewichtige Beeinträchtigungen der Schutzgüter der Grundrechte zu befürchten sind.[167] Dem Verordnungsgeber bleibt es auch überlassen, in welchem Umfang er Anforderungen zum Schutz vor schädlichen Umwelteinwirkungen an Anlagen, Stoffe, Erzeugnisse, Brennstoffe und Treibstoffe stellt. Der Umfang der Verordnungsbefugnis ist jedoch zum Teil begrenzt. So dürfen nach §§ 34, 35 BImSchG für die Beschaffenheit von Brennstoffen, Treibstoffen, Stoffen, Erzeugnissen nur Regelungen zum Schutz vor Luftverunreinigungen, nach §§ 32, 33 BImSchG für die Anlagenbeschaffenheit und Bauartzulassungen aber auch Regelungen zum Schutz vor Geräuschen und Erschütterungen erlassen werden.

I. Beschaffenheit von Anlagen

169 Gem. § 32 Abs. 1 BImSchG können Rechtsverordnungen vorschreiben, daß serienmäßig hergestellte Teile von Betriebsstätten und sonstige ortsfeste

---

[162] Vgl. *Feldhaus*, HdUR, Bd., I, Sp. 772.
[163] Vgl. dazu *Jarass*, BImSchG, Vorbem. vor §§ 32–37, Rn. 1.
[164] vom 15.1.1975 (BGBl. I, S. 264).
[165] vom 23.7.1987 (BGBl. I, S. 1687).
[166] vom 26.7.1987 (BGBl. I, S. 1138).
[167] Siehe zu grundrechtlichen Schutzpflichten oben, § 4, Rn. 55ff.

Einrichtungen sowie die in § 3 Abs. 5 Nr. 2 BImSchG bezeichneten Anlagen gewerbsmäßig oder im Rahmen wirtschaftlicher Unternehmungen nur in den Verkehr gebracht oder eingeführt werden dürfen, wenn sie bestimmten Anforderungen zum Schutz vor schädlichen Umwelteinwirkungen durch Luftverunreinigungen, Geräusche oder Erschütterungen genügen. Die Regelung des § 32 BImSchG betrifft vor allem Maschinen, Geräte und nicht von § 38 BImSchG erfaßte Fahrzeuge. Gem. § 33 BImSchG kann für diese Art von Anlagen auch eine Bauartzulassung vorgeschrieben werden. Die Bauartzulassung gestattet dem Antragsteller, Produkte der fraglichen Bauart in Verkehr zu bringen oder einzuführen. Unwesentliche Abweichungen sind dabei möglich. Aufgrund des § 32 BImSchG wurde die 8. BImSchV erlassen, die vor allem Emissionsgrenzwerte und eine Kennzeichnungspflicht für Rasenmäher vorgeschrieben hat.

II. Beschaffenheit von Brennstoffen und Treibstoffen

Gem. § 34 Abs. 1 S. 1 BImSchG kann durch Rechtsverordnung mit Zustimmung des Bundesrates vorgeschrieben werden, daß Brennstoffe oder Treibstoffe gewerbsmäßig oder im Rahmen wirtschaftlicher Unternehmungen zum Schutz vor schädlichen Umwelteinwirkungen durch Luftverunreinigungen nur hergestellt, in den Verkehr gebracht oder eingeführt werden dürfen, wenn sie bestimmten Anforderungen an die Beschaffenheit genügen. Vorgeschrieben werden kann insbesondere, daß diese Stoffe bestimmte Bestandteile (z.B. Schwefel in Heizöl) nur in bestimmten Höchstmengen enthalten dürfen. Aufgrund dieser Ermächtigung ist die Verordnung über Schwefelgehalt von leichtem Heizöl und Dieselkraftstoff – 3. BImSchV – erlassen worden.[168] **170**

III. Beschaffenheit von Stoffen und Erzeugnissen

Gem. § 35 Abs. 1 S. 1 BImSchG kann in einer Rechtsverordnung das Herstellen, Einführen und Inverkehrbringen bestimmter Stoffe und Erzeugnisse aus Stoffen von Anforderungen an ihre Zusammensetzung, ihr Herstellungsverfahren und ihre Kennzeichnung abhängig gemacht werden. Sachlich gehört in diesen Bereich die 10. BImSchV, die das Inverkehrbringen von PCB-, PCT- und VC-haltigen Erzeugnissen beschränkt. Diese Verordnung ist jedoch auf § 37 BImSchG gestützt, da sie europarechtliche Vorschriften umsetzt.[169] **171**

D. Der verkehrsbezogene Immissionsschutz

Der 4. Teil des BImSchG (§§ 38 – 43) enthält Regelungen des verkehrsbezogenen Immissionsschutzes. **172**

Die Notwendigkeit verkehrsbezogenen Immissionsschutzes ergibt sich daraus, daß der Verkehrsbereich in ganz erheblicher Weise Luftverunreinigungen und Lärm verur-

---

[168] Vgl. 3. Verordnung zur Durchführung des BImSchG vom 15.1.1975 (BGBl. I, S. 264); zuletzt geändert durch Verordnung vom 14.12.1987 (BGBl. I, S. 2671).
[169] Vgl. *Jarass*, BImSchG, § 35 Rn. 12; *Feldhaus*, HdUR, Bd. I, Sp. 773.

sacht. So stammen etwa 55 % der emittierten Stickoxyde und ca. 39 % der Kohlenwasserstoffe aus den Abgasen der Kraftfahrzeuge. Auch hinsichtlich der Lärmbelastung zählt der Verkehrsbereich zu den Hauptquellen.[170]

173 Der verkehrsbezogene Immissionsschutz des BImSchG enthält Regelungen über

- **Beschaffenheit und Betrieb von Fahrzeugen**,
- **Verkehrsbeschränkungen bei austauscharmen Wetterlagen**,
- **Verkehrslärmschutz**.

I. Beschaffenheit und Betrieb von Fahrzeugen

174 Gem. § 38 S. 1 BImSchG müssen Kraftfahrzeuge und ihre Anhänger, Schienen-, Luft- und Wasserfahrzeuge so beschaffen sein, daß ihre Emissionen bei bestimmungsgemäßem Betrieb die zum Schutz vor schädlichen Umwelteinwirkungen einzuhaltenen Grenzwerte nicht überschreiten. § 38 S. 1 BImSchG ist eine unmittelbar anwendbare Grundpflicht, die sich an Hersteller, Importeure und Fahrzeughalter, nicht aber an Fahrzeugführer richtet.[171] Einzuhalten sind insbesondere Grenzwerte für Lärm und Luftverunreinigungen. § 38 BImSchG bezweckt die Verringerung der Immissionen, die von Fahrzeugen als „Beförderungs- und Transportmittel" verursacht werden.[172]

175 § 38 BImSchG unterliegen damit nur die mit dem typischen Fortbewegungsvorgang untrennbar verbundenen oder jedenfalls ihm dienenden Fahrzeugteile. Die §§ 38f. BImSchG enthalten keine Rechtsgrundlage zur Vermeidung von Emissionen, die durch Einrichtungen verursacht werden, die nicht unmittelbar der Eigenschaft des Fahrzeugs als Beförderungs- und Transportmittel dienen.

Beispiel: Ein Transportbetonmischer unterliegt hinsichtlich seiner Transportfunktion dem § 38 BImSchG, hinsichtlich des Mischers aber den §§ 22ff. BImSchG.

176 Fahrzeuge, die in unmittelbarem funktionalen Zusammenhang mit einer ortsfesten Anlagen und nicht auf öffentlichen Verkehrswegen benutzt werden, sind dieser Anlage zuzurechnen und unterliegen damit ausschließlich dem anlagenbezogenen Immissionsschutz.

Beispiele: Werksbahnen, Anschlußbahnen oder speziell nur auf dem Werksgelände eingesetzten Lastkraftwagen.

177 Nur wenn diese Fahrzeuge auch am öffentlichen Verkehr teilnehmen, unterliegen sie damit gleichzeitig den §§ 38ff. BImSchG.

178 Gem. § 38 S. 2 BImSchG müssen Fahrzeuge außerdem so betrieben werden, daß vermeidbare Emissionen verhindert und unvermeidbare Emissionen auf ein Mindestmaß beschränkt bleiben. Adressat dieser Verpflichtung ist jeder, der für den Betrieb des Fahrzeugs verantwortlich ist. Dazu zählt vor allem der Fahrzeugführer, evtl. aber auch der Fahrzeughalter.[173] Zum Betrieb des Fahrzeugs zählen nicht nur der Fahrvorgang, sondern auch vorbereitende, begleitende und nachfolgende Tätigkeiten, z.B. das Einsteigen, Aussteigen und Entladen eines Kraftfahrzeuges.[174]

---

[170] Vgl. dazu *Feldhaus*, HdUR, Bd. I, Sp. 773f.
[171] Vgl. dazu *Jarass*, BImSchG, § 38 Rn. 1, 2.
[172] *Feldhaus*, BImSchG, § 38 Anm. 2.
[173] *Jarass*, BImSchG, § 38 Rn. 6.
[174] Vgl. *Schmidt-Aßmann*, in: Grundzüge des Umweltrechts, S. 316.

II. Verkehrsbeschränkungen bei austauscharmen Wetterlagen

Gem. § 40 S. 1 BImSchG werden die Landesregierungen ermächtigt, durch Rechtsverordnung Gebiete festzulegen, in denen während austauscharmer Wetterlagen der Kraftfahrzeugverkehr beschränkt oder verboten werden kann, um ein Anwachsen schädlicher Umwelteinwirkungen durch Luftverunreinigungen zu vermeiden oder zu vermindern. In der Rechtsverordnung kann auch der zeitliche Umfang der erforderlichen Verkehrsbeschränkungen bestimmt werden.[175] **179**

Gestützt auf die Bestimmungen der §§ 40, 49 BImSchG haben die meisten Bundesländer mittlerweile **Smog-Verordnungen** erlassen, die Vorschriften über die Voraussetzungen, Geltungsbereiche, Einschränkungen, Verbote, Zuständigkeiten und dergleichen enthalten.[176] **180**

Für die Verkehrsbeschränkungen in den sog. Smog-Verordnungen ist Rechtsgrundlage § 40 BImSchG; für Beschränkungen hinsichtlich des Betriebs von Anlagen oder die Verwendung bestimmter Brennstoffe in solchen Verordnungen ist Rechtsgrundlage § 49 Abs. 2 BImSchG.[177] **181**

Die Regelungen der Smog-Verordnungen haben erst dann Wirkungen gegenüber dem Bürger, wenn die austauscharme Wetterlage bekanntgegeben worden ist. Die Bekanntgabe erfolgt zumeist in mehreren Stufen, wobei bei der ersten Vorwarnstufe nur eine allgemeine Unterrichtung über die drohende Gefährdung erfolgt.[178] **182**

Fall[179]: Rechtsanwalt A wendet sich gegen die Ablehnung der zuständigen Behörde, ihm zur Ausübung seiner anwaltlichen Tätigkeit eine Ausnahmegenehmigung von dem Verkehrsverbot für Kraftfahrzeuge bei Smogalarm der Berliner Smog-Verordnung zu erteilen. Der Rechtsanwalt fühlt sich durch die Verkehrsverbote der Smog-Verordnung in seinen Grundrechten verletzt. Nach Ansicht des BVerwG ist die rechtliche Zulässigkeit solcher Verkehrsverbote unbedenklich, weil diese Verbote durch § 40 BImSchG und die aufgrund dieser gesetzlichen Ermächtigung erlassene Berliner Smog-Verordnung ausdrücklich vorgesehen sind und weil sie gem. diesen Vorschriften dem Schutz vor schädlichen Umwelteinwirkungen i. S. v. § 3 Abs. 1 BImSchG, d.h. vor Luftverunreinigungen dienen, die nach Art, Ausmaß und Dauer geeignet sind, Gefahren, erhebliche Nachteile oder erhebliche Belästigungen für die Allgemeinheit oder die Nachbarschaft herbeizuführen. Nach Ansicht des BVerwG verstößt es auch nicht gegen Art. 3 Abs. 1 GG, daß die Smog-Verordnung in ihrem Katalog der generellen Ausnahmen nicht auch Fahrten mit Kraftfahrzeugen aufgenommen hat, die von Rechtsanwälten im Rahmen ihrer Berufsausübung eingesetzt werden.

---

[175] Zum Inhalt von Smog-Verordnungen siehe *Kniep*, GewArch. 1986, 260ff.; zur Frage, ob für die Einschränkungen infolge Smog-Alarms eine Rechtsverordnung als Ermächtigungsgrundlage genügt, siehe *Meier*, VR 1985, 165f.; zu Rechtsproblemen der Smog-Verordnungen siehe auch *Hansmann*, NVwZ 1987, 89ff.; *Jarass*, NVwZ 1987, 95ff.; zu Amtshaftungs- und Entschädigungsansprüchen bei rechtswidrigen Smog-Verordnungen siehe *Jacobs*, NVwZ 1987, 100ff.

[176] Vgl. dazu *Kniep*, GewArch. 1986, 260 m.w.N. zu den einzelnen Landesregelungen; zum Musterentwurf einer Smog-Verordnung der UMK siehe NVwZ 1988, 138

[177] Siehe dazu unten, § 25, Rn. 29.

[178] Zum Rechtsschutz gegen Smog-Verordnungen siehe *Eyermann/Fröhler*, VwGO, § 42, Rn. 61ff.

[179] Beschl. v. 27. 5. 1986 – 7 B 155/85 –, NVwZ 1986, 918.

III. Verkehrslärmschutz

183 Beim Verkehrslärmschutz sind Regelungen zu unterscheiden über die

- **Lärmvorsorge,**
- **Lärmsanierung,**
- **Entschädigung.**[180]

184 Zum Verkehrslärmschutzrecht im weiteren Sinne zählen daneben auch verkehrsrechtliche Regelungen zur *Verkehrslenkung* und *Verkehrsberuhigung*

185 Nach Auffassung des *BVerwG*[181] gewährt § 45 Abs. 1 S.2 Nr. 3 StVO (Verkehrszeichen und Verkehrseinrichtungen zum Schutz der Wohnbevölkerung vor Lärm und Abgasen) Schutz vor Straßenverkehrslärm nicht nur dann, wenn dieser einen bestimmten Schallpegel überschreitet. Es genügen Lärmeinwirkungen, die jenseits dessen liegen, was im konkreten Fall unter Berücksichtigung der Belange des Verkehrs als ortsüblich hingenommen werden muß. Nach dem Urteil des *BVerwG* haben die Straßenverkehrsbehörden beispeilsweise darauf hinzuwirken, daß vom Durchgangsverkehr in erster Linie die dafür gewidmeten überörtlichen Straßen und nicht die örtlichen Erschließungsstraßen reiner Wohngebiete benutzt werden.

1. Lärmvorsorge

186 Das BImSchG sieht für die Lärmvorsorge eine dreistufige Regelung vor.

187 Gem. § 50 BImSchG sind bei raumbedeutsamen Planungen und Maßnahmen die für eine bestimmte Nutzung vorgesehenen Flächen einander so zuzuordnen, daß schädliche Umwelteinwirkungen auf die ausschließlich oder überwiegend dem Wohnen dienenden Gebiete sowie auch sonstige schutzbedürftige Gebiete soweit wie möglich vermieden werden.[182]

188 Ist dies nicht möglich, müssen gem. § 41 Abs. 1 BImSchG beim Bau der Straße *aktive Schutzmaßnahmen* an der Straße wie z.B. Wände oder Wälle sicherstellen, daß keine schädlichen Umwelteinwirkungen durch Verkehrsgeräusche hervorgerufen werden können, die nach dem Stand der Technik vermeidbar sind. Stehen die Kosten dieses aktiven Lärmschutzes außer Verhältnis zu dem angestrebten Schutzzweck, so sind den betroffenen Eigentümern die Kosten für *passive Schallschutzvorkehrungen* an den Gebäuden zu erstatten (§ 42 BImSchG). Maßnahmen des aktiven Lärmschutzes können gem. § 41 Abs. 2 BImSchG insoweit entfallen.

189 Gem. § 43 BImSchG wird die Bundesregierung ermächtigt, durch Rechtsverordnung die zur Durchführung der §§ 41, 42 BImSchG erforderlichen Vorschriften zu erlassen. Dies gilt insbesondere für Grenzwerte, bei deren Überschreiten das Gebot des aktiven Lärmschutzes bzw. das Gebot der Kostenerstattung für passive Schallschutzmaßnahmen ausgelöst werden soll. Eine solche Rechtsverordnung ist aber bis heute noch nicht erlassen, glei-

---

[180] Zum Verkehrslärmschutz siehe *Janning*, StuGB 1987, 481 ff.; *Burkard*, VBlBW 1988, 41 ff.; *Ullrich*, DVBl. 1985, 1159 ff.; *Muthesius*, VR 1985, 233 ff.; *Kuschnerus*, DVBl. 1986, 429 ff.; *ders.*, DÖV 1987, 409 ff.; zur Entschädigung für Verkehrslärmemissionen siehe *Boujong*, UPR 1987, 207 ff.; *Peine*, DÖV 1988, 937 ff.

[181] Urt. v. 4. 6. 1986 – 7 C 76/84 –, NJW 1986, 2655; vgl. dazu auch *HessVGH*, Beschl. v. 29. 8. 1986 – 2 TH 1569/86 –, UPR 1988, 150.

[182] Vgl. dazu *OVG Hamburg*, Beschl. v. 2. 2. 1987 – Bs II 38/86 –, UPR 1988, 151.

chermaßen ist bislang der Versuch, ein eigenständiges Verkehrslärmschutzgesetz zu schaffen, gescheitert.[183]

Eine weitere gesetzliche Regelung zur Lärmvorsorge enthält für das Planfeststellungsrecht § 17 Abs. 4 FStrG. Danach sind dem Träger der Straßenbaulast die Errichtung und die Unterhaltung der Anlagen aufzuerlegen, die zur Sicherung der Benutzer der benachbarten Grundstücke gegen Gefahren, erhebliche Nachteile oder erhebliche Belästigungen notwendig sind. Sind solche Anlagen mit dem Vorhaben unvereinbar oder stehen ihre Kosten außer Verhältnis zu dem angestrebten Schutzzweck, so hat der Betroffene einen Anspruch auf angemessene Entschädigung. Bei einer Planfeststellung nach § 17 können auch solche Lärmbeeinträchtigungen abwägungserheblich sein, die nicht unter § 17 Abs. 4 FStrG fallen.[184] **190**

Gem. § 41 Abs. 1 BImSchG, 17 Abs. 4 S. 1 FStrG muß der Träger der Straßenbaulast diejenigen Anlagen errichten und unterhalten, die zur Abwehr von schädlichen Umwelteinwirkungen durch Verkehrsgeräusche erforderlich sind. Nach Ansicht des *BVerwG*[185] geben beide Vorschriften inhaltlich die gleichen Anforderungen und Grenzen für den Lärmschutz vor. Erhebliche Nachteile und Belästigungen liegen danach vor, wenn diese dem Betroffenen auch unter Würdigung der besonderen Bedeutung eines leistungsfähigen Straßenverkehrsnetzes für die Allgemeinheit wie für den einzelnen billigerweise nicht mehr zugemutet werden können. Abzustellen ist dabei auf die konkrete bebauungsrechtliche Situation des betroffenen Grundstücks. Hinsichtlich der Zumutbarkeit des Verkehrslärms wird von der Rechtsprechung nach den Baugebiets-Kategorien differenziert. In Wohngebieten wird den Betroffenen daher weniger an Lärm zugemutet als im Außenbereich. Neben dem Gebietsarten orientiert sich die Zumutbarkeit des Verkehrslärms vor allem an einer Vorbelastung des Grundstücks.[185a] Als Folge einer plangegebenen Vorbelastung werden die Ansprüche der Anwohner auf die für das Baugebiet gesetzlich vorgeschriebenen technischen Lärmschutzvorkehrungen (aktiver Lärmschutz) nicht geschmälert. Soweit aber nur passive Lärmschutzmaßnahmen, insbesondere Lärmschutzfenster zur Geräuschdämmung in Betracht kommen, müssen sie die hierdurch entstehenden Kosten selbst tragen. Auch eine Entschädigung in Geld können sie bei einer plangegebenen Vorbelastung regelmäßig nicht beanspruchen.[186] **191**

2. Lärmsanierung

Bei der Lärmsanierung geht es darum, den Lärm an bereits bestehenden Straßen zu reduzieren. Die Lärmsanierung ist gesetzlich nicht geregelt. Sie wird zur Zeit daher nur nach Bundes- und Landesrichtlinien vorgenommen.[187] Ein Anspruch auf Lärmsanierung durch Maßnahmen des aktiven Lärmschutzes besteht nicht. **192**

---

[183] Vgl. *Janning*, StuGB 1987, 481 (482) m. w. N.

[184] *BVerwG*, Urt. v. 14. 9. 1987 – 4 B 179 u. 180/87 –, UPR 1988, 71.

[185] Urt. v. 22. 5. 1987 – 4 C 33 – 35.83 –, DVBl. 1987, 97; vgl. *BVerwG*, DVBl. 1988, 967.

[185a] Vgl. dazu mit weiteren Nachweisen zur Rechtsprechung *Peine*, DÖV 1988, 937 (943ff.); zu Rechtsproblemen bei der Bewertung von Geräuschemissionen *Kutscheidt*, NVwZ 1989, 193.

[186] *BVerwG*, Urt. v. 22. 5. 1987 – 4 C 33 – 35.83 –, DVBl. 1987, 97; zu diesem Urteil ausführlich *Schulze-Fielitz*, Die Verwaltung 1988, 236ff.

[187] Vgl. dazu *Janning*, StuGB 1987, 481 (509).

3. Finanzielle Entschädigungen

193 Hinsichtlich der finanziellen Entschädigungen für Lärmbeeinträchtigungen ist zu unterscheiden zwischen den sog. *Billigkeitsentschädigungen* und den *enteignungsrechtlichen Entschädigungen.*[188]

194 Eine einfachgesetzliche Billigkeitsentschädigung gewähren die §§ 17 Abs. 4 S. 2 und Abs. 6 S. 2 FStrG. Danach hat der Betroffene einen Anspruch auf angemessene Entschädigung in Geld, wenn Lärmschutzanlagen mit einem Straßenbauvorhaben unvereinbar sind oder ihre Kosten außer Verhältnis zu dem angestrebten Schutzzweck stehen. Eine Billigkeitsentschädigung enthält auch § 42 Abs. 1 BImSchG. Das *BVerwG* hält diese Ausgleichsregelung allerdings nicht für anwendbar, solange keine Grenzwerte durch Rechtsverordnung festgelegt sind.[189]

195 Während die finanziellen Entschädigungen des Billigkeitsausgleichs für lärmbekämpfende Maßnahmen bezweckt sind, kann ein Schadensersatzanspruch für eingetretene Wertminderungen nach der Rechtsprechung des *BGH* geltend gemacht werden, wenn der Verkehrslärm die enteignungsrechtlichen Grenzen überschreitet. Die Entschädigungspflicht folgt aus dem allgemeinen Aufopferungsgrundsatz.[190]

196 Nach der neueren Rechtsprechung des *BGH*[191] steht dem Betroffenen ein öffentlich-rechtlicher Anspruch auf Entschädigung zu, wenn Verkehrsimmissionen von hoher Hand, deren Zuführung nicht untersagt werden kann, sich als ein unmittelbarer Eingriff in nachbarliches Eigentum darstellen und die Grenze dessen überschreiten, was ein Nachbar nach § 906 BGB entschädigungslos hinnehmen muß. Der Entschädigungsanspruch ist unabhängig davon, ob der betroffene Anlieger zum Ausbau der Straße einen Teil seines Grundstücks hat abtreten müssen oder nicht. Er besteht in erster Linie in einem Geldausgleich für Schallschutzeinrichtungen auf dem betroffenen Grundstück. Eine Entschädigung für einen Minderwert des Grundstücks kommt erst in Betracht, wenn Schutzeinrichtungen keine wirksame Abhilfe versprechen oder unverhältnismäßige Aufwendungen erfordern. Der Entschädigungsanspruch setzt, wenn keine Teilenteignung von Grundeigentümern für den Straßenbau erfolgt ist, weiter voraus, daß die zugelassene Nutzung des Straßengrundstücks die vorgegebene Grundstückssituation nachhaltig verändert und dadurch das benachbarte Wohneigentum schwer und unerträglich trifft. Bei dem Entschädigungsanspruch wegen Wertminderung des von Verkehrsimmissionen betroffenen Grundstücks handelt es sich um einen vor die Zivilgerichte gehörenden Anspruch aus enteignendem Eingriff.[192]

197 Die enteignungsrechtliche Zumutbarkeitsschwelle liegt über den Grenzwerten, die für die sonstigen Lärmschutzmaßnahmen anerkannt werden. Für das Erreichen der Einteignungsschwelle kann nicht danach unterschieden werden, ob die Verkehrsimmissionen von neuen oder alten Straßen ausgehen.[193]

---

[188] Vgl. dazu i.e. *Burkard*, VBlBW 1988, 41 (43ff.); *Janning*, StuGB 1987, 481 (509ff.).

[189] *BVerwG*, Urt. v. 22. 5. 1987 – 4 C 33 – 35.83 –, DVBl. 1987, 907f.

[190] Vgl. *BGH*, Urt. v. 9. 10. 1986 – III ZR 2/85 –, DVBl. 1987, 568 (569).

[191] Vgl. *BGH*, Urt. v. 9. 10. 1986 – III ZR 2/85 –, DVBl. 1987, 568 (569).

[192] Vgl. *BGH*, Urt. v. 17. 4. 1986 – III ZR 202/84 –, BGHZ 97, 361 (362f.); Urt. v. 6. 2. 1986 – III ZR 96/84 –, BGHZ 97, 114 (115).

[193] Vgl. dazu i.e. *Janning*, StuGB 1987, 509ff.

E. Der gebietsbezogene Immissionsschutz

Neben dem *anlagenbezogenen, produktbezogenen* und *verkehrsbezogenen* Immissionsschutz sieht der Gesetzgeber in den §§ 44 – 47, ergänzt durch §§ 49f. BImSchG, Instrumente einer flächenbezogenen Kontrolle vor, die man als gebietsbezogenen Immissionsschutz bezeichnen kann.[194] Die Vorschriften des *gebietsbezogenen* Immissionsschutzes haben für den Bürger keine unmittelbare Verbindlichkeit. Sie sollen vielmehr die notwendigen verwaltungsinternen Maßnahmen für eine effiziente Luftreinhaltung in Gang setzen, die die Voraussetzung für eine erfolgreiche Reduzierung der Luftverunreinigungen in bestimmten besonders belasteten Gebieten sind. Zum gebietsbezogenen Immissionsschutz lassen sich zwar auch Maßnahmen des *aktiven Lärmschutzes* (§ 41 BImSchG) und die *Festlegung von Sperrbezirken* bei austauscharmen Wetterlagen (§ 40 BImSchG) zählen.[195] Den *Kernbereich* des gebietsbezogenen Immissionsschutzes bilden jedoch die Regelungen über 198

- **Luftreinhalteplanung**,
- **besonders schutzbedürftige Gebiete**,
- **Planungsgrundsatz**.

I. Luftreinhalteplanung in Belastungsgebieten

Instrumente der Luftreinhalteplanung sind die 199

- **Ausweisung von Belastungsgebieten,**
- **Aufstellung von Emissionskatastern,**
- **Luftreinhaltepläne.**

1. Belastungsgebiete

Gem. § 44 Abs. 2 S. 2 BImSchG weisen die Landesregierungen durch Rechtsverordnung aus, welche Gebiete als "Belastungsgebiet" anzusehen sind. Belastungsgebiete sind Gebiete, in denen Luftverunreinigungen auftreten oder zu erwarten sind, die wegen 200

- der Häufigkeit und Dauer ihres Auftretens,
- ihrer hohen Konzentrationen oder
- der Gefahr des Zusammenwirkens verschiedener Luftverunreinigungen

in besonderem Maße schädliche Umwelteinwirkungen hervorrufen können (§ 44 Abs. 2 S. 1 BImSchG). In den Belastungsgebieten haben die zuständigen Behörden gem. § 44 Abs. 1 BImSchG Art und Umfang bestimmter Luftverunreinigungen, welche schädliche Umwelteinwirkungen hervorrufen können, fortlaufend festzustellen sowie die für ihre Entstehung und Ausbreitung bedeutsamen Umstände zu untersuchen, um den Stand und die Entwicklung der Luftverunreinigung und Grundlagen für Abhilfe und Vorsorgemaßnahmen zu gewinnen. Dabei sind insbesondere Feststellungen über besonders bedenkliche Substanzen wie Schwefeldioxyd, Stickoxyd, Kohlen-

---

[194] Vgl. *Breuer*, Umweltschutzrecht, 681; *Feldhaus*, BImSchG, § 44 Anm. 2.
[195] *Feldhaus*, HdUR, Sp. 775; siehe zum Verkehrslärmschutz oben, § 25, Rn. 183ff.

monoxyd, Staub und gasförmige organische Verbindungen festzustellen.[196] Über diese genannten Stoffe hinaus können die zuständigen Landesbehörden ihr Meßprogramm an besondere örtliche Bedürfnisse anpassen und ihre Ermittlungen auf weitere Schadstoffe ausdehnen.

201 Soweit es zur einheitlichen Beurteilung von Stand und Entwicklung der Luftverunreinigung im Bundesgebiet erforderlich ist, erläßt der Bundesminister für Umwelt, Naturschutz und Reaktorsicherheit gem. § 45 BImSchG zur Durchführung der Feststellungen nach § 44 Abs. 1 BImSchG mit Zustimmung des Bundesrates allgemeine Verwaltungsvorschriften über die Meßobjekte, Meßverfahren und Meßgeräte, für die Bestimmung der Zahl und der Lage der Meßstellen zu beachtenden Grundsätze und über die Auswertung der Meßergebnisse.

202 Gestützt auf § 45 BImSchG ist die 4. Allgemeine Verwaltungsvorschrift zum BImSchG erlassen worden.[197] Als Informationsquelle über die Schadstoffbelastung dienen den zuständigen Behörden außerdem die von den Anlagenbetreibern mindestens jährlich vorzulegenden *Emissionserklärungen* gem. § 27 BImSchG.

2. *Emissionskataster*

203 Neben den Immissionen sind auch die quellenbezogenen Emissionen festzustellen. Gem. § 46 Abs. 1 S. 1 BImSchG haben die zuständigen Behörden für die Belastungsgebiete ein sog. "Emissionskataster" aufzustellen. Das Emissionskataster enthält Angaben über Art, Menge, räumliche und zeitliche Verteilung und die Austrittsbedingungen von Luftverunreinigungen bestimmter Anlagen und Fahrzeuge. Bei der Ermittlung der Angaben für das Emissionskataster sind die Ergebnisse von bereits durchgeführten Messungen nach den §§ 26, 28, 29, 52 BImSchG zu berücksichtigen. In regelmäßigen Zeitabständen sollen die Angaben in den Emissionskatastern überprüft und ggf. ergänzt werden. Grundsätze, die bei der Aufstellung von Emissionskatastern zu beachten sind, regelt die 5. Allgemeine Verwaltungsvorschrift zum BImSchG.[198]

3. *Luftreinhaltepläne*

204 Die Feststellung über Immissionen nach § 44 BImSchG und die Emissionskataster nach § 46 BImSchG sind unter Berücksichtigung der meteorologischen Verhältnisse auszuwerten (§ 47 Abs. 1 S. 1 BImSchG). Ergibt die Auswertung, daß im gesamten Belastungsgebiet oder Teilen des Gebiets schädliche Umwelteinwirkungen durch Luftverunreinigungen auftreten oder zu erwarten sind, soll die zuständige Behörde für dieses Gebiet einen Luftreinhalteplan aufstellen. Gem. § 47 Abs. 1 S. 3 BImSchG enhält der Luftreinhalteplan

---

[196] *Feldhaus*, BImSchG, § 44 Anm. 5.
[197] vom 8. April 1975 (GMBl., S. 358).
[198] 5. Allgemeine Verwaltungsvorschrift zum BImSchG (Emissionskataster in Belastungsgebieten) vom 30. 1. 1979 (GMBl., S. 42); der SRU äußert eine gewisse Besorgnis, der Wert der Emissionskataster könne in letzter Zeit abgenommen haben, vgl. SRU-Umweltgutachten 1987, Rz. 792.

- Art und Umfang der festgestellten und zu erwartenden Luftverunreinigungen sowie der durch diese hervorgerufenen schädlichen Umwelteinwirkungen,
- Feststellungen über die Ursachen der Luftverunreinigungen und
- Maßnahmen zur Verminderung der Luftverunreinigungen und zur Vorsorge.

Als Maßnahmen zur Vermeidung von Luftverunreinigungen und zur Vorsorge kommen z.B. die Einführung von Fernheizsystemen, die beschleunigte Sanierung von Altanlagen oder die Umstellung auf emissionsärmere Brennstoffe in Betracht.[199] Der Luftreinhalteplan ist grundsätzlich nur eine Handlungsanweisung für die aufstellende Behörde selbst, für andere Behörden ist er regelmäßig nicht verbindlich.[200] Die im Reinhalteplan geforderten Maßnahmen bedürfen der Umsetzung durch Verwaltungs- oder Rechtsetzungsakte.[201] Da der Luftreinhalteplan kein Rechtsinstitut ist, das die Minderung der Schadstoffemissionen nach einem verbindlichen Zeitplan durchsetzen könnte, ist die Effizienz dieses Instruments zweifelhaft.[202] Verbindlichkeit für die Planbehörde im Rahmen ihrer Selbstbindung erlangt der Luftreinhalteplan dann, wenn die Planbehörde nicht nur zur Aufstellung des Plans, sondern auch zur Durchführung der in dem Plan vorgesehenen Maßnahmen zuständig ist. Durchgesetzt werden kann der Plan außerdem dann, wenn die Planungsbehörde die für die Durchführung der Maßnahme zuständige Behörde anweisen kann oder wenn er für rechtlich verbindlich erklärt wird. Die Möglichkeit, den Luftreinhalteplan für verbindlich zu erklären, ist im Landesrecht teilweise vorgesehen. 205

Beispiel: Gem. § 8 Abs. 1 LImschG NW wird die Landesregierung ermächtigt, durch Rechtsverordnung die in einem Luftreinhalteplan vorgesehen Maßnahmen zur Verminderung der Luftverunreinigungen und zur Vorsorge ganz oder teilweise für verbindlich zu erklären. Soweit Luftreinhaltepläne für verbindlich erklärt sind, müssen sie bei allen behördlichen Maßnahmen im Rahmen der dafür geltenden Vorschriften beachtet werden (§ 8 Abs. 2 LImschG NW).

Mittelbare Wirkung entfalten Luftreinhaltepläne bei allen Ermessensentscheidungen, die der Luftreinhaltung dienen. Die Behörde muß sich im Rahmen ihrer Ermessensausübung mit den Aussagen des Luftreinhalteplans auseinandersetzen, die Nichtberücksichtigung des Plans wäre ermessensfehlerhaft.[203] 206

II. Besonders schutzbedürftige Gebiete

Der gebietsbezogene Immissionsschutz der §§ 44 – 47 BImSchG wird durch § 49 BImSchG ergänzt. Danach werden die Landesregierungen ermächtigt, für bestimmte Sondergebiete durch Rechtsverordnung Immissionsschutzanforderungen vorzuschreiben, die über die sonst im Gesetz vorgesehen Schutzmaßnahmen z.T. erheblich hinausgehen. Mit Sondergebieten sind solche Bereiche gemeint, die eines überdurchschnittlichen Schutzes vor Luftverunreinigungen und Geräuschen bedürfen. 207

Beispiele: Kurgebiete, Erholungsgebiete und Gebiete in der Umgebung von Krankenhäusern.

[199] Vgl. *Feldhaus*, HdUR, Bd. I, Sp. 776.
[200] *Jarass*, BImSchG, § 47 Rn. 4.
[201] *Feldhaus*, BImSchG, § 47 Anm. 6.
[202] Vgl. SRU-Umweltgutachten 1987, Rz. 788.
[203] *Jarass*, BImSchG, § 47 Rn. 4.

208 Eine Schutzbedürftigkeit kann sich außerdem aus den bereits vorhandenen überdurchschnittlichen Belastungen ergeben. In diesen Gebieten kann gem. §49 Abs. 1 Nr. 1 – 4 BImSchG unter anderem die Errichtung oder der Betrieb von Anlagen oder die Benutzung von Brennstoffen ganz oder teilweise verboten werden, soweit schädliche Umwelteinwirkungen durch Luftverunreinigungen oder Geräusche hervorgerufen werden können, die mit dem besonderen Schutzbedürfnis dieser Gebiete nicht vereinbar sind, und sie durch Auflagen nicht verhindert werden können.

209 Des weiteren können die Landesregierungen gem. § 49 Abs. 2 S. 1 BImSchG durch Rechtsverordnung Gebiete festsetzen, in denen während austauscharmer Wetterlagen ein starkes Anwachsen schädlicher Umwelteinwirkungen durch Luftverunreinigungen zu befürchten ist. In der Rechtsverordnung kann vorgeschrieben werden, daß in diesen Gebieten

- ortsveränderliche oder ortsfeste Anlagen nur zu bestimmten Zeiten betrieben oder
- Brennstoffe, die in besonderem Maße Luftverunreinigungen hervorrufen, in Anlagen nicht oder nur beschränkt verwendet

werden dürfen, sobald die austauscharme Wetterlage von der zuständigen Behörde bekanntgegeben wird.[204]

210 Gem. § 49 Abs. 3 BImSchG bleiben landesrechtliche Ermächtigungen für die Gemeinden und Gemeindeverbände zum Erlaß von ortsrechtlichen Vorschriften, Regelungen zum Schutz der Bevölkerung vor schädlichen Umwelteinwirkungen durch Luftverunreinigungen oder Geräusche zum Gegenstand haben, unberührt.

III. Planungsgrundsatz

211 Gem. § 50 BImSchG sind bei raumbedeutsamen Planungen und Maßnahmen die für eine bestimmte Nutzung vorgesehenen Flächen einander so zuzuordnen, daß schädliche Umwelteinwirkungen auf die ausschließlich oder überwiegend dem Wohnen dienenden Gebiete[205] sowie auf sonstige schutzbedürftige Gebiete soweit wie möglich vermieden werden. § 50 BImSchG ist die einzige gebiets- bzw. raumbezogene Planungsvorschrift des BImSchG. Mit ihr soll bereits im Planungsstadium sichergestellt werden, daß bei der räumlichen Zuordnung unterschiedlicher Nutzungen den Zielen des BImSchG Rechnung getragen wird. § 50 BImSchG konkretisiert in besonderem Maße das Vorsorgeprinzip. Die Vorschrift enthält ein *Optimierungsgebot* an den Planer, das grundsätzlich für jede Planung gilt.[206] Subjektiv-öffentliche Rechte können Planbetroffene aus dem Optimierungsgebot nicht ableiten. Da das BImSchG nur schwach entwickelte Planungselemente enthält, zielt § 50 BImSchG in erster Linie auf raumbedeutsame Planungen und Maßnahmen nach anderen Gesetzen.[207]

---

[204] Zu den Smog-Verordnungen siehe bereits oben, § 25, Rn. 180.

[205] Vgl. dazu die Baunutzungsverordnung.

[206] Zu den Optimierungsgeboten siehe oben, § 7, Rn. 59; § 8, Rn. 52.

[207] *Jarass*, BImSchG, § 50 Rn. 1; *Feldhaus*, BImSchG, §50 Anm. 3; zur Umweltplanung siehe oben, § 7, Rn. 10–67; ob § 50 BImSchG drittschützend ist, hat das *BVerwG* unter Verweis auf seine bislang ablehnende Haltung jüngst jedoch ausdrücklich offengelassen; vgl. Urt. v. 4. 5. 1988 – 4 C 2.85 –, UPR 1988, 346 (347); bejahend *Kühling*, Fachplanungsrecht, Rn. 434.

§ 26. Das weitere öffentliche Immissionsschutzrecht

Neben dem BImSchG dienen weitere Vorschriften des Bundes und der Länder dem öffentlichen Immissionsschutzrecht. 1

A. Bundesrecht

Dem Schutz der Umwelt vor schädlichen Immissionen dienen vor allem zwei weitere – im Verhältnis zum BImSchG speziellere Bundesgesetze – und zwar das 2

– **Benzinbleigesetz**[1]
– **Fluglärmgesetz.**[2]

I. Benzinbleigesetz

Das Benzinbleigesetz (BzBlG) regelt vor dem Hintergrund des in den vergangenen Jahren stetig zunehmenden Kraftfahrzeugverkehrs und der damit anwachsenden Freisetzung luftverunreinigender Abgasmengen die Begrenzung der bleiförmigen Zusätze zu Otto-Kraftstoffen. Das Gesetz beruht auf der konkurrierenden Gesetzgebungszuständigkeit des Bundes für die Bereiche Recht der Wirtschaft (Art. 74 Nr. 11 GG) und Luftreinhaltung (Art. 74 Nr. 24 GG). Gem. § 1 Abs. 1 BzBlG dienen seine Vorschriften dem Zweck, zum Schutz der Gesundheit den Gehalt an Bleiverbindungen und anderen anstelle von Blei zugesetzen Metallverbindungen in Otto-Kraftstoffen zu beschränken. 3

Die Reduzierung des höchstzulässigen Gehaltes an Bleiverbindungen vollzog sich in drei Phasen: Ab 1. Januar 1970 galt zunächst ein Höchstgrenzwert von 0,40 g/l, ab 1.Januar 1976 ein solcher von 0,12 g/l. Seit 1.Februar 1988 schließlich gilt das Verbot der Herstellung und Einführung verbleiten "Normalbenzins": Otto-Kraftstoffe mit entsprechend niedriger Oktanzahl dürfen nur noch in den Verkehr gebracht werden, wenn ihr Gehalt an Bleiverbindungen, berechnet als Blei, nicht mehr als 0,012 g/l beträgt (§ 2 Abs. 1 BzBlG).[3] Damit wurde erreicht, daß nunmehr alle 19.500 Tankstellen (Stand März 1988) in der Bundesrepublik Deutschland bleifreies Benzin anbieten. 4

Um zu verhindern, daß als Ersatz für die nur beschränkt zulässigen Bleiverbindungen auf andere Metallverbindungen zurückgegriffen wird, sieht § 2 Abs.2 BzBlG ein grundsätzliches Verbot anderer Metallverbindungen vor, solange sie durch Rechtsverordnung nicht ausdrücklich zugelassen sind. Eine derartige Verordnung ist bisher nicht erlassen worden. 5

---

[1] Gesetz zur Verminderung von Luftverunreinigungen durch Bleiverbindungen in Otto-Kraftstoffen für Kraftfahrzeugmotore v. 5. August 1971 (BGBl. I, S. 1234).
[2] Gesetz zum Schutz gegen Fluglärm v. 30. März 1971 (BGBl. I, S. 282).
[3] In der EG erfolgte eine Regelung des Bleigehalts in Benzin wesentlich später: Seit dem 1. Januar 1981 ist der maximal zulässige Bleigehalt in der EG auf 0,4 g/l festgesetzt worden.

6 Darüber hinaus hat der Gesetzgeber mit § 2a BzBlG eine Vorschrift zum Schutz der Verbraucher eingeführt, durch die verhindert werden soll, daß infolge des geringeren Bleigehaltes Benzin von minderer Qualität angeboten wird. Danach muß die mindestens gewährleistete Qualität der angebotenen Otto-Kraftstoffe durch Auszeichnung an der Zapfsäule oder sonst an der Tankstelle deutlich sichtbar kenntlich gemacht werden. Darüber hinaus werden die Hersteller und gewerblichen Einführer von Kraftfahrzeugen verpflichtet, die für ihre Otto-Motoren empfohlenen Kraftstoffqualitäten öffentlich bekanntzugeben. Im einzelnen sind diese Auszeichnungs- und Bekanntmachungspflichten in der Benzinqualitätsangabeverordnung[4] geregelt. Derjenige, der Otto-Kraftstoffe in den Geltungsbereich des BzBlG einführt oder sonst verbringt, hat gegenüber den Zolldienststellen die Beschaffenheit des Otto-Kraftstoffes schriftlich zu erklären (§ 4 Abs. 1 BzBlG). Eigentümer oder Betreiber von Anlagen, in denen Otto-Kraftstoffe gewerbsmäßig oder im Rahmen wirtschaftlicher Unternehmungen hergestellt oder gelagert werden sowie die Einführer von Otto-Kraftstoffen unterliegen besonderen Überwachungspflichten: Sie haben den zuständigen Behörden auf Verlangen Auskünfte zu erteilen und das Betreten von Grundstücken, Anlagen und Geschäftsräumen zu dulden (§ 5 BzBlG). Verstöße gegen die Vorschriften des Benzinbleigesetzes können gem. § 7 BzBlG als Ordnungswidrigkeiten geahndet werden.

II. Fluglärmgesetz

7 Das Fluglärmgesetz (FluglG) ist dem Schutz der Allgemeinheit vor Gefahren, erheblichen Nachteilen und erheblichen Belästigungen durch Fluglärm in der Umgebung von Flugplätzen gewidmet (§ 1 FluglG).

8 Das FluglG ist eine Reaktion des Gesetzgebers auf den seit Ende der 50er Jahre stetig anwachsenden zivilen Flugbetrieb und die gleichzeitig einsetzende Umstellung auf Düsenflugzeuge. Damit nahm insbesondere in Flughafennähe die Lärmbelastung sowohl hinsichtlich der Intensität als auch hinsichtlich der Häufigkeit der durch den Flugbetrieb verursachten Geräusche rapide zu. Bei gleichzeitig steigender Bevölkerungsdichte und Ausdehnung städtischer Wohnbebauung bis in die Nahzonen von Flugplätzen waren immer mehr Menschen den durchdringenden Geräuscheinwirkungen des Luftverkehrs nahezu ungeschützt ausgesetzt. Dies veranlaßte den Bundesgesetzgeber dazu, eine Rechtsgrundlage für bundeseinheitliche Maßnahmen zum Schutz gegen Fluglärm zu schaffen. Damit kam er seiner Pflicht aus Art. 2 Abs. 2 S. 1 GG nach, das Rechtsgut der körperlichen Unversehrtheit vor Eingriffen Dritter zu schützen.[5] Die Gesetzgebungskompetenz des Bundes für das FluglG ergibt sich aus Art. 74 Nr. 18 GG (Bodenrecht).[6]

9 Das Fluglärmgesetz enthält zwei Abschnitte: Im ersten werden sog. **passive Lärmschutzmaßnahmen** in der Umgebung von Flughäfen und Flugplätzen vorgeschrieben (Festsetzung von Lärmschutzbereichen), der zweite Abschnitt regelt Verbesserungen des Luftverkehrsgesetzes (LuftVG), mit denen der Fluglärm im Wege sog. **aktiver Lärmschutzmaßnahmen** unmittelbar an der Quelle bekämpft wird (z.B. durch Genehmigungs- und Verhaltenspflichten beim Luftverkehrsbetrieb). Beide Bereiche stehen in einem wechselwirksamen Verhältnis zueinander. Je effektiver Emissionsreduzierungen an den Lärmquellen gelingen, desto weniger sind planungsrechtliche Eingriffe in der Nachbarschaft von Flugplätzen erforderlich. Dabei genießen die

---

[4] Verordnung über die Auszeichnung der Qualitäten von Otto-Kraftstoffen und die Bekanntgabe der Anforderungen an Otto-Kraftstoffe vom 1. August 1984 (BGBl. I, S. 1069).

[5] *Soell*, in: Grundzüge des Umweltrechts, S. 336f.; siehe dazu oben, § 4, Rn. 56ff.

[6] *BVerfG*, Beschl. v. 7.10.1980 – 2 BvR 584/76 –, DVBl. 1981, 535f.; zum FluglG siehe auch *Marohn*, HdUR, Bd. I, Sp. 534ff.; zum Schutz vor Tieffluglärm *Hüttenbrink*, UPR 1989, 1ff.

aktiven Lärmschutzmaßnahmen den Vorrang, da aus rechtsstaatlicher Sicht primär der Verursacher von schädlichen oder lästigen Einwirkungen zu deren Verminderung heranzuziehen ist, bevor dem Betroffenen Maßnahmen zu seinem eigenen Schutz auferlegt werden.[7]

1. *Aktiver Fluglärmschutz*

Die wichtigsten Rechtsgrundlagen für aktive Fluglärmschutzmaßnahmen befinden sich in den Vorschriften des LuftVG, die dort durch § 15 FluglG eingefügt worden sind, daneben aber auch in der Luftverkehrsordnung (LuftVO),[8] der Luftverkehrs-Zulassungs-Ordnung (LuftVZO)[9] sowie in einigen, zum LuftVG erlassenen Rechtsverordnungen.[10] 10

a) Verkehrszulassung

Gem. § 2 Abs. 1 S. 2 Nr. 4 LuftVG werden deutsche Luftfahrzeuge nur zugelassen, wenn die technische Ausrüstung so gestaltet ist, daß das Betriebsgeräusch das nach dem jeweiligen Stand der Technik unvermeidbare Maß nicht übersteigt. Die Einhaltung dieser Anforderung hat der Hersteller eines Luftfahrgerätes im Antrag auf Erteilung der Musterzulassung („Typengenehmigung") gem. §3 Abs. 1 Nr. 2b LuftVZO nachzuweisen. Wird ein Antrag auf Verkehrszulassung eines bestimmten Luftfahrzeuges nach § 8 LuftVZO gestellt („Betriebsgenehmigung") und entspricht dieses Gerät nicht dem lärmschutzgeprüften Muster, so kann die Zulassungsbehörde eine Bescheinigung über das Ausmaß des beim Betrieb entstehenden Geräusches verlangen (§8 Abs. 2 Nr. 6 LuftVZO). 11

Das Luftfahrtbundesamt setzt Lärmgrenzwerte und Meßverfahren für Strahl- und Propellerflugzeuge sowie Motorsegler durch Bekanntmachung der Lärmschutzforderungen für Luftfahrzeuge (LSL) fest und konkretisiert damit „das nach dem jeweiligen Stand der Technik unvermeidbare Maß" der Betriebsgeräusche i. S. d. § 2 Abs. 1 S. 2 Nr. 4 LuftVG. 12

b) Pflicht zur Verminderung von Fluglärm

Nach § 29b Abs. 1 LuftVG sind Flugplatzhalter, Luftfahrzeughalter und Luftfahrzeugführer verpflichtet, beim Betrieb von Luftfahrzeugen in der Luft und am Boden vermeidbare Geräusche zu verhindern und die Ausbreitung unvermeidbarer Geräusche auf ein Mindestmaß zu beschränken, wenn dies erforderlich ist, um die Bevölkerung vor Gefahren, erheblichen Nachteilen und erheblichen Belästigungen durch Lärm zu schützen. Dabei ist auf die Nachtruhe der Bevölkerung in besonderem Maße Rücksicht zu nehmen. Diese Vorschrift ist allerdings kaum vollzugsfähig, da sie weder bußgeldbewährt ist, noch mangels konkreter Befugnis als Ermächtigungsgrundlage für Maßnahmen der Luftfahrbehörden herangezogen werden kann. Insbesonde- 13

---

[7] *Soell*, in: Grundzüge des Umweltrechts, S. 337f.

[8] v. 10. August 1963 (BGBl. I, S. 652) i.d.F. der Bekanntmachung v. 14. November 1969 (BGBl. I, S. 2117).

[9] v. 19. Juni 1964 (BGBl. I, S. 370), i.d.F. der Bekanntmachung vom 13. März 1979 (BGBl. I, S. 308).

[10] Vgl. die Zusammenstellung der maßgeblichen Vorschriften bei *Soell*, in: Grundzüge des Umweltrechts, S. 339ff.

re lassen sich auf diese Vorschrift keine Nachtflugbeschränkungen stützen. Eine Ermächtigungsgrundlage für Verwaltungsakte und Allgemeinverfügungen im Rahmen der Luftaufsicht bietet die Generalklausel des § 29 Abs. 1 S. 2 LuftVG. Soweit Maßnahmen zur Abwehr von Gefahren, erheblichen Nachteilen oder erheblichen Belästigungen durch Fluglärm durch Luftfahrzeuge in der Umgebung von Flugplätzen getroffen werden, hat dies im Benehmen mit dem für den Immissionsschutz zuständigen Landesbehörden zu geschehen.

14 Darüber hinaus enthält das LuftVG in § 32 Abs. 1 S. 1 Nr. 15, S. 5 und Abs. 3 eine gesetzliche Ermächtigung zum Erlaß von Rechtsverordnungen über den Schutz der Bevölkerung vor Fluglärm durch den Bundesminister für Verkehr und den Bundesminister für Umwelt, Naturschutz und Reaktorsicherheit. Aufgrund dieser Ermächtigung wurden durch Änderungsverordnungen eine Reihe von Vorschriften in die LuftVO eingefügt: §§ 11a und 11b untersagen mit engen Ausnahmen Flüge ziviler Luftfahrzeuge mit Überschallgeschwindigkeit; gem. § 11 c LuftVO sind für den Flugbetrieb ziviler Flugzeuge mit Strahltriebwerken im Hoheitsgebiet von Mitgliedstaaten der Europäischen Wirtschaftsgemeinschaft Lärmzeugnisse erforderlich.

c) Lärmschutz bei der Neuanlage oder Erweiterung von Flughäfen

15 Auch bei der Neuanlage oder Erweiterung von Flughäfen ist der Schutz vor Fluglärm insbesondere im zweistufigen Verwaltungsverfahren nach dem LuftVG zu beachten (§ 6 Abs. 2 S. 1 LuftVG für die luftverkehrsrechtliche Genehmigung, § 9 Abs. 2 LuftVG für den Planfeststellungsbeschluß). Gem. § 40 Abs. 1 Nr. 10 LuftVZO ist bereits mit dem Genehmigungsantrag ein Gutachten über das Ausmaß des zu erwartenden Lärms und ein weiteres über die Auswirkung dieses Lärmes auf die Bevölkerung einzureichen. Die Genehmigung kann unter Auflagen zur Einschränkung von Lärmauswirkungen auf die Umgebung des Flughafens erteilt werden (§ 42 Abs. 1 LuftVZO i. V. m. § 6 Abs. 1 S. 2 LuftVG). Stellt sich im späteren Planfeststellungsverfahren heraus, daß der Lärmschutz im Genehmigungsverfahren nicht ausreichend berücksichtigt worden ist, so kann die Genehmigung nachträglich ergänzt oder geändert werden (§ 6 Abs. 4 S. 1 LuftVG). Im Rahmen des Planfeststellungsverfahrens kommt dem Lärmschutz für die Abwägung der unterschiedlichen Belange eine besondere Bedeutung zu. Zugunsten lärmschutzrechtlicher Belange darf ein luftverkehrsrechtlicher Planfeststellungsbeschluß auch betriebsbezogene Regelungen, z. B. zum Nachtflugbetrieb, enthalten.[11]

d) Anlagen zur Messung des Fluglärms

16 Der Unternehmer eines Verkehrsflughafens, der dem Fluglinienverkehr angeschlossen ist, hat gem. § 19a LuftVG auf dem Flughafen und in dessen Umgebung Anlagen zur fortlaufend registrierenden Messung der durch die an- und abfliegenden Luftfahrzeuge entstehenden Geräusche einzurichten und zu betreiben. Die Meß- und Auswertungsergebnisse sind der Genehmigungsbehörde und der Fluglärmkommission, die gem. § 32b LuftVG zur Beratung der Genehmigungsbehörde eingerichtet wird, mitzuteilen. Von

[11] Vgl. *BVerwG*, Urt. v. 5. 12. 1986 – 4 C 13/85 –, NVwZ 1987, 578, 586f.

dieser Kommission zu unterscheiden ist der gem. § 32a LuftVG gebildete Beratende Ausschuß bei dem Bundesminister für Umwelt, Naturschutz und Reaktorsicherheit und dem Bundesminister für Verkehr, der vor Erlaß von Rechtsverordnungen und allgemeinen Verwaltungsvorschriften aufgrund des LuftVG anzuhören ist, soweit diese dem Schutz gegen Fluglärm und gegen Luftverunreinigungen durch Luftfahrzeuge dienen.

e) Ausnahmen für militärischen Flugbetrieb

Die Bestimmungen des LuftVG sowie seine Ausführungsverordnungen **17** gelten grundsätzlich auch im militärischen Bereich, also auch für die Bundeswehr, den Bundesgrenzschutz und für die aufgrund völkerrechtlicher Verträge in der Bundesrepublik stationierten ausländischen Truppen. Allerdings enthält das LuftVG zahlreiche Ausnahmebestimmungen, die den militärischen Flugbetrieb weitgehend von den Verpflichtungen zugunsten des aktiven Lärmschutzes entbinden. Die wichtigste Ausnahmevorschrift ist § 30 LuftVG, nach der die genannten Einrichtungen von den §§ 1 – 32b LuftVG (ausgenommen die §§ 12, 13 und 15 – 19) sowie den dazu erlassenen Durchführungsvorschriften zur Erfüllung ihrer besonderen Aufgaben abweichen dürfen.

2. Passiver Fluglärmschutz

Die Maßnahmen zur passiven Fluglärmbekämpfung sind in den Vorschrif- **18** ten der §§ 1 – 14 FluglG geregelt. Zum Schutz vor Fluglärm werden gem. § 1 FluglG für Verkehrsflughäfen, die dem Fluglinienverkehr angeschlossen sind sowie für militärische Flugplätze, die dem Betrieb von Flugzeugen mit Stahltriebwerken zu dienen bestimmt sind, sogenannte **Lärmschutzbereiche** festgesetzt. Gem. § 2 FluglG umfaßt der Lärmschutzbereich das Gebiet außerhalb des Flugplatzgeländes, in dem der durch Fluglärm hervorgerufene äquivalente Dauerschallpegel 67 db (A) übersteigt.

Dabei wird der Lärmschutzbereich nach dem Maße der Lärmbelastung in **19** zwei **Schutzzonen** gegliedert: die Schutzzone 1 umfaßt das Gebiet, in dem der äquivalente Dauerschallpegel 75 db (A) übersteigt, die Schutzzone 2 das übrige Gebiet des Lärmschutzbereichs (§ 2 Abs. 2 FluglG). Der äquivalente Dauerschallpegel wird unter Berücksichtigung von Art und Umfang des voraussehbaren Flugbetriebs auf der Grundlage des zu erwartenden Ausbaus des Flugplatzes nach dem in einer Anlage zu dem FluglG geregelten Verfahren ermittelt (§ 3 FluglG).

Zuständig für die Festsetzung des Lärmschutzbereiches ist der Bundesmi- **20** nister für Umwelt, Naturschutz und Reaktorsicherheit, und zwar bei Verkehrsflughäfen im Einvernehmen mit dem Bundesminister für Verkehr, bei militärischen Flugplätzen im Einvernehmen mit dem Bundesminister der Verteidigung; die Festsetzung erfolgt durch Rechtsverordnung mit Zustimmung des Bundesrates (§ 4 Abs. 1 FluglG). Bei anlage- oder betriebsbedingter Änderung des Flugplatzes mit wesentlicher Veränderung der Lärmbelästigung in der Umgebung wird der Lärmschutzbereich neu festgesetzt (§ 4 Abs. 2 FluglG).

Die Festsetzung eines Lärmschutzbereiches hat weitgehende Rechtsfolgen **21** für die betroffenen Gebiete zur Konsequenz. Innerhalb eines Lärmschutzbereichs gilt für schutzbedürftige Gemeinschaftseinrichtungen, namentlich für Krankenhäuser, Altenheime, Erholungsheime und Schulen ein **Bauverbot** (§ 5 Abs. 1 FluglG). Ausnahmen hiervon können nur zugelassen werden, wenn dies zur Versorgung der Bevölkerung mit öffentlichen Einrichtungen dringend geboten ist.

22 Darüber hinaus dürfen gem. § 5 Abs. 2 FluglG in der (inneren) Schutzzone 1 Wohnungen nicht errichtet werden. Alle baulichen Anlagen, die nach § 5 Abs. 1 FluglG in der inneren Schutzzone errichtet werden dürfen sowie alle Wohngebäude in der Schutzzone 2 unterliegen gem. § 6 FluglG besonderen Schallschutzanforderungen. Für nicht nur unwesentliche Wertminderungen von Grundstücken, die durch ein Bauverbot nach § 5 FluglG betroffen sind, sieht § 8 FluglG eine Entschädigung vor. Gem. § 9 FluglG können Aufwendungen für bauliche Schallschutzmaßnahmen den Eigentümern betroffener Grundstücke erstattet werden. Zahlungspflichtig für die Entschädigung nach § 8 FluglG sowie für die Erstattung von Schallschutzaufwendungen nach § 9 FluglG ist der Flugplatzhalter (§ 12 Abs. 1 FluglG).

23 Über die im FluglG besonders geregelten Bauverbote und sonstigen Beschränkungen der baulichen Nutzung innerhalb des Lärmschutzbereichs hinaus sind weitergehende planungsrechtliche Regelungen zum Schutz gegen Fluglärm gem. § 16 FluglG ausdrücklich zulässig.

24 Wegen der gravierenden Einschränkungen der baulichen Nutzung innerhalb der einzelnen Schutzzonen kann sich die Festsetzung von Lärmschutzbereichen im Einzelfall auch einschneidend auf die kommunale Planungshoheit der gebietsbetroffenen Gemeinden auswirken. Problematisch ist dabei nicht nur, daß den Gemeinden keinerlei Beteiligungsrechte bei den Festsetzungsverfahren eingeräumt sind, sondern auch, daß die Lärmschutzbereiche ohne Rücksicht auf gemeindliche Belange nach einem technisch-mathematischen Verfahren ermittelt werden.[12]

25 Die mit der Anordnung eines Lärmschutzbereiches verbundenen Nachteile machen bereits ihre Beteiligung im luftverkehrsrechtlichen Genehmigungsverfahren erforderlich. Die Gemeinde ist deshalb im luftverkehrsrechtlichen Genehmigungsverfahren zu informieren und anzuhören. Zur Information genügt in aller Regel die Kenntnis der Antragsunterlagen.[13] Im verwaltungsgerichtlichen Verfahren ist das Gericht auf die Prüfung beschränkt, ob die Genehmigungsbehörde die formellen Beteiligungsrechte der Gemeinde beachtet hat. Folgt auf eine luftverkehrsrechtliche Genehmigung das Planfeststellungsverfahren, so entfällt für eine Gemeinde, die sich gegen den Genehmigungsbescheid wendet, das Rechtsschutzinteresse nicht.[14]

B. Immissionsschutzrecht der Länder

26 Nach Inkrafttreten des BImSchG ist das Immissionsschutzrecht der Länder in seiner Bedeutung stark zurückgetreten. Gestützt auf die konkurrierende Gesetzgebung des Bundes bilden die Vorschriften des BImSchG ein in sich

[12] Vgl. zu diesem Problemkreis *Soell*, in: Grundzüge des Umweltrechts, S. 351 ff.
[13] Vgl. *BVerwG*, Urt. v. 20. 11. 1987 – 4 C 39.84 –, DVBl. 1988, 532.
[14] *BVerwG*, Urt. v. 20. 11. 1987 – 4 C 39.84 –, DVBl. 1988, 532.

geschlossenes Normsystem und sind grundsätzlich als umfassende und abschließende Regelung des Immissionsschutzes gedacht.[15] Für das Landesrecht bleibt deswegen nur insoweit Raum, als der Bundesgesetzgeber erkennbar keine, oder keine abschließende Regelung treffen wollte bzw. entsprechende Vorbehalte oder Ermächtigungen zugunsten der Länder vorgesehen hat. Wegen Art. 31 GG gelten landesrechtliche Vorschriften, die vor Inkrafttreten des BImSchG erlassen wurden und abschließenden Bestimmungen des Bundes widersprechen, nicht weiter fort. Die „alten" Landes-Immissionsschutzgesetze wurden daher zwischenzeitlich geändert bzw. neu gefaßt.[16]

Den Ländern verblieben Regelungsmöglichkeiten vor allem für den nicht-anlagenbezogenen, verhaltenslenkenden Immissionsschutz, so für Regelungen zum Schutz der Nachtruhe, zum Schutz von Sonn- und Feiertagen, zum Abbrennen pyrotechnischer Artikel, zum Verbrennen von Gartenabfällen auf freiem Feld, zur Benutzung von Musikinstrumenten und Tonwiedergabegeräten und zur – nicht anlagengezogenen – Tierhaltung. **27**

Problematisch ist das Verhältnis von Bundes- und Landesrecht dort, wo der Bundesgesetzgeber keine abschließenden Regelungen getroffen hat. Dies gilt insbesondere für den Bereich der Betreiberpflichten nicht genehmigungsbedürftiger Anlagen.[17] Denn § 22 Abs. 1 BImSchG beschränkt sich zunächst darauf, die Grundpflichten der Betreiber solcher Anlagen zu beschreiben und läßt in Abs. 2 Raum für weitergehende öffentlich-rechtliche Vorschriften. Damit enthält das BImSchG über diese – nicht abschließende – Regelung eine Einbruchstelle für landesrechtliche Bestimmungen, soweit mit ihnen die bundesgesetzlich vorgegebenen Grundpflichten nicht herabgesetzt werden. In einem Spannungsverhältnis hierzu steht der Vorrang des Bundes zum Erlaß von Rechtsverordnungen in § 23 BImSchG, nach dessen Abs. 2 die Länder durch Verordnung nur insoweit bestimmte Anforderungen an Errichtung, Beschaffenheit und Betrieb von nicht genehmigungspflichtigen Anlagen stellen können, als die Bundesregierung von ihrer Ermächtigung keinen Gebrauch gemacht hat. Den Ländern ist es daher einerseits nicht verwehrt, gestützt auf die Rechtsgrundlage des § 22 Abs. 2 BImSchG Regelungen zum anlagenbezogenen Immissionsschutz zu erlassen, die über § 22 Abs. 1 BImSchG hinausgehen, wie dies z. B. in verschiedenen Lärmschutzverordnungen sowie in Art. 11 BayImSchG[18] und § 9 LImSchG NW durch das Verbot ruhestörenden Lärms zur Nachtzeit geschehen ist.[19] Andererseits können die Länder aber auch ungeachtet des in § 23 Abs. 2 BImSchG dem Bund eingeräumten Regelungsvorrangs weitergehende Vorschriften erlassen, in denen bestimmte Anforderungen an Errichtung und Betrieb der nicht genehmigungsbedürftigen Anlagen aufgestellt werden. **28**

---

[15] *Feldhaus*, BImSchG, 1986, § 22 Anm. 22; *Jarass*, BImSchG, Einleitung, Rn. 4ff.

[16] Vgl. den Überblick über die wichtigsten Ländervorschriften bei *Kutscheidt*, NVwZ 83, 65 (69); siehe dazu auch *Müller*, BayVBl. 1988, 289ff.; *Engelhardt*, BayVBl. 1988, 294ff.

[17] Siehe dazu oben, § 24, Rn. 117ff.

[18] Kompetenzrechtliche Zweifel hinsichtlich Art. 11 BayImSchG äußert *Müller*, BayVBl. 1988, 299 (290).

[19] *Kutscheidt*, NVwZ 1983, 65, 69; a. A. aber *Sellner/Löwer*, WuV 1980, 221, 227.

Diese Befugnis erlischt erst, wenn der Bund von seiner Verordnungsermächtigung gem. § 23 Abs. 1 BImSchG abschließend Gebrauch gemacht hat. Mit Erlaß entsprechender Bundesverordnungen tritt deswegen entgegenstehendes Landesrecht ohne weiteres außer Kraft, neues kann nicht mehr erlassen werden.

29 Ohne große Bedeutung sind schließlich diejenigen Landesverordnungen, die nach § 66 Abs. 3 BImSchG ausdrücklich bis zum Inkrafttreten entsprechender Bundesverordnungen aufrecht erhalten worden sind. Die meisten von ihnen wurden allerdings zwischenzeitlich durch Bundesverordnungen ersetzt.

Vierter Abschnitt: Das Gefahrstoff-, Abfall- und Atomrecht

Während in den ersten drei Abschnitten des Zweiten Teils dieses Lehrbuches mit dem Naturschutzrecht, dem Immissionsschutzrecht und dem Gewässerschutzrecht vornehmlich Regelungsbereiche des medialen Umweltrechtes dargestellt worden sind, soll der Vierte Abschnitt einer Übersicht über die wesentlichen Regelungsbereiche des *kausalen* Umweltschutzes dienen.[20] Der kausale Umweltschutz versucht den Umweltgefahren dadurch zu begegnen, daß er das Inverkehrbringen gefährlicher Stoffe oder den Umgang mit ihnen rechtlichen Regelungen unterwirft.[21] 30

Zum kausalen Umweltschutzrecht zählen insbesondere das 31

- **Gefahrstoffrecht**,
- **Abfallrecht** und
- **Atom- und Strahlenschutzrecht**.

---

[20] Bereiche des *vitalen* Umweltschutzes, zu dem – wie oben, § 2, Rn. 57, erwähnt, vor allem Regelungen aus dem Naturschutzrecht, dem Pflanzen- und Tierschutzrecht und dem Jagd- und Fischereirecht zählen, sind bereits im Ersten Abschnitt (Naturschutzrecht im weiteren Sinne) dargestellt worden. Das Recht des *integrierten* Umweltschutzes ist zumindest teilweise im Zusammenhang mit dem planungsrechtlichen Instrumentarium des Umweltschutzes angesprochen, siehe dazu oben, § 7; zur systematischen Einteilung des Umweltrechts nach den Schutzgegenständen siehe oben, § 2, Rn. 49ff.

[21] Siehe oben, § 2, Rn. 55–56.

§ 27. Gefahrstoffrecht

1 Die Zahl der unterschiedlichen auf dem Markt befindlichen Stoffe ist unübersehbar. Im EG-Bereich werden gegenwärtig etwa zwischen 60000 und 100000[1] chemische Stoffe in mehr als 1 Mio. verschiedenen Zubereitungen auf dem Markt vertrieben.[2]

2 Nach den Leitlinien der Bundesregierung zur Umweltvorsorge durch Vermeidung und stufenweise Verminderung von Schadstoffen[3] erfaßt allein das europäische Altstoffinventar, das gegenwärtig erstellt wird, voraussichtlich etwa 98000 Stoffe. Dabei ist allerdings zu berücksichtigen, daß in dieser Zahl sowohl Stoffe enthalten sind, die gegenwärtig nicht mehr hergestellt werden als auch solche Stoffe, die bisher lediglich im Gramm-Maßstab vertrieben worden sind. Die Zahl der Stoffe, die in einer Menge von mehr als 10 Tonnen pro Jahr vermarktet werden, wird auf 5000 bis 10000 geschätzt. Die Zahl der Stoffe nimmt von Jahr zu Jahr zu. In den Jahren 1984 bis 1985 sind ca. 400 bis 500 neue Stoffe in den Mitgliedstaaten der EG neu in den Verkehr gebracht worden, wobei über zwei Drittel dieser Stoffe die 1-Tonnen-Grenze pro Jahr nicht überschritten haben.

3 Während das Gefahrstoffrecht in der Vergangenheit vornehmlich dem unmittelbaren Schutz der menschlichen Gesundheit vor den mit der Nutzung von Stoffen verbundenen Gefahren diente, wird zunehmend auch die Vermeidung mittelbarer und langfristiger Schäden für Menschen wie auch für Tiere, Pflanzen und Sachgüter sowie die Erhaltung der Leistungsfähigkeit des Naturhaushalts Gegenstand des Gefahrstoffrechts.[4]

4 Die ökologischen Risiken von Stoffen werden begründet vor allem durch spezifische Wirkungen der Stoffe, die Anzahl und Menge sowie die Art und Weise der Verteilung der Stoffe in der Umwelt. Für einen großen Teil der Stoffe fehlt es an genaueren Kenntnissen, auf welchem Wege und an welcher Stelle ihr Eintritt in die Umwelt erfolgt und wie sie in dem jeweiligen Umweltbereich wirken.[5] Teilweise hat es Jahrzehnte gedauert, bis die Gefährlichkeit bestimmter Stoffe, etwa von Asbest, Formaldehyd oder polychlorierten Biphenylen (PCB) erkannt wurde.[6]

5 Angesichts der Gefährdungen durch den Gefahrstoffeintrag gewinnt das Gefahrstoffrecht zunehmend an Bedeutung. Das gilt vor allem für die Bundesrepublik Deutschland, deren Gesamtumsatz an Chemikalien nach den USA, der UdSSR und Japan an vierter Stelle liegt.[7] Das Gefahrstoffrecht umfaßt die Regelungen, die dem Schutz vor gefährlichen Stoffen dienen.[8] In

---

[1] Vgl. *Bender/Sparwasser*, Umweltrecht, Rn. 795.

[2] Vgl. *Kloepfer*, HdUR, Bd. I, Sp. 629f.

[3] BT-Drs. 10/6028, S. 4.

[4] Vgl. Leitlinien Umweltvorsorge, BT-Drs. 10/6028, S. 4.

[5] Vgl. dazu und zu der Konzeption der Bundesregierung zur Verringerung der Umweltrisiken durch Schadstoffeintrag Leitlinien Umweltvorsorge, BT-Drs. 10/6028, S. 6ff.

[6] Vgl. dazu die Beispiele bei *Bender/Sparwasser*, Umweltrecht, Rn. 797ff.

[7] *Bender/Sparwasser*, Umweltrecht, Rn. 80.

[8] Vgl. dazu und zum folgenden *Kloepfer*, HdUR, Bd. I, Sp. 626ff.; zu rechtsstaatlichen Defiziten im Gefahrstoffrecht siehe *Wimmer*, BB 1986, 1050f.; zu stofflichen Umweltverträglichkeitsprüfungen im Recht der Bundesrepublik Deutschland; *Uppenbrink*, WuV 1985, 131ff.

diesem *weiten* Sinne ist das Gefahrstoffrecht zum großen Teil bereits Gegenstand des medialen Umweltrechts. So enthält etwa das Immissionsschutzrecht Regelungen zur Vermeidung und Verringerung von Schadstoffeinträgen in die Luft, das Recht der Abwasserbeseitigung regelt die Ableitung von Schadstoffen mit dem Abwasser.[9] Das Gefahrstoffrecht in diesem weiteren Sinne soll angesichts seiner medialen Ausrichtung im nachfolgenden nicht erneut erörtert werden.[10] Gegenstand der nachfolgenden Darstellung ist dagegen das Gefahrstoffrecht im *engeren* Sinne, das sich auf die präventive Gefahrstoffkontrolle konzentriert und den Schutz vor gefährlichen Stoffen unmittelbar durch Regelungen für das Inverkehrbringen dieser Stoffe und für den Umgang mit ihnen gewährleistet.

Zum Gefahrstoffrecht im *engeren* Sinne zählt das *allgemeine* Gefahrstoff- 6
recht, das in dem Gesetz zum Schutz vor gefährlichen Stoffen (Chemikaliengesetz) geregelt ist und das besondere Gefahrstoffrecht, das aus gefahrstoffrechtlichen Spezialregelungen für einzelne gefährliche Stoffe besteht.[11]

A. Chemikalienrecht

Das Chemikalienrecht ist vornehmlich im Gesetz zum Schutz vor gefährli- 7
chen Stoffen (Chemikaliengesetz - ChemG)[12] und in einer Reihe von Rechtsverordnungen geregelt, die das ChemG konkretisieren. Dazu zählen die

- Verordnung über gefährliche Stoffe (Gefahrstoffverordnung),[13]
- Chemikalienaltstoffverordnung,[14]
- Verordnung über Anmeldeunterlagen und Prüfnachweise nach dem ChemG,[15]
- Verordnung über die Gefährlichkeitsmerkmale von Stoffen und Zubereitungen nach dem ChemG.[16]

I. Zielsetzung und Anwendungsbereich des ChemG

Gem. § 1 ChemG verfolgt das Gesetz den *Zweck*, den Menschen und die 8
Umwelt vor schädlichen Einwirkungen gefährlicher Stoffe und Zubereitungen zu schützen. Das ChemG dient sowohl dem Umweltschutz, dem Arbeitsschutz, dem allgemeinem Gesundheitsschutz als auch dem Verbraucherschutz.

Grundsätzlich soll das Gesetz nach dem in § 1 ChemG umschriebenen 9
Gesetzeszweck für alle Stoffe gelten. Das Gesetz dient insoweit einer **stoff-**

[9] Siehe dazu oben, § 20, Rn. 109ff.; zum Verhältnis des ChemG zum Wasserrecht siehe *VG Gelsenkirchen*, Urt. v. 16. 12. 1987 – 10 K 2827/86 –, UPR 1988, 237 und dazu *Rehbinder*, UPR 1988, 201ff.

[10] Siehe dazu die Abschnitte 1 bis 3.

[11] Vgl. *Kloepfer*, HdUR, Bd. I, Sp. 626f.

[12] vom 16. 9. 1980 (BGBl. I, S. 1718). Zur Entstehungsgeschichte des Gesetzes siehe *Rehbinder/ Kayser/Klein*, Chemikaliengesetz, Einführung Rn. 6ff.

[13] v. 26. 8. 1986 (BGBl. I, S. 1470), geändert durch Verordnung vom 16. 12. 1987, BGBl. I, S. 2721; krit. dazu *Finkelnburg*, UTR 3, 235ff.; siehe zur Gefahrstoffordnung auch *Storm*, NVwZ 1987, 113ff.

[14] vom 2. 12. 1981 (BGBl. I, S. 1239).

[15] vom 30. 11. 1981 (BGBl. I, S. 1234), geändert durch Verordnung vom 14. 11. 1986 (BGBl. I, S. 1641).

[16] vom 18. 12. 1981 (BGBl. I, S. 1487).

übergreifenden Präventivkontrolle.[17] Zahlreiche Stoffbereiche, für die speziellere und zum Teil auch strengere Regelungen gelten, werden vom *Anwendungsbereich* des ChemG ausgenommen. Gem. § 2 Abs. 1 ChemG gelten zentrale Vorschriften des ChemG nicht für

- Lebensmittel, Tabakerzeugnisse und kosmetische Mittel,
- Futtermittel und Zusatzstoffe,
- Arzneimittel, die einem Zulassungs- oder Registrierungsverfahren unterliegen,
- Abfälle, radioaktive Abfälle, Abwasser, Altöle.

II. Grundbegriffe

10 § 3 ChemG enthält für den Anwendungsbereich des Gesetzes zahlreiche wesentliche Begriffsbestimmungen.

11 Definiert werden die Begriffe Stoff, Zubereitung, gefährlicher Stoff oder gefährliche Zubereitung, Einstufung, Hersteller, Einführer, Inverkehrbringen, Verwenden, toxikokinetische Eigenschaft, biotransformatorische Eigenschaft.

1. Stoff

12 Stoffe im Sinne des Chemikalienrechts sind gem. § 3 Nr. 1 ChemG unbearbeitete oder unverarbeitete chemische Elemente oder chemische Verbindungen, einschließlich der Verunreinigungen und der für die Vermarktung erforderlichen Hilfsstoffe.

2. Zubereitungen

13 Zubereitungen sind gem. § 3 Nr. 2 ChemG Gemische, Gemenge oder Lösungen von Stoffen, die nicht weiter be- oder verarbeitet sind, ebenfalls einschließlich der Verunreinigungen und der für die Vermarktung erforderlichen Hilfsstoffe.

3. Gefährlicher Stoff oder gefährliche Zubereitung

14 Das ChemG dient der Vorsorge gegen Gefahren, die von Stoffen ausgehen können.[18] Der Gefahrenbegriff hat daher auch im Chemikalienrecht eine große Bedeutung. Was gefährliche Stoffe oder gefährliche Zubereitungen im Sinne des Chemikalienrechtes sind, ergibt sich im Grundsatz aus § 3 Nr. 3 ChemG und im einzelnen aus der Verordnung über die Gefährlichkeitsmerkmale von Stoffen und Zubereitungen nach dem Chemikaliengesetz.

15 Gefährliche Stoffe oder gefährliche Zubereitungen sind danach Stoffe oder Zubereitungen, die sehr giftig, giftig, minder giftig, ätzend, reizend, explosionsgefährlich, brandfördernd, hochentzündlich, leichtentzündlich, entzündlich, krebserzeugend, fruchtschädigend oder erbgutverändernd sind oder sonstige chronisch schädigende Eigenschaften besitzen oder die selbst oder deren Verunreinigungen oder Zersetzungsprodukte geeignet sind, die natürliche Beschaffenheit von Wasser, Boden, der Luft, von Pflanzen, Tieren oder Mikroorganismen sowie des Naturhaushalts derart zu verändern, daß dadurch erhebliche Gefahren oder erhebliche Nachteile für die Allgemeinheit herbeigeführt werden. Ausgenommen sind gefährliche Eigenschaften ionisierender Strahlen.

---

[17] *Rehbinder/Kayser/Klein*, Chemikaliengesetz, Einführung, Rn. 21.

[18] Vgl. dazu *Uppenbrink*, HdUR, Bd. I, Sp. 295; *Rehbinder*, in: Grundzüge des Umweltrechts, S. 462ff.; *Kloepfer/Knebel*, Umweltchemikalienrecht, S. 47ff.; *Kloepfer/Bosselmann*, Zentralbegriffe des Umweltchemikalienrechts, S. 159ff.; zum Vorsorgegedanken im Chemikalienrecht siehe auch *OVG NW*, Beschl. v. 13. 8. 1987 – 4 B 372/87 –, UPR 1988, 152.

III. Instrumente des Chemikaliengesetzes

Die Zielsetzung des ChemG soll gem. § 1 ChemG durch ein breitgefächertes Instrumentarium, nämlich durch 16

- Verpflichtung zur Prüfung und Anmeldung von Stoffen und zur Einstufung, Kennzeichnung und Verpackung gefährlicher Stoffe und Zubereitungen,
- Verbote und Beschränkungen,
- besondere giftrechtliche und arbeitsschutzrechtliche Regelungen

erreicht werden.

1. Anmeldeverfahren

Um die Innovationskraft der chemischen Industrie nicht unnötig zu beeinträchtigen, hat der Gesetzgeber im ChemG auf die Einführung eines Zulassungsverfahrens, d.h. auf ein Genehmigungserfordernis verzichtet. Allerdings muß jeder Stoff, der als solcher oder als Bestandteil einer Zubereitung in den Verkehr gebracht werden soll, 45 Tage vor dem Inverkehrbringen vom Hersteller oder Einführer bei der zentralen Anmeldestelle des Bundes (§ 12 ChemG) angemeldet werden (§ 4 Abs. 1, Abs. 2 ChemG). 17

Grundsätzlich gilt diese Anmeldepflicht nur für die sogenannten **neuen Stoffe**. Das sind Stoffe, die seit dem 18. September 1981 in einem Mitgliedsstaat der EG in Verkehr gebracht werden. **Altstoffe**, die vor diesem Termin in den Verkehr gebracht wurden, unterliegen grundsätzlich zwar keiner Anmeldepflicht. Sie können jedoch aufgrund der Verordnungsermächtigung gem. § 4 Abs. 6 ChemG durch eine Rechtsverordnung in das Anmeldeverfahren einbezogen werden.[19] Altstoffe müssen gem. § 4 Abs. 4, Abs. 5 ChemG in einer Rechtsverordnung bezeichnet werden. 18

Der Inhalt der Anmeldung ist in § 6 ChemG im einzelnen geregelt. Mit der Anmeldung vorzulegen sind **Prüfnachweise**, die die Beurteilung erlauben, ob der angemeldete Stoff schädliche Einwirkungen auf den Menschen oder die Umwelt hat (§ 7 Abs. 1 S. 1 ChemG). Über welche Verfahren und Ergebnisse die Prüfnachweise Aufschluß geben müssen, ist in § 7 Abs. 1 ChemG detailliert geregelt. Gem. § 9 ChemG hat der Anmeldepflichtige auf Verlangen der Anmeldestelle weitere spezielle Prüfnachweise vorzulegen.[20] 19

Zusätzlich zu diesen Anmeldeverpflichtungen sieht das Chemikalienrecht besondere **Mitteilungspflichten** in § 16 ChemG vor. Der Anmelder hat danach insbesondere die Änderung der Verwendung, Änderungen der Mengen, neue Wirkungserkenntnisse, Änderung der Stoffeigenschaften, Erreichen bestimmter Mengenschwellen etc. mitzuteilen.[21] 20

---

[19] Zu weiteren Ausnahmen von der Anmeldepflicht siehe § 5 ChemG.

[20] Zur Zurückweisung einer Anmeldung wegen offensichtlicher Unvollständigkeit oder Fehlerhaftigkeit der Unterlagen siehe *VG Gelsenkirchen*, Urt. v. 15. 7. 1987 – 1 OK 1999/86 –, UPR 1938, 234; *Rehbinder*, UPR 1988, 201 (203).

[21] Zu den Mitteilungspflichten und zur Stoffprüfung siehe ausführlich *Radek/Friedel*, Das neuen Chemikaliengesetz, S. 22ff., S. 30ff.; *Rehbinder*, in: Grundzüge des Umweltrechts, S. 468ff.

2. *Stoffprüfung*

21 Gem. §§ 7, 9, 11 ChemG hat der Hersteller oder Einführer eines Stoffes eine Stoffprüfung zu veranlassen. Er muß die Stoffprüfung entweder in eigenen Laboratorien oder in damit beauftragten Instituten durchführen lassen. Als notwendige Entwicklungskosten sollen die Prüfkosten nach dem Verursacherprinzip dem Hersteller oder Einführer, nicht aber dem Staat zugerechnet werden.[22] Die Behörde hat demgegenüber nur die Aufgabe, die bei der Anmeldung beigefügten **Prüfnachweise** zu kontrollieren und anhand der ihr vorgelegten Unterlagen die Prüfergebnisse zu bewerten.[23] Gem. § 7 Abs. 1 ChemG müssen die Stoffprüfungen Aufschluß geben über zahlreiche Daten und Fakten, dazu zählen physikalische, chemische und physikalisch-chemische Eigenschaften, akute und subakute Toxizität, Anhaltspunkte für krebserzeugende, erbgutverändernde oder umweltgefährliche Eigenschaften.

a) Gestuftes Prüfverfahren

22 Da die Prüfkosten ganz erheblich sein können – die vom Hersteller oder Importeur zu tragenden Prüfkosten können für einen einzelnen Stoff mehr als 2 Mio. DM betragen –,[24] haben wirtschaftliche Überlegungen zu einer Differenzierung der Prüfanforderungen im Sinne eines gestuften Verfahrens geführt.[25] In einer *Grundprüfung* gem. § 7 ChemG müssen erste Schlüsse auf schädliche Auswirkungen für Mensch und Umwelt ermöglicht werden. Je nach den in Verkehr gebrachten Vermarktungsmengen können darüber hinaus gem. § 9 Abs. 1 ChemG *eingehendere* und *kostenintensivere* Prüfungsverfahren verlangt werden.[26] Das Prüfungsprogramm, das sich aus dem Zweck der Prüfung und den schädlichen Eigenschaften, die aus den einzelnen Prüfstufen ermittelt werden sollen, zusammensetzt, ist in §§ 7, 9 ChemG festgelegt. Die maßgeblichen Prüfungsbedingungen können gem. § 10 Abs. 1 S. 2 ChemG durch Rechtsverordnung näher festgelegt werden. Die Konkretisierungen sind enthalten in der **Anmelde-** und **Prüfnachweisverordnung**.[27]

b) Behördliche Bewertung

23 Die Bewertung der Chemikalien, d.h. die Beurteilung der (abstrakten) Gefährlichkeit eines Stoffes und die der Bewertung vorausgehende Nachprüfung der Anmeldeunterlagen und Prüfnachweise sowie der möglichen, von der Chemikalie ausgehenden Umweltgefahren, ist im Gesetz nicht abschließend geregelt. § 12 Abs. 2 ChemG ermächtigt die Bundesregierung zur Bestimmung der Durchführung der Bewertung und zwar zu Organisations-

---

[22] *Rehbinder*, in: Grundzüge des Umweltrechts, S. 468.

[23] *Schmidt*, Umweltrecht, S. 85; *Rehbinder*, in: Grundzüge des Umweltrechts, S. 468.

[24] *Bender/Sparwasser*, Umweltrecht, Rn. 80.

[25] Auf der Preisbasis 1977/1978 werden die Kosten der Grundprüfung eines Stoffes auf 65000 – 96000 DM, die Kosten der weiteren Prüfstufen auf 250000 – 400000 bzw. 1 Mio. – 2 Mio. DM geschätzt, vgl. *Rehbinder/Kayser/Klein*, Chemikaliengesetz, Einführung Rn. 16.

[26] Vgl. zu den gestuften Prüfungen i.e. *Radek/ Friedel*, Das neue Chemikaliengesetz, S. 32ff.; *Rehbinder*, in: Grundzüge des Umweltrechts, S. 469ff.

[27] vom 30. November 1981 (BGBl. I, S. 1234).

maßnahmen und zu Verwaltungsvorschriften (z. B. zu Bewertungsrichtlinien), nicht aber zum Erlaß einer Rechtsverordnung oder eines Verwaltungsaktes.[28] Letztlich sind deshalb die Bewertungskriterien aus den Risikokriterien der gesetzlichen Eingriffsermächtigungen des ChemG zu abzuleiten.[29] Die Bewertung dient der Vorbereitung staatlicher Maßnahmen auf der Grundlage des ChemG und hat deshalb nur verwaltungsinterne Bedeutung.[30]

3. *Einstufung, Verpackung und Kennzeichnung*

Neben den Anmeldeverfahren und der Stoffprüfung regelt das ChemG 24
vor allem die notwendige Einstufung gefährlicher Stoffe, ihre Verpackung und Kennzeichnung. Mit der Forderung nach geeigneter *Verpackung* soll ein Freiwerden gefährlicher Stoffe und damit eine Gefährdung der Gesundheit des Menschen und der Umwelt vermieden werden. Die *Kennzeichnung* soll Arbeitnehmer oder Endverbraucher über die Gefährlichkeit der Stoffe informieren.[31] Damit eine ordnungsgemäße Verpackung und Kennzeichnung möglich ist, müssen die Stoffe zunächst sachgerecht *eingestuft* werden. Dies geschieht entweder gem. § 13 Abs. 1 S. 1 ChemG durch Einstufung entsprechend einer Rechtsverordnung nach § 13 Abs. 3 ChemG, durch Einstufung nach dem Ergebnis der Stoffprüfung, sofern der Stoff in der Einstufungsverordnung nicht aufgeführt ist (§ 13 Abs. 1 S. 2 ChemG) oder durch Einstufung nach gesicherter wissenschaftlicher Erkenntnis, wenn die Einstufung weder aus der Verordnung noch aus den Prüfnachweisen zu entnehmen ist (§ 13 Abs. 1 S. 2 ChemG). Soweit die Einstufung nicht durch Rechtsverordnung vorgenommen wird, muß sie vom Hersteller oder Einführer des gefährlichen Stoffes vorgenommen werden. Dementsprechend ist die Verantwortung für die Einstufung zwischen Staat und Hersteller aufgeteilt.[32]

Verpackungs- und Kennzeichnungspflichten richten sich nicht nur an den 25
Hersteller und den Einführer von Stoffen und Zubereitungen, sondern gem. § 15 ChemG außerdem an den (geschäftsmäßigen) Weiterveräußerer. Ein erneutes Inverkehrbringen ist gem. § 15 ChemG nur zulässig, wenn die Verpackung und Kennzeichnung erhalten ist oder der Stoff oder die Zubereitung erneut verpackt und gekennzeichnet wird.

4. *Verbote und Beschränkungen*

Zum Schutz von Leben oder Gesundheit des Menschen oder zum Schutz 26
der Umwelt vor Gefahren, denen durch Einstufung, Verpackung und Kennzeichnung nicht hinreichend begegnet werden kann, kann die Bundesregierung gem. § 17 Abs. 1 S. 2 ChemG durch Rechtsverordnung mit Zustimmung des Bundesrates zahlreiche Verbote und Beschränkungen einführen.

---

[28] Vgl. *Rehbinder*, in: Grundzüge des Umweltrechts, S. 472.
[29] *Rehbinder*, in: Grundzüge des Umweltrechts, S. 472.
[30] *Schmidt*, Umweltrecht, S. 85.
[31] Vgl. *Radek/Friedel*, Das neue Chemikaliengesetz, S. 52; *Uppenbrink*, HdUR, Bd. I, Sp. 299; zu deliktischen Instruktionspflichten der Hersteller gefährlicher Produkte siehe *BGH*, Urt. v. 7. 10. 1986 – VI ZR 187/85 –, NJW 1987, 372.
[32] *Rehbinder/Kayser/Klein*, Chememikaliengesetz, Einführung, Rn. 70.

Die Verbots- und Beschränkungsmöglichkeiten beziehen sich nicht nur auf gefährliche Stoffe und Zubereitungen, sondern auch auf Erzeugnisse, die gefährliche Stoffe oder Zubereitungen enthalten.[33] Die Verbote und Beschränkungen können u. a. das Herstellen, Inverkehrbringen und Verwenden von bestimmten Stoffen und die Herstellungs- und Verwendungsverfahren, bei denen bestimmte gefährliche Stoffe anfallen, betreffen (§ 17 Abs. 1 Nr. 1 und Nr. 2 ChemG). Für die Dauer von höchstens drei Monaten können die zuständigen Landesbehörden im Einzelfall gem. § 23 Abs. 2 S. 1 ChemG das Herstellen, Inverkehrbringen und Verwenden von Stoffen verbieten oder beschränken.

5. *Schutz vor giftigen Tieren und Pflanzen*

27 Zum Schutz von Leben oder Gesundheit des Menschen unter Berücksichtigung der Belange des Natur- und Tierschutzes kann gem. § 18 Abs. 1 S. 1 ChemG die Bundesregierung eine Rechtsverordnung mit Zustimmung des Bundesrates erlassen, in der das Einführen oder Halten bestimmter giftiger Tierarten verboten oder beschränkt und das Anpflanzen und das Anbieten giftiger Pflanzenarten eingeschränkt wird.

6. *Vorschriften des Arbeitsschutzes*

28 Gem. § 19 Abs. 1 ChemG wird die Bundesregierung schließlich ermächtigt, durch Rechtsverordnung mit Zustimmung des Bundesrates, soweit es zum Schutz von Leben oder Gesundheit des Menschen einschließlich des Schutzes der Arbeitskraft und der menschengerechten Gestaltung der Arbeit erforderlich ist, Maßnahmen des Arbeitsschutzes vorzuschreiben.

IV. Organisation und Sanktionen

29 Die Anmeldung und Bewertung von Stoffen gem. §§ 4 bis 12 ChemG und der Vollzug des ChemG im Bereich der Bundeswehr gem. § 24 ChemG ist Aufgabe des Bundes. Im übrigen wird das Chemikalienrecht durch die zuständigen Behörden der Länder, regelmäßig durch die Gewerbeaufsichtsämter ausgeführt. Für die Bewertung (§ 12 Abs. 2 ChemG) hat die Bundesregierung die Bundesanstalt für Arbeitsschutz und Unfallforschung, das Bundesgesundheitsamt und das Umweltbundesamt bestimmt. Beteiligt werden kann außerdem an der Bewertung die Biologische Bundesanstalt für Land- und Forstwirtschaft und die Bundesanstalt für Materialprüfung.[34] Die Durchführung des ChemG kann von den zuständigen Landesbehörden mit Hilfe umfassender Überwachungsmöglichkeiten, zu denen Auskunftsrechte, Probeforderungs- und Probeentnahmerechte, Betretungs-und Inspektionsrechte, Vorlage- und Einsichtsrechte und Rechte zur Untersuchung von Arbeitsverfahren, Arbeitseinrichtungen und Schutzmitteln zählen,[35] kontrolliert werden.

---

[33] Vgl. dazu ausführlicher *Rehbinder*, in: Grundzüge des Umweltrechts, S. 472f.; *Uppenbrink*, HdUR, Bd. I, Sp. 300f.; *Radek/Friedel*, Das neuen Chemikaliengesetz, S. 94ff.

[34] Vgl. *Uppenbrink*, HdUR, Bd. I, Sp. 31.

[35] Vgl. *Rehbinder*, in: Grundzüge des Umweltrechts, S. 476.

Um die Einhaltung der gesetzlichen Vorschriften zu sichern, enthält das ChemG außerdem in den §§ 26f. ChemG Bußgeld- und Strafvorschriften. 30

B. Spezielle Gefahrstoffregelungen

Der stoffübergreifende Ansatz des ChemG wird – wie bereits erwähnt – gem. § 2 ChemG zugunsten von stoffbezogenen Spezialregelungen eingeengt. Gefahrstoffrechtliche Spezialregelungen enthalten, ergänzt durch zahlreiche Rechtsverordnungen, das 31

- **Pflanzenschutzrecht,**
- **DDT-Gesetz,**
- **Düngemittelrecht,**
- **Futtermittelrecht,**
- **Lebensmittel-** und **Bedarfsgegenständerecht,**
- **Arzneimittelrecht,**
- **Waschmittel-** und **Reinigungsmittelrecht,**
- **Benzinbleigesetz** und das
- **Gesetz über die Beförderung gefährlicher Güter**.

I. Pflanzenschutzrecht

Neben dem primären Zweck des PflSchG,[36] Pflanzen und ihre Erzeugnisse vor Schädlingsbefall zu schützen (§ 2 Abs. 1 Nr. 1 PflSchG), verfolgt dieses Gesetz auch das Ziel, Gefahren abzuwenden, die durch die Anwendung von Pflanzenschutzmitteln oder durch andere Maßnahmen des Pflanzenschutzes für die Gesundheit von Mensch und Tier und für den Naturhaushalt entstehen können (§ 1 Nr. 4 PflSchG). Mit dieser Zielrichtung gehört das neue Pflanzenschutzrecht sowohl zum Naturschutzrecht im weiteren Sinne,[37] als auch zum besonderen Gefahrstoffrecht. 32

II. DDT-Gesetz

DDT diente früher vielfach als Schädlingsbekämpfungsmittel. Das DDT-G[38] verbietet grundsätzlich die Herstellung, Einfuhr, das In-Verkehr-Bringen, den Erwerb und die Anwendung von DDT und DDT-Zubereitungen. Das DDT-Verbot dient dem Schutz der menschlichen Gesundheit und dem Schutz der Umwelt, insbesondere von Wasser, Boden und Ökosystemen.[39] Ausnahmen von dem Verbot können gem. § 1 Abs. 2 S. 1 DDT-G für Forschungs-, Untersuchungs- und Versuchszwecke im Einzelfall zugelassen werden. Gem. § 6 Abs. 1 DDT-G dürfen vom Tier gewonnene Lebensmittel und kosmetische Mittel nicht in den Verkehr gebracht werden, wenn in oder auf diesen Erzeugnissen DDT-Rückstände vorhanden sind, die bestimmte durch Rechtsverordnung festgesetzte Höchstmengen überschreiten. 33

III. Düngemittelrecht

Eine gefahrstoffrechtliche Spezialregelung enthält auch das Düngemittelgesetz (DMG),[40] das allerdings nicht im Ausnahmekatalog des § 2 ChemG aufgeführt ist. Düngemittel unterliegen deshalb grundsätzlich auch dem ChemG, sie sind jedoch nicht dem Anmelde- und Prüfverfahren des Chemikalienrechts zu unterziehen, da 34

[36] Gesetz zum Schutz der Kulturpflanzen vom 15. 9. 1986 (BGBl. I, S. 1505).
[37] siehe deshalb bereits oben, § 19, Rn. 29ff.
[38] vom 7. 8. 1972 (BGBl. I, S. 1385).
[39] Vgl. zum DDT-G *Rehbinder*, HdUR, Bd. I, Sp. 328ff.; zu den Gefahren chlororganischer Verbindungen siehe SRU-Umweltgutachten 1978 des Rz. 882ff.
[40] vom 15. Dezember 1977 (BGBl. I, S. 2134).

insofern das DMG als Spezialgesetz vorgeht.[41] Die Vorschriften des ChemG über Einstufung, Verpackung und Kennzeichnung sind dagegen neben der Spezialregelung des § 3 DMG anwendbar.[42] Das DMG, das durch Rechtsverordnungen, insbesondere durch die Düngemittelverordnung[43] ergänzt wird, regelt das Inverkehrbringen von Düngemitteln, nicht aber ihre Anwendung. Die Anwendung von Düngemitteln ist jedoch einschränkbar nach den Vorschriften des Wasserrechts, zum Teil auch nach den Vorschriften des Abfallrechts.[44] Grundsätzlich dürfen gem. § 2 Abs. 1 DMG Düngemittel gewerbsmäßig nur in den Verkehr gebracht werden, wenn sie einem Düngemitteltyp entsprechen, der durch Rechtsverordnung zugelassen ist. § 2 Abs. 2 DMG ermächtigt den Bundesminister für Ernährung, Landwirtschaft und Forsten zum Erlaß einer Rechtsverordnung, in der die Typen von Düngemittel zugelassen werden, die bei sachgerechter Anwendung die Fruchtbarkeit des Bodens und die Gesundheit von Menschen und Haustieren nicht schädigen und den Naturhaushalt nicht gefährden, sowie geeignet sind, das Wachstum von Nutzpflanzen wesentlich zu fördern, ihren Ertrag wesentlich zu erhöhen oder ihre Qualität wesentlich zu verbessern.[45]

IV. Futtermittelrecht

35 Das Futtermittelrecht regelt die Herstellung von und den Umgang mit Stoffen und Erzeugnisse, die von Menschen an Tiere zu Ernährungszwecken verfüttert werden. Das Futtermittelrecht ist geregelt vor allem im Futtermittelgesetz (FMG)[46] und in der Futtermittelverordnung.[47] Da das Gesetz auch dem Schutz der menschlichen Gesundheit und der Tierwelt vor nachteiligen menschlichen Eingriffen dient, ist das Futtermittelrecht als Teil des Umweltrechtes anzusehen.[48] Gem. § 3 FMG ist es verboten, Futtermittel herzustellen, zu behandeln oder in den Verkehr zu bringen, wenn sie bei bestimmungsgemäßer oder sachgerechter Verfütterung geeignet sind, die Qualität der von Nutztieren gewonnenen Erzeugnisse zu beeinträchtigen oder die Gesundheit der Tiere zu schädigen. Einzelfuttermittel und Zusatzstoffe dürfen nur in den Verkehr gebracht werden, wenn sie zuvor durch Rechtsverordnung zugelassen sind (vgl. § 4f. FMG).

V. Lebensmittelrecht

36 Das Lebensmittelrecht umfaßt die Rechtsvorschriften über den Verkehr mit Lebensmitteln, Tabakerzeugnissen, kosmetischen Mitteln und sonstigen Bedarfsgegenständen, deren Ziel es ist, den Verbraucher vor möglichen Gesundheitsschäden und vor Täuschung zu schützen.[49] Das Lebensmittelrecht ist in erster Linie geregelt im Lebensmittel- und Bedarfsgegenständegesetz (LMBG).[50] Das Lebensmittelrecht folgt grundsätzlich dem sogenannten Mißbrauchsprinzip.[51] Es enthält Verbote zum Schutz der menschlichen Gesundheit in bezug auf Stoffe, die als Lebensmittel, Tabakerzeugnisse oder Kosmetika in Verkehr gebracht werden.[52] Die generalklauselartig formu-

---

[41] Siehe dazu *Preußker*, HdUR, Bd. I, Sp. 359.

[42] *Preußker*, HdUR, Bd. I, Sp. 359.

[43] vom 19. 12. 1977 (BGBl. I, S. 2845).

[44] Vgl. dazu *Preußker*, HdUR, Bd. I, Sp. 356; *ders.*, ZfW 1982, 261; *Rösgen*, AgrarR 1983, 141; *Salzwedel*, NuR 1983, 41.

[45] Zu den Ausnahmen von der Typenzulassung siehe *Preußker*, HdUR, Bd. I, Sp. 357.

[46] vom 2. 7. 1975 (BGBl. I, S. 1745).

[47] vom 8. 4. 1981 (BGBl. I, S. 352); ausführlich zum Futtermittelrecht *Maichel*, HdUR, Bd. I, Sp. 607ff.

[48] So zu Recht *Maichel*, HdUR, Bd. I, Sp. 67.

[49] Vgl. dazu *Eckert*, HdUR, Bd. I, Sp. 985ff.

[50] vom 15. August 1974 (BGBl. I, S. 1945, 1946).

[51] Vgl. dazu *Rehbinder*, in: Grundzüge des Umweltrechts, S. 479.

[52] Zur Lebensmittelkontrolle in Supermärkten siehe *BVerwG*, Urt. v. 5. 11. 1987 – 3 C 52/85 –, NJW 1988, 1278; zur Klage eines Lebensmittelimporteurs, mit dem er den Umfang seiner lebensmittelrechtlichen Warenuntersuchungspflichten feststellen lassen will, siehe *BVerwG*, Urt. v. 7. 5. 1987 - 3 C 53/85 –, NVwZ 1988, 430.

lierten Verbote können aufgrund von Verordnungsermächtigungen näher konkretisiert werden. Zusatzstoffe – das sind gem. § 2 Abs. 1 S. 1 LMBG Stoffe, die dazu bestimmt sind, Lebensmittel zur Beeinflussung ihrer Beschaffenheit oder zur Erzielung bestimmter Eigenschaften oder Wirkungen zugesetzt zu werden[53] – dürfen bei dem Herstellen, Behandeln und Inverkehrbringen von Lebensmitteln nur verwendet werden, wenn sie hierfür ausdrücklich zugelassen sind (§ 11f. LMBG). Von den Verordnungsermächtigungen hat die Bundesregierung ganz überwiegend Gebrauch gemacht. Es bestehen mehr als 60 produktübergreifende oder speziell produktbezogene Rechtsverordnungen.[54]

VI. Arzneimittelrecht

Zweck des Arzneimittelrechtes ist es gem. § 1 Arzneimittelgesetz (AMG), im Interesse einer ordnungsgemäßen Arzneimittelversorgung von Mensch und Tier für die Sicherheit im Verkehr mit Arzneimitteln, insbesondere für die Qualität, Wirksamkeit und Unbedenklichkeit der Arzneimittel nach Maßgabe des Arzneimittelrechtes zu sorgen.[55] Das AMG regelt den Verkehr mit Arzneimitteln. Darunter versteht das Gesetz gem. § 4 Abs. 17 AMG das Vorrätighalten zum Verkauf oder zu sonstiger Abgabe, das Feilhalten, das Feilbieten und die Abgabe an andere. Adressaten der zahlreichen Gebote und Verbote des Gesetzes sind vor allem Hersteller, Großhändler und Einzelhändler. Die Vorschriften über die klinische Prüfung eines Arzneimittels gem. §§ 40ff. AMG richten sich auch an die das Arzneimittel in der Prüfung anwendenden Ärzte. Das AMG ist darauf ausgerichtet, durch Anforderungen an Hersteller und Vertreiber Qualität, Wirksamkeit und Unbedenklichkeit der Medikamente vom Zeitpunkt des Inverkehrbringens bis zur Anwendung sicherzustellen, und zwar durch detaillierte Regelung der Entwicklung, der Herstellung, des Vertriebes und vor allem der Arzneimittelinformation.[56] 37

VII. Wasch und Reinigungsmittelrecht

Das WaschmG regelt in § 1 Abs. 1 den Grundsatz, daß Wasch- und Reinigungsmittel nur so in den Verkehr gebracht werden dürfen, daß nach ihrem Gebrauch jede vermeidbare Beeinträchtigung der Beschaffenheit der Gewässer, insbesondere im Hinblick auf den Naturhaushalt und die Trinkwasserversorgung, und eine Beeinträchtigung des Betriebs von Abwasseranlagen unterbleibt.[57] Das Gesetz gehört sowohl zum Gewässerschutzrecht[58] als auch zum Gefahrstoffrecht. 38

VIII. Benzinbleigesetz

Mit dem BzBlG[59] verfolgt der Gesetzgeber das Ziel, die durch den zunehmenden Kraftfahrzeugverkehr in erheblichem Umfang freigesetzten bleiförmigen Zusätze in Ottokraftstoffen zum Schutz der Gesundheit zu begrenzen. Mit dieser Ausrichtung zählt das Gesetz sowohl zum speziellen Immissionsschutzrecht[60] als auch zum besonderen Gefahrstoffrecht. 39

[53] Zu den Ausnahmen und den gleichgestellten Stoffen siehe § 2 LMBG.
[54] *Eckert*, HdUR, Bd. I, Sp. 985.
[55] Das AMG stammt vom 24. August 1976 (BGBl. I, S. 2445).
[56] Siehe dazu i.e. *Lewandowski*, HdUR, Bd. I, Sp. 131 ff.
[57] Das Gesetz stammt vom 20. August 1975 (BGBl. I, S. 2255) und ist neugefaßt mit der Bekanntmachung vom 5. März 1987 (BGBl. I, S. 875).
[58] Siehe deshalb bereits oben, § 23, Rn. 1–10.
[59] Gesetz zur Verminderung von Luftverunreinigungen durch Bleiverbindungen in Ottokraftstoffen für Kraftfahrzeugmotore vom 5. 8. 1971 (BGBl. I, S. 1234), zuletzt geändert durch Gesetz vom 18. 12. 1987 (BGBl. I, S. 2810).
[60] Siehe deshalb oben, § 26, Rn. 3–6.

§ 28. Das Recht der Abfallentsorgung

A. Rechtsgrundlagen

1 Leitgesetz für den Bereich der Abfallentsorgung ist das Gesetz über die Vermeidung und Entsorgung von Abfällen des Bundes.[1]

2 Der Bundesgesetzgeber machte von seiner konkurrierenden Gesetzgebungskompetenz für die Abfallbeseitigung gem. Art. 74 Nr. 24 GG zum ersten Mal mit der ersten Fassung des AbfG vom 7. Juni 1972[2] Gebrauch.[3] Die nachfolgenden Novellierungen des Gesetzes waren insbesondere Reaktionen auf neue Erkenntnisse über Umweltgefährdungen, die von Abfällen ausgehen. So wurde das AbfG mit dem ersten Änderungsgesetz vom 21. Juni 1976[4] u. a. hinsichtlich der Überwachungsbedürftigkeit von gewerblichen Sonderabfällen (§ 2 Abs. 2 AbfG) ergänzt. Das zweite Änderungsgesetz vom 4. März 1982[5] diente vor allem der Verbesserung der Entsorgungsregelung für Dungstoffe in der Landwirtschaft (§ 15 AbfG). Das dritte Änderungsgesetz vom 31. Januar 1985,[6] das auch als „Seveso-Novelle" bezeichnet wird, brachte Vorschriften zum grenzüberschreitenden Abfallverkehr (§§ 13ff. AbfG). Anstelle eines vierten Änderungsgesetzes wurde schließlich aufgrund umfangreicher Änderungen das jetzt geltende neue AbfG vom Bundestag verabschiedet. Bereits die Umbenennung von „Abfallbeseitigungsgesetz" in „Gesetz über die Vermeidung und Entsorgung von Abfällen (Abfallgesetz)" sollte die Weiterentwicklung des bisherigen Abfallbeseitigungsrechts zum Abfallwirtschaftsrecht deutlich machen.[7]

3 Ergänzt wird das AbfG des Bundes durch zahlreiche weitere abfallrechtliche Vorschriften des Bundes z. B. im TierKBG,[8] im Fleischhygienegesetz,[9] im PflSchG,[10] im AtG,[11] im BImSchG[12] und schließlich im Bergrecht.[13]

---

[1] vom 27. 8. 1986 (BGBl. I, S. 1410).

[2] BGBl. I, S. 873.

[3] Zum Verhältnis von Bundes- und Landesabfallrecht ausführlich *Bothe*, NVwZ 1987, 938ff.; *Backes*, DVBl. 1987, 333 (338f.); *BVerwG*, Beschl. v. 30. 10. 1987 – 7 C 87.86 –, UPR 1988, 148. Zur Novellierung des Landesabfallrechts in NW siehe *Schmeken*, StuGR 1988, 244ff.

[4] BGBl. I, S. 161.

[5] BGBl. I, S. 281.

[6] BGBl. I, S. 24.

[7] Zur Vorgeschichte des Abfallrechts ausführlich *Hösel/von Lersner*, Recht der Abfallbeseitigung, KZ 1020, S. 1ff.; zur Neuordnung des Abfallrechts siehe außerdem *Bergmüller*, BayVBl. 1987, 193ff.; *Backes*, DVBl. 1987, 333ff.; *Eckert*, NVwZ 1986, 898ff.; *Sander*, DVBl. 1985, 780ff.; *Helmrich*, ZfG 1986, 53ff.; *Zimmermann*, der landkreis 1986, 191f.; *Bothe*, NVwZ 1987, 938ff.; *Otto*, VR 1987, 372ff.; *Bruns/Jasper*, VR 1987, 365ff.; *Tettinger*, GewArch 1988, 41ff.; *Versteyl*, in: Kunig/Schwermer/Versteyl, AbfG, Einl. Rn 4ff.

[8] Gesetz über die Beseitigung von Tierkörpern, Tierkörperteilen und tierischen Erzeugnissen vom 2. September 1975 (BGBl. I, S. 2313); vgl. dazu *Pittler*, HdUR, Bd. II, Sp. 511ff. Zur Zulassungsbedürftigkeit des Sammelns und Beförderns von Tierkörpern siehe *OVG Münster*, Urt. v. 18. 11. 1988 – 13 A 2778/85 –, DÖV 1987, 553.

[9] in der Fassung der Bekanntmachung vom 24. Februar 1987 (BGBl. I, S. 649).

[10] Gesetz zum Schutz der Kulturpflanzen vom 15. September 1986 (BGBl. I, S. 1505).

[11] Gesetz über die friedliche Verwendung der Kernenergie und den Schutz gegen ihre Gefahren vom 15. Juli 1985 (BGBl. I, S. 1565), zuletzt geändert durch Gesetz vom 18. Februar 1986 (BGBl. I, S. 266).

Ergänzt wird das Bundesabfallrecht außerdem durch die Landesabfallgesetze,[14] in denen insbesondere die Ausführung des Bundesrechts, die Zuständigkeit der Behörden und vom Bundesrecht nicht erfaßte Einzelfragen, etwa zum Verfahren und die Verbindlichkeit von Abfallentsorgungsplänen geregelt sind.[15] 4

Neben den nationalen Regelungen hat der Rat der EG zahlreiche Richtlinien auf dem Gebiet des Abfallrechts erlassen. Dazu zählen die Richtlinie des Rates über Abfälle,[16] die Richtlinie des Rates über giftige und gefährliche Abfälle,[17] die Richtlinien des Rates über Abfälle aus der Titandioxyd-Produktion,[18] die Richtlinie des Rates über die Altölbeseitigung,[19] die Richtlinie über die Überwachung und Kontrolle – in der Gemeinschaft, der grenzüberschreitenden Verbringung gefährlicher Abfälle,[20] die Richtlinie des Rates über Verpackungen für flüssige Lebensmittel[21] und schließlich die Richtlinie des Rates über den Schutz der Umwelt und insbesondere der Böden bei Verwendung von Klärschlamm in der Landwirtschaft.[22] 5

Abfallrechtliche Regelungen enthalten schließlich auch internationale Verträge und Abkommen auf dem Gebiet des Abfallrechtes.[23] 6

B. Sachlicher Anwendungsbereich des Abfallgesetzes

In erster Linie ergibt sich der sachliche Anwendungsbereich des AbfG aus dem gesetzlich in § 1 Abs. 1 AbfG definierten Abfallbegriff. Weitergehend finden daneben die Vorschriften des AbfG zum Teil auch auf Stoffe Anwendung, die nicht direkt dem Abfallbegriff des § 1 Abs. 1 AbfG zuzuordnen sind. Und umgekehrt werden gem. § 1 Abs. 3 AbfG aus dem Anwendungsbereich des Gesetzes Stoffe herausgenommen, deren Entsorgung in spezielleren Rechtsvorschriften geregelt ist. 7

---

[12] Siehe zu den abfallrechtlichen Vorschriften im BImSchG *Bartels*, Abfallrecht, S. 11.

[13] vom 13. 8. 1980 (BGBl. I, S. 1310).

[14] Vgl. dazu die Gesetzessammlung bei *Hösel/von Lersner*, Recht der Abfallbeseitigung, Bd. II.

[15] Zu den rechtlichen Spielräumen für die Abfallpolitik der Länder nach Inkrafttreten des AbfG vom 27. 8. 1986 siehe *Bothe*, NVwZ 1987, 930ff.

[16] vom 15. Juli 1975 (75/442/EWG – ABl. Nr. L 194 vom 25. 7. 1975, S. 47.

[17] vom 20. März 1978 (78/319/EWG – ABl. Nr. L 84 v. 31. 3. 1978, S. 43.

[18] vom 20. Februar 1978 (78/176/EWG – ABl. Nr. L 54 vom 25. 2. 1978, S. 19.

[19] vom 16. Juni 1975 (75/439/EWG – ABl. L 194 vom 25. Juli 1975, S. 31), geändert durch Richtlinie vom 22. 12. 1986 (87/101/EWG – ABl. L 42 vom 1. Februar 1987, S. 43).

[20] vom 6. Dezember 1984 (84/631/EWG – ABl. L 326 vom 13. 12. 1984, S. 31) zuletzt angepaßt am 23. 12. 1986 (87/112/EWG – ABl. L 48 vom 17. 2. 1987, S. 31).

[21] vom 27. Juni 1985 (85/339/EWG – ABl. Nr. L 176/18 vom 6. 7. 1985.

[22] vom 12. Juni 1986 (86/278/EWG – ABl. Nr. L 181 vom 4. 7. 1986, S. 6).

[23] Vgl. dazu z. B. das Gesetz zu den Übereinkommen vom 15. Februar 1972 und 29. 12. 1972 zur Verhütung der Meeresverschmutzung durch das Einbringen von Abfällen durch Schiff- und Luftfahrzeuge vom 11. Februar 1977 (BGBl. II, S. 165, zuletzt geändert am 28. 4. 1980 (BGBl. II, S. 607); zum Verhältnis des Abfallrechtes zu anderen Rechtsbereichen siehe *Eckert*, NVwZ 1985, 388 (395ff.).

I. Abfallbegriff

8 Als Abfall im Sinne von § 1 Abs. 1 AbfG kommen nur bewegliche Sachen in Betracht. Voraussetzung für die Abfalleigenschaft ist ihre räumliche Abgrenzbarkeit. Durch Öl oder Chemikalien verseuchtes Flußwasser ist deshalb kein Abfall.[23a] An der für die Abfalleigenschaft notwendigen Beweglichkeit der Sache fehlt es bei einer festen Verbindung mit einem Grundstück.

Beispiel: Ölverseuchtes Erdreich wird erst mit seiner Auskofferung zu Abfall.[23b]

Der vom Gesetzgeber in § 1 Abs. 1 S. 1 AbfG definierte Abfallbegriff beinhaltet eine Synthese aus *subjektivem* und *objektivem* Abfallbegriff.[24] In § 1 Abs. 1 S. 2 AbfG ist zusätzlich ein *erweiterter* Abfallbegriff geregelt.

1. Subjektiver Abfallbegriff

9 Nach dem subjektiven Abfallbegriff des § 1 Abs. 1 S. 1 AbfG sind Abfälle „alle beweglichen Sachen, deren sich der Besitzer entledigen will".[25] Unabhängig vom objektiven Wert einer Sache kommt es demnach allein auf den *Entledigungswillen* des Abfallbesitzers an.[26] Notwendig ist die zumindest konkludente Äußerung des Entledigungswillens. *Abfallbesitzer* ist derjenige, der die tatsächliche Gewalt über die Sache hat. Anders als beim zivilrechtlichen Besitzbegriff kommt es auf den Willen, die Sache zu besitzen, im Abfallrecht nicht an.[27] *Entledigen* i. S. d. § 1 Abs. 1 S. 1 AbfG bedeutet die Gewahrsamsaufgabe zum alleinigen Zwecke der Beseitigung der Sache.[28] Verfolgt der Abfallbesitzer mit der Gewahrsamsaufgabe weitere Zwecke, will er etwa die Sache veräußern, verschenken oder einer Verwertung als Rohstoff zuführen, liegt keine Entledigung im Sinne des subjektiven Abfallbegriffs vor.

Beispiele: Kein Abfall im Sinne des subjektiven Abfallbegriffs ist deshalb Altglas, das von einem gewerblichen Unternehmen in aufgestellten Behältern gesammelt wird, um als Rohstoff an Glashütten veräußert zu werden.[29] Das gleiche gilt für Altpapier, das ohne Entgelt einem gewerblichen Altpapiersammler überlassen wird.[30]

[23a] *BVerwG,* Urt. v. 22. 11. 1985 – 4 A 1/83 –, NJW 1986, 2524.

[23b] *Schwermer,* in: Kunig/Schwermer/Versteyl, AbfG § 1 Rn. 5; vgl. auch OVG NW, Urt. v. 13. 2. 1987 – 10 A 29/87 – NJWBl. 1987, 19, wonach baufällige Gebäude noch kein Abfall sind, sondern erst der durch den Abriß enstehende Bauschutt; zum Begriff der Beweglichkeit *Schwachheim,* NVwZ 1989, 128ff.

[24] Umfassend zum Abfallbegriff: *Franßen,* in: Grundzüge des Umweltrechts, S. 408ff.; *Fuchs,* GewArch. 1984, 217ff.; *Jakobi,* UPR 1985, 82ff.; *Bartels,* Abfallrecht, S. 15ff.

[25] Nach *Franßen,* in: Grundzüge des Umweltrechts, S. 410, ist der subjektive Abfallbegriff der Abfallbegriff der Wegwerfgesellschaft.

[26] Vgl. *Von Lersner,* HdUR, Bd. I, Sp. 2; *Franßen,* in: Grundzüge des Umweltrechts, S. 408ff.

[27] Vgl. *Hösel/von Lersner,* Recht der Abfallbeseitigung, § 1 Rn. 6; vgl. *BVerwG,* Urt. v. 11. 2. 1983 – 7 C 45/80 –, E 67, 8 (12); *BGH,* Urt. v. 14. 3. 1985 – III ZR 12/84 –, NVwZ 1985, 447f.

[28] Vgl. *Franßen,* in: Grundzüge des Umweltrechts, S. 409; *Hösel/von Lersner,* Recht der Abfallbeseitigung, § 1 Rn. 6.

[29] Vgl. *BVerwG,* Beschl. v. 18. 5. 1983 – 7 B 22.83 –, DÖV 1983, 600; *OVG Münster,* Urt. v. 8. 12. 1982 – 20 A 570/82 –, NVwZ 1983, 561.

[30] *BayObLG,* Urt. v. 23. 8. 1983 – 3 Ob OWi 124/83 –, GewArch. 1983, 398.

Nimmt ein Dritter von einer entledigten Sache Besitz, um sie zu behalten und zu nutzen, kann die bereits vorhandene Abfalleigenschaft auch wieder entfallen. Mit Hilfe des subjektiven Abfallbegriffs soll verhindert werden, daß die nach § 3 Abs. 2 S. 1 AbfG zuständige Körperschaft sich ihrer Entsorgungspflicht mit dem Argument entzieht, die Sache, derer sich der Besitzer entledigen wolle, sei noch brauchbar und demzufolge kein Abfall.[31] Würde man allein auf den Entledigungswillen des Abfallbesitzers abstellen, so könnte dieser allein darüber entscheiden, ob eine Sache als Abfall im Sinne des AbfG anzusehen ist. Bei Fehlen eines entsprechenden Entledigungswillens könnte das zur Folge haben, daß umweltschädliche Stoffe auf die Umwelt einwirken, ohne daß die Möglichkeit gegeben wäre, sie als Abfall zu entsorgen.[32] Der subjektive Abfallbegriff muß deshalb durch eine objektive Komponente ergänzt werden. Dazu dient der objektive Abfallbegriff. **10**

2. Objektiver Abfallbegriff

Von dem objektiven Abfallbegriff des § 1 Abs. 1 AbfG werden alle beweglichen Sachen erfaßt, „deren geordnete Entsorgung zur Wahrung des Wohls der Allgemeinheit, insbesondere des Schutzes der Umwelt, geboten ist". Abfall im Sinne des objektiven Abfallbegriffs sind Gegenstände, die für ihren ursprünglichen Zweck nicht mehr verwendbar sind und in ihrem jeweiligen Zustand das – durch § 2 Abs. 1 AbfG konkretisierte – *Wohl der Allgemeinheit*, insbesondere die Umwelt gefährden. Ob eine Entsorgung geboten ist, hängt von einer Gesamtabwägung der Interessen des Besitzers und den Belangen der Allgemeinheit unter Berücksichtigung aller Umstände des Einzelfalls ab.[33] Auf den Wert der Sache kommt es nicht allein an.[34] Gegenstände, die nicht völlig wertlos sind, können aufgrund einer Gefährdung des Allgemeinwohls Abfälle sein. Des weiteren sind auch Produktionsrückstände und Wirtschaftsgüter, deren Weiterverwertung nach der Verkehrsauffassung wirtschaftlich nicht vertretbar oder technisch nicht möglich ist, Abfälle.[35] Der objektive Abfallbegriff setzt keinen Entledigungswillen des Besitzers voraus. Wenn eine geordnete Entsorgung der Sache zur Bewahrung des Wohls der Allgemeinheit geboten ist, können deshalb auch solche Sachen Abfall sein, deren sich der Besitzer nicht entledigen will.[36] **11**

Beispiele: Abfall im objektiven Sinn können etwa Batterien sein, wenn sie das Grundwasser gefährden,[37] Chemikalien, wenn ihre Verwertung entweder technisch

---

[31] *Franßen*, in: Grundzüge des Umweltrechts, S. 49.

[32] Vgl. dazu *Bartels*, Abfallrecht, S. 23.

[33] Vgl. *Breuer*, Umweltschutzrecht, 693; *Eckert*, NVwZ 1985, 388; *Schmidt*, Umweltrecht, S. 76; vgl. auch *BVerwG*, Urt. v. 2. 9. 1983 – 4 C 5/80 –, NJW 1984, 817 (818); vgl. aber auch *Kippels*, in: Ketteler/Kippels, Umweltrecht, S. 167, wonach ein Rückgriff auf die in § 2 Abs. 1 AbfG genannten Rechtsgüter zumindest unmittelbar nicht in Betracht kommt.

[34] Vgl. *OVG Berlin*, Urt. v. 13. 6. 1980 – OVG 2 B 48/78 –, GewArch. 1980, 279 (280); *Bartels*, Abfallrecht, S. 25.

[35] Siehe dazu *Eckert*, NVwZ 1985, 388 m. w. N.; vgl. auch *BVerwG*, Beschl. v. 6. 9. 1988 – 7 B 35.88 – UPR 1989, 33.

[36] *Hösel/von Lersner*, Recht der Abfallbeseitigung, § 1 Rn. 9.

[37] Vgl. *OVG Koblenz*, Urt. v. 4. 6. 1985 – 7 A 131/84 –, Nachweis bei *Hösel/von Lersner*, Recht der Abfallbeseitigung, § 1 Rn. 12.

unmöglich oder wirtschaftlich nicht vertretbar ist,[38] Entwicklungsbäder aus Fotolabors und Druckereien, wenn ihre Gefährlichkeit eine kontrollierte Beseitigung verlangt.[39] Abfall im objektiven Sinne sind auch tote Fische, die am Ufer angeschwemmt wurden,[40] und der vom Hochwasser an den Ufern des Flusses angeschwemmte Unrat.[41] Abgelegte Erd- und Bauschuttmassen erfüllen nur dann die Voraussetzungen des objektiven Abfallbegriffs, wenn im konkreten Fall das öffentliche Wohl eine Beseitigung dieses Materials in einer zugelassenen Abfallentsorgungsanlage gebietet.[42]

Fall: A betreibt eine Holzfurnierfabrik. Die in seinem Betrieb bei der Verbrennung unbehandelter Holzreste anfallende Asche verwendet er – gemischt mit Erdaushub – zur Auffüllung einer Bodensenke auf seinem Betriebsgrundstück. Dies wurde ihm mit der Begründung untersagt, eine Ablagerung der Verbrennungsrückstände sei unzulässig, da es sich hierbei um Abfall handele, der in einer zugelassenen Abfallentsorgungsanlage beseitigt werden müsse. Seine gegen diese Verfügung gerichtete Klage hatte Erfolg. Nach Ansicht des OVG Lüneburg handelte es sich bei der Auffüllung des Geländes nicht um eine illegale Beseitigung von Abfällen, weil die abgelagerte Asche kein Abfall im Sinne des AbfG sei.[43]

3. Erweiterter Abfallbegriff

12 Gem. § 1 Abs. 1 S. 2 AbfG sind bewegliche Sachen, die der Besitzer der entsorgungspflichtigen Körperschaft oder dem von dieser beauftragten Dritten überläßt, aber auch im Falle der Verwertung Abfälle, bis sie oder die aus ihnen gewonnenen Stoffe oder erzeugte Energie dem Wirtschaftskreislauf zugeführt werden. Reststoffe, wie z. B. Altpapier oder Altglas, unterfallen somit zwar nicht dem subjektiven Abfallbegriff, wenn sie von privaten Unternehmen in Containern eingesammelt werden. Gem. § 1 Abs. 1 S. 2 AbfG sind sie aber gleichwohl Abfall, wenn die Reststoffsammlung durch entsorgungspflichtige Körperschaften bzw. deren Beauftragte vorgenommen wird.

13 Der objektive Abfallbegriff des § 1 Abs. 1 S. 1 AbfG wird gem. § 5 Abs. 2 AbfG außerdem erweitert durch die Einbeziehung von **Kraftfahrzeugen** oder **Anhängern** „ohne gültige amtliche Kennzeichnung, die auf öffentliche Flächen oder außerhalb im Zusammenhang bebauter Ortsteile abgestellt sind, wenn keine Anhaltspunkte dafür sprechen, daß sie noch bestimmungsgemäß benutzt werden oder daß sie entwendet wurden, und wenn sie nicht innerhalb eines Monates nach einer am Fahrzeug angebrachten, deutlich sichtbaren Aufforderung entfernt worden sind". Damit soll den Behörden ein Vorgehen gegen wild abgestellte Kraftfahrzeuge oder Anhänger erleichtert werden. Sinn der Vorschrift ist es, der zuständigen Behörde langwierige Ermittlungen zur Feststellung der Abfalleigenschaft zu ersparen.[44]

---

[38] Vgl. *BayVGH*, Urt. v. 20. 10. 1980 – 46 XXII/77 –, GewArch. 1981, 223.
[39] *VGH Kassel*, Urt. v. 21. 4. 1986 – 5 TH 592/86 –, NJW 1987, 393.
[40] *BVerwG*, Urt. v. 2. 9. 1983 – 4 C 5.80 – (zit. nach *Hösel/von Lersner*, Recht der Abfallbeseitigung, § 1 Rn. 12).
[41] Vgl. *OVG Münster*, Urt. v. 14. 1. 1985 – 20 A 3034/83 –,
[42] *OVG RP*, Urt. v. 19. 5. 1987 – 7 A 58/86 –, DÖV 1987, 1021; zum Fäkalschlamm als Abfall siehe *BayObLG*, Beschl. v. 29. 6. 1987 – RReg 4 St 89/87 – , DÖV 1987, 1019.
[43] *OVG Lüneburg*, Urt. v. 15. 7. 1985 – 7 A 21/85 –, UPR 1986, 228.
[44] *Bartels*, Abfallrecht, S. 28.

II. Anwendung des Abfallgesetzes auf Altöle, Anlagen zur Entsorgung von Autowracks und Dungstoff

Wie bereits erwähnt, finden die Vorschriften des AbfG zum Teil auch auf Stoffe Anwendung, die zwar nicht direkt dem Abfallbegriff des § 1 Abs. 1 S. 1 AbfG unterfallen, von denen aber erhebliche Gefahren für die Umwelt bei ihrer Verwendung ausgehen können. **14**

Mit der Verabschiedung des neuen AbfG ist das AltölG aufgehoben worden (§ 30 AbfG). Auf die Altölbeseitigung findet nun – unabhängig davon, ob es sich bei dem **Altöl** im konkreten Fall um Abfall oder ein Wirtschaftsgut handelt – das AbfG nach Maßgabe der §§ 5 a, 5b AbfG Anwendung.[45] Von besonderer Bedeutung ist dabei die **Informations-** und **Rücknahmepflicht** des § 5b AbfG. Wer gewerbsmäßig Verbrennungsmotoren- oder Getriebeöle an Endverbraucher abgibt, ist gem. § 5b S. 1 AbfG verpflichtet, in geeigneter Weise auf die Pflicht zur geordneten Entsorgung gebrauchter Verbrennungsmotoren- oder Getriebeöle hinzuweisen. Der Verkäufer hat außerdem am Verkaufsort oder in dessen Nähe eine Annahmestelle für solche gebrauchten Öle einzurichten oder nachzuweisen, an denen die gebrauchten Öle kostenlos angenommen werden. **15**

Eine Erweiterung der Anwendbarkeit abfallrechtlicher Vorschriften regelt § 5 Abs. 1 AbfG für Anlagen, die der Lagerung oder Behandlung von **Autowracks** dienen. Auf sie finden die Vorschriften über Abfallentsorgungsanlagen Anwendung.[46] **16**

Und schließlich finden gem. § 15 Abs. 1 S. 1 AbfG die §§ 2 Abs. 1 und 11 AbfG Anwendung auf Stoffe, die auf landwirtschaftlich, forstwirtschaftlich oder gärtnerisch genutzten Flächen aufgebracht werden. Gesetzgeberisches Motiv der Regelung des § 15 Abs. 1 S. 1 AbfG waren die unzulänglichen Anforderungen des Agrarrechts an eine hygienisch und ökologisch einwandfreie Bodenbehandlung mit den in § 15 Abs. 1 S. 1 AbfG genannten Stoffen.[47] § 15 AbfG kommt zur Anwendung, wenn **Dungstoffe** noch als Wirtschaftsgut betrachtet werden und somit grundsätzlich kein Abfall sind, jedoch aus hygienischen und ökologischen Gründen die Anwendung abfallrechtlicher Vorschriften bereits geboten ist.[48] **17**

III. Nichtanwendung des Abfallgesetzes auf Stoffe i. S. d. § 1 Abs. 3 AbfG

Gem. § 1 Abs. 3 AbfG sollen die Stoffe dem Anwendungsbereich des AbfG entzogen sein, deren Entsorgung bereits in spezielleren Rechtsvorschriften – wie z. B. dem TierKBG dem PflSchG (Nr. 1), dem AtG (Nr. 2), dem Bergrecht (Nr. 3) mit Ausnahme von § 12 AbfG und der sich hierauf **18**

[45] Siehe dazu *Kreft*, UPR 1986, 402ff.; *Versteyl*, UPR 1986, 167ff.; *Müller/Nacken*, GewArch. 1987, 156ff.; *Cronauge*, StGR 1987, 99 (102); *Backes*, DVBl. 1987, 333 (336); *Umweltministerium*, Umwelt Nr. 4/5 vom 25. September 1986, 17 (18).

[46] Vgl. dazu *OVG Koblenz*, Urt. v. 4. 3. 1986 – 7 A 76/85 –, NVwZ 1986, 665; krit. dazu *Baumgartner*, NVwZ 1987, 958; vgl. dazu auch *VGH Kassel*, Urt. v. 24. 9. 1986 – 5 UE 704/85 –, NVwZ 1987, 993; *BVerwG*, Urt. v. 1. 12. 1982 – 7 C 10.79 –, E 66, 301 (303); *VGH München*, Beschl. v. 27. 11. 1985 – 20 CS 85 A. 2857 –, NVwZ 1986, 492.

[47] Vgl. *Hösel/von Lersner*, Recht der Abfallbeseitigung, § 15 Rn. 3.

[48] Siehe dazu *Franßen*, in: Grundzüge des Umweltrechts, S. 412f.

beziehenden Bußgeldvorschriften, dem Immissionsschutzrecht hinsichtlich der nichtgefaßten gasförmigen Stoffe (Nr. 4) oder dem WHG (Nr. 5) – geregelt ist. Soweit die in Bezug genommenen Gesetze weniger hohe Anforderungen an die Abfallentsorgung stellen als § 2 Abs. 1 AbfG enthält, können die Anforderungen des AbfG auch bei der Beseitigung der in § 1 Abs. 3 AbfG ausgeschlossenen Abfälle ergänzend und konkretisierend herangezogen werden. Da der Gesetzgeber offensichtlich davon ausgeht, daß eine unschädliche Entsorgung der vom Gesetz ausgenommenen Abfälle nach den einschlägigen Sondergesetzen gewährleistet sei, dürfte es nicht Sinn des § 1 Abs. 3 AbfG sein, an die Beseitigung der dort genannten Abfallgruppen weniger hohe Anforderungen zu stellen.[49]

C. System der Abfallentsorgung

19 Das im AbfG geregelte System der Abfallentsorgung wird geprägt durch

- **Abfallvermeidungs-** und **Abfallverwertungsgebote** (I.),
- **Grundsätze der Abfallentsorgung** (II.),
- **Entsorgungspflichten** (III.),
- eine **Ordnung der Entsorgung** (IV.) und durch
- **Abfallentsorgungspläne** (V).

I. Abfallvermeidung und Abfallverwertung

20 Die erheblichen Probleme der Abfallentsorgung müssen grundsätzlich durch die
- **Vermeidung**,
- **Verwertung** und
- **Beseitigung**

von Abfällen gelöst werden. Der Bundesgesetzgeber hat alle drei Möglichkeiten im Abfallrecht geregelt. Umweltpolitisch ist die *Vermeidung* von Abfällen ihrer *Verwertung*, die *Abfallverwertung* wiederum der sonstigen *Abfallbeseitigung* vorzuziehen.[50] Das AbfG sieht in § 3 Abs. 2 S. 3 AbfG den zwingenden Vorrang der *Abfallverwertung* vor der sonstigen Entsorgung vor, wenn sie technisch möglich ist, die hierbei entstehenden Mehrkosten im Vergleich zu anderen Verfahren der Entsorgung nicht unzumutbar sind und für die gewonnenen Stoffe oder Energie ein Markt vorhanden ist oder insbesondere durch Beauftragung Dritter geschaffen werden kann. Keine zwingende Priorität ist dagegen der Abfallvermeidung gegenüber der Abfallentsorgung eingeräumt, wenngleich durch den systematischen Aufbau des § 1a AbfG eine ökologische Prioritätenfolgen angedeutet wird.[51]

---

[49] So zu Recht *Hösel/von Lersner*, Recht der Abfallentsorgung, § 1 Rn. 21; krit. zu dieser Regelung *Backes*, DVBl. 1987, 333 (334).

[50] Zum Einstieg in eine umweltfreundliche Abfallentsorgung siehe *Ansorge*, StGR 1987, 105ff.; *Castro*, StGR 1987, 105ff.

[51] Vgl. *Hösel/von Lersner*, Recht der Abfallbeseitigung, § 1a Rn. 2; *Backes*, DVBl. 1987, 333 (335); *Bender/Sparwasser*, Umweltrecht, Rn. 163; a.A.: *Bergmüller*, BayVBl. 1987, 193; einschränkend auch *Klages*, NVwZ 1988, 481ff.; *Versteyl*, in: Kunig/Schwermer/Versteyl, AbfG, § 2 Rn. 8; als Ziel der Abfallwirtschaft ist Vermeidung vor Verwertung und Verwertung vor Beseitigung in § 1 LAbfG NW geregelt.

1. *Abfallvermeidung*

21 Gem. § 1a Abs. 1 S. 1 AbfG sind Abfälle nach Maßgabe von Rechtsverordnungen aufgrund des § 14 Abs. 1 Nr. 3, 4 und Abs. 2 S. 3 Nr. 2 bis 5 AbfG zu vermeiden. Das Vermeidungsgebot des § 1a Abs. 1 AbfG enthält keine eigene unmittelbar verbindliche rechtliche Wirkung, sondern eine *programmatische Aussage*, die sich vor allem an Industrie und Gewerbe richtet und wonach das Abfallaufkommen so weit wie möglich durch abfallarme Produktionsverfahren zu senken ist.[52]

Zu den möglichen Maßnahmen der Vermeidung zählen z. B. der Verzicht auf als Abfall anfallende Produkte oder Zutaten, die bessere Ausnutzung der eingesetzten Rohstoffe oder Vorprodukte und die Verlängerung der Haltbarkeit oder Reparaturfreundlichkeit von Produkten oder Produktteilen.[53]

22 Seine eigentliche Wirkung erhält das Vermeidungsgebot über § 14 AbfG. Gem. § 14 Abs. 1 AbfG wird die Bundesregierung ermächtigt, zur Vermeidung oder Verringerung schädlicher Stoffe in Abfällen oder zu ihrer umweltverträglichen Entsorgung nach Anhörung der beteiligten Kreise Rechtsverordnungen zu erlassen, die auf die bessere Entsorgung gefährlicher Abfälle wie z.B. gebrauchte Batterien, quecksilberhaltige Thermometer, Anstrichmittel usw. abzielen. Geregelt werden können durch Rechtsverordnung

- **Kennzeichnungspflichten,**
- **Pflichten zur getrennten Entsorgung,**
- **Rücknahme- und Pfandpflicht,**
- **Produktverbote.**

23 Durch den Erlaß derartiger Rechtsverordnungen soll erreicht werden, daß ein großer Teil schadstoffhaltiger Abfälle aus der konventionellen Abfallentsorgung, insbesondere der Hausmüllabfuhr ferngehalten wird.

24 § 14 Abs. 2 AbfG betrifft die Verpflichtung zur Festlegung von Zielen, die die Vermeidung oder Verringerung von Abfallmengen betreffen. Diese Ziele sollen insbesondere Beschränkungen für Verpackungen und Behältnisse umfassen.[54]

25 Für die Durchsetzung des Abfallvermeidungsgebots ist außerdem § 5 Abs. 1 Nr. 3 BImSchG von zentraler Bedeutung. Danach dürfen die nach Immissionsschutzrecht genehmigungsbedürftige Anlage nur so errichtet und betrieben werden, daß Reststoffe vermieden werden, es sei denn, sie werden ordnungsgemäß und schadlos verwertet, oder, soweit Vermeidung und Verwertung technisch nicht möglich oder unzumutbar sind, als Abfälle ohne Beeinträchtigung des Wohls der Allgemeinheit beseitigt werden. Die Pflichten der Betreiber genehmigungspflichtiger Anlagen, Abfälle nach den Regelungen des BImSchG durch den Einsatz reststoffarmer Verfahren oder durch

---

52 Vgl. *Zimmermann*, Der Landkreis 1986, S. 191.

53 Vgl. *Hösel/von Lersner*, Recht der Abfallbeseitigung, § 1a Rn. 4; ausführlicher zu den rechtlichen Instrumenten der Abfallvermeidung *Klages*, NVwZ 1988, 481 ff.

54 Ausführlich zur Änderung des § 14 AbfG *Eckert*, NVwZ 1986, 898 (899 f.); *Bakkes*, DVBl. 1987, 333 (337 f.); *Bergmüller*, BayVBl. 1987, 193 (195); zur Umsetzung des § 14 AbfG vgl. auch den Bericht der Bundesregierung über den Vollzug des AbfG vom 27. 8. 1986, Umweltbrief Nr. 36, S. 22 ff.

Verwertung von Reststoffen zu vermeiden, bleiben gem. § 1a Abs. 1 S. 2 AbfG ausdrücklich unberührt.

2. Abfallverwertung

26 Neben der Abfallvermeidung enthält das AbfG Regelungen über die Entsorgung von Abfällen. Gem. § 1 Abs. 2 AbfG umfaßt die Abfallentsorgung das Gewinnen von Stoffen oder Energie aus Abfällen (Abfallverwertung) und das Ablagern von Abfällen sowie die hierzu erforderlichen Maßnahmen des Einsammelns, Beförderns, Behandelns und Lagerns. Diese Definition der Abfallentsorgung wird allerdings nicht allen Entsorgungsformen gerecht. Vor allem umfaßt die Abfallbeseitigung nicht nur das Ablagern von Abfällen, sondern auch die **Abfallverbrennung ohne Energienutzung**.[55] Bei der Abfallverwertung sind gem. § 1a Abs. 2 AbfG die gem. § 14 Abs. 1 Nr. 2, 3 und Abs. 2 S. 3 Nr. 2 bis 4 AbfG erlassenen Rechtsverordnungen und § 3 Abs. 2 S. 3 AbfG zu beachten, wonach die Abfallverwertung Vorrang vor der sonstigen Entsorgung hat, wenn sie technisch möglich ist, die hierbei entstehenden Mehrkosten im Vergleich zu anderen Verfahren der Entsorgung nicht unzumutbar sind und für die gewonnenen Stoffe oder Energie ein Markt vorhanden ist oder insbesondere durch Beauftragung Dritter geschaffen werden kann. Die Verwertungspflicht trifft in erster Linie – wie die Abfallbeseitigung im übrigen auch – zunächst die beseitigungspflichtigen Körperschaften des öffentlichen Rechts.[56] Unter Abfallverwertung ist die Rückführung von Abfällen in den Wirtschaftskreislauf durch das Gewinnen von Stoffen und Energie aus dem Abfall zu verstehen.[57]

3. Abfallbeseitigung

27 Soweit Abfallvermeidung und die Abfallverwertung nicht in Betracht kommen, verbleibt es bei der Verpflichtung zur Abfallbeseitigung. Trotz des umweltpolitischen Vorranges der Abfallvermeidung und der Abfallverwertung befassen sich die ganz überwiegenden Vorschriften des AbfG mit der Abfallentsorgung durch das Ablagern von Abfällen oder durch die Abfallverbrennung sowie den dazu erforderlichen Maßnahmen des Einsammelns, Beförderns, Behandelns und Lagerns.

II. Grundsätze der Abfallentsorgung

28 Die Grundsätze der Abfallentsorgung sind in § 2 AbfG geregelt.

1. Abfallentsorgung im Inland

29 Gem. § 2 Abs. 1 S. 1 AbfG sind Abfälle, die im Geltungsbereich des AbfG anfallen, auch dort zu entsorgen, soweit § 13 AbfG nichts anderes zuläßt.[58]

---

[55] Vgl. *Bergmüller*, BayVBl. 1987, 193.

[56] Vgl. *Cronauge*, StGR 1987, 99 (101).

[57] Vgl. dazu *Zimmermann*, der landkreis 1986, 191 (192); *von Lersner*, HdUR, Bd. I, Sp. 3. Zur Förderung der Abfallvermeidung und Abfallverwertung durch Maßnahmen des kommunalen Abgabenrechts, *Dahmen*, KStZ 1988, 132ff.

[58] Zur Regelung des grenzüberschreitenden Abfallverkehrs gem. § 13 AbfG siehe unten, § 28, Rn. 98ff.

2. Allgemeinwohlverträgliche Abfallentsorgung

Abfälle sind außerdem gem. § 2 Abs. 1 S. 2 AbfG so zu entsorgen, daß das Wohl der Allgemeinheit nicht beeinträchtigt wird. Eine Beeinträchtigung des Allgemeinwohls liegt nach § 2 Abs. 1 S. 2 AbfG insbesondere dann vor, wenn **30**

- die Gesundheit der Menschen gefährdet und ihr Wohlbefinden beeinträchtigt,
- Nutztiere, Vögel, Wild und Fische gefährdet,
- Gewässer, Boden und Nutzpflanzen schädlich beeinflußt,
- schädliche Umwelteinwirkungen durch Luftverunreinigungen oder Lärm herbeigeführt,
- die Belange des Naturschutzes und der Landschaftspflege sowie des Städtebaus nicht gewahrt oder
- sonst die öffentliche Sicherheit und Ordnung gefährdet oder gestört werden.

Demnach ist der Allgemeinwohlbegriff des Abfallrechts nicht auf abfallrechtliche Belange beschränkt, er erstreckt sich vielmehr auf den Schutz der öffentlichen Sicherheit und Ordnung allgemein und damit nicht zuletzt auf die Beachtung anderer öffentlich-rechtlicher Vorschriften. Der Begriff „insbesondere" in § 2 Abs. 1 S. 2 AbfG macht zudem deutlich, daß die notwendige Allgemeinwohlverträglichkeit fachübergreifende Überlegungen ermöglicht und unter Umständen sogar fordert.[59] Die in § 2 AbfG enthaltenen Schutzgüter sind bei der abfallrechtlichen Fachplanung als Planungsleitsätze mit der Maßgabe zu beachten, daß sie die äußerste Grenze der planerischen Gestaltungsfreiheit darstellen. Sie enthalten planerische Vorgaben, an denen sich die Zusammenstellung und Gewichtung des Abwägungsmaterials bereits unterhalb der Stufe der Abwägung orientieren muß.[60] Als unbestimmter Rechtsbegriff unterliegt der Allgemeinwohlbegriff voller gerichtlicher Kontrolle.[61a] Gem. § 2 Abs. 1 S. 3 AbfG sind nicht zuletzt die Ziele und Erfordernisse der Raumordnung und Landesplanung zu beachten. **31**

3. Entsorgung von Sonderabfällen

An die Entsorgung von Abfällen aus gewerblichen oder sonstigen wirtschaftlichen Unternehmen oder öffentlichen Einrichtungen, die nach Art und Beschaffenheit oder Menge in besonderem Maße gesundheits-, luft- oder wassergefährdend, explosibel oder brennbar sind oder Erreger übertragbarer Krankheiten enthalten oder hervorbringen können, sind schließlich gem. § 2 Abs. 2 S. 1 AbfG nach Maßgabe des AbfG zusätzliche Anforderungen zu stellen. **Sonderabfälle** i. S. v. § 2 Abs. 2 S. 1 AbfG werden von der Bundesregierung durch Rechtsverordnung mit Zustimmung des Bundesrates bestimmt (§ 2 Abs. 2 S. 2 AbfG). **32**

---

[59] Siehe dazu *Beckmann*, DÖV 1987, 944 (951); *Bartels*, Abfallrecht, S. 24; *Kunig*, in: Kunig/Schwermer/Versteyl, AbfG, § 2 Rn. 24.41 *Hösel/von Lersner*, Recht der Abfallentsorgung, § 2 Rn. 7; a.A.: *Schmidt*, Umweltrecht, S. 80.

[60] Siehe dazu *VGH BW*, Urt. v. 24. 11. 1987 – 10 S 1044/ 84 –, UPR 1988, 191; a.A. *BayVGH*, Urt. v. 17. 3. 1987 – 20 B 86.00843 u. a. –, UPR 1988, 199.

[61a] Vgl. dazu überzeugend *Kunig*, in: Kunig/Schwermer/Versteyl, AbfG, § 2 Rn. 16; siehe auch *Beckmann/Appold/Kuhlmann*, DVBl. 1988, 1002 (1005).

III. Verpflichtung zur Abfallentsorgung

33 Der Gesetzgeber hat in § 3 AbfG die Abfallentsorgungspflicht grundsätzlich als öffentliche Aufgabe ausgestaltet, die mit der Pflicht des Abfallbesitzers, die Abfälle dem Entsorgungspflichtigen zu überlassen, unmittelbar korrespondiert. Die Pflichten der beseitigungspflichtigen öffentlichen Körperschaften und der Abfallbesitzer sind in § 3 AbfG sorgfältig ausgewogen geregelt.[61] Sie lassen sich in folgendem Stufenverhältnis darstellen:

- Überlassungspflicht des Besitzers (§ 3 Abs. 1 AbfG),
- Beseitigungspflicht der Körperschaft (§ 3 Abs. 2 AbfG),
- Ausschlußmöglichkeit der Körperschaft für bestimmte Abfälle mit der Folge der Beseitigungspflicht des Besitzers (§ 3 Abs. 3, Abs. 4 AbfG),[62]
- Verpflichtung des Inhabers einer Anlage, Abfälle damit zu beseitigen (§ 3 Abs. 5 AbfG),
- Möglichkeit, private Anlagen zuzulassen (§ 3 Abs. 6 S. 1 AbfG),
- Möglichkeit der Auflage für private Anlagen, andere Abfälle mit zu beseitigen (§ 3 Abs. 6 S. 2 AbfG) und
- Duldungspflicht des Bergbauberechtigten hinsichtlich der Abfallbeseitigung in seiner Anlage (§ 3 Abs. 7 AbfG).

1. Überlassungspflicht der Abfallbesitzer

34 Gem. § 3 Abs. 1 AbfG hat der Besitzer Abfälle dem Beseitigungspflichtigen zu überlassen. Der damit verbundene **Anschluß- und Benutzungszwang** bei der Abfallbeseitigung ist im Grundsatz anerkannt,[63] führt aber in seiner konkreten Ausgestaltung immer wieder zu Rechtsstreitigkeiten.[64] Die Überlassungspflicht des Abfallbesitzers ist eine Konkretisierung des Verursacherprinzips, dem bei der Abfallbeseitigung außerdem dadurch Rechnung getragen wird, daß die beseitigungspflichtigen Körperschaften vom Besitzer der Abfälle als Verursacher kostendeckende Gebühren erheben.[65] Der Abfallbesitzer hat der beseitigungspflichtigen Körperschaft alle Abfälle zu überlassen, sofern

- sie nicht nach § 3 Abs. 3 AbfG von der Beseitigung ausgeschlossen wurden oder
- er nicht eine Erlaubnis zur Beseitigung in einer zugelassenen Anlage nach § 3 Abs. 6 AbfG hat oder
- er nicht aufgrund einer Ausnahme nach § 4 Abs. 2 AbfG oder einer Rechtsverordnung nach § 4 Abs. 4 AbfG selbst berechtigt ist, die Abfälle außerhalb zugelassener Anlagen zu beseitigen.[66]

35 Welche Anforderungen die Überlassungspflicht an den Abfallbesitzer stellt, ist im AbfG nicht geregelt. Grundsätzlich bedeutet die Überlassungspflicht eine Pflicht des Abfallbesitzers, die angefallenen Abfälle auf dem

---

[61] Vgl. dazu und zur nachfolgenden Übersicht *Hösel/ von Lersner*, Recht der Abfallbeseitigung, § 3 Rn. 3.; aus der öffentlichen Entsorgungspflicht leitet vor allem *Große-Hündfeld* einen auf die Beschleunigung der Zulassungsverfahren für Abfallentsorgungsanlagen gerichteten staatlichen Handlungsauftrag, vgl. *Große-Hündfeld*, Die abfallrechtliche Planfeststellung, S. 7.

[62] Zur Sonderabfallentsorgung in NW siehe *Matthiesen*, NWVBl. 1987, 74ff.

[63] Vgl. *Eckert*, NvwZ 1987, 951 (956) m. w. N.

[64] Siehe dazu ausführlich *Eckert*, NVwZ 1987, 951 (956f.).

[65] Vgl. *Hösel/von Lersner*, Recht der Abfallbeseitigung, § 3 Rn. 2.

[66] Vgl. dazu *Hösel/von Lersner*, Recht der Abfallbeseitigung, § 3 Rn. 4.

Grundstück zusammenzutragen und sie für die Abholung bereitzustellen.[67] Die Landesabfallgesetze schreiben regelmäßig vor, daß die beseitigungspflichtigen Körperschaften durch Satzung bestimmen, „unter welchen Voraussetzungen Abfälle als angefallen gelten" oder in welcher Art und Weise sie zu überlassen sind.[68] Nach Ansicht des *BVerwG* ist der Grundstückseigentümer grundsätzlich jedoch nicht zum Zusammentragen und Bereitstellen der Abfälle verpflichtet, wenn Dritte widerrechtlich und gegen den Willen des Besitzers Abfälle als sogenannten „wilden Müll" auf einem der Allgemeinheit frei zugänglichen Grundstück ablagern. Etwas anderes – d. h. die Pflicht zum Zusammentragen und Bereitstellen der Abfälle – soll für den Grundstückseigentümer jedoch dann gelten, wenn nach der Verkehrsauffassung das Grundstück nicht von jedermann betreten werden durfte und somit zum alleinigen Herrschaftsbereich des Grundstückseigentümers gehörte.[69] Dieser Rechtsprechung folgend hat jüngst der Gesetzgeber in NW gem. § 5 Abs. 1 S. 2 LAbfG bestimmt, daß zur Müllabfuhr auch das Einsammeln der im Gemeindegebiet fortgeworfenen und verbotswidrig abgelagerten Abfälle einschließlich der Auto-, Motorrad- und anderer Zweiradwracks von den der Allgemeinheit zugänglichen Grundstücken gehört, wenn Maßnahmen gegen der• Verursacher nicht möglich oder nicht vertretbar sind oder kein anderer verpflichtet ist.

Als mit dem AbfG unvereinbar ist dagegen eine landesabfallrechtliche Regelung angesehen worden, mit der die Einsammlungspflicht hinsichtlich des Schwemmguts an Gewässern dem Unterhaltungspflichtigen übertragen werden sollte.[70] Eine ordnungsrechtliche Pflicht zur Abfallentsorgung durch den jeweiligen Abfallsünder als Handlungsstörer oder den jeweiligen Grundstücksbesitzer als Zustandsstörer nach den allgemeinen Vorschriften des Polizei- und Ordnungsrechts ist mit den Spezialregelungen des Abfallrechtes (§ 3 Abs. 2 i. V. m. § 1 Abs. 2 AbfG) nicht zu vereinbaren.[71] 36

2. *Abfallentsorgung als öffentliche Aufgabe*

Gem. § 3 Abs. 2 S. 1 AbfG sind die nach Landesrecht zuständigen Körperschaften des öffentlichen Rechts verpflichtet, die in ihrem Gebiet anfallenden Abfälle zu entsorgen. Gem. § 3 Abs. 2 S. 2 AbfG können sie sich jedoch zur 37

[67] Vgl. *BVerwG*, Urt. v. 1. 12. 1982 – 7 C 97/78 –, NVwZ 1983 , 409ff.

[68] Vgl. z. B. § 1 Abs. 3 S. 2 LAbfG BW; Art. 3 Abs. 1 S. 1 BayAbfG; § 1 Abs. 3 S. 2 HAbfG; § 4 Abs. 1 LAbfG RP; siehe zum Ganzen *Franßen*, in: Grundzüge des Umweltrechts, S. 422.

[69] Vgl. *BVerwG*, Urt. v. 11. 2. 1983 – 7 C 45/80 –, NVwZ 1984, 409ff.; *BVerwG*, Beschl. v. 20. 7. 1988 – 7 B 9/88 – NVVwZ 1988, 1021; a. A.: *Breuer*, Umweltschutzrecht, S. 693; *Brosche*, DVBl. 1977, 237 (240).

[70] Vgl. *OVG Münster*, Urt. v. 14. 1. 1985 – 20 A 3034/83 –, siehe dazu *Hösel/von Lersner*, Recht der Abfallbeseitigung, § 3 Rn. 4; zur Frage, ob und unter welchen Voraussetzungen landesrechtliche Regelungen zulässig sind, die einen Dritten, der nicht Abfallbesitzer ist, aus Gründen der „Handlungshaftung" zu Maßnahmen der Abfallbeseitigung verpflichten können, siehe *BVerwG*, Beschl. v. 30. 10. 1987 – 7 C 87.86 –, DVBl. 1988, 151.

[71] *BVerwG*, Urt. v. 11. 2. 1983 – 7 C 45/80 –, NVwZ 1984, 409ff.; Urt. v. 2. 9. 1983 – 4 C 5.80 –, DVBl. 1984, 225.

Erfüllung dieser Pflicht Dritter bedienen. Die Landesgesetzgeber haben die Abfallentsorgungspflicht regelmäßig den Kreisen und kreisfreien Städten übertragen.[72] Dabei ist aber nach dem Landesrecht regelmäßig die Möglichkeit vorgesehen, einzelne Aufgaben der Abfallentsorgung auf die Gemeinden zu übertragen.[73] In Hessen ist bereits von Gesetzes wegen das Einsammeln des Abfalls den Gemeinden übertragen worden (§ 2 Abs. 1 HAbfG). In Nordrhein-Westfalen haben die kreisangehörigen Gemeinden die Abfälle ihres Gebietes einzusammeln und zu den Abfallentsorgungsanlagen oder – sonst vorhanden – zu den Müllumschlagsstationen zu befördern (§ 5 Abs. 2 LAbfG NW). Im Saarland haben gem. § 2 Abs. 1 LAbfG die Gemeinden die in ihrem Gebiet anfallenden Abfälle zu beseitigen. Dazu sind die Gemeinden gem. § 2 Abs. 2 LAbfG zu einem Zweckverband zusammengeschlossen.

Die weitgehende Übertragung der Beseitigungspflichten auf Kreise und kreisfreie Städte ist nach Ansicht des *BVerwG* mit dem Selbstverwaltungsrecht der Gemeinden gem. Art. 28 Abs. 2 S. 1 GG unter Berücksichtigung des Verhältnismäßigkeitsgrundsatzes vereinbar.[74] Dabei ist zu berücksichtigen, daß auch den Kreisen gem. Art. 28 Abs. 2 S. 2 GG das Recht der Selbstverwaltung zusteht. Hinzu kommt, daß eine am Wohl der Allgemeinheit orientierte Abfallentsorgung erfordert, daß in der Organisation der Abfallbeseitigung möglichst großräumige Lösungen anzustreben sind, die häufig nicht mehr auf dem relativ kleinen Gebiet einer Gemeinde bewältigt werden können.[75]

38 Soweit sich die zuständigen Körperschaften zur Erfüllung ihrer Entsorgungspflicht gem. § 3 Abs. 2 S. 2 AbfG Dritter bedienen können, kommt sowohl eine Beauftragung privater Unternehmen als auch eine Beauftragung von staatlichen Behörden in Betracht.[75a]

Beispiel: So können Forstbehörden das Einsammeln von „wildem Müll" für die beseitigungspflichtige Körperschaft übernehmen.[76]

Beauftragter Dritter kann grundsätzlich auch eine kreisangehörige Gemeinde sein.[77] Nicht jedoch kann Dritter i. S. d. § 3 Abs. 2 S. 2 AbfG der Abfallbesitzer sein.[78] Dieser ist nur ausnahmsweise entsorgungspflichtig (vgl. § 3 Abs. 4 S. 1 AbfG). Die Abfallentsorgung kann auch dem Inhaber einer zugelassenen Abfallentsorgungsanlage, der nicht bereits nach § 3 Abs. 2 oder 3 Abs. 4 AbfG verpflichtet ist, übertragen werden, wenn er Abfälle wirtschaftlicher beseitigen kann als eine entsorgungspflichtige Körperschaft (§ 3 Abs. 6 S. 1 AbfG).

---

[72] Vgl. § 1 Abs. 1 LAbfG BW; Art. 2 BayAbfG; § 1 Abs. 1 und 2 HAbfG; § 5 Abs. 1 LAbfG NW; § 1 LAbfG RP; § 1 AG AbfG SH.

[73] Vgl. dazu i.e. *Hösel/von Lersner*, Recht der Abfallbeseitigung, § 3 Rn. 11.

[74] *BVerwG*, Urt. v. 4. 8. 1983 – 7 C 2.81 –, E 67, 321ff.; siehe dazu die Anm. von *Wagener*, DÖV 1984, 164; *Blümel*, VerwArch. 1984, 197ff.; *OVG Lüneburg*, Urt. v. 8. 3. 1979 – IX A 183/77 –, DVBl. 1980, 81; *BVerfG*, Beschl. v. 23. 11. 1988 – Rastede –.

[75] Vgl. *BVerwG*, Urt. v. 4. 8. 1984 – 7 C 2.81 –, E 67, 321 (326/328); zur Organisation der Abfallwirtschaft, *Schmeken*, StuGB 1989, 7ff.

[75a] Vgl. dazu *OVG Koblenz*, NVwZ 1989, 180.

[76] *Hösel/von Lersner*, Recht der Abfallbeseitigung, § 3 Rn. 14.

[77] Vgl. *Hösel/von Lersner*, Recht der Abfallbeseitigung, § 3 Rn. 14.

[78] *Hösel/von Lersner*, Recht der Abfallbeseitigung, § 3 Rn. 14.

3. Einschränkung der Entsorgungspflicht kommunaler Körperschaften

Gem. § 3 Abs. 3 AbfG können die beseitigungspflichtigen Körperschaften mit Zustimmung der zuständigen Behörde bestimmte Abfälle von ihrer Entsorgungspflicht ausschließen, soweit sie diese nach ihrer Art oder Menge nicht mit den in Haushaltungen anfallenden Abfällen beseitigen können. Die Entsorgungspflicht trifft in diesem Fall gem. § 3 Abs. 4 AbfG den Abfallbesitzer, der sich zur Erfüllung seiner Pflicht aber auch Dritter bedienen kann (§ 3 Abs. 4 i. V. m. § 3 Abs. 2 AbfG). Falls der Abfallbesitzer jedoch nicht feststellbar ist, trägt die zuständige Körperschaft weiterhin die Entsorgungspflicht.[79] Die Regelung des § 3 Abs. 3 und 4 AbfG ist besonders bedeutsam für die **Sonderabfälle** im Sinne des § 2 Abs. 2 AbfG. Sinn und Zweck der Regelung ist einerseits, eine Überforderung der Leistungskraft der beseitigungspflichtigen Körperschaften zu vermeiden und andererseits die in § 2 Abs. 2 AbfG angesprochenen Industrie- und Gewerbebetriebe anzuhalten, Produktionsverfahren zu entwickeln, die auch die optimalen Entsorgungsmöglichkeiten der Reststoffe berücksichtigen.[80] 39

Der Begriff des Sonderabfalls wird in der Praxis unterschiedlich gebraucht. Sonderabfälle können einmal die in § 3 Abs. 3 AbfG genannten Abfälle sein, deren Beseitigung von den öffentlich-rechtlichen Körperschaften ausgeschlossen wird. Sonderabfälle sind aber auch die in § 2 Abs. 2 S. 1 AbfG genannten Abfälle aus gewerblichen oder sonstigen wirtschaftlichen Unternehmen oder öffentlichen Einrichtungen, die nach Art, Beschaffenheit oder Menge in besonderem Maße gesundheits-, luft- oder wassergefährdend, explosiv oder brennbar sind oder Erreger übertragbarer Krankheiten enthalten oder hervorbringen können. Die Sonderabfälle i. S. v. § 2 Abs. 2 AbfG werden auch als **„gefährliche Sonderabfälle“** bezeichnet.[81] 40

IV. Ordnung der Abfallentsorgung

§ 4 AbfG, in dem die Ordnung der Entsorgung geregelt ist, zählt zu den wichtigsten Vorschriften des Abfallgesetzes.[82] Zweck des § 4 AbfG ist es in erster Linie, die „wilde“ Beseitigung von Abfällen zu verhindern. Ein Verstoß gegen § 4 Abs. 1, Abs. 2 AbfG oder gegen eine Rechtsverordnung, die aufgrund § 4 Abs. 4 AbfG erlassen worden ist, ist eine Ordnungswidrigkeit gem. § 18 Abs. 1 Nr. 3 AbfG.[83] 41

1. Abfallentsorgungsanlagen

Gem. § 4 Abs. 1 AbfG dürfen Abfälle grundsätzlich[84] nur in den dafür zugelassenen Anlagen oder Einrichtungen (Abfallentsorgungsanlagen) *behandelt, gelagert oder abgelagert* werden. 42

---

[79] Vgl. *Franßen*, in: Grundzüge des Umweltrechts, S. 419.
[80] *Hösel/von Lersner*, Recht der Abfallbeseitigung, § 3 Rn. 19; *Franßen*, in: Grundzüge des Umweltrechts, S. 418/419; *Hoschützky/Kreft*, Recht der Abfallwirtschaft, § 3 Anm. 3.1.
[81] Siehe *Bender/Sparwasser*, Umweltrecht, S. 685.
[82] Vgl. dazu *Hösel/von Lersner*, Recht der Abfallbeseitigung, § 4 Rn. 3.
[83] Zu den strafrechtlichen Sanktionsmöglichkeiten (§§ 326, 327 Abs. 2, 330 Abs. 1 Nr. 1 StGB) siehe *Franßen*, in: Grundzüge des Umweltrechts, S. 429; *Eckert*, NVwZ 1987, 951 (957f.).
[84] Zu den Ausnahmen siehe unten § 28, Rn. 47ff.

a) Anlagenbegriff

43 Nach der gesetzlichen Definition des § 4 Abs. 1 AbfG sind Abfallentsorgungsanlagen solche Anlagen oder Einrichtungen, in denen Abfälle behandelt, gelagert oder abgelagert werden. Für die Qualifizierung als Abfallentsorgungsanlage reicht es aber aus, daß die Einrichtung *auch* der Ablagerung von Abfällen dient.[85]

Fall:[86] A wendet sich gegen eine abfallrechtliche Anordnung, mit der ihm unter anderem die Ablagerung von Bauschutt in einer Kiesgrube untersagt worden ist. Nach Ansicht des *VGH Kassel* ist eine abfallrechtliche Zulassung nach § 7 AbfG erforderlich, wenn in einer Kiesgrube Abfälle abgelagert werden sollen. Das gelte auch dann, wenn die Kiesgrube von vornherein mit der Absicht angelegt worden sei, sie wieder zu verfüllen und zu rekultivieren, und das Ablagern von Abfällen diesem Zwecke diene.

44 Entscheidendes Kriterium für die Beurteilung einer Anlage oder Einrichtung als Abfallentsorgungsanlage ist dementsprechend ihre Zweckbestimmung.[87] Auf das Vorhandensein baulicher Anlagen, von Geräten oder sonstigen Einrichtungen zur Abfallentsorgung kommt es nicht an. Auch Grundstücke sind als Abfallentsorgungsanlagen anzusehen, wenn der Nutzungsberechtigte das Grundstück oder den Grundstücksteil zur Behandlung, Lagerung oder Ablagerung von Abfällen bestimmt hat und es dementsprechend nutzt.[88] Da die Abfallbehandlung oder -lagerung typisches Merkmal der betreffenden Grundstücksfläche sein muß, d. h. das Grundstück durch die Nutzung geprägt sein muß, reicht die bloße Lagerung von Abfällen auf einem Grundstück noch nicht aus, um von einer Abfallentsorgungsanlage sprechen zu können.[89] Insbesondere kann man von einer Abfallentsorgungsanlage nicht sprechen, wenn Dritte auf einem Grundstück ohne Einwilligung des Grundstückseigentümers Abfälle ablagern.[90] Geprägt wird das Grundstück durch die Nutzung als Abfallentsorgungsanlage, wenn die Behandlung, Lagerung oder Ablagerung eine gewisse Intensität erreicht, wobei Dauer und Umfang maßgeblich sind.[91] Abfälle dürfen nur in den Abfallentsorgungsanlagen, die für diese Abfälle zugelassen sind, entsorgt werden. Zugelassen sind Abfallentsorgungsanlagen, deren Errichtung und Betrieb durch einen Planfeststellungsbeschluß oder durch eine Plangenehmigung i. S. v. § 7 Abs. 1 AbfG gestattet worden sind. In der Zulassung sind Abfallart und -menge im Wege von Nebenbestimmungen festgelegt (§§ 8 Abs. 1, 9 S. 1 AbfG).

44a Gem. § 5 Abs. 1 AbfG finden auf Anlagen, die der Lagerung oder Behandlung von **Autowracks** dienen, die Vorschriften über Abfallentsorgungsanlagen Anwendung.

---

[85] Vgl. *BVerwG*, Urt. v. 1. 12. 1982 – 7 C 100/79 –, NVwZ 1983, 48.
[86] Siehe dazu *VGH Kassel*, Beschl. v. 3. 2. 1986 – XI TH 120/82 –, NVwZ 1986, 662.
[87] Vgl. dazu *Bartels*, Abfallrecht, S. 48f.; *Kunig,* in: Kunig/Schwermer/Versteyl, AbfG, § 4 Rn. 3.
[88] *BayVGH*, Beschl. v. 27. 11. 1985 – 20 CS 85 A 2858 –, NVwZ 1986, 492 (493); vgl. auch *Kunig*. in: Kunig/Schwermer/Versteyl, AbfG, § 4 R. 11.
[89] Vgl. *Schmidt*, Umweltrecht, S. 78; *Eckert*, NVwZ 1985, 388 (389) m. w. N.
[90] *Bartels*, Abfallrecht, S. 49.
[91] *BayVGH*, Beschl. v. 27. 11. 1985 – 20 CS 85 A 2857 –, NVwZ 1986, 492 (493).

Fall: Eine Abfallentsorgungsanlage i. S. v. §§ 5 Abs. 1, 4 Abs. 1 AbfG wird betrieben, wenn auf einem Grundstück laufend Autowracks gelagert und ausgeschlachtet werden.[92]

b) Behandeln, Lagern, Ablagern

Als **Behandeln** von Abfällen i. S. d. § 4 Abs. 1 AbfG ist jede Veränderung des Abfallgutes anzusehen, die in unmittelbarem Zusammenhang mit der Abfallentsorgung steht, z. B. das Zerkleinern des Abfalls oder das Verändern seiner Konsistenz.[93] Der Begriff des **Lagerns** erfaßt nach allgemeinem Sprachgebrauch nur das Zwischenlagern von Abfällen[94] und nicht das bloße Ansammeln und Bereitstellen von Abfällen im Haushalt oder in Gewerbebetrieben für die spätere Abfuhr.[95] Das **Ablagern** ist demgegenüber die endgültige Lagerung mit dem Ziel der dauerhaften Entledigung der Abfälle. 45

Umstritten ist, ob auch **Müllumschlagstationen**, in denen Abfälle umgeladen oder vernichtet werden, Abfallentsorgungsanlagen i. S. d. § 4 Abs. 1 AbfG sind.[96] Abfallentsorgungsanlagen sind Müllumschlagstationen jedenfalls dann, wenn sie auch zur Zwischenlagerung der Abfälle dienen.[97] 46

c) Ausnahmen von der Entsorgungspflicht in Anlagen

Von der Pflicht, Abfälle gem. § 4 Abs. 1 AbfG nur in den dafür zugelassenen Anlagen oder Einrichtungen zu behandeln, lagern und abzulagern, können Ausnahmen gem. § 4 Abs. 2 AbfG für den *Einzelfall* und gem. § 4 Abs. 4 AbfG *generell* durch Rechtsverordnung gemacht werden. Gem. § 4 Abs. 2 AbfG kann die zuständige Behörde im Einzelfall widerruflich Ausnahmen zulassen, wenn dadurch das Wohl der Allgemeinheit nicht beeinträchtigt wird. 47

Fall: Nach Ansicht des *OVG Lüneburg*[98] ist die abfallrechtliche Zulassung einer *Bauschuttdeponie* im Wege einer Ausnahmegenehmigung nach § 4 Abs. 2 AbfG grob und offenkundig fehlerhaft, weil die Zulassung einer Bauschuttdeponie außerhalb einer dafür zugelassenen Abfallentsorgungsanlage zu einer Umgehung des § 7 AbfG führen würde.

Gem. § 4 Abs. 4 AbfG können die Landesregierungen durch Rechtsverordnung die Entsorgung bestimmter Abfälle oder bestimmter Mengen dieser Abfälle, sofern ein Bedürfnis besteht und eine Beeinträchtigung des Wohls der Allgemeinheit nicht zu befürchten ist, außerhalb von Abfallentsorgungsanlagen zulassen und die Voraussetzungen und die Art und Weise der Entsorgung festlegen. Die Ermächtigung zum Erlaß der Rechtsverordnung können die Landesregierungen ganz oder teilweise auf andere Behör- 48

---

[92] Vgl. dazu *HessVGH*, Urt. v. 24. 9. 1986 – 5 UE 704/85 –, UPR 1987, 246.

[93] *Eckert*, NVwZ 1985, 388 (390).

[94] Siehe dazu u. a. *OLG Düsseldorf*, Beschl. v. 16. 3. 1982 – 5 S (OWi) 93/82 –, NVwZ 1982, 526. *OLG Celle*, Beschl. v. 19. 6. 1986 – 255 (OWi) 74/86 –, NVwZ 1988, 190.

[95] *Bartels*, Abfallrecht, S. 50.

[96] Bejahend *Hösel/von Lersner*, Recht der Abfallbeseitigung, § 4 Rn. 6; *Hoschützky/Kreft*, Recht der Abfallbeseitigung, § 4 Anm. 1.4.; a. A.: *Bartels*, Abfallrecht, S. 50 m. w. N.

[97] Vgl. dazu *Bender/Sparwasser*, Umweltrecht, Rn. 678 m. w. N.; *Bartels*, Abfallrecht, S. 51.

[98] Beschl. v. 12. 12. 1985 – 7 B 22/85 –, UPR 1986, 238.

den übertragen (§ 4 Abs. 4 S. 2 AbfG). Für Gartenabfälle sowie für pflanzliche Abfälle aus Land- und Fortwirtschaft haben die Bundesländer von der Ermächtigung des § 4 Abs. 4 AbfG Gebrauch gemacht und entsprechende Rechtsverordnungen erlassen.[99]

49 Eine weitere Ausnahme vom Gebot des § 4 Abs. 1 AbfG ergibt sich daraus, daß das Gebot nur innerhalb des Geltungsbereichs des AbfG und damit im Hoheitsgebiet der Bundesrepublik Deutschland einschließlich des Landes Berlin gilt. Im Bereich der **Hohen See**, d. h. im Bereich außerhalb der nationalen Küstengewässer, gilt dagegen das Hohe-See-Einbringungsgesetz, das zugleich Zustimmungsgesetz zum Beitritt zu den Übereinkommen von London und Oslo ist.[100] Nach diesem Gesetz ist das Einbringen und Einleiten von Stoffen in die Hohe See sowie die Vernichtung oder Beseitigung von Abfällen in Verbrennungsanlagen auf der Hohen See erlaubnispflichtig (vgl. Art. 2, Art. 5).[101] Sollen Abfälle mit dem Ziel ihrer Beseitigung auf Hoher See in den, aus dem oder durch den Geltungsbereich des AbfG verbracht werden, so bedarf es einer Genehmigung nach § 13 Abs. 2 AbfG. Die Genehmigung ist von der zuständigen Behörde des betroffenen Bundeslandes zu erteilen, wenn die Erlaubnis nach dem Einbringungsgesetz vorgelegt wird. Die Erteilung von Erlaubnissen nach Art. 2 Abs. 2 des Hohe-See-Einbringungsgesetzes soll – anders als die Genehmigungserteilung von grenzüberschreitendem Transport von Abfällen nach § 13 AbfG[102] nach der Rechtsprechung drittschützend sein. Anfechtungsklagen Dritter können deshalb gegen die Erteilung von Erlaubnissen zur Abfallentsorgung auf Hoher See gerichtet werden.[103]

2. Überlassungspflicht für Sonderabfälle

50 Eine weitere wichtige Regelung für die Ordnung der Abfallentsorgung enthält § 4 Abs. 3 AbfG. Danach dürfen Sonderabfälle i. S. d. § 2 Abs. 2 AbfG zum Einsammeln oder Befördern nur den nach § 12 AbfG hierzu Befugten überlassen werden. Außerdem darf der Sonderabfall nur dann weitergegeben werden, wenn eine Bescheinigung des Betreibers der Abfallentsorgungsanlage vorliegt, aus der dessen Bereitschaft zur Annahme derartiger Abfälle hervorgeht. § 4 Abs. 3 AbfG stellt ausdrücklich außerdem klar, daß diese Bescheinigung auch dann vorliegen muß, wenn der Besitzer diese Abfälle selbst befördert und dem Betreiber einer Abfallentsorgungsanlage zum

---

[99] Siehe *Franßen*, in: Grundzüge des Umweltrechts, S. 428 und z. B. die Pflanzen-AbfallV v. 6. 11. 1984 (GVNW, S. 670).

[100] Vgl. Gesetz vom 11. 2. 1977 (BGBl. II, 1977, 165) zuletzt geändert vom 28. 4. 1980 (BGBl. II, 606); siehe dazu auch die Verordnung vom 7. 12. 1977 (BGBl. I, 2478); vgl. außerdem Übereinkommen über die Verhütung der Meeresverschmutzung durch das Einbringen von Abfällen und anderen Stoffen (London-Übereinkommen vom 29. 12. 1972, BGBl. II, 1977, 180) und das Übereinkommen zur Verhütung der Meeresverschmutzung durch das Einbringen durch Schiffe und Luftfahrzeuge (Oslo-Übereinkommen vom 15. 2. 1972, BGBl. II, 1977, 169).

[101] Vgl. näher zur Abfallentsorgung auf See *Ehlers/ Kunig*, NVwZ 1987, 947ff.

[102] Siehe dazu unten, § 28, Rn. 104f.

[103] Vgl. dazu *OVG Hamburg*, Urt. v. 19. 5. 1981 – OVG Bf VI 76/81 –, NuR 1982, 24 mit Anm. Kunig; *BVerwG*, Urt. v. 1. 12. 1982 – 7 C 111.81 –, E 66, 307ff.; *Ehlers/ Kunig*, NVwZ 1987, 947 (948); *Versteyl*, NVwZ 1987, 298.

Beseitigen überläßt. Mit dieser Regelung soll verhindert werden, daß Sonderabfälle ohne Rücksicht auf den endgültigen Verbleib abgegeben werden.

3. *TA Abfall*

Zur Ordnung der Entsorgung sieht schließlich § 4 Abs. 5 AbfG eine Er- **51**
mächtigung der Bundesregierung zum Erlaß von allgemeinen Verwaltungsvorschriften über die Anforderungen an die Entsorgung von Abfällen nach dem Stand der Technik vor.[104] Die TA Abfall soll technische Mindestanforderungen für die Abfallentsorgung festlegen. Hierbei sollen insbesondere umweltverträgliche Entsorgungsverfahren für die einzelnen Abfallarten bestimmt werden, vor allem sollen Anforderungen an Deponien, an die Sickerwasserbehandlung, an die thermische Behandlung, an die chemische, physikalische oder biologische Behandlung von Abfällen sowie an Vermeidung und Verwertung von Abfall formuliert werden. Hinzu kommen organisatorische und administrative Regelungen der Abfallentsorgung.

V. Abfallentsorgungspläne

Gem. § 6 Abs. 1 S. 1 AbfG sind die Länder verpflichtet, für ihren Bereich **52**
Pläne zur Abfallentsorgung nach überörtlichen Gesichtspunkten aufzustellen. Mit dieser Planungspflicht wird der Erkenntnis Rechnung getragen, daß eine geordnete Abfallentsorgung nicht mehr von den Gemeinden oder Kreisen im Rahmen ihres Gebietes wahrgenommen werden kann, sondern überörtlicher Planung bedarf.[105]

1. *Inhalt der Abfallentsorgungspläne*

Bei der Aufstellung von Abfallentsorgungsplänen steht den zuständigen **53**
Verwaltungsbehörden ein planerischer Gestaltungsfreiraum zu. Die Abfallentsorgungsplanung ist *überörtlich*, jedoch auf den Bereich der einzelnen Bundesländer beschränkt. Gleichwohl können die Planungsbehörden auch Abfallentsorgungsanlagen in anderen Bundesländern oder im Ausland bei der Planung berücksichtigen. Voraussetzung dafür ist allerdings, daß für die Abfallbesitzer die Möglichkeit der Benutzung dieser Anlage rechtlich hinlänglich gesichert ist.[106] Gem. § 6 Abs. 1 S. 1 AbfG sollen die Abfallentsorgungspläne der Länder außerdem aufeinander abgestimmt werden.[107]

Eine Abstimmungsnotwendigkeit ergibt sich vor allem für die Stadtstaa- **54**
ten, weil sie eigenständig kaum in der Lage sind, eine vollständige Entsorgungsinfrastruktur bereitzustellen.[108]

---

[104] Siehe dazu *Eckert*, NVwZ 1986, 898 (899); *Bergmüller*, BayVBl. 1987, 193 (195f.); *Offermann/Clas*, NVwZ 1985, 377 (380f.); Bericht der Bundesregierung über den Vollzug des AbfG vom 27. 8. 1986, Umweltbrief Nr. 36, S. 14ff.

[105] Vgl. *Hösel/von Lersner*, Recht der Abfallbeseitigung, § 6 Rn. 3; siehe zu den Abfallentsorgungsplänen ausführlich *Jung*, Die Planung in der Abfallwirtschaft, S. 142ff.; *Weidemann*, NVwZ 1988, 977ff.

[106] *Hösel/von Lersner*, Recht der Abfallbeseitigung, § 6 Rn. 5.

[107] Vgl. dazu ausführlich *Jung*, Die Planung in der Abfallwirtschaft, S. 173ff.

[108] Vgl. *Jung*, Die Planung in der Abfallwirtschaft, S. 186.

55 Der Inhalt von Abfallentsorgungsplänen ist in § 6 AbfG nicht abschließend geregelt. Für vermeidungsbezogene Zielaussagen ist in Abfallentsorgungsplänen kein Raum. Gem. § 6 Abs. 1 S. 2 AbfG müssen die Pläne mindestens geeignete Standorte für die Abfallentsorgungsanlagen festlegen. Bei der Aufstellung des Abfallentsorgungsplans sind nach Ansicht des *OVG Bremen* Nachbarinteressen bei der Standortentscheidung nicht zu berücksichtigen. Im Verhältnis zu betroffenen Dritten sei der Abfallentsorgungsplan vielmehr nur ein vorbereitender Fachplan.[109]

56 **Sonderabfälle** i. S. d. § 2 Abs. 2 AbfG sind in den Plänen besonders zu berücksichtigen (§ 6 Abs. 1 S. 4 AbfG). In den Plänen kann bestimmt werden, welcher Träger vorgesehen ist und welcher Abfallentsorgungsanlage sich die Beseitigungspflichtigen zu bedienen haben (§ 6 Abs. 1 S. 5 AbfG). Abfallentsorgungspläne können auch sogenannte **Negativflächen** ausweisen, auf denen grundsätzlich nicht deponiert werden darf (Überflutungsgebiete, Wasserschutzgebiete, Karstgebiete).[110]

2. Verbindlichkeit der Abfallentsorgungspläne

57 Gem. § 2 Abs. 1 S. 3 AbfG sind auch bei der Aufstellung der Abfallentsorgungspläne die Ziele und Erfordernisse von Raumordnung und Landesplanung zu beachten.[111] Soweit Abfallentsorgungspläne aufgrund landesrechtlicher Vorschriften zugleich Ziele der Raumordnung und Landesplanung sind, lösen sie gem. § 1 Abs. 4 BauGB eine Anpassungspflicht für die gemeindliche Bauleitplanung aus. Im übrigen haben sie flächensichernde Wirkung nur nach Maßgabe des § 7 BauGB. Die weiteren Rechtswirkungen der Abfallentsorgungspläne hängen davon ab, inwieweit ihre Festlegungen für verbindlich erklärt werden. § 6 Abs. 1 S. 6 AbfG bestimmt, daß die Länder die Abfallentsorgungspläne als für die Beseitigungspflichtigen verbindlich erklären können. Die Verbindlichkeitserklärung kann sich beziehen entweder auf die beseitigungspflichtigen Körperschaften i. S. d. § 3 Abs. 2 AbfG oder aber auch auf alle Beseitigungspflichtigen unter Einschluß der in § 3 Abs. 3 AbfG verpflichteten Besitzer von Sonderabfällen. Schließlich können Abfallentsorgungspläne auch gegenüber jedermann für verbindlich erklärt werden.[112] Die Verbindlichkeitserklärung erfolgt teils durch Gesetz,[113] teils durch Rechtsverordnung.[114] Eine Verbindlichkeit gegenüber allen Beseitigungspflichtigen oder sogar gegenüber jedermann kann nur im Wege der Rechtsnorm, d. h. durch Gesetz oder durch Rechtsverordnung geregelt werden. Für verbindlich erklärte Abfallentsorgungspläne können aber auch in den Fällen, in denen sie nicht in der Rechtsform der Rechtsverordnung ergehen, Privaten über abfallrechtliche Gemeinwohlklauseln – etwa des § 12 Abs. 1

---

[109] *OVG Bremen*, Urt. v. 15. 12. 1987 – 1 N 2/87 –, UPR 1988, 196 (197).

[110] *Hösel/von Lersner*, Recht der Abfallbeseitigung, § 6 Rn. 9.

[111] Vgl. dazu *Bartels*, Abfallrecht, S. 82 ff.; *Jung*, Die Planung in der Abfallwirtschaft, S. 167 ff.

[112] Vgl. dazu *Hösel/von Lersner*, Recht der Abfallbeseitigung, Rn. 19; *OVG Bremen*, Urt. v. 15. 12. 1987 – 1 N 2/87 –, UPR 1988, 196 ff.

[113] Vgl. z. B. § 3 Abs. 2 AG-AbfG Hmb.

[114] Vgl. z. B. §§ 5 AG-AbfG Brem.; § 2 Abs. 3 AG-AbfG Nds.; § 18 Abs. 1 LAbfG NW; § 5 Abs. 3 LAbfG RP.

AbfG –, die durch die Pläne konkretisiert werden, entgegen gehalten werden.[115]

Gem. § 8 Abs. 3 S. 1 AbfG sind Planfeststellungsbeschluß oder Genehmigung für die Errichtung und den Betrieb von ortsfesten Abfallentsorgungsanlagen zu versagen, wenn das Vorhaben den für verbindlich erklärten Feststellungen eines Abfallentsorgungsplanes zuwiderläuft. Mit § 8 Abs. 3 S. 1 AbfG ist es zu vereinbaren, daß landesrechtliche Vorschriften die zuständigen obersten Landesbehörden ermächtigen, von einem verbindlichen Abfallentsorgungsplan Abweichungen zuzulassen, wenn dies im Hinblick auf veränderte Tatsachen oder Erkenntnisse unter dem Gesichtspunkt des Wohls der Allgemeinheit geboten ist und der Plan in seinen Grundzügen nicht berührt wird.[116] Das Fehlen eines Entsorgungsplans ist kein Versagungsgrund für die Zulassung einer Entsorgungsanlage.[117] Aus dem Fehlen eines Entsorgungsplans können auch keine subjektiven Rechte einzelner hergeleitet werden, da § 6 AbfG allein öffentlichen Interessen dient.[118] Die Behörde ist jedoch insoweit an eine bestehende Raumordnungsplanung gebunden.[119] 58

3. Zuständigkeit und Verfahren

Gem. § 6 Abs. 2 AbfG regeln die Länder die Zuständigkeit und das Verfahren zur Aufstellung der Pläne. Die Länder verweisen z. T. auf die Landesplanungsgesetze[120] oder haben entsprechende Bestimmungen in die Landesabfallgesetze aufgenommen.[121] Verstöße gegen zwingende Verfahrensvorschriften machen Abfallentsorgungspläne ganz oder teilweise nichtig.[122] 59

4. Beteiligung der Standortgemeinden

Abfallentsorgungspläne berühren unabhängig davon, ob sie für verbindlich erklärt werden oder nicht, das Selbstverwaltungsrecht der entsorgungspflichtigen Gebietskörperschaften und der Standortgemeinden. In den Landesabfallgesetzen der Flächenländer ist deshalb eine Beteiligung der kommunalen Gebietskörperschaften bei der Aufstellung von Entsorgungsplänen 60

---

[115] Vgl. dazu *BayVGH*, Urt. v. 9. 1. 1986 – 20 B 85 A. 1552 –, UPR 1986, 430.

[116] Vgl. *BVerwG*, Beschl. v. 27. 5. 1986 – 7 B 86.86 –, DVBl. 1986, 1281; zur Bindungswirkung von Abfallentsorgungsplänen gegenüber Privaten oder gegenüber beseitigungspflichtigen Abfallbesitzern siehe auch *BayVGH*, Urt. v. 9. 1. 1986 – 20 B. 85 A. 1552 –, UPR 1986, 430ff.; zur Frage, ob die Planfeststellung bei Unwirksamkeit der Standortfestlegung im Entsorgungsplan gegen § 8 Abs. 3 S. 1 AbfG verstößt und ob die Standortgemeinde insoweit rügebefugt ist, siehe *OVG Lüneburg*, Beschl. v. 19. 6. 1987 – 7 B 20/87 –, NVwZ 1987, 997ff.

[117] *BVerwG*, Beschl. v. 10. 2. 1983 – 7 B 21.83 –, DÖV 1983, 599; *BVerwG*, Beschl. v. 13. 5. 1983 – 7 B 35/83 –, NVwZ 1984, 374; *OVG Münster*, Urt. v. 8. 2. 1983 – 2 U 816/82 –, RdL 1983, 288.

[118] Vgl. *Jung*, Die Planung in der Abfallwirtschaft, S. 145; *Schwermer*, in: Kunig/Schwermer/Versteyl, AbfG, § 6 Rn. 7.

[119] *OVG Lüneburg*, Urt. v. 12. 12. 1984 – 7 A 9/84 –, UPR 1986, 120.

[120] Vgl. z.B § 3 Abs. 2 LAbfG BW; § 4 Abs. 2 HAbfG.

[121] Vgl. z. B. § 4 AB-AbfG Brem.; § 17 LAbfG NW.

[122] Vgl. zu den Mitwirkungsrechten der Standortgemeinden bei der Aufstellung von Entsorgungsplänen nach § 6 Abs. 1 AbfG und zu den Rechtsfolgen einer unterbliebenen Beteiligung *OVG Lüneburg*, Beschl. v. 19. 6. 1987 – 7 B 20/87 –, NVwZ 1987, 997ff.

geregelt.[123] Zumeist wird den Gemeinden ein Anhörungsrecht zugestanden. Teilweise wird jedoch in der Rechtslehre vertreten, die Beteiligung in Form einer bloßen Anhörung sei nicht ausreichend.[124]

61 Nach der Rechtsprechung steht den Standortgemeinden neben dem Anhörungsrecht der materiellrechtliche Anspruch auch darauf zu, daß ihre sich auf das Selbstverwaltungsrecht stützende Interessen bei der Planung angemessen berücksichtigt werden.[125]

D. Zulassung von Abfallentsorgungsanlagen

62 Abfälle dürfen – wie bereits erwähnt – gem. § 4 Abs. 1 AbfG nur in den dafür zugelassenen Abfallentsorgungsanlagen behandelt, gelagert und abgelagert werden. Für die geordnete Abfallwirtschaft ist deshalb das Zulassungserfordernis für sämtliche Abfallentsorgungsanlagen gem. § 7 AbfG und für die Anlagen, die der Lagerung oder Behandlung von Autowracks dienen (§ 5 Abs. 1 AbfG), ein wesentliches hoheitliches Steuerungsinstrument. Die Errichtung oder der Betrieb einer nicht hoheitlich zugelassenen Abfallentsorgungsanlage ist nicht nur formell, sondern auch materiell rechtswidrig.[126] Wird eine Anlage ohne die nach § 7 AbfG erforderliche Zulassung betrieben, so kann die zuständige Behörde ihre Beseitigung verlangen, soweit nicht auf andere Weise ein rechtmäßiger Zugestand hergestellt werden kann.[127]

I. Das Zulassungsverfahren

63 Abfallentsorgungsanlagen können gem. § 7 Abs. 1 Abs. 2 AbfG entweder im Wege des *Planfeststellungsverfahrens* oder durch ein abfallrechtliches *Genehmigungsverfahren* zugelassen werden.

1. Planfeststellungsverfahren

64 Gem. § 7 Abs. 1 AbfG bedürfen die Errichtung und der Betrieb von ortsfesten Abfallentsorgungsanlagen sowie die wesentliche Änderung einer solchen Anlage oder ihres Betriebes grundsätzlich der Planfeststellung durch die zuständige Behörde. Das Planfeststellungsverfahren ist für die Bewältigung der mit der Zulassung von Abfallentsorgungsanlagen verbundenen Probleme geeignet, weil es über das Vorhaben einheitlich und abschließend entscheidet, so daß aufgrund der mit Planfeststellungen regelmäßig verbundenen Konzentrations- oder Bündelungswirkungen weitere behördliche Entscheidungen nicht erforderlich sind.

---

[123] Vgl. dazu i.e. *Jung*, Die Planung in der Abfallwirtschaft, S. 190ff.
[124] Vgl. dazu *Jung*, Die Planung in der Abfallwirtschaft, S. 193.
[125] *OVG Lüneburg*, Beschl. v. 19. 6. 1987 – 7 OVG 20/87 –, DVBl. 1987, 1021 (1022) m. w. N. zur Rechtsprechung des BVerwG.
[126] *Hösel/von Lersner*, Recht der Abfallbeseitigung, § 7 Rn. 3.
[127] So ausdrücklich Art. 12 BayAbfG; § 11 AG-AbfG Brem.; 11 AG-AbfG Hmb.; § 12 HAbfG; § 18 Abs. 1 LAbfG RP; § 5 Abs. 2 AG-AbfG Saarl.

Das Planfeststellungsverfahren für die Zulassung von Abfallentsorgungsanlagen richtet sich nach den Vorschriften des VwVfG.[128] Das Verfahren beginnt damit, daß der Vorhabenträger den von ihm formlos aufgestellten Plan bei der Anhörungsbehörde einreicht, die dazu die Stellungnahmen der zu beteiligenden Behörde einholt (§ 73 Abs. 2 VwVfG). Auf Veranlassung der Behörde ist gem. § 73 Abs. 3 VwVfG der Plan in den Gemeinden, in denen sich das Vorhaben voraussichtlich auswirkt, einen Monat zur Einsicht auszulegen. Auf eine Auslegung des Planes kann jedoch verzichtet werden, wenn der Kreis der Betroffenen bekannt ist und ihnen innerhalb angemessener Frist Gelegenheit gegeben wird, den Plan einzusehen (§ 73 Abs. 3 S. 2 VwVfG). Gem. § 73 Abs. 5 S. 1 VwVfG haben die Gemeinden, in denen der Plan auszulegen ist, die Auslegung mindestens eine Woche vorher ortsüblich bekannt zu machen und in der Bekanntmachung darauf hinzuweisen, wo und in welchem Zeitraum der Plan zur Einsicht ausgelegt ist. Sie haben außerdem gem. § 73 Abs. 5 S. 2 VwVfG auf verschiedene rechtliche Konsequenzen der Auslegung hinzuweisen. Die gesetzliche Auslegungsfrist beträgt gem. § 73 Abs. 3 S. 1 VwVfG einen Monat. Jeder, dessen Belange durch das Vorhaben berührt werden, kann bis zu zwei Wochen nach Ablauf der Auslegungsfrist Einwendungen erheben (§ 73 Abs. 4 S. 1 VwVfG). Nach h. M. bewirkt das Versäumen der Einwendungsfrist nur ein Ausschluß im Verwaltungsverfahren (formelle Präklusion),[129] nicht aber führt das Versäumen der Einwendungsfrist zum Ausschluß der Einwendung im Verwaltungsprozeß (sog. materielle Präklusion). Nach Ablauf der Einwendungsfrist hat die Anhörungsbehörde gem. § 73 Abs. 6 S. 1 VwVfG die rechtzeitig erhobenen Einwendungen gegen den Plan und die Stellungnahmen der Behörde zu dem Plan mit dem Vorhabensträger, den Behörden, den Betroffenen sowie den Personen, die Einwendungen erhoben haben, in einem Erörterungstermin zu erörtern. Zum Abschluß des Anhörungsverfahrens gibt die Anhörungsbehörde zu dessen Ergebnis eine Stellungnahme ab und leitet diese möglichst innerhalb eines Monats nach Abschluß der Erörterung mit dem Plan, den Stellungnahmen der Behörden und den nicht erledigten Einwendungen der Planfeststellungsbehörde zu (§ 73 Abs. 9 VwVfG). Zu beachten ist dabei, daß nach Landesrecht die Funktionen von Anhörungs- und Planfeststellungsbehörden bei einer Behörde vereinigt werden können.[130] Zuständig in den Flächenstaaten mit dreistufigem Verwaltungsaufbau sind die Mittelinstanzen.[131] 65

Der Planfeststellungsbeschluß hat verschiedene Rechtswirkungen. Dazu zählen die Konzentrations- oder Bündelungswirkung, die Genehmigungswirkung, die Gestaltungswirkung, die Bindungswirkung und die Sicherungs- und Duldungswirkung.[132] 66

2. *Genehmigungsverfahren*

Gem. § 7 Abs. 2 AbfG kann die zuständige Behörde anstelle eines Planfeststellungsverfahrens auf Antrag oder von Amts wegen ein Genehmigungsverfahren durchführen, wenn 67

- die Errichtung und der Betrieb einer unbedeutenden Abfallentsorgungsanlage oder die wesentliche Änderung einer Abfallentsorgungsanlage oder ihres Betriebes beantragt wird oder
- mit Einwendungen nicht zu rechnen ist.

Angesichts der langen Dauer verwaltungsgerichtlicher Verfahren um die Zulassung von Abfallentsorgungsanlagen hat der Gesetzgeber nicht nur die 68

[128] Vgl. zu den Planfeststellungsverfahren i.e. oben, § 8, Rn. 28ff.
[129] Vgl. *Hösel/von Lersner*, Recht der Abfallbeseitigung, § 21 Rn. 35.
[130] Zur Identität zwischen Vorhabenträger und Planfeststellungsbehörde siehe *BVerwG*, Beschl. v. 9. 4. 1987 – 4 B 73.87 –, UPR 1987, 356f.
[131] Vgl. dazu *Ronellenfitsch*, Planungsrecht, S. 172; *Hösel/von Lersner*, Recht der Abfallbeseitigung, § 21 Rn. 3.
[132] Siehe näher dazu oben, § 8, Rn. 31ff.

erstinstanzliche Zuständigkeit für bestimmte Abfallentsorgungsanlagen beim OVG angesiedelt, sondern weitergehend die Zahl der Fälle, in denen eine Plangenehmigung anstelle des aufwendigeren Planfeststellungsverfahrens ausreichen kann, durch eine gesetzliche Fiktion erweitert. Gem. § 7 Abs. 2 S. 2 AbfG gelten **Sortieranlagen** für die Rückgewinnung verwertbarer Stoffe und Kompostierungsanlagen bis zu einer bestimmten Größe als unbedeutende Anlagen i. S. d. § 7 Abs. 2 Nr. 1 AbfG.

69 Der Begriff der **unbedeutenden Anlage** ist im übrigen gesetzlich nicht definiert. Ausschlaggebend dürften die Größe der Anlage und das in ihr praktizierte Entsorgungsverfahren sein.[133] Je einfacher die Anlage technisch ausgestattert ist und je weniger Abfallstoffe in ihr entsorgt werden, desto eher handelt es sich um eine unbedeutende Anlage.

70 Eine **wesentliche Änderung** einer Abfallentsorgungsanlage oder ihres Betriebes, für die ebenfalls eine Plangenehmigung ausreicht, liegt nach der Rechtsprechung nicht vor, wenn eine rechtserhebliche Beeinträchtigung der in § 2 Abs. 1 AbfG angeführten Schutzgüter unter jedem denkbaren Gesichtspunkt ausgeschlossen werden kann.[134]

71 Da das Planfeststellungsverfahren aufgrund seiner Komplexität langwierig und schwerfällig sein kann, bietet sich das Genehmigungsverfahren wegen seiner in der Regel kürzeren Dauer aus umweltschützender Sicht vor allem dann an, wenn das Vorhaben zu Umweltverbesserungen führen soll.[135] Dabei ist allerdings zu beachten, das Genehmigungsverfahren wegen der fehlenden Konzentrationswirkung und den deshalb erforderlichen parallelen Genehmigungsverfahren in manchen Fällen kaum weniger zeitaufwendig sind.[136] Abfallrechtliche Plangenehmigungen werden jedoch häufig wiederum ihrerseits durch eine immissionsschutzrechtliche Genehmigung gem. § 13 BImSchG ersetzt. Das Genehmigungsverfahren kann sowohl auf Antrag als auch von Amts wegen eingeleitet werden. Auf die Durchführung eines Genehmigungsverfahrens anstelle eines Planfeststellungsverfahrens besteht kein Anspruch. Vielmehr steht die Entscheidung darüber im Ermessen der zuständigen Behörde. Diese hat sogar die Möglichkeit, während eines laufenden Planfeststellungsverfahrens für Teile des Vorhabens eine Genehmigung zu erteilen.[137] Das AbfG enthält keine Verfahrensregelungen für das Genehmigungsverfahren nach § 7 Abs. 2 AbfG. Soweit die landesrechtlichen

---

[133] Vgl. *Bartels*, Abfallrecht, S. 98.

[134] Vgl. dazu *OVG Lüneburg*, Urt. v. 17. 7. 1985 – 7 A 29/84 –, UPR 1986, 230 (231); *VGH Mannheim*, Urt. v. 15. 10. 1985 – 10 S 822/82 –, NVwZ 1986, 663; vgl. dazu auch *Jung*, Die Planung in der Abfallwirtschaft, S. 216.

[135] *Franßen*, in: Grundzüge des Umweltrechts, S. 433.

[136] Vgl. *Hösel/von Lersner*, Recht der Abfallbeseitigung, § 7 Rn. 14; *Jung*, Die Planung in der Abfallwirtschaft, S. 214; zu Tendenzen in der Rechtsprechung, auch abfallrechtliche Genehmigungen mit Konzentrationswirkung auszustatten, siehe die krit. Ausführungen von *Schäfer*, NVwZ 1985, 383 ff.; zur Ersetzung der Baugenehmigung durch die abfallrechtliche Genehmigung siehe § 60 Abs. 3 BauO NW; fraglich ist, ob zur Beschleunigung abfallrechtlicher Planfeststellungsverfahren ein Planfeststellungsvorbescheid erlassen werden kann, bejahend: *Große-Hündfeld*, Die abfallrechtliche Planfeststellung, S. 11 ff; zustimmend: *Beckmann/Appold/Kuhlmann*, DVBl. 1988, 1002 ff.

[137] *VGH Kassel*, Beschl. v. 28. 4. 1977 – 3 CA 4/78 –, NJW 1979, 178 (180); die drittschützende Wirkung des abfallrechtlichen Planfeststellungsverfahrens ist umstritten: abl.: *OVG Münster*, NVwZ 1988, 179; zweifelnd *BVerwG*, UPR 1989, 25.

Abfallgesetze nicht besondere Regelungen enthalten,[138] gelten die VwVfGe der Länder.

II. Zulassungsvoraussetzungen

72 Die Voraussetzungen für die Zulassung einer Abfallentsorgungsanlage sind für Planfeststellungsbeschluß und Genehmigung in § 8 Abs. 3 AbfG gleich geregelt. Planfeststellungsbeschluß oder Genehmigung sind zu versagen, wenn

- das Vorhaben gegen einen für verbindlich erklärten Abfallentsorgungsplan verstößt (§ 8 Abs. 3 S. 1 AbfG),
- von dem Vorhaben Beeinträchtigungen des Wohls der Allgemeinheit zu erwarten sind, die durch Auflagen und Bedingungen nicht verhütet oder ausgeglichen werden können (§ 8 Abs. 3 S. 2 Nr. 1 AbfG) oder
- Tatsachen vorliegen, aus denen sich Bedenken gegen die Zuverlässigkeit der für die Einrichtung, Leitung oder Beaufsichtigung des Betriebes der Abfallentsorgungsanlage verantwortlichen Personen ergeben (§ 8 Abs. 3 S. 2 Nr. 2 AbfG) oder
- nachteilige Wirkungen auf das Recht eines anderen zu erwarten sind, die durch Auflagen oder Bedingungen weder verhütet noch ausgeglichen werden können und der Betroffene widerspricht (§ 8 Abs. 3 S. 2 Nr. 3 AbfG).

1. Vereinbarkeit mit Abfallentsorgungsplänen

73 Während für verbindlich erklärte Abfallentsorgungspläne einen zwingenden Versagungsgrund für die Zulassung der Abfallentsorgungsanlage darstellen, ist umstritten, ob die Zulassung der Anlage auch dann zu versagen ist, wenn die Errichtung oder der Betrieb einer lediglich behördeninternen Abfallplanung widerspricht. Nach h. M. stellt ein nicht für verbindlich erklärter Abfallentsorgungsplan keinen absoluten Versagungsgrund dar, sondern ist lediglich im Rahmen der planerischen Abwägung zu berücksichtigen.[139]

74 Das *BVerwG* hält es außerdem für zulässig, daß landesrechtliche Vorschriften die zuständige oberste Landesbehörde ermächtigen, von einem verbindlichen Abfallentsorgungsplan abzuweichen, wenn dies im Hinblick auf veränderte Tatsachen oder Erkenntnisse unter dem Gesichtspunkt des Wohls der Allgemeinheit geboten ist und der Plan in seinen Grundzügen nicht berührt wird.[140]

75 Da es nach § 8 Abs. 3 S. 1 AbfG für die Zulassung der Abfallentsorgungsanlage nicht darauf ankommt, ob das Vorhaben einem Abfallentsorgungsplan *entspricht*, sondern nur kein *Widerspruch* zu einem bestehenden Abfallentsorgungsplan bestehen darf, stellt das Fehlen eines für verbindlich erklärten Abfallentsorgungsplans keinen Versagungsgrund dar.[141]

76 Die zuständige Planfeststellungsbehörde ist durch die für verbindlich erklärten Festlegungen eines Abfallentsorgungsplans nicht gehindert, einen

---

[138] Vgl. §§ 4 LabfG BW; 6 HAbfG; 13 LAbfG NW; 9 LAbfG RP; Art. 9 BayAbfG.

[139] Vgl. *Hösel/von Lersner*, Recht der Abfallbeseitigung, § 8 Rn. 18; *Bartels*, Abfallrecht, S. 103; a. A. *Franßen*, in: Grundzüge des Umweltrechts, S. 438.

[140] Vgl. *BVerwG*, Beschl. v. 27. 5. 1986 – 7 B 86/86 –, NVwZ 1986, 837f. zu § 5 Abs. 5 S. 2 LAbfG RP a. F.

[141] Vgl. dazu *BVerwG*, Urt. v. 1. 12. 1982 – 7 C 100/79 –, E 60, 301 (304); *OVG Lüneburg*, Beschl. v. 19. 6. 1987 – 7 OVG B 20/87 –, DVBl. 1987, 1021 (1023).

Planfeststellungsbeschluß oder eine Genehmigung aus dem in § 8 Abs. 3 S. 2 AbfG genannten Versagungsgründen, zu denen auch die Verletzung des Abwägungsgebots gehört, abzulehnen, und zwar auch wegen konkreter Nichteignung des im Abfallentsorgungsplans ausgewiesenen Standorts.[142]

2. Vereinbarkeit mit dem Allgemeinwohl

77 Über die in § 8 Abs. 3 S. 2 Nr. 1 AbfG geforderte Allgemeinwohlverträglichkeit werden die Zulassungsvoraussetzungen erheblich erweitert. Das Allgemeinwohl ist nämlich gem. § 2 Abs. 1 S. 2 Nr. 6 AbfG u. a. dann beeinträchtigt, wenn die öffentliche Sicherheit oder Ordnung gefährdet oder gestört werden. Über den Allgemeinwohlbegriff sind somit bei der Zulassung einer Abfallentsorgungsanlage grundsätzlich auch andere öffentlich-rechtliche Vorschriften zu beachten.[143] Zu beachten ist in diesem Zusammenhang jedoch die Rechtsprechung des *BVerwG*,[144] nach der die §§ 29ff. BauGB im Rahmen einer abfallrechtlichen Zulassung keine direkte Anwendung finden. Dies ergibt sich aus dem für das AbfG in § 38 BauGB eingeräumten Vorrang. Auch wenn das Bauplanungsrecht damit nicht zwingend beachtet werden muß, können bauplanungsrechtliche Belange jedoch zum Teil als Belange des Städtebaus i. S. d. § 2 Abs. 1 S. 1 Nr. 5 AbfG berücksichtigt werden.[145]

3. Nachteilige Wirkungen auf Rechte Dritter

78 Ein Versagungsgrund ist nach § 8 Abs. 3 S. 2 Nr. 3 AbfG auch dann gegeben, wenn nachteilige Wirkungen auf das Recht eines einzelnen zu erwarten sind, die durch Auflagen und Bedingungen nicht verhütet oder ausgeglichen werden können. Diese Vorschrift hat drittschützenden Charakter. Sie setzt ein Wahrscheinlichkeitsurteil hinsichtlich der zu erwartenden Nachteile voraus, bei dem an die Wahrscheinlichkeit des Schadenseintritts um so geringere Anforderungen zu stellen sind, je größer und folgenschwerer der möglicherweise eintretende Schadensumfang ist.[146] Nachteilige Auswirkungen einer Anlage können z. B. Emissionen sein, die die Gesundheit der Nachbarn gefährden, oder die Einschränkung der Nutzungsmöglichkeiten von Grundstücken.[147] Eine Verletzung ihrer Rechte können auch Gemeinden rügen.[148]

Fall: Die Gemeinde G wendet sich mit ihrer Klage gegen die Planung einer Mülldeponie auf ihrem Gebiet mit der Begründung, durch die Lagerung von Hausmüll werde

---

[142] *OVG Bremen*, Urt. v. 15. 12. 1987 – 1 N 2/87 –, UPR 1988, 196.

[143] Siehe dazu bereits oben, § 28, Rn. 30.

[144] *BVerwG*, Urt. v. 9. 11. 1984 – 7 C 15/83 –, NVwZ 1985, 414ff.; vgl. dazu auch *VGH Mannheim*, Urt. v. 18. 3. 1987 – 5 S 2257/86 –, NVwZ 1988, 380 und dazu *Uechtritz*, NVwZ 1988, 316ff.; vgl. dazu auch *VG Freiburg*, Beschl. v. 24. 10. 1986 – GK 123/86 –, UPR 1987, 358.

[145] Siehe dazu *BVerwG*, Urt. v. 9. 11. 1984 – 7 C 15/83 –, NVwZ 1985, 414.

[146] *BVerwG*, Beschl. v. 13. 5. 1983 – 7 B 35/83 –, NVwZ 1984, 374; zur Frage, unter welchen Voraussetzungen bereits die bloße Nachbarschaft zu einer Abfalldeponie nachteilige Wirkungen auf das Recht eines Dritten gem. § 8 Abs. 3 S. 2 Nr. 3 AbfG erwarten läßt, siehe *BVerwG*, Beschl. v. 3. 9. 1987 - 7 B 179.87 –, UPR 1988, 147.

[147] Vgl. *Bartels*, Abfallrecht, S. 14; zu Lärmimmissionen einer Beseitigungsanlage *VGH Mannheim*, NVwZ 1989, 276.

[148] Siehe dazu bereits oben, § 13, Rn. 114ff.

das Grundwasser verunreinigt und die Versorgung ihrer Einwohner mit Trinkwasser gefährdet. Außerdem beeinträchtige die geplante Anlage die Entwicklung eines von ihr in einem Bebauungsplan ausgewiesenen Wohngebiets, führe ihre Benutzung zu erheblichen Lärmbelästigungen und verursache das Vorhaben unangemessen hohe Kosten. Nach Ansicht des *OVG Saarlouis*[149] kann sich die Gemeinde mit Rücksicht auf das ihr verfassungsrechtlich garantierte Selbstverwaltungsrecht gegen die Planfeststellung der Mülldeponie auch mit der Behauptung wenden, deren Betrieb führe zu einer Verunreinigung des der Trinkwasserversorgung ihrer Bevölkerung dienenden Grundwassers. Allerdings sei die Gemeinde nicht dazu berufen, Maßnahmen zum Grundwasserschutz durchzusetzen. Eine Gemeinde, die sich zur Rechtfertigung ihrer Einwände gegen die Planfeststellung einer Mülldeponie lediglich auf ihr Selbstverwaltungsrecht und nicht auf grundrechtlich gesicherte Rechtspositionen berufen könne, könne nur verlangen, daß die betroffenen eigenen Belange mit dem ihnen zukommenden Gewicht in die Abwägung eingestellt würden. Ein Anspruch auf die zutreffende Berücksichtigung auch aller anderen planungsrelevanten Gesichtspunkte und auf deren ordnungsgemäße Abwägung stehe der Gemeinde nicht zu.

Ist die Abfallentsorgungsanlage nicht nur mit dem Allgemeinwohl zu *vereinbaren*, sondern *dient* das Vorhaben sogar dem Wohl der Allgemeinheit, dann kann die Anlage auch zugelassen werden, wenn nachteilige Wirkungen auf das Recht eines Dritten zu erwarten sind (§ 8 Abs. 4 S. 1 AbfG). Wird die Planfeststellung trotz entgegenstehender Rechte Dritter erteilt, so ist jedoch gem. § 8 Abs. 4 A. 2 AbfG der Betroffene für den dadurch eintretenden Vermögensnachteil in Geld zu entschädigen. Dabei handelt es sich um eine Enteignungsentschädigung i. S. d. Art. 14 Abs. 3 S. 3 GG.[150] **79**

4. *Anspruch auf Zulassung*

Liegt keiner der genannten Versagungsgründe vor, besteht nach wohl noch h. M. kein Anspruch auf die Erteilung des Planfeststellungsbeschlusses oder der Genehmigung.[151] Teilweise wird die Ansicht vertreten, daß bei der Zulassung einer Abfallentsorgungsanlage ein Anspruch auf fehlerfreie Ermessensausübung bestehe.[152] Nach Ansicht des *BVerwG* gelten die Grundsätze zur planerischen Gestaltungsfreiheit auch für Planfeststellungen nach dem AbfG.[153] **80**

---

[149] Urt. v. 7. 3. 1986 – 2 R 94/85 –, UPR 1987, 228.

[150] Vgl. *Franßen*, in: Grundzüge des Umweltrechts, S. 440; zur Unterscheidung von privatnützigen und gemeinnützigen Planfeststellungen siehe oben, § 21, Rn. 174f.; *Beckmann/Appold/Kuhlmann*, DVBl. 1988, 1002ff.

[151] So *Ketteler*, in: Ketteler/Kippels, Umweltrecht, S. 189; *Hösel/von Lersner*, Recht der Abfallbeseitigung, § 8 Rn. 19; *Bälder*, Recht der Abfallwirtschaft, S. 188; *VGH Mannheim*, Urt. v. 14. 9. 1976 – X 1195/76 –, DÖV 1977, 332; aA: *Franßen*, in: Grundzüge des Umweltrechts, S. 435; *Schmidt*, Umweltrecht, S. 79; *Ronellenfitsch*, Planungsrecht, S. 173, der mit Rücksicht auf Art. 12 Abs. 1 GG in § 7 AbfG ein präventives Verbot mit Erlaubnisvorbehalt sehen will; *Tettinger*, GewArch 1988, 41 (48); *Beckmann/Appold/Kuhlmann*, DVBl. 1988, 1002ff.

[152] Vgl. *Bartels*, Abfallrecht, S. 13.

[153] *BVerwG*, Beschl. v. 20. 7. 1979 – 7 CB 21/79 –, NJW 1980, 953; zu den Anforderungen des Abwägungsgebotes bei der abfallrechtlichen Planfeststellung, insbesondere zur Geeignetheit des Standorts, Berücksichtigung von Alternativstandorten, Beachtung der naturschutzrechtlichen Vorschriften, siehe *VGH BW*, Urt. v. 24. 11. 1987 – 10 S 1044/84 –, UPR 1988, 191.

5. Nebenbestimmungen

81 Soweit es zur Wahrung des Allgemeinwohls erforderlich ist, können gem. § 8 Abs. 1 S. 1 Planfeststellungsbeschluß und Genehmigung unter Bedingungen erteilt und mit Auflagen verbunden werden. Gem. § 8 Abs. 1 S. 2 AbfG können sie außerdem befristet werden. Nachträgliche Anordnungen sind auch nach dem Ergehen des Planfeststellungsbeschlusses oder nach der Erteilung der Genehmigung zulässig (§ 8 Abs. 1 S. 3 AbfG). Die Möglichkeit nachträglicher Anordnungen entbindet die zuständige Behörde allerdings nicht von der Pflicht, bereits bei der Zulassung der Abfallentsorgungsanlage alle regelungsbedürftigen Fragen sorgfältig zu überprüfen und nach Möglichkeit auch bereits zu diesem Zeitpunkt zu regeln.[154] Nachträgliche Anordnungen können auch zum Schutz individueller Interessen angeordnet werden.[155]

III. Zulassung vorzeitigen Beginns

82 Da die Planfeststellungs- und Genehmigungsverfahren langwierig und zeitaufwendig sein können, kommt der Möglichkeit der Zulassung vorzeitigen Beginns in der Praxis erhebliche Bedeutung zu.[156] Gem. § 7a Abs. 1 S. 1 AbfG kann die zuständige Behörde unter dem Vorbehalt des Widerrufs zulassen, daß bereits vor der Planfeststellung oder der Erteilung der Genehmigung mit der Ausführung des Vorhabens begonnen wird. Voraussetzung dafür ist, daß mit einer Entscheidung zugunsten des Vorhabenträgers gerechnet werden kann, daß an dem vorzeitigen Beginn ein öffentliches Interesse besteht und daß der Vorhabenträger sich verpflichtet, alle bis zur Entscheidung durch die Ausführung verursachten Schäden zu ersetzen, und, falls das Vorhaben nicht planfestgestellt oder genehmigt wird, den früheren Zustand wiederherzustellen. Auch die Zulassung vorzeitigen Beginns kann befristet und unter Bedingungen erteilt sowie mit Auflagen versehen werden. Um die Erfüllung der Verpflichtungen des Vorhabensträgers zu sichern, kann die zuständige Behörde, soweit dies erforderlich ist, die Leistung einer Sicherheit verlangen (§ 7a Abs. 2 S. 2 AbfG).

83 Ein typischer Anwendungsfall des § 7a AbfG sind vorbereitende Maßnahmen für den Bau einer Anlage wie etwa die Erschließung von Grundstücken oder das Ausheben von Baugruben. Nach Ansicht des *OVG Lüneburg* erlaubt § 7a AbfG im Regelfall nur die dem Betrieb der Abfallentsorgungsanlage vorhergehenden Errichtungsmaßnahmen, nicht aber den Betriebsbeginn der Anlage selbst.[157]

IV. Stillegung von Abfallentsorgungsanlagen

84 Beabsichtigt der Inhaber einer ortsfesten Abfallentsorgungsanlage ihre Stillegung, so hat er dieses der zuständigen Behörde unverzüglich anzuzeigen. Die zuständige Behörde soll gem. § 10 Abs. 2 AbfG den Inhaber ver-

[154] *BVerwG*, Beschl. v. 27. 5. 1986 – 7 B 86/86 –, NVwZ 1986, 837 (838).
[155] Vgl. *Bartels*, Abfallrecht, S. 16.
[156] Vgl. dazu *Hösel/von Lersner*, Recht der Abfallbeseitigung, § 7a Rn. 2.
[157] Beschl. v. 30. 8. 1983 – 9 OVG B 100/83 –, DÖV 1983, 93.

pflichten, auf seine Kosten das Gelände, das für die Abfallentsorgung verwandt worden ist, zu rekultivieren und sonstige Vorkehrungen zu treffen, die erforderlich sind, Beeinträchtigungen des Wohls der Allgemeinheit zu verhüten.[158] Inhaber einer Abfallentsorgungsanlage ist derjenige, der sie betreibt. Wer das ist, richtet sich im Einzelfall nach den konkreten tatsächlichen und rechtlichen Gegebenheiten.[159] § 10 Abs. 2 AbfG soll dazu beitragen, daß die nach dem 11. 6. 1972 stillgelegten Anlagen[160] zukünftig nicht mehr zu einem Altlastenproblem werden können.[161]

Fall:[162] Der Inhaber einer stillgelegten Abfalldeponie kann verpflichtet werden, auf seine Kosten eine Grundwassermeßstelle (Beobachtungsbrunnen) anzulegen, wenn Grundwasserkontaminierungen zu befürchten sind und sich die Deponie in der Nähe einer Trinkwassergewinnungsanlage befindet.

Der Anspruch eines Nachbarn auf sofortige Stillegung zugelassener Abfallentsorgungsanlagen im Wege ordnungsbehördlichen Einschreitens setzt nach Ansicht des *OVG Koblenz* voraus, daß **85**

- durch den weiteren Betrieb dieser Anlage in allernächster Zeit mit an Sicherheit grenzender Wahrscheinlichkeit besonders wichtige Rechtsgüter des Nachbarn (Leben, Gesundheit oder bedeutende Sachwerte) gefährdet werden oder ihm ein erheblicher und umfangreicher Schaden droht,
- der Nachbar hinsichtlich dieser Rechtsgüter nicht auf andere Weise ausreichend geschützt werden kann und
- der sofortigen Stillegung keine unverhältnismäßigen Nachteile für die Inhaber der Anlagen oder für die Allgemeinheit entgegenstehen.[163]

E. Einsammlungs- und Beförderungsgenehmigung

Grundsätzlich dürfen gem. § 12 Abs. 1 S. 1 AbfG Abfälle gewerbsmäßig **86** oder im Rahmen wirtschaftlicher Unternehmen nur mit Genehmigung der zuständigen Behörde eingesammelt oder befördert werden. Durch das Genehmigungserfordernis soll sichergestellt werden, daß die Behörde die Personen und Betriebe, die Abfälle einsammeln und befördern, auf ihre fachlichen, technischen und persönlichen Voraussetzungen hin überprüfen kann.[164] Die Transportgenehmigung ist eine **Personalkonzession**.[165] Schutzzweck des § 12 AbfG ist die Verwirklichung des sogenannten *Cradel to grave-Prinzips*,[166] wonach die Behandlung der Abfälle von der Einsammlung bis hin zur Beseitigung in einer dafür zugelassenen Anlage kontrolliert werden soll.

---

158 Zur ordnungsrechtlichen Verantwortlichkeit nach Stillegung der Deponie vgl. *BVerwG*, Beschl. v. 14. 4. 1986 – 7 B 18.86 –, DVBl. 1986, 687 ff.

159 Vgl. dazu *VGHBW*, Urt. v. 15. 12. 1987 – 10 S 240/86 – DÖV 1988, 609.

160 Das ist der Zeitpunkt des Inkrafttretens des Abfallbeseitigungsgesetzes.

161 Zur Altlastenproblematik siehe oben, § 15, Rn. 31 ff.

162 *VGH Kassel*, Urt. v. 14. 1. 1986 – IX OE 47/80 –, UPR 1986, 432; *OVG Lüneburg*, Beschl. v. 27. 8. 1986 - 3 B 101/86 –, NVwZ 1987, 617; vgl. auch *VG Karlsruhe*, Urt. v. 23. 2. 1983 – 4 K 182/80 –, ZfW 1985, 55 ff.

163 *OVG Koblenz*, Beschl. v. 22. 1. 1986 – 7 B 75/85 –, UPR 1986, 239.

164 Vgl. *Hösel/von Lersner*, Recht der Abfallbeseitigung, § 12 Rn. 3.

165 Vgl. *HessVGH*, Beschl. v. 21. 4. 1986 – 5 TH 592/86 –, UPR 1986, 439.

166 Siehe dazu bereits oben, § 1, Rn. 49 und *Hösel/von Lersner*, Recht der Abfallbeseitigung, § 12 Rn. 4.

87 *Gewerbsmäßig* werden Abfälle eingesammelt und befördert, wenn dies der Erzielung von Gewinnen dient und eine auf gewisse Dauer beabsichtigte, selbständige Tätigkeit im Bereich der Wirtschaft darstellt.

88 Im *Rahmen wirtschaftlicher Unternehmen* werden Abfälle eingesammelt und befördert, wenn sie, ohne selbst gewerbsmäßig zu sein, durch ein Unternehmen, das selbst dem Bereich der Wirtschaft mit dem Zweck, Gewinn zu erbringen, tätig ist, für dessen Zwecke erfolgt.[167]

89 Das *Einsammeln* des Abfalls umfaßt einerseits das Abholen und Entgegennehmen der von den Besitzern bereitgestellten Abfälle, daneben aber auch das Aufheben weggeworfener und herrenloser Abfälle in der freien Landschaft, an Straßen und deren Rändern.[168]

90 Unter dem Begriff des *Beförderns* ist nicht nur der Vorgang der Ortsveränderung, sondern auch die Übernahme und die Ablieferung des Abfalles zu verstehen, auch der zeitweilige Aufenthalt im Verlaufe der Beförderung sowie Vorbereitungs- und Abschlußhandlungen, auch wenn diese Handlungen nicht vom Beförderer ausgeführt werden.[169]

91 Von der Erlaubnispflicht des § 12 Abs. 1 S. 1 AbfG werden gem. § 12 Abs. 1 S. 2 AbfG drei gewichtige *Ausnahmen* gemacht. Nicht genehmigungspflichtig sind danach Einsammlung und Beförderung

- durch die gem. § 3 Abs. 2 AbfG beseitigungspflichtigen Körperschaften oder durch die von diesen beauftragten Dritten (§ 12 Abs. 1 S. 2 Nr. 1 AbfG),
- von Erdaushub, Straßenaufbruch und Bauschutt, soweit diese nicht durch Schadstoffe verunreinigt sind, sowie für Autowracks und Altreifen (§ 12 Abs. 1 S. 2 Nr. 2 AbfG),
- geringfügiger Abfallmengen im Rahmen wirtschaftlicher Unternehmen, soweit die zuständige Behörde auf Antrag oder von Amts wegen diese von der Genehmigungspflicht nach S. 1 freigestellt hat (§ 12 Abs. 1 S. 2 Nr. 3 AbfG).

92 Bei der Einsammlungs- und Beförderungsgenehmigung handelt es sich um eine gebundene Erlaubnis. Gem. § 12 Abs. 1 S. 3 AbfG ist die Genehmigung zu erteilen, wenn gewährleistet ist, daß eine Beeinträchtigung des Wohls der Allgemeinheit nicht zu besorgen ist. Das ist gem. § 12 Abs. 1 S. 3 AbfG der Fall, wenn keine Tatsachen bekannt sind,

- aus denen sich Bedenken gegen die Zuverlässigkeit des Antragstellers oder der für die Leitung und Beaufsichtigung des Betriebes verantwortlichen Personen ergeben und
- die geordnete Beseitigung im übrigen sichergestellt ist.

93 Die Zuverlässigkeit des Antragstellers und seiner Beschäftigten kann durch Nachweis persönlicher Eigenschaften und Sachkunde überprüft werden.

Fall:[170] Bedenken gegen die Zuverlässigkeit eines Unternehmers, der Sonderabfälle i. R. v. § 2 Abs. 1 AbfG einsammelt und befördert, können sich nach Ansicht des *VGH Mannheim* – unbeschadet der Ordnungsmäßigkeit der Abfallbeseitigung in ma-

[167] Vgl. dazu *Hösel/von Lersner*, Recht der Abfallbeseitigung, § 12 Rn. 11/12; *Franßen*, in: Grundzüge des Umweltrechts, S. 445.

[168] Vgl. *Hösel/von Lersner*, Recht der Abfallbeseitigung, § 12 Rn. 6; zum Begriff des Einsammelns siehe auch *BVerwG*, Urt. v. 11. 2. 1983 – 7 C 45.80 –, DVBl. 1983, 637; *Eckert*, NVwZ 1985, 388 (389).

[169] *Hösel/von Lersner*, Recht der Abfallbeseitigung, § 12 Rn. 6; *Eckert*, NVwZ 1985, 388 (390).

[170] Siehe dazu *VGH Mannheim*, Beschl. v. 7. 3. 1985 – 10 S 381/85 –, NVwZ 1985, 438.

terieller Hinsicht – schon aus der Nichteinhaltung formeller Vorschriften des Abfallrechts ergeben. Unzuverlässig im abfallrechtlichen Sinne sei ein solcher Beförderungsunternehmer regelmäßig dann, wenn er sich über die ihm erteilte Beförderungsgenehmigung nachhaltig in der Weise hinwegsetze, daß er Abfallarten befördere und Beseitigungsanlagen bediene, auf die sich seine Genehmigung nicht erstrecke.[171]

Werden Abfälle in ein *Zwischenlager* befördert, hat gem. § 12 Abs. 1 S. 4 **94**
AbfG der Antragsteller eine Bescheinigung des Zwischenlagerbetreibers vorzulegen, aus der hervorgeht, daß das Zwischenlager für diese Abfälle zugelassen ist und keine Vermischung mit solchen Abfällen erfolgen wird, die aufgrund von Nebenbestimmungen nach § 8 Abs. 1 AbfG, Anordnungen nach § 9 AbfG oder aufgrund einer Rechtsverordnung nach § 14 Abs. 1 Nr. 2 AbfG getrennt gehalten werden müssen.

Soweit es zur Wahrung des Wohls der Allgemeinheit erforderlich ist, kann **95**
die Einsammlungs- und Beförderungsgenehmigung gem. § 12 Abs. 1 S. 5 AbfG unter *Bedingungen* erteilt und mit *Auflagen* verbunden werden. Bedingungen und Auflagen dienen also dazu, den zentralen Versagungsgrund für die Einsammlungs- und Beförderungsgenehmigung auszuräumen. Die Genehmigung kann schließlich auch *befristet* und unter dem Vorbehalt des Widerrufs erteilt werden (§ 12 Abs. 1 S. 6 AbfG).

Fall:[172] Eine Genehmigung zum Einsammeln oder Befördern von Abfällen kann nach Ansicht des *VGH Kassel* widerrufen werden, wenn die Voraussetzungen für die weitere geordnete Abfallbeseitigung wegfallen, weil derjenige, der bislang die vom Transportunternehmer angelieferten Abfälle zur weiteren Beseitigung abnahm, die Annahmebereitschaft der Abfälle gegenüber dem Transportunternehmer zurücknimmt. Die Transportgenehmigung kann außerdem widerrufen werden, wenn sich Bedenken gegen die abfallrechtliche Zuverlässigkeit des Inhabers ergeben, weil dieser sich nachhaltig über abfallrechtliche Bestimmungen hinwegsetzt.

Zuständig für die Genehmigungserteilung ist gem. § 12 Abs. 2 S. 1 AbfG **96**
die Behörde des Landes, in dessen Bereich die Abfälle eingesammelt werden oder die Beförderung beginnt. Bei *länderüberschreitender* Abfallbeförderung genügt daher die Genehmigung der für den Beförderungsbeginn zuständigen Genehmigungsbehörde. Bei freiwilliger oder durch Rechtsverordnung nach § 14 Abs. 1 Nr. 3 AbfG vorgeschriebener Rücknahme bestimmter Erzeugnisse durch den Vertreiber sowie bei der Rücknahme von Altölen gem. § 5a AbfG ist für die Erteilung der Genehmigung die Behörde des Landes zuständig, in dem das Unternehmen seine Hauptniederlassung hat (§ 12 Abs. 2 S. 2 AbfG). Die Genehmigung gilt gem. § 12 Abs. 2 S. 3 AbfG für den Geltungsbereich des AbfG.

Von der Ermächtigung des § 12 Abs. 3 AbfG, durch Rechtsverordnung **97**
mit Zustimmung des Bundesrates Vorschriften zu erlassen über die Antragsunterlagen und die Form der Genehmigung, sowie Gebührenrechtliche Regelungen zu treffen, hat die Bundesregierung durch die Abfallbeförderungsverordnung Gebrauch gemacht.[173]

---

[171] Vgl. zum Widerruf der Genehmigung zum Einsammeln von Abfällen wegen persönlicher Unzuverlässigkeit auch *VGH Kassel*, Beschl. v. 21. 4. 1986 – 5 TH 592/86 –, NJW 1987, 393.

[172] Vgl. dazu *VGH Kassel*, Beschl. v. 21. 4. 1986 – 5 TH 592/86 –, NJW 1987, 393.

[173] Vgl. die Verordnung über das Einsammeln und Befördern von Abfällen (Abfallbeförderungs-Verordnung – AbfBefV) vom 24. August 1983 (BGBl. I, S. 1130).

F. Grenzüberschreitender Verkehr mit Abfällen

98 Die unzulänglichen bundesdeutschen Kapazitäten für die Abfallentsorgung und die hohen Kosten haben dafür gesorgt, daß sehr hohe Mengen von Sondermüll in das Ausland, vor allem in die DDR exportiert werden. Im Jahre 1986 wurde etwa 1 Mio. Tonnen Sondermüll in die DDR und dort vor allem auf die Deponie Schönberg verbracht. Der zunehmende Abfallexport soll nach dem Abfallgesetz möglichst eingedämmt werden.

99 § 2 Abs. 1 S. 1 AbfG sieht deshalb vor, daß Abfälle, die im Geltungsbereich des AbfG anfallen, auch dort zu entsorgen sind, soweit § 13 AbfG nichts anderes zuläßt. Gem. § 13 Abs. 1 S. 1 AbfG bedarf der Genehmigung der zuständigen Behörde derjenige, der Abfälle in den, aus dem oder durch den Geltungsbereich des AbfG verbringen will. Auf die Genehmigung nach § 13 AbfG besteht kein Anspruch. Das ergibt sich nach h. L. aus der Formulierung des § 13 Abs. 1 S. 2 AbfG „sie darf nur erteilt werden, wenn".[174] § 13 AbfG sieht allgemeine Genehmigungsvoraussetzungen für den grenzüberschreitenden Verkehr mit Abfällen und daneben besondere Genehmigungsvoraussetzungen für die *Einfuhr, Ausfuhr* und die *Durchfuhr* von Abfällen vor.

I. Genehmigungsvoraussetzungen

100 Nach den allgemeinen Genehmigungsvoraussetzungen des § 13 Abs. 1 S. 2 AbfG darf eine Genehmigung für den grenzüberschreitenden Verkehr mit Abfällen nur erteilt werden, wenn

- von der Beförderung, Behandlung, Lagerung oder Ablagerung der Abfälle keine Beeinträchtigung des Wohls der Allgemeinheit zu besorgen ist und
- keine Tatsachen bekannt sind, aus denen sich Bedenken gegen die Zuverlässigkeit des Antragstellers oder der für die Beförderung der Abfälle verantwortlichen Personen ergeben.

1. Zusätzliche Voraussetzungen für Einfuhrgenehmigungen

101 Eine Genehmigung für die *Einfuhr* von Abfällen in den Geltungsbereich des AbfG darf außerdem gem. § 13 Abs. 1 S. 2 Nr. 3 AbfG nur dann erteilt werden, wenn

- Abfallentsorgungspläne nach § 6 Abs. 1 oder 3 AbfG nicht entgegenstehen,
- vom Antragsteller amtliche Erklärungen erbracht werden, daß die Entsorgung im Herkunftsstaat nicht ordnungsgemäß durchgeführt werden kann; dies gilt nicht, wenn Abfallentsorgungspläne nach § 6 Abs. 1 oder 3 AbfG oder sonstige planerische Festlegungen der Länder unabhängig hiervon eine Entsorgung im Geltungsbereich dieses Gesetzes vorsehen.

2. Zusätzliche Voraussetzungen für Ausfuhrgenehmigungen

102 Die *Ausfuhr* von Abfällen wird gem. § 13 Abs. 1 S. 2 Nr. 4 AbfG neben den bereits in § 13 Abs. 1 S. 2 AbfG benannten allgemeinen Genehmigungsvoraussetzungen von fünf weiteren Voraussetzungen abhängig gemacht. Der Abfallexport ist danach nur dann genehmigungsfähig, wenn

[174] Vgl. *Hösel/von Lersner*, Recht der Abfallbeseitigung, § 13 Rn. 5; *Bartels*, Abfallrecht, S. 113; vgl. zu nationalen und internationalen Problemen des Abfallrechts *Friedrich*, UPR 1988, 4ff.; zur Abfallausfuhr in die Dritte Welt, *Kunig*, NuR 1989, 8ff.

- im Bundesland der Abfallentstehung (§ 13 Abs. 1 S. 2 Nr. 4a Alt. 1 AbfG) oder
- in einem anderen Bundesland keine Entsorgungsmöglichkeit vorhanden ist (§ 13 Abs. 1 S. 2 Nr. 4a Alt. 2);
- eine Erklärung über die Entsorgung im Empfängerstaat vorliegt (§ 13 Abs. 1 S. 2 Nr. 4b 1. Teil);
- ein evtl. Transitland eine Unbedenklichkeitsbescheinigung erteilt (§ 13 Abs. 1 S. 2 Nr. 4b 2. Teil);
- das Allgemeinwohl in der Bundesrepublik durch die externe Entsorgung ungefährdet bleibt (§ 13 Abs. 1 S. 2 Nr. 4 c AbfG).[175]

3. Zusätzliche Voraussetzungen für Transitgenehmigungen

Auch die Genehmigung für die *Durchfuhr* von Abfällen durch den Geltungsbereich des AbfG setzt neben den allgemeinen Voraussetzungen unter anderem den Nachweis voraus, daß die Abfälle im Empfängerland ordnungsgemäß entsorgt werden können und in den vom Transport berührten weiteren Staaten keine Bedenken gegen die Durchfuhr der Abfälle bestehen (§ 13 Abs. 1 S. 2 Nr. 5 AbfG). 103

II. Drittschutz

Umstritten ist, inwieweit § 13 Abs. 1 S. 2 Nr. 4 c AbfG als drittschützend ausgelegt werden kann.[176] 104

Ein Abwehrrecht gegen Genehmigungen für die Verbringung von Abfällen zu Deponien außerhalb der Bundesrepublik Deutschland kann auch Gemeinden aus § 13 Abs. 1 S. 2 Nr. 4 c AbfG zustehen, wenn die Möglichkeit nicht auszuschließen ist, daß eine in Grenznähe außerhalb des Bundesgebiets betriebene Abfalldeponie durch Sickerwasser die Wasserversorgung einer Gemeinde im Bundesgebiet gefährden könnte.[177] 105

III. Abfallentsorgung auf Hoher See

§ 13 Abs. 2 AbfG sieht eine Erlaubnis für den Sonderfall einer grenzüberschreitenden Beförderung von Abfällen mit dem Ziel der Entsorgung auf Hoher See vor. Die Beförderungsgenehmigung ist danach unabhängig vom Vorliegen der in § 13 Abs. 1 AbfG genannten Voraussetzungen zu erteilen, wenn der Antragsteller die Erlaubnis nach dem Gesetz zum Übereinkommen zur Verhütung von Meeresverschmutzung durch das Einbringen von Abfällen durch Schiff- und Luftfahrzeuge vom 11. 2. 1987[178] vom Deutschen Hydrographischen Institut vorlegt. Gem. § 13 Abs. 2 S. 2 AbfG hat die zu- 106

---

[175] Vgl. dazu ausführlich *Versteyl*, NVwZ 1987, 296ff.

[176] Bejahend: *OVG Lüneburg*, Beschl. v. 24. 1. 1986 – 7 B 39/85 –, NVwZ 1986, 322 (324); bestätigt durch *OVG Lüneburg*, Beschl. v. 12. 6. 1987 – 7 B 40/87 –, NVwZ 1987, 999ff.; *VG Darmstadt*, Beschl. v. 10. 11. 1986 – III/2 H 1677/86 –, NVwZ 1987, 350; *Becker*, DVBl. 1986, 421ff.; a.A.: *VG Hamburg*, Beschl. v. 18. 9. 1986 – 18 VG 2970/86 –, NVwZ 1987, 354; *VG Schleswig*, Beschl. v. 21. 11. 1986 – 12 D 33/86 –, NVwZ 1987, 352; *Kunig*, NuR 1986, 217ff.; *Breuer*, DVBl. 1986, 849 (854), Fn. 59; ausführlich dazu *Versteyl*, NVwZ 1987, 296ff. *Friedrich*, UPR 1988, 4 (7f.); *Kunig*, NuR 1989, 8.

[177] Vgl. dazu *OVG Hamburg*, Beschl. v. 25. 8. 1987 – Bs VI 31/87 –, NVwZ 1987, 1002ff.

[178] BGBl. II, S. 165.

ständige Behörde lediglich die für die Beförderung erforderlichen Nebenbestimmungen festzulegen. Soll die Entsorgung weder von einem Hafen im Geltungsbereich des Abfallgesetzes aus noch durch ein Schiff, das unter der Bundesflagge läuft, erfolgen, gilt das Gesetz über die Einbringung von Abfällen auf Hoher See nicht. Für diesen Fall sieht § 13 Abs. 2 S. 3 AbfG vor, daß die Erlaubnis nach § 13 Abs. 1 AbfG nur erteilt werden darf, wenn der Antragsteller die in § 13 Abs. 2 AbfG genannte Erlaubnis durch den Empfängerstaat vorlegt und nach Anhörung der zuständigen Behörde der anderen Länder festgestellt wird, daß eine Beseitigung an Land i. S. d. Art. 2 des Gesetzes über das Einbringen von Abfällen auf Hoher See nicht möglich ist.

G. Überwachung der Abfallentsorgung

107 Der wirksame Vollzug des Abfallrechts setzt nicht nur eine vorbeugende Überwachung in Form der Zulassungspflicht von Abfallentsorgungsanlagen und der Genehmigung des Einsammelns, des Beförderns oder des grenzüberschreitenden Transports von Abfällen voraus. Notwendig ist vielmehr außerdem eine laufende Überwachung der gesamten Abfallentsorgung. Diese erfolgt entweder durch die zuständige Behörde gem. § 11 AbfG oder innerbetrieblich durch einen Betriebsbeauftragten für Abfall (§§ 11a – f AbfG).[179]

I. Die behördliche Überwachung

108 Die behördliche Überwachung bezieht sich gem. § 11 Abs. 1 AbfG auf den gesamten Entsorgungsvorgang aller Abfälle. Seit der Neufassung des Abfallgesetzes vom 27. August 1986 kann gem. § 11 Abs. 1 S. 2 AbfG eine behördliche Überwachung auch hinsichtlich der Abfallentsorgungsanlagen erfolgen, die vor dem 11. 6. 1972 stillgelegt wurden, wenn dies zur Wahrung des Allgemeinwohls erforderlich ist. Im Bereich der behördlichen Überwachung wird damit die **Altlastenproblematik** berücksichtigt, während ansonsten aufgrund des späten Inkrafttretens des Abfallbeseitigungsgesetzes Altlasten nicht als Abfälle im Sinne dieses Gesetzes behandelt werden können.[180]

109 Die Landesabfallgesetze sehen jedoch zumeist Sanierungspflichten und -kosten auch für die sog. Altlasten vor. Verpflichtet werden zumeist die beseitigungspflichtigen Körperschaften. Da sich für die Zukunft ein Sanierungsaufwand in Milliardenhöhe abzeichnet, werden zur Zeit verschiedene Finanzierungsmodelle diskutiert.[181]

110 § 11 Abs. 1 S. 2 AbfG gibt den zuständigen Behörden nur die Möglichkeit zur Sachverhaltsfeststellung. Im Rahmen ihrer Überwachungsaufgabe muß

---

[179] Siehe zu den Betriebsbeauftragen für den Umweltschutz bereits oben, § 9, Rn. 114ff.

[180] Siehe zur Altlastenproblematik im Abfallrecht *Bergmüller*, BayVBl. 1987, 193 (197); *Breuer*, NVwZ 1987, 751 (753); *Bender/Sparwasser*, Umweltrecht, Rn. 75ff.; *Ketteler*, in: Ketteler/Kippels, Umweltrecht, S. 191ff. ausführlich dazu oben, § 15, Rn. 31ff.

[181] Siehe dazu oben, § 15, Rn. 65.

die zuständige Behörde sich Informationen über den Anfall der Abfälle und den Stand der Abfallentsorgung in allen ihren Phasen beschaffen. Um diese umfassende Überwachung zu erleichtern, werden durch § 11 Abs. 4 AbfG der jeweiligen Behörde bestimmte Befugnisse eingeräumt und den Abfallbesitzern bzw. Entsorgungspflichtigen damit korrespondierend *Auskunfts-, Duldungs-* und *Mitwirkungspflichten* auferlegt.[182] Derartige Anordnungen können auch an Inhaber bereits stillgelegter Abfallentsorgungsanlagen ergehen, wenn dies zur Wahrung des Allgemeinwohls erforderlich ist.[183] § 11 Abs. 2 und Abs. 3 AbfG schreiben zusätzlich noch eine *Nachweispflicht* für den Verbleib von Abfällen vor.[184]

II. Die innerbetriebliche Überwachung

Die behördliche Überwachung wird ergänzt durch die innerbetriebliche Überwachung. Diese erfolgt in Form einer betriebsinternen Selbstkontrolle durch den Betriebsbeauftragten für Abfall (§ 11 a AbfG).[185] **111**

Da die bisher sehr unterschiedliche Rechtsstellung der Betriebsbeauftragten im Sinne des AbfG, des WHG, des BImSchG und der StrlSchV in Zukunft umfassend vereinheitlicht werden soll, sind an den §§ 11 a – f AbfG im Rahmen der Neufassung des AbfG trotz entsprechender Forderungen seitens des Bundesrates, insbesondere des Landes Nordrhein-Westfalens[186] keine Veränderungen vorgenommen worden.[187]

Der Betriebsbeauftragte für Abfall hat neben der eigentlichen Überwachung im Sinne des § 11 b Abs. 1 Nr. 1, 2 AbfG die Aufgabe, die Betriebsangehörigen aufzuklären (§ 11 b Abs. 1 Nr. 3) und Vorschläge zur Verbesserung der Abfallsituation zu erarbeiten (§ 11 b Abs. 1 Nr. 4, 5). Die Betriebsbeauftragten sind allein gegenüber dem Betriebsinhaber, nicht also gegenüber der Behörde verantwortlich.[188] **112**

---

[182] Siehe dazu *Franßen*, in: Grundzüge des Umweltrechts, S. 448 ff.

[183] Vgl. *Hess VGH*, Urt. v. 30. 3. 1987 – 9 uE 114/86 –, UPR 87, 357.

[184] Siehe zu den Einzelheiten der Abfallnachweispflicht auch die Abfallnachweisverordnung (AbfNachV) vom 2. Juli 1978 (BGBl. I, S. 668); vgl. dazu *Kreft*, HdUR, Bd. II, Sp. 20 ff.

[185] Siehe dazu die Verordnung über Betriebsbeauftragte für Abfall vom 26. Oktober 1977 (BGBl. I, S. 1913); zu den Umweltschutzbeauftragten siehe ausführlich oben, § 8 Rn. 114 ff.

[186] BT-Drs. 10/2885, S. 43 ff.

[187] Siehe dazu die Anhörung unter der Zuständigkeit des Bundesministers des Innern, BT-Drs. 10/5656, S. 72.

[188] *von Lersner*, HdUR, Bd. I, Sp. 9; *Tettinger*, DVBl. 1976, 755 f.

§ 29. Atom- und Strahlenschutzrecht

1 Regelungsgegenstand des Atom- und Strahlenschutzrechtes ist die friedliche Nutzung radioaktiver Stoffe und ionisierender Strahlen. Im Vordergrund steht dabei die Gewinnung von Kernenergie in Kernkraftwerken. Daneben wird jedoch auch die ionisierende Strahlung vor allem im medizinischen Bereich zu diagnostischen und therapeutischen Zwecken nutzbar gemacht.

2 Da auch von nicht ionisierenden Strahlen, d.h. von Strahlen, die keine Bildung elektrisch geladener Teilchen bewirken, Gesundheitsschäden ausgehen können, ist das Strahlenschutzrecht in der Vergangenheit erweitert worden zum Schutz vor Laserstrahlen, elektromagnetischen Strahlungen (z.B. Mikrowellen) und ultravioletten Strahlen und Ultraschall.[1]

3 Kernenergie wird bei der Spaltung von Atomkernen durch den Beschuß mit Neutronen freigesetzt. Bei der Kernspaltung entstehen zwei neue kleine Atomkerne, die man auch als die sog. Spaltprodukte bezeichnet, und weitere freie Neutronen, die im Wege einer Kettenreaktion weitere Kernspaltungen auslösen können. Die Bewegungsenergie der Spaltprodukte wird im Reaktor eines Atomkraftwerkes als Wärmeenergie frei und zur Erzeugung von Dampf genutzt, der wiederum eine Turbine antreibt, die über einen Generator Strom erzeugt.[2] Neben der Wärmeenergie setzt die Kernspaltung unvermeidbar auch lebens- und gesundheitsgefährdende radioaktive Strahlen frei. Die Abgabe radioaktiver Strahlen über die Abluft und das Abwasser sowohl im Normalbetrieb eines Kernkraftwerkes als auch im Falle eines Störfalles zu verhindern, ist das vorrangige umweltschützende Ziel sowohl der Sicherheitstechnik als auch des Atom- und Strahlenschutzrechtes.[3]

4 Die friedliche Nutzung der Kernenergie zählt seit Jahren zu den umweltpolitisch umstrittensten Streitfragen. Diese Diskussion ist auch an der Rechtswissenschaft nicht vorbeigegangen.[4] Nach dem Reaktorunfall in Tschernobyl im Jahre 1986 wurden in der Rechtswissenschaft die rechtlichen Möglichkeiten eines Austiegs aus der Kernenergie kontrovers diskutiert.[5]

5 In der Bundesrepublik Deutschland waren im März 1987 7 Siedewasserreaktoren, 11 Druckwasserreaktoren, 2 Hochtemperaturreaktoren (davon eine Pilotanlage) und ein Pilot-Brutreaktor mit einer Gesamtbruttoleistung von knapp 20000 Megawatt in Betrieb. Weitere 4 Kernkraftblöcke mit einer Leistung von insgesamt rd. 4.300 Megawatt befanden sich im Bau. Der Anteil der Kernkraftwerke an der Stromerzeugung der Bundesrepublik betrug im Jahre 1987 rd. 35%. Die friedliche Nutzung der Kernenergie verläuft in einem Brennstoffkreislauf, in dem die Kernkraftwerke mit Brennstoffen versorgt und von ihnen entsorgt werden. Die Brennstoffversorgung beginnt bei der Uranerzgewinnung und führt über die Urananreicherung und die Brennele-

---

[1] Vgl. dazu *Bischoff*, HdUR, Bd. II, Sp. 418ff.

[2] Vgl. dazu *Sellner*, in: Grundzüge des Umweltrechts, S. 362.

[3] *Sellner*, in: Grundzüge des Umweltrechts, S. 362.

[4] Vgl. *Roßnagel* (Hrsg.), Recht und Technik im Spannungsfeld der Kernenergiekontroverse, S. 13ff.; *ders.*, Radioaktiver Zerfall der Grundrechte, S. 1ff.; *Meyer-Abich/Schefold*, Die Grenzen der Atomwirtschaft, S. 1ff.

[5] Vgl. *Wagner*, NJW 1987, 411ff.; *ders.*, DÖV 1987, 524ff.; *Lange*, NJW 1986, 2459ff.; *Lukes*, BB 1986, 1305ff.; *Bender*, DÖV 1988, 813ff; zur Bewertung der Risiken nach Tschernobyl vgl. SRU-Umweltgutachten 1987, Rz. 1975.

mentefertigung zur Bestrahlung der Brennelemente im Reaktor. Die Entsorgung setzt bei der Auswechselung der Brennelemente in den Kernkraftwerken ein und führt über die Zwischenlagerung zur Wiederanreicherung des Urans und zur Wiederverwendung in Brennelementen einerseits und andererseits hin bis zur Behandlung und Endlagerung des nicht mehr verwendbaren radioaktiven Mülls. Umweltbelastungen durch die Nutzung der Kernenergie können grundsätzlich im gesamten Brennstoffkreislauf auftreten. Uranerzabbau wird allerdings in der Bundesrepublik nur in sehr geringem Umfang betrieben. Anders als in den Ländern, in denen das Uranerz gefördert wird, führt der Abbau deshalb in der Bundesrepublik zu keinen nennenswerten Umweltbelastungen.[6] Die Urananreicherung, d. h. die Erhöhung der spaltbaren Uranisotope (U-235) – wird teilweise in der Urananreicherungsanlage Gronau durchgeführt. Die Umweltbelastungen durch Emissionen aller Art sind im Normalbetrieb geringfügig. Schwerwiegende Beeinträchtigungen der Umwelt sind jedoch denkbar, wenn bei Störfällen oder Einwirkungen von außen trotz mehrfacher Sicherungsmaßnahmen größere Mengen des bei der Urananreicherung verwandten Betriebsstoffes Uranhexafluorid freigesetzt würden. Ähnliches gilt auch für Brennelementefertigung. In der Bundesrepublik gibt es 4 Betriebe, die Kernbrennstoff zu Brennelementen verarbeiten. Die Emissionen im Normalbetrieb sind auch hier gering, Risiken ergeben sich jedoch bei denkbaren Störfällen und hinsichtlich der spezifischen Abfall- und Transportprobleme. Nicht zuletzt ist auch die Umweltbelastung durch den Normalbetrieb von Kernkraftwerken gering. Ein Störfall, bei dem die Gefahr der Freisetzung größerer Mengen an Radioaktivität besteht, hat es dank der laufend verbesserten Sicherheitstechnik in der Bundesrepublik bislang nicht gegeben. Gleichwohl bleibt ein Restrisiko auch bei deutschen Kernkraftwerken vorhanden. Das Restrisiko ist gekennzeichnet durch einen mehr oder minder hohen Grad der Unvorhersehbarkeit von Unfällen mit Freisetzung radioaktiver Stoffe sowie einem großen potentiellen räumlichen und zeitlichen Schadensausmaß. Als besonders problematisch erweist sich immer mehr die Entsorgung der Kernkraftwerke. Hinzu kommen die nicht ausschließbaren Risiken menschlichen Versagens. Radioaktive Abfälle entstehen in allen Bereichen des Brennstoffkreislaufes durch Kontamination von Fesstoffen oder Flüssigkeiten. Der Betrieb großer Kernkraftwerke erfordert einerseits die Entsorgung von etwa 45 Tonnen abgebrannter Brennelemente pro Jahr und daneben von ungefähr 210 qm verfestigter Abfälle, wovon ca. 80% schwach-, 15% mittel- und 5% hochaktiv sind.[7] In der Bundesrepublik belief sich der Bestand an Gebinden mit radioaktivem Abfall am 31. 12. 1985 auf 61400 Stück. Hiervon entfielen 47200 Stück auf 200-Liter-Fässer und 7800 Stück auf zylindrische Behälter. Nach Angaben der Physikalisch-technischen Bundesanstalt beträgt der zukünftige Anfall an konditionierten radioaktiven Abfällen mit vernachlässigbarer Wärmeentwicklung im Jahre 2000 ca. 227600 qm. Diese Abfälle mit vernachlässigbarer Wärmeentwicklung sollen im ehemaligen Eisenerzbergwerk Konrad in Salzgitter-Bleckenstett endgelagert werden. Darüber hinaus wird der Anfall mit konditionierten radioaktiven Abfällen mit Wärmeentwicklung bis zum Jahr 2000 auf 7000 qm geschätzt. Diese Abfälle sollen im Salzstock Gorleben endgelagert werden. Die bei der Wiederaufarbeitung von Brennelementen entstehenden tritiumhaltigen Abwässer (ca. 1000 qm^3 pro Tag) sollen über Versenkbohrungen in den tiefen geologischen Untergrund entsorgt werden. Die abgebrannten Brennelemente werden bis zur geplanten Eröffnung eines Zwischenlagers in den Kernkraftwerken selbst zwischengelagert. Das erste Zwischenlager ist in Gorleben für ausgediente Leichtwasserreaktoren-Brennelemente bis zu einer Menge von 1.500 Tonnen Uran fertiggestellt worden. Ein zweites Zwischenlager ist in Ahaus geplant, aber noch nicht bestandskräftig zugelassen. Die Wiederaufarbeitung von Brennelementen wird derzeit in Frankreich und England durchgeführt. Im Bau befindet sich außerdem die umstrittene Wiederaufarbeitungsanlage bei Wackersdorf.

---

[6] Vgl. dazu und zum folgenden SRU-Umweltgutachten 1987, Rz. 1927ff.
[7] Vgl. SRU-Umweltgutachten 1987, Rz. 1941ff.

A. Regelungsbereiche des Atom- und Strahlenschutzrechts

6 Das Atom- und Strahlenschutzrecht erfaßt

- den Umgang mit radioaktiven Stoffen,
- die staatliche Verwahrung von Kernbrennstoffen,
- die Beförderung, Ein- und Ausfuhr sowie den Verkehr mit radioaktiven Stoffen,
- die Erzeugung ionisierender Strahlen und
- die Aufsuchung, Gewinnung und Aufbereitung radioaktiver Mineralien.

7 Das Atom- und Strahlenschutzrecht ist in erster Linie Teil des öffentlichen Rechts, hat aber auch deutliche Bezüge zum Zivilrecht, etwa im Bereich der atomrechtlichen Haftung. Zum Umweltrecht zählt das Atom- und Strahlenschutzrecht, soweit es Regelungen zum Schutz von Leben, Gesundheit und Sachgütern vor den Gefahren der Kernenergie, vor allem vor der schädlicher Wirkung ionisierender Strahlen enthält.[8]

I. Gesetzgebungs- und Verwaltungskompetenz

8 Die Erzeugung und die Nutzung der Kernenergie zu friedlichen Zwecken und der Schutz vor ihren Gefahren fällt gem. Art. 74 Nr. 11a GG in die Gesetzgebungskompetenz des Bundes.

Fall: Die „Aktion Volksbegehren NRW gegen Atomanlagen" beantragte beim Innenminister des Landes NW die Zulassung der Auslegung von Eintragslisten für ein Volksbegehren mit dem Ziel, durch Gesetz die in Nordrhein-Westfalen bestehenden Kernkraftwerke in das Eigentum des Landes zu überführen und sie stillzulegen. Nach Ansicht des *VerfGH NW* verstößt dies gegen Art. 68 Abs. 1 S. 3 LV NW; das Volksbegehren berühre kein Gebiet, das der Gesetzgebungsgewalt des Landes unterliege. Das Land habe die Befugnis zur Gesetzgebung nicht, weil das geplante Gesetz zum Bereich der konkurrierenden Gesetzgebung gehöre und der Bund von seinem Gesetzgebungsrecht durch das Atomgesetz abschließend Gebrauch gemacht habe.[9]

9 Gesetze, die aufgrund dieser verfassungsrechtlichen Kompetenzzuweisung erlassen werden, können bestimmen, daß sie als Bundesauftragsverwaltung durch die Länder ausgeführt werden (Art. 87 c GG); von dieser Möglichkeit wurde für wichtige Bereiche Gebrauch gemacht, so z. B. für die Genehmigung und Überwachung von Kernanlagen gem. § 24 AtG oder gem. § 10 Abs. 1, S. 1 StrlSchVG hinsichtlich der Kompetenzverteilung bei der Radioaktivitäts-Überwachung. Gem. Art. 85 Abs. 3 S. 1 GG unterstehen die Landesbehörden bei der Bundesauftragsverwaltung den Weisungen der zuständigen obersten Bundesbehörden, d. h. dem Bundesumweltminister. Die Bundesaufsicht erstreckt sich gem. Art. 85 Abs. 4 S. 1 GG auf die Gesetzmäßigkeit und Zweckmäßigkeit der Verwaltung. Der mit der Bundesauftragsverwaltung beabsichtigte bundeseinheitliche Vollzug des AtG kann daneben

---

[8] Vgl. *Pelzer*, HdUR, Bd. I, Sp. 150; *Sellner*, in: Grundzüge des Umweltrechts, S. 361; *Kloepfer/Meßerschmidt*, Innere Harmonisierung, S. 21.

[9] Vgl. *VerfGH NW*, Urt. v. 18. 12. 1986 – VerfGH 18/86 –, NWVBl. 1987, 13; zum Volksbegehren zur Wiederaufbereitungsanlage Wackersdorf siehe *BayVerfGH*, Entsch. v. 14. 8. 1987 – Vf. 55 – IX – 87 –, NVwZ 1988, 242.

auch durch den Erlaß allgemeiner Verwaltungsvorschriften der Bundesregierung gem. Art. 85 Abs. 2 S. 1 GG sichergestellt werden.[10]

Das Atom- und Stahlenschutzrecht erfaßt 10
- Überwachungsvorschriften, mit denen den staatlichen Behörden die Kontrolle der privaten Verwendung radioaktiver Stoffe ermöglicht wird,
- materielle Vorschriften zur Gewährleistung der Sicherheit,
- Vorschriften zur Gewährleistung des Strahlenschutzes,
- haftungsrechtliche Vorschriften und– Straf- und Bußgeldvorschriften.[11]

II. Rechtsquellen

Kern des deutschen Atom- und Strahlenschutzrechts sind das Gesetz über 11
die friedliche Verwendung der Kernenergie und den Schutz gegen ihre Gefahren (**Atomgesetz**) und das Gesetz zum vorsorgenden Schutz der Bevölkerung gegen Strahlenbelastung (**Strahlenschutzvorsorgegesetz**).[12] Daneben hat die Bundesregierung bzw. der für die Umwelt und Reaktorsicherheit zuständige Bundesminister zahlreiche wichtige Rechtsverordnungen erlassen. Dazu zählen vor allem die
- Strahlenschutzverordnung,[13]
- Deckungsvorsorge-Verordnung,[14]
- Atomrechtliche Verfahrensverordnung,[15]
- Atomrechtliche Kostenverordnung[16] und
- Röntgenverordnung.[17]

Weitere Regelungen des Atom- und Strahlenschutzrechts finden sich dane- 12
ben in zahlreichen Nebengesetzen und im internationalen Recht. Die friedliche Nutzung der Kernenergie sowie der Strahlenschutz sind Gegenstand zahlreicher internationaler Verträge und Abkommen.[18] Dazu zählt vor allem der **EURATOM-Vertrag**[19] und das Übereinkommen vom 28. 7. 1960 über

---

[10] Vgl. dazu *Wagner*, DVBl. 1987, S. 917, dort auch zum Weisungsrecht des Bundes im atomrechtlichen Genehmigungsverfahren; siehe zum Rechtsschutz gegen Weisungen in der atomrechtlichen Bundesauftragsverwaltung auch *Winter*, DVBl. 1985, 993ff.; *Steinberg*, Atomwirtschaft 1987, 282ff.; zur atomrechtlichen Aufsicht siehe unten, § 29, Rn. 71ff.

[11] Vgl. *Winters*, Atom- und Strahlenschutzrecht, S. 6f.

[12] Vgl. Atomgesetz in der Fassung der Bekanntmachung vom 15. Juli 1985 (BGBl. I, S. 1565) mit Änderung vom 18. 2. 1986 (BGBl. I, S. 265) und das Strahlenschutzvorsorgegesetz vom 19. 12. 1986 (BGBl. I, S. 2610).

[13] Verordnung über den Schutz vor Schäden durch ionisierende Strahlen (Strahlenschutzverordnung) vom 13. 10. 1976, BGBl., I, S. 295.

[14] Verordnung über die Deckungsvorsorge nach dem Atomgesetz (atomrechtliche Deckungsvorsorgeverordnung) vom 25. 1. 1977 (BGBl. I, S. 220).

[15] Verordnung über das Verfahren bei der Genehmigung von ANlagen nach § 7 AtG (atomrechtliche Verfahrensverordnung) vom 18. 2. 1977 in der Fassung der Bekanntmachung vom 31. 3. 1982 (BGBl. I, S. 411).

[16] Kostenverordnung zum AtG vom 17. 12. 1981 (BGBl. I, S. 1457).

[17] Verordnung über den Schutz vor Schäden durch Röntgenstrahlen (Röntenverordnung) vom 1. 3. 1973 in der Bekanntmachung der Neufassung vom 8. 1. 1987 (BGBl. I, S. 114).

[18] Vgl. dazu *Bischof*, HdUR, Bd. Ii, Sp. 419ff.

[19] Vgl. dazu das Gesetz zu den Verträgen vom 25. 3. 1957 zur Gründung der Europäischen Wirtschaftsgemeinschaft und der Europäischen Atomgemeinschaft vom 27. 7. 1957 (BGBl. II, S. 753, 1014, 1675, BGBl. 1958, II, S. 1).

die Haftung gegenüber Dritten auf dem Gebiet der Kernenergie in der Fassung vom 5. 2. 1976 (BGBl. II, S. 310, 311) und des Protokolls vom 14. 11. 1982 (BGBl. 1985, II, S. 691), das sogenannte **Pariser Übereinkommen** und das Zusatzübereinkommen vom 31. 1. 1963 zum Pariser Übereinkommen in der Fassung vom 5. 2. 1976 (BGBl. II, S. 310, 318) und des Protokolls vom 16. 11. 1982 (BGBl. II, S. 698), das sogenannte **Brüsseler Zusatzübereinkommen.**[20] Hinzu kommen **Richtlinien des Rates der Europäischen Gemeinschaft** z. B. für den Gesundheitsschutz der Bevölkerung und der Arbeitskräfte gegen die Gefahren ionisierender Strahlungen.[21] Hinzu kommen zahlreiche technische **Regelwerke**, die entweder als Verwaltungsvorschriften erlassen werden oder von privaten Einrichtungen stammen, und vornehmlich der Konkretisierung unbestimmter Rechtsbegriffe, etwa des „Standes von Wissenschaft und Technik" dienen, auf den im Atomrecht an verschiedenen Stellen hingewiesen wird. Zu derartigen Regelwerken zählen insbesondere:

- die Sicherheitskriterien für Kernkraftwerke, die vom Bundesminister des Innern gemeinsam mit den Genehmigungsbehörden der Länder verabschiedet wurden,
- die Leitlinien der Reaktorsicherheitskommission für Druckwasser- und Siedewasserreaktoren,
- die Regeln des Kerntechnischen Ausschusses und
- DIN-Normen Kerntechnik, Strahlenschutz und Radiologie.[22]

13 Trotz der hohen Bedeutung, die den technischen und wissenschaftlichen Standards bei der Genehmigungspraxis zukommt, sind die mit ihnen verbundenen rechtsdogmatischen Schwierigkeiten, insbesondere die Frage ihrer verwaltungsgerichtlichen Überprüfung bislang nicht vollständig geklärt.[23] Die Tendenz geht in Rechtsprechung und Literatur dahin, diesen Richtlinien, Empfehlungen, Grundsätzen etc. einen – wie auch immer gearteten – gewissen Verbindlichkeitsanspruch zuzubilligen. Dabei ist allerdings die Konstruktion des „antizipierten Sachverständigengutachtens" zunehmend unter Kritik geraten.[24] Nach Auffassung des Bundesverwaltungsgerichts ist die als Verwaltungsvorschrift ergangene „Allgemeine Berechnungsgrundlage für Strahlenexposition bei radioaktiven Ableitungen mit der Abluft oder in Oberflächengewässer",[25] nicht als antizipiertes Sachverständigengutach-

---

[20] Zu weiteren internationalen Rechtsgrundlagen auf dem Gebiet des Kernenergierechts siehe *Burhenne*, in: Grundzüge des Umweltrechts, S. 714ff.

[21] Vgl. ABl. EG vom 17. 9. 1980 Nr. L 246; 5. 10. 1984 Nr. L 265.

[22] Vgl. dazu *Salzwedel/Preußker*, Umweltschutzrecht, S. 234 mit den Fundstellen.

[23] Vgl. dazu z. B. *Jarass*, NJW 1987, 1225ff.; *Ladeur*, UPR 1987, S. 253ff.; *Marburger*, Die Regeln der Technik im Recht, S. 1ff.; *Gusy*, UPR 1986, 241ff.; *Vieweg*, Atomrecht und technische Normung, 1982, S. 1ff.; *Nolte*, Rechtliche Anforderungen an die technische Sicherheit von Kernanlagen, S. 1ff.; *Rittstieg*, Die Konkretisierung technischer Standards im Anlagenrecht, S. 1ff.; *Nicklisch*, BB 1983, 261ff.; *Breuer*, AöR 101 (1976), 46, 82ff.; *Gusy*, DVBl. 1987, 497ff.; *ders.*, NuR 1987, 156ff.; siehe dazu oben, § 3.

[24] Vgl. dazu *Beckmann*, DVBl. 1987, 611 (616) m. w. N.; *OVG Lüneburg*, Beschl. v. 28. 2. 1985 – 7 B 67/84 –, NVwZ 1985, 357 (358); nach Ansicht des *BVerwG* sprechen gute Gründe für diese Kritik, vgl. *BVerwG*, Urt. v. 29. 8. 1986 – 7 C 52/84 –, NVwZ 1987, 131 (132).

[25] Richtlinie zu § 45 StrlSchV vom 15. 8. 1979, GMBl. S. 371.

ten anzusehen, sondern als Verwaltungsvorschrift mit *normenkonkretisierender* Funktion, die im Gegensatz zu lediglich norminterpretierenden Verwaltungsvorschriften für die Verwaltungsgerichte innerhalb der von der Norm gesetzten Grenzen verbindlich sei.[26]

III. Gesetzeszweck

Gem. § 1 AtG ist es Zweck des Atomrechts, 14
- die Erforschung, die Entwicklung und die Nutzung der Kernenergie zu friedlichen Zwecken zu fördern,
- Leben, Gesundheit und Sachgüter vor den Gefahren der Kernenergie und der schädlichen Wirkung ionisierender Strahlen zu schützen und durch Kernenergie oder ionisierende Strahlen verursachte Schäden auszugleichen,
- zu verhindern, daß durch Anwendung oder Freiwerden der Kernenergie die innere oder äußere Sicherheit der Bundesrepublik Deutschlang gefährdet wird,
- die Erfüllung internationaler Verpflichtungen der Bundesrepublik Deutschland auf dem Gebiet der Kernenergie und des Strahlenschutzes zu gewährleisten.

Der in § 1 Nr. 1 AtG ausdrücklich geregelte Zweck, die Erforschung, die Entwicklung und die Nutzung der Kernenergie zu friedlichen Zwecken zu fördern, ist eine Grundentscheidung des Gesetzgebers für die Nutzung der Kernenergie, die noch durch die verfassungsrechtliche Kompetenzzuweisung des Art. 74 Nr. 11a GG bestärkt wird.[27] Die genannten Gesetzeszwecke sind verbindliche Auslegungsregeln bei der Anwendung des Gesetzes und bei der Ausübung des gesetzlich eingeräumten Ermessens. Der Schutzzweck des Gesetzes ist *vorrangig* vor dem Förderungszweck zu beachten.[28] 15

Im Nachfolgenden soll ein Überblick über die wichtigsten Bereiche des Atom- und Strahlenschutzrechtes, nämlich über 16

- **überwachungsrechtlichen Vorschriften** (B),
- **Strahlenschutzvorschriften** (C) und
- **Haftungsrecht** (D)

gegeben werden.

A. Atomrechtliche Überwachung

Die atomrechtliche Überwachung erfolgt vornehmlich über die **Genehmigungsverfahren**, **Planfeststellungsverfahren** und die **staatliche Aufsicht**. 17

---

[26] *BVerwG*, Urt. v. 19. 12. 1985 – 7 C 65.82 –, DVBl. 1986, 190 (196). Nach Auffassung von *Sellner*, NVwZ 1986, 616 (619) sind darüber hinaus auch die Verbindlichkeitserklärungen von BMI-Kriterien, RSK-Leitlinien, RSK und SSK-Empfehlungen und der Rückgriff auf das KTA-Regelwerk normenkonkretisierende Verwaltungsvorschriften.

[27] Vgl. *Sellner*, in: Grundzüge des Umweltrechts, S. 368.

[28] Vgl. *BVerwG*, Urt. v. 16. 3. 1972 – 4 C 49.70 –, DVBl. 1972, 678 (680); *OVG Münster*, Urt. v. 20. 2. 1975 – VII A 921/69 –, ET 1975, 220 (222); *Pelzer*, HdUR, Bd. I, Sp. 143.

I. Die atomrechtlichen Genehmigungsverfahren

18 Das deutsche Atom- und Strahlenschutzrecht sieht ein fast lückenloses System von Genehmigungspflichten vor. Das AtG enthält Genehmigungspflichten für die

- Ein- und Ausfuhr von Kernbrennstoffen (§ 3 AtG),
- Beförderung von Kernbrennstoffen (§ 4 AtG),
- Aufbewahrung von Kernbrennstoffen (§ 6 AtG),
- Anlagen zur Erzeugung, Bearbeitung, Verarbeitung und Spaltung von Kernbrennstoffen sowie Aufarbeitung bestrahlter Kernbrennstoffe (§ 7 AtG),
- Bearbeitung, Verarbeitung und sonstige Verwendung von Kernbrennstoffen außerhalb von Anlagen (§ 9 AtG),
- Landesammelstellen für die Zwischenlagerung von radioaktiven Abfällen (§ 9 c AtG).

19 Weitere Genehmigungspflichten sind in der StrlSchV geregelt;[29] ergänzt werden die Genehmigungspflichten durch das nach § 9b Abs. 1 AtG notwendige Planfeststellungsverfahren für Anlagen zur Endlagerung radioaktiver Abfälle des Bundes und durch die grundsätzliche Ablieferungspflicht bei nichtgenehmigtem Besitz von Kernbrennstoffen nach § 5 AtG und die Pflicht zur Ablieferung von radioaktiven Abfällen gem. § 9a Abs. 2 AtG.[30]

1. Genehmigungsvoraussetzungen

20 Die Erteilung einer atomrechtlichen Genehmigung hängt von persönlichen und sachlichen Voraussetzungen ab, die sich ähnlich in allen Genehmigungstatbeständen, wenn auch in manchmal unterschiedlichem Umfang, finden.[31] Vorausgesetzt werden:

- **Zuverlässigkeit**,[32]
- **Fachkunde und sonstige Kenntnisse**,[33]
- **Schadensvorsorge**,[34]
- **Deckungsvorsorge**,[35]
- **Schutz gegen Einwirkungen Dritter**[36] und
- **Berücksichtigung überwiegender öffentlicher Interessen**.[37]

21 Die wohl zentrale Genehmigungsvorschrift des Atom- und Strahlenschutzrechtes ist § 7 AtG für die Genehmigung von Kernenergieanlagen. Zu den ortsfesten Anlagen zur Erzeugung oder zur Bearbeitung oder Verarbei-

---

[29] Siehe dazu unten, § 29, Rn. 82.

[30] Zu Rechtsproblemen der Wiederaufarbeitung von abgebrannten Brennelementen siehe *Schmidt*, in: Alexander Roßnagel (Hrsg.), Rechtsprobleme der Wiederaufbereitung, S. 85ff.

[31] Vgl. dazu *Winters*, Atom- und Strahlenschutzrecht, S. 18.

[32] Vgl. §§ 3 Abs. 2 Nr. 1, 3 Abs. 3 Nr. 1, 4 Abs. 2 Nr. 1, 6 Abs. 2 Nr. 1, 7 Abs. 1 Nr. 1, 9 Abs. 2 Nr. 1 AtG.

[33] Vgl. §§ 4 Abs. 2 Nr. 2, 6 Abs. 6 Nr. 1, 7 Abs. 1 Nr. 1 und 2, 9 Abs. 2 Nr. 1 und 2 AtG.

[34] Vgl. §§ 4 Abs. 2 Nr. 3, 6 Abs. 2 Nr. 2, 7 Abs. 2 Nr. 3, 9 Abs. 2 Nr. 3 AtG.

[35] Vgl. §§ 4 Abs. 2 Nr. 4, 6 Abs. 2 Nr. 3, 7 Abs. 2 Nr. 4, 9 Abs. 2 Nr. 4 AtG.

[36] Vgl. §§ 4 Abs. 2 Nr. 5, 6 Abs. 2 Nr. 4, 7 Abs. 2 Nr. 5, 6 Abs. 3 Nr. 4, 7 Abs. 2 Nr. 5, 9 Abs. 2 Nr. 5 AtG.

[37] Vgl. §§ 4 Abs. 2 Nr. 6, 6 Abs. 2 Nr. 5, 7 Abs. 2 Nr. 6, 9 Abs. 2 Nr. 6 AtG.

tung oder zur Spaltung von Kernbrennstoffen oder zur Aufarbeitung bestrahlter Kernbrennstoffe i. R. v. § 7 Abs. 1 AtG zählen die Kernkraftwerke, aber auch Urananreicherungsanlagen, Brennelementefabriken oder Wiederaufbereitungsanlagen für bestrahlte Brennelemente. Der Genehmigungspflicht unterliegen die Errichtung, der Betrieb, jede wesentliche Änderung,[38] die Stillegung und die Beseitigung der genannten Anlagen.[39]

a) Zuverlässigkeit und Fachkunde von Antragsteller und Führungspersonal

Die Genehmigung darf nach § 7 Abs. 2 Nr. 1 AtG nur erteilt werden, **22**
wenn keine Tatsachen vorliegen, aus denen sich Bedenken gegen die Zuverlässigkeit des Antragstellers und der für die Errichtung, Leitung und Beaufsichtigung der Anlage verantwortlichen Personen ergeben, und die für die Errichtung, Leitung und Beaufsichtigung des Betriebs der Anlage verantwortlichen Personen die hiefür erforderliche Fachkunde besitzen. Die für die Anlagengenehmigung erforderliche Fachkunde der eingesetzten Personen ist in den vom Länderausschuß für Atomenergie erarbeiteten „Richtlinien für den Fachkundenachweis von Kernkraftwerkspersonal" näher geregelt.[40]

Der Begriff der *Zuverlässigkeit* ist aus dem Gewerberecht entlehnt. Danach **23**
ist zuverlässig, wer die Gewähr dafür bietet, daß er die genehmigte Tätigkeit ordnungsgemäß ausführen wird.[41] § 7 Abs. 2 Nr. 2 AtG verlangt außerdem, daß auch die übrigen in der Anlage tätigen Personen die erforderlichen Kenntnisse über einen sicheren Anlagebetrieb, die möglichen Gefahren und die anzuwendenden Schutzmaßnahmen besitzen müssen.[42]

b) Sicherheit der Anlage

Die wohl wichtigste, aber auch heftigst umstrittene Genehmigungsvor- **24**
aussetzung ist in § 7 Abs. 2 Nr. 3 AtG geregelt. Danach darf die Genehmigung nur erteilt werden, wenn die nach dem Stand von Wissenschaft und Technik erforderliche Vorsorge gegen Schäden durch die Errichtung und den Betrieb der Anlage getroffen ist.[43] Diese Voraussetzung wird durch die

---

[38] Zur Frage, ob wesentliche Änderungen nicht nur durch Genehmigungen, sondern auch durch sog. „Vorabzustimmungen" zugelassen werden können, siehe *Roßnagel*, DVBl. 1987, 65ff.; *Burianek*, NJW 1987, 272ff.; die Frage wird gegenwärtig verwaltungsgerichtlich geklärt; vgl. auch *LG Hanau*, Urt. v. 12. 11. 1987 – 6 Js 13470/84 –, NJW 1988, 571 und dazu *Winkelbauer*, JuS 1988, 691ff.

[39] Zum Anlagenbegriff des Atomrechts siehe unten, § 29, Rn. 51.

[40] Vgl. die Bekanntmachung des Bundesministers des Innern vom 17. 5. 1979 (GMBl. Nr. 18, 1979).

[41] Vgl. *Winters*, Atom- und Strahlenschutzrecht, S. 22; *Fischerhoff*, Deutsches Atomgesetz und Strahlenschutzrecht, Bd. I, § 7 Rn. 15.

[42] Ausführlich zu den persönlichen Genehmigungsvoraussetzungen der atomrechtlichen Genehmigung *Ronellenfitsch*, Das atomrechtliche Genehmigungsverfahren, S. 205ff.

[43] Vgl. zu dieser Genehmigungsvoraussetzung z. B. *Marburger*, Atomrechtliche Schadensvorsorge, S. 1ff.; *Sellner*, in: Grundzüge des Umweltrechts, S. 371ff.; *Ronellenfitsch*, Das atomrechtliche Genehmigungsverfahren, S. 212ff.; *Renneberg*, ZRP 1986, S. 161ff.; *Rengeling*, DVBl. 1988, 257; *Sellner*, NVwZ 1986, 616, (617ff.); *Degenhart*, Kernenergierecht, S. 7ff.; *BVerfG*, Beschl. v. 8. 8. 1978 – 2 BvL 8/77 –, E 49, 89 (143); Beschl. v. 20. 12. 1979 – 1 B 15/77 –, E 53, 30 (58f.); *BVerwG*, Urt. v. 19. 12. 1985 – 7 C 65.82 –, DVBl. 1986, 190 (194 ff.); *OVG Lüneburg*, Beschl. v. 28. 10. 1986 – 7 D 8, 10/86 –, NVwZ 1987, S. 75f. *Rengeling*, Probalistische Methoden bei der atomrechtlichen Schadensvorsorge, S. 1ff.; *Rittstieg*, Die Konkretisierung technischer

Anforderungen der StrlSchV, insbesondere durch die *Strahlenschutzgrundsätze* des § 28 StrlSchV und die *Dosisgrenzwerte* der §§ 44, 45 StrlSchV ergänzt.

25 Eine am *Stand von Wissenschaft und Technik* ausgerichtete Vorsorge muß der neuesten wissenschaftlichen Erkenntnis Rechnung tragen. Die Genehmigungsbehörde darf sich nicht auf eine herrschende Meinung in der Wissenschaft verlassen, sondern muß alle vertretbaren wissenschaftlichen Erkenntnisse in Erwägung ziehen.[44] Läßt sich die nach den neuesten wissenschaftlichen Erkenntnissen erforderliche Vorsorge technisch noch nicht verwirklichen, dann darf die Genehmigung nicht erteilt werden. Die Vorsorge wird daher durch das gegenwärtig technisch Machbare nicht begrenzt.[45] Die nach dem Stand von Wissenschaft und Technik erforderliche Schadensvorsorge ist sowohl durch die bauliche Konzeption und die sicherheitstechnische Auslegung der Anlage als auch durch ihre sorgfältige Bedienung zu gewährleisten.

26 Die nach dem Stand von Wissenschaft und Technik erforderliche Schadensvorsorge ist sowohl für den *Normalbetrieb*, als auch für den *Störfall* und den möglichen Unfall zu beachten.[46]

27 Der **Normalbetrieb** ist der bestimmungsmäßige Betrieb der Anlage. Für ihn sind die in § 45 StrlSchV festgelegten **Dosisgrenzwerte** zu beachten. Die Dosisgrenzwerte des § 45 StrlSchV beziehen sich nur auf Strahlenbelastungen durch den bestimmungsgemäßen Betrieb von kerntechnischen Anlagen. Strahlenexpositionen durch Stör- und Unfälle bei – inländischen und ausländischen – atomaren Anlagen sind nicht als Vorbelastungen im Rahmen des 45 S. 3 StrlSchV in Rechnung zu stellen.[47] Auf ihre Einhaltung haben Drittbetroffene einen gerichtlich durchsetzbaren Anspruch.[48] Zusätzliche und weitergehende Anforderungen für den Normalbetrieb enthält das in § 28 StrlSchV geregelte **Strahlenminimierungsgebot**. Danach sind die Strahlenbelastungen so gering wie möglich zu halten. Aufgrund des Minimierungsgebots werden zumeist Grenzwerte festgelegt, die die Dosisgrenzwerte des § 45 StrlSchV weit unterschreiten. Auf die Beachtung des Strahlenminimierungsgebots haben Dritte grundsätzlich jedoch keinen Anspruch.[49]

Fall: Die Kläger wohnen in der Nachbarschaft einer Klärschlammverbrennungsanlage. Sie begehren die Stillegung der genannten Anlage mit der Begründung, infolge des Reaktorunfalls in Tschernobyl habe die Radioaktivität des Klärschlamms derart zugenommen, daß dessen Verbrennung gegenwärtig und in nächster Zeit ihre Gesundheit erheblich gefährde. Nach Ansicht des *VG Berlin*[50] kann aus § 45 StrlSchV

Standards im Anlagenrecht, S. 1ff.; *Salzwedel*, NVwZ 1987, 276ff.; *Rengeling*, FS-Ule, 297ff.; *Ladeur*, UPR 1986, 361ff.; ausführlich zum Begriff *Schatzschneider*, in: Umweltschutz im Recht, S. 81ff.

[44] Vgl. *BVerwG*, Urt. v. 19. 12. 1985 – 7 C 65.82 –, DVBl. 1986, 19O (194).

[45] *BVerfG*, Beschl. v. 8. 8. 1978 – 2 BvL 8/77 –, E 49, 89 (135f.).

[46] Siehe dazu *Sellner*, in: Grundzüge des Umweltrechts, S. 375ff.

[47] *OVG Lüneburg*, Beschl. v. 28. 10. 1986 – 7 C 8, 10/86 –, NVwZ 1987, 75.

[48] *BVerwG*, Urt. v. 22. 12. 1980 – 7 C 84.78 –, DÖV 1981, 295.

[49] Vgl. *BVerwG*, Urt. v. 22.12. 1980 – 7 C 84.78 –, DÖV. 1981, 295; a. A.: *OVG Münster*, Urt. v. 20.2. 1975 – VII 911/69 –, ET 1975, 220 (223ff.); *OVG Lüneburg*, Beschl. v. 28. 10. 1986 – 7 D 8, 10/86 –, NVwZ 1987, 75.

[50] Beschl. v. 23. 5. 1986 – 13 A 295.86 –, UPR 1986, 359. Zur Beseitigung radioaktiv kontanimierten Klärschlamms als strafrechtliches Problem siehe *Heine/Martin*, NuR 1988, 325ff, die die Ansicht vertreten, das Ausbringen radioaktiven Klärschlamms auf Grünland erfülle den objektiven Tatbestand des § 326 Abs. 1 Nr. 2 StGB.

kein Anspruch auf Stillegung der Verbrennungsanlage abgeleitet werden, da das Strahlenminimierungsgebot nicht drittschützend sei. Im übrigen stehe der in § 45 StrlSchV verankerte Auftrag des Gesetzgebers, die Strahlenexposition des Menschen auch unterhalb der festgesetzten Dosisgrenzwerte so gering wie möglich zu halten, unter dem Vorbehalt der Verhältnismäßigkeit. Im vorliegenden Fall wäre nach Ansicht des Gerichts eine Stillegung der strittigen Klärschlammverbrennungsanlage unverhältnismäßig gewesen.

Ein **Störfall** liegt vor, wenn der Betrieb der Anlage aus sicherheitstechni- 28
schen Gründen nicht mehr fortgeführt werden kann. Kerntechnische Anlagen sind nach § 28 Abs. 3 StrlSchV so auszulegen, daß es bei einem Störfall nicht zu unzulässigen Strahlenbelastungen kommen kann. Zu beachten sind insoweit die in § 28 Abs. 3 StrlSchV festgelegten Störfallgrenzwerte.

Ein **Unfall** liegt nach der Anlage I der Strahlenschutzverordnung bei ei- 29
nem Ereignisablauf vor, der für eine oder mehrere Personen eine die Grenzwerte übersteigende Strahlenexposition oder Inkorporation radioaktiver Stoffe zur Folge haben kann, soweit er nicht zu den Störfallen zählt, d. h. vor allem soweit die Anlage für einen solchen Ereignisablauf nicht ausgelegt ist. Zu derartigen Unfällen zählen auch die Katastrophenfälle, etwa das Bersten des Reaktordruckbehälters. § 7 Abs. 2 Nr. 3 AtG fordert, daß die Anlage aufgrund der gesamten sicherheitstechnischen Systeme so beschaffen ist, daß der Eintritt eines solchen Ereignisses *praktisch*[51] ausgeschlossen werden kann. Das *BVerfG* hat in seiner Kalkar-Entscheidung vom 8. 8. 1978 dazu entschieden, daß der Gesetzgeber durch die in § 1 Nr. 2 und in § 7 Abs. 2 AtG niedergelegten **Grundsätze der bestmöglichen Gefahrenabwehr und Risikovorsorge** einen Maßstab aufgerichtet habe, der Genehmigungen nur dann zulasse, wenn es nach dem Stand von Wissenschaft und Technik praktisch ausgeschlossen erscheine, daß solche Schadensereignisse eintreten werden. Demgegenüber seien jedoch Ungewißheiten jenseits dieser Schwelle praktischer Vernunft unentrinnbar und insofern als sozialadäquate Lasten von allen Bürgern zu tragen. Sie hätten ihre Ursache in den Grenzen des menschlichen Erkenntnisvermögens.[52]

Bei Erlaß eines Bebauungsplans für eine kerntechnische Anlage i. S. d. § 7 30
Abs. 1 AtG dürfen nuklearspezifische Risiken, die im atomrechtlichen Genehmigungsverfahren als sog. Restrisiken notwendig in Kauf genommen werden, aus der bauleitplanerischen Abwägung nicht ausgeblendet werden.[53]

Die atomrechtliche Schadensvorsorge umschließt – anders als die immis- 31
sionsschutzrechtliche Vorsorge – einerseits die unabdingbare, drittschützende Gefahrenabwehr und andererseits den grundsätzlich nicht drittschützenden, durch den Grundsatz der Verhältnismäßigkeit begrenzten Bereich der Risikovorsorge.[54] Anders als im Immissionsschutzrecht reicht damit der

---

[51] Zur „praktischen Vernunft" im Atomrecht vgl. *Ladeur*, UPR 1986, 361 ff.

[52] Vgl. *BVerfG*, Beschl. v. 8. 8. 1978 – 2 BvL 8/77 –, E 49, 89 (43); krit. dazu *Renneberg*, ZRP 1986, 161 ff.; zum Begriff des Restrisikos siehe *Murswiek*, HdUR, Bd. II, Sp. 267 ff.

[53] *BayVGH*, Urt. v. 29. 1. 1988 – 22 N 85 A. 2635 –, BayVBl. 1988, 332; vgl. dazu *Beckmann/Kuhlmann*, NuR 1988, S. 369 ff.

[54] *Breuer*, Umweltschutzrecht, S. 684 f.

Drittschutz in den Vorsorgebereich hinein.[55] Das heißt allerdings nicht, daß die atomrechtliche Vorsorge gegen Schäden insgesamt drittschützend ist. Das *BVerwG* hat klargestellt, daß das Strahlenminimierungsgebot nur der Reduzierung des Kollektivrisikos dient und deshalb nicht drittschützend ist. Soweit also die atomrechtliche Schadensvorsorge der Reduzierung des Kollektivrisikos dient, ist auch § 7 Abs. 2 Nr. 3 AtG nicht drittschützend, insbesondere vermittelt § 7 Abs. 2 Nr. 3 AtG Drittbetroffenen keinen einklagbaren Anspruch auf Maßnahmen zur Restrisikominderung.[56]

32 Das *BVerwG* hat zudem entschieden, daß die Vorsorge gegen Schäden i. S. v. § 7 Abs. 2 Nr. 3 AtG mit der polizeirechtlichen Gefahrenabwehr nicht übereinstimmt. Eine Gefahr im polizeirechtlichen Sinne liegt nur dann vor, wenn der Schadenseintritt auch hinreichend wahrscheinlich ist.[57] Dabei gilt der Grundsatz, daß der Grad der Eintrittswahrscheinlichkeit des Schadens umso geringer sein muß, je schwerwiegender der drohende Schaden ist. Anders als im Polizeirecht müssen jedoch bei der atomrechtlichen Schadensvorsorge auch solche Schadensmöglichkeiten in Betracht gezogen werden, die sich nur deshalb nicht ausschließen lassen, weil nach dem derzeitigen Wissensstand bestimmte Ursachenzusammenhänge weder bejaht noch verneint werden können und daher insoweit noch keine Gefahr, sondern nur ein Gefahrenverdacht oder ein „Besorgnispotential" besteht.[58] Im Atom- und Strahlenschutzrecht sei es nicht erlaubt, „exakt bis an die Gefahrengrenze zu gehen". Das gelte sowohl für den Kollektiv- als auch für den Individualschutz. Dementsprechend habe das *BVerwG* vom **Grundsatz der bestmöglichen Gefahrenabwehr und Risikovorsorge** gesprochen.[59] Die Verantwortung für die Risikoermittlung und -bewertung trage nach der Normenstruktur des § 7 Abs. 2 Nr. 3 AtG die Exekutive – sie habe hierbei die Wissenschaft zu Rate zu ziehen.[60]

33 Nach Auffassung des *BVerwG* kann es nicht Sache der nachträglichen verwaltungsgerichtlichen Kontrolle sein, die der Exekutive zugewiesene Wertung wissenschaftlicher Streitfragen einschließlich der daraus folgenden Risikoabschätzung durch eine eigene Bewertung zu ersetzen. Die Exekutive verfüge nicht nur gegenüber der Legislative, sondern auch im Verhältnis zu den Verwaltungsgerichten über rechtliche Handlungsformen, die sie für die Verwirklichung des Grundsatzes bestmöglicher Gefahrenabwehr und Risikovorsorge sehr viel besser ausrüsteten. Die Verwaltungsgerichte hätten deshalb die von den Genehmigungsbehörden aufgrund willkürfreier Ermittlungen vorgenommenen Bewertungen nur auf ihre Rechtmäßigkeit zu überprüfen, nicht aber ihre eigenen Bewertungen an deren Stelle zu setzen.[61]

---

[55] Vgl. dazu *Sellner*, NVwZ 1986, 616 (618).
[56] *OVG Lüneburg*, Beschl. v. 28. 10. 1986 – 7 D 8, 10/86 –, NVwZ 1987, 75.
[57] Vgl. *BVerwG*, Urt. v. 26. 2. 1974 – I C 31.72 –, DVBl. 1974, 842.
[58] Vgl. *BVerwG*, Urt. v. 19. 12. 1985 – 7 C 65.82 –, DVBl. 1986, 190 (194).
[59] *BVerfG*, Beschl. v. 20. 12. 1979 –, 1 B 15/77 –, E 49, 89 (143); Beschl. v. 20. 12. 1979 – 1 BvR 385/77 –, E 53, 30 (58/59).
[60] *BVerwG*, Urt. v. 19. 12. 1985 – 7 C 65.82 –, DVBl. 1986, 190 (195).
[61] *BVerwG*, Urt. v. 19. 12. 1985 – 7 C 65.82 –, DVBl. 1986, 190 (194); *BVerwG*, Urt. v. 22. 10. 1987 – 7 C 4.85 –, DVBl. 1988, 148 (149f.); *BVerfG*, Beschl. v. 8. 7. 1982 – 2 BvR 1187/80 –, E 61, 82 (114/115).

Angesichts der nur eingeschränkten richterlichen Kontrollmöglichkeit darf das Verwaltungsgericht die *Spruchreife* einer Anfechtungsklage gegen eine atomrechtliche Teilgenehmigung nicht in der Weise herstellen, daß es von ihm festgestellte Mängel bei der von der Exekutive zu verantwortenden Risikoermittlung und Risikobewertung durch eine gerichtliche Beweisaufnahme auszugleichen sucht.[62] **34**

c) Deckungsvorsorge

Weitere Genehmigungsvoraussetzung ist gem. § 7 Abs. 2 Nr. 4 AtG, daß die erforderliche Vorsorge für die Erfüllung gesetzlicher Schadensersatzverpflichtungen getroffen ist. Art, Umfang und Höhe der Deckungsvorsorge wird von der Genehmigungsbehörde im Genehmigungsverfahren gem. § 13 Abs. 1 S. 1 AtG erstmalig festgesetzt, die Genehmigungsbehörde hat dabei die §§ 13ff. AtG und die Atomrechtliche Deckungsvorsorgeverordnung zu beachten. Die Festsetzung der Deckungsvorsorge ist im Abstand von jeweils 2 Jahren sowie bei erheblicher Änderung der Verhältnisse erneut vorzunehmen (§ 13 Abs. 1 S. 2 AtG).[63] **35**

d) Schutz gegen Einwirkungen Dritter

Gem. § 7 Abs. 2 Nr. 5 AtG darf die Genehmigung nur erteilt werden, wenn der erforderliche Schutz gegen Störmaßnahmen oder sonstige Einwirkungen Dritter gewährleistet ist. Störmaßnahmen sind Einwirkungen in Schädigungsabsicht.[64] Die sonstigen Einwirkungen i. S. d. § 7 Abs. 2 Nr. 5 AtG setzen keine Schädigungsabsicht voraus. Zum Teil wird jedoch verlangt, daß die sonstigen Einwirkungen objektiv rechtswidrig und „betriebsbezogen" sind.[65] Nach Auffassung von *Ronellenfitsch* sind sonstige Einwirkungen alle Eingriffe in die Anlage, die auf menschliches Verhalten zurückgehen und die nicht bereits Störmaßnahmen sind. Ob die sonstigen Einwirkungen von außen kommen, rechtmäßig oder rechtswidrig sind und ob sie sich speziell gegen die Anlage richten, spielt dabei keine Rolle.[66] Nach den Sicherheitskritieren für Kernkraftwerke,[67] die sich auch auf den erforderlichen Schutz gegen Störmaßnahmen oder sonstige Einwirkungen Dritter im Sinne von § 7 Abs. 2 Nr. 5 AtG beziehen, ist eine Auslegung der Anlage auch gegen gezielte Störmaßnahmen Dritter und gegen Erdbeben, Flugzeugabstürze, Explosionsdruckwellen, also auch gegen jedwede ungezielte Einwirkung von außen notwendig.[68] **36**

---

[62] *BVerwG*, Urt. v. 22. 10. 1987 – 7 C 4.85 –, DVBl. 1988, 148 (149f.).

[63] Näher dazu *Ronellenfitsch*, Das atomrechtliche Genehmigungsverfahren, S. 269ff.

[64] *Winters*, Atom- und Strahlenschutzrecht, S. 28; *Ronellenfitsch*, Das atomrechtliche Genehmigungsverfahren, S. 273.

[65] *Lukes*, ET 1975, 23, *Fischerhoff*, Atom- und Strahlenschutzrecht, § 4 Rn. 11, § 7 Rn. 19; a. A.: *Winters*, Atom- und Strahlenschutzrecht, S. 28f.; zum Meinungsstreit ausführlich: *Ronellenfisch*, Das atomrechtliche Genehmigungsverfahren, S. 273ff.

[66] *Ronellenfitsch*, Das atomrechtliche Genehmigungsverfahren, S. 276.

[67] Bekanntmachung des BMI vom 21. 10. 1977, Handbuch Reaktorsicherheit und Strahlenschutz, Teil I, Ziff. 3.1.

[68] Siehe dazu *Sellner*, in: Grundzüge des Umweltrechts, S. 382.

37 Umstritten ist, ob § 7 Abs. 2 Nr. 5 AtG auch den Schutz gegen Auswirkungen im Rahmen von Kriegsereignissen verlangt. Dies wird überwiegend abgelehnt.[69]

e) Berücksichtigung überwiegender öffentlicher Interessen

38 Umstritten ist schließlich auch die letzte Genehmigungsvoraussetzung des § 7 Abs. 2 Nr. 6 AtG, wonach die Genehmigung nur erteilt werden darf, wenn überwiegende öffentliche Interessen, insbesondere im Hinblick auf die Reinhaltung des Wassers, der Luft und des Bodens, der Wahl des Standortes der Anlage nicht entgegenstehen. Damit wird für die atomrechtliche Genehmigung eine standortbezogene Umweltverträglichkeitsprüfung vorausgesetzt;[70] zumindest werden Ansätze einer Umweltverträglichkeitsprüfung in das Genehmigungsverfahren übernommen.[71]

39 Umstritten ist, ob § 7 Abs. 2 Nr. 6 AtG nur die Prüfung *nuklearspezifischer Auswirkungen* der Anlage verlangt.[72] Im Wyhl-Urteil hat sich das BVerwG auch zu § 7 Abs. 2 Nr. 6 AtG geäußert. Allerdings ist das Urteil insoweit nicht ganz eindeutig. Das Gericht vertritt die Ansicht, daß nach § 7 Abs. 2 Nr. 6 AtG die Erteilung einer atomrechtlichen Genehmigung – entgegen den in § 6 Nr. 2 BImSchG oder § 8 Abs. 3 S. 2 Nr. 4 AbfG getroffenen Regelungen – nicht davon abhänge, ob andere öffentlich-rechtliche Vorschriften dem Vorhaben entgegenstünden und andere noch erforderliche öffentlich-rechtliche Genehmigungen erteilt werden könnten.[73] An anderer Stelle macht das Gericht allerdings deutlich, daß § 7 Abs. 2 Nr. 6 AtG zwar keine Anforderungen an die zu genehmigende Anlage, sondern allein an deren Standort stelle. Die Anforderungen des § 7 Abs. 2 Nr. 6 AtG bezögen sich aber ausschließlich auf die mit ihr verbundenen nicht nuklearspezifischen Auswirkungen. Stelle sich deshalb im Rahmen einer atomrechtlichen Prüfung heraus, daß die zum Betrieb des Kernkraftwerkes notwendigen Kühltürme aus immissionsschutzrechtlichen Gründen nicht errichtet werden dürften, so sei dieser Umstand im Rahmen der Genehmigungsvoraussetzungen des § 7 Abs. 2 Nr. 6 AtG zu würdigen.[74]

40 Auch die h.L. lehnt die Beschränkung des Prüfungsmaßstabes auf nuklearspezifische Auswirkungen des Vorhabens ab. § 7 Abs. 2 Nr. 6 AtG sehe für die Standortwahl eine allgemeine Interessenabwägung vor, die wesentlich über die im Rahmen des § 7 Abs. 2 Nr. 3 und 5 AtG anzustrengenden Sicherheitserwägungen hinausginge. Unter § 7 Abs. 2 Nr. 6 AtG fielen die nuklearspezifischen Belange, soweit sie mit der Anlagensicherheit, die in den §§ 7 Abs. 2 Nr. 2 bis 5 AtG zu prüfen seien, nichts zu tun hätten und die übrigen

[69] *Sellner*, in: Grundzüge des Umweltrechts, S. 382 m. w. N.; *VGH Mannheim*, Beschl. v. 8. 10. 1975 –, DVBl. 1976, 538 (544); a. A.: ausführlich zu dieser Frage *Lukes/Backherms*, AöR 103 (1978), 334ff.

[70] So *Breuer*, Umweltschutzrecht, S. 686.

[71] So *Sellner*, in: Grundzüge des Umweltrechts, S. 382; *Winters*, Atom- und Strahlenschutzrecht, S. 30; siehe auch *Degenhart*, Kernenergierecht, S. 46.

[72] So z. B. *Erbguth*, UTR 3, S. 59 m. w. N.; *Fischerhoff*, Atom- und Strahlenschutzrecht, § 7 Rn. 20.

[73] *BVerwG*, Urt. v. 19. 12. 1985 – 7 C 65.82 –, DVBl. 1986, 190 (192).

[74] *BVerwG*, Urt. v. 15. 12. 1985 – 7 C 65.82 –, DVBl. 1986, 190 (198).

öffentlich-rechtlichen – nicht nuklearspezifischen – Belange.[75] Eine über die nuklearspezifischen Belange hinausgehende Prüfung öffentlicher Interessen wird im übrigen auch von § 14 AtVfV gefordert. Danach erstreckt sich die Prüfung durch die Genehmigungsbehörde über die Genehmigungsvoraussetzungen des § 7 Abs. 2 AtG hinaus auch auf die Beachtung der übrigen das Vorhaben betreffenden öffentlich-rechtlichen Vorschriften.

2. Atomrechtliches Versagungsermessen

Auch bei Vorliegen aller Genehmigungsvoraussetzungen besteht kein **41** Rechtsanspruch auf die Erteilung der Genehmigung. Aus der Formulierung „die Genehmigung darf nur erteilt werden..." folgt, daß die Erteilung der Genehmigung im Ermessen der Genehmigungsbehörde steht.[76] Trotz der Ermessenseinräumung geht die h. M. davon aus, daß es sich bei der atomrechtlichen Genehmigung um ein präventives Verbot mit Erlaubnisvorbehalt handelt.[77] Teilweise wird jedoch davon ausgegangen, daß es sich wegen des hinzutretenden Versagungsermessens um eine Mischform zwischen präventivem und repressivem Verbot handele.[78] Da der Bürger, dessen Grundrechte durch einen Genehmigungsvorbehalt berührt werden, nach h. M. grundsätzlich einen Rechtsanspruch auf Erteilung der Genehmigung haben muß, sofern ein gesetzlicher Versagungsgrund nicht vorliegt,[79] bedurfte es einer besonderer Rechtfertigung für die gesetzliche Einräumung des atomrechtlichen Versagungsermessens. Das *BVerfG* sieht die Rechtfertigung darin, daß es angesichts der hohen potentiellen Gefahren der nach § 7 Abs. 1 AtG genehmigungspflichtigen Anlage verfassungsrechtlich nicht zu beanstanden sei, daß der Gesetzgeber besondere Vorsicht walten lasse, indem er der Exekutive zusätzlich ein Versagungsermessen einräume, um ihr so die Möglichkeit zu geben, eine an sich zu erteilende Genehmigung abzulehnen, falls besondere und unvorhergesehene Umstände dies einmal notwendig machten.[80] Das *BVerfG* hat aber ausdrücklich darauf hingewiesen, daß die Ermessenseinräumung durch § 1 AtG, insbesondere durch die normierten Schutzzwecke, abgesteckt wird. Bei der Ausübung ihres Ermessens hat die Genehmigungsbehörde deshalb vor allem auch die Grundentscheidung des Gesetzgebers für die Nutzung der Kernenergie zu beachten. Es wäre ein Verstoß gegen den Förderungszweck des § 1 Nr. 1 AtG, wenn die Genehmigungsbehörde die Erteilung einer Genehmigung im Rahmen ihrer Ermessensausübung mit allgemeinen Bedenken gegen die friedliche Nutzung der

---

[75] Vgl. *Ronellenfitsch*, Das atomrechtliche Genehmigungsverfahren, S. 285f.; *Sellner*, in: Grundzüge des Umweltrechts, S. 383; *Breuer*, Umweltschutzrecht, S. 684; vgl. auch *Gaentzsch*, NJW 1986, 2787 (2793); *Beckmann*, DÖV 1987, 944 (952).

[76] Ganz h. M. vgl. nur *BVerfG*, Beschl. v. 8. 8. 1978 – 2 BvL 8/77 –, E 49, 89; *BVerwG*, Urt. v. 16. 3. 1972 – I C 49.70 –, DVBl. 1972, 678 (679); a. A.: *Schmitt Glaeser*, Der landkreis 1976, 442 (443); auch *Ronellenfitsch*, Das atomrechtliche Genehmigungsverfahren, S. 357 hält die atomrechtliche Genehmigung für einen gebundenen Verwaltungsakt.

[77] *BVerfG*, Beschl. v. 8. 8. 1978 – 2 BvL 8/77 –, E 49, 89 (145); *Sellner*, in: Grundzüge des Umweltrechts, S. 370; *Ossenbühl*, NJW 1981, 375 (376).

[78] *Breuer*, Umweltschutzrecht, S. 684.

[79] Vgl. *BVerfG*, Beschl. v. 8. 8. 1978 – 2 BvL 8/77 –, DVBl. 1972, 678 (679).

[80] Vgl. *BVerfG*, Beschl. v. 8. 8. 1978 – 2 BvL 8/77 –, E 49, 89 (146f.).

Kernenergie begründen würde.[81] Das der Genehmigungsbehörde in § 7 Abs. 2 AtG eingeräumte Ermessen ist nach Auffassung des *BVerwG* nicht drittschützend. Die Genehmigungsbehörde habe bereits bei der Prüfung, ob die Genehmigungsvoraussetzungen vorliegen, zu klären, ob die nach dem Stand von Wissenschaft und Technik dem einzelnen gegenüber erforderliche Vorsorge gegen Schäden getroffen sei. „Mehr als die in diesem Sinne erforderliche Vorsorge, die auf den praktischen Ausschluß eines sich als Grundrechtsverletzung darstellenden Schadens hinausläuft, kann ein Dritter nicht verlangen."[82]

3. Atomrechtliches Genehmigungsverfahren

42 Das Vorliegen der Genehmigungsvoraussetzungen wird in einem förmlichen Genehmigungsverfahren geprüft, dessen rechtliche Voraussetzungen nur teilweise im AtG (vgl. aber § 7 Abs. 4 S. 1, S. 2 AtG) und ausführlich in der AtVfG geregelt ist.

a) Grundrechtsschutz im atomrechtlichen Verfahren

43 Die Bedeutung des atomrechtlichen Genehmigungsverfahrens hat sich vor allem durch die Rechtsprechung des *BVerfG* zum Grundrechtsschutz durch Verfahren erhöht. Im Mülheim-Kärlich-Beschluß, in dem das *BVerfG* darüber zu entscheiden hatte, ob die fehlerhafte Anwendung von Verfahrensvorschriften über die Öffentlichkeitsbeteiligung im atomrechtlichen Genehmigungsverfahren eine Grundrechtverletzung darstellt, vertrat das Gericht die Ansicht, daß eine solche Verletzung vorliege, wenn die Genehmigungsbehörde solche Verfahrensvorschriften außer acht lasse, die der Staat in Erfüllung seiner Pflicht zum Schutz der in Art. 2 Abs. 2 GG genannten Rechtsgüter erlassen habe.[83] Grundrechtsschutz sei weitgehend auch durch die Gestaltung von Verfahren zu bewirken und die Grundrechte beeinflußten nicht nur das gesamte materielle, sondern auch das Verfahrensrecht, soweit dieses für einen effektiven Grundrechtsschutz von Bedeutung sei.[84] Nach Ansicht des *BVerfG* liegt in der Ausgestaltung der Verfahrensbeteiligung Dritter eine Vorverlagerung des Rechtsschutzes.[85] Drittbetroffene haben deshalb einen Anspruch auf Einhaltung dieser Verfahrensregel. Ihre Verletzung kann auf die Anfechtungsklage des Dritten zur Aufhebung der Genehmigung führen.[86] Mit Sinn und Zweck der Vorschriften über die Öffentlichkeitsbeteiligung ist es nach Ansicht des *BVerwG* zu vereinbaren, daß zur Heilung eines fehlerhaften Verfahrens die Öffentlichkeitsbeteiligung wiederholt wird, obwohl die Anlage bereits errichtet worden ist.[87]

---

[81] Siehe *Breuer*, Umweltschutzrecht, S. 686; *Wagner*, NJW 1987, 411 (414); a. A.: *Lange*, NJW 1986, 2459 (2460).

[82] *BVerwG*, Urt. v. 19. 12. 1985 – 7 C 65. 82 –, DVBl. 1986, 190 (195); zum atomrechtlichen Versagungsermessen siehe auch *Groß*, DVBl. 1987, 724 (726).

[83] *BVerfG*, Beschl. v. 20. 12. 1979 – 1 B 15/77 –, E 53, 30 (65ff.); vgl. auch *BVerfG*, Beschl. v. 26. 1. 1988 – 1 BvR 1561/82 –, NVwZ 1988, 427 (428).

[84] Vgl. dazu *Held*, Der Grundrechtsbezug des Verwaltungsverfahrens, S. 1ff.

[85] *BVerfG*, Beschl. v. 20. 12. 1979 – 1 B 15/77 –, E 53, 30 (60).

[86] *BVerwG*, Urt. v. 17. 7. 1980 – 7 C 11.78 –, DVBl. 1980, 1001 (1004); ausführlich dazu *Beckmann*, Rechtsschutz, S. 162ff.; vgl. auch *BVerfG*, UPR 1988, 387.

[87] Vgl. *BVerwG*, Beschl. v. 12. 2. 1986 – 7 B 16.86 –, UPR 1986, 184.

b) Antrag und Unterlagen

Zuständig für die Erteilung der Genehmigung sind die gem. § 24 Abs. 2 AtG durch die Landesregierungen bestimmten obersten Landesbehörden.[88] Dem eigentlichen Genehmigungsverfahren gehen regelmäßig zunächst informelle Vorverhandlungen zwischen dem Antragsteller und der Genehmigungsbehörde voraus. Das eigentliche Genehmigungsverfahren beginnt mit der Einreichung des Genehmigungsantrags bei der Genehmigungsbehörde. Dem Antrag sind die zur Prüfung der Genehmigungsvoraussetzungen erforderlichen Unterlagen nach Maßgabe des § 3 AtVfV beizufügen. Dazu zählen u. a.: 44

- ein **Sicherheitsbericht**, der die Anlage und ihren Betrieb, die mit Anlage und dem Betrieb verbundenen Auswirkungen und Gefahren sowie die erforderlichen Vorsorge- und Schutzmaßnahmen beschreibt,
- Angaben über Maßnahmen zum Schutz der Anlage und ihres Betriebs gegen Störmaßnahmen gegen sonstige Einwirkungen Dritter,
- eine Aufstellung aller für die Sicherheit der Anlage und ihres Betriebes bedeutsamen Daten,
- eine allgemeinverständliche, für die Auslegung geeignete **Kurzbeschreibung** der Anlage und der voraussichtlichen Auswirkungen auf die Allgemeinheit und die Nachbarschaft.

Unterlagen über die Maßnahmen zum Sabotageschutz sowie Unterlagen, die ein Geschäfts- oder Betriebsgeheimnis enthalten, sind getrennt vorzulegen, weil sie von der Auslegung im Rahmen der Öffentlichkeitsbeteiligung ausgenommen werden.[89] 45

c) Behördenbeteiligung

Im Genehmigungsverfahren sind gem. § 7 Abs. 4 S. 1 AtG alle Behörden des Bundes, der Länder, der Gemeinden und der sonstigen Gebietskörperschaften zu beteiligen, deren Zuständigkeitsbereich berührt wird. Das geschieht in der Praxis regelmäßig dadurch, daß die Behörden den Antrag und die für sie wichtigen Antragsunterlagen von der Genehmigungsbehörde erhalten und um Stellungnahme gebeten werden.[90] 46

d) Öffentlichkeitsbeteiligung

Nach Eingang des Genehmigungsantrages leitet die Genehmigungsbehörde die Öffentlichkeitsbeteiligung mit der Bekanntmachung des Vorhabens gem. § 4 Abs. 1 S. 1 AtVfV in ihrem amtlichen Veröffentlichungsblatt und außerdem in örtlichen Tageszeitungen, die im Bereich des Standortes der Anlage verbreitet sind, ein. Die Öffentlichkeitsbeteiligung soll der Bevölkerung die Möglichkeit geben, sich über das geplante Vorhaben zu informieren und ggf. Einwendungen gegen das Vorhaben geltend zu machen. Die Bekanntmachung unterrichtet dazu über Art, Umfang und Standort der Anla- 47

---

[88] Siehe zu den landesrechtlichen Regelungen i. e. *Ronellenfitsch*, Das atomrechtliche Genehmigungsverfahren, S. 292ff.; *Kröncke*, Die Genehmigung von Kernkraftwerken, S. 15ff.

[89] Vgl. dazu *Winters*, Atom-und Strahlenschutzrecht, S. 85; zum Schutz von Geschäfts- und Betriebsgenehmigungen im atomrechtlichen Genehmigungs- und Aufsichtsverfahren vgl. *Steinberg*, UPR 1988, 1ff.

[90] Vgl. *Salzwedel/Preußker*, Umweltschutzrecht, S. 238.

ge, die Art der beantragten Genehmigung und die Person des Antragstellers. Außerdem informiert die Bekanntmachung durch Hinweise auf die Auslegung von Unterlagen, die Möglichkeit zur Erhebung von Einwendungen, Einwendungsfristen, Erörterung von Einwendungen und die Entscheidung über die Einwendungen (§ 5 Abs. 1 AtVfV).

e) Verfahrenspräklusion

48 Gemäß § 6 Abs. 1 AtVfV sind während einer Frist von 2 Monaten bei der Genehmigungsbehörde und einer geeigneten Stelle in der Nähe des Standortes des Vorhabens zur Einsicht während der Dienststunden der Antrag, der Sicherheitsbericht und die Kurzbeschreibung auszulegen. Daneben kann die Genehmigungsbehörde nach pflichtgemäßem Ermessen Akteneinsicht gewähren (§ 6 Abs. 3 AtVfV). Während der Auslegungsfrist können Einwendungen gegen das Vorhaben von jedermann erhoben werden. Nach Ablauf der Auslegungsfrist werden gem. § 7 Abs. 1 S. 2 AtVfV jedoch alle Einwendungen ausgeschlossen, die nicht auf besonderen privatrechtlichen Titeln beruhen.[91] Nach h. M. führt die **Verfahrenspräklusion** im atomrechtlichen Genehmigungsverfahren zum Einwendungsausschluß auch im verwaltungsgerichtlichen Verfahren.[92] Sie wird deshalb als **materielle Präklusion** bezeichnet. Die Verfassungsmäßigkeit der materiellen Wirkung der Verfahrenspräklusion ist höchstrichterlich entschieden.[93]

f) Erörterungstermin

49 Nach dem Ende der Auslegungsfrist führt die Genehmigungsbehörde mit dem Antragsteller und denjenigen, die Einwendungen erhoben haben, einen mündlichen **Erörterungstermin** gem. §§ 8ff. AtVfV durch. Zwischen dem Ende der Auslegungsfrist und dem Erörterungstermin soll jedoch mindestens ein Monat gem. § 5 Abs. 3 AtVfV liegen. Der Erörterungstermin soll einerseits der Behörde ein möglichst umfassendes Bild über die Auswirkungen des bekanntgemachten Vorhabens geben. Auf der anderen Seite sollen die Einwender Gelegenheit erhalten, zu überprüfen, ob und inwieweit ihre Einwendungen berechtigt sind und durch welche Maßnahmen der Antragsteller den geschilderten Bedenken Rechnung tragen will oder soll.[94] Der Erörterungstermin ist nicht öffentlich (§ 12 Abs. 1 S. 1 AtVfV). Anspruch auf Teilnahme haben der Antragsteller und die Einwender.

g) Prüfungsmaßstab der Genehmigungsbehörde

50 Nach dem Erörterungstermin hat die Genehmigungsbehörde über den Antrag zu entscheiden. Sie hat dabei gemäß § 14 AtVfV die Genehmigungs-

---

[91] Zu dieser sog. materiellen Verfahrenspräklusion siehe ausführlich *Beckmann*, Rechtsschutz, S. 216ff.; *Ronellenfitsch*, VerwArch. 1983, 369ff. Zur Rechtsstellung des Einwenders siehe *BVerfG*, Beschl. v. 29. 7. 1988 – 1 BvR 1047/88 – UPR 1988, 387.

[92] Siehe *Ronellenfitsch*, VerwArch. 1983, 369 (378ff.) m. w. N.

[93] *BVerfG*, Beschl. v. 8. 7. 1982 – 2 BvR 1187/80 –, E 61, 62; *BVerfG*, Beschl. v. 6. 10. 1982 – 2 BvR 304/82 –, NVwZ 1983, 27; *BVerwG*, Urt. v. 17. 7. 1980 – 7 C 11.78 –, E 60, 297; Urt. v. 17. 7. 1980 – 7 C 11.78 –, NJW 1984, 1250; krit. dazu *Erbguth*, Raumbedeutsames Umweltrecht, S. 28Off.; *Beckmann*, Rechtsschutz, S. 217ff.; *Wilting*, Gestuftes atomrechtliches Genehmigungsverfahren, S. 117ff.; siehe dazu oben, § 13, Rn. 128ff.

[94] Vgl. *Winters*, Atom- und Strahlenschutzrecht, S. 87.

voraussetzungen des § 7 Abs. 2 AtG aber auch die Beachtung der übrigen das Vorhaben betreffenden öffentlich-rechtlichen Vorschriften zu prüfen. Dabei ist allerdings zu berücksichtigen, daß für die Errichtung und den Betrieb eines Kernkraftwerks zahlreiche Genehmigungen parallel notwendig sind. Der Prüfungsmaßstab bei der Konkurrenz paralleler Genehmigungsverfahren ist stark umstritten.[95] Zum Teil wird die Ansicht vertreten, die Prüfungskompetenz der jeweiligen Genehmigungsbehörde müsse entsprechend der gesetzlichen Zuständigkeitsverteilung auf fachbezogene Anforderungen beschränkt werden. Es spricht jedoch mehr dafür, es bei einer fachübergreifenden Prüfungskompetenz zu belassen, jedoch die Bindungswirkung der jeweiligen Genehmigungsentscheidung auf die Fachkompetenz der Genehmigungsbehörde zu beschränken.[96]

h) Anlagenbegriff

Die Prüfung der atomrechtlichen Genehmigungsbehörde erstreckt sich auf die gesamte **Anlage** i. S. d. § 7 AtG. Der umstrittene atomrechtliche Anlagenbegriff entscheidet über den Regelungsgehalt der atomrechtlichen Genehmigung, nicht jedoch abschließend über den Umfang der Prüfungsbefugnis der Genehmigungsbehörde.[97] Nach Auffassung des *BVerwG* wird der Anlagenbegriff des § 7 Abs. 1 AtG entscheidend durch den Schutzzweck des § 1 Nr. 2 AtG geprägt. Das Genehmigungserfordernis dient in erster Linie dem nuklearspezifischen Gefahrenschutz. In § 7 Abs. 1 AtG sei nicht von Kernkraftwerken, sondern von Anlagen zur Spaltung von Kernbrennstoffen die Rede. Spaltanlagen in diesem Sinne seien nur die Reaktoren. Zur Anlage i. S. v. § 7 Abs. 1 AtG gehörten neben dem Reaktor aber auch alle mit diesem in einem räumlichen und betrieblichen Zusammenhang stehenden Einrichtungen, die seinen gefahrlosen Betrieb überhaupt erst ermöglichten. Hierzu zählten alle diejenigen Vorrichtungen, welche erforderlich seien, um eine unzulässige radioaktive Strahlung – sei es beim bestimmungsgemäßen Betrieb, sei es beim Störfall – auszuschließen. Der Kühlturm eines Kernkraftwerkes gehöre dagegen nicht zur Anlage i. S. d. § 7 Abs. 1 AtG, da er in keinem sicherheitstechnischen Zusammenhang mit der Kernspaltanlage stehe.[98] Daraus folgt jedoch nach Ansicht des *BVerwG* nicht, daß die Auswirkungen des Kühlturms im Rahmen des atomrechtlichen Genehmigungsverfahrens unberücksichtigt zu bleiben hätten. Genehmigungsgegenstand und Genehmigungsvoraussetzungen dürfen nach Ansicht des Gerichts nicht miteinander verwechselt werden. Der Kühlturm ist zwar nicht Gegenstand der atomrechtlichen Genehmigung. Stellt sich jedoch im Rahmen der atom- **51**

---

[95] Vgl. dazu *Beckmann*, DÖV 1987, 944ff.; *ders.*, Rechtsschutz, S. 233ff.; *Henseler*, DVBl. 1982, 390ff.; *Gaentzsch*, NJW 1986, 2787ff.; *Jarass*, Konkurrenz, Konzentration und Bindungswirkung von Genehmigungen, S. 1ff.; *Upmeier*, NuR 1986, 309ff.; und oben, § 13, Rn. 140ff.; vgl. zur materiellen Präklusion im Atomrecht auch *BVerwG*, Urt. v. 9. 9. 1988 – 7 C 3.86 – DVBl. 1988, 1170.

[96] Siehe dazu ausführlich *Beckmann*, DÖV 1987, 944ff.

[97] Vgl. dazu *BVerwG*, Urt. v. 19. 12. 1985 – 7 C 65.82 –, DVBl. 1986, 190 (198).

[98] Vgl. *BVerwG*, Urt. v. 19. 12. 1985 – 7 C 65.82 –, DVBl. 1986, 190 (198); vgl. dazu auch *OVG Koblenz*, Beschl. v. 6. 10. 1986 – 7 B II 2/86 –, NVwZ 1987, 73; *Kutscheidt*, NVwZ 1987, 33ff.; *OVG Koblenz*, Beschl. v. 6. 11. 1986 – 7 B II 3/86 –, NVwZ 1987, 247ff.; *Weides*, NVwZ 1987, 200ff.

rechtlichen Prüfung heraus, daß der zum Betrieb des Kernkraftwerkes notwendige Kühlturm aus bau- oder immissionsschutzrechtlichen Gründen nicht errichtet werden darf, so ist dieser Umstand nach Ansicht des Gerichts im Rahmen der Genehmigungsvoraussetzungen des § 7 Abs. 2 Nr. 6 AtG zu würdigen, auch wenn der Kühlturm nicht zur Anlage nach § 7 Abs. 1 AtG gehört.[99]

i) Genehmigungsentscheidung

52 Gem. § 15 Abs. 2 S. 1 AtVfV ist der Antrag abzulehnen, sobald die Prüfung ergibt, daß die Genehmigungsvoraussetzungen nicht vorliegen und ihre Erfüllung nicht durch Nebenbestimmungen sichergestellt werden kann.[100] Die Entscheidung der Genehmigungsbehörde ist schriftlich zu erlassen und zu begründen. Sie ist dem Antragsteller und den Einwendern zuzustellen. Die Entscheidung ist außerdem gem. § 17 AtVfV öffentlich bekanntzumachen. Ist sie mehr als 300 Einwendern zuzustellen, so werden diese Zustellungen durch die öffentliche Bekanntmachung ersetzt (§ 15 Abs. 3 S. 2 AtVfV).

4. Verfahrensstufung im Atomrecht

53 Die gesetzliche Regelung geht grundsätzlich von einer einheitlichen Errichtungs- bzw. Betriebsgenehmigung aus. Zur Erhaltung der Überschaubarkeit und Steuerungsfähigkeit des komplexen, zumeist mehrere Jahre dauernden Genehmigungsverfahrens bedarf es häufig jedoch einer Verfahrensstufung.[101] Das Atomrecht sieht deshalb in den §§ 7 a, b AtG, 18, 19 AtVfV die Institute des **Vorbescheides** und der **Teilgenehmigung** vor. Angesichts der langen Dauer atomrechtlicher Genehmigungsverfahren sind im Vorgriff auf die späteren endgültigen Genehmigungen als vorläufige Regelung sog. **Vorabzustimmungen** erteilt worden. Die Zulässigkeit solcher Vorabzustimmungen im atomrechtlichen Genehmigungsverfahren ist allerdings umstritten.[102]

54 Mit dem **Vorbescheid** entscheidet die Genehmigungsbehörde verbindlich über einzelne Rechtsfragen, von denen die Erteilung der Genehmigung insgesamt abhängt, insbesondere über den Standort der Anlage (Standortvorbescheid) oder über das Konzept der Anlage (Konzeptvorbescheid). Der Vorbescheid gestattet jedoch nicht die Errichtung oder den Betrieb bestimmter Anlagenteile.

55 Auf Antrag kann eine **Teilgenehmigung** erteilt werden, wenn eine vorläufige Prüfung ergibt, daß die Genehmigungsvoraussetzungen im Hinblick auf die Errichtung und den Betrieb der gesamten Anlage vorliegen werden und wenn ein berechtigtes Interesse an der Erteilung einer Teilgenehmigung besteht. Die Teilgenehmigung gestattet dem Antragsteller, mit dem genehmigten Projektabschnitt zu beginnen.

---

[99] Vgl. *BVerwG*, Urt. v. 19. 12. 1985 – 7 C 65.82 –, DVBl. 1986, 190 (198); nach Ansicht des *BVerwG* gehören demgegenüber Anlagenzaun und Anlagenwache zum Anlagenkern einer Wiederaufbereitungsanlage, vgl. *BVerwG*, Urt. v. 4. 7. 1988 – 7 C 88/87 –, NVwZ 1988, 1024; kritisch dazu *Beckmann/Kuhlmann*, NuR 1988, 369ff.

[100] Anforderung an die Entscheidung, insbesondere an den Inhalt des Genehmigungsbescheides, enthalten die §§ 15 und 16 AtVfV.

[101] Krit. gegenüber der Praxis der atomrechtlichen Verfahrensstufung *Baumann*, in: Rechtsprobleme der Wiederaufarbeitung, S. 135.

[102] Vgl. dazu *Burianek*, NJW 1987, 2727ff.; *Ronellenfitsch*, ET 1986, 797ff.

Regelungsgegenstand, Prüfungsumfang und Bindungswirkung von Vorbescheid und Teilgenehmigung sind im einzelnen umstritten.[103] Auch die Abgrenzung zwischen Vorbescheid und Teilgenehmigung war bislang nicht eindeutig. Jedoch hat die neuere Rechtsprechung des *BVerwG* insoweit einige Klärung gebracht.[104] Der Umfang der Bindungswirkung von Vorbescheid und Teilgenehmigung hängt allein von ihrem Regelungsgegenstand ab. Die Verwaltungsbehörde kann allerdings die Bindungswirkung einer Teilentscheidung durch die Beifügung von Nebenbestimmungen relativieren. Zum Regelungsgegenstand einer Teilentscheidung gehört unstreitig der definitive, abschließende Teil. Das ist bei der Teilgenehmigung die Gestattung des betreffenden Anlagenteils, beim Vorbescheid betrifft die abschließende Regelung eine verbindlich festgestellte rechtliche Vorfrage. Voraussetzung von Vorbescheid und Teilgenehmigung ist stets ein **vorläufiges positives Gesamturteil** (vgl. § 18 Abs. 1 AtVfV). Es besagt, daß dem Vorhaben, bezogen auf die gesetzlichen Genehmigungsvoraussetzungen, keine von vornherein unüberwindliche rechtlichen Hindernisse entgegenstehen. Nach Auffassung des *BVerwG*[105] zählt das positive vorläufige Gesamturteil zum Regelungsgegenstand und entfaltet damit eine nach Maßgabe seiner Vorläufigkeit eingeschränkte Bindungswirkung für weitere Teilentscheidungen. Über die ebenfalls mit dem Regelungsgehalt verbundene Bestandskraftwirkung der Genehmigung führt die Einbeziehung des vorläufigen positiven Gesamturteils in den Regelungsgehalt zu einer erhöhten Anfechtungslast für Drittbetroffene. Das in einer atomrechtlichen Teilgenehmigung enthaltene vorläufige positive Gesamturteil entfaltet deshalb auch gegenüber Dritten Bindungswirkung, sobald die Genehmigung ihnen gegenüber unanfechtbar ist.[106] Umgekehrt haben Dritte jedoch auch einen Anspruch auf die Bildung eines vollständigen Gesamturteils, soweit es sich auf vorhabenbezogene Genehmigungsvoraussetzungen mit drittschützender Wirkung bezieht.[107] Unterläßt es die Behörde, eine atomrechtliche Teilgenehmigung entgegen § 18 Abs. 1 AtVfV mit einem vorläufigen positiven Gesamturteil zu versehen, kann dies daher zu einer Verletzung von Rechten Dritter führen.[108] 56

[103] Vgl. u. a. *Klante*, Erste Teilerrichtungsgenehmigung und Vorbescheid im Atomrecht, S. 1ff.; *Büdenbender/Mutschler*, Bindungs- und Präklusionswirkungen von Teilentscheidungen nach BImSchG und AtG, S. 1ff.; *Wilting*, Gestuftes atomrechtliches Genehmigungsverfahren und Bürgerbeteiligung, S. 1ff.; *Feldmann*, ET 1984, 775ff.; *Kränke*, RdE 1986, 110ff.; *Kräutle*, ET 1986, 640ff.

[104] Vgl. *BVerwG*, Urt. v. 11. 1. 1985 – 7 C 74/82 –, NVwZ 1985, 341 (342); *BVerwG*, Urt. v. 19. 12. 1985 – 7 C 65/82 –, DVBl. 1986, 190 (191ff.); siehe auch *OVG NW*, Urt. v. 31. 7. 1986 – 21 A 458/81 –, DVBl. 1987, 1023ff.; *VGH Mannheim*, Urt. v. 30. 3. 1982 – X 575/77, X 578/77, X 583/77 –, ET 1982, 849 (852); und zu den Entscheidungen des BVerwG *Klante*, BayVBl. 1987, S. 5ff.; *Rengeling*, DVBl. 1986, 265 (270f.); *Sellner*, NVwZ 1986, 616ff.; siehe bereits oben, § 13, Rn. 127.

[105] Urt. v. 19. 12. 1985 – 7 C 65.82 –, DVBl. 1986, 190 (192f.); vgl. zum vorläufigen positiven Gesamturteil auch *Baumann*, in: Rechtsprobleme der Wiederaufarbeitung, S. 133ff.

[106] *OVG NW*, Urt. v. 31. 7. 1986 – 21 A 458/81 –, DVBl. 1987, 1023.

[107] Vgl. dazu *OVG Berlin*, Beschl. v. 22. 12. 1986 – 2 A 4/85 –, NVwZ 1988, 181.

[108] Krit. zur Einbeziehung des positiven vorläufigen Gesamturteils in den Regelungsgegenstand der atomrechtlichen Teilgenehmigung *Beckmann*, Rechtsschutz, S. 212ff.; eine erste atomrechtliche Teilgenehmigung kann wegen der Unbestimmt-

57 Die Bindungswirkung des vorläufigen positiven Gesamturteils ist allerdings nach Maßgabe seiner Vorläufigkeit eingeschränkt. Vorläufig ist das Gesamturteil nach Ansicht des *BVerwG*, weil es nur auf vorläufigen, wenn auch hinreichend aussagekräftigen Aussagen zu beruhen braucht, nicht aber weil es durch eine andere Intensität der Prüfung – etwa im Sinne einer Evidenzkontrolle – bedingt ist. Die an das vorläufige positive Gesamturteil anknüpfende Bindungswirkung bestehe unter zwei Einschränkungen, die sich aus der Vorläufigkeit der dem Urteil zugrunde liegenden Prüfung des Anlagenteils ergäben. Sie entfalle einmal, wenn die späterere Detailprüfung eines noch zu genehmigenden Anlagenteils ergebe, daß diese so, wie ursprünglich geplant, nicht ausgeführt werden könne. Sie entfalle weiter, wenn infolge einer Änderung der Sach- oder Rechtslage an die noch nicht genehmigten Anlagenteile nunmehr neue Anforderungen gestellt werden müßten. Wegen dieser beiden Vorbehalte sei die Bindungswirkung des vorläufigen positiven Gesamturteils notwendigerweise erheblich eingeschränkter als die eines auf endgültiger Prüfung beruhenden Vorbescheides.[109] Im weiteren Teilgenehmigungsverfahren kann gegenüber den unanfechtbaren Feststellungen eines vorläufigen positiven Gesamturteils nur noch eingewandt werden, die Genehmigungsbehörde habe aufgrund einer Detailprüfung oder einer Änderung der Sach- oder Rechtslage an den Feststellungen nicht mehr festhalten dürfen.[110] Wegen der eingeschränkten Bindungswirkung des positiven Gesamturteils ist mit einer ersten Teilerrichtungsgenehmigung auch nicht stets ein sog. Standortvorbescheid verbunden.[111] Die für einen Standortvorbescheid wesentliche Aussage, nämlich eine endgültige, nur durch ausdrücklich beigefügte Vorbehalte einschränkbare Billigung des Standorts, gehört lediglich dann zum Inhalt einer ersten Teilerrichtungsgenehmigung, wenn sie in deren Entscheidungsteil ausdrücklich aufgenommen ist. Fehlt es an einer derartigen ausdrücklichen Aussage, so entscheidet eine solche Teilerrichtungsgenehmigung über den Standort endgültig nur hinsichtlich der genehmigten Anlagenteile, hinsichtlich des noch nicht genehmigten Restes jedoch nur nach Maßgabe dessen, was im Rahmen des vorläufigen positiven Gesamturteils zu prüfen und zu entscheiden ist.

58 Gem. § 7b AtG können in den auf eine Teilentscheidung nachfolgenden weiteren Teilentscheidungen eines gestuften atomrechtlichen Genehmigungsverfahrens Einwendungen Dritter nicht mehr aufgrund von Tatsachen erhoben werden, die schon vorgebracht waren oder von dem Dritten nach den ausgelegten Unterlagen oder dem ausgelegten Bescheid hätten vorgebracht werden können.[112] Neben der Verfahrenspräklusion ist damit für das atomrechtliche Genehmigungsverfahren noch zusätzlich die sog. **Bestandskraftpräklusion** vorgesehen.

---

heit ihres Regelungsgehaltes Dritte in ihren Rechten verletzen, vgl. *BVerwG,* Urt. v. 9. 9. 1988 – 7 C 3.86 –, DVBl. 1988, 1170.

[109] *BVerwG*, Urt. v. 19. 12. 1985 – 7 C 65.82 –, DVBl. 1986, 190 (193).

[110] *OVG NW*, Urt. v. 31. 7. 1986 – 21 A 458/81 –, DVBl. 1987, 1023 (1024).

[111] Vgl. *BVerwG*, Urt. v. 22. 10. 1987 – 7 C 4.85 –, DVBl. 1988, 148 (149).

[112] Vgl. dazu näher *Beckmann*, Rechtsschutz, S. 225 ff.; die Aufhebung einer ersten Teilgenehmigung führt aber nicht ohne weiteres dazu, daß nachfolgende – nicht mit Erfolg angefochtene – Teilgenehmigungen ihre Bindewirkung einbüßen, vgl. *BVerwG,* Urt. v. 9. 9. 1988 – 7 C 3.86 –, DVBl. 1988, 1170.

5. Inhaltliche Beschränkungen und Bestandsschutz atomrechtlicher Genehmigungen

Gem. § 17 Abs. 1 S. 2 AtG können zur Erreichung der in § 1 AtG bezeichneten Zwecke Genehmigungen und allgemeine Zulassungen inhaltlich beschränkt und mit Auflagen versehen werden. Grundsätzlich sind auch Befristungen zulässig. Dies gilt jedoch nicht für Genehmigungen nach § 7 AtG (vgl. § 17 Abs. 1 S. 2, S. 3 AtG). 59

a) Nachträgliche Anordnungen

Der rechtliche **Bestandsschutz** atom- und strahlenschutzrechtlicher Genehmigungen und Zulassungen ist gering.[113] Gem. § 17 Abs. 1 S. 3 AtG sind nachträgliche Auflagen zulässig, soweit sie zur Erreichung der Schutzzwecke in § 1 Nr. 2 und 3 AtG erforderlich sind. 60

b) Rücknahme

Genehmigungen und allgemeine Zulassungen können außerdem zurückgenommen werden, wenn eine ihrer Voraussetzungen bei der Erteilung nicht vorgelegen hat, wenn die Genehmigung oder die Zulassung rechtswidrig ist. Die Rücknahme der Genehmigung ist eine Ermessensentscheidung.[114] Drittbetroffenen gegenüber wird die Rücknahme mit der Bekanntgabe an dem Genehmigungsinhaber wirksam.[115] 61

c) Widerruf

Rechtmäßige Genehmigungen und allgemeine Zulassungen können gem. § 17 Abs. 3 AtG **widerrufen** werden, wenn 62

- von ihnen innerhalb von zwei Jahren kein Gebrauch gemacht worden ist, soweit nicht die Genehmigung oder allgemeine Zulassung etwas anderes bestimmt,
- eine ihrer Voraussetzungen später weggefallen ist und nicht in angemessener Zeit Abhilfe geschaffen wird oder
- gegen die Vorschriften dieses Gesetzes oder der aufgrund dieses Gesetzes erlassenen Rechtsverordnungen, gegen die hierauf beruhenden Anordnungen und Verfügungen der Aufsichtsbehörden oder gegen die Bestimmungen des Bescheids über die Genehmigung oder allgemeine Zulassung erheblich oder wiederholt verstoßen oder wenn eine nachträgliche Auflage nicht eingehalten worden ist und nicht in angemessener Zeit Abhilfe geschaffen wird.

Gem. § 17 Abs. 4 AtG besteht eine Pflicht zum Widerruf, wenn die Deckungsvorsorge nicht der behördlichen Festsetzung entspricht und der zur Deckungsvorsorge Verpflichtete eine entsprechende Deckungsvorsorge nicht nachweist. Außerdem ist eine Genehmigung oder allgemeine Zulassung zu widerrufen, wenn dies wegen einer erheblichen Gefährdung der Beschäftigten, Dritter oder der Allgemeinheit erforderlich ist und nicht durch nachträgliche Auflagen in angemessener Zeit Abhilfe geschaffen werden kann (§ 17 Abs. 5 AtG). 63

---

[113] Ausführlich dazu *Winters*, Atom- und Strahlenschutzrecht, S. 40.
[114] *Sellner*, in: Grundzüge des Umweltrechts, S. 393.
[115] *BVerwG*, Beschl. v. 29. 9. 1987 – 7 B 161/87 –, NVwZ 1988, 151.

d) Entschädigung

64 Dem eher geringen *rechtlichen* Bestandsschutz steht ein – auch im Vergleich zu anderen industriellen Großanlagen – beachtlicher *wirtschaftlicher* Bestandsschutz gegenüber. Im Falle der Rücknahme oder des Widerrufs einer nach dem AtG erteilten Genehmigung muß dem Berechtigten nämlich gem. § 18 Abs. 1 S. 1 AtG grundsätzlich eine angemessene **Entschädigung** in Geld geleistet werden. Eine Entschädigungspflicht besteht jedoch gem. § 18 Abs. 2 AtG nicht,

- wenn der Inhaber die Genehmigung oder allgemeine Zulassung aufgrund von Angaben erhalten hat, die in wesentlichen Punkten unrichtig oder unvollständig waren,
- der Inhaber der Genehmigung oder allgemeinen Zulassung oder die für ihn tätigen Personen durch ihr Verhalten Anlaß zum Widerruf gegeben haben, insbesondere durch erhebliche und wiederholte Verstöße gegen gesetzliche und behördliche Anordnungen,
- der Widerruf wegen einer nachträglich eingetretenen, in der genehmigten Anlage oder Tätigkeit begründeten erheblichen Gefährdung der Beschäftigten, Dritter oder der Allgemeinheit ausgesprochen werden mußte.[116]

II. Die Entsorgung nach dem Atomgesetz

65 Gem. § 9a Abs. 1 AtG hat derjenige, der Anlagen errichtet, betreibt, sonst innehat, wesentlich verändert, stillegt oder beseitigt, außerhalb solcher Anlagen mit radioaktiven Stoffen umgeht oder Anlagen zur Erzeugung ionisierender Strahlen betreibt, dafür zu sorgen, daß anfallende radioaktive Reststoffe sowie ausgebaute oder abgebaute radioaktive Anlagenteile

- den in § 1 Nr. 2 – 4 AtG bezeichneten Zwecken entsprechend schadlos verwertet werden oder,
- soweit dies nach dem Stand von Wissenschaft und Technik nicht möglich, wirtschaftlich nicht vertretbar oder mit den in § 1 Nr. 2 – 4 bezeichneten Zwecken unvereinbar ist, als radioaktive Abfälle geordnet beseitigt werden.

66 Wer radioaktive Abfälle besitzt, hat diese an eine Landessammelstelle für die Zwischenlagerung oder an eine Anlage zur Endlagerung abzuliefern (§ 9a Abs. 2 S. 1 AtG). Für die Zwischenlagerung haben die Länder gem. § 9a Abs. 3 AtG Landessammelstellen für die in ihrem Gebiet angefallenen radioaktiven Abfälle einzurichten. Der Bund ist verpflichtet zur Einrichtung von Anlagen zur Sicherstellung und zur Endlagerung radioaktiver Abfälle. Bund und Länder können sich zur Erfüllung ihrer Pflichten gem. § 9a Abs. 3 S. 2 AtG Dritter bedienen.[117] Aus dem Grundgesetz kann nicht abgeleitet werden, daß private externe Zwischenlager der nuklearen Entsorgung nur aufgrund einer ausdrücklichen Zulassung durch den Gesetzgeber geschaffen

---

[116] Vgl. zu der letzten Alternative ausführlich *Winters*, Atom- und Strahlenschutzrecht, S. 41f. und im Zusammenhang mit der Diskussion um einen „Ausstieg aus der Kernenergie" *Lange*, NJW 1986, 2459 (2464f.).

[117] Zur atomrechtlichen Regelung der Entsorgung siehe *Sellner*, in: Grundzüge des Umweltrechts, S. 394ff.; *Hofmann*, Rechtsfragen der atomaren Entsorgung, S. 1ff.; *Rabben*, Rechtsprobleme der atomaren Entsorgung, S. 1ff.; *Dauk*, Das System der atomaren Entsorgung, S. 1ff.; *Thiel*, Rechtsfragen der atomaren Entsorgung, S. 1ff.

werden dürfen.[118] Abgebrannte Kernbrennstoffe, die noch wiederaufgearbeitet werden sollen, sind keine radioaktiven Abfälle i. S. v. § 9a AtG und damit nicht ablieferungspflichtig. Sie sind vielmehr radioaktive Reststoffe, für die vorrangig das Gebot der schadlosen Verwertung, d. h. das Gebot zur Wiederaufarbeitung gilt. Für die Zwischenlagerung abgebrannter Brennelemente können Kompaktlager in den Kernkraftwerken nach § 7 AtG oder externe Zwischenlager nach § 6 AtG in Verbindung mit der für die Errichtung notwendigen Baugenehmigung zugelassen werden.[119]

III. Das atomrechtliche Planfeststellungsverfahren

Die Errichtung und der Betrieb einer Anlage des Bundes zur Endlagerung radioaktiver Abfälle bedarf der Planfeststellung nach § 9b Abs. 1 AtG.[120] **67**

Der Planfeststellungsbeschluß darf nur erteilt werden, wenn die in § 7 Abs. 2 Nr. 1 bis 3, 5 und 6 AtG genannten Voraussetzungen erfüllt sind. Da es sich bei den planfestzustellenden Anlagen um solche des Bundes handelt, ist auf die Voraussetzung der Deckungsvorsorge gem. § 7 Abs. 2 Nr. 4 AtG verzichtet worden. Der Planfeststellungsbeschluß ist gem. § 9b Abs. 3 S. 2 AtG zu versagen, wenn **68**

- von der Errichtung und dem Betrieb der Anlage Beeinträchtigungen des Wohls der Allgemeinheit zu erwarten sind, die durch inhaltliche Beschränkungen und Auflagen nicht verhindert werden können,
- oder wenn sonstige öffentlich-rechtliche Vorschriften der Errichtung oder dem Betrieb der Anlage entgegenstehen.

Für das Planfeststellungsverfahren gelten gem. § 9 b Abs. 4 AtG die §§ 72 – 78 VwVfG. Allerdings gelten hinsichtlich des Verweises auf das VwVfG einige Einschränkungen, die insbesondere eine Öffentlichkeitsbeteiligung nach der AtVfV vorsehen. Gem. § 23 Abs. 1 Nr. 2 AtG ist Träger des Vorhabens die Physikalisch-technische Bundesanstalt. Planfeststellungsbehörden sind gem. § 24 Abs. 2 AtG die durch die Landesregierungen bestimmten Obersten Landesbehörden. Das Planfeststellungsverfahren ist dem atomrechtlichen Genehmigungsverfahren sehr ähnlich. **69**

Im Zusammenhang mit dem geplanten Endlagerbergwerk in dem niedersächsischen Salzstock Gorleben war besonders umstritten, ob bereits Erkundungsbohrungen für das Endlager der Planfeststellungspflicht unterliegen.[121] Die überwiegende Auffassung geht davon aus, daß neben der bergrechtlichen Betriebsplanzulassung gem. § 126 Abs. 3, 51ff. BBergG die Durchführung eines atomrechtlichen Planfeststellungsverfahrens vor Abschluß der **70**

---

[118] *BVerfG*, Beschl. v. 26. 1. 1988 – 1 BvR 1561/82 –, NVwZ 1988, 427.

[119] Vgl. dazu *OVG NW*, Urt. v. 22. 10. 1987 – 21 A 330/87 –, NWVBL 1988, 106; *BVerwG*, Beschl. v. 2. 6. 1988 – 4 C 1.88.

[120] Eine Übersicht über das atomrechtliche Planfeststellungsverfahren gibt *Ronellenfitsch*, Planungsrecht, S. 174ff. Zur neueren Rechtsprechung im Bereich der atomaren Entsorgung siehe ausführlich *Beckmann/Kuhlmann*, NuR 1988, S. 329ff.

[121] Vgl. dazu ausführlich *Hoppe/Bunse*, DVBl. 1984, 1032ff.; *Rengeling*, Planfeststellung für die Endlagerung radioaktiver Abfälle, S. 1ff.; *Breuer*, Die Planfeststellung für Anlagen zur Endlagerung radioaktiver Abfälle, S. 1ff.; *Degenhart*, ET 1984, S. 948ff.; *Dörpmund*, ET 1986, S. 738f.; *Kühne*, DVBl. 1985, 207ff.; *Rengeling*, ET 1984, 629ff.

untertägigen Erkundung nicht geboten ist, weil der Bau des Erkundungsbergwerks noch nicht die Errichtung des Endlagers darstellt.[122]

IV. Die atomrechtliche Aufsicht

71 Die staatliche Aufsicht im Bereich des Atomrechts ist in § 19 AtG geregelt. Sie erstreckt sich auf alle Tätigkeiten im Zusammenhang mit radioaktiven Stoffen.[123] Die Aufsichtsbehörden prüfen die Tätigkeit der jeweiligen Genehmigungsinhaber daraufhin, ob sie die Bestimmungen des Genehmigungsbescheides einhalten. Die Aufsichtstätigkeit beschränkt sich allerdings nicht auf die genehmigungs- oder anzeigepflichtigen Tätigkeiten. Sie umfaßt vielmehr auch den Umgang, die Beförderung und den Verkehr mit radioaktiven Stoffen.

72 Die Befugnisse und Obliegenheiten der Aufsichtsbehörden richten sich gem. § 19 Abs. 1 S. 3 AtG nach § 139b GewO. Danach stehen den Aufsichtsbehörden *polizeiliche Befugnisse* zu, sie können die Anlagen jederzeit überprüfen und sie können statistische Mitteilungen von den zu überwachenden Unternehmen fordern. Die Beamten der Aufsichtsbehörden sind zur Wahrung des *Amtsgeheimnisses* verpflichtet. Zu den Aufgaben der Aufsichtsbehörden zählt die Erstattung besonderer Jahresberichte.

73 § 19 Abs. 2 AtG erweitert außerdem das *Zutrittsrecht* der von den Aufsichtsbehörden Beauftragten und ergänzt es durch ein *Auskunftsrecht* gegenüber den Verantwortlichen oder den sonst dort beschäftigten Personen.[124] Gem. § 19 Abs. 3 AtG können die Aufsichtsbehörden Maßnahmen zur Erfüllung der gesetzlichen Bestimmungen anordnen sowie Schutzmaßnahmen zur Beseitigung von Gefahren für Leben, Gesundheit oder Sachgüter treffen, die sich aus der Wirkung ionisierender Strahlen ergeben können.

Fall: Der Kläger wohnt in unmittelbarer Nähe des Kernkraftwerks Geesthacht-Krümmel. Kurze Zeit nach dem Unfall im Kernkraftwerk Tschernobyl fordert er die zuständige Behörde zur Stillegung des Kernkraftwerks Krümmel auf, da die von dieser Anlage ausgehende radioaktive Strahlung zusammen mit der Strahlenbelastung durch den Unfall von Tschernobyl sein Leben und seine Gesundheit gefährde. Als Rechtsgrundlage für die Stillegung kommt allein § 19 Abs. 3 S. 2 Nr. 3 AtG in Betracht. Danach kann die Stillegung eines Kernkraftwerkes angeordnet werden, wenn der Betrieb des Kernkraftwerks gegen Rechtsvorschriften oder gegen die Bestimmungen der erteilten Genehmigung verstößt oder wenn infolge der Wirkung ionisierender Strahlen Gefahren für Legen, Gesundheit oder Sachgüter drohen. Die Stillegung steht im Ermessen der zuständigen Behörde. Nach Ansicht des *OVG Lüneburg* kann der infolge des Reaktorunfalls von Tschernobyl einer erhöhten radioaktiven Strahlung ausgesetzte Nachbar eines deutschen Kernkraftwerks die Stillegung dieses Kernkraftwerkes nicht schon deswegen verlangen, weil es durch die genehmigten Radioaktivitätsabgaben geringfügig zu der Gesamtbelastung beiträgt. Das gilt sogar dann, wenn durch diese Belastung die Grenzwerte des § 45 StrlSchV deutlich überschritten werden.[125]

---

[122] Vgl. *Hoppe/Bunse*, DVBl. 1984, 1033 (1044).

[123] Vgl. zur atomrechtlichen Aufsicht *Winters*, Atom- und Strahlenschutzrecht, S. 96ff.; *Salzwedel/ Preußker*, Umweltschutzrecht, S. 243f.; zur Abgrenzung der Genehmigungs- und Aufsichtsverfahren für kerntechnische Anlagen ausführlich *Schattke*, ET 1986, 740ff.

[124] Vgl. dazu *Winters*, Atom- und Strahlenschutzrecht, S. 96f.

[125] Vgl. *OVG Lüneburg*, Beschl. v. 23. 9. 1986 – 7 D 7/86 –, UPR 1987, 153.

Verstöße gegen atomrechtliche Vorschriften können als Straftaten oder Ordnungswidrigkeiten geahndet werden. **74**

Da die Durchführung der atomrechtlichen Aufsichtsverfahren nach Ausgestaltung und Kapazität der staatlichen Behörden ohne Sachverständige nicht möglich ist, können sie gem. § 20 AtG von den staatlichen Behörden hinzugezogen werden.[126] **75**

C. Der Strahlenschutz

Das bundesdeutsche Strahlenschutzrecht ist vorwiegend im **Strahlenschutzvorsorgegesetz,** in der **Strahlenschutzverordnung** und in der **Röntgenverordnung** geregelt.[127] **76**

I. Strahlenschutzvorsorgegesetz

Das Strahlenschutzvorsorgegesetz (StrSchVG) ist eine Reaktion auf den Atomunfall von Tschernobyl im Frühjahr 1986. Es soll ein Regelungsdefizit beseitigen, das unmittelbar nach dem Unfall ein Wirrwarr von behördlichen Verboten und unterschiedlichen Empfehlungen auslöste.[128] Ziel des Gesetzes ist es, mit Hilfe der Erfahrungen, die bei Maßnahmen zum vorsorgenden Schutz der Bevölkerung im Zusammenhang mit der weiträumigen radioaktiven Kontamination nach dem Reaktorunfall von Tschernobyl in Bund und Ländern gemacht wurden, die rechtlichen Grundlagen für ein effektives und koordiniertes Vorgehen aller beteiligten Dienststellen in Bund und Ländern zu schaffen.[129] Das Ziel soll erreicht werden durch **77**

- Sicherstellung einer bundesweiten Erhebung und Auswertung von Daten durch Bund und Länder über die radioaktive Belastung der Umwelt,
- bundeseinheitliche Festlegung der Meßmethoden und Sicherstellung einer zentralen Sammlung und Aufbereitung aller Meßdaten in Bund und Ländern und einer einheitlichen Bewertung durch den Bund,
- Schaffung der Voraussetzungen für die Festlegung von Dosisgrenzwerten und Kontaminationswerten im Falle von Ereignissen mit möglichen nicht unerheblichen radiologischen Auswirkungen und darauf begründete Maßnahmen und Empfehlungen zum Schutz der Bevölkerung.[130]

Gem. § 1 StrSchVG ist zum Schutz der Bevölkerung die Radioaktivität in der Umwelt zu überwachen. Außerdem ist zum Schutz der Bevölkerung die Strahlenexposition und die radioaktive Kontamination der Umwelt im Fall **78**

---

[126] Vgl. auch dazu *Winters*, Atom- und Strahlenschutzrecht, S. 97f.

[127] Vgl. Gesetz zum vorsorgenden Schutz der Bevölkerung gegen Strahlenbelastung (Strahlenschutzvorsorgegesetz) vom 19. 12. 1986, BGBl. I, 2610; Verordnung über den Schutz vor Schäden durch ionisierende Strahlen (Strahlenschutzverordnung) vom 13. 10. 1976 (BGBl. I, S. 2905); Verordnung über den Schutz vor Schäden durch Röntgenstrahlen (Röntgenverordnung -RöV) vom 1. 3. 1973 (BGBl. I, S. 173).

[128] Zum Gesetz siehe *Czajka*, NVwZ 1987, 556ff.; *Rengeling*, DVBl. 1987, 204ff.; zu Verfassungsproblemen des StrSchVG siehe *Peine*, NuR 1988, 115ff.

[129] Vgl. dazu BT-Drs. 10/6082.

[130] BT-Drs. 10/6639, S. 1.

von Ereignissen mit möglichen nicht unerheblichen radiologischen Auswirkungen so gering wie möglich zu halten.

79 Nach dem Gesetz wird die Überwachung der Umweltradioaktivität von Bund und Ländern gemeinsam durchgeführt. Gem. § 2 Abs. 1 StrSchVG sind Aufgaben des Bundes die großräumige Ermittlung der Radioaktivität in Luft und Niederschlägen, die Entwicklung und Festlegung von Probenahme-, Analyse-, Meß- und Berechnungsverfahren, die Durchführung von Vergleichsmessungen und Vergleichsanalysen. Gem. § 3 Abs. 1 StrSchVG ermitteln die Länder die Radioaktivität insbesondere in Lebensmitteln, Tabakserzeugnissen und Bedarfsgegenständen, in Futtermitteln und im Trinkwasser. Die ermittelten Daten werden vom BMU in einem Informationssystem „Radioaktivität in der Umwelt" zusammengefaßt (§ 4 Abs. 1 S. 1 StrSchVG). Dazu wird nach § 4 Abs. 1 S. 2 StrSchVG eine Zentralstelle des Bundes für die Überwachung der Umweltradioaktivität eingerichtet. Besondere Bedeutung kommt im Rahmen der Kompetenzverteilung zwischen Bund und Ländern dem in § 2 Abs. 1 Nr. 4 StrSchVG geregelten Bewertungsmonopol des Bundes zu. Danach bewertet der Bundesumweltminister die Daten der Radioaktivität. Er bestimmt, ob eine bestimmte Konzentration radioaktiver Stoffe als gesundheitsschädlich oder gesundheitsgefährdend einzustufen ist.

80 In den §§ 6ff. StrSchVG sind Ermächtigungen einzelner Bundesminister zum Erlaß von Rechtsverordnungen vorgesehen, mit denen einheitliche Dosis- und Kontaminationswerte festgesetzt werden können. Durch Rechtsverordnungen können außerdem auf der Grundlage der Dosis- und Kontaminationswerte Verbote und Beschränkungen, insbesondere für Lebens- und Futtermittel, ausgesprochen werden.[131]

81 Gem. § 9 StrSchVG kann der BMU zur Erreichung des in § 1 StrSchVG genannten Zwecks der Bevölkerung bestimmte Verhaltensweisen empfehlen. Die Empfehlungen sollen gem. § 9 Abs. 1 S. 2 StrSchVG im Benehmen mit den zuständigen Obersten Landesbehörden ergehen.

II. Strahlenschutzverordnung

82 Die StrlSchV gilt grundsätzlich für den Umgang und den Verkehr mit radioaktiven Stoffen, die Beförderung, die Einfuhr und Ausfuhr etc. In der StrlSchV sind geregelt eine Reihe von Genehmigungstatbeständen für

- den Umgang und den Verkehr mit radioaktiven Stoffen,
- die Beförderung sowie die Ein- und Ausfuhr,
- die Beseitigung kernbrennstoffhaltiger Abfälle und
- die Errichtung und den Betrieb von Anlagen zur Erzeugung ionisierender Strahlen unter bestimmten Voraussetzungen,

soweit nicht die Genehmigungstatbestände des Atomgesetzes für Kernbrennstoffe einschlägig sind.

---

[131] Vgl. dazu ausführlich *Czajka*, NVwZ 1987, 556 (558f.); *Rengeling*, DVBl. 1987, 204ff.

Die Strahlenschutzverordnung regelt außerdem u. a. **83**

- die Strahlenschutzgrundsätze,
- die Verantwortlichkeiten im Strahlenschutz,
- die Festlegung höchstzulässiger Immissions – wie Emissionswerte
- die Umgebungsüberwachung,
- die Überwachung beruflich strahlenexponierter Personen,
- materielle Anforderungen an die Konstruktion von Anlagen.

Vorrangige Bedeutung genießen vor allem die *Strahlenschutzgrundsätze* des **84** § 28 StrlSchV und die Regelung über *Dosisgrenzwerte* in §§ 44f. StrlSchV.

Die **Strahlenschutzgrundsätze** des § 28 Abs. 1 StrlSchV fordern, daß jede **85** unnötige Strahlenexposition oder Kontamination zu vermeiden(*Strahlenvermeidungsgebot*) und jede Strahlenexposition oder Kontamination unter Beachtung des Standes von Wissenschaft und Technik auch unterhalb der in der StrlSchV festgesetzen Grenzwerte so gering wie möglich zu halten ist (*Strahlenminimierungsgebot*). Das Strahlenminimierungsgebot ist allerdings an den verfassungsrechtlichen Grundsatz der Verhältnismäßigkeit gebunden.[132] Strahlenschutzmaßnahmen können deshalb nicht angeordnet werden, wenn deren Kosten erkennbar außer Verhältnis zu dem angestrebten Erfolg stehen.

Die höchstzulässigen **Dosisgrenzwerte** für die Bevölkerung sind in den **86** §§ 28 Abs. 3 und §§ 44 bis 46 StrlSchV geregelt. § 28 Abs. 3 StrlSchV enthält die sog. *Störfallgrenzwerte*. Die zentrale Regelung für die Festlegung der höchstzulässigen Strahlenbelastung im *Normalbetrieb* ist § 45 StrlSchV. Danach darf die durch die Ableitung radioaktiver Stoffe in Luft und Wasser bedingte Strahlenbelastung des Menschen in der Umgebung von kerntechnischen Anlagen bestimmte Mindestwerte nicht übersteigen.[133]

Um die Strahlenbelastung kontrollieren zu können, sind zahlreiche Über- **87** wachungsmaßnahmen nicht zuletzt durch den Anlageninhaber selbst vorzusehen.[134] Geregelt sind z. B. zahlreiche Anzeigepflichten für den Erwerb, die Abgabe, das Abhandenkommen etc. von radioaktiven Stoffen (vgl. § 78 StrlSchV). Zum Schutz gegen Gefährdung durch ionisierende Strahlung sind in Anlagen **Strahlenschutzbereiche** einzurichten. Vor allem aber hat der **Strahlenschutzverantwortliche** – das ist der Unternehmer, der eine im Atomgesetz oder in der Strahlenschutzverordnung genannte Tätigkeit entweder durch seine Arbeitnehmer oder sonst unter seiner Aufsicht stehenden Person (§ 21 StrlSchV) oder selbst ausübt (§ 29 Abs. 1 StrlSchV) – einen **Strahlenschutzbeauftragten** schriftlich zu bestellen (§ 29 Abs. 2 S. 1 StrlSchV). Der Strahlenschutzbeauftragte ist in erster Line für Maßnahmen der Gefahrenvorbeugung und Gefahrenabwehr zuständig (vgl. §§ 30 Abs. 4, 31 Abs. 3 StrlSchV).[135] Mit den sonstigen Umweltschutzbeauftragten[136] ist der Strahlenschutzbeauftragte nur bedingt vergleichbar, weil er eigenverantwortlich für die Einhaltung der Schutzvorschriften zu sorgen hat (§ 31 Abs. 2 StrlSchV).

---

[132] Vgl. dazu *Winters*, Atom- und Strahlenschutzrecht, S. 67.
[133] Vgl. dazu *Bender/Sparwasser*, Umweltrecht, Rn. 436ff.
[134] Vgl. dazu *Salzwedel/Preußker*, Umweltschutzrecht, S. 241ff.
[135] Näher zum Strahlenschutzbeauftragten *Sellner*, in: Grundzüge des Umweltrechts, S. 396f.; *Salzwedel/Preußker*, Umweltschutzrecht, S. 242.
[136] Siehe dazu oben, § 9, Rn. 114ff.

III. Röntgenverordnung[137]

88 Die RÖV gilt gem. § 1 Abs. 1 RÖV für Röntgeneinrichtungen und bestimmte Störstrahler – das sind Anlagen, Geräte oder Vorrichtungen, in denen Röntgenstrahlen erzeugt werden, ohne daß sie zu diesem Zweck betrieben werden. Die strahlenschutzspezifischen Vorschriften der RÖV sind mit den Bestimmungen der Strahlenschutzverordnung weitgehend vergleichbar, da sich der Verordnungsgeber bei Erlaß der StrlSchV in vielen Punkten an der RÖV orientiert hat.[138] Unterschiede sind jedoch hinsichtlich der höchstzulässigen Strahlenbelastung vorhanden. Ziel der RÖV sind Arbeitsschutz, Patientenschutz, Gesundheitsschutz und Nachbarschutz. Dazu enthält die RÖV Genehmigungs- und Zulassungsvorschriften, Regelungen des technischorganisatorischen Strahlenschutzes, Schutzvorschriften für die Anwendung von Röntgenstrahlen und Vorschriften über die Strahlenbelastung.[139]

D. Die atomrechtliche Haftung

89 Das deutsche Atomhaftungsrecht ist geregelt im vierten Abschnitt des AtG und in den Pariser und Brüsseler Atomhaftungsabkommen nebst Zusatzvereinbarungen. Das Pariser Atomhaftungsabkommen regelt die Haftung des Inhabers einer Kernanlage für Schäden aufgrund eines nuklearen Ereignisses. Das Brüsseler Zusatzabkommen trifft ergänzende Bestimmungen über zusätzliche staatliche Ersatzleistungen des Genehmigungsstaates und der Gesamtheit der Vertragstaaten. Die materiellen Haftungsvorschriften sind ausnahmslos im Pariser Übereinkommen enthalten, dessen Regelungen in der Bundesrepublik unmittelbar geltendes Recht sind. Die Haftungsvorschriften des AtG haben demgegenüber lediglich eine ergänzende Funktion.[140] Grundsätzlich sind im deutschen Haftungsrecht drei Haftungstatbestände zu unterscheiden:[141]

- Beruht der Schaden auf einem von einer Kernanlage ausgehenden nuklearen Ereignis, dann haftet der Inhaber der Kernanlage gem. § 25 AtG i. V. m. dem sogenannten Pariser Atomhaftungsübereinkommen.
- Beruht der Schaden auf einem von einem Reaktorschiff ausgehenden Ereignis, dann regelt sich die Haftung nach § 25a AtG i. V. m. dem Brüsseler Reaktorschiffsabkommen.
- Für alle sonstigen Strahlenschäden sieht § 26 AtG einen Auffangtatbestand vor.

90 § 38 AtG sieht daneben eine Ausgleichshaftung des Bundes für Schäden durch nukleare Ereignisse vor, für die der Geschädigte keinen anderweitigen Ersatz verlangen kann.

---

[137] VO über den Schutz vor Schäden durch Röntgenstrahlen v. 8. 1. 1987 (BGBl. I, S. 114).

[138] *Winters*, Atom- und Strahlenschutzrecht, S. 89.

[139] I.e. siehe dazu *Winters*, Atom- und Strahlenschutzrecht, S. 89ff.; *Bischof*, HdUR, Bd. II, Sp. 429.

[140] Siehe dazu *Pelzer*, HdUR, Bd. I, Sp. 147; *Winters*, Atom- und Strahlenschutzrecht, S. 44.

[141] Siehe dazu bereits oben, § 15, Rn. 5.

I. Haftung nach § 25 AtG i. V. m. dem Pariser Atomhaftungsübereinkommen

Nach Art. 3 des Pariser Atomhaftungsübereinkommens haftet der Inhaber einer Kernanlage für Schäden an Leben oder Gesundheit von Menschen und für Schäden an oder den Verlust von Vermögenswerten (ausgenommen die Kernanlage selbst, andere Kernanlagen auf demselben Gelände sowie Vermögenswerte auf dem Gelände, die der Kernanlage dienen), wenn bewiesen wird, daß der Schaden durch ein nukleares Ereignis verursacht worden ist, das in der Kernanlage eingetreten oder auf Kernmaterialien zurückzuführen ist, die aus der Kernanlage stammen. 91

Haftpflichtig ist der Inhaber der Kernanlage. Inhaber einer Kernanlage ist, wer von den zuständigen Behörden als solcher bestimmt oder anerkannt ist. Die Inhaberschaft wird gem. § 17 Abs. 6 AtG im Genehmigungsbescheid ausdrücklich festgestellt.[142] 92

Ausreichend für die Haftung ist, daß der Kausalzusammenhang zwischen dem nuklearen Ereignis und dem Schaden bewiesen wird. Auf ein Verschulden kommt es dabei nicht an. Es handelt sich um eine reine Gefährdungshaftung. 93

Die Haftung des Inhabers einer Kernanlage nach dem Pariser Übereinkommen ist gem. § 31 Abs. 1 S. 1 AtG summenmäßig unbegrenzt. In bestimmten Fällen höherer Gewalt ist jedoch gem. § 25 Abs. 3 i. V. m. § 31 Abs. 1 AtG die Haftung auf 1 Mrd. DM begrenzt.[143] 94

Gem. Art. 6 des Pariser Übereinkommens haftet der Inhaber der Kernanlage nur nach den Bestimmungen des Pariser Übereinkommens, ergänzt durch das AtG. Andere denkbare Anspruchsgrundlagen scheiden gegen den Inhaber aus. Außerdem können sonstige Personen, die zum Schaden beigetragen haben, nicht in Anspruch genommen werden.[144] 95

Zur Deckung der Haftpflicht hat der Inhaber der Kernanlage – wie bereits erwähnt – eine Deckungsvorsorge gem. Art. 10 des Pariser Übereinkommens und gem. § 7 Abs. 2 Nr. 4 AtG nachzuweisen. Gem. § 13 Abs. 3 S. 2 AtG ist die Höhe der Deckungsvorsorge im Rahmen einer Höchstgrenze von 500 Mio. DM zu regeln. 96

Die Schadensersatzansprüche verjähren in drei Jahren ab Kenntnis oder Kennenmüssens des Schadens und des Ersatzpflichtigen, unabhängig davon in 30 Jahren ab dem schädigenden Ereignis.[145] 97

II. Haftung für Reaktorschiffe nach § 25a AtG

Die Haftung für Reaktorschiffe ist zur Zeit praktisch bedeutungslos. Sie entspricht im Grundsatz der Haftung für Kernanlagen. Jedoch gelten gem. § 25a AtG die Vorschriften der §§ 25 bis 40 AtG mit der Maßgabe, daß an die Stelle der entsprechenden Bestimmungen des Pariser Übereinkommens die des Brüsseler Reaktorschiffabkommens treten (§ 25a Abs. 1 Nr. 1 AtG). 98

---

[142] Vgl. dazu auch *Winters*, Atom- und Strahlenschutzrecht, S. 48.
[143] Vgl. dazu *Pelzer*, HdUR, Bd. I, Sp. 147.
[144] Vgl. dazu *Pelzer*, DVBl. 1986, 875 (876f.).
[145] *Pelzer*, DVBl. 1986, 875 (877).

III. Haftung nach § 26 AtG

99 § 26 AtG ist eine Auffanghaftung für alle Fälle, die nicht bereits unter §§ 25, 25a AtG fallen. § 26 AtG ist eine Regelung, die Elemente der Gefährdungshaftung mit der Verschuldenshaftung kombiniert. Die Ersatzpflicht tritt nämlich nicht ein, wenn der Besitzer des den Schaden verursachenden radioaktiven Stoffes oder die für ihn tätigen Personen auch bei Anwendung jeder nach den Umständen gebotenen Sorgfalt das Schadensereignis nicht vermeiden konnten und das Ereignis weder auf einen Fehler in der Beschaffenheit der Schutzeinrichtungen noch auf einem Versagen ihrer Vorrichtungen beruht.

IV. Ausgleichsanspruch nach § 38 AtG

100 Wird bei einem nuklearen Unfall im Ausland ein Schaden innerhalb der Bundesrepublik Deutschland verursacht, zahlt der Bund einen Ausgleich bis zur Höhe von 1 Mrd. DM, wenn der Geschädigte aus bestimmten Gründen keinen Ersatz verlangen kann (§ 38 Abs. 1 AtG) oder wenn das ausländische Recht oder die Bestimmungen eines völkerrechtlichen Vertrages dem Verletzten Ansprüche gewähren, die nach Art, Ausmaß und Umfang des Ersatzes wesentlich hinter dem Schadensersatz zurückbleiben, der dem Geschädigten bei Anwendung des AtG zugesprochen worden wäre (§ 38 Abs. 2 AtG). Aufgrund des § 38 Abs. 2 AtG hat die Bundesrepublik auch Schäden, die durch den Reaktorunfall in Tschernobyl verursacht worden sind, ausgeglichen.[146] Der Anspruch aus § 38 Abs. 2 AtG ist zivilrechtlicher Natur; er ist vor den ordentlichen Gerichten geltend zu machen.[147] Anders als der Ausgleichsanspruch gem. § 38 Abs. 2 AtG sollen dagegen Schadensausgleichsansprüche nach der zu § 38 Abs. 2 AtG ergangenen Ausgleichsrichtlinie vor dem VG einzuklagen sein.[148]

---

[146] Vgl. zur grenzüberschreitenden Haftung für nukleare Ereignisse ausführlich *Pelzer*, DVBl. 1986, 875ff.; vgl. auch *Zehetener*, UPR 1986, 326ff.

[147] Vgl. *VG Köln*, Urt. v. 28. 1. 1988 – 1 K 5676/86 –, NWVBL 1988, 205; a. A.: *Pelzer*, DVBl. 1986, 880.

[148] *VG Köln*, Urt. v. 28. 1. 1988 – 1 K 5333/86 –, NWVBL 1988, 211.

Literaturverzeichnis

Achterberg, Norbert, Allgemeines Verwaltungsrecht, 2. Aufl., Heidelberg 1986.

–, Die Klagebefugnis – eine entbehrlich Sachurteilsvoraussetzung?, DVBl. 1981, 278ff.

Adams, Michael, Zur Aufgabe des Haftungsrechts im Umweltschutz. Eine Abhandlung zur Theorie optimaler Beweislast- und Haftungsregeln, ZZP 1986, 129ff.

Ahrens, Umweltschutz – Handeln in der kommunalen Versorgungswirtschaft, WuV 1987, 15ff.

Amery, Carl, Das Ende der Vorsehung. Die gnadenlosen Folgen des Christentums, Hamburg 1972; zit.: Amery, Das Ende der Vorsehung.

Ansorge, Dietmar, Abfallentsorgung im Umbruch, StGR 1987, 105ff.

Apfelbacher, Dieter, Das Naturschutzrecht nach der ersten Novelle zum Bundesnaturschutzgesetz (Teil 1), NuR 1987, 241ff.

Appold, Wolfgang, Freiraumschutz durch räumliche Planung. Rechtliche Möglichkeiten eines landesplanerischen Gesamtkonzepts, Beiträge zum Siedlungs- und Wohnungswesen und zur Raumplanung, Bd. 122, Münster 1988.

Auer, Alfons, Umweltethik. Ein theologischer Beitrag zur ökologischen Diskussion, Düsseldorf 1984.

Bachof, Otto, Beurteilungsspielraum, Ermessen und unbestimmter Rechtsbegriff im Verwaltungsrecht, JZ 1955, 97ff.

Backes, Christoph, Das neue Abfallgesetz des Bundes und seine Entstehung, DVBl. 1987, 333ff.

Backherms, Johannes, Zur Einführung: Recht und Technik, JuS 1980, S. 9ff.

Baden, Eberhard, Abwägung und Altlasten, ZfBR 1988, 108ff.

Bälder, Karl-Heinz, Recht der Abfallwirtschaft, Bielefeld 1979.

Bartels, Elke, Abfallrecht. Eine systematische Darstellung, Köln u. a., 1987.

Bartholomäi, Eberhard, Baumschutzsatzungen und Baumschutzverordnungen – eine Zwischenbilanz, UPR 1988, 241ff.

Bartlsperger, Richard, Leitlinien zur Regelung der gemeinschaftsrechtlichen Umweltverträglichkeit unter Berücksichtigung der Straßenplanung, DVBl. 1987, 1ff.

–, Subjektives öffentliches Recht und störungspräventive Baunachbarklage, DVBl. 1971, 723ff.

–, Das Grundrecht auf Naturgenuß in naturschutzrechtlichen Bezügen, in: Rechtsstaat, Kirche, Sinnverantwortung; Festschrift für Klaus Obermayer zum 70. Geburtstag, hrsg. v. Richard Bartlsperger, Dirk Ehlers, Werner Hofmann, Dietrich Pirson, München 1986, S. 3ff.

Battis, Ulrich, Neuerungen des Baugesetzbuches für Landwirtschaft und Umweltschutz, NuR 1988, 57ff.

–, Bau- und immissionsschutzrechtliches Planungsrecht in der Rechtsprechung des Bundesverwaltungsgerichts, DVBl. 1978, 577ff.

Battis, Ulrich/*Krautzberger,* Michael/*Löhr,* Rolf-Peter, Baugesetzbuch, 2. Aufl., München 1987, zit.: Bearbeiter, in: Battis/ Krautzberger/Löhr, BauGB.

Bauer, Hartmut, Informelles Verwaltungshandeln im öffentlichen Wirtschaftsrecht, VerwArch. 78 (1987), 241ff.

–, Subjektive öffentliche Rechte des Staates, DVBl. 1986, 208ff.

Baulandbericht 1986, Schriftenreihe des Bundesministers für Raumordnung, Bauwesen und Städtebau (Hrsg.), Bonn 1986.

Baumann, Wolfgang, Betroffensein durch Großvorhaben – Überlegungen zum Rechtsschutz im Atomrecht, BayVBl. 1982, 257ff.

Baumgartner, Werner, Pflicht zur Beseitigung von Autowracks nach Abfallrecht, NVwZ 1987, 958ff.

Bäumler, Helmut, Rechtsschutz gegen Flughafenplanungen – zur Anfechtbarkeit der luftrechtlichen Genehmigung –, DÖV 1981, 43ff.

Baur, Fritz, Die „Naßauskiesung"- oder wohin treibt der Eigentumsschutz? NJW 1982, 1734ff.

–, Zur Entstehung des Umweltschutzrechts aus dem Sachenrecht, JZ 1987, 317ff.

Baur, Jürgen F., Das Verhältnis von verwaltungs- und zivilrechtlichem Rechtsschutz gegenüber Immissionen aus der Sicht eines Zivilisten, in: Gedächtnisschrift für Wolfgang Martens, Berlin/New York 1987, S. 545ff.

Bayerisches Staatsministerium für Landesentwicklung und Umweltfragen, Umweltpolitik in Bayern. Fortschreibung des Umweltprogramms der Bayerischen Staatsregierung, München 1986.

Becker, Jürgen, Informales Verwaltungshandeln zur Steuerung wirtschaftlicher Prozesse im Zeichen der Deregulierung, DÖV 1985, 1003ff.

Beckmann, Martin, Die Umweltverträglichkeitsprüfung und das rechtssystematische Verhältnis von Planfeststellungsbeschlüssen und Genehmigungsentscheidungen, DÖV 1987, 944ff.

–, Die gerichtliche Überprüfung von Verwaltungsvorschriften im Wege der verwaltungsgerichtlichen Normenkontrolle, DVBl. 1987, 611ff.

–, Verwaltungsgerichtlicher Rechtsschutz im raumbedeutsamen Umweltrecht. Eine Untersuchung zum Umfang der richterlichen Kontrolle im Abfall-, Immissionsschutz-, Wasserhaushalts- und Naturschutzrecht, Münster 1987, zit.: Beckmann, Rechtsschutz.

Beckmann, Martin/*Appold,* Wolfgang/*Kuhlmann,* Eva, Zur gerichtlichen Kontrolle abfallrechtlicher Planfeststellungen, DVBl. 1988, 2ff.

Beckmann, Martin/*Kuhlmann,* Eva, Die atomare Entsorgung auf dem Prüfstand der Verwaltungsgerichte, NuR 1988, 369ff.

Bender, Bernd, Abschied vom Atomstrom?, DÖV 1988, 813ff.

Benda, Ernst, Verfassungsrechtliche Aspekte des Umweltschutzes, UPR 1982, 241ff.

–, Technische Risiken und Grundgesetz, in: Blümel, Willi/ Wagner, Hellmut, (Hrsg.), Technische Risiken und Recht, Speyer 1981, S. 5ff., zit.: Benda, Technische Risiken und Recht.

Bender, Bernd, Zur staatshaftungsrechtlichen Problematik der Waldschäden, VerwArch. 77 (1986), 335ff.

Berendes, Konrad, System und Grundprobleme des Abwasserabgabengesetzes, DÖV 1981, 747ff.

Berends, Fritz, Rechtsgrundlagen der Umweltpolitik der Euroäischen Gemeinschaften, Beiträge zur Umweltgestaltung A 55, Berlin 1976.

Berger, Ulrich G., Grundfragen umweltrechtlicher Nachbarklagen – zum verwaltungsrechtlichen Drittschutz im Bauplanungsrecht, Immissionsschutzrecht und Kernenergierecht, Köln 1982, (Studien zum internationalen Wirtschaftsrecht und Atomenergierecht, Bd. 68), zit.: Berger, Nachbarklagen

Bergmüller, Reinhard, Die Neuordnung des Abfallrechts durch das Gesetz über die Vermeidung und Entsorgung von Abfällen (AbfG) vom 27. 8. 1986, BayVBl. 1987, 193ff.

Bernatzky, Aloys/*Böhm,* Otto, Bundesnaturschutzrecht, Kommentar zum Gesetz über Naturschutz und Landschaftspflege (BNatSchG) mit Ausführungsvorschriften der Ländern, 3. Ergänzungslieferung, Wiesbaden 1977/84; zit.: Bernatzky/Böhm, Bundesnaturschutzrecht

Bethge, Herbert, Grundrechtsverwirklichung und Grundrechtssicherung durch Organisation und Verfahren, NJW 1982, 1ff.

Bettermann, Karl-August, Vorbeugender Rechtsschutz in der Verwaltungsgerichtsbarkeit, in: 10 Jahre Verwaltungsgerichtsordnung, Speyer 1970, S. 186ff., zit.: Bettermann, Vorbeugender Rechtsschutz.

Beyerlin, Ulrich, Die Beteiligung ausländischer Grenznachbarn an umweltrechtlichen Verwaltungsverfahren und Möglichkeiten zu ihrer vertraglichen Regelung auf „euregionaler" Ebene, NuR 1985, 173ff.

–, Umweltschutz und lokale grenzüberschreitende Zusammenarbeit (rechtliche Grundlagen), in: Bothe/Prieur/Ress (Hrsg.), Rechtsfragen grenzüberschreitender Umweltbelastungen, Berlin 1984, S. 293ff.

Bick, Hartmut, Zur Problematik der Festlegung und Umsetzung umweltverträglicher Immissionsgrenzwerte aus der Sicht der Naturwissenschaften, NuR 1985, 258ff.

Bickel, Christian, Anmerkung zu: VGH Kassel, Beschl. v. 27. 8. 1982 – II TH 34/82 -, NuR 1983, 22ff., NuR 1983, 25ff.

Bickel, Heribert, Erfahrungen mit der verwaltungsgerichtlichen Normenkontrolle – eine Zwischenbilanz –, NJW 1985, 2441ff.

Birk, Dieter, Rechtsschutz gegen (vorgreifliche) Planungsmaßnahmen, BVerwGE 54, 211 und OVG Berlin, NJW 1977, 2283, JuS 1979, 412ff.

Birk, Hans-Jörg, Umwelteinwirkungen durch Sportanlagen, NVwZ 1985, 689ff.

Birnbacher, Diether (Hrsg.), Ökologie und Ethik, Stuttgart 1983.

Blab, Joseph, Tierartenschutz durch Biotopsicherung, in: Olschowy, Gerhard (Hrsg.), Natur- und Umweltschutz in der Bundesrepublik Deutschland, S. 785ff.

Blankenagel, Alexander, Umweltzertifikate – die rechtliche Problematik, in: Ökologie, Ökonomie und Jurisprudenz/Edgar Michael Wenz (Hrsg.), München 1987, S. 71ff.; zit.: Blankenagel, Umweltzertifikate.

Bleicher, Ralf, Staatsgrenzen überschreitende Raumordnung und Landesplanung. Bestandsaufnahme, rechtliche Würdigung und Möglichkeiten der Fortentwicklung, Beiträge zum Siedlungs- und Wohnungswesen und zur Raumplanung, Bd. 67, Münster 1981.

Blümel, Willi, Die Standortvorsorgeplanung für Kernkraftwerke und andere umweltrelevante Großvorhaben in der Bundesrepublik Deutschland, DVBl. 1977, 301ff.

–, Grundrechtsschutz durch Verfahrensgestaltung, in: Frühzeitige Bürgerbeteiligung bei Planungen, Schriftenreihe der Hochschule Speyer, Bd. 87, 1982, Berlin, S. 23ff.

–, Zur Verwirklichung des Antragsrechtes im Normenkontrollverfahren nach § 47 VwGO, VerwArch. 74 (1983), 153ff.

–, Das verfassungsrechtliche Verhältnis der kreisangehörigen Gemeinden zu den Kreisen, VerwArch. 75 (1984), 197ff.

Bohne, Eberhard, Informales Verwaltungs- und Regierungshandeln als Instrument des Umweltschutzes – Alternativen zu Rechtsnorm, Vertrag, Verwaltungsakt und anderen rechtlich geregelten Handlungsformen ?, VerwArch. 75 (1984), 343ff.

–, Der informale Rechtsstaat. Eine empirische und rechtliche Untersuchung zum Gesetzesvollzug unter besonderer Berücksichtigung des Immissionsschutzes, Schriftenreihe zur Rechtssoziologie und Rechtstatsachenforschung, Bd. 49, Berlin 1981; zit.: Bohne, Der informale Rechtsstaat.

Boisseréé, Klaus/*Oels,* Franz/*Hansmann,* Klaus/*Schmitt,* O. Alfred, Immissionsschutzrecht. Rechts- und Verwaltungsvorschriften des Bundes und des Landes Nordrhein-Westfalen über den Schutz vor Luftverunreinigungen, Geräuschen und Erschütterungen mit Einführung, Hinweisen und Anmerkungen sowie Erläuterungen zum Bundes-Immissionsschutzgesetz und zum Landes-Immissionsschutzgesetz, Bd. 1 und Bd. 2, Loseblatt, Stand: September 1988, Siegburg, zit.: Boisseréé/Oels/ Hansmann/ Schmitt, BImSchG.

Bonner Kommentar, Kommentar zum Bonner Grundgesetz, Loseblatt, Bd. 1–9, Stand: Juni 1988, Hamburg 1950.

Book, Angelika, Bodenschutz durch räumliche Planung. Möglichkeiten im Bereich des Gesamt- und Fachplanungsrechts, Beiträge zum Siedlungs- und Wohnungswesen und zur Raumplanung, Bd. 109, Münster 1986, zit.: Book, Bodenschutz.

Börger, Michael, Genehmigungs- und Planungsentscheidungen unter dem Gesichtspunkt des Gesetzesvorbehalts. Die Grundtypen exekutivischer Handlungsformen im Hinblick auf mögliche Entscheidungsfreiräume der Verwaltung, Beiträge zum Siedlungs- und Wohnungswesen und zur Raumplanung, Bd. 111, Münster 1987; zit.: Börger, Genehmigungs- und Planungsentscheidungen.

Bosselmann, Axel, Umweltverträglichkeitsprüfung durch verlagerte Konfliktbewältigung, DVBl. 1988, 724ff.

Bosselmann, Klaus, Anzeigepflicht, in: Kimminich/v. Lersner/ Storm, HdUR, Bd. I, Berlin 1986, Sp. 109ff.

–, Die Natur im Umweltrecht – Plädoyer für ein ökologisches Umweltrecht – NuR 1987, 1ff.

–, Melde- und Mitteilungspflicht, in: Kimminich/ v. Lersner/ Storm, HdUR, Bd. I, Berlin 1986, Sp. 1034ff.

–, Die Festsetzung und Bindungswirkung internationaler technischer Regeln und Standards zum Schutz der Umwelt – zugleich ein Beitrag zum Verhältnis zum völkerrechtlichem Vertrag und internationaler Gesetzgebung -, UPR 1985, 272ff.

Bothe, Michael, Verwaltungsorganisation im Umweltschutz, Linz 1986.
–, Die Entscheidung zwischen öffentlich-rechtlich geschützten Positionen Privater durch Verwaltung und Gerichte, JZ 1975, 399ff.
–, Grenzüberschreitender Verwaltungsrechtsschutz gegen umweltbelastende Anlagen, UPR 1983, 1ff.
–, Klagebefugnis eines Ausländers im Atomrecht – Anmerkung zu Bundesverwaltungsgericht vom 17. Dezember 1986 (UPR 1987, 114), UPR 1987, 170f.
–, Rechtliche Spielräume für die Abfallpolitik der Länder nach Inkrafttreten des Bundesgesetzes über die Vermeidung und Entsorgung von Abfällen vom 27. 8. 1986, NVwZ 1987, 938ff.
Bothe, Michael/*Prieur,* Michel/*Reß,* Georg (Hrsg.), Rechtsfragen grenzüberschreitender Umweltbelastungen. Les problßèßmes juridiques posßéßs par les pollutions transforntièrs. Fachtagung Saarbrücken vom 13.-15. Mai 1982. Veranst. v. Gesellschaft für Umweltrecht. Socißéßte francaise pour le droit de l'environnement. EuropaInstitut d. Universität des Saarlandes, Berlin 1984.
Bottke, Wilfried, Das zukünftige Umweltschutzstrafrecht, JuS 1980, 539ff.
Boujong, Karl-Heinz, Entschädigung für Waldsterben? – Die Grenzen des Haftungsrechts und die verfassungsrechtliche Institutsgarantie des Eigentums -, DÖV 1986, 445ff.
–, Entschädigung für Verkehrslärmimmissionen, UPR 1987, 207ff.
Brandhuber, Klaus, Das neue Tierschutzgesetz – ein grundlegender Fortschritt für den Tierschutz?, NJW 1988, 1952ff.
Brandt, Edmund, Rechtsnatur und verfassungsrechtliche Verankerung der Abwasserabgabe, UPR 1984, 10ff.
–, Abwasserabgabengesetz und Indirekteinleiter, UPR 1983, 84ff.
Brandt, Edmund/*Dieckmann,* Martin/*Wagner,* Kersten, Altlasten und Abfallproduzenten, Düsseldorf 1987.
Brandt, Edmund/*Lange,* Holger, Kostentragung bei der Altlastensanierung, UPR 1987, 11ff.
Breuer, Rüdiger, Umweltschutz und Gefahrenabwehr bei Anscheins- und Verdachtslagen, in: Gedächtnisschrift für Wolfgang Martens, Berlin/New York 1987, S. 317ff.; zit.: Breuer, in: GS für Martens.
–, Rechtsprobleme der Altlasten, NVwZ 1987, 751ff.
–, „Altlasten" als Bewährungsprobe der polizeilichen Gefahrenabwehr und des Umweltschutzes – OVG Münster, NVwZ 1985, 355 (Beschl. v. 10. 1. 1985 – 4 B 1434/84), JuS 1986, 359ff.
–, Baurechtlicher Nachbarschutz, DVBl. 1983, 431ff.
–, Entschädigungsrechtliche Konsequenzen von Eingriffen in die Baufreiheit, DÖV 1978, 189ff.
–, Die Bedeutung der Entsorgungsvorsorgeklausel in atomrechtlichen Teilgenehmigungen, VerwArch. 72 (1981), 261ff.
–, Ausbau des Individualschutzes gegen Umweltbelastungen als Aufgabe des öffentlichen Rechts – Postulate, Kritik und Alternativen -, DVBl. 1986, 849ff.
–, Die rechtliche Bedeutung der Verwaltungsvorschriften nach § 48 BImSchG im Genehmigungsverfahren, DVBl. 1978, 28ff.
–, Gerichtliche Kontrolle der Technik, NVwZ 1988, 104ff.
–, Grundprobleme des Umweltschutzes aus juristischer Sicht, in: Wenz (Hrsg.), Ökologie, Ökonomie und Jurisprudenz, München 1987, S. 21ff., zit.: Breuer, Grundprobleme des Umweltschutzes.
–, Umweltschutz und Gemeinwohl in der Rechtsordnung, dargestellt am Beispiel des Wasserrechts, in: Bitburger Gespräche 1983, München 1983, S. 65ff.; zit.: Breuer, Umweltschutz und Gemeinwohl.
–, Wasserrecht, in: Friauf, Karl-Heinrich (Hrsg.), Handbuch für die öffentliche Verwaltung, Bd. 2, Besonderes Verwaltungsrecht, S. 435ff.; zit.: Breuer, HöV.
–, Öffentliches und privates Wasserrecht, 2. Aufl., München 1988, zit.: Breuer, Wasserrecht.
–, Abwasserbeseitigung, in: Kimminich/v. Lersner/ Storm, HdUR, Bd. 1, Berlin 1986.
–, Die Abgrenzung zwischen Abwasserbeseitigung, Abfallbeseitigung und Reststoffverwertung, Technologie und Recht Bd. 5, Heidelberg 1985.

–, Direkte und indirekte Rezeption technischer Regeln durch die Rechtsordnung, AöR 101 (1976), 46 ff.
–, Strukturen und Tendenzen des Umweltschutzrechtes, Der Staat 20 (1981), 393 ff.
–, Schutz von Betriebs- und Geschäftsgeheimnissen im Umweltrecht, NVwZ 1986, 177 ff.
–, Das Wasserhaushaltsgesetz nach der 5. Novelle, NuR 1987, 49 ff.
–, Die Bedeutung des § 8 BNatSchG für Planfeststellungen und qualifizierte Genehmigungen nach anderen Fachgesetzen, NuR 1980, 89 ff.
–, Konflikte zwischen Verwaltung und Strafverfolgung – Überlegungen zum Verhältnis zwischen Verwaltungsrecht und Ordnungswidrigkeiten – sowie Strafrecht -, DÖV 1987, 169 ff.
–, Die Selbstverwaltung der Wasser- und Bodenverbände, in: Selbstverwaltung im Staat der Industriegesellschaft, Festgabe zum 70. Geburtstag von Georg Christoph von Unruh, Heidelberg 1983, S. 855 ff.
–, Die Planfeststellung für Anlagen zur Endlagerung radioaktiver Abfälle, verfahrensrechtliche Überlegungen zum Endlagerbergwerk im Salzstock Gorleben, Berlin u. a. 1984.
–, Konflikte zwischen Verwaltung und Strafverfolgung – Überlegungen zum Verhältnis zwischen Verwaltungsrecht und Ordnungswidrigkeiten – sowie Strafrecht – DÖV 1987, 169 ff.
–, Umweltschutzrecht, in: v. Münch, Ingo (Hrsg.), Besonderes Verwaltungsrecht, 8. Aufl., Berlin, New York 1988, S. 601 ff., zit.: Breuer, Umweltschutzrecht.
Breuer, Rüdiger, Wasserrechtliche Gefährdungshaftung und Aufwendungen der Gefahrenerforschung, NVwZ 1988, 992 ff.
–, Wasserrechtliche Gefährdungshaftung und Aufwendungen der Gefahrenerforschung, NVwZ 1988, 992 ff.
Broß, Siegfried, Überlegungen zur Stellung der Beteiligten in (Fern-)Straßenrechtlichen Planfeststellungsverfahren, DÖV 1985, 513 ff.
–, Anspruch auf Durchführung eines Planfeststellungsverfahrens, VerwArch. 1985, 337 ff.
Brohm, Winfried, Kennzeichnungspflicht, in: Kimminich/v. Lersner/ Storm, HdUR, Bd. I, Berlin 1986, Sp. 907 ff.
–, Zum Funktionswandel der Verwaltungsgerichtsbarkeit, NJW 1984, 8 ff.
Bruns, Dirk/*Jasper,* Karl-Heinz, Das neue Abfallgesetz, VR 1987, 365 ff.
Buchner, Werner , Der Umweltschutz in der Bayerischen Verfassung, BayVBl. 1984, 385 ff.
Buchwald, Konrad/*Engelhardt,* Wolfgang (Hrsg.), Handbuch für Planung, Gestaltung und Schutz der Umwelt, Bd. 1, München/Bern/Wien 1978, zit.: Bearbeiter in: Buchwald/ Engelhardt.
Bückmann, Walter, Die Richtlinie des Rates der EG über die Umweltverträglichkeitsprüfung – Anmerkungen zu Methodenproblemen bei der Umsetzung, UPR 1988, 361 ff.
Bückmann, Walter/*Cebulla,* Peter/*Patzak,* Melitta/ *Voegele,* Alexander, Planerische Abwägung und Bodenschutz, UPR 1986, 88 ff.
Büdenbender, Ulrich/*Mutschler,* Ulrich, Bindungs- und Präklusionswirkung von Teilentscheidungen nach BImSchG und AtG, Köln u. a. 1979, (Schriftenreihe RTW, Bd. 19), zit.: Büdenbenger/Mutschler, Teilentscheidungen.
Bullinger, Martin, Haftungsprobleme des Umweltschutzes aus der Sicht des Verwaltungsrechts, VersR 1972, 599 ff.
Bundesminister für Raumordnung, Bauwesen und Städtebau, Baulandbericht 1986, Schriftenreihe des Bundesministers für Raumordnung, Bauwesen und Städtebau, Bonn 1986.
Bunge, Thomas, Die Umweltverträglichkeitsprüfung von Projekten: Verfahrensrechtliche Erfordernisse auf der Basis der EG-Richtlinie vom 27. Juni 1985, DVBl. 1987, 819 ff.
–, Die Umweltverträglichkeitsprüfung im Verwaltungsverfahren, Köln u. a. 1985, zit.: Bunge, Die Umweltverträglichkeitsprüfung.
Burhenne, Wolfgang E., Internationales Umweltrecht, in: Salzwedel, Jürgen (Hrsg.), Grundzüge des Umweltrechts, Berlin 1982, S. 659 ff.

Burianek, Jiri, Die sogenannte Vorabzustimmung im atomrechtlichen Genehmigungsverfahren – ein zulässiges Instrument der Verwaltung?, NJW 1987, 2727ff.

Burkard, Matthias, Zum Stand des Rechtsschutzes vor Verkehrslärm, VBlBW 1988, 41ff.

Burmeister, Joachim, Der Schutz von Natur und Landschaft vor Zerstörung, Düsseldorf 1988.

Carlsen, Claus, Betretungsrecht, Kimminich/v. Lersner/Storm, HdUR, Bd. I, Berlin 1986, Sp. 240ff.

–, Anmerkungen zum Landschaftsplan, NuR 1985, 226ff.

Castro, Dietmar, Für eine umweltfreundliche Abfallwirtschaft, StGR 1987, 109ff.

Cholewa, Werner/*Dyong*, Hartmut/*von der Heide*, Hans-Jürgen, Raumordnung in Bund und Ländern, Bd. 1, Kommentar zum Raumordnungsgesetz des Bundes, Loseblatt, Stand: März 1988, zit.: Cholewa/ Dyong/von der Heide.

Council on Environmental Quality/US-Außenministerium (Hrsg.) , Global 2000. Der Bericht an den Präsidenten, Frankfurt/M. 1986

Cronauge, Ulrich, Auswirkungen des neuen Abfallgesetzes auf Kreise und Gemeinden, Städte- und Gemeinderat 1987, 99ff.

Cupei, Jürgen, Umweltverträglichkeitsprüfung (UVP); Köln, Berlin, Bonn, München 1986.

–, Umweltverträglichkeitsprüfung (UVP) – Die Richtlinie des Rates der Europäischen Gemeinschaften, DVBl. 1985, 813 ff.

–, Umweltverträglichkeitsprüfung bei der Vorbereitung von Rechts- und Verwaltungsvorschriften, ZG 1988, 46ff.

Czajka, Dieter, Richterliche Kontrollmacht und technisch-naturwissenschaftlicher Sachverstand im Atomrecht, Recht und Technik im Spannungsfeld der Kernenergiekontroverse, S. 182ff., hrsg. von Alexander Roßnagel, Obladen 1984, zit.: Czajka, Richterliche Kontrollmacht.

–, Inhalt und Umfang der richterlichen Kontrolle im technischen Sicherheitsrecht, ET 1981, 537ff.

–, Der Stand von Wissenschaft und Technik als Gegenstand richterlicher Sachaufklärung, DÖV 1982, 99ff.

Czybulka, Detlef, Eigentum an Natur, NuR 1988, 214ff.

Czychowski, Manfred, Wasserrecht, Wasserwirtschaft, Abwasserbeseitigung, in: Handbuch der kommunalen Wissenschaft und Praxis (Hrsg. Günter Püttner), Bd. 4, Berlin u. a. 1983, S. 468ff., zit.: Czychowski, Wasserrecht.

Dageförde, Hans-Jürgen, Zum Abwehrrecht gegen rechtswidrige Veränderungen der Erholungslandschaft, BayVBl. 1979, 490f.

–, Zum „Nachbar"schutz bei Eingriffen in Erholungsgebiete. Bemerkungen zu den Urteilen des Bundesverwaltungsgerichts vom 29. 7. 1977 und des Oberverwaltungsgerichts Berlin vom 2. 5. 1977, NuR 1980, 150ff.

Dahs, Hans, Zur strafrechtlichen Haftung des Gewässerschutzbeauftragten nach § 324 StGB, NStZ 1986, 97ff.

Darnstädt, Thomas, Gefahrenabwehr und Gefahrenvorsorge, Frankfurt am Main 1983

Daten zur Umwelt, 1986/1987, Umweltbundesamt (Hrsg.), Berlin 1986.

Dauk, Werner, Das System der atomaren Entsorgungsregelung, Münster 1984.

Decher, J., Bringt die Frage der Haftung die landwirtschaftliche Schlammverwendung zum Erliegen?, Städte- und Gemeindebund 1988, 448ff.

Degenhart, Christoph, Präklusion im Verwaltungsprozeß, in: System des verwaltungsgerichtlichen Rechtsschutzes, FS für Christian Friedrich Menger, Köln u. a. 1985, zit.: Degenhart, Menger-FS.

–, Untertage-Erkundung von Gorleben – Ist eine vorgezogene Teilplanfeststellung erforderlich? ET 1984, 948ff.

–, Kernenergierecht, Schwerpunkte – Entscheidungsstrukturen – Entwicklungslinien, 2. Aufl., Köln u. a. 1982.

Deixler, Wolfgang, Besonderheiten des integrierten Landschaftsplanes nach Art. 3 BayNatSchG und Bundesrecht (BNatschG, BBauG), NuR 1985, 228ff.

Dempfle, Ulrich/*Müggenborg*, Hans-Jürgen, Die „Umwelt", ein Rechtsbegriff, NuR 1987, 301ff.

Depenheuer, Otto, Politischer Wille und Verfassungsänderung – Bemerkungen zu einem legislatorischen Problem der Verfassungsänderung anläßlich der Bestrebungen zur Aufnahme des Staatsziels „Umweltschutz" in das Grundgesetz, DVBl. 1987, 809ff.

Der Bundesminister des Innern, Der Bundesminister der Justiz (Hrsg.), Bericht der Sachverständigenkommission, Staatszielbestimmungen/Gesetzgebungsaufträge, Bonn 1983.

Deselaers, Josef, Die Rechtsunsicherheit im Bereich der landwirtschaftlichen Düngung. AgrarR 1983, 293ff.

–, Nutzungsbeschränkungen in Natur-, Landschafts- und Wasserschutzgebieten, AgrarR 1986, 97ff.

Diederichsen, Uwe, Verantwortlichkeit für Altlasten – Industrie als Störer?, BB 1988, 917ff.

Diederichsen, Uwe/*Scholz*, Andreas, Kausalitäts- und Beweisprobleme im zivilrechtlichen Umweltschutz, WuV 1984, 23ff.

Dienes, Karsten, Die neue Technische Anleitung Luft 1986 – wesentliche Inhalte und Problemfelder -, ET 1986, 971ff.

–, Probleme des Vollzugs der Verordnung über Großfeuerungsanlagen, RdE 1985, 2ff.

Dolde, Klaus-Peter, Bestandsschutz von Altanlagen im Immissionsschutzrecht, NVwZ 1986, 873ff.

–, Grundrechtsschutz durch einfaches Verfahrensrecht, NVwZ 1982, 65ff.

–, Bestandsschutz im Immissionsschutzrecht, in: Festschrift für Otto Bachof zum 70. Geburtstag 1984, S. 191ff.

–, Zur Verwaltungsrechtsakzessorietät von § 327 StGB, NJW 1988, 2329ff.

Dörnberg, Hans-Friedrich Frhr. von, § 14 S. 2 des Bundes-Immissionsschutzgesetzes als Staatshaftungsnorm bei emittentenfernen Waldschäden durch Immission (Teil I), NuR 1986, 45ff.

–, Anmerkungen zu Urteilen der Oberlandesgerichte München und Stuttgart zur Frage der immissionsbedingten Waldschäden, NuR 1987, 308ff.

Dörpmund, , Genehmigungsrechtliche Fragen – Erkundung des Salzstocks Gorleben auf seine Eignung als Endlager für radioaktive Abfälle, ET 1986, 738ff.

Dreher, Eduard/*Tröndle*, Herbert, Strafgesetzbuch und Nebengesetze, 43. Aufl., München 1986.

Drews, Bill/*Wacke*, Gerhard/*Vogel*, Klaus/*Martens*, Wolfgang, Gefahrenabwehr. Allgemeines Polizeirecht (Ordnungsrecht) des Bundes und der Länder, 9. Aufl., Köln u. a. 1986.

Drossé, Hermann, Die Sportfischerei und das Naturschutzrecht – Eine Untersuchung in rechtlicher und tatsächlicher Hinsicht, NuR 1987, 200ff.

Eberle, Carl-Eugen, Umweltschutz durch Landesplanung, in: Umweltschutz im Recht (hrsg. von Werner Thieme), Berlin 1988, S. 145ff., zit.: Eberle, in: Umweltschutz im Recht

–, Arrangements im Verwaltungsverfahren, Die Verwaltung 17 (1984), 439ff.

Ebersbach, Harry, Rechtliche Aspekte des Landverbrauchs am ökologisch falschen Platz, Umweltbundesamt-Berichte 1/85, Berlin 1985, zit.: Ebersbach, Landverbrauch.

–, Leistungspflicht, in: Kimminich/v. Lersner/ Storm, HdUR, Bd. I, Berlin 1986, Sp. 992ff.

–, Ausgleichpflicht des Staates bei neuartigen immissionsbedingten Waldschäden, NuR 1985, 165ff.

–, Die Privilegierung der land- und forstwirtschaftlichen Bodennutzung im Naturschutzrecht, Beilage zum AgrarR 1982, 26ff.

–, Forstrecht, in: Kimminich/v. Lersner/Storm, HdUR, Bd. I, Berlin 1986, Sp. 578ff.

Eckert, Dieter, Lebensmittelrecht, in: Kimminich/v. Lersner/ Storm, HdUR, Bd. I, Berlin 1986, Sp. 985ff.

Eckert, Rainer, Die Entwicklung des Abfallrechts, NVwZ 1985, 388 ff.

–, Reform des Abfallrechts, NVwZ 1986, 898ff.

Ehlers, Peter/*Kunig*, Philip, Abfallentsorgung auf See, NVwZ 1987, 947ff.

Ehrlich, Paul R./*Ehrlich*, Anne H., Bevölkerungswachstum und Umweltkrise (Populations, resources and Environment). Die Ökologie des Menschen, Frankfurt/M. 1972, zit.: Ehrlich/Ehrlich, Bevölkerungswachstum und Umweltkrise.

Elsner„Großfeuerungsanlagenverordnung“, RdL 1983, 284ff.

Emig, Günther, Umwandlung von Brache in landwirtschaftlich genutzte Fläche – ein Eingriff in Natur und Landschaft nach § 8 BNatSchG?, NuR 1988, 178ff.

Emonds, Gerhard, Einfuhrbeschränkungen für heimische Greifvögel aufgrund der Bundeswildschutzverordnung, NuR 1986, 246f.

–, Das neue Artenschutzrecht am Beispiel des Greifvogelschutzes, NuR 1987, 112ff.

Emonds, Gerhard/*Koloczieјсok*, Karl-Günther, Grundzüge des neuen Bundesnaturschutzgesetzes, NuL 1977, 35ff.

Endres, Alfred, Umwelt- und Ressourcenökonomie, Erträge der Forschung, Bd. 229, Darmstadt 1985.

–, Instrumente der Umweltpolitik, ZRP 1985, 197ff.

Engelhardt, Dieter, Die Ausschöpfung der Landeskompetenzen im Umweltrecht, BayVBl. 1988, 294ff.

Engelhardt, Hanns, Bürger und Umwelt, München 1985, zit.: Engelhardt, Bürger und Umwelt.

–, Die Pflicht zum umweltfreundlichen Verhalten, NuR 1979, 89ff.

–, Aus der Rechtsprechung zum Immissionsschutzrecht, NuR 1984, 87ff.

–, Umweltschutz I, Evangelisches Staatslexikon, Stuttgart 1975.

Erbel, Günter, Rechtsschutz für Tiere – Eine Bestandsaufnahme anläßlich der Novellierung des Tierschutzgesetzes, DVBl. 1986, 1235ff.

Erbguth, Wilfried, Raumordnungs- und Landesplanungsrecht, Studienreihe Wahlfach, Bd. 9, Köln u. a. 1983

–, Rechtsfragen des Bodenschutzes, UPR 1984, 241 ff.

–, Vorgaben der EG-Richtlinie für die Einführung einer Umweltverträglichkeitsprüfung (UVP) in das deutsche Recht, VR 1988, 5ff.

–, Raumbedeutsames Umweltrecht. Systematisierung, Harmonisierung und sonstige Weiterentwicklung, Münster 1986, zit.: Erbguth, Raumbedeutsames Umweltrecht.

–, Weiterentwicklungsbedarf im Umweltschutzrecht?, NuR 1986, 136ff.

–, Duldungspflicht, in: Kimminich/v. Lersner/ Storm, HdUR,Bd. I, Berlin 1986, Sp. 366ff.

–, Das Baugesetzbuch und seine Auswirkung auf die Landes- und Regionalplanung, NVwZ 1988, 289ff.

–, Der Prüfungsumfang bei der Entscheidung über öffentlich-rechtliche Kontrollerlaubnisse als allgemeine verwaltungs- und verfassungsrechtliche Problematik – dargestellt am Beispiel der straßenrechtlichen Sondernutzungserlaubnis und der Kontrollerlaubnisse des Umweltrechts, Jahrbuch des Umwelt- und Technikrechts, Bd. 3, Düsseldorf 1987, S. 49ff.; zit.: Erbguth, UTR 3.

–, Zum Einsatzbereich der Landschaftsplanung: Baugesetzbuch, Umweltverträglichkeitsprüfung, UPR 1987, 409ff.

Erbguth, Wilfried/*Püchel*, Gerald, Die Luftreinhaltepläne im Abwägungsvorgang der Bauleit- und Landesplanung, NVwZ 1982, 649ff.

–, Materiellrechtliche Bedeutung des Umweltschutzes in der Fachplanung, NuR 1984, 209ff.

Erbguth, Wilfried/*Schoeneberg*, Jörg, Die Umsetzung der EG-Richtlinie über die Umweltverträglichkeitsprüfung vor dem Hintergrund rechtssystematischer Grundlagen der raumbezogenen Zulassungsverfahren in der Bundesrepublik Deutschland, WuV 1985, 102ff.

Erichsen, Hans-Uwe, Vorläufiger Rechtsschutz nach § 80 Abs. 5 VwGO, Jura 1984, 478ff.

Erichsen, Hans-Uwe/*Martens*, Wolfgang, Allgemeines Verwaltungsrecht, 7. Aufl. Berlin/New York 1986

Ernst, Werner/*Hoppe*, Werner, Das öffentliche Bau- und Bodenrecht, Raumplanungsrecht, 2. Aufl., München 1981, zit.: Bearbeiter, in: Ernst/Hoppe, ÖffBauBoR.

Erz, Wolfgang , Naturschutz, in: Buchwald/Engelhardt Handbuch für Gestaltung, Planung und Schutz der Umwelt, Bd. 3 (1980), S. 560ff., zit.: Erz, Naturschutz.

Eyermann, Erich/*Fröhler*, Ludwig, Verwaltungsgerichtsordnung, Kommentar, 9. Aufl., München 1988, zit.: Eyermann/Fröhler, VwGO.

Fehn, Bernd J., Das umweltrechtliche Auflagenprinzip. Verfassungsrechtliche Wurzeln, verwaltungsrechtliche Ausgestaltung, prozeßrechtliche Einbettung, Frankfurt 1987.
–, Die isolierte Auflagenanfechtung – unter besonderer Berücksichtigung des Rechts der Planfeststellung, DÖV 1988, 202ff.
–, Umweltverschmutzung, Verursacherprinzip und social costs, VR 1987, 375ff.
Feldhaus, Gerhard, Bestandsschutz immissionschutzrechtlich genehmigter Anlagen im Wandel, WuV 1986, 67ff.
–, Zum Inhalt und zur Anwendung des Standes der Technik im Immissionsschutzrecht, DVBl. 1981, 165ff.
–, Bundes-Immissionsschutzrecht, Kommentar zum BImSchG, Bd. 1, Wiesbaden, 2. Aufl., Stand: Juni 1987.
–, Entwicklung und Rechtsnatur von Umweltstandards, UPR 1982, 137ff.
–, Marktwirtschaft und Luftreinhaltung, DVBl. 1984, 552ff.
–, Die Novellierung des Bundes-Immissionsschutzgesetzes, UPR 1985, 385ff.
–, Immissionsschutzrecht, in: Kimminich/v. Lersner/Storm, HdUR, Bd. I, Berlin 1986, Sp. 760ff.
–, Der Vorsorgegrundsatz des Bundes-Immissionsschutzgesetzes, DVBl. 1980, 133ff.
Feldhaus, Gerhard/*Ludwig*, Herbert/*Davids*, Peter, Die TA Luft 1986, DVBl. 1986, 641ff.
Feldhaus, Gerhard/*Schmidt*, Herbert, Kausalitätsprobleme im öffentlich-rechtlichen Umweltschutz -Luftreinhaltung, WuV 1984, 1ff.
Feldmann, Franz-Josef, Teilgenehmigungen und Vorbescheid im atomrechtlichen Genehmigungsverfahren, ET 1984, 775ff.
Fickert, Carl, Quo vadis Verkehrs-Lärmschutzgesetz?, DVBl. 1979, 645ff.
Finkelnburg, Klaus, Kritische Anmerkungen zur Gefahrstoffverordnung, in: Jahrbuch des Umwelt- und Technikrechts, Bd. 3, Düsseldorf 1987, 239ff., zit.: Finkelnburg, UTR 3.
Finkelnburg, Klaus/*Jank*, Klaus Peter, Vorläufiger Rechtsschutz im Verwaltungsstreitverfahren, 3. Aufl., München 1986, zit.: Finkelnburg/Jank, Vorläufiger Rechtsschutz.
Fischerhoff, Hans, Deutsches Atomgesetz und Strahlenschutzrecht, Kommentar, Bd. 1, 2. Aufl., Baden-Baden 1978.
Fischer-Hüftle, Peter, Biotopschutz, Eingriffstatbestand und Landwirtschaftsklausel – Zur geplanten Änderung des § 8 BNatSchG, NuR 1986, 242ff.
–, Die einstweilige Sicherstellung bestimmter Teile von Natur und Landschaft, NuR 1988, 6ff.
Fluck, Jürgen, Die „Legalisierungswirkung" von Genehmigungen als ein Zentralproblem öffentlich-rechtlicher Haftung für Altlasten, VerwArch. 79 (1988), 406ff.
Forester, G. W., Der teuflische Regelkreis. Das Globalmodell der Menschheitskrise, Stuttgart 1972, zit.: Forester, Der teuflische Regelkreis.
Forkel, Hans, Immissionsschutz- und Persönlichkeitsrecht. Eine privatrechtliche Untersuchung, Köln u. a. 1968.
Franßen, Everhardt, Abfallrecht, in: Salzwedel, Jürgen (Hrsg.), Grundzüge des Umweltrechts, Berlin 1982, S. 399ff., zit.: Franßen, in: Grundzüge des Umweltrechts.
Frers, Dirk, Die Konkurrentenklage im Gewerberecht, DÖV 1988, 670ff.
Friauf, Karl Heinrich, Zum gegenwärtigen Stand der Bestandsschutz-Problematik, WuV 1986, 87ff.
Friederich, Georg, Rechtsgrundlagen des Gewässerschutzes. Darstellung des verwaltungs- und finanzrechtlichen Instrumentariums und Beurteilung seiner Wirksamkeit für die Wasserversorgung, Berlin 1986, zit.: Friederich, Rechtsgrundlagen des Gewässerschutzes.
Friedrich, Helmut-Martin, Rechtsprobleme der nationalen, völkerrechtlichen und europarechtlichen Regelungen der grenzüberschreitenden Abfallverbringung, UPR 1988, 4ff.
Fröhler, Ludwig/*Kormann*, Joachim, Vorbeugender Rechtsschutz für den latenten Störer, WuV 1977, 114ff.
Fröhler, Ludwig/*Zehetner*, Franz, Rechtsschutzprobleme bei grenzüberschreitenden Umweltbeeinträchtigungen, Bd. 1, Erster Teil – Bestandsaufnahme grenzüber-

schreitender Umweltbeeinträchtigungen, Zweiter Teil – völkerrechtliche Rechtsschutzmöglichkeiten, Linz 1979.

Frotscher, Grundfälle zum Wirtschaftsverfassungs- und Verwaltungsrecht, JuS 1983, 775ff.

Fuchs, Adalbert, Abfallbegriff und Abfallbeförderung, GewArch. 1984, 217ff.

Führen, Karl-Heinz, Rechtsschutz gegenüber Immissionen und öffentlichen Einrichtungen, VR 1986, 5ff.

Funk, Werner, Zur Anfechtbarkeit von Auflagen und „Genehmigungsinhaltsbestimmungen", BayVBl. 1986, 105ff.

Funke, Hans Friedrich, Die Lenkbarkeit von Abwägungsvorgang und Abwägungsergebnis zugunsten des Umweltschutzes, DVBl. 1987, 511ff.

Gaentzsch, Günter, Sportanlagen im Wohnbereich – Rechtsproblematik aus öffentlichrechtlicher Sicht, UPR 1985, 201ff.

–, Konkurrenz paralleler Anlagengenehmigungen, NJW 1986, 2787ff.

–, Ausbau des Individualschutzes gegen Umweltbelastungen als Aufgabe des bürgerlichen und des öffentlichen Rechts, NVwZ 1986, 601ff.

–, Die naturschutzrechtliche Eingriffsregelung – Das Verhältnis zwischen Fachrecht und Naturschutzrecht, NuR 1986, 89ff.

Gassner, Erich, Naturschutz im neuen Baugesetzbuch, UPR 1987, 249ff.

–, Eingriffe in Natur und Landschaft – ihre Regelung und ihr Ausgleich nach § 8 BNatSchG, NuR 1984, 81ff.

–, Ethische Aspekte des Tier- und Naturschutzrechts, NuR 1987, 97ff.

–, Treuhandklage zugunsten von Natur und Landschaft. Eine rechtsdogmatische Untersuchung zur Verbandsklage, Beiträge zur Umweltgestaltung A 94, Berlin 1985, zit.: Gassner, Treuhandklage.

–, Zur Verwirklichung des Integritätsinteresses in der naturschutzrechtlichen Eingriffsregelung, NuR 1988, 67ff.

–, Systematische Aspekte der naturschutzrechtlichen Ausgleichsabgabe, NuR 1985, 180ff.

Gebhard, Hugo, Polizeipflichtigkeit der Hoheitsträger, DÖV 1986, 545ff.

Geiger, Herald, Rechtsschutz im Verfahren nach dem Landbeschaffungsgesetz, BayVBl. 1981, 641ff.

Geisler, Christiane, Strafbarkeit von Amtsträgern im Umweltrecht, NJW 1982, 11ff.

GenStANW, Anmerkung zum Bescheid vom 23. 8. 1983 – 2 Zs 1636/83, Strafbarkeit von Amtsträgern wegen Gewässerverunreinigung -, NStZ 1984, 219.

Gerhardt, Michael/*Jakob,* Peter, Massenverfahren und Musterprozeß vor den Verwaltungsgerichten, DÖV 1982, 345ff.

Gerlach, Johann W., Die Grundstrukturen des privaten Umweltrechts im Spannungsfeld zum öffentlichen Recht, JZ 1988, 161ff.

Gerschlauer, Christoph, Landschaftsplanung der Gemeinde und Bauleitplanung, DVBl. 1979, 601ff.

Gierth, Karl, Klagebefugnis und Popularklage, DÖV 1981, 893ff.

Gieseke, Paul/*Wiedemann,* Werner/*Czychowki,* Manfred, Wasserhaushaltsgesetz unter Berücksichtigung der Landeswassergesetze, Kommentar, 4. Aufl., München 1985, zit.: Gieseke/Wiedemann/ Czychowski, WHG.

Glitz, Albrecht, Grundprobleme von Vorbescheid und Teilgenehmigung im Immissionsschutzrecht, Bielefeld, Diss. 1985.

Göb, Rüdiger, Kommunale Umweltpflege, in: Kimminich/v. Lersner/ Storm (Hrsg), Bd. I, 1986, Sp. 922ff.

Götz, Volkmar, Allgemeines Polizei- und Ordnungsrecht, 8. Aufl., Göttingen 1985.

Grabitz, Eberhard, Zweck und Maß der Vorsorge nach dem Bundes-Immissionsschutzgesetz, WuV 1984, 232ff.

Grimm, Dieter, Verfahrensfehler als Grundrechtsverstöße, NVwZ 1985, 865ff.

Groß, Rolf, Auswirkungen der Übergangsregelung der Atomrechtsnovelle 1975 auf die Genehmigung von Brennelementfabriken?, DVBl. 1987, 724ff.

Grof, Alfred, Allgemeine Klagebefugnis von Ausländern bei grenzüberschreitenden Umweltbeeinträchtigungen? – zum „Emsland"-Urteil des BVerwG – NuR 1987, 262ff.

Grooterhorst, Johannes, Die Wirkung der Ziele der Raumordnung und Landesplanung gegenüber Bauvorhaben nach § 34 BBauG. Zugleich zum bebauungsrechtlichen Planungserfordernis als Instrument der Zielverwirklichung nach §§ 34 und 35 BBauG, Beiträge zum Siedlungs- und Wohnungswesen und zur Raumplanung, Bd. 101, Münster 1985, zit.: Grooterhorst, Ziele der Raumordnung und Landesplanung.

Große Hündfeld, Norbert, Die abfallrechtliche Planfeststellung, bislang unveröffentlichtes Referat zur Herbsttagung der Arbeitsgemeinschaft für Verwaltungsrecht im Deutschen Anwaltsverein NW.

Groth, Günter H., Materiell-rechtliche und prozessuale Aspekte eines privatrechtlichen Umweltschutzes, NJW 1972, 921ff.

Grunwald, Jürgen, Die Entwicklung des Gemeinschaftsrechts, EuR 1985, 414ff.

Grziwotz, Herbert, Baufreiheit und Schutzanspruch des Dritten angesichts einer Änderung der Sach- und Rechtslage, AöR 113 (1988), 213ff.

Gusy, Christoph, Administrativer Vollzugsauftrag und justizielle Kontrolldichte im Recht der Technik, DVBl. 1987, 497ff.

–, Antizipierte Sachverständigengutachten im Verwaltungs- und Verwaltungsgerichtsverfahren, NuR 1987, 156ff.

–, Wertungen und Interessen in der technischen Normung, UPR 1986, 241ff.

Haarmann, Knut/*Korneck*, Dieter, Gebietsschutz, in: Olschowy, Gerhard (Hrsg.), Natur- und Umwelt in der Bundesrepublik Deutschland, Hamburg und Berlin 1978, S. 761ff.; zit.: Haarmann/ Korneck, Gebietsschutz.

Habel, Wolfgang, Zur rechtlichen Problematik eines Entschädigungsausgleichs für die Landwirtschaft wegen Nutzungsbeschränkungen im Interesse des Gewässerschutzes, VBlBW 1986, 10ff.

–, Die Rechtsprechung des Verwaltungsgerichtshof Baden-Württemberg auf dem Gebiet des Wasserrechts in der Zeit von 1972 bis 1984, VBlBW 1986, 89ff.

Hagen, Horst, Sportanlagen im Wohnbereich. UPR 1985, 192ff.

Hager, Günter, Umweltschäden – Ein Prüfstein für die Wandlungs- und Leistungsfähigkeit des Deliktsrechts, NJW 1986, 1961ff.

Hahn, Dittmar, Normenkontrolle von Satzungen nach dem Bundesbaugesetz, JuS 1983, 678ff.

Hahn, Werner, Offenbarungspflichten im Umweltschutzrecht, Schriftenreihe: Recht, Technik, Wirtschaft, Bd. 37, Köln u. a. 1984.

Hansmann, Klaus, Rechtsprobleme der neuen Smog-Verordnungen, NVwZ 1987, 89ff.

Hartkopf, Günther/*Bohne*, Eberhard, Umweltpolitik, Bd. I, Opladen 1983.

Hauck, , Das Recht der überwachungsbedürftigen Anlagen, GewArch. 1987, 145ff.

Haustein, H. J., Verbindliche Landschaftsplanung in NordrheinWestfalen – Vorsorgender Umweltschutz durch die Kreise, der Landkreis 1987, 253ff.

Heine, Günter/*Martin*, Jörg, Die Beseitigung radioaktiv kontaminierten Klärschlamms als strafrechtliches Problem? Tschernobyl und die Anwendbarkeit von § 326 StGB, NuR 1988, 325ff.

Heine, Günter/*Meinberg*, Volker, Empfehlen sich Änderungen im strafrechtlichen Umweltschutz, insbesondere in Verbindung mit dem Verwaltungsrecht?, Gutachten D für den 57. Deutschen Juristentag, München 1988.

Heinz von, Ulrich, Ficherei, in: Kimminich/v. Lersner/Storm, HdUR, Bd. 1, 1986, Sp. 527ff.

Heinze, Christian, Das planungsrechtliche Abwägungsgebot, NVwZ 1986, 87ff.

Held, Jürgen, Der Grundrechtsbezug des Verwaltungsverfahrens, Berlin 1984, Schriften zum öffentlichen Recht, Bd. 462, zit.: Held, Grundrechtsbezug.

Helmrich, Herbert, Entwicklung und Struktur von Definitionen in der vierten Novelle zum Abfallbeseitigungsgesetz, ZfU 1986, 53ff.

Henkel, Michael, Altlasten in der Bauleitplanung, UPR 1988, 367ff.

Henke, Wilhelm, System und Institute des öffentlichen Rechts der Wirtschaft, DVBl. 1983, 982ff.

Henneke, Hans-Günter, Abkehr von der Anthropozentrik im Umwelt- und Planungsrecht, AgrarR 1986, 182ff.

–, Landwirtschaft und Naturschutz. Normative Regelungen eines ambivalenten Verhältnisses im Verfassungs-, Naturschutz-, Flurbereinigungs-, Raumordnungs- und Bauplanungsrecht, Schriftenreihe des Lorenz-von-Stein-Instituts, Bd. 8, Heidelberg 1986, zit.: Henneke, Landwirtschaft und Naturschutz.

Hennecke, Joachim, Raumplanerisches Verfahren und Umweltschutz unter besonderer Berücksichtigung der planerischen Umweltverträglichkeitsprüfung, Beiträge zum Siedlungs- und Wohnungswesen und zur Raumplanung, Bd. 40, Münster 1977, zit.: Hennecke, Raumplanerisches Verfahren und Umweltschutz.

Henseler, Paul, Der Abwasserbegriff des Wasser- und Abfallrechts, NuR 1984, 249ff.

–, Rechtsschutz gegen Bebauungspläne in Gesetzesform. Beschluß des BVerfG vom 15. 5. 1985 – 2 BvR 397/82 u. a. –, JURA 1986, 249ff.

–, Das Recht der Abwasserbeseitigung, Schriftenreihe Recht-Technik-Wirtschaft, Bd. 28, Köln, u. a. 1983, zit.: Henseler, Abwasserbeseitigung.

–, Die 2. Novelle zum Abwasserabgabengesetz – Analyse und Kritik, NVwZ 1987, 551ff.

–, Kompetenzkonflikte paralleler Gestattungsverfahren am Beispiel der Genehmigung von Atomanlagen, DVBl. 1982, 390ff.

Hermes, Georg, Das Grundrecht auf Schutz von Leben und Gesundheit. Schutzpflicht und Schutzanspruch aus Art. 2 Abs. 2 S. 1 GG, Heidelberg 1987, zit.: Hermes, Das Grundrecht auf Schutz von Leben und Gesundheit.

Hill, Hermann, Das fehlerhafte Verfahren und seine Folgen im Verwaltungsrecht, Berlin 1986, zit.: Hill, Das fehlerhafte Verfahren.

–, Optimierung der Organisöation kommunaler Verwaltung im Hinblick auf die Sachaufgabe Umweltschutz, Die Verwaltung 1988, 175ff.

Hippel, Eike von, Anmerkung zum Urteil des OLG Köln vom 16. 9. 1985 – 7 U 133/84 –, NJW 1986, 589ff.

–, Staatshaftung für Waldsterben, NJW 1985, 30ff.

Hoffmann, Bodo-Falk, Die Antragsbefugnis im verwaltungsgerichtlichen Normenkontrollverfahren nach § 47 VwGO. Zugleich eine Untersuchung über Möglichkeit und Notwendigkeit einer Systematisierung einer „allgemeinen Klage- und Antragsbefugnis", Diss., Heidelberg 1984, zit.: Hoffmann, Antragsbefugnis.

Hoffmann-Riem, Wolfgang, Selbstbindungen der Verwaltung, VVDStRL 40 (1982), 187ff.

Hofherr, Erich, Bauleitplanung und Landschaftsplanung, UPR 1987, 88ff.

Hofmann, Hasso, Nachweltschutz als Verfassungsfrage, ZRP 1986, 87ff.

–, Rechtsfragen der atomaren Entsorgung, Stuttgart 1981.

Hönes, Ernst-Rainer, Kultur- und Naturdenkmalpflege, NuR 1986, 225ff.

Hoppe, Werner, Gerichtliche Kontrolldichte bei komplexen Verwaltungsentscheidungen, in: Verwaltungsrecht zwischen Freiheit, Teilhabe und Bindung, Festgabe aus Anlaß des 25jährigen Bestehens des Bundesverwaltungsgerichts, Hrsg.: Otto Bachof/ Ludwig Heigl/ Konrad Redeker, München 1978, S. 295ff., zit.: Hoppe, FS-BVerwG

–, Die Schranken der planerischen Gestaltungsfreiheit, BauR 1970, 15ff.

–, Die „Zusammenstellung des Abwägungsmaterials" und die „Einstellung der Belange" in die Abwägung „nach Lage der Dinge" bei der Planung, DVBl. 1977, 136ff.

–, Bergbauberechtigungen als verfassungskräftige Eigentumsposition und ihr Schutz gegenüber Planung, DVBl. 1982, 101ff.

–, Staatsaufgabe Umweltschutz, VVDStRL 38 (1980), S. 211ff.

–, Planung und Pläne in der verwaltungsgerichtlichen Kontrolle, in: Festschrift für Christian-Friedrich Menger, System des verwaltungsgerichtlichen Rechtsschutzes, Köln u. a. 1985, zit.: Hoppe, Menger-FS.

–, Die wirtschaftliche Vertretbarkeit als Genehmigungsvoraussetzung im Umweltrecht, Studie erstattet im Auftrag der Europäischen Wirtschaftsgemeinschaft – Schlußbericht vorgelegt am 10. Oktober 1982, zit.: Hoppe, Wirtschaftliche Vertretbarkeit.

–, Die Einschränkung bergbaulicher Berechtigungen durch eine Nationalpark-Verordnung – am Beispiel des niedersächsischen Wattenmeeres, DVBl. 1987, 757ff.

–, Zur Struktur von Normen des Planungsrechts – Bemerkungen zu rechtsstaatlichen Anforderungen an die Begriffsbildung im Planungsrecht, DVBl. 1974, 641 ff.

–, Planung, in: Handbuch des Staatsrechts (Hrsg.: Isensee/Kirchhoff), Heidelberg 1988.

Hoppe, Werner/*Beckmann*, Martin, Grundeigentumsschutz bei heranrückenden Bergbau, Köln u. a. 1988, zit.: Hoppe/Beckmann, Grundeigentumsschutz.

–, Zur rechtlichen Unbedenklichkeit der alternativlosen Übernahme des Projektentwurfes eines privaten Vorhabenträgers durch die planende Gemeinde, DVBl. 1987, 1249 ff.

–, Rechtsgrundlagen und verfassungsrechtliche Grenzen der Gründung und Auflösung von Wasser- und Bodenverbänden, Berlin 1988.

–, Inhalt und Geltungsanspruch des Gebots der Konfliktbewältigung im Recht der Bauleitplanung, NuR 1988, 6 ff.

–, Juristische Aspekte einer interkommunalen Zusammenarbeit beiderseits der deutsch-niederländischen Grenze, DVBl. 1986, 1 ff.

Hoppe, Werner/*Bunse*, Benno, Verfahrensrechtliche Probleme bei der Errichtung von Anlagen zur Endlagerung radioaktiver Stoffe, DVBl. 1984, 1033 ff.

Hoppe, Werner/*Erbguth*, Wilfried, Möglichkeiten und Aufgaben des Bundes im Bereich der Raumordnung zur Durchsetzung von Umwelterfordernissen, DVBl. 1983, 1213 ff.

–, Geltendes Recht der Landschaftsplanung in Bund und Ländern, in: Landschaftsplanung – Erfahrungen mit dem neuen Naturschutzrecht -, Schriftenreihe des Deutschen Rates für Landespflege, Heft 45, 1984, S. 446 ff., zit.: Hoppe/Erbguth, Landschaftsplanung.

Hoppe, Werner/*Menke*, Rainard, Raumordnungs- und Landesplanungsrecht des Bundes und des Landes Rheinland-Pfalz, Köln u. a. 1986, zit.: Hoppe, RuL.

Hoppe, Werner/*Püchel*, Gerald, Zur Anwendung der Art. 3 und 8 EGRichtlinie zur UVP bei der Genehmigung nach dem Bundes-Immissionsschutzgesetz, DVBl. 1988, 1 ff.

Hoppe, Werner/*Schlarmann*, Hans, Rechtsschutz bei der Planung von Straßen und anderen Verkehrsanlagen, 2. Aufl., München 1981, zit.: Hoppe/Schlarmann, Rechtsschutz.

Horn, Eckard, Umweltschutz durch Strafrecht, NuR 1988, 63 ff.

Horn, Thomas J., Die Behandlung ausgewählter formell-rechtlicher Regelungen des BImSchG in der Rechtsprechung, UPR 1984, 85 ff., 113 ff.

Hoschützky, Arnold/*Kreft*, Hansjürgen, Abfallbeseitigungsrecht des Bundes und der Länder, Köln u. a., 4. Aufl., 1985.

Hösel, Gottfried/*von Lersner*, Heinrich Frhr. von, Recht der Abfallbeseitigung des Bundes und der Länder, Kommentar zum Abfallbeseitigungsgesetz, Stand: Dez. 1988, Berlin 1988, zit.: Hösel/v. Lersner, Recht der Abfallbeseitigung.

Hötzel, Hans-Joachim, Rechtskonflikte und Zusammenarbeit im Bereich Landwirtschaft, Naturschutz und Landschaftspflege, Beilage I/1982 AgrarR 1982, 5 ff.

Hufen, Friedhelm, Fehler im Verwaltungsverfahren, 1. Aufl., Baden-Baden 1986, zit.: Hufen, Fehler im Verwaltungsverfahren.

Hümbs-Krusche, Margret/*Krusche*, Matthias, Die Effektivität gesetzgeberischer Initiativen im Umweltstrafrecht, ZRP 1984, 61 ff.

Immel, Burkhard, Strafrechtliche Verantwortlichkeit von Amtsträgern im Umweltstrafrecht – Umweltuntreue, Europäische Hochschulschriften: Reihe 2, Rechtswissenschaft; Bd. 650, Frankfurt a. M. 1987.

Ipsen, Jörn, Einwendungsbefugnis und Einwendungsausschluß im atomrechtlichen Genehmigungsverfahren, DVBl. 1980, 146 ff.

Jacobs, Rainer, Amtshaftungs- und Entschädigungsansprüche bei rechtswidrigem Smog-Alarm, NVwZ 1987, 100 ff.

Jäde, Henning, Sofortvollzug bei aussichtslosem Nachbarwiderspruch?, NVwZ 1986, 101 ff.

Jakobi, Hans W., Abfall-Begriff und Identifikation, UPR 1985, 82 ff.

Janning, Heinz, Verkehrslärmschutz, StuGB 1987, 481 ff.

Jarass, Hans D., Konkurrenz, Konzentration und Bindungswirkung von Genehmigungen, Schriften zum öffentlichen Recht, Bd. 458, Berlin 1983, zit.: Jarass, Konkurrenz.

–, Umweltverträglichkeitsprüfung bei Industrievorhaben, Köln, Berlin, Bonn, München 1987.

–, Grundrechte als Wertentscheidungen bzw. objektivrechtliche Prinzipien in der Rechtsprechung des Bundesverfassungsgerichts, AöR 110 (1985), 363ff.

–, Die Bekanntgabe des Smog-Alarms, NVwZ 1987, 95ff.

–, Reichweite des Bestandsschutzes industrieller Anlagen gegenüber umweltrechtlichen Maßnahmen: Anforderungen an bestehende Anlagen und ihre Durchsetzung mittels formaler und informaler Instrumente, DVBl. 1986, 314ff.

–, Die jüngsten Änderungen des Immissionsschutzrechts, NVwZ 1986, 607ff.

–, Der rechtliche Stellenwert technischer und wissenschaftlicher Standards, NJW 1987, 1225ff.

–, Effektivierung des Umweltschutzes gegenüber bestehenden Anlagen, DVBl. 1985, 193ff.

–, Wirtschaftsverwaltungsrecht und Wirtschaftsverfassungsrecht, 2. Aufl., Frankfurt am Main 1984, zit.: Jarass, Wirtschaftsverwaltungsrecht.

–, Der Rechtsschutz Dritter bei der Genehmigung von Anlagen, NJW 1983, 2844ff.

–, Bundesimmissionsschutzgesetz, Kommentar, München 1983, zit.: Jarass, BImSchG.

–, Bindungs- und Präklusionswirkung von Teilgenehmigungen und Vorbescheid, UPR 1983, 241ff.

–, Die Rechtsprechung zur Konkurrenz von Genehmigungen, WuV 1984, 169ff.

Jauernig, Ottmar, Zivilrechtlicher Schutz des Grundeigentümers in der neueren Rechtsentwicklung, JZ 1986, 605ff.

Jesch, Dietrich, Unbestimmter Rechtsbegriff und Ermessen in rechtstheoretischer und verfassungsrechtlicher Sicht, AöR 82 (1957), 167ff.

Joeres, Ulrich, Die Rechtsstellung des notwendig Beigeladenen im Verwaltungsstreitverfahren, Schriften zum öffentlichen Recht, Bd. 429, Berlin 1982, zit.: Joeres, Beiladung.

Jonas, Hans, Das Prinzip Verantwortung. Versuch einer Ethik für die technologische Zivilisation, Frankfurt 1984.

Jung, Gottfried, Die Planung in der Abfallwirtschaft, Berlin 1988.

Kahl, Georg, Die neuen Aufgaben und Befugnisse des Betriebsbeauftragen nach Wasser-, Immissionsschutz- und Abfallrecht. Rechtsgrundlagen mit ausführlicher Erläuterung zu den Vorschriften über Bestellung, Aufgaben, Befugnisse, Tätigkeit und Rechtsstellung des Betriebsbeauftragten, Kissingen 1978, zit.: Kahl, Aufgaben und Befugnisse des Betriebsbeauftragten.

Kamphausen, Peter, Zur Novellierung der TA-Luft, DB 1986, 1267ff.

Karpen, Ulrich, Zu einem Grundrecht auf Umweltschutz, in: Umweltschutz im Recht (hrsg. von Werner Thieme), Berlin 1988, S. 9ff., zit.: Karpen, in: Umweltschutz im Recht.

Ketteler, Gerd/*Kippels*, Kurt, Umweltrecht, Köln u.a. 1988.

Kessel, Hans/*Tischler*, Wolfgang, Ökologische Wertvorstellungen in westlichen Industrienationen, Berlin 1984, zit.: Kessel/Tischler, Ökologische Wertvorstellungen.

Keune, Heinz, Betriebsbeauftragter, in: Kimminich/v. Lersner/ Storm, HdUR, Bd. I, Berlin 1986, Sp. 249ff.

Kibele, Karlheinz, Die bundesrechtliche Neuregelung des Umgangs mit wassergefährdenden Stoffen, VBlBW 1986, 441ff.

Kilian, Michael, Umweltschutz durch Internationale Organisationen, Diss. jur., Tübingen 1986.

Kimminich, Otto/*Lersner*, Frhr. von, Heinrich/*Storm*, Peter Christoph (Hrsg.), Handwörterbuch des Umweltrechts (HdUR), Bd. I und II, Berlin 1986/1987, zit.: Bearbeiter, HdUR, Sp.

Kind, Hansgeorg, Ist die gesetzliche Verpflichtung der Exekutive zur (letztverbindlichen) Auslegung eines „unbestimmten Rechtsbegriffs" durch allgemeine Verwaltungsvorschriften verfassungswidrig?, DÖV 1988, 679ff.

Kirchhof, Ferdinand, Die Verleihungsgebühr als dritter Gebührentyp – zugleich ein Beitrag zu ihrer Eignung als Umweltabgabe -, DVBl. 1987, 554ff.

–, Der Baden-Württembergische „Wasserpfennig", NVwZ 1987, 1031ff.

Kirchof, Paul, Abgabe, in: Kimminich/v. Lersner/Storm, HdUR, Bd. I, Berlin 1986, Sp. 14ff.

–, Kontrolle der Technik als staatliche und private Aufgabe, NVwZ 1988, 97ff.

Klages, Christoph, Rechtliche Instrumente zur Abfallvermeidung, NVwZ 1988, 481ff.

Klante, Thomas, Erste Teilerrichtungsgenehmigung und Vorbescheid im Atomrecht, Köln u. a. 1984, RTW, Bd. 36, zit.: Klante, Teilerrichtungsgenehmigung.

Klaus, Joachim, Umweltökonomie und Umweltpolitik, in: Ökologie, Ökonomie und Jurisprudenz, hrsg. von Wenz, Edgar/Issing, Otmar/ Hofmann, Hasso, München 1987, zit.: Klaus, Umweltökonomie und Umweltpolitik.

Klein, Eberhardt, Umweltschutz im völkerrechtlichen Nachbarrecht, Schriften zum Völkerrecht, Bd. 50, Berlin 1976.

Klein, Hans H., Ein Grundrecht auf eine saubere Umwelt?, in: Festschrift für Werner Weber, Berlin 1974, S. 643ff., zit.: Klein, in: Festschrift für Weber.

Kleinlein, Kornelius, Das System des Nachbarrechts. Eine Darstellung anhand des Baugesetzbuches, des Nachbarrechts und des Bundes-Immissionsschutzgesetzes, Düsseldorf 1987.

–, Neues zum Verhältnis von öffentlichem und privatem Nachbarrecht, NVwZ 1982, 668ff.

Kloepfer, Michael, Systematisierung des Umweltrechts, Berlin 1978.

–, Umweltschutz und Recht, BB 1978, 1729ff.

–, Gefahrstoffrecht, in: Kimminich/v. Lersner/ Storm, HdUR, Bd. I, Berlin 1986, Sp. 626ff.

–, Aspekte der internationalen Harmonisierung des Umweltrechts – zur Rechtsvergleichung und Rechtsvereinheitlichung im Chemikalienrecht -, UPR 1984, 281ff.

–, Europäischer Umweltschutz ohne Kompetenz?, UPR 1986, 321ff.

–, Umweltschutz und Verfassungsrecht – zum Umweltschutz als Staatspflicht – DVBl. 1988, 305ff.

–, Zum Grundrecht auf Umweltschutz, Vortrag gehalten vor der Berliner Juristischen Gesellschaft am 18. Januar 1978, Schriftenreihe der Juristischen Gesellschaft e. V. Berlin, Heft 56, Berlin/New York 1978.

–, Instrumente des staatlichen Umweltschutzes in der Bundesrepublik Deutschland, in: Jahrbuch des Umwelt- und Technikrechts, Bd. 3, Düsseldorf 1987, zit.: Kloepfer, UTR 3.

–, Grenzüberschreitende Umweltbelastungen als Rechtsproblem, DVBl. 1984, 245ff.

–, Rechtsschutz im Umweltrecht, in: Gesellschaft für Umweltrecht (Hrsg.), Dokumentation zur 8. wissenschaftlichen Fachtagung der Gesellschaft für Umweltrecht e. V., Berlin 1985, = VerwArch. 76 (1985), (1986), 30ff., zit.: Kloepfer, Rechtsschutz.

–, Die Verantwortlichkeit für Altlasten im öffentlichen Recht -dargestellt am Problem der Deponiesanierung – in: Altlasten und Umweltrecht, 1. Trierer Kolloquium zum Umwelt- und Technikrecht vom 20.-22. November 1985, 1986, S. 17f.

Kloepfer, Michael/*Bosselmann*, Klaus, Zentralbegriffe des Umweltchemikalienrechts, Berlin 1985.

Kloepfer, Michael/*Knebel*, Jürgen, Umweltchemikalienrecht (Rechtsvergleichende Ananlyse von Schlüsselbegriffen), Berlin 1981.

Kloepfer, Michael/*Kohler*, Christian, Kernkraftwerk und Staatsgrenze – völkerrechtliche, verfassungsrechtliche, europarechtliche, kollissions- und haftungsrechtliche Fragen grenznaher Kernkraftwerke, Schriften zum Umweltrecht, Bd. 1, Berlin 1981.

Kloepfer, Michael/*Meßerschmidt*, Klaus, Innere Harmonisierung des Umweltrechts, Umweltbundesamt, Berichte 6/86, Berlin 1986.

Klose, Franz/*Orf*, Sigfried, Forstrecht, Münster 1982.

Knauber, Raphael, Neuere Entwicklungen zur Frage der Entschädigung für Schutzanordnungen in Wasserschutzgebieten, insbesondere nach der Entscheidung des BVerfG zur Naßauskiesung vom 15. 7. 1981, AgrarR 1985, 125ff.

Knebel, Jürgen, Immission, in: Kimminich/v. Lersner/Storm, HdUR, Berlin 1986, Sp. 753.

Knemeyer, Franz-Ludwig, Auskunftspflicht, in: Kimminich/v. Lersner/Storm, HdUR, Bd. I, Berlin 1986, Sp. 158ff.

Kniep, Klaus, Zum Inhalt von Smog-Verordnungen, GewArch. 1986, 260ff.

Knopp, Günther-Michael, Bestandsaufnahme zur Abgrenzung zwischen Gewässerausbau und Gewässerunterhaltung, BayVBl. 1983, 524ff.

Knopp, Lothar, Selbstanzeigepflicht bei Bodenkontaminationen, NVwZ 1988, 1004ff.

Koch, Egmont R., Die Lage der Nation 85/86, Frankfurt/M. 1985.

Koch, Hans-Joachim, Bodensanierung nach dem Verursacherprinzip, Forum für Rechtswissenschaft, Beiträge zu neueren Entwicklungen in der Rechtswissenschaft, Bd. 15, Heidelberg 1985.

–, Das Abwägungsgebot im Planungsrecht, DVBl. 1983, 1125ff.

Kölble, Joseph, Staatsaufgabe Umweltschutz: Rechtsreformen und Umrisse eines neuen Politikbereichs, DÖV 1979, 470ff.

Kolodziejcok, Karl-Günther/*Recken*, Josef, Naturschutz, Landschaftspflege und einschlägige Regelungen des Jagd- und Forstrechts, ergänzbarer Kommentar, Stand: 7. Ergänzungslieferung 3/1984, Berlin 1977, zit.: Kolodziejcok/ Recken, Naturschutz.

Köndgen, Johannes, Überlegungen zur Fortbildung des Umwelthaftpflichtrechts, UPR 1983, 345ff.

Konrad, Horst, Verwaltungsrechtsschutz im Nachbarschaftsverhältnis, BayVBl. 1984, 33ff.

Kopp, Ferdinand, Verwaltungsgerichtsordnung, 7. Aufl., München 1986.

–, Verwaltungsverfahrensgesetz, 4. Aufl., München 1986.

–, Welchen Anforderungen soll eine einheitliche Verwaltungsprozeßordnung genügen, um im Rahmen einer funktionsfähigen Rechtspflege effektiven Rechtsschutz zu gewährleisten?, Gutachten B zum 54. Deutschen Juristentag, 1982, zit.: Kopp, Gutachten B.

Korber, Hans, Die vorläufige und formlose (vor allem telefonische) Mitteilung besonders eilbedürftiger verwaltungsgerichtlicher Beschlüsse nach §§ 80 Abs. 5, 123 VwGO, NVwZ 1983, 85ff.

Korbmacher, Günter, Vorläufiger Rechtsschutz im bau- und bodenrechtlichen Nachbarrechtsstreit – dargestellt an der Rechtsprechung des BVerwG, VBlBW 1981, 97ff.

Kormann, Joachim, Lastenverteilung bei Mehrheit von Umweltstörern, UPR 1983, 281.

Kränke, Paul, Regelungsgehalt und Bindungswirkung einer ersten atomrechtlichen Teilgenehmigung in den Verfahren Krümel und Wyhl, RdE 1986, 110ff.

Kräutle, Paul, Regelungsgehalt und Bindungswirkung einer ersten atomrechtlichen Teilgenehmigung. Am Beispiel der Rechtsprechung des BVerwG zu Krümmel, Wyhl, ET 1986, 640ff.

Krebs, Walter, Kompensation von Verwaltungsverfahrensfehlern durch gerichtlichen Rechtsschutz? Zur Problematik des § 46 VwVfG des Bundes und der Länder, DVBl. 1984, 109ff.

–, Kontrolle im staatlichen Entscheidungsprozessen, Heidelberg 1984, zit.: Krebs, Kontrolle.

Kreft, Hans-Jürgen, Der Betriebsbeauftragte für Abfall, der landkreis 1977, 297f.

–, Altölentsorgung unter dem „Dach" des neuen Abfallgesetzes, UPR 1986, 402ff.

Krieger, Heinz-Jürgen, Vorläufiger Rechtsschutz gegen Gesamtplanungen, NuR 1983, 257ff.

Kriener, Peter-Georg, Die planungsrechtliche Gemeindenachbarklage, BayVBl. 1984, 97ff.

Krohn, Günter, Entschädigung für enteignende Eingriffe in das Grundeigentum in Wasserschutzgebieten, DVBl. 1986, 745.

Kröncke, Dirk, Die Genehmigung von Kernkraftwerken, Köln u. a. 1982.

Kügel, J. Wilfried, Der Planfeststellungsbeschluß und seine Anfechtbarkeit. Zugleich ein Beitrag zur Auslegung der 74, 75 VwVfG, Münsterische Beiträge zur Rechtswissenschaft, Bd. 10, Berlin 1985, zit.: Kügel, Planfeststellungsbeschluß.

Kühling, Jürgen, Fachplanungsrecht, Düsseldorf 1988

Kuhl, Gerd, Umweltschutz im materiellen Raumordnungsrecht, Beiträge zum Siedlungs- und Wohnungswesen und zur Raumplanung, Bd. 39, Münster 1977.

Kühne, Gunther, Bergrechtliche Aspekte der Endlagerung radioaktiver Stoffe, DVBl. 1985, 207ff.

Kunig, Philip/*Schwermer*, Gerfried/*Versteyl*, Ludger-Anselm, Abfallgesetz, München 1988; zit.: Bearbeiter, in: Kunig/Schwermer/Versteyl, AbfG.

Künkele, Siegfried, Der Rechtsschutz von Graureiher und Kormoran, NuR 1988, 334ff.

Kunst, Hermann/*Herzog*, Roman/*Schniemelcher*, Wilhelm (Hrsg.), Evangelisches Staatslexikon, 2. Aufl., Stuttgart/Berlin 1975.

Kunz, Wolfgang, Schutz, Pflege und Erhaltung des Baumbestandes, DVBl. 1979, 613ff.

Küppers, Carsten, Grenzüberschreitende Immissionen und internationales Nachbarrecht, ZRP 1976, 260ff.

Kuschnerus, Ulrich, Die Berücksichtigung von Umweltbelangen beim Straßenbau, DÖV 1987, 409ff.

Lackner, Karl, Kommentar zum Strafgesetzbuch, 17. Aufl., München 1987.

Ladeur, Karl-Heinz, Die Schutznormtheorie – Hindernis auf dem Weg zu einer modernen Dogmatik der planerischen Abwägung?, UPR 1984, 1ff.

Lagoni, Rainer, Umweltvölkerrecht. Anmerkungen zur Entwicklungen eines Rechtsgebietes, in: Umweltschutz im Recht (hrsg. von Werner Thieme), Berlin 1988, S. 233ff., zit.: Lagoni, in: Umweltschutz im Recht.

Landmann Robert von/*Rohmer*, Gustav, Gewerbeordnung und ergänzende Vorschriften, Bd. III, Umweltrecht, Kommentar von Klaus Hansmann und Ernst Kutscheidt, München, Stand: Februar 1988.

Lang, Alfred, Erlaubnis und Befreiung in naturschutzrechtlichen Schutzverordnungen, NuR 1984, 189ff.

Lange, Klaus, Rechtliche Aspekte eines „Ausstiegs aus der Kernenergie", NJW 1986, 2459ff.

Langer, Stefan, Staatshaftung für Waldschäden wegen Verletzung grundrechtlicher Schutzpflichten?, NVwZ 1987, 195ff.

Laubinger, Hans-Werner, Grundrechtsschutz durch Gestaltung des Verwaltungsverfahrens, VerwArch. Bd. 73 (1982), 60ff.

–, Der Umfang der Konzentrationswirkung der Planfeststellung, VwArch. 75 (1986), 77ff.

–, Zur Rechtsnatur der „Bezeichnung" eines Vorhabens nach dem Landbeschaffungsgesetz und zur Doppelnatur hoheitlicher Maßnahmen, VerwArch. 77 (1986), 421ff.

Laufhütte, Heinrich/*Möhrenschläger*, Manfred, Umweltstrafrecht in neuer Gestalt, ZStW 92 (1980), 912ff.

Leibholz, Gerhard/*Rinck*, Hans-Justus/*Hesselberger*, Dietrich, Grundgesetz für die Bundesrepublik Deutschland, Kommentar anhand der Rechtsprechung des Bundesverfassungsgerichts, Loseblatt, Stand: November 1988, Köln, zit.: Leibholz/Rinck, GG, zit.: Leibholz/Rinck, GG.

Leisner, Walter, Waldsterben – öffentlich-rechtliche Ersatzansprüche, Köln u. a. 1983, zit.: Leisner, Waldsterben.

–, Umweltschutz durch Eigentümer – unter besonderer Berücksichtigung des Agrarrechts. Zur Lehre von der Eigentümerverantwortung, Berlin 1987 (Schriften zum öffentlichen Recht, Bd. 519), zit.: Leisner, Umweltschutz durch Eigentümer.

Leohnard Paul/*Lohner*, Josef, Konkurrenzprobleme des neuen Artenschutzrechts mit dem Jagd- und Fischereirecht, AgrarR 1987, 205ff.

Lerche, Peter, Grenzen der Wehrfähigkeit kommunaler Planungshoheit, in Verwaltungs- und Rechtsbindung, FS zum 100jährigen Bestehen des Bayerischen Verwaltungsgerichtshofs, München 1979, S. 223ff., zit.: Lerche, Wehrfähigkeit.

Lersner, Heinrich Frhr. von, Das Umweltbundesamt im Vollzug der Umweltpolitik des Bundes, in: Bitburger Gespräche 1983, S. 37ff.

–, Abfallrecht, in: Kimminich/v. Lersner/Storm, HdUR, Bd. I, Berlin 1986, Sp. 1ff.

Lewadowski, Günter, Arzneimittelrecht, in: Kimminich/v. Lersner/Storm, HdUR, Bd. I, Berlin 1986, Sp. 131ff.

Liebing, Hanns Eberhard/*Hoyer*, Hans-Peter, Zum vorläufigen Rechtsschutz bei Nachbarschaftsklagen gegen nach § 4 BImSchG genehmigte Anlagen, UPR 1985, 49ff.

Limberger, Judith, Probleme des vorläufigen Rechtsschutzes bei Großprojekten, Schriften zum öffentlichen Recht, Bd. 481, Berlin 1985, zit.: Limberger, Vorläufiger Rechtsschutz.

Löhr, Rolf-Peter, Das neue Baugesetzbuch – Bauleitplanung, NVwZ 1987, 361ff.

Lorz, Albert, Das deutsche Fischereirecht – Ein Überblick unter Berücksichtigung des Tierschutzrechts, NuR 1984, 41ff.

–, Das neue Tierschutzrecht, NJW 1987, 2049ff.

–, Das Recht der Massentierhaltung (Intensivtierhaltung) – Zugleich eine Besprechung von Fölth (Hrsg.), Tierhaltung (Bd. 15): „Intensivhaltung von Nutztieren aus ethischer, ökologischer und rechtlicher Sicht", NuR 1986, 237ff.

–, Fischerei und Naturschutz – eine rechtliche Betrachtung, NuR 1982, 4ff.

–, Naturschutzrecht mit Artenschutz, Internationalen Übereinkommen, EG-Recht, Bundes- und Landesrecht sowie fortgeltendem Reichsrecht, Kommentar, München 1985, zit.: Lorz, Naturschutzrecht.

Lübbe-Wolf, Gertrude, Das Bundesimmissionsschutzgesetz als Instrument des Bodenschutzes, NVwZ 1986, 178ff.

–, Konstitution und Konkretisierung außenwirksamer Standards durch Verwaltungsvorschriften, DÖV 1987, 896 ff.

–, Rechtsprobleme der behördlichen Umweltberatung, NJW 1987, 2705ff.

Lücke, Jörg, Das Grundrecht des einzelnen gegenüber dem Staat auf Umweltschutz, DÖV 1976, 289ff.

Lukes, Rudolf, Klagebefugnis und Verwaltungsverfahrensbeteiligung für ausländische Nachbarn am Beispiel des Atom- und Immisisonsschutzrechts, GewArch. 1986, 1ff.

–, Rechtsfragen eines Verzichts auf die friedliche Nutzung der Kernenergie, BB 1986, 1305ff.

–, Werkschutz für Kernenergieanlagen, ET 1975, 23ff.

Lukes, Rudolf/*Backherms*, Johannes, Die Berücksichtigung von Kriegseinwirkungen im atomrechtlichen Genehmigungsverfahren, AöR 103 (1978), 334ff.

Lummert, Rüdiger, Zivilrechtliche Schadensersatz- und Unterlassungsklagen – Anwendbares Recht -, in: Bothe/Prieur/Ress (Hrsg.), Rechtsfragen grenzüberschreitender Umweltbelastungen, Berlin 1984, S. 183ff.

Lummert, Rüdiger/*Thiem*, Volker, Rechte des Bürgers zur Verhütung und zum Ersatz von Umweltschäden, Berlin 1980, zit.: Lummert/ Thiem, Rechte des Bürgers

Maetzel, Wolf Bogumil, Bermerkungen zum vorbeugenden Rechtsschutz gegen künftige Verwaltungsakte, DVBl. 1974, 335ff.

Maichel, Gert, Futtermittelrecht, in: Kimminich/v. Lersner/Storm, HdUR, Bd. I, Berlin 1986, Sp. 607ff.

Mangoldt, Herman von/*Klein*, Friedrich/*Starck*, Christian, Das Bonner Grundgesetz, 3. Aufl., Bd. 1, München 1985, zit.: v. Mangoldt/Klein/Starck, GG.

Manulat, Bernd M., Welthandel und Umweltzerstörung, NuR 1987, 102ff.

Marburger, Peter, Ausbau des Individualschutzes gegen Umweltbelastungen als Aufgabe des Bürgerlichen und des Öffentlichen Rechts, Gutachten C zum 56. Deutschen Juristentag, Berlin 1986, zit.: Marburger, Individualschutz gegen Umweltbelastungen.

–, Atomrechtliche Schadensvorsorge, Köln u. a. 1983.

–, Die Regeln der Technik im Recht, Köln u. a. 1979.

Marburger, Peter/*Hermann*, Heinrich, Zur Verteilung der Darlegungs- und Beweislast bei der Haftung für Umweltschäden (BGHZ 92, 143), JuS 1986, 354ff.

Marohn, Heinz Dieter, Fluglärmgesetz, in: Handwörterbuch des Umweltrechts, Bd. 1, 1986, S. 534ff.

Martens, Joachim, Effektiver Rechtsschutz durch isolierte Anfechtung, DÖV 1988, 949ff.

Martens, Wolfgang, Tendenzen der Rechtsprechung zum Sofortvollzug bei der Zulassung von großtechnischen Anlagen, DVBl. 1985, 541ff.

–, Suspensiveffekt, Sofortvollzug und vorläufiger gerichtlicher Rechtsschutz bei atomrechtlichen Genehmigungen, Köln u. a., 1983 (Schriftenreihe RTW, Bd. 30), zit.: Martens, Suspensiveffekt.

–, Immissionsschutzrecht und Polizeirecht, DVBl. 1981, 597ff.

Matthiesen, Klaus, Das Nordrhein-Westfalen-Modell für Sonderabfallentsorgung und Altlastensanierung, NWVBL 1987, 74ff.

Maunz, Theodor/*Dürig*, Günter/*Herzog*, Roman/*Scholz*, Rupert, Grundgesetzkommentar in drei Bänden, Loseblattsammlung, München, Stand Januar 1987.

Maurer, Hartmut, Allgemeines Verwaltungsrecht, 5. Aufl., München 1986.

Maus, Wolfgang, Individualrecht oder Staatsziel? Zum Grundrecht auf Umweltschutz, JA 1979, 287.

Mayer-Tasch, Peter Cornelius, Die verseuchte Landkarte – das Grenzenlose Versagen der internationalen Umweltpolitik, München 1987.

–, Nachbarklagerecht gegen unzulässige Bauvorhaben im unverplanten Innenbereich, BayVBl. 1974, 515ff.

Medicus, Dieter, Zivilrecht und Umweltschutz, JZ 1986, 778ff.

Meier, Norbert, Genügt für die Einschränkungen infolge Smog-Alarms eine Rechtsverordnung als Ermächtigungsgrundlage?, VR 1985, 165 ff.

Meinberg, Volker, Amtsträgerstrafbarkeit bei Umweltbehörden, NJW 1986, 2220ff.

–, Anmerkung zum Urteil des Amtsgerichts Frankfurt vom 26. 8. 1985, NStZ 1986, 224ff.

–, Strafrechtlicher Umweltschutz in der Bundesrepublik Deutschland – Überlegungen aus kriminologischer Sicht, NuR 1986, 52ff.

Mertes, Michael/*Müller*, Helmut G., Der Aufbau des Bundesumweltministeriums, VerwArch. 78 (1987), 459ff.

Meßerschmidt, Klaus, Umweltabgaben als Rechtsproblem, Schriften zum Umweltrecht, Bd. 5, Berlin 1986.

–, Sonderabgaben und BVerwG – Zur Rechtsnatur des Ausgleichsbetrages zur Ablösung der Stellplatzpflicht nach der Hamburgischen Bauordnung sowie der Ausgleichsabgabe nach dem badenwürttembergischen Naturschutzgesetz, DVBl. 1987, 925ff.

Meurer, Diether, Umweltschutz durch Strafrecht, NJW 1988, 2065ff.

Meyer-Abich, Klaus-Michael, Wege zum Frieden mit der Natur. Praktische Naturphilosophie für die Umweltpolitik, München, Wien 1984.

Meyer-Abich, Klaus-Michael/*Schefold*, Bertram, Die Grenzen der Atomwirtschaft, München 1986.

Meyer-Ladewig, Jens, Massenverfahren in der Verwaltungsgerichtsbarkeit, NVwZ 1982, 349ff.

–, Das Gesetz zur Beschleunigung verwaltungsgerichtlicher und finanzgerichtlicher Verfahren, NJW 1985, 1985ff.

Michalke, Regine, Das staatsanwaltliche Ermittlungsverfahren – eine „Waffe für den Umweltschutz"?, ZRP 1988, 273ff.

Michel, Lutz, Umweltschutz als Staatsziel?, NuR 1988, 272ff.

–, Staatszwecke, Staatsziele und Grundrechtsinterpretation unter besonderer Berücksichtigung der Positivierung des Umweltschutzes im Grundgesetz, Europäische Hochschulschriften, Reihe II, Bd. 561, Frankfurt am Main 1986, zit.: Michel, Staatszwecke und Staatsziele.

Michels, Winfried, Modelle zur Vermeidung zukünftiger Altlasten, Beiträge zum Siedlungs- und Wohnungswesen und zur Raumplanung, Bd. 117, Münster 1987.

Mößbauer, Heinz, Der verwaltungsbehördliche Überwachungsauftrag im Immissionsschutzrecht, NVwZ 1985, 457ff.

Mößle, Wilhelm, Der Verwaltungsakt mit Nebenbestimmungen im Planungsrecht und der verwaltungsgerichtliche Rechtsschutz, BayVBl. 1982, 193ff.

Möhrenschläger, Manfred, Neuere Entwicklungen im Umweltstrafrecht des Strafgesetzbuches, NuR 1983, 209ff.

Möllers, Peter, § 39a Berliner Naturschutzgesetz (NatSchGBln) nichtig?, NuR 1987, 217ff.

Müller, Hellmut, Landeskompetenzen im Umweltrecht, BayVBl. 1988, 289ff.

Müller, Jürgen, Baumschutzregelungen in der neueren Rechtsprechung, VR 1987, 301ff.

Müller, Klaus, Altölbeseitigung, in: Kimminich/v. Lersner/Storm, HdUR, Bd. I, Berlin 1986, Sp. 83ff.

Müller, Martin/*Nacken*, Gerd, Der Verkauf von Motorenöl nach dem neuen Abfallgesetz, GewArch. 1987, 156ff.

Müller-Glöge, Rudi, Die verwaltungsgerichtliche Kontrolle administrativer Immissionsprognosen, Göttingen 1982.

Münch von, Ingo, Grundgesetz-Kommentar, Bd. 1, 3. Aufl., München 1985.

Münchener Kommentar zum Bürgerlichen Gesetzbuch, 854–1296, Bd. I, 2. Aufl., München 1986, zit.: Münchener Kommentar-Bearbeiter.

Murswiek, Dietrich, Nochmals: Staatshaftung für Waldschäden? NVwZ 1987, 481ff.

–, Zur Bedeutung der grundrechtlichen Schutzpflichten für den Umweltschutz, WuV 1986, 179ff.

–, Umweltschutz-Staatszielbestimmung oder Grundsatznorm?, ZRP 1988, 14ff.

–, Gefahr, in: Kimminich/v. Lersner/Storm, HdUR, Bd. I, 1986, S. 615ff.

–, Entschädigung für immissionsbedingte Waldschäden, NVwZ 1986, 611ff.

–, Die staatliche Verantwortung für die Risiken der Technik. Verfassungsrechtliche Grundlagen und immissionsschutzrechtliche Ausformung, Schriften zum Umweltrecht Bd. 3, Berlin 1985, zit.: Murswiek, Die staatliche Verantwortung.

Muthesius, Thomas, Rechtsprobleme des Lärmschutzes an Straßen, VR 1985, 233ff.

Mutius, Albert von, Staatszielbestimmung „Umweltschutz", WuV 1987, 51ff.

–, Grundrechtsschutz kontra Verwaltungseffizienz im Verwaltungsverfahren, NJW 1982, 2150ff.

Mutius von, Albert/*Henneke*, Hans-Günter, Die Landwirtschaftsklausel im Naturschutzrecht, BayVBl. 1983, 545ff.

Mutius von, Albert/*Schoch*, Friedrich K., Die atomrechtliche „Konzeptgenehmigung" – rechtsdogmatische Sphinx oder sinnvolle Verwaltungspraxis, DVBl. 1983, 149ff.

Nacke, Hans-Hermann, Die 5. Novelle zum Wasserhaushaltsgesetz, NVwZ 1987, 185ff.

Neumeyer, Dieter, Erfahrungen mit der Verbandsklage aus der Sicht der Verwaltungsgerichte, UPR 1987, 327ff.

Nicklisch, Fritz, Funktion und Bedeutung technischer Standards in der Rechtsordnung, BB 1983, 261ff.

Nicolaysen, Gert, Umweltschutz im europäischen Gemeinschaftsrecht, in: Umweltschutz im Recht (hrsg. von Werner Thieme), Berlin 1988, S. 197ff., zit.: Nicolaysen, in: Umweltschutz im Recht.

Niemuth, Bettina, Die Sanierung von Altlasten nach dem Verursacherprinzip, DÖV 1988, 291ff.

Niehues, Norbert, Das Erfordernis der „Planrechtfertigung" als Instrument des verfassungsrechtlichen Eigentumsschutzes (Art. 14 Abs. 3 S.á1 GG), WuV 1985, 250ff.

Nies, Volkmar, Rechtsanwendungsprobleme beim wasserrechtlichen Ausgleichsanspruch nach § 19 Abs. 4 WHG, NVwZ 1987, 189ff.

–, Zur Frage der entschädigungsfähigen Rechtspositionen bei der Ausweitung von ökologischen Vorrangflächen, AgrarR 1986, 93ff.

Nieß-Mache, Christian, Auskunftsrechte und Auskunftspflichten gegenüber Dritten bei Abwasserreinleitungen, UPR 1987, 130ff.

Nolte, Hermann-Joseph, Beseitigung von Deponiewässern, StGR 1984, 8ff.

Nolte, Rüdiger, Rechtliche Anforderungen an die technische Sicherheit von Kernanlagen, Berlin 1984.

Nobbe, U./*Vögele*, P., Offenbarungspflichten und Auskunftsverweigerungsrechts, NuR 1988, 313ff.

Nüßgens, Karl/*Boujong*, Karl-Heinz, Eigentum, Sozialbindung, Enteignung, München 1987.

Oebbecke, Janbernd, Die staatliche Mitwirkung an gesetzesabwendenden Vereinbarungen, DVBl. 1986, 793ff.

Oehm, Matthias, Rechtsprobleme Staatsgrenzen überschreitender interkommunaler Zusammenarbeit, Beiträge zum Siedlungs- und Wohnungswesen und zur Raumplanung, Bd. 74, Münster 1982.

Oertzen von, Hans-Joachim, Zur erstinstanzlichen Zuständigkeit des OVG nach dem Beschleunigungsgesetz, DÖV 1985, 749ff.

Offermann-Clas, Christel, Die Klärschlammverordnung in europäischer und deutscher Sicht, DVBl. 1988, 328ff.

–, Luftreinhaltung in der Bundesrepublik Deutschland: Gesetzliche Grundlagen, Voraussetzungen und zuständige Behörden für die Genehmigung immitierender Anlagen, 1984.

–, Das Luftreinhalterecht der Europäischen Gemeinschaften – Fortschritte seit dem Jahre 1983, NJW 1986, 1388ff.

–, Das Abfallrecht der Bundesrepublik Deutschland nach 10 Jahren EG-Abfallgesetzgebung, NVwZ 1985, 377ff.

Oppermann, Thomas/*Kilian*, Michael, Grenzüberschreitende Umweltbelastung, in: Kimminich/v. Lersner/ Storm, HdUR, Bd. I, Berlin 1986, Sp. 683.

Ossenbühl, Fritz, Umweltschutz und Gemeinwohl in der Rechtsordnung, Bitburger Gespräche 1983, S. 5ff., zit.: Ossenbühl, Umweltschutz und Gemeinwohl.

–, Umweltschutz und Gemeinwohl in der Rechtsordnung, VR 1983, 301ff.

–, Vorsorge als Rechtsprinzip im Gesundheits-, Arbeits- und Umweltschutz, NVwZ 1986, 161ff.

–, Informelles Hoheitshandeln im Gesundheits- und Umweltschutz, in: Jahrbuch des Umwelt- und Technikrechts, Band 3, Düsseldorf 1987, S. 27ff., zit.: Ossenbühl, Informelles Hoheitshandeln im Gesundheits- und Umweltschutz.

–, Regelungsgehalt und Bindungswirkung der ersten Teilgenehmigung im Atomrecht, NJW 1980, 1353ff.

–, Abschied vom enteignungsgleichen Eingriff?, NJW 1983, 1ff.

–, Zur Bedeutung von Verfahrensmängeln im Atomrecht, NJW 1981, 375ff.

–, Die Quellen des Verwaltungsrechts, in: Erichsen, Martens (Hrsg.), Allgemeines Verwaltungsrecht, 8. Aufl., Berlin, New York 1988.

Otto, Franz, Das neue Abfallgesetz, VR 1987, 372ff.

Paßlick, Hermann, Die Ziele der Raumordnung und Landesplanung, Rechtsfragen von Begriff, Wirksamkeit, insbesondere im Außenbereich gem. 35 Abs. 1 BBauG und Darstellungsprivileg, Beiträge zum Siedlungs- und Wohnungswesen und zur Raumplanung, Bd. 105, Münster 1986, zit.: Paßlick, Ziele der Raumordnung und Landesplanung.

Paetow, Stefan, Die Teilbarkeit von Planungsentscheidungen, DVBl. 1985, 369ff.

–, Erfahrungen mit der verwaltungsgerichtlichen Normenkontrolle – eine Zwischenbilanz -, NVwZ 1985, 309ff.

–, Die gerichtliche Überprüfbarkeit der Entscheidung über die Zulassung von Eingriffen in Natur und Landschaft, NuR 1986, 144ff.

Pagenkopf, Martin, Abschied von der Instanzenseligkeit?, DVBl. 1985, 981ff.

Palandt, Otto, Bürgerliches Gesetzbuch, 47. Aufl., München 1988, zit.: Palandt-Bearbeiter

Papier, Hans-Jürgen, Einstweiliger Rechtsschutz bei öffentlichrechtlichen Streitigkeiten, JA 1979, 646ff.

–, Rechtsfragen des Sofortvollzuges, in: Veröffentlichungen des Instituts für Energierecht an der Universität zu Köln, Bd. 41/42, Baden-Baden, 1978, S. 86ff., zit.: Papier, Rechtsfragen.

–, Verantwortlichkeiten für Altlasten im öffentlichen Recht, NVwZ 1986, 256f.

–, Altlasten und polizeiliche Störerhaftung, DVBl. 1985, 873ff.

–, Rechtliche Bindung und gerichtliche Kontrolle planender Verwaltung im Bereich des Bodenrechts, NJW 1977, 1714ff.

–, Altlasten und polizeirechtliche Störerhaftung, Recht-Technik-Wirtschaft, Bd. 39, Köln u. a. 1985.

–, Sport und Umwelt, NVwZ 1986, 624ff.

–, Altlastenbeseitigung, öffentlich-rechtliche Probleme, ET 1987, 437f.

–, Einwendungen Dritter in Verwaltungsverfahren, NJW 1980, 318ff.

–, Die Verantwortlichkeit für Altlasten im öffentlichen Recht, Altlasten und Umweltrecht, 1. Trierer Kolloquium zum Umwelt-und Technikrecht vom 20.-22. November 1985 (Umwelt- und Technikrecht, Bd. 1), S. 59f., Düsseldorf 1986.

–, Umweltschutz durch Strafrecht? Problematisiert am Beispiel des Gewässerschutzes, in: Breuer, Rüdiger/ Kloepfer, Michael/ Marburger, Peter/Schröder, Meinhard

(Hrsg.), Jahrbuch des Umwelt- und Technikrechts 1987 – UTR Band 3, Düsseldorf 1987, zit.: Papier, UTR 3.
–, Anmerkung zu OVG Berlin, Urt. v. 17. 7. 1978 – OVG 1 B 157.25 -, DVBl. 1979, 162ff.
–, Gewässerverunreinigung, Grenzwertfestsetzung und Strafbarkeit, Köln u. a., München 1984.
–, Strafbarkeit von Amtsträgern im Umweltrecht, NJW 1988, 113ff.
–, Zur Disharmonie zwischen verwaltungs- und strafrechtlichen Bewertungsmaßstäben im Gewässerstrafrecht, NuR 1986, 1ff.
Pappermann, Ernst, Das zwischengemeindliche Nachbarrecht – BVerwGE 40, 223, JuS 1973, 689ff.
Pehle, Heinrich, Das Bundesumweltministerium: Neue Chancen für den Umweltschutz? VerwArch. 79 (1988), 184ff.
Peine, Franz-Joseph, Raumplanungsrecht, Tübingen 1987.
–, Öffentliches und privates Nachbarrecht, JuS 1987, 169ff.
–, Vorbeugender Rechtsschutz im Verwaltungsprozeß, Jura 1983, 285ff.
–, Der Spielraum des Landesgesetzgebers im Abfallrecht. Aspekte der rechtlichen Zulässigkeit des Nordrhein-Westfalen-Modells „Sonderabfallentsorgung und Altlastensanierung", NWVBL 1988, 193ff.
–, Rechtsprobleme des Verkehrslärmschutzes, DÖV 1988, 937ff.
Pelzer, Norbert, Grenzüberschreitende Haftung für nukleare Ereignisse – geltendes Recht und Überlegungen zu künftigen Regelungen –, DVBl. 1986, 875ff.
–, Atomrechtlicher Schadensausgleich bei ausländischen Nuklearunfällen – der Anspruch auf Ausgleich nach § 38 AtG, NJW 1986, 1664ff.
–, Atomrecht, in: Kimminich/v. Lersner/Storm, HdUR, Bd. I, Berlin 1986, Sp. 141ff.
Pestalozza, Christian, Zur Gesetzgebungszuständigkeit des Bundes im Umweltschutz, WuV 1984, 245ff.
Peters, Heinz-Joachim, Grundwasserschutz durch neuartige Wasserschutzgebiete, DVBl. 1987, 990ff.
–, Praktische Auswirkungen eines im Grundgesetz verankerten Staatsziels Umweltschutz, NuR 1987, 293ff.
–, Zur Rechtmäßigkeit der unterschiedlichen Emissionsbegrenzung bei Alt- und Neuanlagen durch die Großfeuerungsanlagenverordnung, NVwZ 1985, 723ff.
–, Das planungsrechtliche Instrumentarium des Wasserrechts, UPR 1988, 325ff.
Peters, Heinz-Joachim/*Schlarbach*, Erhard, Umweltschutz. Ein Staatsziel nach der Verfassung des Landes Baden-Württemberg, VBlBW 1986, 46ff.
Pielow, Ludger, Das Reiten in Wald und Flur nach Bundes- und Landesrecht, NuR 1980, 53ff.
–, Ist die Eingriffsregelung nach § 8 BNatSchG ein Papiertiger?, NuR 1987, 165ff.
–, Zur Frage der Verbindlichkeit von Landschaftsplänen mit Hilfe der Bauleitplanung, NuR 1986, 60ff.
Pietzcker, Jost, Das Verwaltungsverfahren zwischen Verwaltungseffizienz und Rechtsschutzauftrag, VVDStRL 41 (1983), 193ff.
–, Polizeirechtliche Störerbestimmung nach Pflichtwidrigkeit und Risikosphäre, DVBl. 1984, 457f.
–, Abgrenzungsprobleme zwischen Benutzungsgebühr, Verleihungsgebühr, Sonderabgabe und Steuer – Das Beispiel „Wasserpfennig" – DVBl. 1987, 774ff.
Poppe, Werner, Verursachungsprinzip und Umweltschutz. Rechtliche Probleme des Verursachungsprinzips im verwaltungsrechtlichen Immissionsschutz, Diss. Marburg 1975.
Preusker, Werner, Wasser- und abfallrechtliche Beschränkungen der landwirtschaftlichen Nutzung von Grundstücken, ZfW 1982, 261ff.
Preußker, Wolfgang, Düngemittelrecht, in: Kimminich/v. Lersner/ Storm, HdUR, Bd. I, Berlin 1986, Sp. 355.
Püchel, Gerald, Juristische Anmerkungen zur Umsetzung der EG-Richtlinie über die Umweltverträglichkeitsprüfung, ZAU 1988, 121 ff.

Quaas, Michel/*Müller*, Karl, Normenkontrolle und Bebauungsplan, Düsseldorf 1986, zit.: Quaas/Müller, Normenkontrolle.

Rabben, Christoph, Rechtsprobleme der atomaren Entsorgung, Köln u. a., 1988.
Radek/Friedel, Das neue Chemikaliengesetz, München 1981.
Rat von Sachverständigen für Umweltfragen, Stellungnahme des Rates von Sachverständigen für Umweltfragen zur Umsetzung der EG-Richtlinie über die Umweltverträglichkeitsprüfung in das nationale Recht, DVBl. 1988, 21ff.
–, Umweltgutachten 1974, Stuttgart 1974.
–, Umweltgutachten 1978, Stuttgart 1978.
–, Umweltgutachten 1987, Stuttgart 1987.
Raumordnungsbericht 1986, Schriftenreihe des Bundesministers für Raumordnung, Bauwesen und Städtebau (Hrsg.), Bonn 1986.
Rausch, Heribert, Die Umweltgesetzgebung. Aufgabe, Geltendes Recht und Konzepte, Zürich 1977, zit.: Rausch, Die Umweltgesetzgebung.
Rauschning, Dietrich, Staatsaufgabe Umweltschutz, VVDStRL 38 (1980), 167ff.
–, Aufnahme einer Staatszielbestimmung über Umweltschutz in das Grundgesetz?, DÖV 1986, 489ff.
Redeker, Konrad/*von Oertzen*, Hans-Joachim , Kommentar zum VwGO, 9. Aufl., Stuttgart 1988.
Rehbinder, Eckard, Umweltrecht. Rechtsvergleichendes Generalreferat, RabelsZ 40 (1976), 363ff.
–, Politische und rechtliche Probleme des Verursacherprinzips, Beiträge zur Umweltgestaltung H. A. 15, Berlin 1973
–, Allgemeines Umweltrecht, in: Grundzüge des Umweltrecht (Hrsg. Jürgen Salzwedel), Berlin 1982, S. 81ff., zit.: Rehbinder, in: Grundzüge des Umweltrechts.
–, Die hessische Verbandsklage auf dem Prüfstand der Verwaltungsgerichtsbarkeit, NVwZ 1982, 666ff.
–, Das neue Pflanzenschutzgesetz, NuR 1987, 68ff.
–, DDT-Gesetz, in: Kimminich/v. Lersner/Storm, HdUR, Bd. I, Berlin 1986, Sp. 328.
–, Schutz vor gefährlichen Stoffen (Chemikalien), in: Salzwedel (Hrsg.) Grundzüge des Umweltrechts, Berlin 1982, S. 455ff.
–, Erste Entscheidungen zum Chemikaliengesetz, UPR 1988, 201ff.
–, Vorsorgeprinzip im Umweltrecht und präventive Umweltpolitik, in: Forschungsschwerpunkt Umweltpolitik (Internationales Institut für Umwelt und Gesellschaft – IIUG), Wissenschaftszentrum Berlin für Sozialforschung, Berlin 1987.
Rehbinder, Eckard/*Burgbacher*, H.-G./*Knieper*, R., Bürgerklage im Umweltrecht; Schriftenreihe Beiträge zur Umweltgestaltung A 4, Berlin 1972.
Rehbinder, Eckard/*Kayser*, Detlev/*Klein*, Helmut, Chemikaliengesetz, Heidelberg 1985.
Reiß-Schmidt, Stephan, Altlastenprobleme aus der Sicht des Stadtplaners, Städte- und Gemeindebund 1988, 127.
Renck, Ludwig, Anmerkung zum Beschluß vom 26. 11. 1981, BayVGH – Nr. 20 AS 81 D 110 –, DVBl. 1982, 210.
Rengeling, Hans-Werner, Die immissionsschutzrechtliche Vorsorge. Inhalt und Grenzen der Pflicht gem. 5 Nr. 2 BImSchG bei der Anlagengenehmigung, Veröffentlichungen des Instituts für Energierecht an der Universität Köln, Bd. 49, Baden-Baden 1982, zit.: Rengeling, Die immissionsschutzrechtliche Vorsorge.
–, Perspektiven zur Zulässigkeit atomrechtlicher Anfechtungsklagen, DVBl. 1981, 323ff.
–, Reaktorsicherheit: Vorsorge auch jenseits der praktischen Vernunft?, DVBl. 1988, 257ff.
–, Anlagenbegriff, Schadensvorsorge und Verfahrensstufung im Atomrecht: Bemerkungen zu dem Urteil des Bundesverwaltungsgerichts vom 19. 12. 1985 betreffend das Kernkraftwerk Wyhl, DVBl. 1986, 265ff.
–, Der Stand der Technik bei der Genehmigung umweltgefährdender Anlagen, 1985.
–, Kooperationsprinzip, in: Kimminich/v. Lersner/Storm, HdUR, Bd. I, Berlin 1986, 935ff.
–, Die immissionsschutzrechtliche Vorsorge als Genehmigungsvoraussetzung, DVBl. 1982, 622ff.
–, Erfüllung staatlicher Aufgaben durch Private. Zu den Aufgaben eines privaten Dritten bei der Einrichtung von Anlagen zur Endlagerung radioaktiver Abfälle, Köln u. a. 1986.

–, Atomrechtliche Schadensvorsorge und „Sachverstand", in: Festschrift für Ule, S. 297ff.

–, Grundrechtliches Gebot einer Teilplanfeststellung in Gorleben? ET 1984, 629.

–, Probabilistische Methoden bei der atomrechtlichen Schadensvorsorge, Köln u. a. 1986.

–, Planfeststellung für die Endlagerung radioaktiver Abfälle, in: Schriftenreihe Recht – Technik – Wirtschaft, Bd. 33, Köln 1984.

Rengeling, Hans-Werner (Hrsg.), Europäisches Umweltrecht und europäische Umweltpolitik, Osnabrücker rechtswissenschaftliche Abhandlungen, Bd. 13, Köln, Berlin, Bonn, München 1988.

Renneberg, Wolfgang, Der „Stand der Wissenschaft" und die „Schadensvorsorge" im atomrechtlichen Genehmigungsverfahren, ZRP 1986, 161ff.

Ress, Georg (Hrsg.), Grenzüberschreitende Verfahrensbeteiligung im Umweltrecht der Mitgliedstaaten der Europäischen Gemeinschaften.

Rest, Alfred, Der Sandoz-Brand und die Rheinverseuchung – völkerrechtliche, internationale, privatrechtliche und nationale Haftungsfragen – UPR 1987, 363ff.

Rid, Urban, Die Vorsorgepflicht bei genehmigungsbedürftigen Anlagen im Bundesimmissionsschutzgesetz, Dissertation – Tübingen, 1985.

Rid, Urban/*Hamman*, Wolf, Immissionsschutzrechtliche Vorsorge jenseits des polizeilichen Gefahrenbegriffs, VBlBW 1987, 121ff.

Rittstieg, Andreas, Die Konkretisierung technischer Standards im Anlagenrecht, Recht – Technik – Wirtschaft, Bd. 26, Köln u. a. 1982, zit.: Rittstieg, Die Konkretisierung technischer Standards.

Rittstieg, Helmut, Grundgesetz und Eigentum, NJW 1982, 721ff.

Roßnagel, Alexander, Radioaktiver Zerfall der Grundrechte? Zur Verfassungsverträglichkeit der Kernenergie, München 1984.

–, Wesentliche Änderungen durch „Vorabzustimmungen" – ein neues Instrument des Atomrechts?, DVBl. 1987, 65ff.

Roßnagel, Alexander (Hrsg.), Recht und Technik im Spannungsfeld der Kernenergiekontroverse, Opladen 1984.

Rogalla, Diether/*Schultz*, Christian, Umweltgefährdende Anlagen in Grenznähe aus völkerrechtlicher Sicht, NuR 1987, 193ff.

Ronellenfitsch, Michael, Eingriffe in Natur und Landschaft bei der wasserwirtschaftlichen Planfeststellung, VerwArch. 77 (1986), 177ff.

–, Rechts- und Verwaltungsaspekte der naturschutzrechtlichen Eingriffsregelungen, NuR 1986, 284ff.

–, Die Zulässigkeit sogenannter Vorabzustimmungen zu genehmigungspflichtigen Tätigkeiten bei Brennelementfabriken, ET 1986, 797ff.

–, Einführung in das Planungsrecht, Darmstadt 1986, zit.: Ronellenfitsch, Planungsrecht.

–, Der Einwendungsausschluß im Wasserrecht, VerwArch. 74 (1983), 369ff.

–, Auswirkungen der Teilbarkeit von Planungsentscheidungen auf den vorläufigen Rechtsschutz, in: Willi Blümel (Hrsg.), Teilbarkeit von Planungsentscheidungen, Speyer 1984, S. 37 (Speyerer Forschungsberichte, Heft 42), zit.: Ronellenfitsch, Teilberkeit von Planungsentscheidungen.

–, Gemeindliches Eigentum und materielle Präklusion – BVerfGE 61, 82, JuS 1983, 594ff.

–, Das atomrechtliche Genehmigungsverfahren, Berlin 1983.

Ronellenfitsch, Michael/*Wolf*, Rüdiger, Ausbau des Individualschutzes gegen Umweltbelastungen als Aufgabe des Bürgerlichen und des Öffentlichen Rechts?, NJW 1986, 1955ff.

Rosenzweig, Klaus, Das Rechtsinstitut „geschützter Landschaftsbestandteil", NuR 1987, 313ff.

Rösgen, Peter, Rechtliche Zulässigkeit der Bodenbehandlung mit stickstoffhaltigen Düngemitteln, AgrarR 1983, 141ff.

Roth, Günther H., Materiellrechtliche und prozessuale Aspekte eines privatrechtlichen Umweltschutzes, NJW 1972, 921ff.

Rubel, Rüdiger, Planungsermessen. Norm- und Begründungsstruktur, Frankfurt am Main 1982, zit.: Rubel, Planungsermessen.
Rudolphi, Hans Joachim, Anmerkung zu BGH, Urt. v. 31. 10. 1986 – 2 StR 33/86 -, NStZ 1987, 323ff.
–, Primat des Strafrechts im Umweltschutz, NStZ 1984, 193ff.
Rumpel, Erwin, Abschied von der „modifizierenden Auflage" im Umweltverwaltungs- und Umweltstrafrecht, NVwZ 1988, 502ff.
Runte, Probleme des Vollzugs der Großfeuerungsanlagenverordnung, RdE 1985, S. 8ff.
Rupp, Hans H., Ergänzung des Grundgesetzes um eine Vorschrift über den Umweltschutz?, DVBl. 1985, 990ff.
Rupp, Jürgen-Johann, Der Umgang mit wassergefährdenden Stoffen, UPR 1988, 321ff.

Saladin, Peter/*Zenger*, Christoph-Andreas, Rechte künftiger Generationen, Frankfurt 1988.
Sailer, Christian, Subjektives Recht und Umweltschutz, DVBl. 1976, 521ff.
Salje, Peter, Reform des Umwelthaftungsrechts, ZRP 1988, 153ff.
Salzwedel, Jürgen, Risiko im Umweltrecht – Zuständigkeit, Verfahren und Maßstäbe der Bewertung, NVwZ 1987, 276ff.
–, Abfall und Abwasser-Abgrenzungsfragen, ZfW 1983, 84ff.
–, Wasserrecht, in: von Münch, Ingo (Hrsg.), Besonderes Verwaltungsrecht, 7. Aufl., Berlin, New York, 1988, S. 737ff., zit.: Salzwedel, Wasserrecht.
–, Neuere Tendenzen im Wasserrecht, NVwZ 1988, 499ff.
–, Gemeindekompetenz im Umweltschutz, WuV 1987, 1ff.
–, Rechtsfragen der Gewässerverunreinigung durch Überdüngung, NuR 1983, 41ff.
–, Auswirkungen der EG-Richtlinien mit wasserrechtlichem Bezug auf den Vollzug des deutschen Wasserrechts, in: Dokumentation zur wissenschaftlichen Fachtagung der Gesellschaft für Umweltrecht e. V., Berlin 1979, S. 139ff., zit.: Salzwedel, Auswirkungen der EG-Richtlinie.
–, Zur Reichweite des Beschlusses des Ersten Senates des Bundesverfassungsgerichts vom 15. 7. 1981 – 1 BvL 77/78 – für die wasserrechtliche Praxis, ZfW 1983, 13ff.
–, Rechtsfragen der Gewässerverunreinigung durch Überdüngung, NuR 1983, 41ff.
–, Sportanlagen im Wohnbereich – Zusammenfassung der Ergebnisse der Podiumsdiskussion, UPR 1985, 210ff.
Salzwedel, Jürgen (Hrsg.), Grundzüge des Umweltrechts, Beiträge zum Umweltgestaltung, Bd. A 80, Berlin 1982.
Salzwedel, Jürgen/*Preußker*, Werner, Umweltschutzrecht und -verwaltung in der Bundesrepublik Deutschland, Köln 1983, zit.: Salzwedel/Preußker, Umweltschutzrecht.
Sander, Eberhard, Rechtsfragen im Verhältnis von Wasserrecht und Naturschutzrecht, NuR 1986, 317ff.
Sander, Horst P., Die 3. und 4. Novelle zum Abfallbeseitigungsgesetz sowie das Reststoffrecht der Änderung des Bundes-Immissionsschutzgesetzes aus industrieller Sicht, DVBl. 1985, 780ff.
–, Rechtsstellung und Rechtsschutz des Betriebsbeauftragten für Gewässerschutz aus der Sicht der Industrie, NuR 1985, 47ff.
Sautter, Bruno, Zielorientierter Vollzug der Wassergesetze – wasserbehördliche Kontrolle der Abwassereinleitungen, NVwZ 1988, 487ff.
Schachel, Jens, Instrumente des Umweltschutzes, NuR 1982, 206ff.
Schachtschneider, Karl-Albrecht, Der Rechtsbegriff „Stand von Wissenschaft und Technik" im Atom- und Immissionsschutzrecht, in: Umweltschutz im Recht (hrsg. von Werner Thieme), Berlin 1988, S. 81ff., zit.: Schachtschneider, in: Umweltschutz im Recht.
Schäfer, Roland, Konzentrationswirkung der Genehmigung im Abfallbeseitigungsrecht, NVwZ 1985, 383ff.
Schattke, Herbert, Abgrenzung der Genehmigungs- und Aufsichtsverfahren für kerntechnische Anlagen, ET 1986, 740ff.
Schenke, Wolf-Rüdiger, Vorbeugende Unterlassungs- und Feststellungsklage im Verwaltungsprozeß, AöR 95 (1970), 223ff.

–, Rechtsschutz gegen Nebenbestimmungen – BVerwGE 60, 269, JuS 1983, 182ff.
–, Probleme des vorläufigen Rechtsschutz gem. § 80 Abs. 5 VwGO, DVBl. 1986, 9ff.
–, Rechtsschutz gegen normatives Unrecht, Berlin 1979.

Schink, Alexander, Wasserrechtliche Probleme der Sanierung von Altlasten, DVBl. 1986, 161ff.
–, Vollzug des Umweltstrafrechts durch die Umweltbehörden, DVBl. 1986, 1073ff.
–, Naturschutz, Eigentumsgarantie, Entschädigung und Härteausgleich (Feuchtwiesen) – Beispiel: Überplanung landwirtschaftlicher Nutzflächen, Referat auf der Landestagung 1984 der LÖLF in Hamm, LÖLF-Mitteilungen 1984, 28ff.
–, Renaturierung von Fließgewässern und Unterhaltungsmaßnahmen, UPR 1985, 157ff.
–, Die Berücksichtigung ökologischer Belange bei der wasserrechtlichen Planfeststellung, ZfW 1985, 1ff.
–, Amtshaftung bei der Bebauung von Altlasten, DÖV 1988, 529ff.

Schlichter, Otto, Baurechtlicher Nachbarschutz, NVwZ 1983, 641ff.
–, Überlegungen zur Einführung einer Nichtvorlagebeschwerde im Normenkontrollverfahren, NJW 1985, 2446ff.
–, Die Verbandsklage im Naturschutzrecht – Zur Problematik des Entwurfs eines § 29a BNatSchG, UPR 1982, 209ff.

Schmeken, Werner, Umweltschutz durch Strafrecht? – Eine Bilanz über die strafrechtliche Betroffenheit von Kommunalbediensteten und Räten in NW -, StGR 1988, 10ff.
–, Umweltstrafrecht – Ein Thema auch für kreisangehörige Städte und Gemeinden –, Teil 2, StuGB 1987, 323ff.
–, Kommunaler Umweltschutz durch den Staatsanwalt?, Der Städtetag 1988, 298ff.
–, Novellierung des Abfallrechts im Lande Nordrhein-Westfalen, StGR 1988, 244ff.

Schmel, Walter Christian, Massenverfahren vor den Verwaltungsbehörden und den Verwaltungsgerichten, Berlin 1982.

Schmidt, Christoph, in: Alexander Roßnagel (Hrsg.), Rechtsprobleme der Wiederaufarbeitung, Baden-Baden 1987, S. 85ff.

Schmidt, Gerold, Artenschutzrecht, in: Kimminich/v. Lersner/ Storm, HdUR, Bd. I, Berlin 1986, Sp. 121ff.
–, Verfassungsrechtliche Probleme der Neuregelung des Schlachtrechts im neuen Tierschutzgesetz, DVBl. 1986, 760ff.

Schmidt, Jörg, Zum richtigen Antragsgegner im Aussetzungsverfahren nach § 80 Abs. 5 VwGO, VBlBW 1985, 369ff.
–, Die Änderung des Bundesnaturschutzgesetzes, NVwZ 1987, 1037ff.
–, Probleme des Verwaltungsprozeßrechts. VI. Probleme im Aussetzungsverfahren, VBlBW 1983, 132ff.

Schmidt, Rainer, Staatshaftung für Waldschäden, ZRP 1987, 345ff.
–, Einführung in das Umweltrecht, München 1987, zit.: Schmidt, Umweltrecht.

Schmidt-Aßmann, Eberhard, Eingriff in Natur und Landschaft, in: Kimminich/v. Lersner/ Storm, HdUR, Bd. I, Berlin 1986, Sp. 401ff.
–, Grundwasserschutz als Aufgabe wasserrechtlicher und regionalplanerischer Gebietsausweisungen, DÖV 1986, 985ff.
–, Bemerkungen zum Boxberg-Urteil des BVerfG, NJW 1987, 1587ff.
–, Der Umweltschutz im Spannungsfeld zwischen Staat und Selbstverwaltung, NVwZ 1987, 265ff.
–, Verwaltungsverantwortung und Verwaltungsgerichtsbarkeit, VVDStRL 34 (1976), S. 221ff.
–, Anwendungsprobleme des Art. 2 Abs. 2 GG im Immissionsschutzrecht, AöR 106 (1981), 205ff.
–, Raumplanungsrecht, in: Salzwedel (Hrsg.), Grundzüge des Umweltrechts, Berlin 1982, S. 117ff., zit.: Schmidt-Aßmann, in: Grundzüge des Umweltrechts.
–, Art. 19 Abs. 4 GG als Teil des Rechtsstaatsprinzips, NVwZ 1983, 1ff.
–, Die Entscheidungsstruktur der Umwandlungsgenehmigung nach § 9 WaldG, NuR 1986, 98ff.
–, Die Grundsätze des Naturschutzes und der Landschaftspflege -Ihre Bedeutung nach

§ 2 BNatSchG und nach den sog. Naturschutzklauseln in Fachgesetzen, NuR 1979, 1ff.

–, Thesen zur Einbindung der Umweltverträglichkeitsprüfung nach EG-Recht in das Raumordnungsverfahren, DVBl. 1987, 826ff.

Schmitt Glaeser, Walter, Planende Behörden, protestierende Bürger und überforderte Richter – rechtliche Aspekte zur Genehmigung von Kernkraftwerken, der landkreis 1976, 442ff.

Schnur, Roman, Probleme um den Störerbegriff im Polizeirecht, DVBl. 1962, 1f.

Schoch, Friedrich K., Suspensiveffekt unzulässiger Rechtsbehelfe nach § 80 Abs. 1 VwGO?, BayVBl. 1983, 358ff.

Schoeneberg, Jörg, Umweltverträglichkeitsprüfung und Raumordnungsverfahren; Beiträge zum Siedlungs- und Wohnungswesen und zur Raumplanung, Bd. 96, Münster 1984.

Scholz, Rupert, Technik und Recht, in: Festschrift zum 125jährigen Bestehen der Juristischen Gesellschaft zu Berlin, S. 691ff., hrsg. von Dieter Wilke, Berlin, New York 1984.

Schomerus, Thomas, Defizite im Naturschutzrecht, Göttingen 1987.

Schönke, Adolf/*Schröder*, Horst, Strafgesetzbuch, Kommentar, 23. Aufl., München 1985.

Schott, Peter, Überlegungen zum Entwurf eines Bodenschutzgesetzes des Bundesverbandes Bürgerinitiativen Umweltschutz, IzR 1985, 27ff.

Schrader, Christian, Altlastensanierung nach dem Verursacherprinzip? Rechtsfragen der Kostenübernahme vor dem Hintergrund der Legalisierungswirkung von Genehmigungen, Berlin 1988.

Schröder, Meinhard, Geheimhaltungsschutz, in: Kimminich/v. Lersner/Storm, HdUR, Bd. I, Berlin 1986, Sp. 635ff.

–, Der Schutz von Betriebs- und Geschäftsgeheimnissen im Umweltschutzrecht, UPR 1985, 394ff.

–, Zur Gegenwartslage des Bestandsschutzes im Immissionsschutzrecht, UPR 1986, 127ff.

–, Abwasserabgabe, in: Kimminich/v. Lersner/ Storm, HdUR, Bd. I, Berlin 1986, Sp. 52ff.

–, Lenkungsabgaben im Umweltschutzrecht am Beispiel der Wasserabgabe, DÖV 1983, 667ff.

Schroer, Jochen, Umweltverträglichkeitsprüfung im Bauplanungsrecht – Zur Umsetzung der EG-Richtlinie 85/337/EWG; Beiträge zum Siedlungs- und Wohnungswesen und zur Raumplanung, Bd. 115, Münster 1987.

–, Umweltverträglichkeitsprüfung im Bauplanungsrecht, DVBl. 1987, 1096ff.

Schulte, Hans, Das Dogma Baufreiheit, DVBl. 1979, 133ff.

–, Freiheit und Bindung des Eigentums im Bodenrecht, JZ 1984, 297ff.

Schulz, Hans-Joachim, Landschaftsplanung und Regionalplanung, in: Olschowy, Gerhard (Hrsg.), Natur- und Umweltschutz in der Bundesrepublik Deutschland, Hamburg und Berlin 1978, zit.: Bearbeiter, in: Olschowy, Umweltschutz.

Schulze-Fielitz, Helmuth, Bestandsschutz im Verwaltungsrecht, insbesondere im Bau-, Immissionsschutz- und Atomrecht, Die Verwaltung 20 (1987), 307ff.

–, Alte Grundsätze und neue Fragen zum Schutz gegen Verkehrslärm beim Straßenbau, Die Verwaltung 1988, 236ff.

Schuy, Johannes, Vorläufiger Rechtsschutz im atomrechtlichen Genehmigungsverfahren, Veröffentlichungen des Instituts für Energierecht an der Universität zu Köln, Bd. 54, Baden-Baden 1986, zit.: Schuy, Vorläufiger Rechtsschutz.

Schwab, Joachim, Möglichkeiten der Kontrollrestriktion im Umweltschutzrecht, DVBl. 1986, 170ff.

–, Möglichkeiten der Kontrollrestriktion und der Verfahrensbeschleunigung bei der gerichtlichen Überprüfung der Genehmigung nach § 6 BImSchG – de lege ferenda und de lege lata, Diss. 1986, zit.: Schwab, Kontrollrestriktion.

Schwabe, Jürgen, Das Verbot mit Erlaubnisvorbehalt, JuS 1973, 133ff.

–, Probleme der Grundrechtsdogmatik, Darmstadt 1977.

–, Anmerkung zum Urteil des BVerwG v. 18. 3. 1983 – 4 C 80.79 -, DVBl. 1984, 140ff.

–, Grundrechtlich begründete Pflichten des Staates zum Schutz gegen staatliche Bau- und Anlagengenehmigungen?, NVwZ 1983, 523ff.

Schwerdtfeger, Gunther, Das System der Vorsorge im BImSchG, WuV 1984, 217ff.

–, Grundrechtlicher Drittschutz im Baurecht. Dogmatische Grundlegungen zur Rechtsprechung des Bundesverwaltungsgerichts, NVwZ 1982, 5ff.

Seewald, Otfried, Die Bedeutung der Gesundheit im Umweltrecht, NuR 1988, 161ff.

Seibert, M.-J., Anmerkung zum Urteil vom 4. 7. 1986 – BVerwGE – 4 C 31.84 –, DVBl. 1986, 1277ff.

Seiler, Christoph Martin, Die Rechtslage der nicht genehmigungsbedürftigen Anlagen i. S. v. §§ 22ff. BImSchG, Berlin 1985.

Sellner, Dieter, Atom- und Strahlenschutz, in: Salzwedel, Jürgen (Hrsg.), Grundzüge des Umweltrechts, Berlin 1982, zit.: Sellner, Grundzüge des Umweltrechts.

–, Kontrolle immissionsschutzrechtlicher und atomrechtlicher Entscheidungen im Verwaltungsgerichtsprozeß, Baurecht 1980, 391ff.

–, Zum Vorsorgegrundsatz im Bundesimmissionsschutzgesetz, NJW 1980, 1255ff.

–, Ausbau des Individualschutzes gegen Umweltbelastungen als Aufgabe des bürgerlichen und des öffentlichen Rechts, Referat zum 56. Deutschen Juristentag, 1986, zit.: Sellner, Referat.

–, Immissionsschutzrecht und Industrieanlagen. Zulassung – Abwehr – Kontrolle nach dem BImSchG, 2. Aufl. München 1988, zit.: Sellner, Immissionsschutzrecht.

–, Gestuftes Genehmigungsverfahren, Schadensvorsorge, verwaltungsgerichtliche Kontrolldichte, NVwZ 1986, 616ff.

Sellner, Dieter/*Löwer*, Wolfgang, Immissionsschutzrecht der nicht genehmigungsbedürftigen Anlagen, WuV 1980, 221ff.

Selmer, Peter, Vorbescheid und Teilgenehmigung im Immissionsschutzrecht, Baden-Baden 1979, zit.: Selmer, Vorbescheid.

–, Finanzierung des Umweltschutzes und Umweltschutz durch Finanzierung, in: Umweltschutz im Recht (hrsg. von Werner Thieme), Berlin 1988, S. 25ff., zit.: Selmer, in: Umweltschutz im Recht.

Selmer, Peter/*Schulze-Osterloh*, Lerke, Der Vorbescheid im verwaltungsrechtlichen Genehmigungsverfahren, JuS 1981, 393ff.

Sendler, Horst, Wer gefährdet wen? Eigentum und Bestandsschutz den Umweltschutz – oder umgekehrt?, UPR 1983, 33ff., 73ff.

–, Grundprobleme des Umweltrechts, JuS 1983, 255ff.

–, Bestandsschutz, in: Kimminich/v. Lersner/Storm, HdUR, Bd. I, Berlin 1986, Sp. 231ff.

–, Abschied vom „latenten" Störer?, WuV 1977, 94ff.

Sening, Christoph, Zum Abwehrrecht gegen rechtswidrige Veränderungen der Erholungslandschaft, BayVBl. 1979, 491ff.

–, Zum Umweltgrundrecht des Bürgers – Zugleich Anmerkung zu den Urteilen des Bundesverwaltungsgerichts vom 9. 7. 1977 – IV C 51.75 und des Oberverwaltungsgerichts Berlin vom 2. 5. 1977 – OVG II B 2.77 -BayVBl. 1978, 205f.

–, Nochmals: Die Landwirtschaftsklausel im Bayerischen Naturschutzgesetz, BayVBl. 1978, 394ff.

–, Zur Verbandsklage im Hessischen Naturschutzgesetz, NuR 1983, 146ff.

–, Landschaftsschutzverordnung und Bauleitplanung, NuR 1988, 76ff.

Sieder, Frank/*Zeitler*, Herbert/*Dahme*, Heinz, Wasserhaushaltsgesetz, Bd. I und II, Loseblatt, Stand: Juni 88, München, zit.: Sieder/Zeitler/Dahme, WHG.

Skouris, Wassilios, Landesrechtliche Einführung der Verbandsklage?, NVwZ 1982, 233ff.

Soell, Hermann, Umweltschutz, ein Grundrecht?, NuR 1985, 205ff.

–, Die Bedeutung der Sozialpflichtigkeit des Grundeigentums bei der Landschaftspflege und dem Naturschutz, DVBl. 1983, 241ff.

–, Naturschutz- und Landschaftspflegerecht, in: Salzwedel (Hrsg.), Grundzüge des Umweltrechts, Berlin 1982, 481ff., zit.: Soell, in: Grundzüge des Umweltrechts.

–, Schutz gegen Fluglärm, in: Salzwedel (Hrsg.), Grundzüge des Umweltrechts, Berlin 1982, S. 329ff., zit.: Soell, in: Grundzüge des Umweltrechts.

Söfker, Wilhelm, Baugesetzbuch und Umweltschutz, UPR 1987, 201ff.

Spaemann, Robert, Technische Eingriffe in die Natur als Problem der politischen Ethik, in: Diether Birnbacher, Ökologie und Ethik, Stuttgart 1980.

Spannowsky, Willy, Altlastensanierung und Störerhaftung im Spannungsgeld von Gerechtigkeit und Effizienz, UPR 1988, 376ff.

Starck, Christian, in: v. Mangoldt, Hermann/Klein, Friedrich/ Starck, Christian, Das Bonner Grundgesetz, Kommentar, München 1985, Bd. 1.

Staudinger, Kommentar zum Bürgerlichen Gesetzbuch mit Einführungsgesetz und Nebengesetzen, 3. Buch – Sachenrecht -, § 1004 bis 1011, 12. Aufl., Berlin 1982, erläutert von Karl-Heinz Gursky, zit.: Bearbeiter, in: Staudinger.

Staupe, Jürgen, Rechtliche Aspekte der Altlastensanierung, DVBl. 1988, 606ff.

–, Der Besorgnisgrundsatz beim Grundwasserschutz verdrängt durch Abfallrecht und Pflanzenschutzrecht? UPR 1988, 41ff.

Steiger, Heinhard, Begriff und Geltungsebenen des Umweltrechts, in: Jürgen Salzwedel (Hrsg.), Grundzüge des Umweltrechts, Berlin 1982, S. 1ff.

–, Mensch und Umwelt. Zur Frage der Einführung eines Umweltgrundrechts, Beiträge zur Umweltgestaltung A 32, Berlin 1975

–, Die rechtliche Bedeutung der Ziele und Grundsätze des Bundesnaturschutzgesetzes und der Ländernaturschutzgesetze, in: Schriftenreihe des Deutschen Rates für Landespflege, Heft 36 (1981), 470ff., zit.: Steiger, Ziele und Grundsätze.

Steiger, Rudolf, Verfassungsrechtliche Gewährleistung der kommunalen Planungshoheit – BVerfGE 56, 298, JuS 1982, 578ff.

Steinberg, Rudolf, Schutz von Geschäfts- und Betriebsgeheimnissen im atomrechtlichen Genehmigungs- und Aufsichtsverfahren, UPR 1988, 1ff.

–, Planrechtfertigung und Planungsleitsätze in der straßenrechtlichen Planfeststellung, NVwZ 1986, 812ff.

–, Handlungs- und Entscheidungsspielräume des Landes bei der Bundesauftragsverwaltung unter besonderer Berücksichtigung der Ausführung des Atomgesetzes, AöR 110 (1985), 419ff.

–, Verwaltungsgerichtlicher Umweltschutz – Voraussetzungen und Reichweite der egoistischen Umweltschutzklage, UPR 1984, 350.

–, Rechtsschutz gegen die Trassenentscheidungen nach § 16 FStrG, NVwZ 1983, 209ff.

–, Verwaltungsgerichtlicher Schutz der kommunalen Planungshoheit gegenüber höherstufigen Planungsentscheidungen, DVBl. 1982, 13ff.

–, Die verfassungsrechtliche Gewährleistung der kommunalen Planungshoheit – BVerfGE 56, 298, JuS 1982, 578ff.

–, Baumschutzsatzungen und -verordnungen – Kompetenz- und Grundrechtsprobleme naturschutzrechtlicher Regelungen, NJW 1981, 550ff.

–, Bemerkungen zum Entwurf eines Bundesgesetzes über die Umweltverträglichkeitsprüfung, DVBl. 1988, 995ff.

–, Das Nachbarrecht der öffentlichen Anlagen. Nachbarschutz gegen Planfeststellungen und sonstige Anlagen der öffentlichen Hand, Stuttgart 1988; zit.: Steinberg, Nachbarrecht.

Steiner, Udo, Technische Kontrolle im privaten Bereich – insbesondere Eigenüberwachung und Betriebsbeauftragte, DVBl. 1987, 1133ff.

–, Die allgemeine Leistungsklage im Verwaltungsprozeß, JuS 1984, 853ff.

Stelkens, Paul, Verpflichtung zur Duldung – Notwendigkeit einer Duldungsanordnung?, NuR 1983, 261ff.

–, Das Problem Auflage, NVwZ 1985, 469ff.

Stern, Klaus, Das Staatsrecht in der Bundesrepublik Deutschland, Bd. 1: Grundbegriffe und Grundlagen des Staatsrechts, Strukturprinzipien der Verfassung, 2. Aufl., München 1985, zit.: Stern, Staatsrecht I.

–, Zur Aufnahme eines Umweltschutzstaatszieles in das Grundgesetz, NWVBL. 1988, 1ff.

Stich, Rudolf, Die Betriebsbeauftragten für Immissionsschutz, Gewässerschutz und Abfall, GewArch. 1976, 144ff.

–, Privates Immissionsschutzrecht, Salzwedel (Hrsg.), Grundzüge des Umweltrechts, 1982, S. 289ff., zit.: Stich, in: Grundzüge des Umweltrechts.

–, Entwicklung und Stand des Schutzes vor Verkehrslärm – ein bemerkenswertes Kapitel außergesetzlicher „Rechtsentstehung" durch Verwaltungsrechtsprechung und Ministerialrichtlinien, UPR 1985, 265ff.

–, Die Rechtsbeziehungen zwischen örtlicher Landschaftsplanung und Bauleitplanung

– Eine Vielfalt weithin unkoordinierter Bundes- und Landesvorschriften -, UPR 1983, 173ff.

Stich, Rudolf, Landschaftsplanung, in: Kimminich/v. Lersner/ Storm, HdUR, Bd. 1, Berlin 1986, Sp. 973ff.

–, Rechtsprobleme des Verhältnisses der kommunalen Bauleitplanung zur örtlichen Landschaftsplanung, ZfBR 1986, 61ff. (Teil 1), 111ff.

Stich, Rudolf/*Porger*, Karl-Wilhelm, Immissionsschutzrecht des Bundes und der Länder, Kommentar zum BImSchG und Vorschriftensammlung, Stuttgart u. a., Stand: Mai 1986.

Stich, Rudolf/*Porger*, Karl-Wilhelm/*Steinebach*, Gerhard, Örtliche Landschaftsplanung und kommunale Bauleitplanung. Rechts- und Fachgrundlagen – Planungs- und Verwaltungspraxis – Regelungsvorschläge, Berlin 1986, zit.: Stich/Porger/Steinebach, Örtliche Landschaftsplanung und kommunale Bauleitplanung.

Stober, Rolf, Zur Bedeutung des Einwendungsausschlusses im atom- und immissionsrechtlichen Genehmigungsverfahren, AöR (106), 1981, 41ff.

–, Rechtsfragen zur Massentierhaltung. Rechtsgutachten zur Verfassungs- und Gesetzmäßigkeit des Entwurfs einer Hennenhaltungsverordnung, Bd. 10, Königstein/ Ts.

–, Massentierhaltung und Gesetzesvorbehalt, NuR 1982, 173ff.

Storm, Peter-Christoph, Umweltrecht, Einführung in ein neues Rechtsgebiet, 2. Aufl., 1987

–, Bodenschutzrecht, DVBl. 1985, 317ff.

–, Bodenschutzrecht, AgrarR 1983, 233ff.

–, Die neue Gefahrstoffverordnung, NVwZ 1987, 113ff.

–, Täter oder Opfer? – Zum Verhältnis von Landwirtschaft und Umweltpflege, NuR 1986, 8ff.

Streinz, Rudolf, Materielle Präklusion und Verfahrensbeteiligung im Verwaltungsrecht. Die Anforderungen an das Verwaltungsverfahren bei der Anordnung materieller Präklusionsfolgen unter Berücksichtigung ausländischer Betroffener, VerwArch. 79 (1988), 272ff.

Stubbe, Christian, Sofortvollzug bei kerntechnischen Anlagen, ET 1986, 244ff.

Stüer, Bernhard, Erfahrungen mit der verwaltungsgerichtlichen Normenkontrolle – eine Zwischenbilanz -, DVBl. 1985, 469ff.

Suderow, Wolfgang, Rechtsprobleme des Bundesraumordnungsprogramms. Beiträge zum Siedlungs- und Wohnungswesen und zur Raumplanung, Bd. 18, Münster 1975.

Sundermann, Andrea, Anerkannte Regeln der Technik, in: Kimminich/ v. Lersner/ Storm, HdUR, Bd. I, Berlin 1986, Sp. 88ff.

Systematischer Kommentar, zum Strafgesetzbuch, Bd. II, Besonderer Teil, hrsg. v. Rudolphi, Hans Joachim/ Horn, Eckhard/ Samson, Erich, 4. Aufl., Frankfurt 1985, zit.: SK-Bearbeiter.

Szelinski, Bert-Axel, Nationale, internationale und EG-rechtliche Regelungen der „grenzüberschreitenden Abfallbeseitigung", UPR 1984, 364ff.

Tettinger, Peter J., Der Immissionsschutzbeauftrage – ein Beliehener?, DVBl. 1976, 752ff.

–, Randnotizen zum neuen Recht der Abfallwirtschaft, GewArch. 1988, 41ff.

Thesmer, Günter, Der freie Zutritt zur offenen Landschaft nach dem BWaldG und dem BNatSchG, AgrarR 1981, 180ff.

–, Sind die forstrechtlichen Beschränkungen der Waldumwandlung verfassungsmäßig?, AgrarR 1981, 4ff.

Thiel, Georg, Rechtsfragen der atomaren Entsorgung, Baden-Baden 1987.

Teufel, Dieter, Öko-Steuern als marktwirtschaftliches Instrument im Umweltschutz, ZRP 1988, 373ff.

Thurn, Peter, Schutz natürlicher Gewässerfunktionen durch räumliche Planung. Möglichkeiten im Bereich des Wasserhaushalts-, Naturschutz- und Raumordnungsrechts, Beiträge zum Siedlungs- und Wohnungswesen und zur Raumplanung, Bd. 108, Münster 1986, zit.: Thurn, Schutz natürlicher Gewässerfunktionen.

Triffterer, Otto, Umweltstrafrecht. Einführung und Stellungnahme zum Gesetz zur Bekämpfung der Umweltkriminalität, Baden-Baden 1980.

Tschira, Oskar/*Schmitt Glaeser*, Walter, Verwaltungsprozeßrecht, 7. Aufl., Stuttgart u. a. 1985, zit.: Tschira/Schmitt Glaeser, Verwaltungsprozeßrecht.

Uechtritz, Michael, Wasserrechtliches Planfeststellungsverfahren und Bauplanungsrecht, NVwZ 1988, 316.
Ule, Carl Hermann, Bundes-Immissionsschutzgesetz, Rechtsvorschriften Bund, Rechtsvorschriften Länder, Loseblattkommentar, Stand: September 1987.
–, Zur rechtlichen Bedeutung von Ausschlußrechten im Verwaltungsverfahren für den Verwaltungsprozeß, BB 1979, 109 ff.
–, Vorbeugender Rechtsschutz im Verwaltungsprozeß, VerwArch. 65 (1974), 291 ff.
–, Verwaltungsprozeßrecht, 8. Aufl., München 1983.
–, Erstinstanzliche Zuständigkeit des Oberverwaltungsgerichts für Rechtsstreitigkeiten über die Genehmigung von Großvorhaben?, WuV 1983, 23 ff.
–, Zur Anwendung unbestimmter Rechtsbegriffe im Verwaltungsrecht, in: Forschungen und Berichte aus dem öffentlichen Recht, Gedächtnisschrift für Walter Jellinek, hrsg. von Otto Bachof, Martin Drath, Otto Günnenwein und Ernst Walz, München 1955, S. 309 ff. (Veröffentlichungen des Instituts für Staatslehre und Politik e. V., Mainz, Bd. 6.), zit.: Ule, Gedächtnisschrift für Jellinek.
Ule, Carl Hermann/*Laubinger*, Hans-Werner, Empfehlen sich unter dem Gesichtspunkt der Gewährleistung notwendigen Umweltschutzes ergänzende Regelungen im Verwaltungsverfahrens- und Verwaltungsprozeßrecht? Gutachten B für den 52. Deutschen Juristentag, München 1978, zit.: Ule/ Laubinger, Gutachten B.
Ullrich, Jürgen, Lärmschutz unter besonderer Berücksichtigung des Straßenverkehrslärms, DVBl. 1985, 1159 ff.
Umweltbundesamt, Daten zur Umwelt 1986/87, Berlin 1986.
–, Behördenführer, Zuständigkeiten im Umweltschutz, Berlin 1983.
Upmeier, Dieter, Entscheidungskonkurrenz bei Zuständigkeit mehrerer Behörden unter Berücksichtigung des Bau- und Landschaftsschutzrechtes, NuR 1986, 309 ff.
Uppenbrink, Martin, Chemikaliengesetz, in: Kimminich/v. Lersner/ Storm, HdUR, Bd. I, Berlin 1986, Sp. 290 ff.
–, Stoffliche Umweltverträglichkeitsprüfungen im Recht der Bundesrepublik Deutschland. Unter besonderer Berücksichtigung des Chemikaliengesetzes, WuV 1985, 131 ff.

Vallendar, Fritz, Ermittlung und Beurteilung von Immissionen nach der TA Luft – Statistische Methoden als Problem des Untersuchungsgrundsatzes -, GewArch. 1981, 281 ff.
Vedder, Christoph, Ein neuer gesetzlicher Richter?, NJW 1987, 526 ff.
Versteyl, Ludger-Anselm, Abfallexport und Drittschutzwirkung von § 13 AbfG, NVwZ 1987, 296 ff.
Versteyl, Ludger-Anselm/*Köhn*, Hans, Recht und Praxis der Altölentsorgung, Köln 1987.
Vieweg, Klaus, Atomrecht und technische Normung – Der kerntechnische Ausschuß und die KTA-Regeln, Berlin 1982.
Vitzthum, Wolfgang Graf/*März*, Wolfgang, Die Standortvorsorgeplanung für Kraftwerke in Baden-Württemberg, VBlBW 1987, 321 ff.
Vogel, Hans-Jochen, Zum Umweltrecht in der Bundesrepublik Deutschland, ZRP 1980, 178 ff.
von Lersner, Heinrich, Gibt es Eigenrechte der Natur?, NVwZ 1988, 988 ff.
von Mutius, Albert, Umweltverträglichkeitsprüfung im Raumordnungsverfahren, BayVBl. 1988, 641 ff.
Vygen, Hendrick, Ost/West-Kooperation auf dem Gebiet der Luftreinhaltung – völkerrechtlicher Vertrag zur Reduzierung der Schwefelbelastung in Europa unterzeichnet –, UPR 1985, 314 ff.

Wagener, Frido, Anmerkung zum Urteil des BVerwG vom 4. 8. 1983 – 7 C 2.81 -, DÖV 1984, 168 ff.
Wagner, Heiko, Der Anspruch auf Immissionsschutz, NuR 1988, 71 ff.
Wagner, Hellmut, Ausstieg aus der Kernenergie durch Verwaltungsakt? DÖV 1987, 524 ff.

–, Kein Ausstieg aus der Kernenergie durch Gesetzesauslegung, NJW 1987, 411ff.
–, Zum Weisungsrecht des Bundes im atomrechtlichen Genehmigungsverfahren – Voraussetzungen und Rechtsschutz, DVBl. 1987, 917ff.
Wagner, Michael A., Die Genehmigung umweltrelevanter Vorhaben in parallelen und konzentrierten Verfahren, Schriften zum Umweltrecht Bd. 6, Berlin 1987.
Wahl, Rainer, Thesen zur Umsetzung der Umweltverträglichkeitsprüfung nach EG-Recht in das deutsche öffentliche Recht, DVBl. 1988, 86ff.
–, Erlaubnis, in: Kimminich/v. Lersner/Storm, HdUR, Bd. I, Berlin 1986, Sp. 433ff.
–, Genehmigung und Planungsentscheidung, DVBl. 1982, 51ff.
–, Grundrechte und Staatszielbestimmungen im Bundesstaat, AöR 112 (1987), 26ff.
–, Der Nachbarschutz im Baurecht, JuS 1984, 577ff.
Waibel, Wolf-Wilhelm, Zusammenarbeit zwischen den Strafverfolgungsbehörden und der Wasserwirtschaftsverwaltung bei der Verfolgung von Umweltschutzdelikten, VBlBW 1987, 168ff.
Weber, Albrecht, Zur Umsetzung der Umweltverträglichkeitsrichtlinie im deutschen Recht, UPR 1988, 206ff.
–, Beteiligung und Rechtsschutz ausländischer Nachbarn im atomrechtlichen Genehmigungsverfahren, DVBl. 1980, 330ff.
–, Anmerkung zum Bundesverwaltungsgericht vom 17. Dezember 1986 (DVBl. 1987, S. 375), DVBl. 1987, 377ff.
–, Vorbescheid und Teilgenehmigung im Atomrecht, DÖV 1980, 397ff.
Wegener, G., Rekultivierungsgebot für Brachflächen, Informationsdienst des Volksheimstättenwerkes 1984, 52ff.
Weidemann, Clemens, Abfallentsorgungspläne – ein wirksames Instrument des Entsorgungsrechts?, NVwZ 1988, 977ff.
Weides, Peter, Noch einmal: Das stillgelegte Atomkraftwerk – Ursachen und Folgen des Fehlens einer immissionsschutzrechtlichen Parallel-Genehmigung zu den atomrechtlichen (Teil-)Genehmigungen der Errichtung eines Kernkraftwerkes, NVwZ 1987, 200ff.
Weinberger, Bruno, Umweltschutz mit oder ohne kommunale Selbstverwaltung?, der städtetag 1986, 2ff.
Weis, Hubert, Die Anhörung des Bundestags-Rechtsausschusses zum Staatsziel Umweltschutz, ZRP 1988, 159ff.
Wernicke, Konrad, Der Vorbescheid im Wasserrecht, DVBl. 1977, 914ff.
Wey, Klaus-Georg, Umweltpolitik in Deutschland, Opladen 1982, zit.: Wey, Umweltpolitik.
Weyreuther, Felix, Die Situationsgebundenheit des Grundeigentums Naturschutz – Eigentumsschutz – Bestandsschutz, Köln u. a. 1983, zit.: Weyreuther, Situationsgebundenheit.
–, Die Bedeutung des Eigentums als abwägungserheblicher Belang bei der Planfeststellung nach dem Bundesfernstraßengesetz, DÖV 1977, 419ff.
–, Modifizierende Auflagen, DVBl. 1984, 365ff.
–, Das Abgabenrecht als Mittel des Umweltschutzes, UPR 1988, 161ff.
–, Der Nachteilsausgleich für Nutzungsbeschränkungen in Wasserschutzgebieten, UPR 1987, 41ff.
Wicke, Lutz, Die ökologischen Milliarden: Das kostet die zerstörte Umwelt – so können wir sie retten, München 1986, zit.: Wicke, Die ökologischen Milliarden.
Wicke, Lutz/*Franke*, Wilfried, Umweltökonomie. Eine praxisorientierte Einführung, München 1982, zit.: Wicke/Franke, Umweltökonomie.
Wienholtz, Ekkehard, Arbeit, Kultur und Umwelt als Gegenstände verfassungsrechtlicher Staatszielbestimmungen, AöR 109 (1984), 532ff.
Wilting, Frank, Gestuftes atomrechtliches Genehmigungsverfahren und Bürgerbeteiligung, Berlin 1985.
Wimmer, Raimund, Rechtsstaatliche Defizite im Gefahrstoffrecht, BB 1986, 1030ff.
Winkelbauer, Wolfgang, Die strafrechtliche Verantwortung von Amtsträgern im Umweltstrafrecht, NStZ 1986, 149.
–, Atomrechtliches Genehmigungsverfahren und Strafrecht – LG Hanau, NJW 1988, 571 – JuS 1988, 691ff.
Winter, Gerd, Bedürfnisprüfung im Fachplanungsrecht, NuR 1985, 41ff.

–, Interdisziplinäre Untersuchungen zu einer Rechtsfigur des Umwelt-, Arbeits- und Lebensmittelschutzes, in: Winter (Hrsg.), Grenzwerte, 1986.

–, Rechtsschutz gegen Weisungen in der atomrechtlichen Bundesauftragsverwaltung, DVBl. 1985, 993 ff.

Winters, Karl-Peter, Atom- und Strahlenschutzrecht, erläuterte Ausgabe, München 1978.

Wirth, Wolfgang, Anmerkungen zum internationalen Artenschutz – zugleich eine Erwiderung auf Stüer, NuR 1986, 149 ff., NuR 1987, 26 ff.

–, Die Aufzeichnungspflicht nach der Bundesartenschutzverordnung 1986, NJW 1987, 552 ff.

Wolff, Hans J./*Bachof*, Otto, Verwaltungsrecht III, 4. Aufl., München 1978.

Wolfrum, Rüdiger, Der Ausschluß von Einwendungen im Anhörungsverfahren und sein Einfluß auf den Verwaltungsrechtsschutz, DÖV 1979, 497 ff.

–, Die grenzüberschreitende Luftverschmutzung im Schnittpunkt von nationalem Recht und Völerrecht, DVBl. 1984, 493 ff.

Wüterich, Christoph, Zur Duldung im Umweltstrafrecht, UPR 1988, 249 ff.

Zehetner, Franz, Das europäische Rahmenübereinkommen über die grenzüberschreitende Zusammenarbeit zwischen Gebietskörperschaften, UPR 1983, 209 ff.

Ziegler, Artur, Das Bundes-Immissionsschutzgesetz und das verhaltenswertende Recht, UPR 1986, 406 ff.

–, Zum Anlagenbegriff nach dem Bundesimmissionsschutzgesetz, UPR 1986, 170 ff.

Zimmermann, Friedrich, Abfallvermeidung und Abfallverwertung im gesetzgeberischen Rahmen. Der Gesetzesentwurf der Bundesregierung, der landkreis 1986, 191 f.

Zoubek, Gerhard, Sektoralisierte Landesplanung. Rechtsdogmatische und rechtspolitische Aspekte der hochstufigen fachlichen Programme und Pläne, Beiträge zum Siedlungs- und Wohnungswesen und zur Raumplanung, Bd. 85, Münster 1983.

Zuleeg, Manfred, Vorbehaltene Kompetenzen der Mitgliedstaaten der Europäischen Gemeinschaft auf dem Gebiete des Umweltschutzes, NVwZ 1987, 280 ff.

Zundel, Regelungen zum Schutz des Baumbestandes, RdL 1982, 85 ff.

Sachverzeichnis

Hinweis für den Benutzer:
fettgedruckte Zahlen geben die Paragraphenangaben wieder, die übrigen beziehen sich auf die Randnummern. Auf die zentralen Fundstellen einzelner Begriffe wird durch unterstrichene Angaben hingewiesen.